파이썬으로 구현하는
자료구조와 알고리즘

WILEY 한빛아카데미 Hanbit Academy, Inc.

지은이

- Michael T. Goodrich(마이클 굿리치): 캘리포니아대학교 어바인(University of California, Irvine) 컴퓨터과학과 명예 교수
- Roberto Tamassia(로베르토 타마시아): 브라운대학교(Brown University) 컴퓨터공학과 교수
- Michael H. Goldwasser(마이클 골드워서): 세인트루이스대학교(Saint Louis University) 수학과 및 컴퓨터과학과 교수

옮긴이

- 강필성: 단국대학교 소프트웨어학과 교수
- 신인철: 국립부경대학교 컴퓨터인공지능공학부 교수
- 장원두: 국립부경대학교 컴퓨터인공지능공학부 교수
- 천인국: 순천향대학교 컴퓨터공학과 교수

파이썬으로 구현하는 자료구조와 알고리즘

초판발행 2025년 7월 10일

지은이 Michael T. Goodrich, Roberto Tamassia, Michael H. Goldwasser
옮긴이 강필성, 신인철, 장원두, 천인국 / **펴낸이** 전태호
펴낸곳 한빛아카데미(주) / **주소** 서울시 서대문구 연희로2길 62 한빛아카데미(주) 2층
전화 02-336-7112 / **팩스** 02-336-7199
등록 2013년 1월 14일 제2017-000063호 / **ISBN** 979-11-7340-027-8 93000

총괄 박현진 / **책임편집** 유경희 / **기획 · 편집** 유경희 / **교정** 박정수
디자인 이아란 / **전산편집** 김정하 / **제작** 박성우, 김정우
영업 김호철, 김태진, 김성삼, 이정훈, 임현기, 이성훈, 김주성, 심지연

이 책에 대한 의견이나 오탈자 및 잘못된 내용은 출판사 홈페이지나 아래 이메일로 알려주십시오.
파본은 구매처에서 교환하실 수 있습니다. 책값은 뒤표지에 표시되어 있습니다.

홈페이지 www.hanbit.co.kr / 이메일 question@hanbit.co.kr

파이썬으로 구현하는
자료구조와 알고리즘

개념 이해, 원리 탐구, 구현 완성

Michael T. Goodrich, Roberto Tamassia, Michael H. Goldwasser 지음
강필성, 장원두, 신인철, 천인국 옮김

DATA STRUCTURES
AND ALGORITHMS

WILEY 한빛아카데미 Hanbit Academy, Inc.

지은이 소개

마이클 굿리치(Michael T. Goodrich)

퍼듀대학교에서 컴퓨터공학 박사 학위를 취득한 후, 존스홉킨스대학교 교수로 재직하였습니다. 현재는 캘리포니아대학교 어바인에서 컴퓨터과학과 명예 교수로 재직 중입니다. 풀브라이트(Fulbright) 장학생이며, 미국과학진흥협회(AAAS), ACM, IEEE의 펠로우로 선정되었습니다. IEEE 컴퓨터학회 기술 공로상, ACM 공로상, Pond 우수 교육상 등을 수상하였습니다.

로베르토 타마시아(Roberto Tamassia)

일리노이대학교 어바나-샴페인에서 전기 및 컴퓨터공학 박사 학위를 취득하였습니다. 현재는 브라운대학교 컴퓨터공학과 교수로 재직하며, 컴퓨터과학과 학과장 및 기하학 컴퓨팅 센터 장을 겸하고 있습니다. 주요 연구 분야는 정보 보안, 암호화, 알고리즘 설계와 구현, 그래프 이론, 계산 기하학 등입니다. 미국과학진흥협회(AAAS), ACM, IEEE의 펠로우이며, IEEE 컴퓨터학회 기술 공로상을 수상하였습니다.

마이클 골드워서(Michael H. Goldwasser)

스탠퍼드대학교에서 컴퓨터과학 박사 학위를 취득하였고, 로욜라대학교 시카고의 교수로 재직하였습니다. 현재는 세인트루이스대학교 수학과 및 컴퓨터과학과 교수로 재직하며 컴퓨터과학 프로그램 디렉터를 맡고 있습니다. 근사 알고리즘, 온라인 계산, 계산 생물학, 계산 기하학 등 알고리즘의 설계와 구현을 중심으로 연구하며, 컴퓨터과학 교육 분야에서도 활발히 활동하고 있습니다.

주요 저서

- M.T. 굿리치(M.T. Goodrich), R. 타마시아(R. Tamassia), 『자료구조와 알고리즘(Data Structures and Algorithms in Java』(Wiley)
- M.T. 굿리치, R. 타마시아, D.M. 마운트(D.M. Mount), 『C++로 구현하는 자료구조와 알고리즘(Data Structures and Algorithms in C++』(Wiley)
- M.T. 굿리치, R. 타마시아, 『Algorithm Design: Foundations, Analysis, and Internet Examples』(Wiley)
- M.T. 굿리치, R. 타마시아, 『Introduction to Computer Security』(Addison-Wesley)
- M.H. 골드워서(M.H. Goldwasser), D. 레처(D. Letscher), 『Object-Oriented Programming in Python』(Prentice Hall)

지은이 머리말

이 책을 집필하는 과정에서 많은 분의 도움을 받았습니다. 먼저, 처음부터 끝까지 이 프로젝트를 열정적으로 이끌어준 편집자 Beth Golub을 비롯한 와일리(Wiley)의 훌륭한 팀에 깊은 감사를 전합니다. Elizabeth Mills와 Katherine Willis는 초기 제안 단계부터 폭넓은 피어 리뷰 과정에 이르기까지, 프로젝트가 순조롭게 진행될 수 있도록 결정적인 역할을 해주었습니다. 이 책의 카피에디터인 Julie Kennedy의 세심한 편집에도 진심으로 감사드리며, 제작 마무리 단계에서 중요한 역할을 맡아준 Joyce Poh에게도 깊은 감사를 전합니다.

이번 파이썬 버전을 집필하는 동안 외부 리뷰어와 독자들에게서 받은 다양한 의견과 이메일, 건설적인 피드백은 큰 도움이 되었습니다. 다음의 리뷰어 여러분께 감사드립니다. Claude Anderson(로즈헐먼공과대학교), Alistair Campbell(해밀턴대학), Barry Cohen(뉴저지공과대학교), Robert Franks(센트럴대학), Andrew Harrington(로욜라대학교 시카고), Dave Musicant(칼튼대학), Victor Norman(캘빈대학). 특히 400건이 넘는 세부적인 수정 제안과 다양한 조언을 아낌없이 제공해 준 Claude Anderson에게 각별한 감사를 전하고 싶습니다.

또한 이 책의 C++ 버전인『C++로 구현하는 자료구조와 알고리즘(Data Structures and Algorithms in C++)』작업에서 많은 지혜를 나눠준 메릴랜드대학교의 David Mount에게 감사드립니다. 세인트루이스대학교의 Erin Chambers와 David Letscher는 자료구조 교육과 관련하여 큰 도움을 주었으며, 특히 David는 파이썬 코드 초기 버전에 대한 중요한 피드백을 제공해 주었습니다. 일대일 독립 수업에서 이 책의 초안을 사용하며 피드백을 준 David Zampino(로욜라대학교 시카고)와 이 학생의 연구를 지도한 Andrew Harrington에게 감사드립니다.

자바 및 C++ 버전에 피드백을 준 많은 연구 협력자와 조교 여러분에게도 다시 한 번 감사의 마음을 전합니다. 그들이 제공한 많은 의견과 제안이 이 책에도 고스란히 반영되었습니다.

끝으로, 책 집필의 여러 단계에서 조언과 격려, 지원을 아끼지 않은 Susan Goldwasser, Isabel Cruz, Karen Goodrich, Giuseppe Di Battista, Franco Preparata, Ioannis Tollis와 우리 부모님들께 깊은 감사를 전합니다. 또한 이 책에 포함된 많은 그림에 대해 예술적 관점으로 조언해 준 Calista Goldwasser와 Maya Goldwasser에게도 진심으로 감사드립니다. 무엇보다, 책을 집필하는 일 외에도 인생에서 더 소중한 것이 있다는 사실을 일깨워 준 모든 분께 진심으로 감사드립니다.

옮긴이 소개

강필성(단국대학교 소프트웨어학과 교수 / 서문, 1~4장 번역)

서울대학교 전기공학부에서 학사 및 석사 학위를 취득하고, 미국 텍사스대학교 오스틴에서 컴퓨터과학 석사, 버지니아공대에서 컴퓨터과학 박사 학위를 받았습니다. 이후 2016년까지 삼성전자 수석연구원으로 재직한 뒤, 현재 단국대학교 소프트웨어학과 교수로 재직 중입니다. 고성능 컴퓨팅 및 계산 과학 분야에서 30여 편의 논문을 발표하였습니다.

신인철(국립부경대학교 컴퓨터·인공지능공학부 교수 / 12~15장, 부록 번역)

플로리다대학교에서 컴퓨터공학 박사 학위를 취득했으며, 근사 알고리즘을 기반으로 한 무선 네트워크 보안 기술을 연구했습니다. 이후 국가보안기술연구소에서 국가기반시설용 보안 기술 개발에 참여하였고, UIUC에서 교환 연구원으로 근무한 바 있습니다. 2014년부터 국립부경대학교에서 교수로 재직 중이며, 소프트웨어 최적화 및 다양한 네트워크 관련 주제로 활발한 연구를 수행하고 있습니다.

장원두(국립부경대학교 컴퓨터·인공지능공학부 교수 / 5~8장 번역)

부산대학교에서 학사와 석사 학위를, 일본 아이즈대학교에서 일본 문부성 장학생으로 박사 학위를 취득했습니다. 한양대학교 연구교수, 몽골국제대학교 및 동명대학교 조교수를 거쳐 현재 국립부경대학교에서 부교수로 재직 중입니다. 대한생체의용공학회 학술이사로 활동하고 있으며, 안구전도, 근전도, 뇌파 등의 생체 전기 신호와 다양한 데이터를 AI로 해석하고 이를 인간-컴퓨터 상호작용(HCI) 도구로 활용하는 연구를 수행하고 있습니다.

천인국(순천향대학교 컴퓨터공학과 교수 / 9~11장 번역)

KAIST에서 컴퓨터공학 박사 학위를 취득한 뒤, 순천향대학교 교수로 재직 중입니다. 삼성전자 종합연구소에서 주임연구원으로 근무했으며, 캐나다 UBC 방문 교수로도 활동한 바 있습니다. 『쉽게 풀어쓴 C언어 EXPRESS』 등 다수의 전공 서적을 집필했습니다.

옮긴이 머리말

선택의 어려움 끝에 만난 책, 그리고 번역

자료구조와 알고리즘은 컴퓨터과학의 핵심 주제이지만, 대학에서 강의 교재를 선택하는 일은 결코 쉽지 않았습니다. 국내서는 이론적 깊이나 설명의 체계성 면에서 아쉬운 경우가 많았고, 번역서들은 대체로 오래되었거나 번역의 완성도 면에서 부족한 경우가 적지 않았습니다. 원서를 그대로 활용하기에는 학생들에게 언어적 부담이 크다는 점도 늘 고민이었습니다. 특히 알고리즘만 다룬 번역서는 쉽게 찾을 수 있었지만 자료구조와 알고리즘을 통합적으로 다룬 책은 드물다는 점도 아쉬움으로 남았습니다.

굿리치(Goodrich)와 타마시아(Tamassia)의 『Data Structures and Algorithms』 시리즈는 1998년 자바 버전 출간 이후 25년 넘게 교육 현장에서 꾸준히 채택되어 온 검증된 교재입니다. 객체지향 설계와 알고리즘 분석을 균형 있게 아우르며, C++, 자바, 파이썬 등 여러 프로그래밍 언어로 구성된 이 시리즈는 각기 다른 교육 환경에 유연하게 적용할 수 있다는 강점을 지닙니다.

역자 역시 C++ 버전 번역서와 자바 버전 원서를 실제 강의에 활용해 본 경험이 있어, 이 교재의 강점과 완성도를 잘 알고 있었습니다. 하지만 최근 빠르게 발전하고 있는 AI 분야에서는 파이썬이 사실상 표준 언어로 자리 잡았음에도 불구하고, 『Data Structures and Algorithms in Python』이 출간된 지 10년 가까이 되었음에도 아직 번역서가 없다는 점이 늘 아쉬웠습니다.

이러한 상황에서 이번 파이썬 버전에 대한 번역 제안을 받았고, 국내 독자들에게 꼭 소개하고 싶다는 생각에 흔쾌히 번역을 맡았습니다.

번역 과정에서는 문장이 다소 매끄럽지 않더라도 원문의 의미를 명확히 전달하는 데 중점을 두었습니다. 의미가 모호하거나 해석에 논란의 여지가 있는 부분은 저자에게 직접 확인하기도 했고, 그 과정에서 원서의 오류나 모호한 표현을 바로잡는 경우도 있었습니다.

역자가 실제 강의에서 사용해도 손색이 없도록 최선을 다해 맡은 부분을 번역했습니다. 그럼에도 불구하고 미처 발견하지 못한 오류나 부족한 부분이 있을 수 있습니다. 독자 여러분의 너그러운 양해를 부탁드리며, 독자 여러분의 소중한 의견도 기꺼이 기다리겠습니다.

이 책이 자료구조와 알고리즘을 배우는 모든 분에게 든든한 길잡이가 되기를 진심으로 바랍니다.

강필성

옮긴이 머리말

응용과 이론을 아우르는 핵심 알고리즘

이 책의 12~14장은 컴퓨터과학의 정수라 할 수 있는 핵심 주제들을 담고 있습니다. 정렬, 텍스트 처리, 그래프 알고리즘은 다양한 응용 분야에서 빈번히 활용되는 내용으로, 컴퓨터 전공자뿐 아니라 실무 개발자도 반드시 익혀야 할 기본 개념입니다.

12장 '정렬과 선택'에서는 비교 기반 정렬의 이론적 한계부터 다양한 정렬 알고리즘의 구현 방식, 성능 분석까지 폭넓게 다룹니다. 정렬은 다른 많은 알고리즘과 데이터 처리의 기반이 되는 중요한 개념입니다. 13장 '텍스트 처리'에서는 문자열 검색, 패턴 매칭, 접미사 트라이 같은 효율적인 문자열 표현 및 탐색 기법들을 소개합니다. 이 기법들은 검색 엔진, 컴파일러, 자연어 처리 등 실제 응용과 직결되어 매우 실용적입니다. 14장 '그래프'에서는 깊이 우선 탐색(DFS), 최소 신장 트리(MST), 최단 경로 탐색(다익스트라 알고리즘 등) 등 복잡한 구조를 효과적으로 다루는 핵심 기법들을 정리하였습니다. 이 기법들은 네트워크 분석, 지도 서비스, 의존성 분석 등 다양한 실전 문제 해결에 활용됩니다.

세 장 모두 파이썬 언어의 간결한 문법과 객체 지향적 구조를 바탕으로 개념을 명확히 구현하고 있어, 독자가 이론을 코드와 함께 자연스럽게 체득할 수 있도록 유도합니다. 즉, 이론과 실습이 균형 있게 어우러져 알고리즘 학습의 흐름을 놓치지 않도록 돕고 있습니다.

역자로서 이 중요한 내용을 한국어로 성실히 전달하기 위해, 각 알고리즘의 맥락과 원어의 표현 의도를 최대한 살리는 데 주력했습니다. 이 책이 자료구조와 알고리즘을 더욱 깊이 있게 이해하고, 실전에서 활용할 수 있는 사고력과 문제 해결 능력을 키우는 데 의미 있는 길잡이가 되기를 바랍니다.

신인철

번역자에서 다시 학습자로

번역 작업을 시작한 지 2년 만에 원고가 책으로 완성되어 세상에 나오게 되었습니다. 몇 권의 책을 저술한 경험이 있지만, 번역은 또 다른 영역이라는 것과 제 언어 능력의 부족함을 깨닫게 된 시간이었습니다. 함께 번역에 참여해 주신 다른 역자 분들께 진심으로 감사드립니다. 혼자였다면 결코 완수할 수 없었을 작업이었습니다.

가능하면 원문의 흐름과 의도를 충실히 전달하고자 직역을 지향했지만, 독자의 가독성을 고려하여 의미를 자연스럽게 풀어 쓴 부분도 적지 않습니다. 국내에서는 자주 쓰이지 않거나 영어로 통용되는 일부 용어는 억지로 번역하지 않고 음차하거나 그대로 표기하였으며, 한국어 문맥에서 이해하기 어려운 표현은 각주를 통해 보완하고자 했습니다.

이번 번역은 단순히 수업 교재가 필요해서 시작한 작업이었지만, 오히려 그 과정에서 자료구조 전반을 새롭게 되짚는 귀한 기회가 되었습니다. 학부 시절부터 자료구조와 알고리즘을 좋아했고 관련 강의도 여러 차례 해왔지만, 오히려 나만의 스타일에 갇혀 있었던 것은 아닌지 되돌아보게 되었습니다. 리스트, 큐, 트리처럼 익숙한 자료구조조차도 책 속의 다양한 예제와 연습 문제를 통해 새로운 시각으로 바라볼 수 있었습니다.

이 책은 파이썬 언어를 활용해 자료구조를 학습하려는 독자들에게 큰 도움이 될 것입니다. 핵심 개념에 대한 상세한 설명을 바탕으로 내용을 깊이 이해하고, 다양한 예제와 연습 문제를 통해 직접 알고리즘을 구현하며 실력을 쌓을 수 있도록 구성되어 있습니다. 특히 이 책의 강점은 파이썬의 언어 구조와 동작 방식에 맞춘 '파이썬다운' 코드로 설계되었다는 점입니다. 수록된 예제는 C나 자바의 코드를 단순히 번역한 것이 아니라, 파이썬의 메모리 관리, 변수와 배열의 구조 등을 충분히 반영하여 설계되었습니다. 따라서 자료구조 학습뿐 아니라 파이썬 자체를 깊이 이해하는 데에도 유익할 것입니다.

번역과 검토를 함께 조율해 주시고 정성껏 퇴고해 주신 한빛아카데미의 편집자 여러분께 감사드립니다. 무엇보다도 늘 곁에서 지지하고 응원해 주는 아내와 부모님, 두 아이에게 사랑과 감사를 전하며, 큰 은혜로 늘 함께하시는 하나님께 감사드립니다.

장원두

옮긴이 머리말

정확한 개념 전달을 위한 번역의 여정

이 책은 전산학에서 가장 핵심적인 주제인 자료구조와 알고리즘을 명쾌하게 풀어낸 명저입니다. 개념 설명과 코드 구현, 복잡도 분석까지 조화롭게 아우르며, 컴퓨터과학을 전공하는 학생은 물론 실무에서 알고리즘 문제 해결 능력을 기르고자 하는 개발자에게도 훌륭한 학습 지침서로 자리매김해 왔습니다. 특히 심도 있는 알고리즘 분석은 이 책의 가장 큰 강점 중 하나입니다.

이번 번역에서 역자는 9~11장, 즉 우선순위 큐, 맵과 해시 테이블, 검색 트리 부분을 담당했습니다. 이 세 장은 추상 자료형(ADT)의 개념부터 시작하여 다양한 구현 방식과 효율성 분석, 파이썬 코드 기반의 구체적인 구현까지 폭넓게 다루고 있습니다. 특히 힙을 활용한 우선순위 큐, 해시 충돌을 해결하는 다양한 방식, AVL 트리와 레드-블랙 트리 같은 균형 이진 트리는 실제 알고리즘 설계와 구현에서 매우 중요한 기법이기도 합니다.

원서를 번역하는 과정은 단순한 언어 전환을 넘어, 복잡한 기술 개념을 한국어 사용자에게 자연스럽고 정확하게 전달하는 과정이었습니다. 개인적으로도 이 번역 과정을 통해 해당 기술 내용을 더욱 깊이 있게 이해하고 정리할 수 있어 뜻깊은 시간을 보냈습니다. 번역을 하면서 가장 신경 쓴 부분은 정확한 개념 전달이었습니다. 알고리즘은 단어 하나, 문장 하나의 뉘앙스 차이로도 독자의 이해가 달라질 수 있기 때문에, 가능하면 원문의 의도를 충실히 반영하려 노력했습니다. 또한 파이썬 코드를 기준으로 설명되는 책의 특성을 고려해 코드와 설명 간의 연결성이 흐트러지지 않도록 용어 선택과 문장 구조에도 각별한 주의를 기울였습니다.

그럼에도 불구하고 부족한 점이 있을 수 있으며, 이는 전적으로 제 역량의 부족에서 비롯된 것입니다. 독자 여러분의 너그러운 양해를 부탁드리며, 이 책이 여러분의 학습 여정에 작게나마 도움이 되기를 진심으로 바랍니다. 앞으로도 더욱 정확하고 읽기 쉬운 번역을 하기 위해 끊임없이 고민하고 노력하겠습니다. 감사합니다.

천인국

이 책에 대하여

이 책이 추구하는 관점과 학습 목표

자료구조의 설계와 분석은 오랫동안 컴퓨터 과학의 핵심 주제로 다뤄져 왔으며, 컴퓨터공학 교육과정에서도 중요한 위치를 차지해 왔습니다. 이 책은 자료구조와 알고리즘의 설계·분석·구현 방법을 소개하며, 초급 수준의 자료구조 강의나 중급 수준의 알고리즘 입문 강의에 적합하도록 구성되었습니다.

이 책은 신뢰성 있고 재사용 가능한 소프트웨어 개발을 위해 일관된 객체 지향적 관점을 따릅니다. 객체 지향 접근의 핵심은 데이터를 해당 데이터를 다루는 메서드와 함께 하나의 단위로 묶는 캡슐화 개념에 있습니다. 다시 말해, 데이터를 단순한 바이트나 주소의 집합이 아닌, 연산 메서드를 포함한 추상 데이터 타입(Abstract Data Type, ADT)의 인스턴스로 간주합니다. 하나의 ADT는 다양한 방식으로 구현될 수 있으며, 이 책은 각 구현 전략의 장단점을 비교해 설명합니다. 대부분의 자료구조와 알고리즘에 대해 완전한 파이썬 구현을 제공하며, 이를 재사용 가능한 구성 요소로 설계하는 데 필요한 객체 지향 디자인 패턴도 함께 다룹니다.

이 책의 학습 목표는 다음과 같습니다.

- 스택, 큐, 리스트, 트리, 맵 등 주요 추상 자료구조에 대한 개념 이해
- 자료구조를 효율적으로 구현하기 위한 알고리즘 설계 전략 습득
- 알고리즘의 성능을 이론과 실험을 통해 분석함으로써 전략별 장단점과 선택 기준 이해
- 현대 프로그래밍 언어에서 제공하는 자료구조와 알고리즘 관련 라이브러리의 효과적 활용
- 주요 자료구조와 알고리즘을 직접 구현해 보는 실전 경험
- 복잡한 문제를 해결하기 위해 적절한 자료구조와 알고리즘을 선택하고 적용하는 능력 함양

특히 마지막 목표를 위해 이 책은 자료구조의 실제 응용 사례를 다양하게 다룹니다. 예를 들어 파일 시스템 처리, 구조화된 문서에서의 태그 매칭, 간단한 암호화, 텍스트 빈도 분석, 자동화된 기하학적 배치, 허프만 코딩, DNA 서열 정렬, 검색 엔진 인덱싱 등을 포함합니다.

이 책에 대하여

이 책의 특징

이 책은 굿리치(Goodrich)와 타마시아(Tamassia)의 『Data Structures and Algorithms in Java』와 굿리치, 타마시아, 마운트(Mount)의 『C++로 구현하는 자료구조와 알고리즘(Data Structures and Algorithms in C++)』을 바탕으로 하고 있습니다. 그러나 단순히 이들 책의 내용을 파이썬으로 옮기는 것에 그치지 않고 파이썬의 특성과 교육적 목적을 반영하여 구성과 내용을 전면적으로 재설계하였습니다.

- 컬렉션 데이터 타입의 원소를 반복 처리할 때 제너레이터를 사용하는 등 파이썬의 기능을 적극 반영하여 코드를 처음부터 새롭게 설계하였습니다.
- 자바와 C++ 버전에서 의사코드로만 제시된 알고리즘들을 모두 완전한 파이썬 코드로 구현하였습니다.
- ADT의 인터페이스는 파이썬의 기본 데이터 타입 및 `collections` 모듈과 일관되도록 정의하였습니다.
- 5장에서 `list`, `tuple`, `str`과 같은 파이썬의 내장 클래스가 동적 배열 기반으로 어떻게 구현되는지를 깊이 있게 다루며, 부록 A에서 `str` 클래스의 다양한 기능을 추가로 설명합니다.
- 450개 이상의 그림을 새로 제작하거나 수정하여 시각적 이해를 강화였습니다.
- 연습 문제를 대폭 보강하였으며, 새로 추가하거나 수정한 문제를 포함해 총 750문제를 수록하였습니다.

선수 지식

이 책은 독자가 C, C++, 파이썬, 자바 등 고급 프로그래밍 언어 중 하나 이상을 학습한 경험이 있으며, 다음과 같은 핵심 개념을 이해하고 있다고 가정합니다.

- 변수와 표현식
- 조건문(예 `if` 문, `switch` 문)
- 반복문(예 `for` 문, `while` 문)
- 함수 또는 메서드의 정의와 호출

1장에서는 이러한 개념에 익숙하지만 파이썬 문법에는 익숙하지 않은 독자를 위해, 파이썬의 기초를 간략히 소개합니다. 다만 이 책은 파이썬 자체를 다루는 입문서는 아니므로, 언어 전반에 대한 깊이 있는 설명은 포함하지 않습니다.

2장에서는 파이썬의 객체 지향 프로그래밍 개념을 설명합니다. 이는 파이썬이 처음인 독자뿐 아니라, 객체 지향 개념이 낯선 독자에게도 유용한 내용입니다.

이 책은 독자가 고등학교 수준의 수학 지식을 갖추었다고 가정하고, 3장에서 알고리즘 분석에 핵심적인 일곱 가지 주요 함수를 자세히 설명합니다. 그 외의 수학 개념은 본문에서 선택적으로 읽어도 되는 보충 내용이며, 본문에서 별표(★)로 표시하였습니다. 또한 부록 B에서는 확률에 대한 기초 개념을 비롯해 알고리즘과 자료구조 학습에 도움이 되는 유용한 수학 지식들을 간결하게 정리하여 제공합니다.

이 책에 대하여

이 책과 컴퓨터과학 교육과정의 관계

이 책의 주요 주제들은 IEEE/ACM 2013 컴퓨터과학 교육과정에서 제시한 지식 단위와 긴밀하게 연결되어 있습니다. 수업 설계 시 참고할 수 있도록, 각 장의 내용을 관련 지식 영역과 연계하여 다음 표에 정리하였습니다.

지식 단위	관련 부분
AL/기본 분석	3장, 4.2절, 12.2.4절
AL/알고리즘 전략	12.2.1절, 13.2.1절, 13.3절, 13.4.2절
AL/기본 자료구조와 알고리즘	4.1.3절, 5.5.2절, 9.4.1절, 9.3절, 10.2절, 11.1절, 13.2절, 12장, 14장 대부분
AL/고급 자료구조	5.3절, 10.4절, 11.2절~11.6절, 12.3.1절, 13.5절, 14.5.1절, 15.3절
AR/메모리 시스템 구성 및 아키텍처	15장
DS/집합, 관계 및 함수	9.4절, 10.5.1절, 10.5.2절
DS/증명 기법	3.4절, 4.2절, 5.3.2절, 9.3.6절, 12.4.1절
DS/계산의 기초	2.4.2절, 6.2.2절, 8.2.2절, 12.2.4절, 부록 B
DS/그래프 및 트리	8장과 14장의 대부분
DS/이산 확률	1.11.1절, 10.2절, 10.4.2절, 12.3.1절
PL/객체 지향 프로그래밍	책 전반(특히 2장, 7.4절, 9.5.1절, 10.1.3절, 11.2.1절)
PL/함수형 프로그래밍	1.10절
SDF/알고리즘 및 설계	2.1절, 3.3절, 12.2.1절
SDF/기초 프로그래밍 개념	1장, 4장
SDF/기본 자료구조	6~7장, 부록 A, 1.2.1절, 5.2절, 5.4절, 9.1절, 10.1절
SDF/개발 방법	1.7절, 2.2절
SE/소프트웨어 설계	2.1절, 2.1.3절

학습 보조 자료

학습에 필요한 자료(소스 코드와 연습 문제 힌트)는 아래 주소에서 내려받을 수 있습니다.

http://www.hanbit.co.kr/src/40032

강의 보조 자료

한빛아카데미 홈페이지에서 '교수회원'으로 가입하신 분은 인증 후 교수용 영문 강의 보조 자료를 제공받을 수 있습니다. 한빛아카데미 홈페이지 상단의 [교수전용공간] 메뉴를 클릭하세요.

http://www.hanbit.co.kr/src/40027

본문 구성

이 책은 학습의 흐름과 효과를 고려하여, 파이썬 프로그래밍 기초부터 자료구조의 실전 활용까지 단계적으로 다룰 수 있도록 구성되었습니다.

- **프로그래밍 기초와 객체 지향 설계(1-2장)** 파이썬 문법과 객체 지향 프로그래밍의 기본 개념을 설명하며, 이후 자료구조 구현을 위한 기반을 다집니다.
- **알고리즘 분석과 재귀(3-4장)** 알고리즘의 성능을 평가하는 데 필요한 분석 기법과 재귀 호출의 구조 및 구현 방법을 다룹니다.
- **핵심 자료구조와 알고리즘(5-13장)** 배열 기반 시퀀스, 스택과 큐, 연결 리스트, 트리, 우선순위 큐, 해시 테이블, 검색 트리, 정렬, 텍스트 처리 등 핵심 주제를 폭넓게 다루며, 각 자료구조의 구현 방식과 성능 특성, 응용 사례를 함께 제시합니다.
- **그래프, 고급 주제와 시스템 연계(14-15장)** 메모리 계층 구조, 캐시, 외부 저장 기반의 B-트리 등 자료구조의 실제 시스템 연계 측면을 다루며, 하드웨어 수준의 이해를 바탕으로 응용력을 확장합니다.
- **문자열 처리와 수학적 배경 지식(부록 A-B)** 학습을 보완하는 참고 자료로 부록을 제공합니다. 부록 A에서는 파이썬의 문자열 처리 기능을 정리하였고, 부록 B에서는 알고리즘 분석에 필요한 지수, 로그, 점근 표기, 확률 등의 수학 개념을 요약했습니다.

CONTENTS

CHAPTER 01 파이썬 입문

CHAPTER 02

객체 지향 프로그래밍

CONTENTS

CHAPTER 04

재귀

CONTENTS

CHAPTER 05 배열 기반 시퀀스

CHAPTER 06 스택, 큐, 양방향 큐

CONTENTS

CHAPTER 07 연결 리스트

CHAPTER 08

트리

CONTENTS

CHAPTER 09 우선순위 큐

CHAPTER 10

맵, 해시 테이블, 스킵 리스트

CONTENTS

CHAPTER 11 검색 트리

CHAPTER 12 정렬과 선택

CONTENTS

CHAPTER 13 텍스트 처리

CHAPTER 14

그래프

CONTENTS

CHAPTER 15 메모리 관리와 B-트리

CHAPTER 01

파이썬 입문

1.1 파이썬 개요

자료구조와 알고리즘을 만들기 위해서는 컴퓨터에 상세하게 알려줘야 한다. 이를 위해 파이썬과 같은 고수준 프로그래밍 언어를 사용한다. 파이썬 프로그래밍 언어는 1990년대 초 귀도 반로섬(Guido van Rossum)이 처음 개발하였고, 이후 산업과 교육 분야에서 널리 사용되고 있다. 파이썬 2는 2000년에, 파이썬 3은 2008년에 출시되었는데 두 버전 간 호환은 원할하지 않을 수 있다. 이 책은 파이썬 3(구체적으로는 파이썬 3.1 이상)을 기반으로 한다. 파이썬의 최신 버전은 관련 문서 및 튜토리얼과 함께 www.python.org에서 무료로 제공된다.

이 장에서는 파이썬 프로그래밍 언어에 대해 개략적으로 설명하고, 다음 장에서는 객체 지향 원칙들에 초점을 맞춘다. 이 책의 독자는 꼭 파이썬이 아니더라도 프로그래밍 경험이 있다고 가정한다. 이 책에서는 파이썬 언어에 대해 모든 것을 설명하지는 않지만, 이 책에서 제시하는 프로그램 코드를 이해하는 데 필요한 내용을 충분히 소개한다.

1.1.1 파이썬 인터프리터

파이썬은 **인터프리터**(interpreter) 언어다. 프로그램에 기술된 명령은 **파이썬 인터프리터**(Python interpreter)라는 소프트웨어를 통해 실행된다. 인터프리터는 명령을 받아 이를 평가한 다음 명령의 결과를 보고한다. 인터프리터는 대화형으로 사용할 수도 있지만(특히 디버깅 시), 대개 개발자는 **소스 코드**(source code) 또는 **스크립트**(script)라는 일반 텍스트 파일에 일련의 명령을 기술하여 `.py` 확장자로 저장한다(예 `demo.py`). 운영체제의 명령 행에 `python`을 입력하여 파이썬 인터프리터를 시작할 수 있으며, 기본적으로 메모리에 데이터를 담지 않은 깨끗한 상태에서 대화형 모드로 시작된다. `demo.py`를 실행할 때는 파일 이름을 인수로 하여 인터프리터를 호출할 수도 있고(예 `python demo.py`), `-i` 옵션을 사용해 대화형 모드로 실행할 수도 있다(예 `python -i demo.py`). 표준 파이썬 배포판에 포함된 IDLE을 비롯해 많은 **통합 개발 환경**(Integrated Development Environment, IDE)에서 파이썬을 위한 텍스트 편집기뿐 아니라 변수 값을 검사하면서 프로그램을 단계별로 실행할 수 있게 하는 디버거를 제공한다.

1.1.2 파이썬 프로그램 미리보기

코드 1.1은 사용자가 입력한 A~F 성적을 기반으로 학점 평균(Grade Point Average, GPA)을 계산하는 파이썬 프로그램이다. 이 코드에서 사용한 파이썬 프로그래밍 기법은 추후 자세히 설명하므로, 프로그래밍 언어로써 파이썬을 처음 접하는 독자를 위해 몇 가지 특징만 우선 살펴보자.

파이썬 문법은 공백 사용에 크게 좌우된다. 각 구문은 일반적으로 개행문자로 끝나지만 백슬래시(\)를 사용해 하나의 명령문을 두 행으로 연장할 수 있고, 코드 1.1의 `points` 정의에 사용된 것처럼 {를 닫지 않은 상태로 두어 다음 행으로 확장할 수도 있다.

공백은 제어문의 본문을 구분하는 중요한 역할을 한다. 코드 블록을 제어문의 본문으로 지정하기 위해 들여쓰기를 하며, 제어문이 중첩되면 코드를 더 들여쓴다. 예를 들어 코드 1.1에서 `while` 루프(loop)의 본문은 총 8행인데, 이 안에 중첩된 조건문은 더 들여쓰기가 되어 있다.

주석은 코드를 보는 이들을 위한 부가 정보로, 파이썬 인터프리터는 이를 무시한다. 주석은 # 문자를 사용하며, 이 경우 해당 행에서 # 문자 뒤의 모든 내용이 주석으로 처리된다.

```
print('Welcome to the GPA calculator.')
print('Please enter all your letter grades, one per line.')
print('Enter a blank line to designate the end.')
# A~F 성적을 수치 값으로 매핑
points = {'A+':4.0, 'A':4.0, 'A-':3.67, 'B+':3.33, 'B':3.0, 'B-':2.67,
          'C+':2.33, 'C':2.0, 'C':1.67, 'D+':1.33, 'D':1.0, 'F':0.0}
num_courses = 0
total_points = 0
done = False
while not done:
   grade = input()                          # 사용자로부터 입력받은 값을 읽음
   if grade == '':                          # 입력받은 값이 비었음
      done = True
   elif grade not in points:                # 입력값이 유효하지 않음
      print("Unknown grade '{0}' being ignored".format(grade))
   else:
      num_courses += 1
      total_points += points[grade]
if num_courses > 0:                         # 0으로 나누는 경우 회피
   print('Your GPA is {0:.3}'.format(total_points / num_courses))
```

코드 1.1 학점 평균(GPA)을 계산하는 파이썬 프로그램

1.2 파이썬 언어의 객체

파이썬은 객체 지향 언어이며, 파이썬에서 **클래스**(class)는 모든 데이터 타입의 기초가 된다. 이 절에서는 파이썬 언어에서 객체 모델의 주요 특성을 설명하고, 정수를 나타내는 `int` 클래스, 부동소수점 값을 나타내는 `float` 클래스, 문자열을 나타내는 `str` 클래스와 같은 파이썬의 기본 제공 클래스를 소개한다. 객체 지향에 대한 더 자세한 설명은 2장에서 다룬다.

1.2.1 식별자, 객체, 대입문

모든 파이썬 명령 중 가장 중요한 것은 다음과 같은 **대입문**(assignment statement)이다.

```
temperature = 98.6
```

이 명령은 `temperature`를 **식별자**(identifier, '**이름**'이라고도 함)로 설정하고, 등호의 오른쪽에 표현된 **객체**(object)와 연결한다. 위의 경우, `temperature`는 값이 `98.6`인 부동소수점 객체와 연결된다. 그림 1.1은 이 대입문의 결과를 나타낸다.

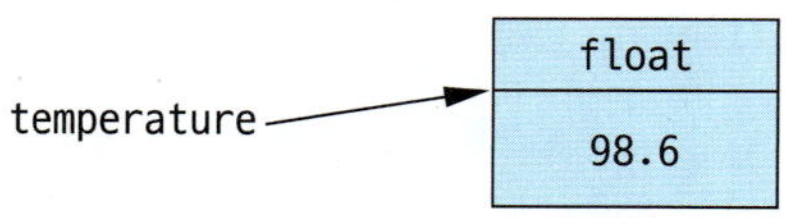

그림 1.1 식별자 temperature는 값이 `98.6`인 `float` 클래스의 인스턴스를 참조한다.

식별자

파이썬의 식별자는 대·소문자를 구분하므로 `temperature`와 `Temperature`는 서로 다른 이름이다. 식별자는 문자, 숫자, 언더바(또는 더 일반적인 유니코드 문자)의 조합으로 구성할 수 있다. 다만, 식별자는 숫자로 시작할 수 없으며(예를 들어 `9lives`는 잘못된 이름임), 표 1.1에 있는 33개의 예약어는 식별자로 사용할 수 없다.

False	as	continue	else	from	in	not	return	yield
None	assert	def	except	global	is	or	try	
True	break	del	finally	if	lambda	pass	while	
and	class	elif	for	import	nonlocal	raise	with	

표 1.1 파이썬의 예약어. 예약어는 식별자로 사용할 수 없다.

다른 프로그래밍 언어에 익숙한 독자라면, 파이썬의 식별자가 자바 언어의 참조 변수나 C++의 포인터 변수와 매우 유사하다고 생각할 수 있다. 각 식별자는 참조하는 객체의 **메모리 주소**(memory address)와 암시적으로 연관되어 있다. 파이썬의 식별자에는 None이라는 특수한 객체가 대입될 수 있으며, 이는 자바 또는 C++의 null 참조와 유사한 용도로 사용된다.

그러나 자바나 C++와 달리, 파이썬에서는 식별자를 특정 데이터 타입과 연결 짓는 사전 선언이 없기 때문에 데이터 타입이 **동적으로**(dynamically) 결정된다. 식별자는 어떤 데이터 타입의 객체와도 연결될 수 있으며, 나중에 동일한(또는 다른) 데이터 타입의 다른 객체에 다시 연결할 수 있다. 식별자에는 미리 선언된 데이터 타입이 없지만 식별자가 참조하는 객체에는 명확한 데이터 타입이 있다. 그림 1.1의 예에서 문자열 "98.6"은 부동소수점 타입으로 인식되므로 식별자 temperature는 해당 값을 갖는 부동소수점 클래스의 인스턴스를 가리킨다.

이미 존재하는 객체에 다른 식별자를 지정하여 기존과 다른 이름, 즉 **별칭**(alias)을 붙일 수도 있다. 그림 1.2는 그림 1.1의 예에 original = temperature라는 대입문을 추가한 결과다.

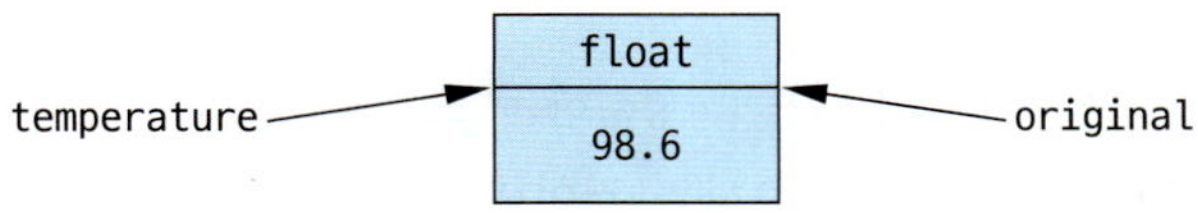

그림 1.2 식별자 temperature와 original은 같은 객체에 대한 별칭이다.

다른 이름이 설정되면 두 이름 중 어느 것을 사용해도 해당 객체에 접근할 수 있다. 이 객체에 상태를 변경시키는 동작(즉, 메서드)이 있는 경우, 한 식별자로 이 동작을 취해 상태를 변경하면 그 효과가 다른 식별자를 통해서도 드러난다(동일한 객체를 참조하기 때문임). 그러나 나중에 이름 중 하나가 다른 값으로 재할당되면 원래 객체에는 영향을 미치지 않고 별칭이 깨지게 된다. 다음 명령을 고려해 보자.

```
temperature = temperature + 5.0
```

위 명령에서 = 연산자 오른쪽 표현식이 먼저 계산된다. temperature + 5.0은 temperature라는 이름에 대한 기존 바인딩(즉, 원래 참조하던 것)을 기반으로 계산되므로 결과는 98.6 + 5.0에 해당하는 103.6이 된다. 이 결과는 새로운 부동소수점 인스턴스로 저장되며, 이 인스턴스는 = 왼쪽에 있는 이름인 temperature에 대입된다. 이 명령의 결과는 그림 1.3과 같이 original 식별자가 참조하는 기존 float 인스턴스 값에는 영향을 주지 않는다는 점에 주의해야 한다.

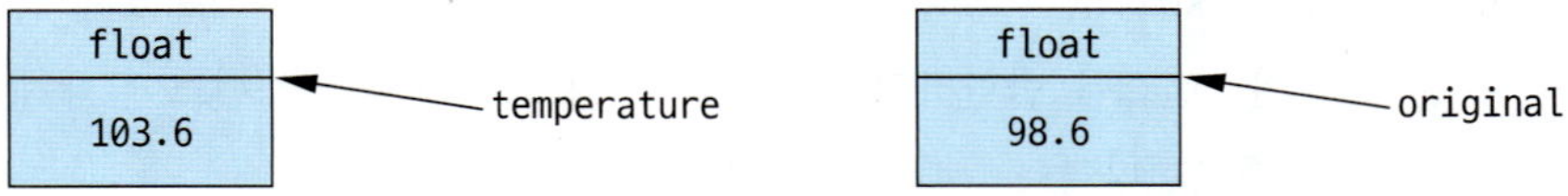

그림 1.3 식별자 original은 기존 값을 계속 참조하는 데 반해, 식별자 temperature는 새로운 값을 가리킨다.

1.2.2 객체 생성과 사용

인스턴스화

클래스를 사용하여 새 인스턴스를 만드는 과정을 **인스턴스화**(instantiation)라고 한다. 일반적으로 객체를 인스턴스화하기 위해 클래스의 **생성자**(constructor)를 호출하는 구문을 사용한다. 예를 들어 `Widget`이라는 클래스의 생성자에 매개변수가 필요 없다면 `w = Widget()` 문을 사용해 인스턴스를 만들 수 있다. 생성자에 매개변수가 필요한 경우에는 `Widget(a, b, c)`로 새 인스턴스를 생성한다.

파이썬에 있는 많은 내장 클래스(1.2.3절 참고)는 새 인스턴스를 지정하기 위해 **리터럴**(literal) 형식을 지원한다. 예를 들어 `temperature = 98.6` 명령은 `float` 클래스의 새 인스턴스를 생성하며, 이 표현식에서 `98.6`은 리터럴 형식으로 되어 있다. 1.2.3절에서 파이썬 리터럴의 예를 더 많이 제시한다.

프로그래머 관점에서 클래스의 새 인스턴스를 간접적으로 생성하는 또 다른 방법도 있다. 내부적으로 인스턴스를 생성하여 반환하는 함수를 호출하는 것이다. 예를 들어 파이썬의 `sorted`(1.5.2절 참고)라는 내장 함수는 서로 비교 가능한 일련의 데이터를 매개변수로 받아 해당 데이터를 정렬된 순서로 담은 `list` 클래스의 새 인스턴스를 반환한다.

메서드 호출하기

파이썬은 `sorted(data)`와 같은 형식, 즉 `sorted`라는 함수에 인자 `data`를 전달하여 호출할 수 있는 전통적인 함수 구문을 지원한다(1.5절 참고). 또한 파이썬의 클래스는 `.`(점) 연산자를 사용해 특정 인스턴스에 대해 호출하는 **메서드**(method, **멤버 함수**라고도 함)를 정의할 수도 있다. 예를 들어 파이썬의 `list` 클래스에는 `data.sort()` 형식으로 호출할 수 있는 `sort` 메서드가 있다. `sort` 메서드는 `list`에 담긴 데이터를 정렬한다.

점 연산자의 왼쪽에 있는 표현식은 메서드가 호출되는 객체를 식별한다. 대개 이 표현식은 단순한 식별자다(위 `data.sort()`에서 `data`). 하지만 단순한 식별자가 아닌 여러 연산을 나타내는 표현식인 경우, 이 연산의 결과로 생성되는 객체에 대해 메서드가 호출된다. 예를 들어 `response`가 문자열 인스턴스에 대한 식별자인 경우(문자열은 이 절의 후반부에서 설명함) `response.lower().startswith('y')` 문은 먼저 `response.lower()` 메서드 호출 자체를 평가하여 새 문자열 인스턴스를 반환하고, 그다음 이 임시 문자열 인스턴스에 대해 `startswith('y')` 메서드를 호출한다.

메서드를 사용할 때는 동작을 이해하는 것이 중요하다. 어떤 메서드는 객체의 상태에 대한 정보를 반환하지만 상태를 변경하지는 않는다. 이러한 메서드를 **접근자**(accessor)라고 한다. `list` 클래스의 `sort` 같은 메서드는 객체의 상태를 변경한다. 이러한 메서드를 **변경자**(mutator) 또는 **업데이트 메서드**(update method)라고 한다.

1.2.3 파이썬의 내장 클래스

표 1.2는 파이썬에서 일반적으로 사용되는 내장 클래스를 요약한 것이다. 특히 어떤 클래스가 **가변적 속성**을 지녔는지(mutable), 어떤 클래스가 **불변적 속성**을 지녔는지(immutable) 주목해야 한다. 클래스를 사용해 객체를 인스턴스화할 때 해당 클래스의 각 객체가 추후 변경할 수 없는 고정 값을 갖는 경우 불변 속성을 지녔다고 한다. 예를 들어 `float` 클래스는 불변 속성을 지닌 클래스다. 즉, 일단 인스턴스가 생성되면 이 인스턴스의 값을 변경할 수 없다(단, 해당 객체를 참조하는 식별자는 다른 값으로 다시 대입될 수 있음).

클래스	설명	불변성
`bool`	부울 값	✓
`int`	정수(크기 제한 없음)	✓
`float`	부동소수점 형식의 실수	✓
`list`	일련의 객체 시퀀스(가변적임)	
`tuple`	일련의 객체 시퀀스(불변적임)	✓
`str`	문자열	✓
`set`	집합(객체들을 순서 없이 모은 것으로, 중복 허용 안 됨)	
`frozenset`	`set` 클래스와 같지만 불변적임	✓
`dict`	딕셔너리(짝지어진 자료들의 모음)	

표 1.2 파이썬에서 자주 사용되는 내장 클래스

여기서는 이들 클래스의 용도와 인스턴스를 생성하는 주요 방법을 소개한다. 대부분의 내장 클래스에는 리터럴 형식(예 `98.6`)이 존재하며, 이미 존재하는 값을 이용해 인스턴스를 생성하는 일반적인 방식의 생성자를 지원한다. 이들 클래스에서 지원하는 연산자는 1.3절에서 설명한다. 또한 리스트와 튜플은 5장에서, 문자열은 5장 · 13장 · 부록 A에서, 집합과 딕셔너리는 10장에서 자세히 설명한다.

bool 클래스

bool 클래스는 논리(부울) 값을 다루는 데 사용되는데, 두 개의 인스턴스만 존재하며 이들은 각각 True와 False 리터럴로 표현된다. 이 클래스의 기본 생성자 bool()은 False를 반환하지만, 이렇게 생성자를 쓰지 않고 False만 사용해도 충분하다. 파이썬에서는 bool(foo) 문처럼 부울이 아닌 데이터 타입을 매개변수로 하여 부울 값을 생성할 수 있다. 이 경우 매개변수의 타입에 따라 다르게 평가되는데, 수의 경우 그 값이 0이면 False로, 0이 아니면 True로 평가된다. 또한 문자열이나 list와 같은 시퀀스 혹은 기타 컨테이너 타입이면 데이터가 빈 경우 False로, 비지 않으면 True로 평가된다. 이러한 해석은 코드에서 부울 데이터 타입이 아닌 값을 조건문에 사용해 제어할 때 중요하다.

int 클래스

int 클래스와 float 클래스는 파이썬에서 수를 나타내는 주요 데이터 타입이다. int 클래스는 임의의 크기를 가진 정수 값을 표현하도록 설계되었다. 정밀도가 다른 다양한 정수 타입(예 int, short, long)을 지원하는 자바나 C++와 달리 파이썬은 값의 크기에 따라 정수에 대한 내부 표현을 자동으로 선택한다. 정수 리터럴은 0, 137, -23 등과 같이 나타낼 수 있다. 어떤 경우엔 2진수, 8진수 또는 16진수를 사용해 정수 값을 표현하는 것이 편리할 수 있다. 그럴 땐 숫자 0을 맨 앞에 먼저 쓰고 그다음 몇 진수인지를 나타내는 문자를 사용하면 된다. 예를 들어 0b1011, 0o52, 0x7f와 같이 각 진법에 맞게 정수 리터럴을 쓸 수 있다.

정수 생성자 int()는 기본적으로 값 0을 반환한다. 그러나 이 생성자는 다른 타입의 값을 기반으로 정수 값을 만드는 데에도 사용할 수 있다. 예를 들어 f가 부동소수점 값을 나타내는 경우 int(f) 문은 f에서 소수점 이하를 빼 버린 정수 값을 생성해 준다. 예를 들어 int(3.14)와 int(3.99)는 모두 정수 값 3을 생성하고 int(-3.9)는 -3을 생성한다. 또한 이 생성자는 정수 값을 나타내는 문자열(예 사용자가 입력한 값)을 파싱(parsing)하는 데 사용할 수 있다. 즉, s가 문자열을 나타내는 경우 int(s)는 해당 문자열이 나타내는 정수 값을 생성한다. 예를 들어 int('137')은 정수 값 137을 생성한다. int('hello')와 같이 유효하지 않은 문자열이 매개변수로 주어지면 ValueError가 발생한다(파이썬의 예외 처리에 대한 설명은 1.7절 참고). int()를 이용해 문자열을 파싱할 때는 기본적으로 10진법을 사용해야 한다. 다른 진법에 대해 정수 변환을 하려면 해당 진법을 두 번째 매개변수로 표시해야 한다. 예를 들어 int('7f', 16)은 정수 127로 평가된다.

float 클래스

파이썬에서 float 클래스는 유일한 부동소수점 데이터 타입으로서, 정밀도가 고정되어 있다. 이 float 타입의 정밀도는 자바나 C++ 언어에서 float보다는 double 타입의 정밀도와 비슷하다. float 타입의 리터럴은 앞에서 설명했듯이 98.6처럼 표현할 수 있다. 정수 값과 동등한 부동소수점 수를 나타내고자 할 때는 2.0과 같이 표현할 수 있다. 이때 뒤에 붙는 0은 선택 사항이므로 2.과 같이 0을 붙이지 않고 부동소수점 리터럴을 사용하기도 한다. 과학적 표기법을 사용한 리터럴도 있다. 예를 들어 리터럴 6.022e23은 6.022×10^{23}을 나타낸다.

float() 생성자는 기본적으로 0.0을 반환한다. 매개변수가 주어지면 생성자는 그에 상응하는 부동소수점 값을 반환한다. 예를 들어 float(2)를 호출하면 부동소수점 값 2.0이 반환된다. float('3.14')와 같이 매개변수가 문자열인 경우 해당 문자열을 부동소수점 값으로 파싱하며, 유효하지 않은 문자열이 들어가면 ValueError 예외가 발생한다.

시퀀스 타입: list, tuple, str 클래스

list, tuple, str 클래스는 파이썬의 **시퀀스**(sequence) 타입으로, 여러 데이터에 대해 순서 정보를 지닌 하나의 묶음으로 나타낸다. list 클래스는 가장 일반적인 시퀀스 타입으로서, 임의의 객체들을 원소로 한다(다른 언어의 '배열'과 유사함). tuple 클래스는 list 클래스와 비슷하지만 **불변적** 속성을 지니며, 내부 데이터 표현이 효율적이다. str 클래스는 텍스트 문자에 대한 불변적 속성을 지닌 시퀀스를 표현하기 위해 특별히 설계된 클래스다. 파이썬에는 '문자'를 위한 클래스가 따로 없으며 문자는 단지 길이가 1인 '문자열'로 취급된다.

list 클래스

list 인스턴스에는 일련의 객체들을 담는다. 사실 기술적으로 보면 리스트는 (데이터 자체가 아닌) 데이터에 대한 **참조**(reference)들을 저장하는 **참조**(referential) **구조**다(그림 1.4 참고). 리스트에 담을 수 있는 데이터는 None 객체를 포함한 어떤 것도 될 수 있다. 리스트는 인덱스가 0부터 시작되는 **배열 기반**(array-based) 시퀀스이므로, 길이 n의 리스트는 0부터 $n-1$까지 인덱싱된 데이터를 갖는다. 리스트는 파이썬에서 많이 사용되는 컨테이너 타입이므로 이 책에서 자료구조와 알고리즘을 설명할 때 매우 핵심적인 역할을 할 것이다. 리스트는 필요에 따라 용량을 동적으로 확장하거나 축소하는 등 유용한 기능을 많이 갖고 있다. 다만, 이 장에서는 리스트의 가장 기본적인 속성만 다루며, 파이썬에서 제공하는 모든 시퀀스 타입에 대한 내부 동작은 5장에서 중점적으로 다룬다.

파이썬은 list 타입의 리터럴을 나타내기 위해 [] 문자를 사용하며, [] 자체는 빈 리스트를 의미한다. 예를 들어 ['red', 'green', 'blue']는 세 개의 문자열 인스턴스가 포함된 리스트다. list 타입의 리터럴을 사용할 때 리스트에 담을 데이터를 반드시 리터럴로 표현할 필요는 없다. 예를 들어 식별자 a와 b가 존재할 경우 [a, b]와 같이 사용할 수 있다.

list() 생성자는 기본적으로 빈 리스트를 생성한다. 또한 생성자는 매개변수로 **순회 가능한**(iterable) 타입, 즉 이터러블 타입의 데이터를 사용할 수 있다. **순회**(iteration)에 대해서는 1.8절에서 자세히 설명하겠지만, 이터러블 타입에는 모든 표준 컨테이너 타입(문자열, 리스트, 튜플, 집합, 딕셔너리 등)이 포함된다. 예를 들어 list('hello')는 ['h', 'e', 'l', 'l', 'o']와 같은 개별 문자들의 리스트를 생성한다. 리스트 객체가 이미 있다면(예를 들어 data라는 이름의 리스트), 이는 그 자체가 이터러블이므로, backup = list(data)와 같이 원본 data 리스트와 동일한 데이터들을 참조하는 새로운 리스트 인스턴스를 만들 수 있다.

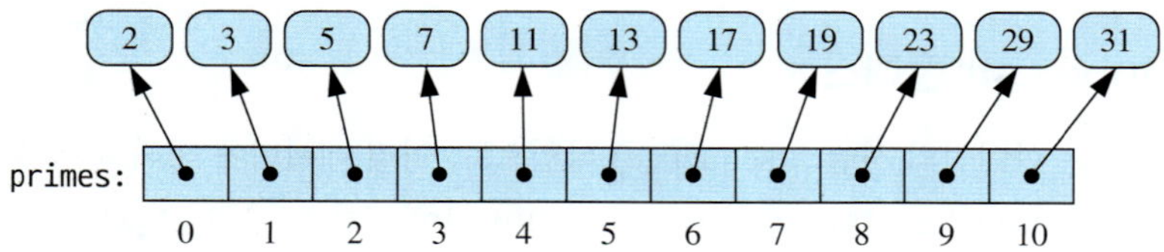

그림 1.4 정수를 원소로 하는 리스트 primes = [2, 3, 5, 7, 11, 13, 17, 19, 23, 29, 31]에 대한 파이썬의 내부 표현(각 원소 아래의 숫자는 인덱스를 나타냄)

tuple 클래스

tuple 클래스는 불변적 속성의 시퀀스다. 그러므로 튜플 인스턴스의 내부 표현은 리스트보다 간소화된 형태다. 리스트는 [] 문자를 사용하지만, 튜플은 () 문자를 사용하며 () 자체는 빈 튜플을 나타낸다. 한 가지 주의할 점은 길이가 1인 튜플을 리터럴로 표현할 때 () 안에서 원소 뒤에 쉼표를 넣어야 한다는 것이다. 예를 들어 (17,)은 하나의 원소로 구성된 튜플이다. (17)과 같이 쉼표 없이 쓴다면 이는 단순히 17이라는 수를 괄호로 둘러싼 표현식으로 간주된다.

str 클래스

파이썬의 str 클래스는 유니코드 문자 집합을 기반으로 불변 속성의 문자 시퀀스를 효율적으로 표현하도록 특별히 설계되었다. 그림 1.5에서 볼 수 있듯이 문자열은 참조 구조 형태의 리스트나 튜플보다 내부 표현이 더 간결하다.

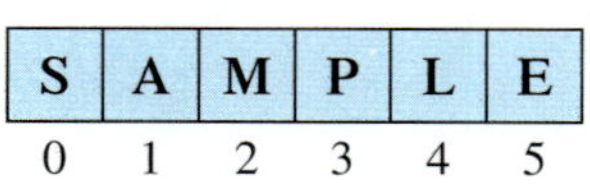

그림 1.5 파이썬에서 문자열은 인덱싱이 가능한 일련의 문자들이다.

문자열 리터럴은 'hello'와 같이 작은따옴표로 묶거나 "hello"와 같이 큰따옴표로 묶을 수 있다. 이렇게 두 가지 방식을 함께 사용함으로써 "Don't worry"의 예와 같이 한 쌍의 따옴표 안에 다른 따옴표를 실제 문자로 사용할 수 있다. 따옴표 자체를 실제 데이터로 사용할 수 있는 또 다른 방식도 있다. 'Don\'t worry'와 같이 백슬래시를 **이스케이프 문자**(escape character)로 사용하는 것이다. 백슬래시 자체를 문자열 리터럴에서 사용하려면 'C:\\Python\\'와 같이 이스케이프 문자를 같이 사용해야 C:\Python\로 표시된다. 이외의 이스케이프 문자로는 개행을 위한 \n, 탭을 위한 \t가 있다. 유니코드 문자도 리터럴로 사용할 수 있는데, 예를 들어 유럽 화폐 20유로를 나타내는 문자열 20€의 경우 '20\u20AC'와 같이 나타낼 수 있다.

파이썬에서는 ''' 또는 """를 사용해 문자열 리터럴의 시작과 끝을 구분할 수도 있다. 따옴표 세 개로 묶인 문자열의 장점은 개행문자가 자연스럽게 포함된다는 점이다(\n처럼 이스케이프할 필요 없이). 이렇게 하면 소스 코드에서 여러 행으로 구성된 문자열의 가독성을 크게 향상시킬 수 있다. 예를 들어 코드 1.1의 시작 부분에서 출력문의 각 행에 별도의 print 문을 사용하는 대신 다음과 같이 print 하나만 사용할 수 있다.

```
print(""" Welcome to the GPA calculator.
Please enter all your letter grades, one per line.
Enter a blank line to designate the end. """)
```

set 클래스와 frozenset 클래스

파이썬의 set 클래스는 중복이 없고 정해진 순서도 없는 원소들의 집합을 나타낸다. list 클래스에 비해 set를 사용할 때의 가장 큰 장점은 특정 원소가 집합에 포함되었는지를 확인하는데 고도로 최적화되어 있다는 것이다. 이는 **해시 테이블**(hash table)이라는 자료구조를 기반으로 한다(해시 테이블은 10장에서 다룸). 그러나 이러한 특징 때문에 두 가지 중요한 제한 사항이 있다. 첫째는 집합이 특정 순서로 원소들을 관리하지 않는다는 것이고, 둘째는 **불변적인** 타입의 인스턴스만 집합에 추가할 수 있다는 것이다. 따라서 정수, 부동소수점 수, 문자열과 같은 객체는 집합의 원소가 될 수 있다. 튜플을 원소로 하는 집합도 가능하다. 하지만 리스트나 집합은 가변적 속성을 지니므로 리스트에 대한 집합이나 집합에 대한 집합은 사용할 수 없다. frozenset 클래스는 불변적 속성의 set 타입이므로 frozenset 객체들을 원소로 하는 집합은 가능하다.

파이썬은 {17} 또는 {'red', 'green', 'blue'}와 같이 중괄호 {}를 집합의 구분 기호로 사용한다. 한 가지 주의할 점이 있다. {}는 빈 집합을 나타내는 것이 아니라 빈 딕셔너리를 나타낸다는 것이다(다음 단락 참고). 대신 생성자 set()는 원소가 없는 빈 집합을 생성한다. 이터러블 타입의 객체를 매개변수로 하여 생성자를 호출하면 고유한 원소들을 가진 set 인스턴스가 생성된다. 예를 들어 set('hello')는 {'h', 'e', 'l', 'o'}를 생성한다.

dict 클래스

파이썬의 dict 클래스는 **키**(key)와 **값**(value)들을 서로 연관시켜 주는 **딕셔너리**(dictionary), 즉 **매핑**(mapping)을 위한 클래스다. 예를 들어 딕셔너리는 학생의 학번을 키로 하고 학적 정보(예 학생의 이름, 주소, 과목 성적)를 값으로 하여 매핑할 수 있다. 파이썬은 set 클래스와 거의 동일한 방식으로 dict 클래스를 구현하지만, set와 달리 키에 매핑된 값 정보도 저장한다.

딕셔너리 리터럴은 집합과 비슷하게 중괄호 {}를 사용하는데, 딕셔너리가 집합보다 먼저 파이썬에 도입되었기 때문에 리터럴 {}는 빈 딕셔너리를 생성한다. 비어 있지 않은 딕셔너리는 쉼표로 구분된 일련의 (키:값) 쌍을 사용해 표현된다. 예를 들어 {'ga': 'Irish', 'de': 'German'} 딕셔너리는 'ga'를 'Irish'로, 'de'를 'German'으로 매핑한다.

dict 클래스의 생성자는 이미 생성된 dict 객체를 매개변수로 받아들일 수 있으며, 이 경우 기존 매핑 정보와 동일한 매핑 정보를 가진 새 dict 객체를 생성한다. 또한 dict의 생성자는 키-값 쌍의 시퀀스를 매개변수로 받을 수도 있다. 예를 들어 pairs = [('ga', 'Irish'), ('de', 'German')]라는 리스트 객체가 있다면 dict(pairs)와 같이 사용할 수 있다.

1.3 표현식, 연산자, 우선순위

앞 절에서 객체에 이름을 부여하여 식별하는 방법과 리터럴 및 생성자를 사용하여 파이썬 내장 클래스의 인스턴스를 생성하는 방법에 대해 설명했다. 프로그램에 이미 존재하는 값은 **연산자**(operator)라고 알려진 다양한 특수기호와 키워드(예약어)를 사용해 더 큰 **표현식**(expression)으로 결합할 수 있다. 연산자의 의미는 피연산자의 타입에 따라 달라진다. 예를 들어 a와 b가 수이면 a + b는 두 수의 덧셈을 나타내고, a와 b가 문자열이면 + 연산자는 두 문자열을 연결하는 동작을 나타낸다. 이 절에서는 파이썬의 내장 클래스에 대한 다양한 연산자들을 설명한다.

1.3.1절에서는 a + b * c와 같이 두 개 이상의 연산이 섞인 **복합 표현식**(compound expression)을 평가하는 방법에 대해 설명한다. 복합 표현식에 사용된 연산들이 평가되는 순서는 표현식의

전체 값에 영향을 미칠 수 있으므로 파이썬에서는 연산자 평가에 대한 구체적인 우선순위를 정의하고 있다. 또한 괄호를 사용해 부분적으로 표현식을 그룹화함으로써 평가 순서를 바꿀 수 있다.

논리 연산자

파이썬은 부울 값에 대해 다음과 같은 키워드들을 연산자로 사용할 수 있게 지원한다.

`not`	부정(단항 연산)
`and`	논리곱
`or`	논리합

`and`와 `or` 연산자는 **단락**(short-circuit) 방식으로 동작한다. 즉, 첫 번째 피연산자의 값만으로 논리 연산의 결과를 결정할 수 있는 경우 두 번째 피연산자를 평가(계산)하지 않는다. 이 기능은 특정 조건(예 객체에 대한 참조가 `None`이 아닌 경우)이 맞는지 먼저 평가한 다음, 이 평가를 통과해야만 오류 없이 동작할 수 있는 다른 조건을 두도록 논리식을 구성할 때 유용하다.

동일성을 평가하는 연산자들

파이썬은 두 객체가 '같은지' 평가하는 데 다음과 같은 연산자들을 제공한다.

`is`	두 객체가 같은 존재인지
`is not`	두 객체가 다른 존재인지
`==`	두 객체가 동등한지
`!=`	두 객체가 동등하지 않은지

식별자 `a`와 `b`가 동일한 객체를 참조하는 별칭들인 경우 표현식 `a is b`는 `True`로 평가된다. 표현식 `a == b`는 좀더 일반적인 동등성 개념을 평가한다. 식별자 `a`와 `b`가 동일한 객체를 참조하는 경우 `a == b`는 당연히 `True`로 평가된다. 두 식별자가 서로 다른 객체를 참조하지만 이들 객체가 갖는 값이 서로 동등할 경우에도 `a == b`는 `True`로 평가된다. 이때 값이 서로 동등한지 판단하는 기준은 데이터 타입에 따라 달라진다. 예를 들어 두 문자열은 상응하는 각각의 문자가 모두 일치하면 동등한 것으로 간주된다. 두 개의 서로 다른 집합은 순서에 관계없이 동일한 원소들을 가지고 있으면 동등한 것으로 간주된다. 대부분의 경우 `==`와 `!=`를 사용한 동등성 검사가 적절할 것이며, `is`와 `is not` 연산자는 별칭 여부를 확인해야 하는 상황에서만 사용해야 한다.

비교 연산자

다음 비교 연산자들을 이용해 데이터 타입이 동일한 여러 객체에 대해 순서를 정의할 수 있다.

`<`	보다 작은
`<=`	보다 작거나 같은
`>`	보다 큰
`>=`	보다 크거나 같은

이들 연산자는 수를 나타내는 데이터 타입에 대해서는 산술적으로 동작하며, 문자열에 대해서는 대소문자를 구분한 단어 사전의 순서에서와 같이 동작한다. `5 < 'hello'`와 같이 피연산자들의 데이터 타입이 서로 비교할 수 없는 경우에는 예외가 발생한다.

산술 연산자

파이썬은 다음과 같은 산술 연산자들을 지원한다.

`+`	더하기
`-`	빼기
`*`	곱하기
`/`	나누기
`//`	정수 나누기
`%`	나머지(모듈러) 연산

덧셈, 뺄셈, 곱셈의 사용법은 매우 간단하다. 두 피연산자의 타입이 모두 `int`이면 결과도 `int`이고, 두 피연산자 중 하나라도 `float`이면 결과도 `float`가 된다는 점에 유의하자.

파이썬에서는 나눗셈 연산을 더 세심하게 다룬다. 먼저 두 피연산자의 타입이 모두 `int`인 경우, 예를 들어 27을 4로 나눈 값을 고려해 보자. 수학적으로는 $27 \div 4 = 6\frac{3}{4} = 6.75$다. 파이썬에서 `/` 연산자는 **실제 나눗셈**(True Division)을 나타내며, 나눗셈 결과를 부동소수점 타입으로 반환한다. 따라서 `27 / 4`는 `float` 값 `6.75`가 된다. 파이썬은 정수 나눗셈을 수행하는 데 연산자 `//`와 `%`를 지원하는데, 일례로 식 `27 // 4`는 정수 값 6(실제 몫에 대해 내림 연산 수행)으로 평가되고 식 `27 % 4`는 정수 나눗셈의 나머지 부분인 정수 값 3으로 평가된다. C, C++, 자바와 같은 언어에서는 `//` 연산자를 지원하지 않는다. 대신 `/` 연산자를 사용했을 때 두 피연산자의 데이터 타입이 모두 정수인 경우 몫에 대한 내림값을 반환하고, 피연산자 중 하나라도 부동소수점 타입인 경우에는 실제 나눗셈 결과를 반환한다.

파이썬에서는 //와 %의 동작을 피연산자가 음수인 경우에도 적용한다. 일례로 변수 n을 m으로 나눈 경우, 즉 n이 **피제수**(dividend)이고 m이 **제수**(divisor)라고 하자. 또한 q = n // m이고 r = n % m이라고 하자. 이때 파이썬은 q * m + r 값이 n과 같음을 보장한다. 피연산자들이 양수인 경우에는 6 * 4 + 3 = 27에서 볼 수 있듯이 등식 q * m + r = n이 성립한다. 또한 제수 m이 양수일 때 파이썬은 $0 \leq r < m$을 추가로 보장하는데, 이로 인해 -27 // 4는 -7로 평가되고 -27 % 4는 1로 평가된다. 왜냐하면 $(-7) * 4 + 1 = -27$이기 때문이다. 제수가 음수인 경우에는 $m < r \leq 0$이 보장된다. 예를 들어 27 // -4는 -7이고 27 % -4는 -1이 되어 결과적으로 $27 = (-7) * (-4) + (-1)$의 등식을 만족하게 된다.

파이썬에서 //와 % 연산자의 동작은 부동소수점으로도 확장된다. 표현식 q = n // m은 몫을 내림 연산한 값으로 평가되고 r = n % m은 '나머지'로서 q * m + r 값이 n과 같음을 보장한다. 예를 들어 8.2 // 3.14는 2.0으로 평가되고 8.2 % 3.14는 1.92로 평가되는데 이는 $2.0 * 3.14 + 1.92 = 8.2$라는 등식을 만족한다.

비트 단위 연산자

파이썬은 정수에 대해 다음 비트 단위 연산자를 제공한다.

~	비트 단위 NOT (단항 전위 연산자)
&	비트 단위 AND
|	비트 단위 OR
^	비트 단위 XOR
<<	왼쪽으로 비트 단위 시프트(이동 시 오른쪽을 0으로 채움)
>>	오른쪽으로 비트 단위 시프트(이동 시 왼쪽을 부호 비트 값으로 채움)

시퀀스 연산자

파이썬에 내장된 시퀀스 타입(str, tuple, list)은 다음과 같은 연산자 구문을 지원한다.

- s[j] — 인덱스 j의 원소
- s[start:stop] — 인덱스 [start, stop)에 대한 슬라이스
- s[start:stop:step] — start부터 stop까지 step 값만큼 인덱스를 증가시키면서(즉, start, start + step, start + 2 * step, …) 이에 해당 원소들이 포함되도록 슬라이스함
- s+t — 시퀀스 s와 t를 연결함

- `k * s` 시퀀스 s를 k번 연결함(s + s + s + ... (k번))
- `val in s` 시퀀스 s에 val 값이 있는지 확인함
- `val not in s` 시퀀스 s에 val 값이 없음을 확인함

파이썬에서는 시퀀스 타입에 대해 **0부터 인덱싱**(zero-indexing)을 시작하므로, 길이가 n인 시퀀스는 0부터 $n-1$까지 인덱싱된 원소들을 갖는다. 또한 파이썬은 인덱스 값으로 **음수**도 지원하는데, 이를 통해 시퀀스 끝에서부터 원소에 접근할 수 있다. 예를 들어 인덱스 -1은 마지막 원소, 인덱스 -2는 뒤에서 두 번째 원소를 나타낸다. 또한 파이썬에서는 **슬라이싱**(slicing) 표기법을 사용해 시퀀스의 일부를 나타낼 수 있다. 이때 시작 인덱스는 슬라이싱에 포함되고 마지막 인덱스는 제외된다. 예를 들어 `data[3:8]`은 `data[3]`, `data[4]`, `data[5]`, `data[6]`, `data[7]` 값을 원소로 하는 시퀀스를 나타낸다. 슬라이싱은 일정한 간격을 두고 할 수 있는데, 이를 위해서는 간격(step)을 나타내는 값을 슬라이스 구문의 세 번째 매개변수로 주면 된다. 이 간격을 나타내는 값으로 음수도 쓸 수 있다. 슬라이싱 표기에서 시작 인덱스 또는 끝 인덱스가 생략된 경우에는 원래 시퀀스의 양 극단, 즉 시작 혹은 끝을 지정하는 것으로 간주한다.

리스트 객체는 가변 속성을 지니므로 `s[j] = val`를 사용해 해당 인덱스의 원소를 바꿀 수 있다. 리스트는 주어진 인덱스의 원소를 제거할 수 있는 `del s[j]` 구문도 지원한다. 슬라이싱 구문은 리스트의 일부를 바꾸거나 삭제하는 데에도 사용할 수 있다.

`val in s` 문을 사용해 시퀀스에 `val`과 같은 값을 갖는 원소가 있는지 확인할 수 있다. 문자열의 경우에는 이 구문을 사용해 문자 한 개 또는 더 긴 문자열도 체크할 수 있다(예 `'amp' in 'example'`).

시퀀스는 **사전적인 순서**(lexicographic order)에 따라 비교 연산을 정의하며, 시퀀스 시작부터 차례대로 원소별 비교를 시작하여 원소 값이 달라지는 인덱스까지 두 시퀀스를 비교한다. 예를 들어 `[5, 6, 9]`와 `[5, 7]`을 비교하면 `[5, 6, 9] < [5, 7]`이 성립하는데 이는 인덱스 1에서 `[5, 6, 9]` 값은 6이고 `[5, 7]` 값은 7로, 6 < 7이기 때문이다. 따라서 시퀀스 타입에 대해 다음과 같은 비교 연산을 할 수 있다.

- `s == t` 모든 원소 값이 서로 같음
- `s != t` 같지 않음
- `s < t` 사전적인 순서 기준으로 s가 t보다 작음
- `s <= t` 사전적인 순서 기준으로 s가 t보다 작거나 같음
- `s > t` 사전적인 순서 기준으로 s가 t보다 큼
- `s >= t` 사전적인 순서 기준으로 s가 t보다 크거나 같음

집합과 딕셔너리를 위한 연산자

`set`와 `frozenset` 클래스는 다음 연산자를 지원한다.

- `key in s` key가 집합 s에 있는지 체크함
- `key not in s` key가 집합 s에 없는지 체크함
- `s1 == s2` s1은 s2와 동등함
- `s1 != s2` s1은 s2와 동등하지 않음
- `s1 <= s2` s1은 s2의 부분집합(즉, s1이 s2에 포함되고 이는 두 집합이 같은 경우에도 성립함)
- `s1 < s2` s1은 s2의 진부분집합(s1이 s2에 포함됨, 두 집합이 같지는 않음)
- `s1 >= s2` s1은 s2를 포함함(두 집합이 같아도 성립함)
- `s1 > s2` s1은 s2를 포함함(두 집합이 같지는 않음)
- `s1 | s2` s1과 s2의 합집합
- `s1 & s2` s1과 s2의 교집합
- `s1 - s2` s1에서 s2를 뺀 차집합(s1의 원소들 중 s2에는 없는 원소들의 집합)
- `s1 ^ s2` s1에만 있는 원소이거나 s2에만 있는 원소들의 집합

집합의 경우 원소들에 대해 순서 개념이 없으므로 <와 같은 비교 연산자는 사전적 의미가 아니라 수학의 부분집합 개념에 기반한다. 그러므로 `set`의 비교에 사용되는 연산자들은 **전순서**(total order)가 아닌 **부분 순서**(partial order) 관계를 나타낸다.[1] 왜냐하면 서로소인 두 집합에 대해, 한 집합이 다른 집합에 비해 '작다'거나 '크다'라고 할 수 없기 때문이다. `set`나 `frozenset`는 `add`나 `remove` 메서드 같이 다양한 동작을 지원하는데 이에 대해서는 10장에서 자세히 살펴본다.

딕셔너리는 집합과 마찬가지로 원소들에 대해 순서 관계를 제공하지 않는다. 또한 부분집합 개념은 일반적으로 딕셔너리에 의미가 없으므로 `dict` 클래스는 <와 같은 연산자를 지원하지 않는다. 두 딕셔너리가 모두 동일한 키-값 쌍들을 갖는지 확인하려면 `d1 == d2` 구문을 사용할 수 있으며, 이 구문이 참일 경우 두 딕셔너리는 서로 '동등하다'고 한다. 딕셔너리에서 가장 널리 사용되는 동작은 `d[k]`와 같이 키 값을 인덱스로 사용해 이에 매핑된 값에 접근하는 것이다. 딕셔너리에 지원되는 연산자는 다음과 같다.

---

1 일반적으로 부분 순서는 일부 원소들만 비교 가능한 순서 관계이고, 전순서는 모든 원소가 비교 가능한 순서 관계다. 이 문맥에서는 파이썬의 `set` 객체 자체가 순서 관계의 원소로 간주되고 있다.

- `d[key]` 주어진 key 값에 매핑된 값
- `d[key] = value` 주어진 key 값에 매핑된 값을 설정함
- `del d[key]` 딕셔너리에서 주어진 key 값에 매핑된 값을 삭제함
- `key in d` 주어진 key 값에 해당하는 원소가 있는지 체크함
- `key not in d` 주어진 key 값에 해당하는 원소가 없는지 체크함
- `d1 == d2` d1과 d2가 동등함
- `d1 != d2` d1과 d2는 동등하지 않음

딕셔너리는 유용한 메서드를 다양하게 지원하는데 이에 대해서는 10장에서 자세히 살펴본다.

대입 연산자의 확장

파이썬은 `count += 5`와 같이 대부분의 이항 연산자에 대해 좀더 확장된 대입 연산자를 지원한다. 즉, `count += 5`는 `count = count + 5`를 짧게 줄인 것이다. 수나 문자열과 같은 불변적인 데이터 타입에 대해서는 이 구문이 기존 객체의 값을 변경한다고 생각하면 안 되고, 새로 생성한 값에 식별자를 다시 연관시키는 것으로 생각해야 한다(그림 1.3의 설명 참고). 그러나 어떤 데이터 타입은 이러한 의미를 다르게 정의하여 객체를 변경할 수 있는데, 일례로 아래와 같이 `list` 클래스에 대한 += 연산자의 동작을 들 수 있다.

```
• alpha = [1, 2, 3]
• beta = alpha              # alpha 리스트에 대해 beta 별칭을 생성함
• beta += [4, 5]            # 원래 리스트에 원소 두 개를 추가함
• beta = beta + [6, 7]      # beta는 [1, 2, 3, 4, 5, 6, 7]이라는 새 리스트를 가리킴
• print(alpha)              # [1, 2, 3, 4, 5]를 출력함
```

이 예는 리스트 객체인 `beta`에 대해 `beta += foo`와 `beta = beta + foo`가 서로 다르게 동작함을 보여준다.

1.3.1 복합 표현식과 연산자 우선순위

프로그래밍 언어에는 `5 + 2 * 3`과 같은 복합 표현식이 어떤 순서로 평가되는지에 대한 명확한 규칙이 있어야 한다. 파이썬에서 제공하는 연산자들에 대한 우선순위는 표 1.3과 같다. 표현식이 괄호로 묶여 있지 않는 한, 우선순위가 높은 연산자가 우선순위가 낮은 연산자보다 먼저 평

가된다. 덧셈보다 곱셈이 우선순위가 높으므로 5 + 2 * 3은 5 + (2 * 3)으로 평가되어 값이 11이지만, 괄호로 묶인 식 (5 + 2) * 3은 그 값이 21로 평가되는 것을 알 수 있다. 우선순위가 동일한 범주 내의 연산자들은 일반적으로 왼쪽에서 오른쪽으로 평가되므로 5 - 2 + 3의 값은 6이 된다. 이 규칙의 예외로, 단항 연산자와 지수는 오른쪽에서 왼쪽으로 평가된다는 점을 들 수 있다.

파이썬에서는 x = y = 0과 같은 **연쇄 대입**(chained assignment)을 통해 가장 오른쪽 값을 여러 식별자에 대입할 수 있다. 파이썬에서는 비교 연산자의 **연쇄**(chaining)도 허용한다. 예를 들어 식 1 <= x + y <= 10은 복합 표현식 (1 <= x + y) and (x + y <= 10)처럼 평가되지만, 대신 x + y는 한 번만 계산된다.

우선순위	연산자 종류	기호
1	멤버 접근	expr.member
2	함수/메서드 호출 컨테이너의 원소 접근/슬라이스	expr(...) expr[...]
3	거듭제곱	**
4	단항 연산자	+expr, -expr, ~expr
5	곱하기, 나누기	*, /, //, %
6	더하기, 빼기	+, -
7	비트 단위 시프트	<<, >>
8	비트 단위 and	&
9	비트 단위 xor	^
10	비트 단위 or	|
11	비교 포함 관계	**is**, **is not**, ==, !=, <, <=, >, >= **in**, **not in**
12	부정	**not** expr
13	논리곱	**and**
14	논리합	**or**
15	조건부 연산	val1 **if** cond **else** val2
16	대입	=, +=, -=, *= 등

표 1.3 파이썬 연산자 우선순위(우선순위가 높은 순서부터 낮은 순서로 정렬됨). 표에서 expr이 명시된 경우 이는 리터럴이나 식별자 또는 기존 표현식의 결괏값을 나타낸다. expr이 명시적으로 쓰여 있지 않은 모든 연산자는 이항 연산자이며 이는 'expr1 operator expr2'와 같은 형식을 나타낸다.

1.4 제어 흐름

이 절에서는 파이썬에서 가장 기본적인 제어 구조인 조건문과 반복문을 살펴본다. 모든 제어 구조에는 공통적으로 연속된 코드를 하나의 블록으로 정의하는 구문이 있다. :(콜론) 문자는 제어 구조에서 본문 역할을 하는 코드 블록의 시작을 구분하는 데 사용된다. 본문이 단일 실행문일 경우 콜론 오른쪽에 본문을 바로 쓸 수 있다. 하지만 본문은 대개 : 문자 다음 행부터 **들여쓰기한 블록**(indented block)으로 작성된다. 파이썬에서는 들여쓰기를 통해 코드 블록의 범위 또는 더 깊이 중첩된 코드 블록의 범위를 나타낸다. 함수의 본문(1.5절 참고)과 클래스의 본문(2.3절 참고)을 나타낼 때에도 이러한 들여쓰기 원칙이 적용된다.

1.4.1 조건문

조건문(`if` 문이라고도 함)은 하나 이상의 부울 표현식에 대한 실행 결과에 따라 코드 블록을 선택적으로 실행하는 방법을 제공한다. 다음은 파이썬에서 가장 일반적인 형태의 조건문이다.

```
if 첫 번째 조건:
    첫 번째 본문
elif 두 번째 조건:
    두 번째 본문
elif 세 번째 조건:
    세 번째 본문
else:
    네 번째 본문
```

각 조건은 부울 표현식이며, 각 본문에는 조건부로 실행할 명령이 하나 이상 포함되어 있다. 첫 번째 조건이 참이면 첫 번째 본문이 실행되며, 이 경우 다른 조건이나 본문은 평가되지 않는다. 첫 번째 조건이 거짓이면 두 번째 조건이 평가되도록 프로그램이 진행된다. 이 조건문 전체에서 오직 하나의 본문만 실행된다. `elif` 절은 아예 없을 수도 있고 여러 개가 있을 수도 있다. 마지막 `else` 절은 없어도 된다. 38쪽에서 설명한 것처럼, 부울 타입이 아닌 표현식도 직관적으로 참 혹은 거짓의 의미를 가질 수 있으면 부울 타입처럼 평가될 수 있다. 예를 들어 `response`가 사용자 입력 문자열을 나타내고 이것이 빈 문자열인지 아닌지에 따라 동작을 달리하려는 경우 다음과 같이 작성할 수 있다.

```
if response:
```

이는 다음과 동일하다.

```
if response != ' ':
```

조건문의 간단한 예로, 로봇의 동작을 제어하는 다음과 같은 코드가 있을 수 있다.

```
if door_is_closed:
    open_door()
advance()
```

마지막 명령인 advance()는 들여쓰기가 되어 있지 않으므로 조건문의 본문에 속하지 않는다는 점에 유의하자. 즉, 이 명령은 항상 실행된다.

하나의 제어문을 다른 제어문 안에 중첩할 수 있으며, 이때 코드 블록의 범위를 명확히 하기 위해 들여쓰기를 사용한다. 로봇의 동작을 제어하는 앞의 코드를 다음과 같이 좀더 복잡한 제어문으로 표현할 수 있다.

```
if door_is_closed:
    if door_is_locked:
        unlock_door()
    open_door()
advance()
```

이 코드에 제시된 프로그램 로직을 그림 1.6의 **순서도**(flowchart)로 나타낼 수 있다.

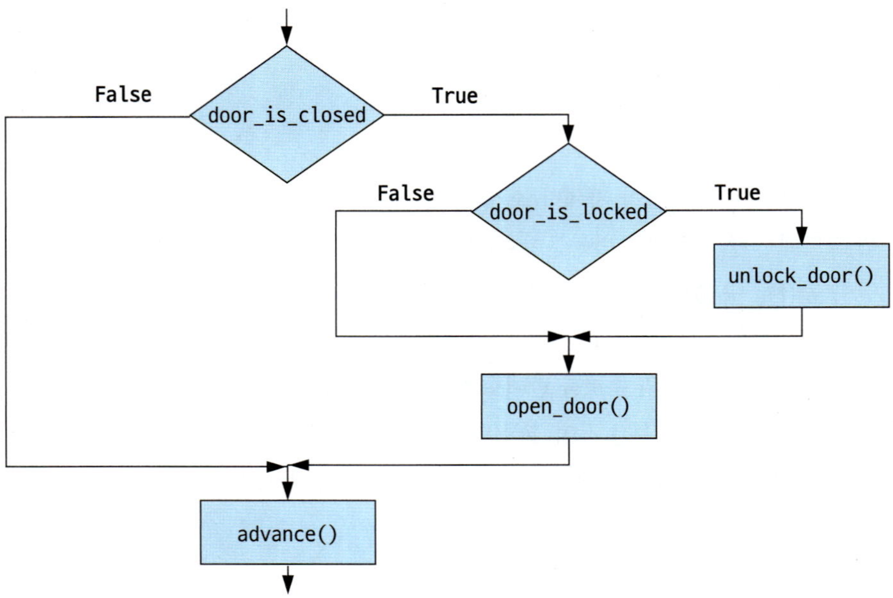

그림 1.6 중첩된 조건문의 동작 구조를 나타내는 순서도

1.4.2 반복문

파이썬에서는 두 가지 형식의 반복문을 제공한다. while 루프는 부울 조건식을 반복적으로 체크하고 그 결과에 따라 동작하는 일반적인 형식의 반복문이다. for 루프는 잘 정의된 일련의 값들(예 문자열의 각 문자들, 리스트의 원소들, 일정 범위 내에 있는 수들)에 대해 편리하게 반복 작업을 수행할 수 있도록 해준다. 이 절에서는 이 두 가지 반복문에 대해 설명한다.

while 루프

파이썬에서 while 루프의 형태는 다음과 같다.

```
while 조건:
    본문
```

if 문과 마찬가지로 조건은 임의의 부울 표현식일 수 있고 본문은 임의의 코드 블록(중첩된 제어 구조 포함)일 수 있다. while 루프의 실행은 부울 조건을 평가하는 것으로 시작된다. 해당 조건이 True로 평가되면 루프 본문이 실행된다. 본문을 실행할 때마다 루프 조건이 다시 평가되고 그 결과가 True로 평가되면 본문이 또 수행된다. 조건이 False로 평가되면 루프가 종료되고 프로그램은 루프 본문 바로 다음 위치에서 실행을 계속한다.

예를 들어보자. 다음은 문자열 시퀀스 내에서 'X' 값을 가진 원소를 찾을 때까지, 찾지 못하면 시퀀스의 끝에 도달할 때까지 인덱스를 계속 증가시키는 반복문이다.

```
j = 0
while j < len(data) and data[j] != 'X' :
  j += 1
```

위 코드에서 len 함수(1.5.2절에서 자세히 소개함)는 리스트나 문자열 같은 시퀀스의 길이를 반환한다. 위 코드에서 주의할 점은 반복문이 43쪽에서 설명한 and 연산자의 단락 방식 평가에 의해 자칫 잘못 동작할 수 있다는 점이다. 위 코드는 j < len(data) 조건을 의도적으로 and 연산자의 왼쪽에 두었는데, 이는 data[j] 원소에 접근하기 전에 먼저 j가 유효한 인덱스인지 확인하기 위한 것이다. 이 두 조건의 순서를 반대로 했다면 data[j] != 'X'가 먼저 평가되므로, 'X'가 data에 아예 없는 경우에는 j 값이 결국 리스트의 길이보다 커져 data에 잘못된 인덱스로 접근하게 되고, 이는 곧 IndexError를 발생시켰을 것이다(예외 처리에 대한 설명은 1.7절 참고).

앞의 코드에서는 while 루프가 끝난 시점에 두 가지 경우가 있을 수 있다. 첫째, 만약 'X'를 찾았다면 변수 j의 값은 문자열 리스트에서 'X'가 처음 발견된 인덱스가 된다. 둘째, 만약 'X'를 찾지 못했다면 j는 data 리스트의 길이가 된다(이는 유효하지 않은 인덱스 값이므로 곧 'X'를 찾지 못했다는 것을 의미함). 이 코드는 리스트가 비어 있는 특수한 경우에도 올바르게 작동한다는 점에 주목해야 한다. 리스트가 비어 있는 경우에는 처음에 j < len(data) 조건이 실패하므로 while 루프의 본문이 실행되지 않을 것이다.

for 루프

파이썬의 for 루프는 일련의 데이터에 차례로 접근하며 반복해야 할 경우 while 루프보다 더 편리할 수 있다. for 루프는 list, tuple, str, set, dict와 같은 모든 타입의 **이터러블**(iterable) 구조와 파일에 사용할 수 있다(이터레이터에 대해서는 1.8절에서 자세히 설명함). 일반적인 구문은 다음과 같다.

```
for element in iterable:
    body                    # 본문 내에서 식별자 element를 참조할 수 있음
```

자바에 익숙한 독자를 위해 설명하자면, 파이썬의 for 루프는 자바 1.5에 도입된 for each 구문과 유사하다.

for 루프를 이해하는 유용한 예로, 수로 구성된 리스트에 대해 원소의 총합을 계산하는 작업을 살펴보자(물론 파이썬에는 이 작업을 수행하는 내장 함수인 sum이 있음). data가 list 타입이라고 가정하면 다음과 같이 for 루프를 사용해 계산을 수행할 수 있다.

```
total = 0
for val in data:
    total += val            # 반복문에 val 변수를 어떻게 사용했는지 주의 깊게 보자.
```

루프 본문은 리스트의 각 원소에 대해 한 번씩 실행되며, 각 반복의 시작 부분에서 식별자 val에 원소가 대입된다. val은 일반적인 식별자로 취급된다는 점에 주목할 필요가 있다. 즉, 리스트의 원소 원본이 가변적 속성을 지닌 경우(mutable), val 식별자를 사용해 해당 원소의 메서드를 호출하여 원본 객체의 상태를 변경할 수도 있다. 하지만 식별자 val에 새 값을 재할당하면 원소 원본이나 루프의 다음 반복에는 영향을 미치지 않는다.

다음은 고전적인 예로, 리스트에서 최댓값을 찾는 작업을 생각해 보자(파이썬의 내장 함수 max가 이 작업을 지원함). data 리스트에 원소가 하나 이상 있다고 가정한다면 다음과 같이 구현할 수 있다.

```
biggest = data[0]           # 리스트가 비어 있지 않다고 가정함
for val in data:
    if val > biggest:
        biggest = val
```

위 두 가지 예를 모두 while 루프로도 수행할 수 있지만, for 루프는 리스트의 원소 접근을 위한 인덱스를 명시적으로 관리한다거나 부울 조건식을 작성할 필요가 없어 단순하다는 장점이 있다. 또한 직접적인 형태의 인덱싱을 지원하지 않는 set 클래스 같은 컬렉션에 대해 반복 작업을 수행하고자 할 때에도 while 루프 대신 for 루프를 사용할 수 있다.

인덱스 기반 for 루프

앞의 for 루프 형식은 리스트의 원소에 대해 단순하게 반복할 수 있어 좋지만, 시퀀스 내에서 원소가 어디에 있는지 모른다는 단점이 있다. 어떤 경우에는 시퀀스 내 원소의 인덱스에 대한 정보가 필요할 수 있다. 예를 들어 리스트에서 최대 원소가 어디에 있는지 알고 싶을 수 있다.

이 경우 리스트의 원소들을 직접적으로 순회하는 대신 리스트의 가능한 모든 인덱스에 대해 순회하는 것이 좋다. 이를 위해 파이썬은 일련의 정수들을 생성해 주는 내장 클래스 range를 제공한다(제너레이터에 대한 설명은 1.8절 참고). 가장 간단한 형태로 range(n) 문은 0에서 $n-1$까지 총 n개인 일련의 값을 생성한다. 편리하게도, 이는 바로 길이가 n인 시퀀스에 유용하게 사용할 수 있는 인덱스들이다. 따라서 데이터 시퀀스에 대한 일련의 인덱스를 이용해 반복 작업을 수행하고자 할 경우 파이썬에선 다음과 같이 하는 것이 일반적이다.

```
for j in range(len(data)):
```

이 경우 식별자 j는 data의 원소가 아니라 정수다. 그러나 표현식 data[j]를 사용해 각 원소 값을 가져올 수 있다. 예를 들어 다음과 같이 리스트에서 최댓값에 해당하는 원소의 인덱스를 찾을 수 있다.

```
big_index = 0
for j in range(len(data)):
    if data[j] > data[big_index]:
        big_index = j
```

break와 continue

파이썬은 while 또는 for 루프 본문 내에서 즉시 종료할 수 있는 break 문을 지원한다. 즉, 중첩된 제어 구조 내에서 break를 만나면 가장 안쪽에 둘러싸고 있는 반복문을 종료한다. 다음은 주어진 데이터셋에 목푯값이 있는지를 체크하는 예다.

```
found = False
for item in data:
    if item == target:
        found = True
        break
```

또한 파이썬은 루프 본문의 현재 반복을 중지하고 그다음 반복으로 계속 진행되도록 하는 continue 문을 지원한다. break나 continue 문은 종종 복잡한 논리 조건을 효과적으로 대체하여 사용될 수 있다.

1.5 함수

이 절에서는 파이썬에서 함수를 정의하고 사용하는 방법을 살펴본다. 1.2.2절에서와 마찬가지로, **함수**(function)와 **메서드**(method)를 구분할 것이다. 즉, 특정 클래스나 인스턴스 없이 호출되는 전통적인 무상태(stateless) 함수를 가리킬 때는 함수라는 용어를 사용한다(예 sorted(data)). 그리고 data.sort()와 같이 특정 객체에 대해 호출되는 멤버 함수를 가리킬 때는 메서드라는 용어를 사용한다. 객체 지향 관점에서 보면 메서드 호출은 특정 객체에 메시지를 전달하는 형식을 취한다. 이 절에서는 함수만 살펴보고, 메서드는 2장에서 좀더 일반적인 객체 지향 원칙과 함께 살펴볼 것이다. 파이썬에서 함수를 정의하는 구문의 예로 다음 count 함수를 보자. 이 예에서는 이터러블 데이터셋에서 찾고자 하는 목푯값이 몇 개나 있는지 그 횟수를 계산한다.

```
def count(data, target):
    n = 0
    for item in data:
        if item == target:          # 목푯값과 일치하는 원소를 찾았음
            n += 1
    return n
```

키워드 def로 시작하는 첫 번째 행은 함수의 **시그니처**(signature) 역할을 한다. 이는 함수의 이름으로 새 식별자를 설정하고(이 예에서는 count), 예상되는 매개변수의 수와 해당 매개변수를 식별하는 이름을 설정한다(이 예에서는 data와 target). 자바나 C++와 달리 파이썬은 동적으로 타입이 결정되는 언어이므로 파이썬의 시그니처에는 해당 매개변수의 타입이나 반환값의 타입을 지정하지 않는다. 이렇듯 함수 시그니처에서 타입에 대한 요구 조건들이 명시되지 않으므로, 이 요구 조건들은 함수의 설명 문서에 명시되어야 한다(2.2.3절 참고). 함수 본문에 요구 조건이 강제되도록 할 수 있긴 하지만, 함수를 잘못 사용한 경우 이는 프로그램 실행 시간에만 감지된다.

함수 정의에서 시그니처 이외 나머지 부분을 함수 **본문**(body)이라고 한다. if 문 같은 제어 구조에서와 마찬가지로 함수 본문은 일반적으로 들여쓰는 코드 블록으로 표현한다. 함수가 호출될 때마다 파이썬은 현재 호출과 관련된 정보를 저장하는 **활성화 레코드**(activation record)를 생성한다. 이 활성화 레코드에는 현재 호출에서 로컬 범위를 갖는 모든 식별자를 관리하기 위한 **네임스페이스**(namespace, 1.10절 참고)가 포함된다. 즉, 이 네임스페이스에는 함수의 매개변수와 함수 본문에 지역적으로(local scope) 정의된 기타 식별자들이 포함된다. 함수를 호출한 쪽의 로컬 범위에 있는 식별자와 동일한 이름을 가진 식별자가 피호출된 함수 내에 있을 수 있으나 이 둘은 아무 관계가 없다(다른 범위의 식별자들이 동일한 객체에 대한 별칭일 수는 있음). 위 예시 코드에서 식별자 n은 루프 변수로 사용된 식별자 item과 마찬가지로 함수에 로컬인 범위를 갖는다.

return 문

return 문은 함수 본문 내에서 함수가 즉시 실행을 중단하고 그 함수를 호출한 쪽에 (반환해야 할 인자가 있다면) 값을 반환해야 함을 나타낸다. 명시적인 인자 없이 return 문이 실행되면 None 값이 자동으로 반환된다. 마찬가지로 제어 흐름이 return 문을 만나지 않고 함수 본문의 끝에 도달하면 None이 반환된다. 앞서 예로 든 count 함수의 경우처럼 return 문은 함수 본문 내에서 마지막 명령이 되는 경우가 많다. 그러나 동일한 함수에 return 문이 여러 개 있을 수 있으며, 이 경우 어떤 return 문을 실행할지 제어하는 조건식이 있을 수 있다. 예를 들어 시퀀스에 특정 값이 존재하는지 확인하는 다음 함수를 살펴보자.

```
def contains(data, target):
    for item in data:
        if item == target:        # 목푯값과 일치하는 값을 찾았음
            return True
    return False
```

for 루프 본문에 있는 조건이 충족되면 return True 문이 실행되고 함수가 즉시 종료되며, 이때 True는 목푯값을 찾았음을 나타낸다. 반대로 일치하는 값을 찾지 못한 채 for 루프가 종료되면 마지막에 있는 return False 문이 실행된다.

1.5.1 정보 전달

유능한 프로그래머가 되려면 프로그래밍 언어가 함수와 정보를 주고받는 메커니즘을 명확하게 이해해야 한다. 함수 시그니처에서 입력될 매개변수를 가리키는 식별자를 **형식 매개변수**(formal parameter)라고 하며, 함수를 호출할 때 호출자가 전달하는 객체를 **실 매개변수**(actual parameter)라고 한다. 파이썬에서 매개변수 전달은 일반적인 **대입문**(assignment statement)처럼 동작한다. 함수가 호출되면 형식 매개변수 역할을 하는 각 식별자에는 함수 호출자가 전달한 각각의 실 매개변수가 대입된다. 예를 들어 55쪽의 count 함수에 대한 다음 호출을 생각해 보자.

```
prizes = count(grades, 'A')
```

함수를 호출하면 함수 본문이 실행되기 직전에 다음과 같이 실 매개변수 grades가 형식 매개변수 data에, 실 매개변수 'A'가 형식 매개변수 target에 암묵적으로 대입된다.

```
data = grades
target = 'A'
```

위 대입문을 통해 data가 grade의 별칭으로 설정되고 target이 문자열 리터럴 'A'의 이름으로 설정된다(그림 1.7 참고).

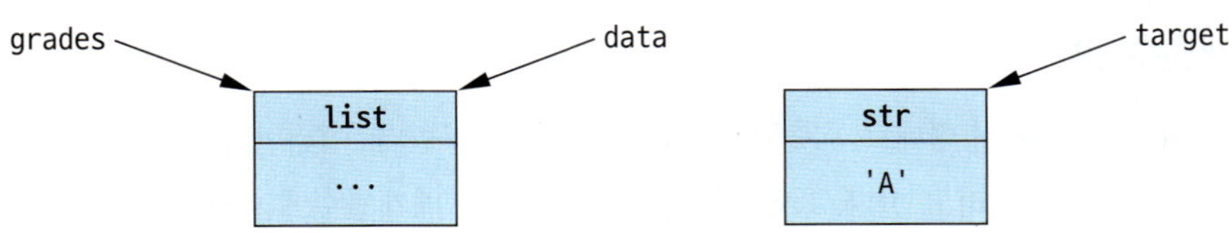

그림 1.7 함수 호출 count(grades, 'A')에 대한 파이썬의 매개변수 전달. 식별자 data와 target은 count 함수의 로컬 범위에 정의된 형식 매개변수다.

호출된 함수에서 자신을 호출한 쪽에 반환값을 전달하는 것도 마찬가지 방식으로 대입을 통해 구현된다. 따라서 prizes = count(grades, 'A')를 사용하면 호출한 쪽의 식별자 prizes에는 count 함수 내 반환문에서 n으로 식별되는 객체가 대입된다. 함수 호출 시 일어나는 정보 전달 관점에서 보면, 파이썬에서는 함수 호출 시 객체의 복사가 발생하지 않는다는 것이 장점이다. 따라서 매개변수나 반환값으로 복잡한 객체가 설정된 경우에도 파이썬의 함수 호출은 효율적으로 동작한다.

가변 속성의 매개변수

파이썬에서는 함수 호출 시 매개변수가 가변 속성의 객체일 경우엔 좀더 주의를 기울여야 한다. 형식 매개변수는 실 매개변수의 별칭이기 때문에 호출된 함수의 본문은 객체의 상태를 변경하는 방식으로 객체와 상호 작용할 수 있다. count 함수를 prizes = count(grades, 'A')와 같이 호출하는 경우를 다시 살펴보자. 만일 count 함수 내에서 data.append('F') 명령을 실행한다면, 이 함수에서 data로 식별되는 리스트의 끝에 'F'가 새로 추가되며, 이 리스트는 호출한 쪽에서 보면 grades라고 이름 붙여진 리스트와 동일하다. 참고로 data = []와 같이 설정하는 등 함수 내에서 형식 매개변수에 새 값을 재대입해도 실 매개변수는 변경되지 않는다. 이러한 재대입은 단순히 별칭 관계를 깨뜨릴 뿐이라는 점에 유의하자.

인자로 전달된 리스트에 새 원소를 추가하여 실 매개변수의 상태를 변경시킬 수 있는 count 함수의 동작은 상식적이지 않다. 이러한 동작은 예상하기 어렵고, 매개변수에 예상치 못한 영향을 미치는 것은 상당히 잘못된 설계일 수 있다. 그러나 매개변수의 상태를 변경하도록 함수를 설계하는 것이 적절한 경우도 많다(이 경우 명확하게 문서화해야 함). 예를 들어 다음과 같이 수로 구성된 데이터셋의 모든 항목에 일정 값을 곱하는 함수를 생각할 수 있다.

```
def scale(data, factor):
  for j in range(len(data)):
    data[j] *= factor
```

디폴트 매개변수 값

파이썬은 하나의 함수가 여러 형태로 호출될 수 있는 수단을 제공한다. 이러한 함수를 "**다형성** (polymorphism)을 지녔다"라고 한다. 특히 함수는 하나 이상의 매개변수에 대해 기본값을 선언할 수 있으므로 실 매개변수의 수를 달리하여 함수를 호출할 수 있다. 예를 들어 함수의 시그니처가 다음과 같을 경우 foo 함수에는 세 개의 매개변수가 있고 이 중에서 뒤의 두 개에는 기본값이 제공된다.

```
def foo(a, b=15, c=27):
```

호출하는 쪽에서는 foo(4, 12, 8)과 같이 세 개의 실 매개변수를 전달할 수 있으며, 이 경우 기본값은 사용되지 않는다. 반면, 호출하는 쪽에서 foo(4)와 같이 하나의 매개변수만 전송하는 경우 이 함수는 매개변수 값 a = 4, b = 15, c = 27을 갖고 실행된다. 호출자가 두 개의 매개변수를 보내면 이들은 처음 두 개, 즉 a와 b에 대한 값이 되고 세 번째 매개변수가 기본값이 되는 것으로 간주된다. 따라서 foo(8, 20)은 a = 8, b = 20, c = 27로 실행된다. 그러나 bar(a, b = 15, c)와 같이 b에는 기본값이 있지만 뒤따르는 c에 기본값이 없는 시그니처를 가진 함수를 정의하는 것은 허용되지 않는다. 한 매개변수에 기본값이 설정된 경우 이후 뒤따르는 모든 매개변수에도 기본값이 있어야 한다.

디폴트 매개변수 사용에 대한 보다 흥미로운 예로, 학점 평균 계산 작업을 다시 살펴보자(코드 1.1 참고). 콘솔에서 직접 입력을 받고 출력하는 대신, 총 학점을 계산하고 이를 반환하는 함수를 만들어보자. 원래 구현에서는 각 문자 성적(예 B-)을 해당 점수 값(예 2.67)으로 고정하는 방식을 사용했다. 이러한 학점 체계는 어느 정도 일반적이긴 하지만 모든 학교의 학점 체계와 일치하지 않을 수 있다(예를 들어 A+ 성적에 4.0보다 높은 값을 할당하는 경우도 있음). 따라서 보통의 학점 체계를 기본으로 제공하면서도, 동시에 문자로 된 성적을 점수 값으로 매핑하는 방식을 사용자가 지정할 수 있는 학점 계산 함수를 만들면 코드 1.2와 같이 나타낼 수 있다.

```
def compute_gpa(grades, points={ 'A+':4.0, 'A':4.0, 'A-':3.67, 'B+':3.33,
                                 'B':3.0, 'B-':2.67,'C+':2.33, 'C':2.0,
                                 'C':1.67, 'D+':1.33, 'D':1.0, 'F':0.0}):
    num_courses = 0
    total_points = 0
    for g in grades:
        if g in points:                    # g가 성적을 나타내는 유효한 문자인지 확인
            num_courses += 1
            total_points += points[g]
    return total_points / num_courses
```

코드 1.2 디폴트 매개변수로 학점 체계를 사용자 정의할 수 있는 학점 평균 계산 함수

다형성을 지닌 함수의 예를 하나 더 살펴보자. 파이썬의 range 함수(엄밀히 말하면 range는 range 클래스의 생성자이지만 여기서는 순수 함수로 취급하자)는 세 가지 호출문을 지원한다. 하나의 매개변수를 갖는 range(n) 형식은 0부터 n-1까지의 정수 시퀀스를 생성하고, 두 개의 매개변수를 갖는 형식인 range(start, stop)은 start부터 stop-1까지의 정수를 생성한다. 세 개의 매개변수를 갖는 형식인 range(start, stop, step)는 range(start, stop)과 비슷하게 동작하지만 1 대신 step 값의 크기만큼 증가한다.

이 형식들을 살펴보면 디폴트 매개변수 규칙을 위반하는 것으로 보일 수 있다. 특히 range(n)에서와 같이 매개변수가 하나만 전달되면 이는 (첫 번째가 아닌) 두 번째 매개변수 stop의 값으로 사용되며, 이 경우 start 값은 사실상 0이 된다. 그러나 이러한 동작은 다음과 같이 약간의 조작으로 구현이 가능해진다.

```
def range(start, stop=None, step=1):
    if stop is None:
        stop = start
        start = 0
    ...
```

기술적으로 보면 range(n) 호출 시 실 매개변수 n이 형식 매개변수 start에 대입된다. 함수 내에서는 매개변수가 하나만 전달되면 의도하는 동작을 구현하기 위해 start와 stop 값이 변경된다.

키워드 매개변수

호출자가 전달한 실 매개변수와 함수 시그니처에서 선언한 형식 매개변수를 짝짓는 메커니즘은 전통적으로 인자의 **위치 개념**에 기반을 둔다. 예를 들어 시그니처가 foo(a = 10, b = 20, c = 30)인 함수가 호출되면 호출자가 보낸 매개변수가 주어진 순서대로 형식 매개변수에 각각 매칭된다. foo(5)를 호출하면 a = 5가 지정되고 b와 c에는 기본값이 할당된다.

파이썬은 함수에 매개변수를 전달하는 또 다른 메커니즘을 지원하는데 이 방식을 **키워드 인자**(keyword argument)라고 부른다. 이 방식에서는 형식 매개변수에 실 매개변수를 이름으로 주어 명시적으로 할당하여 지정한다. 예를 들어 위 foo 함수에 대해 foo(c = 5)와 같이 호출하면 foo는 매개변수 a = 10, b = 20, c = 5로 하여 호출된다.

함수 작성자는 특정 매개변수가 키워드 인자 형식을 통해서만 전달되도록 요구할 수 있다. 이 책에 제시되는 함수들에는 이러한 제한을 두지 않지만, 파이썬의 표준 라이브러리에서 키워드 인자 형식만 허용되는 중요한 예를 몇 가지 살펴볼 예정이다. 예를 들어 기본으로 제공되는 max 함수는 공교롭게도 이름이 key인 키워드 인자를 받을 수 있는데, 이는 최댓값을 구하기 위해 사용되는 '최대'의 개념을 변경하는 데 사용할 수 있다.

기본적으로 max 함수는 원소의 데이터 타입에 대해 < 연산자를 적용했을 때 부여되는 자연스런 순서에 따라 동작한다. 그러나 원소의 다른 측면을 비교하여 최댓값을 계산할 수도 있다. 이는 특정 목적의 비교를 위해 각 원소를 다른 값으로 변환하는 보조적인 함수를 제공함으로써 가능해진다. 예를 들어 절댓값이 최대인 값을 찾고자 하는 경우(즉, -35가 양수 20보다 크다고 간주하는 경우) max(a, b, key = abs)와 같이 max 함수를 호출할 수 있다. 이 경우 내장된

abs 함수 자체가 키워드 인자 key와 연관된 값으로서 전달된다(함수는 파이썬에서 퍼스트 클래스 객체임. 1.10절 참고). 이런 식으로 max를 호출하면 a와 b가 아니라 abs(a)와 abs(b)를 비교한다. max 함수에서는 위치에 기반한 인자 전달 방식 대신 키워드 인자 구문을 사용하는 것이 중요하다. 이 함수는 인자 수가 가변적이기 때문에 max(a, b, c, d)와 같은 호출이 가능하므로, 기존의 위치 기반 인자 개념을 사용한다면 key로 사용할 함수를 지정할 방법이 마땅치 않다. 파이썬에서 제공하는 정렬 함수들도 max 함수처럼 일반적이지 않은 순서를 지정하기 위하여 key 매개변수를 지원한다(이에 대해서는 9.4절과 12.6.1절에서 정렬 알고리즘을 다룰 때 자세히 살펴봄).

1.5.2 파이썬의 내장 함수

표 1.4는 앞서 설명한 abs, max, range를 포함해 파이썬에서 기본적으로 사용할 수 있는 함수들을 간략히 보여준다. 이 표에서 매개변수의 이름으로 수를 위한 데이터 타입에는 식별자 x, y, z를, 정수에는 k를, 임의의 비교 가능한 타입에는 a, b, c를 사용하였다. 이터러블 타입(예 str, list, tuple, set, dict)의 인스턴스를 나타내기 위해 식별자 iterable을 사용하였으며, **이터레이터**(iterator, 반복자)와 이터러블 데이터 타입에 대해서는 1.8절에서 설명한다. 시퀀스는 인덱스로 원소에 접근할 수 있는 클래스들을 나타내며, 여기에는 str, list, tuple이 포함되지만 set나 dict는 포함되지 않는다. 표 1.4에서 대부분의 내장 함수는 기능에 따라 다음과 같이 분류할 수 있다.

- 입력/출력: print, input, open은 1.6절에서 자세히 설명한다.
- 문자 인코딩: ord와 chr은 문자와 코드 포인트(문자에 대한 정수 값)을 연관 짓는 함수다. 예를 들어 ord('A')는 65이고 chr(65)은 'A'다.
- 수학: abs, divmod, pow, round, sum은 주요 산술 연산 기능들을 제공한다. 1.11절에서는 추가 기능을 제공하는 math 모듈을 소개한다.
- 순서: max와 min은 비교 개념을 지원하는 모든 데이터 타입 또는 비교할 수 있는 값들을 하나로 모아둔 컬렉션에 적용된다. 마찬가지로 sorted는 기존 컬렉션 타입 객체를 이용해 이에 상응하는 정렬된 리스트를 만드는 데 사용할 수 있다.
- 컬렉션/이터레이션: range는 일련의 수들을 생성하고, len은 기존 컬렉션 타입 객체의 길이를 반환한다. reversed, all, any와 map 함수는 임의의 이터레이터에 대해서도 동작한다. iter와 next는 컬렉션의 원소들에 대해 순회(iteration) 동작을 제공하기 위한 일반적인 프레임워크를 제공한다(1.8절 참고).

함수 호출문	설명
abs(x)	수의 절댓값을 반환함
all(iterable)	모든 원소 e에 대해 bool(e)가 True이면 True를 반환함
any(iterable)	bool(e)가 True인 원소 e가 하나라도 있으면 True를 반환함
chr(integer)	주어진 유니코드의 코드 포인트에 해당하는 한 글자짜리 문자열을 반환함
divmod(x, y)	x와 y가 정수인 경우 (x // y, x % y)를 튜플로 반환함
hash(obj)	obj 객체에 대한 정수 해시 값을 반환함(10장 참고)
id(obj)	obj 객체에 대해 아이디 역할을 하는 고유 정수를 반환함
input(prompt)	표준 입력으로부터 문자열을 반환하며 prompt는 선택 사항임
isinstance(obj, cls)	obj 객체가 cls 클래스(또는 이의 하위 클래스)의 인스턴스인지 확인함
iter(iterable)	주어진 매개변수에 대한 새 이터레이터 객체를 반환함(1.8절 참고)
len(iterable)	주어진 iterable 객체의 원소 수를 반환함
map(f, iter1, iter2, ...)	각 원소 e1 ∈ iter1, e2 ∈ iter2, ...에 대해 함수 호출 f(e1, e2, ...)의 결과를 나타내는 이터레이터를 반환함
max(iterable)	주어진 iterable에서 가장 큰 원소를 반환함
max(a, b, c, ...)	인자 중 가장 큰 값을 반환함
min(iterable)	주어진 iterable에서 가장 작은 원소를 반환함
min(a, b, c, ...)	인자 중 가장 작은 인자를 반환함
next(iterator)	이터레이터로부터 그다음 원소를 반환함(1.8절 참고)
open(filename, mode)	지정된 이름과 접근 모드로 파일을 엶
ord(char)	주어진 문자에 대한 유니코드의 코드 포인트를 반환함
pow(x, y)	x^y 값을 반환함(x와 y가 정수인 경우 정수 값 반환). x**y에 해당함
pow(x, y, z)	$x^y \bmod z$ 계산 값을 정수로 반환함
print(obj1, obj2, ...)	인자들을 출력함. 이때 각 인자들 사이에 공백을 주어 구분하고, 마지막에 개행문자도 출력함
range(stop)	0, 1, ..., stop-1 값들에 대한 이터레이션[2]을 만듦
range(start, stop)	start, start+1, ..., stop-1 값들에 대한 이터레이션을 만듦
range(start, stop, step)	start, start+step, start+2*step, ... 값들에 대한 이터레이션을 만듦
reversed(sequence)	주어진 시퀀스를 역순으로 반환함
round(x)	주어진 x와 가장 가까운 정수 값을 반환함(왼쪽, 오른쪽이 같은 거리일 경우 짝수 값을 반환)
round(x, k)	10^{-k} 자리로 반올림된 값을 반환함(반환형은 x와 일치)
sorted(iterable)	이터러블 객체의 원소들을 정렬된 순서로 가지는 리스트를 반환함
sum(iterable)	이터러블 객체에 있는 원소들의 합을 반환함(원소들이 수여야 함)
type(obj)	obj 인스턴스 객체가 속한 클래스를 반환함

표 1.4 파이썬에서 주로 사용되는 내장 함수들

2 좀더 구체적으로는 '이터레이션(순회)을 가능하게 해 주는 객체', 즉 이터러블 객체를 반환한다. 이 책에서 '이터레이션을 반환한다'는 것은 이러한 이터러블 객체 혹은 이터레이터를 반환한다는 의미다.

1.6 간단한 입력과 출력

이 절에서는 사용자 콘솔을 통한 표준 입출력 방법과 텍스트 파일 읽기 및 쓰기에 대한 파이썬의 기능 설명 등 파이썬의 입출력에 대한 기본 사항을 다룬다.

1.6.1 콘솔 입력과 출력

print 함수

기본 내장 함수인 `print`는 콘솔에 표준 출력을 생성하는 데 사용된다. 가장 간단한 형태는 공백으로 구분된 임의의 인자들을 차례로 인쇄하고 그 뒤에 개행문자를 붙이는 것이다. 예를 들어 `print('maroon', 5)` 명령은 `'maroon 5\n'` 문자열을 출력한다. 인자가 꼭 문자열 인스턴스일 필요는 없다. 문자열이 아닌 인자 `x`는 `str(x)`로 간주되어 출력된다. 인자 없는 `print()` 명령은 개행문자 하나를 출력한다.

`print` 함수는 다음 키워드 매개변수를 사용해 사용자가 지정할 수 있다(키워드 매개변수에 대한 설명은 1.5절 참고).

- 기본적으로 `print` 함수는 구분 기호로 공백을 사용해 이를 인자들 사이에 출력하는데, 키워드 매개변수 `sep`에 원하는 문자열을 지정하여 구분 기호로 사용할 수 있다. 예를 들어 인자들을 콜론으로 구분하여 출력하고자 할 경우 `print(a, b, c, sep = ':')`와 같이 할 수 있다. 구분 기호로 사용할 문자열은 단일 문자일 필요는 없으며, 더 긴 문자열일 수도 있고, 빈 문자열(`sep = ''`)일 수도 있는데, 빈 문자열일 경우 인자들은 공백 없이 연결된다.
- 기본적으로 마지막 인자 뒤에 개행문자가 출력되는데, 키워드 매개변수 `end`를 사용해 개행문자 대신 다른 문자열을 지정할 수 있다. 빈 문자열을 지정한 `end = ''`의 경우에는 마지막 인자를 출력한 후 개행문자를 붙이지 않는다.
- 기본적으로 `print` 함수는 출력을 표준 콘솔로 보낸다. 그러나 키워드 매개변수로 `file`을 사용해 출력 파일 스트림을 지정하면 출력을 파일로 보낼 수 있다(1.6.2절 참고).

input 함수

사용자 콘솔에서 정보를 받는 주요 수단은 input이라는 내장 함수다. 이 함수는 매개변수가 주어진 경우 이를 프롬프트로 출력한 다음 사용자가 일련의 문자들을 엔터 키와 함께 입력할 때까지 기다린다. 이 함수는 엔터 키 바로 앞까지 입력된 문자열을 반환한다(즉, 반환하는 문자열에는 개행문자가 없음).

사용자로부터 수치 값을 입력받아 읽을 때 프로그래머는 input 함수를 사용해 문자열을 가져온 다음 int 또는 float 문을 사용해 해당 문자열이 나타내는 수치 값을 만들어야 한다. 즉, response = input()을 호출했을 때 사용자가 문자열 '2013'을 입력했다면 int(response) 문을 사용해 정수 값 2013을 생성할 수 있다. 사용자가 입력값을 적절하게 줄 것이라고 가정한다면, 이들 연산 작업을 다음과 같이 하나의 구문으로 결합하는 것이 일반적이다(이러한 상황의 오류 처리에 대한 설명은 1.7절 참고).

```
year = int(input('In what year were you born? '))
```

input 함수는 문자열을 반환하므로 이는 문자열 클래스의 다양한 기능(부록 A 참고)과 함께 사용할 수 있다. 예를 들어 사용자가 한 줄에 여러 정보를 입력하는 경우 다음과 같이 반환된 결과에 대해 split 메서드를 호출하는 것이 일반적이다.

```
reply = input('Enter x and y, separated by spaces: ')
pieces = reply.split()           # 공백 문자를 기준으로 분리된 문자열들의 리스트 반환
x = float(pieces[0])
y = float(pieces[1])
```

샘플 프로그램

다음은 input과 print 함수의 사용을 보여주는 간단하면서도 완전한 프로그램이다. 최종 출력 결과에 서식을 지정하는 방법은 부록 A에서 설명한다.

```
age = int(input('Enter your age in years: '))
max_heart_rate = 206.9 - (0.67 * age)     # 나이와 심장 박동수의 관계식
target = 0.65 * max_heart_rate
print('Your target fat-burning heart rate is', target)
```

1.6.2 파일

파이썬에서 파일에 접근할 때는 대개 내장 함수 `open`을 호출하는 것으로 시작하는데 이 함수는 실제로 물리적 파일을 다루기 위한 연결 객체(이를 프록시라고 부르자)를 반환한다. 예를 들어 `fp = open('sample.txt')` 명령은 `sample.txt` 파일에 대한 열기 작업을 시도하며, 이때 이 텍스트 파일에 대해 읽기 접근만 가능한 프록시를 반환한다. `open` 함수에는 접근 모드를 결정하는 두 번째 매개변수가 있다(선택 사항임). 기본 모드는 읽기용 `'r'`이다. 다른 모드로는 파일에 쓰기(해당 이름의 기존 파일을 덮어쓰게 함)를 위한 `'w'`, 기존 파일 끝에 이어서 쓰기를 위한 `'a'`가 있다. 이 책에서는 주로 텍스트 파일 사용에 중점을 두고 있지만, `'rb'` 또는 `'wb'`와 같은 접근 모드를 사용해 이진 파일에 대해서도 작업할 수 있다.

파일을 처리할 때 프록시는 파일 내 현재 접근하는 곳의 위치 정보를 갖고 있으며, 이는 파일의 처음부터 현재 위치까지 몇 바이트 떨어져 있는지, 즉 바이트 오프셋으로 나타낸다. `'r'` 또는 `'w'` 모드로 파일을 열면 시작 위치는 `0`이 되고, `'a'` 모드로 열면 시작 위치는 파일의 끝이 된다. `fp.close()` 문은 프록시 `fp`가 가리키는 파일을 닫으며, 파일에 쓰여진 내용이 모두 잘 저장되도록 한다. 파일 읽기 및 쓰기 메서드를 표 1.5에 요약하였다.

호출문	설명
`fp.read()`	읽기 가능한 파일의 (나머지 부분) 내용을 문자열로 반환함
`fp.read(k)`	읽기 가능한 파일의 다음 *k*바이트를 문자열로 반환함
`fp.readline()`	읽기 가능한 파일의 현재 행의 나머지 부분을 문자열로 반환함
`fp.readlines()`	읽기 가능한 파일의 모든 (나머지) 행들을 문자열들의 리스트로 반환함
`for line in fp:`	읽기 가능한 파일의 모든 (나머지) 행에 대해 반복적으로 순회함
`fp.seek(k)`	접근하고 있는 위치를 파일의 *k*번째 바이트로 이동시킴
`fp.tell()`	현재 위치(파일의 처음부터 몇 바이트 떨어져 있는지)를 반환함
`fp.write(string)`	주어진 문자열을 쓰기 가능한 파일의 현재 위치에 씀
`fp.writelines(seq)`	주어진 일련의 문자열을 현재 위치에 씀. 이 명령은 주어진 문자열에 포함된 개행문자 말고는 다른 개행문자를 추가하여 쓰지 않음
`print(..., file=fp)`	`print` 함수의 출력을 파일로 리다이렉션함

표 1.5 (fp라는 이름의) 파일 프록시를 통해 텍스트 파일을 다루는 동작들

파일로부터 읽기

프록시를 이용해 파일을 읽기 위한 가장 기본적인 명령은 read 메서드다. 파일 프록시 fp에 대해 fp.read(k)와 같이 호출하면 이는 파일의 현재 위치부터 k바이트만큼 읽어 이를 문자열로 반환한다. 매개변수가 없는 fp.read() 문은 파일의 나머지 내용 전체를 반환한다. readline 메서드를 사용하면 한 번에 한 행씩 파일을 읽을 수 있으며, readlines 메서드를 사용하면 나머지 모든 행을 리스트로 반환해 준다. 파이썬에서 파일은 for line in fp: 문과 같이 한 번에 한 행씩 반복하는 for 루프도 지원한다.

파일에 쓰기

파일 프록시가 쓰기 가능한 경우(예 접근 모드 'w' 또는 'a'로 연 경우), write 또는 writelines 메서드를 사용해 텍스트를 파일에 쓸 수 있다. 예를 들어 fp = open('results.txt', 'w')로 파일을 열었다면 fp.write('Hello World. \n')는 주어진 문자열로 파일에 한 행을 쓴다. write는 문자열 끝에 개행문자를 명시적으로 추가하지 않으므로 필요하다면 문자열 매개변수에 직접 포함해야 한다. 앞에서 설명한 대로, 키워드 매개변수를 사용하면 print 메서드의 출력을 파일로 리다이렉션할 수도 있다.

1.7 예외 처리

예외는 프로그램 실행 중에 발생하는 예기치 않은 이벤트다. 예외는 논리적 오류나 예기치 않은 상황으로 인해 발생할 수 있다. 파이썬에서 **예외**(**오류**라고도 함)란 예기치 않은 상황을 맞닥뜨린 코드에 의해 **발생하는**(또는 **던져진**) 객체다. 파이썬 인터프리터도 메모리 부족과 같은 예기치 않은 상황이 발생하면 예외를 발생시킬 수 있다. 발생한 오류는 예외를 적절한 방식으로 '처리'하는 코드에 의해 '잡힐' 수 있는데, 이 예외 처리 코드는 예외가 발생한 코드 부분을 감싸는 형태가 된다. 예외가 잡히지 않으면 인터프리터가 프로그램 실행을 중지하고 콘솔에 적절한 메시지를 출력한다. 이 절에서는 파이썬에서 가장 일반적인 오류 유형, 발생한 오류를 잡고 처리하는 메커니즘, 개발자가 작성한 코드 블록 내에서 오류를 명시적으로 발생시키는 문법을 살펴본다.

파이썬의 주요 예외 클래스들

파이썬에는 다양한 오류 유형을 나타내기 위해 많은 예외 클래스로 이루어진 계층 구조가 있다. 표 1.6은 이러한 클래스들을 보여준다. Exception 클래스는 대다수 오류 유형에 대한 기반 클래스 역할을 한다. Exception 클래스로부터 파생된 여러 하위 클래스의 인스턴스 객체는 프로그램 실행 중 발생한 오류의 세부 정보를 담는다. 몇몇 오류는 이 장에서 소개한 파이썬 구문과 명령을 잘못 사용할 경우에 발생할 수 있다. 예를 들어 표현식에 정의되지 않은 식별자를 사용하면 NameError가 발생한다. 또한 foo 객체에 bar 멤버가 없는데도 foo.bar()와 같이 점 표기법을 잘못 사용하면 AttributeError가 발생한다.

클래스	설명
Exception	대다수 오류 유형에 대한 기반 클래스
AttributeError	obj 객체에 foo 멤버가 없는데도 obj.foo와 같은 구문을 시도하면 발생함
EOFError	콘솔 또는 파일 입력에 대해 '파일 끝'에 도달하면 발생함
IOError	입출력 작업(예 파일 열기) 실패 시 발생함
IndexError	시퀀스 자료에 대한 인덱스가 범위를 벗어날 경우에 발생함
KeyError	집합이나 딕셔너리에 존재하지 않는 키가 요청된 경우에 발생함
KeyboardInterrupt	실행 중인 프로그램에 사용자가 ctrl-C를 입력하면 발생함
NameError	존재하지 않는 식별자가 사용된 경우에 발생함
StopIteration	next(iterator)를 호출했으나 원소가 없을 때 발생함(1.8절 참고)
TypeError	함수에 잘못된 타입의 매개변수가 전달되었을 때 발생함
ValueError	매개변수에 유효하지 않은 값이 있을 때 발생함(예 sqrt(-5))
ZeroDivisionError	0으로 나눌 때 발생함

표 1.6 파이썬의 주요 예외 클래스

함수의 매개변수 개수, 타입 또는 값을 잘못 전달하는 것도 예외가 발생하는 주요 원인이다. 예를 들어 abs('hello')를 호출하면 매개변수가 수가 아니기 때문에 TypeError가 발생하고, abs(3, 5)를 호출하면 오직 한 개의 매개변수만 허용되므로 이때도 TypeError가 발생한다. ValueError는 매개변수 개수와 타입이 올바르게 전달되었지만, 전달된 값이 함수 실행 동작에 적합하지 않은 경우에 주로 발생한다. 예를 들어 int 생성자는 int('137')과 같이 문자열을 허용하지만 int('3.14') 또는 int('hello')와 같이 해당 문자열이 정수를 나타내지 않으면 ValueError를 발생시킨다.

파이썬의 시퀀스 타입(예 list, tuple, str)은 data[k]와 같이 인덱스 k 값이 유효하지 않은데도 이를 이용해 시퀀스에 접근하려는 경우 IndexError를 발생시킨다(1.2.3절 설명 참고). 집합과 딕셔너리는 존재하지 않는 원소에 접근하려고 시도할 때 KeyError를 발생시킨다.

1.7.1 예외 발생시키기

예외는 raise 문으로 발생시킬 수 있는데, 이때 문제되는 상황을 나타내는 적절한 예외 클래스의 인스턴스를 인자로 준다. 예를 들어 제곱근을 계산하는 함수에 음수 값이 매개변수로 전달되면 다음과 같은 명령을 통해 예외를 발생시킬 수 있다.

```
raise ValueError('x cannot be negative')
```

이 구문은 ValueError 클래스의 인스턴스를 생성하여 발생시키는데, 이때 오류 메시지를 ValueError 클래스의 생성자에 대한 매개변수로 사용하였다. 이 예외가 제곱근 계산 함수 본문 내에서 잡히지 않으면 함수 실행이 즉시 중단되고 예외가 이 함수를 호출한 코드로(혹은 이 예외가 적절히 처리되지 않을 경우 더 멀리) 전파된다.

함수에 전달된 매개변수의 유효성을 검사할 때는 먼저 매개변수의 타입이 적절한지 확인한 다음 그 값이 적절한지 확인하는 것이 일반적이다. 예를 들어 파이썬의 math 라이브러리에 있는 sqrt 함수는 다음과 같이 동작하는 오류 검사를 수행한다.

```
def sqrt(x):
    if not isinstance(x, (int, float)):
        raise TypeError('x must be numeric')
    elif x < 0:
        raise ValueError('x cannot be negative')
    # 여기서부터 실질적인 작업 수행
```

주어진 객체가 어떤 타입인지, 즉 어떤 클래스의 인스턴스인지는 내장 함수인 isinstance를 사용해 실행 시간에 확인할 수 있다. 이 함수는 isinstance(obj, cls)와 같이 간단한 형식으로 사용할 수 있는데, 이때 obj 객체가 cls 클래스나 cls의 하위 클래스에 속한 인스턴스인 경우 True를 반환한다. 위 예에서는 이 함수를 좀더 일반적인 형식으로 사용하였는데, 객체의 타입 검사 중 허용 가능한 클래스들을 튜플로 하여 두 번째 매개변수로 사용하였다. 위 예에서는 우선 주어진 매개변수가 수를 나타내는 타입인지 확인한 후, 이 수가 음수가 아니어야 함을 체크하여 이를 만족하지 않으면 ValueError를 발생시킨다.

함수 내에서 오류 검사를 얼마나 많이 수행해야 하는지는 논쟁의 여지가 있다. 각 매개변수의 타입과 값을 일일이 확인하려면 프로그램 실행 속도가 점점 더 느려지며, 이를 극단적으로 수행하면 동적 타이핑이나 코드 간결성을 강조하는 파이썬의 철학에 반하는 것처럼 보일 수 있다. 주어진 수치 값들의 총합을 계산하는 내장 함수 sum을 생각해 보자. 오류 검사를 매우 엄격히 수행한다면 다음과 같이 작성할 수 있다.

```
def sum(values):
   if not isinstance(values, collections.Iterable):
      raise TypeError('parameter must be an iterable type')
   total = 0
   for v in values:
      if not isinstance(v, (int, float)):
         raise TypeError('elements must be numeric')
      total = total+ v
   return total
```

여기서 **추상 기반 클래스**(abstract base class)인 collections.Iterable에는 for 문을 지원하는 파이썬의 모든 이터러블 타입(예 list, tuple, set)이 포함된다. 참고로 이터러블은 1.8절에서, collections와 같은 모듈의 사용에 대해서는 1.11절에서 설명한다. for 루프 내에서 모든 원소는 total 값에 더해지기 전에 수로서 적합한지 각각 검사된다. 이 함수를 훨씬 더 직접적이고 명확하게 구현하면 다음과 같이 작성할 수 있다.

```
def sum(values):
   total = 0
   for v in values:
      total = total + v
   return total
```

흥미롭게도 이 간단한 구현은 파이썬의 내장 함수 sum과 똑같이 동작한다. 명시적인 타입 검사 없이도 코드에서 적절한 예외가 자연스럽게 발생한다. 특히 values가 이터러블 타입이 아닌 경우 for 루프를 사용하려고 하면 이를 알리는 TypeError가 발생한다. 함수 호출 시 전달된 이터러블 타입 객체의 원소가 수 타입이 아닌 경우(예 sum([3.14, 'oops'])), 표현식 total + v 실행 시 TypeError가 자연스럽게 발생하며, 이때 발생하는 다음과 같은 오류 메시지는 오류 발생 상황을 함수 호출자에게 알려주는 데 충분하다.

```
unsupported operand type(s) for +: 'float' and 'str'
```

sum(['alpha', 'beta']) 수행 시 발생하는 오류는 조금 덜 명확해 보일 수 있다. 이 함수의 동작을 구체적으로 보면, total이 처음에 0으로 초기화되고, 이후에 total + 'alpha' 명령을 시도하므로 이로 인해 (서로 다른 타입인) int와 str을 더하려고 시도한다는 오류가 발생한다.

이 책에서 제시하는 코드들은 대부분의 경우 최소한의 오류 검사만 수행하도록 하여 깔끔하게 보이도록 하였다.

1.7.2 예외 잡기

코드 작성 시 발생할 수 있는 예외 케이스에 대처하는 방법에는 몇 가지 서로 다른 철학이 있다. 예를 들어 나눗셈 x/y를 계산해야 하는 경우 변수 y 값이 0일 때 나누기 오류가 발생할 위험이 분명히 존재한다. 이상적인 상황에서는 프로그램에서 y가 0이 아닌 값을 갖도록 명확히 하여 오류에 대한 우려를 없앨 수 있다. 그러나 더 복잡한 코드인 경우, y 값이 외부 입력에 따라 달라지는 경우에는 오류가 발생할 가능성이 남아 있다.

예외 케이스를 관리하는 첫 번째 철학은 '**점프하기 전 미리 살펴보는 것**'이다. 이는 조건부 평가를 사전에 적극적으로 사용해 예외가 발생할 가능성을 완전히 피하는 것이 목표다. 앞에서 언급한 나눗셈 예제의 경우 다음과 같이 문제가 되는 상황을 피할 수 있다.

```
if y != 0:
    ratio = x / y
else:
    ... do something else ...
```

파이썬 프로그래머들이 흔히 받아들이는 두 번째 철학은 '**허락을 받는 것보다 용서를 구하는 것이 더 쉽다**'라는 것이다. 이 인용문은 컴퓨터 과학의 초기 선구자인 그레이스 호퍼(Grace Hopper)의 말에서 유래했다. 문제가 발생한 후 대처할 수 있는 메커니즘만 있다면 굳이 시간을 추가로 써서 가능한 모든 예외적인 경우를 대비할 필요가 없다는 뜻이다. 파이썬에서는 이 철학이 try-except 문을 사용해 구현된다. 위 예제를 수정하면 다음과 같이 나누기 연산을 try-except 문으로 감쌀 수 있다.

```
try:
    ratio = x / y
except ZeroDivisionError:
    ... do something else ...
```

이 코드에서 try 블록은 실행하고자 하는 주요 코드다. 이 예에서는 나누기 연산을 수행하는 단일 명령이지만 일반적으로는 들여쓰기된 더 큰 코드 블록이 될 수 있다. try 블록 뒤에는 하나 이상의 '예외(except)' 케이스가 있으며, 각 케이스에는 식별된 오류 유형과 try 블록 내에서 해당 오류가 발생할 경우 실행되어야 하는 코드 블록이 들여쓰기되어 있다.

try-except 구조의 상대적인 장점은 불필요한 예외 조건 검사를 제거함으로써 예외적인 경우가 아닐 시 효율적으로 실행될 수 있다는 것이다. 하지만 try-except 구조를 사용하면 예외를 처리하는 데에 일반적인 조건문을 사용할 때보다 좀더 많은 시간이 소요된다. 따라서 예외가 발생할 가능성이 상대적으로 낮다고 예상되거나, 예외를 피하기 위한 조건들을 사전에 평가하는 데 막대한 시간이 소요될 경우에 try-except 구조를 사용하는 것이 가장 좋다.

예외 처리는 사용자 입력을 처리하거나 파일에서 읽거나 쓸 때 특히 유용하다. 이러한 작업에는 예측하기 어려운 상황이 발생할 가능성이 크기 때문이다. 1.6.2절에서는 읽기 권한으로 파일을 열기 위해 fp = open('sample.txt')를 소개했는데, 이 명령은 파일이 존재하지 않거나 파일을 열 수 있는 충분한 권한이 없는 경우 등 다양한 이유로 인해 IOError를 발생시킬 수 있다. 명령이 성공할지를 정확하게 예측하기보다 명령을 시도한 후 그로 인한 오류를 잡는 것이 훨씬 쉽다.

계속해서 try-except 문의 몇 가지 다른 형태를 살펴보자. 예외는 객체이며, 이 객체를 잡았으면 검사할 수 있어야 한다. 이를 위해서는 다음과 같은 구문으로 식별자를 설정해야 한다.

```
try:
    fp = open('sample.txt')
except IOError as e:
    print('Unable to open the file: ', e)
```

여기서 이름 e는 발생한 예외의 인스턴스를 나타내며, 이 이름을 출력하면 자세한 오류 메시지가 표시된다(예 "file not found").

try 문은 두 가지 이상의 예외 유형을 처리할 수 있다. 예를 들어 1.6.1절의 다음 명령을 살펴보자.

```
age = int(input('Enter your age in years: '))
```

이 명령은 여러 가지 이유로 실패할 수 있다. 콘솔 입력이 잘못되면 input 함수 호출은 EOFError를 발생시킨다. input 호출이 성공적으로 완료되더라도, 사용자가 유효한 정수를 나타내는 문자를 입력하지 않은 경우 int 생성자가 ValueError를 발생시킨다. 두 가지 이상의 오류 유형을 동일한 방식으로 처리하려면 다음과 같이 하나의 except 문을 사용하면 된다.

```
age = -1                    # 유효하지 않은 값으로 초깃값 설정
while age <= 0:
    try:
        age = int(input('Enter your age in years: '))
        if age <= 0:
            print('Your age must be positive')
    except (ValueError, EOFError):
        print('Invalid response')
```

except 문으로 잡으려는 오류 유형을 지정하기 위해 (ValueError, EOFError) 튜플을 사용하였다. 이 구현에서는 두 가지 오류 중 하나를 잡고 오류 메시지를 출력한 다음 while 루프의 다음 반복을 계속한다. try 블록 내에서 오류가 발생하면 해당 본문의 나머지 부분은 즉시 건너뛴다. 이 예제의 경우 예외가 input 함수 호출 또는 바로 뒤따르는 int 생성자 호출 내에서 발생하면 age에 아무 값도 할당되지 않고 양수 값이 필요하다는 메시지('Your age must be positive')도 출력되지 않는다. age의 값이 변경되지 않기 때문에 while 루프가 계속된다. 'Invalid response' 메시지를 빼고 while 루프가 계속되도록 하려면 except 절을 다음과 같이 작성할 수 있다.

```
except (ValueError, EOFError):
    pass
```

pass 키워드는 아무 동작도 하지 않는 명령문이지만 제어 구조에서 본문 역할을 할 수 있다. 이렇게 하면 예외를 조용히 잡아내면서 while 루프가 계속되도록 한다.

다양한 유형의 오류에 대해 서로 다른 오류 메시지를 출력하려면 try 문에서 두 개 이상의 except 절을 사용할 수 있다. 이전 예제에서 EOFError는 단순히 잘못된 값을 입력한 것보다 더 심각한 오류를 암시한다. 이 경우 더욱 구체적인 오류 메시지를 제공하거나, 반복문을 중단하고 예외를 상위 컨텍스트(context)[3]로 전파하도록 허용할 수 있다. 다음은 이러한 동작을 구현한 코드다.

3 여기서 컨텍스트는 호출 스택, 실행되고 있는 코드의 위치, 호출자 정보 등 함수가 호출되어 실행되는 환경을 포괄적으로 의미한다.

```
age = -1                       # 유효하지 않은 값으로 초깃값 설정
while age <= 0:
    try:
        age = int(input('Enter your age in years: '))
        if age <= 0:
            print('Your age must be positive')
    except ValueError:
        print('That is an invalid age specification')
    except EOFError:
        print('There was an unexpected error reading input.')
        raise                  # 잡은 예외를 다시 발생시킴
```

이 구현에서는 ValueError와 EOFError 각각에 대한 except 절이 있다. EOFError를 처리하는 부분에서는 raise 문을 사용하는데, 이는 현재 처리 중인 예외를 다시 발생시키라는 것이다. 이를 통해 EOFError 예외에 대한 자체적인 오류 메시지를 출력한 다음 while 루프를 중단하고 해당 예외를 상위로 전파할 수 있다.

마지막으로 파이썬에서 try-except 구조의 두 가지 추가 기능을 소개한다. 첫째, try-except 문을 사용할 때 제일 마지막에 오류 유형을 지정하지 않고 단순히 except: 문처럼 쓸 수 있는데, 이렇게 하면 그 이전에 지정한 오류들 이외의 다른 모든 유형의 예외를 잡을 수 있다. 그러나 이 기법은 잡은 오류의 타입 정보가 없어서 적절한 오류 처리 방법을 제시하기 어렵기 때문에 신중하게 사용해야 한다. 둘째, try 문에 finally 절을 추가하여 예외가 발생하건 발생하지 않건 항상 실행되는 코드를 포함할 수 있다. 이 finally 절은 예외를 잡지 못한 경우 또는 예외를 직접 발생시킨 경우에도 실행된다. 이 finally 블록은 주로 열려 있는 파일을 닫는 등 중요한 정리 작업에 사용된다.

1.8 이터레이터와 제너레이터

1.4.2절에서 다음과 같이 시작하는 for 루프를 소개했다.

```
for element in iterable:
```

여기서 이터러블(iterable)에 해당하는 타입이 파이썬에는 많다고 설명했다. list, tuple, set와 같은 기본 컨테이너 타입은 이터러블 타입에 해당한다. 또한 문자열에 대해 각 문자에 대한 반복적인 순회(이터레이션) 작업을 할 수 있고, 딕셔너리에 대해서도 키 값들에 대한 반복 순회를 할 수 있으며, 파일에 대해선 각 행에 대한 순회 작업을 할 수 있다. 개발자가 정의한 데이터 타입도 이터레이션을 지원할 수 있다. 파이썬에서 이터레이션 메커니즘은 다음 규칙을 기반으로 한다.

- **이터레이터**(iterator)는 일련의 값에 대한 반복 순회를 관리하는 객체다. 변수 i가 이터레이터 객체일 경우 파이썬 내장 함수인 next(i)를 호출할 때마다 이터레이터에 연관된 일련의 값에서 그다음 원소가 반환된다. 만일 더 이상 원소가 없을 경우에는 StopIteration 예외가 발생한다.
- **이터러블**은 이터레이터를 생성하는 객체다. 예를 들어 obj가 이터러블 객체일 때 iter(obj) 문을 통해 이터레이터를 생성한다.

이러한 정의에 따르면 list 객체는 이터러블이지만 그 자체가 이터레이터는 아니다. 예를 들어 data = [1, 2, 4, 8]인 경우 next(data)를 호출할 수는 없다. 대신 i = iter(data) 문으로 이터레이터 객체를 생성할 수 있으며, 이후 next(i)를 호출할 때마다 해당 리스트의 원소가 반환된다. 파이썬의 for 루프는 이 과정을 간단히 자동화하여 주어진 이터러블에 대한 이터레이터를 생성한 다음, StopIteration 예외가 발생할 때까지 다음 원소에 반복적으로 접근한다.

좀더 일반적으로는, 하나의 이터러블 객체를 기반으로 여러 개의 서로 다른 이터레이터를 생성할 수 있으며, 이때 각 이터레이터는 별도의 진행 상태를 유지한다. 그러나 이터레이터는 대개 원소들의 원래 모음(컬렉션)을 간접적으로 참조하여 상태를 유지한다. 예를 들어 리스트 인스턴스에 대해 iter(data)처럼 호출하면 list_iterator라는 클래스의 인스턴스가 생성된다. 이때 이 이터레이터는 자체적으로 리스트의 복사본을 만들어 저장하는 것이 아니다. 대신 원본 리스트에 대한 인덱스를 갖고 관리하는데, 이는 다음에 접근할 원소를 가리킨다. 따라서 이터레이터가 생성된 후 원래 리스트의 데이터가 수정되면(이 이터레이터를 이용한 반복 작업이 완료되기 전이라고 가정함), 이 이터레이터는 리스트의 변경된 내용에 접근한다.

파이썬에서는 암묵적으로 반복 접근할 수 있는(iterable) 일련의 값을 생성하는 함수와 클래스도 지원한다. 즉, 이 경우 필요로 하는 모든 값을 한 번에 저장할 자료구조를 구축하지 않는다. 예를 들어 `range(1000000)`을 호출하면 수로 구성된 리스트가 아니라 반복적으로 접근 가능한 `range` 객체를 반환한다. 이 객체는 필요한 만큼만 한 번에 하나씩, 100만 개의 값을 생성한다. 이러한 **지연 계산**(혹은 지연 평가, lazy evaluation) 기법은 큰 장점이 있다. `range`의 경우, 100만 개의 값을 저장하기 위한 메모리를 따로 확보하지 않고도 `for j in range(1000000):`과 같은 형태의 루프를 실행할 수 있다. 또한 이러한 루프가 어떤 식으로든 중단될 경우를 고려하면 해당 범위 내 사용하지 못한 값을 미리 다 계산해 두느라 낭비했을 시간을 절약한 효과가 있다.

파이썬의 많은 라이브러리에서 지연 계산 기법이 사용되는 것을 볼 수 있다. 예를 들어 딕셔너리 클래스는 딕셔너리 내의 모든 키, 모든 값, 모든 `(key, value)` 쌍에 대한 '뷰(view)'를 생성하는 메서드로 `keys()`, `values()`, `items()`를 지원한다. 이들 메서드는 모두 반환값으로 리스트 인스턴스를 생성하지 않고, 대신 딕셔너리의 실제 내용을 기반으로 하는 이터러블 객체인 뷰를 생성한다. 이러한 이터러블 객체를 매개변수로 하여 `list` 클래스의 생성자를 호출하면 해당 값들을 모두 포함하는 리스트를 즉시 생성할 수 있다. 예를 들어 `list(range(1000))`은 `0`에서 `999`까지의 값을 가진 리스트 인스턴스를 생성하고, `list(d.values())`는 딕셔너리 `d`의 현재 값들을 원소로 하는 리스트를 생성한다. 마찬가지로 주어진 이터러블을 기반으로 `tuple`이나 `set`의 인스턴스를 생성할 수 있다.

제너레이터

2.3.4절에서는 이터레이터로 동작할 클래스를 어떻게 구현할지 자세히 설명할 것이다. 하지만 일단 파이썬에서 이터레이터를 만드는 가장 편리한 기법은 **제너레이터**(generator)를 사용하는 것이다. 제너레이터 구현 문법은 함수 구현 문법과 매우 유사하다. 하지만 함수가 값을 반환하는 것과 달리, 제너레이터 구현에는 일련의 값들로부터 각각의 원소를 나타내기 위한 `yield` 문이 실행된다. 예를 들어 양의 정수의 모든 약수를 구하는 코드를 생각해 보자. 예를 들어 양수 100에는 1, 2, 4, 5, 10, 20, 25, 50, 100 등의 약수가 있다. 이를 함수로 구현한다면 모든 약수가 포함된 리스트를 생성하여 반환하도록 다음과 같이 구현할 수 있다.

```
def factors(n):                  # 약수 계산을 구현한 보통의 함수
  results = []                   # 약수들을 리스트에 저장함
  for k in range(1,n+1):
    if n % k == 0:               # 나누어 떨어지면 k는 약수임
      results.append(k)          # k를 리스트에 추가함
  return results                 # 전체 리스트를 반환함
```

이와 대조적으로, 약수를 구하는 제너레이터는 다음과 같이 구현할 수 있다.

```
def factors(n):                # 약수 계산 제너레이터
  for k in range(1,n+1):
    if n % k == 0:             # 나누어 떨어지면 k는 약수임
    yield k                    # 약수 k를 yield 문으로 반환함
```

반환 결과를 나타낼 때 return 대신 yield 키워드를 사용한 점에 주목하자. 이는 파이썬에서 함수가 아닌 제너레이터를 정의하고 있음을 나타낸다. 제너레이터의 구현 코드에서 동작을 끝내도록 하는 단순한 return 문, 즉 반환값 없는 return 문은 쓸 수 있지만, 그 이외에는 yield 문과 return 문을 함께 사용할 수 없다. 프로그래머가 for factor in factors(100): 같은 루프를 작성하면 위 factors 제너레이터의 인스턴스가 생성된다. 그리고 for 문이 반복적으로 실행될 때마다 factors 프로시저[4]가 실행되고, 결국 코드 마지막에 있는 yield 문을 통해 다음 값을 내어놓는다. 이때 factors 프로시저는 일시적으로 중단되었다가 다른 값이 요청되면 다시 실행을 계속한다. 제어 흐름이 자연스레 프로시저의 끝(또는 인자 없는 단순 return 문)에 도달하면 StopIteration 예외가 자동으로 발생한다. 이 예제에서는 소스 코드에서 yield 문을 하나만 사용했지만, 제너레이터에는 서로 다른 형식의 yield 문을 여러 개 사용할 수 있으며, 어떤 값들이 생성될지는 프로그램 제어 흐름에 따라 결정된다. 예를 들어 정수 n의 약수를 계산할 때 각각의 k와 쌍을 이루는 약수 $n//k$를 함께 계산함으로써 ($n//k$가 k와 같지 않다는 가정하에) n의 제곱근까지만 평가하고 이보다 더 큰 수는 평가하지 않아도 되는데, 이렇게 하면 제너레이터의 효율성을 크게 향상시킬 수 있다. 다음 코드는 약수들을 계산하는 제너레이터를 다시 구현한 것이다.

```
def factors(n):               # 약수 계산 제너레이터
  k = 1
  while k * k < n:            # k < sqrt(n)인 경우에 한해 동작
    if n % k == 0:
      yield k
      yield n // k
    k += 1
  if k * k == n:              # n이 제곱수인 경우
    yield k
```

4 프로시저(procedure)는 함수와 비슷한 개념이지만 대개 값을 반환하지 않는 코드 블록을 말한다. 여기서는 제너레이터를 함수라고 부르지 않기 위해 이 용어를 사용했다.

새로 구현한 factors에서는 약수들이 꼭 증가하는 순서대로 생성되는 건 아니라는 점에서 이전 factors와 다르다는 점에 유의하자. 예를 들어 factors(100)은 1, 100, 2, 50, 4, 25, 5, 20, 10의 순서로 약수들을 생성한다.

마지막으로, 함수가 아닌 제너레이터를 사용할 때에는 지연 평가 기법에 의한 이점이 있다는 것을 기억하자. 제너레이터를 사용하면 값들은 필요할 때에만 계산되어 나오므로, 전체 값들이 동시에 메모리에 있을 필요가 없다. 실제로 제너레이터는 값들을 무한대로 생성하는 데 효과적이다. 예를 들어 피보나치 수열은 수학에서 고전적인 수열인데, 0과 1로 시작하여 후속 값으로 앞의 두 값의 합을 취하는 형식이 쭉 계속된다. 따라서 피보나치 수열은 다음과 같이 시작된다. 0, 1, 1, 2, 3, 5, 8, 13, ..., 다음의 제너레이터 코드는 이 피보나치 수열을 무한대로 생성한다.

```
def fibonacci():
  a = 0
  b = 1
  while True:               # 무한 반복
    yield a                 # a를 yield 문으로 반환
    future = a + b
    a = b                   # a 값 업데이트. 이 값이 다음 반복 시 반환됨
    b = future              # b 값 업데이트. 이 값이 그다음 반복 시 반환됨
```

1.9 파이썬의 다른 유용한 특징들

이 절에서는 깔끔하고 간결한 코드를 작성하는 데 특히 유용한 파이썬의 몇 가지 특징을 소개한다. 여기서 소개한 각 문법은 꼭 이렇게 사용해야만 원하는 동작이나 효과를 얻을 수 있는 것은 아니며, 이 장의 앞부분에서 소개한 기능들을 사용하면 동일한 효과를 얻을 수는 있다. 그러나 때로는 새로운 문법 구문이 논리를 더 명확하고 직접적으로 표현하는 경우가 있다.

1.9.1 조건부 표현식

파이썬에서는 간단한 제어 구조를 대체할 수 있는 **조건부 표현식**(conditional expression)을 지원한다. 이는 일반적으로 다음과 같은 형식을 갖는 표현식이다.

```
expr1 if condition else expr2
```

이 복합 표현식은 조건이 참이면 *expr1*로 평가되고, 그렇지 않으면 *expr2*로 평가된다. 자바나 C++ 언어의 `condition ? expr1 : expr2`와 동일하다.

예를 들어 변수 `n`의 절댓값을 함수에 전달한다고 가정해 보자(예시를 위해 내장 함수 `abs`를 사용하지 않음). 기존 제어 구조를 사용하면 다음과 같이 쓸 수 있다.

```
if n > = 0:
   param = n
else:
   param = n
result = foo(param)             # 함수를 호출함
```

조건부 표현식을 사용하면 다음과 같이 변수 `param`에 직접 값을 할당할 수 있다.

```
param = n if n > = 0 else -n    # 적절한 값을 구함
result = foo(param)             # 함수를 호출함
```

사실 복합 표현식 자체를 변수에 할당할 필요는 없다. 복합 표현식은 그 자체로 함수에 대한 매개변수 역할을 할 수 있으므로 다음과 같이 작성할 수 있다.

```
result = foo(n if n > = 0 else -n)
```

때로는 소스 코드를 짧게 줄이는 것 자체로 번거로운 제어 구조로 인한 산만함을 피할 수 있다. 그러나 조건부 표현식은 소스 코드의 가독성을 향상시키는 경우에만 사용하는 것이 좋다. 특히 조건식의 두 가지 옵션 중 첫째 옵션이 더 '자연스러운' 경우일 때만 사용하는 것이 좋다(왜냐하면 조건부 표현식에서 첫째 옵션이 먼저 나오므로 더 눈에 띈다. 둘째 옵션은 뒤에 있으므로 자연스럽지 않은 예외적인 경우로 간주되는 편이다).

1.9.2 컴프리헨션

일련의 데이터를 처리하여 이로부터 일련의 결괏값을 발생시키는 것은 흔한 프로그래밍 작업이다. 파이썬에서 이 작업은 종종 **컴프리헨션**(comprehension) 구문을 사용해 아주 간단하게 수행할 수 있다. 파이썬에서 가장 먼저 지원된 컴프리헨션은 **리스트 컴프리헨션**(list comprehension)이며, 일반적인 형태는 다음과 같다.

```
[ expression for value in iterable if condition ]
```

여기서 *expression*과 *condition*은 모두 *value*를 이용한 표현식일 수 있으며, `if` 절은 없어도 괜찮다. 리스트 컴프리헨션의 동작은 다음과 같이 결괏값 리스트를 구하기 위해 보통의 제어 구조를 사용한 것과 논리적으로 동일하다.

```
result = [ ]
for value in iterable:
  if condition:
    result.append(expression)
```

구체적인 예로, 1에서 n까지 수의 제곱을 원소로 하는 리스트, 즉 [1, 4, 9, 16, 25, ..., n^2]은 다음과 같이 기존 방법으로 만들 수 있다.

```
squares = [ ]
for k in range(1, n+1):
  squares.append(k*k)
```

이를 리스트 컴프리헨션으로 구현하면 다음과 같이 쓸 수 있다.

```
squares = [k*k for k in range(1, n+1)]
```

또 다른 예로, 1.8절에서 소개한 정수 n의 약수 계산은 다음과 같은 리스트 컴프리헨션으로 구현할 수 있다.

```
factors = [k for k in range(1, n+1) if n % k == 0]
```

파이썬은 리스트 이외에 집합, 제너레이터, 딕셔너리를 생성할 때도 비슷한 방식의 컴프리헨션 구문을 지원한다. 제곱수들을 생성하는 예를 통해 이들 구문을 비교하면 다음과 같다.

- `[k*k for k in range(1, n+1)]` 리스트 컴프리헨션
- `{k*k for k in range(1, n+1)}` 집합 컴프리헨션
- `(k*k for k in range(1, n+1))` 제너레이터 컴프리헨션
- `{k:k*k for k in range(1, n+1)}` 딕셔너리 컴프리헨션

이들 중 특히 제너레이터 컴프리헨션은 결괏값들을 메모리에 저장할 필요가 없을 때 유용하다. 예를 들어 제곱값들의 합을 처음 n개에 대해 계산하려면 리스트 컴프리헨션을 사용하는 것보다 `total = sum(k*k for k in range(1, n+1))`과 같이 제너레이터 컴프리헨션을 사용하는 것이 더 좋다.

1.9.3 시퀀스 패킹과 언패킹

파이썬에서는 튜플 및 기타 시퀀스 타입을 편하게 처리할 수 있도록 두 가지 기능을 추가로 제공한다. 한 가지는 깔끔한 코드 작성과 관련이 있는데, 쉼표로 구분된 일련의 표현식은 괄호로 묶지 않더라도 하나의 튜플로 처리될 수 있다. 예를 들어 `data = 2, 4, 6, 8`의 경우 `data`에 튜플 `(2, 4, 6, 8)`이 대입된다. 이러한 동작을 튜플의 **자동 패킹**(automatic packing)이라고 한다. 파이썬에서 패킹은 주로 함수에서 값을 여러 개 반환할 때 사용된다. 함수 본문에서 `return x, y` 명령을 실행하는 경우, 이는 단일 객체로 튜플 `(x, y)`를 반환한다.

패킹의 반대되는 동작은 **언패킹**(unpacking)으로, 파이썬에서는 시퀀스를 자동으로 언패킹하여 각 원소마다 개별적으로 식별자를 부여할 수 있다. 예를 들어 다음과 같이 작성할 수 있다.

```
a, b, c, d = range(7, 11)
```

이는 `range` 함수 호출에 의해 반환되는 일련의 값에 `a = 7`, `b = 8`, `c = 9`, `d = 10`과 같이 개별적으로 식별자를 할당하는 효과가 있다. 이 구문에서 등호의 오른쪽 표현식에는 어떤 이터러블 유형이건 가능한데, 단 이터러블이 반복하는 원소 개수가 등호 왼쪽의 변수 개수와 동일해야 한다.

이 기법은 함수가 반환하는 튜플을 언팩하는 데도 사용할 수 있다. 예를 들어 내장 함수인 divmod(a, b)는 정수 나눗셈에 연관된 값들의 쌍 (a // b, a % b)을 반환하는데, 이 함수를 호출하여 반환값을 튜플 하나로 받을 수도 있지만 다음과 같이 작성하여 두 개로 각각 받을 수도 있다.

```
quotient, remainder = divmod(a, b)
```

또한 다음과 같이 이터러블을 원소로 하는 시퀀스에 대해 for 루프를 수행하는 경우에도 언패킹 기법이 사용된다.

```
for x, y in [ (7, 2), (5, 8), (6, 4) ]:
```

이 예에서는 첫 번째 반복에서 x = 7, y = 2가 되고, 이와 비슷하게 총 세 번의 반복을 진행한다. 이런 형태의 반복 루프는 다음과 같이 dict 클래스의 items() 메서드가 반환하는 키-값 쌍을 반복적으로 순회하는 데 가장 많이 사용된다.

```
for k, v in mapping.items():
```

여러 변수에 동시에 대입하기

자동 패킹 및 언패킹은 여러 식별자에 여러 개의 값을 한 번에 대입할 수 있도록 해준다. 이를 **동시 대입**(simultaneous assignment)이라고 하며 다음과 같은 형태를 띤다.

```
x, y, z = 6, 2, 5
```

실제 이 대입문의 내부 동작은, 오른쪽의 값들이 하나의 튜플로 자동 패킹된 후, 이 튜플이 자동으로 언패킹되면서 등호 왼쪽의 세 식별자에 각각 대입된다.

동시 대입이 사용될 때에는 먼저 오른쪽의 모든 표현식이 평가 완료된 후 왼쪽 변수에 대입된다. 이로 인해 다음과 같이 두 변수의 값을 매우 쉽게 바꿀 수 있다.

```
j, k = k, j
```

이 명령을 사용하면 변수 j에는 변수 k의 원래 값이 대입되고, k에는 j의 원래 값이 대입된다. 동시 대입이 지원되지 않는다면 대개는 다음과 같이 임시 변수를 사용해야 한다.

```
temp = j
j = k
k = temp
```

동시 대입을 사용하면, 등호 오른쪽의 패킹된 값들을 나타내는 임시 튜플이 동시 대입을 사용하지 않았을 때의 임시 변수 역할을 한다고 볼 수 있다.

동시 대입을 사용하면 코드를 크게 단순화할 수 있다. 예를 들어 77쪽의 피보나치 수열을 생성하는 제너레이터를 다시 살펴보자. 원래 코드에서는 변수 a와 b를 별도로 초기화했다. 또한 반복문에서 a와 b를 각각 b와 a + b 값으로 매번 변경했다. 이를 위해 임시 변수를 잠깐 사용해야 했는데, 동시 대입을 사용하면 이 제너레이터를 다음과 같이 더 직접적으로 구현할 수 있다.

```
def fibonacci( ):
   a, b = 0, 1
   while True:
      yield a
      a, b = b, a+b
```

1.10 범위와 네임스페이스

파이썬에서 x + y 명령을 실행하여 합을 계산할 때, x와 y라는 이름들은 각각 값을 가진 어떤 객체들에 연관되어 있어야 하며, 그러한 정의를 찾을 수 없으면 NameError가 발생한다. 식별자와 연관된 값을 결정하는 프로세스를 **이름 결정**(name resolution)이라고 한다.

식별자에 값이 연관되어 대입될 때마다 이는 특정 **범위**(scope)에서 이루어진다. 최상위 레벨의 대입은 **전역 범위**(global scope)에서 이루어진다. 함수 내에서 이루어지는 대입은 일반적으로 해당 함수 호출에만 국한된 **로컬 범위**(local scope)를 갖는다. 따라서 함수 내에서 x = 5 명령은 더 넓은 범위에 존재하는 같은 이름의 식별자 x에 영향을 미치지 않는다.

파이썬에서 각각의 범위는 **네임스페이스**(namespace)로 표현된다. 네임스페이스는 주어진 범위 내에서 정의된 모든 식별자를 관리한다. 그림 1.8은 두 개의 네임스페이스를 보여주는데, 왼쪽은 1.5절에서 정의된 count 함수를 호출한 쪽의 네임스페이스이고 오른쪽은 해당 함수가 실행되는 동안의 내부 네임스페이스다.

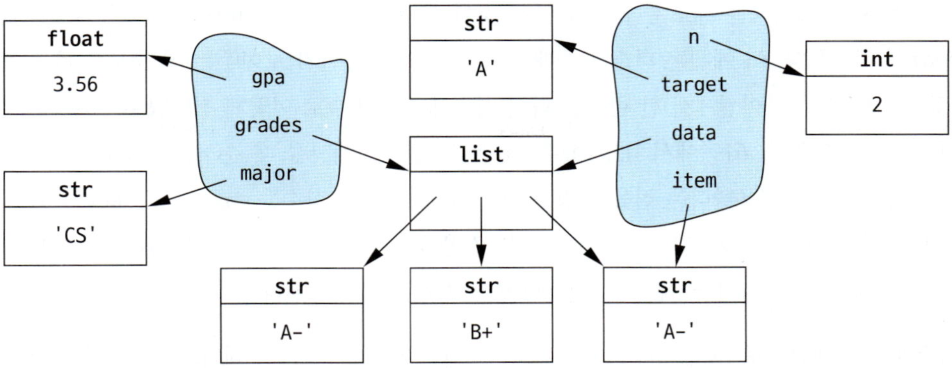

그림 1.8 1.5절에서 정의된 count 함수를 count(grades, 'A')와 같이 호출했을 때 이 호출과 연관된 두 개의 네임스페이스. 왼쪽 네임스페이스는 호출한 쪽의 것이고 오른쪽 네임스페이스는 함수의 로컬 범위를 나타낸다.

파이썬에서는 식별자로 사용된 문자열(예 'n')과 이에 매핑된 값을 관리하는 딕셔너리를 자체적으로 사용해 네임스페이스를 구현한다. 파이썬은 주어진 네임스페이스를 검사하는 여러 방법을 제공하는데, 예를 들어 dir 함수는 네임스페이스 내의 식별자들(즉, 딕셔너리의 키)을 반환하고, vars 함수는 딕셔너리의 내용 전체를 반환한다. dir()와 vars() 함수를 호출하면 일반적으로 이들 함수가 실행되는 가장 안쪽 네임스페이스에 대한 결과를 반환한다.

명령문에서 식별자가 사용되면 파이썬은 이 식별자가 어떤 객체를 가리키는지 결정하는 작업, 즉 이름 결정 작업을 수행하고, 이 과정에서 일련의 네임스페이스를 검색한다. 먼저, 주어진 이름에 대해 가장 안쪽에서 둘러싸는 범위가 검색된다. 거기서 찾을 수 없으면 그다음 바깥쪽 범위를 검색하는 식으로 검색한다. 2.5절에서 객체 지향 관점의 파이썬 언어를 다룰 때 네임스페이스에 대해 좀더 설명할 것이며, 이를 통해 각 객체에는 그 속성을 저장하기 위한 고유의 네임스페이스가 있고 클래스에도 각각 네임스페이스가 있다는 사실을 알게 될 것이다.

퍼스트 클래스 객체

프로그래밍 언어론에서 **퍼스트 클래스 객체**(first-classs object)란 식별자에 대입하거나 매개변수로 전달하거나 함수에서 반환할 수 있는 유형의 인스턴스를 말한다. 그러므로 1.2.3절에서 소개한 모든 데이터 타입(예 int, list)은 파이썬에서 당연히 퍼스트 클래스 타입이다. 그런데 파이썬에서는 함수와 클래스도 퍼스트 클래스 객체로 취급된다. 예를 들어 다음과 같이 작성할 수 있다.

```
scream = print          # 'scream'이라는 이름에 'print' 함수 대입
scream('Hello')         # 이 함수를 호출함
```

이 코드는 scream이라는 새로운 함수를 만든 것이 아니라 기존 함수 print에 대한 별칭으로 scream을 정의한다. 이 예제는 퍼스트 클래스 객체가 왜 유용한지 보여주는 데 충분히 효과적인 것은 아니지만, 파이썬에서 한 함수를 다른 함수에 매개변수로 어떻게 전달할 수 있는지 그 메커니즘을 보여준다. 61쪽에서 내장 함수 max는 최댓값을 계산할 때 순서를 결정할 수 있는 키워드 매개변수를 허용한다는 점을 설명했는데, 예를 들어 이 함수를 max(a, b, key = abs)와 같이 호출하면 두 값 중 어떤 것이 더 큰 절댓값을 갖는지 알 수 있다. 이때 max 함수 내부에서 형식 매개변수인 key가 실 매개변수인 abs를 가리키는 데 사용된다.

네임스페이스 개념으로 보면, scream = print와 같은 대입문은 현재 네임스페이스에 식별자 scream을 새로 갖도록 하고, 그 값은 내장 함수 print를 나타내는 객체가 된다. 개발자가 함수를 새로 정의할 때에도 동일한 메커니즘이 적용된다. 예를 들어 1.5절의 count 함수는 다음과 같이 시작한다.

```
def count(data, target):
    ...
```

이러한 선언은 현재 네임스페이스에 식별자 count를 도입하며, 이에 연관된 값은 그 구현을 나타내는 함수 인스턴스가 된다. 이와 비슷하게, 새로 정의된 클래스의 이름에는 하나의 값이 짝지어지는데, 그 값은 해당 클래스의 구현이 된다(클래스는 2장 참고).

1.11 모듈과 import 명령문

지금까지 파이썬의 기본 네임스페이스 내에 정의된 많은 함수(예 max)와 클래스(예 list)를 소개했다. 파이썬 버전에 따라 달라지긴 하지만, 기본 네임스페이스에 포함될 만큼 중요한 함수나 클래스는 약 130~150개에 달한다.

기본 내장 함수나 클래스들 외에도, 표준 파이썬 배포판에는 수만 개에 달하는 유용한 값들, 함수들, 클래스들이 **모듈**(module)이라는 여러 라이브러리에 포함되어 있어서 다른 프로그램에서 이 모듈들을 **임포트**(import)하여 사용할 수 있다. 예를 들어 math 모듈을 보자. 기본 네임스페이스에는 몇몇 수학 함수(예 abs, min, max, round)가 포함되어 있지만 더 많은 수학 함수(예 sin, cos, sqrt)들이 math 모듈에 포함되어 있다. 이 math 모듈은 수학 상수인 pi와 e의 근삿값도 정의하고 있다.

파이썬의 import 문은 모듈에 포함된 상수 값이나 함수, 클래스의 정의들을 현재의 네임스페이스에 가져온다. import 문을 사용하는 한 가지 방식은 다음과 같다.

```
from math import pi, sqrt
```

이 명령은 math 모듈에 정의된 pi와 sqrt를 현재의 네임스페이스에 추가함으로써, 식별자 pi를 직접 사용하거나 함수 sqrt(2)를 호출할 수 있도록 한다. 하나의 모듈에서 가져올 정의가 많을 경우 별표 기호를 와일드카드로 사용할 수 있다(예 from math import *). 하지만 이러한 방식은 신중하게 사용해야 한다. 왜냐하면 모듈에 정의된 어떤 이름이 현재 네임스페이스에 이미 사용되고 있거나 다른 모듈에서 가져오는 이름과 충돌할 수 있으며, 이럴 경우 새로 임포트한 정의가 기존 정의를 바꿔버리기 때문이다.

한 개 모듈에 있는 여러 정의에 접근할 수 있는 또 다른 방법은 다음과 같은 구문을 사용해 모듈 자체를 임포트하는 것이다.

```
import math
```

형식적으로 보면, 이 명령은 math 모듈 자체를 값으로 하는 식별자 math를 현재 네임스페이스에 추가한다(모듈은 파이썬에서 퍼스트 클래스 객체이기도 하다). 모듈 자체가 임포트되면 해당 모듈 내에 있는 정의들은 math.pi 또는 math.sqrt(2)와 같이 **완전히 정규화된 이름**(fully-qualified name)을 사용해 개별적으로 접근 가능하다.

새 모듈 만들기

새 모듈을 만들려면 .py 확장자를 가진 파일에 원하는 상수 값, 함수, 클래스 등의 정의를 넣으면 된다. 이들 정의는 같은 디렉터리에 있는 다른 .py 파일에서 임포트할 수도 있다. 예를 들어 count 함수(1.5절 참고)의 정의를 utility.py 파일에 넣었다면, from utility import count 문으로 count 함수를 임포트할 수 있다.

모듈 내에서 가장 바깥쪽 범위에 위치한 명령문, 즉 최상위 명령문(top-level command)은 그 모듈이 처음 임포트될 때 실행된다는 점에 주목하자(이는 마치 모듈이 자체적으로 실행 가능한 스크립트인 것처럼 실행됨). 그런데 모듈이 스크립트로서 직접 사용되는 경우에는 특정 명령들을 실행하도록 하고, 이와 반대로 다른 스크립트에서 이 모듈이 임포트되는 경우에는 이 특정 명령들이 실행되지 않도록 설정할 수 있다. 이들 특정 명령들을 다음과 같은 조건문의 본문에 배치하면 된다.

```
if __name__ == '__main__' :
```

앞에서 언급한 `utility.py` 모듈을 예로 들면, `python utility.py` 명령에 의해 파이썬 인터프리터가 실행된 경우에는 위 조건문의 본문에 작성한 특정 명령들이 실행되지만, 그렇지 않고 `utility` 모듈을 다른 코드에서 임포트할 때에는 그 특정 명령들이 실행되지 않는다. 이러한 선택적 실행 방식은 모듈 내에 소위 **단위 테스트**(unit test) 코드를 포함시키는 데 자주 사용된다 (단위 테스트는 2.2.4절 참고).

1.11.1 파이썬의 주요 모듈

표 1.7은 자료구조 학습과 밀접하게 관련된 몇 가지 모듈을 요약한 것이다. `math` 모듈에 대해서는 이미 간략하게 설명했다. 이 절에서는 이 책 후반부에서 공부할 자료구조와 알고리즘에 특히 중요한 모듈 하나를 더 설명한다.

모듈 이름	설명
`array`	기본 데이터 타입의 데이터들을 위해 컴팩트한 배열 공간을 제공함
`collections`	객체들의 모음인 컬렉션을 위한 자료구조 및 추상 기반 클래스를 정의함
`copy`	객체의 복사본을 만들기 위한 일반적인 함수를 정의함
`heapq`	힙 기반 우선순위 큐를 함수로 제공함(9.3.7절 참고)
`math`	일반적인 수학 상수와 함수를 정의함
`os`	운영 체제의 기능을 사용할 수 있도록 지원함
`random`	난수 생성 기능을 제공함
`re`	정규식 처리를 지원함
`sys`	파이썬 인터프리터를 다루는 데 필요한 추가 기능을 제공함
`time`	시간을 측정하거나 프로그램을 지연시키도록 지원함

표 1.7 자료구조 및 알고리즘과 관련된 주요 파이썬 모듈

의사 난수 생성

파이썬의 `random` 모듈은 의사 난수, 즉 진짜 랜덤하지는 않지만 통계적으로는 랜덤한 수들을 생성하는 기능을 제공한다. **의사 난수 생성기**(pseudo-random number generator)는 이전에 생성했던 수들을 사용해 새로운 난수를 생성한다. 실제로 간단하면서도 널리 사용되는 의사 난수 생성기는 다음 공식으로 새로운 난수 `next`를 생성하는데, 이때 가장 최근에 발생시켰던 난수 `current`를 사용한다. 여기서 `a`, `b`, `n`은 적절하게 선택된 정수들이다.

```
next = (a*current + b) % n;
```

파이썬은 의사 난수를 발생시키는 데 **메르센 트위스터**(Mersenne twister)로 알려진 고급 기법을 사용한다. 이 기법으로 생성된 일련의 난수는 통계적으로 그 분포가 균일한 것으로 증명될 수 있으며, 이는 게임과 같이 난수가 필요한 대부분의 응용 프로그램에 적용하기에 충분하다. 컴퓨터 보안 설정과 같이 예측이 불가능한 진짜 난수들이 필요한 경우 이런 종류의 공식을 사용하면 안 된다. 대신 우주 공간에서 발생하는 전파 노이즈처럼 실제로 랜덤한 소스에서 샘플링하는 것이 이상적이다.

의사 난수 생성기에서 새로 발생시킬 난수는 이전 난수에 의해 결정되므로, 이러한 난수 생성기에는 항상 처음 사용할 값이 필요하며 이를 **시드**(seed)라고 한다. 시드가 같으면 생성되는 일련의 난수들은 항상 동일한 순서의 동일한 값이 된다. 프로그램을 실행할 때마다 다른 순서의 난수들을 얻기 위한 한 가지 주요 방법은 실행할 때마다 다른 시드를 사용하는 것이다. 예를 들어 밀리 세컨드 단위로 측정한 사용자의 입력 시간이나 컴퓨터의 현재 시간을 시드로 사용할 수 있다.

파이썬에서는 random 모듈의 Random 클래스를 사용하여 의사 난수를 생성할 수 있으며, Random 객체는 독립적인 상태 정보를 가진 난수 생성기로서 동작한다. 따라서 프로그램 곳곳에서 자체적으로 의사 난수 생성기를 사용할 수 있으므로, 한쪽에서 난수 생성기를 사용하는 것이 다른 쪽에서 다른 난수 생성기를 사용해 난수들을 발생시키는 것에 영향을 끼치지 않는다. Random 클래스에서 제공하는 모든 메서드는 random 모듈의 독립형 함수로도 지원되어 편하게 사용할 수 있다(이들 함수 호출에 하나의 난수 생성기 인스턴스를 두어 이를 공유하여 사용함).

구문	설명
seed(hashable)	매개변수에 주어진 해시 값을 기반으로 의사 난수 생성기를 초기화함
random()	[0.0, 1.0) 사이의 의사 난수를 반환함(부동소수점)
randint(a, b)	[a, b] 사이의 의사 난수를 반환함(정수)
randrange(start, stop, step)	randrange(start, stop, step) 함수가 정의하는 범위 내에서 의사 난수(정수)를 반환함
choice(seq)	주어진 시퀀스에서 랜덤하게(의사) 원소를 선택하여 반환함
shuffle(seq)	주어진 시퀀스에 대해 원소들의 순서를 랜덤하게(의사) 변경함

표 1.8 Random 클래스의 객체에서 지원되는 메서드들(random 모듈의 최상위 함수[5]로도 제공됨)

5 최상위(top-level) 함수는 .py 파일의 가장 바깥에 선언된, 어떤 클래스 안에도 속해 있지 않고 다른 함수 안에도 중첩되어 있지 않은 함수를 말한다.

1.12 연습 문제

기본 문제

R-1.1 정수 n과 m을 받아 n이 m의 배수인 경우, 즉 $n = mi$를 만족하는 정수 i가 존재하는 경우 True를 반환하고 그렇지 않으면 False를 반환하는 파이썬 함수 is_multiple(n, m)을 작성하라.

R-1.2 정수 k를 받아 이것이 짝수이면 True를 반환하고, 그렇지 않으면 False를 반환하는 파이썬 함수 is_even(k)를 작성하라. 단, 이 함수에 곱셈이나 모듈러 또는 나눗셈 연산자를 사용할 수 없다.

R-1.3 하나 이상의 수로 구성된 시퀀스를 받아 여기에서 최솟값과 최댓값을 구해 하나의 튜플로 반환하는 파이썬 함수 minmax(data)를 작성하라. 단, 내장 함수인 min 또는 max를 사용하면 안 된다.

R-1.4 양의 정수 n을 받아 이보다 작은 모든 양의 정수의 제곱의 합을 반환하는 간단한 파이썬 함수를 작성하라.

R-1.5 파이썬의 컴프리헨션과 sum 내장 함수를 이용해 연습 문제 R-1.4에서처럼 n보다 작은 모든 양수의 제곱에 대해 총합을 계산하는 코드를 단일 명령문으로 작성하라.

R-1.6 양수 n을 받아 n보다 작은 모든 홀수의 제곱의 총합을 반환하는 파이썬 함수를 작성하라.

R-1.7 파이썬의 컴프리헨션과 sum 내장 함수를 이용해 연습 문제 R-1.6에서처럼 n보다 작은 모든 홀수들의 제곱에 대해 총합을 계산하는 코드를 단일 명령문으로 작성하라.

R-1.8 파이썬에서는 음의 정수를 문자열 같은 시퀀스의 인덱스로 사용할 수 있다. 문자열 s의 길이가 n이고 $-n < k < 0$을 만족하는 k에 대해 표현식 s[k]가 있다고 하자. 이때 0보다 같거나 큰 j를 인덱스로 한 표현식 s[j]가 s[k]와 동일한 원소를 가리킨다면 j와 k는 어떤 관계인가?

R-1.9 range 클래스를 이용해 50, 60, 70, 80의 수들을 생성하려면 range 생성자에 매개변수를 어떻게 주어야 하는가?

R-1.10 range 클래스를 이용해 8, 6, 4, 2, 0, -2, -4, -6, -8의 수들을 생성하려면 range 생성자에 매개변수를 어떻게 주어야 하는가?

R-1.11 리스트 컴프리헨션을 사용해 [1, 2, 4, 8, 16, 32, 64, 128, 256]을 생성하라.

R-1.12 파이썬의 random 모듈에는 (비어 있지 않은) 시퀀스에서 임의의 원소를 선택해 반환하는 함수 choice(data)가 포함되어 있다. 또한 random 모듈에는 더 기본적인 randrange 함수가 있는데, 이 함수는 range와 비슷한 방식으로 매개변수를 받으며, 이로부터 주어진 범위의 원소를 랜덤하게 선택해 반환한다. randrange 함수를 사용해 choice 함수를 구현하라.

응용 문제

C-1.13 n개의 정수로 구성된 리스트에 대해 원소들의 순서를 거꾸로 반전시키는 함수를 의사코드로 작성하라. 그리고 이 의사코드를, 리스트를 거꾸로 반전시키는(즉, 동일한 작업을 수행하는) 파이썬 함수와 비교해 보시오.

C-1.14 정수 값들의 시퀀스를 받아 그 시퀀스의 원소들에 대해 두 수의 곱이 홀수가 되는 경우가 있는지 확인하는 파이썬 함수를 작성하라.

C-1.15 일련의 수로 구성된 시퀀스를 받아 그 시퀀스의 모든 원소가 서로 다른 수인지 판단하는 파이썬 함수를 작성하라.

C-1.16 58쪽에서 구현한 scale 함수는 반복문 내부에서 data[j] *= factor 명령을 실행한다. 수를 나타내는 데이터 타입은 불변 속성을 지니므로 *= 연산자를 사용하면 기존 인스턴스를 변경하는 것이 아니고 새 인스턴스가 생성된다는 점을 설명했다. 그렇다면 scale 함수를 호출한 쪽이 전달한 실 매개변수를 scale 함수 내부에서 변경하는 것이 어떻게 가능한지 설명하라.

C-1.17 58쪽에서 scale 함수를 다음과 같이 구현했다면 제대로 작동할지 안 할지, 그 이유와 함께 답하라.

```
def scale(data, factor):
    for val in data:
        val *= factor
```

C-1.18 파이썬의 리스트 컴프리헨션을 사용해 리스트 [0, 2, 6, 12, 20, 30, 42, 56, 72, 90]을 생성하라.

C-1.19 파이썬의 리스트 컴프리헨션을 사용해 리스트 `['a', 'b', 'c', ..., 'z']`를 생성하라. 단, 26개의 문자를 모두 문자 그대로 타이핑해서 사용하지 않도록 해야 한다.

C-1.20 파이썬의 `random` 모듈에는 리스트를 받아 그 원소들의 순서를 랜덤하게 바꾸는 `shuffle(data)` 함수가 있으며, `shuffle` 함수에 의해 발생된 랜덤 순서들 각각은 모두 동일한 확률로 발생한다. 또한 `random` 모듈에는 더 기본적인 함수인 `randint(a, b)`가 포함되어 있는데, 이는 `a`에서 `b` 사이의 정수(`a, b` 포함)를 랜덤하게 같은 확률로 반환한다. `randint` 함수만 사용해 `shuffle` 함수를 구현하라.

C-1.21 표준 입력으로부터 `EOFError`가 발생할 때까지 반복적으로 한 행씩 모두 읽은 다음, 입력받은 행들을 역순으로 출력하는 파이썬 프로그램을 작성하라(Ctrl-D로 입력의 끝을 나타낼 수 있음).

C-1.22 `int` 값을 저장하는 길이 n의 두 배열 a와 b를 받아, a와 b의 내적값을 반환하는 간단한 파이썬 프로그램을 작성하라. 즉, $i = 0, ..., n - 1$에 대해 $c[i] = a[i]*b[i]$가 되도록 길이 n의 배열 c를 반환해야 한다.

C-1.23 주어진 인덱스로 리스트에 접근하여 해당하는 원소 값을 변경하는 파이썬 코드를 제시하라. 해당 인덱스가 유효한 범위를 벗어난 경우 이 코드는 발생하는 예외를 잡고 다음 오류 메시지를 출력해야 한다.

```
"Don't try buffer overflow attacks in Python!"
```

C-1.24 주어진 영어 문자열에서 모음의 개수를 세는 간단한 파이썬 함수를 작성하라.

C-1.25 영어 문장 하나를 나타내는 문자열 s를 받아 모든 구두점(즉, 문장에서 사용된 부호)이 제거된 새로운 문자열을 반환하는 간단한 파이썬 함수를 작성하라. 예를 들어 문자열 `"Let's try, Mike."`가 주어지면 이 함수는 `"Lets try Mike"`를 반환해야 한다.

C-1.26 세 개의 정수 a, b, c를 입력으로 받아 $a + b = c$, $a = b - c$ 또는 $a * b = c$의 산술 공식을 만족하는지 판단하는 간단한 프로그램을 작성하라.

C-1.27 1.8절에서 주어진 정수의 약수들을 계산하는 제너레이터 세 가지를 살펴보았다. 76쪽의 세 번째 구현이 가장 효율적이지만, 약수들을 오름차순으로 보여주지 못했다. 효율적인 성능은 유지하면서 오름차순으로 약수들이 나타나도록 제너레이터를 수정하라.

C-1.28 n차원 공간에서 벡터 $v = (v_1, v_2, \ldots, v_n)$의 ***p*-*norm***($p$-놈)은 아래 식과 같이 정의된다. 특히 $p = 2$의 경우, 이는 벡터의 길이를 나타내는 전통적인 유클리드 놈이 된다. 예를 들어 좌표 (4, 3)을 갖는 2차원 벡터의 유클리드 놈은 $\sqrt{4^2 + 3^2} = \sqrt{16 + 9} = 25 = 5$다. 놈을 계산하는 함수를 구현하되, `norm(v, p)`는 벡터 v의 p-놈 값을 반환하고, `norm(v)`는 벡터 v의 유클리드 놈을 반환하도록 하라. v는 수들을 원소로 하는 리스트라고 가정한다.

$$\|v\| = \sqrt[p]{v_1^p + v_2^p + \cdots + v_n^p}$$

프로젝트 문제

P-1.29 `'c'`, `'a'`, `'t'`, `'d'`, `'o'`, `'g'`의 6개 문자들을 각각 한 번씩만 사용해 만들 수 있는 문자열을 모두 출력하는 파이썬 프로그램을 작성하라.

P-1.30 2보다 큰 양의 정수를 입력으로 받아 이 수를 2로 계속 나누어서 2보다 작은 값을 얻기까지 몇 번을 나누었는지 그 횟수를 출력하는 파이썬 프로그램을 작성하라.

P-1.31 '거스름돈을 계산할 수 있는' 파이썬 프로그램을 작성하라. 이 프로그램은 두 개의 수를 입력으로 받는데, 하나는 지불해야 할 금액이고 다른 하나는 계산대에 건네준 금액이다. 그런 다음 이 두 금액의 차액을 거스름돈으로 돌려주기 위해 어떤 종류의 지폐와 동전이 각각 몇 개 필요한지를 반환해야 한다. 지폐와 동전의 종류는 현재 또는 예전의 통화 시스템을 기반으로 적절히 정하면 된다. 가능한 한 적은 수의 지폐와 동전을 반환하도록 프로그램을 설계하라.

P-1.32 콘솔을 입출력 장치로 하는 간단한 계산기 프로그램을 파이썬으로 작성하라. 이 계산기에 대한 입력값(예 12.34 또는 1034와 같은 숫자, +나 = 같은 연산자)은 각각 별도 행으로 입력받을 수 있다. 각각 입력한 후에는 실제 계산기가 그러하듯 계산값이 파이썬 콘솔에 바로 출력되어야 한다.

P-1.33 휴대용 계산기를 시뮬레이션하는 파이썬 프로그램을 작성하라. 이 프로그램은 실제 계산기가 버튼을 누를 때마다 입력이 처리되는 것처럼 파이썬 콘솔의 입력을 처리해야 한다. 또한 각 연산이 수행된 후 화면의 내용을 출력해야 한다. 계산기는 최소한 기본적인 산술 연산들과 리셋, 지우기(클리어) 동작을 수행할 수 있어야 한다.

P-1.34 학교에서 학생들에게 주는 벌 중에서 흔한 것은 한 문장을 여러 번 쓰도록 하는 것이다. "I will never spam my friends again." 문장을 100번 출력하는 독립적으로 실행 가능한 파이썬 프로그램을 작성하라. 이 프로그램은 각 문장에 대해 번호를 매기고 서로 다른 오타 8개를 랜덤하게 만들어야 한다.

P-1.35 **생일 패러독스**(birthday paradox)란 한 방에 있는 사람이 23명이 넘으면 그중에서 생일이 같은 두 명이 존재할 확률은 50% 이상이라는 것이다. 이는 실제로 아예 말이 안 되는 패러독스는 아니지만 많은 사람이 놀랍게 생각한다. 무작위로 생성된 생일 데이터들에 대한 일련의 실험을 통해 이 패러독스를 확인할 수 있는 파이썬 프로그램을 작성하라. 사람 수 $n = 5, 10, 15, 20, \ldots, 100$에 대해 평가하도록 한다.

P-1.36 공백으로 구분된 단어 리스트를 입력받아 각 단어가 이 리스트에 몇 번이나 나타나는지 출력하는 파이썬 프로그램을 작성하라. 프로그램의 동작 속도나 효율성은 이 책의 뒷부분에서 다룰 것이므로 지금은 이에 대해 고려하지 않고 코드를 작성한다.

참고 사항

파이썬 공식 웹 사이트(http://www.python.org)에는 기본 내장 함수, 클래스 및 표준 모듈에 대한 튜토리얼과 모든 공식 문서 등 풍부한 정보가 있다. 파이썬 인터프리터에서 `help(foo)` 명령을 실행하면 `foo`가 가리키는 함수나 클래스 또는 모듈에 대한 공식 문서를 보여주므로 인터프리터 자체도 유용한 참고 자료가 된다.

파이썬 프로그래밍에 대한 소개를 제공하는 책으로는 Campbell [22], Cedar [25], Dawson [32], Goldwasser와 Letscher [43], Lutz [72], Perkovic [82], Zelle [105] 등이 있다. 파이썬을 다룬 더 자세한 참고 서적으로는 Beazley [12], Summerfield [91]이 있다.

CHAPTER 02

객체 지향 프로그래밍

2.1 목표, 원칙, 패턴

객체(object)는 객체 지향 패러다임의 핵심 개념이다. 객체는 **클래스**(class)의 **인스턴스**(instance)이며, 각 클래스는 해당 클래스의 인스턴스인 객체에 대한 간결하고 일관된 '뷰(view)'를 외부에 제공한다. 이를 통해 객체 내부의 세부 정보가 불필요하게 드러나지 않도록 하고 내부 구현에 무분별하게 접근하지 못하도록 제한한다. 클래스 정의에는 일반적으로 객체가 포함하는 **인스턴스 변수**(instance variable, 또는 **데이터 멤버**)와 객체가 수행할 수 있는 **메서드**(method, 또는 **멤버 함수**)가 포함된다. 객체와 클래스에 대한 이러한 관점은 객체 지향 프로그래밍의 목표와 설계 원칙을 이해하는 데 중요한 출발점이 된다.

2.1.1 객체 지향 설계의 목표

소프트웨어 코드 구현에서 객체 지향 설계가 추구하는 핵심 목표는 **견고성**, **적응성**, **재사용성**이다.

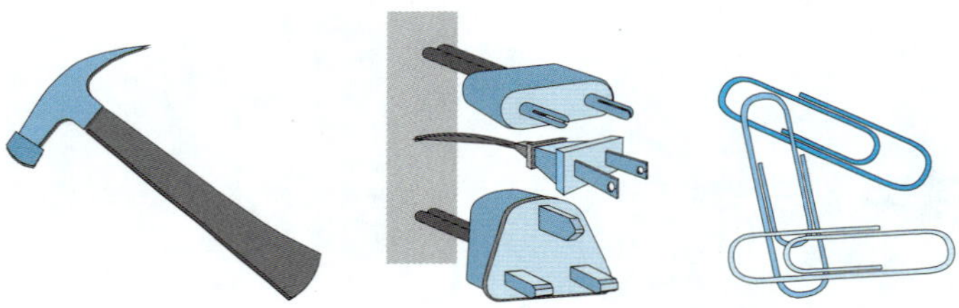

그림 2.1 객체 지향 설계의 목표

견고성

프로그래머라면 누구나 주어진 입력에 대해 올바르게 동작하는 소프트웨어를 개발하길 원한다. 소프트웨어가 올바르게 동작한다는 것은 프로그램이 예상 가능한 모든 입력에 대해 정확하게 작동한다는 것을 의미한다. 그러나 견고한 소프트웨어는 명시적으로 정의되지 않은, 예기치 않은 입력이 들어왔을 때도 시스템이 실패하지 않고 유연하게 대응할 수 있어야 한다. 예를 들어 어떤 프로그램이 양수 입력(예 상품 가격)을 기대하고 있는데 음수가 주어졌을 경우, 프로그램이 이 오류를 적절히 감지하고 대응할 수 있어야 한다. 특히 사람을 다치게 할 수 있거나 생명과 직접 관련된 시스템에서는 이런 **견고성**(robustness)이 더욱 중요하다. 실제로 1980년대 후반, 방사선 치료기 Therac-25에서 발생한 소프트웨어 오류는 이 문제의 심각성을 극명하게 보여준다. 이 사고로 인해 6명의 환자가 방사선 과다 투여로 인한 합병증으로 사망했으며, 조사 결과 모든 사고가 소프트웨어의 결함에서 비롯된 것으로 밝혀졌다.

적응성

웹 브라우저나 인터넷 검색 엔진과 같은 현대의 소프트웨어는 수년에 걸쳐 사용되는 대규모 프로그램을 포함하는 경우가 많다. 이러한 소프트웨어는 시간이 지나면서 변화하는 환경 조건에 맞춰 지속적으로 진화할 수 있어야 한다. 따라서 고품질 소프트웨어의 또 다른 핵심 목표는 **적응성**(adaptability, 또는 **진화 가능성**)이다. 이와 밀접한 개념으로 **이식성**(portability)이 있다. 이는 소프트웨어를 다른 하드웨어나 운영체제 플랫폼으로 옮길 때 최소한의 코드 수정만으로 정상적으로 동작할 수 있는 능력을 의미한다. 파이썬으로 소프트웨어를 개발할 때의 큰 장점 중 하나는 언어 차원에서 높은 이식성을 제공한다는 점이다.

재사용성

적응성과 더불어 객체 지향 설계에서 중요한 또 하나의 목표는 **재사용성**(reusability)이다. 즉, 동일한 코드를 다양한 응용 프로그램이나 여러 시스템의 구성 요소로 반복적으로 활용할 수 있어야 한다. 고품질 소프트웨어를 개발하는 데는 많은 시간과 비용이 들 수 있기 때문에 이후 다른 프로젝트에서 코드를 재사용할 수 있도록 설계하면 이러한 비용을 어느 정도 줄일 수 있다. 그러나 코드 재사용은 신중하게 이루어져야 한다. 대표적인 사례로 Therac-25의 소프트웨어 오류가 있다. 이 오류의 주요 원인 중 하나는, 이전 세대 기기인 Therac-20의 코드를 부적절하게 재사용한 데 있다. 해당 코드는 객체 지향 관점에서 작성되지 않았을 뿐만 아니라 Therac-25 하드웨어 플랫폼에 맞춰 설계된 것도 아니었다.

2.1.2 객체 지향 설계의 원칙

앞에서 설명한 견고성, 적응성, 재사용성이라는 목표를 달성하기 위해, 객체 지향 접근 방식에서는 [그림 2.2]에서 보여주는 모듈화, 추상화, 캡슐화라는 주요 원칙을 따른다.

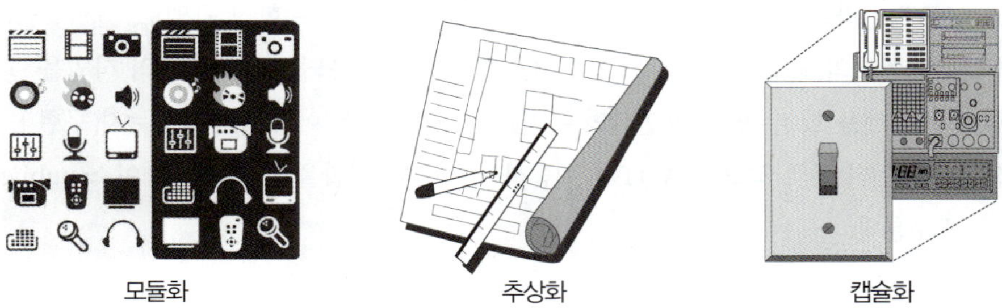

그림 2.2 객체 지향 설계의 원칙

모듈화

현대의 소프트웨어 시스템은 일반적으로 여러 개의 구성 요소로 이루어져 있으며, 이들 요소가 서로 올바르게 상호 작용해야 전체 시스템이 제대로 작동할 수 있다. 이러한 상호 작용을 효과적으로 유지하려면 구성 요소들을 체계적으로 조직화하는 것이 중요하다. **모듈화**(modularity)란 소프트웨어 시스템을 여러 개의 독립적인 기능 단위로 나누는 설계 원칙을 말한다.

현실 세계에 비유하자면, 주택이나 아파트는 전기, 냉난방, 배관, 구조 등 여러 기능 단위가 상호 작용하면서 구성된다. 이를 전선, 파이프, 통풍구, 자재들이 뒤엉킨 하나의 덩어리로 보는 대신, 체계적인 건축가는 각 구성 요소를 명확히 정의된 방식으로 상호 작용하는 개별 모듈로 나누어 관리한다. 이렇듯 건축가는 모듈화를 적용함으로써, 각 기능을 관리가 용이한 별개의 단위로 자연스럽게 구성하는 명확한 체계를 갖추게 된다.

소프트웨어 설계에서도 마찬가지다. 모듈화를 적용하면 구현의 구조를 좀더 명확히 할 수 있는 강력한 프레임워크를 구성할 수 있다. 1장에서 살펴본 것처럼, 파이썬에서 **모듈**(module)은 하나의 소스 파일 내에 정의된, 서로 밀접하게 관련된 함수와 클래스의 집합이다. 예를 들어 파이썬 표준 라이브러리에는 주요 수학 함수와 상수를 제공하는 `math` 모듈과 운영체제와 상호 작용할 수 있게 지원하는 `os` 모듈이 포함되어 있다.

모듈화는 앞서 2.1.1절에서 제시한 견고성, 적응성, 재사용성이라는 목표를 실현하는 데 크게 기여한다. 더 큰 소프트웨어 시스템에 통합되기 전에 각 구성 요소를 독립적으로 테스트하고 디버깅할 수 있으므로 견고성이 향상되며, 시스템 전체가 아닌 문제가 발생한 모듈만 집중적으로 점검할 수 있어 오류 추적과 수정이 용이하다. 또한 잘 설계된 모듈은 다른 프로젝트나 환경에서도 재사용할 수 있다. 자료구조를 설계할 때 이러한 모듈화는 특히 중요하며, 다양한 응용 프로그램에서 재사용할 수 있도록 충분히 일반화된 구조를 갖추는 것이 핵심이다.

추상화

추상화(abstraction)란 복잡한 시스템에서 가장 근본이 되는 부분만 추려내어 표현하는 개념이다. 일반적으로 어떤 시스템의 구성 요소를 기술하려면, 그 부분에 이름을 붙이고 기능을 명확히 정의해야 한다. 이러한 추상화 개념을 자료구조 설계에 적용하면 **추상 데이터 타입**(Abstract Data Type, ADT)이라는 개념으로 이어진다. ADT는 자료구조의 수학적 모델로, 해당 자료구조에 저장될 데이터의 타입, 수행 가능한 연산, 각 연산에 사용되는 매개변수의 타입을 정의한다. ADT는 무엇을 할 수 있는지(연산의 목적)는 명시하지만, 어떻게 수행하는지(구현 방법)는 규정하지 않는다. 일반적으로 ADT가 제공하는 연산의 집합을 **공개 인터페이스**(public interface)라고 부른다.

파이썬은 인터페이스를 명시하는 방식이 매우 유연한 프로그래밍 언어다. 파이썬은 전통적으로 **덕 타이핑**(duck typing)이라는 방식을 통해 추상화를 암시적으로 처리한다. 파이썬은 인터프리터 언어이자 동적 타입 언어이므로 '컴파일 시간'에 데이터 타입을 검사하지 않는다. 또한 추상 기반 클래스를 선언할 때도 별도의 형식적 요건이 없다. 대신 프로그래머는 객체가 특정 동작들을 수행할 수 있을 것이라고 암묵적으로 가정하고 코드를 작성하며, 이러한 가정이 충족되지 않을 경우 인터프리터가 런타임 오류를 발생시킨다. '덕 타이핑'이라는 표현은 시인 제임스 휘트콤 라일리(James Whitcomb Riley)의 "오리처럼 걷고, 오리처럼 헤엄치고, 오리처럼 꽥꽥거리는 새가 있다면, 나는 그 새를 오리라고 부른다."라는 말에서 유래했다.

좀더 형식적으로 말하자면, 파이썬은 **추상 기반 클래스**(Abstract Base Class, ABC)라는 메커니즘으로 추상 데이터 타입을 지원한다. 추상 기반 클래스는 직접 인스턴스화할 수 없지만(즉, 해당 클래스의 인스턴스를 직접 생성할 수 없음), 이를 구현하는 모든 클래스가 가져야 할 공통 메서드를 정의한다. 추상 기반 클래스는 하나 이상의 **구체 클래스**(concrete class)에 의해 상속되고, 이 구체 클래스들이 각 메서드에 대한 실제 구현을 제공함으로써 실체를 갖게 된다. 파이썬의 `abc` 모듈은 이러한 추상 기반 클래스에 대한 공식적인 지원을 제공하지만, 이 책에서는 해당 모듈을 다루지 않는다. 대신 파이썬의 `collections` 모듈에는 주요 자료구조 ADT에 대한 정의와 구체적인 구현이 포함되어 있으며, 이 책에서는 그중 일부 추상 기반 클래스들을 활용할 것이다.

캡슐화

객체 지향 설계의 또 다른 중요한 원칙은 캡슐화다. **캡슐화**(encapsulation)란 소프트웨어 시스템을 구성하는 다양한 컴포넌트가 각각의 내부에 구현된 세부 사항을 드러내지 않아야 한다는 원칙이다. 캡슐화의 주요 장점 중 하나는 컴포넌트를 구현하는 개발자가 세부 사항을 자유롭게 구현할 수 있다는 점이다. 다른 개발자들은 해당 컴포넌트의 내부 구조에 의존하지 않고, 정의된 공개 인터페이스만 사용해 상호 작용하게 된다. 덕분에 구현 방식이 변경되더라도 외부 코드에 영향을 주지 않고 컴포넌트 내부의 오류를 수정하거나 기능을 추가할 수 있다. 물론 한 가지 제약 사항은 있다. 다른 개발자들이 해당 컴포넌트의 인터페이스를 기반으로 코드를 작성하므로, 공개 인터페이스는 유지되어야 한다는 점이다. 하지만 이러한 제약을 감수하고라도 캡슐화를 적용하면, 변경이 국소화되어 시스템 전체에 미치는 영향을 최소화할 수 있고, 결과적으로 견고성과 적응성을 높일 수 있다.

이 책에서는 캡슐화 원칙을 따르며, 자료구조의 어떤 측면이 공개되어야 하는지와 어떤 부분이 내부 세부 사항으로 감춰져야 하는지를 명확히 구분할 것이다. 다만 파이썬 언어는 캡슐화를 강제하지는 않고, 비교적 느슨하게 지원한다. 파이썬에서는 이름이 언더바(_)로 시작하는 멤버

(예 _secret)를 비공개 멤버로 간주하는 것이 관례이며(데이터 멤버건 함수 멤버건), 따라서 이들 멤버에 직접 접근하거나 의존하는 코드는 작성하지 않는 것이 바람직하다. 이러한 멤버들은 문서화 도구를 통해 만들어지는 소프트웨어 설명 문서에서도 의도적으로 생략된다.

2.1.3 디자인 패턴

객체 지향 설계는 재사용할 수 있고 견고하며 적응력이 뛰어난 소프트웨어를 개발하는 데 유용하다. 하지만 좋은 코드를 작성하려면 단순히 객체 지향 방법론을 이해하는 것만으로는 충분하지 않다. 중요한 것은 이러한 설계 기법을 실제로 효과적으로 활용하는 능력이다.

컴퓨팅 연구자와 실무자들은 간결하고 정확하며 재사용할 수 있는 고품질의 객체 지향 소프트웨어를 설계하기 위한 조직적 개념과 방법론을 다양하게 개발해 왔다. 그중 이 책과 특별히 관련이 있는 개념은 일반적인 소프트웨어 설계 문제에 대한 해결책을 제공하는 **디자인 패턴**(design pattern)의 개념이다. 디자인 패턴은 다양한 상황에 적용할 수 있는 해결책으로서 일반화된 템플릿을 제공한다. 각 패턴은 추상화된 형식으로 솔루션의 주요 요소를 기술하며, 당면한 특정 문제에 맞게 특화할 수 있다. 각 패턴에는 개별적으로 이름이 있고, 이 패턴을 적용할 수 있는 시나리오를 설명하는 컨텍스트가 있으며, 이 패턴을 적용하는 방법을 기술하는 템플릿이 있다. 그리고 마지막으로 이 패턴이 생성한 것을 설명하고 분석하는 결과가 있다.

이 책에서는 몇 가지 디자인 패턴을 제시하고, 이를 자료구조와 알고리즘 구현에 일관되게 적용할 수 있는 방법을 보여줄 것이다. 이들 패턴은 알고리즘 설계 문제 해결을 위한 패턴과 소프트웨어 공학 문제 해결을 위한 패턴 등 크게 두 그룹으로 나뉜다. 먼저 알고리즘 설계와 관련하여 이 책에서 다루는 디자인 패턴은 다음과 같다.

- 재귀(4장)
- 분할 지불(5.3절, 11.4절)
- 분할 정복(12.2.1절)
- 가지치기 탐색(감소 및 정복(decrease-and-conquer)이라고도 함. 12.7.1절)
- 브루트 포스(13.2.1절)
- 동적 프로그래밍(13.3절)
- 그리디 기법(13.4.2절, 14.6.2절, 14.7절)

다음으로 소프트웨어 공학과 관련해 이 책에서 다루는 디자인 패턴은 다음과 같다.

- 이터레이터(1.8절, 2.3.4절)
- 어댑터(6.1.2절)
- 위치(7.4절, 8.1.2절)
- 컴포지션 (7.6.1절, 9.2.1절, 10.1.4절)
- 템플릿 방법(2.4.3절, 8.4.6절, 10.1.3절, 10.5.2절, 11.2.1절)
- 로케이터(9.5.1절)
- 팩토리(11.2.1절)

이들 개념을 여기서 모두 설명하기보다는 앞서 언급한 바와 같이 책 전체에 걸쳐 하나씩 소개할 것이다. 각 패턴에 대해서는 알고리즘 관련 패턴이든 소프트웨어 공학 관련 패턴이든 관계없이, 일반적인 용도를 설명하고 최소 한 가지 이상의 구체적인 예를 통해 자세히 살펴볼 것이다.

2.2 소프트웨어 개발

소프트웨어 개발은 전통적으로 여러 단계로 이루어지며, 일반적으로 설계, 구현, 테스트 및 디버깅의 세 가지 주요 단계로 나뉜다. 이 절에서는 각 단계의 역할을 간략히 설명한다. 더불어 코딩 스타일, 명명 규칙, 공식 문서화, 단위 테스트 등 파이썬 프로그래밍에 유용한 몇 가지 실무적인 내용을 함께 소개한다.

2.2.1 설계

객체 지향 프로그래밍에서 설계 작업은 소프트웨어 개발 과정의 가장 중요한 단계 중 하나라고 할 수 있다. 프로그램의 동작을 어떤 클래스들로 나눌지, 이들 클래스가 어떻게 상호 작용할지, 각 클래스가 어떤 데이터를 저장하고 어떤 작업을 수행할지를 설계 단계에서 정하기 때문이다. 실제로 초보 개발자가 자주 직면하는 핵심 과제 중 하나는 프로그램의 작업을 수행하기 위해 어떤 클래스들을 정의할지 결정하는 것이다. 이에 대한 일반적인 정답은 없지만, 클래스 설계에 도움이 되는 몇 가지 기본적인 원칙은 존재한다.

- **책임**: 작업을 여러 **액터**(actor)로 분할하고, 각 액터에게 서로 다른 책임을 부여한다. 각 액터가 어떻게 동작해야 하는지를 먼저 생각한 다음, 그에 기반하여 부여할 책임이 무엇인지 좀더 구체적으로 정의한다. 이렇게 정의된 각 액터는 개발하려는 소프트웨어에서 하나의 클래스가 된다.
- **독립성**: 각 클래스의 작업이 가능하면 독립적으로 이루어지도록 정의한다. 클래스 간의 책임을 세분화하여, 각 클래스가 자신이 담당하는 기능에 대해 자율성을 가질 수 있도록 한다. 데이터 접근이 필요한 작업은 해당 데이터를 인스턴스 변수로 갖는 클래스가 담당한다.
- **동작**: 각 클래스의 동작을 신중하고 정확하게 정의하여, 그 동작이 미치는 영향을 다른 클래스들이 잘 이해할 수 있도록 한다. 정의된 동작은 클래스의 메서드가 되며, 이 메서드들을 모은 것이 클래스의 **인터페이스**(interface)가 된다. 다른 코드는 이 인터페이스를 통해 해당 클래스의 객체와 상호 작용하게 된다.

인스턴스 변수의 정의, 메서드의 정의 등 클래스를 설계하는 일은 객체 지향 프로그램 설계의 핵심이라고 할 수 있다. 유능한 개발자는 경험이 쌓일수록 프로그램의 요구 사항에서 과거에 보았던 설계 패턴과 유사한 점을 빠르게 파악할 수 있기 때문에, 시간이 지남에 따라 자연스럽게 소프트웨어 설계 능력이 향상된다.

프로젝트의 초기 단계에서 고수준 설계를 위해 자주 사용되는 도구 중 하나는 CRC 카드다. **클래스-책임-협력자**(Class-Responsibility-Collaborator, CRC) **카드**는 프로그램에 필요한 작업을 세분화하기 위한 간단한 인덱스 카드로, 각 카드는 하나의 소프트웨어 컴포넌트를 나타낸다. 이때 각 컴포넌트는 궁극적으로 프로그램 내에서 하나의 클래스로 구현된다. CRC 카드를 사용할 때는 먼저 인덱스 카드 상단에 해당 컴포넌트의 이름을 적고, 카드의 왼쪽에는 그 컴포넌트가 맡아야 할 책임을, 오른쪽에는 해당 책임을 수행하기 위해 상호 작용해야 하는 다른 컴포넌트, 즉 협력자들을 나열한다.

설계 프로세스는 액션과 액터 사이의 사이클을 반복하는 방식으로 진행되며, 각 사이클에서는 먼저 수행해야 할 액션(즉, 책임)을 정하고 그 액션을 수행하는 데 가장 적합한 액터(즉, 컴포넌트)를 결정한다. 이러한 사이클을 반복하여 모든 액션이 적절한 액터에게 할당되면 설계 작업이 완료된다. 이 과정에서 큰 종이가 아닌 작은 인덱스 카드를 사용하는 이유는 각 컴포넌트가 소규모로 세분화된 책임과 협력자를 가져야 한다는 설계 원칙에 기반한다. 이 원칙을 잘 적용하면 개별 클래스들을 더욱 쉽게 관리할 수 있다.

이렇게 구체화된 소프트웨어 설계 내용을 설명하고 문서화할 때는 일반적으로 UML(Unified Modeling Language, 통합 모델링 언어) 다이어그램을 사용하여 프로그램 구성을 표현한다. UML 다이어그램은 객체 지향 소프트웨어 설계를 시각적으로 표현하기 위한 표준 표기법이며,

이 다이어그램을 작성할 수 있는 소프트웨어 툴도 여럿 존재한다. UML 다이어그램의 한 종류인 **클래스 다이어그램**은 클래스의 구조를 표현하는 데 사용되며, 그림 2.3은 신용카드를 나타내는 클래스 다이어그램의 예를 보여준다. 이 다이어그램은 세 부분으로 구성되어 있다. 첫 번째 부분은 클래스 이름, 두 번째 부분은 필요한 인스턴스 변수, 세 번째 부분은 클래스가 제공하는 메서드를 나타낸다. 2.2.3절에서는 클래스 · 변수 · 메서드 이름에 대한 명명 규칙을 설명하고, 2.3.1절에서는 그림 2.3에 제시된 설계에 따라 CreditCard 클래스를 파이썬으로 구현하는 방법을 다룬다.

클래스:	CreditCard	
필드:	_customer _bank _account	_balance _limit
동작:	get_customer( ) get_bank() get_account( ) make_payment(amount)	get_balance() get_limit( ) charge(price)

그림 2.3 CreditCard 클래스의 클래스 다이어그램

2.2.2 의사코드

설계를 실제 코드로 구현하기 전 중간 단계로서, 개발자는 종종 다른 사람이 보기 쉽게 알고리즘을 설명하라는 요청을 받는다. 이럴 때 사용하는 표현 방식을 **의사코드**(pseudo-code)라고 한다. 의사코드는 컴퓨터 프로그램은 아니지만 일반적인 자연어보다는 더 구조화된 형식을 띤다. 자연어와 프로그래밍 언어의 문법 요소를 혼합하여 작성되는 의사코드는 자료구조나 알고리즘의 핵심 아이디어를 전달하는 데 효과적이다. 컴퓨터가 아닌 사람이 읽는 것을 목적으로 하기 때문에 저수준의 구현 세부 사항까지 기술할 필요가 없으며, 고수준의 아이디어를 중심으로 표현할 수 있다. 그러나 고수준의 아이디어뿐 아니라 알고리즘을 구성하는 주요 단계들도 함께 표현해야 하므로, 이 두 요소 간의 균형을 유지하는 것이 중요하다. 의사코드를 통해 자료구조나 알고리즘을 적절하게 표현하는 능력을 키우려면 다른 커뮤니케이션 기술과 마찬가지로 충분한 연습이 필요하다.

이 책에서는 파이썬 프로그래머가 이해하기 쉽도록 수학적 표기법과 일반적인 문장 표현을 혼합한 형태의 의사코드를 사용한다. 예를 들어 파이썬의 raise 문 대신 "오류를 표시하시오"라는 표현을 사용할 수 있고, 파이썬의 들여쓰기 규칙을 활용해 제어 구조의 범위를 나타낸다. 또

한 길이가 n인 시퀀스 A의 원소에 접근할 때는 $A[0]$, $A[n-1]$과 같은 형식을 사용하며, 주석은 파이썬의 # 기호 대신 중괄호({ })를 사용한다.

2.2.3 코딩 스타일과 문서화

프로그램은 읽기 쉽고 이해하기 쉽게 작성되어야 한다. 따라서 훌륭한 개발자는 자신의 코딩 스타일에 주의를 기울여야 하며, 다른 개발자와 컴퓨터 양쪽 모두에게 프로그램의 핵심 설계 내용을 효과적으로 전달할 수 있는 스타일을 갖추는 것이 중요하다. 코딩 스타일에 대한 개념은 프로그래밍 커뮤니티마다 조금씩 차이가 있으며, 파이썬 코드에 대한 공식 스타일 가이드는 다음 링크에서 확인할 수 있다.

`http://www.python.org/dev/peps/pep-0008/`

이 책에서 채택하는 주요 코딩 스타일 원칙은 다음과 같다.

- 파이썬 코드 블록은 일반적으로 4칸 들여쓰기를 사용하지만, 이 책에서는 코드가 책의 여백을 넘지 않도록 하기 위해 들여쓰기 수준을 2칸으로 한다. 탭 문자는 시스템에 따라 너비가 다르게 표시될 수 있고, 파이썬 인터프리터는 탭과 공백을 동일하게 처리하지 않기 때문에 탭 사용을 권장하지 않는다. 대부분의 파이썬 코드 편집기는 탭 입력을 적절한 수의 공백으로 자동 변환해 주는 기능을 제공하므로, 이러한 기능을 활용하는 것이 좋다.
- 식별자에는 의미 있는 이름을 사용하는 것이 좋다. 실제로 발음할 수 있는 이름을 선택하고, 해당 이름이 수행하는 작업이나 책임 또는 데이터를 잘 설명할 수 있도록 짓는다.
  - 클래스(파이썬의 내장 클래스는 제외)의 이름은 단수 명사 역할을 해야 하며 첫 글자를 대문자로 표기한다(예 `date`나 `Dates`보다는 `Date`). 여러 단어를 연결해 클래스 이름을 만들 때는 각 단어의 첫 글자를 대문자로 쓰는 방법, 즉 카멜 케이스 표기법을 따른다(예 `CreditCard`).
  - 클래스의 멤버 함수와 일반 함수의 이름은 소문자로 작성하며, 여러 단어로 구성된 경우에는 언더바로 구분한다(예 `make_payment`). 함수 이름은 일반적으로 그 기능이나 효과를 나타내는 동사를 사용하는 것이 좋다. 단, 함수가 단순히 값을 반환하는 역할만 한다면 명사를 함수 이름으로 사용할 수 있다(예 `calculate_sqrt` 대신 `sqrt`).
  - 개별 객체를 식별하는 이름(예 매개변수, 인스턴스 변수, 로컬 변수)은 소문자로 시작하는 명사 형태를 사용하는 것이 원칙이다(예 `price`). 단, 자료구조를 나타낼 때는 대문자 하나를 사용하는 경우도 허용된다(예 트리 T).

- 상수 값을 나타내는 식별자는 보통 모든 글자를 대문자로 표기하고, 여러 단어는 언더바로 구분한다(예 MAX_SIZE).

앞에서 **캡슐화**를 설명할 때, 언급했듯이, 언더바 하나로 시작하는 식별자(예 _secret)는 해당 클래스나 모듈 내부에서 사용하는 용도이므로 공개 인터페이스의 일부가 아님을 나타낸다.

- 프로그램의 의미를 설명할 때 모호하거나 혼동될 수 있는 코드 구조를 설명할 때는 주석을 사용하는 것이 좋다. 간단한 설명을 덧붙일 때는 인라인 주석이 유용하며, 파이썬에서는 다음과 같이 # 문자 뒤에 주석을 작성한다.

```
if n % 2 == 1:        # n은 홀수
```

여러 줄로 이루어진 주석, 즉 블록 주석은 복잡한 코드를 설명하는 데 유용하다. 파이썬에서 블록 주석은 기술적으로 여러 줄로 된 문자열 리터럴이며, 일반적으로 큰따옴표 세 개(""")로 감싸서 작성한다. 이러한 블록 주석은 프로그램 실행에 아무런 영향을 주지 않는다. 코드 문서화를 위한 블록 주석의 활용 방식에 대해서는 다음 절에서 자세히 설명한다.

문서화

파이썬은 **독스트링**(docstring)이라는 메커니즘을 통해 소스 코드 안에 공식 문서를 직접 포함할 수 있도록 지원한다. 공식적으로는 모듈, 클래스, 함수(또는 클래스의 멤버 함수 포함)의 본문 내에서 가장 처음에 작성된 문자열 리터럴을 독스트링으로 간주한다. 관례적으로 이 문자열 리터럴은 세 개의 큰따옴표(""")로 감싸서 작성한다. 예를 들어 58쪽에 있는 scale 함수는 다음과 같이 문서화할 수 있다.

```
def scale(data, factor):
  """수로 구성된 리스트의 모든 원소를 주어진 인자로 곱한다."""
  for j in range(len(data)):
    data[j] *= factor
```

위 예처럼 문자열이 한 줄에 들어맞는 경우에도 독스트링에는 세 개의 큰따옴표를 사용하는 것이 일반적이다. 더 자세하게 독스트링을 작성하려면, 먼저 코드의 목적을 간단히 요약하는 한 줄을 작성하고, 그다음 빈 줄을 추가한 뒤 세부 설명을 덧붙이는 방식이 좋다. 예를 들어 scale 함수를 다음과 같이 더 명확하게 문서화할 수 있다.

```python
def scale(data, factor):
    """ 수로 구성된 리스트의 모든 원소를 주어진 인자로 곱한다.

    data    수를 원소로 하는 모든 가변 시퀀스 타입(예: 리스트)의 인스턴스

    factor  배율 조정을 위한 곱셈 인자
    """
    for j in range(len(data)):
        data[j] *= factor
```

독스트링은 자신이 포함된 모듈, 함수 또는 클래스에서 하나의 필드로 저장된다. 이는 해당 코드에 대한 공식 문서로 활용되며, 다양한 방식으로 확인할 수 있다. 예를 들어 파이썬 인터프리터에서 `help(x)` 명령을 입력하면 x라는 이름의 객체에 대한 문서를 확인할 수 있다. 또한 파이썬에 기본 포함된 `pydoc`이라는 도구를 사용하면 독스트링을 기반으로 텍스트 또는 웹 페이지 형식의 공식 문서를 생성할 수 있다. 독스트링을 효과적으로 작성하기 위한 가이드라인은 다음에서 확인할 수 있다.

https://peps.python.org/pep-0257/

이 책에서는 가능하면 코드와 함께 독스트링도 함께 제시할 것이며, 책에서 생략된 독스트링은 온라인에 공개된 소스 코드에서 확인할 수 있다.

2.2.4 테스팅과 디버깅

테스트는 프로그램의 정확성을 실험을 통해 확인하는 과정이고, 디버깅은 실행 과정을 추적하여 오류를 찾아내는 과정이다. 테스트와 디버깅은 프로그램 개발에서 가장 많은 시간이 소요되는 단계 중 하나다.

테스트

프로그램을 개발할 때는 신중한 테스트 계획이 필수다. 가능한 모든 입력에 대해 프로그램의 정확성을 검증하는 일은 현실적으로 어렵지만, 핵심적인 입력값에 대해서는 반드시 테스트해야 한다. 또한 클래스에 포함된 모든 메서드는 최소한 한 번은 테스트해야 한다(**메서드 커버리지**(method coverage)). 더 나아가 프로그램의 각 코드 구문도 적어도 한 번 이상 실행되도록 해야 한다(**구문 커버리지**(syntax coverage)).

프로그램은 종종 특수한 입력값에서 실패하는 경향이 있으므로, 이러한 사례를 주의 깊게 식별해 테스트해야 한다. 예를 들어 정수 시퀀스를 정렬하는 메서드를 테스트할 때는 다음과 같은 입력을 고려해야 한다.

- 시퀀스의 길이가 0인 경우(즉, 원소가 없는 경우)
- 시퀀스에 원소가 하나만 있는 경우
- 모든 원소가 동일한 값을 갖는 경우
- 시퀀스가 이미 정렬된 경우
- 시퀀스가 역순으로 정렬된 경우

프로그램에 대한 특수한 입력 외에도, 사용하는 자료구조에 대한 특수 조건도 함께 고려해야 한다. 예를 들어 파이썬의 리스트를 사용해 데이터를 저장하는 경우, 리스트의 시작이나 끝에 원소를 추가하거나 제거하는 상황처럼 경계 조건이 올바르게 처리되는지 확인해야 한다.

테스트 입력값을 직접 만들어 사용하는 것이 기본이지만, 많은 양의 입력을 무작위로 생성해 프로그램을 실행해 보는 것도 유용하다. 파이썬의 `random` 모듈을 사용하면 난수를 생성하거나 컬렉션의 원소 순서를 무작위로 섞을 수 있다.

프로그램 내 클래스와 함수 사이의 의존성은 위계 구조를 형성한다. 예를 들어 함수 A가 함수 B를 호출하거나 A의 매개변수가 클래스 B의 인스턴스인 경우처럼 A가 B에 의존한다면, 위계 구조상 A는 B보다 상위 컴포넌트다. 테스트 전략에는 **하향식**(top-down)과 **상향식**(bottom-up)의 두 가지가 있으며 컴포넌트를 어떤 순서로 테스트하느냐에 따라 전략이 달라진다.

하향식 테스트는 프로그램 계층 구조의 위쪽에서 아래쪽으로 진행된다. 이 방식은 대개 하위 컴포넌트를 **스텁**(stub)으로 대체하는 부트스트래핑 기법[1]과 함께 사용되는데, 여기서 스텁은 원본과 동일한 동작을 흉내 내는 코드다. 예를 들어 함수 A가 파일의 첫 줄을 가져오기 위해 함수 B를 호출할 경우, A를 테스트할 때 B를 단순히 문자열 상수를 반환하는 **스텁 코드**로 대체할 수 있다.

상향식 테스트는 하위 수준 컴포넌트에서 상위 수준 컴포넌트로 진행된다. 예를 들어 다른 함수를 호출하지 않는 하위 수준 함수를 먼저 테스트하고, 이 하위 함수를 호출하는 함수를 다음에 테스트하는 식이다. 마찬가지로 다른 클래스에 의존하지 않는 클래스를 먼저 테스트하고, 이 클래스에 의존하는 다른 클래스를 다음에 테스트할 수 있다. 이러한 테스트는 특정 컴포넌트의 기능을 더 큰 소프트웨어 프로젝트와 분리해 검증하므로 일반적으로 **단위 테스트**(unit test)라

1 부트스트래핑(boot-strapping)은 대개 자원이나 지원이 부족한 상황에서 스스로 시작하고 진행하는 과정을 일컫는 용어로서, 여기서는 테스트하려는 함수가 아직 개발되지 않은 상태에서 해당 함수의 동작을 모사하는 스텁 코드를 이용해 테스트를 진행하는 것을 말한다.

고 한다. 이 전략을 적절히 사용하면 오류 원인이 테스트 대상 컴포넌트에 있음을 더 잘 확인할 수 있다. 왜냐하면 상향식 테스트에서는 해당 컴포넌트가 의존하는 하위 수준 컴포넌트가 이미 충분히 테스트되었다고 전제하기 때문이다.

파이썬은 자동화된 테스트를 여러 방식으로 지원한다. 함수나 클래스가 모듈에 정의되어 있을 경우, 이 모듈에 대한 테스트 코드를 같은 파일에 함께 작성할 수 있다. 이를 위한 메커니즘은 1.11절에서 설명했다. 예를 들어 다음과 같이 조건문으로 감싼 코드는 해당 모듈이 파이썬 인터프리터로 직접 실행될 때만 동작한다. 반면 더 큰 소프트웨어 프로젝트에서 이 모듈을 임포트해 사용할 경우에는 실행되지 않는다.

```
if __name__ == '__main__'
    # 테스트 코드 수행
```

한 모듈 내에 직접 정의된 함수나 클래스의 기능을 테스트할 때는 테스트 코드를 이와 같은 형식으로 작성하는 것이 일반적이다.

파이썬은 `unittest` 모듈을 통해 단위 테스트 자동화를 더 강력하게 지원한다. 이 프레임워크는 개별 테스트 케이스를 더 큰 테스트 스윗으로 묶고 해당 스윗을 실행하며 테스트 결과를 보고하거나 분석할 수 있도록 해준다. 소프트웨어를 유지보수할 때는 **회귀 테스트**(regression testing)를 사용한다. 회귀 테스트는 소프트웨어 변경이 이전에 이미 테스트를 통과한 컴포넌트에 새로운 버그를 유발하지 않았는지 확인하기 위해 기존 테스트를 모두 다시 실행하는 과정이다.

디버깅

가장 간단한 디버깅 기법은 프로그램이 실행되는 동안 변수 값을 추적하기 위해 프린트 문을 사용하는 것이다. 이 접근 방식에는 한 가지 문제점이 있는데, 소프트웨어가 최종 릴리스될 때는 디버깅 용도의 프린트 문이 실행되지 않아야 하므로 결국 이러한 프린트 문을 제거하거나 주석으로 처리해야 한다는 것이다.

더 좋은 방법은 **디버거**(debugger)를 사용해 프로그램을 실행하는 것이다. 디버거는 프로그램 실행을 제어하고 모니터링하기 위한 효과적인 환경을 제공한다. 디버거가 제공하는 기본 기능은 코드 내에 **중단점**(breakpoint)을 삽입하는 것이다. 디버거 내에서 프로그램이 실행되면 각 중단점에서 프로그램이 중지되며, 프로그램 실행이 중지된 상황에서 변수의 현재 값을 검사할 수 있다.

표준 파이썬 배포판에는 디버깅을 인터프리터에서 직접 지원하는 `pdb` 모듈이 포함되어 있다. IDLE 같은 대부분의 파이썬용 IDE는 GUI(Graphical User Interface)를 갖춘 디버깅 환경을 제공한다.

2.3 클래스 정의

클래스는 객체 지향 프로그래밍에서 추상화를 위한 주요 수단으로 사용된다. 파이썬에서는 모든 데이터가 특정 클래스의 인스턴스로 표현된다. 클래스는 **멤버 함수**(또는 **메서드**)를 통해 일련의 동작을 정의하며, 해당 클래스의 모든 인스턴스에 공통된 동작을 제공한다. 또한 클래스는 인스턴스의 청사진 역할을 하며, 각 인스턴스의 상태 정보는 **속성**(**필드**, **인스턴스 변수** 또는 **데이터 멤버**)이라는 형태로 표현된다.

2.3.1 CreditCard 클래스 예

첫 번째 예로, 2.2.1절의 그림 2.3과 같이 설계된 `CreditCard` 클래스를 구현해 보자. `CreditCard` 클래스의 인스턴스는 신용카드를 간략하게 모델링한 것으로, 고객 · 은행 · 계좌번호 · 신용 한도 · 현재 사용 총액에 대한 정보가 담겨 있다. 이 클래스는 카드 사용액이 지출 한도를 초과하지 못하도록 제한하지만 이자나 연체료는 부과하지 않는다(이 사항은 2.4.1절에서 다시 살펴본다).

구현 코드는 코드 2.1~2.2와 같다. 이 코드는 `class` 키워드로 시작해 클래스 이름, 콜론, 클래스 본문에 해당하는 들여쓰기된 코드 블록으로 구성된다. 클래스 본문에는 해당 클래스의 모든 메서드 정의가 포함된다. 각 메서드는 1.5절에서 소개한 방식처럼 함수로 정의되지만, `self`라는 특수한 매개변수를 사용해 해당 메서드가 어떤 인스턴스에 대해 호출되는지를 식별한다.

self 식별자

파이썬에서 `self` 식별자는 중요한 역할을 한다. `CreditCard` 클래스를 예로 들면, 서로 다른 `CreditCard` 인스턴스가 여러 개 있을 수 있으며, 각 인스턴스는 사용 총액이나 신용 한도 같은 상태 정보를 개별적으로 가져야 한다. 이를 위해 각 인스턴스는 자신의 현재 상태를 나타내는 인스턴스 변수를 따로 저장한다.

구문상으로 `self`는 메서드가 호출된 인스턴스를 식별한다. 예를 들어 `CreditCard` 클래스의 인스턴스를 가리키는 변수 `my_card`가 있다고 하자. 사용자가 `my_card.get_balance()`를 호출하면, `get_balance` 메서드 내에서 `self`는 호출자 입장에서의 `my_card`를 가리킨다. 그리고 이 메서드 안에서 `self._balance`라는 표현식은 해당 신용카드의 상태 정보를 저장하는 인스턴스 변수 `_balance`를 의미한다.

```python
class CreditCard:
    """신용카드"""

    def __init__(self, customer, bank, acnt, limit):
        """CreditCard 타입의 인스턴스를 생성한다.

        초기 사용액은 0이다.

        customer 신용카드 소지자의 이름(예: 'John Bowman')
        bank     카드 발행사(예: 'California Savings')
        acnt     카드 계좌번호(예: '5391 0375 9387 5309')
        limit    신용 한도(달러화 기준)
        """
        self._customer = customer
        self._bank = bank
        self._account = acnt
        self._limit = limit
        self._balance = 0

    def get_customer(self):
        """카드 소지자의 이름을 반환한다."""
        return self._customer

    def get_bank(self):
        """카드 발행사 이름을 반환한다."""
        return self._bank

    def get_account(self):
        """카드 계좌번호를 반환한다(대개 문자열 타입임)."""
        return self._account

    def get_limit(self):
        """카드 이용 한도를 반환한다."""
        return self._limit

    def get_balance(self):
        """현재까지의 사용액을 반환한다."""
        return self._balance
```

코드 2.1 CreditCard 클래스의 정의(코드 2.2로 이어짐)

```
    def charge(self, price):
        """카드 결제를 시도한다(한도가 충분하다는 가정).

        결제가 성공하면 True를, 실패하면 False를 반환한다.
        """
        if price + self._balance > self._limit:        # 한도 초과 시 결제 불가
            return False
        else:
            self._balance += price
            return True

    def make_payment(self, amount):
        """카드 금액을 납부한다(납부할 카드 총액이 감소함)."""
        self._balance -= amount
```

코드 2.2 CreditCard 클래스의 정의(메서드들은 클래스 정의 내에서 들여쓰기됨)

클래스 내에서 선언된 메서드 시그니처와 호출자가 사용하는 메서드 시그니처의 차이에 주목하자. 예를 들어 사용자 관점에서 보면 get_balance 메서드는 매개변수가 없는 것처럼 보이지만, 클래스 정의 안에서는 self가 분명히 매개변수로 포함된다. 마찬가지로 charge 메서드는 my_card.charge(200)처럼 하나의 인자를 받아 호출되지만, 클래스 내부에서는 self와 price 두 개의 매개변수로 정의된다. 파이썬 인터프리터는 메서드가 호출될 때, 대상 객체 인스턴스를 self 매개변수에 자동으로 바인딩(binding)해 준다.

생성자

CreditCard 클래스의 인스턴스는 다음과 같이 생성할 수 있다.

```
cc = CreditCard('John Doe', '1st Bank', '5391 0375 9387 5309', 1000)
```

이 문장은 내부적으로 클래스의 **생성자**(constructor) 역할을 하는 __init__ 메서드를 호출한다. 이 메서드의 주요 역할은 적절한 인스턴스 변수를 사용해 새로 생성된 신용카드 객체의 상태를 초기화하는 것이다. CreditCard 클래스에서 각 객체는 _customer, _bank, _account, _limit, _balance라는 5개의 인스턴스 변수를 갖는다. 이 중 앞 네 개의 초깃값은 인스턴스를 생성할 때 사용자가 전달한 매개변수를 통해 제공되며, 생성자 본문 안에서 인스턴스 변수에 대입된다. 예를 들어 self._customer = customer라는 문장은 인스턴스 변수 self._customer에 매개변수 customer의 값을 대입한다. 여기서 오른쪽에 있는 customer 앞에는 아무런 **한정자가 없으므로**(unqualified), 이는 로컬 네임스페이스의 매개변수를 가리킨다는 점에 주목하자.

캡슐화

2.2.3절에서 설명한 관례에 따르면, 데이터 멤버 이름에 _balance처럼 언더바가 하나만 붙은 경우 해당 멤버는 공개 인터페이스가 아닌 **비공개**(nonpublic)임을 의미한다. 클래스 사용자는 이러한 멤버에 직접 접근해서는 안 된다.

원칙적으로 모든 데이터 멤버는 비공개로 처리하는 것이 좋다. 이렇게 하면 각 인스턴스의 상태를 좀더 일관되게 관리할 수 있다. 클래스 사용자가 이러한 상태를 읽을 수 있도록 get_balance와 같은 접근자 메서드를 제공할 수 있다. 상태 변경이 필요하다면, 그에 맞는 업데이트 메서드를 함께 제공하면 된다. 자료구조 관점에서 보면, 내부 표현을 캡슐화했을 때 클래스의 동작 방식을 유연하게 재설계할 수 있고 이를 통해 자료구조의 효율성을 개선할 수 있다.

기타 메서드

이 클래스에서 가장 중요한 동작은 charge와 make_payment 메서드다. charge 메서드는 주로 고객의 상품 구매 내역을 반영하기 위해 신용카드 사용 총액에 해당 상품 가격을 더한다. 하지만 실제 코드에서는 결제를 수락하기 전에 이 구매로 인해 총 사용 금액이 신용 한도를 초과하지 않는지를 먼저 확인한다. make_payment 메서드는 고객의 대금 납부 내역을 반영해 카드 사용 총액을 줄인다. self._balance -= amount 명령을 보면, self._balance는 인스턴스 변수이므로 self 식별자에 의해 한정된(qualified) 반면, 아무것도 붙지 않은(unqualified) amount는 로컬 매개변수를 나타낸다.

오류 확인

제시된 CreditCard 클래스의 구현은 그렇게 견고한 편은 아니다. 무엇보다도 charge, make_payment, 생성자 등에서 매개변수에 대한 명시적인 검사를 하지 않는다. 예를 들어 사용자가 visa.charge('candy')처럼 메서드를 호출하면, 문자열 'candy'를 현재 결제 예정 총액에 더하려고 시도하는 순간 코드가 깨질 수 있다. 이 클래스가 라이브러리에 포함되어 널리 사용되려면 잘못된 사용에 대해 TypeError를 발생시키도록 더 엄격한 처리 방식을 도입해야 할 수도 있다(1.7절 참고).

이처럼 명백한 데이터 타입 오류 외에도, 제시된 CreditCard 클래스는 논리적인 오류에 취약할 수 있다. 예를 들어 사용자가 visa.charge(-300)처럼 마이너스 금액을 청구할 수 있다면 이는 카드 사용 총액을 줄이는 방식으로 작동할 수 있다. 즉, 실제로 대금을 납부하지 않고도 결제 예정 금액을 낮추는 허점을 제공하는 셈이다. 물론 고객이 상품을 반품하고 환불을 받는 경우라면, 이러한 동작이 유효할 수 있다. 이 장의 연습문제에서는 CreditCard 클래스와 관련된 이러한 이슈들을 몇 가지 살펴볼 것이다.

클래스 테스트

코드 2.3에서는 wallet이라는 리스트에 세 개의 카드를 추가하여 CreditCard 클래스의 기본 사용법을 보여준다. 반복문을 사용해 카드 결제와 대금 납입을 수행하고, 접근자 메서드를 통해 결과를 콘솔에 출력한다.

이 테스트 코드는 클래스 구현과 함께 하나의 소스 파일에 포함될 수 있도록 `if __name__ == '__main__'` 문을 사용했다. 2.2.4절에서 소개한 용어를 빌리자면, 작성된 테스트는 각 메서드가 적어도 한 번 이상 호출되므로 **메서드 커버리지**는 제공하지만, 신용 한도 초과로 인해 결제가 거부되는 상황은 포함하지 않으므로 **구문 커버리지**는 제공하지 않는다. 클래스가 예상대로 동작했는지를 테스트 결과를 보고 수동으로 확인해야 하기 때문에, 이 코드는 특별히 정교한 테스트라고 보기는 어렵다. 파이썬에는 더욱 체계적으로 테스트하기 위한 도구들이 있으며(2.2.4절의 unittest 모듈 참고), 이를 사용하면 실제 결괏값과 예측값을 자동으로 비교하여 오류를 감지할 때만 결과를 출력하도록 할 수 있다.

```
if __name__ == '__main__':
  wallet = []
  wallet.append(CreditCard('John Bowman', 'California Savings',
                 '5391 0375 9387 5309', 2500) )
  wallet.append(CreditCard('John Bowman', 'California Federal',
                 '3485 0399 3395 1954', 3500) )
  wallet.append(CreditCard('John Bowman', 'California Finance',
                 '5391 0375 9387 5309', 5000) )

  for val in range(1, 17):
    wallet[0].charge(val)
    wallet[1].charge(2*val)
    wallet[2].charge(3*val)

  for c in range(3):
    print('Customer =', wallet[c].get_customer())
    print('Bank =', wallet[c].get_bank())
    print('Account =', wallet[c].get_account())
    print('Limit =', wallet[c].get_limit())
    print('Balance =', wallet[c].get_balance())
    while wallet[c].get_balance() > 100:
      wallet[c].make_payment(100)
      print('New balance =', wallet[c].get_balance())
    print()
```

코드 2.3 CreditCard 클래스의 동작 테스트

2.3.2 연산자 오버로딩과 파이썬의 특수 메서드

파이썬에 내장된 클래스들은 대부분의 연산자에 대해 자연스러운 의미가 되도록 동작한다. 예를 들어 a + b라는 문장은 수치를 나타내는 자료에 대해서는 덧셈을 수행하지만, 시퀀스 자료형에 대해서는 두 값을 연결하는 방식으로 동작한다. 사용자가 새로운 클래스를 정의할 때는 그 클래스의 인스턴스 a(또는 b)에 대해 a + b 같은 구문을 허용할지 여부를 고려해야 한다.

기본적으로 + 연산자는 사용자 정의 클래스에 대해 정의되어 있지 않다. 그러나 클래스 작성자는 **연산자 오버로딩**(operator overloading)이라는 기법을 사용해 사용자 정의 클래스에 대한 + 연산자의 동작을 정의할 수 있다. 이러한 정의는 특별한 이름이 붙은 메서드를 구현함으로써 가능해진다. 예를 들어 + 연산자는 `__add__` 메서드를 구현해 오버로드할 수 있으며, 이 메서드는 오른쪽 피연산자를 매개변수로 받아 해당 연산의 결과를 반환한다. 즉, a + b 문은 객체 a에 대한 메서드 호출인 `a.__add__(b)`로 변환된다. 다른 연산자에 대해서도 이와 유사하게 특수 메서드[2]들이 존재한다. 표 2.1은 이들 특수 메서드를 포괄적으로 정리한 것이다.

`3 * 'love me'`와 같이 서로 다른 타입의 두 인스턴스에 이진 연산자를 적용하는 경우 파이썬은 왼쪽 피연산자의 클래스를 참조한다. `3 * 'love me'`의 경우에는 int 클래스에 문자열을 곱하는 동작이 `__mul__` 메서드에 적절히 정의되어 있는지 확인한다. 만약 해당 클래스에 이러한 동작이 구현되어 있지 않았다면 파이썬은 오른쪽 피연산자의 클래스 정의에 `__rmul__`이라는 특수 메서드(즉, 오른쪽 곱하기)가 있는지 확인한다. 이러한 작업은 새로운 사용자 정의 클래스가 기존 클래스의 인스턴스를 포함하는 혼합 연산을 잘 지원할 수 있게 해준다(기존 클래스는 이 새로운 클래스와의 연산 동작을 정의하지 않았을 것이므로). 또한 `__mul__`과 `__rmul__`을 따로 제공함으로써 행렬의 곱셈과 같이 교환법칙이 성립하지 않는 경우(즉, A * x는 x * A와 다를 수 있음) 서로 다른 의미를 가지고 동작할 수 있도록 해준다.

비연산자에 대한 오버로딩

전통적인 연산자 오버로딩 외에도, 파이썬은 사용자 정의 클래스에서 다양한 기능의 동작을 제어하기 위해 특별한 이름의 메서드를 사용한다. 예를 들어 `str(foo)` 구문은 형식적으로는 문자열 클래스의 생성자를 호출한다. 이때 매개변수 foo가 사용자 정의 클래스의 인스턴스인 경우를 생각해 보면, 문자열 클래스의 원래 개발자는 해당 인스턴스가 어떻게 문자열로 나타내어져야 할지 알 수 없었을 것이다. 따라서 대신 문자열 생성자는 `foo.__str__()`이라는 특수 메서드를 호출하며, 이 메서드는 해당 객체에 대한 적절한 문자열 표현을 반환하도록 정의되어 있어야 한다.

2 '매직 메서드' 혹은 '던더(더블 언더스코어) 메서드'라고도 불린다.

str과 마찬가지로 int, float, bool 생성자 역시 사용자 정의 클래스의 인스턴스를 매개변수로 받는 경우 적절한 변환이 이뤄지도록 특수 메서드를 호출한다. 이 중에서도 부울값으로의 변환은 특히 중요하다. foo가 명시적으로 부울형이 아니더라도 **if foo:**와 같은 조건문에 사용될 수 있기 때문이다(1.4.1절 참고). 사용자 정의 클래스의 경우 이 조건문은 특수 메서드인 foo.__bool__()로 계산된다.

다른 여러 최상위 함수들도 특별한 이름의 메서드 호출에 의존한다. 예를 들어 컨테이너 자료형의 원소 개수를 알아내는 일반적인 방법은 최상위 함수 len을 호출하는 것이다. len(foo)는 점 연산자를 사용하는 전통적인 메서드 호출 형식이 아니라는 점에 유의하자. 하지만 사용자 정의 클래스에 대해 len 함수는 해당 클래스의 __len__이라는 특수 메서드를 호출하도록 동작한다. 즉, len(foo) 호출은 내부적으로 foo.__len__() 메서드 호출로 해석된다. 이 책에서는 자료구조를 설계할 때 항상 __len__ 메서드를 정의하여 해당 구조의 원소 개수를 반환하는 데 사용한다.

암시적으로 정의된 메서드들

특정 특수 메서드가 사용자 정의 클래스에서 구현되지 않은 경우 일반적으로 해당 메서드에 의존하는 코드는 예외를 발생시킨다. 예를 들어 __add__나 __radd__가 없는 사용자 정의 클래스의 인스턴스에 대해 a + b를 평가하면 오류가 발생한다.

그러나 특수 메서드가 정의되지 않아도 일부 연산자는 기본 동작을 할 수 있도록 파이썬이 자동으로 지원한다. 어떤 연산자는 다른 연산자에 기반한 정의를 통해 동작하기도 한다. 예를 들어 **if** foo: 문을 동작시키는 __bool__ 메서드는 이 메서드가 정의되어 있지 않으면 기본적으로 None을 제외한 모든 객체를 True로 간주하도록 되어 있다. 그러나 컨테이너 타입의 경우에는 __len__ 메서드의 결과에 따라 bool(foo)의 값이 결정된다. 일반적으로 __len__은 컨테이너의 길이(포함된 원소의 개수)를 반환하며, 이 값이 0이면 bool(foo) 문은 False, 0이 아니면 True로 평가된다. 이를 통해 **if** waitlist: 같은 조건문으로 원소 유무를 검사할 수 있다.

2.3.4절에서는 특수 메서드인 __iter__를 통해 컬렉션에 이터레이터를 제공하는 방식을 설명한다. 즉, 컨테이너 클래스가 __len__과 __getitem__을 모두 구현하면 순회(이터레이션)가 자동으로 가능해진다. 또한 이터레이터가 정의되면 __contains__ 메서드도 기본적인 기능을 수행할 수 있다.

주요 연산 구문	특수 메서드 형식
a + b	a. __add__(b); 또는 b. __radd__(a)
a - b	a. __sub__(b); 또는 b. __rsub__(a)
a*b	a. __mul__(b); 또는 b. __rmul__(a)
a / b	a. __truediv__(b); 또는 b. __rtruediv__(a)
a // b	a. __floordiv__(b); 또는 b. __rfloordiv__(a)
a % b	a. __mod__(b); 또는 b. __rmod__(a)
a**b	a. __pow__(b); 또는 b. __rpow__(a)
a << b	a. __lshift__(b); 또는 b. __rlshift__(a)
a >> b	a. __rshift__(b); 또는 b. __rrshift__(a)
a & b	a. __and__(b); 또는 b. __rand__(a)
a ^ b	a. __xor__(b); 또는 b. __rxor__(a)
a ¦ b	a. __or__(b); 또는 b. __ror__(a)
a += b a -= b a *= b ...	a. __iadd__(b) a. __isub__(b) a. __imul__(b) ...
+a	a. __pos__()
-a	a. __neg__()
~a	a. __invert__()
abs(a)	a. __abs__()
a < b	a. __lt__(b)
a <= b	a. __le__(b)
a > b	a. __gt__(b)
a >= b	a. __ge__(b)
a == b	a. __eq__(b)
a != b	a. __ne__(b)
v in a	a. __contains__(v)
a[k]	a. __getitem__(k)
a[k] = v	a. __setitem__(k, v)
del a[k]	a. __delitem__(k)
a(arg1, arg2, ...)	a. __call__(arg1, arg2, ...)
len(a)	a. __len__()
hash(a)	a. __hash__()
iter(a)	a. __iter__()
next(a)	a. __next__()
bool(a)	a. __bool__()
float(a)	a. __float__()
int(a)	a. __int__()
repr(a)	a. __repr__()
reversed(a)	a. __reversed__()
str(a)	a. __str__()

표 2.1 오버로드된 연산들. 파이썬의 특수 메서드로 구현된다.

1.3절에서 살펴본 것처럼 `a is b`와 `a == b`는 서로 다른 의미를 가진다. `a is b`는 식별자 `a`와 `b`가 동일한 객체에 대한 서로 다른 이름인지를 평가하고, `a == b`는 두 식별자의 값이 동등한지를 검사한다. '동등성'의 의미는 클래스에 따라 달라지며, 이는 `__eq__` 메서드를 통해 정의된다. 하지만 `__eq__` 메서드가 구현되어 있지 않아도 `a == b` 문은 오류 없이 실행되며, 이 경우 `a is b`와 동일하게 동작한다. 즉, 한 인스턴스는 자기 자신과 항상 동등하므로 `a`와 `b`가 같은 객체를 참조할 경우 `a == b`는 자동으로 `True`가 된다.

`!=` 연산자는 `__ne__` 메서드를 통해 지원할 수 있다. 하지만 `__ne__`가 정의되어 있지 않으면 `a != b`는 `not a == b`로 평가된다. 이처럼 `__ne__`가 부재하면 그 역할을 `__eq__`에 의존하게 된다. 하지만 파이썬이 항상 연산자 간의 자연스러운 관계를 자동으로 제공하지는 않는다는 점에 주의하자. 예를 들어 `__lt__`를 정의하면 `a < b`뿐 아니라 `b > a`도 간접적으로 지원하지만, `__lt__`와 `__eq__`를 모두 제공한다고 해서 `a <= b`가 자동으로 동작하는 것은 아니다.[3]

2.3.3 다차원 벡터 클래스 예

다차원 공간에서 벡터의 좌표를 표현하기 위한 `Vector` 클래스의 구현을 통해, 특수 메서드를 이용한 연산자 오버로딩을 살펴보자. 예를 들어 3차원 공간에서 $\langle 5, -2, 3 \rangle$과 같은 좌표를 가진 벡터를 표현하려 할 때, 파이썬의 `list`를 그대로 사용할 수도 있지만 `list`는 기하학적 벡터에 적합한 추상화를 제공하지 않는다. 예를 들어 `list`를 사용할 경우 $[5, -2, 3] + [1, 4, 2]$의 결과는 $[5, -2, 3, 1, 4, 2]$가 되지만, 벡터라면 $u = \langle 5, -2, 3 \rangle$, $v = \langle 1, 4, 2 \rangle$일 때 $u + v$는 $\langle 6, 2, 5 \rangle$를 좌표로 갖는 벡터를 반환해야 한다.

코드 2.4에서는 기하학적 벡터를 더 잘 추상화할 수 있도록 `Vector` 클래스를 정의했다. 이 클래스는 내부적으로 `_coords`라는 `list` 인스턴스를 사용해 데이터를 저장한다. 이 리스트는 외부에서 직접 접근할 수 없고, 클래스 내부에 캡슐화되어 있다. 따라서 `Vector` 클래스의 사용자는 정의된 공개 인터페이스를 통해서만 객체를 조작하게 된다. 다음은 지원되는 동작의 예다.

---

3 원문에 틀린 내용이 있어 저자(Michael Goldwasser)에게서 대체 문단을 받아 번역하였다.

```
v = Vector(5)             # 5차원 벡터 < 0, 0, 0, 0, 0 > 생성
v[1] = 23                 # <0, 23, 0, 0, 0>이 됨(__setitem__ 사용)
v[-1] = 45                # <0, 23, 0, 0, 45>가 됨(__setitem__ 사용)
print(v[4])               # 45 출력(__getitem__ 사용)
u = v + v                 # <0, 46, 0, 0, 90>이 됨(__add__ 사용)
print(u)                  # <0, 46, 0, 0, 90> 출력
total = 0
for entry in v:           # __len__과 __getitem__을 이용한 암묵적인 순회
  total += entry
```

이 벡터 클래스의 대다수 동작은 내부 리스트가 제공하는 기능을 단순히 호출하는 방식으로 구현되어 있다. 하지만 `__add__`의 구현에는 조금 더 신경을 썼다. 두 피연산자가 길이가 같은 벡터라고 가정하면 이 메서드는 새 벡터를 생성하고 그 좌표를 두 벡터의 원소별 합으로 설정한다.

코드 2.4에 정의된 클래스는 `u = v + [5, 3, 10, -2, 1]` 같은 문장을 자동으로 지원한다는 점에 주목해야 한다. 즉, 왼쪽 피연산자인 벡터와 오른쪽 피연산자인 리스트의 원소별 합을 계산해 새로운 벡터를 생성한다. 이는 파이썬이 제공하는 **다형성**(polymorphism)의 결과다. 다형성이란 말 그대로 '여러 가지 형태'를 의미한다. `__add__` 메서드의 매개변수 other를 `Vector` 객체로 생각할 수 있겠지만, 사실 코드에는 이를 명시하여 선언한 적이 없다. `__add__` 메서드 본문에서 매개변수 `other`에 대해 기대하는 유일한 동작은 `len(other)`와 `other[j]`를 지원하는 것이다. 따라서 `__add__` 메서드의 오른쪽 피연산자가 (길이가 일치하는) 수치형 리스트인 경우 문제없이 실행된다.

```python
class Vector:
"""다차원 벡터를 나타낸다."""

def __init__(self, d):
    """각 좌푯값이 0으로 초기화된 벡터를 생성한다."""
    self._coords = [0] * d

def __len__(self):
    """벡터의 차원을 반환한다."""
    return len(self._coords)

def __getitem__(self, j):
    """벡터의 j번째 좌푯값을 반환한다."""
    return self._coords[j]

def __setitem__(self, j, val):
    """벡터의 j번째 좌푯값을 매개변수에 주어진 값으로 설정한다."""
    self._coords[j] = val

def __add__(self, other):
    """두 벡터의 합을 반환한다."""
    if len(self) != len(other):            #__len__ 메서드에 의존
        raise ValueError('dimensions must agree')
    result = Vector(len(self))             # 원소 값들이 모두 0인 벡터 생성
    for j in range(len(self)):
        result[j] = self[j] + other[j]
    return result

def __eq__(self, other):
    """other와 좌푯값이 같을 경우 True를 반환한다."""
    return self._coords == other._coords

def __ne__(self, other):
    """ other와 좌푯값이 다를 경우 True를 반환한다."""
    return not self == other               # 이미 있는 __eq__ 정의 활용

def __str__(self):
    """벡터의 문자열 표현을 만들어 반환한다."""
    return '<' + str(self._coords)[1:-1] + '>'  # 리스트의 문자열 표현을 조금 달리하도록 바꿈
```

코드 2.4 간단하게 작성한 Vector 클래스의 정의

2.3.4 이터레이터

순회, 즉 이터레이션(iteration) 작업은 자료구조 설계에서 중요한 개념이다. 파이썬에서 순회가 어떻게 처리되는지는 1.8절에서 설명했다. 간단히 말해, 컬렉션의 이터레이터는 핵심적으로 하나의 동작을 제공한다. 바로 `__next__`라는 특수 메서드를 통해 컬렉션의 다음 원소를 반환하거나(원소가 있는 경우), 더 이상 반환할 원소가 없으면 `StopIteration` 예외를 발생시킨다.

다행히 이터레이터 클래스를 직접 구현해야 하는 경우는 드물다. 대신 **제너레이터**(generator) 문(1.8절 참고)을 사용하면 값들에 대한 이터레이터를 자동으로 생성할 수 있다.

또한 파이썬에서는 어떤 클래스든 `__len__`과 `__getitem__`을 구현하기만 하면, 해당 클래스에 대해 자동으로 이터레이터가 제공된다. 코드 2.5는 이터레이터의 동작 방식을 이해하기 위한 저수준 구현 예를 보여준다. 이 구현은 `__len__`과 `__getitem__`을 갖춘 어떤 컬렉션에 대해서도 작동할 수 있다. 이 클래스는 `SequenceIterator(data)`와 같은 구문으로 인스턴스를 생성하며, 내부적으로 데이터 시퀀스를 참조하고 이 시퀀스에 대한 현재 인덱스를 유지한다. `__next__` 메서드가 호출될 때마다 인덱스가 증가하고, 시퀀스 끝에 도달하면 더 이상 진행되지 않는다.

```
class SequenceIterator:
    """임의의 파이썬 시퀀스 타입에 대해 동작하는 이터레이터"""

    def __init__(self, sequence):
        """매개변수로 주어진 시퀀스에 대해 이터레이터를 생성한다."""
        self._seq = sequence              # 원본 데이터에 대한 참조를 갖고 관리함
        self._k = -1                      # __next__가 처음 호출되면 값이 0이 될 것임

    def __next__(self):
        """다음 원소를 반환한다(원소가 없다면 StopIteration 에러 발생)."""
        self._k += 1                      # 다음 인덱스로 진행
        if self._k < len(self._seq):
            return(self._seq[self._k])    # 원소 값을 반환
        else:
            raise StopIteration()         # 더 이상 원소가 없음

    def __iter__(self):
        """일반적으로 이터레이터는 자기 자신을 이터레이터로 반환한다."""
        return self
```

코드 2.5 임의의 시퀀스 데이터 타입에 대한 이터레이터 클래스

2.3.5 Range 클래스 예

이 절의 마지막 예로, 파이썬의 range 클래스처럼 동작하는 클래스를 직접 구현해 보자. 먼저 파이썬 내장 range 클래스의 역사부터 살펴보자. 파이썬 3 이전에는 range가 함수로 구현되어 지정된 범위의 원소들을 담은 list 인스턴스를 반환했다. 예를 들어 range(2, 10, 2)는 리스트 [2, 4, 6, 8]을 반환했다. 그러나 이 함수의 주요 용도는 **for k in range(10000000)**처럼 for 루프를 지원하는 것이었는데 리스트를 인스턴스화하고 초기화하는 데 불필요한 시간과 메모리가 소요되었다.

파이썬 3에서 범위 개념을 지원하는 데 사용되는 메커니즘은 완전히 다르다(사실 이 새로운 방식은 파이썬 2의 xrange에서도 사용되었음). 파이썬 3의 range는 **지연 평가**(lazy evaluation) 전략을 따른다. 즉, 리스트를 생성하지 않고도 원하는 범위를 효과적으로 표현하는 클래스다. 이 동작을 더 잘 이해하려면 r = range(8, 140, 5)와 같이 인스턴스를 생성해 보면 된다. 이 객체는 몇 가지 기능만 제공하는 경량 구조이며, len(r)은 해당 범위의 원소 개수(이 예에서는 27개)를 반환한다. 또한 range는 __getitem__ 메서드도 지원하므로 r[15]는 16번째 원소를 반환한다(r[0]이 첫 번째 원소). 이처럼 __len__과 __getitem__을 모두 구현했기 때문에, range 객체는 순회를 자동으로 지원하며(2.3.4절 참고), for 루프에서 사용할 수 있다.

이제 이와 유사하게 동작하는 클래스를 직접 구현해 보자. 코드 2.6은 Range라는 이름의 클래스를 보여준다(파이썬 내장 range와 구분하기 위해 첫 글자를 대문자로 사용했음). 이 클래스를 구현할 때 가장 중요한 부분은 생성자에 전달된 매개변수를 기준으로 원소 개수를 올바르게 계산하는 것이다. 이 값을 계산해 self._length에 저장해 두면, __len__ 메서드에서는 이 값을 그대로 반환하면 된다. __getitem__(k) 호출은 범위의 시작값에 스텝 크기의 k배를 더해 결괏값을 계산한다. 즉, k = 0이면 시작값을 반환한다. 다음은 구현에서 살펴볼 만한 주요 내용이다.

- 선택적 매개변수(즉, 디폴트 매개변수)를 지원하기 위해 60쪽에서 range를 함수로 구현할 때 사용한 방식을 클래스 생성자에 적용했다.
- 범위의 원소 개수는 다음과 같은 식을 사용해 계산했다. 이 식은 스텝 크기가 양수이든 음수이든 모두 동작한다. 직접 테스트해 보길 권한다.

  ```
  max(0, (stop - start + step - 1) // step)
  ```
- __getitem__ 메서드는 인덱스가 음수, 즉 -k(k>0)인 경우 len(self)-k로 변환한 후 결괏값을 계산하도록 하였다.

```python
class Range:
    """내장 range 클래스와 비슷하게 동작하는 클래스"""

    def __init__(self, start, stop=None, step=1):
        """Range 인스턴스를 초기화한다.

        내장 클래스인 range를 사용하듯 이 클래스를 사용하면 된다.
        """
        if step == 0:
            raise ValueError('step cannot be 0')

        if stop is None:                    # range(n)과 같이 호출된 케이스
            start, stop = 0, start          # range(0, n) 호출처럼 동작해야 함

        # 원소의 실제 개수를 계산함
        self._length = max(0, (stop - start + step - 1) // step)

        # __getitem__을 지원하기 위해 start와 step을 알아야 함(stop은 필요 없음)
        self._start = start
        self._step = step

    def __len__(self):
        """범위 내 원소의 개수를 반환한다."""
        return self._length

    def __getitem__(self, k):
        """인덱스 k에 대한 원소를 반환한다(k가 음수일 경우에도 일반적인 방식으로 동작)."""
        if k < 0:
            k += len(self)                  # 음수 인덱스 변환

        if not 0 <= k < self._length:
            raise IndexError('index out of range')

        return self._start + k * self._step
```

코드 2.6 Range 클래스의 구현

2.4 상속

소프트웨어 패키지의 다양한 구조적 컴포넌트를 자연스럽게 조직하는 일반적인 방법은 위계 구조를 활용하는 것이다. 이는 유사한 컴포넌트들을 하나로 묶되, 아래에서 위로 올라갈수록 구체적인 것에서 점점 더 일반적인 것으로 계층화하는 방식이다. 그림 2.4는 이러한 계층 구조의 예를 보여준다. 수학적으로 보면, 주택들의 집합은 건물 집합의 **부분집합**(subset)이지만, 농장 주택의 관점에서는 **초집합**(superset)이 된다. 주택은 건물이고 농장 주택은 주택이기 때문에, 이러한 계층 관계를 흔히 **is a 관계**라고 표현한다.

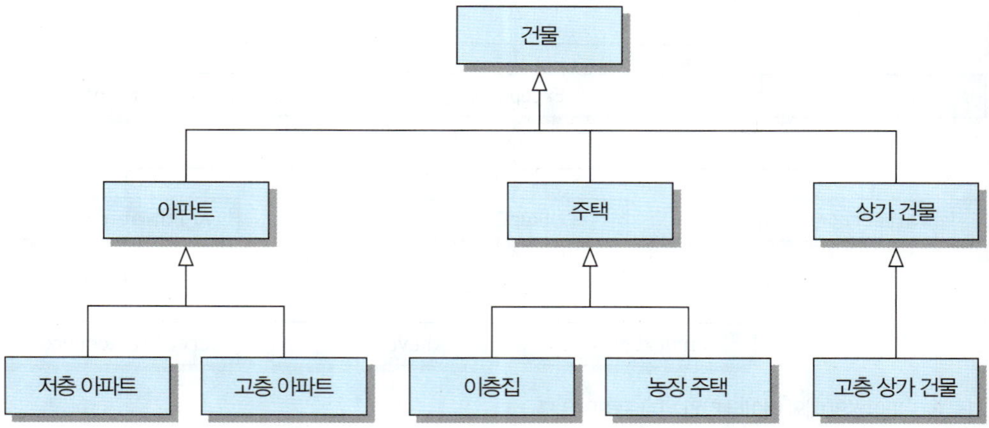

그림 2.4 건축물과 관련된 'is a' 계층 관계의 예

계층적 설계는 소프트웨어 개발에서 유용하다. 공통된 기능들을 상위 계층에서 일반화하여 그룹화하면 코드 재사용을 촉진할 수 있고, 조금씩 다른 기능이나 동작은 이 일반화를 확장하는 방식으로 다룰 수 있기 때문이다. 객체 지향 프로그래밍에서 모듈화와 계층적 조직화를 지원하는 주요 메커니즘은 **상속**(inheritance)이다. 이를 통해 기존 클래스를 기반으로 새로운 클래스를 정의할 수 있다. 객체 지향 관점에서 기존 클래스는 보통 **기반**(base) **클래스**, **부모**(parent) **클래스** 또는 **상위**(super) **클래스**로 불리며, 새로 정의된 클래스는 **하위** 또는 **서브**(sub) **클래스** 또는 **자식**(child) **클래스**로 불린다.

하위 클래스가 상위 클래스와 차별화되는 방식에는 두 가지가 있다. 첫째, 하위 클래스는 기존 메서드를 **재정의**(override)하여 동작을 **특수화**(specialize)할 수 있다. 둘째, 상위 클래스에는 없는 새로운 메서드를 정의함으로써 기능을 **확장**(extend)할 수 있다.

파이썬의 예외 클래스 위계 구조

상속을 이용한 위계 구조의 또 다른 예로, 파이썬에서 다양한 예외 유형을 계층적으로 조직한 방식을 들 수 있다. 1.7절에서 여러 예외 클래스를 소개했지만, 이들 사이의 관계는 설명하지 않았다. 그림 2.5는 이러한 예외 클래스 계층 구조의 일부를 보여준다. `BaseException` 클래스는 전체 계층 구조의 최상위에 있으며, 그 아래의 `Exception` 클래스는 더 구체화된 예외들을 포함하고 있다. 프로그래머는 자신의 프로그램에서 발생할 수 있는 오류를 표현하기 위해 사용자 정의 예외 클래스를 만들 수 있으며, 이러한 클래스는 반드시 `Exception`의 하위 클래스로 선언해야 한다.

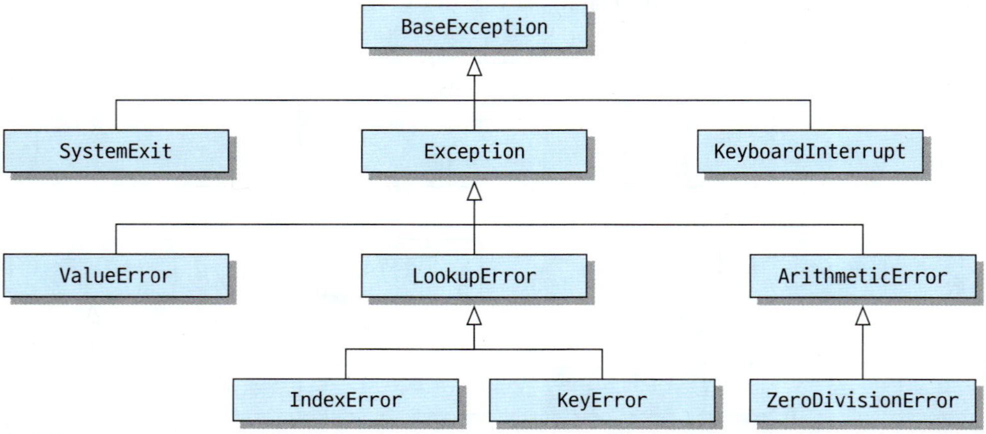

그림 2.5 파이썬의 예외 데이터 타입 위계 구조의 일부

2.4.1 CreditCard 클래스 확장하기

파이썬의 상속 메커니즘을 설명하기 위해, 2.3절의 `CreditCard` 클래스를 다시 살펴보고, (이름은 다소 직관적이지 않지만) `PredatoryCreditCard`라는 이름의 하위 클래스를 구현해 보자. `PredatoryCreditCard` 클래스는 두 가지 측면에서 `CreditCard` 클래스와 다르게 동작하도록 작성된다. (1) 신용 한도 초과로 결제가 거부될 경우 5달러의 수수료를 부과하고, (2) 미납 잔액에 대해 생성자 매개변수로 전달된 연이율(APR, Annual Percentage Rate)을 기준으로 월별 이자를 계산한다.

이러한 목표를 달성하기 위해 특수화와 확장 기법을 함께 사용한다. 우선, 결제가 거부될 경우 수수료를 부과하도록 기존 결제 메서드를 재정의해 동작을 특수화한다(새 버전은 기존 메서드를 내부적으로 호출해 활용함). 그리고 이자 계산을 위해 `process_month`라는 새로운 메서드를 추가함으로써 상위 클래스를 확장한다.

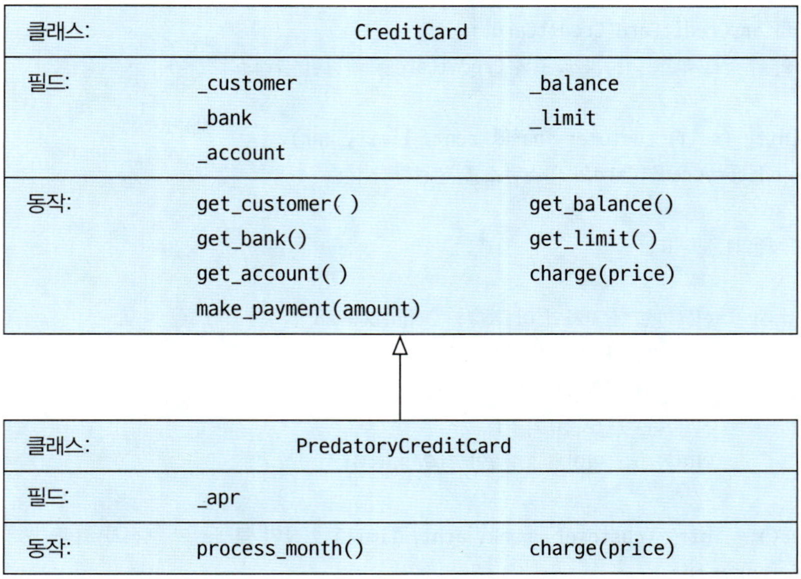

그림 2.6 상속 관계 다이어그램

그림 2.6은 PredatoryCreditCard 클래스 설계에 사용된 상속 관계를 대략적으로 나타내며, 코드 2.7은 이 클래스의 전체 파이썬 구현을 보여준다.

class PredatoryCreditCard(CreditCard) 문은 PredatoryCreditCard가 기존 CreditCard 클래스를 상속한다는 것을 나타낸다. 클래스 본문에는 세 개의 멤버 함수 __init__, charge, process_month가 정의되어 있다. __init__ 생성자는 CreditCard의 생성자와 유사한 역할을 하지만, 여기에 연 이자율을 지정하는 추가 매개변수가 포함된다는 점이 다르다. 생성자 본문에서는 상속된 생성자를 호출하여 대부분의 초기화를 수행하며, 이자율을 기록하는 부분만 추가로 처리한다. 상속된 생성자는 **super**() 문을 통해 호출한다. 즉, 15행의 다음 명령문은 상위 클래스인 CreditCard로부터 상속된 __init__ 메서드를 호출한다.

```
super().__init__(customer, bank, acnt, limit)
```

이 메서드는 네 개의 매개변수만 허용한다는 점에 유의하자. APR 값은 _apr이라는 새 필드에 저장된다.

비슷한 방식으로, PredatoryCreditCard 클래스는 상속된 charge 메서드를 재정의하여 새로운 구현을 제공한다. 그러나 이 구현은 24행의 **super**().charge(price) 문에서 볼 수 있듯이 상속된 메서드 호출에 의존한다. 즉, 이 호출의 반환값을 바탕으로 결제가 성공했는지를 판단하고, 실패한 경우 수수료 부과 여부를 결정한다. 그런 다음, 이 반환값을 그대로 다시 반환함으로써 새로 재정의한 charge 메서드가 상위 클래스의 원본 메서드와 동일한 외부 인터페이스를 유지하도록 한다.

```python
class PredatoryCreditCard(CreditCard):
    """이자와 수수료 부과 기능을 갖도록 CreditCard를 확장한 클래스"""

    def __init__(self, customer, bank, acnt, limit, apr):
        """PredatoryCreditCard의 인스턴스를 생성한다.

        초기 사용액은 0이다.

        customer    신용카드 소지자의 이름(예: 'John Bowman')
        bank        카드 발행사(예: 'California Savings')
        acnt        카드 계좌번호(예: '5391 0375 9387 5309')
        limit       신용 한도(달러화 기준)
        apr         연이율(예: 연이율 8.25%일 경우 0.0825)
        """
        super().__init__(customer, bank, acnt, limit) # 상위 클래스의 생성자 호출
        self._apr = apr

    def charge(self, price):
        """카드 결제 시도(한도가 충분하다는 가정)

        결제가 성공하면 True를 반환한다.
        결제가 실패하면 5달러를 수수료로 부과하고 False를 반환한다.
        """
        success = super().charge(price)      # 이 메서드의 상위 클래스 버전 호출
        if not success:
            self._balance += 5    # 수수료 부과
        return success            # 이 메서드의 호출자가 기대하는 데이터 타입의 값을 반환

    def process_month(self):
        """납부해야 할 금액에 따른 월 단위 이자 계산"""
        if self._balance > 0:
            # 미납 금액이 있으면, 연 이자율로부터 월 이자율을 계산한다.
            monthly_factor = pow(1 + self._apr, 1/12)
            self._balance *= monthly_factor
```

코드 2.7 이자와 수수료 부과 기능이 들어간 CreditCard의 하위 클래스

process_month 메서드는 새로 추가된 동작이므로, 상위 클래스에는 해당 메서드가 존재하지 않는다. 예를 들어 은행이 매월 한 번씩 이 메서드를 호출하여, 미납 카드 잔액에 이자를 부과하는 데 사용할 수 있다. 이 메서드를 구현할 때 가장 주의해야 할 점은 연 단위 이자율(APR)을 월 단위 이자율로 어떻게 정확하게 변환할지에 대한 실무적 접근이다. 단순히 APR을 12로 나눠 월 이자율을 계산하는 방식은 적절하지 않다. 이렇게 하면 실제로 부과되는 이자가 카드사가 광고한 APR보다 높아질 수 있기 때문이다. 올바른 방식은 1 + self._apr의 12분의 1 제곱을 계산하는 것이다. 예를 들어 연 이자율이 0.0825(8.25%)인 경우 $\sqrt[12]{1.0825}$는 대략 1.006628이므로 매월 약 0.6628%의 이자가 부과된다. 이 방식은 복리 계산 기준으로 잔액 100달러에 대해 1년 후 약 8.25달러의 이자가 발생하게 하며, 결과적으로 연 이자율과 일치하게 된다.

멤버 접근 제한

하위 클래스인 PredatoryCreditCard는 상위 클래스 CreditCard의 데이터 멤버 self._balance에 직접 접근할 수 있다. 이름이 언더바로 시작하는 멤버는 관례상 비공개 멤버임을 암시하므로 하위 클래스가 이렇게 접근해도 되는지 의문이 들 수 있다. 일반 사용자 입장에서는 이러한 멤버에 접근할 수 없지만 하위 클래스는 상위 클래스와 특별한 관계를 맺고 있으므로 접근이 허용된다. 자바나 C++ 같은 객체 지향 언어에서는 protected 또는 private 키워드를 사용해 비공개 멤버를 더 명확히 구분한다. 즉, protected로 선언된 멤버는 하위 클래스에서 접근 가능하지만 외부에서는 불가능하며, private 멤버는 어디서도 접근할 수 없다. 이 관점에서 보면 _balance는 private은 아니지만 protected처럼 사용되고 있다고 볼 수 있다.

파이썬은 공식적인 접근 제어를 지원하지 않지만, 언더바 하나(_name)로 시작하는 이름은 보통 protected에 해당하는 것으로 간주하고, 언더바 두 개(__name)로 시작하는 이름은 특수 메서드를 제외하고 private에 해당하는 것으로 여긴다. PredatoryCreditCard 클래스가 CreditCard의 접근 제한된 데이터를 직접 사용하는 구조이기 때문에, CreditCard 클래스의 내부 구조가 변경되면 하위 클래스의 동작도 의도와 다르게 바뀔 수 있다. process_month 메서드에서 납부할 카드 잔액을 가져오기 위해 get_balance() 공개 메서드를 사용할 수도 있었겠지만, 현재 CreditCard 클래스 구조에서는 _balance 멤버를 직접 변경하는 것 외에는 하위 클래스가 _balance 값을 변경할 수 있는 효과적인 방법이 없다. 일부는 '그렇다면 charge 메서드를 써서 수수료나 이자를 더하면 되지 않을까?'라고 생각할 수 있지만, 이 방식은 고객의 신용 한도를 초과하는 금액을 반영할 수 없다. 설령 은행이 이자에 대해 신용 한도 초과를 허용한다 해도, charge 메서드는 그 자체로 초과 결제를 막기 때문이다. 만약 CreditCard 클래스를 재설계한다면, 하위 클래스가 _balance에 직접 접근하지 않고도 잔액을 조정할 수 있도록 _set_balance와 같은 비공개 메서드를 추가하는 방식도 고려할 수 있을 것이다.

2.4.2 수열 클래스들에 대한 위계 구조 만들기

상속 사용의 두 번째 예로 일정한 규칙에 따라 수들을 생성하는 수열 생성 클래스들의 위계 구조를 개발해 보자. 수열이란 일련의 수로 이루어진 집합이며, 각 수는 하나 이상의 이전 수에 의존해 결정된다. 예를 들어 **등차수열**(arithmetic progression)은 이전 항에 **공차**(common difference)라는 고정값을 더해 다음 항을 생성하고, **등비수열**(geometric progression)은 이전 항에 **공비**(common ratio)라는 고정값을 곱해 다음 항을 생성한다. 일반적으로 수열을 생성하려면 시작값과 더불어 이전 항들을 기반으로 새로운 항을 생성하는 명확한 규칙이 필요하다.

코드의 재사용성을 높이기 위해, `Progression`이라는 일반 기능의 클래스를 기반으로 한 위계 구조를 설계했다(그림 2.7 참고). 엄밀히 말하면 `Progression` 클래스는 0, 1, 2, ...와 같은 정수 수열을 생성한다. 그러나 이 클래스는 다양한 형태의 수열에 대해 공통 기능을 최대한 많이 제공할 수 있도록 설계되었으며, 하위 수열 클래스들이 구현해야 할 내용을 최소화하는 기반 클래스로 활용된다.

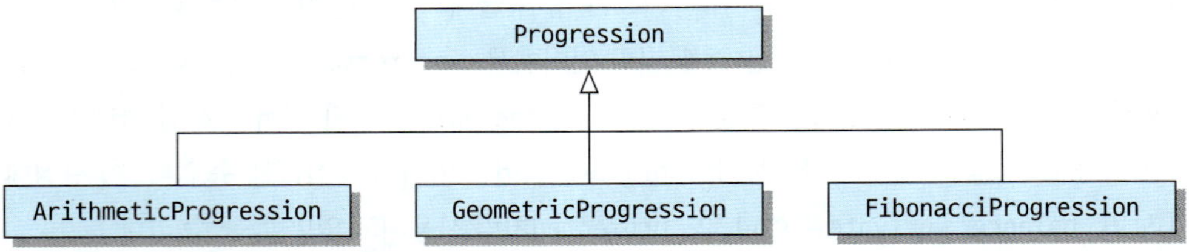

그림 2.7 수열 클래스들의 위계 구조

코드 2.8은 기반 클래스인 `Progression`의 구현을 나타낸다. 이 클래스의 생성자는 수열의 시작값(기본값은 0)을 받아 데이터 멤버 `self._current`를 초기화한다.

`Progression` 클래스는 파이썬에서 이터레이터 규약(2.3.4절 참고), 즉 특수 메서드 `__next__`와 `__iter__`를 모두 구현하고 있다. 사용자가 `seq = Progression()`처럼 수열을 생성하면 `next(seq)`를 호출할 때마다 수열의 다음 원소를 반환한다. `Progression`은 이론적으로 무한히 많은 수를 생성할 수 있도록 정의되어 있지만, `for value in seq:`와 같이 `for` 루프에도 사용할 수 있다.

수열 생성 동작을 이터레이터로서의 순회 동작과 명확히 분리하기 위해 이 클래스는 `self._current` 값을 업데이트할 때 비공개 메서드 `_advance`를 사용한다. `Progression` 기반 클래스의 구현에서는 `_advance`가 현재 값에 1을 더하도록 정의되어 있지만, 하위 클래스에서는 이 메서드를 재정의해 각자의 규칙에 따라 다음 값을 계산할 수 있도록 해야 한다.

또한 Progression 클래스는 수열의 다음 *n*개 값을 출력하는 print_progression이라는 유틸리티 메서드도 편의상 함께 제공한다.

```
class Progression:
    """일반적인 수열을 생성하는 이터레이터

    기본적으로 0, 1, 2, ...와 같은 정수를 생성한다.
    """

    def __init__(self, start=0):
        """_current를 수열의 첫째 항 값으로 초기화한다."""
        self._current = start

    def _advance(self):
        """self._current를 새로운 값으로 업데이트한다.

        하위 클래스에서 의도에 맞게 이 메서드를 재정의해야 한다.

        만일 _current가 None으로 설정되면, 이는 수열의 끝을 나타내는 것이다.
        """
        self._current += 1

    def __next__(self):
        """수열의 다음 원소를 반환하거나 StopIteration 오류를 발생시킨다."""
        if self._current is None:          # 수열 발생을 중단하기 위한 한 가지 방법
            raise StopIteration()
        else:
            answer = self._current         # 함수 반환 시 반환할 값 저장
            self._advance()                # 다음 호출 준비
            return answer                  # 값 반환

    def __iter__(self):
        """일반적으로 이터레이터는 자기 자신을 이터레이터로 반환한다."""
        return self

    def print_progression(self, n):
        """수열의 다음 n개 값을 출력한다."""
        print(' '.join(str(next(self)) for j in range(n)))
```

코드 2.8 수열 생성을 위한 일반적인 클래스

등차수열 클래스

일반적인 수열을 특수화한 첫 번째 예는 등차수열이다. Progression 클래스에서는 단계마다 값이 1씩 증가하지만 등차수열에서는 이전 항에 공차를 더해 다음 항을 생성한다. 예를 들어 시작값이 0이고 공차가 4이면 생성되는 수열은 0, 4, 8, 12, ...가 된다.

코드 2.9는 Progression 클래스로부터 파생된 ArithmeticProgression 클래스의 구현을 보여준다. 이 클래스의 생성자는 공차와 시작값을 매개변수로 받으며, 두 값 모두에 기본값을 제공한다. 예를 들어 ArithmeticProgression(4)는 0, 4, 8, 12, ... 수열을 생성하고, ArithmeticProgression(4, 1)은 1, 5, 9, 13, ... 수열을 생성한다.

ArithmeticProgression의 생성자에서는 상위 클래스의 생성자를 호출해 데이터 멤버 _current를 원하는 시작값(start)으로 초기화하고, 이어서 등차수열을 생성하기 위해 공차를 _increment라는 새로 추가한 데이터 멤버에 저장한다. 마지막으로 _advance 메서드를 재정의하여 현재 값에 공차를 더하도록 구현하면 등차수열의 동작이 완성된다.

```
class ArithmeticProgression(Progression):      # Progression 클래스를 상속함
    """등차수열을 생성하는 이터레이터"""

    def __init__(self, increment=1, start=0):
        """새로운 등차수열을 만든다.

        increment  각 항에 더할 고정 상수 값, 즉 공차(기본값 1)
        start      수열의 첫째 항(기본값 0)
        """
        super().__init__(start)                # 기반 클래스 초기화
        self._increment = increment

    def _advance(self):                        # 상속받은 메서드를 재정의함
        """현재 항에 공차를 더해 업데이트한다."""
        self._current += self._increment
```

코드 2.9 등차수열 생성을 위한 클래스

등비수열 클래스

일반적인 수열을 특수화한 두 번째 예는 등비수열이다. 등비수열에서는 각 항이 이전 항에 고정 상수 값, 즉 공비를 곱해 생성된다. 등비수열의 시작값은 보통 0이 아니라 1인데, 이는 0에 어떤 수를 곱하더라도 0이 되기 때문이다. 예를 들어 공비가 2인 경우 등비수열은 1, 2, 4, 8, 16, ...과 같이 진행된다.

코드 2.10은 등비수열을 구현한 `GeometricProgression` 클래스를 보여준다. 생성자는 공비의 기본값으로 2를 사용하고 시작값으로는 1을 사용하며, 필요시 매개변수를 통해 이 값들을 변경할 수 있다.

```
class GeometricProgression(Progression):          # Progression 클래스를 상속함
    """등비수열을 생성하는 이터레이터"""

    def __init__(self, base=2, start=1):
        """새로운 등비수열을 만든다.

        base        각 항에 곱할 고정 상수 값, 즉 공비(기본값 2)
        start       수열의 첫째 항(기본값 2)
        """
        super().__init__(start)
        self._base = base

    def _advance(self):                            # 상속받은 메서드를 재정의함
        """현재 항에 공비를 곱해 업데이트한다."""
        self._current *= self._base
```

코드 2.10 등비수열 생성을 위한 클래스

피보나치 수열 클래스

마지막 예로, 수열 위계 구조를 활용해 **피보나치 수열**(Fibonacci progression)을 생성하는 방법에 대해 살펴보자. 77쪽에서 제너레이터를 설명하며 피보나치 수열을 소개한 바 있다. 피보나치 수열에서는 가장 최근의 두 항을 더해 새로운 항을 만든다. 일반적으로 0과 1로 시작해 0, 1, 1, 2, 3, 5, 8, ...과 같은 형태로 진행된다. 하지만 처음 두 개의 값을 임의로 지정해 생성할 수도 있다. 예를 들어 4와 6으로 시작하면 수열은 4, 6, 10, 16, 26, 42, ...와 같이 진행된다.

```
class FibonacciProgression(Progression):
  """피보나치 수열을 생성하는 이터레이터"""

  def __init__(self, first=0, second=1):
    """새로운 피보나치 수열을 만든다.

    first      수열의 첫째 항(기본값 0)
    second     수열의 둘째 항(기본값 1)
    """
    super().__init__(first)              # first 값이 수열의 처음 값이 됨
    self._prev = second - first          # first 이전에 있었을 가상의 값

  def _advance(self):
    """이전 두 항을 더한 값으로 현재 항의 값을 업데이트한다."""
    self._prev, self._current = self._current, self._prev + self._current
```

코드 2.11 피보나치 수열 생성을 위한 클래스

코드 2.11은 수열 클래스 위계 구조를 활용해 구현한 FibonacciProgression 클래스를 보여준다. 이 클래스는 현재 값 하나만으로는 다음 항을 계산할 수 없다는 점에서 등차수열이나 등비수열과 본질적으로 다르다. 피보나치 수열을 생성하려면 가장 최근에 나온 두 항의 값을 모두 기억하고 있어야 한다. 상위 클래스인 Progression은 이미 가장 최근 값을 _current에 저장하므로 FibonacciProgression 클래스는 그보다 하나 앞선 값을 저장하기 위해 _prev라는 새 멤버를 추가한다.

이전 값 두 개가 모두 저장되어 있다면 _advance를 구현하는 작업은 비교적 간단하다(81쪽에서 소개한 방식처럼 동시 대입을 사용하면 됨). 다만 생성자에서 _prev 값을 어떻게 초기화할지는 조금 더 고민해야 한다. 수열의 첫 번째와 두 번째 값이 생성자 매개변수에 전달되며, 첫 번째 값은 _current 값으로 저장되어야 수열의 첫 번째 항으로 출력된다. 그다음 이 첫 번째 항 이후에 출력될 두 번째 항은 첫 번째 항에 그 '이전' 항이 더해져 생성되므로 이 이전 값을 (second - first)로 초기화하면 된다. 이렇게 하면 first + (second - first) 계산을 통해 두 번째 항으로 second가 생성되고 수열 앞부분이 원하는 대로 구성된다.

수열 생성 클래스들에 대한 테스트

코드 2.12는 수열 생성 클래스들에 대한 단위 테스트를 보여주며, 코드 2.13은 이 테스트의 출력 결과를 나타낸다.

```python
if __name__ == '__main__':
    print('Default progression:')
    Progression().print_progression(10)

    print('Arithmetic progression with increment 5:')
    ArithmeticProgression(5).print_progression(10)

    print('Arithmetic progression with increment 5 and start 2:')
    ArithmeticProgression(5, 2).print_progression(10)

    print('Geometric progression with default base:')
    GeometricProgression().print_progression(10)

    print('Geometric progression with base 3:')
    GeometricProgression(3).print_progression(10)

    print('Fibonacci progression with default start values:')
    FibonacciProgression().print_progression(10)

    print('Fibonacci progression with start values 4 and 6:')
    FibonacciProgression(4, 6).print_progression(10)
```

코드 2.12 수열 생성 클래스들에 대한 단위 테스트

```
Default progression:
0 1 2 3 4 5 6 7 8 9
Arithmetic progression with increment 5:
0 5 10 15 20 25 30 35 40 45
Arithmetic progression with increment 5 and start 2:
2 7 12 17 22 27 32 37 42 47
Geometric progression with default base:
1 2 4 8 16 32 64 128 256 512
Geometric progression with base 3:
1 3 9 27 81 243 729 2187 6561 19683
Fibonacci progression with default start values:
0 1 1 2 3 5 8 13 21 34
Fibonacci progression with start values 4 and 6:
4 6 10 16 26 42 68 110 178 288
```

코드 2.13 코드 2.12 테스트의 출력 결과

2.4.3 추상 기반 클래스

상속 관계의 위계 구조에서 클래스를 정의할 때 코드의 반복을 피하는 한 가지 방법은 공통 기능을 가진 기반 클래스를 설계하고 이를 다른 클래스에서 상속받도록 하는 것이다. 예를 들어 2.4.2절의 수열 클래스 위계 구조에는 `ArithmeticProgression`, `GeometricProgression`, `FibonacciProgression` 등 세 개의 하위 클래스가 있고, 이들은 모두 `Progression` 클래스라는 기반 클래스를 공유한다. `Progression` 클래스는 직접 인스턴스를 생성해 사용할 수도 있지만, 이 경우 동작은 공차가 1인 `ArithmeticProgression` 클래스의 특수한 형태에 불과해 실용성이 떨어진다. `Progression` 클래스의 실제 목적은 수열 생성에 필요한 공통 동작을 한 곳에 구현해 두고 하위 클래스의 코드를 가능한 한 간결하게 만드는 데 있다.

이렇듯 상속 구조에서 공통 기능만 제공하도록 설계된 클래스는 객체 지향 용어로 **추상 기반 클래스**(abstract base class)라고 한다. 더 정확히 말하면 추상 기반 클래스는 직접 인스턴스화할 수 없는 클래스이고, 이에 반해 **구체 클래스**(concrete class)는 인스턴스를 생성할 수 있는 클래스다. 이 정의에 따르면 `Progression` 클래스는 기능적으로 추상 기반 클래스의 역할을 수행하지만 기술적으로 보면 구체 클래스로 구현된다.

자바나 C++ 같은 정적 타입 언어에서는 추상 기반 클래스가 하나 이상의 **추상 메서드**(abstract method)를 갖는 형식으로 정의되며, 이는 다형성을 지원하기 위한 장치로 사용된다. 어떤 변수가 추상 기반 클래스 타입으로 선언되었더라도, 실제로는 그 하위 클래스의 인스턴스를 참조할 수 있기 때문이다. 파이썬에는 정적 타입 선언이 없기 때문에 이러한 형태의 다형성은 추상 기반 클래스를 명시적으로 정의하지 않아도 지원할 수 있다. 그래서 파이썬에서는 추상 기반 클래스를 별도로 정의하는 일이 흔하지 않다. 다만 파이썬의 `abc` **모듈**을 사용하면 형식적으로 추상 기반 클래스를 선언할 수 있다.

이 책에서 추상 기반 클래스 개념을 자세히 설명하는 이유는 파이썬의 `collections` 모듈이 여러 유용한 추상 기반 클래스를 제공하기 때문이다. 이들을 활용하면 새롭게 정의한 자료구조가 파이썬 내장 자료구조와 동일한 인터페이스를 갖도록 만들 수 있다. 이러한 방식은 **템플릿 메서드 디자인 패턴**(template method design pattern)이라는 객체 지향 소프트웨어 디자인 패턴과도 관련이 있다. 이 패턴은 추상 기반 클래스에서 제공하는 구체적인 메서드(concrete method)가 내부적으로 다른 추상 메서드를 호출하는 구조를 말한다. 하위 클래스에서 이 추상 메서드를 구현하면 기반 클래스로부터 상속받은 구체 메서드도 자동으로 올바르게 동작한다.

실례로, `collections.Sequence` 추상 기반 클래스는 파이썬의 `list`, `str`, `tuple`처럼 정수 인덱스로 원소에 접근할 수 있는 구조를 정의한다. 이 클래스는 `count`, `index`, `__contains__` 등

의 메서드를 이미 구현해 두었으며, 하위 클래스에서 __len__과 __getitem__만 정의하면 이러한 메서드를 모두 활용할 수 있다. 코드 2.14는 이 Sequence 추상 기반 클래스의 동작을 이해할 수 있도록 그 구현 예시를 보여준다.

```python
from abc import ABCMeta, abstractmethod          # 이 정의들이 필요함

class Sequence(metaclass=ABCMeta):
    """추상 기반 클래스인 collections.Sequence를 직접 구현한 예"""

    @abstractmethod
    def __len__(self):
        """시퀀스의 길이를 반환한다."""

    @abstractmethod
    def __getitem__(self, j):
        """시퀀스에서 인덱스 j에 해당하는 원소를 반환한다."""

    def __contains__(self, val):
        """시퀀스에 val 값이 포함되어 있으면 True를, 그렇지 않으면 False를 반환한다."""
        for j in range(len(self)):
            if self[j] == val:                    # 값을 찾음
                return True
        return False

    def index(self, val):
        """val 값이 위치한 가장 왼쪽 인덱스를 반환한다(val 값이 없으면 ValueError 발생)."""
        for j in range(len(self)):
            if self[j] == val:                    # 왼쪽 방향에서 값을 찾음
                return j
        raise ValueError('value not in sequence')  # 값을 찾지 못함

    def count(self, val):
        """val 값을 갖는 원소들의 개수를 반환한다."""
        k = 0
        for j in range(len(self)):
            if self[j] == val:                    # 값을 찾음
                k += 1
        return k
```

코드 2.14 collections.Sequence 클래스와 비슷하게 동작하는 추상 기반 클래스

이 Sequence 클래스 구현에는 고급 파이썬 기법 두 가지가 사용되었다. 첫 번째 기법은 abc 모듈의 ABCMeta 클래스를 Sequence 클래스의 메타 클래스로 지정한 것이다. **메타 클래스**는 상속 관계에서의 상위 클래스와 달리, 클래스 정의 자체를 제어하는 일종의 템플릿 역할을 한다. 특히 ABCMeta를 지정하면, Sequence 클래스의 생성자가 직접 호출될 경우 에러를 발생시키도록 한다.

두 번째 기법은 __len__과 __getitem__ 메서드 정의에 @abstractmethod 데코레이터를 사용하는 것이다. 이 데코레이터는 해당 메서드가 추상 메서드임을 나타낸다. 즉, 이 클래스 내에서는 구현을 제공하지 않되, 하위 클래스에서 반드시 해당 메서드를 구현해야 한다는 점을 명시한다. 파이썬은 이러한 추상 메서드가 구현되지 않은 하위 클래스에 대해 인스턴스를 생성하지 못하도록 강제한다.

Sequence 코드의 나머지 부분은 __len__과 __getitem__이 하위 클래스에서 구현될 것이라는 전제 하에 작성되었다. 소스 코드를 살펴보면, __contains__, index, count 메서드의 내부 구현은 (각각 특수 메서드인 __len__과 __getitem__에 의해) len(self) 및 self[j] 문이 지원된다는 것 외에 self 인스턴스에 특별히 의존하는 게 없다. 2.3.4절에서 설명한 바와 같이, 이러한 클래스는 자동으로 순회(iteration)도 지원한다.

앞으로 이 책에서는 abc 모듈의 사용을 매번 명시하지는 않을 것이다. 추상 기반 클래스가 필요한 경우에도 @abstractmethod를 꼭 사용하지 않고, 단지 하위 클래스가 해당 메서드를 구현할 것이라는 점만 문서상으로 명시할 것이다. 다만 Sequence처럼 collections 모듈에 정의된 유용한 추상 기반 클래스는 자주 사용할 예정이며, 이 경우 일반적인 상속 방식으로 활용하면 된다.

예를 들어 2.3.5절의 코드 2.6에 나오는 Range 클래스는 __len__과 __getitem__을 지원하지만, count나 index 메서드는 제공하지 않는다. 만약 이 클래스를 다음과 같이 Sequence를 상속받아 선언했다면, count와 index 메서드도 함께 상속되었을 것이다.

```
class Range(collections.Sequence):
```

마지막으로, 상속된 메서드에 대해 하위 클래스가 자체적으로 구현을 제공하는 경우, 이 구현은 기존 정의를 대체(override)하게 된다. 이 기법은 기존 구현보다 더 효율적인 방식으로 동작을 구현할 수 있을 때 유용하다. 예를 들어 일반적인 시퀀스의 __contains__ 메서드는 원하는 값을 찾기 위해 루프문을 사용한다. 그러나 앞서 살펴본 Range 클래스의 경우, 특정 값이 포함되는지를 루프문 없이 빠르게 확인하도록 구현할 수 있다. 예를 들어 100000 in Range(0, 2000000, 100)이라는 표현식은 일일이 원소를 검사하지 않고도 결과가 True여야 함을 판별할 수 있다. 왜냐하면 이 수열은 0부터 100씩 증가해 2백만까지 진행되므로, 100000은 명확히 포함되는 값이기 때문이다. 연습문제 C-2.27에서는 루프문을 사용하지 않고 Range.__contains__ 메서드를 효율적으로 구현하는 방법을 다룬다.

2.5 네임스페이스와 객체 지향

네임스페이스(namespace) 개념은 일종의 추상화 기법으로, 특정 영역 내에 정의된 모든 식별자를 체계적으로 관리하기 위한 구조다. 각 식별자(이름)와 식별자에 매핑된 값을 함께 저장하며, 이 값을 통해 해당 이름이 가리키는 객체를 추적할 수 있다. 파이썬에서는 함수, 클래스, 모듈이 모두 퍼스트 클래스 객체이므로, 네임스페이스에 저장되는 값은 실제로 함수나 클래스 또는 모듈 객체가 될 수 있다.

1.10절에서는 전역 범위에 정의된 식별자와 함수 호출 시 생성되는 로컬 범위의 식별자가 네임스페이스를 통해 어떻게 관리되는지를 살펴보았다. 이 절에서는 파이썬의 객체 지향 관점에서 네임스페이스의 역할에 대해 살펴본다.

2.5.1 인스턴스 네임스페이스와 클래스 네임스페이스

먼저 개별 객체의 고유한 속성을 관리하는 **인스턴스 네임스페이스**(instance namespace)에 대해 살펴보자. 예를 들어 `CreditCard` 클래스의 각 인스턴스는 해당 객체에 고유한 카드 이용 총액, 계좌번호, 신용 한도 등의 정보가 담겨 있다(일부 인스턴스 간에 이러한 값이 같을 수는 있음). 각 신용카드 객체는 이러한 값을 저장하기 위한 고유한 인스턴스 네임스페이스를 갖는다.

각 클래스는 고유한 **클래스 네임스페이스**(class namespace)를 가지고 있으며, 이 네임스페이스는 클래스의 모든 인스턴스가 공유하거나 특정 인스턴스와 무관하게 사용되는 멤버들을 관리한다. 예를 들어 2.3절의 `CreditCard` 클래스의 `make_payment` 메서드는 각 인스턴스에 개별적으로 저장되는 것이 아니라 `CreditCard` 클래스의 네임스페이스에 저장된다. 코드 2.1과 2.2에서 정의한 바에 따르면 `CreditCard` 클래스 네임스페이스에는 `__init__`, `get_customer`, `get_bank`, `get_account`, `get_balance`, `get_limit`, `charge`, `make_payment` 등이 포함된다. `PredatoryCreditCard` 클래스도 자체 네임스페이스를 가지며, 여기에는 자체적으로 정의된 세 개의 메서드 `__init__`, `charge`, `process_month`가 포함된다.

그림 2.8은 세 가지 네임스페이스를 함께 보여준다. 바로 `CreditCard` 클래스의 메서드들이 저장된 클래스 네임스페이스, `PredatoryCreditCard` 클래스의 메서드를 담고 있는 또 다른 클래스 네임스페이스, `PredatoryCreditCard` 인스턴스에 대한 인스턴스 네임스페이스다. 이 그림에서 알 수 있듯이, `charge`라는 이름의 메서드는 `CreditCard`와 `PredatoryCreditCard` 클래스에 각각 정의되어 있어 서로 다른 동작을 한다. `__init__`도 두 클래스에서 각각 구현되어 있다.

반면, process_month는 오직 PredatoryCreditCard 클래스에서만 정의된 이름이다. 인스턴스 네임스페이스에는 PredatoryCreditCard 생성자에서 설정되는 _apr 멤버를 포함하여 해당 인스턴스의 모든 데이터 멤버가 저장된다.

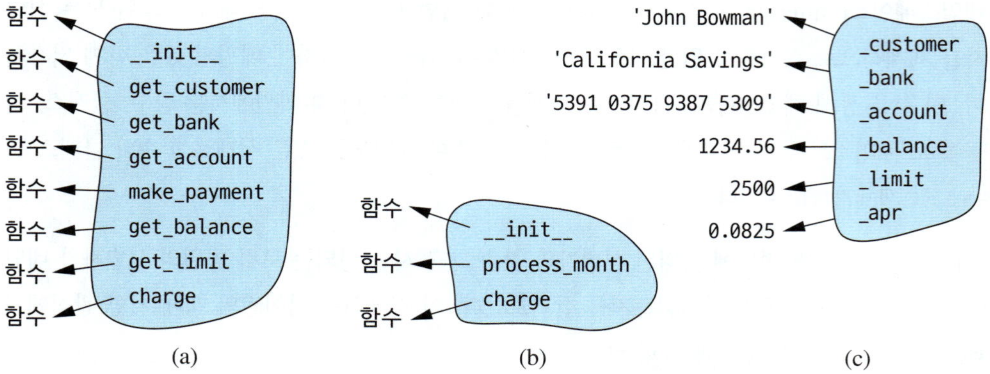

그림 2.8 서로 다른 세 개의 네임스페이스 개념도. (a) CreditCard의 클래스 네임스페이스, (b) PredatoryCreditCard의 클래스 네임스페이스, (c) PredatoryCreditCard 객체에 대한 인스턴스 네임스페이스

네임스페이스에서 항목이 설정되는 방식

_balance와 같은 멤버는 인스턴스 네임스페이스에 존재하지만 make_payment와 같은 멤버는 클래스 네임스페이스에 존재하는 이유를 이해하는 것이 중요하다. 카드 이용 총액을 나타내는 _balance 속성은 신용카드 객체가 새로 생성될 때 __init__ 메서드 안에서 설정된다. 이 설정은 self._balance = 0과 같은 대입문을 통해 이루어지며, 여기서 self는 생성 중인 인스턴스를 가리킨다. self._balance와 같이 self 한정자를 사용하면, 식별자 _balance는 해당 인스턴스의 네임스페이스에 직접 추가된다.

상속을 사용하는 경우에도 각 객체는 자기만의 인스턴스 네임스페이스를 갖는다. 예를 들어 PredatoryCreditCard 클래스의 인스턴스가 생성되면 _apr, _balance, _limit 등의 속성은 모두 그 인스턴스의 네임스페이스에 포함된다. 이는 각각 self._apr, self._balance 등과 같이 self 한정자가 사용된 대입문으로 설정되었기 때문이다.

반면, 클래스 네임스페이스에는 클래스 정의 본문 내에 직접 작성된 모든 선언이 포함된다. 예를 들어 CreditCard 클래스 정의에는 다음과 같은 구조가 포함되어 있다.

```
class CreditCard:
  def make_payment(self, amount):
    …
```

make_payment 함수는 CreditCard 클래스의 정의 영역 내에서 선언되었기 때문에, 이 함수는 CreditCard 클래스 네임스페이스에서 make_payment라는 이름에 매핑된다. 멤버 함수는 클래스 네임스페이스에 포함되는 가장 일반적인 항목이지만, 다음 절에서는 클래스 네임스페이스 내에 데이터 값이나 다른 클래스를 선언하는 방법에 대해서도 살펴본다.

클래스 데이터 멤버

클래스 차원의 데이터 멤버는 클래스의 모든 인스턴스가 동일한 값을 공유해야 할 때(예 상수) 자주 사용된다. 이러한 값을 각 인스턴스의 네임스페이스에 별도로 저장하는 것은 낭비가 될 수 있다. 예를 들어 2.4.1절에서 소개한 PredatoryCreditCard 클래스를 다시 살펴보자. 이 클래스는 신용 한도를 초과한 결제 시도가 발생하면 5달러의 수수료를 부과한다. 이때 수수료로 5달러를 선택한 것은 다소 임의적인 결정이며, 코드에 리터럴 상수를 직접 사용하기보다는 의미 있는 이름을 부여한 변수를 사용하는 편이 바람직하다. 이러한 수수료 액수는 일반적으로 은행의 정책에 따라 정해지며, 대다수 고객에게 일률적으로 적용된다. 이런 상황에서는 다음과 같이 클래스 데이터 멤버를 정의해 사용하는 것이 적절하다.

```
class PredatoryCreditCard(CreditCard):
  OVERLIMIT_FEE = 5                        # 클래스 레벨 멤버임

  def charge(self, price):
    success = super().charge(price)
  if not success:
    self. balance += PredatoryCreditCard.OVERLIMIT_FEE
  return success
```

데이터 멤버 OVERLIMIT_FEE는 PredatoryCreditCard 클래스 네임스페이스에 속하게 된다. 이는 클래스 정의의 시작 부분에서 별도의 한정자 없이 대입문이 작성되었기 때문이다.

중첩 클래스

한 클래스 정의를 다른 클래스의 범위 안에 중첩하는 것도 가능하다. 이 기법은 자료구조 구현에서 유용하게 활용되며, 이 책에서도 여러 번 등장할 예정이다. 중첩 클래스는 다음과 같은 방식으로 정의한다.

```
class A:          # 외부 클래스
  class B:        # 중첩된 내부 클래스
  ...
```

이 경우 B는 클래스 A의 내부에 정의된 중첩 클래스이며, B라는 식별자는 클래스 A의 네임스페이스에 매핑된다. 중첩 클래스는 상속과 무관하다. 즉, 클래스 B가 클래스 A를 상속받거나 포함하는 것이 아니다.

클래스를 다른 클래스 내부에 중첩하면, 중첩된 클래스가 **외부 클래스**를 지원하기 위해 존재한다는 것을 명확히 보여줄 수 있다. 또한 비슷한 이름의 클래스가 다른 모듈이나 코드에 존재할 수 있으므로, 중첩 구조는 이름 충돌을 방지하는 데도 유용하다. 예를 들어 이 책에서는 추후 **연결 리스트**(linked list) 자료구조를 구현할 때 리스트의 개별 구성 요소를 저장하는 노드 클래스를 리스트 클래스 내부에 중첩해 정의할 것이다. 마찬가지로, **트리**(tree) 자료구조에서도 별도의 노드 클래스를 트리 클래스 내부에 중첩시켜 사용할 것이다. 이처럼 서로 다른 자료구조에서 사용되는 노드 클래스들을 중첩하면, 이름이 같더라도 서로 다른 클래스임을 명확히 구분할 수 있다.

또한 중첩 클래스를 사용하면, 외부 클래스를 상속하는 하위 클래스에서 내부의 중첩 클래스를 재정의하는 고급 형태의 상속 기법도 가능해진다. 이 기법은 11.2.1절에서 트리 구조의 노드를 특수화하는 예제에서 다룰 예정이다.

딕셔너리와 __slots__ 선언

기본적으로 파이썬은 각 네임스페이스를 `dict` 클래스(1.2.3절 참고)의 인스턴스로 구현하며, 이 딕셔너리는 해당 영역의 식별자 이름과 그에 매핑된 객체 정보를 저장한다. 딕셔너리 구조는 주어진 이름에 연관된 값을 비교적 효율적으로 찾을 수 있게 되어 있지만, 실질적인 데이터 외에 추가로 메모리를 사용한다(10장에서 딕셔너리 구현에 사용되는 자료구조를 다룰 예정임).

파이썬은 인스턴스 네임스페이스를 딕셔너리 없이 구현할 수 있도록 더 직접적인 메커니즘도 제공한다. 이를 위해서는 클래스 정의에 클래스 수준의 멤버인 `__slots__`를 설정하고, 인스턴스 변수 이름들을 문자열 목록으로 명시하면 된다. 예를 들어 `CreditCard` 클래스는 다음과 같이 선언할 수 있다.

```
class CreditCard:
  __slots__ = '_customer' , '_bank' , '_account' , '_balance' , '_limit'
```

이 예에서 대입문의 오른쪽은 문법상 튜플이며(1.9.3절의 '튜플 자동 패킹' 참고), 각 문자열은 인스턴스 변수 하나를 의미한다.

상속을 사용하는 경우, 기반 클래스가 `__slots__`를 선언했다면, 하위 클래스도 `__slots__`를 별도로 선언해야만 인스턴스에 대해 딕셔너리 생성이 억제된다. 이때 하위 클래스에서는 상속받는 필드 외에 자신이 새로 추가하는 필드만 포함해야 한다. 예를 들어 `PredatoryCreditCard` 클래스에서는 다음과 같이 선언할 수 있다.

```
class PredatoryCreditCard(CreditCard):
  __slots__ = '_apr'                    # 상속되는 기존 멤버들 이외에 새로 추가되는 멤버
```

이 책의 모든 클래스에 `__slots__`를 적용해 구조를 간소화할 수도 있겠지만, 실제로 파이썬에서는 모든 클래스에 `__slots__`를 사용하는 것이 일반적이지 않다. 한편, 이 책에서 다루는 클래스 중에는 인스턴스가 대량으로 생성될 것으로 예상되는 경우가 종종 있으며, 이들 클래스는 대부분 구조가 단순하다. 예를 들어 중첩 클래스를 설명하면서 소개한 연결 리스트나 트리 같은 자료구조는 수많은 개별 노드로 구성되므로, 각 노드 인스턴스에 대한 메모리 사용을 최소화하는 것이 중요하다. 따라서 이러한 경우에는 메모리 효율성을 높이기 위해, 인스턴스가 많이 생성될 것으로 예상되는 중첩 클래스에 한해 `__slots__`를 명시적으로 선언하여 사용할 것이다.

2.5.2 이름 결정과 동적 디스패치

2.5.1절에서는 다양한 종류의 네임스페이스와 각 네임스페이스에 항목을 설정하는 메커니즘에 대해 살펴보았다. 여기서는 파이썬 객체 지향 프레임워크에서 식별자가 주어졌을 때, 그 식별자에 매핑된 정보를 어떻게 검색하는지에 대해 설명한다. 예를 들어 파이썬에서 `obj.foo`와 같이 점 연산자를 사용하면, 인터프리터는 다음 순서에 따라 이름을 검색한다.

1. 인스턴스 네임스페이스가 먼저 검색되고, 이 안에서 해당 이름이 발견되면 그 이름에 매핑된 값이 사용된다.
2. 인스턴스 네임스페이스에서 발견되지 않으면 인스턴스가 속한 클래스의 네임스페이스를 검색한다. 이곳에서 이름이 발견되면 해당 값이 사용된다.
3. 클래스 네임스페이스에도 이름이 없으면 상속 계층 구조를 따라 각 상위 클래스의 네임스페이스를 순서대로 검색한다(바로 위 상위 클래스부터 시작해 그다음 상위 클래스로 계속 진행). 이 과정에서 이름이 처음 발견되는 곳의 값이 사용된다.
4. 이 모든 단계를 거쳐도 이름을 찾지 못하면, `AttributeError` 예외가 발생한다.

실례로, mycard가 PredatoryCreditCard 클래스의 인스턴스라고 가정하고 다음 시나리오를 살펴보자.

- mycard._balance(또는 메서드 본문 내에서 self._balance): _balance는 인스턴스 네임스페이스에 존재하므로 mycard 내부에서 바로 찾을 수 있다.
- mycard.process_month(): 인스턴스 네임스페이스를 먼저 검색하지만 여기에는 process_month라는 이름이 없다. 따라서 PredatoryCreditCard의 클래스 네임스페이스로 검색이 이어지며, 이 곳에서 해당 메서드를 찾아 호출한다.
- mycard.make_payment(200): 인스턴스 네임스페이스와 PredatoryCreditCard의 클래스 네임스페이스 모두에 make_payment가 없다. 이 이름은 상위 클래스인 CreditCard의 클래스 네임스페이스에서 발견되며 따라서 상속된 이 메서드가 호출된다.
- mycard.charge(50): 인스턴스 네임스페이스에는 charge가 없지만 PredatoryCreditCard 클래스 네임스페이스에 이 이름의 메서드가 정의되어 있으므로 해당 메서드가 호출된다.

위 사례들 중 마지막 경우에 주목하자. PredatoryCreditCard 클래스에 charge 메서드가 직접 정의되어 있기 때문에 상위 클래스인 CreditCard에 속한 동일 이름의 메서드를 재정의하는 효과가 발생한다. 전통적인 객체 지향 용어를 사용하자면 파이썬은 **동적 디스패치**(dynamic dispatch) 또는 **동적 바인딩**(dynamic binding) 메커니즘을 사용한다. 즉, 메서드를 호출할 때 어떤 구현이 실행될지는 호출된 객체의 실제 타입에 따라 프로그램 실행 중에 결정된다. 이는 **정적 디스패치**(static dispatch)를 사용하는 언어들에서 컴파일 타임에 변수의 선언 타입을 기준으로 호출할 메서드가 결정되는 방식과는 뚜렷이 대비된다.

2.6 얕은 복사와 깊은 복사

1장에서 대입문 foo = bar는 bar라는 이름의 객체에 대해 foo라는 **별칭**(alias)을 만든다는 점을 강조한 바 있다. 이 절에서는 별칭이 아닌, 객체의 **복사본**(copy)을 만드는 작업에 대해 살펴보자. 이는 원본과 복사본을 독립적으로 변경하려는 응용 프로그램에서 필요한 작업이다.

예를 들어 다양한 색상을 원소로 하는 리스트를 관리한다고 하자. 각 색상은 Color 클래스의 인스턴스이며, warmtones라는 식별자가 주황색(orange), 갈색(brown)처럼 따뜻한 색상의 리스트를 나타낸다고 가정하자. 이제 이 warmtones 리스트를 복사해 palette라는 새 리스트를 만들고자 한다. 즉, palette 리스트에 색상을 추가하거나 기존 색상 일부를 수정 또는 제거하더라도, 원래의 warmtones 리스트는 영향을 받지 않기를 바라는 것이다. 그러나 다음과 같은 대입문을 실행하면 그림 2.9에서 보듯이 리스트가 새로 생성되지 않고, 단지 palette라는 새 식별자가 원본 리스트를 참조할 뿐이다.

```
palette = warmtones
```

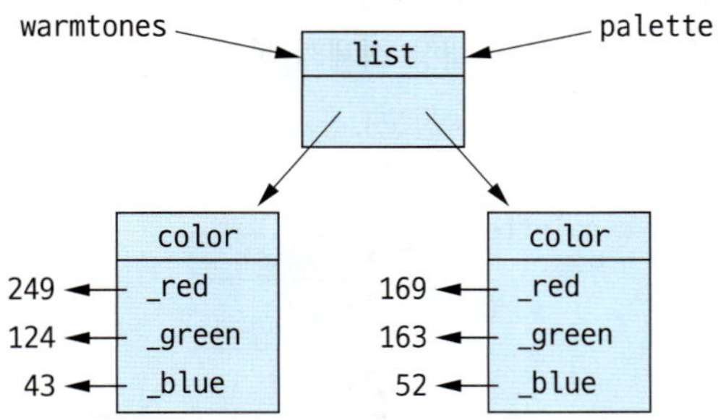

그림 2.9 동일한 색상 리스트에 대한 두 가지 별칭

이렇게 하면 이후에 palette에서 색상을 추가하거나 제거할 경우, warmtones라는 이름이 가리키는 리스트가 함께 수정되어 우리가 의도한 동작이 아니게 된다. 대신 다음 구문을 사용하면 list 클래스의 새 인스턴스를 만들 수 있다.

```
palette = list(warmtones)
```

이 구문은 warmtones 리스트를 인자로 하여 명시적으로 list 생성자를 호출하는 방식이다. 이때 그림 2.10과 같이 새 리스트가 생성되며, 이를 **얕은 복사**(shallow copy)라고 한다. 새 리스트는 원래 리스트와 동일한 내용을 갖도록 초기화되지만, 파이썬에서 리스트는 **참조형**(referential)이므로(1.2.3절의 39쪽 예 참고), 새 리스트에는 일련의 참조가 들어 있고 이들은 원본 리스트가 참조하는 원소들을 동일하게 가리키게 된다.

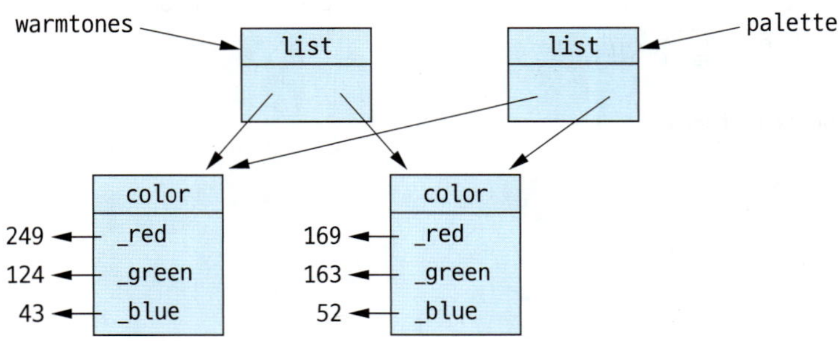

그림 2.10 색상 리스트에 대한 얕은 복사

이 방식을 쓰면 결과적으로 warmtones에 영향을 주지 않고 palette에 원소를 추가하거나 제거할 수 있으므로, 앞서 살펴본 단순한 대입보다는 나은 상황이다. 그러나 palette 리스트 안의 color 인스턴스를 수정하면, 결국 warmtones의 내용도 바뀌게 된다. palette와 warmtones는 서로 다른 리스트이지만, 그 안의 항목들이 동일한 객체를 참조하기 때문에 간접적으로 별칭 관계에 놓이게 되는 것이다. 예를 들어 palette[0]과 warmtones[0]은 같은 color 인스턴스를 가리킨다.

결국 우리가 실제로 원하는 것은 warmtones에 대해 **깊은 복사**(deep copy)를 수행하여 palette를 생성하는 것이다. 깊은 복사는 원본 리스트가 참조하는 각 색상 객체의 복사본을 만든 뒤, 이들을 새로 생성한 리스트가 참조하게 하는 방식이다(그림 2.11 참고).

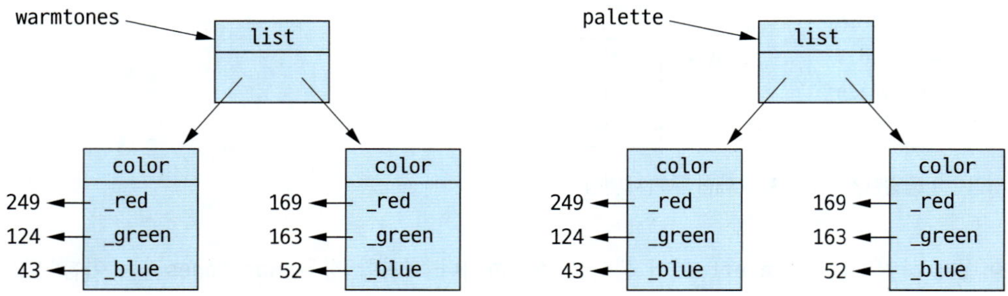

그림 2.11 색상 리스트에 대한 깊은 복사

파이썬의 copy 모듈

깊은 복사를 수행하려면 color 인스턴스 원본의 복사본을 명시적으로 만들고, 이를 이용해 리스트를 채워야 한다. 이를 위해서는 color 인스턴스에 대해 별칭이 아닌 실제 복사본을 어떻게 생성할 수 있는지를 알아야 한다. 파이썬은 임의의 객체에 대해 얕은 복사와 깊은 복사를 모두 지원하는 매우 편리한 copy 모듈을 제공한다.

이 모듈은 두 개의 함수를 제공한다. copy() 함수는 인자의 얕은 복사본을 생성하고, deepcopy() 함수는 인자의 깊은 복사본을 생성한다. 이 모듈을 임포트한 뒤 다음과 같은 명령을 사용하면, 그림 2.11과 같이 깊은 복사본을 만들 수 있다.

```
palette = copy.deepcopy(warmtones)
```

2.7 연습 문제

기본 문제

R-2.1 사람 생명에 자칫 치명적일 수 있는 소프트웨어 프로그램을 세 개 제시하라.

R-2.2 소프트웨어의 적응성은 경우에 따라 이 소프트웨어를 판매하는 회사를 파산에 이르게 하거나, 반대로 장기간 생존하게 할 정도로 중요할 수 있다. 이렇듯 적응성이 특히 중요한 실제 소프트웨어 프로그램의 예를 제시하라.

R-2.3 텍스트 편집기에서 임의의 GUI 컴포넌트와 해당 컴포넌트가 캡슐화하는 메서드에 대해 설명하라.

R-2.4 꽃의 이름, 꽃잎 수, 꽃의 가격을 각각 나타내는 `str`, `int`, `float` 타입 인스턴스 변수를 갖는 `Flower` 클래스를 파이썬으로 작성하라. 이 클래스에는 각 변수를 적절한 값으로 초기화하는 생성자 메서드와 각 변수의 값을 설정하고 읽을 수 있는 메서드가 포함되어야 한다.

R-2.5 1.7절의 기법을 사용하여 수치 값이 매개변수로 전달되었음을 확실히 하도록 `CreditCard` 클래스의 `charge`와 `make_payment` 메서드를 수정하라.

R-2.6 `CreditCard` 클래스의 `make_payment` 메서드에서 매개변수로 음수가 전달되면 납부할 카드 총액이 오히려 증가하는 현상이 발생할 수 있다. 이를 방지하기 위해 음수가 전달되면 `ValueError`가 발생하도록 메서드 구현을 수정하라.

R-2.7 2.3절의 `CreditCard` 클래스는 새 카드 계좌의 이용 금액을 0으로 초기화한다. 생성자에 디폴트 매개변수를 (다섯 번째 위치에) 새로 추가하여 새 카드 계좌에 0이 아닌 금액을 지정할 수 있도록 수정하라. 기존과 같이 네 개의 매개변수를 사용하는 생성자 호출은 이용 금액이 0인 신용카드를 생성하도록 유지되어야 한다.

R-2.8 코드 2.3의 `CreditCard` 테스트에서 첫 번째 `for` 루프에 대해 선언 부분을 수정하여 세 개의 신용카드 중 하나만 신용 한도를 초과하도록 하라. 어떤 신용카드가 한도를 초과하게 되는가?

R-2.9 2.3.3절의 Vector 클래스에 대해 __sub__ 메서드를 구현하라. 표현식 u-v가 두 벡터의 차이를 나타내는 새로운 벡터 인스턴스를 반환해야 한다.

R-2.10 2.3.3절의 Vector 클래스에 대해 __neg__ 메서드를 구현하라. 표현식 -v는 v의 모든 좌푯값에 각각 마이너스를 적용한 값을 갖는 새로운 벡터 인스턴스를 반환해야 한다.

R-2.11 2.3.3절의 Vector 클래스에서는 v = u + [5, 3, 10, -2, 1]처럼 벡터에 리스트를 더하면 새로운 벡터가 반환된다. 그러나 v = [5, 3, 10, -2, 1] + u와 같은 구문은 허용되지 않는다. 이 구문도 새로운 벡터를 생성하도록 하려면 Vector 클래스 정의를 어떻게 수정해야 하는지 설명하라.

R-2.12 2.3.3절의 Vector 클래스에 대해 __mul__ 메서드를 구현하라. 표현식 v * 3이 새로운 벡터 인스턴스를 반환하도록 하되, 해당 인스턴스는 v의 각 좌푯값에 3을 곱한 값을 좌표로 가져야 한다.

R-2.13 연습문제 R-2.12에서는 2.3.3절의 Vector 클래스에 대해 v * 3 형태의 표현식을 지원하기 위해 __mul__ 메서드를 구현했다. 여기에 더해 3 * v 형태의 표현식도 지원할 수 있도록 __rmul__ 메서드를 구현하라.

R-2.14 2.3.3절의 Vector 클래스에 대해 __mul__ 메서드를 구현하라. 표현식 u * v가 두 벡터의 내적값을 반환해야 한다(즉, $\sum_{i=1}^{d} u_i \cdot v_i$).

R-2.15 2.3.3절의 Vector 클래스는 정수 d를 인자로 받아 모든 좌푯값이 0인 d차원 벡터를 생성하는 생성자를 갖는다. 이를 보완하여, 일련의 수치값을 담은 이터러블 타입의 매개변수를 생성자에 전달하면 해당 값들을 좌표로 갖는 벡터를 생성할 수 있도록 하라. 예를 들어 Vector([4, 7, 5])는 좌표가 <4, 7, 5>인 3차원 벡터를 생성한다. 생성자를 수정하여 다음 두 가지 형식을 모두 허용하라. (1) 정수 하나가 전달되면 해당 차원의 0 벡터를 생성하고 (2) 시퀀스가 전달되면 이 시퀀스에 포함된 수치 값들을 기반으로 좌표가 설정된 벡터를 새로 생성해야 한다.

R-2.16 2.3.5절의 Range 클래스는 다음 공식을 사용해 해당 범위의 원소 개수를 계산한다.

```
max(0, (stop - start + step - 1) // step)
```

그런데 step이 양수라고 가정해도 이 공식이 왜 올바르게 작동하는지 즉각 이해하기 어렵다. 이 공식의 작동 방식을 설명하라.

R-2.17 다음 클래스들에 대한 상속 다이어그램을 그려라.

- `Goat` 클래스는 `object`를 확장하고 인스턴스 변수 `_tail`과 메서드 `milk()`, `jump()`를 추가한다.
- `Pig` 클래스는 `object`를 확장하고 인스턴스 변수 `_nose`와 메서드 `eat(food)`, `wallow()`를 추가한다.
- `Horse` 클래스는 `object`를 확장하고 인스턴스 변수 `_height`, `_color`와 메서드 `run()`, `jump()`를 추가한다.
- `Racer` 클래스는 `Horse`를 확장하고 메서드 `race()`를 추가한다.
- `Equestrian` 클래스는 `Horse`를 확장하고 인스턴스 변수 `_weight`와 메서드 `trot()`, `is_trained()`를 추가한다.

R-2.18 2.4.2절의 수열 클래스들을 사용하여 처음 두 항이 2, 2로 시작하는 피보나치 수열의 8번째 값을 구하는 파이썬 코드를 간단히 작성하라.

R-2.19 2.4.2절의 `ArithmeticProgression` 클래스에서 0부터 시작하여 공차를 128로 설정했을 때 2^{63}보다 커질 때까지 `next` 함수를 몇 번 호출해야 하는가?

R-2.20 상속 위계 구조가 매우 깊어질 경우, 예를 들어 `B`가 `A`를 확장하고, `C`가 `B`를 확장하고, `D`가 `C`를 확장하는 식으로 계속될 경우 효율성 측면에서 발생할 수 있는 잠재적인 단점은 무엇인가?

R-2.21 상속 위계 구조가 매우 얕은 경우, 예를 들어 `A`, `B`, `C` 등 많은 클래스가 모두 하나의 공통 상위 클래스인 `Z`만 직접 확장할 경우 효율성 측면에서 발생할 수 있는 잠재적인 단점은 무엇인가?

R-2.22 `collections.Sequence` 추상 기반 클래스는 두 시퀀스를 서로 비교하는 기능을 지원하지 않는다. 코드 2.14의 `Sequence` 클래스를 수정하여 `__eq__` 메서드에 대한 정의를 추가하고, `seq1 == seq2` 표현식이 두 시퀀스의 원소가 모두 같을 때 `True`를 반환하도록 하라.

R-2.23 위 문제와 유사하게, `Sequence` 클래스에 `__lt__` 메서드를 추가로 구현하라. 표현식 `seq1 < seq2`에 대해 사전식(lexicographic) 순서 기준으로 두 시퀀스를 비교하도록 해야 한다.

응용 문제

C-2.24 여러분이 새로운 이북(전자책) 리더의 설계팀에 속해 있다고 가정하자. 이북 리더용 소프트웨어를 파이썬으로 개발한다면, 어떤 주요 클래스와 메서드가 필요할까? 고객이 새 책을 구입하고, 구입한 책 목록을 확인하며, 책을 읽을 수 있는 기능이 반드시 포함되어야 한다. 이 소프트웨어의 상속 다이어그램을 그려라(실제 코드를 작성할 필요는 없음).

C-2.25 연습문제 R-2.12는 `__mul__` 메서드를 사용해 Vector에 수를 곱하는 문제이고, 연습문제 R-2.14는 `__mul__` 메서드를 사용해 두 벡터의 내적을 계산하는 문제다. `u * v`와 `u * k` 형식의 표현식을 모두 지원하도록 타입 검사를 활용하여 `Vector.__mul__` 메서드를 구현하라(u와 v는 벡터, k는 수).

C-2.26 2.3.4절의 `SequenceIterator` 클래스는 '정방향' 이터레이터로 작동한다. 이 문제에서는 모든 파이썬 시퀀스 자료형에 대해 '역방향' 순회를 수행하는 `ReversedSequenceIterator` 클래스를 구현하라. 즉, next를 처음 호출하면 시퀀스의 마지막 원소를 반환하고, 이후 호출할 때마다 뒤에서 두 번째, 세 번째 원소를 순서대로 반환해야 한다.

C-2.27 2.3.5절의 `Range` 클래스는 `__len__`과 `__getitem__`을 구현하고 있어 암시적으로 이터레이션이 가능하다. 이 클래스는 또한 `k in r`과 같은 논리 값 테스트 구문도 지원한다. 이때는 실제로 이터레이션을 정방향으로 수행하므로 `2 in Range(10000000)`이 `9999999 in Range(10000000)`보다 훨씬 빠르게 동작한다. 이 범위 내 포함 여부를 좀 더 효율적으로 판단할 수 있도록, 수행 시간이 범위 크기에 무관한 `__contains__` 메서드를 구현하라.

C-2.28 2.4.1절의 `PredatoryCreditCard` 클래스는 월 단위로 계산을 수행하는 `process_month` 메서드를 제공한다. 고객이 한 달에 `charge` 메서드를 10번 초과하여 호출하면, 이후 호출 시마다 1달러의 추가 요금이 부과되도록 클래스를 수정하라.

C-2.29 2.4.1절의 `PredatoryCreditCard` 클래스를 수정하여 고객이 매달 총 결제 대금의 일정 비율(수~수십% 정도)을 최소 결제 금액으로 납부하도록 하라. 고객이 납부 기한 전까지 이 최소 금액을 납부하지 않으면 연체료가 부과되도록 구현하라.

C-2.30 2.4.1절 마지막에서 `CreditCard` 클래스가 데이터 멤버 `_balance`에 직접 접근하지 않고도 하위 클래스가 카드 이용 총액을 변경할 수 있도록, 비공개 메서드 `_set_balance(b)`를 사용하는 방안을 제안하였다. 이 제안에 따라 `CreditCard`와 `PredatoryCreditCard` 클래스를 수정하여 구현하라.

C-2.31 `Progression` 클래스를 확장하여, 수열의 각 항이 이전 두 항 차이의 절댓값이 되게 하는 새로운 클래스를 작성하라. 생성자는 두 개의 수를 인자로 받아 수열의 처음 두 값을 설정해야 하며, 기본값은 각각 2와 200으로 하라.

C-2.32 수열의 각 항이 직전 항의 제곱근이 되도록 `Progression` 클래스를 확장한 파이썬 클래스를 작성하라(이 수열은 더 이상 정수로 표현되지 않을 수 있음에 유의함). 생성자는 시작값을 지정하는 디폴트 매개변수를 받아야 하며, 기본값은 65536으로 하라.

프로젝트 문제

P-2.33 일반적인 수학 표기법으로 표현된 다항식을 입력받아 그 다항식의 일차 미분 함수를 출력하는 파이썬 프로그램을 작성하라.

P-2.34 문서를 입력받아 이 문서에 각 알파벳 문자가 몇 번 등장하는지를 막대그래프로 나타내 출력하는 파이썬 프로그램을 작성하라.

P-2.35 다음 인터넷 응용 프로그램을 시뮬레이션하는 클래스들을 파이썬으로 작성하라. 이 응용 프로그램의 동작 시나리오는 다음과 같다. Alice가 Bob에게 주기적으로 전송할 패킷을 생성한다. 인터넷 프로세스는 앨리스가 보낼 패킷이 있는지 지속적으로 확인하고, 패킷이 있다면 이를 밥의 컴퓨터로 전달한다. 밥은 주기적으로 자신의 컴퓨터에 도착한 패킷이 있는지를 확인하고, 패킷이 있다면 이를 읽은 뒤 삭제한다.

P-2.36 곰과 물고기로 구성된 생태계를 다음 시나리오에 따라 시뮬레이션하는 파이썬 프로그램을 작성하라. 이 생태계의 중심은 강이며, 비교적 큰 리스트로 모델링할 수 있다. 리스트의 각 원소는 `Bear` 객체, `Fish` 객체 또는 `None` 중 하나여야 한다. 각 시간 단계마다 동물은 리스트 내 인접한 위치로 이동하거나 현재 위치에 머물며, 이 선택은 랜덤하게 이루어진다. 같은 종류의 동물 두 마리가 같은 위치에서 충돌하면 원래 위치에 그대로 남기고, 동일한 종류의 새 인스턴스를 생성해 리스트 내 임의의 빈칸(`None`)에 배치한다. 반면, 곰과 물고기가 충돌할 경우 물고기는 사라진다.

P-2.37 앞선 프로젝트 문제와 동일한 시뮬레이터를 작성하되, `Animal` 클래스를 기반 클래스로 사용하고 각 동물에 부울 타입의 `gender` 필드와 부동소수점 타입의 `strength` 필드를 추가하라. 같은 종류의 동물 두 마리가 충돌할 경우, 성별이 다를 때만 해당 종류의 새 인스턴스를 생성하도록 하고, 성별이 같다면 `strength` 값이 더 큰 쪽만 살아남도록 하라.

P-2.38 이북 리더의 기능을 시뮬레이션하는 파이썬 프로그램을 작성하라. 사용자가 새 책을 '구매'하고, 구매한 책 목록을 확인하며, 책을 읽을 수 있도록 구현해야 한다. 실제 이북을 활용하기 위해, 인터넷에서 저작권이 만료된 도서를 찾아 프로그램에서 사용해야 한다.

P-2.39 추상 메서드 `area()`와 `perimeter()`를 갖는 `Polygon`(다각형) 클래스를 기반으로 상속 계층 구조를 설계하라. 이 클래스를 확장하여 `Triangle`(삼각형), `Quadrilateral`(사각형), `Pentagon`(오각형), `Hexagon`(육각형), `Octagon`(팔각형) 클래스를 구현하고, 각 클래스의 `area()` 및 `perimeter()`[4] 메서드가 해당 도형에 맞게 작동하도록 하라. 또한 `IsoscelesTriangle`(이등변삼각형), `EquilateralTriangle`(정삼각형), `Rectangle`(직사각형), `Square`(정사각형) 클래스를 구현하되, 이들이 적절한 상속 관계를 갖도록 하라. 사용자가 각 변의 길이를 입력해 다양한 다각형을 생성할 수 있도록 하고, 이에 대한 면적과 둘레를 출력하는 기능도 포함하라. 추가로, 사용자가 꼭짓점의 좌표를 직접 입력할 수 있도록 하며, 두 다각형이 닮은꼴인지 판별하는 기능도 제공하라.

참고 사항

컴퓨터 과학 및 공학의 발전 과정을 폭넓게 이해하고자 한다면 『*The Computer Science and Engineering Handbook*』[96]을 참고하라. Therac-25 사건에 대해서는 Leveson과 Turner의 논문 [69]에 자세히 소개되어 있다.

객체 지향 프로그래밍을 더 공부하고자 하는 독자에게는 Booch [17], Budd [20], Liskov와 Guttag의 저서 [71]를 추천한다. 특히 Liskov와 Guttag의 책은 추상 데이터 타입을 깊이 있게 다루고 있다. Cardelli와 Wegner의 서베이 논문 [23], 『*The Computer Science and Engineering Handbook*』[96]에 수록된 Demurjian의 챕터 [33]도 유익한 참고 자료다. 디자인 패턴은 Gamma 외의 저서 [41]에 잘 정리되어 있다. 파이썬의 객체 지향 프로그래밍에 특화된 자료로는 입문서인 Goldwasser와 Letscher의 책 [43], 고급서인 Phillips의 책 [83]을 참고하라.

4 area는 도형의 면적, perimeter는 도형의 둘레를 의미한다.

CHAPTER **03**

알고리즘 분석

수학자 아르키메데스와 관련된 유명한 일화가 있다. 어느 날 왕이 아르키메데스에게 황금 왕관이 순금인지 확인해 달라고 요청했다. 아르키메데스는 목욕을 하느라 욕조에 들어갔을 때 물이 넘치는 모습을 보고, 넘친 물의 부피가 자신의 몸 부피와 관련 있다는 사실에 주목했다. 이 발견에 흥분한 그는 "유레카! 유레카!"를 외치며 알몸으로 거리로 뛰쳐나갔다. 이 원리를 응용하면, 같은 무게의 순금과 왕관을 각각 물에 담가 넘치는 물의 양을 비교함으로써 왕관이 순금인지 확인할 수 있었기 때문이다. 실제 실험을 통해 분석한 결과, 왕관을 물에 넣었을 때 같은 무게의 순금보다 더 많은 물이 넘쳤고, 이는 왕관에 은이 섞여 있음을 뜻했다. 결국 왕관을 제작한 금 세공인은 처벌을 받았다.

이 책은 '좋은' 자료구조와 알고리즘을 설계하는 데 초점을 둔다. 간단히 말해, **자료구조**(data structure)는 데이터를 체계적으로 구성하고 접근하는 방법이며, **알고리즘**(algorithm)은 주어진 작업을 일정한 시간 안에 수행하기 위한 단계적 절차다. 이러한 개념은 컴퓨팅의 핵심이지만, 어떤 자료구조나 알고리즘이 '좋은' 것인지 판단하려면 그것을 정확히 분석할 수 있어야 한다.

이 책에서 주로 사용하는 분석 도구는 알고리즘과 자료구조의 연산 시간을 정량적으로 평가하는 것이며, 여기에 공간 사용량도 함께 고려한다. 시간은 귀중한 자원이기 때문에, 수행 시간은 효율성을 판단하는 대표적인 기준이 된다. 컴퓨터 기반의 솔루션은 가능한 한 빠르게 실행되어야 하며, 수행 시간은 일반적으로 입력 크기에 따라 증가한다. 또한 알고리즘의 수행 속도는 사용되는 하드웨어(예 프로세서, 클록 속도, 메모리, 디스크)와 소프트웨어(예 운영체제, 프로그래밍 언어) 환경에 따라 달라진다. 예를 들어 더 빠른 프로세서를 이용하거나, 알고리즘 구현이 인터프리티드 언어가 아닌 기계어로 컴파일된 프로그램으로 수행되는 경우 동일한 입력에 대해 더 짧은 시간 안에 결과를 얻을 수 있다. 이 장은 실험을 통한 분석에 필요한 도구를 소개하고, 알고리즘의 효율성을 평가하는 주요 수단으로 실험을 활용할 때 어떤 한계가 있는지 논의하는 것으로 시작한다.

알고리즘의 성능을 평가하는 주요 척도로서 수행 시간에 초점을 맞추려면, 몇 가지 수학적 도구를 활용할 수 있어야 한다. 다양한 환경 요인으로 인해 발생할 수 있는 차이가 크건 작건 알고리즘의 수행 시간과 입력 크기 사이에는 본질적인 관계가 존재할 것이므로, 이 관계를 분석하는 데에 초점을 맞추고자 한다. 즉, 알고리즘의 수행 시간을 입력 크기의 함수로 표현하는 데 관심이 있다. 그렇다면 이러한 수행 시간을 어떻게 적절히 측정할 수 있을까? 이 장에서는 알고리즘 분석을 위한 수학적 기법을 소개할 것이다.

3.1 실험 기반 성능 분석

알고리즘이 이미 구현되어 있다면, 다양한 테스트 입력에 대해 알고리즘을 실행하고 각 실행에 소요된 시간을 기록함으로써 수행 시간을 측정할 수 있다. 파이썬에서는 이를 간단히 수행하는 방법으로 `time` 모듈의 `time` 함수를 사용할 수 있다. 이 함수는 에폭(epoch)이라 불리는 과거의 특정 시점 이후 현재까지 경과한 시간을 초 단위(또는 그 이하 단위)로 반환한다. 에폭의 기준 시각 자체는 여기서 중요하지 않다. 핵심은 다음 코드처럼 알고리즘 실행 직전과 직후의 시간을 각각 기록한 후, 그 차이를 계산함으로써 알고리즘 수행 시간을 측정할 수 있다는 점이다.

```
from time import time
start_time = time()                  # 시작 시간 기록
run algorithm
end_time = time()                    # 종료 시간 기록
elapsed = end_time - start_time      # 경과 시간 계산
```

5장에서는 이러한 방식을 사용해 파이썬의 `list` 클래스에 대한 성능을 측정해 볼 것이다. 이처럼 경과 시간을 측정하면 알고리즘이 얼마나 효율적으로 동작하는지 어느 정도 파악할 수 있지만, 이 측정법이 알고리즘의 성능을 측정하는 완벽한 방법은 아니다. `time` 함수는 일반적으로 '벽시계(wall-clock)'로 불리는 기준을 사용해 시간을 측정한다. 하지만 대부분의 경우, 여러 프로세스가 CPU(Central Processing Unit, 중앙 처리 장치)를 공유하므로 알고리즘의 경과 시간은 테스트 시점에 시스템에서 실행 중인 다른 프로세스들의 활동에 따라 달라질 수 있다. 더 공정한 기준은 알고리즘이 실제로 소비한 CPU 사이클 수를 기반으로 하는 것이다. 이를 위해 `time` 모듈의 `clock` 함수를 사용할 수 있으나, 동일한 입력에 대해 동일한 알고리즘을 반복 실행하더라도 측정값이 일관되지 않을 수 있고, 얼마나 정밀하게 측정할 수 있는지는 시스템에 따라 달라진다. 파이썬에는 이러한 반복 측정을 자동화하고, 실험 시 발생할 수 있는 변동을 줄이는 데 유용한 고급 모듈 `timeit`이 포함되어 있다.

우리는 일반적으로 입력의 크기와 구조에 따라 알고리즘의 수행 시간이 어떻게 변하는지에 관심이 있으므로, 다양한 크기의 테스트 입력을 개별적으로 실험해야 한다. 그런 다음 입력 크기 n을 x축, 수행 시간 t를 y축으로 하여 각 실행의 성능을 시각화할 수 있다. 그림 3.1은 이와 같은 가상의 실험 데이터를 보여준다. 이렇게 결과를 그래프로 표현하면, 주어진 알고리즘에서 문제 크기와 수행 시간 간의 관계를 직관적으로 파악할 수 있다. 나아가, 실험 데이터를 기반으로 통계적 기법을 적용해 입력 크기와 수행 시간 사이의 관계를 설명하는 함수를 도출할 수도

있다. 이러한 분석이 의미 있으려면 충분히 다양한 샘플 입력을 신중하게 선택해 테스트해야 한다. 그래야 알고리즘의 수행 시간에 대해 신뢰할 수 있는 통계적 주장을 할 수 있다.

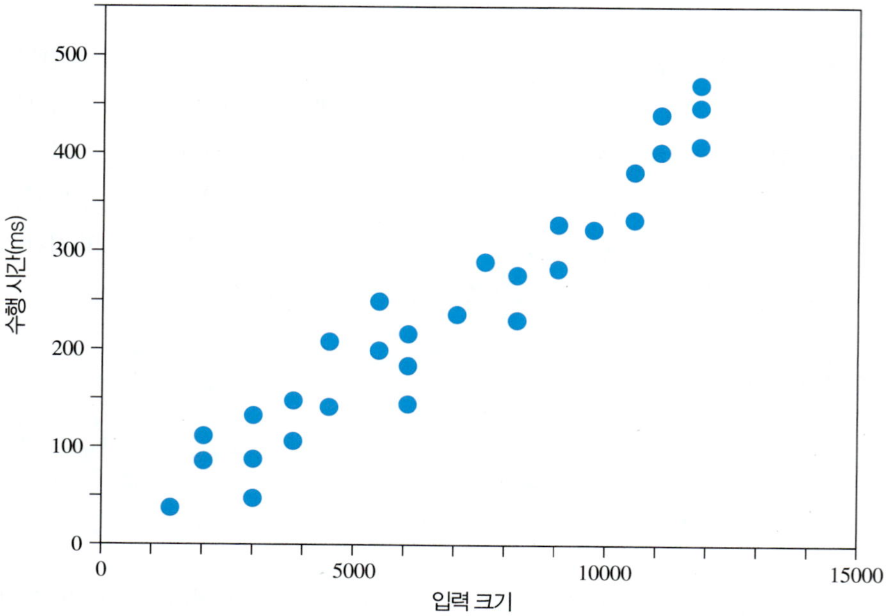

그림 3.1 알고리즘의 수행 시간에 대한 실험 결과. 좌표 (n, t)에 있는 점은 입력 크기 n에 대해 알고리즘의 수행 시간이 t 밀리초(ms)로 측정되었음을 나타낸다.

실험을 통한 분석의 어려움

수행 시간에 대한 실험적 연구는 특히 출시를 앞둔 고품질 코드를 개선할 때 유용하게 활용된다. 그러나 실험을 알고리즘 분석 수단으로 사용할 경우, 다음과 같은 세 가지 주요 한계가 있다.

- 동일한 하드웨어 및 소프트웨어 환경에서 실험을 수행하지 않으면, 두 알고리즘의 수행 시간을 실험적으로 직접 비교하기 어렵다.
- 실험은 제한된 테스트 입력 셋에 대해서만 수행되므로 실험에 포함되지 않은 입력에 대한 수행 시간은 파악할 수 없다. 그러나 실험에서 제외된 입력이 실제로 중요한 경우도 있다.
- 알고리즘을 실행하여 수행 시간을 측정하려면 해당 알고리즘이 실제로 구현되어 있어야 한다.

이 중에서도 마지막 요건은 실험 기반 알고리즘 분석의 가장 큰 단점이다. 소프트웨어 설계 초기 단계에서 어떤 자료구조나 알고리즘을 선택할지 고민하는 상황이라면, 고차원적인 분석만으로도 부적절한 선택을 걸러낼 수 있다. 그럼에도 불구하고 이를 직접 구현하는 데 시간을 들이는 것은 비효율적이며 바람직하지 않다.

3.1.1 실험 기반 분석을 넘어서

우리의 목표는 알고리즘의 효율성 분석을 위한 접근 방법을 개발하는 것이다. 이 방법은 다음 조건을 만족해야 한다.

❶ 하드웨어 및 소프트웨어 환경과 무관하게 두 알고리즘의 상대적 효율성을 평가할 수 있어야 한다.

❷ 알고리즘을 실제로 구현하지 않고도 고수준에서 기술할 수 있어야 한다.

❸ 주어진 알고리즘에 대해 가능한 모든 입력을 이론적으로 고려할 수 있어야 한다.

기본 연산의 개수 세기

실험을 수행하지 않고 알고리즘의 수행 시간을 분석하려면 실제 코드 또는 프로그래밍 언어에 독립적인 의사코드로 고수준에서 작성한 알고리즘을 직접 분석해야 한다. 이를 위해 먼저 다음과 같은 연산들을 **기본 연산**(primitive operation)으로 정의한다.

- 객체에 식별자 할당(즉, 대입)
- 식별자에 매핑된 객체 결정
- 산술 연산 수행(예 덧셈)
- 두 수의 비교
- 인덱스를 통한 리스트 원소 접근
- 함수 호출(함수 내부 연산은 제외)
- 함수로부터 반환

형식적으로, 이러한 기본 연산은 실행 시간이 일정한 저수준 기계 명령어에 대응된다. 이들 각각의 기본 연산이 하드웨어에서 실행되는 개별 명령어라면 이상적이겠지만, 실제로는 하나의 기본 연산이 여러 개의 하드웨어 명령어로 구성될 수 있다. 각 기본 연산의 수행 시간을 개별적으로 측정하기보다는 전체 실행 과정에서 발생한 기본 연산의 총 개수 t를 알고리즘의 수행 시간 척도로 사용할 것이다.

각 기본 연산은 일정한 개수의 하드웨어 명령어로 바꾸어 생각할 수 있고 기본 연산의 종류가 정해져 있기 때문에, 실행되는 기본 연산의 총 개수는 알고리즘을 어떤 컴퓨터에서 실행시키건 실제 수행 시간과 깊은 상관 관계를 가진다. 이 분석 방법은 서로 다른 기본 연산 간 수행 시간의 차이가 크지 않다고 간주하며, 이에 따라 연산 수 t는 알고리즘의 실제 수행 시간에 비례하는 값으로 해석할 수 있다.

연산을 입력 크기에 대한 함수로 나타내기

알고리즘의 수행 시간이 입력에 따라 얼마나 빨리 증가하는지 나타내기 위해, 주어진 알고리즘에 함수 $f(n)$을 부여하도록 하자. 이때 이 함수는 입력 크기가 n일 때 해당 알고리즘에 의해 실행되는 기본 연산의 총 개수를 나타낸다. 3.2절에서는 가장 많이 사용하는 일곱 가지 함수를 소개하고, 3.3절에서는 함수를 서로 비교하기 위한 수학적 프레임워크를 소개한다.

최악의 경우(worst-case) 입력에 초점을 둔 분석

입력 크기가 같더라도, 어떤 입력은 다른 입력보다 알고리즘이 더 빠르게 실행되기도 한다. 이처럼 동일한 크기의 다양한 입력에 대해 알고리즘의 수행 시간을 모두 계산하고 평균을 구하면, 입력 크기의 함수로 평균 수행 시간을 표현할 수 있을 것이다. 하지만 이러한 **평균적인 경우**(average-case)에 대한 분석은 일반적으로 매우 어렵다. 가능한 모든 입력에 대한 확률 분포를 정의해야 하기 때문인데, 이는 현실적으로 쉽지 않은 작업이다. 그림 3.2는 입력 분포에 따라 알고리즘의 수행 시간이 **최악의 경우**(worst-case)와 최선의 경우(best-case) 사이에서 어떻게 달라질 수 있는지를 개략적으로 보여준다. 예를 들어 입력이 실제로 'A'와 'D' 유형만 존재한다면 어떻게 될까?

평균적인 경우에 대한 분석은 일반적으로 주어진 입력 분포를 기반으로 예상 수행 시간을 계산해야 하며, 이렇게 하려면 정교한 확률 이론이 필요하다. 따라서 이 책에서는 특별히 언급하지 않는 한 입력 크기 n의 함수로 **최악의 경우**(worst-case)를 기준으로 하여 알고리즘 수행 시간을 표현할 것이다.

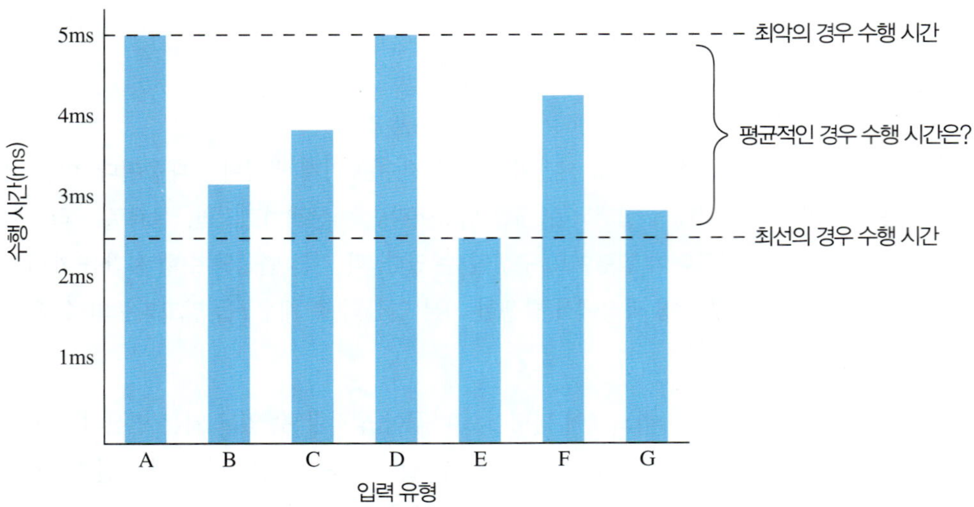

그림 3.2 최선의 경우 수행 시간과 최악의 경우 수행 시간의 차이. 각 막대그래프는 서로 다른 입력에 대한 알고리즘의 수행 시간을 나타낸다.

최악의 경우 분석은 평균적인 경우보다 훨씬 단순한 경우가 많다. 최악의 입력값이 어떤 경우인지 파악하기만 하면 되기 때문에 그 자체로 분석이 명확하고 수행하기 쉽다. 더 나아가 이 방식은 일반적으로 더 견고한 알고리즘 설계로 이어진다. 어떤 알고리즘이 최악의 상황에서도 잘 작동한다면 이는 다른 모든 입력에 대해서도 잘 작동할 가능성이 크다. 즉, 최악의 경우를 기준으로 알고리즘을 설계하는 것은 항상 오르막길에서 훈련하는 육상 선수와 같다. 그런 알고리즘은 어느 입력을 만나든 안정적으로 좋은 성능을 낼 수 있는 탄탄한 '근력'을 갖추게 된다.

3.2 이 책에서 사용된 일곱 가지 함수

이 절에서는 알고리즘 분석에 자주 사용되는, 가장 기본적인 일곱 가지 함수를 간략히 소개한다. 이 책에서 다루는 거의 모든 분석은 이 일곱 가지 단순한 함수만으로 설명할 수 있다. 실제로 이들 외의 함수를 사용하는 경우에는 해당 내용에 별표(★)를 붙여 선택 사항임을 명시하였다. 또한 이 일곱 가지 기본 함수 외에도 부록 B에서는 자료구조와 알고리즘 분석에 활용할 수 있는 기타 유용한 수학 개념들을 정리해 두었다.

3.2.1 상수 함수

가장 간단한 함수는 다음과 같은 형태로 표현되는 **상수 함수**(constant function)다. 여기서 c는 $c = 5$, $c = 27$ 또는 $c = 2^{10}$과 같은 고정된 상수다.

$f(n) = c$

상수 함수 $f(n)$은 입력값 n에 관계없이 항상 값 c를 가진다. 즉, n이 무엇이든 상관없이 $f(n)$은 항상 일정하다. 우리는 정수 값을 다루므로, 이 책에서 사용하는 대표적인 상수 함수는 $g(n) = 1$이다. 일반적인 상수 함수 $f(n) = c$는 이 기본 함수 $g(n)$에 c를 곱한 형태로 쓸 수 있으므로 $f(n) = cg(n)$으로 표현할 수 있다.

상수 함수는 알고리즘 분석에서 매우 유용하다. 예를 들어 두 수를 더하거나 변수에 값을 대입하거나 두 수를 비교하는 등의 기초적인 연산은 컴퓨터에서 내부 동작 단계가 일정하므로 이들을 상수 함수로 나타낼 수 있다.

3.2.2 로그 함수

자료구조와 알고리즘 분석에서 흥미로울 뿐 아니라 놀라울 만큼 자주 등장하는 함수 중 하나가 **로그 함수**(logarithm function) $f(n) = \log_b n$ (b는 1보다 큰 상수)이다. 로그 함수는 다음 관계를 만족하도록 정의된다.

$x = \log_b n$ ($b^x = n$일 때만 성립)

또한 $\log_b 1 = 0$으로 정의된다. 여기서 b는 로그의 **밑**(base)으로, 컴퓨터 과학에서는 로그 함수의 밑으로 2를 가장 자주 사용한다. 이는 컴퓨터가 정보를 2진수로 표현하며, 많은 알고리즘에서 입력을 반씩 줄이는 방식으로 작동하기 때문이다. 밑이 2인 경우가 흔하기 때문에 관례적으로 이 밑을 생략해 다음과 같이 쓴다.

$\log n = \log_2 n$

대부분의 휴대용 계산기에는 `LOG`라는 버튼이 있지만, 이는 일반적으로 밑이 10인 로그를 계산하는 기능이며, 컴퓨터 과학에서 흔히 사용하는 밑이 2인 로그와는 다르다는 점에 유의해야 한다.

임의의 정수 n에 대한 로그 값을 정확히 계산하려면 일반적으로 미적분이 필요하지만, 근사치를 사용하면 미적분 없이도 어느 정도 유용한 계산 결과를 얻을 수 있다. 특히 $\log_b n$보다 크거나 같은 정수들 중 가장 작은 값은 $\lceil \log_b n \rceil$으로 구할 수 있다. 이 값은 **상한 함수**(ceiling function)를 적용한 형태다. 양의 정수 n에 대해 이 값은, n을 b로 계속 나누었을 때 1 이하가 될 때까지 나눈 횟수와 같다. 예를 들어 $\lceil \log_3 27 \rceil$을 계산하면 3이다. 왜냐하면 $((27/3)/3)/3 = 1$이기 때문이다. 마찬가지로 $\lceil \log_4 64 \rceil$는 $((64/4)/4)/4 = 1$이므로 3이고, $\lceil \log_2 12 \rceil$는 $(((12/2)/2)/2)/2 = 0.75 < 1$이므로 4다.

다음 명제는 밑이 1보다 큰 경우의 로그 함수에 대한 중요한 법칙들을 나타낸다.

명제 3.1(로그 법칙) 실수 $a > 0$, $b > 1$, $c > 0$, $d > 1$에 대해 다음 규칙이 성립한다.

1. $\log_b(ac) = \log_b a + \log_b c$
2. $\log_b(a/c) = \log_b a - \log_b c$
3. $\log_b(a^c) = c\log_b a$
4. $\log_b a = \log_d a / \log_d b$
5. $b^{\log_d a} = a^{\log_d b}$

관례에 따라 괄호로 묶지 않고 표기한 $\log n^c$는 $\log(n^c)$를 나타낸다. 로그를 거듭제곱한 $(\log n)^c$는 $\log^c n$으로 표기한다.

위 규칙은 161쪽에서 소개할 지수 법칙을 역으로 적용하여 도출할 수 있다. 다음 몇 가지 예제를 통해 이들 법칙을 살펴보자.

예제 3.2 명제 3.1의 로그 규칙을 적용하면 다음과 같은 결과를 얻을 수 있다.

- $\log(2n) = \log 2 + \log n = 1 + \log n$, 1번 규칙
- $\log(n/2) = \log n - \log 2 = \log n - 1$, 2번 규칙
- $\log n^3 = 3\log n$, 3번 규칙
- $\log 2^n = n\log 2 = n \cdot 1 = n$, 3번 규칙
- $\log_4 n = (\log n)/\log 4 = (\log n)/2$, 4번 규칙
- $2^{\log n} = n^{\log 2} = n^1 = n$, 5번 규칙

실제 응용으로, 위 4번 규칙을 활용하면 밑이 10인 로그를 계산하는 휴대용 계산기의 LOG 버튼을 사용해 밑이 2인 로그 값도 계산할 수 있다. 이는 다음 공식이 성립하기 때문이다.

$\log_2 n = \text{LOG}\, n/\text{LOG}\, 2$

3.2.3 선형 함수

간단하지만 중요한 함수로는 **선형 함수**(linear function)가 있다. 즉, 입력값 n에 대해 선형 함수 f는 해당 값 n 자체를 대응시킨다.

$f(n) = n$

선형 함수는 알고리즘 분석에서 입력의 각 원소에 대해 한 번씩 기본 연산을 수행해야 하는 경우를 표현할 때 사용된다. 예를 들어 어떤 수 x를 크기 n인 시퀀스 자료의 각 원소와 비교하는 작업은 총 n번의 비교 연산을 수행하게 되므로 수행 시간은 선형 함수로 나타낼 수 있다. 또한 메모리에 아직 로딩되지 않은 n개의 객체를 다루는 알고리즘이 최선의 경우(best-case)에 작동할 때의 수행 시간을 나타내기도 한다. 이는 외부 입력 장치로부터 n개의 객체를 메모리로 읽어 들이는 데 최소한 n번의 연산이 필요하기 때문이다.

3.2.4 *N*-Log-*N* 함수

***n*-log-*n* 함수**는 다음과 같이 입력 n에 대해, n과 밑이 2인 n의 로그 값의 곱을 대응시킨다. 이 함수는 선형 함수보다는 다소 빠르게 증가하지만 이차 함수보다는 훨씬 느리게 증가한다. 따라서 알고리즘 수행 시간이 n^2에 비례하는 경우보다 $n \log n$에 비례하는 경우가 훨씬 더 바람직하다. 이 책에서는 수행 시간이 $n \log n$에 비례하는 여러 중요한 알고리즘을 살펴볼 것이다. 예를 들어 임의의 n개 값을 정렬하는 가장 빠른 알고리즘의 수행 시간은 이 $n \log n$에 비례한다.

$$f(n) = n \log n$$

3.2.5 이차 함수

알고리즘 분석에 자주 등장하는 또 하나의 중요한 함수는 **이차 함수**(quandratic function)다. 이 함수는 입력값 n에 대해 n과 그 자신의 곱(즉, n^2)을 대응시킨다. 이차 함수가 알고리즘 분석에서 자주 등장하는 이유는 중첩 반복 구조를 가진 알고리즘이 많기 때문이다. 이러한 구조에서 내부 루프(반복)는 일반적으로 선형적인 연산을 수행하고, 외부 루프 역시 선형적으로 반복된다. 결과적으로 전체 알고리즘은 $n \cdot n = n^2$개의 연산을 수행하게 된다.

$$f(n) = n^2$$

중첩 반복문과 이차 함수

루프의 첫 번째 반복에서 연산 한 개, 두 번째 반복에서 연산 두 개, 세 번째 반복에서 연산 세 개를 수행하는 방식처럼, 반복 횟수에 따라 수행되는 연산 수가 점차 증가하는 중첩 반복 구조에서도 이차 함수가 나타날 수 있다. 이 경우, 총 연산 수는 다음과 같다.

$$1 + 2 + 3 + \cdots + (n-2) + (n-1) + n$$

위 식과 관련하여 다음과 같은 흥미로운 일화도 전해진다. 1787년, 독일의 한 초등학교 교사가 9~10세 학생들에게 1부터 100까지의 정수를 모두 더하라는 문제를 내주었다. 그런데 문제를 내자마자 곧바로 한 학생이 정답을 구했다고 주장했고, 그가 적은 값은 5050이었다. 교사는 답만 쓴 이 학생을 의심했지만, 그 답은 정확했다. 이 학생이 훗날 당대 최고의 수학자가 된 카를 프리드리히 가우스(Carl Gauss)다. 그는 이때 아마도 명제 3.3의 공식을 사용했을 것으로 추정된다.

명제 3.3 1보다 큰 정수 n에 대해 다음 공식이 성립한다.

$$1+2+3+\cdots+(n-2)+(n-1)+n=\frac{n(n+1)}{2}$$

그림 3.3은 두 가지 방식을 사용하여 이 공식을 시각적으로 증명한다.

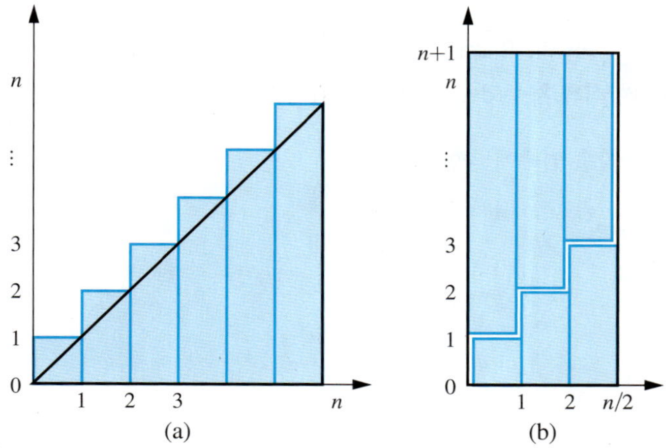

그림 3.3 명제 3.3에 대한 시각적인 증명. 두 그림은 모두 높이가 각각 1, 2, ..., n이고 너비가 1인 n개의 직사각형을 이용해 이들의 총합 공식이 성립함을 보인다. (a) 직사각형들의 넓이 총합은 큰 삼각형의 넓이 $n^2/2$(밑변 n과 높이 n)과 넓이 1/2(밑변 1과 높이 1)의 작은 삼각형 n개를 더한 것과 같다. (b) n이 짝수일 때만 적용되는데, 직사각형들의 넓이 총합은 밑변이 $n/2$, 높이 $n+1$인 큰 직사각형의 넓이와 같다.

명제 3.3에서 기억해야 할 핵심은 중첩 루프를 가진 알고리즘에서 내부 루프의 연산 횟수가 매 반복마다 증가할 경우 전체 연산 횟수는 외부 루프의 반복 횟수 n에 대한 이차 함수가 된다는 점이다. 정확히 말하면, 연산 횟수는 $n^2/2+n/2$이며, 이는 내부 루프가 매번 n개의 연산을 수행하는 경우에 비하면 절반보다 조금 더 큰 수준이다. 그러나 증가 속도는 여전히 n에 대한 이차 함수다.

3.2.6 3차 함수와 기타 다항식

입력을 거듭제곱한 함수들 중 이번에는 **3차 함수**(cubic function)을 살펴보자. 이 함수는 입력값 n에 대해 n 자신을 세 번 곱한 값을 반환한다.

$$f(n)=n^3$$

3차 함수는 알고리즘 분석 관점에서 보면 앞서 소개한 상수 · 선형 · 이차 함수에 비해 자주 등장하지는 않지만 필요하다.

다항 함수

지금까지 살펴본 대부분의 함수는 모두 **다항 함수**(polynomial function)의 특수한 형태로 볼 수 있다. 일반적인 다항 함수는 다음과 같은 형식을 띤다.

$$f(n) = a_0 + a_1 n + a_2 n^2 + a_3 n^3 + \cdots + a_d n^d$$

여기서 a_0, a_1, ..., a_d ($a_d \neq 0$)는 상수이며, 이들을 **계수**(coefficient)라고 부른다. 특히 가장 높은 거듭제곱 항의 지수 d를 이 다항식의 **차수**(degree)라고 한다.

예를 들어 다음 함수들은 모두 다항 함수 범주에 속한다.

- $f(n) = 2 + 5n + n^2$
- $f(n) = 1 + n^3$
- $f(n) = 1$
- $f(n) = n$
- $f(n) = n^2$

따라서 알고리즘 분석에 사용되는 주요 함수를 넓게 보면 네 종류로 분류할 수도 있다. 하지만 상수 함수, 선형 함수, 이차 함수는 각각의 중요성이 크기 때문에 이 책에서는 이들을 단순히 다른 다항 함수들과 묶지 않고 따로 구분하여 일곱 종류로 나누어 소개하는 것이다. 일반적으로 차수가 낮은 다항 함수일수록 수행 시간이 더 효율적이다.

시그마(합계) 표기

자료구조와 알고리즘 분석에서는 다음과 같이 정의되는 **시그마 표기법**이 자주 사용된다.

$$\sum_{i=a}^{b} f(i) = f(a) + f(a+1) + f(a+2) + \cdots + f(b)$$

여기서 a와 b는 정수이며 $a \leq b$라고 가정한다. 알고리즘 분석에서는 반복문이 수행하는 연산의 총합을 계산해야 할 일이 많기 때문에, 이처럼 합을 표현하는 시그마 표기가 기본 도구로 활용된다. 예를 들어 명제 3.3의 공식도 시그마 표기를 사용해 다음과 같이 간단히 나타낼 수 있다.

$$\sum_{i=1}^{n} i = \frac{n(n+1)}{2}$$

마찬가지로, 계수가 $a_0, \ldots, a_d$인 차수 d의 다항 함수 $f(n)$을 다음처럼 표현할 수 있다.

$$f(n) = \sum_{i=0}^{d} a_i n^i$$

이처럼 시그마 표기를 사용하면 규칙적으로 증가하는 항들의 총합을 간단히 표현할 수 있다.

3.2.7 지수 함수

알고리즘 분석에 사용되는 또 다른 중요한 함수로 **지수 함수**(exponential function)가 있다.

$$f(n) = b^n$$

여기서 b는 **밑**(base)이라고 하는 양의 상수이며 입력값 n은 **지수**(exponent)다. 즉, 함수 $f(n)$은 입력 n에 대해 밑 b를 n번 곱한 값을 반환한다. 로그 함수의 경우와 마찬가지로 알고리즘 분석에서 밑으로 $b = 2$인 지수 함수가 가장 자주 사용된다. 예를 들어 n개의 비트로 표현 가능한 음이 아닌 정수의 개수는 2^n개이며, 이는 비트열로 표현할 수 있는 조합의 수를 의미한다. 또한 반복 구조에서 매 반복마다 수행되는 연산의 수가 두 배씩 증가하는 경우, n번째 반복 시 수행되는 연산 수는 2^n이 된다.

지수 함수에서 지수가 꼭 n일 필요는 없으며, 다른 변수나 표현이 지수로 등장할 수도 있다. 따라서 지수 표현을 다룰 때 유용한 몇 가지 기본 규칙을 알고 있으면 도움이 된다. 특히 다음과 같은 **지수 법칙**(exponent rules)은 알고리즘 분석 과정에서 매우 자주 활용된다.

명제 3.4(지수 법칙) 양의 정수 a, b, c에 대해 다음 법칙이 성립한다.

❶ $(b^a)^c = b^{ac}$

❷ $b^a b^c = b^{a+c}$

❸ $b^a / b^c = b^{a-c}$

예를 들어 다음 등식이 성립한다.

- $256 = 16^2 = (2^4)^2 = 2^{4 \cdot 2} = 2^8 = 256$ (지수 법칙 ❶)
- $243 = 3^5 = 3^{2+3} = 3^2 3^3 = 9 \cdot 27 = 243$ (지수 법칙 ❷)
- $16 = 1024/64 = 2^{10}/2^6 = 2^{10-6} = 2^4 = 16$ (지수 법칙 ❸)

지수가 분수, 실수 또는 음수인 경우에도 지수 함수는 다음과 같이 확장할 수 있다. 먼저 양의 정수 k에 대해, $b^{1/k}$는 b의 k 제곱근으로 정의된다. 즉, k 제곱근 값을 r이라 하면 $r^k = b$다. 예를 들어 $25^{1/2} = 5$가 성립하는데 이는 $5^2 = 25$이기 때문이다. 마찬가지로 하면 $27^{1/3} = 3$이 성립하고 $16^{1/4} = 2$가 성립한다. 이와 같이 지수를 분수로 표현할 수 있다면 지수 함수는 일반적인 정수 이외의 경우에도 정의할 수 있다. 지수 법칙 ❶에 의해 $b^{a/c} = (b^a)^{1/c}$이 성립하기 때문이다. 예를 들어 $9^{3/2} = (9^3)^{1/2} = 729^{1/2} = 27$이다. 따라서 $b^{a/c}$는 실제로 정수 값을 지수로 한 b^a의 c 제곱근으로 생각하면 된다.

지수 함수에서는 이 개념을 확장하여 모든 실수 x에 대해 b^x를 정의할 수 있다. 이는 실수 x에 가까워지도록 분수 a/c 값을 점진적으로 계산해 나가면서 $b^{a/c}$도 계산해 나가는 형식으로 가능하다. 모든 실수 x에 대해 분수 a/c의 형태로 최대한 가깝게 근사치를 구할 수 있으므로 분수 a/c를 b의 지수로 사용하면 b^x에 어느 정도로든 최대한 가까워질 수 있다. 예를 들어 2^π 값은 수학적으로 잘 정의되어 있다. 마지막으로 지수 d가 음수인 경우에는 $b^d = 1/b^{-d}$를 정의할 수 있는데, 이는 지수 법칙 ❸에서 $a = 0$, $c = -d$를 적용한 것이다. 예를 들어 $2^{-3} = 1/2^3 = 1/8$이다.

기하급수의 합

반복문을 수행할 때 각 반복의 수행 시간이 이전 반복 때 시간에 특정 값을 곱한 만큼 증가한다고 가정해 보자. 이 반복문은 다음 명제를 이용해 분석할 수 있다.

명제 3.5 임의의 정수 $n \geq 0$, 임의의 실수 a에 대해 $a > 0$이고 $a \neq 1$일 때, 다음 합계를 고려해 보자. ($a > 0$인 경우 $a^0 = 1$)

$$\sum_{i=0}^{n} a^i = 1 + a + a^2 + \cdots + a^n$$

이 합계는 다음과 같다.

$$\frac{a^{n+1} - 1}{a - 1}$$

명제 3.5에 나온 합계 식을 **기하급수의 합**(geometric sum)이라고 한다. 그 이유는 각 항이 이전 항보다 기하급수적으로 크기 때문이다($a > 1$인 경우). 예를 들어 컴퓨터 공학을 공부하는 사람이라면 다음과 같은 합계 식을 꼭 기억해 두어야 한다. 이는 n개의 비트를 사용해 이진수로 표현할 수 있는 가장 큰 정수 값이다.

$$1 + 2 + 4 + 8 + \cdots + 2^{n-1} = 2^n - 1$$

3.2.8 증가율 비교

표 3.1은 알고리즘 분석에 사용되는 일곱 가지 주요 함수를 요약한 것이다.

상수	로그	선형	*n*-log-*n*	2차	3차	지수
1	$\log n$	n	$n \log n$	n^2	n^3	a^n

표 3.1 함수의 종류(a는 1보다 큰 상수라고 가정)

자료구조에 대한 연산의 수행 시간은 상수 함수 또는 로그 함수에 비례하는 것이 바람직하며, 알고리즘은 선형 또는 *n*-log-*n* 시간 안에 실행되는 것이 이상적이다. 수행 시간이 2차나 3차 함수에 해당하는 알고리즘은 실용성이 떨어지며, 수행 시간이 지수 함수인 알고리즘은 입력 크기가 매우 작을 때를 제외하고는 일반적으로 사용하기에 적합하지 않다. 이 책에서 다루는 일곱 가지 주요 함수의 증가 그래프는 그림 3.4과 같다.

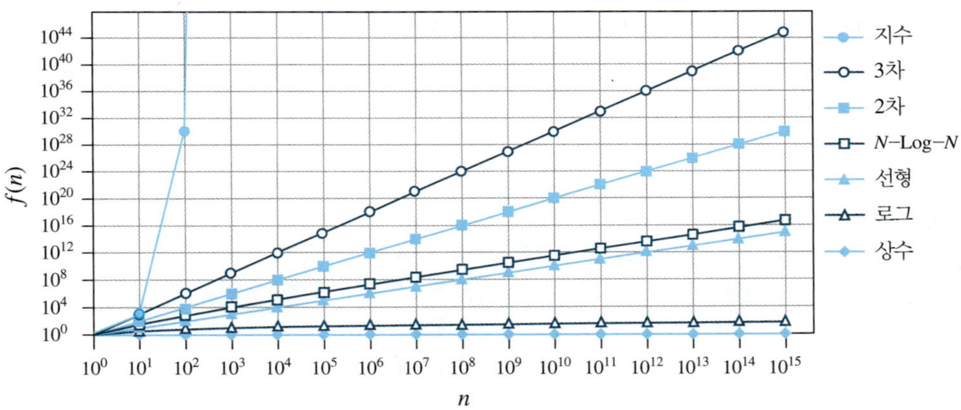

그림 3.4 알고리즘 분석에 사용되는 일곱 가지 기본 함수의 증가 속도. 지수 함수에는 밑 $a = 2$를 사용했다. 그래프의 기울기로 증가 속도를 보기 위해 로그-로그 차트에 그래프를 그렸다. 그럼에도 불구하고 지수 함수는 너무 빠르게 증가하여 이 차트에 모든 값을 표시하기 어렵다.

상한 함수와 하한 함수

이 함수들과 관련하여 한 가지 덧붙일 점이 있다. 로그 함수의 값은 일반적으로 정수가 아니지만, 알고리즘의 수행 시간은 보통 수행된 연산의 개수처럼 정수로 표현된다. 따라서 알고리즘을 분석할 때 때로 다음과 같은 **상한 함수**와 **하한 함수**를 사용한다.

- 상한 함수 $\lceil x \rceil = x$보다 크거나 같은 값 중 가장 작은 정수
- 하한 함수 $\lfloor x \rfloor = x$보다 작거나 같은 값 중 가장 큰 정수

3.3 점근적 분석

알고리즘 분석에서는 '전체적인 그림', 즉 입력 크기 n에 따라 수행 시간이 어떻게 증가하는지에 초점을 맞춘다. 예를 들어 알고리즘의 수행 시간이 '**n에 비례해 증가한다**'는 사실만으로도 충분한 통찰을 제공하는 경우가 많다.

알고리즘 분석에 사용하는 수학적 표기법에서는 함수에 포함된 상수 요인들을 무시한다. 즉, 알고리즘의 수행 시간을 분석할 때 수행 시간이 입력 크기 n에 따라 얼마나 빨리 증가하는지에만 초점을 맞추고 상수 계수나 덧셈 항처럼 증가율에 큰 영향을 주지 않는 요소는 제외한다. 이러한 접근은 의사코드나 고수준 프로그래밍 언어로 작성된 알고리즘에서 하나의 동작이 실제로는 소수의 기본 연산으로 구성된다는 점을 반영한 것이다. 따라서 기본 연산의 수행 횟수만 세면 알고리즘의 성능을 비교적 정확하게 평가할 수 있다. 이 덕분에 프로그래밍 언어나 하드웨어 환경에 따라 달라질 수 있는 실제 명령어 수를 굳이 분석하지 않아도 된다.

실질적인 예로, 파이썬 리스트에서 최댓값을 찾는 작업을 다시 살펴보자. 이 예제는 54쪽의 1.4.2절에서 루프 개념을 소개할 때 처음 등장했다. 코드 3.1은 해당 작업을 수행하는 `find_max` 함수다.

```
def find_max(data):
  """파이썬 리스트에서 최댓값을 반환한다(비어 있지 않은 리스트 가정)."""
  biggest = data[0]                  # 첫 원소를 우선 최댓값으로 설정
  for val in data:                   # 각 원소에 대해:
    if val > biggest                 # 현재까지 발견된 최댓값보다 크면
      biggest = val                  # 새로운 최댓값 발견
  return biggest                     # 루프가 종료되면 biggest가 최댓값
```

코드 3.1 파이썬 리스트에서 최댓값을 찾아 반환하는 함수

이 함수는 수행 시간이 n에 비례하여 증가하는 알고리즘의 전형적인 예다. 각 원소에 대해 루프가 한 번씩 실행되고, 이때 고정된 수의 기본 연산들이 실행되기 때문이다. 이 절에서는 이러한 주장을 뒷받침하기 위한 수학적 분석 도구를 설명한다.

3.3.1 '빅-오' 표기법

$f(n)$과 $g(n)$이 각각 양의 정수에 대해 양의 실수를 대응시키는 함수라고 하자. 이때, 다음 조건을 만족하는 실수 $c > 0$과 정수 $n_0 \geq 1$이 존재하면 $f(n)$은 $O(g(n))$이라고 한다.

$n \geq n_0$인 모든 n에 대해, $f(n) \leq cg(n)$

이 정의는 $f(n)$은 '빅-오 $g(n)$'처럼 읽히기 때문에 **빅-오**(big-Oh) **표기법**이라 부른다. 그림 3.5는 이 정의를 시각적으로 표현한 것이다.

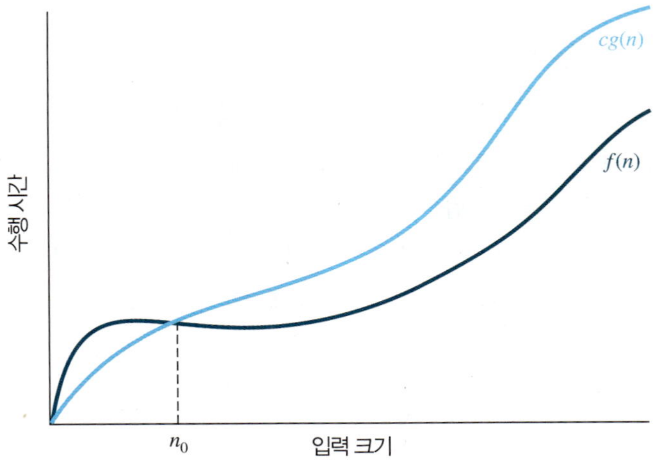

그림 3.5 빅–오 표기법의 예. $n \geq n_0$에 대해 $f(n) \leq c \cdot g(n)$이므로 함수 $f(n)$은 $O(g(n))$이다.

예제 3.6 함수 $8n + 5$는 $O(n)$이다.

증명 빅-오 정의에 따르면, 모든 정수 $n \geq n_0$에 대해 $8n + 5 \leq cn$이 되는 실수 $c > 0$과 정수 $n_0 \geq 1$을 찾으면 된다. $c = 9$와 $n_0 = 5$를 선택하면 이 부등식이 성립함을 쉽게 알 수 있다. 실제로 이는 c와 n_0에 따라 달라지는 무한히 많은 경우들 중 하나다. 예를 들어 상수 $c = 13$과 $n_0 = 1$도 유효한 경우다. ■

빅-오 표기법을 사용하면 n이 무한히 커짐에 따라 함수 $f(n)$이 다른 함수 $g(n)$에 상수를 곱한 것보다 '작거나 같다'고 **점근적인**(asymptotic) 의미에서 말할 수 있다. 이는 정의 자체가 $n \geq n_0$인 점근적 상황에서 $f(n)$을 $g(n)$에 상수 c를 곱한 값과 비교하기 위해 $\leq$를 사용한다는 사실에서 비롯된다. 이때 주의할 점은 빅-오 자체가 '작거나 같다'는 의미를 포함하고 있기 때문에 $f(n) \leq O(g(n))$이라는 표현은 부적절하다는 것이다. 또한 $f(n) = O(g(n))$이라는 표현은 널리 사용되지만 수학적으로는 정확하지 않다. 왜냐하면 이를 뒤집은 $O(g(n)) = f(n)$은 의미가 모호하기 때문이다. 가장 바람직한 표현은 다음과 같다.

$f(n)$은 $O(g(n))$이다.

혹은 비공식적으로 '$f(n)$은 대략 $g(n)$ 정도 **수준이다**.'라고 말할 수도 있다. 빅-오 표기법은 기술적으로 함수들의 집합을 나타내므로 $f(n) \in O(g(n))$처럼 집합 포함 기호를 사용하는 표현도 수학적으로 옳다. 이 책에서는 '$f(n)$은 $O(g(n))$**이다**.'의 표현을 일관되게 사용할 것이다. 이러한 표현을 통해 빅-오 표기법을 산술적으로 좀더 자유롭게 다룰 수 있지만 수학적 엄밀함을 잃지 않도록 주의를 기울여야 한다.

빅-오 표기법을 사용한 수행 시간 분석

빅-오 표기법은 인자 n에 대한 함수로 수행 시간과 메모리 공간 사용량의 상한을 표현하는 데 널리 사용된다. 여기서 n은 문제마다 의미가 다를 수 있지만, 항상 문제의 '크기'를 나타내는 척도로 정의된다. 예를 들어 `find_max` 알고리즘처럼 시퀀스에서 최댓값을 찾는 경우, n은 해당 시퀀스의 원소 개수를 의미해야 한다. 빅-오 표기법을 사용하면 어떤 컴퓨터에서든 `find_max` 알고리즘(코드 3.1)의 수행 시간을 다음과 같이 수학적으로 명확히 표현할 수 있다.

명제 3.7 n개의 수를 포함한 리스트에서 최댓값을 찾는 `find_max` 알고리즘의 수행 시간은 $O(n)$이다.

증명 루프에 앞서 수행되는 초기화 작업은 고정된 수의 기본 연산만 포함한다. 루프 본문에서도 각 반복마다 일정한 수의 기본 연산이 실행되며 루프는 총 n번 반복된다. 따라서 기본 연산의 수는 $c' + c'' \cdot n$이며, 여기서 c'와 c''는 각각 초기화 단계와 루프 본문에서 수행되는 연산 수를 반영하는 상수다. 모든 기본 연산은 상수 시간에 실행되므로, 입력 크기 n에 대한 전체 수행 시간은 n에 상수를 곱한 값을 넘지 않는다. 결론적으로 말해, `find_max` 알고리즘의 수행 시간은 $O(n)$이다. ■

빅-오 표기법의 속성

빅-오 표기법을 사용하면 상수 계수와 낮은 차수 항을 무시하고 함수의 증가율에 영향을 주는 항에만 집중할 수 있다.

예제 3.8 $5n^4 + 3n^3 + 2n^2 + 4n + 1$은 $O(n^4)$이다.

증명 $c = 15,\ n \geq n_0 = 1$로 두면 $5n^4 + 3n^3 + 2n^2 + 4n + 1 \leq (5 + 3 + 2 + 4 + 1)n^4 = cn^4$이다. ■

이와 같은 방식으로 모든 다항 함수의 증가율은 최고 차수 항에 의해 특징지을 수 있다.

명제 3.9 $f(n)$이 차수 d인 다항식, 즉 다음과 같을 때 $f(n)$은 $O(n^d)$이다($a_d > 0$).

$$f(n) = a_0 + a_1 n + \cdots + a_d n^d$$

증명 $n \geq 1$에 대해 $1 \leq n \leq n^2 \leq \cdots \leq n^d$이므로,

$a_0 + a_1 n + a_2 n^2 + \cdots + a_d n^d \leq (|a_0| + |a_1| + |a_2| + \cdots + |a_d|)n^d$이다.

이때 $c = |a_0| + |a_1| + \cdots + |a_d|$로 정하고 $n_0 = 1$로 정하면 $f(n)$은 $O(n^d)$이다. ■

따라서 다항식의 최고차 항이 해당 다항식의 점근적 증가율을 결정한다. 이 장의 연습 문제에서는 빅-오 표기법의 다른 성질들도 다룰 것이다. 이제 알고리즘 설계에서 자주 등장하는 일곱 가지 기본 함수의 조합을 중심으로 다양한 예제를 살펴보자. 여기서 참고로 $n \geq 1$일 때 $\log n < n$임을 기억해 두자.

예제 3.10 $5n^2 + 3n\log n + 2n + 5$는 $O(n^2)$이다.

증명 $5n^2 + 3n\log n + 2n + 5 \leq (5 + 3 + 2 + 5)n^2 = cn^2$이므로 $c = 15$, $n \geq n_0 = 1$일 때 만족한다. ■

예제 3.11 $20n^3 + 10n\log n + 5$는 $O(n^3)$이다.

증명 $20n^3 + 10n\log n + 5 \leq 35n^3$이 $n \geq 1$일 때 만족한다. ■

예제 3.12 $3\log n + 2$는 $O(\log n)$이다.

증명 $3\log n + 2 \leq 5\log n$이 $n \geq 2$일 때 성립한다. $n = 1$일 경우 $\log n$은 0이므로 $n \geq n_0 = 2$로 두면 만족한다. ■

예제 3.13 2^{n+2}는 $O(2n)$이다.

증명 $2^{n+2} = 2^n \cdot 2^2 = 4 \cdot 2^n$이므로 $c = 4$, $n_0 = 1$로 두면 만족한다. ■

예제 3.14 $2n + 100\log n$은 $O(n)$이다.

증명 $2n + 100\log n \leq 102n$이 $n \geq n_0 = 1$이므로 $c = 102$로 두면 만족한다. ■

최대한 간단하게 함수 특징짓기

빅-오 표기법은 주어진 함수의 성장을 가장 정확하게 근사하는 방향으로 사용해야 한다. 예를 들어 함수 $f(n) = 4n^3 + 3n^2$을 $O(n^5)$ 또는 $O(n^4)$이라고 말할 수도 있지만 $f(n)$은 $O(n^3)$이라고 하는 것이 더 정확하다. 비유하자면, 긴 시골길을 운전하던 여행자가 지나가는 농부에게 "시장까지 얼마나 남았나요?"라고 물었을 때, 농부가 "12시간은 넘지 않을 거요."라고 말하는 것보다 "몇 분만 더 가면 시장이 나와요."라고 말하는 것이 훨씬 정확하고 실용적인 정보가 되는 것과 같다. 빅-오 표기법을 사용할 때도 이처럼 가능한 한 실제 상황에 가까운 표현을 택해야 한다.

또한 빅-오 표기법에 상수 계수나 낮은 차수 항을 포함하는 것은 바람직하지 않다. 예를 들어 $2n^2$ 함수가 $O(4n^2 + 6n \log n)$이라고 말하는 것은 형식적으로 맞지만 간결하지 못하고 비효율적인 표현이다. 이 경우 **간단한 형식**의 빅-오로 설명하기 위해 노력해야 한다.

앞서 3.2절에서 소개한 일곱 가지 기본 함수는 알고리즘의 수행 시간과 공간 복잡도를 빅-오 표기법과 함께 표현할 때 가장 흔히 사용된다. 실제로 이 함수들의 이름을 따서 알고리즘을 분류하기도 한다. 예를 들어 수행 시간이 최악의 경우 $4n^2 + n \log n$인 알고리즘은 $O(n^2)$ 시간으로 실행되므로 **이차 시간**(quadratic-time) 알고리즘이라고 말할 수 있다. 마찬가지로 최대 $5n + 20 \log n + 4$시간에 실행되는 알고리즘은 **선형 시간**(linear-time) 알고리즘이라고 말할 수 있다.

빅-오메가

빅-오 표기법이 함수의 증가율을 '작거나 같다'는 상한에서 다룬다면 빅-오메가 표기법은 그 증가율이 다른 함수보다 '크거나 같다'는 하한에서 표현한다. 즉, 어떤 함수가 다른 함수보다 '적어도 이만큼은 빠르게' 증가한다는 의미다.

$f(n)$과 $g(n)$이 양의 정수를 양의 실수에 매핑하는 함수라고 하자. 만약 $g(n)$이 $O(f(n))$, 즉 다음을 만족하는 실수 $c > 0$과 정수 $n_0 \geq 1$이 존재한다면 '$f(n)$은 $\Omega(g(n))$'으로 표기하고 '$f(n)$은 빅 오메가 $g(n)$'이라고 말한다.

$n \geq n_0$인 모든 n에 대해, $f(n) \geq cg(n)$

이 빅-오메가 정의를 사용하면 한 함수가 (상수 계수를 고려한 관점에서) 다른 함수보다 크거나 같다고 점근적 관점에서 말할 수 있다.

예제 3.15 $3n \log n - 2n$은 $\Omega(n \log n)$이다.

증명 $3n \log n - 2n = n \log n + 2n(\log n - 1) \geq n \log n$($n \geq 2$에 대해)이다. 따라서 $c = 1$, $n_0 = 2$를 취하면 된다. ■

빅-세타

두 함수가 상수 계수를 감안할 시 같은 비율로 증가한다고 말할 수 있는 표기법이 있다. $f(n)$이 $O(g(n))$이고 $f(n)$이 $\Omega(g(n))$일 때, 즉 다음을 만족하는 실수 $c' > 0$과 $c'' > 0$이 있고 정수 $n_0 \geq 1$이 있는 경우 '$f(n)$은 $\Theta(g(n))$'이라고 표기하고 '$f(n)$은 빅-세타 $g(n)$'이라고 말한다.

$n \geq n_0$인 모든 n에 대해, $c'g(n) \leq f(n) \leq c''g(n)$

예제 3.16 $3n \log n + 4n + 5 \log n$은 $\Theta(n \log)$이다.

증명 $n \geq 2$에 대해, $3n \log n \leq 3n \log n + 4n + 5 \log n \leq (3+4+5)n \log n$이 성립한다. ■

3.3.2 비교 분석

동일한 문제를 해결하는 두 알고리즘이 있다고 가정하자. 하나는 수행 시간이 $O(n)$인 알고리즘 A이고, 다른 하나는 수행 시간이 $O(n^2)$인 알고리즘 B다. 어떤 알고리즘이 더 나을까? n은 $O(n^2)$이므로 알고리즘 A는 **점근적으로** 알고리즘 B보다 효율적이다. 단, n 값이 충분히 작은 경우에는 알고리즘 B가 알고리즘 A보다 빠를 수 있다.

빅-오 표기법은 점근적인 증가율에 따라 함수들을 분류하고 정렬하는 데 사용된다. 다음 7개의 함수를 증가율의 오름차순으로 정렬하였다. 즉, 목록에서 함수 $f(n)$이 함수 $g(n)$보다 앞에 있으면 $f(n)$은 $O(g(n))$에 해당한다.

$1, \quad \log n, \quad n, \quad n \log n, \quad n^2, \quad n^3, \quad 2^n$

표 3.2에는 7개 함수가 어떻게 증가하는지 나타내었다(3.2.1절의 그림 3.4도 함께 참고).

n	$\log n$	n	$n \log n$	n^2	n^3	2^n
8	3	8	24	64	512	256
16	4	16	64	256	4,096	65,536
32	5	32	160	1,024	32,768	4,294,967,296
64	6	64	384	4,096	262,144	1.84×10^{19}
128	7	128	896	16,384	2,097,152	3.40×10^{38}
256	8	256	2,048	65,536	16,777,216	1.15×10^{77}
512	9	512	4,608	262,144	134,217,728	1.34×101^{54}

표 3.2 알고리즘 분석에 사용되는 기본 함수들의 값

표 3.3은 점근적 관점의 중요성을 구체적으로 보여준다. 이 표는 주어진 알고리즘이 1초, 1분, 1시간 동안 처리할 수 있는 입력 문제의 최대 크기를 함수별로 나타낸다. 이를 통해 좋은 알고리즘 설계의 중요성을 알 수 있다. 점근적인 관점에서 볼 때 느린 알고리즘은 상수 계수가 더 작더라도 결국 더 빠른 알고리즘에 밀리게 된다.

알고리즘 수행 시간(μs)	정해진 시간 내에 처리할 수 있는 문제 크기의 최댓값		
	1초	1분	1시간
$400n$	2,500	150,000	9,000,000
$2n^2$	707	5,477	42,426
2^n	19	25	31

표 3.3 각 알고리즘이 1초, 1분, 1시간 내에 처리할 수 있는 문제 크기의 최댓값

좋은 알고리즘을 설계하는 것은 단순히 특정 컴퓨터에서 문제를 효과적으로 해결하는 것 이상으로 매우 중요하다. 표 3.4는 하드웨어 성능이 획기적으로 향상되더라도 점근적으로 느린 알고리즘의 한계를 극복할 수는 없음을 보여준다. 이 표는 주어진 수행 시간을 가진 알고리즘을 기존보다 256배 빠른 컴퓨터에서 실행할 경우 동일한 시간 내에 해결할 수 있는 문제의 최대 크기가 얼마나 늘어나는지를 나타낸다.

알고리즘 수행 시간	새로운 최대 문제 크기
$400n$	$256m$
$2n^2$	$16m$
2^n	$m + 8$

표 3.4 256배 더 빠른 컴퓨터를 사용할 때 정해진 시간 내에 해결할 수 있는 문제 크기의 증가량. 각 최댓값은 m의 함수로 표현되며, 여기서 m은 이전 컴퓨터에서 동일한 시간 내에 처리할 수 있었던 문제의 최대 크기다.

몇 가지 주의 사항

이 시점에서 점근 표기법에 대해 몇 가지 주의를 기울일 필요가 있다. 첫째, 빅-오 및 관련 표기법은 상수 계수를 생략하므로, 그 값이 매우 클 경우 오해를 일으킬 수 있다. 예를 들어 함수 $10^{100}n$은 $O(n)$으로 분류되지만, 비교 대상 알고리즘의 수행 시간이 $10n \log n$이라면, 점근적으로는 선형 알고리즘이 더 빠를지라도 실제로는 $O(n \log n)$ 알고리즘이 더 나은 선택일 수 있다. 천문학자들이 10^{100}('구골(googol)'이라 불리는 수)을 관측 가능한 우주의 총 원자 수로 간주한다는 점을 고려하면, 이처럼 큰 상수가 실제 문제에서 등장할 가능성은 거의 없다. 따라서 빅-오 표기법을 사용할 때도 숨겨진 상수 계수나 낮은 차수 항을 어느 정도 염두에 두어야 한다.

그렇다면 '빠른' 알고리즘이란 무엇일까? 일반적으로 $O(n \log n)$ 시간에 실행되는 알고리즘은 적절한 상수 계수를 가진다면 빠르다고 간주할 수 있다. $O(n^2)$ 알고리즘도 입력 크기 n이 작을 경우에는 충분히 빠를 수 있다. 반면, $O(2^n)$ 알고리즘은 대부분의 경우 빠르다고 보기 어렵다.

수행 시간이 지수 함수인 경우

체스 게임 발명가에 관한 유명한 이야기가 있다. 그는 왕에게 체스판 첫 번째 칸에는 쌀 한 알, 두 번째 칸에는 두 알, 세 번째 칸에는 네 알, 네 번째 칸에는 여덟 알처럼 두 배씩 증가하는 방식으로 보상을 요구했다. 왕이 지불해야 할 쌀의 총량을 정확히 계산하는 프로그램을 작성하는 일은 프로그래밍 실력을 평가할 수 있는 흥미로운 문제다.

이처럼 알고리즘의 효율성[1]을 판단할 때는 다항식 시간 알고리즘과 지수 시간 알고리즘을 구분하는 것이 자연스럽다. 즉, 수행 시간이 $O(n^c)$ $(c > 1)$인 알고리즘과 $O(b^n)$ $(b > 1)$인 알고리즘으로 나누는 것이다. 다만 이 구분도 절대적인 기준은 아니다. 예를 들어 $O(n^{100})$ 시간에 수행되는 알고리즘은 현실적으로는 비효율적이다. 그럼에도 불구하고 다항식 시간과 지수 시간의 구분은 알고리즘이 실용적인지를 판단할 때 유용한 기준으로 널리 사용된다.

3.3.3 알고리즘 분석 예

이제 빅-오 표기법을 익혔으므로, 이를 활용해 간단한 알고리즘들의 수행 시간을 분석해 보자. 앞에서 제시한 일곱 가지 함수를 기반으로, 각 알고리즘의 수행 시간을 어떻게 특징지을 수 있는지는 아래에서 설명한다.

이 절에서는 알고리즘을 의사코드 대신 완전한 파이썬 코드로 제시하며, 값들의 배열 표현에는 파이썬의 `list` 클래스를 사용한다. 파이썬 `list`의 내부 구조와 다양한 연산의 효율성은 5장에서 자세히 다루고, 이 절에서는 일부 연산만 소개하며 그 성능을 살펴본다.

상수 시간 연산들

파이썬 `list` 클래스의 인스턴스인 `data`가 주어졌을 때, `len(data)` 함수 호출은 상수 시간에 수행된다. `list` 클래스는 각 리스트에 대해 현재 길이 값을 저장해 둔 인스턴스 변수를 갖고 있으므로 이 알고리즘은 매우 간단하다. 따라서 리스트의 각 원소를 돌면서 개수를 세지 않고 즉시 해당 길이를 반환할 수 있다. 점근 표기법을 사용하면 이 함수는 $O(1)$ 시간에 실행된다고 말할 수 있는데, 즉 이 함수의 수행 시간은 리스트의 길이 n과 무관하다.

---

1 컴퓨터 시스템의 성능을 얘기할 때 '효율적'이라고 하면 대개 빠르다는 것을 의미한다.

파이썬 `list` 클래스의 또 다른 핵심 연산은 정수 인덱스 j가 주어질 경우 `data[j]` 문을 사용해 리스트의 어떤 원소에도 바로 접근하는 것이다. 파이썬의 리스트는 **배열 기반 시퀀스**(array-based sequence)로 구현되어 있으며 리스트의 원소에 대한 참조들이 메모리에 연속적으로 저장된다. 리스트 내부의 원소를 하나하나 거쳐 가는 것이 아니라, 인덱스가 유효한지 검사하고 이를 내부 배열 구조에서 변위(offset)[2]로 사용하면 리스트의 j번째 원소에 바로 접근할 수 있다. 이에 상응하여, 컴퓨터 하드웨어는 메모리 주소를 기반으로 배열 원소에 대한 상수 시간 접근을 지원한다. 따라서 파이썬 리스트에 대해 표현식 `data[j]`는 $O(1)$ 시간에 평가된다고 볼 수 있다.

시퀀스의 최댓값 찾기 문제 다시 살펴보기

다음 예제로는 164쪽의 코드 3.1에 제시된, 시퀀스에서 최댓값을 찾는 `find_max` 알고리즘을 다시 살펴보자. 166쪽의 명제 3.7에서는 이 알고리즘의 수행 시간이 $O(n)$이라고 설명한 바 있다. 앞서 살펴본 것처럼, `data[0]`을 사용하는 초기화는 $O(1)$ 시간에 수행된다. 그 뒤 루프는 n번 반복되며, 각 반복에서는 한 번의 비교 연산과 많아야 한 번의 대입 연산이 수행된다(여기에 루프 변수 업데이트 등 부가적인 연산이 포함될 수 있음). 마지막으로, 파이썬에서 `return` 문은 $O(1)$ 시간에 실행된다. 이 모든 단계를 종합하면, `find_max` 함수는 전체적으로 $O(n)$ 시간에 실행된다고 할 수 있다.

최댓값 찾기 알고리즘에 대한 추가 분석

`find_max`에 대한 더 흥미로운 질문은 최댓값이 몇 번 변경되는가다. 최악의 경우, 입력 데이터가 오름차순으로 주어지면 최댓값은 총 $n-1$번 변경된다. 하지만 모든 가능한 순서가 동일한 확률로 나타나고 입력이 무작위로 주어진다고 가정하면, 최댓값이 변경되는 횟수의 기댓값은 얼마나 될까? 이 질문에 답하기 위해서는 현재 원소가 그 이전의 모든 원소보다 큰 경우에만 반복문 내에서 최댓값이 변경된다는 점에 유의해야 한다. 입력이 임의의 순서로 주어지고 원소에 중복이 없다고 할 때, j번째 원소가 처음 j개의 원소 중 최댓값일 확률은 $1/j$이다. 따라서 최댓값이 변경될 것으로 기대되는 횟수(초기화 포함)는 $H_n = \sum_{j=1}^{n} 1/j$이며, 이는 n번째 **조화수**(Harmonic number)라고 불린다. 여기서 H_n은 $O(\log n)$으로 알려져 있다(명제 B.16 참고). 따라서 입력이 무작위 순서일 때 `find_max` 알고리즘에서 최댓값이 변경되는 횟수의 기댓값은 $O(\log n)$이다.

---

2 변위는 일반적으로 기준점으로부터 얼마나 떨어져 위치해 있는지를 나타낸다. 여기에서 기준점은 메모리 상에서 배열의 시작 위치를 의미한다.

누적 평균

다음으로 살펴볼 문제는 **누적 평균**(prefix average)이다. 즉, n개의 원소로 이루어진 수열 S가 주어졌을 때, 원소 $S[0]$, … , $S[j]$에 대한 평균값을 $A[j]$로 하는 수열 A를 계산하는 것이다($j = 0$, … , $n - 1$). 수식으로 표현하면 다음과 같다.

$$A[j] = \frac{\sum_{i=0}^{j} S[i]}{j+1}$$

누적 평균은 경제학이나 통계학 등 여러 분야에서 널리 활용된다. 예를 들어 뮤추얼 펀드의 연도별 수익률이 현재에서 과거 순으로 나열되어 있다고 할 때, 투자자는 일반적으로 최근 1년, 3년, 5년 동안의 연평균 수익률을 알고 싶어 할 것이다. 또 다른 예로, 웹 사이트의 관리자가 일자별 웹 사용 로그 데이터를 바탕으로 특정 기간 동안의 평균 사용량을 확인하고자 하는 경우를 들 수 있다. 이제 누적 평균을 계산하는 세 가지 구현을 살펴보고 각 수행 시간을 분석해 보자. 이 세 구현은 동일한 문제를 해결하지만 수행 시간이 서로 다르다.

이차 시간 알고리즘

누적 평균을 계산하는 첫 번째 알고리즘 prefix_average1은 코드 3.2에 나와 있다. 이 알고리즘은 A의 각 원소를 개별적으로 계산하며 그 과정에서 부분 합을 구하기 위해 루프를 사용한다.

```
def prefix_average1(S):
    """S[0]부터 S[j]까지의 평균을 j번째 원소로 하는 리스트를 반환한다."""
    n = len(S)
    A = [0] * n                     # n개의 0을 가진 새 리스트 생성
    for j in range(n):
        total = 0                   # S[0] + … + S[j] 합 계산 시작
        for i in range(j + 1):
            total += S[i]
        A[j] = total / (j+1)        # 평균값 저장
    return A
```

코드 3.2 prefix_average1 알고리즘

prefix_average1 알고리즘의 수행 시간을 분석하기 위해 그 실행 단계를 살펴보자.

- n = len(S)는 앞서 3.3.3절에서 설명한 바와 같이 상수 시간에 수행된다.
- A = [0] * n 문은 길이 n의 리스트를 생성하고 모든 항목을 0으로 초기화한다. 각 항목에 대해 일정한 수의 기본 연산이 수행되므로 $O(n)$ 시간이 소요된다.

- 이 알고리즘은 두 개의 중첩된 `for` 루프를 포함하며, 각각 변수 j와 i에 의해 제어된다. 외부 루프는 $j = 0$부터 $n - 1$까지 총 n번 반복되므로, `total = 0`과 `A[j] = total / (j + 1)` 문장은 각각 n번씩 실행된다. 루프 변수 j의 관리 연산을 포함해 외부 루프에서 수행되는 전체 연산 수는 $O(n)$이다.
- 내부 루프는 매 반복마다 $i = 0$부터 j까지 $j + 1$회 실행되므로 내부 루프의 총 반복 횟수는 $1 + 2 + 3 + \cdots + n = n(n + 1)/2$이다(명제 3.3 참고). 따라서 `total += S[i]` 문은 $O(n^2)$ 시간에 실행된다. 마찬가지로 루프 변수 i의 제어를 포함한 모든 연산도 $O(n^2)$ 시간이 소요된다.

따라서 `prefix_average1`의 수행 시간은 세 항목의 합으로 표현되며, 첫 번째와 두 번째 항목은 각각 $O(n)$, 세 번째 항목은 $O(n^2)$이므로 명제 3.9에 따라 `prefix_average1`의 수행 시간은 $O(n^2)$이다.

누적 평균을 계산하는 두 번째 구현인 `prefix_average2`는 코드 3.3에 제시되어 있다.

```
def prefix_average2(S):
  """S[0]부터 S[j]까지의 평균을 j번째 원소로 하는 리스트를 반환한다."""
  n = len(S)
  A = [0] * n                               # n개의 0을 가진 새 리스트 생성
  for j in range(n):
    A[j] = sum(S[0:j+1]) / (j+1)            # 평균값 저장
  return A
```

코드 3.3 prefix_average2 알고리즘

이 구현은 전체적으로 보면 `prefix_average1`과 본질적으로 동일한 알고리즘이다. 다만, 이전에 $S[0] + \cdots + S[j]$를 계산하던 내부 반복 루프를 단일 표현식 `sum(S[0:j+1])`로 대체했다. `sum` 함수를 사용하면 코드 표현은 훨씬 간결해지지만, 효율성 측면에서도 개선되는지는 따로 따져볼 필요가 있다. 점근적으로 볼 때, 이 구현은 더 효율적이지 않다. `sum(S[0:j+1])`은 단일 명령처럼 보이지만 실제로는 함수 호출로, $O(j + 1)$ 시간이 걸린다. 구체적으로는 슬라이스 문 `S[0:j+1]`을 계산하고 그 결과를 담을 새로운 리스트를 생성하는 데도 $O(j + 1)$ 시간이 소요된다. 따라서 `prefix_average2`의 전체 수행 시간도 $1 + 2 + 3 + \cdots + n$에 비례하므로, $O(n^2)$이 된다.

선형 시간 알고리즘

마지막 알고리즘인 prefix_average3은 코드 3.4에 제시되어 있다. 앞의 두 알고리즘과 마찬가지로 각 j에 대해 **누적 합** $S[0] + S[1] + \cdots + S[j]$를 계산하는 것이 핵심이지만, 이 구현에서는 total이라는 변수를 사용해 누적 합을 유지하며 각 단계에서 새로운 항목만 더해 간다. 그리고 A[j] = total / (j + 1)을 계산해 평균을 구한다. 이 방식은 구조가 단순하지만 성능을 크게 향상시킨다는 중요한 차이점이 있다.

```
def prefix_average3(S):
    """S[0]부터 S[j]까지의 평균을 j번째 원소로 하는 리스트를 반환한다."""
    n = len(S)
    A = [0] * n                    # n개의 0을 가진 새 리스트 생성
    total = 0                      # S[0] + S[1] + ...의 방식으로 누적 합 계산
    for j in range(n):
        total += S[j]              # 누적 합에 S[j]를 포함시킴
        A[j] = total / (j+1)       # 현재까지의 누적 합 계산값을 이용해 평균 계산
    return A
```

코드 3.4 prefix_average3 알고리즘

처음 두 알고리즘에서는 누적 합이 j 값에 따라 매번 새로 계산되었다. 이로 인해 각 j에 대해 $O(j)$ 시간이 소요되어 이차 함수 수행 시간을 갖는 동작이 발생한다. 이와 대조적으로 prefix_average3 알고리즘에서는 현재까지의 누적 합계 값을 버리지 않고 계속 갖고 있어서 $S[0] + S[1] + \cdots + S[j]$를 total + S[j]와 같이 효과적으로 계산한다. 즉, total 변수에 바로 이전의 루프에서 계산된 $S[0] + S[1] + \cdots + S[j-1]$의 값을 갖고 있다. prefix_average3 알고리즘의 수행 시간 분석은 다음과 같다.

- 변수 n과 total을 초기화하면 $O(1)$ 시간이 사용된다.
- 리스트 A를 초기화하면 $O(n)$ 시간이 사용된다.
- 변수 j에 의해 제어되는 단일 for 루프가 있으며, 여기서 range 이터레이터에 의한 해당 변수의 유지 및 계산에는 총 $O(n)$ 시간이 소요된다.
- 루프 본문은 $j = 0, \ldots, n-1$에 대해 n번 실행된다. 따라서 total += S[j]와 A[j] = total / (j+1) 문은 각각 n회 실행된다. 이들 각각은 매 반복에서 $O(1)$ 시간을 사용하므로 전체로 보면 $O(n)$ 시간이다.

`prefix_average3` 알고리즘의 수행 시간은 위 네 개 항목의 합으로 주어진다. 첫 번째 항목은 $O(1)$이고 나머지 세 항목은 $O(n)$이다. 명제 3.9를 간단히 적용하면 `prefix_average3`의 수행 시간은 $O(n)$이며, 이는 `prefix_average1`이나 `prefix_average2` 알고리즘의 이차 함수 시간보다 훨씬 더 좋다.

세 집합의 서로소 관계

수로 구성된 시퀀스가 A, B, C 세 개 주어졌다고 가정하자. 각 시퀀스에는 개별적으로 중복된 값이 없지만, 시퀀스 중 두 개 또는 세 개에 중복되는 수가 있을 수 있다고 가정해 보자. **세 집합의 서로소**(3-way set disjointness) 문제는 세 시퀀스의 교집합이 비어 있는지, 즉 $x \in A$, $x \in B$, $x \in C$를 만족하는 원소 x가 하나도 없는지 확인하는 것이다. 이 성질을 확인하는 간단한 파이썬 함수가 코드 3.5에 나와 있다.

```
def disjoint1(A, B, C):
    """세 리스트에 공통된 원소가 하나도 없으면 True를 반환한다."""
    for a in A:
        for b in B:
            for c in C:
                if a == b == c:
                    return False        # 세 집합에 공통인 원소가 있음
    return True                         # 이 행에 도달했다는 것은 세 집합이 서로소라는 것
```

코드 3.5 세 집합의 서로소 관계를 확인하기 위한 `disjoint1` 알고리즘

이 간단한 알고리즘은 세 집합에서 원소 하나씩을 선택하여 이 세 값이 동일한지를 가능한 모든 경우에 대해 반복하여 확인한다. 원래 집합의 크기가 각각 n인 경우 이 함수의 최악의 경우 수행 시간은 $O(n^3)$이다.

조금만 생각하면 이 알고리즘의 성능을 개선할 수 있다. 즉, 집합 B에 대한 루프 본문 내에서 현재 확인 중인 원소 a와 b가 서로 일치하지 않는 것이 확실하다면, 세 집합에 공통인 원소를 찾기 위해 C 집합의 모든 값을 반복적으로 확인하는 것은 시간 낭비다. 이 아이디어를 활용하여 개선한 해결책이 코드 3.6에 제시되어 있다.

```
def disjoint2(A, B, C):
  """세 리스트에 공통된 원소가 하나도 없으면 True를 반환한다."""
  for a in A:
    for b in B:
      if a == b:                # A와 B 집합에 공통인 원소가 있는 경우에만 C 집합 체크
        for c in C:
          if a == c             # (따라서 a == b == c)
            return False        # 세 집합에 공통인 원소를 찾았음
  return True                   # 이 행에 도달했다는 것은 세 집합이 서로소라는 것
```

코드 3.6 세 집합의 서로소 관계를 확인하기 위한 disjoint2 알고리즘

이렇게 개선한 버전의 성능은 단순히 "운이 좋다면 좀더 빠를 거야."라고 말할 성질의 것이 아니다. disjoint2 알고리즘의 최악의 경우 수행 시간은 $O(n^2)$라고 확실히 주장할 수 있다. 체크해야 할 (a,b) 쌍의 개수는 이차 함수를 따르지만, 만약 A와 B가 각각 중복 없이 모두 고유한 원소들의 집합이라면, a가 b와 같은 경우는 많아야 $O(n)$개가 된다. 따라서 가장 내부에 있는 C 집합에 대한 루프는 많아야 n번 실행된다.

전체 수행 시간을 고려하기 위해 이 코드의 라인별 수행 시간을 살펴보자. 집합 A에 대한 for 루프를 관리하려면 $O(n)$ 시간이 필요하다. 집합 B에 대한 for 루프의 관리는 해당 루프가 n번 실행되므로 총 $O(n^2)$ 시간이 소요된다. a == b 테스트는 $O(n^2)$번 평가된다. 나머지 부분의 수행 시간은 (a,b) 쌍 중에 a와 b가 같은 값을 갖는 경우가 몇 개나 있는지에 따라 달라진다. 앞서 언급했듯이 이러한 쌍은 최대 n개까지 존재하므로 C에 대한 루프 관리와 해당 루프 본문 내의 명령은 최대 $O(n^2)$ 시간을 사용한다. 명제 3.9를 적용하면 총 소요 시간은 $O(n^2)$이다.

원소 고유성 문제

세 집합의 서로소 문제와 밀접한 관련이 있는 것이 **원소 고유성 문제**(element uniqueness problem)다. 앞에서는 세 개의 집합이 주어지고 각 집합에는 중복이 없다고 가정했다. 원소 고유성 문제에서는 n개의 원소가 있는 단일 시퀀스 S가 주어지고, 이 시퀀스의 모든 원소가 서로 중복 없이 다른 값을 갖는지 판단해야 한다.

이 문제를 푸는 첫 번째 방법은 단순히 반복 알고리즘을 사용하는 것이다. 코드 3.7에 주어진 unique1 함수는 가능한 모든 인덱스 j와 $k(j < k)$ 쌍에 대해 해당 원소들의 값이 서로 같은 경우가 하나라도 있는지 확인하여 원소 고유성 문제를 해결한다. 이 함수는 두 개의 중첩된 for 루프를 사용하는데 외부 루프의 첫 번째 반복은 내부 루프가 $n - 1$번 반복하도록 하고, 외부 루프의 두 번째 반복은 내부 루프가 $n - 2$번 반복하도록 하는 식으로 작업이 계속되며 수행된다.

따라서 이 함수의 최악의 경우 수행 시간은 $(n-1)+(n-2)+\cdots+2+1$에 비례하며, 이를 계산한 총합은 우리가 익히 알고 있는 명제 3.3의 $O(n^2)$이다.

```
def unique1(S):
    """시퀀스 S에 중복값이 없으면 True를 반환한다."""
    for j in range(len(S)):
        for k in range(j+1, len(S)):
            if S[j] == S[k]:
                return False    # 중복인 원소 쌍을 찾았음
    return True                 # 이 행에 도달했다는 것은 원소들이 모두 다른 값을 갖는다는 것
```

코드 3.7 원소가 중복값 없이 고유한지 확인하기 위한 unique1 알고리즘

정렬을 이용한 문제 해결

원소 고유성 문제에 대한 더 나은 알고리즘은 정렬을 이용해 문제를 해결하는 것이다. 이 경우 원소들을 정렬하면 중복 원소들이 함께 모여 배치되기 때문이다. 따라서 중복이 있는지 확인하려면, 정렬된 시퀀스를 처음부터 끝까지 한 번만 살펴보면서 중복값이 연속으로 배치되어 있는지 확인하면 된다. 이 알고리즘을 파이썬으로 구현한 예는 다음과 같다.

```
def unique2(S):
    """시퀀스 S에 중복값이 없으면 True를 반환한다."""
    temp = sorted(S)            # S를 정렬시킨 복사본 생성
    for j in range(1, len(temp)):
        if temp[j-1] == temp[j]:
            return False        # 중복인 원소 쌍을 찾았음
    return True                 # 이 행에 도달했다는 것은 원소들이 모두 다른 값을 갖는다는 것
```

코드 3.8 원소가 중복값 없이 고유한지 확인하기 위한 unique2 알고리즘

1.5.2절에서 설명했듯이, 내장 함수인 `sorted`는 원본 리스트에 대해 원소들이 정렬된 복사본을 생성한다. 이 함수는 최악의 경우에도 $O(n \log n)$의 수행 시간에 동작한다. 주요 정렬 알고리즘에 대해서는 12장을 참고하기 바란다. 일단 데이터가 정렬되면, 그다음에 있는 `for` 루프는 $O(n)$ 시간 내에 실행되므로 `unique2` 알고리즘은 전체적으로 $O(n \log n)$ 시간에 실행된다.

3.4 간단한 증명 기법들

알고리즘이 정확하다거나 빠르게 실행된다는 등 주어진 알고리즘에 대한 주장을 하고 싶을 때가 있다. 이러한 주장을 제대로 하기 위해서는 수학적 언어를 사용해야 한다. 또한 이러한 주장을 뒷받침하기 위해서는 진술을 정당화, 즉 **증명**해야 한다. 다행히도 몇 가지 간단한 증명 방법이 있다.

3.4.1 사례 제시 기법

어떤 주장은 '집합 S에 속성 P를 갖는 원소 x가 있다'라는 일반적인 형식을 띤다. 이러한 주장을 증명하기 위해서는 S에서 속성 P를 갖는 특정 x를 만들어내기만 하면 된다. 마찬가지로, '집합 S의 모든 원소 x는 속성 P를 갖는다'와 같은 형식으로 된 믿기 어려운 주장들도 있다. 이러한 주장이 거짓임을 증명하려면 단지 속성 P가 없는 특정 x를 S에서 생각해 내기만 하면 된다. 이런 예를 **반례**(counterexample)라고 한다.

예제 3.17 Amongus 교수는 i가 1보다 큰 정수일 때 $2^i - 1$ 형태의 수는 모두 소수라고 주장한다. Amongus 교수의 주장은 틀렸다.

증명 Amongus 교수가 틀렸다는 것을 증명하려면 반례를 찾는다. 다행히 $2^4 - 1 = 15 = 3 \cdot 5$이기 때문에 너무 멀리 찾을 필요는 없다. ■

3.4.2 부정을 이용한 증명 기법

또 다른 증명 기법은 명제의 부정과 관련되는데, 주로 쓰는 두 가지 방법은 **대우**(contrapositive)를 사용하는 것과 **모순**(contradiction)을 사용하는 것이다. 대우법은 반전 거울을 통해 사물을 보는 것과 같다. 'p가 참이면 q도 참이다'라는 진술을 정당화하기 위해 'q가 참이 아니라면 p도 참이 아니다'라는 문장으로 대신하여 증명한다. 논리학적으로 이 두 문장은 동일하지만, 앞 문장의 '대우'라고 부르는 뒷문장으로 생각하는 게 더 쉬운 경우가 있다.

예제 3.18 a와 b를 정수라 하자. ab가 짝수이면 a가 짝수이거나 b가 짝수다.

증명 이 주장을 정당화하기 위해 'a가 홀수이고 b가 홀수이면 ab는 홀수다'라는 대우 명제를 생각해 보자. 즉, 어떤 정수 j와 k에 대해 $a = 2j + 1$, $b = 2k + 1$이라고 가정하자. 그러면 $ab = 4jk + 2j + 2k + 1 = 2(2jk + j + k) + 1$이므로, ab는 홀수다. ■

이 예제는 대우법의 사용을 보여줄 뿐 아니라 **드모르간의 법칙**(DeMorgan's Law)을 적용한 예이기도 하다. 드모르간의 법칙은 'p 또는 q' 형식의 문장에 대한 부정이 'p가 아니고 q도 아니다'임을 명시하기 때문에 부정을 다룰 때 도움이 된다. 마찬가지로 이 법칙은 'p이고 q' 형식의 문장을 부정하면 'p가 아니거나 q가 아니다'가 됨을 명시한다.

모순

부정을 이용한 또 다른 기법은 **모순**(contradiction)에 의한 증명 기법이며, 이 기법 역시 종종 드모르간의 법칙을 사용한다. 모순에 의한 증명 기법을 적용할 때는 먼저 q가 거짓이라고 가정한 다음 이 가정이 모순(예 $2 \neq 2$ 또는 $1 > 3$)으로 이어진다는 것을 보여줌으로써 원래의 명제 q가 참임을 입증한다. 이렇듯 모순에 도달함으로써, q가 거짓인 경우에는 모든 명제가 일관된 상황이 존재하지 않기에 q는 참일 수밖에 없음을 보인다. 물론 이러한 결론에 도달하기 위해서는 q가 거짓이라고 가정하기 전에 이미 일관성을 갖춘 상황인지 확인해야 한다.

예제 3.19 a와 b를 정수라 하자. ab가 홀수이면 a도 홀수이고 b도 홀수다.

증명 ab를 홀수라고 하자. 이때 우리는 a가 홀수이고 b가 홀수라는 것을 보여주고 싶다. 따라서 모순을 유도하기 위해 그 반대를 가정해 보자. 즉, a가 짝수이거나 b가 짝수라고 가정해 보자. 사실 a는 짝수라고 한쪽만 가정해도 증명의 일반성을 잃지 않는다(b의 경우 대칭이므로). 그러면 어떤 정수 j에 대해 $a = 2j$가 된다. 따라서 $ab = (2j)b = 2(jb)$, 즉 ab는 짝수가 된다. 그러나 이것은 모순인데, 왜냐하면 ab가 홀수이면서 동시에 짝수가 될 수 없기 때문이다. 따라서 a는 홀수이고 b도 홀수다. ■

3.4.3 귀납법과 루프 불변성

수행 시간이나 공간 사용량에 대한 대부분의 주장은 정수 인자 n(일반적으로 문제의 '크기'에 대한 직관적인 개념을 나타냄)을 포함한다. 또한 이러한 주장의 대부분은 주어진 명제 $q(n)$이 '모든 $n \geq 1$에 대해' 참이라고 말하는 것과 동일하다. 이는 무한한 정수 집합에 대한 주장을 하는 것이므로 이를 직접적으로 증명할 수는 없다.

귀납법

그러나 **귀납법**을 사용하면 위와 같은 주장을 참이라고 증명할 수 있다. 이 기법은 어떤 $n \geq 1$에 대해서도, 참이라고 알려진 것에서 시작하여 궁극적으로 $q(n)$이 참임을 증명하는 일련의 유한한 명제들이 있음을 보이는 것이다. 구체적으로 설명하면 다음과 같다. 귀납에 의한 증명은 $n = 1$에 대해 $q(n)$이 참임을 보임으로써 시작된다($n = 1$뿐 아니라 $n = 2, 3, \ldots, k$에 대해서도 $q(n)$이 참임을 보여야 할 수도 있음). 그런 다음 $n > k$에 대해 귀납 '단계'가 참임을 증명한다. 즉, 'n보다 작은 모든 j에 대해 $q(j)$가 참이면 $q(n)$도 참이다'라는 것을 보인다. 이 두 가지를 완료하면 귀납에 의한 증명이 완성된다.

명제 3.20 피보나치 함수를 고려해 보자. 이 함수는 다음과 같이 정의된다(1.8절 참고). $F(1) = 1$, $F(2) = 2$, $n > 2$에 대해 $F(n) = F(n-2) + F(n-1)$일 때 $F(n) < 2^n$임을 주장한다.

증명 귀납법을 이용해 이 주장을 증명하면 다음과 같다.

베이스 케이스 $(n \leq 2)$. $F(1) = 1 < 2 = 2^1$이고 $F(2) = 2 < 4 = 2^2$.

귀납 단계 $(n > 2)$. 모든 $n' < n$에 대해 $F(n') < 2^{n'}$이 참이라고 가정한다(이러한 가정을 귀납 가정 혹은 귀납 가설이라고 함). $F(n)$을 생각해 보면 $n > 2$이므로 $F(n) = F(n-2) + F(n-1)$이다. 또한 $n-2$와 $n-1$이 모두 n보다 작기 때문에 귀납 가정을 적용하면 $F(n) < 2^{n-2} + 2^{n-1}$임을 유도할 수 있고, 더욱이 다음 식이 성립하므로 $F(n) < 2^n$이 증명된다.

$$2^{n-2} + 2^{n-1} < 2^{n-1} + 2^{n-1} = 2 \cdot 2^{n-1} = 2^n$$ ■

또 다른 예로, 이전에 다룬 내용에 대해 귀납법을 적용해 보자.

명제 3.21 명제 3.3과 동일하며 다음과 같다.

$$\sum_{i=1}^{n} i = \frac{n(n+1)}{2}$$

증명 귀납법을 이용해 증명해 보자.

베이스 케이스 $n = 1$. $n = 1$일 경우 $1 = n(n+1)/2$이므로 쉽게 증명된다.

귀납 단계 $n \geq 2$. n보다 작은 모든 정수 n'에 대해 명제가 참이라고 가정한다. 이제 n일 경우를 보면 다음과 같다.

$$\sum_{i=1}^{n} i = n + \sum_{i=1}^{n-1} i$$

여기에 귀납 가정을 적용하면 다음 식이 성립한다.

$$\sum_{i=1}^{n} i = n + \frac{(n-1)n}{2}$$

그러면 다음과 같이 유도할 수 있다.

$$n + \frac{(n-1)n}{2} = \frac{2n + n^2 - n}{2} = \frac{n^2 + n}{2} = \frac{n(n+1)}{2}$$ ■

1보다 같거나 큰 '모든' n에 대해 참을 증명하는 작업이 때로는 부담스럽게 느껴질 수 있다. 그러나 귀납법을 사용하면 이 작업이 탄탄하게 수행된다는 걸 기억해야 한다. 귀납법은 특정 n에 대한 명제가 성립함을 증명하기 위해, 이미 참인 사실로부터 시작하여 n에 대한 참이 유도될 때까지 일련의 단계가 존재함을 보인다. 요컨대, 귀납법을 이용한 논증은 일련의 직접적인 증명을 연속으로 수립하는 형식이다.

루프 불변성

이 절에서 다루는 마지막 증명 기법은 **루프 불변성**(loop invariant)이다. 루프에 대한 어떤 명제 $\mathcal{L}$이 옳다는 것을 증명하려면, $\mathcal{L}$을 일련의 작은 명제들 $\mathcal{L}_0$, $\mathcal{L}_1$, ..., $\mathcal{L}_k$를 이용해 정의한다. 구체적인 증명 과정은 다음과 같다.

❶ 초기 명제 $\mathcal{L}_0$는 루프가 시작되기 전에 참이다.

❷ j번째 반복 시작 전에 $\mathcal{L}_{j-1}$이 참이면 j번째 반복 완료 후 $\mathcal{L}_j$가 참이다.

❸ 마지막 명제 $\mathcal{L}_k$는 우리가 의도한 명제 $\mathcal{L}$이 참임을 암시한다.

루프 불변성을 이용해 알고리즘의 정확성을 증명하는 간단한 예를 살펴보자. 구체적으로는 `find` 함수(코드 3.9 참고)가 시퀀스 S 내에서 val 값을 가진 원소의 최소 인덱스를 찾는다는 것을 증명한다.

```
def find(S, val):
   """S[j] == val을 만족하는 인덱스 j를 반환. 이를 만족하는 원소가 없으면 -1 반환"""
   n = len(S)
   j = 0
   while j < n:
      if S[j] == val:
         return j               # 인덱스 j에서 원하는 원소를 찾음
      j += 1
   return -1
```

코드 3.9 파이썬 리스트에서 원하는 원소가 처음 발견된 위치의 인덱스를 구하는 알고리즘

find가 올바르게 동작함을 보이기 위해, 알고리즘의 정확성을 유도할 일련의 명제들 $\mathcal{L}_j$를 귀납적으로 정의한다. 구체적으로는, while 루프의 j번째 반복이 시작될 때 다음 명제가 성립함을 보인다.

$\mathcal{L}_j$: 시퀀스 S의 처음 j개 원소에는 val 값이 없다.

이 주장은 루프의 첫 번째 반복이 시작될 때 참인데, 첫 번째 반복에서는 j가 0이고, S에는 처음 0개에 원소가 없기 때문이다(이렇듯 자명하게 참인 주장을 '**공허하게**(vacuously)' 참이라고 함). j번째 반복에서는 val 값을 원소 $S[j]$와 비교하고 이 두 개의 값이 같으면 인덱스 j를 반환하며, 이 경우 알고리즘이 올바르게 완료된다. val과 $S[j]$가 같지 않으면 아직 val을 찾지 못했으니 다음 원소를 확인하기 위해 인덱스 j를 증가시킨다.

따라서 명제 $\mathcal{L}_j$는 이 새로운 값 j에 대해 참이 되므로 다음 반복이 시작될 때 참이 된다. while 루프가 S의 인덱스를 반환하지 않고 종료되면 $j = n$이 된다. 즉, $\mathcal{L}_n$이 참이므로 val과 같은 값을 가진 원소가 S에 없다. 따라서 이 알고리즘은 -1을 반환하여 val이 S에 없음을 나타내게 된다.

3.5 연습 문제

기본 문제

R-3.1 x축과 y축을 로그 스케일로 사용하여 $8n$, $4n\log n$, $2n^2$, n^3, $2n$ 함수를 그래프로 그려라. 즉, 함수 $f(n)$의 값이 y일 때 좌표는 $(\log n, \log y)$로 표시한다.

R-3.2 알고리즘 A와 B가 실행하는 연산의 수는 각각 $8n\log n$과 $2n^2$이다. 이때 $n \geq n_0$에 대해 A가 B보다 더 빠르게 작동하도록 만드는 n_0를 구하라.

R-3.3 알고리즘 A와 B가 실행하는 연산의 수는 각각 $40n^2$과 $2n^3$이다. 이때 $n \geq n_0$에 대해 A가 B보다 더 빠르게 작동하도록 만드는 n_0를 구하라.

R-3.4 표준 스케일과 로그-로그 스케일에서 모두 동일한 형태로 그려지는 함수가 있을까? 그런 함수가 있다면 예를 들어 설명하라.

R-3.5 함수 n^c를 로그-로그 스케일에서 그리면 기울기가 c인 직선이 되는 이유를 설명하라.

R-3.6 0부터 $2n$까지의 모든 짝수의 합은 얼마인가? 단, n은 양의 정수라 가정한다.

R-3.7 다음 두 문장이 의미상 동일함을 증명하라.

(a) 알고리즘 A의 수행 시간은 항상 $O(f(n))$이다.

(b) 최악의 경우 알고리즘 A의 수행 시간은 $O(f(n))$이다.

R-3.8 점근적 증가율을 기준으로 다음 함수들을 오름차순 정렬하라.

$$
\begin{array}{ccc}
4n\log n + 2n & 2^{10} & 2^{\log n} \\
3n + 100\log n & 4n & 2^n \\
n^2 + 10n & n^3 & n\log n
\end{array}
$$

R-3.9 $d(n)$이 $O(f(n))$일 때 임의의 상수 $a > 0$에 대해 $ad(n)$은 $O(f(n))$임을 증명하라.

R-3.10 $d(n)$이 $O(f(n))$이고 $e(n)$이 $O(g(n))$일 때, $d(n)e(n)$은 $O(f(n)g(n))$임을 증명하라.

R-3.11 $d(n)$이 $O(f(n))$이고 $e(n)$이 $O(g(n))$일 때, $d(n) + e(n)$은 $O(f(n) + g(n))$임을 증명하라.

R-3.12 $d(n)$이 $O(f(n))$이고 $e(n)$이 $O(g(n))$이라고 해도, $d(n) - e(n)$이 꼭 $O(f(n) - g(n))$은 아님을 증명하라.

R-3.13 $d(n)$이 $O(f(n))$이고 $f(n)$이 $O(g(n))$이면, $d(n)$은 $O(g(n))$임을 증명하라.

R-3.14 $O(\max\{f(n), g(n)\}) = O(f(n)+g(n))$임을 증명하라.

R-3.15 $f(n)$이 $O(g(n))$이라는 명제와 $g(n)$이 $\Omega(f(n))$이라는 명제가 서로 동치임을 증명하라.

R-3.16 $p(n)$이 n에 대한 다항식이라면, $\log p(n)$은 $O(\log n)$임을 증명하라.

R-3.17 $(n+1)^5$는 $O(n^5)$임을 증명하라.

R-3.18 2^{n+1}은 $O(2^n)$임을 증명하라.

R-3.19 n이 $O(n \log n)$임을 증명하라.

R-3.20 n^2은 $\Omega(n \log n)$임을 증명하라.

R-3.21 $n \log n$은 $\Omega(n)$임을 증명하라.

R-3.22 $f(n)$이 항상 1보다 큰 단조 증가(nondecreasing) 함수일 때 $\lceil f(n) \rceil$이 $O(f(n))$임을 증명하라.

R-3.23 코드 3.10에 정의된 example1 함수의 수행 시간을 n에 대한 빅-오 표기법으로 나타내라.

R-3.24 코드 3.10에 정의된 example2 함수의 수행 시간을 n에 대한 빅-오 표기법으로 나타내라.

R-3.25 코드 3.10에 정의된 example3 함수의 수행 시간을 n에 대한 빅-오 표기법으로 나타내라.

R-3.26 코드 3.10에 정의된 example4 함수의 수행 시간을 n에 대한 빅-오 표기법으로 나타내라.

R-3.27 코드 3.10에 정의된 example5 함수의 수행 시간을 n에 대한 빅-오 표기법으로 나타내라.

```
def example1(S):
    """시퀀스 S에 있는 원소들의 합을 반환한다."""
    n = len(S)
    total = 0
    for j in range(n):              # 0부터 n-1까지 반복
        total += S[j]
    return total

def example2(S):
    """시퀀스 S에서 인덱스가 짝수인 원소들의 합을 반환한다."""
    n = len(S)
    total = 0
    for j in range(0, n, 2):        # 2만큼씩 증가
        total += S[j]
    return total

def example3(S):
    """시퀀스 S에 대한 누적 합들의 총합을 반환한다."""
    n = len(S)
    total = 0
```

```
    for j in range(n):                # 0부터 n-1까지 반복
        for k in range(1+j):          # 0부터 j까지 반복
            total += S[k]
    return total

def example4(S):
    """시퀀스 S에 대한 누적 합들의 총합을 반환한다."""
    n = len(S)
    prefix = 0
    total = 0
    for j in range(n):
        prefix += S[j]
        total += prefix
    return total

def example5(A, B):                   # A와 B의 크기가 같다고 가정함
    """시퀀스 A에 대한 누적 합들의 총합과 같은 값이 시퀀스 B에 몇 개 있는지를 반환한다."""
    n = len(A)
    count = 0
    for i in range(n):                # 0부터 n-1까지 반복
        total = 0
        for j in range(n):            # 0부터 n-1까지 반복
            for k in range(1+j):      # 0부터 j까지 반복
                total += A[k]
        if B[i] == total:
            count += 1
    return count
```

코드 3.10 분석해 볼 몇 가지 샘플 알고리즘

R-3.28 다음 표에는 각 함수 $f(n)$과 시간 t가 주어져 있다. 어떤 문제 P를 푸는 알고리즘이 $f(n)$ 마이크로초가 걸린다고 할 때, 이 알고리즘으로 시간 t 이내에 풀 수 있는 최대 입력 n을 구해 표를 완성하라. (첫 칸은 이미 채워 놓았다.)

	1초	1시간	1개월	100년
$\log n$	$\approx 10^{300000}$			
n				
$n \log n$				
n^2				
2^n				

R-3.29 알고리즘 A는 n개 원소를 가진 시퀀스에서 각 원소에 대해 $O(\log n)$ 시간의 계산을 수행한다. 이 알고리즘에서 최악의 경우 수행 시간은 어떻게 되는가?

R-3.30 알고리즘 B는 n개의 원소로 구성된 시퀀스 S에서 $\log n$개의 원소를 무작위로 선택한 뒤 각 원소에 대해 $O(n)$ 시간의 계산을 수행한다. 이 알고리즘에서 최악의 경우 수행 시간은 어떻게 되는가?

R-3.31 알고리즘 C는 n개의 정수로 구성된 시퀀스 S에 대해, 짝수 원소마다 $O(n)$ 시간, 홀수 원소마다 $O(\log n)$ 시간의 계산을 수행한다. 이 알고리즘에서 최선의 경우와 최악의 경우의 수행 시간은 각각 어떻게 되는가?

R-3.32 알고리즘 D는 n개의 원소를 가진 시퀀스 S의 각 원소 $S[i]$에 대해 알고리즘 E를 호출한다. 알고리즘 E는 $S[i]$에 대해 호출되면 $O(i)$ 시간 수행된다. 알고리즘 D의 최악의 경우 수행 시간은 얼마인가?

R-3.33 Al과 Bob은 서로의 알고리즘에 대해 논쟁하고 있다. Al은 자신의 알고리즘이 $O(n \log n)$ 수행 시간을 가지므로 Bob의 $O(n^2)$ 알고리즘보다 '항상' 빠르다고 주장한다. 하지만 실험 결과 $n < 100$일 때는 Bob의 알고리즘이 빨랐고, $n \geq 100$부터 Al의 알고리즘이 더 나은 성능을 보였다. 이러한 결과가 가능한 이유를 설명하라.

R-3.34 (여기서 이름을 밝히진 않겠지만) 한 유명한 도시의 사람들은 식사로 나온 음식이 평생 동안 먹어본 음식 중 최고일 때만 그 식사를 즐긴다고 한다. 그렇지 않을 때는 그 음식을 싫어한다. 식사의 질이 한 사람의 일생 동안 균등하게 무작위로 분포된다고 가정할 때, 그 사람이 평생 동안 식사에 만족할 것으로 예상되는 횟수는 몇 번일지 계산하라.

응용 문제

C-3.35 $O(n \log n)$ 시간에 n개의 수를 정렬할 수 있다고 가정할 때, 세 집합 서로소 문제도 $O(n \log n)$ 시간에 해결할 수 있음을 증명하라.

C-3.36 크기가 n인 시퀀스에서 가장 큰 원소 10개를 찾는 효율적인 알고리즘을 작성하라. 이 알고리즘의 수행 시간은 얼마인가?

C-3.37 $O(n)$도 아니고 $\Omega(n)$도 아닌 양의 함수 $f(n)$의 예를 제시하라.

C-3.38 $\sum_{i=1}^{n} i^2$는 $O(n^3)$임을 보여라.

C-3.39 $\sum_{i=1}^{n} i/2^i < 2$임을 보여라. (힌트: 시그마를 덧셈으로 펼쳤을 때 각 항이 등비수열 합의 각 항보다 작아지게 만들어보라.)

C-3.40 b가 1보다 큰 상수일 때, $\log_b f(n)$은 $\Theta(\log f(n))$임을 증명하라.

C-3.41 n개의 수에서 최솟값과 최댓값을 모두 구하되 비교 연산의 총 횟수가 $3n/2$보다 작아지게 하는 알고리즘을 작성하라. (힌트: 먼저 최솟값 후보들과 최댓값 후보들을 따로 그룹화한다.)

C-3.42 Bob은 1부터 n까지 번호가 매겨진 친구들에게 자신이 만든 웹 사이트 주소를 주고 각 친구가 자신의 번호 i만큼만 사이트를 방문할 수 있도록 제한했다. Bob은 방문 횟수를 기록하는 카운터 C만 가지고 있고 방문자의 신원은 기록하지 않는다. 이때 Bob이 '친구들 중 하나가 자신의 방문 한도를 모두 채웠다'는 사실을 알 수 있게 되는 C의 최솟값은 얼마인가?

C-3.43 명제 3.3을 n이 홀수인 경우에 대해 그림 3.3(b)와 같은 방식으로 증명하라.

C-3.44 컴퓨터 네트워크에서 통신 보안은 매우 중요하며, 많은 네트워크 프로토콜에서 이를 위해 메시지를 암호화한다. 전형적인 암호화 방식은 큰 정수를 빠르게 인수분해하는 것이 불가능하다는 점을 이용한다. 예를 들어 비밀 메시지를 큰 소수 p로 표현할 수 있다면, 이를 또 다른 큰 소수 $q > p$와 곱하여 $r = p \cdot q$를 네트워크를 통해 전송할 수 있다. 여기서 q는 암호화 키로 사용된다.

도청자가 전송된 값 r을 입수하더라도 p를 알아내려면 r을 인수분해해야 한다. 하지만 암호화 키를 모르면 인수분해를 통해 메시지를 알아내기가 매우 어렵다. 이는 다음과 같은 간단한 인수분해 알고리즘을 생각해 보면 이해할 수 있다.

```
for p in range(2,r):
if r%p == 0:                          # r이 p로 나뉘는 경우
  return 'The secret message is p!'
```

a. 도청자가 위 알고리즘을 사용하고, 두 수가 최대 100비트이며 1마이크로초(100만분의 1초) 안에 나눗셈을 수행할 있는 컴퓨터를 사용한다고 가정하자. 전송된 메시지 r이 100비트일 때 비밀 메시지 p를 해독하는 데 걸리는 최악의 경우 수행 시간은 얼마인가?

b. 이 알고리즘의 최악의 경우 시간 복잡도는 얼마인가? 단, 입력은 하나의 큰 수 r이며, 입력 크기 n은 r을 저장하는 데 필요한 바이트 수, 즉 $n = \lfloor(\log_2 r)/8\rfloor + 1$이다. 또한 각 나눗셈 연산은 $O(n)$ 시간이 걸린다고 가정한다.

C-3.45 시퀀스 S에는 $[0, n-1]$ 범위에 있는 $n-1$개의 고유한 정수들이 포함되어 있고, 단 하나의 수만 누락되어 있다. 이 누락된 수를 찾기 위한 $O(n)$ 시간 알고리즘을 설계하라. 단, 시퀀스 S 외에는 $O(1)$ 크기의 추가 공간만 사용해야 한다.

C-3.46 Al은 '모든 양은 같은 색이다'라는 명제를 다음과 같은 수학적 귀납법으로 증명하려 한다.

베이스 케이스: 양이 한 마리일 때, 그 양은 당연히 자기 자신과 같은 색이다.

귀납 단계: n마리의 양이 있다고 하자. 한 마리 a를 꺼내고 나머지 $n - 1$마리로 구성된 집합에 대해 귀납 가정을 적용하면 이들은 모두 같은 색이다. 이제 a를 다시 넣고 다른 한 마리 b를 꺼낸다. 다시 $n - 1$(a 포함)마리에 대해 귀납 가정을 적용하면 이들 역시 모두 같은 색이다. 따라서 모든 양은 같은 색이다.

Al의 이 '증명'에는 어떤 논리적 오류가 있는가?

C-3.47 집합 S는 평면상의 직선들로 이루어져 있으며 다음 조건을 만족한다고 하자. 1) 어느 두 직선도 서로 평행하지 않으며 2) 어느 세 직선도 하나의 점에서 만나지 않는다. 이 조건하에 S에 속한 직선들이 만드는 교차점의 개수는 $\Theta(n^2)$임을 수학적 귀납법을 사용해 증명하라.

C-3.48 피보나치 함수 $F(n)$(명제 3.20 참고)이 $O(n)$임을 보이기 위한 다음 귀납적 증명을 살펴보자.

베이스 케이스: $(n \leq 2)$일 때, $F(1) = 1$, $F(2) = 2$이다.

귀납 단계$(n > 2)$: n보다 작은 모든 n'에 대해 $F(n')$이 $O(n')$이라는 주장이 참이라고 가정한다. n에 대해, $F(n) = F(n-2) + F(n-1)$이다. 귀납 가정에 의해 $F(n-2)$는 $O(n-2)$이고 $F(n-1)$은 $O(n-1)$이다. 그러면 연습 문제 **R-3.11**에 제시된 바에 의해 $F(n)$은 $O((n-2) + (n-1))$이다. 따라서 $F(n)$은 $O(n)$이다.

이 증명의 문제점은 무엇인가?

C-3.49 피보나치 함수 $F(n)$을 생각해 보자(명제 3.20 참조). $F(n)$이 $\Omega((3/2)^n)$임을 귀납법으로 증명하라.

C-3.50 $p(x)$은 n차 다항식이라 하자. 즉, $p(x) = \sum_{i=0}^{n} a_i x^i$이다.

(a) $p(x)$를 계산하기 위한 간단한 $O(n^2)$ 시간 알고리즘을 작성하라.

(b) 더 효율적인 x^i 계산을 기반으로 하여 $O(n \log n)$ 시간 알고리즘을 작성하라.

(c) $p(x)$는 다음과 같이 다시 쓸 수 있으며, 이는 **호너의 방법**(Horner's method)이라고 한다.

$$p(x) = a_0 + x(a_1 + x(a_2 + x(a_3 + \cdots + x(a_{n-1} + xa_n)\cdots)))$$

이 방법이 실행하는 산술 연산의 개수를 빅-오 표기법으로 나타내라.

C-3.51 시그마 합 $\sum_{i=1}^{n} \log i$이 $O(n \log n)$임을 증명하라.

C-3.52 시그마 합 $\sum_{i=1}^{n} \log i$이 $\Omega(n \log n)$임을 증명하라.

C-3.53 사악한 왕이 포도주 n병을 가지고 있는데, 스파이가 그중 한 병에 독을 넣었다. 불행히도 왕은 어떤 병에 독이 들었는지 알지 못한다. 이 독은 매우 치명적이어서 10억 분의 1로 희석해도 단 한 방울만으로 사망에 이르게 할 수 있다. 하지만 독이 효과를 내려면 한 달이 걸린다. 맛 감별사들 $O(\log n)$명을 활용하여, 어느 포도주 병에 독이 들어갔는지 한 달 안에 정확히 알아내는 방법을 서술하라.

C-3.54 시퀀스 S에는 $[0, 4n]$ 구간의 정수가 n개 포함되어 있으며, 중복값이 허용된다. S에서 가장 자주 발견되는 정수 값 k를 구하는 효율적인 알고리즘을 작성하라. 이 알고리즘의 수행 시간은 얼마인가?

프로젝트 문제

P-3.55 3.3.3절에 제시된 세 가지 알고리즘 `prefix_average1`, `prefix_average2`, `prefix_average3`을 직접 실행하여 실험적으로 분석하라. 입력 크기에 따른 수행 시간을 로그-로그 차트에 그려 시각화하라.

P-3.56 코드 3.10에 있는 함수들의 수행 시간을 실험을 통해 서로 비교하고 그 차이를 분석하라.

P-3.57 파이썬의 `sorted` 메서드가 평균적으로 $O(n \log n)$ 시간에 실행되는지를 실험을 통해 확인하고 분석하라.

P-3.58 원소 고유성 문제에 대한 세 가지 알고리즘 `unique1`, `unique2`, `unique3`을 실행시켜 보고 각 알고리즘이 1분 이내에 처리할 수 있는 최대 입력 크기 n을 구하라.

참고 사항

빅-오 표기법의 적절한 사용법에 대한 다양한 논의가 있었다[19, 49, 63]. Knuth [64, 63]는 $f(n) = O(g(n))$과 같은 표기법을 제안하면서도 이를 '한 방향만 성립하는 관계'로 해석해야 한다고 보았다. 반면 이 책에서는 양방향 모두 성립할 때에만 등호를 사용한다는 일반적인 통념에 비추어, Brassard[19]의 방식에 따라 빅-오 표기법을 집합 관점에서 해석하기로 한다. 평균적인 경우의 분석에 관심이 있는 독자는 Vitter와 Flajolet의 저서 [101]를 참고하기 바란다. 이 책에서 사용하는 몇몇 유용한 수학적 도구들을 부록 B에 정리해 두었다.

CHAPTER 04

재귀

컴퓨터 프로그램 내에서 반복 작업을 수행하기 위한 방법 중 하나는 1.4.2절에서 설명한 파이썬의 `while`이나 `for` 같은 루프를 사용하는 것이다. 이와 달리, 반복을 구현하는 또 다른 방법으로 **재귀**(recursion) 기법이 있다.

재귀는 함수가 실행 중에 자기 자신을 한 번 이상 호출하거나 자료구조가 정의될 때 자신과 동일한 형태의 구조를 작게 포함하는 방식을 말한다. 예술과 자연에도 재귀적인 구조로 된 사례가 많다. 예를 들어 프랙탈 패턴은 본질적으로 재귀 구조를 따른다. 예술 작품에서는 러시아의 마트료시카 인형처럼, 인형 안에 또 다른 인형이 들어 있는 형태가 재귀 구조의 예로 자주 등장한다.

컴퓨터 과학에서 재귀는 반복 작업을 수행할 때 매우 우아하고 강력한 대안을 제공한다. 실제로 일부 프로그래밍 언어(예 Scheme, Smalltalk)는 루프문을 별도로 지원하지 않고 오로지 재귀를 통해 반복을 표현한다. 대부분의 현대 프로그래밍 언어는 일반적인 함수 호출을 지원하는 메커니즘을 이용해 재귀 호출도 자연스럽게 처리할 수 있다. 즉, 하나의 함수가 자기 자신을 호출하면 기존 호출은 일시 중단되고 재귀 호출이 완료된 후에야 실행이 이어진다.[1]

재귀는 자료구조와 알고리즘을 공부할 때 매우 중요한 개념이다. 이 책에서는 여러 장(특히 8장과 12장)에서 재귀를 본격적으로 활용할 것이다. 이 장에서는 먼저 재귀를 활용한 대표적인 네 가지 사례를 소개하고, 각 사례에 대한 파이썬 구현을 함께 제시한다.

- **팩토리얼 함수**(대개 $n!$처럼 표시): 고전적인 수학 함수로, 재귀적 정의가 자연스럽게 이루어진다.
- **영국식 눈금자**(English ruler) 그리기: 단순한 프랙탈 구조를 보여주는 예다.
- **이진 검색**(binary search): 수십억 개 이상의 항목 중에서 원하는 값을 효율적으로 찾을 수 있는 핵심 알고리즘이다.
- **컴퓨터의 파일 시스템**(file system) 탐색: 디렉터리 내에 다른 디렉터리가 중첩되는 파일 시스템 구조를 탐색하고 관리하는 데 재귀가 널리 사용된다.

이후에는 재귀 알고리즘의 수행 시간을 공식적으로 분석하는 방법을 소개하고 재귀를 정의할 때 흔히 빠질 수 있는 함정을 설명한다. 마지막으로, 다양한 예제를 통해 재귀 알고리즘의 주요 형태를 살펴본다.

1 재귀가 아닌 호출도 마찬가지 방식으로 동작한다.

4.1 주요 사례

4.1.1 팩토리얼 함수

재귀의 작동 방식을 이해하기 위해 먼저 수학적으로 간단한 예제를 살펴보자. **팩토리얼 함수**(factorial function), 즉 계승 함수는 양의 정수 n에 대해 1부터 n까지의 모든 정수의 곱으로 정의되며 $n!$로 표시한다. 또한 관례에 따라 $0!$은 1로 정의된다. 이를 수식으로 표현하면 다음과 같다.

$$n! = \begin{cases} 1 & n = 0\text{일 때} \\ n \cdot (n-1) \cdot (n-2) \cdots 3 \cdot 2 \cdot 1 & n \geq 1\text{일 때} \end{cases}$$

예를 들어 $5! = 5 \cdot 4 \cdot 3 \cdot 2 \cdot 1 = 120$이다. 팩토리얼 함수는 n개의 개별 항목을 순서대로 나열하는 방법의 수, 즉 **순열**(permutation) 개수와 일치하기 때문에 중요한 의미를 가진다. 예를 들어 세 문자 a, b, c는 $3! = 3 \cdot 2 \cdot 1 = 6$가지 방법인 abc, acb, bac, bca, cab, cba로 나열할 수 있다.

팩토리얼 함수는 재귀를 이용해 쉽게 정의할 수 있다. $5!$을 예로 들면 $5! = 5 \cdot (4 \cdot 3 \cdot 2 \cdot 1) = 5 \cdot 4!$임을 알 수 있다. 이를 일반화하면 다음과 같이 **재귀 정의**(recursive definition)를 내릴 수 있다.

$$n! = \begin{cases} 1 & n = 0\text{일 때} \\ n \cdot (n-1)! & n \geq 1\text{일 때} \end{cases}$$

이 정의는 전형적인 재귀 정의 구조를 나타낸다. 먼저 고정값으로 비재귀적으로 정의된 기반 사례, 즉 **베이스 케이스**(base case)를 하나 이상 포함한다. 위 경우에는 $n = 0$이 베이스 케이스다. 또한 하나 이상의 **재귀 케이스**(recursive case)를 포함하는데, 이는 함수 정의 자체를 이용해 정의된다.

팩토리얼 함수의 재귀적 구현

재귀는 단순한 수학적 표기 이상의 의미를 가진다. 파이썬으로 팩토리얼 함수를 구현하는 데에 코드 4.1과 같이 재귀를 이용할 수 있다.

```
def factorial(n):
    if n == 0:
        return 1
    else:
        return n * factorial(n-1)
```

코드 4.1 팩토리얼 함수의 재귀적 구현

이 함수는 명시적인 루프를 전혀 사용하지 않는다. 대신 함수가 자기 자신을 반복해서 호출한다. 즉, 재귀를 통해 반복 작업을 수행한다. 이 정의가 자신을 참조하고 있기 때문에 끝없이 반복될 것처럼 보이지만, 실제로는 호출될 때마다 인자 값이 하나씩 작아지기 때문에 결국에는 $n = 0$인 베이스 케이스에 도달하여 더 이상 재귀 호출 없이 종료된다.

재귀 함수의 실행 과정을 시각화하는 방법으로 **재귀 추적**(recursion trace)을 사용할 수 있다. 추적에는 각 재귀 호출이 하나씩 나타나며, 새로운 호출이 이루어질 때마다 아래로 화살표를 그려 새로운 호출을 표현하고, 호출이 종료되어 반환할 때는 위로 향하는 화살표를 그려 반환 과정을 나타낸다. 또한 반환값을 화살표 옆에 함께 표시할 수 있다. 그림 4.1은 팩토리얼 함수에 대한 재귀 추적 예를 보여준다.

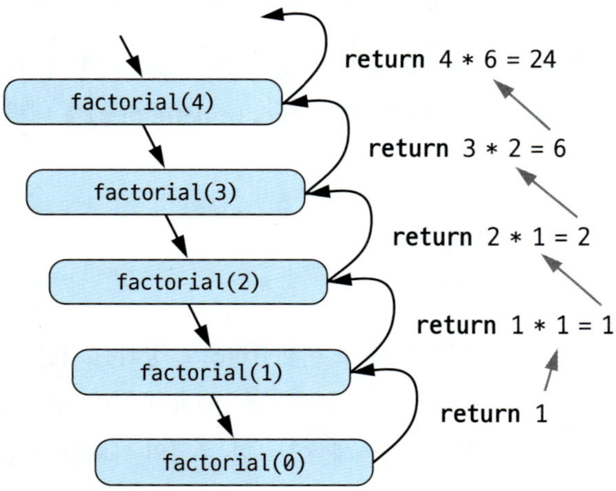

그림 4.1 factorial(4) 호출에 대한 재귀 추적

재귀 추적은 프로그래밍 언어가 재귀 호출을 실제로 처리하는 과정을 잘 반영한다. 파이썬에서는 함수(재귀 함수 포함)가 호출될 때마다 해당 호출의 진행 상황에 대한 정보를 저장하기 위한 **활성화 레코드**(activation record) 또는 **프레임**(frame)이라 불리는 구조가 생성된다. 이 구조체에는 호출된 함수의 매개변수와 지역 변수를 저장할 수 있는 네임스페이스가 포함되며(1.10절 참고), 함수 본문에서 어떤 명령어가 현재 실행 중인지에 대한 정보도 포함된다.

함수 실행 도중에 다른 함수를 내부적으로 호출하면 원래 호출의 실행이 일시 중단되고 활성화 레코드는 중첩된 호출이 반환될 때 실행을 재개할 소스 코드의 위치를 저장한다. 이 방식은 일반 함수 호출뿐 아니라 재귀 호출에서도 동일하게 적용된다. 중요한 점은 현재 실행 중인 각 호출마다 별개의 활성화 레코드가 존재한다는 것이다.

4.1.2 영국식 눈금자[2] 그리기

팩토리얼을 계산하는 데 꼭 재귀를 사용해야 하는 것은 아니다. 루프를 사용한 반복문으로도 충분히 계산할 수 있기 때문이다. 이제 조금 더 복잡한 사례에서 재귀가 특히 효과적인 경우를 살펴보자. 바로 영국식 눈금자의 눈금을 그리는 문제다. 영국식 눈금자에서는 각 인치마다 수치가 붙는 긴 눈금이 표시된다. 이를 **주 눈금**(major tick) 길이라고 하자. 그리고 인치 표시 사이에는 1/2인치, 1/4인치 등의 간격으로 **짧은 눈금**이 추가된다. 간격이 절반으로 줄어들 때마다 눈금의 길이도 하나씩 짧아진다. 그림 4.2는 서로 다른 주 눈금 길이를 가진 눈금자 출력 예시를 보여준다(축적은 무시되었음).

```
---- 0      ----- 0      --- 0
-           -            -
--          --           --
-           -            -
---         ---          --- 1
-           -            -
--          --           --
-           -            -
---- 1      ----         --- 2
-           -            -
--          --           --
-           -            -
---         ---          --- 3
-           -
--          --
-           -
---- 2      ----- 1
  (a)         (b)          (c)
```

그림 4.2 영국식 눈금자 출력 예. (a) 주 눈금 길이가 4인 2인치 자, (b) 주 눈금 길이가 5인 1인치 자, (c) 주 눈금 길이가 3인 3인치 자

눈금자 그리기의 재귀적 접근법

영국식 눈금자 패턴은 전체 구조와 부분 구조가 일정한 자기유사성을 지닌 **프랙탈**(fractal) 구조의 간단한 예다. 그림 4.2(b)의 주 눈금 길이가 5인 자를 대상으로, 0과 1을 표시하는 긴 눈금

2 인치 단위 눈금자다.

을 제외하고 그 사이에 있는 눈금들을 그리는 방법을 고려해 보자. 중앙에 있는 눈금(1/2인치)의 길이는 4다. 이 중앙 눈금을 기준으로 위쪽과 아래쪽 패턴은 동일하며 각각의 중앙 눈금은 길이가 3인 작은 눈금자로 구성되어 있다.

일반적으로 중앙에 위치한 눈금의 길이가 $L \geq 1$인 구간은 다음과 같이 구성된다.

- 중앙에 위치한 눈금의 길이가 $L - 1$인 구간
- 길이가 L인 눈금
- 다시 중앙에 위치한 눈금의 길이가 $L - 1$인 구간

물론 눈금자 패턴을 반복문으로도 그릴 수 있지만(연습 문제 P-4.25 참고) 재귀를 사용하면 훨씬 쉽게 그릴 수 있다. 재귀를 이용한 구현 예는 코드 4.2처럼 세 개의 함수로 구성된다. 주요 함수인 draw_ruler는 눈금자 그리기를 전체적으로 관리하며, 인치 크기와 주 눈금 길이를 인자로 지정한다. 유틸리티 함수인 draw_line은 지정한 개수만큼의 대시 기호와 (선택적) 라벨을 가진 눈금 하나를 그린다.

```
def draw_line(tick_length, tick_label=''):
  """매개변수로 주어진 눈금 길이만큼의 선을 하나 그린다(라벨이 있다면 함께)."""
  line = '-' * tick_length
  if tick_label:
    line += ' ' + tick_label
  print(line)

def draw_interval(center_length):
  """매개변수로 주어진 중앙 눈금 길이에 맞추어 구간 내의 눈금들을 그린다."""
  if center_length > 0:                   # 길이가 0이 되면 중지
    draw_interval(center_length - 1)      # 상단 부분 눈금을 그림(재귀 이용)
    draw_line(center_length)              # 중앙 눈금을 그림
    draw_interval(center_length - 1)      # 하단 부분 눈금을 그림(재귀 이용)

def draw_ruler(num_inches, major_length):
  """매개변수로 주어진 눈금자의 길이(인치 단위)와 주 눈금 길이에 맞추어 자를 그린다."""
  draw_line(major_length, '0')            # 자에서 0인치에 대한 눈금을 그림
  for j in range(1, 1 + num_inches):
    draw_interval(major_length - 1)       # 인치 단위 내 구간에 대한 눈금을 그림
    draw_line(major_length, str(j))       # j번째 인치의 눈금선과 수치 라벨 표시
```

코드 4.2 재귀적으로 눈금자 그리기 구현

흥미로운 작업은 재귀 함수로 구현한 `draw_interval`에 의해 수행된다. 이 함수는 구간의 중앙에 위치한 눈금의 길이에 따라 해당 구간 내의 작은 눈금들을 재귀적으로 그린다. 이 함수는 앞서 설명한 3단계 구성을 기반으로 구현되며, 아무것도 그리지 않는 경우($L = 0$)를 베이스 케이스로 사용한다. 즉, L이 1보다 크거나 같은 경우 첫 번째 단계와 세 번째 단계는 `draw_interval`$(L-1)$을 재귀적으로 호출하여 수행되며, 중간 단계는 `draw_line`(L) 함수를 호출하여 수행된다.

재귀 추적을 사용하여 눈금자 그리기 설명하기

`draw_interval` 재귀 함수의 실행은 재귀 추적을 사용해 시각화할 수 있다. 그러나 `draw_interval` 함수는 각 호출에서 재귀 호출을 두 번 수행하기 때문에 팩토리얼 함수보다 좀더 복잡하다. 이 재귀 추적은 그림 4.3과 같이 일반 문서의 개요와 형태가 비슷하다.

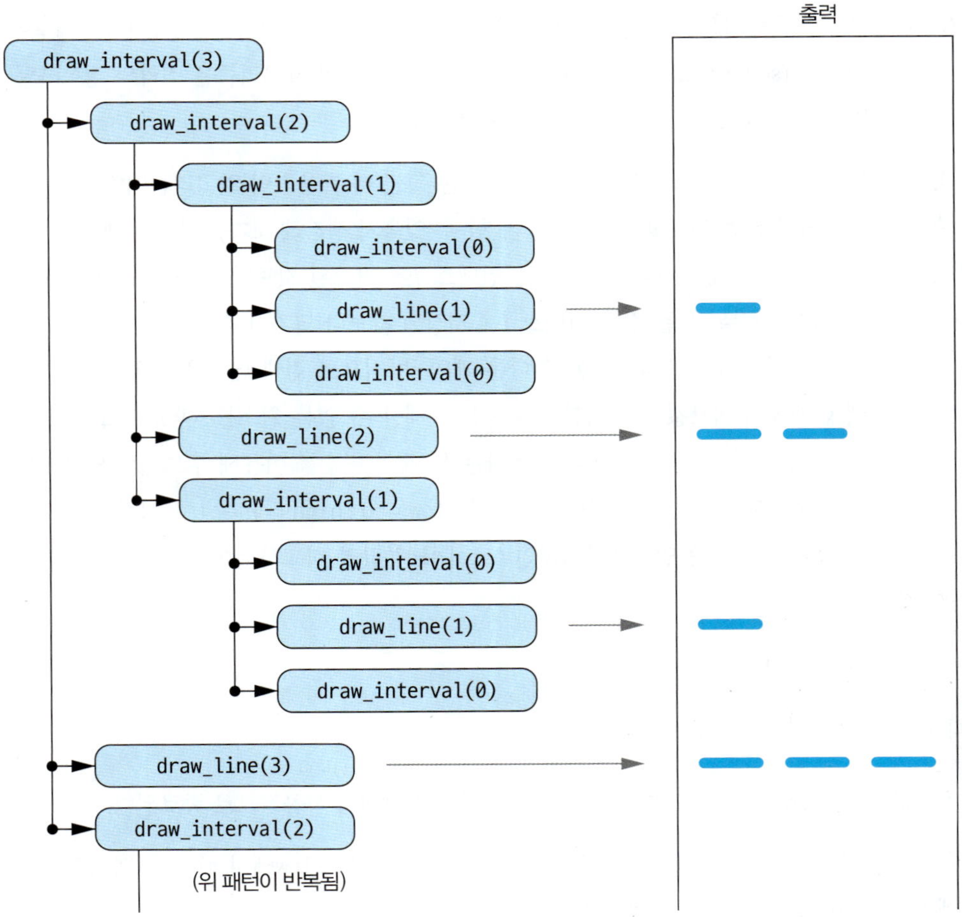

그림 4.3 `draw_interval(3)` 호출에 대한 재귀 추적의 일부. 하단에 있는 `draw_interval(2)`의 두 번째 호출 패턴은 위에 보이는 첫 번째 호출과 동일하다.

4.1.3 이진 검색

이번에는 고전적인 재귀 알고리즘인 **이진 검색**(binary search)을 살펴보자. 이진 검색은 정렬된 n개의 원소로 이루어진 시퀀스 내에서 원하는 값을 효율적으로 찾기 위해 사용된다. 이는 핵심적인 컴퓨터 알고리즘 중 하나로서, 우리가 데이터를 종종 정렬된 상태로 저장하는 이유이기도 하다(그림 4.4 참고).

0	1	2	3	4	5	6	7	8	9	10	11	12	13	14	15
2	4	5	7	8	9	12	14	17	19	22	25	27	28	33	37

그림 4.4 파이썬 리스트처럼 인덱싱이 가능한 시퀀스에 정렬된 순서로 저장된 값(상단 숫자는 인덱스임)

시퀀스가 정렬되어 있지 않을 때 일반적인 검색 방법은 루프를 사용해 모든 원소를 하나하나 검사하는 것이다. 이 방법은 목푯값을 찾거나 데이터 집합을 끝까지 검사하게 될 때까지 계속된다. 이를 **순차 검색**(sequential search) 알고리즘이라 부른다. 이 알고리즘은 최악의 경우 모든 원소를 검사해야 하므로 $O(n)$ 시간(즉, 선형 시간)이 걸린다.

반면, 시퀀스가 정렬되어 있고 인덱싱이 가능할 때는 훨씬 더 효율적인 알고리즘이 있다(이 경우, 목푯값을 직접 수작업으로 찾는다면 어떻게 할 수 있을지 생각해 보자). 어떤 인덱스 j에 대해, 인덱스 $0, \ldots, j-1$에 저장된 모든 값은 인덱스 j에 저장된 값보다 작거나 같고, 인덱스 $j+1, \ldots, n-1$에 저장된 모든 값은 인덱스 j에 저장된 값보다 크거나 같다는 사실을 알고 있다. 이를 생각해 보면 목푯값을 찾을 때 '업다운 게임' 방식으로 검색 대상을 좁혀 나갈 수 있다. 현재 검색 단계에서 목푯값과 일치할 가능성을 배제할 수 없는 원소를 '**후보**'라고 부르자. 검색을 진행하는 동안 알고리즘은 `low`와 `high`라는 두 개의 변수를 이용해 후보 값들의 인덱스가 항상 `low`와 `high` 사이에 있도록 한다. 처음에는 `low` $= 0$, `high` $= n - 1$로 설정한다. 그리고 목푯값을 중간값 후보, 즉 인덱스가 `mid`인 `data[mid]` 값과 비교하는데 `mid`는 다음과 같이 계산한다.

```
mid = ⌊(low+high)/2⌋
```

이때 다음 세 가지 경우가 가능하다.

- 목푯값이 `data[mid]`와 같으면 목푯값을 찾은 것이며 검색이 성공적으로 종료된다.
- 목푯값이 `data[mid]`보다 작으면 시퀀스의 전반부, 즉 인덱스 `low`에서 `mid` − 1까지의 구간에 대해 재귀적으로 검사를 수행한다.
- 목푯값이 `data[mid]`보다 큰 경우 시퀀스의 후반부, 즉 인덱스 `mid` + 1에서 `high`까지의 구간에 대해 재귀적으로 검사를 수행한다.

low 값이 high 값보다 커지면(low > high), 이는 결국 [low, high] 구간이 비어 있다는 것이므로 목푯값을 찾지 못하고 검색은 실패하게 된다.

이 알고리즘은 **이진 검색**(binary search)으로 알려져 있다. 코드 4.3은 이 알고리즘의 파이썬 구현을, 그림 4.5는 알고리즘 동작을 보여준다. 순차 검색은 $O(n)$ 시간에 실행되는 반면, 이진 검색은 $O(\log n)$ 시간에 실행된다. 이는 매우 중요한 개선인데, 예를 들어 n이 10억이라면 $\log n$은 30에 불과하기 때문이다(이진 검색의 수행 시간 분석은 4.2절의 명제 4.2에서 다룸).

```
def binary_search(data, target, low, high):
"""파이썬 리스트의 일부 구간에서 목푯값이 발견되면 True를 반환한다.

이 일부 구간은 data[low]부터 data[high]까지이며, 이 구간에 대해서만 검색이 수행된다.
"""
   if low > high:
      return False                          # 구간이 비어 있음. 검색 실패
   else:
      mid = (low + high) // 2
      if target == data[mid]:               # 목푯값 찾음
         return True
      elif target < data[mid]:
         # 중간값의 왼쪽 부분에 대해 재귀 수행
         return binary_search(data, target, low, mid - 1)
      else:
         # 중간값의 오른쪽 부분에 대해 재귀 수행
         return binary_search(data, target, mid + 1, high)
```

코드 4.3 이진 검색 알고리즘의 구현

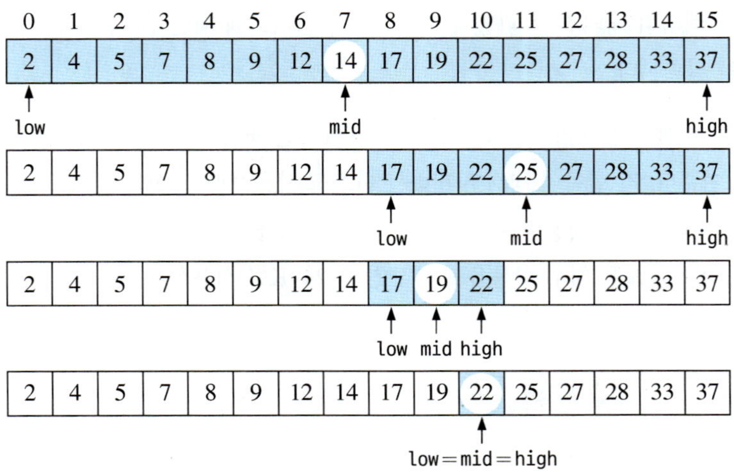

그림 4.5 목푯값 22를 대상으로 한 이진 검색 알고리즘의 동작 예

4.1.4 파일 시스템 탐색

현대 운영체제는 파일 시스템 디렉터리('폴더'라고도 함)를 재귀 방식으로 정의한다. 즉, 파일 시스템에는 하나의 최상위 디렉터리가 있고, 이 디렉터리 안에는 파일들과 다른 디렉터리들이 포함된다. 이러한 하위 디렉터리 역시 파일이나 다른 디렉터리를 포함할 수 있으므로, 이 과정을 계속 반복할 수 있다. 운영체제에서는 메모리에 충분한 공간이 있는 한 디렉터리가 임의의 깊이까지 중첩될 수 있도록 허용한다. 다만, 파일만 있고 추가 하위 디렉터리는 포함하지 않는 베이스 디렉터리도 있어야 한다. 이러한 파일 시스템의 예는 그림 4.6과 같다.

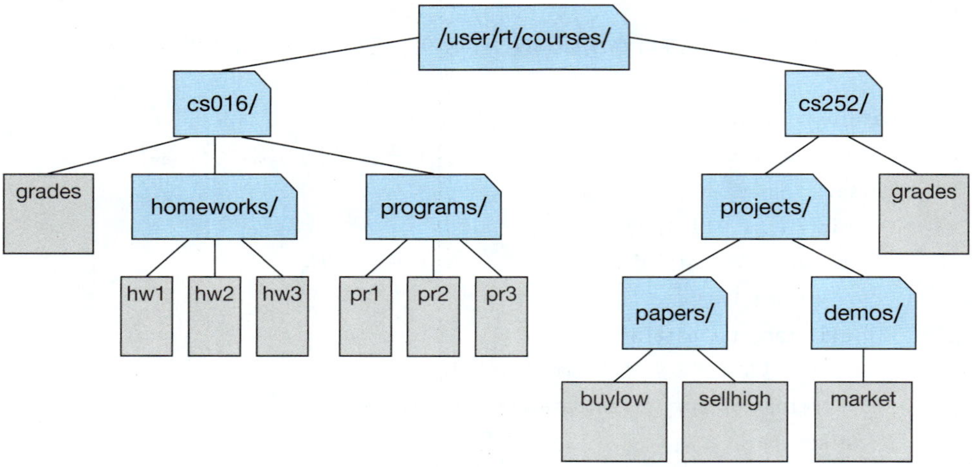

그림 4.6 중첩된 구성을 보여주는 파일 시스템 예

파일 시스템이 재귀적으로 표현된다는 점을 고려하면 디렉터리 복사나 삭제와 같은 운영체제의 많은 동작이 재귀 알고리즘으로 구현되어 있다는 것도 놀랄 일이 아니다. 여기서는 그중 하나의 알고리즘으로 특정 디렉터리 내의 모든 파일과 중첩된 디렉터리들에 대한 총 디스크 사용량을 계산하는 알고리즘을 살펴본다.

예를 들어 그림 4.7은 앞에서 예로 든 파일 시스템의 모든 항목(파일 또는 디렉터리)이 사용하는 총 디스크 사용량을 보여준다. 각 항목이 직접 차지하는 디스크 사용량과 그 항목 및 그 하위 항목 전체가 사용하는 총 누적 디스크 사용량은 구분되어야 한다. 예를 들어 `cs016` 디렉터리의 직접 사용량은 2K에 불과하지만 모든 하위 항목을 포함하면 총 249K를 사용한다.

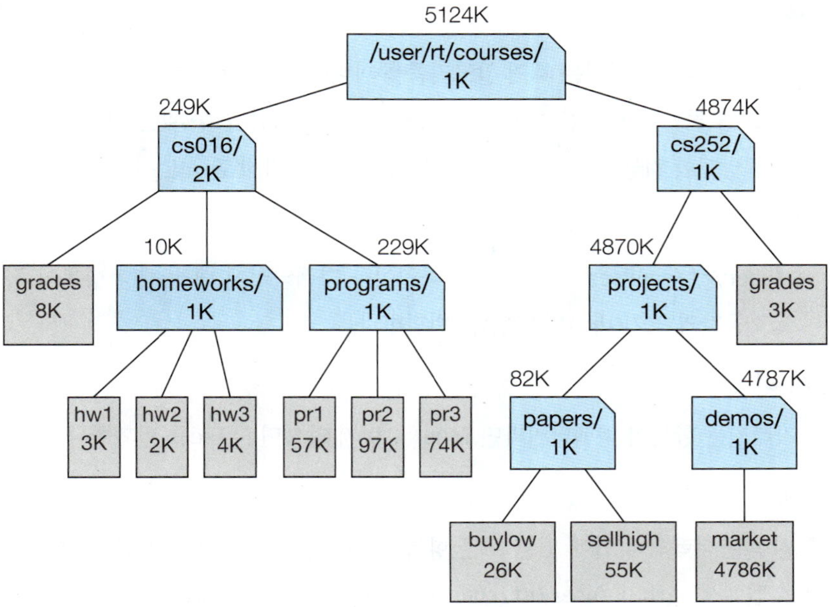

그림 4.7 그림 4.6에서 제시한 파일 시스템에서 사용된 디스크 공간. 각 파일이나 디렉터리의 아이콘 안에는 해당 항목이 직접 차지하는 공간 크기가 표시되어 있음. 또한 각 디렉터리 아이콘 위에는 해당 디렉터리와 그 하위(재귀적) 항목들이 사용하는 누적 디스크 사용량이 표시되어 있음

파일이나 디렉터리의 누적 디스크 사용량은 간단한 재귀 알고리즘으로 계산할 수 있다. 이는 해당 항목이 직접 차지하는 디스크 공간과 해당 항목에 포함된 모든 항목의 누적 디스크 공간을 합한 값이다. 예를 들어 `cs016` 디렉터리는 자체적으로 2K를 사용하고, `grades` 디렉터리에서 8K, `homeworks`에서 10K, `programs`에서 229K를 추가로 사용하므로 총 249K의 누적 디스크 공간을 차지하게 된다. 이 알고리즘의 의사코드는 코드 4.4와 같다.

```
알고리즘 DiskUsage(path):
  입력: 파일 시스템 항목을 가리키는 경로를 나타내는 문자열
  출력: 해당 항목과 모든 하위 항목이 사용하는 누적 디스크 사용량
  total = size(path)                     {해당 항목이 직접 차지하는 디스크 크기}
  if path가 디렉터리를 나타내면 then
    for path 디렉터리에 저장된 각 하위 항목 child에 대해 do
      total = total + DiskUsage(child)                          {재귀 호출}
  return total
```

코드 4.4 파일 시스템 항목에 중첩된 모든 하위 항목까지 포함해 누적 디스크 공간을 계산하는 알고리즘. `size` 함수는 항목이 직접 차지하는 디스크 공간을 반환한다.

파이썬의 os 모듈

파일 시스템의 디스크 사용량을 계산하는 재귀 알고리즘을 파이썬으로 구현하기 위해 파이썬의 os 모듈을 사용한다. os 모듈은 프로그램 실행 중 운영체제와 상호작용할 수 있는 강력한 도구를 제공한다. 이 모듈은 방대한 기능을 제공하지만 여기서는 다음 네 가지 함수만 사용하면 된다.

- **os.path.getsize(path)**

  문자열 path(예 /user/rt/courses)가 지정하는 파일이나 디렉터리에 대해 해당 항목이 직접 차지하는 디스크 공간의 크기(바이트 단위)를 반환한다.

- **os.path.isdir(path)**

  문자열 path가 가리키는 항목이 디렉터리라면 True, 그렇지 않으면 False를 반환한다.

- **os.listdir(path)**

  문자열 path로 지정된 디렉터리 안에 있는 모든 항목 이름을 문자열 리스트로 반환한다. 예를 들어 파일 시스템에서 path가 /user/rt/courses라면 반환값은 ['cs016', 'cs252']와 같다.

- **os.path.join(path, filename)**

  문자열 path와 filename을 결합해 전체 경로를 구성한다. 이때 운영체제에 따라 적절한 구분자(예 유닉스나 리눅스 시스템의 경우 / 문자, 윈도우즈의 경우 \ 문자)를 자동으로 사용한다. 합쳐진 문자열은 파일의 전체 경로를 나타내며 이 문자열이 반환된다.

파이썬 구현

코드 4.5는 os 모듈을 사용해 코드 4.4의 알고리즘을 파이썬으로 구현한 것이다.

```python
import os

def disk_usage(path):
    """파일/디렉터리 및 모든 항목이 사용하는 디스크 공간의 총 바이트 수를 반환한다."""
    total = os.path.getsize(path)                # 항목 자체 사용량
    if os.path.isdir(path):                      # 이 항목이 디렉터리라면,
        for filename in os.listdir(path):        # 각 하위 항목에 대해
            childpath = os.path.join(path, filename)  # 전체 경로를 구성하고
            total += disk_usage(childpath)       # 해당 항목의 디스크 사용량을 구해 추가함

    print ('{0:<7}'.format(total), path)         # 계산값 출력(선택)
    return total                                 # 총 사용량 반환
```

코드 4.5 파일 시스템 항목의 디스크 사용량을 재귀적으로 계산하는 파이썬 구현

재귀 추적

재귀 호출 과정을 다른 방식으로 보여주기 위해 앞서 제시한 파이썬 구현에 print 문을 추가하였다(코드 4.5의 11행). 이 print 문이 출력하는 문자열의 형식은 du('disk usage')라는 고전적인 유닉스/리눅스 유틸리티를 흉내 내도록 설계되었다. du 명령은 디렉터리 및 그 하위 항목들이 사용하는 디스크 공간의 총량을 보여주기 위해 매우 상세한 보고서를 생성할 수 있다. 그림 4.8은 그런 예시를 보여준다.

우리가 구현한 disk_usage 함수는 그림 4.7에 제시된 샘플 파일 시스템을 대상으로 실행했을 때 du와 동일한 결과를 생성한다. 이 알고리즘이 실행되면 입력으로 준 파일 시스템의 각 항목마다 정확히 한 번씩 재귀 호출이 발생한다. print 문은 재귀 호출이 반환되기 직전에 수행되므로 그림 4.8의 출력은 재귀 호출이 완료된 순서를 그대로 반영한다. 특히 중첩된 구조에서는 상위 항목에 대한 재귀 호출을 끝내기 전에 하위 항목에 대한 재귀 호출을 먼저 끝내야 누적 디스크 사용량을 계산할 수 있다. 예를 들어 /user/rt/courses/cs016 항목의 총 누적 사용량은 grades, homeworks, programs 하위 항목들에 대한 재귀 호출이 모두 완료된 후에야 알 수 있다.

```
8       /user/rt/courses/cs016/grades
3       /user/rt/courses/cs016/homeworks/hw1
2       /user/rt/courses/cs016/homeworks/hw2
4       /user/rt/courses/cs016/homeworks/hw3
10      /user/rt/courses/cs016/homeworks
57      /user/rt/courses/cs016/programs/pr1
97      /user/rt/courses/cs016/programs/pr2
74      /user/rt/courses/cs016/programs/pr3
229     /user/rt/courses/cs016/programs
249     /user/rt/courses/cs016
26      /user/rt/courses/cs252/projects/papers/buylow
55      /user/rt/courses/cs252/projects/papers/sellhigh
82      /user/rt/courses/cs252/projects/papers
4786    /user/rt/courses/cs252/projects/demos/market
4787    /user/rt/courses/cs252/projects/demos
4870    /user/rt/courses/cs252/projects
3       /user/rt/courses/cs252/grades
4874    /user/rt/courses/cs252
5124    /user/rt/courses/
```

그림 4.8 그림 4.7의 파일 시스템에 대해 du 명령어(-ak 옵션 사용)나 코드 4.5의 disk_usage 함수 사용 시의 디스크 사용량 출력 결과

4.2 재귀 알고리즘 분석하기

3장에서 알고리즘이 실행하는 기본 연산의 개수를 추정하여 알고리즘의 효율성을 분석하는 수학적 기법을 소개했다. 또한 빅-오 표기법을 사용해 연산 수와 문제의 입력 크기 사이의 관계를 도출했다. 이 절에서는 이러한 수행 시간 분석을 재귀 알고리즘에 적용하는 방법을 살펴본다.

재귀 알고리즘을 분석할 때는 재귀 함수가 호출될 때마다 발생하는 **활성화**(activation)[3]를 기준으로 그 안에서 수행되는 모든 연산을 살펴본다. 다시 말해, 각 함수 호출마다 이에 상응하는 활성화에 대해서만 연산 수를 셀 것이다. 이렇게 하면 함수의 각 활성화 내에서 실행되는 연산의 총 개수를 구할 수 있으므로 이를 바탕으로 모든 활성화에 대해 합계를 구하면 결국 재귀 알고리즘에 의해 실행되는 연산의 전체 개수를 구할 수 있다. (참고로 이런 방식은 재귀 호출을 비롯해 일반적인 비재귀 함수의 분석에도 동일하게 적용된다.)

이러한 분석 방법을 보여주기 위해 4.1.1절부터 4.1.4절까지 제시한 네 가지 재귀 알고리즘, 즉 팩토리얼 값 계산, 영국식 눈금자 그리기, 이진 검색, 파일 시스템 탐색의 디스크 사용량 계산을 다시 살펴볼 것이다. 대개의 경우 **재귀 추적**(recursion trace)을 이용하면 얼마나 많은 개수의 재귀 활성화가 발생하는지 직관적으로 알 수 있다. 또한 재귀 추적은 각 활성화의 매개변수가 해당 활성화 내에서 수행되는 기본 연산의 개수를 추정하는 데 어떻게 사용될 수 있는지를 파악하는 데에도 도움이 된다. 다만, 이 네 가지 재귀 알고리즘은 각각 고유한 구조와 형태를 가진다.

팩토리얼 함수

4.1.1절에서 설명한 팩토리얼 함수의 효율성 분석은 비교적 쉽다. 그림 4.1의 재귀 추적 예를 보면, `factorial(n)`을 계산하기 위해 총 $n + 1$번의 함수 호출 활성화가 발생한 것을 확인할 수 있다(처음 호출은 n, 그다음은 $n - 1$, 그리고 계속 감소하여 매개변수가 0인 베이스 케이스에 도달할 때까지 진행됨).

또한 코드 4.1의 함수 본문을 살펴보면 `factorial` 함수 각각의 활성화가 상수 개수의 연산만 수행한다는 것을 쉽게 알 수 있다. 따라서 전체 연산 수는 활성화 수에 비례하며 `factorial(n)`을 계산하는 전체 연산 수는 $O(n)$이다. 이는 $n + 1$번의 호출이 있고, 각 호출이 $O(1)$개의 연산만 수행하기 때문이다.

---

3 함수가 호출되어 실행되는 개별적인 인스턴스를 의미한다.

영국식 눈금자 그리기

4.1.2절의 영국식 눈금자 그리기 문제에서 `draw_interval(c)` 호출에 의해 출력되는 눈금의 총 개수가 어떻게 되는지 생각해 보자(여기서 c는 중심 눈금의 길이임). 이는 알고리즘의 전반적인 효율성을 판단하는 데 좋은 기준이 된다. 왜냐하면 출력되는 각 눈금은 `draw_line` 함수를 호출한 결과이며, `draw_interval`에 대한 각 재귀 호출은 인자가 0인 경우를 제외하면 정확히 한 번만 `draw_line`을 직접 호출하기 때문이다.

소스 코드와 재귀 추적을 살펴보면 어느 정도 직관적으로 파악할 수 있다. `draw_interval(c)` 호출은 $c > 0$일 때 `draw_interval(c-1)`을 두 번, `draw_line`을 한 번 호출하는 것을 알 수 있다. 이를 바탕으로 다음 주장을 증명할 수 있다.

명제 4.1 $c \geq 0$일 때, `draw_interval(c)`를 호출하면 정확히 $2^c - 1$개의 눈금을 출력한다.

증명 이 명제는 수학적 귀납법을 통해 공식적으로 증명할 수 있다(3.4.3절 참고). 사실 귀납법은 재귀 과정의 정확성과 효율성을 증명하기 위한 자연스러운 수학적 기법이다. 영국식 눈금자 그리기 알고리즘의 경우, `draw_interval(0)`을 호출하면 아무것도 출력되지 않는다. 이를 위 명제에 적용하면 $2^0 - 1 = 1 - 1 = 0$이 되어 귀납법의 베이스 케이스가 된다.

좀더 일반적으로, `draw_interval(c)`가 출력하는 눈금의 개수는 `draw_interval(c-1)` 호출에 의해 출력되는 눈금 개수의 두 배에 1을 더한 것이다. 1을 더한 이유는 두 번의 재귀 호출 사이에 중심 눈금을 출력하기 때문이다. 귀납법에 따라 눈금의 개수는 $1 + 2 \cdot (2^{c-1} - 1) = 1 + 2^c - 2 = 2^c - 1$이다. ■

이 증명은 **점화식**(recurrence equation)이라는, 재귀 알고리즘의 수행 시간을 분석하는 데 사용되는 수학적으로 좀더 엄밀한 기법의 예를 보여준다. 이 기법은 12.2.4절에서 정렬 알고리즘 문맥에서 다시 다룰 예정이다.

이진 검색

4.1.3절에서 설명한 이진 검색 알고리즘의 수행 시간을 고려하면, 각 재귀 호출마다 상수 개수의 기본 연산이 수행된다는 것을 알 수 있다. 따라서 전체 수행 시간은 재귀 호출 횟수에 비례한다. 여기서는 원소가 n개인 시퀀스에 대해 이진 검색 수행 시 최대 $\lfloor \log n \rfloor + 1$개의 재귀 호출이 발생함을 보일 것이며, 따라서 다음 명제를 주장할 수 있다.

명제 4.2 정렬된 n개 원소를 대상으로 수행하는 이진 검색 알고리즘은 $O(\log n)$ 시간에 실행된다.

증명 이 명제를 증명하기 위해 중요한 사실은 각 재귀 호출마다 남아 있는 후보 항목의 수가 다음과 같다는 점이다.

$$\texttt{high} - \texttt{low} + 1$$

또한 재귀 호출을 할 때마다 남은 후보의 수가 절반으로 줄어든다. 즉, mid의 정의에 따라 남은 후보의 수는 다음 두 경우 중 하나다.

$$(\texttt{mid} - 1) - \texttt{low} + 1 = \left\lfloor \frac{\texttt{low} + \texttt{high}}{2} \right\rfloor - \texttt{low} \leq \frac{\texttt{high} - \texttt{low} + 1}{2}$$

또는

$$\texttt{high} - (\texttt{mid} + 1) + 1 = \texttt{high} - \left\lfloor \frac{\texttt{low} + \texttt{high}}{2} \right\rfloor \leq \frac{\texttt{high} - \texttt{low} + 1}{2}$$

처음에는 후보 항목의 수가 n개다. 첫 번째 호출 이후에는 최대 $n/2$, 두 번째 호출 이후에는 최대 $n/4$, 이후에는 계속 절반으로 줄어든다. 일반적으로 이진 검색에서 j번째 호출 이후에 남은 후보 항목의 수는 최대 $n/2^j$개다. 최악의 경우(검색 실패), 재귀 호출은 더 이상 후보 항목이 남지 않을 때까지 이어진다. 따라서 최대 재귀 호출 횟수는 다음 식을 만족하는 정수 r의 최솟값이다.

$$\frac{n}{2^r} < 1$$

즉, $r > \log n$이므로(로그 밑이 2일 때는 생략하기로 한 관례를 따름) 최대 호출 수 r은 다음과 같다.

$$r = \lfloor \log n \rfloor + 1$$

따라서 이진 검색이 $O(\log n)$ 시간에 실행된다고 결론지을 수 있다. ■

디스크 사용량 계산하기

4.1절에서 마지막으로 다룬 재귀 알고리즘은 파일 시스템의 특정 부분에서 전체 디스크 사용량을 계산하는 것이었다. '문제의 크기'를 나타내기 위해 대상으로 하는 파일 시스템 위치에 있는 항목의 개수를 n이라고 하자(예를 들어 그림 4.6의 파일 시스템에서 항목의 개수 n은 19임).

disk_usage 함수를 처음 호출했을 때 걸리는 누적 시간을 분석하려면 재귀 호출의 총 횟수와 각 호출에서 실행되는 연산 수를 모두 고려해야 한다.

먼저 대상으로 하는 파일 시스템 부분을 검사할 때 정확히 n번의 재귀 호출이 발생함을 보여줄 수 있다. 직관적으로 보면, 특정 항목 e에 대해 disk_usage 함수가 호출되는 경우는 오직 e 항목을 포함하는 유일한 상위 디렉터리 항목을 처리할 때의 for 루프(코드 4.5의 for 루프) 안에서만 발생한다. 따라서 각 항목은 단 한 번만 탐색된다.

각 항목에 대한 disk_usage 함수 호출이 단 한 번만 이루어진다는 이 주장을 엄밀히 정리하기 위해 각 항목의 **중첩 레벨**(nesting level)을 정의하는 것이 좋다. 즉, 함수 호출 시작점이 되는 항목의 중첩 레벨은 0, 그 바로 안에 저장된 항목들은 중첩 레벨 1, 그 다음에는 중첩 레벨 2, 이런 식으로 계속 증가한다. 귀납법을 사용해 중첩 레벨 k에 있는 각 항목에 대해 disk_usage가 정확히 한 번 호출된다는 것을 증명할 수 있다. 베이스 케이스로 $k = 0$일 때는 함수의 첫 호출만 존재한다. 귀납 단계는 다음과 같다. 중첩 레벨 k에 있는 각 항목에 대해 정확히 하나의 재귀 호출이 있다고 가정하면, 중첩 레벨 $k + 1$에 있는 각 항목 e에 대해 딱 한 번의 호출이 있으며 이는 e가 포함된 레벨 k에서 for 루프를 통해 한 것이라고 주장할 수 있다.

이제 파일 시스템의 각 항목마다 한 번씩 재귀 호출이 발생한다는 것을 확인했으니 알고리즘의 전체 수행 시간에 대해 논의할 수 있다. 함수를 한 번 호출할 때마다 $O(1)$ 시간을 소비한다면 좋겠지만, 실제로는 그렇지 않다. 해당 항목이 직접 차지하는 디스크 공간의 크기를 계산하는 os.path.getsize 호출은 상수 연산으로 수행되지만, 항목이 디렉터리인 경우 disk_usage 함수의 본문에는 해당 디렉터리 내에 포함된 모든 항목을 반복하는 for 루프가 포함되어 있다. 최악의 경우 하나의 항목에 $n - 1$개의 다른 항목이 포함될 수 있다.

이러한 이유로 재귀 호출의 횟수는 $O(n)$이며, 각 호출은 $O(n)$ 시간에 실행되므로 전체 수행 시간은 $O(n^2)$이라는 결론을 내릴 수도 있다. 물론 이 상한은 기술적으로 보면 맞지만 사실상 느슨한 상한이다. 흥미롭게도 더 강한 상한을 증명할 수 있다. 즉, 디스크 사용량을 계산하는 재귀 알고리즘이 $O(n)$ 시간에 완료된다! 느슨한 상한은 디렉터리마다 항목의 개수가 최악의 경우임을 가정한 비관적인 분석이었다. 일부 디렉터리에 n에 비례하는 수의 항목들이 포함될 수는 있지만 모든 디렉터리가 그렇게 많은 항목을 가질 수는 없다. 더 강한 상한을 증명하기 위해서 모든 재귀 호출에 대해 for 루프가 총 몇 번 실행되는지를 고려해 보자. 우리는 이 for 루프에 의한 총 반복 횟수가 정확히 $n - 1$임을 주장하고자 한다. 그 근거는 해당 루프의 각 반복이 disk_usage를 재귀적으로 호출한다는 사실에 기반하며, disk_usage에 대한 호출은 총 n번(첫 호출 포함)이라고 이미 결론을 내렸기 때문이다. 따라서 재귀 호출은 $O(n)$번 있고 각 재귀 호출에서는 루프 바깥에서 $O(1)$ 시간을 사용하며, 루프로 인한 전체 연산 개수는 $O(n)$이라는 결론을 내릴 수 있다. 이러한 상한값들을 모두 합하면 전체 연산의 개수는 $O(n)$이 된다.

여기서 제시한 논증은 앞서 다룬 재귀 사례들보다 더 정교하다. 때로는 개별 연산마다 최악의 경우를 가정하기보다 누적 효과를 고려하여 더 엄밀한 상한/하한값을 얻을 수 있다는 점을 보여준다. 이러한 분석 기법을 **분할 지불**(amortization)이라 부르며, 5.3절에서 이와 관련된 추가 예를 살펴볼 것이다. 또한 파일 시스템은 암묵적으로 **트리**(tree) **구조**를 가진 자료구조의 일종이다. 디스크 사용량 계산 알고리즘은 사실 더 일반적인 알고리즘인 **트리 순회**(tree traversal)를 구현한 것이다. 트리는 8장에서 본격적으로 다루며, 디스크 사용량 계산 알고리즘의 $O(n)$ 수행 시간에 대한 위 주장은 8.4절에서 트리 순회를 다루면서 일반화될 것이다.

4.3 잘못된 재귀 사용

재귀는 매우 강력한 도구이지만 다양한 방식으로 쉽게 잘못 사용될 수 있다. 이 절에서는 잘못 구현된 재귀 때문에 심각한 비효율성이 발생하는 여러 문제를 살펴보고, 이런 문제를 인식하고 피하는 전략에 대해서 설명한다.

3.3.3절(177쪽)에서 정의한 **원소 고유성 문제**(element uniqueness problem)를 다시 살펴보자. 다음과 같은 재귀 방식을 사용해 시퀀스에 포함된 원소 n개가 모두 서로 다른지 확인할 수 있다. 베이스 케이스로, $n = 1$일 때는 원소가 하나뿐이므로 당연히 유일하다. $n \geq 2$일 경우 처음 $n - 1$개의 원소들이 유일하고, 마지막 $n - 1$개의 원소들이 유일하며, 첫 번째 원소와 마지막 원소가 서로 달라야 한다(이전에 검사하지 않은 유일한 쌍임). 이 아이디어를 기반으로 한 재귀적 구현은 코드 4.6과 같다. 이 구현은 3장의 `unique`, `unique2` 함수와 구분하기 위해 `unique3`이라고 명명했다.

```
def unique3(S, start, stop):
    """시퀀스 S의 슬라이스 S[start:stop] 내에 중복값이 없으면 True를 반환한다."""
    if stop - start <= 1: return True   # 기껏해야 원소가 한 개뿐이므로
    elif not unique3(S, start, stop-1): return False  # 처음 n-1개 원소 중 중복 있음
    elif not unique3(S, start+1, stop): return False  # 마지막 n-1개 원소 중 중복 있음
    else: return S[start] != S[stop-1]  # 첫 번째 원소와 마지막 원소가 서로 다른 값인가?
```

코드 4.6 원소 고유성 검사를 위한 재귀적 unique3 함수

불행히도 이는 재귀를 매우 비효율적으로 사용한 예다. 각 호출의 비재귀 부분은 $O(1)$ 시간을 사용하므로 전체 수행 시간은 총 재귀 호출 횟수에 비례할 것이다. 이 문제를 분석하기 위해 고려하는 원소의 수를 `n = stop - start`라고 하자.

$n = 1$인 경우, 재귀 호출이 없기 때문에 `unique3`의 수행 시간은 $O(1)$이다. 그러나 n이 1이 아닌 일반적인 경우, 크기 n의 문제에 대해 `unique3`을 호출하면 이는 다시 크기 $n-1$의 문제에 대해 두 개의 재귀 호출을 발생시킬 수 있다. 크기가 $n-1$인 함수 호출 두 개는 다시 $n-2$ 크기에 대해 네 개의 호출(각각 두 번)을 유발하고 결국 $n-3$ 크기에 대해서는 8개의 호출을 유발할 수 있다. 이런 식으로 계속 진행되면 결국 최악의 경우에는 총 함수 호출 횟수는 다음과 같이 등비수열의 합으로 주어진다.

$$1 + 2 + 4 + \cdots + 2^{n-1}$$

이 수열의 합은 명제 3.5에 의해 $2^n - 1$이 된다. 따라서 `unique3` 함수의 수행 시간은 $O(2^n)$이다. 이는 원소 고유성 문제를 푸는 데 매우 비효율적인 함수다. 이 비효율성은 재귀를 사용한다는 사실 때문이 아니라 재귀를 잘못 사용했기 때문이라는 점이 중요하다(이 문제는 연습 문제 C-4.11에서 다룸).

피보나치 수를 계산하는 비효율적인 재귀

1.8절에서는 피보나치 수열을 생성하는 과정을 소개했다. 피보나치 수열은 다음과 같이 재귀적으로 정의된다.

$$F_0 = 0$$
$$F_1 = 1$$
$$F_n = F_{n-2} + F_{n-1} \qquad (n > 1\text{일 때})$$

이 정의를 그대로 직접 구현하면 코드 4.7의 `bad_fibonacci` 함수와 같이 되는데 이 함수는 베이스 케이스가 아닌 경우에 두 번의 재귀 호출을 수행하여 피보나치 수를 계산한다.

```
def bad_fibonacci(n):
  """n번째 피보나치 수를 반환한다."""
  if n <= 1:
    return n
  else:
    return bad_fibonacci(n-2) + bad_fibonacci(n-1)
```

코드 4.7 이진 재귀를 사용해 n번째 피보나치 수를 계산하는 함수

안타깝게도 피보나치 공식을 이렇게 직접 구현하면 매우 비효율적인 함수가 된다. 이런 식으로 n번째 피보나치 수를 계산하려면 기하급수적으로 많은 함수를 호출해야 한다. 자세히 살펴보면 다음과 같다. 우선 `bad_fibonacci(n)` 실행 시 수행되는 호출 횟수를 c_n이라고 해보자. 그러면 다음과 같이 c_n 값을 구할 수 있다.

$$
\begin{aligned}
c_0 &= 1 \\
c_1 &= 1 \\
c_2 &= 1 + c_0 + c_1 = 1 + 1 + 1 = 3 \\
c_3 &= 1 + c_1 + c_2 = 1 + 1 + 3 = 5 \\
c_4 &= 1 + c_2 + c_3 = 1 + 3 + 5 = 9 \\
c_5 &= 1 + c_3 + c_4 = 1 + 5 + 9 = 15 \\
c_6 &= 1 + c_4 + c_5 = 1 + 9 + 15 = 25 \\
c_7 &= 1 + c_5 + c_6 = 1 + 15 + 25 = 41 \\
c_8 &= 1 + c_6 + c_7 = 1 + 25 + 41 = 67
\end{aligned}
$$

이 패턴을 살펴보면, n값이 둘만큼 차이 날 때마다 호출 수가 두 배 이상 증가한다는 것을 알 수 있다. 예를 들어 c_4는 c_2의 두 배 이상이고, c_5는 c_3의 두 배 이상이며, c_6은 c_4의 두 배 이상이다. 따라서 일반적으로 $c_n > 2^{n/2}$이다. 즉 `bad_fibonacci(n)`는 n에 대해 지수적인 수의 호출을 발생시키는 것이다.

피보나치 수를 계산하는 효율적인 재귀

n번째 피보나치 수 F_n이 이전의 두 F_{n-2}와 F_{n-1}에 직접 의존한다는 이유로 비효율적인 재귀 구현을 사용하고 싶은 유혹을 느낄 수 있다. 그러나 F_{n-2}가 계산 완료된 후 F_{n-1}을 계산하기 위한 호출은 자체적으로 또 다시 F_{n-2}를 계산하는 재귀 호출을 수행하는 점에 주의해야 한다. 이는 이전에 이미 F_{n-2} 계산을 위한 재귀 호출이 있었음을 고려하지 못하기 때문이다. 이는 중복 작업이다. 더 나쁜 것은 이 두 호출 모두 F_{n-3} 값을 (재)계산해야 하는데, 이는 F_{n-1}을 계산할 때도 F_{n-3} 값을 다시 계산해야 하기 때문이다. 이러한 스노우볼 효과 때문에 `bad_fibonacci` 함수는 지수적으로 증가하는 수행 시간을 갖게 된다.

각 함수 호출에서 한 번만 재귀 호출을 하도록 하면 F_n을 훨씬 더 효율적으로 계산할 수 있다. 그러기 위해서는 함수의 동작을 재정의해야 한다. 함수가 n번째 피보나치 수 하나를 반환하는 대신 연속한 한 쌍의 피보나치 수 (F_n, F_{n-1})을 반환하는 재귀 함수를 정의하도록 하자. 이를 위해 $F_{n-1} = 0$인 규칙을 도입하자. 하나의 피보나치 수 대신 두 개의 연속한 피보나치 수를 계산해야 해서 부담이 더 커 보이지만, 재귀의 한 레벨에서 다음 레벨로 이 추가 정보를 전달하면 훨씬 더 쉽게 계산을 진행할 수 있다(재귀 내에서 이미 계산된 두 번째 값을 다시 계산할 필요가 없기 때문임). 이 전략에 기반한 구현은 코드 4.8과 같다.

```
def good_fibonacci(n):
    """피보나치 수 F(n)과 F(n-1)을 반환한다."""
    if n <= 1:
        return (n,0)
    else:
        (a, b) = good_fibonacci(n-1)
        return (a+b, a)
```

코드 4.8 선형 재귀를 이용해 n번째 피보나치 수를 계산하는 함수

효율성 측면에서 보면 이 좋은 재귀와 나쁜 재귀의 차이는 극명하다. bad_fibonacci 함수는 지수 시간을 소요하지만 good_fibonacci 함수는 선형 시간에 실행된다. 각 재귀 호출은 n을 1씩 감소시키므로 재귀 호출을 추적하면 총 n번의 함수 호출이 존재한다. 또한 각 호출에 대한 비재귀 작업은 상수 시간 안에 완료되므로 전체 계산은 $O(n)$ 시간에 실행된다.

4.3.1 파이썬에서 재귀 깊이의 최대 한계

재귀를 잘못 사용했을 때 나타날 수 있는 또 다른 위험은 **무한 재귀**(infinite recursion)다. 재귀 호출이 연속으로 발생하는 상황에서 궁극적으로 베이스 케이스에 도달하지 못하면 이러한 호출은 무한히 계속된다. 이는 치명적인 오류로, CPU를 빠르게 소모할 뿐 아니라 각 호출마다 새로운 활성화 레코드가 생성되어 추가 메모리가 필요하다. 재귀 호출을 잘못 사용한 간단한 예는 다음과 같다.

```
def fib(n):
    return fib(n)                    # fib(n)이 fib(n) 자체를 호출
```

그러나 무한 재귀를 일으키는 오류는 이보다 훨씬 더 알아채기 어려울 수 있다. 코드 4.3의 이진 검색 구현을 다시 살펴보면, 마지막 행(17행)에서 시퀀스의 오른쪽 절반을 대상으로 재귀 호출을 한다(구간은 mid+1에서 high까지임). 만약 이 부분을 다음과 같이 잘못 작성했다면 동일한 구간을 계속 검색하게 되어 무한 재귀가 발생할 수 있다.

```
return binary_search(data, target, mid, high)    # mid 사용 부분 주의
```

이 경우 검색 구간에 원소가 두 개만 있을 때 항상 같은 구간에 대해 재귀 호출할 위험이 커진다.

프로그래머는 각 재귀 호출이 어떤 식으로든 베이스 케이스로 점진적으로 접근하도록 설계해야 한다(예 매 호출마다 매개변수 값을 감소시키도록 한다). 한편 이런 무한 재귀를 방지하기 위해 파이썬은 의도적으로 활성화할 수 있는 함수 호출 수에 제한을 걸었다. 이 값은 파이썬 배포판에 따라 다를 수 있지만 일반적인 기본값은 1000이다. 이 한계에 도달하면 파이썬 인터프리터는 `RuntimeError`를 발생시켜 "`maximum recursion depth exceeded`" 메시지를 출력한다.

재귀를 적절히 사용한 대부분의 경우에는 함수를 중첩시켜 호출하는 데 1000번이면 충분하다. 예를 들어 `binary_search` 함수(4.1.3절)의 재귀 깊이는 $O(\log n)$이므로 재귀 호출에 대한 기본 한계 값에 도달하려면 2^{1000}개의 원소가 있어야 한다(이는 우주에 존재하는 원자의 총 개수보다도 훨씬 더 큰 수임). 반면, 다음 절에서는 재귀 호출의 깊이가 n에 비례하는 알고리즘들을 다룰 예정이다. 재귀를 적절히 사용하면서도 재귀 깊이가 꽤 깊어질 수 있는 이들 알고리즘에 대해서는 파이썬에서 일부러 재귀 깊이를 제한해 둔 것이 방해가 될 수 있다. 다행히 파이썬 인터프리터의 재귀 한계를 동적으로 조정할 수 있다. 이를 위해 `sys`라는 모듈이 제공하는 `getrecursionlimit` 함수와 `setrecursionlimit` 함수를 사용하며, 사용 예는 다음과 같다.

```
import sys
old = sys.getrecursionlimit()        # 현재 기본값(보통 1000) 확인
sys.setrecursionlimit(1000000)       # 재귀 한계를 백만 번 호출까지 늘리기
```

4.4 재귀의 추가 사례

이제 재귀 호출을 사용하는 추가 사례를 살펴보자. 재귀 호출이 한 번의 활성화 안에서 몇 번 발생할 수 있는지를 기준으로 정리하면 다음과 같다.

- 하나의 재귀 호출이 최대 하나의 다른 재귀 호출만 발생시키는 경우 **선형 재귀**(linear recursion)라고 부른다.
- 하나의 재귀 호출이 두 개의 다른 재귀 호출을 발생시키는 경우 **이진 재귀**(binary recursion)라고 부른다.
- 하나의 재귀 호출이 세 개 이상의 다른 재귀 호출을 발생시키는 경우 **다중 재귀**(multiple recursion)라고 부른다.

4.4.1 선형 재귀

재귀 함수의 본문이 한 번 호출될 때마다 최대 하나의 새로운 재귀 호출을 수행하도록 설계되었다면 이를 **선형 재귀**(linear recursion)라고 부른다. 지금까지 살펴본 재귀 중 팩토리얼 함수(4.1.1절)와 `good_fibonacci` 함수(4.3절)의 구현은 선형 재귀의 좋은 예에 해당한다. 더 흥미로운 점은 이진 검색 알고리즘(4.1.3절)도 '이진'이라는 용어가 들어가지만 사실상 선형 재귀라는 사실이다. 이진 검색 알고리즘(코드 4.3)에는 재귀 호출로 이어지는 분기문이 두 개 포함되어 있지만, 하나만 선택하여 재귀 호출을 진행한다.

선형 재귀의 정의가 이러하므로 선형 재귀에서는 재귀 추적이 일련의 호출 연결로 나타난다(4.1.1절의 그림 4.1에서 팩토리얼 함수의 재귀 추적을 보면 알 수 있음). 여기서 중요한 점은 선형 재귀라는 용어에서 '선형'이 수행 시간의 점근 분석이 아니라 재귀 추적의 구조를 반영한다는 점이다. 예를 들어 이진 검색은 선형 재귀 구조를 가지지만 수행 시간은 $O(\log n)$이다.

시퀀스 원소의 합을 재귀적으로 계산하기

선형 재귀는 파이썬의 리스트와 같은 데이터 시퀀스를 처리하는 데 유용한 도구가 될 수 있다. 예를 들어 n개의 정수로 이루어진 시퀀스 S의 합을 계산하고 싶다고 가정해 보자. 이 문제는 선형 재귀를 사용해 다음과 같이 풀 수 있다. n이 0인 경우, S에 있는 원소들의 합은 당연히 0이다. n이 0이 아닌 경우, S에 있는 모든 정수의 합은 S의 처음 $n-1$개의 정수들의 합에 마지막 원소 값을 더하면 된다. 그림 4.9는 이 과정을 나타낸다.

0	1	2	3	4	5	6	7	8	9	10	11	12	13	14	15
4	3	6	2	8	9	3	2	8	5	1	7	2	8	3	7

그림 4.9 첫 $n-1$개의 정수 합에 마지막 원소 값을 더해, 시퀀스 합을 재귀적으로 계산하는 과정

수를 원소로 하는 시퀀스의 합을 계산하는 재귀 알고리즘은 이러한 직관에 기반해 코드 4.9와 같이 구현할 수 있다.

```
def linear_sum(S, n):
    """시퀀스 S의 첫 n개 원소들에 대한 합을 반환한다."""
    if n == 0:
        return 0
    else:
        return linear_sum(S, n-1) + S[n-1]
```

코드 4.9 선형 재귀를 이용해 시퀀스 원소의 합을 계산하는 함수

`linear_sum` 함수의 재귀 추적 예는 그림 4.10과 같다. 입력 크기가 n일 때 `linear_sum` 알고리즘은 총 $n+1$개의 함수 호출을 수행한다. 따라서 이 알고리즘은 $O(n)$ 시간에 동작한다. 각 호출에서는 비재귀 부분(덧셈 연산)에 대해 상수 시간만 소요되기 때문이다. 또한 이 알고리즘이 사용하는 메모리 공간(시퀀스 S가 차지하는 공간 이외에 추가로 사용되는 공간)도 $O(n)$임을 알 수 있는데, 이는 최종 재귀 호출(즉, $n=0$일 때)을 수행할 시점에 $n+1$개의 활성화 레코드가 동시에 존재하고 각 활성화 레코드의 메모리 사용량은 일정하기 때문이다.

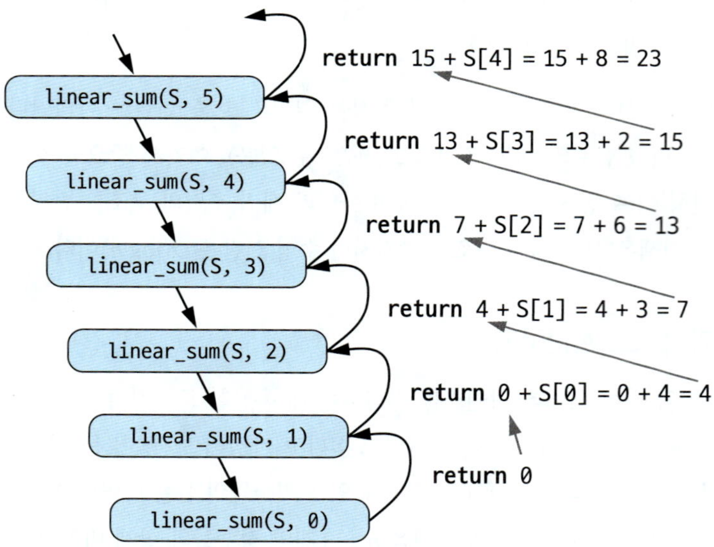

그림 4.10 입력 시퀀스 S = `[4, 3, 6, 2, 8]`인 경우 `linear_sum(S, 5)` 실행에 대한 재귀 추적

재귀를 이용해 시퀀스 뒤집기

다음으로 수열 S에 있는 n개의 원소에 대해 첫째 원소가 마지막 원소가 되고, 둘째 원소가 뒤에서 두 번째 원소가 되는 식으로 반전시키는 문제를 생각해 보자. 선형 재귀를 사용해 이 문제를 풀 수 있다. 첫째 원소와 마지막 원소를 바꾼 다음, 나머지 원소들을 재귀적으로 반전시키면 되기 때문이다. 코드 4.10은 이 알고리즘의 구현을 나타내며, 이를 처음 호출할 때는 `reverse(S, 0, len(S))`로 하면 된다.

```
def reverse(S, start, stop):
   """시퀀스 S의 슬라이스 S[start:stop]에 대해 원소들 순서를 반전시킨다"""
   if start < stop - 1:                        # 원소가 최소한 두 개는 있어야 함
      S[start], S[stop-1] = S[stop-1], S[start]  # 처음과 마지막 원소를 바꿈
      reverse(S, start+1, stop-1)              # 나머지 부분에 대해 재귀 호출
```

코드 4.10 선형 재귀를 이용해 시퀀스를 반전시키는 함수

이 알고리즘에는 베이스 케이스 두 개가 암시적으로 있다는 점에 유의하자. 즉, `start == stop`일 경우 구간이 비어 있고, `start == stop-1`일 때는 구간에 원소가 하나만 있다. 두 경우 모두 아무 동작도 할 필요 없다. 원소가 없거나 하나인 시퀀스는 거꾸로 해도 원래와 같기 때문이다. 그렇지 않고 재귀를 호출할 경우, 호출할 때마다 `stop-start` 값이 2씩 감소하기 때문에 베이스 케이스로 잘 진행된다(그림 4.11 참고). n이 짝수이면 결국 `start == stop` 케이스에 도달하고, n이 홀수이면 결국 `start == stop` $-$ `1` 케이스에 도달하게 된다.

이처럼 코드 4.10의 재귀 알고리즘은 총 $1 + \lfloor \frac{n}{2} \rfloor$개의 재귀 호출 후에 종료되도록 보장된다. 각 호출은 상수 개의 연산을 수행하므로 전체 프로세스는 $O(n)$ 시간에 실행된다.

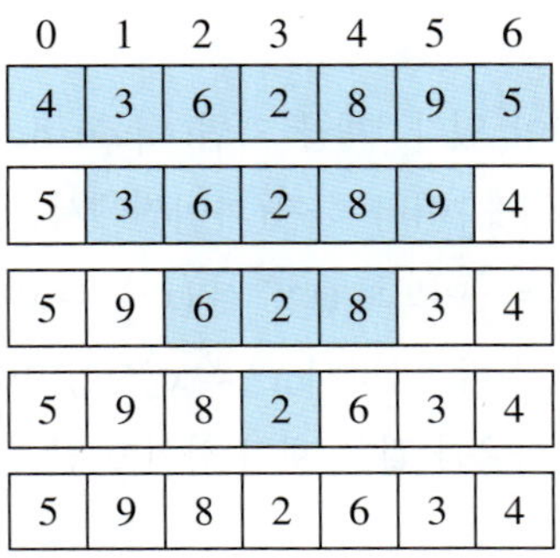

그림 4.11 시퀀스를 뒤집는 재귀 추적 예(색칠된 부분은 아직 뒤집지 않은 부분을 나타냄)

거듭제곱을 계산하는 재귀 알고리즘

선형 재귀를 사용하는 또 다른 흥미로운 예로, 어떤 수 x를 음이 아닌 정수 n만큼 거듭제곱하는 문제를 생각해 보자. 즉, $power(x, n) = x^n$으로 정의되는 **거듭제곱 함수**(power function)의 값을 계산하고자 한다(여기서는 거듭제곱 기능을 제공하는 파이썬 내장 함수 pow와 구분하기 위해 'power'라는 이름을 사용함). 이를 위해 두 개의 재귀 공식을 살펴볼 텐데, 각 공식을 알고리즘으로 구현해 놓았을 때 두 알고리즘 간 성능 차이가 매우 크다는 점에 주목하자.

$n > 0$에 대해 $x^n = x \cdot x^{n-1}$이라는 사실을 직접적으로 이용하면 거듭제곱 함수를 다음과 같이 간단하게 재귀적으로 정의할 수 있다.

$$power(x, n) = \begin{cases} 1 & n = 0\text{이면} \\ x \cdot power(x, n-1) & \text{그렇지 않을 경우} \end{cases}$$

이 정의를 기반으로 한 재귀 알고리즘은 코드 4.11과 같다.

```
def power(x, n):
  """정수 n에 대해 x**n을 계산한다."""
  if n == 0:
    return 1
  else:
    return x * power(x, n-1)
```

코드 4.11 단순 재귀를 이용해 거듭제곱을 계산하는 함수

이 $power(x, n)$ 함수에 대한 재귀 호출은 $O(n)$ 시간에 실행된다. 재귀 추적 구조는 그림 4.1의 팩토리얼 함수와 매우 유사하며, 매개변수는 호출할 때마다 1씩 감소하고 $n + 1$개의 각 호출에서 상수 개의 연산을 수행한다.

하지만 거듭제곱 함수를 훨씬 더 빠르게 계산할 수 있는 방법이 있다. **제곱 기법**(squaring technique)을 사용하는 대체 정의를 적용하는 방법이다. $k = \lfloor \frac{n}{2} \rfloor$이라 하자(파이썬에서는 n // 2로 표현함). 수식 $(x^k)^2$을 고려해 보면, n이 짝수일 때 $\lfloor \frac{n}{2} \rfloor = \frac{n}{2}$이므로 $(x^k)^2 = \left(x^{\frac{n}{2}}\right)^2 = x^n$이다. 또한 n이 홀수라면 $\lfloor \frac{n}{2} \rfloor = \frac{n-1}{2}$이고 $(x^k)^2 = x^{n-1}$이 성립한다. 따라서 $x^n = x \cdot (x^k)^2$이 된다. 예를 들면 $2^{13} = 2 \cdot 2^6 \cdot 2^6$이다. 이 분석 결과를 이용하면 다음과 같은 재귀 정의를 얻을 수 있다.

$$power(x, n) = \begin{cases} 1 & n = 0\text{일 때} \\ x \cdot power\left((x, \lfloor \frac{n}{2} \rfloor)\right)^2 & n > 0\text{인 홀수일 때} \\ power\left((x, \lfloor \frac{n}{2} \rfloor)\right)^2 & n > 0\text{인 짝수일 때} \end{cases}$$

이 재귀 정의에 대해 재귀 호출을 $power(x, \lfloor \frac{n}{2} \rfloor) \cdot power(x, \lfloor \frac{n}{2} \rfloor)$과 같이 두 번하여 구현한다면 재귀 추적에는 $O(n)$개의 호출이 있을 것이다. 대신 훨씬 더 적은 수의 연산을 수행할 수 있는데, 부분적으로 $power(x, \lfloor \frac{n}{2} \rfloor)$을 계산한 다음 이를 제곱하는 것이다. 이 재귀 정의에 기반한 구현은 코드 4.12와 같다.

```
def power(x, n):
   """정수 n에 대해 x**n 값을 계산한다."""
   if n == 0:
      return 1
   else:
      partial = power(x, n // 2)          # 정수 나눗셈 사용
      result = partial * partial
      if n % 2 == 1:                      # n이 홀수라면 x를 한 번 더 곱해줌
         result *= x
      return result
```

코드 4.12 반복 제곱 기법을 이용해 구현한 거듭제곱 함수

그림 4.12는 power(2, 13)의 재귀 추적을 통해 알고리즘이 어떻게 개선되었는지를 보여준다.

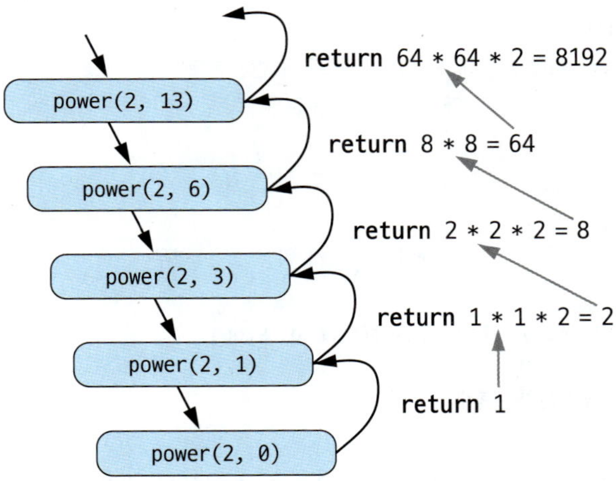

그림 4.12 함수 호출 power(2,13)에 대한 재귀 추적

이제 수정된 알고리즘의 수행 시간을 분석해 보자. 함수 power(x, n)의 각 재귀 호출에서 지수 값이 기껏해야 이전 지수 값의 절반인 것을 알 수 있다. 이진 검색에 대해 분석할 때 살펴보았듯이, n을 1 이하가 될 때까지 계속 반으로 나눌 수 있는 횟수는 $O(\log n)$이다. 따라서 새로 구현한 power 함수는 재귀 호출을 $O(\log n)$번 발생시킨다. 함수를 개별적으로 활성화할 때마다

$O(1)$개의 연산(재귀 호출 제외)이 사용되므로 `power(x, n)` 계산에 수행되는 연산의 총 개수는 $O(\log n)$이다. 이는 기존의 $O(n)$ 시간 알고리즘에 비해 상당한 성능 개선이다.

또한 개선된 버전은 메모리 사용량도 크게 절감한다. 초기 버전은 재귀 깊이가 $O(n)$이므로 $O(n)$개의 활성화 레코드를 메모리에 동시에 저장해야 한다. 반면, 개선된 버전은 재귀 깊이가 $O(\log n)$이므로 메모리 사용량도 $O(\log n)$으로 줄어든다.

4.4.2 이진 재귀

함수가 두 번 재귀 호출을 수행하면 이를 **이진 재귀**(binary recursion)라고 부른다. 4.1.2절의 영국식 눈금자 그리기나 4.3절의 `bad_fibonacci` 함수에서 이진 재귀의 예를 살펴보았다. 이진 재귀의 또 다른 응용으로, n개의 원소로 구성된 시퀀스 S의 총합을 구하는 문제를 다시 살펴보자. 원소가 하나 또는 0인 경우 원소의 합을 계산하는 것은 간단하다. 두 개 이상의 원소가 있는 경우 시퀀스 전반부의 총합을 재귀적으로 계산하고, 마찬가지로 후반부의 총합을 재귀적으로 계산한 후 이 두 개의 합을 더할 수 있다. 이 알고리즘의 구현은 코드 4.13과 같다. 이 알고리즘은 `binary_sum(A, 0, len(A))` 형태로 호출한다.

```
def binary_sum(S, start, stop):
   """시퀀스 S의 슬라이스 S[start:stop]에 대해 원소의 합을 구해 반환한다"""
   if start >= stop:                  # 현재 구간에 원소가 없는 경우
      return 0
   elif start == stop-1:              # 현재 구간에 원소가 한 개 있는 경우
      return S[start]
   else:                              # 현재 구간에 원소가 두 개 이상 있는 경우
      mid = (start + stop) // 2
      return binary_sum(S, start, mid) + binary_sum(S, mid, stop)
```

코드 4.13 이진 재귀를 사용해 시퀀스의 원소 합을 계산하는 함수

`binary_sum` 알고리즘을 분석하기 위해 n이 2의 거듭제곱인 경우로 단순화하여 생각해 보자. 그림 4.13은 `binary_sum(0, 8)`과 같이 실행시켰을 때의 재귀 추적을 보여준다. 각 상자에는 해당 호출에 대한 매개변수 `start:stop` 값이 표시되어 있다. 구간의 크기는 각 재귀 호출에서 절반으로 나뉘므로 재귀 깊이는 $1 + \log_2 n$이다. 따라서 `binary_sum`은 $O(\log n)$만큼의 공간을 추가로 사용하므로 코드 4.9의 `linear_sum` 함수가 사용하는 $O(n)$ 공간보다 크게 개선되었다. 그러나 `binary_sum`의 수행 시간은 $O(n)$이다. 이는 $2n - 1$개의 함수 호출이 있고 각각 상수 시간을 소요하기 때문이다.

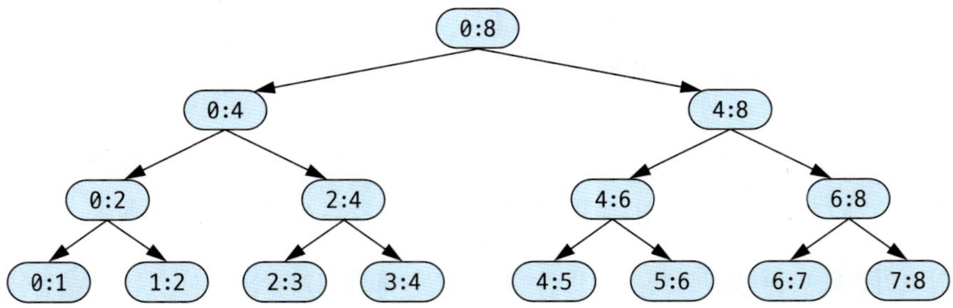

그림 4.13 binary_sum(0, 8) 실행에 대한 재귀 추적

4.4.3 다중 재귀

이진 재귀를 일반화하여 하나의 함수가 두 번 넘게 재귀 호출을 수행하면 **다중 재귀**(multiple recursion)라고 한다. 파일 시스템의 디스크 공간 사용량을 분석하기 위한 재귀 알고리즘이 다중 재귀의 예로서(4.1.4절 참고), 이는 하나의 함수 호출 내에서 발생하는 재귀 호출의 개수가 파일 시스템에 있는 디렉터리 내 항목 개수와 같기 때문이다.

다중 재귀를 응용할 수 있는 또 다른 예는 조합 퍼즐을 풀기 위해 다양한 구성을 나열하려는 경우다. 예를 들어 다음은 모두 **단어 덧셈**(summation puzzle)이라고 알려진 퍼즐의 예다.

$$pot + pan = bib$$
$$dog + cat = pig$$
$$boy + girl = baby$$

이러한 퍼즐을 풀려면 덧셈의 각 문자에 고유한 숫자(즉, 0, 1, ..., 9)를 할당해서 해당 덧셈이 성립하도록 시도해야 한다. 대개 이런 퍼즐은 직관적으로 맞지 않는 조합(즉, 문자에 숫자를 다 할당하지 않고도 답이 아닌 게 확실한 조합)을 먼저 제거하고, 그다음 남은 경우들을 하나씩 체크하면서 해결한다.

그러나 가능한 조합의 수가 너무 많지 않은 경우엔 컴퓨터를 사용해 사람이 관찰하지 않고도 모든 가능성을 나열하고 이들 각각을 테스트할 수 있다. 더욱이 이러한 알고리즘엔 다중 재귀를 사용해 많은 조합을 체계적으로 처리할 수 있다. 코드 4.14는 이 알고리즘의 의사코드다. 다른 퍼즐에도 적용될 수 있도록 알고리즘 표현을 일반화하였다. 즉, 길이가 k인 모든 가능한 조합 시퀀스를 열거하고 테스트하도록 한다. 이때, 조합에 사용되는 원소들의 집합을 U라고 하면, U의 각 원소는 중복으로 사용하지 않도록 한다. 길이가 k인 조합들, 즉 원소의 개수가 k인 조합 시퀀스들은 다음 과정을 통해 만들어진다.

❶ $k-1$개 원소를 조합한 시퀀스를 재귀적으로 생성한다.

❷ 각 시퀀스에 아직 포함되지 않은 원소를 뒤에 하나 추가한다.

알고리즘을 실행하는 동안 집합 U를 사용해 현재 단계의 시퀀스에 포함되지 않은 원소를 관리하고, 이로써 원소 e가 U에 남아 있는 경우에만 아직 사용되지 않은 원소로 간주한다.

코드 4.14의 알고리즘을 다른 방식으로 살펴보면, 집합 U에 대해 크기 k인 순서 있는 부분집합(ordered subset)을 모두 열거하고 각 부분집합이 퍼즐의 해가 되는지를 테스트하는 것이다.

단어 덧셈 퍼즐의 경우 $U = \{0, 1, 2, 3, 4, 5, 6, 7, 8, 9\}$이고, 시퀀스 내 원소의 각 위치는 주어진 문자에 해당한다. 예를 들어 첫 번째 위치는 b, 두 번째 위치는 o, 세 번째 위치는 y를 나타낼 수 있다.

```
알고리즘 PuzzleSolve(k, S, U):
  입력: 정수 k, 시퀀스 S, 집합 U
  출력: U의 원소를 중복 없이 사용해 만든 길이 k의 모든 시퀀스 집합(입력 S 뒤에 붙일 용도로 만듦)
  for each e in U do
    e를 S 뒤에 추가한다.
    U에서 e를 제거한다.                                  {원소 e를 이제 사용함}
    if k == 1 then
      S가 퍼즐을 해결하는 구성인지 테스트한다.
      if S가 퍼즐을 해결하면 then
        return "해 발견: " S
    else
      PuzzleSolve(k-1, S, U)                                {재귀 호출}
    S 끝에서 e를 제거한다.
    U에 e를 다시 추가한다.                      {원소 e는 이제 미사용으로 간주함}
```

코드 4.14 가능한 모든 조합의 경우를 열거하고 테스트하여 조합 퍼즐 풀기

그림 4.14는 PuzzleSolve(3, S, U)를 호출했을 때의 재귀 추적을 보여주는데, 이때 S는 빈 시퀀스이고 $U = \{a, b, c\}$다. 이 함수 호출을 실행하는 동안 문자 세 개를 이용한 모든 순열 시퀀스들이 생성되고 테스트된다. 첫 호출은 재귀 호출을 세 번 발생시키며, 이들 각각의 호출은 다시 재귀 호출을 두 번 발생시킨다. 네 개의 원소로 구성된 집합 U를 이용해 PuzzleSolve(3, S, U)를 실행했다면 첫 호출은 재귀 호출을 네 번 발생시켰을 것이고, 이들 각각의 재귀 추적은 그림 4.14처럼 진행됐을 것이다.

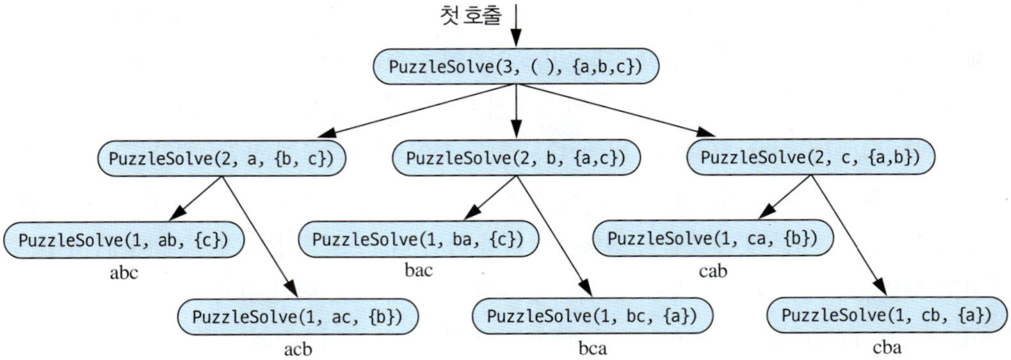

그림 4.14 PuzzleSolve($3, S, U$)의 실행에 대한 재귀 추적. 여기서 S는 비어 있고 $U = \{a, b, c\}$다. PuzzleSolve($3, S, U$)가 실행되면 a, b, c에 대한 모든 순열 시퀀스를 생성하고 테스트한다. 생성된 시퀀스의 각 항목 바로 밑에는 해당 문자열 시퀀스가 표시되어 있다.

4.5 재귀 알고리즘 설계하기

일반적으로 재귀를 사용하는 알고리즘은 다음과 같은 구조를 따른다.

- **베이스 케이스 테스트**: 현재 단계가 베이스 케이스에 해당하는지, 모든 경우의 베이스 케이스에 대해 테스트한다(베이스 케이스가 적어도 하나는 있어야 함). 베이스 케이스를 정의할 때는 연쇄적으로 발생 가능한 모든 재귀 호출이 최종적으로 이들 베이스 케이스에 도달하도록 해야 하며, 각 베이스 케이스에는 재귀 호출을 사용하지 않아야 한다.
- **재귀 호출**: 베이스 케이스가 아닌 경우 하나 이상의 재귀 호출을 수행한다. 이 재귀 단계에는 가능한 여러 재귀 호출 중 어떤 호출을 수행할지 결정하는 테스트가 포함될 수 있다. 발생 가능한 각각의 재귀 호출은 베이스 케이스를 향해 나아가도록 정의되어야 한다.

재귀 알고리즘 설계 시 매개변수 구성하기

주어진 문제에 대한 재귀 알고리즘을 설계하려면, 원래 문제와 동일한 구조를 가진 하위 문제를 어떻게 정의할 수 있을지 다양하게 생각해 보는 게 좋다. 재귀 알고리즘을 설계하는 데 필요한 반복 구조를 찾기가 어려운 경우에는, 몇몇 구체 사례에 대해 문제를 풀어보고 하위 문제를 어떻게 정의해야 하는지 확인하는 것이 유용하다.

재귀 알고리즘을 잘 설계하기 위해서는 때때로 비슷한 모양의 하위 문제를 쉽게 해결하기 위해 원래 문제를 다시 정의해야 할 수도 있다. 여기에는 종종 함수 시그니처에서 매개변수를 다시 구성하는 작업이 포함된다. 예를 들어 일련의 데이터에 대해 이진 검색을 수행할 때 함수 시그니처는 `binary_search(data, target)`로 하는 것이 함수 호출에 자연스럽다. 그러나 4.1.3절에서는 함수 시그니처를 `binary_search(data, target, low, high)`와 같이 다른 형태로 정의했는데, 이는 재귀 호출이 진행됨에 따라 하위 리스트를 구분하기 위해 매개변수를 추가로 사용했기 때문이다. 이렇게 매개변수를 다르게 하는 것은 이진 검색에서 매우 중요하다. `binary_search(data, target)`이 좀더 깔끔하지만 이 경우 리스트의 절반에 대해 검색을 수행하려면 해당 원소들만 포함하는 리스트를 새로 만들어 이를 `binary_search(data, target)`의 첫 번째 매개변수로 전달할 수밖에 없다. 그러나 리스트의 절반을 복사하는 작업 자체가 $O(n)$ 시간을 소요하므로 이진 검색 알고리즘의 이점이 모두 상쇄된다.

알고리즘에 매개변수를 추가로 두면 사용자가 껄끄러워할 수 있으므로 좀더 깔끔한 공개 인터페이스를 제공하고 싶다면 `binary_search(data, target)`와 같은 인터페이스를 가진 공개 함수를 하나 만든 다음, 그 내부에서 재귀 호출에 맞게 매개변수들을 구성한 비공개 유틸리티 함수를 호출하도록 하는 것이 일반적이다.

이와 같이 재귀 호출에 맞게 매개변수들을 조정한 알고리즘을 이미 이 장에서 보았을 것이다(예 `reverse`, `linear_sum`, `binary_sum`). `good_fibonacci` 구현은 반환하는 값을 의도적으로 강화하는 형식, 즉 수치 값 두 개를 반환하는 형식으로 좀 다르게 재정의하였다.

4.6 꼬리 재귀 제거하기

알고리즘 설계 시 재귀를 적용하면 문제에 흔히 존재하는 반복 구조를 간결하게 활용할 수 있다는 큰 장점이 있다. 알고리즘에 존재하는 반복적인 구조를 재귀 방식으로 표현하면 복잡한 조건들을 일일이 체크하는 수고를 덜 수 있고 중첩 반복문도 피할 수 있다. 즉, 재귀 방식을 사용하면 상당히 효율적이면서도 가독성이 좋은 알고리즘을 표현할 수 있다.

이처럼 재귀 기법이 유용하지만 여기엔 다소 비용이 따른다. 특히 파이썬 인터프리터는 중첩된 각 호출마다 그 상태를 추적하는 활성화 레코드를 각각 유지해야 한다. 따라서 컴퓨터 메모리가 부족한 경우 재귀 알고리즘을 비재귀 알고리즘으로 바꾸는 것이 경우에 따라 유용할 수 있다.

일반적으로 6.1절에서 소개할 스택 자료구조를 사용하면 재귀 알고리즘을 비재귀 알고리즘으로 변환할 수 있는데, 이는 중첩되는 재귀 호출 구조를 파이썬 인터프리터에 맡겨 관리하도록 하는 대신 개발자가 직접 관리함으로써 가능해진다. 이 경우 재귀 호출에 따른 메모리 사용 주체만 인터프리터에서 스택으로 바뀌는 것이지만, 원한다면 최소한의 필수 정보만 저장하도록 하여 메모리 사용량을 줄일 수도 있을 것이다.

특정 형태의 재귀 호출은 메모리를 추가로 사용하지 않고도 제거할 수 있어 더 좋다. 이러한 형태 중 주목할 만한 것이 **꼬리 재귀**(tail recursion)다. 재귀 호출이 해당 컨텍스트(context)에서 실행된 마지막 작업이고, 이 재귀 호출의 반환값이 상위 레벨의 재귀 호출에 의해 즉시 반환되는 경우 이를 꼬리 재귀라고 한다. 꼬리 재귀는 반드시 선형 재귀여야 한다(첫 번째 재귀 호출의 결과를 즉시 반환해야 하므로 두 번째 재귀 호출을 수행할 방법이 없기 때문임).

이 장에서 설명한 재귀 함수 중 코드 4.3의 `binary_search` 함수와 코드 4.10의 `reverse` 함수는 꼬리 재귀의 예다. 다른 여러 선형 재귀도 꼬리 재귀와 거의 비슷하지만 엄밀히 따지면 꼬리 재귀는 아니다. 예를 들어 코드 4.1의 `factorial` 함수는 꼬리 재귀가 아니다. 다음 구문을 살펴보자.

```
return n * factorial(n-1)
```

재귀 호출이 완료된 후 곱셈 연산이 추가로 수행되므로 꼬리 재귀가 아니다. 마찬가지로 코드 4.9의 `linear_sum` 함수와 코드 4.7의 `good_fibonacci` 함수도 꼬리 재귀가 될 수 없다.

모든 꼬리 재귀는 비재귀적으로 다시 구현할 수 있다. 재귀 함수 본문을 반복문으로 둘러싸고 매개변수 값을 바꿔 실행하는 재귀 호출문을 변수의 대입문으로 대체하면 된다. 예를 들어 코드 4.15와 같이 `binary_search` 함수를 재구현할 수 있다. 우선, 검색 대상 시퀀스의 전체 범위를 나타내기 위해 `while` 루프 직전에 변수 `low`와 `high`를 초기화한다. 그런 다음 `while` 루프를 반복하면서 원하는 목푯값을 찾거나 그렇지 않으면 대상 시퀀스의 범위를 좁혀 나간다. 기존 버전에서 `binary_search(data, target, low, mid - 1)`로 재귀 호출을 했던 부분은 `high = mid - 1`로 바꾸고 다음 반복을 계속한다. 원래 재귀 호출의 베이스 케이스 조건인 `low > high`는 단순히 `low <= high`라는 반대 조건으로 대체되어 `while` 루프의 조건에 사용된다. 이렇게 새로 구현한 버전에서는 `while` 루프가 종료되면(즉, `while` 루프 내부에서 `True`를 반환하지 않고 끝내면) 검색이 실패했음을 나타내기 위해 `False`를 반환한다.

```python
def binary_search_iterative(data, target):
    """주어진 파이썬 리스트에서 목푯값이 발견되면 True를 반환한다."""
    low = 0
    high = len(data)-1
    while low <= high:
        mid = (low + high) // 2
        if target == data[mid]:                  # 목푯값을 찾음
            return True
        elif target < data[mid]:
            high = mid - 1                       # mid의 왼쪽 부분만 고려함
        else:
            low = mid + 1                        # mid의 오른쪽 부분만 고려함
    return False                                 # 검색 실패하고 반복문 종료
```

코드 4.15 이진 검색의 비재귀적 구현

비슷한 방식으로, 코드 4.10에서 재귀 방식으로 구현했던 reverse 함수를 코드 4.16과 같이 비재귀적으로 구현할 수 있다.

```python
def reverse_iterative(S):
    """시퀀스 S의 원소들 순서를 반전시킨다."""
    start, stop = 0, len(S)
    while start < stop - 1:
        S[start], S[stop-1] = S[stop-1], S[start]    # 처음 원소와 마지막 원소를 바꿈
        start, stop = start + 1, stop - 1            # 대상 범위 좁힘
```

코드 4.16 반복문으로 구현한 시퀀스 반전 코드

여기서는 while 루프의 각 반복에서 start와 stop 값을 매번 업데이트하며, 이 범위 내 원소의 개수가 한 개 이하로 되면 루프를 종료한다.

꼬리 재귀 형태가 아니더라도 선형 재귀는 종종 반복문을 이용해 매우 효율적으로 표현할 수 있다. 예를 들어 팩토리얼을 계산하거나, 시퀀스의 원소들을 합산하거나, 피보나치 수를 효율적으로 계산하는 함수를 간단히 비재귀적으로 구현할 수 있다. 실제로 1.8절의 제너레이터를 이용한 피보나치 수열 구현에는 재귀 기법을 사용하지 않았는데, 각 후속값을 $O(1)$ 시간에 생성하므로 수열의 n번째 항목을 생성하는 데 $O(n)$ 시간이 걸린다.

4.7 연습 문제

기본 문제

R-4.1 시퀀스 S에 있는 n개의 원소 중 최댓값을 찾는 재귀 알고리즘을 작성하라. 이 알고리즘의 수행 시간과 공간 사용량은 얼마인가?

R-4.2 코드 4.11에 구현된 `power` 함수를 `power(2, 5)`와 같이 호출했을 때의 재귀 추적을 그려라.

R-4.3 코드 4.12는 반복 제곱 기법으로 구현한 `power` 함수다. 이를 `power(2, 18)`와 같이 호출했을 때의 재귀 추적을 그려라.

R-4.4 코드 4.10의 `reverse` 함수에 대해 `S = [4, 3, 6, 2, 6]`일 때 `reverse(S, 0, 5)` 호출에 대한 재귀 추적을 그려라.

R-4.5 코드 4.14의 `PuzzleSolve` 함수에 대해 `S`는 비어 있고 `U = {a, b, c, d}`일 때 `PuzzleSolve(3, S, U)` 호출에 대한 재귀 추적을 그려라.

R-4.6 ***n*번째 조화수**(Harmonic number) $H_n = \sum_{i=1}^{n} 1/i$를 계산하기 위한 재귀 함수를 작성하라.

R-4.7 숫자로만 구성된 문자열이 있다. 이를 해당 문자열이 나타내는 정수로 변환하는 재귀 함수를 작성하라. 예를 들어 `'13531'`은 정수 13,531을 나타낸다.

R-4.8 Isabel은 n개의 정수로 이루어진 시퀀스 A에 대해 원소들의 총합을 구하는 방법을 하나 생각해 냈다(여기서 n은 2의 거듭제곱임이라고 가정함). 이 방법에 의하면 A의 절반 크기의 시퀀스 B를 만들어 $B[i] = A[2i] + A[2i+1]$로 설정한다($i = 0, 1, \ldots, (n/2) - 1$). 이때, B의 크기가 1인 경우엔 $B[0]$ 값을 출력하고 그렇지 않은 경우에는 A를 B로 바꾸어 위 과정을 반복한다. 이 알고리즘의 수행 시간은 어떻게 되는가?

응용 문제

C-4.9 시퀀스에서 최솟값과 최댓값을 구하는 재귀 함수를 파이썬으로 작성하라. 반복문을 사용하면 안 되며, 가능하면 짧은 코드로 작성해야 한다.

C-4.10 덧셈과 정수 나눗셈만 사용해 $\log_2 n$의 정수 부분을 계산하는 재귀 알고리즘을 작성하라.

C-4.11 원소 고유성 문제를 최악의 경우 $O(n^2)$ 시간에 해결하는 효율적인 재귀 함수를 작성하라(정렬은 사용하면 안 됨).

C-4.12 두 양의 정수 m과 n의 곱을 오직 덧셈과 뺄셈만 사용해 계산하는 재귀 알고리즘을 작성하라.

C-4.13 4.2절에서는 귀납법으로 `draw_interval(c)` 호출 시 출력되는 눈금 수가 $2^c - 1$임을 증명했다. 여기서 또 다른 흥미로운 질문은 그 과정에서 – 문자가 총 몇 번 출력되는지다. 귀납법을 사용해 `draw_interval(c)`이 출력하는 – 문자의 수가 $2^{c+1} - c - 2$임을 증명하라.

C-4.14 **하노이의 탑 퍼즐**은 다음과 같다. 판 위에 세 개의 기둥 a, b, c가 있다. 기둥 a에는 n개의 원판이 크기순으로 쌓여 있는데, 가장 작은 원판이 맨 위에 있고 가장 큰 원판이 맨 아래에 있다. 퍼즐의 목표는 기둥 a에서 기둥 c로 모든 원판을 이동시키는 것인데, 한 번에 원판 하나를 이동하되 작은 원판 위에 큰 원판을 놓으면 안 된다. 그림 4.15는 $n = 4$인 경우다. 임의의 n에 대해 하노이의 탑 퍼즐을 풀기 위한 재귀 알고리즘을 작성하라. (힌트: 제일 밑에 있는 n번째 원판을 제외한 나머지 $(n - 1)$개의 원판을 기둥 a에서 기둥 b로 이동시키는 문제를 먼저 고려하라. 이 과정에서 기둥 c는 이동시키는 원판들을 잠시 두는 '임시 저장소'로 사용한다.)

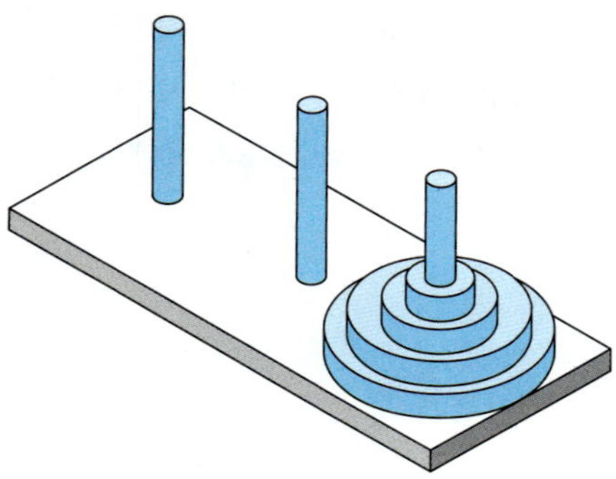

그림 4.15 하노이의 탑 퍼즐

C-4.15 n개 원소를 가진 집합에서 부분집합들을 중복 없이 모두 출력하는 재귀 함수를 작성하라.

C-4.16 문자열 s를 받아 이를 역순으로 출력하는 재귀 함수를 파이썬으로 가능한 한 짧게 작성하라. 예를 들어 `'pots&pans'`의 역순 출력은 `'snap&stop'`이다.

C-4.17 문자열 s가 회문(palindrome)인지, 즉 역순으로 해도 원래 문자열과 같은지 검사하는 재귀 함수를 파이썬으로 가능한 한 짧게 작성하라. 예를 들어 `'racecar'`, `'gohangasalainiimalasagnahog'`는 모두 회문이다.

C-4.18 영어 문자열 s에 자음보다 모음이 더 많은지 검사하는 함수를 재귀를 사용해 파이썬으로 작성하라.

C-4.19 정수를 원소로 하는 시퀀스에 대해 짝수 원소는 모두 홀수 원소보다 앞에 오도록 재정렬하는 재귀 함수를 파이썬으로 가능한 한 짧게 작성하라.

C-4.20 정수를 원소로 하는 시퀀스 S와 정수 k가 주어졌을 때, k보다 작거나 같은 모든 원소가 k보다 큰 원소들 앞에 오도록 S의 원소를 재배열하는 재귀 알고리즘을 작성하라. 원소가 n개일 때 제시한 알고리즘의 수행 시간은 얼마인가?

C-4.21 n개의 고유한 정수들이 오름차순으로 정렬된 시퀀스 S가 있다고 가정하자. 정수 k가 주어졌을 때, 서로 합한 값이 k가 되는 두 정수가 S에 존재하는지, 만일 존재한다면 그 두 정수는 무엇인지 찾는 재귀 알고리즘을 작성하라. 이 알고리즘의 수행 시간은 얼마인가?

C-4.22 반복 제곱을 사용하는 `power` 함수(코드 4.12 참고)를 비재귀적으로 구현하라.

프로젝트 문제

P-4.23 경로(`path`)와 파일명(`filename`)이 주어졌을 때, 그 경로를 루트로 하는 파일 시스템에서 해당 파일명을 가진 항목들을 찾아 모두 출력하는 재귀 함수 `find(path, filename)`를 구현하라.

P-4.24 주어진 단어 덧셈 퍼즐에 대해 가능한 모든 조합을 열거하고 테스트하여 퍼즐을 푸는 프로그램을 작성하라. 이 프로그램을 사용해 4.4.3절에 주어진 세 개의 퍼즐을 풀도록 한다.

P-4.25 4.1.2절의 영국식 눈금자 그리기 문제에서 `draw_interval` 함수를 비재귀적으로 구현하라. 중앙 눈금의 길이를 c라고 하면 출력되는 눈금의 개수는 정확히 $2^c - 1$이어야 한다. 반복문 사용 시 인덱스를 0에서 $2^c - 2$까지 증가시킬 때 각 눈금의 – 문자 개수는, 인덱스를 이진수로 표현했을 때 끝에 있는 연속된 1의 개수에 1을 더한 값과 같아야 한다.

P-4.26 하노이의 탑 문제를 푸는 프로그램을 작성하라(연습 문제 **C-4.14** 참고).

P-4.27 파이썬의 `os` 모듈은 `walk(path)` 함수를 제공하는데, 이 함수는 디렉터리를 나타내는 문자열 `path`가 주어질 때 이 디렉터리의 각 하위 디렉터리에 대해 `(dirpath, dirnames, filenames)` 튜플을 반환(yield)하는 제너레이터다. 여기서 문자열 `dirpath`는 하위 디렉터리의 전체 경로이고, `dirnames`는 `dirpath` 내 하위 디렉터리들의 리스트이며, `filenames`는 `dirpath` 내에서 디렉터리가 아닌 항목들로 구성된 리스트다. 예를 들어 그림 4.6에 있는 파일 시스템의 `cs016` 서브 디렉터리에 접근할 때 `walk` 함수는 다음과 같은 결과를 반환한다(`'/user/rt/courses/cs016'`, `['homeworks', 'programs']`, `['grades']`). `walk` 함수를 직접 구현하라.

참고 사항

재귀를 이용한 프로그래밍은 컴퓨터 과학의 오랜 전통 중 하나다(예 Dijkstra의 논문 [36] 참고). 재귀는 함수형 프로그래밍 언어에서도 핵심 개념이다(예 Abelson, Sussman, Sussman의 고전 [1] 참고). 흥미롭게도, 이진 검색은 1946년에 처음 발표되었지만 1962년에 와서야 오류 없이 완벽한 형태를 갖춰 발표되었다. 이 과정에 대한 자세한 논의는 Bentley [14] 및 Lesuisse [68]의 논문들을 참고하라.

CHAPTER **05**

배열 기반 시퀀스

5.1 파이썬의 시퀀스 유형

이 장에서는 파이썬의 다양한 '시퀀스' 클래스, 즉 내장된 **리스트**(list), **튜플**(tuple), **문자열**(str)을 살펴본다. 이들 클래스의 중요한 공통점은 seq[k]와 같은 구문으로 시퀀스의 개별 원소에 접근할 수 있는 인덱싱을 지원하며, 내부적으로는 배열이라는 저수준 개념을 사용해 시퀀스를 표현한다는 점이다. 하지만 이런 추상 개념과 실제 파이썬 내부의 구현 방식 간에는 상당한 차이가 있다. 시퀀스 클래스는 파이썬 전반에 거쳐 널리 사용되며, 복잡한 자료구조를 구성하는 기본 구조이기 때문에 이들 클래스를 사용하는 방법(외부 동작)과 내부 동작 원리를 명확히 이해하는 것이 중요하다.

공개 동작

우수한 프로그래머가 되려면 클래스가 어떻게 사용되는지를 제대로 이해해야 한다. 리스트, 문자열, 튜플의 기본 사용법은 간단해 보이지만, 시퀀스의 복사본을 만들거나 일부분을 가져오는 등의 동작에서 각 클래스 간에 미묘하지만 중요한 몇 가지 차이가 존재한다. 이러한 차이를 제대로 이해하지 못하면 의도치 않은 버그가 쉽게 발생할 수 있으므로, 이 책에서는 각 클래스 모델을 정확히 설명하고자 한다. 이 모델을 이해하면 다차원 데이터를 이중 리스트로 표현하는 등의 고급 활용에도 큰 도움이 된다.

구현 세부 정보

클래스의 내부 구현에 집중하는 것은 객체 지향 프로그래밍의 원칙에 어긋나는 것처럼 보일 수 있다. 앞서 2.1.2절에서 캡슐화의 원칙을 강조하며 클래스 사용자는 내부 구현 세부 사항을 알 필요가 없다고 했다. 물론 클래스의 인스턴스를 문법에 맞추어 정확하게 사용하는 것은 중요하다. 문법적 정확성만 생각한다면 공개 인터페이스의 구문과 의미만 파악해도 코드를 작성하는 데 충분한 지식을 갖췄다고 할 수 있다. 그러나 프로그램의 효율성은 구성 요소를 얼마나 효율적으로 활용했는지에 따라 크게 달라진다.

점근적 분석과 실험 분석

파이썬의 시퀀스 클래스에서 제공하는 다양한 연산의 효율성을 설명할 때는 3장에서 설명한 점근 표기법을 사용한다. 또한 이론적인 점근적 분석의 결과를 실제로 검증하기 위해 주요 연산에 대해 실험적 분석도 수행할 것이다.

5.2 저수준 배열

파이썬이 시퀀스 유형을 표현하는 방식을 정확히 설명하려면 먼저 저수준 컴퓨터 구조의 개념을 살펴봐야 한다. 컴퓨터의 메인(Primary) 메모리는 비트(bit)로 구성되며, 이 비트들은 시스템 구조에 따라 더 큰 단위로 묶여 사용된다. 일반적으로 8비트로 구성되는 **바이트**(byte)가 가장 대표적인 단위다.

컴퓨터 시스템은 방대한 양의 메모리를 가지고 있으며, 특정 정보가 어떤 바이트에 저장되어 있는지 추적하기 위해 **메모리 주소**(memory address)라는 추상화 기법을 사용한다. 사실상 메모리의 각 바이트는 주소 역할을 하는 고유한 번호와 연관되어 있다(숫자의 이진 표현이 주소 역할을 함). 예를 들어 컴퓨터 시스템은 Byte #2150, Byte #2157과 같은 방식으로 데이터를 참조할 수 있다. 메모리 주소는 일반적으로 메모리 시스템의 물리적 구조와 일치하도록 순차적으로 배치되는 것이 일반적이다. 그림 5.1은 메모리를 바이트 단위로 표시하고 각 바이트가 어떤 주소를 가지는지를 표현한 것이다.

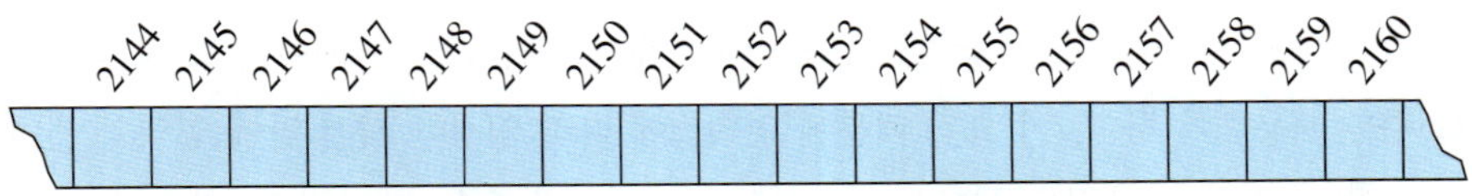

그림 5.1 연속적인 메모리 주소가 개별 바이트의 레이블로 지정된 컴퓨터 메모리

컴퓨터 하드웨어의 주소 체계는 순차적인 특성을 가지고 있지만, 이론적으로 메인 메모리의 모든 바이트는 해당 주소를 통해 효율적으로 접근할 수 있도록 설계되었다. 이러한 의미에서 컴퓨터의 메인 메모리는 RAM(Random Access Memory, 랜덤 접근 메모리)으로 작동한다고 할 수 있다. 즉, Byte # 309를 검색하는 것만큼이나 Byte #8675309를 검색하는 것도 쉽다. (실제로는 캐시 및 외부 메모리의 사용 등 복잡한 요소가 있는데, 이 문제에 대해서는 15장에서 다룬다). 이를 점근 표기법으로 표현하면, 개별 바이트의 메모리를 저장하거나 검색하는 데 $O(1)$ 시간이 걸린다고 표현할 수 있다.

일반적으로 프로그래밍 언어는 식별자와 (해당 식별자와 연결된 값이 저장된) 메모리 주소 간의 연결을 추적한다. 예를 들어 두 식별자 x, y가 있을 때, 식별자 x와 y는 메모리에 저장된 두 개의 서로 다른 값과 각각 연결되어 있다고 할 수 있다. 또 객체의 시퀀스를 추적하는 프로그래밍 작업을 생각해 볼 수 있다. 예를 들어 어떤 비디오 게임에서 1~10위의 랭킹 점수를 저장한다고 가정하자. 이때 10개의 점수를 각각 별개의 변수로 관리하기보다는 하나의 그룹으로 묶은 후 인덱스를 통해 각 점수에 접근하는 방식이 훨씬 효율적일 것이다.

이처럼 서로 연관된 변수들의 그룹을 컴퓨터 메모리의 연속된 부분에 차례로 저장할 수 있는데, 이를 배열이라고 한다. 배열의 개념을 직관적으로 보여주는 예가 텍스트 문자열이다. 텍스트 문자열은 개별 문자의 정렬된 시퀀스로 저장된다. 파이썬에서 각 문자는 유니코드 문자 집합을 사용해 표현되며, 대부분의 컴퓨팅 시스템에서 파이썬은 내부적으로 각 유니코드 문자를 16비트(즉, 2바이트)로 표현한다. 따라서 그림 5.2에 표시된 것처럼 SAMPLE과 같은 6글자의 문자열은 12바이트의 연속된 메모리 공간에 저장된다.

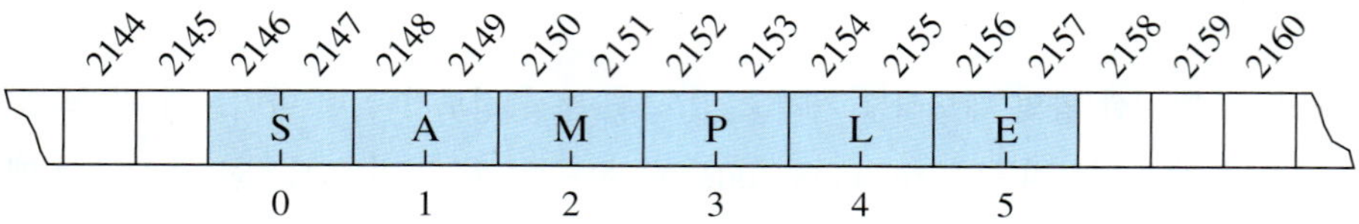

그림 5.2 파이썬 문자열이 컴퓨터 메모리에 문자 배열로 저장된 모습. 각 유니코드 문자가 2바이트의 메모리를 차지한다고 가정한다. 항목 아래에 표시된 숫자는 문자열에서의 인덱스다.

실제로 사용되는 것은 12바이트의 메모리 공간이지만, 이 책에서는 이 배열이 6개의 문자로 구성되었다고 설명할 것이다. 배열 내의 각 위치를 **셀**이라고 하며, 각 셀의 위치는 정수 **인덱스**를 사용해 지정된다. 이때, 셀 번호는 0, 1, 2 등으로 나열된다. 예를 들어 그림 5.2에서 인덱스 4를 가진 셀의 값은 L이며 메모리 2154 및 2155 바이트에 저장되어 있다. 배열의 각 셀은 동일한 바이트 수를 사용해야 하며, 이 요건 덕분에 인덱스에 따라 일정한 시간 안에 임의의 셀에 접근(access)할 수 있다. 구체적으로는 배열이 시작되는 메모리 주소(예 그림 5.2의 2146), 원소당 바이트 수(예 유니코드 문자의 경우 2), 배열 내에서 원하는 인덱스를 알고 있다면 '**시작 주소 + 원소당 바이트 수 * 인덱스**' 식을 통해 적절한 메모리 주소를 계산할 수 있다.

이 식에 따르면 인덱스 0의 셀은 배열의 시작 지점에서 정확히 시작하고, 인덱스 1의 셀은 배열의 시작 지점에서 셀의 크기만큼 지난 지점에서 시작한다. 예를 들어 그림 5.2에서 셀 4는 메모리 위치 2154($2146 + 2 \times 4 = 2146 + 8 = 2154$)에서 시작된다.

당연한 말이지만, 배열 내 메모리 주소 계산은 자동으로 처리된다. 따라서 그림 5.3과 같이 일반적으로 사용되는 고수준 추상화를 머릿속에 떠올릴 수 있다.

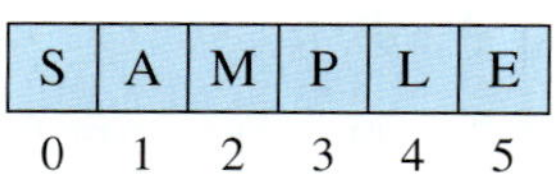

그림 5.3 그림 5.2에 표시된 문자열에 대한 고수준 추상

5.2.1 참조 배열

동기 부여를 위해 실용적인 예를 하나 살펴보자. 의료 정보 시스템을 사용해 어느 병원의 병상에 배정된 환자를 추적하려고 한다. 병원에 200개의 병상이 있고 그 병상의 번호가 0에서 199까지라고 가정하면, 현재 해당 병상에 배정된 환자의 이름을 기록해 두기 위해 배열 기반 구조를 사용하는 것을 고려해 볼 수 있다. 만약 파이썬을 사용한다면, 환자 이름 리스트를 다음과 같이 만들게 될 것이다.

```
['Rene' , 'Joseph' , 'Janet' , 'Jonas' , 'Helen' , 'Virginia' , ...]
```

이러한 리스트를 배열로 표현하려면 파이썬은 배열의 각 셀이 동일한 바이트 수를 사용해야 한다는 요구 사항을 준수해야 한다. 그러나 이 배열은 문자열을 각각의 원소로 가지고 있으며, 문자열은 당연히 길이가 서로 다르다. 각 셀에 최대 길이의 문자열(현재 저장된 문자열뿐 아니라 저장하려는 모든 문자열의 최대 길이)을 저장할 수 있는 충분한 공간을 확보하려고 시도할 수 있지만, 이렇게 하면 공간을 심하게 낭비하게 된다.

파이썬은 이렇게 공간을 낭비하는 대신, 객체 **참조 배열**(referential array)의 내부 저장 메커니즘을 사용해 리스트 또는 튜플 인스턴스를 나타낸다. 이때, 가장 낮은 수준에 저장되는 것은 메모리 주소의 시퀀스다. 즉, 메모리 주소들은 시퀀스의 각 원소에 저장된다. 이러한 리스트의 고수준 다이어그램은 그림 5.4와 같다.

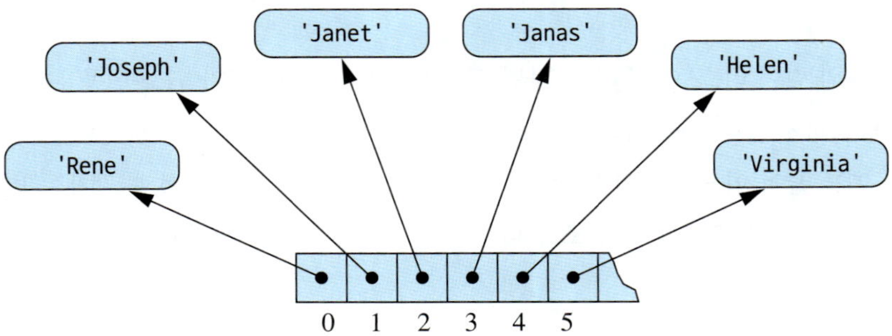

그림 5.4 문자열에 대한 참조를 저장하는 배열

객체 참조 배열에서 개별 원소의 상대적 크기는 다를 수 있지만 각 원소의 메모리 주소를 저장하는 데 사용되는 비트 수는 고정되어 있다(예 주소당 64비트). 이 방식으로, 파이썬은 리스트 또는 튜플 원소에 대해 인덱스를 기반으로 하는 상수 시간 접근을 지원할 수 있다.

그림 5.4에서는 병원에 있는 환자들의 이름을 문자열 리스트로 나타냈다. 실제 의료 정보 시스템에서는 각 환자에 대해 더욱 포괄적인 정보를 관리할 가능성이 높으며, 환자 정보를 나타내는 클래스로 표현할 수 있을 것이다. 리스트 구현의 관점에서도 동일한 원칙이 적용된다. 리스트는 각 환자 정보에 대해 단순한 참조 정보만 저장한다. 병원의 빈 침대를 표현하기 위한 방법으로, 환자 클래스의 인스턴스 대신 `None` 객체를 참조하게 할 수도 있을 것이다.

리스트와 튜플이 참조 구조라는 사실은 이러한 클래스의 매커니즘에서 중요한 의미를 가진다. 하나의 리스트 인스턴스는 동일한 객체에 대한 여러 참조를 리스트의 원소로 가질 수 있다. 또한 이러한 리스트는 해당 객체에 대한 참조만 저장하기 때문에, 하나의 객체를 서로 다른 리스트가 각자의 원소로 공유할 수도 있다. 예를 들어 리스트의 슬라이스를 그림 5.5와 같이 만들면, 새 리스트 인스턴스가 생성되지만 이 새 리스트에는 원래 리스트에 있는 동일한 원소에 대한 참조가 존재하게 된다.

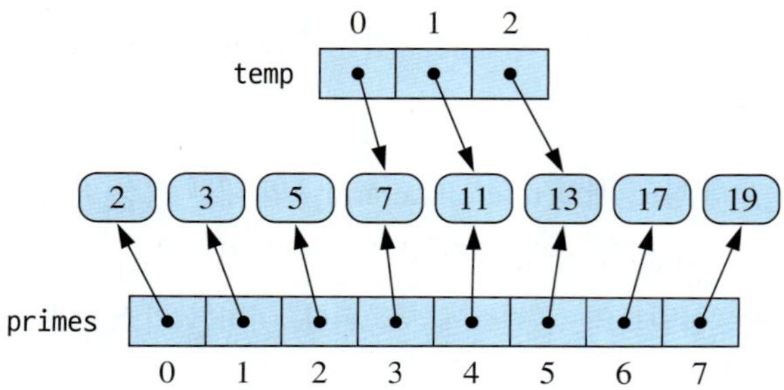

그림 5.5 `temp = primes[3:6]` 명령의 결과

그림 5.5의 정수 상태와 같이 리스트의 원소가 불변 객체인 경우, 두 리스트가 원소를 공유한다는 사실은 그다지 중요하지 않다. 왜냐하면 두 리스트 중 어느 것도 공유 객체에 변화를 일으킬 수 없기 때문이다. 예를 들어 이 구성에서 `temp[2] = 15` 명령을 실행하면 기존 정수 객체는 변경되지 않고 `temp` 리스트의 셀 2에 있는 참조가 다른 객체를 참조하도록 변경된다. 결과 구성은 그림 5.6에 나와 있다.

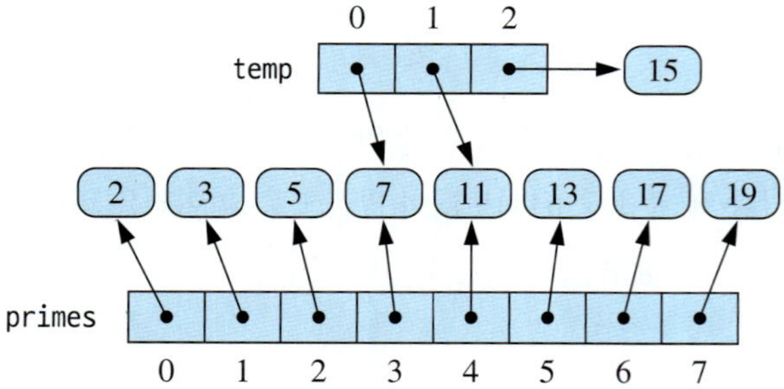

그림 5.6 그림 5.5에 표시된 구성에 따른 `temp[2] = 15` 명령의 결과

backup = list(primes)와 같은 구문을 사용해 기존 리스트의 복사본으로 새 리스트를 만들 때도 동일한 상황이 벌어진다. 즉, 첫 번째 리스트와 동일한 원소를 참조한다는 점에서 **얕은 복사**(shallow copy)인 새 리스트가 생성된다(2.6절 참고). 불변 원소인 경우 이 점은 문제가 되지 않는다. 리스트의 내용이 변경 가능한 유형인 경우 복사 모듈의 deepcopy 함수를 사용해 새로운 원소가 포함된 새 리스트를 의미하는 **깊은 복사**(deep copy)를 생성할 수 있다.

더 눈에 띄는 예로, 파이썬에서는 counters = [0] * 8과 같은 구문을 사용해 정수 배열을 초기화하는 것이 일반적인 관행이다. 이 구문은 8개의 원소가 모두 0 값인 길이 8의 리스트를 생성한다. 엄밀히 말하면, 그림 5.7처럼 리스트의 8개 셀은 모두 동일한 객체를 참조한다.

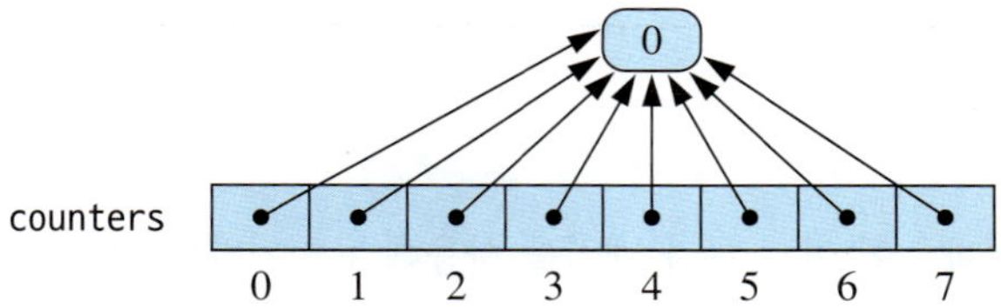

그림 5.7 counters = [0] * 8의 결과

언뜻 보기에는 그림 5.7의 극단적인 앨리어싱 수준이 이상하게 보일 수 있지만, 참조된 정수는 불변이라는 사실을 기억하자. counters[2] += 1과 같은 명령도 기술적으로는 기존 정수 인스턴스의 값을 변경하지 않는다. 이 명령은 그림 5.8과 같이 0 + 1의 값을 가진 정수를 새로 계산하고, 이 값을 셀 2가 참조하도록 설정한다.

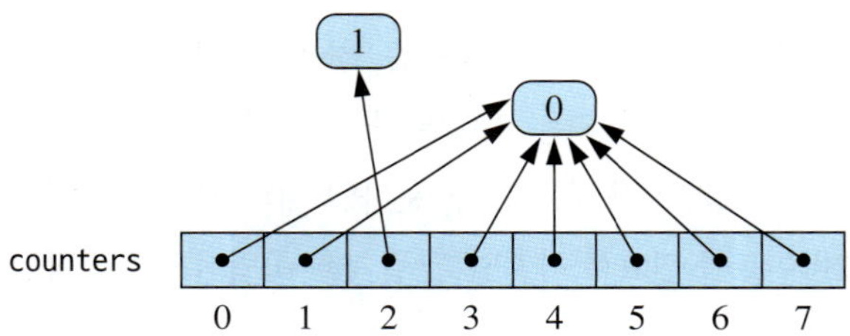

그림 5.8 그림 5.7의 리스트에 대한 명령 counters[2] += 1의 결과

리스트의 참조 특성을 보여주는 마지막 예로, extend 명령을 살펴보자. extend 명령은 한 리스트의 모든 원소를 다른 리스트의 끝에 추가하는 데 사용된다. 확장된 리스트는 그림 5.9와 같이 해당 원소의 복사본을 받는 것이 아니라 해당 원소에 대한 참조를 받는다.

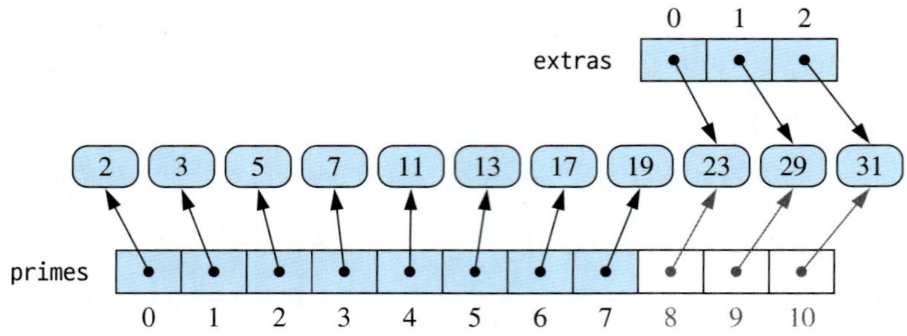

그림 5.9 primes.extend(extras) 명령의 효과(회색으로 표시)

5.2.2 파이썬의 컴팩트 배열

이 절(5.2)의 도입부에서 문자열은 참조 배열이 아닌 문자 배열을 사용해 표현된다는 점을 강조했다. 이와 같은 배열을 **컴팩트 배열**(compact array)이라고 하는데, 이렇게 표현하는 이유는 배열이 실제 데이터(여기서는 글자)를 직접 저장하기 때문이다.

S	A	M	P	L	E
0	1	2	3	4	5

컴팩트 배열은 컴퓨팅 성능 측면에서 참조 구조에 비해 몇 가지 장점이 있다. 가장 중요한 것은 컴팩트 구조의 메모리 사용량이 훨씬 더 낮다는 점인데, 이것은 기본 데이터 외에 메모리 참조 시퀀스를 명시적으로 저장하는 데 드는 오버헤드가 없기 때문이다. 즉, 참조 구조는 객체(일반적으로는 이 객체가 배열의 원소임)를 표현하는 데 사용되는 비트뿐 아니라, 이 객체를 참조하는 메모리 주소를 배열에 저장하기 위해 64비트씩 사용해야 한다. 문자열 내의 컴팩트 배열에 저장된 각 유니코드 문자는 일반적으로 2바이트를 필요로 하지만 한 글자씩 독립적으로 저장된다면 훨씬 더 많은 공간이 필요하다.

예를 들어 100만 개의 64비트 정수 시퀀스를 저장하려 한다고 가정해 보자. 6400만 비트만 사용하는 이상적인 상황을 기대하겠지만, 실제로는 파이썬의 리스트가 4~5배의 메모리를 사용한다. 리스트의 각 원소로 64비트 메모리 주소가 기본 배열에 저장되고, 정수 인스턴스는 메모리의 다른 곳에 저장된다. 파이썬에서는 `sys` 모듈의 `getsizeof` 함수를 사용해 객체의 기본 저장소에 사용되는 실제 바이트 수를 확인해 볼 수 있다. 64비트 숫자를 표현하는 데 이론적으로 필요한 공간은 4바이트이지만, 컴퓨터 시스템에서 int 객체의 실제 크기는 이보다 훨씬 많은 14바이트의 메모리를 필요로 한다. 따라서 리스트는 항목당 18바이트를 사용하게 되며, 이는 정수만 컴팩트하게(간결하게) 저장하는 리스트에 필요한 4바이트보다 훨씬 큰 공간이다.

고성능 컴퓨팅을 위한 컴팩트 구조의 또 다른 주요 장점은 기본 데이터가 메모리에 연속적으로 저장된다는 것이다. 컴퓨터의 캐시 및 메모리 계층 구조의 작동 방식으로 인해 동일한 계산에 사용되는 다른 데이터 인근 메모리에 데이터를 저장하는 것이 유리한 경우가 많지만, 참조 구조에서는 그렇지 않다. 즉, 리스트가 메모리 주소 시퀀스의 순서를 신중하게 유지하더라도 해당 원소가 메모리의 어디에 실제로 존재하는지는 리스트에 의해 결정되지 않는다.

참조 구조의 명백한 비효율성에도 불구하고, 이 책에서는 일반적으로 파이썬의 리스트와 튜플의 편리함에 만족할 것이다. 대안을 고려하는 유일한 장은 메모리 사용량이 자료구조와 알고리즘에 미치는 영향에 초점을 맞춘 15장이다. 파이썬은 다양한 유형의 간결한 배열을 생성하기 위한 여러 가지 방법을 제공한다.

파이썬에서는 array 모듈을 사용해 컴팩트 배열을 만들 수 있다. 이 모듈은 array 클래스를 정의하고 기본 자료형의 배열을 만드는 컴팩트한 저장 공간을 제공한다. 그림 5.10은 정수 컴팩트 배열의 예다.

2	3	5	7	11	13	17	19
0	1	2	3	4	5	6	7

그림 5.10 정수 여러 개가 파이썬 array의 원소로 컴팩트하게 저장되어 있다.

array 클래스의 퍼블릭 인터페이스는 파이썬의 list 인터페이스와 대체로 유사하지만 array 클래스에서는 생성자의 첫 번째 매개변수로 자료형을 나타내는 **타입 코드**(Type Code)가 필요하다는 차이가 있다. 유형 코드 'i'는 (부호 있는) 정수 배열을 가리키며, 일반적으로 각 셀당 최소 16비트를 사용해 표현된다. 그림 5.10에 표시된 배열은 다음과 같이 선언할 수 있다.[1]

```
primes = array('i', [2, 3, 5, 7, 11, 13, 17, 19])
```

파이썬 인터프리터는 타입 코드를 통해 배열의 원소당 필요한 비트 수를 정확하게 결정할 수 있다. 배열 모듈에서 지원하는 타입 코드는 공식적으로 C 프로그래밍 언어(가장 널리 사용되는 파이썬 배포판이 구현된 언어)에서 사용하는 기본 자료형을 기반으로 한다. C 자료형의 정확한 비트 수는 시스템에 따라 다르지만 일반적인 범위는 표 5.1과 같다.

1 from array import array로 임포트하여 사용한다.

코드	C 자료형	일반적인 바이트 수
'b'	signed char	1
'B'	unsigned char	1
'u'	Unicode char	2 또는 4
'h'	signed short int	2
'H'	unsigned short int	2
'i'	signed int	2 또는 4
'I'	unsigned int	2 또는 4
'l'	signed long int	4
'L'	unsigned long int	4
'f'	float	4
'd'	float	8

표 5.1 array 모듈에서 지원하는 유형 코드

array 모듈은 사용자 정의 데이터 유형의 컴팩트 배열을 직접 만들 수는 없지만, ctypes라는 모듈의 하위 수준 지원을 사용해 만들 수 있다(ctypes 모듈에 대한 상세 내용은 5.3.1절 참고).

5.3 동적 배열과 분할 지불

컴퓨터 시스템에서 저수준 배열을 생성할 때 시스템이 해당 저장소에 연속적인 메모리를 적절히 할당하려면 해당 배열의 정확한 크기를 명시적으로 선언해야 한다. 예를 들어 그림 5.11은 메모리 위치 2146~2157에 저장될 수 있는 12바이트 배열을 표시한다.

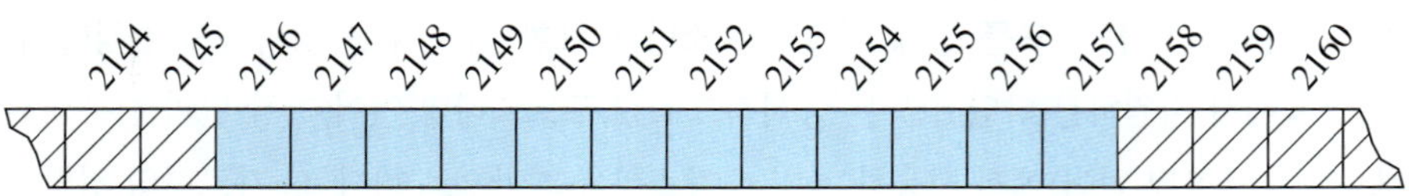

그림 5.11 메모리 위치 2146~2157에 할당된 12바이트 배열

시스템에서 다른 데이터를 저장하기 위해 인접한 메모리 위치를 사용하고 있을 수 있으므로, 배열의 용량은 배열 뒤에 이어지는 셀로 확장하여 늘릴 수 없다. 이러한 제약 조건은 튜플이나 문자열 인스턴스를 표현할 때는 별다른 문제가 되지 않는다. 이러한 클래스의 인스턴스는 불변(immutable)이므로 객체가 인스턴스화될 때 배열의 정확한 크기가 고정된다.

파이썬의 `list` 클래스는 좀더 흥미로운 추상화 기법을 제공한다. 리스트는 길이(크기)가 정해진 상태로 생성되지만, 사용할 때는 크기에 대한 제한 없이 원소를 추가할 수 있다. 이러한 추상화를 제공하기 위해 파이썬은 **동적 배열**(dynamic array)이라고 하는 알고리즘적 속임수를 사용한다.

동적 배열에서 기본이 되는 핵심 개념은 리스트 인스턴스의 크기가 리스트의 실제 크기보다 더 큰 상태로 유지된다는 것이다. 예를 들어 사용자가 5개의 원소로 구성된 리스트를 만드는 경우, 시스템은 (5개가 아니라) 8개의 객체 참조를 저장할 수 있는 배열을 예약할 수 있다. 이 추가 용량을 사용하면 리스트에 새 원소를 쉽게 추가할 수 있다.

하지만 사용자가 리스트에 원소를 계속 추가하다 보면 결국 예약된 용량이 모두 소진될 것이다. 이 경우에 클래스는 시스템에 더 큰 배열을 새로 요청하며, 새로 받은 배열의 앞부분 데이터가 기존 작은 배열의 데이터와 일치하도록 초기화한다. 이 시점에서 이전 배열은 더 이상 필요하지 않으므로 시스템에서 회수한다. 비유하자면, 이 전략은 소라게가 점점 자라나 자신의 껍질보다 커지게 될 때, 더 큰 껍질로 이동하는 것과 매우 유사하다.

파이썬의 `list` 클래스가 이러한 전략에 기반하고 있음을 실험적으로 증명해 보자. 실험용 소스 코드와 출력 결과는 각각 코드 5.1, 5.2와 같다. 여기서는 `sys` 모듈에서 사용할 수 있는 `getsizeof` 함수를 사용한다. 이 함수는 파이썬에서 객체를 저장하는 데 사용되는 바이트 수를 알려준다. 이 함수는 리스트의 배열 및 기타 인스턴스 변수에 할당된 바이트 수를 알려주지만 리스트에서 참조하는 원소에 할당된 공간은 알려주지 않는다.

```
import sys                      # getsizeof 함수를 사용하기 위한 임포트
data = []
for k in range(n):              # 참고: n의 선택을 고정해야 함
  a = len(data)                 # 원소 수
  b = sys.getsizeof(data)       # 실제 크기(바이트)
  print('Length: {0:3d}; Size in bytes: {1:4d}'.format(a, b))
  data.append(None)             # 길이를 하나씩 늘림
```

코드 5.1 리스트의 길이와 실제 크기 사이의 관계 분석

```
Length: 0; Size in bytes : 72
Length: 1; Size in bytes : 104
Length: 2; Size in bytes : 104
Length: 3; Size in bytes : 104
Length: 4; Size in bytes : 104
Length: 5; Size in bytes : 136
Length: 6; Size in bytes : 136
Length: 7; Size in bytes : 136
Length: 8; Size in bytes : 136
Length: 9; Size in bytes : 200
Length: 10; Size in bytes : 200
Length: 11; Size in bytes : 200
Length: 12; Size in bytes : 200
Length: 13; Size in bytes : 200
Length: 14; Size in bytes : 200
Length: 15; Size in bytes : 200
Length: 16; Size in bytes : 200
Length: 17; Size in bytes : 272
Length: 18; Size in bytes : 272
Length: 19; Size in bytes : 272
Length: 20; Size in bytes : 272
Length: 21; Size in bytes : 272
Length: 22; Size in bytes : 272
Length: 23; Size in bytes : 272
Length: 24; Size in bytes : 272
Length: 25; Size in bytes : 272
Length: 26; Size in bytes : 352
```

코드 5.2 코드 5.1의 결과

코드 5.2의 첫 번째 출력 줄에 주목하여 실험 결과를 평가해보자. 빈 리스트 인스턴스에도 특정 바이트의 메모리(저자의 시스템에서는 72바이트)가 필요하다는 것을 알 수 있다. 실제로 파이썬의 각 객체는 자신이 속한 클래스를 나타내는 참조와 같은 일부 상태를 유지한다. 리스트의 프라이빗(private) 인스턴스 변수에 직접 접근할 수는 없지만, 어떤 형태로든 다음과 유사한 상태 정보를 유지한다고 추측할 수 있다.

- `_n` 현재 리스트에 실제로 저장된 원소의 수
- `_capacity` 현재 할당된 배열에 저장할 수 있는 최대 원소 수
- `_A` 현재 할당된 배열에 대한 참조(초기에는 없음)

첫 번째 원소가 리스트에 삽입되자마자 구조의 기본 크기가 변경되는 것을 알 수 있으며, 특히 바이트 수가 72바이트에서 104바이트로 정확히 32바이트 증가하였다. 이 실험은 64비트 머신 구조에서 실행되었으므로 각 메모리 주소는 64비트 숫자(즉, 8바이트)다. 32바이트가 증가하였으므로 네 개의 객체 참조를 저장할 수 있는 배열이 할당되었다고 가설을 세워 볼 수 있다. 이 가설은 두 번째, 세 번째 또는 네 번째 원소를 리스트에 삽입한 후에 메모리 사용량에 변화가 없다는 사실과 일치한다.

5번째 원소가 리스트에 추가되면 메모리 사용량이 104바이트에서 136바이트로 급증하는 것을 볼 수 있다. 원래 기본 사용량을 72바이트로 가정하면, 전체 바이트 수가 136이라는 것은 최대 8개의 객체 참조를 위한 용량을 제공하는 $64 = 8 \times 8$바이트의 용량이 추가되었음을 의미한다. 9번째 원소를 삽입하기 전까지는 메모리 사용량이 다시 증가하지 않는 점으로 미루어볼 때, 이번에도 실험 결과는 우리가 세운 가설과 일치한다. 9번째 삽입 시점에서 200바이트는 원래 72바이트에 16개의 객체 참조를 저장하기 위한 128바이트 배열이 추가된 것으로 볼 수 있다. 17번째 원소를 삽입하면 전체 메모리 사용량은 $272 = 72 + 200 = 72 + 25 \times 8$로 증가하므로 최대 25개의 원소 참조를 저장하기에 충분한다.

리스트는 참조 구조를 가지기 때문에 리스트 인스턴스에 대한 `getsizeof`의 결과에는 기본 구조를 나타내는 크기만 포함되며, 리스트의 원소인 객체가 사용하는 메모리는 고려하지 않는다. 실험에서는 리스트의 내용을 신경 쓰지 않기 위해 리스트에 `None`을 반복해서 추가했지만, 리스트에 포함되는 객체의 유형은 `getsizeof(data)`의 결과에 영향을 미치지 않는다.

이러한 실험을 계속 반복하면, 배열의 용량이 소진될 때마다 파이썬이 얼마나 큰 배열을 생성하는지에 대한 패턴을 파악할 수 있다(연습 문제 R-5.2 및 C-5.13 참고). 파이썬에서 사용하는 용량의 정확한 순서를 살펴보기 전에, 동적 배열을 구현하고 성능에 대한 점근적 분석을 수행하는 일반적인 접근 방식을 계속해서 살펴보도록 하자.

5.3.1 동적 배열 구현하기

파이썬의 `list` 클래스는 고도로 최적화된 동적 배열의 구현을 제공하며 이 책에서도 계속 이 클래스를 활용한다. 그런데 이러한 클래스가 어떻게 구현될 수 있는지를 살펴보는 것도 중요하다.

구현의 핵심은 리스트의 원소를 저장하는 배열 A를 늘릴 방법을 제공하는 것이다. 물론 배열의 용량은 고정되어 있기 때문에 실제로 배열을 늘릴 수는 없다. 리스트에 원소를 추가하려고 할 때 기본 배열이 가득 차 있는 상태라면 다음 단계를 수행한다.

❶ 용량이 더 큰 새 배열 B를 할당한다.

❷ $i = 0, \ldots, n-1$에 대해 $B[i] = A[i]$를 수행한다. 여기서 n은 현재 항목 수를 의미한다.

❸ $A = B$를 수행한다. 즉, 이제부터 B를 리스트의 내부 배열로 사용한다.

❹ 새 배열에 새 원소를 삽입한다.

이 과정은 그림 5.12와 같다.

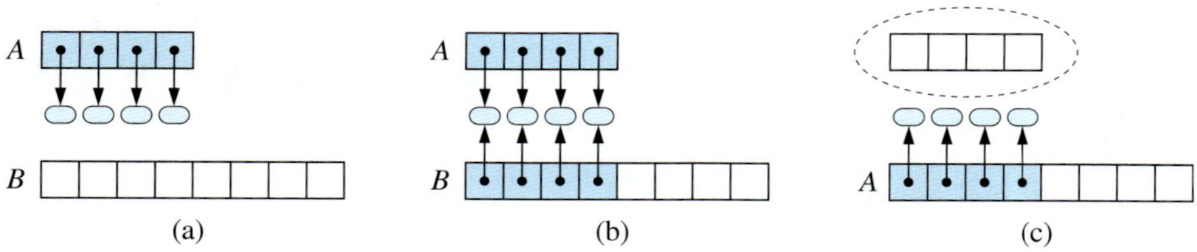

그림 5.12 동적 배열을 '키우는' 세 단계. (a) 새 배열 B 생성, (b) A의 원소를 B에 저장, (c) 참조 A를 새 배열에 지정(사용하지 않게 된 배열의 가비지 컬렉션과 새 원소의 삽입 과정은 생략함)

마지막으로 고려해야 할 문제는 새롭게 만들 배열의 크기다. 일반적으로 사용되는 규칙은 새 배열의 용량이 기존 배열의 두 배가 되도록 하는 것이다. 5.3.2절에서는 이러한 선택을 증명하기 위한 수학적 분석을 제공한다.

코드 5.3은 이 절에서 설명한 아이디어를 사용해 동적 배열을 파이썬으로 구현한 예다. 구현된 `DynamicArray` 클래스는 `list` 클래스와 일관된 형태의 인터페이스를 가지고 있지만 제한된 수의 메서드(append)와 접근자(`__len__`, `__getitem__`)만 설계되었다. 저수준 배열 생성은 `ctypes` 모듈에서 제공하는 함수를 사용한다. 이 책의 나머지 부분에서는 이러한 저수준 구조를 거의 사용하지 않을 것이므로 `ctypes` 모듈에 대한 자세한 설명은 생략한다. 대신, 원시 배열을 선언하는 데 필요한 명령을 비공개 유틸리티 메서드 `_make_array` 내에 래핑(wrapping)한다. 내부 배열의 확장은 비공개(non-public) 메서드인 `_resize`에서 수행된다.

```python
import ctypes                                      # 저수준 배열 제공

class DynamicArray:
    """단순화된 파이썬 리스트와 유사한 동적 배열 클래스"""

    def __init__(self):
        """빈 배열을 생성한다."""
        self._n = 0                                # 실제 원소 수 계산
        self._capacity = 1                         # 기본 배열 용량
        self._A = self._make_array(self._capacity) # 저수준 배열

    def __len__(self):
        """배열에 저장된 원소의 개수를 반환한다."""
        return self._n

    def __getitem__(self, k):
        """인덱스 k에서 원소를 반환한다."""
        if not 0 <= k < self._n:
            raise IndexError('invalid index')
        return self._A[k]                          # 배열에서 반환

    def append(self, obj):
        """배열의 마지막에 객체를 추가한다."""
        if self._n == self._capacity:              # 공간이 충분하지 않음
            self._resize(2 * self._capacity)       # 따라서 크기를 두 배로 늘림
        self._A[self._n] = obj
        self._n += 1

    def _resize(self, c):                          # 비공개 유틸리티
        """내부 배열 크기를 c로 재조정한다."""
        B = self._make_array(c)                    # (더 큰) 새 배열
        for k in range(self._n):                   # 기존의 각 값에 대해
            B[k] = self._A[k]
        self._A = B                                # 더 큰 배열 사용
        self._capacity = c

    def _make_array(self, c):                      # 비공개 유틸리티
        """크기가 c인 새로운 배열을 반환한다."""
        return (c * ctypes.py_object)()            # ctypes 문서 참고
```

코드 5.3 ctypes 모듈의 저수준 배열을 저장 공간으로 사용하는 DynamicArray 클래스의 구현

5.3.2 동적 배열과 분할 지불 분석

여기서는 동적 배열의 연산 수행 시간에 대한 자세한 분석을 수행한다. 3.3.1절에서 소개한 빅-오메가 표기법을 사용해 알고리즘 또는 알고리즘 내부 단계의 수행 시간에 대한 점근적 하한을 구한다.

배열을 새롭고 더 큰 배열로 교체하는 전략은 한 번의 추가 작업을 수행하는 데 $\Omega(n)$ 시간이 필요할 수 있으므로 처음에는 느리게 보일 수 있다. 하지만 배열을 교체하는 동안 용량을 두 배로 늘리면 배열을 다시 교체하기 전에 새 배열에 n개의 새로운 원소를 추가할 수 있다. 결과적으로, 비용이 높은 연산 한 번당 여러 번의 간단한 연산이 발생하게 된다(그림 5.13 참고). 이를 통해, 비어 있는 동적 배열을 활용해 일련의 연산을 수행하는 것이 총 수행 시간 측면에서 효율적임을 알 수 있다.

분할 지불(amortization)이라고 하는 알고리즘 설계 패턴을 사용하면 동적 배열에서 이러한 추가 작업의 시퀀스를 구성하는 것이 실제로 매우 효율적임을 보여줄 수 있다. **분할 지불 분석**을 수행하기 위해 컴퓨터를 동전으로 동작하는 기계라고 가정해 보자. 1코인을 지불하면 일정한 시간 동안 이 기계를 사용할 수 있다. 이와 같은 방식으로 알고리즘을 분석하는 것을 회계 기법이라고 한다. 시스템에서 작업을 실행하려면 현재 '은행 계좌'에 해당 작업의 수행 시간에 대한 비용을 지불할 수 있는 충분한 코인이 있어야 한다. 즉, 어떤 연산을 위해 사용된 코인의 총액은 해당 연산에 소요된 전체 시간에 비례한다. 이 분석 방법의 장점은 한 연산의 비용을 과다 청구하여 사용한 후, 남는 비용을 다른 연산에 사용할 수 있다는 점이다.

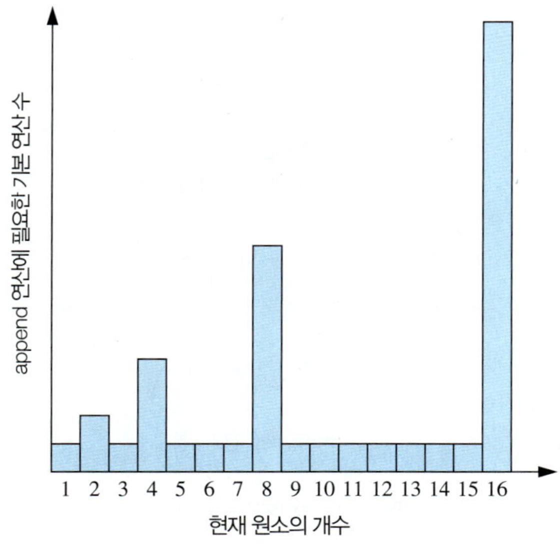

그림 5.13 동적 배열에 대한 일련의 append 연산의 수행 시간

명제 5.1 동적 배열로 구현된 시퀀스 S가 있다고 하자. 동적 배열은 처음에 크기 1로 초기화되며, 배열이 가득 차면 배열 크기를 두 배로 늘리는 전략을 사용한다고 가정한다. S가 비어 있는 상태에서 시작하여 S에 n개의 원소를 추가하는 데 걸리는 총 시간은 $O(n)$이다.

증명 배열을 늘리는 데 소요되는 시간을 제외하고 S에서 각 append 연산을 실행하는 데 드는 비용은 1코인으로 충분하다고 가정해 보자. 또한 배열을 크기 k에서 크기 $2k$로 늘리기 위해 k 코인(새 배열을 초기화하는 시간)이 필요하다고 가정해 보자. 만약 각각의 append 연산에 3코인을 청구한다면, 배열의 오버플로를 유발하지 않는 append 연산에는 2코인을 초과 청구하는 결과가 된다. 이때, 배열을 늘리지 않는 append에 부과되는 2코인은 원소가 삽입된 셀에 저장되는 것으로 생각하면 된다. 배열의 오버플로는 i가 0 이상의 정수이고, 배열 S에 2^i개의 원소가 있으며, S에서 사용되는 배열의 크기가 2^i일 때 발생한다. 따라서 배열의 크기를 두 배로 늘리려면 2^i 코인이 필요하다. 하지만 다행히 필요한 코인이 이전 셀(2^{i-1}부터 $2^i - 1$)에 저장되어 있다(그림 5.14 참고). 이전 오버플로는 원소 수가 2^{i-1}보다 처음으로 커지게 될 때 발생했음을 떠올리자. 2^{i-1}번째부터 $2^i - 1$번째까지의 셀에 저장된 코인[2]은 아직 사용되지 않았다. 따라서 각 연산에 3코인을 청구하는 것은 모든 연산 시간에 대한 비용을 지불하는 유효한 분할 지불 방식이다. 즉, n개의 추가 연산 비용은 $3n$ 코인이며, 각 append 작업별로 분할 지불된 수행 시간은 $O(1)$이므로 n개 추가 작업의 총 수행 시간은 $O(n)$이다. ■

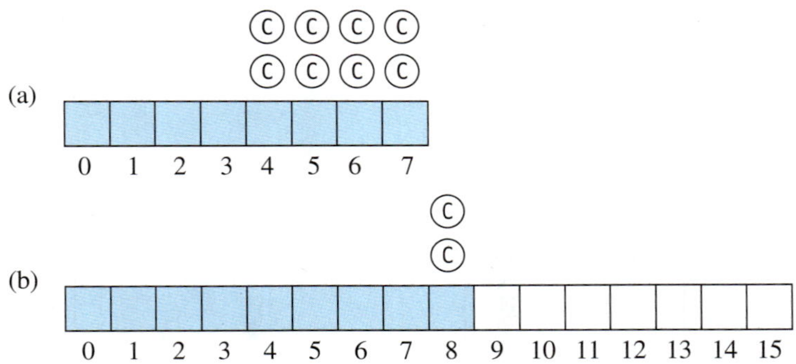

그림 5.14 동적 배열에서 append 연산의 순차적 수행 과정. (a) 셀 8개로 구성된 배열이 가득 차 있고, 4번째부터 7번째까지의 셀에 2코인씩 '저장'되어 있다. (b) append 연산으로 인해 오버플로가 발생하였고, 이에 따라 배열의 크기가 두 배로 증가한다. 8개의 기존 원소를 새 배열로 복사하는 작업은 테이블에 이미 저장된 코인을 사용해 지불된다. 새 원소를 삽입하는 작업은 현재 추가 작업에 청구된 코인 중 하나로 지불되며, 남은 두 개의 코인은 셀 8에 저장된다.

2 2^{i-1}개의 셀마다 두 개의 코인이 저장되어 있으므로, 총 2^i개의 코인이 저장되어 있다.

기하급수적인 용량 증가

명제 5.1에 대한 증명은 배열을 확장할 때마다 두 배로 늘리는 방식에 의존하지만 연산당 $O(1)$의 분할 지불 상한은 배열 크기가 지수적으로 증가하는 모든 수열(기하 수열)에 대해 증명될 수 있다(2.4.2절 참고). 기하학적 기준을 선택할 때 런타임 효율성과 메모리 사용량 사이에는 트레이드 오프(trade-off)가 존재한다. 기준값이 2인 경우(즉, 배열을 두 배로 늘리는 경우) 마지막 삽입으로 인해 크기 조정 이벤트가 발생하면 배열은 기본적으로 필요한 크기보다 두 배로 커진다. 만약 배열을 현재 크기의 25%만 늘리면(즉, 기하학적 기준이 1.25인 경우), 메모리가 많이 낭비되지는 않겠지만 크기 조정 이벤트는 더 많이 발생한다. 이 경우에도, 명제 5.1의 증명에 사용된 코인의 상수(명제 5.1에서는 연산당 3코인)보다 큰 상수 계수를 사용해 $O(1)$의 분할 지불 한도를 증명할 수 있다(연습 문제 C-5.15 참고). 여기서 핵심은 크기 조정 시 추가되는 공간의 양이 배열의 현재 크기에 비례한다는 것이다.

등차수열에 주의하기

한 번에 너무 많은 공간을 예약하지 않기 위해 배열의 크기를 조정할 때마다 일정한 수의 추가 셀을 예약하는 등의 전략으로 동적 배열을 구현하고 싶을 수도 있다. 하지만 안타깝게도, 이 전략의 전반적인 성능은 현저히 낮다. 극단적으로, append 연산에서 배열을 증가시킬 때 셀을 한 칸씩만 늘린다면, $1 + 2 + 3 + \cdots + n$의 합인 $\Omega(n^2)$만큼의 비용이 발생한다. 그림 5.13에 표시된 것처럼 한 번에 두 개 또는 세 개씩 증가시키는 방법이 조금 낫긴 하지만 전체 비용은 역시 2차함수가 된다.

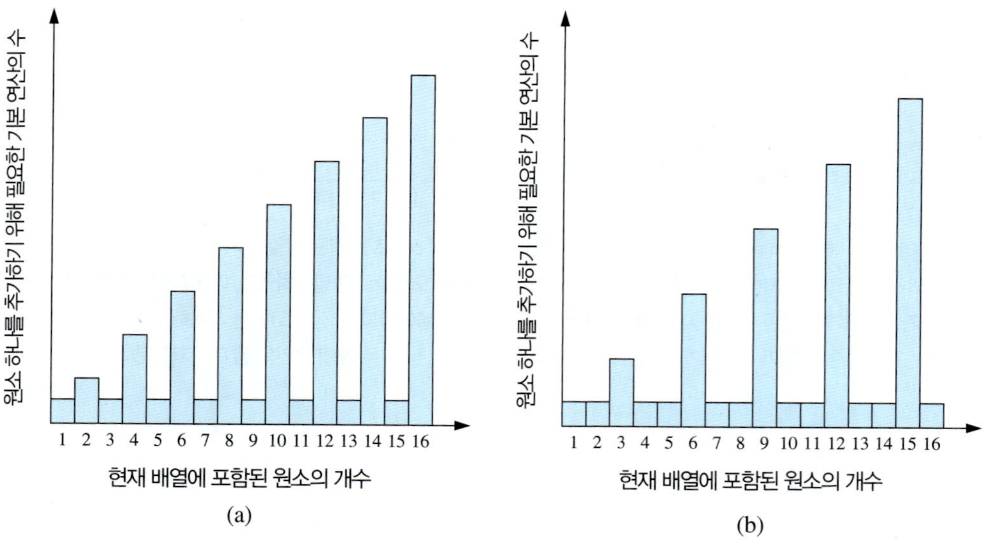

그림 5.15 등차수열을 사용해 동적 배열에서 일련의 append 연산을 실행하는 데 걸리는 시간. (a) 배열의 크기가 2씩 증가하는 경우, (b) 배열의 크기가 3씩 증가하는 경우

배열을 고정 크기로 재조정하는 경우, 즉 배열의 크기가 산술급수적으로 증가하는 경우에는 다음 명제와 같이 전체 시간이 연산 횟수의 제곱에 비례하여 증가한다. 직관적으로 설명하면, 배열 크기의 증가량이 1000이라고 하더라도, 대규모 데이터셋에서는 매우 작은 크기다.

명제 5.2 배열 크기를 재조정할 때 고정된 크기의 증가량을 사용한다면, 비어 있는 동적 배열에 n개의 append 연산을 수행하는 데 걸리는 시간은 $\Omega(n^2)$이다.

증명 $c > 0$은 크기 조정 시에 사용되는 배열의 증가량, n은 append 연산을 수행하는 횟수, $m = \lceil n/c \rceil$라고 하자. n개의 append 연산을 연속으로 수행한다면, 결과적으로 c, $2c$, $3c$, …, mc개의 배열을 초기화해야 하며, 각각의 초기화 작업에 시간이 걸릴 것이다. 따라서 소요되는 전체 시간은 $c + 2c + 3c + \cdots + mc$에 비례한다. 명제 3.3에 따르면, 이 합은 다음과 같다.

$$\sum_{i=1}^{m} ci = c \cdot \sum_{i=1}^{m} i = c\frac{m(m+1)}{2} \geq c\frac{\frac{n}{c}(\frac{n}{c}+1)}{2} \geq \frac{n^2}{2c}$$

즉, n개의 append 연산을 수행하는 데 $\Omega(n^2)$ 시간이 걸린다. ■

명제 5.1과 5.2에서 얻을 수 있는 교훈은 알고리즘 설계의 미묘한 차이가 점근 성능에 큰 차이를 가져올 수 있으며, 신중한 분석을 통해 자료구조 설계에 대한 중요한 통찰을 얻을 수 있다는 것이다.

메모리 사용량과 배열 축소

동적 배열에 새로운 원소를 append할 때 배열의 크기를 기하학적으로 증가시키는 규칙은 최종 배열 크기가 전체 원소 수에 비례하도록 보장한다. 즉, 이 자료구조는 $O(n)$ 메모리를 사용하게 되는데, 이는 자료구조에 매우 바람직한 속성이다.

파이썬 `list`와 같은 컨테이너가 하나 이상의 원소를 삭제하는 연산을 가지고 있는 경우, 동적 배열의 메모리 사용량이 $O(n)$으로 유지되도록 더 많은 주의를 기울여야 한다. 반복적인 삽입으로 인해 내부 배열이 임의로 커질 수 있으며, 많은 원소가 삭제된 후에는 실제 원소 수와 배열 용량의 비례 관계가 유지되지 않을 수 있기 때문이다.

자료구조를 견고(robust)하게 구현한다면, 상황에 따라 내부 배열을 축소하면서 개별 연산에 대한 $O(1)$ 분할 지불 한도를 유지할 수 있다. 하지만 내부 배열 크기의 증감이 빠르게 반복되는 경우 분할 지불 한도를 달성하지 못할 수도 있어, 주의가 필요하다. 연습 문제 C-5.16에서는 실제 원소 수가 배열 크기의 4분의 1 이하로 떨어질 때마다 어레이 용량이 절반으로 줄어들게 하여, 배열 크기가 원소 수의 최대 네 배를 넘지 않도록 보장하는 전략을 살펴보고, 연습 문제 C-5.17 및 C-5.18에서는 이러한 전략의 분할 지불 분석을 살펴본다.

5.3.3 파이썬의 리스트 클래스

5.3절의 시작 부분에 제시한 코드 5.1과 5.2의 실험은 파이썬의 `list` 클래스가 데이터를 저장하기 위해 동적 배열의 한 형태를 사용하고 있다는 경험적 증거다. 사실, 파이썬이 순수한 기하수열이나 산술수열을 사용하지는 않는데, 이것은 배열 크기의 변화를 주의 깊게 살펴보면(연습문제 R-5.2 및 C-5.13 참고) 알 수 있다.

그렇다 해도 파이썬의 append 메서드 구현이 분할 지불 분석 측면에서 상수 시간에 동작한다는 것은 분명하며, 이 사실을 실험적으로 증명할 수 있다. 일반적으로 단일 append 연산은 매우 빠르게 실행되므로 수행 시간을 세부 항목 단위로 정확하게 측정하기 어렵지만, 비용이 높은 크기 조정 연산에는 주목하게 된다. 비어 있는 리스트에 n번의 append 작업을 연속해서 수행한 뒤 작업별 평균 비용을 계산하는 방식으로, 작업당 분할 지불 비용을 더욱 정확하게 측정할 수 있다. 이 실험을 수행하는 함수는 코드 5.4와 같다.

```
from time import time             # time 모듈에서 time 함수 가져오기
def compute_average(n):
    """ 빈 리스트에 n개의 덧셈을 수행한 후, 평균 경과 시간을 반환한다."""
    data = []
    start = time()                # 시작 시간(초 단위) 기록
    for k in range(n):
        data.append(None)
    end = time()                  # 종료 시간 기록(초 단위)
    return (end - start) / n      # 연산당 평균 계산
```

코드 5.4 파이썬의 `list` 클래스에 대한 append의 분할 지불 비용 측정

엄밀히 말하면, 시작과 종료 사이에 경과된 시간에는 append 함수의 호출 외에 `for` 루프를 관리하는 시간도 포함된다. 표 5.2는 n을 증가시키며 실험을 수행한 결과다. 데이터셋이 작을수록 평균 비용이 더 높은 것을 볼 수 있는데, 이는 부분적으로 루프 범위의 오버헤드 때문일 수 있다. 또한 이러한 방식으로 분할 지불 비용을 측정하는 데 따른 자연스러운 편차가 존재하는데, 이는 n에 비례하여 발생하는 마지막 크기 조정 이벤트 때문이다. 전체적으로 볼 때 각 append에 대한 분할 지불 시간은 n과 무관함이 분명하다.

n	100	1,000	10,000	100,000	1,000,000	10,000,000	100,000,000
μs	0.219	0.158	0.164	0.151	0.147	0.147	0.149

표 5.2 append의 평균 수행 시간(마이크로초 단위. 빈 리스트에서 시작하여 n번의 append 수행 후 평균 계산)

5.4 파이썬 시퀀스 타입의 효율성

앞 절에서는 구현 전략과 효율성 측면에서 파이썬 list 클래스의 기초를 살펴보았다. 이 절에서는 파이썬의 모든 시퀀스 타입에 대해 성능 분석을 수행해 본다.

5.4.1 파이썬의 리스트와 튜플 클래스

list 클래스의 비변형(nonmutating) 동작들은 tuple 클래스의 동작들과 동일하다. 튜플은 불변이기 때문에 메모리 효율이 일반적으로 리스트보다 높으며, 추가 공간을 가지는 내부 동적 배열이 필요 없다. 표 5.3에는 list와 tuple 클래스의 비변형 동작에 대한 점근 효율성이 요약되어 있다.

연산	수행 시간
len(data)	$O(1)$
data[j]	$O(1)$
data.count(value)	$O(n)$
data.index(value)	$O(k+1)$
value in data	$O(k+1)$
data1 == data2 (또는 !=, <, <=, >, >= 등의 비교 연산)	$O(k+1)$
data[j:k]	$O(k-j+1)$
data1 + data2	$O(n_1+n_2)$
c * data	$O(cn)$

표 5.3 list와 tuple 클래스의 비변형 동작에 대한 점근 성능. 식별자 data, data1, data2는 list 또는 tuple 클래스의 인스턴스를 의미하고 n, n_1, n_2는 데이터 각각의 길이를 의미한다. 포함 검사(value in data) 및 index 메서드에서 k는 가장 왼쪽에서 발견되는 항목의 인덱스를 나타낸다(발견되지 않는 경우에는 $k=n$). 두 시퀀스 간의 비교(==)에서 k는 서로 일치하지 않는 가장 왼쪽 항목의 인덱스를 나타내거나 $k=\min(n_1, n_2)$가 된다.

상수 시간 연산

인스턴스의 길이는 상수 시간에 반환되는데, 이는 인스턴스가 해당 상태 정보를 명시적으로 업데이트하기 때문이다. `data[j]` 구문에 대한 상수 시간 효율성은 배열에 대한 접근을 통해 보장된다.

값의 존재 검색하기

`count`, `index`, `__contains__` 메서드는 왼쪽에서 오른쪽으로 시퀀스를 반복하면서 수행되며. 2.4.3절의 코드 2.14는 이러한 동작이 실제로 어떻게 구현될 수 있는지 보여준다. 특히, `count`를 계산하는 루프는 시퀀스 전체에 대해 진행해야 하지만 원소의 포함 여부를 확인하거나 원소의 `index`를 결정하는 루프는 원하는 값(가장 왼쪽에 있는)을 발견하면 즉시 종료된다. 따라서 `count`는 항상 시퀀스의 원소 n개를 검사하는 반면, `index`와 `__contains__`는 최악의 경우 n개의 요소를 검사하지만 더 빠르게 종료될 수도 있다. 0부터 값이 1씩 순차적으로 증가하는 긴 배열을 `data = list(range(10000000))`와 같이 만든 다음 `5`, `9999995` 또는 `-5`(찾지 못하는 경우)를 검색하여 각각의 효율성을 경험적으로 비교해 볼 수 있다.

사전순 비교하기

두 시퀀스 간의 비교는 사전순[3]으로 정의된다. 최악의 경우, 루프가 시퀀스의 끝까지 반복되어 두 시퀀스 중 더 짧은 시퀀스의 길이에 비례해 시간이 걸린다(한 시퀀스가 끝나면 사전순 비교 결과가 결정되기 때문임). 하지만 좀더 효율적으로 비교할 수 있는 경우도 있다. 예를 들어 `[7, 3, ...] < [7, 5, ...]`와 같이 비교하는 경우, 왼쪽 피연산자의 두 번째 원소는 오른쪽 피연산자의 두 번째 원소보다 작기 때문에, 나머지 원소들을 비교할 필요가 없다.

새 인스턴스 만들기

표 5.3의 마지막 세 가지 동작은 하나 이상의 기존 인스턴스를 기반으로 새 인스턴스를 구성하는 동작이다. 모든 경우에 수행 시간은 새 결과의 구성 및 초기화에 따라 달라지며, 따라서 점근 동작은 결과의 길이에 비례한다. 슬라이스 `데이터[6000000:6000008]`에는 원소가 8개뿐이므로 거의 즉시 생성할 수 있는 반면, 슬라이스 `데이터[6000000:7000000]`은 원소가 100만 개이므로 생성하는 데 더 많은 시간이 소요된다.

3 사전순 비교에서는 두 배열을 순차적으로 같은 위치에 있는 원소들끼리 비교한다. 한 배열의 원소가 다른 배열의 원소보다 크거나 작은 경우, 비교를 멈추고 결과를 반환한다.

변형 동작

list 클래스에서 변형(mutating) 동작의 효율성은 표 5.4에 요약되어 있다. 이러한 동작 중 가장 간단한 동작은 구문 data[j] = val이며 특수 메서드인 __setitem__을 통해 수행된다. 이 연산은 단순히 리스트의 한 원소를 새 값으로 대체하는 것이기 때문에 최악의 경우에 대한 수행 시간은 $O(1)$이다. 이 작업은 배열의 다른 원소에 영향을 주지 않으며, 내부 배열의 크기도 변경되지 않는다. 주의를 기울여 분석해야 할 동작은 리스트에 원소를 추가하거나 리스트에서 삭제하는 동작이다.

연산	수행 시간
data[j] = val	$O(1)$
data.append(value)	$O(1)^*$
data.insert(k, value)	$O(n-k+1)^*$
data.pop()	$O(1)^*$
data.pop(k) **del** data[k]	$O(n-k)^*$
data.remove(value)	$O(n)^*$
data1.extend(data2) data1 += data2	$O(n_2)^*$
data.reverse( )	$O(n)$
data.sort( )	$O(n \log n)$

* 분할 지불

표 5.4 list 클래스의 변형 동작에 대한 점근 성능 분석. 식별자 data, data1, data2는 list 클래스의 인스턴스를 나타내고 n, n_1, n_2는 데이터 각각의 길이를 의미한다.

리스트에 원소 추가하기

append 메서드에 대해서는 5.3절에서 충분히 살펴보았다. 최악의 경우에는 내부 배열의 크기가 조정되기 때문에 $\Omega(n)$ 시간이 필요하지만 분할 지불적 관점에서는 $O(1)$ 시간을 사용한다. 리스트에는 시그니처 동작이라고 할 수 있는 insert(k, value) 메서드가 있는데, 이 메서드는 주어진 값을 특정 인덱스 $0 \leq k \leq n$에 삽입하면서, 이후의 모든 원소를 한 슬롯씩 뒤로 이동시켜 공간을 확보한다. 코드 5.5는 insert 메서드를 파이썬 코드로 구현한 예인데, 이 메서드는 코드 5.3에서 소개한 DynamicArray 클래스와 같은 맥락에서 구현되었다. 이러한 작업의 효율성을 분석하고자 할 때 두 가지 복잡한 요소가 있다. 첫째, 원소 하나를 추가하기 위해 동적 배열의 크기를 조정해야 할 수 있다. 이 작업에는 최악의 경우 $\Omega(n)$ 시간이 필요하지만 append에 따른 분할 지불 시간은 $O(1)$에 불과하다. 둘째, 원소들을 한 칸씩 이동시켜 새 항목을 위한 공간을 확보하는 작업에 추가 비용이 발생한다.

```
def insert(self, k, value):
  """인덱스 k에 값을 삽입하고 후속 값을 오른쪽으로 이동한다."""
  # (단순화를 위해 이 버전에서는 0 <= k <= n이라고 가정함)
  if self._n == self._capacity:                # 공간이 충분하지 않아
    self._resize(2 * self._capacity)           # 공간을 두 배로 늘림
  for j in range(self._n, k, -1):              # 가장 오른쪽에 있는 원소를 먼저 옮김
    self._A[j] = self._A[j-1]
  self._A[k] = value                           # 새로운 원소를 저장
  self._n += 1
```

코드 5.5 DynamicArray 클래스를 위한 insert 구현

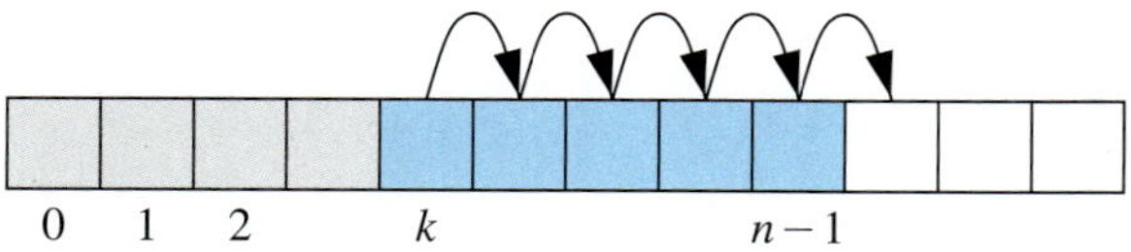

그림 5.16 동적 배열의 인덱스 k에 새 원소를 삽입할 공간 만들기

이 작업에 걸리는 시간은 새 원소의 인덱스, 즉 이동시켜야 하는 원소의 수에 따라 달라진다. 먼저, 이 작업은 그림 5.16에 표시된 것처럼 인덱스 $n-1$에 있던 참조를 인덱스 n으로 복사한 다음 인덱스 $n-2$에 있던 참조를 $n-1$로 복사한다. 즉, 이 작업은 인덱스 $n-1$부터 시작해서, 인덱스 k에 있던 참조를 $k+1$로 복사할 때까지 계속된다. 결과적으로 인덱스 k에 값을 삽입해야 하는 작업은 분할 지불된 $O(n-k+1)$의 성능을 얻게 된다.

5.3.3절에서 append 메서드의 효율성을 살펴볼 때, 다양한 크기의 리스트에서 메서드를 반복 호출한 후 평균 비용을 측정하는 실험을 수행했다(코드 5.4 및 표 5.2 참고). 이번에는 insert 메서드로 이 실험을 수행해 보자. 세 가지 다른 패턴으로 테스트해 볼 수 있다.

- 리스트의 시작 부분에 반복적으로 삽입한다.

```
for n in range(N):
  data.insert(0, None)
```

- 리스트의 중간 근처에 반복적으로 삽입한다.

```
for n in range(N):
  data.insert(n // 2, None)
```

- 리스트 끝에 반복적으로 삽입한다.

```
for n in range(N):
  data.insert(n, None)
```

실험 결과는 표 5.5와 같으며, 전체 반복에 대한 시간이 아니라 연산당 평균 소요 시간을 표기하였다. 예상했던 대로, 리스트의 시작 부분에 삽입하는 것이 가장 비용이 많이 들며, 연산당 선형 시간이 소요되는 것을 알 수 있다. 리스트의 중간에 삽입하는 것은 앞에 삽입하는 것에 비해 절반 정도의 시간이 소요되지만 여전히 $\Omega(n)$이다. 리스트의 끝에 삽입하는 것은 append와 마찬가지로 $O(1)$ 동작임을 알 수 있다.

	N				
	100	**1,000**	**10,000**	**100,000**	**1,000,000**
$k = 0$	0.482	0.765	4.014	36.643	351.590
$k = n//2$	0.451	0.577	2.191	17.873	175.383
$k = n$	0.420	0.422	0.395	0.389	0.397

표 5.5 insert(k, val)의 평균 수행 시간(마이크로초 단위). 각 리스트는 빈 상태로 초기화되었으며, insert를 N번 반복하여 호출한 뒤에 평균을 계산하였다. n은 현재[4] 리스트의 크기(최종 리스트가 아님)를 나타낸다.

리스트에서 원소 삭제하기

파이썬의 list 클래스는 리스트에서 원소를 삭제하는 여러 가지 방법을 제공하지만 그중에서 pop 메서드가 가장 효율적으로 동작한다. pop()이 호출되면 리스트에서 마지막 원소만 삭제되며, 다른 모든 원소는 원래 위치에 남아 있게 된다. 사실상 이것은 $O(1)$ 연산이지만, 파이썬이 메모리를 절약하기 위해 내부 동적 배열을 가끔 축소하기 때문에 알고리즘의 상/하한은 분할 지불을 사용해 분석되어야 한다.

매개변수가 포함된 버전인 pop(k)는 리스트의 인덱스 k($k < n$을 만족해야 함)에 있는 원소를 삭제하고, 그 이후의 모든 원소를 왼쪽으로 이동시켜 원소의 삭제로 인해 생긴 공백을 메운다. 원소를 이동시키는 횟수는 인덱스 k에 따라 달라지므로 이 작업의 효율은 $O(n-k)$가 된다(그림 5.17 참고). 이를 통해, $\Omega(n)$ 시간을 사용하는 pop(0)의 호출 비용이 가장 많이 든다는 것을 알 수 있다(연습 문제 R-5.8 참고).

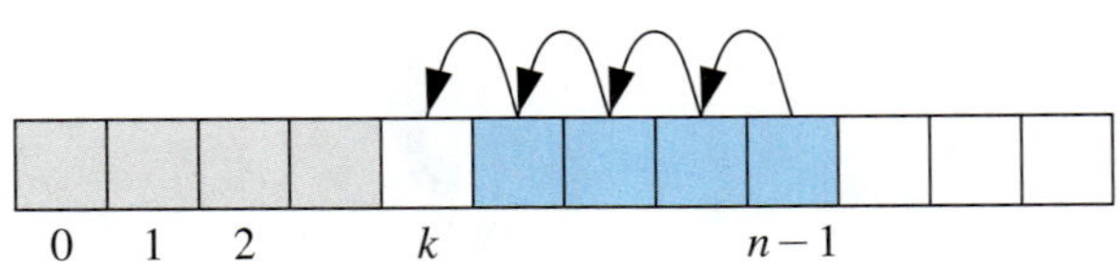

그림 5.17 동적 배열의 인덱스 k에서 원소 삭제하기

4 insert하는 시점을 의미한다.

list 클래스에서 값을 지정하는 또 다른 방법은 remove 메서드를 사용하는 것이다. 이 메서드에서는 삭제하고자 하는 값을 지정할 수 있다(인덱스가 아님). 공식 문서에 따르면, 리스트에 찾는 값이 여러 개 존재할 경우, 이 메서드는 해당 값을 가지는 첫 번째 항목만 삭제하고, 해당 값을 찾을 수 없는 경우 ValueError를 발생시킨다. remove 메서드는 코드 5.6에 구현되어 있으며, 여기서도 DynamicArray 클래스를 사용해 설명한다.

흥미롭게도 remove 메서드에는 '효율적인' 경우가 없으며, 모든 경우에 대해 $\Omega(n)$ 시간이 필요하다. 이 함수는 두 부분으로 나누어 볼 수 있는데, 이 중 앞부분은 값을 검색하는 부분(처음부터 인덱스 k까지. k는 찾고자 하는 값이 있는 인덱스)이고, 나머지 부분은 인덱스 k부터 끝까지 반복하며 원소를 왼쪽으로 이동시키는 부분이다. 이 선형 동작은 실험을 통해 관찰할 수 있다(연습 문제 C-5.24 참고).

```
def remove(self, value):
  """첫 번째로 검색되는 값을 제거한다(또는 ValueError를 발생시킴)."""
  # 참고: 이 버전에서는 동적 배열 축소를 고려하지 않음
  for k in range(self._n):
    if self._A[k] == value:              # 일치하는 항목을 찾은 경우
      for j in range(k, self._n - 1):  # 다른 것들을 빈 공간으로 채우기 위해 이동
        self._A[j] = self._A[j+1]
      self._A[self._n - 1] = None      # 가비지 컬렉션을 위한 코드
      self._n -= 1                     # 항목이 하나 줄어듦
      return                           # 즉시 종료
  raise ValueError('value not found')  # 일치하는 값이 없는 경우에만 실행
```

코드 5.6 DynamicArray 클래스를 위한 remove 구현

리스트 확장하기

파이썬은 extend라는 메서드를 제공하는데, 이 메서드는 한 리스트의 모든 원소를 두 번째 리스트의 끝에 추가하는 데 사용된다. data.extend(other)와 같이 메서드를 호출하면 다음 코드의 출력 결과와 동일한 결과를 얻는다.

```
for element in other:
  data.append(element)
```

두 경우 모두 수행 시간은 두 번째 리스트의 길이에 비례하며, 추가되는 원소를 수용하기 위해 첫 번째 리스트의 내부 배열 크기가 조정될 수 있으므로 분할 지불 방식으로 분석해야 한다.

실제로는 점근적 분석에 숨겨진 상수 요인이 현저히 작기 때문에 반복적으로 append 메서드를 호출하기보다 extend 메서드를 한 번만 호출하는 방법이 선호된다. extend 메서드의 효율성은 크게 세 가지다. 첫째, 적절한 파이썬 메서드를 사용하는 것은 언제나 얼마간 장점이 있는데, 이러한 메서드는 종종 인터프리터되는 대신 컴파일된 언어로 구현되기 때문이다. 둘째, 전체 작업을 수행하는 단일 함수 호출에 대한 오버헤드가 여러 개의 개별 함수를 호출하는 것에 비해 적다. 마지막으로, 업데이트된 리스트의 결과 크기를 미리 계산할 수 있기 때문에 extend의 효율성이 높다. 두 번째 데이터셋이 제법 큰 경우, 반복적으로 append 메서드를 호출할 때 기본 동적 배열의 크기가 여러 번 조정될 수 있기 때문이다. 반면, expend 메서드를 사용하면 최대 한 번의 크기 조정 작업만 수행된다. 연습 문제 C-5.22에서는 실험을 통해 이 두 가지 접근 방식의 효율성을 비교해 본다.

새 리스트 만들기

새 리스트를 구성하는 구문에는 여러 가지가 있다. 거의 모든 경우에서 동작의 점근 효율성은 생성되는 리스트의 길이에 따라 선형적으로 증감하지만 앞에서 extend 메서드에 대해 살펴본 바와 같이, 실제 효율성 면에서는 상당한 차이가 발생한다.

1.9.2절에서는 **리스트 컴프리헨션**에 대해 설명하면서 다음과 같이 코드를 간결화하는 예를 들었다.

```
squares = []
for k in range(1, n+1):
   squares.append(k * k)
```

↓

```
squares = [k * k for k in range(1, n+1)]
```

두 코드의 실제 수행 속도를 비교해 보면, 리스트 컴프리헨션 문이 반복적으로 append를 하는 방식보다 훨씬 빠르다(연습 문제 C-5.23 참고).

마찬가지로, 곱셈 연산자를 사용해 상수 값의 리스트를 초기화하는 방식은 파이썬에서 자주 사용되는 표현(idiom)이다. 예를 들어 [0]*n은 모든 값이 0인 길이 n의 리스트를 생성한다. 이와 같은 방식은 프로그래머가 분명하고도 쉽게 코드를 작성할 수 있게 하며, 리스트를 점진적으로 키우는 방식보다 효율적이다.

5.4.2 파이썬의 문자열 클래스

문자열은 파이썬에서 매우 중요하다. 1장에서 문자열 사용법을 소개했고, 1.3절에서 다양한 연산자 구문에 대해 설명했다. 클래스의 주요 메서드는 부록 A의 표 A.1부터 A.4에 포괄적으로 요약되어 있다. 각 동작의 효율성을 이 절에서 세밀하게 분석하지는 않겠지만 주목할 만한 몇 가지 이슈에 대해 언급하고자 한다. 이 절에서 n은 문자열의 길이를 의미하며, m은 패턴으로 사용되는 두 번째 문자열의 길이를 나타낸다.

문자열의 동작 중 상당수는 직관적으로 분석될 수 있다. 예를 들어 새 문자열을 생성하는 메서드(예 capitalize, center, strip)는 생성되는 문자열의 길이에 따라 선형적으로 증감하는 시간이 필요하다. 문자열의 조건을 이진(참/거짓)으로 테스트하는 많은 동작(예 islower)은 최악의 경우 n개의 문자를 모두 검사하므로 $O(n)$ 시간이 걸리지만, 답이 명확해지면 메서드를 바로 종료할 수 있다(예 첫 번째 문자가 대문자인 경우 islower는 즉시 False를 반환할 수 있음). 비교 연산자(예 ==, <)도 이 범주에 속한다.

패턴 매칭

알고리즘 관점에서 가장 주목받는 동작들은 더 긴 문자열 내에서 짧은 문자열 패턴을 찾는 동작, 즉 **패턴 매칭**(pattern matching)을 핵심 목표로 하는 동작들이다. 대표적인 예로 contains, find, index, count, replace, split을 들 수 있다. 문자열 알고리즘은 13장의 주제이고, 패턴 매칭 문제는 13.2절에서 중점적으로 다룬다. 패턴 매칭 알고리즘을 단순한 방법으로 구현하는 경우 $O(mn)$의 수행 시간이 걸린다. 특정 패턴의 시작 인덱스로 가능한 위치가 $n - m + 1$개 있으며, 각 시작 위치에서 패턴이 일치하는지 확인하기 위해 $O(m)$ 시간을 소비하기 때문이다. 13.2절에서는 길이가 긴 문자열에서 길이가 m인 패턴을 $O(n)$ 시간에 찾는 알고리즘을 개발해 볼 것이다.

문자열 생성

마지막으로, 긴 문자열을 만드는 몇 가지 접근법을 알아보자. 실습을 위한 document라는 큰 문자열이 있고, 원본 문자열의 알파벳 문자만 포함된(공백, 숫자, 구두점 등을 삭제한) 새로운 문자열을 생성하려 한다고 가정하자. 다음과 같은 반복문을 사용하고 싶은 유혹에 빠지기 십상이다.

```
# 경고: 작업을 이런 식으로 수행하면 안 된다.
letters = ''                    # 빈 문자열로 시작
for c in document:
  if c.isalpha():
    letters += c                # 알파벳 문자 연결
```

이 코드는 올바른 결과를 만들어 내지만 심각하게 비효율적으로 수행된다. 문자열은 불변이기 때문에 letters += c 명령은 두 문자열의 연결(letters + c)을 새로운 인스턴스로 만든 후, 이 인스턴스에 식별자(letters)를 다시 할당한다. 새 문자열을 구성하려면 길이에 비례하는 시간이 필요하다. 최종 결과로 나오는 문자가 n개라면, 문자열을 연결하는 데는 우리에게 익숙한 자연수의 합 $1 + 2 + 3 + \cdots + n$에 비례하는 시간, 즉 $O(n^2)$이 걸린다.

이런 비효율적인 코드 유형은 파이썬 커뮤니티에 널리 퍼져 있는데, 이는 코드 형태가 비교적 자연스럽고 문자열에 대한 += 연산자의 동작을 잘못 이해한 탓이 크다. 최신 파이썬 인터프리터에서는 이러한 코드가 선형 시간에 수행될 수 있도록 최적화가 이루어졌지만 이런 방식이 모든 파이썬 구현에서 보장되는 것은 아니다.

최적화 방식은 다음과 같다. letters += c 명령으로 새 문자열 인스턴스를 생성하는 이유는 프로그램 내에서 다른 변수가 해당 문자열을 참조할 가능성이 있으므로 원래 문자열을 변경하지 않고 그대로 두어야 하기 때문이다. 하지만 해당 문자열에 대한 다른 참조가 없다는 것을 알고 있다면 문자열을 직접 (동적 배열처럼) 변경하여 +=를 더 효율적으로 구현할 수 있다. 공교롭게도 파이썬 인터프리터는 이미 각 객체에 대한 **참조 개수** 정보를 가지고 있다. 이 정보는 객체의 가비지 컬렉션 여부를 결정하는 데 부분적으로 사용되지만(15.1.2절 참고), 문자열에 대한 다른 참조가 존재하지 않는 경우를 감지하여 최적화를 수행할 수 있는 수단이기도 하다.

문자열을 구성하는 작업이 선형 시간에 수행될 수 있도록 보장하는 더 표준적인 파이썬 용법은 임시 리스트에 개별 문자열을 저장한 다음 str 클래스의 join 메서드를 사용해 최종 결과를 구성하는 것이다. 이 기법을 사용해 앞의 예제를 다음과 같이 수정할 수 있다.

```
temp = []                       # 빈 리스트로 시작
for c in document:
    if c.isalpha():
        temp.append(c)          # 알파벳 문자 추가
letters = ''.join(temp)         # 전체 결과 추가
```

이 방식은 코드가 $O(n)$ 시간에 수행되도록 보장한다. 먼저, append를 n번 호출하는 데는 해당 작업의 분할 지불 비용 정의에 따라 총 $O(n)$ 시간이 소요된다는 점을 기억하자. 마지막에 호출되는 join 메서드도 구성된 최종 문자열의 길이에 대해 선형 시간이 소요된다.

5.4.1절의 마지막 부분에서 언급했듯이, append를 반복적으로 호출하는 대신 리스트 컴프리헨션을 사용해 임시 리스트를 구축하면 실제 수행 시간을 더욱 개선할 수 있다. 이 솔루션은 다음과 같이 구현할 수 있다.

```
letters= ''.join([c for c in document if c.isalpha()])
```

더 좋은 방법은 제너레이터 컴프리헨션(generator comprehension)을 통해 다음과 같이 임시 리스트를 만들지 않는 것이다.

```
letters = ''.join(c for c in document if c.isalpha())
```

5.5 배열 기반 시퀀스 사용

5.5.1 게임 고득점 저장하기

우리가 살펴볼 첫 번째 응용 프로그램은 비디오 게임 고득점자의 시퀀스를 저장하는 프로그램이다. 이 프로그램은 일련의 객체를 저장하는 대표적인 예에 해당한다. 병원의 환자 기록을 저장하거나 축구 팀 선수 이름을 저장해도 되지만 고득점자 저장 문제가 간단하게 자료구조의 중요 개념을 보여주기에 가장 적절하므로 이 예시에 초점을 맞추고자 한다.

먼저, 고득점 항목을 나타내는 객체에 어떤 정보를 포함할지 생각해 보자. 가장 기본적으로 포함되어야 할 구성 요소는 점수를 나타내는 정수이며, 이를 식별자 score로 표현한다. 두 번째로 필요한 정보는 해당 점수를 기록한 사람의 이름으로, 식별자 name을 사용한다. 점수를 기록

```
class GameEntry:
  """고득점자 리스트의 한 항목을 나타낸다."""

  def __init__(self, name, score):
    self._name = name
    self._score = score

  def get_name(self):
    return self._name

  def get_score(self):
    return self._score

  def __str__(self):
    return '({0}, {1})'.format(self._name, self._score)      # 예: '(Bob, 98)'
```

코드 5.7 단순한 GameEntry 클래스를 위한 파이썬 코드. 게임 엔트리 객체의 이름, 점수, 엔트리의 문자열 표현을 반환하는 메서드가 포함되어 있다.

한 날짜나 게임 관련 통계와 같은 필드를 추가할 수 있지만, 예제를 단순화하기 위해 이런 정보는 생략한다. 이러한 고득점자 목록을 표현하는 GameEntry 클래스의 구현은 코드 5.7과 같다.

고득점 목록을 위한 클래스

고득점 목록을 만들고 유지하기 위해 Scoreboard(점수판)라는 클래스를 개발한다. 점수판에는 특정 개수의 '고득점'만 저장되며, 점수판이 가득 차면 새 점수는 보드에서 가장 낮은 '고득점'보다 높은 점수일 때만 점수판에 등록된다. 원하는 점수판의 길이는 게임에 따라 10, 50, 500으로 달라질 수 있다. 이 길이는 게임에 따라 달라질 수 있으므로 Scoreboard 생성자의 매개변수로 지정할 것이다.

내부적으로는 _board라는 이름의 파이썬 리스트를 사용해 각각의 점수를 나타내는 고득점 인스턴스를 관리한다. 언젠가는 점수판이 가득 차게 될 것이므로 최대 점수 수를 담을 수 있을 만큼 충분히 큰 리스트를 초기화하되, 처음에는 모든 항목을 None으로 설정한다. 처음부터 최대 크기의 리스트를 할당하면 추후에 크기를 조정할 필요가 없다. 새 항목(고득점)이 추가될 때, 리스트는 내림차순(인덱스 0에 가장 높은 점수가, 마지막 인덱스에 가장 낮은 점수가 저장됨)으로 유지된다. 이 자료구조의 전형적인 상태는 그림 5.18과 같다.

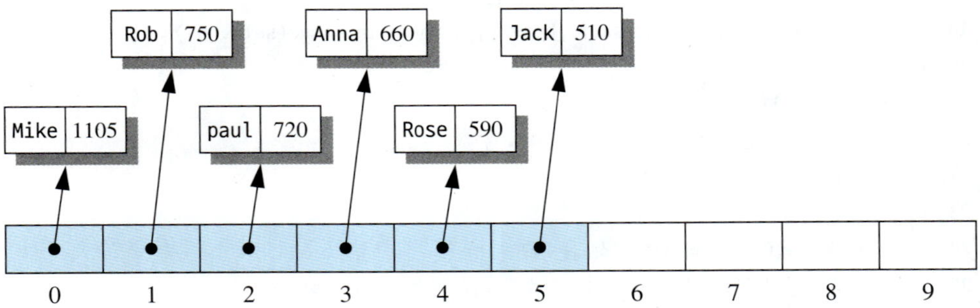

그림 5.18 길이가 10인 정렬된 리스트. GameEntry 객체 6개에 대한 참조가 인덱스 0~5의 셀에 저장되어 있으며 나머지는 None이다.

파이썬으로 구현된 Scoreboard 클래스의 전체 코드는 코드 5.8과 같다. 생성자는 매우 간단하다. 다음 명령은 원하는 길이의 리스트를 생성하며, 모든 항목은 None으로 지정된다.

```
self._board = [None]*capacity
```

n은 점수판에 저장된 실제 항목의 수를 나타내는 인스턴스 변수다. 이 변수는 항목의 추가 등이 발생할 때마다 업데이트될 것이다. 편의상, 이 클래스에는 주어진 인덱스에서 구문 board[i] (또는 해당 항목이 없는 경우 None)로 항목을 검색하는 __getitem__ 메서드가 구현되며, 점수

판의 모든 항목을 문자열로 변환하여 반환하는 간단한 `__str__` 메서드도 지원한다. 이 메서드에서는 각 항목이 한 행의 문자열로 표현된다.

```python
class Scoreboard:
  """내림차순(nonincreasing)으로 정렬된 고정된 길이의 시퀀스"""

  def __init__(self, capacity=10):
    """주어진 최대 용량으로 스코어보드를 초기화한다.

    모든 항목은 None으로 초기화한다.
    """
    self._board = [None] * capacity          # 향후 점수 추가를 위한 공간 예약
    self._n = 0                              # 실제 항목 수

  def __getitem__(self, k):
    """인덱스 k에서 항목을 반환한다."""
    return self._board[k]

  def __str__(self):
    """고득점자 리스트의 문자열 표현을 반환한다."""
    return '\n'.join(str(self._board[j]) for j in range(self._n))

  def add(self, entry):
    """고득점 점수판에 항목을 추가한다."""
    score = entry.get_score()

    # 새 항목이 고득점으로 인정되는가?
    # 점수판이 가득 차지 않았거나 점수가 마지막 항목보다 높다면
    good = self._n < len(self._board) or score > self._board[-1].get_score()

    if good:
      if self._n < len(self._board):         # 리스트에서 점수를 삭제하지 않음
        self._n += 1                         # 따라서 전체 개수가 증가함

      # 낮은 점수를 오른쪽으로 이동하여 새로운 항목을 위한 공간을 확보함
      j = self._n - 1
      while j > 0 and self._board[j-1].get_score() < score:
        self._board[j] = self._board[j-1]    # j-1에서 j로 항목 이동 후
        j -= 1                               # j를 1 감소시킴
      self._board[j] = entry                 # 완료되면 새 항목 추가
```

코드 5.8 파이썬으로 구현된 Scoreboard 클래스로, 일련의 점수는 GameEntry 객체로 관리되며 정렬 상태로 유지된다.

항목 추가하기

점수판 클래스에서 가장 흥미로운 메서드는 점수판에 새 항목을 추가할지를 고려하는 `add` 메서드다. 모든 항목이 반드시 고득점으로 인정받는 것은 아니라는 점에 유의하기 바란다. 점수판이 가득 차지 않은 경우에는 새 항목이 곧바로 추가되지만, 점수판이 가득 차면 새 항목이 점수판의 마지막 항목(고득점 중 가장 낮은 점수)보다 명백하게 더 높은 경우에만 추가된다.

새로운 점수에 대한 등록을 고려할 상황이라면 먼저 '고득점'에 해당하는지를 체크해야 한다. 고득점에 해당하면서 점수판이 아직 가득 차 있지 않다면 n(점수판의 점수 수)을 증가시킨다. 점수판이 가득찬 상황이라면 전체 항목 수(n)는 동일하게 유지된다. 새로운 점수를 추가할 때 점수판에서 다른 항목이 삭제되기 때문이다.

새 항목을 리스트에 올바르게 배치하기 위한 마지막 작업은 점수들을 한 칸씩 아래로 이동시키는 것이다(점수판이 가득 차 있었다면 가장 낮은 점수가 완전히 삭제됨). 이 과정은 251~252쪽의 '리스트에 원소 추가하기'에서 리스트 클래스의 `insert` 메서드 구현과 매우 유사하다. 점수판의 경우에는 배열 끝에 남아 있는 `None` 참조를 이동할 필요가 없으므로 그림 5.19와 같이 진행할 수 있다.

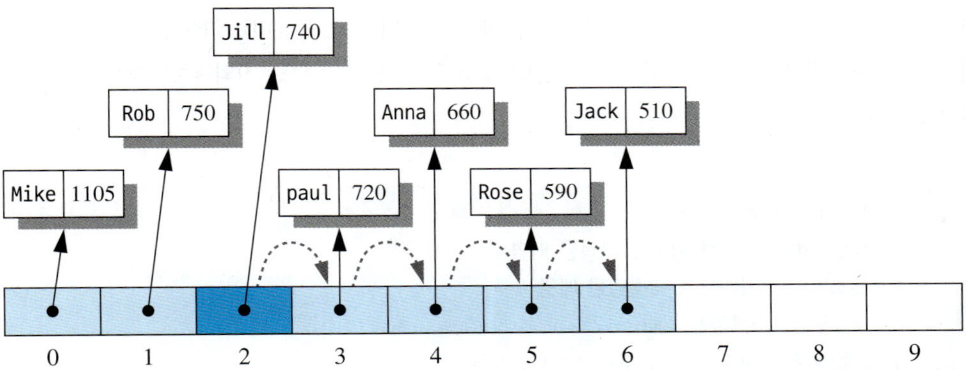

그림 5.19 Jill이 세운 기록의 점수판 추가. 새 GameEntry로 추가된다. 추가 참조를 위한 공간을 확보하기 위해 새로운 항목보다 점수가 작은 게임 항목의 참조를 오른쪽으로 한 셀씩 이동해야 한다. 이동이 완료되면, 새 항목을 인덱스 2에 삽입할 수 있다.

이 마지막 작업을 구현하기 위해, 마지막 `GameEntry` 인스턴스가 위치해야 하는 인덱스인 `j = self._n - 1`을 계산한다. 이 시점에서 `j`는 새롭게 추가될 항목의 인덱스일 수도 있고, 새롭게 추가될 항목보다 더 작은 값의 항목일 수도 있다(더 작은 값을 가지는 항목이 여러 개 있을 수 있음). 34행의 `while` 루프는 복합 조건을 확인하여 인덱스 `j - 1`에 새 점수보다 낮은 점수를 가진 다른 항목이 있다면 참조를 계속해서 오른쪽으로 이동시키면서 `j`를 감소시킨다.

5.5.2 시퀀스 정렬

5.5.1절에서는 기존 시퀀스 순서를 그대로 유지하면서 주어진 위치에 객체를 추가하기 위해 다른 원소들을 한 셀씩 이동시키는 응용 프로그램을 살펴보았다. 이번 절에서는 비슷한 기법을 활용하여 **정렬** 문제를 해결해 보려고 한다. 즉, 정렬되지 않은 원소 시퀀스에서 원소들을 오름차순으로 재배열하는 방법을 사용한다.

삽입 정렬 알고리즘

이 책에서 다루는 대부분의 정렬 알고리즘은 12장에 설명되어 있다. 이 절에서는 간단하면서도 멋진 정렬 알고리즘인 **삽입 정렬**(insertion-sort)을 소개한다. 이 알고리즘은 배열 기반 시퀀스에 대해 다음과 같이 진행된다. 배열의 첫 번째 원소부터 시작한다. 하나의 원소는 그 자체로 이미 정렬되어 있다. 이제 배열의 다음 원소를 고려한다. 첫 번째 원소보다 작으면 서로 바꾼다. 다음으로 배열의 세 번째 원소를 고려한다. 세 번째 원소는 왼쪽의 원소와 비교하여 올바른 순서가 아니라면 위치를 바꾼다. 그리고 올바른 순서가 될 때까지 왼쪽의 원소와 비교한 후 위치를 바꾸는 작업을 반복한다. 다음으로, 네 번째 원소가 올바른 순서가 될 때까지 왼쪽 원소와 비교하고 바꾸는 작업을 반복한다. 이와 같은 방식으로 다섯 번째 원소, 여섯 번째 원소 등 전체 배열이 정렬될 때까지 계속 진행한다. 삽입 정렬 알고리즘은 코드 5.9와 같은 의사코드로 표현할 수 있다.

```
알고리즘 InsertionSort(A):
  입력: n개의 비교 가능한 원소로 구성된 배열 A
  출력: 원소가 오름차순으로 재배열된 배열 A
  for k = 1부터 n - 1까지 do
    A[k]를 A[0], A[1], ..., A[k] 내의 올바른 위치에 삽입한다.
```

코드 5.9 삽입 정렬 알고리즘

코드 5.9는 삽입 정렬에 대한 설명이다. 5.5.1절의 코드 5.8을 다시 살펴보면, 고득점 리스트에 새로운 항목을 삽입하는 작업은 삽입 정렬에서 새로 고려된 원소를 삽입하는 작업과 거의 동일하다는 것을 알 수 있다(게임 점수가 높은 순서에서 낮은 순서로 정렬된다는 점만 제외). 각 원소를 차례로 고려하는 외부 루프와 왼쪽에 있는 원소의 (정렬된) 하위 배열을 기준으로 새로 고려된 원소를 적절한 위치로 이동하는 내부 루프를 사용하는 삽입 정렬의 파이썬 구현은 코드 5.10과 같다. 그림 5.20은 삽입 정렬 알고리즘의 실행 예를 보여준다.

삽입 정렬의 중첩된 루프는 최악의 경우 $O(n^2)$의 수행 시간을 초래한다. 배열이 처음에 역순으로 정렬되어 있을 때 가장 많은 작업이 수행된다. 다른 한편으로, 주어진 배열이 거의 정렬되어 있거나 완벽하게 정렬된 상태라면 내부 루프의 반복이 거의 또는 전혀 없기 때문에 이 경우의 삽입 정렬에는 $O(n)$ 시간이 소요된다.

```
def insertion_sort(A):
  """비교 가능한 원소의 리스트를 비내림차순으로 정렬한다."""
  for k in range(1, len(A)):              # 1에서 n-1까지
    cur = A[k]                            # 삽입할 현재 원소
    j = k                                 # 현재에 대한 올바른 인덱스 j 찾기
    while j > 0 and A[j-1] > cur:         # 원소 A[j-1]은 현재 원소 뒤에 있어야 함
      A[j] = A[j-1]
      j -= 1
    A[j] = cur                            # 이제 cur가 올바른 위치에 있음
```

코드 5.10 리스트에 삽입 정렬을 수행하기 위한 파이썬 코드

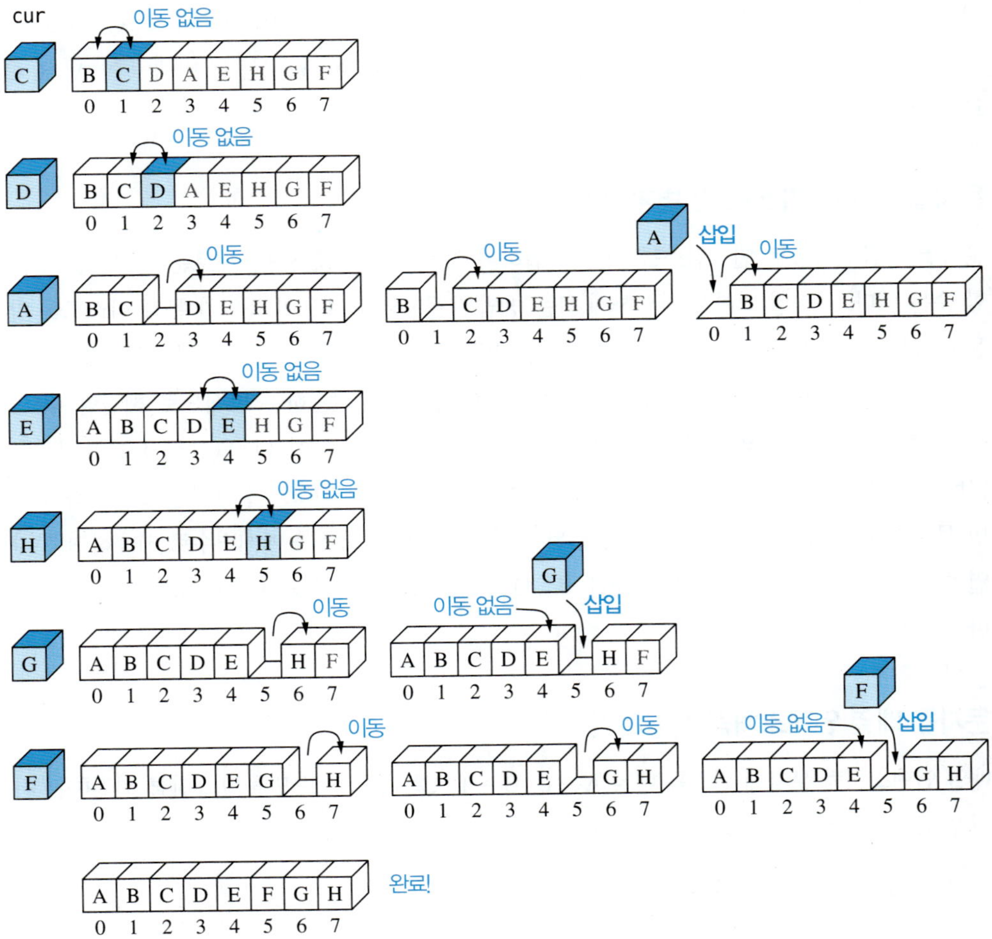

그림 5.20 8개의 문자로 구성된 배열의 삽입 정렬 알고리즘. 각 행이 외부 루프의 반복이고 각 행의 시퀀스 복사는 내부 루프의 반복이다. 삽입되는 현재 원소는 cur로 표기하였고, 배열에서도 별색으로 강조했다.

5.5.3 간단한 암호학

암호학(cryptography)은 문자열과 리스트를 활용하는 재미있는 응용 분야로, 비밀 메시지와 그 응용을 다루는 학문이다. 이 분야에서는 암호화 및 복호화 과정을 연구하는데, **암호화**(encryption)는 **일반 텍스트**(plaintext)를 암호문(글자가 뒤섞인 메시지)으로 변환하는 방법이며, **복호화**(ciphertext)는 암호문을 원래의 문장으로 복원하는 것이다.

가장 초기의 암호화 기법은 **시저 암호**(Caesar cipher)일 것이다. 이 이름은 중요한 군사 메시지를 보호하기 위해 암호 체계를 사용한 율리우스 시저의 이름을 딴 것이다. (물론 시저의 모든 메시지는 라틴어로 작성되었기 때문에 오늘날 대부분의 사람들이 읽을 수 없지만 말이다.) 시저 암호는 알파벳으로 단어를 구성하는 방식의 언어에서 메시지를 숨길 수 있는 단순한 기법이다.

시저 암호는 메시지의 각 문자를 알파벳에서 특정 수의 문자 뒤에 오는 문자로 대체하는 방식이다. 예를 들어 어떤 영어 메시지를 세 글자씩 이동시킨다면 A를 D로, B를 E로, C를 F로 대체할 수 있다. 이런 식으로 계속 대체하여 W는 Z로 대체하고 X, Y, Z는 한 바퀴 돌아 A, B, C로 각각 대체한다.

문자열과 문자 리스트 간 변환하기

문자열은 불변이므로 인스턴스를 직접 편집하여 암호화할 수 없지만, 새로운 문자열을 생성할 수는 있다. 문자열 변환을 간편하게 하는 방법은 문자열과 내용이 동일한 문자 리스트를 만들고, 리스트를 편집한 다음, 해당 리스트를 기반으로 새로운 문자열을 만드는 것이다. 첫 번째 단계는 문자열을 리스트 클래스의 생성자에 매개변수로 전송하는 방식으로 해결할 수 있다. 이를 통해 문자열의 문자는 개별적으로 변환된다. 예를 들어 `list('bird')` 표현식은 `['b','i','r',''d']`라는 결과를 생성한다. 이와 반대로 문자 리스트를 문자열로 변환하려면, 빈 문자열에서 `join` 메서드를 호출하면 된다. 이때, 문자 리스트를 매개변수로 사용하면 문자열이 생성된다. 예를 들어 `' '.join(['b','i','r,''d'])`를 호출하면 `'bird'`라는 문자열이 반환된다.

문자를 배열 인덱스처럼 사용하기

배열 인덱스처럼 문자에 번호를 매겨 A는 0, B는 1, C는 2 등으로 만들면, *r*만큼 회전하는 시저 암호를 간단한 공식으로 만들 수 있다. 이 공식은 다음과 같다.

```
시저 암호 문자 = (i + r) mod 26
```

여기서 mod는 모듈러 연산자로, 주어진 정수로 나눈 후 나머지를 반환한다. 이 연산자는 파이썬에서 %로 표시되며, 알파벳 끝에서 시작으로 돌아가는 작업을 쉽게 수행하는 데 필요하다. 26 mod 26은 0, 27 mod 26은 1, 28 mod 26은 2다. 시저 암호의 복호 알고리즘은 반대 순서로 진행한다. 각 문자를 r만큼 앞에 있는 문자로 바꾸되, 더 이상 앞으로 이동할 수 없는 경우 맨 뒤로 돌아간다(즉, 문자 i는 문자 $(i - r)$ mod 26으로 바뀜).

새로운 문자열을 사용하여 이와 같은 방식을 간단한 대체 규칙으로 표현할 수 있다. 예를 들어 세 글자만큼 뒤로 미루는 시저 암호를 사용한다고 가정하면, A부터 Z까지의 대체 문자를 나타내는 문자열을 미리 계산할 수 있다. 즉, A는 D로, B는 E로 대체하는 등의 방식으로 바뀐다. 26개의 대체 문자를 순서대로 나열하면 `'DEFGHIJKLMNOPQRSTUVWXYZABC'`가 되므로, 이 문자열을 가이드로 사용해 메시지를 쉽게 암호화할 수 있다. 원본 메시지의 각 문자에 대한 대체 문자를 빠르게 찾기만 한다면 이 방식은 매우 효율적으로 동작할 수 있을 것이다.

이를 위해 '유니코드에서는 문자가 정수 코드로 표현되며, 라틴 알파벳 대문자의 코드는 연속된다'는 사실을 활용해 보자. 설명을 단순하게 하기 위해, 암호화 대상 문자를 대문자로 한정하자. 파이썬은 문자(길이 1인 문자열)와 해당 정수 코드 간의 변환을 지원하는 함수를 제공한다. `ord(c)` 함수는 문자 하나로 이루어진 문자열 `c`를 받아 그에 해당하는 정수 코드를 반환한다. 반대로 `chr(j)` 함수는 정수 `j`를 받아 그와 연관된 문자(길이 1인 문자열)를 반환한다.

시저 암호를 위한 대체 문자를 찾기 위해서는 `'A'`에서 `'Z'`까지의 문자를 각각 0에서 25까지의 숫자로 매핑해야 한다. `j = ord(c) - ord('A')`와 같은 식을 사용해 이러한 변환을 수행할 수 있다. 간단하게 확인하고 넘어가도록 하자. 문자 c가 `'A'`인 경우 $j = 0$이고, c가 `'B'`인 경우 변환된 코드 값이 `'A'`의 코드 값보다 정확히 하나 더 많으므로 그 차이는 1이다. 일반적으로 j는 앞서 설명한 가이드 문자열의 인덱스로 활용된다(그림 5.21 참고).

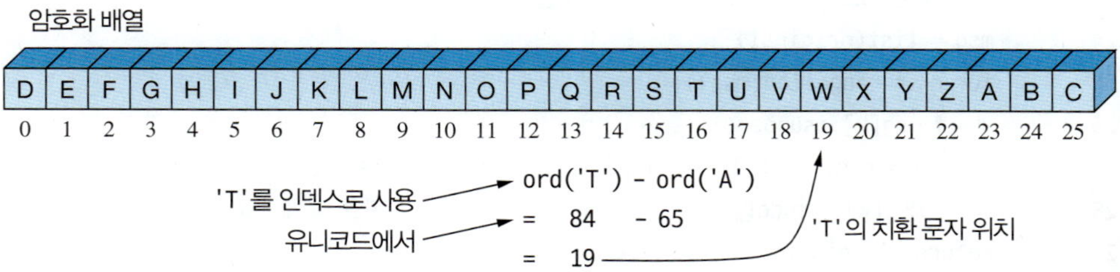

그림 5.21 시저 암호화에서 영문자 대체 규칙을 구현하기 위해 대문자를 인덱스로 사용하는 예

코드 5.11은 시저 암호를 수행하는 파이썬 클래스와 테스트 코드다. 이 클래스는 회전 시프트를 임의로 조정할 수 있으며, 이 테스트 프로그램을 실행하면 다음과 같은 출력이 표시된다.

```
암호:    WKH HDJOH LV LQ SODB; PHHW DW MRH'V.
메시지: THE EAGLE IS IN PLAY; MEET AT JOE'S.
```

클래스의 생성자는 주어진 회전 횟수에 따라 정방향 및 역방향 변환 문자열을 생성한다. 이때 생성된 문자열을 기반으로 수행되는 암호화와 복호화 알고리즘은 본질적으로 동일하므로, 함수 하나로 처리할 수 있다. 여기서는 _transform이라는 비공개 유틸리티 메서드를 사용하였다.

```
class CaesarCipher:
    """시저 암호를 사용해 암호화와 복호화를 수행하는 클래스"""

    def __init__(self, shift):
        """주어진 정수만큼 회전하는 시저 암호를 생성한다."""
        encoder = [None] * 26                        # 암호화를 위한 임시 배열
        decoder = [None] * 26                        # 복호화를 위한 임시 배열
        for k in range(26):
            encoder[k] = chr((k + shift) % 26 + ord('A'))
            decoder[k] = chr((k - shift) % 26 + ord('A'))
        self._forward = ''.join(encoder)             # 변하지 않으므로
        self._backward = ''.join(decoder)            # 문자열로 저장

    def encrypt(self, message):
        """인코딩된 메시지를 나타내는 문자열을 반환한다."""
        return self._transform(message, self._forward)

    def decrypt(self, secret):
        """암호화된 데이터를 받아 복호화된 메시지를 반환한다."""
        return self._transform(secret, self._backward)

    def _transform(self, original, code):
        """주어진 코드 문자열을 기반으로 변환을 수행하는 유틸리티"""
        msg = list(original)
        for k in range(len(msg)):
            if msg[k].isupper():
                j = ord(msg[k]) - ord('A')           # 문자열로 저장
                msg[k] = code[j]                     # 이 글자를 교체
        return ''.join(msg)

if __name__ == '__main__':
    cipher = CaesarCipher(3)
    message = "THE EAGLE IS IN PLAY; MEET AT JOE'S."
    coded = cipher.encrypt(message)
    print('Secret: ', coded)
    answer = cipher.decrypt(coded)
    print('Message:', answer)
```

코드 5.11 시저 암호화를 위한 파이썬 클래스와 테스트 코드

5.6 다차원 데이터셋

파이썬의 리스트, 튜플, 문자열은 1차원 구조를 가진다. 즉, 단일 인덱스를 사용해 시퀀스의 각 원소에 접근한다는 뜻이다. 한편, 상당수 응용 프로그램에서는 다차원 데이터셋을 사용한다. 예를 들어 컴퓨터 그래픽은 2차원 또는 3차원으로 모델링되는 경우가 많으며, 지리 정보는 자연스럽게 2차원으로 재현되고, 환자들의 3차원 스캔 영상을 제공하는 여러 의료 프로그램이 있다. 또한 기업의 가치 평가는 많은 수의 독립 변수(재무 측정값 등)를 기반으로 하고 있으므로, 이를 다차원 데이터로 모델링하여 처리하는 경우가 많다.

2차원 배열을 종종 **매트릭스**(matrix)라고 부르기도 하는데, 매트릭스의 셀을 참조하기 위해서 i와 j라는 두 개의 인덱스를 사용한다. 일반적으로 첫 번째 인덱스는 행 번호를 나타내고 두 번째 인덱스는 열 번호를 나타내며, 컴퓨터 과학에서는 전통적으로 0에서 시작하는 인덱스를 사용한다. 그림 5.22는 정수 값으로 구성된 2차원 데이터셋이다. 이 데이터는 맨해튼의 구역별 상점 수라고 생각해 볼 수 있다.

	0	1	2	3	4	5	6	7	8	9
0	22	18	709	5	33	10	4	56	82	440
1	45	32	830	120	750	660	13	77	20	105
2	4	880	45	66	61	28	650	7	510	67
3	940	12	36	3	20	100	306	590	0	500
4	50	65	42	49	88	25	70	126	83	288
5	398	233	5	83	59	232	49	8	365	90
6	33	58	632	87	94	5	59	204	120	829
7	62	394	3	4	102	140	183	390	16	26

그림 5.22 8개의 행과 10개의 열로 구성된 2차원 정수 데이터셋. 행과 열은 0부터 시작하는 정수로 인덱싱된다. 이 데이터셋의 이름이 `stores`인 경우 `stores[3][5]`의 값은 100이고 `stores[6][2]`의 값은 632다.

파이썬에서 2차원 데이터셋을 사용하는 일반적인 방법은 이중 리스트를 사용하는 것이다. 즉, 2차원 배열을 각 행의 리스트로 표현할 수 있으며, 이때 각 행 자체는 값의 리스트가 된다. 예를 들어 다음 2차원 데이터는,

22	18	709	5	33
45	32	830	120	750
4	880	45	66	61

다음과 같이 파이썬에 저장될 수 있다.

```
data = [ [22, 18, 709, 5, 33], [45, 32, 830, 120, 750], [4, 880, 45, 66, 61] ] ]
```

이 방식의 장점은 행 인덱스가 1이고 열 인덱스가 3인 값을 가리키기 위해 data[1][3]과 같은 구문을 자연스럽게 사용할 수 있다는 점이다. 이는 외부 리스트의 두 번째 항목인 data[1] 자체가 인덱싱이 가능한 리스트이기에 가능한 것이다.

다차원 리스트 구성하기

1차원 리스트를 빠르게 초기화하기 위해서 일반적으로 사용하는 구문은 data = [0] * n이며, 이 방식으로 모든 값이 0으로 초기화된 리스트를 생성할 수 있다. 기술적인 관점에서 이 방식은 모든 항목이 동일한 정수 인스턴스를 참조하는 길이가 n인 리스트를 만든다는 것을 이전 절(5.2.1)에서 강조한 바 있다. 하지만 파이썬 int 클래스의 불변성으로 인해 이러한 앨리어싱은 별다른 문제가 되지 않는다.

반면, 이중 리스트를 만들 때는 훨씬 더 신중하게 접근해야 한다. 행이 r, 열이 c인 2차원 정수 리스트를 만들고 모든 값을 0으로 초기화하고 싶다면, 다음과 같은 명령을 내려서는 안 된다.

```
data = ([0] * c) * r                # 경고: 잘못된 명령
```

([0] * c)는 0으로 초기화된 길이 c인 리스트이지만, 해당 리스트에 r을 곱하면 길이가 $r \cdot c$인 단일 리스트가 생성될 뿐이다. 예를 들어 [2, 4, 6] * 2의 결과는 1차원 리스트 [2, 4, 6, 2, 4, 6]이 된다.

조금 더 낫긴 하지만 여전히 문제가 있는 방법은 '값이 0으로 초기화된 리스트'를 유일한 원소로 가지는 새로운 리스트를 만든 다음 여기에 r을 곱하는 것이다. 즉, 다음 명령을 내려볼 수 있다.

```
data = [ [0] * c ] * r          # 경고: 여전히 잘못된 명령
```

이 명령의 결과는 이중 리스트 구조를 가지게 되므로, 우리의 목표에 훨씬 가까워졌다. 여기서 문제는 외부 리스트의 모든 항목이 동일한 리스트 인스턴스를 참조하고 있다는 점이다(그림 5.23 참조).

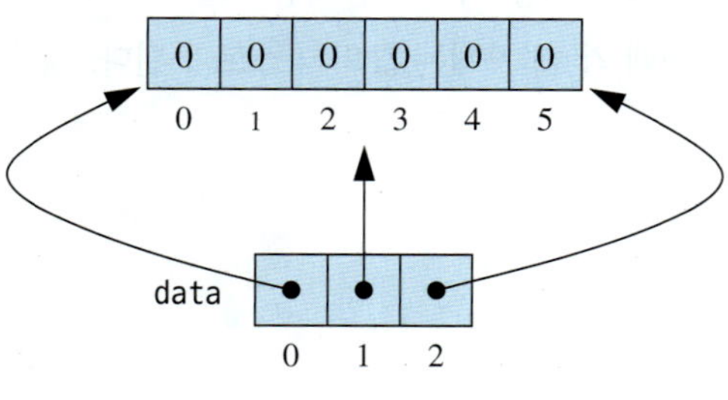

그림 5.23 3 × 6 데이터셋을 이중 리스트로 잘못 표현한 예. data = [[0] * 6] * 3과 같은 명령으로 생성된 결과다. (단순화하기 위해, 2차 리스트에 저장된 값은 상수의 참조라는 사실을 무시하였다.)

이것은 큰 문제다. data[2][0] = 100과 같이 배열의 항목을 설정하면 두 번째 리스트의 첫 번째 항목이 새 값인 100을 참조하도록 변경된다. 그러나 '행' data[0]과 '행' data[2]는 동일한 리스트를 참조하기 때문에 data[0][0]과 data[2][0]은 동일한 값을 가리킨다.

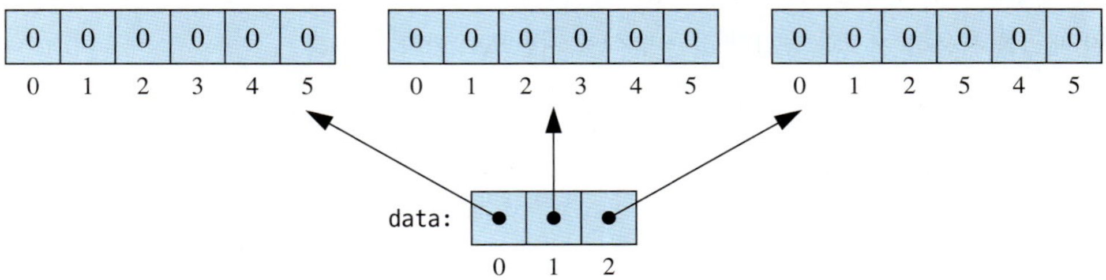

그림 5.24 3 × 6 데이터셋을 이중 리스트로 올바르게 표현한 모습. (단순화하기 위해, 2차 리스트에 저장된 값은 상수의 참조라는 사실을 무시하였다.)

2차원 리스트를 올바르게 초기화하려면 메인 리스트의 각 셀이 2차 리스트의 독립적인 인스턴스를 참조하는지 확인해야 한다. 이는 다음과 같이 파이썬의 리스트 컴프리헨션 문을 사용해 수행할 수 있다.

```
data = [ [0] * c for j in range(r) ]
```

이 명령은 그림 5.24에 표시된 것과 같이 2차원 배열을 올바르게 생성한다. 리스트 컴프리헨션을 통해, for 루프가 반복될 때마다 표현식 [0] * c가 수행되어 새로운 1차원 배열이 생성된다. 따라서 원하는 대로 *r*개의 고유한 2차 리스트를 얻게 된다(이 명령에서 변수 *j*값은 따로 사용되지 않으며, 단순히 *r*회 반복하는 for 루프가 활용됨).

5.6.1 2차원 배열과 포지션을 사용하는 게임

전략 게임, 시뮬레이션 게임, 1인칭 시점 게임 등 다양한 컴퓨터 게임에서 2차원 공간에 존재하는 객체를 활용한다. 이와 같이 위치 정보를 사용하는 게임에는 2차원 보드(board)를 표현하는 방법이 필요한데, 파이썬에서는 리스트를 사용하는 것이 자연스럽다.

틱택토

틱택토(Tic-Tac-Toe)는 3 × 3 보드에서 하는 매우 유명한 게임이다. (초등학생들도 대부분 알고 있을 것이다.) 플레이어 X부터 시작하여 두 명의 플레이어 X와 O가 번갈아 가며 보드의 칸에 각자의 마크를 놓는다. 자신의 마크 중 세 개를 행, 열 또는 대각선상에 먼저 놓는 플레이어가 승리한다.

틱택토가 포지션을 정교하게 활용하는 게임은 아니며, 플레이어 O가 잘 두면 항상 동점이 발생하기 때문에 플레이하는 것이 그다지 재미있지는 않다. 하지만 이 게임은 포지션을 활용하는 게임에 2차원 배열을 어떻게 사용할 수 있는지 보여주는 멋지고 간단한 예가 된다. 체커, 체스 또는 인기 있는 시뮬레이션 게임처럼 더 정교하게 포지션을 사용하는 게임들은 모두 틱택토에 2차원 배열을 사용하는 것과 동일한 접근 방식을 기반으로 한다.

3 × 3 보드는 문자 리스트로 표현된다. 'X' 또는 'O'는 플레이어의 표식을, ' '는 빈 공간을 나타낸다. 보드 상태가 다음과 같다면,

O	X	O
	X	
	O	X

이 보드는 컴퓨터 내부에 다음과 같이 저장된다.

```
[ ['O', 'X', 'O'], [' ', 'X', ' '], [' ', 'O', 'X'] ] ]
```

이제 두 명의 플레이어를 위한 틱택토 보드 클래스를 파이썬으로 개발하려고 한다. 이 클래스는 플레이어의 표식를 마킹하고 승자를 알려주지만, 전략을 수행하거나 컴퓨터와 게임을 할 수 있도록 해주는 것은 아니다. 이러한 프로그램을 구현하는 것은 이 장의 범위를 벗어나지만, 좋은 프로젝트가 될 수 있다(연습 문제 P-8.68 참고).

클래스를 구현하기에 앞서 클래스의 공개 인터페이스를 보여주는 간단한 테스트 코드를 살펴보자.

```
game = TicTacToe()
# X의 차례                 # O의 차례
game.mark(1, 1);          game.mark(0, 2)
game.mark(2, 2);          game.mark(0, 0)
game.mark(0, 1);          game.mark(2, 1)
game.mark(1, 2);          game.mark(1, 0)
game.mark(2, 0)

print(game)
winner = game.winner()
if winner is None:
  print('Tie')
else:
  print(winner, 'wins')
```

코드 5.12 TicTacToe 클래스에 대한 간단한 테스트

게임의 새 인스턴스는 비어 있는 보드를 가지고 있으며, `mark(i, j)` 메서드는 현재 플레이어의 주어진 위치에 표식을 추가한다(소프트웨어가 턴 교대를 관리함). 또한 이 클래스는 게임 보드를 출력하거나 승자를 확인하여 결정하는 연산자를 메서드로 가지고 있다. `TicTacToe` 클래스의 전체 소스 코드는 코드 5.13과 같다. `mark` 메서드는 오류 검사를 수행하여 유효한 인덱스가 전송되었는지, 해당 위치가 이미 점유되지 않았는지, 누군가 게임에서 승리한 후 더 이상 변화가 없는지 등을 확인한다.

```
class TicTacToe:
    """틱택토 게임 관리하기(전략은 코드에 포함되지 않음)"""

    def __init__(self):
        """새 게임을 시작한다."""
        self._board = [ [' '] * 3 for j in range(3) ]
        self._player = 'X'

    def mark(self, i, j):
        """다음 플레이어의 차례를 위해 좌표(i, j)에 X 또는 O을 표시한다."""
        if not (0 <= i <= 2 and 0 <= j <= 2):
            raise ValueError('Invalid board position')
        if self._board[i][j] != ' ':
            raise ValueError('Board position occupied')
        if self.winner() is not None:
            raise ValueError('Game is already complete')
        self._board[i][j] = self._player
        if self._player == 'X':
            self._player = 'O'
        else:
            self._player = 'X'

    def _is_win(self, mark):
        """현재 플레이어가 이긴 상태인지 확인한다."""
        board = self._board                         # 변수를 간단히 표기하기 위한 지역 변수
        return (mark == board[0][0] == board[0][1] == board[0][2] or      # 0번 행
                mark == board[1][0] == board[1][1] == board[1][2] or      # 1번 행
                mark == board[2][0] == board[2][1] == board[2][2] or      # 2번 행
                mark == board[0][0] == board[1][0] == board[2][0] or      # 0번 열
                mark == board[0][1] == board[1][1] == board[2][1] or      # 1번 열
                mark == board[0][2] == board[1][2] == board[2][2] or      # 2번 열
                mark == board[0][0] == board[1][1] == board[2][2] or      # 대각
                mark == board[0][2] == board[1][1] == board[2][0])        # 역대각

```

```
    def winner(self):
        """이긴 플레이어의 표식을 반환한다. 비긴 경우 아무것도 반환하지 않는다."""
        for mark in 'XO':
            if self._is_win(mark):
                return mark
        return None

    def __str__(self):
        """현재 게임 보드의 상태를 문자열로 반환한다."""
        rows = ['¦'.join(self._board[r]) for r in range(3)]
        return '\n-----\n'.join(rows)
```

코드 5.13 틱택토 게임을 관리하기 위한 파이썬 클래스

5.7 연습 문제

기본 문제

R-5.1 코드 5.1의 실험을 수행하고 시스템에서 얻은 결과를 코드 5.2에서 보고한 결과와 비교하라.

R-5.2 코드 5.1에서는 파이썬 리스트의 길이를 내부 메모리 사용량과 비교하는 실험을 수행한다. 배열 크기의 변화를 확인하려면 해당 프로그램의 출력을 수동으로 검사해야 한다. 기존 용량이 모두 소진될 때의 k값만 출력하도록 코드를 수정하라. 즉, 코드 5.1을 실행하여 코드 5.2의 결과가 나온 시스템에서 수정된 코드를 실행시킨다면, k값은 0, 4, 8, 16, 25, ... 의 순서로 출력되어야 한다.

R-5.3 코드 5.1의 실험을 수정하여, 리스트에서 원소를 꺼낼 때 가끔 기본 배열의 크기가 축소되는 것을 나타내라.

R-5.4 코드 5.3에 제공된 것처럼 DynamicArray 클래스는 __getitem__과 함께 음수 인덱스 사용을 지원하지 않다. 파이썬 리스트와 더 잘 일치하도록 해당 메서드를 업데이트하라.

R-5.5 배열을 크기 k에서 크기 $2k$로 늘리는 데 드는 비용이 3천 코인이라고 가정하고 명제 5.1의 증명 과정을 다시 수행해 보라. 분할 지불이 올바르게 동작하기 위해서 각 append 연산에 얼마를 청구해야 하는가?

R-5.6 코드 5.5에서 구현된 `DynamicArray` 클래스의 `insert` 메서드는 '크기 조정이 발생하는 경우, 이전 배열의 모든 원소를 새 배열로 복사하는 데 시간이 소요된다. 그리고 이어지는 반복문을 통해 직전에 복사된 원소들 중 많은 수가 다시 한 칸씩 밀려난다'는 비효율성을 가지고 있다. 비효율성이 개선되도록 `insert` 메서드를 개선하라. 즉, 크기 조정이 발생하는 경우에는 크기 조정 작업 동안 원소들이 최종 위치로 곧바로 복사되도록 하여, 추가적인 이동(shift)을 피할 수 있도록 하라.

R-5.7 A는 1에서 $n-1$까지의 정수로 이루어진 $n \geq 2$ 크기의 배열이다. 이 배열에는 중복되는 정수가 정확히 한 개만 존재한다. A에서 중복되어 나타나는 정수를 빠르게 찾는 알고리즘을 작성하라.

R-5.8 파이썬 리스트 클래스에서 `pop` 메서드의 효율성을 실험적으로 평가하라. 표 5.5에서 `insert` 메서드를 평가한 방식을 참고하여 인덱스의 변화에 따른 차이를 비교하라.

R-5.9 그리스어, 러시아어, 히브리어와 같이 영어가 아닌 알파벳 기반 언어로 작성된 메시지에 대해 시저 암호를 수행할 수 있도록 코드 5.11의 프로그램을 수정하려고 한다. 이를 위해 변경해야 하는 사항을 설명하라.

R-5.10 코드 5.11의 `CaesarCipher` 클래스에 대한 생성자는 `join` 메서드와 적절한 컴프리헨션 문을 조합한다면 두 행의 코드로 작성될 수 있다. `_forward`와 `_backword` 문자열을 만드는 두 줄 코드를 작성하라.

R-5.11 표준 제어 구조를 사용해 $n \times n$ 데이터셋에 저장된 모든 숫자의 합을 계산하라. 이때 $n \times n$ 데이터셋은 이중 리스트 구조로 되어 있다고 가정한다.

R-5.12 이중 리스트로 구성된 $n \times n$ 데이터셋에 저장된 모든 숫자의 합을 계산하는 코드를 작성하라. 단, 파이썬의 내부 함수만 사용해야 한다.

응용 문제

C-5.13 코드 5.1의 실험은 빈 리스트를 사용해 수행된다. 데이터가 처음에 비어 있지 않은 길이로 구성되었다면, 이것이 기본 배열이 확장되는 값의 순서에 영향을 미칠까? 직접 실험을 수행하고 초기 길이와 리스트의 확장 사이에 보이는 관계에 대해 주석을 달아 보라.

C-5.14 `random` 모듈에서 지원하는 `shuffle` 메서드는 파이썬 리스트를 가져와 랜덤하게 재정렬하며, 이때 특정 순서로 정렬될 확률은 모든 순서에 대해 동일하다. 이러한 함수를 자체적으로 구현하라. 0에서 $n-1$까지의 난수를 반환하는 랜덤 모듈의 `randrange(n)` 함수를 사용할 수 있다.

C-5.15 동적 배열의 구현을 고려하되, 용량에 도달하면 원소를 두 배 크기(즉, N에서 $2N$으로)의 배열로 복사하는 대신, 원소를 $\lceil N/4 \rceil$개의 셀을 추가로 가지는 배열로 복사한다고 가정해 보자. 즉, 용량은 N에서 용량 $N + \lceil N/4 \rceil$로 증가한다. 이때, `append` 연산을 n번 반복하여 수행하는 것은 여전히 $O(n)$ 시간에 수행된다는 것을 증명하라.

C-5.16 코드 5.3의 `DynamicArray` 클래스에 대한 `pop` 메서드를 구현하라. `pop` 메서드는 배열의 마지막 원소를 삭제하며, 배열의 원소 수가 $N/4$ 이하로 내려갈 때마다 배열의 용량인 N을 절반으로 축소한다.

C-5.17 연습문제 **C-5.16**에서와 같이 저장 공간이 변화하는 동적 배열을 사용할 때, 총 $2n$개의 연산(n 번의 `append` 연산과 n번의 `pop` 연산)에 $O(n)$ 시간이 걸린다는 것을 증명하라.

C-5.18 연습 문제 **C-5.16**에서 설명한 전략을 사용할 경우, 빈 동적 배열에 대한 n번의 `append` 또는 `pop` 연산은 총 $O(n)$ 시간이 걸림을 증명하라.

C-5.19 연습 문제 **C-5.16**에서 배열의 원소 수가 $N/4$ 미만으로 떨어질 때마다 배열의 용량이 남아 있는 원소 수와 동일하게 되도록 수정되었다고 하자(여기서 N은 배열의 용량을 의미함). 비어 있는 동적 배열에 n번의 `append`나 `pop` 연산을 수행하는 데 $O(n)$ 시간이 걸림을 증명하라.

C-5.20 연습 문제 **C-5.16**에서 배열의 원소 수가 $N/2$ 미만으로 떨어질 때마다 배열의 용량이 남아 있는 원소 수와 동일하게 되도록 수정되었다고 하자(여기서 N은 배열의 용량을 의미함). n번의 연산을 실행하는 데 $\Omega(n^2)$ 시간을 소요하는 연산이 존재함을 보여라.

C-5.21 5.4.2절에서 긴 문자열을 구성하는 네 가지 방법, 즉 (1) 문자를 반복해서 이어 붙이는(concatenate) 방법, (2) 임시 리스트를 만든 후, 조인(join)하는 방법, (3) 조인과 리스트 컴프리헨션을 사용하는 방법, (4) 조인과 제네릭 컴프리헨션을 사용하는 방법에 대해 설명했다. 이 네 가지 접근 방식의 효율성을 테스트한 후, 보고서를 작성하여 결과를 설명하라.

C-5.22 파이썬 리스트를 사용하는 방법 중 다음 두 방식의 효율성을 실험을 통해 비교하라. 1) `extend` 메서드를 1회 호출하기, 2) `append`를 여러 번 반복하여 호출하기. 실험할 때는 동일한 작업을 수행시켜 비교해야 한다.

C-5.23 255쪽의 설명을 바탕으로, 리스트를 구성하는 두 가지 방법(파이썬의 리스트 컴프리헨션 문과 `append` 메서드의 반복 호출을 통한 리스트 구성)의 효율성을 비교하는 실험을 개발하라.

C-5.24 `remove` 메서드(파이썬 리스트 클래스)의 효율성을 평가하는 실험을 수행하라. 실험의 설계는 5.4.1절의 '리스트에 원소 추가하기'에서 `insert` 메서드의 효율성을 평가한 방식을 따르고, 항목이 리스트의 시작, 중간 또는 끝에서 삭제되도록 해야 한다. 결과는 표 5.5와 같이 작성하라.

C-5.25 특정 값(`value`)을 가진 항목이 리스트에 여러 개 존재할 때, `data.remove(value)`는 첫 번째 항목만 삭제한다. 특정 값을 가진 모든 항목을 삭제하는 `remove_all(data, value)` 함수를 구현하라. 이 함수 시간의 복잡도는 $O(n)$이 되어야 하며(여기서 n은 리스트의 원소 수임), `remove` 메서드를 반복해서 호출하는 것은 일반적으로 효율적이지 않다.

C-5.26 B는 $n \geq 6$ 크기의 배열이며, 배열의 값은 1부터 $n - 5$ 사이의 정수라고 하자. 이 배열에서 대부분의 정수는 하나만 존재하지만 5개의 정수는 각각 두 개씩 존재한다. 중복되는 5개의 정수를 찾는 좋은 알고리즘을 설명하라.

C-5.27 n개의 자연수로 이루어진 파이썬 리스트 L을 생각해 보자. 여기서 자연수는 $k = \lceil \log n \rceil + 1$비트로 표현된다. 이때, L에 존재하지 않는 k비트 정수를 $O(n)$ 시간에 찾는 방법을 설명하라.

C-5.28 연습 문제 **C-5.27**의 해가 $\Omega(n)$ 시간에 실행되는 이유를 증명하라.

C-5.29 **자연 조인**(natural join)은 데이터베이스에서 유용하게 활용되는 연산이다. 데이터베이스를 정렬된 개체 쌍의 리스트로 간주하고, 데이터베이스 A를 데이터셋 (x, y)의 리스트로, 데이터베이스 B를 데이터셋 (y, z)의 리스트라고 간주하자. 두 데이터베이스의 자연 조인은 트리플(x, y, z)의 리스트로 나타난다. 데이터베이스 A에 n개의 데이터셋이, 데이터베이스 B에 m개의 데이터셋이 있을 때, 두 데이터베이스의 자연 조인을 효율적으로 계산하는 알고리즘을 설명하고 분석하라.

C-5.30 Bob이 인터넷을 사용해 Alice에게 메시지 M을 보내려고 할 때, Bob은 M을 n개의 데이터 패킷으로 나누고 패킷에 연속적으로 번호를 매긴 다음 네트워크를 통해 전송한다. 패킷이 Alice의 컴퓨터에 도착했을 때, 패킷의 순서가 맞지 않을 수 있으므로 Alice는 n개의 패킷을 순서대로 조립해야만 전체 메시지를 올바르게 이해할 수 있다. Alice가 n의 값을 알고 있을 때, Alice의 입장에서 이 작업을 수행하는 효율적인 알고리즘을 제시하고 설명하라. 이 알고리즘의 수행 시간은 얼마인가?

C-5.31 이중 리스트로 구현된 $n \times n$ 데이터셋의 모든 위치에 숫자를 넣는 방법을 설명하라. 단, 재귀 기법을 활용해야 한다.

프로젝트 문제

P-5.32 두 개의 3차원 숫자 데이터셋을 받아 원소별(componentwise)로 더하는 파이썬 함수를 작성하라.

P-5.33 2차원 숫자 배열을 더하고 곱하는 메서드를 가지고 있는 행렬 클래스를 파이썬 프로그램으로 작성하라. 단, 피연산자인 두 배열의 차원은 각 연산에 적합하다고 가정하라.

P-5.34 대문자와 소문자를 모두 포함하는 영어 메시지를 암호화하는 프로그램을 작성하라. 단, 메시지를 암호화할 때 시저 암호화 기법을 사용해야 한다.

P-5.35 26개의 대문자가 임의의 순서로 나열된 문자열이 있다. `SubstitutionCipher` 클래스가 암호화 시의 순방향 매핑(forward mapping)에 `self.forward` 문자열 대신 이 문자열을 사용하도록 클래스의 생성자를 구현하라. 역방향 매핑(backward mapping)은 순방향 매핑의 문자열로부터 도출될 수 있다.

P-5.36 `CaesarCipher`가 연습 문제 P-5.35에서 구현된 `SubstitutionCipher`의 하위 클래스가 되도록 `CaesarCipher` 클래스를 재설계하라.

P-5.37 연습 문제 P-5.35의 `SubstitutionCipher`에 대한 하위 클래스로 `RandomCipher` 클래스를 설계하라. 이 클래스는 문자의 랜덤 순열을 매핑에 사용하는 클래스다.

참고 사항

배열은 컴퓨터 과학에서 널리 사용되는 기본적인 자료구조다. 배열 구조가 컴퓨터 과학 문헌에 맨 처음 기록된 것은 『기초 알고리즘(Fundamental Algorithm)』이라는 Knuth의 저서 [64]에서다.

CHAPTER 06

스택, 큐, 양방향 큐

6.1 스택

스택(stack)은 **후입선출**(Last In First Out, LIFO) 원칙에 따라 삽입 및 삭제되는 객체들의 모음이다. 사용자는 언제든지 스택에 개체를 삽입할 수 있지만, 가장 최근에 삽입된 개체(스택의 맨 위에 있는 개체)에만 접근하거나 이를 삭제할 수 있다. '스택'이라는 이름은 식당에서 사용하는 스프링이 달린 접시 디스펜서에서 유래했다. 접시 디스펜서의 기본적인 작업은 스택에 있는 접시를 '넣고(push)', '꺼내는(pop)' 것이다. 새 접시가 필요하면 스택 상단의 접시를 빼내고(pop), 접시를 추가할 때는 스택 위에 올려 놓아(push) 새로 넣은 접시가 가장 위에 위치하게 된다. 더 재미있는 예로, 스프링이 장착된 용기에 민트 사탕을 저장해 두고, 디스펜서 상단을 들어 올릴 때마다 스택의 맨 위에 있는 사탕이 튀어나오는(pop) PEZ® 사탕 디스펜서를 생각해 볼 수 있다(그림 6.1 참고). 스택은 기본적인 자료구조며, 다음 예를 포함한 여러 응용 프로그램에서 사용된다.

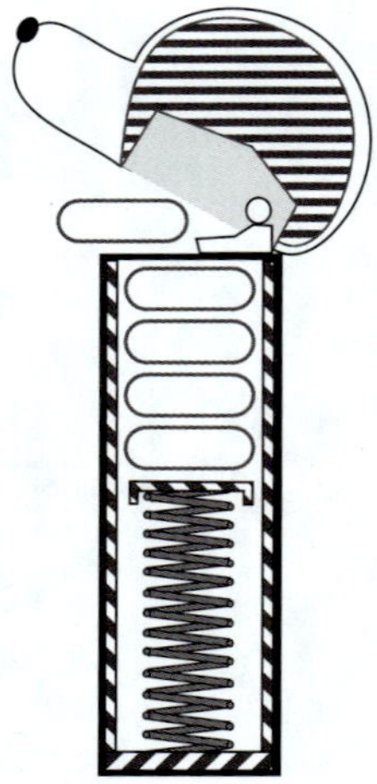

그림 6.1 PEZ® 디스펜서의 개념도. 스택 ADT를 물리적으로 구현한 것이다(PEZ®은 PEZ Candy, Inc.의 등록 상표).

예제 6.1 인터넷 웹 브라우저는 최근에 방문한 사이트의 주소를 스택에 저장한다. 사용자가 새 사이트를 방문할 때마다 해당 사이트의 주소가 주소 스택에 추가된다(push). 사용자가 '뒤로 가기' 버튼을 사용하면 브라우저는 이 정보를 사용해 이전에 방문한 사이트의 주소를 꺼내(pop) 이동한다.

예제 6.2 대다수 텍스트 편집기는 최근의 편집 작업을 취소하고 문서를 이전 상태로 되돌리는 '실행 취소' 메커니즘을 제공한다. 실행 취소 작업 시 변경되는 텍스트의 내용을 스택에 보관하여 활용한다.

6.1.1 스택 ADT

스택은 모든 자료구조 중에서 가장 단순하지만 가장 중요한 자료구조이기도 하다. 스택은 다양한 응용 프로그램에서 사용되며, 더욱 정교한 자료구조와 알고리즘을 위한 도구로도 사용된다. 스택의 기본형은 인스턴스 S가 다음 두 가지 메서드를 지원하는ADT(추상 데이터 타입)다.

- **S.push(e)**: 스택 S의 맨 위에 원소 e를 추가한다.
- **S.pop()**: 스택 S에서 최상위 원소를 삭제하고 반환한다. 스택이 비어 있으면 오류가 발생한다.

사용 편의를 위해 다음과 같은 접근자 메서드를 추가로 정의할 수 있다.

- **S.top()**: 스택 S의 최상위 원소에 대한 참조를 삭제하지 않고 반환한다. 스택이 비어 있으면 오류가 발생한다.
- **S.is_empty()**: 스택 S에 원소가 포함되지 않은 경우 True를 반환한다.
- **len(S)**: 스택 S에 있는 원소의 개수를 반환한다. 파이썬에서는 특수 메서드 __len__을 사용해 이를 구현한다.

관례에 따라, 새로 생성된 스택은 비어 있으며 스택의 용량에는 제한이 없다고 가정하자. 스택에는 임의 유형의 원소가 추가될 수 있다.

예제 6.3 다음 표는 비어 있는 정수 스택 S에 일련의 스택 연산을 수행했을 때, 그 결과를 보여준다.

연산자	반환값	스택 내용
S.push(5)	–	[5]
S.push(3)	–	[5, 3]
len(S)	2	[5, 3]
S.pop()	3	[5]
S.is_empty()	False	[5]
S.pop()	5	[ ]
S.is_empty()	True	[ ]
S.pop()	"Error"	[ ]
S.push(7)	–	[7]
S.push(9)	–	[7, 9]
S.top()	9	[7, 9]
S.push(4)	–	[7, 9, 4]
len(S)	3	[7, 9, 4]
S.pop()	4	[7, 9]
S.push(6)	–	[7, 9, 6]
S.push(8)	–	[7, 9, 6, 8]
S.pop()	8	[7, 9, 6]

6.1.2 간단한 배열 기반의 스택 구현

파이썬 리스트에 원소를 저장하면 스택을 아주 쉽게 구현할 수 있다. `list` 클래스는 원소를 마지막에 추가하는 append 메서드와 마지막 원소를 삭제하는 pop 메서드를 지원하므로 그림 6.2와 같이 리스트의 끝을 스택의 상단으로 지정하는 것이 자연스럽다.

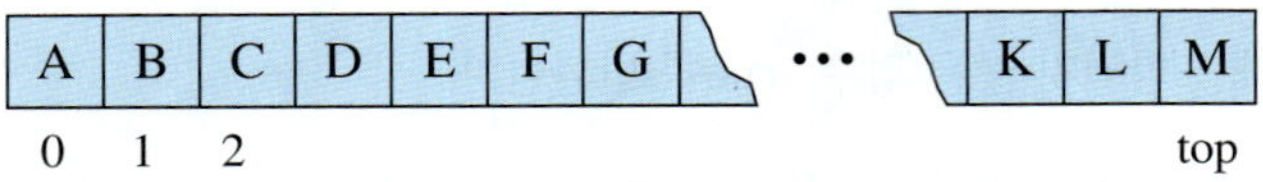

그림 6.2 파이썬 리스트를 사용하는 스택의 구현으로, 최상위 원소는 가장 오른쪽 셀에 저장된다.

정규 스택 클래스를 사용하는 대신 파이썬의 리스트 클래스를 그대로 사용할 수도 있지만, 리스트에는 스택 ADT의 추상화를 깨는 동작(예 임의의 위치에서 원소를 추가하거나 삭제하기)도 포함되어 있다. 또한 append 클래스에서 사용하는 용어는 스택 ADT의 기존 명명법과 일치하지 않는다. 특히 append와 push는 개념적으로 차이가 있다. 따라서 이 책에서는 스택의 인터페이스를 공개(public)로 제공하면서 내부 저장소로 리스트를 활용하는 방법을 다룰 것이다.

어댑터 패턴

어댑터 디자인 패턴(adapter design pattern)은 기존 클래스를 효과적으로 수정하여 기존 클래스의 메서드를 다른 클래스 또는 인터페이스의 메서드와 매칭시키는 것이다. 어댑터 패턴을 적용하는 일반적인 방법 중 하나는 기존 클래스의 인스턴스를 숨겨진 필드로 사용하는 것으로, 새 클래스를 정의할 때 새 클래스의 각 메서드를 이 숨겨진 인스턴스 변수의 메서드를 사용해 구현한다. 어댑터 패턴을 이러한 방식으로 적용하여, 이 책에서는 기존 클래스와 동일한 기능을 수행하지만 좀더 편리한 방식으로 리패키징(repacking)된 새로운 클래스를 만들었다. 표 6.1과 같이 스택과 파이썬 리스트의 사용법을 매칭하여, 스택 ADT의 관점에서 파이썬의 리스트 클래스를 조정(adapt)할 수 있다.

스택 메서드	파이썬 리스트로 구현
`S.push(e)`	`L.append(e)`
`S.pop()`	`L.pop()`
`S.top()`	`L[-1]`
`S.is_empty()`	`len(L) == 0`
`len(S)`	`len(L)`

표 6.1 파이썬 리스트(L)를 사용해 구현한 스택(S)

파이썬 리스트를 이용해 스택 구현하기

여기서는 어댑터 디자인 패턴을 사용해 파이썬 리스트를 내부 저장소로 사용하는 ArrayStack 클래스를 정의한다. (기본 저장소가 본질적으로 배열 기반이라는 점을 강조하기 위해 ArrayStack이라는 이름을 선택했다.) 한 가지 남은 문제는 스택이 비어 있는 상태에서 pop이나 top이 호출될 경우 코드의 동작 방식을 결정하는 것이다. ADT의 정의는 오류를 발생시키는 것으로 되어 있지만, 이때 발생하는 오류의 유형이 결정되어야 한다. 파이썬 리스트가 비어 있을 때 pop이 호출되면 리스트는 IndexError를 발생시킨다. 이것은 리스트가 인덱스 기반 시퀀스이기 때문이지만 스택에서는 인덱스를 사용하지 않기 때문에 이러한 선택은 적절하지 않은 것 같다. 대신, 더 적절한 새로운 예외 클래스를 정의해 보자. 코드 6.1은 Empty 클래스를 파이썬 Exception 클래스의 간단한 하위 클래스로 정의한다.

```
class Empty(Exception):
    """원소가 비어 있는 컨테이너에서 접근을 시도했을 때 발생하는 오류"""
    pass
```

코드 6.1 Empty 예외 클래스에 대한 정의

ArrayStack 클래스의 정의는 코드 6.2와 같다. 생성자는 데이터의 내부 저장을 위해 멤버 변수 self._data를 빈 파이썬 리스트로 설정한다. 스택의 나머지 공개 동작들은 표 6.1에 따라 구현된다.

사용 예

다음은 예제 6.3의 연산을 ArrayStack 클래스를 사용해 표현한 것이다.

```
S = ArrayStack()          # 내용: [ ]
S.push(5)                 # 내용: [5]
S.push(3)                 # 내용: [5, 3]
print(len(S))             # 내용: [5, 3];        출력: 2
print(S.pop())            # 내용: [5];           출력: 3
print(S.is_empty())       # 내용: [5];           출력: False
print(S.pop())            # 내용: [ ];           출력: 5
print(S.is_empty())       # 내용: [ ];           출력: True
S.push(7)                 # 내용: [7]
S.push(9)                 # 내용: [7, 9]
print(S.top())            # 내용: [7, 9];        출력: 9
S.push(4)                 # 내용: [7, 9, 4]
print(len(S))             # 내용: [7, 9, 4];     출력: 3
print(S.pop())            # 내용: [7, 9];        출력: 4
S.push(6)                 # 내용: [7, 9, 6]
```

```python
class ArrayStack:
  """파이썬 리스트를 기본 저장소로 사용하는 LIFO 스택의 구현"""

  def __init__(self):
    """빈 스택을 생성한다."""
    self._data = []                     # nonpublic 리스트 인스턴스

  def __len__(self):
    """스택에 있는 원소 개수를 반환한다."""
    return len(self._data)

  def is_empty(self):
    """스택이 비어 있으면 True를 반환한다."""
    return len(self._data) == 0

  def push(self, e):
    """스택의 맨 위에 원소 e를 추가한다."""
    self._data.append(e)                # 리스트 끝에 새 항목 저장

  def top(self):
    """스택 맨 위에 있는 원소를 반환한다(제거하지 않음).

    스택이 비어 있으면 Empty 예외를 발생시킨다.
    """
    if self.is_empty():
      raise Empty('Stack is empty')
    return self._data[-1]               # 리스트의 마지막 항목

  def pop(self):
    """스택의 맨 위에서 원소를 제거하고 반환한다(LIFO).

    스택이 비어 있다면 Empty 예외를 발생시킨다.
    """
    if self.is_empty():
      raise Empty('Stack is empty')
    return self._data.pop()             # 리스트의 마지막 항목 삭제
```

코드 6.2 파이썬 리스트를 저장소로 사용해 스택 구현하기

배열 기반 스택 분석하기

표 6.2는 ArrayStack 메서드의 연산별 수행 시간을 나타내며, 5.3절에서 다룬 list 클래스의 분석 결과를 반영하였다. top, is_empty, len은 최악의 경우에도 상수 시간 $O(1)$에 수행되며, push 및 pop은 **분할 지불**이 적용된 것이다(5.3.2절 참고). 각 메서드는 대부분의 경우 상수 시간에 수행되지만, 연산으로 인해 리스트의 내부 배열 크기가 조정될 때는 $O(n)$ 시간(n은 스택의 원소 수)이 소요되는 경우도 있다. 스택의 공간 사용량은 $O(n)$이다.

연산	수행 시간
S.push(e)	$O(1)^*$
S.pop()	$O(1)^*$
S.top()	$O(1)$
S.is_empty()	$O(1)$
len(S)	$O(1)$

* 분할 지불

표 6.2 배열 기반으로 구현된 스택의 성능. push 및 pop은 list 클래스와 유사한 형태로 분할 지불된다. n이 스택의 현재 원소 수일 때, 공간 사용량은 $O(n)$이다.

용량 예약을 통해 분할 지불 회피하기

상황에 따라 스택이 도달할 수 있는 최대 크기를 알고 있을 수 있다. 코드 6.2에 구현된 ArrayStack의 내부 리스트는 빈 상태에서 시작해서 필요에 따라 크기가 확장된다. 5.4.1절에서는 빈 리스트로 시작하여 n개의 항목을 추가하는 방식과 처음부터 길이가 n인 리스트를 만드는 방식을 비교 분석하였다. 두 접근 방식 모두 $O(n)$ 시간에 실행되지만 실제로는 처음부터 길이가 n인 리스트를 만드는 편이 더 효율적이다.

이를 반영하여, 생성자가 스택의 최대 용량을 지정하는 매개변수를 받아 데이터 멤버를 해당 길이의 리스트로 초기화하는 방식을 생각해 볼 수 있다. 이러한 모델을 구현하려면 코드 6.2를 상당히 변경해야 한다. 스택의 크기는 더 이상 리스트의 길이와 같은 의미가 아니며, 스택의 push 및 pop 메서드가 실행될 때 리스트의 길이를 변경할 필요가 없지만, 스택의 현재 원소 수를 나타내기 위해 정수형 인스턴스 변수를 활용하는 편이 좋다. 이러한 방식으로 스택을 구현하는 것은 연습 문제 C-6.17에서 다룬다.

6.1.3 스택을 이용한 데이터 반전

LIFO 프로토콜의 결과로서, 스택은 다양한 종류의 데이터 시퀀스를 반전시키는 도구로 사용될 수 있다. 예를 들어 값 1, 2, 3을 순서대로 스택에 삽입하면 스택에서 3, 2, 1 순서로 튀어나오게 된다.

이 아이디어는 다양한 목적으로 사용될 수 있다. 예를 들어 어떤 데이터셋을 오름차순이 아니라 내림차순으로 표시하기 위해 파일에 있는 줄을 역순으로 출력하고 싶을 수 있다. 이 작업에 스택을 활용하는 방법은 단순하다. 각 줄을 읽고 스택에 밀어 넣은 다음 튀어나온 순서대로 새로운 줄을 쓰면 된다. 이러한 프로세스를 코드 6.3과 같이 구현할 수 있다.

```
def reverse_file(filename):
   """파일 내용을 한 행씩 역순으로 뒤집어 원본 파일에 덮어쓴다."""
   S = ArrayStack()
   original = open(filename)
   for line in original:
      S.push(line.rstrip('\n'))      # 삭제되는 개행문자는 나중에 다시 삽입할 것임
   original.close()

   # 이제 LIFO 방식으로 내용을 덮어쓴다.
   output = open(filename, 'w')      # 파일을 새로 열면 기존 파일을 덮어쓰게 됨
   while not S.is_empty():
      output.write(S.pop() + '\n')  # 개행문자 삽입
   output.close()
```

코드 6.3 파일 콘텐츠의 줄 순서를 뒤집는 함수

위 코드에서 기술적으로 특이한 세부 사항 중 하나는 개행(줄바꿈) 문자에 관한 것이다. 처음에는 읽어들인 한 행의 문자열에서 줄바꿈 문자를 삭제하지만 코드 후반부에서 결과 파일을 작성할 때는 각 행 뒤에 개행문자를 다시 삽입한다. 이렇게 복잡한 방식을 사용하는 이유는 원본 파일 마지막 행에 개행문자가 없는 경우가 있기 때문이다. 파일을 반전시킬 때 원본 파일의 가장 마지막 행은 파일의 앞에서 첫 번째 행으로 옮겨지고 원본 파일의 마지막에서 두 번째 행은 앞에서 두 번째 행으로 옮겨지지만, 파일에서 읽은 행을 역순으로 정확히 되풀이하기만 한다면 첫 번째 행과 두 번째 행 사이에는 개행문자가 없으므로 개행 없이 두 문자열이 이어질 것이다(원본 파일의 마지막 행에는 개행문자가 없으므로). 하지만 코드 6.3과 같이 구현하면 행을 올바르게 구분할 수 있다.

스택을 사용해 데이터 집합을 반전시키는 아이디어는 다른 유형의 시퀀스에도 적용할 수 있다. 예를 들어 연습 문제 R-6.5에서는 스택을 사용해 파이썬 리스트의 내용을 뒤집는 새로운 방법을 살펴본다(이를 위한 재귀적 해결책은 4.4.1절에서 이미 설명함). 이보다 더 어려운 문제는 어떤 스택에 저장된 원소의 순서를 뒤집는 것이다. 다른 스택으로 데이터를 이동시키면 순서를 바꿀 수 있지만, 원래 스택에 데이터(원소)를 다시 넣으면 다시 순서가 뒤바뀌어 원래의 순서로 되돌아가 버린다. 연습 문제 C-6.18에서는 이 문제에 대한 해결책을 살펴본다.

6.1.4 괄호 및 HTML 태그의 매칭

여기서는 스택을 응용해서 만들 수 있는 두 가지 프로그램을 살펴본다. 두 프로그램 모두 특정 기호(구분 기호)를 매칭하는 검사와 관련되어 있다. 첫 번째 프로그램은 다음과 같이 다양한 괄호 쌍을 포함하는 산술식을 대상으로 한다.

- 괄호: '('와 ')'
- 중괄호: '{'와 '}'
- 대괄호: '['와 ']'

각 괄호의 여는 기호는 같은 종류의 닫는 기호와 매칭되어야 한다. 예를 들어 [(5+x)-(y+z)] 식에서 왼쪽 대괄호 '['는 오른쪽 대괄호 ']'와 일치해야 한다. 다음 예제에서는 이 개념을 더 자세히 설명한다.

- 올바른 경우: ()(()){([()])}
- 올바른 경우: ((()(()){([()])}))
- 잘못된 경우:)(()){([()])}
- 잘못된 경우: ({[ ])}
- 잘못된 경우: (

기호 매칭에 대한 정확한 정의는 연습 문제 R-6.6에서 다룬다.

괄호 매칭 알고리즘

산술식을 처리할 때 중요한 작업은 괄호가 올바르게 매칭되는지 확인하는 것이다. 코드 6.4는 이러한 알고리즘을 파이썬으로 구현한 것이다.

```
def is_matched(expr):
    """모든 괄호가 매칭되면 True를, 그렇지 않으면 False를 반환한다."""
    lefty = '({['                               # 여는 괄호
    righty = ')}]'                              # 대응되는 닫는 괄호
    S = ArrayStack()
    for c in expr:
        if c in lefty:
            S.push(c)                           # 스택에 여는 괄호 넣기
        elif c in righty:
            if S.is_empty():
                return False                    # 매칭할 것이 없다면
            if righty.index(c) != lefty.index(S.pop()):
                return False                    # 올바르게 매칭되지 않는다면
    return S.is_empty()                         # 모든 기호가 매칭되었는가
```

코드 6.4 산술식에 포함된 괄호를 매칭시키는 함수

입력이 `[(5+x)-(y+z)]`와 같은 문자 시퀀스라고 할 때, 코드에 대한 설명은 다음과 같다. 괄호의 매칭을 용이하게 하기 위해 스택 S를 사용해 원본 시퀀스를 왼쪽에서 오른쪽으로 스캔한다. 여는 괄호를 발견할 때마다 해당 괄호를 S에 넣고(push), 닫는 괄호를 발견할 때마다 스택 S에서 괄호를 꺼내고(S가 비어 있지 않다고 가정함), 이 두 기호가 올바르게 매칭되는지 확인한다. 문자 시퀀스의 끝에 도달했을 때 스택이 비어 있으면 문자 시퀀스의 괄호가 올바르게 매칭되어 있는 것이다. 만약 괄호가 올바르게 매칭되지 않는 상태라면, 스택에는 여는 괄호가 매칭되지 않고 남아 있게 된다.[1]

원래 표현식의 길이가 n인 경우 알고리즘은 최대 n번의 `push` 호출과 n번의 `pop` 호출을 수행한다. 이러한 호출은 총 $O(n)$ 시간에 실행된다. $O(1)$인 각 메서드에 분할 지불 특성을 고려하더라도 마찬가지다. 코드 6.4에서 괄호를 나타내는 문자열 '({['의 길이가 일정하다고 가정하면, `c in lefty`나 `righty.index(c)`와 같은 구문은 각각 $O(1)$ 시간에 실행된다. 즉, 이러한 연산을 사용하는 길이가 n인 시퀀스에 대한 괄호 매칭 알고리즘은 $O(n)$ 시간에 실행된다.

마크업 언어에서 태그 매칭하기

구분 기호의 매칭 프로그램은 HTML 또는 XML과 같은 마크업 언어의 유효성 검사에도 활용될 수 있다. HTML은 하이퍼 링크된 문서를 위한 인터넷 표준 문서 형식이며, XML은 다양한 구조화된 데이터셋에 사용되는 확장 가능한 마크업 언어다. 그림 6.3은 HTML 문서 샘플과 해당 HTML문서를 사용해 렌더링된 결과를 보여 준다.

---

1 또는 문자 시퀀스에 닫는 괄호가 남아 있으나, 스택에는 이와 매칭할 여는 괄호가 남아 있지 않게 될 수도 있다.

```
<body>
<center>
<h1> The Little Boat </h1>
</center>
<p> The storm tossed the little
boat like a cheap sneaker in an
old washing machine. The three
drunken fishermen were used to
such treatment, of course, but
not the tree salesman, who even as
a stowaway now felt that he
had overpaid for the voyage. </p>
<ol>
<li> Will the salesman die? </li>
<li> What color is the boat? </li>
<li> And what about Naomi? </li>
</ol>
</body>
```

(a)

The Little Boat

The storm tossed the little boat like a cheap sneaker in an old washing machine. The three drunken fishermen were used to such treatment, of course, but not the tree salesman, who even as a stowaway now felt that he had overpaid for the voyage.

1. Will the salesman die?
2. What color is the boat?
3. And what about Naomi?

(b)

그림 6.3 HTML 태그 예. (a) HTML 문서, (b) 렌더링

HTML 문서에서 텍스트의 위치는 **HTML 태그**에 의해 결정된다. HTML 태그는 여는 태그와 닫는 태그의 쌍으로 구성되는 경우가 많은데, 예를 들어 `<name>`은 여는 태그이고 이와 매칭되는 닫는 태그는 `</name>`이다. 마찬가지로, 그림 6.3(a)의 첫 번째 줄에는 `<body>` 태그가 있고, 해당 문서의 마지막 행에는 그와 매칭되는 `</body>` 태그가 있다. 이 예제에서 사용된 HTML 태그는 다음과 같다.

- body: 문서 본문
- h1: 헤더
- center: 가운데 맞춤
- p: 단락
- ol: 번호가 매겨진(정렬된) 리스트
- li: 리스트 항목

대부분의 브라우저는 불일치 태그를 허용한다. 즉, 서로 매칭되지 않는 태그가 얼마간 있어도 웹 페이지가 동작한다는 뜻이다. 하지만 이상적으로는 HTML 태그들이 서로 매칭되어야 한다. 코드 6.5는 문자열로 저장된 HTML 태그를 매칭시키는 파이썬 함수다. 원본 문자열을 왼쪽에서 오른쪽으로 스캔하면서 인덱스 j를 사용해 진행 상황을 추적하고 str 클래스의 find 메서드

를 사용해 태그를 정의하는 '<' 및 '>' 문자를 찾는다. 여는 태그는 코드 6.4에서와 같이 스택에 Push되고, 이후에 닫는 태그와 매칭된다. 코드 6.4를 분석할 때와 유사하게 분석을 진행하면, n이 원본 HTML 소스의 문자 수일 때, 이 알고리즘은 $O(n)$ 시간에 실행됨이 보장된다.

```
def is_matched_html(raw):
    """모든 HTML 태그가 매칭되면 True를, 그렇지 않으면 False를 반환한다."""
    S = ArrayStack()
    j = raw.find('<')                     # 처음 나타나는 '<' 찾기
    while j != -1:
        k = raw.find('>', j+1)            # 그다음에 나타나는 > 찾기
        if k == -1:
            return False                  # 잘못된 태그
        tag = raw[j+1:k]                  # < > 삭제
        if not tag.startswith('/'):       # 여는 태그인 경우
            S.push(tag)
        else:                             # 닫는 태그인 경우
            if S.is_empty():
                return False              # 매칭할 것이 없다면
            if tag[1:] != S.pop():
                return False              # 매칭되지 않은 태그
        j = raw.find('<', k+1)            # 다음에 '<'가 나타나는지 확인
    return S.is_empty()                   # 모든 기호가 매칭되었는가?
```

코드 6.5 HTML 태그가 서로 매칭되는지 확인하는 함수

6.2 큐

또 다른 기본 자료구조로 **큐**(queue)가 있다. 큐는 스택의 '사촌' 격이라 할 수 있으며, **선입선출**(First In First Out, FIFO) 원칙에 따라 삽입 및 삭제되는 객체의 모음이다. 즉, 원소는 언제든지 삽입될 수 있지만, 큐에 가장 오래 있던 원소만 삭제될 수 있다.

큐에서는 원소가 뒤쪽으로 들어가서 앞쪽에서 삭제된다고들 얘기한다. 큐는 놀이공원에서 놀이기구를 타기 위해 기다리는 사람들의 줄을 의미하는 말에서 가져온 것이다(놀이기구를 타려고 기다리는 사람들은 줄의 뒤쪽에서 입장하여 줄의 앞쪽에서 놀이기구를 타게 됨). 이 밖에도 큐는 다양한 용도로 사용된다(그림 6.4 참고). 상점, 극장, 예약 센터 및 기타 유사한 서비스에서

는 일반적으로 FIFO 원칙에 따라 고객 요청을 처리한다. 따라서 큐는 고객 서비스 센터로 전화 연결을 하거나 레스토랑의 대기자 명단을 처리하는 데 적합한 자료구조라고 할 수 있다. 네트워크에 연결된 프린터나 클라이언트의 요청에 응답하는 웹 서버와 같이, 많은 컴퓨팅 장치에서도 FIFO 큐를 사용한다.

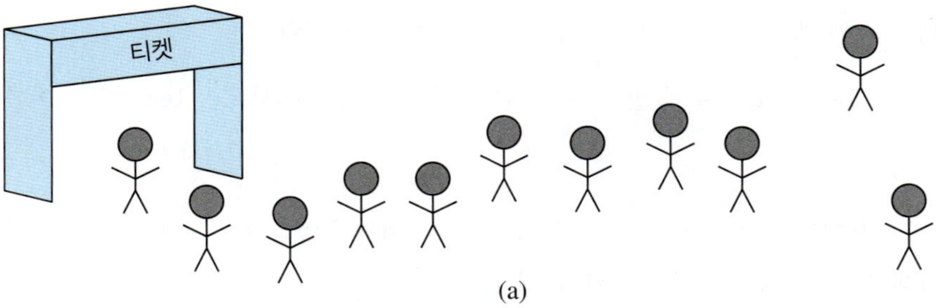

(a)

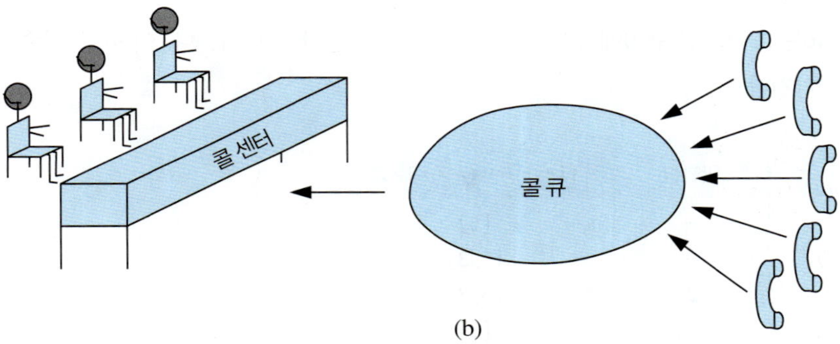

(b)

그림 6.4 선입선출 큐의 실제 사례. (a) 티켓 구매를 위해 줄서서 기다리는 사람들, (b) 콜 센터로 연결되는 전화

6.2.1 큐 ADT

큐의 ADT(추상 데이터 타입)에는 순서가 있는 개체의 모음이 정의되어 있는데, 큐의 여러 원소 중 접근이나 삭제가 가능한 것은 큐의 첫 번째 원소로 제한되며, 새로운 원소를 삽입하는 작업은 시퀀스의 뒤쪽에서만 가능하다. 이처럼 접근 · 삭제 · 삽입을 제한함으로써, 큐에서는 선입선출(FIFO) 원칙을 따라 동작하게 된다. **큐** 추상 데이터 타입(ADT)은 큐 `Q`에 대해 다음 두 가지 기초 메서드를 지원한다.

- **`Q.enqueue(e)`**: 큐 `Q`의 맨 뒤에 원소 `e`를 추가한다.
- **`Q.dequeue()`**: 큐 `Q`에서 첫 번째 원소를 삭제하고 반환한다. 큐가 비어 있으면 오류가 발생한다.

큐 ADT에는 다음과 같은 메서드도 포함되어 있다(첫 번째 메서드는 스택의 top 메서드와 유사함).

- **Q.first()**: 큐 Q의 앞쪽에 있는 원소를 삭제하지 않고 참조를 반환한다. 큐가 비어 있으면 오류가 발생한다.
- **Q.is_empty()**: 큐 Q에 원소가 포함되지 않은 경우 True를 반환한다.
- **len(Q)**: 큐 Q에 있는 원소의 수를 반환한다. 파이썬에서는 특수 메서드 __len__으로 이를 구현한다.

관례에 따라, 새로 생성된 큐는 비어 있으며 큐의 용량에는 제한이 없다고 가정한다. 큐에는 원소의 유형에 관계없이 새로운 원소가 추가될 수 있다.

예제 6.4 다음 표는 초기화된 큐 Q에 일련의 연산을 적용한 결과를 보여준다. 이 큐는 정수형 데이터를 원소로 가진다.

연산	반환값	first ← Q ← last
Q.enqueue(5)	–	[5]
Q.enqueue(3)	–	[5, 3]
len(Q)	2	[5, 3]
Q.dequeue()	5	[3]
Q.is_empty()	False	[3]
Q.dequeue()	3	[ ]
Q.is_empty()	True	[ ]
Q.dequeue()	"error"	[ ]
Q.enqueue(7)	–	[7]
Q.enqueue(9)	–	[7, 9]
Q.first()	7	[7, 9]
Q.enqueue(4)	–	[7, 9, 4]
len(Q)	3	[7, 9, 4]
Q.dequeue()	7	[9, 4]

6.2.2 배열 기반의 큐 구현

스택 ADT의 경우, 파이썬 리스트를 저장소로 사용하는 매우 간단한 어댑터 클래스를 만들었다. 큐 ADT를 지원할 때도 비슷한 접근 방식을 사용할 수 있다. append(e)를 호출하여 원소 e를 리스트의 끝에 추가하는 방식으로 큐에 넣을 수 있다. 큐에서 값을 꺼낼(dequeue) 때는 `pop()` 대신 `pop(0)` 문을 사용할 수도 있다. 이 방식으로 리스트에서 **첫 번째** 원소를 삭제할 수 있다.

이 방식은 구현하기 쉽지만 비극적이라고 말할 수 있을 정도로 비효율적이다. 5.4.1절에서 설명한 바와 같이, `pop`을 호출할 때 인덱스 매개변수로 기본값이 아닌 값을 사용하는 경우를 생각해 보자. 시퀀스에는 `pop`으로 인해 데이터가 없는 구멍이 발생하며, 이 구멍을 메우기 위해, 지정된 인덱스 이후의 모든 원소를 왼쪽으로 이동시켜야 한다. 그 결과, `pop(0)`의 호출은 최악의 경우 $\Theta(n)$ 시간을 소요하게 된다.

`pop(0)`을 호출하지 않는 방식으로 앞에 나온 전략을 개선할 수 있다. 배열의 큐에서 `dequeue`된 항목을 `None`에 대한 참조로 대체한 후, 변수 `f`가 현재 큐의 맨 앞에 있는 원소의 인덱스를 나타내도록 지정할 수 있다. 이러한 알고리즘은 $O(1)$ 시간에 실행되며, 이 방식으로 큐 연산을 여러 번 수행하고 나면 그림 6.5와 유사한 상태가 될 것이다.

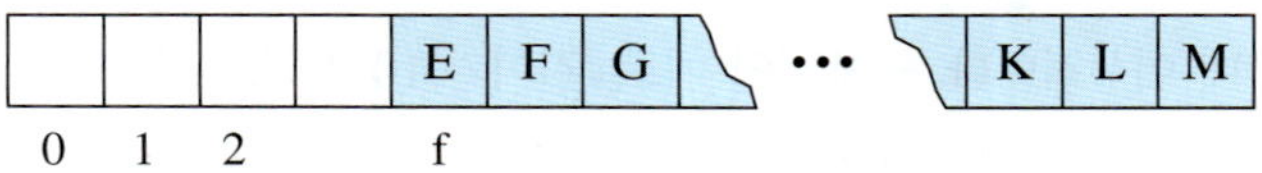

그림 6.5 큐의 앞쪽이 인덱스 0에서 멀어지도록 허용하기

안타깝지만 수정된 접근 방식에도 여전히 단점이 있다. 스택의 경우 리스트의 길이는 스택의 크기와 동일하게 유지되지만(리스트에서 내부적으로 사용하는 배열은 조금 더 클 수도 있음), 앞서 설명한 방식으로 큐를 만들면 상황이 훨씬 나빠진다. 왜냐하면 적은 수의 원소가 큰 리스트에 저장되는 상황이 벌어질 수 있기 때문이다. 예를 들어 새 원소를 반복적으로 큐에 넣은 다음, 큐에서 원소들을 꺼내는(dequeue) 경우를 생각해 보자. 큐의 맨 앞쪽이 점점 오른쪽으로 이동하면서 빈 공간이 발생한다. 즉, 시간이 지남에 따라 내부 리스트의 크기는 $O(m)$까지 커지게 된다. 여기서 m은 큐가 생성된 이후에 수행된 총 연산 횟수다(큐의 현재 원소 수가 아니라는 점에 주의가 필요함).

이 방식은 큐의 크기가 작더라도 장시간 사용되는 프로그램에서는 유해한 결과를 초래할 수 있다. 예를 들어 어떤 레스토랑의 대기자 명단은 한 번에 30명을 넘지 않을 수 있지만, 하루(또는 일주일) 동안의 전체 대기자 수는 훨씬 더 많아질 것이다.

원형 배열 사용

보다 견고한 큐를 구현하려면, 큐의 앞쪽은 이전 방식과 같이 오른쪽으로 이동하도록 허용하면서, 동시에 큐 내부 기본 배열의 끝이 배열의 맨 앞과 이어지도록(wrap around) 한다. 내부 배열의 길이가 N으로 고정되어 있으며, N이 큐의 실제 원소 수보다 크다고 가정하자. 새 원소가 큐에 추가될 때는 큐의 가장 뒤에 추가되는데, 이때 큐의 데이터는 큐의 맨 앞에서 시작해서 $N-1$까지, 그리고 다시 0, 1과 같은 순서로 저장되어 있다. 그림 6.6은 이와 같은 방식으로 만들어진 큐를 보여준다. 이 큐의 첫 번째 원소는 `E`, 마지막 원소는 `M`이다.

그림 6.6 끝을 감싸는 원형 배열로 큐 모델링하기

이렇게 순환하는 큐를 구현하는 것은 어렵지 않다. 원소를 큐에서 꺼낸(dequeue) 후, 큐의 앞을 나타내는 인덱스 `f`를 뒤로 이동시키려고 할 때는 식 `f = (f + 1) % N`을 사용한다. 여기서 %는 파이썬의 **모듈러**(modulo) 연산자이며, 정수 나눗셈 후에 발생하는 나머지를 계산한다는 것을 기억하자. 예를 들어 14를 3으로 나누면 몫이 4이고 나머지가 2다. 즉, $\frac{14}{3} = 4\frac{2}{3}$다. 파이썬에서는 `14 // 3`은 몫 4를 구하는 코드, `14 % 3`은 나머지 2를 구하는 코드로 사용된다. 모듈러 연산자는 배열을 순환적으로 처리하는 데 이상적이다. 구체적인 예로, 길이가 10인 리스트에서 인덱스 `f`가 7인 경우 8을 10으로 나눈 값은 0이고 나머지는 8이므로 `(7 + 1) % 10`을 계산하여 인덱스를 이동시킬 수 있다. 여기서 인덱스를 한 칸 더 이동시키면 마찬가지 방식으로 9가 된다. 9는 배열의 마지막 인덱스이므로 여기서 인덱스를 한 칸 더 이동시킨다면 `(9 + 1) % 10`을 계산하여 인덱스 `f`는 0으로 이동하게 된다(10을 10으로 나눈 나머지는 0이므로).

파이썬 큐 구현

파이썬 리스트를 순환 방식으로 사용하는 큐 ADT의 구현은 코드 6.6~6.7과 같다. 큐 클래스는 다음과 같이 세 가지 내부 인스턴스 변수를 가진다.

- `_data`: 용량이 고정된 리스트 인스턴스에 대한 참조
- `_size`: 현재 큐에 저장된 원소 수를 나타내는 정수(`_data` 리스트의 길이와 반대).
- `_front`: 첫 번째 원소의 인덱스를 나타내는 정수(큐가 비어 있지 않다고 가정할 때).

처음 만들어질 때, 큐의 개념적인 크기는 0이지만 내부 리스트의 크기는 데이터를 저장하기에 적당한 크기로 초기화된다. 이를 구현하기 위해 `_front` 인덱스를 0으로 초기화하는 테크닉을 사용한다. 큐가 비어 있는 상태에서 `front`나 `dequeue`가 호출되면 `Empty` 예외 인스턴스가 발생한다. 구현된 코드는 코드 6.1에서 확인해 볼 수 있다.

```
class ArrayQueue:
    """파이썬 리스트를 내부 저장소로 사용하는 FIFO 큐를 구현한다."""
    DEFAULT_CAPACITY = 10          # 새 큐를 위한 적당한 용량

    def __init__(self):
        """빈 큐를 생성한다."""
        self._data = [None] * ArrayQueue.DEFAULT_CAPACITY
        self._size = 0
        self._front = 0

    def __len__(self):
        """큐의 원소 수를 반환한다."""
        return self._size

    def is_empty(self):
        """큐가 비어 있으면 True를 반환한다."""
        return self._size == 0

    def first(self):
        """큐의 맨 앞에 있는 원소를 반환한다(제거하지 않음).

        큐가 비어 있으면 Empty 예외를 발생시킨다.
        """
        if self.is_empty():
            raise Empty('Queue is empty')
        return self._data[self._front]

    def dequeue(self):
        """큐의 첫 번째 원소를 삭제하고 반환한다(즉, FIFO).

        큐가 비어 있으면 Empty 예외를 발생시킨다.
        """
        if self.is_empty():
            raise Empty('Queue is empty')
        answer = self._data[self._front]
        self._data[self._front] = None          # 가비지 컬렉션을 위한 코드
        self._front = (self._front + 1) % len(self._data)
        self._size -= 1
        return answer
```

코드 6.6 배열 기반의 큐 구현(코드 6.7로 이어짐)

```
        """큐 뒤쪽에 원소를 추가한다."""
        if self._size == len(self._data):
            self._resize(2 * len(self.data))      # 배열 크기를 두 배로 늘림
        avail = (self._front + self._size) % len(self._data)
        self._data[avail] = e
        self._size += 1

    def _resize(self, cap):                       # cap >= len(self)를 가정함
        """새 리스트의 용량(capacity)을 조정한다(resize). capacity >= len(self)"""
        old = self._data                          # 기존 리스트를 추적하는 변수
        self._data = [None] * cap                 # 새로운 크기의 리스트를 할당함
        walk = self._front
        for k in range(self._size):               # 기존 원소만 고려함
            self._data[k] = old[walk]             # 인덱스를 이동시킴
            walk = (1 + walk) % len(old)          # 모듈러 연산을 이전 크기에 대해 수행
        self._front = 0                           # front를 재지정함
```

코드 6.7 배열 기반의 큐 구현

큐의 크기를 알고 있다면 `__len__`과 `is_empty`를 간단히 구현할 수 있다. `first` 메서드도 간단히 구현된다. 데이터 리스트가 비어 있지 않다고 가정할 때, 원하는 원소[2]가 리스트의 어느 위치에 있는지 `_front` 인덱스가 정확하게 알려주기 때문이다.

큐에 원소 추가하고 삭제하기

`enqueue` 메서드의 목표는 큐의 맨 뒤에 새 원소를 추가하는 것이다. 이를 위해, 새 원소를 배치할 적절한 인덱스를 결정해야 한다. 큐 뒤쪽에 대한 인스턴스 변수를 명시적으로 지정하지는 않지만, 다음과 같이 간단한 공식으로 데이터를 추가할 위치를 계산할 수 있다.

```
avail = (self._front + self._size) % len(self._data)
```

새 원소를 추가하기에 앞서, 이미 존재하는 큐의 크기를 그대로 사용하고 있다는 점에 유의하기 바란다. 예를 들어 용량이 10이고 현재 크기가 3이며 첫 번째 원소가 인덱스 5에 위치한 큐를 생각해 보자. 큐의 원소 세 개는 각각 인덱스 5, 6, 7에 저장되어 있다. 따라서 새로 추가하는 원소를 인덱스 (front + size) = 8에 배치해야 한다. 큐의 맨 뒤와 앞이 연결된(wrap around) 경우에는 모듈러 연산을 사용하면 된다. 예를 들어 가상의 큐에 세 개의 원소가 있고 첫 번째 원소의 위치가 인덱스 8인 경우, 기존의 세 원소는 인덱스 8, 9, 0에 위치하고 있다. `(8 + 3) % 10`은 1이므로 메서드는 완벽하게 동작한다.

2 맨 앞의 원소를 말한다.

dequeue 메서드가 호출될 때, self._front는 큐에서 제거되어 반환되어야 할 값의 인덱스를 가리키고 있다. 이 메서드에서 answer = self._data[self._front]는 지역 변수 answer에 반환할 원소에 대한 참조를 저장하며, 이후 실행되는 self._data[self._front] = None은 리스트에서 해당 객체에 대한 참조를 삭제한다. None을 할당하는 이유는 사용되지 않는 공간을 회수하는 파이썬의 메커니즘과 관련이 있다. 내부적으로, 파이썬은 각 객체에 존재하는 참조의 개수를 카운트로 유지한다. 이 카운트가 0에 도달하면 해당 객체에 접근할 수 있는 방법은 사실상 없으므로, 시스템은 해당 메모리를 회수하여 다른 용도로 사용할 수 있다(자세한 내용은 15.1.2절 참고). 큐에서 꺼낸 원소는 더 이상 저장할 필요가 없기 때문에, 해당 원소에 대한 리스트의 참조를 삭제하여 해당 원소의 참조 수를 줄이는 것이다.

dequeue 메서드의 두 번째 중요한 역할은 _front의 값을 업데이트하여 원소가 삭제된 것을 반영하고, 두 번째 원소를 새로운 첫 번째 원소로 승격시키는 것이다. 대부분의 경우 단순히 인덱스를 1씩 증가시키고 싶지만, 리스트의 뒤와 앞이 연결되어 있기 때문에, 앞서 '원형 배열 사용'에서 설명한 모듈러 연산을 사용한다.

큐 크기 조정하기

큐의 크기가 내부 리스트의 크기와 같을 때 enqueue가 호출되면 내부 리스트의 저장 용량을 두 배로 늘리는 표준 기법을 사용한다. 이러한 접근 방식은 5.3.1절에서 DynamicArray를 구현할 때 사용한 방식과 유사하다.

하지만 큐의 _resize 유틸리티를 구현할 때는 DynamicArray 클래스의 해당 메서드를 구현할 때보다 더 많은 주의를 기울여야 한다. 먼저 이전 리스트에 대한 참조를 임시로 생성한 후, 크기가 두 배인 새 리스트를 만들고, 이전 리스트에서 새 리스트로 참조를 복사한다. 내용을 전송할 때는 그림 6.7과 같이 큐의 앞쪽이 새 배열의 인덱스 0에 위치하도록 참조를 재배열한다. 여기서 재배열을 수행하는 이유는 단순히 보기 좋게 하기 위함이 아니다. 모듈러 연산은 배열의 크기에 따라 달라지기 때문에 각 원소를 새 배열의 동일한 인덱스로 전송한다면 큐의 상태에 결함이 생기게 된다.

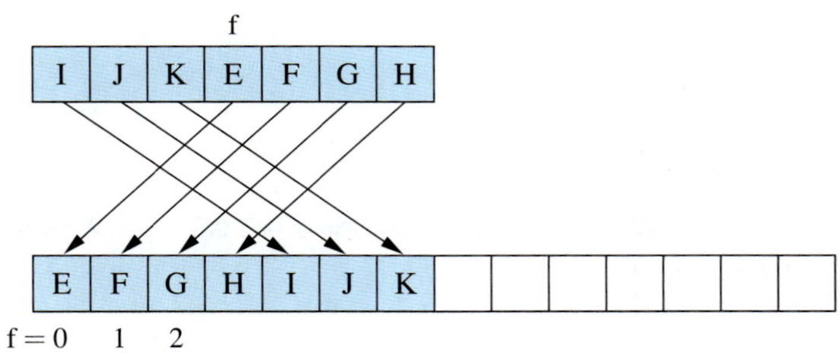

그림 6.7 front 원소를 인덱스 0으로 위치시키면서 큐 크기를 조정한다.

큐 내부 배열 축소하기

큐 구현 시 바람직한 속성 중 하나는 n이 큐의 현재 원소 수일 때 공간 사용량이 $\Theta(n)$이 되는 것이다. 하지만 코드 6.6~6.7에서 구현된 ArrayQueue에는 이런 속성이 없다. 큐의 용량이 최대인 상태에서 enqueue가 호출되면 기본 배열이 확장되지만, dequeue의 구현은 내부 배열을 결코 축소하지 않는다. 따라서 내부 배열의 용량은 현재 원소 수가 아니라 큐에 저장되어 있던 최대 원소 수에 비례한다.

5.3.2절의 '메모리 사용량과 배열 축소'에서는 동적 배열의 맥락에서 바로 이 문제를 다루었고, 5장의 연습 문제(C-5.16~C-5.20)에서도 이 문제를 다루었다. 이 문제를 해결하는 강력한 방법은 배열에 저장된 원소 수가 용량의 4분의 1 이하로 떨어질 때마다 배열을 현재 크기의 절반으로 줄이는 것이다. 코드 6.6의 dequeue 메서드에서 self._size를 줄인(38행) 직후에 다음 두 행의 코드를 추가하여 이 전략(원소가 줄어드는 것 반영하기)을 구현할 수 있다.

```
if 0 < self._size < len(self._data) // 4:
    self._resize(len(self._data) // 2)
```

배열 기반 큐 분석하기

앞서 설명한 개선 사항을 적용하여 배열의 크기가 가끔 축소된다고 가정할 때, 배열 기반 큐 ADT 구현의 성능은 표 6.3과 같다. _resize 유틸리티를 제외한 모든 메서드의 성능은 산술 연산, 비교, 대입과 명령의 수에 영향을 받는다. 따라서 enqueue와 dequeue를 제외한 모든 메서드는 최악의 경우에도 $O(1)$ 시간으로 실행되며, enqueue와 dequeue는 5.3절에서 설명한 바와 같이, $O(1)$ 시간의 분할 지불 분석에서 상한(upper-bound)을 가진다.

연산	수행 시간
Q.enqueue(e)	$O(1)^*$
Q.dequeue()	$O(1)^*$
Q.first()	$O(1)$
Q.is_empty()	$O(1)$
len(Q)	$O(1)$

* 분할 지불

표 6.3 구현된 배열 기반 큐의 성능. 배열의 크기 조정으로 인해 enqueue 및 dequeue에 대한 상한이 분할 지불된다. n이 큐의 현재 원소 수일 때, 공간 사용량은 $O(n)$이다.

6.3 양방향 큐

다음으로 큐의 앞쪽과 뒤쪽 모두에서 삽입과 삭제를 지원하는 큐와 유사한 자료구조를 살펴보자. 이러한 구조를 **양방향 큐**(double-ended queue) 또는 **덱**(deque)이라고 하며, 일반 큐 ADT의 dequeue 메서드와 헷갈리지 않도록 보통 '덱'이라고 발음한다. dequeue 메서드는 'D.Q.'로 발음한다.

덱의 추상 데이터 타입은 스택 및 큐 ADT보다 더 일반적이다. 이러한 높은 일반성은 몇몇 프로그램에서 유용하게 활용될 수 있다. 앞서 예를 든, 큐를 이용해 대기자 명단을 관리하는 레스토랑을 생각해 보자. 가끔 맨 앞에 있던 사람이 대기열(큐)에서 삭제되어 테이블을 찾으러 갔으나 빈 테이블이 없어 다시 돌아오는 경우가 있다. 이때, 레스토랑에서는 이 사람을 다시 대기열(큐)의 맨 앞에 넣는 것이 일반적이다. 또한 대기열(큐)의 맨 뒤에 있는 고객이 기다리지 못하고 레스토랑을 떠날 수도 있다. (다른 위치에서 대기열(큐)을 떠나는 고객까지 모델링하려면 훨씬 더 일반적인 자료구조가 필요하다.)

6.3.1 덱 ADT

임의의 덱 D에 대해, 덱 ADT에는 **대칭 추상화**(symmetrical abstraction)를 위해 다음과 같은 메서드가 포함된다.

- **D.add_first(e)**: 덱 D의 앞쪽에 원소 e를 추가한다.
- **D.add_last(e)**: 덱 D의 뒷부분에 원소 e를 추가한다.
- **D.delete_first()**: 덱 D에서 첫 번째 원소를 삭제하고 반환한다. 덱이 비어 있으면 오류가 발생한다.
- **D.delete_last()**: 덱 D의 마지막 원소를 삭제하고 반환한다. D가 비어 있으면 오류가 발생한다.

또한 덱 ADT에는 다음과 같은 접근자(accessor)가 포함된다.

- **D.first()**: 덱 D의 첫 번째 원소를 반환(삭제하지 않음)한다. 덱이 비어 있으면 오류가 발생한다.
- **D.last()**: 덱 D의 마지막 원소를 반환(삭제하지 않음)한다. 덱이 비어 있으면 오류가 발생한다.

- **D.is_empty()**: 덱 D에 포함된 원소가 없는 경우 True를 반환한다.
- **len(D)**: 덱 D에 포함된 원소의 수를 반환한다. 여기서는 특수 메서드 __len__을 사용해 이를 구현한다.

예제 6.5 다음 표는 비어 있는 상태로 초기화된 덱 D에 대해 일련의 연산을 수행한 결과를 보여준다.

연산	반환값	Deque
D.add_last(5)	–	[5]
D.add_first(3)	–	[3, 5]
D.add_first(7)	–	[7, 3, 5]
D.first()	7	[7, 3, 5]
D.delete_last()	5	[7, 3]
len(D)	2	[7, 3]
D.delete_last()	3	[7]
D.delete_last()	7	[ ]
D.add_first(6)	–	[6]
D.last()	6	[6]
D.add_first(8)	–	[8, 6]
D.is_empty()	False	[8, 6]
D.last()	6	[8, 6]

6.3.2 원형 배열을 이용한 덱의 구현

6.2.2절의 코드 6.6~6.7에서 구현한 ArrayQueue 클래스와 거의 동일한 방식으로 **덱** ADT를 구현할 수 있다(ArrayDeque 구현에 대한 자세한 내용은 연습 문제 P-6.32에서 다룸). ArrayDeque과 동일한 _data, _size, _front의 세 가지 인스턴스 변수는 정확한 값이 유지되도록 지속적으로 관리하는 것이 좋다. 큐 뒤쪽의 인덱스(또는 큐 뒤쪽에서 사용 가능한 첫 번째 슬롯) 정보가 필요할 때마다 모듈러 연산을 사용해 계산한다. 예를 들어 last() 메서드는 다음과 같이 구현될 수 있다.

```
back = (self._front + self._size - 1) % len(self._data)
```

ArrayDeque.add_last 메서드의 구현은 _resize 유틸리티를 사용하는 것을 포함해 ArrayQueue.enqueue의 구현과 본질적으로 동일하다. 마찬가지로 ArrayDeque.delete_first 메서드의 구현은 ArrayQueue.dequeue와 동일하다. add_first와 delete_last도 비슷한 기법으로 구현된다. 이때, 한 가지 고려해야 할 부분은 add_first를 호출하면 배열의 시작 부분이 끝과 연결되어 뒤로 돌아갈 수 있다는 점이다. 이 문제를 다루려면 모듈러 연산을 사용해 다음과 같이 순환적으로 인덱스를 감소시켜야 한다.

```
self._front = (self._front - 1) % len(self._data)          # 순환 이동
```

ArrayDeque는 ArrayQueue처럼 모든 연산이 $O(1)$이며, 내부 리스트의 크기를 변경할 수 있는 연산의 경우에는 분할 지불 상한으로 $O(1)$을 가진다. 이 역시 ArrayQueue와 유사하다.

6.3.3 파이썬 collections 모듈의 덱

파이썬의 표준 컬렉션 모듈에도 덱 클래스가 구현되어 있다. 표 6.4는 collections.deque 클래스에서 가장 널리 사용되는 동작을 요약한 것이다. 이 클래스는 ADT보다 더 비대칭적인 명명법을 사용한다.

덱 ADT	collections.deque	설명
len(D)	len(D)	원소 수
D.add_first()	D.appendleft()	시작 부분에 추가
D.add_last()	D.append()	끝에 추가
D.delete_first()	D.popleft()	앞쪽에서 삭제
D.delete_last()	D.pop()	뒤에서 삭제
D.first()	D[0]	첫 번째 원소에 접근
D.last()	D[-1]	마지막 원소에 접근
	D[j]	인덱스로 임의 항목에 접근
	D[j] = val	인덱스를 사용해 임의 항목 수정
	D.clear()	모든 콘텐츠 지우기
	D.rotate(k)	원형으로 오른쪽으로 K 단계 이동
	D.remove(e)	첫 번째 일치하는 원소를 삭제
	D.count(e)	e와 일치하는 원소 수 계산

표 6.4 덱 ADT와 collections.deque 클래스의 비교

collections.deque 인터페이스는 파이썬 list 클래스의 기존 명명 규칙과 일치하도록 선택되었는데, 이 규칙에 따라 append와 pop은 리스트의 끝에서 작동하는 것으로 간주된다. 따라서 appendleft와 popleft는 리스트의 시작 부분에서 연산자가 동작한다. 라이브러리 deque은 인덱스된 시퀀스라는 점에서 리스트와 유사하며, D[j] 구문을 통해 임의 위치의 접근 또는 수정을 허용한다.

deque 라이브러리의 생성자는 고정 길이의 큐를 강제로 생성하기 위한 선택적 maxlen 매개변수도 지원한다. 큐가 가득 찼을 때 양쪽 끝에서 append를 호출하면 오류를 발생시키지 않고 반대쪽에서 원소 하나를 삭제한다. 즉, 큐가 가득 찼을 때 appendleft가 호출되면 새 원소를 위한 공간을 확보하기 위해 오른쪽에서 pop이 자동으로 발생한다.

현재의 파이썬 배포판은 일종의 하이브리드 방식으로 collections.deque을 구현하였다. collections.deque은 순환 배열의 개념을 일부 사용하지만 이중 연결 리스트(이에 대해서는 다음 장에서 설명함)로 구성된 블록을 활용한다. deque 클래스는 양쪽 끝에서 $O(1)$ 시간 연산을 보장하도록 공식적으로 문서화되어 있지만, 덱 중간 근처에서 인덱스 표기법을 사용할 경우 최악의 경우 $O(n)$ 시간의 연산이 발생할 수 있다.

6.4 연습 문제

기본 문제

R-6.1 비어 있는 스택에서 다음과 같은 일련의 연산이 실행될 때 반환되는 값은 무엇인가? push(5), push(3), pop(), push(2), push(8), pop(), pop(), push(9), push(1), pop(), push(7), push(6), pop(), pop(), push(4), pop(), pop().

R-6.2 비어 있던 스택 *S*에서 총 25번의 push 연산, 12번의 top 연산, 10번의 pop 연산을 실행하였고, 그중 세 개에서 Empty 오류가 발생했으나 이 오류는 확인 후 무시되었다고 하자. *S*의 현재 크기는 얼마인가?

R-6.3 스택 S의 모든 원소를 스택 T로 전송하는 transfer(S, T) 함수를 구현하라. 이때, S의 맨 위에 있는 원소가 T에 가장 먼저 삽입되고, S의 맨 아래에 있는 원소가 T의 맨 위에 위치하도록 하라.

R-6.4 스택에서 모든 원소를 삭제하는 메서드를 재귀적으로 작성하라.

R-6.5 리스트에 있는 원소의 순서를 뒤집는 함수를 작성하라. 이때, 원소를 스택에 순서대로 넣었다가 다시 꺼내어, 뒤집힌 순서로 리스트에 다시 저장되게 하라.

R-6.6 산술식[3]에서 기호를 그룹화하는 데 사용하는 '기호 간 매칭'에 대한 개념을 정확하고 완전하게 정의하라. 정의는 재귀적으로 할 수 있다.

R-6.7 빈 상태로 초기화된 큐에서 다음과 같은 일련의 큐 연산이 실행될 때 반환되는 값을 적어라. enqueue(5), enqueue(3), dequeue(), enqueue(2), enqueue(8), dequeue(), dequeue(), enqueue(9), enqueue(1), dequeue(), enqueue(7), enqueue(6), dequeue(), dequeue(), enqueue(4), dequeue(), dequeue()

R-6.8 빈 상태로 초기화된 큐 *Q*에 32번의 enqueue 연산, 10번의 first 연산, 15번의 dequeue 연산을 수행하였고, 이 과정에서 Empty 오류가 5회 발생하였으나, 발생한 오류는 확인(caught) 후 무시되었다. *Q*의 현재 크기는 얼마인가?

R-6.9 연습 문제 **R-6.8**의 큐가 ArrayQueue의 인스턴스이고 내부 배열이 용량 30으로 초기화되었다고 하자. 배열이 사용되는 동안 그 크기가 30보다 커진 적이 없다면, _front 인스턴스 변수의 최종 값은 어떻게 될지 적어라.

---

3 산술식은 사칙연산, 괄호, 거듭제곱 및 제곱근을 사용하는 수식을 말한다.

R-6.10 코드 6.7의 53-55행에 있는 ArrayQueue._resize 메서드의 루프가 다음과 같이 구현되었다고 하자.

```
for k in range(self._size):
    self._data[k] = old[k]                # old[walk] 대신 사용됨
```

어떤 문제가 있는지 명확하게 설명하라.

R-6.11 큐 ADT를 구현하는 간단한 어댑터를 제시하라. 이때, collections.deque 인스턴스를 내부 저장소로 사용해야 한다.

R-6.12 빈 상태로 초기화된 큐에서 다음과 같은 일련의 큐 ADT 연산을 수행한다고 할 때, 반환되는 값은 무엇인가? add_first(4), add_last(8), add _last(9), add_first(5), back(), delete_first(), delete_last(), add _last(7), first(), last(), add_last(6), delete_first(), delete_first().

R-6.13 숫자 (1, 2, 3, 4, 5, 6, 7, 8)을 순서대로 포함하는 덱 D와, 빈 상태로 초기화된 큐 Q가 있다고 가정한다. D와 Q를 사용해 D가 (8, 7, 6, 5, 4, 3, 2, 1)과 같은 순서가 되도록 코드를 작성하라. 단, D와 Q 이외의 다른 변수는 사용하면 안 된다.

R-6.14 덱 D와 빈 상태로 초기화된 스택 S를 사용하여 연습 문제 R-6.13을 풀어라.

응용 문제

C-6.15 Alice가 세 개의 서로 다른 정수를 골라 무작위 순서로 스택 S에 넣었다고 하자. Alice가 넣은 세 정수 중 가장 큰 수를 2/3의 확률로 찾는 짧고 간결한(반복이나 재귀가 없어야 함) 코드를 작성하라. 이 코드는 하나의 변수 x만 사용해야 하며, 비교도 한 번만 할 수 있다. 자신의 방법이 옳은 이유를 논증하라.

C-6.16 스택의 용량이 maxlen으로 제한되도록 ArrayStack 구현을 수정하라. 여기서 maxlen은 기본값이 None인 생성자의 매개변수다. 스택의 용량이 가득 찼을 때 push가 호출되면 Full 예외(Empty와 유사하게 정의됨)를 발생시킨다.

C-6.17 연습 문제 C-6.16에서는 내부 리스트가 처음에 비어 있는 상태로 초기화된다고 가정했다. 이번에는 스택의 최대 용량과 동일한 길이의 내부 리스트를 미리 할당하도록 코드를 수정하라.

C-6.18 연습 문제 R-6.3에서 설명한 transfer 함수와 두 개의 임시 스택을 사용해 주어진 스택 S의 내용을 동일한 원소로 바꾸되, 그 순서를 반대로 하는 방법을 설명하라.

C-6.19 코드 6.5에서는 HTML의 여는 태그가 〈태그이름〉과 같은 형식으로 되어 있다고 가정했다. 즉, <li>와 같은 형식이다. 하지만 HTML에서는 여는 태그에 속성 옵션을 지정할 수 있는 경우가 많다. 일반적인 형태는 <태그이름 속성1="값1" 속성2="값2">와 같다. 예를 들어 <table border="3" cellpadding="5">과 같은 코드를 사용해 표에 테두리와 추가 패딩을 지정할 수 있다. 코드 6.5를 수정하여 오프닝 태그에 이러한 속성이 하나 이상 포함되는 경우에도 태그의 매칭이 올바르게 이루어지도록 하라.

C-6.20 수 $\{1, 2, \ldots, n\}$을 사용해 만들 수 있는 모든 순열을 표시하는 비재귀 알고리즘을 제시하라. 단, 이 알고리즘은 스택을 명시적으로 사용해야 한다.

C-6.21 n개의 원소로 이루어진 집합 T가 있다. 스택 S와 큐 Q를 사용해 집합 T의 모든 하위 집합을 비재귀적으로 생성하는 방법을 보여라.

C-6.22 **후위 표현식**(postfix notation)은 괄호를 사용하지 않으면서도 산술식을 명확하게 표현할 수 있는 방법이다. 괄호를 사용하는 일반 표현식이 (exp_1) **op** (exp_2)라고 하자(여기서 **op**는 연산의 이름임). 이 식을 후위 표현식으로 나타내면 $pexp_1$ $pexp_2$ **op**와 같이 된다(여기서 $pexp_1$와 $pexp_2$는 exp_1과 exp_1의 후위 표현식임). 단일 숫자 또는 변수의 후위 표현식은 바로 그 숫자 또는 변수가 된다. 예를 들어 ((5+2)*(8 3))/4의 후위 표현식은 5 2 + 8 3 - * 4 /다. 일반 표현식을 후위 표현식으로 바꾸는 비재귀적인 방법을 설명하라.

C-6.23 비어 있지 않은 세 개의 스택 R, S, T가 있다고 하자. R, S, T에 대한 일련의 연산을 마치고 나면 T의 모든 원소는 S로 옮겨진다. 이때, S에 있던 모든 원소는 T의 원소보다 아래쪽에 존재하게 된다. 한편, 스택 R의 상태는 연산 전과 후가 동일하게 유지된다. 예를 들어 $R = [1, 2, 3]$, $S = [4, 5]$, $T = [6, 7, 8, 9]$라고 했을 때, 연산 종료 후의 상태는 $R = [1, 2, 3]$, $S = [6, 7, 8, 9, 4, 5]$와 같이 되어야 한다. 이 조건을 만족하는 연산 시퀀스를 구성하고 설명하라.

C-6.24 스택 ADT를 구현하는 방법을 설명하라. 단, 큐를 유일한 인스턴스 변수로 사용하며, 메서드 본문 내에서 메모리를 추가로 사용하는 것은 상수만 가능하다. 이 설계에 사용된 push(), pop(), top() 메서드의 수행 시간은 얼마인가?

C-6.25 큐 ADT를 구현하는 방법을 설명하라. 단, 두 개의 스택을 인스턴스 변수로 사용하고, 모든 큐 연산은 분할 지불된 $O(1)$ 시간에 실행되어야 한다. 분할 지불된 시간 복잡도 $O(1)$을 증명하라.

C-6.26 양방향 큐 ADT를 구현하는 방법을 설명하라. 단, 두 개의 스택을 인스턴스 변수로 사용해야 한다. 메서드의 수행 시간은 어떻게 되는지 기술하라.

C-6.27 원소가 n개인 스택 S와 빈 상태로 초기화된 큐 Q가 있다고 하자. 어떤 원소 x가 S에 포함되어 있는지를 확인하는 방법을 설명하라. 단, 큐 Q를 사용해야 하며, 결과를 반환할 때 S에 포함된 원소들의 순서는 원래 상태와 동일해야 한다. S, Q 이외에 변수 몇 개를 더 사용할 수 있다.

C-6.28 큐의 용량이 `maxlen`으로 제한되도록 `ArrayQueue` 구현을 수정하라. 여기서 `maxlen`은 기본값이 `None`인 생성자의 매개변수다. 큐의 용량이 가득 찼을 때 `enqueue`가 호출되면 `Full` 예외(`Empty`와 유사하게 정의됨)를 발생시킨다.

C-6.29 큐 ADT를 활용하는 어떤 응용 프로그램이 있다. 이 프로그램에서는 원소를 반복적으로 큐에서 꺼내(dequeue), 어떤 방식으로 처리한 다음, 그 원소를 다시 큐에 넣는 경우가 많다고 하자. 이를 위해, `ArrayQueue`에 `rotate()` 메서드를 추가로 구현하라. 이 메서드는 `Q.enqueue(Q.dequeue())`와 동일한 결과를 만들어야 하지만 함수를 두 번 호출하는 것보다는 더 효율적으로 구현될 수 있을 것이다(일례로 `_size`를 수정할 필요가 없으므로 더 효율적으로 구현될 수 있음).

C-6.30 Alice는 정수를 저장할 수 있는 두 개의 큐, 즉 Q와 R을 가지고 있으며, Bob이 Alice에게 홀수 50개와 짝수 50개를 주고 100개의 정수를 모두 Q와 R에 저장하도록 했다고 하자. Alice와 Bob은 Q와 R을 사용하는 게임을 하는데, 이 게임은 Bob이 Q와 R 중 하나를 랜덤하게 선택하고, 라운드 로빈 스케줄러[4]를 선택한 큐에 랜덤한 횟수만큼 적용한다. 게임의 승패는 스케줄러가 마지막에 처리하는 숫자에 따라 결정된다. 홀수이면 Bob이 승리하고, 짝수라면 Alice가 승리한다. Alice가 자신의 승리 확률을 최적화하려면 큐에 정수를 어떤 방식으로 할당하면 될지, Alice가 이길 확률은 얼마일지 답하라.

C-6.31 Bob은 소 네 마리와 함께 다리를 건너고 싶은데, 소를 묶을 수 있는 멍에가 하나뿐이다. 이 멍에에 소 두 마리를 한꺼번에 묶어 이동할 수 있다. Bob에게는 멍에가 너무 무거워서 멍에를 들고 다리를 건널 수는 없지만, 소를 멍에에 묶고 푸는 것은 순식간에 할 수 있다(거의 시간이 걸리지 않음). 네 마리의 소(마지, 데이지, 크레이지, 레이지)가 다리를 건너는 데 걸리는 시간은 다음과 같다. 마지는 2분, 데이지는 4분, 크레이지는 10분, 레이지는 20분이다. 물론 두 마리의 소가 멍에에 묶여 있을 때는 느린 소의 속도로 가야 한다. Bob은 34분 안에 모든 소가 다리를 건너게 해야 한다. 방법을 설명하라.

---

4 C-6.29와 같은 방식으로 큐에 있는 요소를 회전시킨다. 7.2.1절에서 설명한다.

프로젝트 문제

P-6.32 6.3.2절에서는 양방향 큐의 ADT를 대략적으로 설명하였다. 이를 온전하게 만족시킬 수 있도록 `ArrayDeque`를 구현하라.

P-6.33 배열 기반의 양방향 큐를 구현하라. 표 6.4에 제시된 `collections.deque` 클래스의 공개 메서드들을 모두 구현해야 하며, 기본값이 지정된 매개변수인 `maxlen`을 사용해야 한다. (길이 제한이 있는) 덱이 가득 차면, `collections.deque` 클래스와 유사한 시맨틱을 제공하라. 즉, 덱이 가득 찬 상태에서 덱의 한쪽 끝에 원소가 삽입되면 반대쪽 끝의 원소가 없어지도록 하라.

P-6.34 후위 표현식으로 수식을 입력할 수 있는 프로그램을 구현하고(연습 문제 **C-6.22** 참고), 그 값을 출력하라.

P-6.35 6.1절에서 스택이 웹 브라우저나 텍스트 편집기와 같은 프로그램에서 '실행 취소(undo)'를 구현하는 데 자주 사용된다고 언급했다. 실행 취소는 무제한 스택으로 구현할 수 있지만, 상당수 응용 프로그램에서는 용량이 고정된 스택을 사용해 이러한 실행 취소 기능을 제한적으로만 지원한다. 스택이 가득 찬 상태에서 `push`가 호출될 때, (연습 문제 **C-6.16**에서 설명한 것처럼) `Full` 예외를 발생시키기보다 스택의 아래쪽에서 가장 오래된 원소를 삭제하여 스택에 공간을 마련하고, 가장 위에 새로운 원소를 `push`하는 것이 더 일반적이다. 적절한 저장 용량을 가진 원형 배열을 사용해 이러한 `LeakyStack` 추상화를 구현하라. 이 클래스는 연습 문제 **C-6.16**의 용량 제한 스택과 유사한 공용 인터페이스를 가져야 하지만 스택이 가득 찼을 때 원하는 오래된 원소를 삭제해야 한다.

P-6.36 어떤 회사의 보통주를 매도할 때 자본 이득(또는 손실)은 주식의 매도 가격과 매수하기 위해 지불한 가격의 차액이다. 이 원칙은 단일 주식에 대해서는 쉽게 이해할 수 있지만, 장기간에 걸쳐 매입한 여러 주식을 매각하는 경우에는 실제로 어떤 주식을 매각한 것인지를 명확히 식별해야 한다. 이러한 경우 어떤 주식을 매도했는지 식별하는 표준 회계 원칙은 가장 오래 보유한 주식을 매도한 것으로 간주하는 FIFO 프로토콜을 사용하는 것이다(실제로 이 방법은 여러 개인 금융 소프트웨어 패키지에 내장되어 있는 방법임). 예를 들어 1일차에는 주당 20달러에 100주, 2일차에는 24달러에 20주, 3일차에는 36달러에 200주를 매수했으며, 4일차에 150주를 주당 30달러에 매도한다고 가정한다.

그런 다음 FIFO 프로토콜을 적용하면 매도한 150주 중 100주는 1일차에 매수한 것이고, 20주는 2일차에 매수한 것, 30주는 3일차에 매수한 것이 된다. 따라서 이 경우의 자본 이득은 다음과 같다. 즉, 940달러다.

```
100 * 10 + 20 * 6 + 30 * (-6)
```

일련의 거래를 다음과 같은 형태로 입력받는 프로그램을 작성하라. 이때, x, y는 정수이며, 각 거래는 하루에 한 번씩 연속해서 발생한다고 가정한다.

`buy x share(s) at $y each` 또는 `sell x share(s) at $y each`

입력 시퀀스가 주어졌을 때의 출력은 전체 시퀀스에 대한 총 자본 이득(또는 손실)이 되어야 하며, FIFO 프로토콜을 사용해 주식을 식별한다.

P-6.37 'Red'와 'Blue' 두 개의 스택으로 구성된 클래스의 ADT를 효율적으로 설계하라. 이 스택 ADT에는 일반적인 스택 ADT 연산들이 포함되어 있으나, Red와 Blue의 스택을 구분하여 연산이 수행될 수 있도록 구현해야 한다. 예를 들어 `push` 연산의 경우 Red에 대해 `push`를 수행하는 연산과 Blue에 대해 `push`를 수행하는 연산을 모두 포함해야 한다. 또한 이 ADT는 내부적으로 하나의 단일 배열을 사용해 구현해야 하는데, 이 배열의 용량은 N으로 지정되며, N은 두 스택의 크기를 합친 것보다 항상 크다고 가정한다.

참고 사항

자료구조를 ADT 측면에서 먼저 살펴보고, 구체적으로 구현하는 방식은 Aho, Hopcroft, Ullman의 고전적인 저서 [5], [6]의 방법을 따랐다. 연습 문제 C-6.30과 C-6.31은 잘 알려진 소프트웨어 회사의 면접 문제와 유사하다. 추상 데이터 타입에 대한 자세한 내용은 Liskov와 Guttag [71], Cardelli와 Wegner [23] 또는 Demurjian [33]을 참고하기 바란다.

CHAPTER 07

연결 리스트

5장에서는 파이썬의 배열 기반 `list` 클래스를 주의 깊게 살펴봤고, 6장에서는 전통적인 스택, 큐, 덱 ADT 등이 구현될 때 `list` 클래스가 활용되는 방법을 살펴보았다. `list` 클래스는 고도로 최적화되어 있으며 내부 저장소로 사용하기에 적합하지만, 몇 가지 주목할 만한 단점도 있다.

1. 동적 배열의 길이가 실제 저장되는 원소 수보다 길어질 수 있다.
2. 실시간 시스템에서는 분할 지불 한도를 적용하지 못할 수 있다.
3. 배열의 중간 위치에서 삽입하거나 삭제하면 많은 비용이 소모된다.

이 장에서는 `list`와 같은 배열 기반 시퀀스의 대안으로 사용되는 **연결 리스트**(linked list)라는 자료구조를 소개한다. 배열 기반 시퀀스와 연결 리스트는 둘 다 포함된 원소가 일정한 순서로 유지되지만 사용 방식은 매우 다르다. 배열은 많은 원소에 대한 참조를 수용할 수 있는 하나의 큰 메모리 덩어리로, 더 중앙 집중화된 표현을 제공한다. 반면, 연결 리스트는 각 원소에 **노드**라는 경량 객체가 할당되는 방식으로 좀더 분산된 표현에 의존한다. 각 노드는 시퀀스의 선형 순서를 집합적으로 표현하기 위해 두 가지 종류의 참조(해당 원소에 대한 참조와 인접한 노드에 대한 하나 이상의 참조)를 사용한다.

이번 장에서는 배열 기반 시퀀스와 연결 리스트를 대조하여, 두 방법의 장단점을 비교해 볼 것이다. 연결 리스트의 원소에는 숫자 인덱스 k를 사용해 효율적으로 접근할 수 없다는 단점이 있다. 노드를 살펴보는 것만으로는 어떤 노드가 리스트의 두 번째, 다섯 번째, 스무 번째 노드인지 알 수 없기 때문이다. 반면, 연결 리스트는 위에서 언급한 배열 기반 시퀀스의 세 가지 단점을 피할 수 있다.

7.1 단일 연결 리스트

단일 연결 리스트(singly linked list)는 가장 단순한 형태의 연결 리스트로, 선형 시퀀스를 집합적으로 형성하는 **노드**(node)들의 모음이다. 각 노드는 두 개의 참조(시퀀스의 원소인 객체에 대한 참조와 리스트의 다음 노드에 대한 참조)를 가진다(그림 7.1, 7.2 참고).

연결 리스트의 첫 번째 노드와 마지막 노드를 각각 리스트의 **머리**(head)와 **꼬리**(tail)라고 한다. 머리에서 시작하여 각 노드의 `next` 참조를 따라 한 노드에서 다른 노드로 이동하면, 리스트의 꼬리에 도달할 수 있다. 꼬리의 `next` 참조는 `None`이므로, 이를 통해 꼬리를 식별할 수 있다. 이와 같은 프로세스를 보통 연결 리스트의 **순회**(traversal)라고 한다. 노드의 `next` 참조는 다른 노

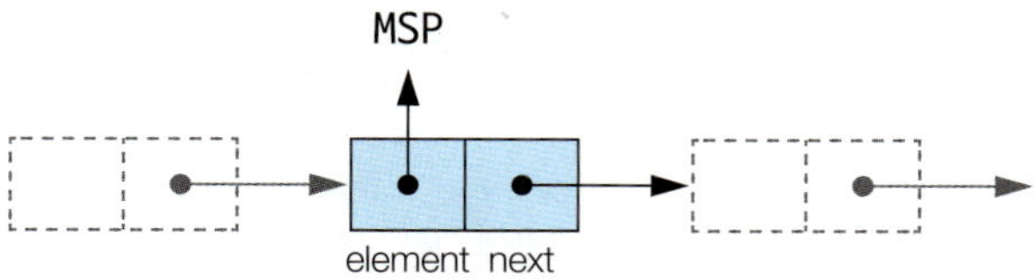

그림 7.1 단일 연결 리스트를 구성하는 노드 인스턴스의 예. 노드의 element 멤버는 시퀀스의 원소인 임의의 객체(이 예에서는 공항 코드 MSP)를 참조하고, next 멤버는 연결 리스트의 후속 노드(더 이상 노드가 없는 경우에는 None)를 참조한다.

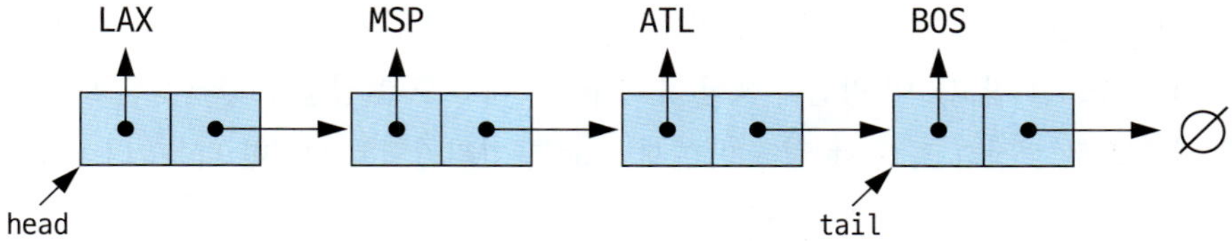

그림 7.2 단일 연결 리스트의 예. 각 원소는 공항 코드를 나타내는 문자열이다. 리스트 인스턴스는 리스트의 첫 번째 노드를 식별하는 head라는 멤버를 가지고 있으며, 프로그램에 따라 리스트의 마지막 노드를 식별하는 tail 멤버를 가지고 있는 경우도 있다. None 객체는 ∅로 표시되었다.

드에 대한 **링크**(link) 또는 **포인터**(pointer)로 볼 수 있기 때문에 리스트를 순회하는 프로세스를 **링크 이동**(link hopping)[1] 또는 **포인터 이동**(pointer hopping)이라고도 한다.

연결 리스트의 메모리 표현은 많은 객체의 협업에 의존한다. 각 노드는 고유한 객체로 표현되며, 해당 인스턴스는 원소에 대한 참조와 다음 노드(또는 None)에 대한 참조를 저장한다. 연결 리스트 전체를 나타내는 객체도 필요하다. 연결 리스트 인스턴스는 리스트의 머리에 대한 참조를 반드시 가지고 있어야 한다. 머리에 대한 명시적 참조가 없으면 이 노드(또는 간접적으로 다른 노드)를 찾을 방법이 없다. 반면, 리스트의 꼬리를 직접적으로 저장하는 참조가 꼭 필요하지는 않다. 꼬리는 머리에서 시작하여 나머지 리스트를 순회하면 찾을 수 있기 때문이다. 하지만 꼬리 노드에 대한 참조를 명시적으로 사용하면, 이러한 순회 작업을 피하여 편의성을 높일 수 있다. 이와 유사하게, 연결 리스트 인스턴스는 리스트를 구성하는 총 노드 수(일반적으로 리스트의 크기로 설명됨)의 개수를 지속적으로 업데이트하여, 단순히 노드 수를 계산하기 위해 리스트를 순회할 필요가 없게 하는 것이 보편적이다.

이후로는 노드를 객체로, 각 노드의 '다음(next)' 참조를 포인터로 설명한다. 각 노드의 원소는 실제로 독립적인 객체이지만, 설명을 간결하게 하기 위해 노드 구조 내에 원소가 직접 포함된 것처럼 설명할 것이다. 예를 들어 그림 7.3은 그림 7.2의 연결 리스트를 더 간결하게 나타낸 그림이다.

1 호핑(hopping)은 본래 "깡충깡충 뛰다"라는 뜻이나, 섬에서 다른 섬으로 이동하며 여행(island hopping)하는 경우 등에도 사용된다.

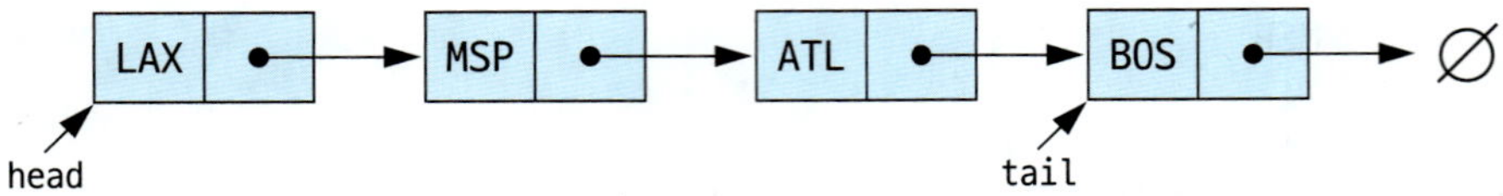

그림 7.3 노드에 원소를 포함해 간결하게 나타낸 단일 연결 리스트의 구조(외부 객체에 대한 참조를 생략함)

단일 연결 리스트의 앞쪽에 원소 삽입하기

연결 리스트의 중요한 특성은 미리 정해진 고정 크기가 없으며 현재 원소 수에 비례해 공간을 사용한다는 점이다. 단일 연결 리스트를 사용할 때는 리스트의 맨 앞에 원소를 쉽게 삽입할 수 있다(그림 7.4, 코드 7.1 참고). 이 방법의 핵심 아이디어는 새 노드를 생성하고, 생성된 노드의 element를 새 원소로 설정하고, next 링크가 현재 head를 가리키도록 설정한 다음, 리스트의 head가 새 노드를 가리키도록 설정하는 것이다.

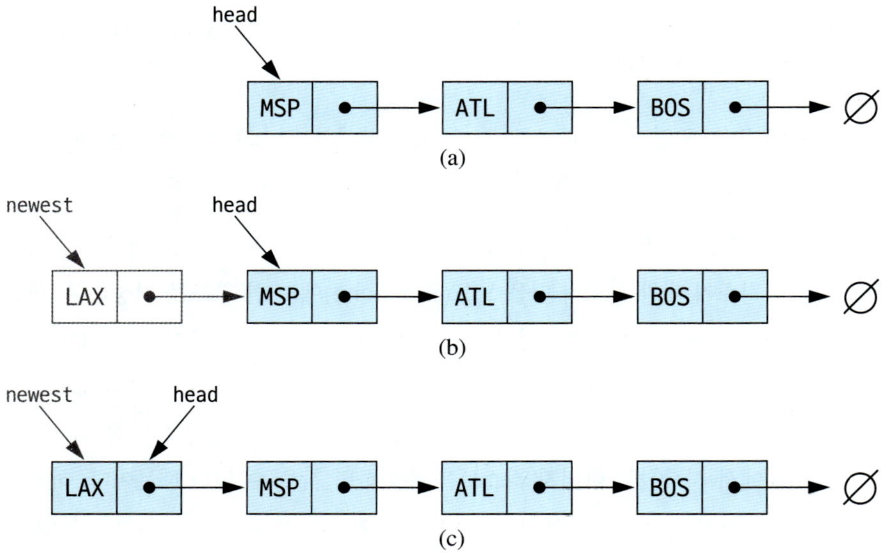

그림 7.4 단일 연결 리스트의 앞쪽에 원소를 삽입하는 과정. (a) 삽입 전, (b) 새 노드 생성 후, (c) head 참조 재할당 후

```
알고리즘 add_first(L, e):
    newest = Node(e)            {원소 e에 대한 참조를 저장하는 새 노드 인스턴스 생성}
    newest.next = L.head        {새 노드의 next 노드가 이전 head 노드를 참조하도록 설정}
    L.head = newest             {head 변수가 새 노드를 참조하도록 설정}
    L.size = L.size+1
```

코드 7.1 단일 연결 리스트 L의 시작 부분에 새 원소 삽입. L.head 변수에 값을 다시 대입하기에 앞서, 새 노드의 next 포인터를 설정한다는 점에 유의하기 바란다. 리스트가 처음에 비어 있는 경우(즉, L.head가 None인 경우), 새 노드의 다음 참조는 당연히 None으로 설정된다.

단일 연결 리스트의 뒤쪽에 원소 삽입하기

그림 7.5와 같이 꼬리 노드에 대한 참조를 유지한다면 리스트의 뒤쪽에 원소를 쉽게 삽입할 수 있다. 이 경우 새 노드를 생성하고, next 참조를 None으로 할당하고, 꼬리의 다음 참조가 이 새 노드를 가리키도록 설정한 다음, tail 참조 자체를 이 새 노드로 업데이트하면 된다. 자세한 내용은 코드 7.2에 나와 있다.

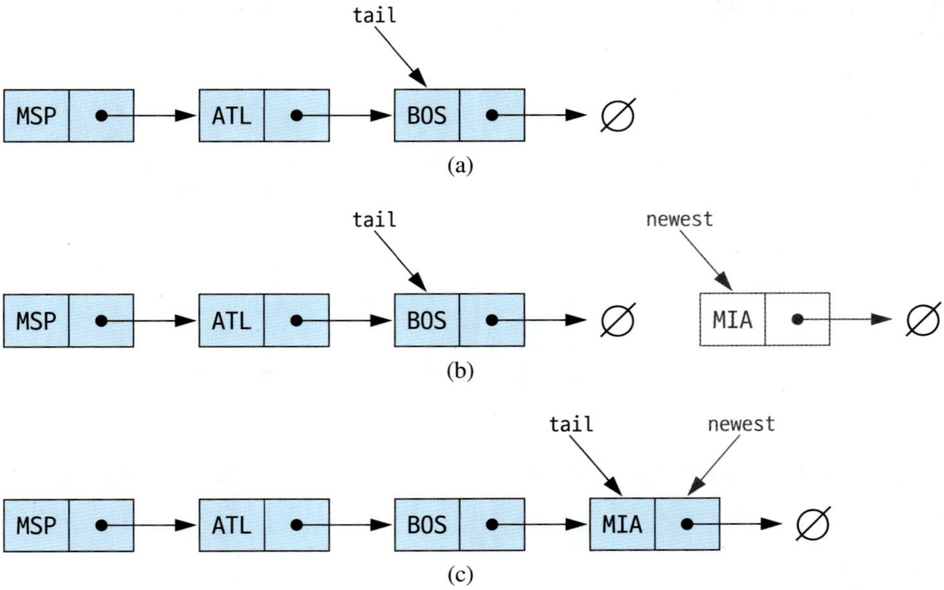

그림 7.5 단일 연결 리스트의 뒤쪽에 원소를 삽입하는 과정. (a) 삽입 전, (b) 새 노드 생성 후, (c) tail 참조 재할당 후. (b)에서 tail의 next 링크를 설정해야 (c)에서 새 노드를 가리키도록 tail 변수를 할당할 수 있다.

```
알고리즘 add_last(L, e):
    newest = Node(e)                {원소 e에 대한 참조를 저장하는 새 노드 인스턴스 생성}
    newest.next = None              {새 노드의 next 변수가 None 객체를 참조하도록 설정}
    L.tail.next = newest            {이전 꼬리 노드가 새 노드를 가리키도록 설정}
    L.tail = newest                 {tail 변수가 새 노드를 참조하도록 설정}
    L.size = L.size+1               {노드 개수의 증가}
```

코드 7.2 단일 연결 리스트의 뒤쪽에 새 노드 삽입. tail 변수가 새 노드를 가리키도록 하기 전에, 기존 tail 노드에 대한 next 포인터를 설정한다는 점에 유의하기 바란다. 빈 리스트에는 tail 노드가 없으므로, 빈 리스트에 삽입할 때는 코드를 수정해서 사용해야 한다.

단일 연결 리스트에서 원소 삭제하기

단일 연결 리스트의 head에서 원소를 삭제하는 것은 본질적으로 head에 새 원소를 삽입하는 과정을 역방향으로 수행하는 작업이다(그림 7.6, 코드 7.3 참고).

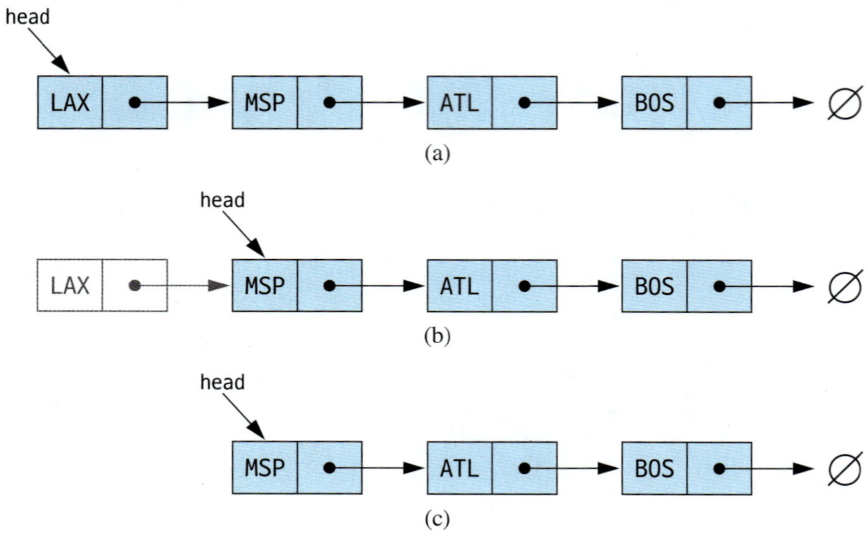

그림 7.6 단일 연결 리스트의 head에서 원소를 삭제하는 과정. (a) 삭제 전, (b) 이전 head의 연결을 끊은 후, (c) 최종 구성

```
알고리즘 remove first(L):
   if L.head가 None이면 then
      오류 표시: 리스트가 비어 있음
   L.head = L.head.next                    {머리가 다음 노드(또는 None)를 가리키게 함}
   L.size = L.size - 1                                               {노드 개수 감소}
```

코드 7.3 단일 연결 리스트의 앞쪽 노드 삭제

안타깝게도 단일 연결 리스트의 마지막 노드는 쉽게 삭제할 수 없다. 리스트의 마지막 노드에 대한 tail 참조를 직접 유지하더라도 마지막 노드를 삭제하려면 마지막 노드 앞의 노드에 접근할 수 있어야 한다. 하지만 꼬리에서 다음 링크를 따라가는 방법으로는 꼬리의 앞 노드에 도달할 수 없다. 이 노드에 접근하는 유일한 방법은 리스트의 머리에서 시작하여 리스트를 끝까지 검색하는 것이지만, 이와 같이 링크를 따라 이동하면 시간이 오래 걸릴 수 있다. 이러한 연산을 효율적으로 지원하려면 리스트를 **이중으로 연결**해야 한다(7.3절 참고).

7.1.1 단일 연결 리스트로 스택 구현하기

이 절에서는 단일 연결 리스트를 사용해 스택 ADT를 파이썬으로 온전히 구현한다(6.1절 참고). 스택 구현을 설계할 때는 스택의 맨 위를 리스트의 머리로 할지, 아니면 꼬리로 할지를 결정해야 한다. 둘 중 분명히 더 나은 선택이 있다. 머리에서만 상수 시간에 원소를 효율적으로 삽입하고 삭제할 수 있기 때문이다. 모든 스택 작업은 스택의 가장 위쪽에 영향을 주므로 스택의 맨 위를 리스트의 머리로 설정한다.

이 책에서는 리스트의 개별 노드를 표현하기 위해 경량(lightweight) _Node 클래스를 만들어 사용한다. 이 클래스는 사용자에게 직접 노출되지 않으므로 최종적으로 만들 LinkedStack 클래스의 비공개(nonpublic) 중첩 클래스로 정의한다(중첩 클래스에 대한 내용은 2.5.1절 참고). _Node 클래스의 정의는 코드 7.4와 같다.

```
class _Node:
    """단일 연결된 노드를 저장하기 위한 경량 비공개 클래스"""
    __slots__ = '_element', '_next'          # 메모리 사용량 간소화

    def __init__ (self, element, next):      # 노드의 필드 초기화
        self._element = element              # 사용자 원소에 대한 참조
        self._next = next                    # 다음 노드에 대한 참조
```

코드 7.4 단일 연결 리스트를 위한 경량 _Node 클래스

노드에는 _element와 _next 두 개의 인스턴스 변수만 있다. 단일 리스트에 많은 노드 인스턴스가 있을 수 있으므로 메모리 사용량을 간소화하기 위해 __slot__을 정의한다(자세한 내용은 2.5.1절의 '딕셔너리와 __slots__ 선언' 참고). _Node 클래스의 생성자는 편의를 위해 새로 생성된 노드의 두 필드에 초깃값을 지정할 수 있도록 설계되었다.

LinkedStack 클래스의 전체 구현은 코드 7.5~7.6과 같다. 각 스택 인스턴스는 지속적으로 업데이트해야 하는 두 개의 변수를 가지고 있다. _head 멤버는 리스트에서 맨 위에 있는 노드에 대한 참조다(스택이 비어 있는 경우 None). _size 인스턴스 변수는 항상 현재의 원소 수를 나타내도록 업데이트되어야 한다. 업데이트가 올바르게 이루어지지 않으면 스택의 크기, 즉 원소 수를 계산하기 위해 전체 리스트를 순회해야 하기 때문이다.

push의 구현은 기본적으로 단일 연결 리스트의 앞쪽에 원소를 삽입하기 위해 작성된 의사코드(코드 7.1)를 반영하여 이루어진다. 새 원소 e를 스택에 삽입할 때는 다음과 같이 _Node 클래스의 생성자를 호출하여 연결된 구조에 맞게 변경한다.

```
self._head = self._Node(e, self._head)  # 새 노드를 생성하고 연결
```

여기서 새 노드의 _next 필드는 기존 맨 위에 있던 노드를 가리키도록 설정되며, 이후 self._head는 이 새 노드를 가리키도록 업데이트된다.

```
class LinkedStack:
    """내부 저장소로 단일 연결 리스트를 사용하는 LIFO 스택을 구현한다."""

    #-------------------------- 중첩된 _Node 클래스 --------------------------
    class _Node:
        """단일 연결 노드를 저장하기 위한 경량 비공개 클래스"""
        __slots__ = '_element', '_next'          # 메모리 사용량 간소화

        def __init__(self, element, next):       # 노드의 필드 초기화
            self._element = element              # 사용자 원소에 대한 참조
            self._next = next                    # next 노드에 대한 참조

    #------------------------------ 스택 메서드 -------------------------------
    def __init__(self):
        """빈 스택을 생성한다."""
        self._head = None                        # head 노드에 대한 참조
        self._size = 0                           # 스택 원소 수

    def __len__(self):
        """스택의 원소 개수를 반환한다."""
        return self._size

    def is_empty(self):
        """스택이 비어 있으면 True를 반환한다."""
        return self._size == 0

    def push(self, e):
        """스택의 맨 위에 원소 e를 추가한다."""
        self._head = self._Node(e, self._head)  # 새 노드 생성 및 연결
        self._size += 1

```

```
    def top(self):
        """스택의 맨 위에 있는 원소를 반환(삭제하지 않음)한다.
        스택이 비어 있으면 Empty 예외를 발생시킨다.
        """
        if self.is_empty():
            raise Empty('Stack is empty')
        return self._head._element              # 스택의 top은 리스트의 head

    def pop(self):
        """스택 상단에서 원소를 삭제하여 반환한다(즉, LIFO).

        스택이 비어 있으면 Empty 예외를 발생시킨다.
        """
        if self.is_empty():
            raise Empty('Stack is empty')
        answer = self._head._element
        self._head = self._head._next           # 이전의 top 노드 우회
        self._size -= 1
        return answer
```

코드 7.5–7.6 단일 연결 리스트를 사용한 스택 ADT 구현

top 메서드의 구현 목표는 스택의 맨 위에 있는 **원소**를 반환하는 것이다. 스택이 비어 있으면 6장의 코드 6.1에 정의된 대로 Empty 예외가 발생한다. 스택이 비어 있지 않은 경우 self._head는 연결 리스트의 첫 번째 노드에 대한 참조다. 맨 위에 있는 원소는 self._head._element로 식별할 수 있다.

pop의 구현은 삭제되는 노드 원소에 대한 로컬 참조를 유지하고, 해당 원소를 pop의 호출자에게 반환한다는 점을 제외하면 코드 7.3의 의사코드와 본질적으로 유사하다.

LinkedStack 연산에 대한 분석은 표 7.1과 같다. 모든 메서드가 **최악의 경우**에도 상수 시간에 완료되는 것을 볼 수 있다. 이는 표 6.2에 제시된 ArrayStack의 분할 지불 상한과 대조적이다.

연산	수행 시간
S.push(e)	$O(1)$
S.pop()	$O(1)$
S.top()	$O(1)$
len(S)	$O(1)$
S.is_empty()	$O(1)$

표 7.1 구현된 LinkedStack의 성능 분석. 모든 상한은 최악의 경우이며, n이 스택의 현재 원소 수일 때, 공간 사용량은 $O(n)$이다.

7.1.2 단일 연결 리스트로 큐 구현하기

스택 ADT에서와 마찬가지로 단일 연결 리스트를 사용하면, 최악의 경우에도 모든 작업에 대해 $O(1)$ 시간에 동작하는 큐 ADT를 구현할 수 있다. 큐의 양쪽 끝에서 작업을 수행해야 하므로 각 큐의 인스턴스 변수로 `_head` 참조와 `_tail` 참조를 모두 명시적으로 사용한다. 큐의 방향을 자연스럽게 하려면, 큐의 앞쪽을 리스트의 머리로, 큐의 뒤쪽을 리스트의 꼬리로 사용하는 것이다. 왜냐하면 원소를 큐 뒤쪽에 넣었다가 앞쪽에서 뺄 수 있어야 하기 때문이다. (7.1절에서 단일 연결 리스트의 꼬리에서는 원소를 효율적으로 삭제할 수 없다는 점을 설명했다.) `LinkedQueue` 클래스의 구현은 코드 7.7과 7.8과 같다.

```
class LinkedQueue:
    """단일 연결 리스트를 내부 저장소로 사용하는 FIFO 대기열 구현"""

    class _Node:
        """단일 연결 노드를 저장하기 위한 경량 비공개 클래스"""
        (LinkedStack._Node와 동일해 생략함)

    def __init__(self):
        """빈 큐를 생성한다."""
        self._head = None
        self._tail = None
        self._size = 0                          # 큐의 원소 수

    def __len__(self):
        """큐에 있는 원소의 수를 반환한다."""
        return self._size

    def is_empty(self):
        """큐가 비어 있으면 True를 반환한다."""
        return self._size == 0

    def first(self):
        """큐의 맨 앞에 있는 원소를 반환하되 삭제하지 않는다."""
        if self.is_empty():
            raise Empty('Queue is empty')
        return self._head._element             # 리스트의 head가 앞쪽으로 간주됨
```

```
    def dequeue(self):
        """큐의 첫 번째 원소(즉, FIFO)를 삭제하고 반환한다.

        큐가 비어 있으면 Empty 예외를 발생시킨다.
        """
        if self.is_empty():
            raise Empty('Queue is empty')
        answer = self._head._element
        self._head = self._head._next
        self._size -= 1
        if self.is_empty():                     # 큐가 비어 있는 특수한 경우
            self._tail = None                   # 삭제된 head는 tail이기도 했음
        return answer

    def enqueue(self, e):
        """큐 뒤쪽에 원소를 추가한다."""
        newest = self._Node(e, None)            # 새 노드는 새로운 tail 노드가 됨
        if self.is_empty():
            self._head = newest                 # 이전에 큐가 비어 있었던 특수한 상태
        else:
            self._tail._next = newest
        self._tail = newest                     # tail 노드에 대한 참조 업데이트
        self._size += 1
```

코드 7.7-7.8 단일 연결 리스트를 사용한 큐 ADT 구현

위 구현은 중첩된 _Node 클래스의 정의 등 여러 측면에서 LinkedStack 클래스의 구현과 유사하다. LinkedQueue에 대한 dequeue 구현은 연결 리스트의 머리를 삭제한다는 점에서 LinkedStack의 pop 구현과 유사하다. 하지만 큐가 _tail의 참조를 정확하게 유지해야 한다는 측면에서는 미묘한 차이가 있다(스택에는 이 변수를 사용하지 않음). 일반적으로 머리 부분의 연산이 꼬리 부분에 영향을 미치지 않지만, 원소가 하나만 있는 큐에서 dequeue가 호출되면 리스트의 꼬리 부분도 동시에 삭제된다. 이에 따라 일관성 유지를 위해 self._tail을 None으로 설정한다.

enqueue를 구현할 때도 비슷한 문제가 생긴다. 항상 최신 노드가 새로운 꼬리가 되지만, 새 노드가 리스트에서 유일한 노드라면 조금 다르게 처리되어야 한다. 새 노드가 유일한 노드라면 새 노드는 새로운 꼬리이면서 동시에 머리가 된다. 그렇지 않은 경우라면 새 노드는 기존 꼬리 노드 바로 다음에 연결되어야 한다.

성능 측면에서, LinkedQueue는 모든 연산이 최악의 경우에도 상수 시간으로 실행되고, 공간 사용량이 현재 원소 수에 선형적이라는 점에서 LinkedStack과 유사하다.

7.2 순환 연결 리스트

6.2.2절에서는 '순환하는' 원형 배열의 개념과 큐 ADT 구현 시 이를 사용하는 방법을 설명했다. 사실, 원형으로 된 배열 구조가 실제로는 존재하지 않기에 원형 배열이라는 개념은 인위적이다. 이와 같은 추상화는 모듈러 연산을 사용해 만들어진 것으로, 이 연산을 통해 마지막 슬롯에서 첫 번째 슬롯으로 인덱스를 연결할 수 있다.

연결 리스트에서는 리스트의 마지막 노드(tail)가 다음 노드로 연결된 참조(next)를 사용해 리스트의 첫 노드(head)를 다시 가리키므로, 순환적으로 연결된 리스트라는 개념이 더 분명하게 드러난다(그림 7.7 참고). 이러한 구조를 **순환 연결 리스트**(circularly linked list)라고 부른다.

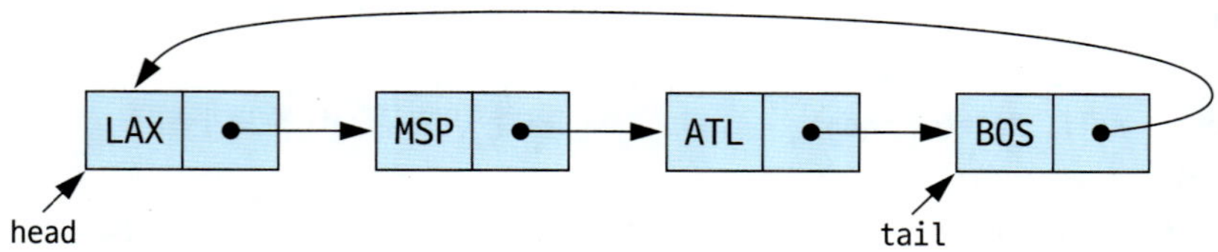

그림 7.7 원형 구조로 된 단일 연결 리스트의 예

순환 연결 리스트는 순환형, 즉 시작과 끝에 대한 특별한 개념이 없는 데이터셋에 대해 표준 연결 리스트보다 더 일반적인 모델을 제공한다. 그림 7.8은 그림 7.7과 동일한 순환 리스트를 더 대칭적인 구조로 그린 것이다.

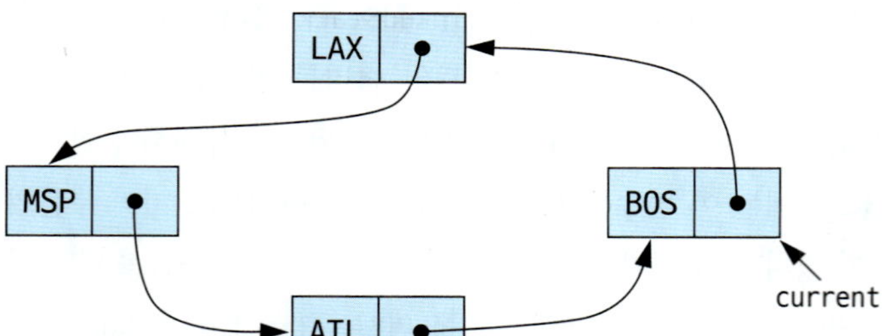

그림 7.8 순환 연결 리스트의 예(current는 선택된 노드에 대한 참조임)

그림 7.8과 유사한 원형 뷰를 사용하면, 예를 들어 시카고 루프[2]에서 기차가 정차하는 순서나 게임 중 플레이어가 교대로 이동하는 순서를 표현할 수 있다. 순환 연결 리스트에는 시작이나 끝이 없지만, 이와 같은 리스트를 사용하려면 특정 노드에 대한 참조가 지속적으로 업데이트되어야 한다. 여기서는 이를 위해 `current`라는 식별자를 사용한다. `current = current.next`와 같은 방식을 사용하면 리스트의 다음 노드로 효과적으로 이동할 수 있다.

7.2.1 라운드 로빈 스케줄러

순환 연결 리스트를 사용하도록 동기를 부여하기 위해, 순환 방식으로 원소를 모으고 주어진 작업을 반복 수행하는 **라운드 로빈 스케줄러**(round-robin scheduler)를 고려할 수 있다. 이러한 스케줄러는 여러 클라이언트가 공유하는 리소스를 공정하게 사용하도록 돕는다. 예를 들어 라운드 로빈 스케줄링은 컴퓨터에서 동시에 실행되는 여러 프로그램에 CPU 시간의 조각을 할당하는 데 자주 사용된다.

라운드 로빈 스케줄러는 일반 큐 ADT로 구현할 수 있다(그림 7.9 참고). 구체적으로는 큐 Q에서 다음 단계를 반복적으로 수행한다.

- $e = Q$.`dequeue()`
- 원소 e의 작업 수행
- Q.`enqueue(e)`

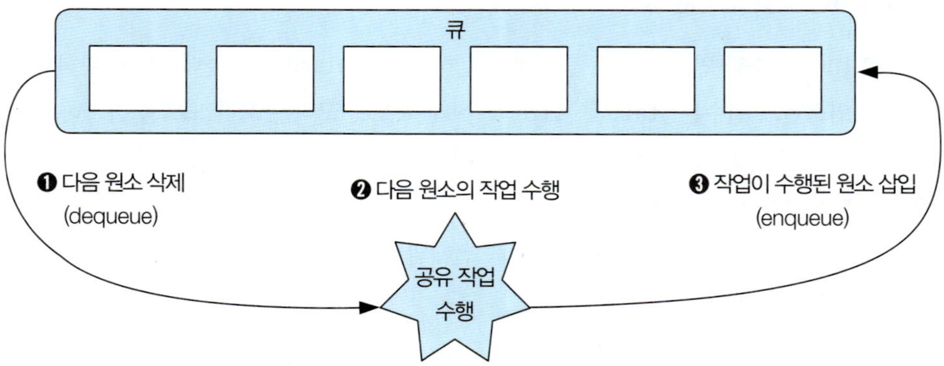

그림 7.9 큐를 사용하는 라운드 로빈 스케줄링의 세 가지 반복 단계

2 시카고 중심부에서 여러 노선의 열차가 지나가는 열차 순환 구간. 서울 지하철의 2호선을 떠올려 보자.

이와 같은 작업을 위해 7.1.2절의 `LinkedQueue` 클래스를 사용한다면, 특정 노드를 삭제(dequeue)했다가 다시 넣어야(enqueue) 하므로, 불필요한 작업들이 수행된다. 즉, 하나의 노드를 리스트에서 삭제하고, 리스트의 `head`를 적절히 조정하여 크기를 감소시키며, 새 노드를 생성한 후 리스트의 뒤쪽에 다시 삽입하므로 크기를 증가시켜야 한다.

순환 연결 리스트를 사용하는 경우 큐의 경계를 표시하는 참조를 전진시키기만 하면, 리스트의 머리에 있던 항목을 꼬리로 효과적으로 옮길 수 있다. 7.2.2절에서는 큐 ADT 전체를 지원하는 `CircularQueue` 클래스를 어떻게 구현하는지를 설명한다. 특히, 큐의 첫 번째 원소를 뒤로 이동시키는 `rotate` 메서드를 함께 구현할 것이다(비슷한 메서드가 파이썬 `collection` 모듈의 `deque` 클래스에서 지원됨. 표 6.4 참고). 이 연산을 사용하면 라운드 로빈 스케줄을 더 효율적으로 구현할 수 있다. 구체적인 사용 방법은 다음과 같다.

❶ Q.`front()`의 원소에 해당하는 작업 수행

❷ Q.`rotate()`

7.2.2 순환 연결 리스트를 이용한 큐 구현

순환 연결 리스트를 사용해 큐 ADT를 구현하기 위해 그림 7.7의 직관적인 그림을 참고해 보자. 큐에는 머리와 꼬리가 있으며, 꼬리의 다음 참조가 머리에 연결되어 있다. 하지만 사실 머리와 꼬리 모두에 대한 참조를 명시적으로 저장할 필요는 없다. 꼬리에 대한 참조만 있으면, 머리는 항상 꼬리의 다음에 있기 때문이다.

코드 7.9~7.10에서 순환 연결 리스트를 기반으로 하여 `CircularQueue` 클래스를 구현하였다. 이 클래스의 인스턴스 변수는 `_tail`과 `_size`의 두 개뿐으로, 꼬리는 꼬리 노드를 참조하고(큐가 비어 있는 경우에는 `None`), `_size`는 큐에 저장된 노드의 개수를 나타낸다. 큐의 앞쪽과 관련된 작업을 수행해야 하는 경우, `self._tail._next` 구문으로 큐의 머리를 찾아 사용할 수 있다. `enqueue`가 호출되면 새 노드는 꼬리 바로 뒤, 즉 현재의 머리 바로 앞에 배치된다. 그리고 새로 추가된 노드가 새로운 꼬리가 된다.

기존 큐 연산 외에도 `CircularQueue` 클래스는 앞쪽 원소를 삭제하고 큐의 뒤쪽에 다시 삽입하는 작업을 더 효율적으로 수행하는 `rotate` 메서드를 지원한다. 순환을 사용하고 있으므로, `self._tail = self._tail._next`와 같이 설정하면 이전 머리가 새 꼬리가 된다(이전 머리다음의 노드가 새 머리가 됨).

```
class CircularQueue:
    """순환 연결 리스트를 내부 저장소로 사용하여 큐를 구현한다."""

    class _Node:
        """단일 연결 노드를 저장하는 경량화된 비공개 클래스"""
        (LinkedStack._Node와 동일하므로 생략)

    def __init__(self):
        """빈 큐를 생성한다."""
        self._tail = None              # 큐의 tail
        self._size = 0                 # 큐의 원소 수

    def __len__(self):
        """큐의 원소 개수를 반환한다."""
        return self._size

    def is_empty(self):
        """큐가 비어 있으면 True를 반환한다."""
        return self._size == 0

    def first(self):
        """큐 맨 앞에 있는 원소를 반환(삭제하지 않음)한다.

        큐가 비어 있으면 Empty 예외를 발생시킨다.
        """
        if self.is_empty():
            raise Empty('Queue is empty')
        head = self._tail._next
        return head._element

    def dequeue(self):
        """큐의 첫 번째 원소를 삭제하고 반환한다(즉, FIFO).

        큐가 비어 있으면 Empty 예외를 발생시킨다.
        """
        if self.is_empty():
            raise Empty('Queue is empty')
        oldhead = self._tail._next
        if self._size == 1:                    # 유일한 원소를 삭제하면
            self._tail = None                  # 큐는 빈 상태가 됨
```

```
        else:
            self._tail._next = oldhead._next    # 이전 head를 넘어감(우회)
        self._size -= 1
        return oldhead._element

    def enqueue(self, e):
        """큐의 뒤에 원소를 추가한다."""
        newest = self._Node(e, None)            # 노드가 새로운 tail 노드가 됨
        if self.is_empty():
            newest._next = newest               # 순환적으로 초기화
        else:
            newest._next = self._tail._next     # 새 노드가 머리를 가리킴
            self._tail._next = newest           # 이전 꼬리가 새 노드를 가리킴
        self._tail = newest                     # 새 노드가 꼬리가 됨
        self._size += 1

    def rotate(self):
        """맨 앞의 원소를 큐의 뒤쪽으로 회전시킨다."""
        if self._size > 0:
            self._tail = self._tail._next       # 이전 머리가 새 꼬리가 됨
```

코드 7.9–7.10 순환 연결 리스트를 내부 저장소로 사용하는 CircularQueue 클래스의 구현

7.3 이중 연결 리스트

단일 연결 리스트에서 각 노드는 바로 다음에 있는 노드에 대한 참조를 가지고 있으며, 이와 같은 방식으로 참조를 사용하면 원소의 시퀀스를 관리할 때 유용하다. 하지만 이 방식의 구조적인 비대칭성은 연결 리스트를 활용하는 데 어려움을 초래한다. 7.1절의 앞부분에서 살펴본 바와 같이, 단일 연결 리스트의 양쪽 끝에 노드를 삽입하거나 앞에 있는 노드를 삭제하는 작업은 효율적으로 수행할 수 있지만, 리스트의 맨 뒤에 있는 노드는 효율적으로 삭제할 수 없다. 조금 더 일반적으로 말하면, 임의의 노드를 삭제할 때, 삭제하려고 하는 노드에 대한 참조만 주어진다면 해당 노드를 효율적으로 삭제할 수 없다. 노드를 삭제하려면 삭제할 노드 바로 앞에 있는 노드의 next 참조를 수정해야 하지만, 바로 앞에 있는 노드를 확인할 수 없기 때문이다.

대칭성을 높이기 위해, 이번 절에서는 각 노드가 앞 노드와 뒤 노드에 대한 명시적 참조를 가지는 연결 리스트를 정의한다. 이러한 구조를 **이중 연결 리스트**(doubly linked list)라고 한다. 이러한 리스트는 $O(1)$ 시간에 동작하는 다양한 업데이트 연산(임의 위치에서 삽입 및 삭제하기 등)을 사용할 수 있게 해준다. 이전 절들에서와 마찬가지로 'next'는 이후에 있는 노드를 가리키는 용어이며, 새롭게 사용되는 'prev'는 앞에 존재하는 노드를 가리키는 용어다.

헤더와 트레일러 센티널

이중 연결 리스트의 양쪽 끝에서 발생하는 몇 가지 특수한 경우를 피하려면, 리스트의 양쪽 끝에 센티넬 또는 가드라고 불리는 특수 더미 노드를 추가하는 것이 좋다. 리스트의 시작 부분에 있는 **센티널**(sentinels)은 **헤더**(header), 끝에 있는 센티널은 **트레일러**(trailer)라고 하자. 센티널은 시퀀스의 원소를 저장하지 않는다. 센티널을 사용하는 이중 연결 리스트는 그림 7.10과 같다.

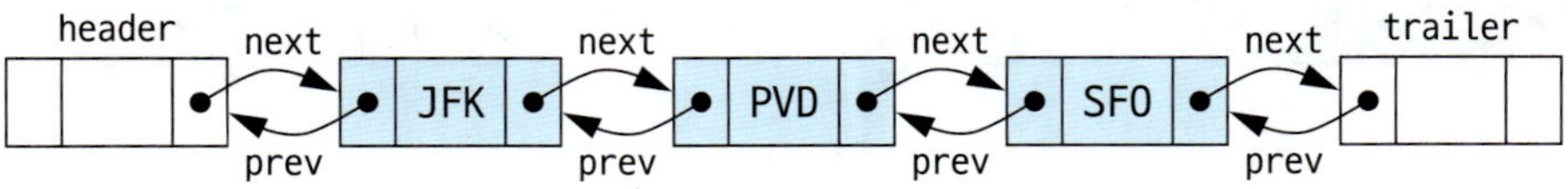

그림 7.10 리스트의 끝을 구분하기 위해 헤더와 트레일러 센티널을 사용하는 이중 연결 리스트(시퀀스 {JFK, PVD, SFO}를 나타냄)

센티널 노드를 사용할 때, 빈 리스트는 헤더의 `next` 필드가 트레일러를 가리키고 트레일러의 `prev` 필드가 헤더를 가리키도록 초기화된다. 센티널의 나머지 필드는 중요하지 않으며, 파이썬에서는 아마도 `None`이 될 것이다. 비어 있지 않은 리스트의 경우, 트레일러의 `prev`는 시퀀스의 마지막 원소가 포함된 노드를, 헤더의 `next`는 시퀀스의 첫 번째 원소가 포함된 노드를 참조한다.

센티널 사용의 이점

7.1절의 단일 연결 리스트에서처럼 센티널 노드 없이 이중 연결 리스트를 구현할 수도 있지만, 센티널에 공간을 조금 할애하면 작업 방식이 크게 단순화된다. 가장 주목할 만한 점은 헤더 노드와 트레일러 노드는 변경되지 않고 그 사이의 노드만 변경된다는 점이다. 또한 새 노드는 항상 두 개의 기존 노드 사이에 배치되기 때문에 모든 삽입을 통일된 방식으로 처리할 수 있다. 삭제 시에도 마찬가지다. 삭제하려는 원소가 저장된 노드는 항상 양쪽에 이웃이 있다.

7.1.2절의 `LinkedQueue` 구현을 다시 살펴보면, 이와 대조적인 상황임을 알 수 있다. 코드 7.8의 `enqueue` 메서드는 리스트 끝에 새 노드를 추가하는 기능을 하지만 빈 리스트에 삽입하는 특수한 경우를 관리하기 위해 조건문을 사용해야 했다. 일반적인 경우에는 새 노드가 기존의 꼬리 다음에 연결되었으나, 빈 리스트에 추가될 때는 꼬리가 존재하지 않으므로 새 노드를 참조하기

위해 self._head를 재할당해야 했다. 만약 여기에 센티널 노드를 사용한다면, 새 노드 앞에 항상 기존 노드(헤더)가 있기 때문에 별도로 처리해야 하는 특수한 경우는 발생하지 않는다.

이중 연결 리스트에서 삽입 및 삭제하기

이중 연결 리스트 표현에서 모든 삽입은 그림 7.11에 표시된 것처럼 기존 노드 쌍 사이에서 이루어진다. 예를 들어 시퀀스의 앞쪽에 새 원소가 삽입되면 헤더와 현재 헤더 뒤에 있는 노드 사이에 새 노드를 추가하기만 하면 된다(그림 7.12 참고).

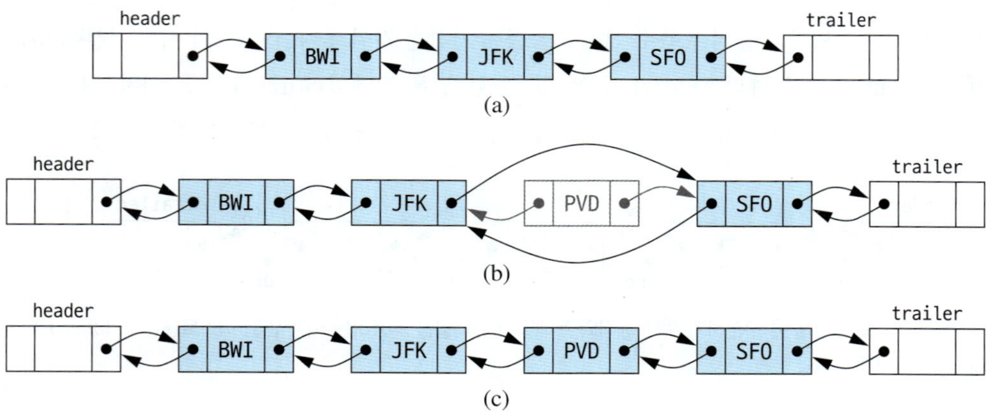

그림 7.11 헤더와 트레일러 센티널이 있는 이중 연결 리스트에 원소를 추가하는 과정. (a) 작업 전, (b) 새 노드를 생성한 후, (c) 이웃을 새 노드에 연결한 후

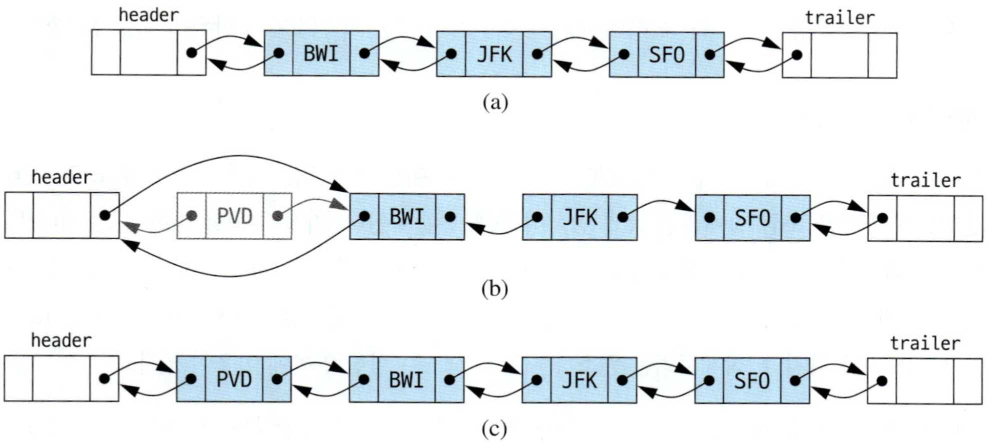

그림 7.12 헤더 및 트레일러 센티널이 있는 이중 연결 리스트 시퀀스의 앞쪽에 원소를 추가하는 과정. (a) 작업 전, (b) 새 노드를 생성한 후, (c) 이웃을 새 노드에 연결한 후

그림 7.13에 표시된 노드 삭제는 삽입과 반대되는 방식으로 진행된다. 삭제할 노드의 두 이웃 노드는 서로 직접 연결되어야 하므로, 원래 노드를 우회하여 연결시킨다. 그 결과, 해당 노드는 더 이상 리스트의 일부로 간주되지 않으며 시스템에 의해 다시 회수될 수 있다. 센티널을 사용하기 때문에, 시퀀스의 첫 번째 또는 마지막 원소를 삭제할 때에도 동일한 방식으로 구현될 수 있다. 이 경우에도, 삭제하려는 원소는 다른 두 원소 사이에 있는 노드에 저장되어 있기 때문이다.

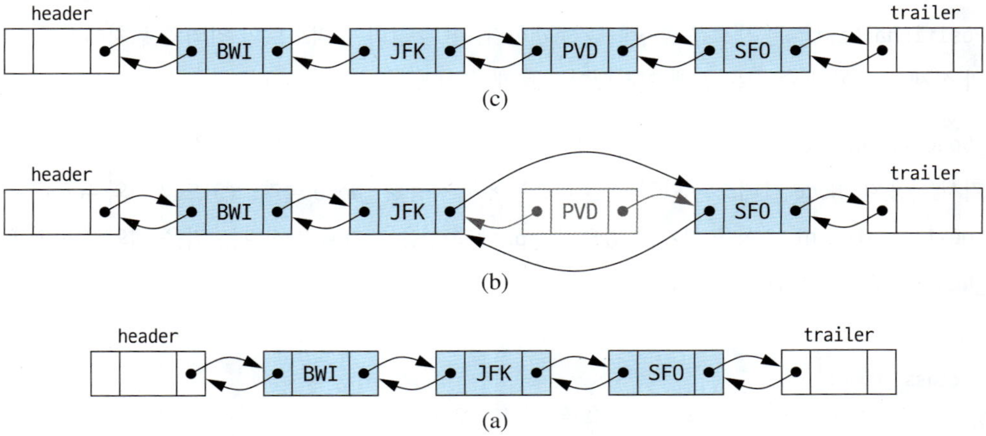

그림 7.13 이중 연결 리스트에서 원소(PVD)를 삭제하는 과정. (a) 삭제 전, (b) 이전 노드의 연결을 끊은 후, (c) 삭제 및 가비지 컬렉션을 적용한 후

7.3.1 이중 연결 리스트의 기본 구현

먼저 간단한 형태의 이중 연결 리스트를 구현해 보자. 이 리스트는 일반적인 용도로 설계되지 않았고 일관된 공개 인터페이스도 제공하지 않기 때문에, 클래스 이름 앞에 언더바(_)를 붙여 `_DoublyLinkedBase`라고 이름을 붙였다. 연결 리스트는 최악의 경우에도 $O(1)$ 시간에 일반적인 삽입과 삭제를 할 수 있다고는 하지만, 사실 연산을 수행할 위치를 간단히 식별할 수 있는 경우에만 $O(1)$ 시간이 소요된다. 배열 기반 시퀀스에서는 정수 인덱스를 사용해 시퀀스 내의 위치를 편리하게 알 수 있었다. 연결 리스트에서는 j번째 원소를 찾는 효율적인 방법이 없기 때문에, 배열 기반 시퀀스에서처럼 인덱스를 간편하게 사용할 수 없다. 따라서 원하는 원소를 찾으려면 리스트의 일부를 순회해야 할 것으로 예상된다.

연결 리스트로 작업할 때 연산이 이루어지는 위치를 명시하는 가장 직접적인 방법은 리스트의 노드를 식별하는 것이다. 하지만 이렇게 사용자가 리스트의 노드에 직접 접근하는 것을 허용하기보다는 자료구조의 내부 작업을 캡슐화하는 편이 더 낫다. 이 장의 나머지 부분에서는 좀 더 일관된 추상화를 제공하기 위해 `_DoublyLinkedBase` 클래스를 상속하는 두 개의 공용 클래스를 개발할 것이다. 두 클래스 중 하나는 6.3절에서 소개한 양방향 큐 ADT를 구현한 것으로 `LinkedDeque`라고 이름을 붙였다(7.3.2절). 이 클래스는 큐의 양 끝에서만 연산을 지원하므로 사용자가 리스트 내부에 있는 노드의 위치를 식별할 필요가 전혀 없다. 7.4절에서는 `PositionalList`라는 새로운 추상화를 소개한다. 이 추상화는 리스트의 임의의 위치에서 삽입과 삭제를 수행할 수 있는 공개 인터페이스를 제공한다.

`_DoublyLinkedBase` 클래스는 저수준에서 코드 7.11의 `_Node` 클래스를 활용해 구현되었다. 여기서 사용된 `_Node` 클래스는 단일 연결 리스트에서 사용된 `_Node` 클래스(코드 7.4)와 유사하게 `_next`와 `_element` 속성을 가지고 있으며, `_prev` 속성을 추가로 가진다는 점을 제외하면 기존 `_Node` 클래스와 매우 유사하다.

```
class _Node:
   """ 이중 연결 노드를 저장하는 경량화된 비공개 클래스"""
   __slots__ = '_element', '_prev', '_next'       # 메모리 경량화

   def __init__(self, element, prev, next):       # 노드 필드의 초기화
      self._element = element                     # 사용자의 원소
      self._prev = prev               # 이전 노드 참조
      self._next = next               # 다음 노드 참조
```

코드 7.11 이중 연결 리스트에 사용되는 _Node 클래스

`_DoublyLinkedBase` 클래스의 나머지 부분은 코드 7.12와 같다. 생성자는 두 개의 센티널 노드를 인스턴스화하고 두 노드를 서로 연결한다. `_size` 멤버는 지속적으로 업데이트되며, `__len__`과 `is_empty`를 공개 메서드로 지원하여 하위 클래스에서 직접 상속받을 수 있도록 하였다.

```
class _DoublyLinkedBase:
   """이중 연결 리스트를 제공하는 기반 클래스"""

   class _Node:
      """이중 연결 노드를 저장소로 사용하는 비공개 경량화 클래스"""
         (코드 7.11의 _Node 클래스와 같으므로 생략함)

```

```
    def __init__(self):
        """빈 리스트를 생성한다."""
        self._header = self._Node(None, None,None)
        self._trailer = self._Node(None, None, None)
        self._header._next = self._trailer              # 트레일러는 헤더의 _next
        self._trailer._prev = self._header              # 헤더는 트레일러의 _prev
        self._size = 0                                  # 원소의 개수

    def __len__(self):
        """리스트의 원소 개수를 반환한다."""
        return self._size

    def is_empty(self):
        """리스트가 비어 있으면 True를 반환한다."""
        return self._size == 0

    def _insert_between(self, e, predecessor, successor):
        """두 개의 노드 사이에 새로운 원소 e를 추가하고 새로운 노드를 반환한다."""
        newest = self._Node(e, predecessor, successor)  # 연결된 이웃들
        predecessor._next = newest
        successor._prev = newest
        self._size += 1
        return newest

    def _delete_node(self, node):
        """비센티널 노드를 리스트에서 삭제하고 해당 요소를 반환한다."""
        predecessor = node._prev
        successor = node._next
        predecessor._next = successor
        successor._prev = predecessor
        self._size -= 1
        element = node._element                            # 삭제된 원소 저장
        node._prev = node._next = node._element = None     # 노드를 사용하지 않도록 함
        return element                                     # 삭제된 원소 반환
```

코드 7.12 이중 연결 리스트를 관리하는 기반 클래스

클래스에 구현된 다른 두 메서드는 비공개 유틸리티인 _insert_between과 _delete_node다. 이들은 각각 일반적인 삽입과 삭제 기능을 제공하지만 매개변수로 하나 이상의 노드 참조를 필요로 한다. _insert_between 메서드의 구현은 앞서 그림 7.11에서 설명한 알고리즘을 모델로 한다. 이 알고리즘은 새 노드를 생성하고 해당 노드의 필드가 지정된 인접 노드들에 연결되도록

7.4 포지션 리스트 ADT

지금까지 살펴본 추상 데이터 타입(스택, 큐, 양방향 큐)은 시퀀스의 한쪽 또는 양쪽 끝에서만 데이터를 조작하는 작업을 수행할 수 있었다. 좀더 일반적인 방식의 추상화가 필요하다면 어떻게 해야 할까? 앞서 큐에서 FIFO 구조의 필요성을 얘기할 때, 고객 서비스 담당자와 통화하기 위해 대기 중인 고객 또는 공연 티켓을 구매하기 위해 줄을 서서 기다리는 팬들을 모델링 하는 등을 활용 예로 설명하긴 했지만, 사실 큐 ADT는 너무 제한적이다. 만약 대기 중인 고객이 고객 서비스 대기열의 맨 앞에 도착하기 전에 전화를 끊는다면 어떻게 될까? 또는 티켓을 사기 위해 줄을 서고 있는 사람이 친구를 불러 자신과 함께 줄을 서도록 한다면 어떻게 될까? 이번 절에서는 시퀀스의 어디서든 원소가 참조·삽입·삭제될 수 있는 추상 데이터 타입을 설계하고자 한다.

파이썬 리스트와 같은 배열 기반 시퀀스를 사용할 때 정수 인덱스는 원소의 위치나 삽입 또는 삭제가 수행되어야 하는 위치를 설명하는 데 탁월한 수단이지만, 연결 리스트 내의 위치를 설명하는 데는 적합하지 않다. 왜냐하면 연결 리스트에서 인덱스만으로는 항목에 효율적으로 접근할 수 없고, 연결 리스트 내에서 특정 인덱스의 원소를 찾으려면 시작 또는 끝에서 리스트를 점진적으로 검색하며 원소를 세어나가야 하기 때문이다.

또한 시퀀스의 앞쪽에서 삽입·삭제가 발생하는 경우, 시간이 지남에 따라 뒤쪽 항목의 인덱스가 변경된다. 이 때문에 인덱스가 항목의 위치를 설명하는 데 적합하지 않게 될 수도 있다. 예를 들어 줄을 서서 기다리는 어떤 사람의 위치를 설명할 때, 그 사람이 줄 앞쪽에서 정확하게 얼마나 멀리 떨어져 있는냐로 이야기하는 것은 그다지 편리한 방법이 아닐 수 있다. 이번 절에서 다루는 추상화는 다른 방법으로 위치를 설명할 수 있도록 설계할 것이며, 식별된(identified) 사람이 맨 앞에 도달하기 전에 줄을 떠나거나 식별된 사람 바로 뒤에 새로운 사람이 추가되는 경우 등을 모델링하고자 한다(그림 7.14 참고).

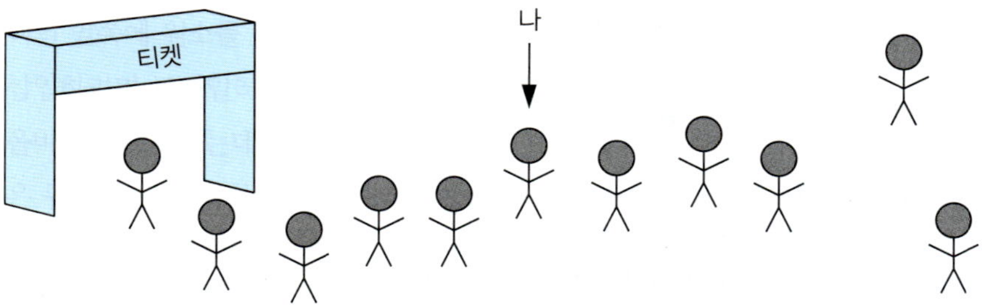

그림 7.14 정수 인덱스를 사용하지 않고 시퀀스에서 원소의 위치를 식별하는 방법을 찾아보자.

또 다른 예로, 텍스트 문서(일종의 긴 문자 시퀀스)를 생각해 보자. 워드 프로세서는 문서에서 위치를 나타내기 위해 **커서**(cursor) 추상화를 사용하는데, 정수 인덱스를 명시적으로 사용하지 않으면서 '커서 위치의 문자 삭제' 또는 '커서 바로 뒤에 새 문자 삽입'과 같은 작업을 수행한다. 또한 문서 내에 있는 본질적인(inherent) 위치(예 특정 섹션의 시작 위치)를 참조하는 것도 가능하다. 이와 같은 방식은, 문서가 변경되어 감에 따라 바뀔 수 있는 문자 인덱스(character index)나 섹션 번호에 의존하는 방식과 다르다.

노드 참조를 위치로 사용할 수 있을까?

연결 리스트의 가장 큰 장점 중 하나는 작업이 필요한 노드에 대한 참조가 주어지기만 한다면, 리스트의 임의의 위치에서 $O(1)$ 시간에 삽입과 삭제를 수행할 수 있다는 점이다. 따라서 ADT 설계를 할 때 노드 참조를 사용해 위치를 나타내도록 하는 것은 매우 매력적인 방법이다. 7.3.1절의 `_DoublyLinkedBase` 클래스에서도 노드 참조를 매개변수로 받아들이는 `_insert_between` 및 `_delete_node` 메서드를 구현하였다.

하지만 노드를 직접 사용하는 것은 2장에서 소개한 객체 지향 설계 원칙인 추상화와 캡슐화에 위배된다. 연결 리스트의 노드를 캡슐화하는 것을 선호하는 데는 여러 가지 이유가 있는데, 캡슐화는 설계자를 위한 것이기도 하지만 설계된 추상화를 사용하는 사람들을 위한 것이기도 하다.

- 설계된 자료구조를 사용하는 사람들의 경우, 노드의 저수준(low-level) 조작이나 센티널의 사용 등과 같은 구현 세부 사항에 신경 쓸 필요가 없다면, 더 쉽게 자료구조를 사용할 수 있을 것이다. (`_DoublyLinkedBase` 클래스의 `_insert_between` 메서드를 사용해 시퀀스의 시작 부분에 노드를 추가하려면 헤더 센티널을 매개변수로 전송해야 한다는 점에 주목하기 바란다.)
- 사용자가 노드에 직접 접근하거나 조작할 수 없도록 하면 더욱 견고한 자료구조를 만들 수 있다. 이렇게 하면, 사용자의 잘못에 의해 노드 연결이 잘못되거나 리스트의 일관성이 깨지는 것도 방지할 수 있다. 만약 사용자가 `_DoublyLinkedBase` 클래스의 `_insert_between` 또는 `_delete_node` 메서드를 호출할 때 주어진 리스트에 속하지 않는 노드를 매개변수로 전송하는 경우 더 미묘한 문제가 발생한다(해당 코드를 다시 살펴보고 왜 문제가 발생하는지 확인해 보라!).
- 내부 구현의 세부 사항을 더 잘 캡슐화하면, 유연성이 높아져 자료구조를 재설계하고 성능을 개선하기 쉬워진다. 실제로 잘 설계된 추상화를 활용하면, 배열 기반 시퀀스를 사용하더라도 숫자가 아닌 위치 개념을 제공할 수 있다.

이러한 이유로, 이번에는 노드에 직접 접근하지 않고 리스트 내 원소의 위치를 나타내는 독립적 **포지션**(position)의 추상화를 설계한다. 또한 이중 연결 리스트(또는 배열 기반 시퀀스, 연습문제 P-7.46 참고)를 캡슐화하는 포지션 리스트 ADT를 구현한다.

7.4.1 포지션 리스트 ADT

원소의 위치를 식별할 수 있는 원소 시퀀스의 일반적인 추상화를 제공하기 위해 **포지션 리스트**(position list) **ADT**와, 리스트 내의 위치를 설명하는 간단한 포지션 추상 데이터 타입을 정의한다. 포지션은 포지션 리스트 내에서 마커 또는 토큰 역할을 한다. 포지션 p는 리스트에 있는 다른 포지션의 변경에 영향을 받지 않으며, 포지션이 더 이상 유효하지 않게 되는 유일한 상황은 명시적인 삭제 명령이 실행되는 경우다.

포지션 인스턴스는 매우 간단한 객체로, 다음과 같이 단 하나의 메서드만 가지고 있다.

- **`p.element()`**: 포지션 p에 저장된 원소를 반환한다.

포지션 리스트 ADT의 관점에서, 포지션은 일부 메서드의 매개변수로 사용되거나, 반환값 역할을 한다. 리스트 L이 지원하는 접근자 메서드에서부터 포지션 리스트의 동작 설명을 시작해보자.

- **`L.first()`**: 첫 번째 원소의 포지션을 반환한다. L이 비어 있으면 None을 반환한다.
- **`L.last()`**: 마지막 원소의 포지션을 반환한다. L이 비어 있으면 None을 반환한다.
- **`L.before(p)`**: 포지션 p의 바로 앞에 위치한 포지션을 반환한다. p가 첫 번째 위치인 경우 None을 반환한다.
- **`L.after(p)`**: 포지션 p의 바로 뒤에 위치한 포지션을 반환한다. p가 마지막 위치인 경우 None을 반환한다.
- **`L.is_empty()`**: 리스트 L에 원소가 없는 경우 True를 반환한다.
- **`len(L)`**: 리스트에 있는 원소의 수를 반환한다.
- **`iter(L)`**: 리스트의 원소에 대한 순방향 이터레이터를 반환한다(파이썬의 이터레이터에 대한 설명은 1.8절 참고).

포지션 리스트 ADT에는 다음과 같은 업데이트 메서드도 포함되어 있다.

- **L.add_first(e)**: L의 앞쪽에 새 원소 e를 삽입하고, 새 원소의 위치를 반환한다.
- **L.add_last(e)**: L의 뒤쪽에 새 원소 e를 삽입하고, 새 원소의 위치를 반환한다.
- **L.add_before(p, e)**: 포지션 p의 바로 앞에 새 원소 e를 삽입하고, 새 원소의 포지션을 반환한다.
- **L.add_after(p, e)**: 포지션 p의 바로 뒤에 새 원소 e를 삽입하고, 새 원소의 포지션을 반환한다.
- **L.replace(p, e)**: 포지션 p에 있는 원소를 e로 바꾸고, 포지션 p에 있던 이전 원소를 반환한다.
- **L.delete(p)**: 포지션 p에 있는 원소를 삭제하고 반환하여 포지션을 무효화한다.

포지션 p를 매개변수로 허용하는 ADT 메서드의 경우, 포지션 p가 리스트 L에서 유효하지 않다면 오류가 발생한다.

포지션 리스트 ADT의 first()와 last() 메서드는 원소가 아니라 포지션을 반환한다는 점에 주목하자. (이는 덱 ADT의 first 및 last 메서드와는 대조적이다.) 포지션 리스트의 첫 번째 원소는 L.first().element()와 같이 해당 위치에 대한 element 메서드를 후속적으로 호출하여 확인할 수 있다. 포지션을 반환값으로 받으면 해당 포지션를 사용해 리스트를 검색할 수 있다는 이점이 있다. 예를 들어 다음 코드는 data로 이름 붙여진 포지션 리스트의 모든 원소를 출력한다.

```
cursor = data.first()
while cursor is not None:
   print(cursor.element())         # 포지션에 저장된 원소 출력
   cursor = data.after(cursor)     # (다음 포지션이 있다면) 다음 포지션으로 전진
```

이 코드는 after 메서드가 리스트의 끝에서 호출될 때는 None 객체가 반환되는 규칙(함수에서 명시하였음)을 활용한 것이다. 이 반환값(None)은 다른 모든 일반적인 위치와 명확하게 구분된다. 리스트의 맨 앞에서 before 메서드가 호출되거나 빈 리스트에서 first 또는 last 메서드가 호출될 때에도 마찬가지로 None 값이 반환된다(포지션 리스트의 ADT에 명시되어 있음). 따라서 위의 코드는 리스트(data)가 비어 있는 경우에도 올바르게 작동한다.

ADT는 파이썬의 iter 함수를 지원하므로, 사용자가 리스트(data)를 순방향으로 검색할 때 기존 for 루프를 다음과 같이 사용할 수 있다.

```
for e in data:
    print(e)
```

포지션 리스트 ADT의 일반적인 검색 및 업데이트 메서드는 다음 예제와 같다.

예제 7.1 다음 표는 빈 상태로 초기화된 포지션 리스트 L에 대한 일련의 연산을 보여준다. 포지션 인스턴스를 식별하기 위해 p, q와 같은 변수를 사용한다. 리스트 내용을 상세히 설명하기 위해, 내용을 표시할 때는 아래 첨자 표기법을 사용해 포지션을 함께 표시한다.

연산	반환값	L
L.add_last(8)	p	8_p
L.first()	p	8_p
L.add_after(p, 5)	q	8_p, 5_q
L.before(q)	p	8_p, 5_q
L.add_before(q, 3)	r	8_p, 3_r, 5_q
r.element()	3	8_p, 3_r, 5_q
L.after(p)	r	8_p, 3_r, 5_q
L.before(p)	None	8_p, 3_r, 5_q
L.add_first(9)	s	9_s, 8_p, 3_r, 5_q
L.delete(L.last())	5	9_s, 8_p, 3_r
L.replace(p, 7)	8	9_s, 7_p, 3_r

7.4.2 이중 연결 리스트의 구현

여기서는 이중 연결 리스트를 사용하는 PositionalList 클래스를 구현한다. 구현된 ADT는 다음과 같은 중요한 명제를 만족시키도록 설계되었다.

명제 7.2 이중 연결 리스트로 구현된 포지션 리스트 ADT의 각 메서드는 최악의 경우에도 $O(1)$ 시간으로 실행된다. ■

새 클래스의 주된 역할은 포지션 리스트 ADT에 따라 공개 인터페이스를 제공하는 것이며, 저수준 표현은 7.3.1절의 _DoublyLinkedBase 클래스를 활용한다. 코드 7.14에서 PositoinalList 클래스의 가장 첫 부분은 공개로 지정된 Position 클래스를 정의한 것이며, Position 클래스는 PositionalList 클래스에 중첩된 형태로 정의되었다. Position 인스턴스는 리스트 원소의 위치를 나타내는 데 사용된다. PositionalList 클래스의 다양한 메서드는 동일한 노드를 참조하는 포지션 인스턴스를 여러 개 생성할 수 있다(예 리스트에 원소가 하나만 존재할 때, first와 last 메서드는 동일한 노드를 참조함). 이러한 이유로 Position 클래스에서는 __eq__, __ne__와 같은 특수 메서드를 재정의하고, 두 포지션이 같은 노드를 참조할 경우 p == q와 같은 테스트에서 True로 평가되도록 한다.

포지션 검증

PositionalList 클래스의 메서드가 포지션을 매개변수로 받을 때마다 포지션과 해당 포지션에 위치한 노드가 유효한지 확인하고자 한다. 이 기능은 _validate라는 비공개 메서드로 구현된다. 내부적으로 포지션은 연결 리스트의 노드에 대한 참조와 해당 노드를 포함하는 리스트 인스턴스에 대한 참조를 유지한다. 컨테이너(해당 노드를 포함하는 리스트) 참조를 사용하면, 지정된 리스트에 속하지 않는 포지션 인스턴스가 전달되었을 때 이를 강력하게 감지할 수 있다.

또한 이전에 리스트에 포함되어 있었지만 더 이상 리스트에 포함되지 않는 노드를 참조하는 포지션 인스턴스도 감지할 수 있다. 기반 클래스의 _delete_node는 삭제된 노드의 이전 참조와 다음 참조를 None으로 설정하므로, 이 조건을 활용해 더 이상 사용되지 않는 노드를 감지할 수 있다는 점을 기억하기 바란다.

접근자 메서드와 업데이트 메서드

PositionalList 클래스의 접근자 메서드는 코드 7.15, 업데이트 메서드는 코드 7.16과 같다. 이 모든 메서드는 포지션 리스트 ADT의 공개 인터페이스를 지원하기 위해 이중 연결 리스트의 기본적인 구현을 간단히 조정한다. 이 메서드들은 전송받은 포지션의 내부를 열어서 보기 위해 _validate 유틸리티를 활용한다. 또한 특정 노드를 포지션 인스턴스로 묶어서 보내기 위해 _make_position 유틸리티를 활용한다. 이 유틸리티를 활용함으로써, 센티널을 참조하는 포지션이 만들어지는 것을 방지할 수 있다. 추가로, 상속받은 _insert_between 유틸리티 메서드를 재정의하여 편의성을 높이고자 하였다. 이 메서드에서는 새로 생성된 노드의 포지션을 반환한다(원래 버전은 노드 자체를 반환함).

```python
class PositionalList(_DoublyLinkedBase):
    """포지션 접근을 허용하는 시퀀스 컨테이너"""

    #-------------------------- 중첩된 Position 클래스 --------------------------
    class Position:
        """단일 원소의 위치(포지션)를 나타내는 추상화"""

        def __init__(self, container, node):
            """사용자가 생성자를 호출해서는 안 된다."""
            self._container = container
            self._node = node

        def element(self):
            """이 포지션에 저장된 원소를 반환한다."""
            return self._node._element

        def __eq__(self, other):
            """other가 같은 포지션을 가리키고 있다면 True를 반환한다."""
            return type(other) is type(self) and other._node is self._node

        def __ne__(self, other):
            """other가 다른 포지션을 가리키고 있다면 True를 반환한다."""
            return not (self == other)   # __eq__ 메서드의 반대 역할

    #------------------------------- 유틸리티 메서드-------------------------------
    def _validate(self, p):
        """포지션의 노드를 반환한다. 유효하지 않은 포지션이라면 적절한 오류를 발생시킨다."""
        if not isinstance(p, self.Position):
            raise TypeError('p must be proper Position type')
        if p._container is not self:
            raise ValueError('p does not belong to this container')
        if p._node._next is None:                  # 사용되지 않는 노드에 대한 규칙
            raise ValueError('p is no longer valid')
        return p._node

    def _make_position(self, node):
        """주어진 노드에 대한 포지션 인스턴스를 반환한다(센티널인 경우 None)."""
        if node is self._header or node is self._trailer:
            return None                            # 경계 위반
        else:
            return self.Position(self, node)       # 합법적 위치

```

```python
    #------------------------------- 접근자 -------------------------------
    def first(self):
        """리스트의 첫 번째 포지션을 반환한다(리스트가 비어 있으면 None)."""
        return self._make_position(self._header._next)

    def last(self):
        """리스트의 마지막 포지션을 반환한다(리스트가 비어 있으면 None)."""
        return self._make_position(self._trailer._prev)

    def before(self, p):
        """p 바로 앞에 있는 포지션을 반환한다(p가 첫 번째 노드라면 None)."""
        node = self._validate(p)
        return self._make_position(node._prev)

    def after(self, p):
        """p 바로 뒤에 있는 포지션을 반환한다(p가 마지막 노드라면 None)."""
        node = self._validate(p)
        return self._make_position(node._next)

    def __iter__(self):
        """리스트 원소의 순방향 이터레이션을 생성한다."""
        cursor = self.first()
        while cursor is not None:
            yield cursor.element()
            cursor = self.after(cursor)

    #------------------------ 업데이트 메서드 ------------------------
    # 노드 대신 포지션을 반환할 수 있도록 상속받은 버전을 재정의함
    def _insert_between(self, e, predecessor, successor):
        """기존 노드 사이에 원소를 추가하고 새 포지션을 반환한다."""
        node = super()._insert_between(e, predecessor, successor)
        return self._make_position(node)

    def add_first(self, e):
        """리스트의 앞쪽에 원소 e를 삽입하고 새 포지션을 반환한다."""
        return self._insert_between(e, self._header, self._header._next)

    def add_last(self, e):
        """리스트의 뒤쪽에 원소 e를 삽입하고 새 포지션을 반환한다."""
        return self._insert_between(e, self._trailer._prev, self._trailer)
```

```
def add_before(self, p, e):
    """포지션 p의 바로 앞에 원소 e를 삽입하고 새 포지션을 반환한다."""
    original = self._validate(p)
    return self._insert_between(e, original._prev, original)

def add_after(self, p, e):
    """포지션 p의 바로 뒤에 원소 e를 삽입하고 새 포지션을 반환한다."""
    original = self._validate(p)
    return self._insert_between(e, original, original._next)

def delete(self, p):
    """포지션 p에 있는 원소를 리스트에서 삭제하고 반환한다."""
    original = self._validate(p)
    return self._delete_node(original)    # 상속받은 메서드가 원소를 반환함

def replace(self, p, e):
    """포지션 p의 원소를 e로 바꾼다.

    이전에 포지션 p에 있던 원소를 반환한다.
    """
    original = self._validate(p)
    old_value = original._element         # 원소 임시 저장
    original._element = e                 # 새 원소로 바꾸기
    return old_value                      # 이전 원소 값 반환
```

코드 7.14–7.16 이중 연결 리스트에 기반한 PositionalList 클래스

7.5 포지션 리스트의 정렬

5.5.2절에서는 배열 기반 시퀀스의 맥락에서 **삽입 정렬** 알고리즘을 소개했다. 이 절에서는 삽입 정렬이 PositionalList에서 동작하도록 구현한다. 삽입 정렬 알고리즘은 사전에 정렬된 원소들의 컬렉션을 사용해 새로운 원소의 위치를 지정하는 방식으로 동작한다.

리스트의 정렬된 부분 중, 가장 오른쪽 원소의 포지션을 나타내는 변수를 만들고 marker라고 하자. marker 바로 뒤의 포지션을 pivot이라고 하고, pivot의 원소가 정렬된 부분 중 어디에 속하는지를 찾아야 한다. 새로운 변수 walk는 marker에서 시작하여 왼쪽으로 이동한다. walk의 이동은 pivot보다 더 큰 값이 남아 있는 동안 계속 반복된다.

각 변수의 구성을 그림 7.15에 도식화하였으며, 이 전략의 파이썬 구현은 코드 7.17과 같다.

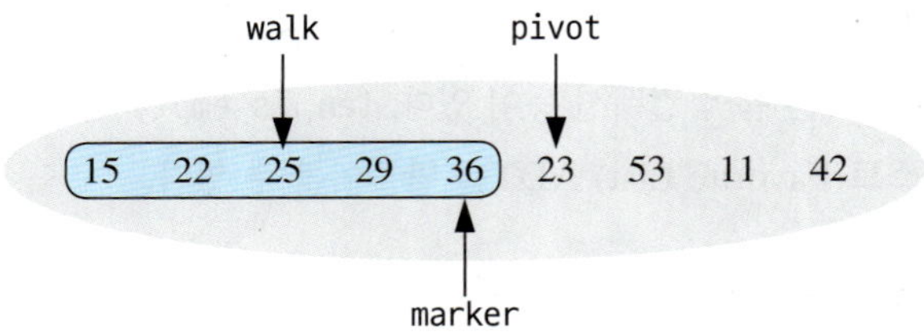

그림 7.15 삽입 정렬 알고리즘을 수행 중인 상태. 별색으로 묶인 원소들(marker까지 포함)은 이미 정렬되어 있다. 현 단계에서 pivot 원소는 walk 바로 앞에 재배치해야 한다.

```
def insertion_sort(L):
  """비교 가능한 원소들로 구성된 포지션 리스트를 오름차순으로 정렬한다."""
  if len(L) > 1:                          # 그렇지 않다면, 정렬할 필요가 없음
    marker = L.first()
    while marker != L.last():
      pivot = L.after(marker)             # 배치할 다음 항목
      value = pivot.element()
      if value > marker.element():        # pivot은 이미 정렬됨
        marker = pivot                    # pivot이 새로운 marker가 됨
      else:                               # pivot을 재배치해야 함
        walk = marker                     # 값보다 큰 가장 왼쪽 항목 찾기
        while walk != L.first() and L.before(walk).element() > value:
          walk = L.before(walk)
        L.delete(pivot)
        L.add_before(walk, value)         # walk 앞에 값 삽입
```

코드 7.17 포지션 리스트에서 동작하는 삽입 정렬 코드

7.6 사례 연구: 접근 빈도 관리

포지션 리스트 ADT는 여러 상황에서 유용하게 사용될 수 있다. 예를 들어 카드 게임 프로그램에서 각 사람의 패를 포지션 리스트로 모델링하는 경우를 생각해 보자(연습 문제 P-7.47). 대부분의 사람들은 같은 패의 카드를 함께 보관하기 때문에, 어떤 사람의 패에 카드를 삽입하고 삭제하는 것은 포지션 리스트 ADT의 메서드를 사용해 구현할 수 있으며, 포지션은 패의 자연스러운 순서에 따라 결정된다. 마찬가지로 간단한 텍스트 편집기에는 포지션의 삽입 및 삭제 개념이 포함되어 있는데, 이러한 편집기는 일반적으로 커서를 기준으로 모든 업데이트를 수행한다. 커서가 편집 중인 텍스트 문자 리스트에서 현재의 위치, 즉 포지션을 나타내기 때문이다.

이 절에서는 각 원소의 접근 횟수를 추적하면서 원소들의 컬렉션을 유지 관리하는 방법을 살펴본다. 각 원소에 대한 접근 정보(횟수)를 지속적으로 업데이트하면 가장 인기 원소를 알 수 있다. 이러한 예로 사용자가 가장 많이 접근한 URL을 추적하는 웹 브라우저, 사용자가 가장 자주 재생한 노래 리스트를 지속적으로 업데이트하는 음악 컬렉션 등이 있다. `len`, `is_empty` 메서드와 다음 메서드를 지원하는 **즐겨찾기 리스트**(Favorite List) ADT를 만들어볼 수 있다.

- `access(e)`: 원소 e에 접근하여 접근 횟수를 증가시키고, 아직 없는 경우 즐겨찾기 리스트에 e를 추가한다.
- `remove(e)`: 즐겨찾기 리스트에 원소 e가 있는 경우 e를 삭제한다.
- `top(k)`: 가장 많이 접근한 k개 원소의 이터레이션을 반환한다.

7.6.1 정렬된 리스트의 사용

즐겨찾기 리스트를 구현하는 첫 번째 방법은 연결 리스트에 저장되는 요소가 접근 횟수를 기준으로 내림차순으로 유지되게 하는 것이다. 이렇게 구현해 두고 가장 자주 접근한 요소부터 가장 자주 접근하지 않은 요소까지 리스트를 검색하여 원소에 접근하거나 삭제한다. 가장 많이 접근한 상위 k개의 요소는 리스트의 첫 번째 k개 항목이므로 쉽게 찾을 수 있다.

'요소는 접근 횟수에 따라 내림차순으로 정렬되어 저장된다는 성질'이 유지되도록 하려면, 각각의 단일 접근 작업이 순서에 어떤 영향을 미칠 수 있는지 고려해야 한다. 접근이 발생할 때마다 해당 요소의 카운트(count)가 1씩 증가하여, 앞에 있는 요소보다 커져 불변성을 위반하게 될 가능성이 존재하기 때문이다.

다행히 이전 절에서 소개한 삽입 정렬 알고리즘의 각 반복 회차에서 사용된 것과 유사한 방법을 사용하면 정렬된 리스트를 다시 설정할 수 있다. 접근 횟수가 증가한 요소의 포지션에서 시작해 해당 원소가 재배치되어야 하는 포지션을 찾을 때까지 리스트를 역순으로 검색하면 된다.

컴포지션 패턴 사용하기

`PositionalList`를 내부 저장소로 사용해 즐겨찾기 리스트를 구현해 보자. 포지션 리스트의 원소가 단순히 즐겨찾기 리스트의 원소만으로 이루어져 있다면, 각 원소와 접근 횟수(count)를 올바르게 연동시키면서 접근 횟수를 업데이트하고 리스트를 재정렬하는 것은 매우 어렵다. 이를 해결하기 위해 객체 지향 설계 방식으로 널리 사용되는 **컴포지션 패턴**(composition pattern)을 사용해 두 개 이상의 다른 객체로 구성된 단일 객체를 정의한다. 구체적으로, 원소와 해당 원소의 접근 횟수를 단일 인스턴스로 저장하는 비공개 중첩 클래스인 `_Item`을 정의한다. 그런 다음, 즐겨찾기 리스트를 `_Item` 인스턴스를 사용하는 `PositionalList`로 만들어, 원소에 대한 사용자 접근 횟수가 함께 포함되어 표현되도록 한다(`_Item`은 즐겨찾기 리스트의 사용자에게 노출되지 않음).

```
class FavoritesList:
"""가장 자주 접근하는 원소부터 가장 적게 접근하는 원소까지 정렬된 리스트"""

#------------------------------ 중첩된 _Item 클래스 ------------------------------
class _Item:
   __slots__ = '_value', '_count'               # 메모리 사용량 간소화
   def __init__(self, e):
      self._value = e                           # 사용자 원소
      self._count = 0                           # 접근 카운트 초기 0

#------------------------------ 비공개 유틸리티 ------------------------------
def _find_position(self, e):
   """원소 e를 검색하고 해당 포지션을 반환한다(찾을 수 없는 경우 None)."""
   walk = self._data.first()
   while walk is not None and walk.element()._value != e:
      walk = self._data.after(walk)
   return walk

def _move_up(self, p):
   """p에 있는 항목을 접근 횟수에 따라 리스트의 앞쪽으로 이동시킨다."""
   if p != self._data.first():                  # 이동 고려...
      cnt = p.element()._count
      walk = self._data.before(p)
```

```
            if cnt > walk.element()._count:       # 앞으로 이동해야 함
                while (walk != self._data.first() and
                    cnt > self._data.before(walk).element()._count):
                    walk = self._data.before(walk)
                self._data.add_before(walk, self._data.delete(p))     # 삭제/재삽입

    #------------------------------ 공개 메서드 ------------------------------
    def __init__(self):
        """빈 즐겨찾기 리스트를 생성한다."""
        self._data = PositionalList()                  # 항목 인스턴스의 리스트가 됨

    def __len__(self):
        """즐겨찾기 리스트에 있는 항목 수를 반환한다."""
        return len(self._data)

    def is_empty(self):
        """리스트가 비어 있으면 True를 반환한다."""
        return len(self._data) == 0

    def access(self, e):
        """원소 e에 접근하고 접근 횟수를 늘린다."""
        p = self._find_position(e)                     # 원소의 포지션(존재한다면) 찾기
        if p is None:
            p = self._data.add_last(self._Item(e))     # 새 항목이면 마지막에 배치
        p.element()._count += 1                        # 카운트를 증가시킴(항상)
        self._move_up(p)                               # 앞으로 이동시키는 것 고려

    def remove(self, e):
        """즐겨찾기 리스트에서 원소 e를 제거한다."""
        p = self._find_position(e)                     # 원소의 포지션(존재한다면) 찾기
        if p is not None:
            self._data.delete(p)                       # 발견되면 삭제

    def top(self, k):
        """접근 횟수 기준으로 상위 k개의 원소를 사용하여 시퀀스를 만든다."""
        if not 1 <= k <= len(self):
            raise ValueError('Illegal value for k')
        walk = self._data.first()
        for j in range(k):
            item = walk.element()                      # 리스트의 원소는 _Item
            yield item._value                          # 사용자의 원소를 보고(report)함
            walk = self._data.after(walk)
```

코드 7.18-19 FavoritesList 클래스

7.6.2 전진 이동 휴리스틱과 리스트의 사용

7.6.1절에서 구현한 즐겨찾기 리스트는 e의 인덱스에 비례하는 시간으로 access(e) 메서드를 수행한다. 즉, 즐겨찾기 리스트에서 e가 k번째로 가장 인기 있는 원소인 경우, 이 원소에 접근하는 데는 $O(k)$ 시간이 걸린다. 실생활에서도 접근 시퀀스(예 사용자가 방문한 웹 페이지)의 특정 원소에 사용자가 한 번 이상 접근했다면, 가까운 시일 내에 다시 접근할 가능성이 높다. 이러한 시나리오를 참조의 지역성이라고 한다. 접근 시퀀스에 나타나는 참조의 지역성은 휴리스틱(경험 법칙)에 활용될 수 있으며, 이렇게 만들어진 휴리스틱을 **전진 이동 휴리스틱**(move-to-front heuristic)이라고 한다.

이 휴리스틱은 원소에 접근이 이루어질 때마다 해당 원소를 리스트의 맨 앞까지 이동시키는 것이다. 이 방법을 사용하는 이유는 가까운 시일 내에 이 원소가 다시 접근될 것이라고 기대하고 있기 때문이다. 예를 들어 어떤 리스트에 n개의 원소가 있을 때, n^2번의 일련의 접근이 다음과 같이 이루어지는 시나리오를 생각해 보자.

- 원소 1이 n번 접근됨
- 원소 2가 n번 접근됨
- …
- 원소 n이 n번 접근됨

각 원소가 처음 접근될 때 해당 원소를 삽입하고, 원소들을 접근 횟수에 따라 정렬한다면,[3]

- 원소 1에 대한 각 접근은 $O(1)$ 시간에 실행된다.
- 원소 2에 대한 각 접근은 $O(2)$ 시간에 실행된다.
- …
- 원소 n에 대한 각 접근은 $O(n)$ 시간에 실행된다.

따라서 일련의 접근을 수행하는 데 걸리는 총 시간은 다음 식과 비례하며, 결과적으로 $O(n^3)$이 된다.

$$n + 2n + 3n + \cdots + n \cdot n = n(1 + 2 + 3 + \cdots + n) = n \cdot \frac{n(n+1)}{2}$$

반면, 각 원소가 처음 접근될 때 해당 원소를 삽입하고 전진 이동 휴리스틱을 사용한다면, 각 원소를 삽입하는 데 다음과 같은 작업이 수행된다.

---

3 7.6.1절에서 사용한 방법이다.

- 원소 1에 대한 각 후속 접근에는 $O(1)$ 시간이 걸린다.
- 원소 2에 대한 각 후속 접근에는 $O(1)$ 시간이 걸린다.
- …
- 원소 n에 대한 각 후속 접근에는 $O(1)$ 시간에 실행된다.

따라서 이 경우 모든 접근을 수행하는 데 걸리는 시간은 $O(n^2)$이다. 따라서 이 시나리오에서는 전진 이동 휴리스틱이 더 빠른 접근 시간을 보인다. 하지만 전진 이동 접근 방법은 단지 하나의 휴리스틱일 뿐이다. 즐겨찾기 리스트를 단순히 접근 횟수별로 정렬할 때보다 전진 이동 방식을 사용했을 때 속도가 느린 경우도 있기 때문이다.

전진 이동 휴리스틱에서의 트레이드 오프

즐겨찾기 리스트의 원소를 접근 횟수에 따라 정렬하지 않는 경우, 가장 많이 접근한 k개의 원소를 찾으라는 요청을 받으면 해당 원소를 검색해야 한다. 다음과 같이 `top(`k`)` 메서드를 구현할 수 있다.

❶ 즐겨찾기 리스트의 모든 항목을 `temp`라는 이름의 다른 리스트에 복사한다.

❷ `temp` 리스트를 k번 스캔한다. 각 스캔에서 접근 횟수가 가장 많은 항목을 찾아 `temp` 리스트에서 해당 항목을 삭제하고, 삭제된 항목을 결과로 보고한다.

이 `top` 메서드의 구현은 $O(kn)$ 시간이 걸린다. 따라서 k가 상수인 경우 `top` 메서드는 $O(n)$ 시간 안에 실행된다. 예를 들어 상위 10개의 리스트를 얻고자 하는 경우가 이에 해당한다. 하지만 k가 n에 비례하면 `top` 메서드는 $O(n^2)$ 시간에 실행된다. 예를 들어 상위 25%의 리스트를 원할 때 이런 문제가 발생한다.

9장에서는 `top` 메서드를 $O(n + k \log n)$ 시간에 동작하도록 구현하는 자료구조를 소개할 것이며(연습 문제 P-9.54 참고), 이를 위해 더 발전된 고급 기술을 사용할 것이다.

상위 k개 원소를 찾기에 앞서 표준 정렬 알고리즘을 사용해 임시 리스트를 재정렬하면 $O(n \log n)$ 시간은 쉽게 달성할 수 있다(12장 참고). k가 $\Omega(\log n)$인 경우, 이 접근 방식이 앞에 제시한 원래 방식보다 선호될 것이다(알고리즘의 수행 시간에 대한 점근적 하한을 제공하기 위해 3.3.1절에서 소개한 빅-오메가 표기법을 떠올려 보라). 접근 횟수가 정수라는 사실을 이용해 `top` 메서드가 k의 모든 값에 대해 $O(n)$ 시간을 달성할 수 있는 더욱 특수한 정렬 알고리즘(12.4.2절 참고)도 있다.

파이썬으로 전진 이동 휴리스틱 구현하기

코드 7.20은 전진 이동 휴리스틱을 사용해 구현된 즐겨찾기 리스트다. 새로운 FavoritesListMTF 클래스는 기반 클래스인 FavoritesList에서 대부분의 기능을 상속받는다.

원래 설계에서는 기반 클래스의 access 메서드가 _move_up이라는 비공개 유틸리티를 사용해 접근 횟수를 증가시킨 후, 리스트에서 원소를 앞으로 이동시킬 수 있도록 구현하였다. 따라서 _move_up 메서드를 간단히 재정의하여, 접근된 각 원소가 (이미 맨 앞에 있는 경우가 아니라면) 리스트의 가장 앞으로 이동되도록 전진 이동 휴리스틱을 구현한다. 이 작업은 포지션 리스트 ADT를 통해 쉽게 구현할 수 있다.

FavoritesListMTF 클래스에서 더 복잡한 부분은 top 메서드를 새로 정의하는 것이다. 여기서는 앞에서 설명한 방식 중 첫 번째 방식을 사용한다. 임시 리스트에 항목의 사본을 삽입한 다음, 남은 항목 중 접근 횟수가 가장 많은 원소를 반복해서 찾고, 보고(report)하고, 삭제한다.

```
class FavoritesListMTF(FavoritesList):
  """전진 이동 휴리스틱을 사용하여 순서가 결정되는 리스트"""

  # 전진 이동 기능을 구현하기 위해 _move_up 메서드를 재정의함
  def _move_up(self, p):
    """접근된 포지션 p에 있는 항목을 리스트의 맨 앞으로 옮긴다."""
    if p != self._data.first():
      self._data.add_first(self._data.delete(p))    # 삭제/재삽입

  # 리스트는 정렬되지 않으므로 top을 재정의함
  def top(self, k):
    """접근 횟수 측면에서 상위 k개 원소의 시퀀스를 생성한다."""
    if not 1 <= k <= len(self):
      raise ValueError('Illegal value for k')

    # 원본 리스트의 복사본을 만드는 것으로 시작함
    temp = PositionalList()
    for item in self._data:                 # 포지션 리스트는 반복을 지원함
      temp.add_last(item)

    # 접근 횟수가 가장 많은 원소를 반복해서 찾고, 보고하고, 제거함
    for j in range(k):
      # temp에서 다음으로 많은 접근 횟수를 가지는 원소를 찾아 보고함
      highPos = temp.first()
      walk = temp.after(highPos)
```

```
        while walk is not None:
          if walk.element()._count > highPos.element()._count:
            highPos = walk
          walk = temp.after(walk)
        # 가장 많은 접근 횟수를 가지는 원소를 찾음
        yield highPos.element()._value      # 원소를 사용자에게 보고함
        temp.delete(highPos)                # 임시 리스트에서 삭제함
```

코드 7.20 전진 이동 휴리스틱을 구현한 FavoritesListMTF 클래스(FavoritesList(코드 7.18~7.19)를 상속받고 _move_up 및 top 메서드를 재정의함)

7.7 배열 기반 시퀀스와 연결 기반 시퀀스

이 절에서는 지금까지 소개한 배열 기반 자료구조와 연결 기반 자료구조의 상대적인 장단점을 다시 한번 살펴보면서 이 장을 마무리하겠다. 이와 같은 이분법적 접근 방식을 통해, 자료구조의 적절한 구현 방법을 선택하여 보편적인 설계 결정을 내리는 데 도움을 받을 수 있다. 각각의 접근 방식에는 뚜렷한 장단점이 있기 때문에 어느 한 가지 방식만 정답일 수는 없다.

배열 기반 시퀀스의 장점

배열은 정수 인덱스를 기반으로 하며, 원소에 $O(1)$ 시간으로 접근할 수 있다. $O(1)$ 시간에 k번째 원소에 접근할 수 있다는 점은 배열의 독특한 장점이다(5.2절 참고). 반면, 연결 리스트에서 k번째 원소를 찾으려면 처음부터 리스트를 순회하는 데 $O(k)$ 시간이 걸리며, 이중 연결 리스트의 끝에서 거꾸로 순회하는 경우에는 $O(n - k)$ 시간이 소요된다.

동등한 접근 상한을 가지는 연산들은 일반적으로 배열 기반 구조에서 (연결된 구조보다) 상수 배만큼 더 효율적으로 실행된다. 예를 들어 큐에 대한 일반적인 `enqueue` 연산을 생각해 보자. `ArrayQueue` 클래스(코드 6.7 참고)에 대한 이 연산에는 새 인덱스의 산술 계산, 정수의 증가(increment), 배열의 원소에 대한 참조 저장 등이 포함된다(배열의 크기를 조정하는 문제는 무시하자). 이와 대조적으로 `LinkedQueue`(코드 7.8 참고)의 프로세스에는 노드의 인스턴스화, 노드의 적절한 연결, 정수의 증가(increment)가 필요하다. 연산 작업은 두 모델에서 모두 $O(1)$ 시간에 완료되지만, 실제 CPU 연산 수는 `LinkedQueue`에서 더 많아지며, 특히 새 노드가 인스턴스화되는 것을 고려한다면 더욱 그렇다.

배열 기반 표현은 일반적으로 연결된 구조보다 상대적으로 적은 메모리를 사용한다. 동적 배열의 길이가 저장하는 원소의 수보다 길어질 수 있다는 점에서, 직관적으로 보았을 때 이러한 이점은 맞지 않는 것처럼 보일 수 있다. 배열 기반 리스트와 연결 리스트는 모두 참조 구조이므로 원소인 실제 객체를 저장하는 메인 메모리는 두 구조 모두 동일하다. 다른 점은 두 구조가 사용하는 보조 메모리의 양이다. n개의 원소로 구성된 배열 기반 컨테이너의 경우, 크기가 조정된 동적 배열에 $2n$개의 객체 참조용 메모리가 할당된 것이 (일반적으로 생각할 수 있는) 최악의 경우다. 하지만 연결 리스트의 경우, 메모리는 포함된 각 객체에 대한 참조뿐 아니라 노드를 연결하는 명시적 참조를 저장하는 데도 할당되어야 한다. 따라서 길이 n의 단일 연결 리스트에는 이미 $2n$개의 참조(각 노드에 대한 원소 참조와 다음 참조)가 필요하다. 이중 연결 리스트의 경우 $3n$개의 참조가 필요하다.

연결 기반 시퀀스의 장점

연결 기반 구조는 각 연산에 대해 최악의 경우에 대한 상한을 제공한다. 이는 동적 배열의 확장/축소가 분할 지불 상한으로 해석되는 것과 대조된다(5.3절 참고). 물론, 각각의 연산이 큰 규모로 이루어지는 계산의 일부이며 그 계산의 총 시간만 신경 쓰면 되는 경우라면, 분할 지불되는 상한은 개별 연산에 소요되는 시간의 합을 보장하기 때문에 특별히 문제되지 않으며, 최악의 경우에 대한 상한만큼 유용할 수 있다. 그러나 이보다 즉각적으로 응답하도록 설계된 실시간 시스템(예 운영체제, 웹 서버, 항공 교통 관제 시스템)에서 자료구조 연산을 사용하는 경우 분할 지불되는 연산으로 인한 긴 지연은 부정적인 영향을 미칠 수 있다.[4]

연결 기반 구조체는 임의의 포지션에서 삽입 및 삭제를 $O(1)$ 시간에 수행한다. `PositionalList` 클래스를 사용해 상수 시간에 삽입/삭제를 할 수 있다는 것은 아마도 연결 리스트의 가장 큰 장점일 것이다. (연산을 수행할 장소를 설명하는 데 `Position` 클래스를 효율적으로 사용하기 때문에 이러한 구현이 가능하다.) 이는 배열 기반 시퀀스와 완전히 대조적이다. (배열의 크기를 조정하는 문제를 무시하면) 배열 기반 리스트의 끝에 원소를 삽입하거나 삭제하는 작업은 상수 시간 내에 수행할 수 있지만 이보다 일반적인 삽입 및 삭제를 수행하는 데는 비용이 많이 든다. 예를 들어 배열 기반인 파이썬의 `list` 클래스를 사용할 때, 인덱스 k에서 `insert`, `pop`을 호출하면 이후의 모든 원소를 이동시키는 반복문으로 인해 $O(n - k + 1)$ 시간이 소요된다(5.4절 참고).

응용 프로그램의 예로, 문서를 문자의 시퀀스로 저장하는 텍스트 편집기를 생각해 보자. 새로운 문자는 문서 끝에 추가되는 경우가 많지만, 커서의 포지션에 따라 문서 내 임의의 포지션에 하나 이상의 문자가 삽입되거나 삭제될 수도 있다. 문자 시퀀스가 배열 기반 시퀀스(예 파이썬의 `list` 인스턴스)에 저장된 경우, 이러한 편집 작업을 수행할 때마다 선형적으로 많은 문자를 이동해야 할 수 있으므로 각 편집 작업의 성능은 $O(n)$이 될 수 있다. 하지만 연결 리스트 표현을 사용하고, 커서의 위치를 나타내는 포지션 정보가 주어진다고 가정한다면, 임의의 편집 작업(커서 위치에서 문자 삽입 또는 삭제)을 최악의 경우에도 $O(1)$ 시간에 수행할 수 있다.

---

4 분할 지불되는 경우, 상황에 따라 시간이 오래 걸리는 경우가 발생하기 때문이다.

7.8 연습 문제

기본 문제

R-7.1 마지막 노드의 `next` 참조를 `None`으로 표시하는 단일 연결 리스트가 있다. 뒤에서 두 번째 노드를 찾는 알고리즘을 작성하라.

R-7.2 단일 연결 리스트 L과 M이 있을 때, L의 모든 노드와 M의 모든 노드를 포함하는 단일 리스트 L'를 이어 붙이는(concatenate) 좋은 알고리즘을 작성하라. 단, 주어진 정보는 각 리스트의 첫 번째 노드에 대한 참조뿐이다.

R-7.3 단일 연결 리스트의 노드 수를 계산하는 재귀 알고리즘을 작성하라.

R-7.4 단일 연결 리스트 L의 두 노드 x와 y에 대한 참조가 주어졌을 때, 두 노드 x와 y의 위치를 서로 바꾸는 방법을 자세히 기술하라(값이 아니라 위치를 바꾸어야 함). L이 이중 연결 리스트인 경우에 대해서도 동일한 질문에 답하고, 어느 경우에 시간이 더 많이 걸리는지 설명하라.

R-7.5 순환 연결 리스트에서 노드 수를 계산하는 함수를 작성하라.

R-7.6 x와 y가 순환 연결 리스트의 노드에 대한 참조라고 가정하자. 두 노드는 같은 리스트에 존재할 수도, 다른 리스트에 존재할 수도 있다고 한다. x와 y가 같은 리스트에 속하는지를 알려주는 빠른 알고리즘을 작성하라.

R-7.7 7.2.2절의 `CircularQueue` 클래스는 비어 있지 않은 큐에 대해 `Q.enqueue(Q.dequeue())`와 동등한 의미를 갖는 `rotate()` 메서드를 제공한다. 7.1.2절의 `LinkedQueue` 클래스에서 동작하는 `rotate` 메서드를 구현하라. 단, 새로운 노드를 생성해서는 안 된다.

R-7.8 헤더 및 트레일러 센티널이 있는 이중 연결 리스트에서 리스트의 정중앙에 위치한 노드를 링크를 따라 이동하는 방식으로 찾는 비재귀적 방법을 기술하라. 노드의 개수가 짝수인 경우 중간 지점의 왼쪽에 있는 노드를 찾도록 한다. 단, 이 방법은 링크를 따라 이동하는 방법만 써야 하며 카운터(counter)를 사용해서는 안 된다. 이 방법의 수행 시간은 어떻게 되는가?

R-7.9 헤더 및 트레일러 센티널 노드가 있는 두 개의 이중 연결 리스트 L과 M의 원소들을 모두 포함하는 단일 리스트 L'를 이어 붙이는(concatenate) 빠른 알고리즘을 작성하라.

R-7.10 포지션 리스트 ADT의 레퍼토리에 약간의 중복성이 있는 것으로 보이는데, 이것은 `L.add_first(e)` 연산 대신 `L.add_before(L.first(), e)`와 같이 코드를 작성할 수 있기 때문이다. 마찬가지로 `L.add_last(e)`는 `L.add_after(L.last(), e)`로 바꿔 쓸 수 있다. `add_first`와 `add_last` 메서드가 필요한 이유를 설명하라.

R-7.11 비교 가능한 원소로 구성된 `PositionalList` 인스턴스 `L`에서 최댓값을 가지는 원소를 반환하는 함수를 작성하라. 이 함수는 `max(L)`과 같은 방식으로 호출될 수 있어야 한다.

R-7.12 연습 문제 R-7.11을 `PositionalList`의 메서드로 구현하라. 이 메서드는 `L.max()`과 같은 방식으로 호출될 수 있어야 한다.

R-7.13 `PositionalList` 클래스를 수정하여, 원소 `e`의 포지션(또는 찾을 수 없는 경우 `None`)을 반환하는 메서드 `find(e)`를 추가하라. 같은 원소가 둘 이상 존재하는 경우에는 처음 발견된 원소를 반환하면 된다.

R-7.14 재귀를 사용해 연습 문제 R-7.13을 풀어라. 메서드에는 루프가 포함되지 않아야 한다. `L`에 사용된 공간 외에 메서드가 얼마나 많은 공간을 사용하는지 설명하라.

R-7.15 주어진 `__iter__`와 유사하지만 원소를 역순으로 반복하는 `PositionalList` 클래스의 `__reversed__` 메서드를 구현하라.

R-7.16 `{is_empty, first, last, prev, next, add_after, add_first}` 집합의 메서드만 사용해 `PositionalList`의 메서드 `add_last` 및 `add before`를 작성하라.

R-7.17 `FavoritesListMTF` 클래스는 포지션 리스트 ADT의 공개 메서드를 사용해 포지션 `p`에 있는 리스트의 원소를 리스트의 첫 번째 원소가 되도록 이동시키면서 다른 원소들의 상대적 순서는 변경되지 않도록 한다. 이것은 내부적으로 노드 하나를 삭제하고 다시 새 노드를 삽입하는 것으로 구현되었다. 이를 더욱 직접적으로 수행하도록 `PositionalList` 클래스에 새로운 메서드 `move_to_front(p)`를 추가하고, 이 함수가 기존 노드의 연결을 재조정하는 방식으로 동작하게 하라.

R-7.18 리스트에 저장된 원소들의 집합 $\{a, b, c, d, e, f\}$가 있다. $(a, b, c, d, e, f, a, c, f, b, d, e)$ 순서에 따라 원소에 접근한다고 할 때, 리스트의 최종 상태를 표시하라. 단, 전진 이동 휴리스틱을 사용한다고 가정한다.

R-7.19 원소가 n개인 리스트 L이 있고, 원소에 총 kn번($k \geq 1$인 정수) 접근했다고 가정하자. k보다 적게 접근된 원소들의 수를 e라고 할 때, e의 최솟값과 최댓값은 얼마일까?

R-7.20 L은 n개의 항목을 가지고 있는 리스트이며, 전진 이동 휴리스틱에 따라 관리된다. L을 반전시키는 일련의 $O(n)$ 접근을 설명하라.

R-7.21 n개의 원소를 가지는 리스트 L이 있으며, 원소가 전진 이동 휴리스틱에 따라 관리되고 있다고 가정한다. 이 리스트에 대해 n^2번의 접근을 수행할 때 수행 시간이 $\Omega(n^3)$로 보장되는 접근 시퀀스를 제시하라.

R-7.22 `FavoritesList` 클래스의 `clear()` 메서드를 구현하라. 이 메서드는 리스트를 비워진 상태로 반환한다.

R-7.23 모든 원소의 접근 횟수를 0으로 초기화하는 `reset_counts()` 메서드를 `FavoritesList` 클래스에 구현하라. 단, 리스트 순서가 변경되어서는 안 된다.

응용 문제

C-7.24 헤더 센티널을 포함하는 단일 연결 리스트를 사용해 스택 ADT를 구현하라.

C-7.25 헤더 센티널을 포함하는 단일 연결 리스트를 사용해 큐 ADT를 구현하라.

C-7.26 `LinkedQueue` 클래스에 `concatenate(Q2)` 메서드를 구현하라. 이 메서드는 `LinkedQueue` 클래스 인스턴스인 `Q2`의 모든 원소를 가져와 원래 큐의 끝에 추가하는 연산이다. 이 연산은 $O(1)$ 시간에 실행되어야 하며, 그 결과 `Q2`는 빈 큐가 되어야 한다.

C-7.27 단일 연결 리스트 클래스를 재귀 형태로 구현하라. 이 클래스의 인스턴스는 원소 한 개, 그리고 나머지 원소들이 저장된 리스트에 대한 참조 한 개를 가지고 있다.

C-7.28 단일 연결 리스트를 빠르게 반전시키는 재귀 알고리즘을 설명하라.

C-7.29 재귀를 사용하지 않고 일정한 양의 추가 공간만 사용해 단일 연결 리스트 L을 반전시키는 알고리즘을 자세히 설명하라.

C-7.30 연습 문제 **P-6.35**에서 `LeakyStack` 추상화에 대해 설명하였다. **단일** 연결 리스트를 내부 저장소로 사용해 ADT를 구현하라.

C-7.31 포지션 리스트 ADT가 이중 연결 리스트를 내부적으로 사용하는 것과 같은 방식으로, 단일 연결 리스트를 사용하는 정방향 리스트(forward list) ADT를 설계하고, 해당 ADT를 지원하는 `ForwardList` 클래스를 구현하라.

C-7.32 포지션 리스트 ADT가 이중 연결 리스트를 내부적으로 사용하는 것과 같은 방식으로, 순환 연결 리스트를 추상화하는 순환 포지션 리스트 ADT를 설계하라. 리스트 내에서 동작 위치를 지정하는 '커서'의 개념을 사용하라.

C-7.33 `_DoublyLinkedBase` 클래스에 `reverse` 메서드를 추가하라. 이 메서드는 노드를 생성하거나 파괴하지 않으면서 리스트의 순서를 역순으로 바꾼다.

C-7.34 PositionalList 클래스에 swap(p, q) 메서드를 추가하라. 이 메서드는 포지션 p와 q가 참조하는 기본 노드를 서로 교환한다. 새 노드를 생성하지 말고 기존 노드를 다시 연결하는 방식으로 구현하라.

C-7.35 PositionalList 클래스의 iter 메서드를 구현하기 위해 파이썬의 제너레이터(generator) 구문과 yield 문을 사용했다. iter 메서드를 대체할 수 있도록 중첩된 이터레이터 클래스를 설계하고 구현하라(이터레이터에 대한 설명은 2.3.4절 참고).

C-7.36 센티널 노드를 포함하지 않는 이중 연결 리스트를 사용해 포지션 리스트 ADT를 구현하라.

C-7.37 PositionalList L과 정수 값 V 두 개를 매개변수로 받아 L의 원소인 두 수의 합이 정확하게 V와 같게 되는 경우가 있는지를 $O(n)$ 시간에 판별하는 함수를 구현하라. 이때, L은 오름차순으로 정렬된 n개의 정수로 이루어진 PositionalList다. 조건을 만족하는 경우에는 L에 존재하는 해당 원소들의 포지션 쌍을 반환하고, 그렇지 않으면 None을 반환해야 한다.

C-7.38 n개의 비교 가능한 원소로 구성된 리스트 L을 정렬하는 **버블 정렬**은 간단하지만 비효율적인 알고리즘이다. 이 알고리즘은 리스트를 $n - 1$번 스캔하고, 각 스캔에서 현재 원소와 다음 원소를 비교하여 순서가 맞지 않으면 서로 바꾼다. 포지션 리스트 L을 매개변수로 받는 bubble_sort 함수를 구현하라. 포지션 리스트가 이중 연결 리스트로 구현되었다고 가정할 때 이 알고리즘의 수행 시간은 얼마인가?

C-7.39 항목이 가장 앞에 도달하지 않고도 삭제될 수 있는 FIFO 큐를 더 잘 모델링하기 위해, 다음 기능을 가지는 PositionalQueue 클래스를 설계하라. 1) enqueue 메서드는 포지션 인스턴스를 반환한다. 2) delete(p) 메서드는 포지션 p에 있는 큐의 원소를 삭제한다. 클래스의 설계를 위해 PositionalList를 저장소로 사용하는 어댑터 디자인 패턴(6.1.2절 참고)을 사용하는 것을 고려하라.

C-7.40 가장 최근에 발생한 n번의 접근에서 접근되지 않은 원소가 리스트에서 자동으로 삭제되도록, 즐겨찾기 리스트 L을 관리하는 효율적인 방법을 설명하라. 단, 전진 이동 휴리스틱을 사용해야 한다.

C-7.41 연습 문제 C-5.29에서 두 데이터베이스의 **자연 조인**(natural join) 개념을 소개하였다. n개의 쌍으로 구성된 연결 리스트 A와 m개의 쌍으로 구성된 연결 리스트 B의 자연 조인을 계산하는 효율적인 알고리즘을 설명하고 분석하라.

C-7.42 5.5.1절에서는 배열을 사용해 게임의 상위 10개(Top 10) 점수를 관리하였다. 단일 연결 리스트를 사용해 상위 10개 점수를 유지하는 `Scoreboard` 클래스를 작성하라.

C-7.43 $2n$개의 원소로 이루어진 리스트를 두 개의 리스트로 변환하여 **카드 셔플**(card shuffle)을 수행하는 방법을 설명하라. 카드 셔플은 리스트 L을 두 개의 리스트, 즉 카드의 전반부인 L_1과 후반부인 L_2로 나눈 후, 두 리스트를 섞는 것을 말한다. 이때 카드를 섞는 방식은 L_1의 첫 번째 원소, L_2의 첫 번째 원소, L_1의 두 번째 원소, L_2의 두 번째 원소 등과 같은 순서로 병합하는 것이다.

프로젝트 문제

P-7.44 포지션 리스트 ADT를 사용해 문자열을 저장하고 표시하는 간단한 텍스트 편집기를 구현하라. 이 편집기에서는 문자열의 특정 위치를 강조하는 커서 객체를 제공한다. 커서 인터페이스를 간단히 구현하려면, 문자열을 먼저 출력한 후 그다음 줄에서 커서 위치에 밑줄을 치면 된다. 편집기는 다음 작업을 지원해야 한다.

- `left`: 커서를 한 글자 왼쪽으로 이동한다(처음에 있는 경우 아무것도 하지 않음).
- `right`: 커서를 한 글자 오른쪽으로 이동한다(끝에 있는 경우 아무것도 하지 않음).
- `Insert c`: 커서 바로 뒤에 문자 `c`를 삽입한다.
- `delete`: 커서 바로 뒤에 있는 문자를 삭제한다(끝에 있는 경우 아무것도 하지 않음).

P-7.45 어떤 배열 A의 항목 중 대부분이 비어 있다면(즉, `None`이면), 배열 A는 **희소행렬**(sparse array)이다. 리스트 L은 이러한 배열을 효율적으로 구현하기 위해 사용될 수 있다. 구체적으로, 비어 있지 않은 셀 $A[i]$를 (i, e)와 같은 항목으로 L에 저장할 수 있는데, 여기서 e는 $A[i]$에 저장된 원소를 의미한다. 이 접근 방식을 사용하면, $O(m)$의 저장 공간을 사용해 A를 표현할 수 있다. 여기서 m은 A가 가지고 있는 비어 있지 않은 항목의 수다. 표준 인덱싱을 제공하는 `__getitem__(j)`와 `__setitem__(j, e)` 메서드가 포함된 `SparseArray` 클래스를 구현하고, 해당 메서드의 효율성을 분석하라.

P-7.46 앞서 이중 연결 리스트를 사용해 포지션 리스트 ADT를 구현했지만, 배열 기반의 방법으로도 ADT를 지원하도록 구현할 수 있다. 구현 방법의 핵심은 컴포지션 패턴을 사용하고 포지션 항목의 시퀀스를 저장하는 것인데, 각 포지션 항목은 원소를 해당 원소의 인덱스와 함께 저장하도록 한다. 배열에서 원소의 위치가 변경될 때마다 해당 포지션에 기록된 인덱스를 새로운 값으로 업데이트해 주어야 한다. 이와 같은 방식으로 동작하도록 구현된 배열 기반의 포지션 리스트가 있다고 하자. 이 클래스 연산들의 효율성은 어느 정도일까?

P-7.47 손에 쥐고 있는 카드 그룹을 표현할 수 있는 `CardHand` 클래스를 구현하라. 시뮬레이터는 같은 모양의 카드가 함께 보관되도록 단일 포지션 리스트 ADT를 사용해 카드의 순서를 표현해야 한다. '네 손가락 방법'[5]을 써서 이를 구현하라. 각 손가락은 하트, 클럽(클로버), 스페이드, 다이아몬드의 각 모양을 나타낸다. 손에 새 카드를 추가하거나, 쥐고 있는 카드 중 적절한 카드를 상수 시간에 사용할 수 있도록 구현해야 한다. 다음 메서드를 지원하도록 클래스를 구현하라.

- `add_card(r, s)`: 랭킹이 r이고 모양이 s인 새 카드를 손에 추가한다.
- `play(s)`: 플레이어의 손에서 모양이 s인 카드 한 장을 삭제한 후 반환한다. 모양이 s인 카드가 없으면 손에서 임의의 카드 한 장을 삭제한 후 반환한다.
- `__iter__()`: 현재 패에 있는 모든 카드를 이터레이트(iterate)한다.
- `all_of_suit(s)`: 현재 손에 있는 카드 중 모양이 s인 카드를 이터레이트한다.

참고 사항

자료구조를 컬렉션으로 보는 관점과 객체 지향 설계의 다른 원칙들은 Booch [17], Budd [20], Goldberg와 Robson [42], Liskov와 Guttag [71]의 객체 지향 설계 저서에서 찾을 수 있다. 이 책의 포지션 리스트 ADT는 Aho, Hopcroft, Ullman [6]이 도입한 '포지션' 추상화와 Wood [104]의 리스트 ADT에서 파생된 것이며, 연결 리스트의 구현은 Knuth [64]에서 논의된 것이다.

5 단일 리스트에 모든 카드가 존재하도록 하되, 각각의 모양은 항상 연속된 공간에 존재해야 한다. 네 개의 손가락(참조 변수)은 각 모양의 위치를 가리키며 지속적으로 업데이트된다.

CHAPTER **08**

트리

8.1 일반 트리

생산성 전문가들은 '비선형적으로' 생각할 때 획기적인(breakthrough) 방안이 생긴다고 말한다. 이 장에서는 중요한 비선형 자료구조인 **트리**에 대해 설명한다. 트리 구조를 사용하면 배열 기반 리스트나 연결 리스트와 같은 선형 자료구조를 사용할 때보다 훨씬 빠르게 다양한 알고리즘을 구현할 수 있기 때문에, 트리 구조는 데이터 구성 면에서 획기적인 기술이라고 할 수 있다. 또한 트리는 데이터에 자연스러운 구조를 제공하기 때문에 파일 시스템, GUI, 데이터베이스, 웹 사이트 및 기타 컴퓨터 시스템에서 보편적으로 사용되고 있다.

생산성 전문가들이 말하는 '비선형적' 사고가 무엇을 의미하는지는 사실 명확하지 않은 경우가 많지만, 트리가 '비선형적'이라는 것은 단순히 순서대로 나열된 개체 간의 이전·이후 관계보다 더 풍부한 구조적 관계가 있음을 의미한다. 트리에서 데이터 관계는 **계층적**(hierarchical)이다. 즉, 어떤 개체는 다른 개체의 위에 있고 어떤 개체는 다른 개체의 아래에 있다. 실제로 트리 자료구조의 주요 용어는 가계도에서 유래했으며 부모(parent), 자식(child), 조상(ancestor), 자손(descendant) 등의 용어가 데이터의 관계를 설명하는 데 일반적으로 사용된다. 그림 8.1은 가계도 트리의 예다.

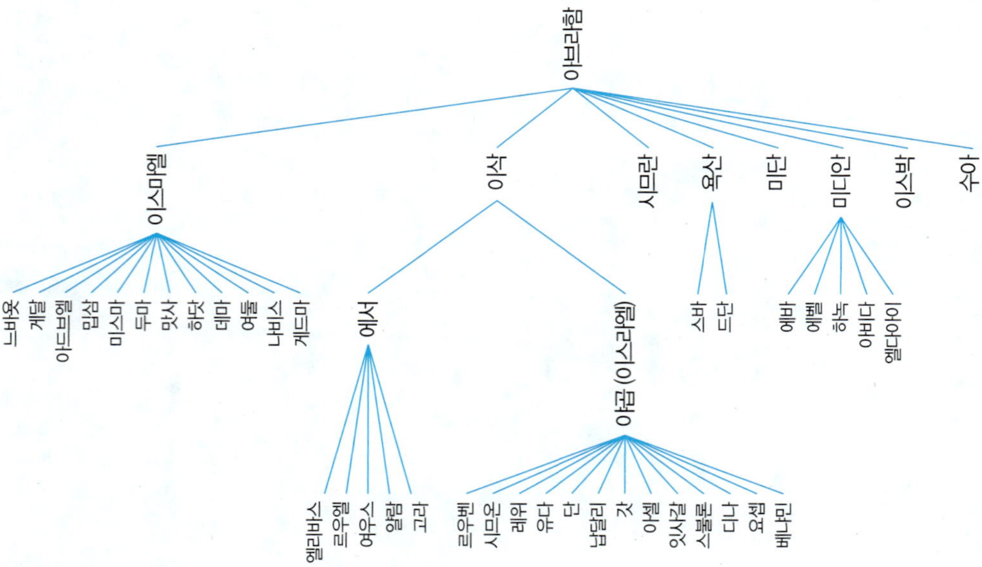

그림 8.1 창세기 25~36장에 기록된 아브라함의 후손(일부)에 대한 가계도[1]

1 성경 인물의 이름은 대한성서공회에서 출판된 개역개정판 성경을 참고하였다.

8.1.1 트리의 정의와 속성

트리는 원소를 계층적으로 저장하는 추상 데이터 타입이다. 트리의 각 원소에는 **부모**(parent) 원소(최상위 원소는 예외), 0개 이상의 **자식**(children) 원소가 있다. 트리를 시각화할 때는 보통 타원이나 직사각형 안에 원소를 배치하고 부모와 자식 간의 연결을 직선으로 그린다(그림 8.2 참고). **루트**(root)라고 불리는 최상위 원소를 보통 가장 위에 그리고 다른 원소들을 그 아래에 연결한다(실제 나무의 구조와 반대임).

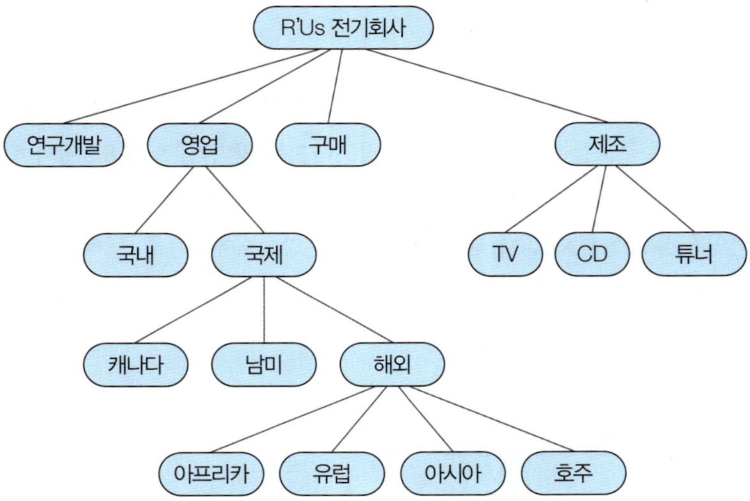

그림 8.2 17개의 노드가 있는 트리는 가상의 회사 조직을 나타낸다. 루트에는 R'Us 전기회사가 저장되어 있고, 루트의 자식 노드에는 연구개발, 영업, 구매, 제조 등이 저장되어 있다. 내부(internal) 노드[2]에는 영업, 국제, 해외, R'Us 전기회사, 제조 등이 있다.

트리의 공식적 정의

공식적으로, **트리**(tree) T는 노드들이 **부모-자식**(parent-child) **관계**를 맺도록 원소가 저장된 **노드**(node)들의 집합으로 정의된다. 트리는 다음과 같은 속성을 만족한다.

- T가 비어 있지 않다면, T에는 루트라는 특수 노드가 있다. 루트는 부모가 없는 노드를 말한다.
- 루트가 아닌 T의 노드 v에는 유일한 부모 노드 w가 있으며, w가 자신의 부모인 모든 노드는 w의 자식이다.

2 한 개 이상의 자식을 가지는 노드를 말한다.

이 정의에 따르면 트리는 비어 있을 수도 있는데, 이는 트리에 노드가 없음을 의미한다. 이 규칙을 사용해 트리를 재귀적으로 구성할 수 있다. 재귀적 트리 T는 비어 있을 수도 있다. 비어 있지 않은 트리는 노드 r(루트)과 **서브트리**(subtree)들의 집합으로 구성되며, 이때 각 서브트리의 루트는 r의 자식이다.

기타 노드 관계

같은 부모의 자식인 두 노드는 형제다. 자식이 없는 노드 v는 **외부**(external) **노드**라고 한다. 하나 이상의 자식이 있는 노드 v는 **내부**(internal) **노드**라고 하며, 외부 노드는 **단말 노드**(leaf)라고도 한다.

예제 8.1 4.1.4절에서 컴퓨터 파일 시스템을 설명할 때, 파일과 디렉터리 간의 계층적 관계에 대해 이야기했지만, 파일 시스템 구조를 트리로 명명하며 강조하지는 않았다. 그림 8.3에서 해당 예제를 다시 살펴보자. 트리의 내부 노드는 디렉터리로, 단말 노드는 일반 파일을 표현하는 데 사용되는 것을 볼 수 있다. 유닉스(UNIX)나 리눅스(Linux) 운영체제에서는 이 트리의 루트를 '루트 디렉터리'라고 부르는데 이 명칭은 매우 적절하다. 루트 디렉터리는 '/' 기호로 표시된다.

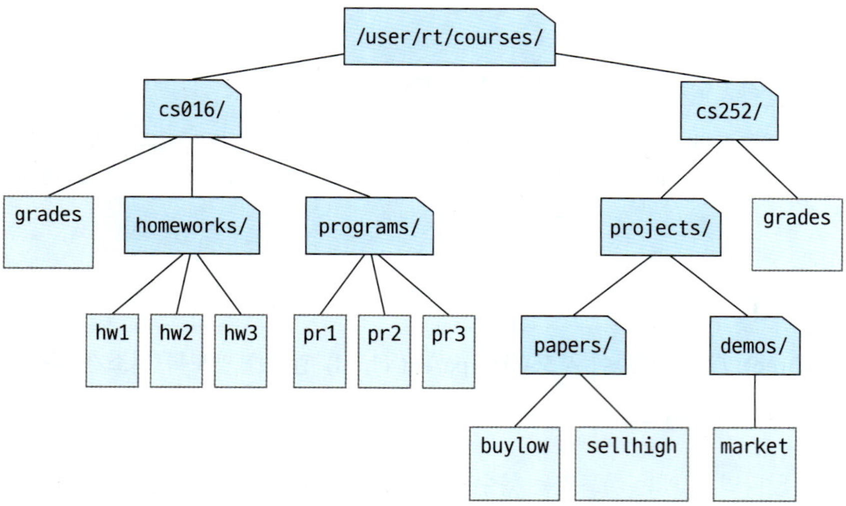

그림 8.3 트리 구조로 표현된 파일 시스템의 일부

노드 u와 v가 동일한 노드를 가리키거나 u가 v의 부모의 조상이라면, 노드 u는 v의 **조상**(ancestor)이다.[3] 노드 u가 v의 조상이면 반대로 노드 v는 노드 u의 **자손**(descendant)이다. 예를 들어 그림 8.3에서 `cs252/`는 `papers/`의 조상이고 `pr3`은 `cs016/`의 자손이다. 노드 v를 **루트**(root)로 하는 트리 T의 **서브트리**(subtree)는 T에서 v의 모든 자손(v 자신 포함)으로만 구성된 트리를 의미한다. 그림 8.3에서 `cs016/`을 루트로 하는 서브트리는 노드 `cs016/`, `grades`, `homeworks/`, `programs/`, `hw1`, `hw2`, `hw3`, `pr1`, `pr2`, `pr3` 등으로 구성된다.

트리 간선과 경로

트리 T의 **간선**(edge)은 노드의 쌍(u, v)이며, 이 쌍은 u가 v의 부모인 것을 나타낼 수도, 그 반대일 수도 있다. T의 **경로**(path)는 노드들의 시퀀스로, 시퀀스에서 연속되는 두 노드는 간선을 형성한다. 예를 들어 그림 8.3의 트리에는 경로(`cs252/`, `projects/`, `demos/`, `market`)가 포함되어 있다.

예제 8.2 단일 상속을 사용하는 파이썬 프로그램에서, 클래스 간의 상속 관계는 트리로 나타낼 수 있다. 예를 들어 2.4절에서는 그림 8.4(원래는 그림 2.5)와 같이 파이썬의 예외 유형에 대한 계층 구조를 요약했다. `BaseException` 클래스는 해당 계층 구조의 루트이며, 모든 사용자 정의 예외 클래스는 일반적으로 더 콘크리트(concrete)한 `Exception` 클래스의 자손으로 선언되어야 한다(예 6장의 코드 6.1에서 소개한 `Empty` 클래스 참고).

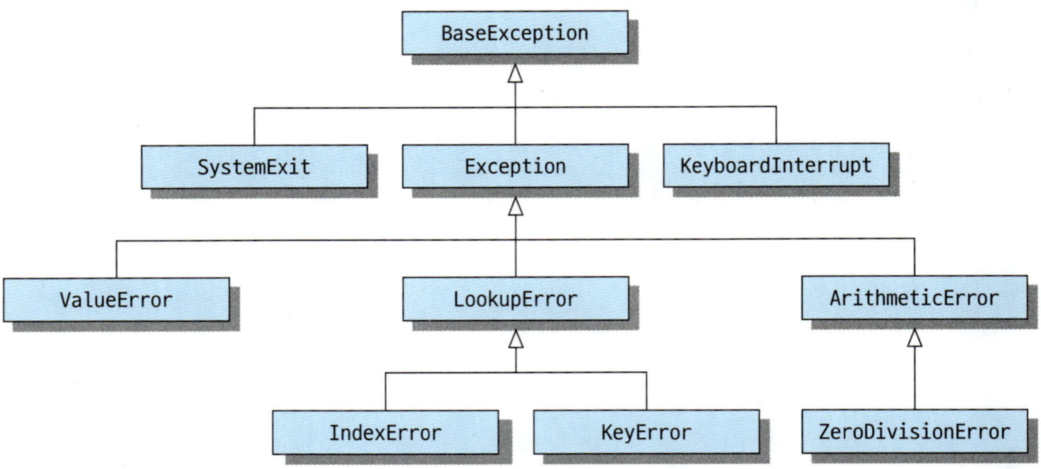

그림 8.4 파이썬의 예외 유형 계층 구조의 일부

3 이 책에서 조상 노드는 자신과 부모, 부모의 부모 등을 모두 포함하는 것으로 정의되었다.

파이썬에서는 최상위 기반 클래스로 object라는 내장 클래스가 존재하기 때문에 모든 클래스는 단일 계층 구조로 구성된다. object는 파이썬의 다른 모든 유형의 직간접적인 기반 클래스다(새 클래스를 정의할 때 선언하지 않더라도 그렇게 됨). 따라서 그림 8.4에 표시된 계층 구조는 파이썬의 전체 클래스 계층 구조의 일부일 뿐이다.

이 장의 이후 내용에 대한 프리뷰로써, 그림 8.5는 다양한 형태의 트리를 표현하기 위해 자체 개발된 클래스 계층 구조를 보여준다.

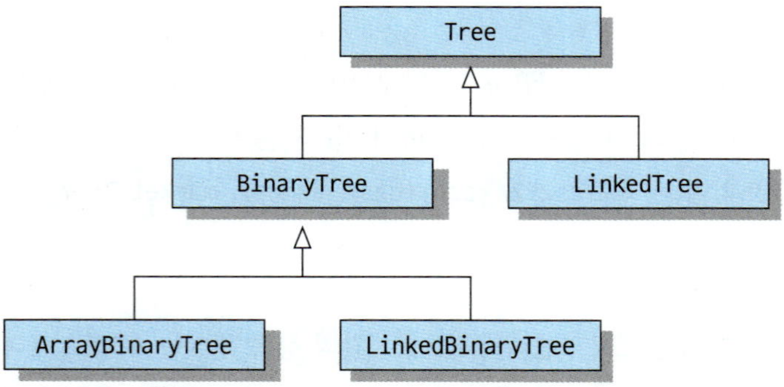

그림 8.5 트리 자료구조의 다양한 추상화와 구현을 모델링하기 위한 자체 상속 계층 구조. 이 장의 이후 내용에서는 Tree, BinaryTree, LinkedBinaryTree 클래스의 구현을 비롯해 LinkedTree 및 ArrayBinaryTree가 어떻게 설계될 수 있는지에 대한 높은 수준의 스케치를 제공한다.

순서 트리

어떤 트리에서 각 노드의 자식 간에 의미 있는 선형 순서가 있는 경우 이 트리를 **순서 트리**(ordered tree)라고 한다. 즉, 순서 트리에서는 노드의 자식들을 의도적으로 첫 번째, 두 번째, 세 번째 등으로 구분한다. 또한 순서 트리에서는 형제 노드들을 왼쪽에서 오른쪽으로 배열하여 시각화하는 것이 일반적인 순서다.

예 8.3 책과 같이 구조화된 문서는 부(Part), 장(Ch.), 절(Section)을 내부 노드로 가지고, 단락, 표, 그림 등을 단말 노드로 가지며, 각 노드가 계층적으로 구성된 트리 형태를 띤다(그림 8.6 참고). 트리의 루트는 책 그 자체에 해당한다. 사실 트리를 더 확장하여 문장으로 구성된 단락, 단어로 구성된 문장, 문자로 구성된 단어를 표시하는 것도 고려할 수 있다. 이러한 트리는 각 노드의 자식 간에 잘 정의된 순서가 있는 순서 트리의 일례에 해당한다.

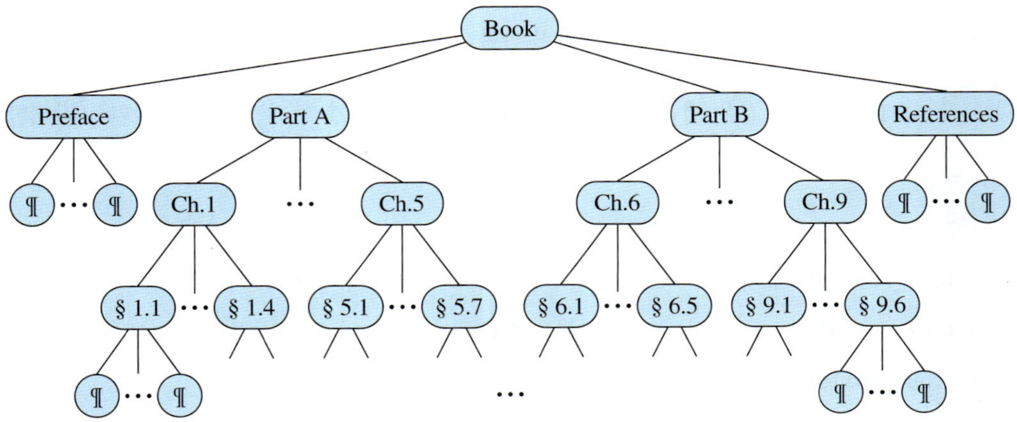

그림 8.6 책의 콘텐츠로 구성된 순서 트리

앞서 설명한 여러 트리의 예를 다시 살펴보고 자식의 순서가 분명하게 나타나는지 생각해 보자. 그림 8.1에서와 같이 세대 관계를 나타내는 가계도는 종종 순서 트리로 모델링되며, 형제 자매들의 출생 순서에 따라 배치된다.

이와 대조적으로, 그림 8.2와 같은 회사의 조직도는 일반적으로 **비순서 트리**(unordered tree)로 간주된다. 그림 8.4에서도 마찬가지다. 트리를 사용해 상속 계층 구조를 설명할 때, 부모 클래스와 하위 클래스 간 순서에는 특별한 의미가 없다. 마지막으로, 그림 8.3에서와 같이 컴퓨터의 파일 시스템을 모델링할 때 트리를 사용하는 예를 생각해 보자. 운영체제는 종종 디렉터리의 항목을 특정 순서(예 알파벳순, 시간순)로 표시하지만 일반적으로 이러한 순서가 파일 시스템의 표현에 내재되어 있는 것은 아니다.

8.1.2 트리 ADT

7.4절의 위치 리스트에서와 같이, 트리 노드에 대한 추상화로서 **포지션**(position) 개념을 사용해 트리 ADT를 정의한다. 원소는 각 포지션에 저장되며, 포지션은 트리 구조를 정의하는 부모-자식 관계를 만족한다. 트리의 포지션 객체는 다음 메서드를 지원한다.

- `p.element()`: 위치 p에 저장된 원소를 반환한다.

트리 ADT는 다음과 같은 **접근자 메서드**를 지원하여 사용자가 트리의 다양한 위치를 탐색할 수 있도록 한다.

- `T.root()`: 트리 T의 루트 위치를 반환한다. T가 비어 있다면 None을 반환한다.
- `T.is_root(p)`: 포지션 p가 트리 T의 루트인 경우 True를 반환한다.
- `T.parent(p)`: 포지션 p의 부모 포지션을 반환한다. p가 T의 루트인 경우 None을 반환한다.
- `T.num_children(p)`: 포지션 p의 자식 수를 반환한다.
- `T.children(p)`: 포지션 p의 자식들에 대한 이터레이션을 생성한다.
- `T.is_leaf(p)`: 포지션 p에 자식이 없는 경우 True를 반환한다.
- `len(T)`: 트리 T에 포함된 포지션의 수(즉, 원소의 수)를 반환한다.
- `T.is_empty()`: 트리 T에 포지션이 포함되지 않은 경우 True를 반환한다.
- `T.positions()`: 트리 T에서 모든 **포지션**의 이터레이션을 생성한다.
- `iter(T)`: 트리 T에 저장된 모든 **원소**의 이터레이션을 생성한다.

포지션을 인자로 받아들이는 위의 메서드들은 해당 포지션이 T에 대해 유효하지 않은 경우 `ValueError`를 반환한다.

트리 T가 순서 트리인 경우 `T.children(p)`는 p의 자식을 자연스러운 순서대로 보고한다. p가 단말 노드인 경우에 `T.children(p)`는 빈 이터레이션을 생성한다. 마찬가지로 트리 T가 비어 있다면 `T.positions()`와 `iter(T)`는 모두 빈 이터레이션을 생성한다. 트리의 모든 포지션을 반복하는 일반적인 방법은 8.4절에서 설명한다.

여기서는 트리를 생성하거나 수정하는 메서드를 정의하지 않는다. 대신, 트리 인터페이스의 구현 방법, 응용 프로그램의 종류 등에 따라 트리를 업데이트하는 다양한 방법을 설명하려고 한다.

파이썬의 트리 추상 기반 클래스

2.1.2절에서 추상화라는 객체 지향 설계 원칙을 다룰 때, 파이썬에서 추상 데이터 타입에 대한 공개 인터페이스는 종종 **덕 타이핑**(duck typing)을 통해 관리된다는 점에 주목했다. 예를 들어 6.2절에서는 큐 ADT에 대한 공개 인터페이스의 개념이 정의되었고, 이후 큐 인터페이스를 구현하는 여러 클래스(예 6.2.2절의 `ArrayQueue`, 7.1.2절의 `LinkedQueue`, 7.2.2절의 `CircularQueue`)가 제시되었다. 하지만 큐 ADT에 대한 공식적인 정의는 파이썬으로 제공되지 않았으며, 콘크리트(concrete)[4]하게 구현된 모든 코드는 동일한 공개 인터페이스를 따르는 셀프-컨테인드(self-contained)[5] 클래스였다. 서로 다르게 구현된 동일한 추상화들 간의 관계를 표현하는 좀더 공식적인 방법은, 실제로 구현된 클래스들에 대해 **추상 기반 클래스**(abstract base class) 역할을 하는 클래스를 상속을 통해 정의하는 것이다(2.4.3절 참고).

코드 8.1에서는 트리 ADT에 해당하는 추상 기반 클래스 역할을 하는 `Tree` 클래스를 정의한다. 이렇게 하는 이유는 이 정도의 추상화 수준에서도 제공할 수 있는 유용한 코드가 상당히 많아, 나중에 정의할 콘크리트 트리 구현에서 코드 재사용을 줄일 수 있기 때문이다. `Tree` 클래스는 중첩된 `Position` 추상 클래스의 정의와 트리 ADT에 포함된 많은 접근자 메서드에 대한 선언을 제공한다.

반면, `Tree` 클래스는 트리를 저장하기 위한 내부 표현 방식을 정의하지 않는다. 해당 코드에서 정의된 5개(`root`, `parent`, `num_children`, `children`, `__len__`)의 메서드는 **추상 메서드**이며, `NotImplementedError`를 발생시킨다(파이썬의 `abc` 모듈을 사용해 추상 기반 클래스와 추상 메서드를 정의하는 보다 공식적인 접근 방식은 2.4.3절에 설명하였음). 트리 클래스를 상속하는 하위 클래스는 `children` 등의 추상 메서드를 재정의하고 각 동작을 내부 표현 방식에 맞추어 실제로 작동하도록 구현하여 제공한다.

`Tree` 클래스는 추상 기반 클래스이지만 메서드 몇 개는 실제로(추상 메서드가 아니라는 뜻) 구현되어 있어, 클래스의 추상 메서드 호출에 대응할 수 있다. 앞에서 트리 ADT를 정의할 때 10개의 접근자 메서드를 선언하였는데, 이 중 5개는 코드 8.1에서 추상 메서드로 남겨둔 것이며 나머지 5개는 앞의 5개 메서드를 활용해 구현할 수 있다. 코드 8.2에서는 `is_root`, `is_leaf`, `is_empty` 메서드에 대한 실제 구현을 제공한다. 8.4절에서는 트리를 순회하는 일반적인 알고리즘을 살펴볼 것이다. 이 알고리즘은 `Tree` 클래스에서 포지션과 `__iter__` 메서드를 실제로 구현하는 데 사용될 수 있다. 이와 같은 설계의 묘미는 `Tree` 추상 기반 클래스에서 실제로 구현한 메서드가 모든 하위 클래스에 상속된다는 것이다. 이렇게 하면 해당 하위 클래스가 이러한 동작을 다시 구현할 필요가 없으므로 코드 재사용이 촉진된다.

---

4 추상 클래스와 추상 메서드가 아니라 실제 호출되어 사용될 수 있는 클래스와 메서드라는 의미다. 이 장에서는 문맥에 따라 콘크리트, 실제 구현 등으로 번역하였다.

5 모든 기능이 클래스 안에 구현되어, 외부 요소에 대한 종속성이 최소화된 클래스다.

Tree 클래스는 추상적이기 때문에 직접 인스턴스를 생성할 필요가 없으며, 그러한 인스턴스가 유용하지도 않다. 이 클래스는 상속을 위해 존재하며, 사용자가 실제로 생성하는 것은 하위 클래스의 인스턴스다.

```
class Tree:
    """트리 구조를 나타내는 추상 기반 클래스"""

    #------------------------------- 중첩 포지션 클래스 -------------------------------
    class Position:
        """단일 원소의 포지션을 나타내는 추상화"""

        def element(self):
            """이 포지션에 저장된 원소를 반환한다."""
            raise NotImplementedError('must be implemented by subclass')

        def __eq__(self, other):
            """다른 포지션이 동일한 위치를 나타내면 True를 반환한다."""
            raise NotImplementedError('must be implemented by subclass')

        def __ne__(self, other):
            """다른 포지션이 동일한 위치를 나타내지 않으면 True를 반환한다."""
            return not (self == other)          # __eq__의 반대 연산

    # ---------- 상속하여 구현될 하위 클래스가 지원해야 하는 추상 메서드 ----------
    def root(self):
        """트리의 루트를 나타내는 포지션을 반환한다(비어 있으면 None)."""
        raise NotImplementedError('must be implemented by subclass')

    def parent(self, p):
        """P의 부모를 나타내는 포지션를 반환한다(p가 루트인 경우 None)."""
        raise NotImplementedError('must be implemented by subclass')

    def num_children(self, p):
        """포지션 p가 가진 자식 수를 반환한다."""
        raise NotImplementedError('must be implemented by subclass')

    def children(self, p):
        """p의 자식을 나타내는 포지션의 이터레이션을 생성한다."""
        raise NotImplementedError('must be implemented by subclass')

    def __len__(self):
        """트리의 총 원소 개수를 반환한다."""
        raise NotImplementedError('must be implemented by subclass')
```

```python
    # ---------- 이 클래스에서 직접 구현된 메서드 ----------
    def is_root(self, p):
        """포지션 p가 트리의 루트를 나타내면 True를 반환한다."""
        return self.root() == p

    def is_leaf(self, p):
        """포지션 p가 자식이 없으면 True를 반환한다."""
        return self.num_children(p) == 0

    def is_empty(self):
        """트리가 비어 있으면 True를 반환한다."""
        return len(self) == 0
```

코드 8.1–8.2 Tree 추상 기반 클래스의 일부

8.1.3 깊이와 높이 계산

p를 트리 T에 있는 어느 노드의 포지션라고 할 때, p의 **깊이**(depth)는 p가 가지는 조상 노드의 수(p 자체는 제외)다. 예를 들어 그림 8.2의 트리에서 '국제'를 저장하는 노드의 깊이는 2다. 이 정의에 따르면 루트 노드의 깊이는 0이다. p의 깊이는 다음과 같이 재귀적으로 정의할 수도 있다.

- p가 루트이면 p의 깊이는 0이다.
- 그렇지 않으면 p의 깊이는 1에 (자신의) 부모 노드의 깊이를 더한 값이다.

이 정의에 따라 트리 T에서 위치 p의 깊이를 계산하는 간단한 재귀 알고리즘인 depth를 코드 8.3과 같이 제시한다. 이 메서드는 p의 부모에서 재귀적으로 자신을 호출한 후 반환된 값에 1을 더한다.

```python
def depth(self, p):
    """루트와 포지션 p를 나눌 수 있는 레벨의 개수를 반환한다."""
    if self.is_root(p):
        return 0
    else:
        return 1 + self.depth(self.parent(p))
```

코드 8.3 Tree 클래스의 depth 메서드

알고리즘은 p의 각 조상에 대해 상수 시간의 재귀적 스텝을 수행하기 때문에 위치 p에 대한 `T.depth`(p)의 수행 시간은 $O(d_p + 1)$이며, 여기서 d_p는 트리 T에서 p의 깊이를 나타낸다. 따라서 알고리즘 `T.depth(p)`는 n이 T의 총 포지션 개수일 때 최악의 경우에도 $O(n)$ 시간에 실행된다. 이것은 모든 노드가 브랜치(branch)를 한 개씩만 가지는 경우 p의 깊이가 $n - 1$이 되기 때문이다. 이와 같은 수행 시간은 입력 크기에 의해 결정되는 함수지만, 매개변수 D_p가 n보다 매우 작을 수 있으므로 수행 시간을 매개변수 D_p에 의해 정의하는 편이 더욱 정확하다.

높이

트리 T에서 위치 p의 **높이**도 재귀적으로 정의된다.

- p가 단말 노드이면 p의 높이는 0이다.
- 단말 노드가 아닌 경우, p에 연결된 자식들의 높이 중 최댓값보다 하나 더 크다.

비어 있지 않은 트리 T의 **높이**는 루트의 높이로 정의된다. 예를 들어 그림 8.2에 표시된 트리의 높이는 4다. 높이는 다음과 같이 정의할 수도 있다.

명제 8.4 비어 있지 않은 트리 T의 높이는 단말 노드들이 가지는 깊이의 최댓값과 같다.

이 명제의 증명은 연습 문제(R-8.3)를 통해서 진행하도록 하자. 코드 8.4에서는 `Tree` 클래스의 비공개 메서드(`_height1`)로 구현된 알고리즘(`height1`)을 소개한다. 이 메서드는 명제 8.4와 코드 8.3의 알고리즘 `depth`를 기반으로 하여, 비어 있지 않은 트리 T의 높이를 계산한다.

```
def _height1(self):                    # 동작하지만 최악의 경우 O(n^2) 시간이 걸림
    """트리의 높이를 반환한다."""
    return max(self.depth(p) for p in self.positions() if self.is_leaf(p))
```

코드 8.4 `Tree` 클래스의 `_height1` 메서드. 이 메서드는 `depth` 메서드를 호출한다.

안타깝게도 알고리즘 `height1`은 그다지 효율적이지 않다. 아직 `positions()` 메서드를 정의하지 않았는데, 이 메서드는 $O(n)$ 시간에 실행되도록 구현될 수 있다(여기서 n은 T의 포지션 수). `height1`은 알고리즘 `depth(p)`를 호출하기 때문에 수행 시간은 $O(n + \sum_{p \in L}(d_p + 1))$이다. 여기서 L은 T에 있는 단말 노드들의 위치 집합이며, 최악의 경우 $\sum_{p \in L}(d_p + 1)$의 합은 n^2에 비례한다(연습 문제 C-8.33 참고). 따라서 알고리즘 `height1`은 최악의 경우 $O(n^2)$ 시간에 실행된다.

원래의 재귀적 정의를 사용하면 트리의 높이를 더 효율적으로 계산할 수 있다(최악의 경우 $O(n)$ 시간). 이를 위해 트리 내의 특정 포지션을 매개변수로 받아 해당 포지션을 루트로 하는 서브트리의 높이를 계산하는 함수를 구현한다. 코드 8.5에서 비공개 메서드(_height2)로 구현된 알고리즘(height2)은 이러한 방식으로 트리 T의 높이를 계산한다.

```
def _height2(self, p):          # 수행 시간은 서브트리의 크기와 선형 관계를 가짐
  """포지션 p를 루트로 하는 서브트리의 높이를 반환한다."""
  if self.is_leaf(p):
    return 0
  else:
    return 1 + max(self._height2(c) for c in self.children(p))
```

코드 8.5 트리의 포지션 p를 루트로 하는, 서브트리의 높이를 계산하는 _height2 메서드

알고리즘 height2가 height1보다 더 효율적으로 동작하는 이유를 이해하는 것이 중요하다. 알고리즘 height2는 재귀적이며 하향식으로 진행된다. 만약 이 메서드가 처음에 T의 루트에서 호출된다면 결과적으로 T의 각 위치에서 한 번씩 호출된다. 이는 루트가 자신의 자식들에 대해 재귀 호출을 하고 그 자식들 역시 자신의 자식들에게 재귀 호출을 하며 계속 이어지기 때문이다.

모든 위치에서 각 호출의 비재귀적 부분에 소요되는 시간을 합산하면 height2 알고리즘의 수행 시간이 결정된다(재귀 과정에 대한 분석은 4.2절 참고). 구현된 height2 알고리즘을 실행하는 데는 포지션당 상수 시간의 작업량이 필요하며, children 이터레이션에 대해 최댓값을 계산하는 데 추가적인 시간이 소요된다. children(p)를 어떻게 구현할 것인지는 아직 제시되지 않았지만, 이러한 이터레이션이 $O(c_p + 1)$ 시간에 생성된다고 가정하자(c_p는 포지션 p가 가지는 자식의 수). 알고리즘 height2는 각 포지션 p에서 최댓값을 계산하는 데 $O(c_p + 1)$ 시간이 걸리며, 전체 수행 시간은 $O(\sum_p (c_p + 1)) = O(n + \sum_p c_p)$ 다. 분석을 마무리하기 위해 다음과 같은 속성을 사용한다.

명제 8.5 T를 n개의 포지션을 가진 트리라고 하고, c_p는 포지션 p의 자식 수라고 할 때, T의 포지션들을 모두 합하면 $\sum_p c_p = n - 1$이 된다.

증명 루트를 제외한 T의 각 포지션은 어떤 다른 포지션의 자식이다. 따라서 루트 외의 각 포지션은 명제 8.5의 합에 1씩 기여한다. ■

명제 8.5에 따르면, 알고리즘 height2의 수행 시간은 T의 루트에서 호출될 때 $O(n)$이다(n은 T의 포지션 수).

앞서 구현한 Tree 클래스의 공개 인터페이스를 다시 살펴보자. 서브트리의 높이를 계산하는 것은 도움이 되지만, 사용자는 트리 루트를 명시적으로 지정하지 않고 전체 트리의 높이를 계산하고 싶을 수 있다. 이를 위해 비공개 메서드인 _height2를 공개 메서드인 height로 덮어서(wrap) 사용하는 방법을 생각해 볼 수 있다. 이 메서드는 트리 T에서 T.height()와 같은 방식으로 동작시킬 수 있다(코드 8.6 참고).

```
def height(self, p=None):
   """포지션 p를 루트로 하는 서브트리의 높이를 계산한다.

   p가 None이면 전체 트리의 높이를 반환한다.
   """
   if p is None:
      p = self.root()
   return self._height2(p)          # _height2 재귀 시작
```

코드 8.6 전체 트리의 높이를 기본으로 계산하고, 포지션이 매개변수로 주어지는 경우 해당 포지션을 루트로 하는 트리의 높이를 계산하는 공개 메서드(Tree.height)

8.2 이진 트리

이진 트리는 다음과 같은 속성을 지닌 정렬된 트리다.

❶ 모든 노드에는 최대 두 개의 자식이 있다.

❷ 각 자식 노드는 **왼쪽 자식**(left child) 또는 **오른쪽 자식**(right child)으로 라벨이 지정된다.

❸ 노드의 자식들 간에는 순서가 있으며, 왼쪽 자식이 오른쪽 자식보다 앞에 있다.

내부 노드 v의 왼쪽 또는 오른쪽 자식을 루트로 하는 서브트리를 각각 v의 **왼쪽 서브트리**(left subtree) 또는 **오른쪽 서브트리**(right subtree)라고 한다. 이진 트리는 각 노드가 0 또는 두 개의 자식을 갖는 경우에 **적정**(proper)이다. 어떤 사람들은 이러한 트리를 **완전**(complete) **이진 트리**라고 부르기도 한다.[6] 즉, 적정 이진 트리에서는 모든 내부 노드에 정확히 두 개의 자식이 있다. 적정하지 않은 이진 트리는 **부적정**(improper)이다.

6 마지막 노드의 경우, 형제가 없는 경우를 허용하는 방식으로 완전 이진 트리를 정의하기도 있다.

예제 8.6 일련의 Yes/No 질문을 생각해 보자. 이와 같이 답에 따라 달라지는 다양한 결과를 도출하는 상황에서 이진 트리의 중요성이 드러난다. 각 질문은 내부 노드로 표현되고, 질문에 대한 답변(Yes/No)에 따라 루트에서 시작해 현재 노드의 왼쪽 또는 오른쪽 자식으로 이동한다. 각 결정을 내릴 때마다 부모에서 자식으로 이어진 간선을 따라가며 루트에서 단말 노드까지 트리의 경로가 결정된다. 이러한 이진 트리를 **의사 결정 트리**(decision tree)라고 한다. 이렇게 부르는 이유는 포지션 p에 있는 단말 노드가 무엇을 해야 할 것인지에 대한 결정을 나타내고, p의 조상들에서 제시된 여러 질문에 대한 답변으로 인해 p에 도달했기 때문이다. 의사 결정 트리는 적정 이진 트리가 된다는 점을 기억하자. 그림 8.7은 잠재 투자자에게 상품을 추천하는 의사 결정 트리다.

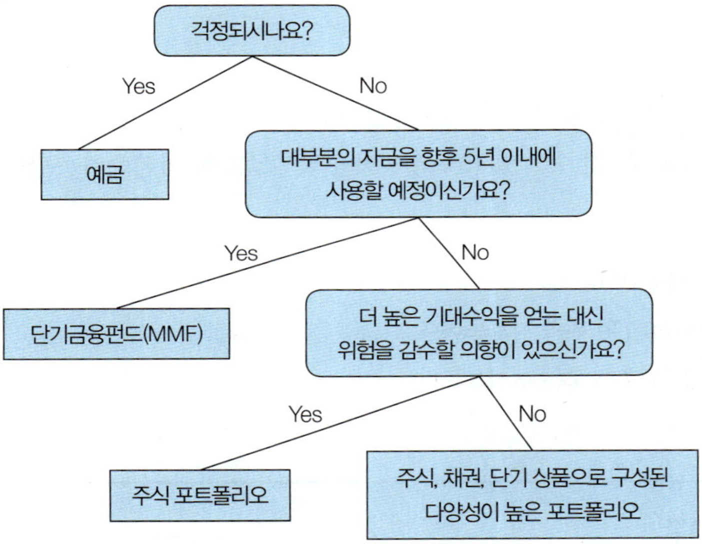

그림 8.7 투자 조언을 제공하는 의사 결정 트리

예제 8.7 산술 표현식은 변수 및 상수를 단말 노드로, 연산자(+, −, ×, /)를 내부 노드로 표현하는 이진 트리로 나타낼 수 있다(그림 8.8 참고). 이러한 트리의 각 노드는 값을 가지고 있다.

- 단말 노드의 값은 노드에 부여된 변수 또는 상수의 값이다.
- 내부 노드의 값은 해당 노드의 연산을 자식 노드의 값에 적용한 결과다.

산술 표현식 트리는 각 연산자 +, −, ×, /가 정확히 두 개의 피연산자를 취하기 때문에 **적정**(proper) **이진 트리**다. 물론 $-x$와 같이 단항 연산자(− 등)를 허용한다면 **부적정**(improper) **이진 트리**가 될 수도 있다.

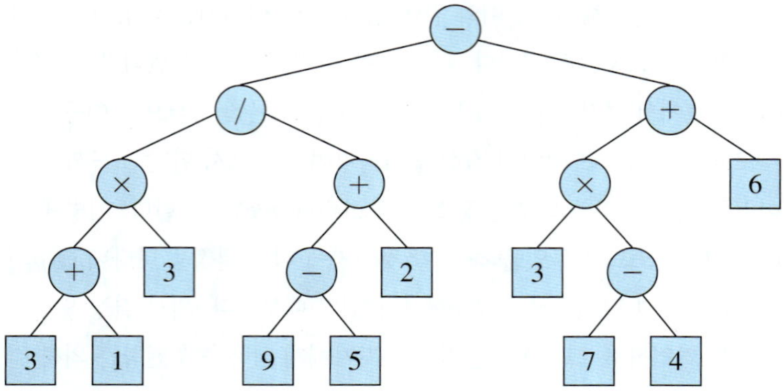

그림 8.8 산술 표현식을 나타내는 이진 트리. 이 트리는 표현식 $((((3+1)\times 3)/((9-5)+2))-((3\times(7-4))+6))$을 나타낸다. 라벨이 "/"인 내부 노드의 값은 2다.

재귀적 이진 트리 정의

재귀적인 방식으로 이진 트리를 정의할 수도 있다. 트리가 비어 있지 않다면, 이진 트리는 다음과 같은 구성을 가진다.

- 노드 r: T의 루트. 원소를 저장한다.
- 이진 트리(비어 있을 수 있음): T의 왼쪽 서브트리다.
- 이진 트리(비어 있을 수 있음): T의 오른쪽 서브트리다.

8.2.1 이진 트리 ADT

추상 데이터 타입의 관점에서 이진 트리는 세 가지의 접근자 메서드를 추가로 지원하는 특수한 트리다.

- **`T.left(p)`**: p의 왼쪽 자식을 나타내는 위치를 반환한다(p에 왼쪽 자식이 없는 경우 None을 반환함).
- **`T.right(p)`**: p의 오른쪽 자식을 나타내는 위치를 반환한다(p에 오른쪽 자식이 없는 경우 None을 반환함).
- **`T.sibling(p)`**: p의 형제를 나타내는 위치를 반환한다(p에 형제가 없는 경우 None을 반환함).

이진 트리에 대한 별도의 업데이트 메서드는 여기서 정의하지 않고, 추후 이진 트리의 구체적인 구현 및 적용 방법과 함께 설명한다.

파이썬의 이진 트리 추상 기반 클래스

8.1.2절에서 `Tree`를 추상 기반 클래스로 정의한 것처럼 이진 트리 ADT와 연관된 새로운 `BinaryTree` 클래스를 정의해 보자. 상속을 사용해 기존 `Tree` 클래스를 기반으로 `BinaryTree` 클래스를 정의할 수 있다. 그러나 이러한 구조를 내부적으로 어떻게 구체적으로 표현할지, 필요한 동작을 어떻게 구현할지 등이 정의되지 않았기 때문에 `BinaryTree` 클래스는 여전히 추상적인 상태로 남아 있다.

`BinaryTree` 클래스의 파이썬 구현은 코드 8.7과 같다. 이진 트리에서는 상속을 통해 일반 트리에 대해 정의된 모든 기능(예 `parent`, `is_leaf`, `root`)을 사용할 수 있으며, `Tree` 클래스 내에 정의된 중첩된 `Position` 클래스도 함께 상속받는다. 또한 새 클래스는 `BinaryTree`를 하위 클래스로 구현할 때 필요한 새로운 추상 메서드 `left`와 `right`를 제공한다.

새로운 클래스는 두 가지 실제 구현 메서드도 제공한다. 새로운 메서드 `sibling`은 `left`, `right`, `parent`의 조합에서 파생된다. 일반적으로 포지션 p의 형제를 p의 부모의 다른 자식으로 식별한다. 그러나 p가 루트인 경우에는 부모가 없으므로 형제도 없다. 또한 p가 부모의 유일한 자식인 경우에는 형제가 없을 수도 있다.

마지막으로 코드 8.7은 `Tree` 클래스에서 추상화된 메서드 `children`의 실제 구현을 제공한다. 노드의 자식들(children)이 어떻게 저장되는지가 아직 구체적으로 정의되지 않았지만 이 구현에서는 `left`와 `right` 추상 메서드의 암시된 동작을 기반으로, 순서가 매겨진 자식에 대한 제너레이터를 도출한다.

```python
class BinaryTree(Tree):
  """이진 트리 구조를 나타내는 추상 기반 클래스"""

  # -------------------- 추가된 추상 메서드 --------------------
  def left(self, p):
    """P의 왼쪽 자식을 나타내는 포지션을 반환한다.

    p에 왼쪽 자식이 없으면 None을 반환한다.
    """
    raise NotImplementedError('must be implemented by subclass')

```

```
    def right(self, p):
        """p의 오른쪽 자식을 나타내는 포지션을 반환한다.

        p의 오른쪽 자식이 없으면 None을 반환한다.
        """
        raise NotImplementedError('must be implemented by subclass')

    # ---------- 이 클래스에서 실제로 구현된 메서드 ----------
    def sibling(self, p):
        """p의 형제를 나타내는 포지션(형제가 없으면 None)을 반환한다."""
        parent = self.parent(p)
        if parent is None:                    # (이 경우) p는 루트
            return None                       # 루트에는 형제가 없음
        else:
            if p == self.left(parent):
                return self.right(parent)     # None일 수도 있음
            else:
                return self.left(parent)      # None일 수도 있음

    def children(self, p):
        """p의 자식을 나타내는 포지션의 반복을 생성한다."""
        if self.left(p) is not None:
            yield self.left(p)
        if self.right(p) is not None:
            yield self.right(p)
```

코드 8.7 BinaryTree 추상 기반 클래스(코드 8.1~8.2의 Tree 추상 기반 클래스를 확장하였음)

8.2.2 이진 트리의 속성

이진 트리에는 높이와 노드 수 관계에 관한 몇 가지 흥미로운 특성이 있다. 트리 T에서 깊이 d에 있는 모든 노드의 집합을 T의 **레벨** d로 표시하자. 이진 트리에서 레벨 0은 최대 하나의 노드(루트), 레벨 1은 최대 두 개의 노드(루트의 자식), 레벨 2는 최대 네 개의 노드 등으로 구성된다(그림 8.9 참고). 일반적으로 레벨 d에는 최대 2^d 노드가 있다.

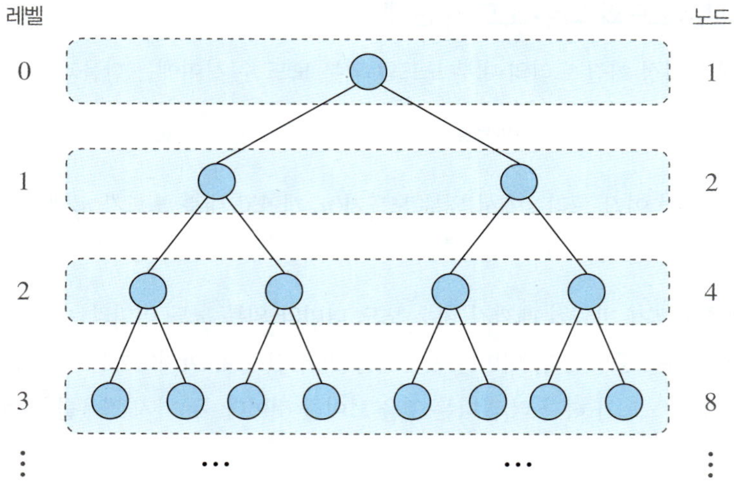

그림 8.9 레벨에 따른 이진 트리의 최대 노드 수

이로부터 이진 트리 레벨의 최대 노드 수는 트리 아래로 내려갈수록 기하급수적으로 증가한다는 것을 알 수 있다. 이 간단한 관찰을 통해 이진 트리 T의 높이와 노드 수에 관해 다음과 같은 특성을 도출할 수 있다. 이러한 특성에 대한 자세한 설명은 연습 문제 R-8.8에서 다룬다.

정리 8.8 T를 비어 있지 않은 이진 트리라고 하고 n, n_E, n_I, h가 각각 T의 노드 수, 외부 노드 수, 내부 노드 수, 높이를 나타낼 때, T는 다음과 같은 특성을 가진다.

❶ $h + 1 \le n \le 2^{h+1} - 1$

❷ $1 \le n_E \le 2^h$

❸ $h \le n_I \le 2^h - 1$

❹ $\log(h + 1) - 1 \le h \le n - 1$

T가 적정(proper)하다면, T는 다음과 같은 특성을 가진다.

❶ $2h + 1 \le n \le 2^{h+1} - 1$

❷ $h + 1 \le n_E \le 2^h$

❸ $h \le n_I \le 2^h - 1$

❹ $\log(n + 1) - 1 \le h \le (n - 1)/2$

적정 이진 트리에서 내부 노드와 외부 노드의 관계

앞의 이진 트리 속성 외에도 적정 이진 트리의 내부 노드와 외부 노드 수 사이에는 다음과 같은 관계가 존재한다.

명제 8.9 비어 있지 않은 적정 이진 트리 T에서 외부 노드가 n_E개이고 내부 노드가 n_I개라면 $n_E = n_I + 1$이 된다.

증명 T에서 노드를 삭제하고 T가 비워질 때까지 내부 노드 더미와 외부 노드 더미라는 두 개의 '더미'로 분할하여 이 명제를 증명한다. 더미는 처음에는 비어 있으며, 마지막에는 외부 노드 더미가 내부 노드 더미보다 노드가 하나 더 많다는 것을 보여줄 것이다. 두 가지 경우를 고려하여 증명한다.

- **경우 1**: T에 노드 v가 하나만 있는 경우, v를 삭제하여 외부 노드 더미에 배치한다. 따라서 외부 노드 더미에는 노드가 하나만 있고 내부 노드 더미는 비어 있다.
- **경우 2**: 그렇지 않은 경우(T에 노드가 두 개 이상 있는 경우), T에서 (임의의) 외부 노드 w와 그 부모인 내부 노드 v를 삭제한다. 외부 노드 더미에는 w를, 내부 노드 더미에는 v를 배치한다. v의 부모가 u인 경우, u를 w의 형제였던 z와 연결한다(그림 8.10 참고). 이 작업을 수행하면 내부 노드 한 개와 외부 노드 한 개가 삭제되고 트리는 적정 이진 트리가 된다.

  이 작업을 반복하면 결국 단일 노드로 구성된 최종 트리가 남게 된다. 이 최종 트리로 이어지는 일련의 작업을 통해 동일한 수의 외부 노드와 내부 노드가 삭제되어 각각의 더미에 배치되었음을 알 수 있다. 이제 최종 트리의 노드를 삭제하여 외부 노드 더미에 배치한다. 따라서 외부 노드 더미는 내부 노드 더미보다 노드가 하나 더 많다. ■

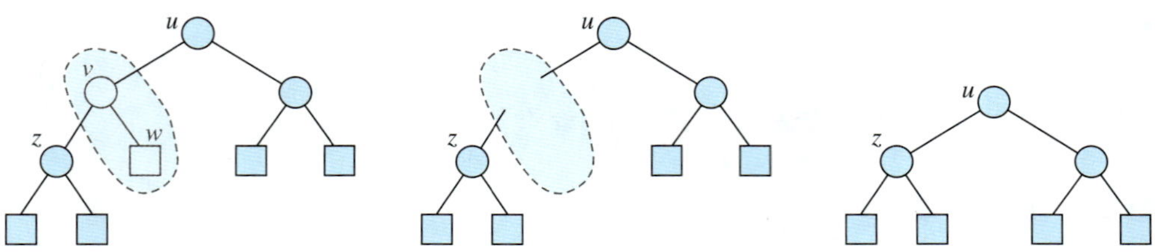

그림 8.10 명제 8.9의 증명에 사용된 외부 노드와 그 부모 노드를 삭제하는 연산

위의 관계는 이진 트리가 아니거나 적정 이진 트리가 아닌 경우에는 일반적으로 성립하지 않지만, 그런 경우에도 성립하는 다른 관계도 있다는 점에 유의하라(연습 문제 C-8.32~C-8.34 참고).

8.3 트리의 구현

이 장에서 지금까지 정의한 Tree와 BinaryTree 클래스는 모두 **추상 기반 클래스**의 형태를 띤다. 이 클래스들은 많은 기능을 제공하지만 이들을 직접 인스턴스화할 수는 없다. 트리를 내부적으로 어떻게 표현할지, 부모와 자식 사이를 어떻게 효과적으로 탐색할 수 있을지에 대한 주요 세부 구현 사항은 아직 정의하지 않았다. 트리를 실제로 구현할 때는 root, parent, num_children, children, __len__ 등의 메서드를 제공해야 한다. BinaryTree의 경우에는 추가 접근자로 left와 right도 있다.

트리의 내부 표현 방식에는 몇 가지 선택 사항이 있다. 이 절에서는 가장 일반적인 표현을 사용해 설명한다. 이진 트리의 모양은 다른 트리에 비해 좁으므로(narrow), **이진 트리**의 경우부터 시작하도록 하자.

8.3.1 이진 트리의 연결 구조

이진 트리 T를 구현하는 자연스러운 방법은 연결된 구조를 사용하는 것이다(그림 8.11(a) 참고). 이 구조에서는 원소에 대한 참조가 포지션 p에 저장되고, p의 자식과 부모 노드에 대한 참조가 함께 관리된다. p가 T의 루트인 경우, p의 부모 필드는 None이다. 마찬가지로 p에 왼쪽 자식(또는 오른쪽 자식)이 없는 경우 해당 필드는 None이다. 트리 자체는 루트 노드(있는 경우)에 대한 참조를 저장하는 인스턴스 변수와 T의 전체 노드 수를 나타내는 크기라고 하는 변수를 가진다. 연결된 구조를 사용하는 이러한 이진 트리는 그림 8.11(b)와 같다.

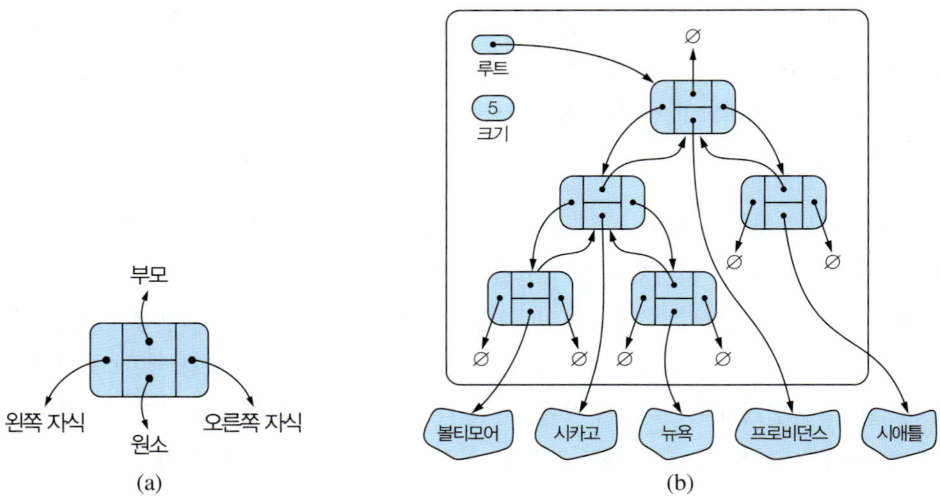

그림 8.11 연결 구조 표현. (a) 단일 노드, (b) 이진 트리

연결된 이진 트리 구조의 파이썬 구현

이 절에서는 BinaryTree 클래스를 서브클래싱하여 이진 트리 ADT를 구현하는 구체적인 LinkedBinaryTree 클래스를 정의할 것이다. 이를 위한 일반적인 접근 방식은 7.4절에서 PositionalList를 개발할 때과 매우 유사하다. 노드를 나타내는 간단한 비공개 _Node 클래스와 노드를 감싸는(wraping) 공개 클래스인 Position을 정의한다. 또한 언래핑할 때 주어진 포지션 인스턴스의 유효성을 검사하는 _validate 유틸리티와 노드를 포지션으로 감싸 호출자에게 반환할 때에 사용되는 _make_position 유틸리티를 제공할 것이다.

이 클래스의 정의는 코드 8.8과 같다. 형식상, 새 Position 클래스는 BinaryTree.Position에서 직접 상속되도록 선언된다. 기술적으로 BinaryTree 클래스(코드 8.7 참고)는 이러한 중첩 클래스를 공식적으로 선언하는 대신 Tree.Position으로부터 평범하게 상속받는다. 이와 같이 설계하면 포지션 클래스가 __ne__ 특수 메서드를 상속받으므로, 구문 p != q와 같은 구문이 __eq__를 적절하게 활용해 수행된다는 이점이 있다.

코드 8.9는 LinkedBinaryTree를 이어서 계속 정의한다. 생성자를 정의한 후 Tree 및 BinaryTree 클래스에서 추상적으로 남아 있는 메서드를 실제적으로 구현한다. 생성자는 _root를 None으로 초기화하고 _size를 0으로 초기화하여 빈 트리를 생성한다. 접근자 메서드들은 바운더리(boundary) 경우를 오류 없이 다루기 위해 _validate 및 _make_position 유틸리티를 신중하게 사용해 구현되었다.

연결된 이진 트리의 업데이트 연산

존재하는 이진 트리를 검사하는 기능은 앞에서 제공하였지만 LinkedBinaryTree 클래스의 생성자는 빈 트리를 생성할 뿐이다. 트리의 구조나 내용을 변경할 수 있는 수단은 아직 제공하지 않았다. 우리는 Tree 또는 BinaryTree 추상 기반 클래스에 업데이트 메서드를 선언하지 않을 것이다. 여기에는 몇 가지 이유가 있다. 첫째, 캡슐화의 원칙에 따르면 클래스의 외부 동작이 내부 표현에 의존할 필요는 없지만, 작업의 효율성은 표현 방식에 따라 크게 달라지기 때문이다. 추상 기반 클래스를 상속받아 실제로 구현하는 하위 클래스에서 대부분의 트리 업데이트 연산을 제공하는 편이 더 낫다.

기반 클래스에서 업데이트 메서드를 제공하지 않는 두 번째 이유는 이러한 업데이트 메서드가 공개 인터페이스의 일부가 되지 않는 편이 좋기 때문이다. 트리는 여러 프로그램에서 다양한 용도로 활용되는데, 한 프로그램에 적합한 업데이트 연산의 형태가 다른 프로그램에서는 맞지 않는 경우가 존재한다. 그런데 업데이트 메서드를 기반 클래스에 배치하면 해당 베이스를 상속하는 모든 클래스가 업데이트 메서드를 상속받게 된다. 예를 들어 위치 p에 저장된 원소를 다른 원소 e로 대체하는 T.replace(p, e) 메서드를 생각해 보자. **산술 표현식 트리**에서 이 메서드를 사용하는 것은 적절하지 않은데(예제 8.7과 8.5절의 사례 참고), 이는 산술 표현식 트리에서 내부 노드의 원소는 연산자로만 구성되기 때문이다.

연결된 이진 트리를 일반적으로 사용하기 위한 합리적인 업데이트 방법은 다음과 같다.

- **T.add_root(e)**: 빈 트리의 루트를 생성하여 원소로 e를 저장하고 해당 루트의 위치를 반환한다. 트리가 비어 있지 않으면 오류가 발생한다.
- **T.add_left(p, e)**: 원소 e를 저장하는 새 노드를 생성하고, 해당 노드를 위치 p의 왼쪽 자식으로 연결한 다음 새 노드의 위치를 반환한다. p에 이미 왼쪽 자식이 있는 경우 오류가 발생한다.
- **T.add_right(p, e)**: 원소 e를 저장하는 새 노드를 생성하고, 해당 노드를 위치 p의 오른쪽 자식으로 연결한 다음, 새 노드의 위치를 반환한다. p에 이미 오른쪽 자식이 있으면 오류가 발생한다.
- **T.replace(p, e)**: 위치 p에 저장된 원소를 원소 e로 바꾸고, 이전에 저장되어 있던 원소를 반환한다.
- **T.delete(p)**: 위치 p의 노드를 삭제하고, 자식이 있다면 그 자식으로 대체한 후, p에 저장되어 있던 원소를 반환한다. p에 두 개의 자식이 있으면 오류가 발생한다.
- **T.attach(p, T1, T2)**: 트리 T1과 T2를 T의 단말 노드인 p의 왼쪽과 오른쪽 서브트리로 각각 설정하고, T1과 T2를 빈 트리로 만든다(p가 단말 노드가 아닌 경우 오류 발생).

이 연산들을 특별히 선택한 이유는 각 연산이 연결된 방식의 표현을 통해 최악의 경우에도 $O(1)$ 시간에 구현될 수 있기 때문이다. 이 중 가장 복잡한 연산은 delete와 attach인데, 그 이유는 다양한 부모-자식 관계와 경계(boundary) 경우들을 분석해야 하기 때문이다 (하지만 결국 상수 횟수의 연산으로 해결됨). 포지션 리스트를 처리할 때와 마찬가지로 센티널 노드를 사용해 트리를 구현하면 두 메서드의 구현을 크게 단순화할 수도 있다(연습 문제 C-8.40 참고).

LinkedBinaryTree의 하위 클래스에서 불필요한 업데이트 메서드를 상속받는 문제를 해결하기 위해, 위의 메서드들은 공개로 지원되지 않고, 언더바로 시작하는 비공개 메서드(_delete 등)로 제공된다. 이 여섯 가지 업데이트 메서드에 대한 구현은 코드 8.10~8.11과 같다.

경우에 따라, LinkedBinaryTree의 하위 클래스는 프로그램에 적합한 공개 인터페이스를 자체적으로 가질 수 있으며, 내부적으로는 비공개 메서드를 호출할 수 있다. 또한 하위 클래스가 자신의 공개 메서드 안에서 하나 이상의 비공개 업데이트 메서드를 사용할 수도 있다. 여기서 제시한 6개의 업데이트 메서드 각각을 공개 메서드로 감싸(wrapping) 하위 클래스(MutableLinkedBinaryTree)의 메서드로 정의하는 작업은 연습 문제(R-8.15)에서 다룬다.

```python
class LinkedBinaryTree(BinaryTree):
  """연결된 형태로 표현되는 이진 트리 구조"""

  class _Node:       # 노드를 저장하기 위한 경량 비공개 클래스
    __slots__ = '_element', '_parent', '_left', '_right'
    def __init__(self, element, parent=None, left=None, right=None):
      self._element = element
      self._parent = parent
      self._left = left
      self._right = right

  class Position(BinaryTree.Position):
    """단일 원소의 포지션을 나타내는 추상화"""

    def __init__(self, container, node):
      """생성자는 사용자에 의해 호출되면 안 된다."""
      self._container = container
      self._node = node

    def element(self):
      """이 포지션에 저장된 원소를 반환한다."""
      return self._node._element

    def __eq__(self, other):
      """포지션 other가 동일한 포지션을 나타내면 True를 반환한다."""
      return type(other) is type(self) and other._node is self._node

  def _validate(self, p):
    """포지션이 유효하면 해당 포지션의 노드를 반환한다."""
    if not isinstance(p, self.Position):
      raise TypeError('p must be proper Position type')
    if p._container is not self:
      raise ValueError('p does not belong to this container')
    if p._node._parent is p._node:     # 더 이상 사용되지 않는 노드
      raise ValueError('p is no longer valid')
    return p._node

  def _make_position(self, node):
    """주어진 노드에 대한 포지션 인스턴스를 반환한다(노드가 없는 경우 None)."""
    return self.Position(self, node) if node is not None else None
```

코드 8.8 LinkedBinaryTree 클래스의 시작 부분(코드 8.9~8.11로 이어짐)

```
    #-------------------------- 이진 트리 생성자 --------------------------
    def __init__(self):
        """비어 있는 이진 트리를 생성한다."""
        self._root = None
        self._size = 0

    #-------------------------- 공개 접근자 --------------------------
    def __len__(self):
        """트리의 총 원소 개수를 반환한다."""
        return self._size

    def root(self):
        """트리의 루트 포지션을 반환한다 (트리가 비어 있으면 None)."""
        return self._make_position(self._root)

    def parent(self, p):
        """p의 부모 포지션을 반환한다(p가 루트면 None)."""
        node = self._validate(p)
        return self._make_position(node._parent)

    def left(self, p):
        """p의 왼쪽 자식 포지션을 반환한다(왼쪽 자식이 없으면 None)."""
        node = self._validate(p)
        return self._make_position(node._left)

    def right(self, p):
        """p의 오른쪽 자식 포지션을 반환한다(오른쪽 자식이 없으면 None)."""
        node = self._validate(p)
        return self._make_position(node._right)

    def num_children(self, p):
        """포지션 p의 자식 수를 반환한다."""
        node = self._validate(p)
        count = 0
        if node._left is not None:      # 왼쪽 자식 존재
            count += 1
        if node._right is not None:     # 오른쪽 자식 존재
            count += 1
        return count
```

코드 8.9 LinkedBinaryTree 클래스의 공개 접근자 메서드(코드 8.8에서 시작해 8.10~8.11로 이어짐)

```python
    def _add_root(self, e):
        """빈 트리의 루트에 원소 e를 배치하고 새 위치를 반환한다.

        트리가 비어 있지 않다면 ValueError를 발생시킨다.
        """
        if self._root is not None: raise ValueError('Root exists')
        self._size = 1
        self._root = self._Node(e)
        return self._make_position(self._root)

    def _add_left(self, p, e):
        """포지션 p에 대한 왼쪽 자식을 새로 생성하고 원소 e를 저장한다.

        새 노드의 포지션을 반환한다.
        P가 올바르지 않거나, p가 이미 왼쪽 자식을 가지고 있다면 ValueError를 발생시킨다.
        """
        node = self._validate(p)
        if node._left is not None: raise ValueError('Left child exists')
        self._size += 1
        node._left = self._Node(e, node)                    # 노드는 새 노드의 부모
        return self._make_position(node._left)

    def _add_right(self, p, e):
        """포지션 p에 대한 오른쪽 자식을 새로 생성하고 원소 e를 저장한다..

        새 노드의 포지션을 반환한다.
        P가 올바르지 않거나, p가 이미 오른쪽 자식을 가지고 있다면 ValueError를 발생시킨다.
        """
        node = self._validate(p)
        if node._right is not None: raise ValueError('Right child exists')
        self._size += 1
        node._right = self._Node(e, node)                   # 노드는 새 노드의 부모
        return self._make_position(node._right)

    def _replace(self, p, e):
        """위치 p의 원소를 e로 바꾸고 이전 원소를 반환한다."""
        node = self._validate(p)
        old = node._element
        node._element = e
        return old
```

코드 8.10 LinkedBinaryTree 클래스의 비공개 업데이트 메서드(코드 8.11로 이어짐)

```
def _delete(self, p):
    """포지션 p에서 노드를 삭제하고 하위 노드(존재한다면)를 삭제된 위치에 놓는다.

    위치 p에 저장되어 있던 원소를 반환한다.
    위치 p가 유효하지 않거나 p에 두 개의 자식이 있는 경우 ValueError를 발생시킨다.
    """
    node = self._validate(p)
    if self.num_children(p) == 2: raise ValueError('Position has two children')
    child = node._left if node._left else node._right      # None일 수 있음
    if child is not None:
      child._parent = node._parent                        # 자식의 조부모는 부모
    if node is self._root:
      self._root = child                                  # 자식이 루트가 됨
    else:
      parent = node._parent
      if node is parent._left:
        parent._left = child
      else:
        parent._right = child
    self._size -= 1
    node._parent = node                                   # 사용되지 않는 노드를 위한 규칙
    return node._element

  def _attach(self, p, t1, t2):
    """트리 t1과 t2를 p(외부 포지션)의 왼쪽 및 오른쪽 서브트리로 연결한다."""
    node = self._validate(p)
    if not self.is_leaf(p): raise ValueError('position must be leaf')
    if not type(self) is type(t1) is type(t2):   # 세 개 트리는 모두 같은 타입이어야 함
      raise TypeError('Tree types must match')
    self._size += len(t1) + len(t2)
    if not t1.is_empty():                        # 노드의 왼쪽 서브트리로 t1을 붙임
      t1._root._parent = node
      node._left = t1._root
      t1._root = None                            # t1 인스턴스를 비움
      t1._size = 0
    if not t2.is_empty():                        # 노드의 오른쪽 서브트리로 t2를 붙임
      t2. root. parent = node
      node._right = t2._root
      t2._root = None                            # t2 인스턴스를 비움
      t2._size = 0
```

코드 8.11 LinkedBinaryTree 클래스의 비공개 업데이트 메서드

연결된 이진 트리 구현의 성능

연결된 구조 표현의 효율성을 살펴보기 위해 Tree 및 BinaryTree 클래스에서 상속받은 메서드를 포함해 LinkedBinaryTree 메서드의 수행 시간을 분석해 보자.

- LinkedBinaryTree에서 구현된 len 메서드는 T의 노드 수를 가지는 인스턴스 변수를 사용해 $O(1)$ 시간에 실행된다. Tree에서 상속받은 is_empty 메서드는 len을 한 번 호출하는 것이 주된 기능이므로, $O(1)$ 시간이 걸린다.
- 접근자 메서드 root, left, right, parent, num_children은 LinkedBinaryTree에서 직접 구현되며 $O(1)$ 시간이 걸린다. sibling 및 children 메서드는 다른 접근자들을 상수 번 호출하는 방식으로 수행되므로, BinaryTree에서 상속받은 이들 메서드도 $O(1)$ 시간에 실행된다.
- Tree 클래스의 is_root와 is_leaf 메서드는 $O(1)$ 시간에 실행된다. is_root는 root를 호출한 다음 두 포지션이 같은지를 테스트하는 방식으로 수행되며, is_leaf는 left와 right를 호출하고 둘 다 None을 반환하는지를 확인하는 방식으로 수행되기 때문이다.
- depth와 height 메서드는 8.1.3절에서 이미 분석했다. d_p가 트리의 깊이일 때, 위치 p에서 호출되는 depth 메서드는 $O(d_p + 1)$ 시간에 실행되고, 트리의 루트에서 height 메서드가 호출되면 $O(n)$ 시간에 실행된다.
- 다양한 업데이트 메서드인 add_root, add_left, add_right, replace, delete, attach는 모두 $O(1)$ 시간에 실행된다. 이는 각 작업이 수정하는 링크의 수가 상수이기 때문이다. 당연히 이 메서드들에서 사용하는 비공개로 구현된 메서드도 $O(1)$ 시간에 실행된다.

표 8.1은 이진 트리의 연결 구조 구현 성능을 요약한 것이다.

연산	수행 시간
len, is_empty	$O(1)$
root, parent, left, right, sibling, children, num_children	$O(1)$
is_root, is_leaf	$O(1)$
depth(p)	$O(d_p + 1)$
height	$O(n)$
add_root, add_left, add_right, replace, delete, attach	$O(1)$

표 8.1 연결 구조로 구현된 노드가 n개인 이진 트리의 메서드 수행 시간. 공간 사용량은 $O(n)$이다.

8.3.2 이진 트리의 배열 기반 표현

이진 트리 T는 T의 포지션들에 번호를 매기는 방식으로 표현될 수 있다. T의 모든 위치 p에 대해 $f(p)$를 다음과 같이 정의되는 정수라고 하자.

- p가 T의 루트이면 $f(p) = 0$이다.
- p가 포지션 q의 왼쪽 자식인 경우 $f(p) = 2f(q) + 1$이다.
- p가 포지션 q의 오른쪽 자식인 경우 $f(p) = 2f(q) + 2$이다.

함수 f는 번호를 매기는 함수로, 이진 트리 T의 각 레벨마다 왼쪽에서 오른쪽으로 증가하는 순서로 번호를 매기기 때문에 **레벨 넘버링**(level numbering)이라고 한다(그림 8.12 참고). 레벨 넘버링은 주어진 트리의 실제 위치 대신 잠재적인 위치를 기반으로 하므로 반드시 연속적이지 않다는 점에 유의해야 한다. 예를 들어 그림 8.12(b)에는 레벨 번호가 13 또는 14인 노드가 없는데, 이는 레벨 번호가 6인 노드에 자식이 없기 때문이다.

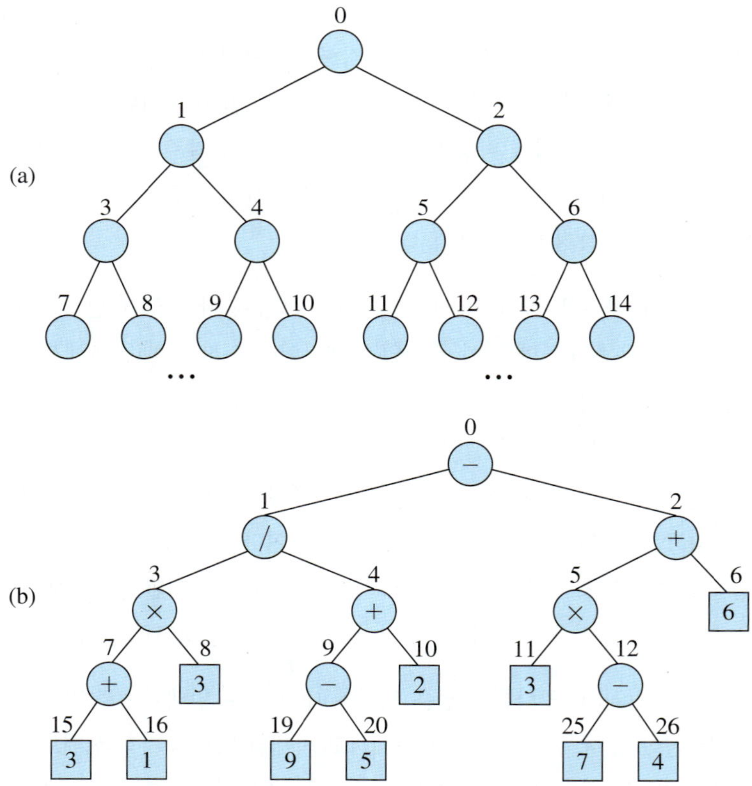

그림 8.12 이진 트리 레벨 번호 지정: (a) 일반적인 체계, (b) 예제

레벨 넘버링 함수 f는 파이썬의 리스트와 같은 배열 기반 구조를 통해 이진 트리 T를 표현할 수 있게 해준다. 이와 같은 방식에서, T의 포지션 p에 있는 원소는 배열의 인덱스 $f(p)$에 저장된다. 그림 8.13은 이진 트리를 배열 기반으로 표현한 예다.

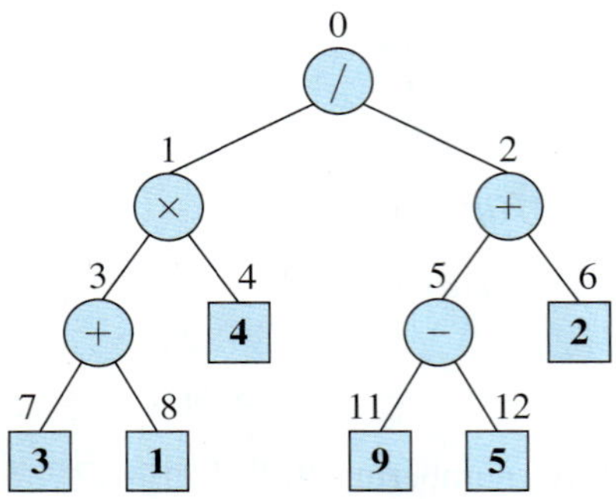

/	×	+	+	4	−	2	3	1			9	5		
0	1	2	3	4	5	6	7	8	9	10	11	12	13	14

그림 8.13 배열을 이용한 이진 트리의 표현

이진 트리를 배열 기반으로 표현하는 방법의 장점 하나는 포지션 p를 단일 정수 $f(p)$로 표현할 수 있고 `root`, `parent`, `left`, `right`와 같은 포지션 기반 메서드를 숫자 $f(p)$에 대한 간단한 산술 연산으로 구현할 수 있다는 점이다. 레벨 넘버링의 공식에 따르면, p의 왼쪽 자식은 인덱스 $2f(p) + 1$, 오른쪽 자식은 인덱스 $2f(p) + 2$로, p의 부모는 인덱스 $\lfloor (f(p) - 1)/2 \rfloor$가 된다. 이를 완전히 구현하는 내용은 연습 문제 R-8.18에서 다룬다.

트리를 배열 기반으로 표현할 때, 트리의 공간 사용량은 트리의 모양에 따라 크게 달라진다. n은 T의 노드 수이고, f_M은 T의 모든 노드에 대한 $f(p)$의 최댓값이라고 하자. 배열 A에서 원소가 존재하는 범위는 $A[0]$에서 $A[f_M]$까지이므로, 길이 $N = 1 + f_M$의 공간이 필요하다. 이때, A에는 T의 기존 노드를 참조하지 않는 빈 셀이 다수 있을 수 있다. 실제로 최악의 경우 $N = 2^n - 1$이 될 수 있으며, 이에 대한 증명은 연습 문제 R-8.16에서 다룬다. 한편, 9.3절에서는 $N = n$인 '힙(heaps)'이라고 하는 이진 트리 클래스를 살펴볼 것이다. 즉, 최악의 공간 사용에도 불구하고 배열의 공간을 효율적으로 사용하는 프로그램도 존재한다. 하지만 일반적인 이진 트리에서 최악의 경우에 대한 공간 사용량은 기하급수적이며 터무니없을 정도로 높다.

배열을 사용해 트리를 표현하는 방식의 또 다른 단점은 트리에 대한 일부 업데이트 작업이 효율적으로 수행되지 않는다는 점이다. 예를 들어 노드를 삭제하고 삭제된 노드의 자식을 위로 이동시키는 작업은 $O(n)$ 시간이 걸리는데, 이는 해당 자식뿐 아니라 해당 자식의 모든 자손을 이동시켜야 하기 때문이다.

8.3.3 연결 구조로 된 일반 트리

연결된 구조로 이진 트리를 표현할 때 각 노드는 개별 자식에 대한 참조로 `left`와 `right` 필드를 명시적으로 사용한다. 하지만 일반적인 트리의 경우 노드가 가질 수 있는 자식 수에 대해 제한이 없다. 일반 트리 T를 연결된 구조로 구현하는 자연스러운 방법은 각 노드가 자식에 대한 참조를 단일 컨테이너에 저장하도록 하는 것이다. 예를 들어 노드의 `children` 필드는 노드의 자식(있는 경우)에 대한 참조로 구성된 파이썬 리스트로 표현될 수 있다. 이러한 방법이 그림 8.14에 개략적으로 설명되어 있다.

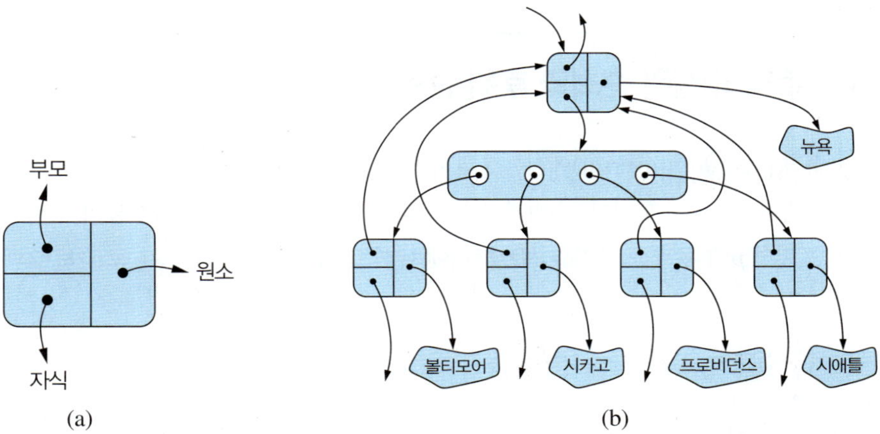

그림 8.14 연결된 구조로 표현된 일반 트리: (a) 노드의 구조, (b) 자료구조의 더 큰 부분(각각의 노드와 그 자식들)

표 8.2는 연결 구조를 사용해 구현된 일반 트리의 성능을 요약한 것이다. 이에 대한 분석은 연습 문제 R-8.14에서 다룬다. 컬렉션을 사용해 각 포지션 p의 자식을 저장한다면, 해당 컬렉션을 반복하는 방식으로 간단히 `children(`p`)`를 구현할 수 있다는 점을 생각해 보기 바란다.

연산	수행 시간
`len, is_empty`	$O(1)$
`root, parent, is_root, is_leaf`	$O(1)$
`children(p)`	$O(c_p + 1)$
`depth(p)`	$O(d_p + 1)$
`height`	$O(n)$

표 8.2 연결 구조로 구현된 n-노드 일반 트리의 접근자 메서드 수행 시간. c_p는 위치 p의 자식 수를 나타내며, 공간 사용량은 $O(n)$이다.

8.4 트리 순회 알고리즘

트리 T의 **순회**는 T의 모든 위치에 접근하거나 방문하는 체계적인 방법이다. 포지션 p의 방문과 관련된 구체적인 동작은 이 순회의 종류에 따라 달라지며, 이 동작들에는 카운터(counter) 증가부터 p에 대한 복잡한 계산 수행까지 모든 것이 포함될 수 있다. 이 절에서는 트리에 대한 일반적인 순회 체계들을 설명하고, 다양한 트리 클래스의 관점에서 이를 구현한다. 또한 트리 순회의 일반적인 응용 열 가지를 설명한다.

8.4.1 일반 트리의 전위 순회와 후위 순회

트리 T의 **전위 순회**(preorder traversal)에서는 T의 루트를 먼저 방문한 다음 그 자식을 루트로 하는 서브트리를 재귀적으로 순회한다. 순서가 있는 트리인 경우, 서브트리는 자식들의 순서에 따라 순회된다. 포지션 p에 루트를 가지는 서브트리에 대한 전위 순회 의사코드는 코드 8.12과 같다.

```
알고리즘 preorder(T, p):
  포지션 p에 대한 "방문" 작업을 수행한다.
  for T.children(p)의 각 자식 c에 대해 do
    preorder(T, c)                  {c를 루트로 하는 서브트리를 재귀적으로 순회함}
```

코드 8.12 전위 순회를 수행하는 preorder 알고리즘. 트리 T의 포지션 p를 루트로 하는 서브트리의 순회를 수행한다.

그림 8.15는 전위 순회 알고리즘을 적용하는 동안 샘플 트리의 위치를 방문하는 순서를 보여준다.

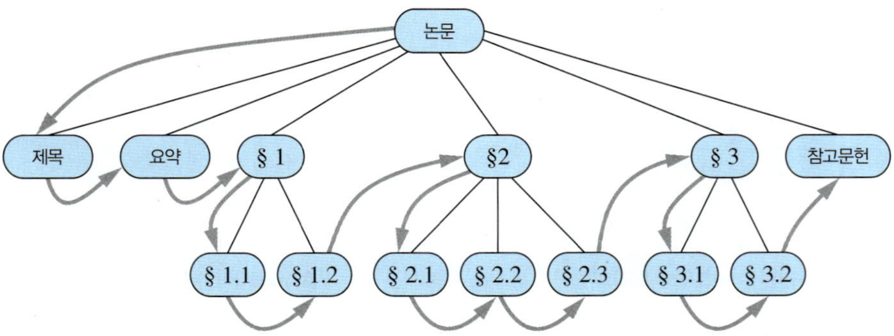

그림 8.15 순서가 있는 트리의 전위 순회(각 위치의 자식이 왼쪽에서 오른쪽으로 순서를 가지고 있음)

후위 순회

후위 순회(postorder traversal)도 중요한 트리 순회 알고리즘이다. 이 알고리즘은 루트의 자식을 루트로 하는 서브트리를 먼저 재귀적으로 탐색한 다음 루트를 방문하기 때문에 전위 순회와 반대라고 볼 수 있다(이 때문에 '후위'라는 이름이 붙음). 후위 순회에 대한 의사코드는 코드 8.13과 같으며, 후위 순회의 예는 그림 8.16과 같다.

```
알고리즘 postorder(T, p):
  for T.children(p)의 각 자식 c에 대해 do
    postorder(T, c)              {c를 루트로 하는 서브트리를 재귀적으로 순회함}
  포지션 p에 대한 "방문" 작업을 수행한다.
```

코드 8.13 후위 순회를 수행하는 postorder 알고리즘. 트리 T의 포지션 p를 루트로 하는 서브트리의 순회를 수행한다.

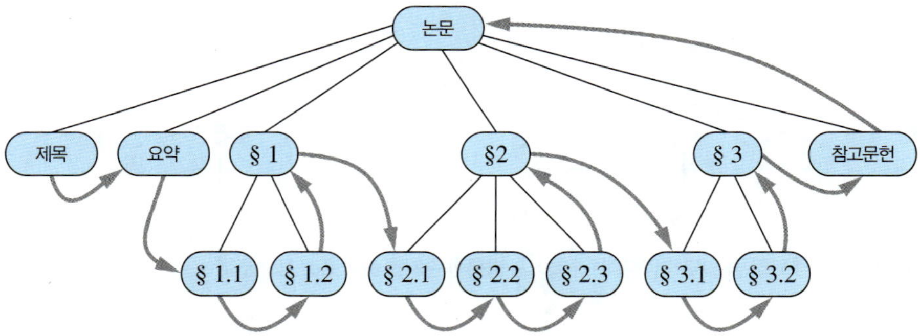

그림 8.16 그림 8.15의 정렬된 트리에 대한 후위 순회

수행 시간 분석

전위 및 후위 순회 알고리즘은 트리의 모든 위치에 접근할 수 있는 효율적인 방법이다. 두 순회 알고리즘의 분석 방법은 8.1.3절의 코드 8.5에 나온 알고리즘 height2의 분석 방법과 유사하다. 각 위치 p에서 순회 알고리즘의 비재귀 부분의 수행 시간은 $O(c_p + 1)$ 이다. 여기서 c_p는 p의 자식 수이며, "방문" 그 자체에는 $O(1)$ 시간이 걸린다는 가정하에 분석한다. 명제 8.5에 따르면 트리 T를 탐색하는 데 걸리는 전체 수행 시간은 $O(n)$이며, 여기서 n은 트리의 포지션 수다. 순회에서는 트리의 모든 n 위치를 방문해야 하므로 이 수행 시간은 점근적으로 최적(optimal)이다.

8.4.2 너비 우선 순회

전위 및 후위 순회 외에 트리의 포지션들을 방문하는 보편적인 방법을 살펴보자. 트리를 순회할 때에 깊이가 d인 모든 포지션을 방문한 후, 깊이 $d + 1$에 있는 포지션들을 순차적으로 방문하는 방법을 생각해 볼 수 있다. 이러한 알고리즘을 **너비 우선 순회**(breadth-first traversal)라고 한다.

너비 우선 순회는 게임 소프트웨어에서 흔히 사용되는 접근 방식이다. **게임 트리**(game tree)는 게임 중에 플레이어(또는 컴퓨터)가 선택할 수 있는 동작들을 나타내며, 트리의 루트는 게임의 초기 구성이다. 그림 8.17은 틱택토(tic-tac-toe) 게임 트리의 한 부분을 표시한 것이다.

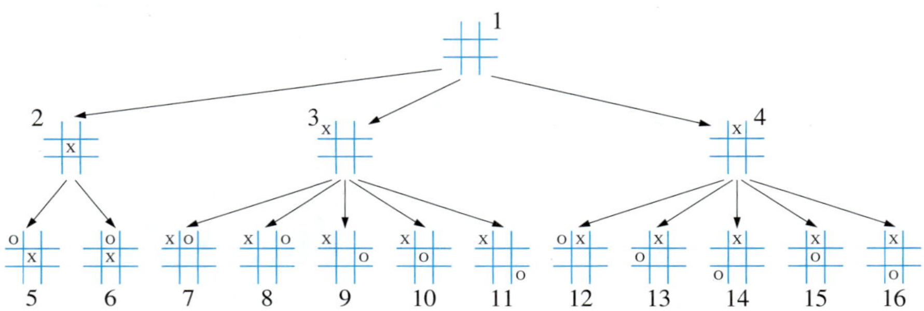

그림 8.17 틱택토의 게임 트리 중 일부. 너비 우선 순회에서 방문한 순서를 숫자로 표기하였다.

컴퓨터가 제한된 시간에 게임 트리 전체를 탐색하지 못할 수 있기 때문에 게임 트리에서는 너비 우선 탐색이 자주 수행된다. 컴퓨터는 특정 시점에서 가능한 모든 수를 고려한 후에 그 수에 대한 대응을 고려하게 되며, 계산 시간이 허용하는 한 최대한 깊이 탐색한다.

너비 우선 순회에 대한 의사코드는 코드 8.14과 같다. 전체 서브트리를 한 번에 순회하지 않기 때문에 이 프로세스는 재귀적이지 않다. 이 코드는 큐를 사용해 방문할 노드가 FIFO(선입선출) 원칙에 따라 결정되도록 한다. 전체 수행 시간은 $O(n)$인데, 이는 enqueue와 dequeue를 각각 n 번씩 호출하기 때문이다.

```
알고리즘 breadthfirst(T):
  대기열 Q가 T.root()를 포함하도록 초기화한다.
  while Q가 비어 있지 않은 동안 do
    p = Q.dequeue()                          {p는 대기열에서 가장 오래된 항목}
    위치 p에 대해 "방문" 작업을 수행한다.
    for T.children(p)의 각 자식 c에 대해 do
      Q.enqueue(c)        {대기열의 끝에 p의 자식을 추가해 나중에 방문할 수 있도록 함}
```

코드 8.14 트리의 너비 우선 순회 알고리즘

8.4.3 이진 트리의 중위 순회

일반 트리에 대해 소개한 표준 전위, 후위, 너비 우선 순회 알고리즘을 이진 트리에도 곧바로 적용할 수 있다. 이 절에서는 이진 트리에 특화되어 있으면서 널리 알려진 또 다른 순회 알고리즘을 소개한다.

중위 순회(inorder traversal)에서 특정 위치의 노드 탐색은 왼쪽 서브트리의 재귀 순회와 오른쪽 서브트리의 재귀 순회 사이에 이루어진다. 이진 트리 *T*를 중위 순회한다는 것은 간단하게 말해, *T*의 모든 노드를 '왼쪽에서 오른쪽으로 방문하는 것'이라고 얘기할 수 있다. 실제로 모든 포지션 *p*에 대해, 중위 순회에서는 *p*의 왼쪽 서브트리에 있는 모든 포지션을 방문한 다음에 *p*를 방문하고, 이후에 오른쪽 서브트리에 있는 모든 포지션을 방문한다. 중위 순회 알고리즘의 의사코드는 코드 8.15와 같으며, 중위 순회의 예는 그림 8.18과 같다.

```
알고리즘 inorder(p):
  if P에 왼쪽 자식 lc가 있다면 then
    inorder(lc)                    {재귀적으로 p의 왼쪽 서브트리를 순회함}.
  포지션 p에 대한 "방문" 작업을 수행한다.
  if p에 오른쪽 자식 rc가 있다면 then
    inorder(rc)                    {재귀적으로 p의 오른쪽 서브트리를 순회함}.
```

코드 8.15 이진 트리의 포지션 p에 루트를 둔 서브트리를 순서대로 순회하기 위한 알고리즘

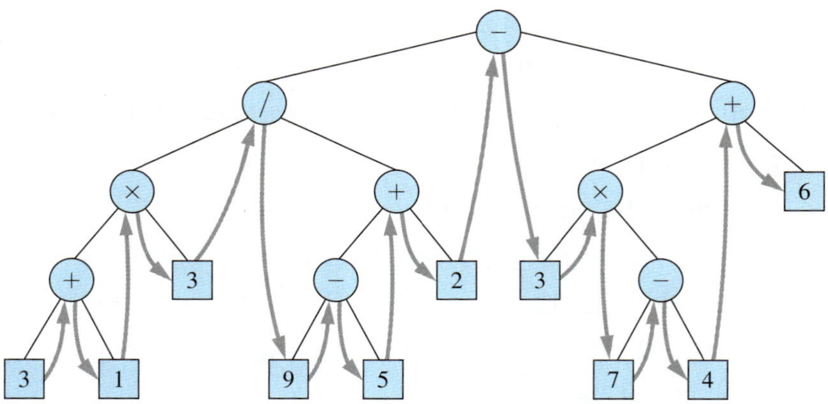

그림 8.18 이진 트리의 중위 순회

중위 순회 알고리즘이 중요하게 활용되는 몇 가지 프로그램이 있다. 그림 8.18과 같이 이진 트리를 사용해 산술식(Arithmetic Expression)을 표현한다고 해보자. 이 트리를 중위 순회하여 방문하는 노드들을 순서대로 나열하면 $3 + 1 \times 3/9 - 5 + 2 \ldots$와 같이 되는데, 수식의 표준 표현과 같은 순서로 포지션을 방문하게 된다(괄호 없이 표현됨).

이진 검색 트리

이진 검색 트리라고 부르는 구조를 정의하여 순서가 있는 원소 시퀀스를 이진 트리에 저장할 때, 중위 순회 알고리즘은 매우 중요한 역할을 한다. S를 고유한 원소들이 순서 관계를 갖는 집합이라고 가정해 보자. 예를 들어 S는 정수의 집합일 수 있다. S에 대한 이진 검색 트리는 T의 각 포지션 p에 대해 다음과 같은 속성을 가지는 이진 트리로 정의된다.

- 포지션 p는 $e(p)$로 표시되는 S의 원소를 저장하고 있다.
- p의 왼쪽 서브트리에 저장된 원소(서브트리가 있다면)는 $e(p)$보다 작다.
- p의 오른쪽 서브트리에 저장된 원소(서브트리가 있다면)는 $e(p)$보다 크다.

이 속성들은 이진 검색 트리 T를 중위 순회할 때 원소들을 오름차순으로 방문하는 것을 보장한다. 그림 8.19는 이진 검색 트리의 한 예다.

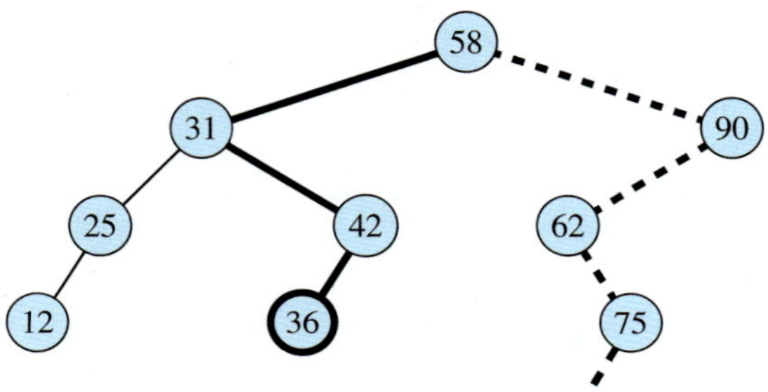

그림 8.19 정수를 저장하는 이진 검색 트리. 굵은 실선은 36을 검색할 때(검색에 성공했을 때) 순회하는 경로이며, 점선은 70을 검색할 때(검색에 성공하지 못했을 때) 순회하는 경로다.

집합 S에 검색 값 v가 존재하는지를 확인하기 위해 이진 검색 트리 T를 활용할 수 있다. 루트에서 시작하여 트리 T의 경로를 따라 내려가면서 검색 값을 찾는 것이다. 내부에 존재하는 각각의 포지션 p에서 검색 값 v를 원소 $e(p)$와 비교한다. $v < e(p)$이면 p의 왼쪽 서브트리에서 검색을 계속하고, $v = e(p)$이면 검색이 성공적으로 종료된다. $v > e(p)$이면 p의 오른쪽 서브트리에서 검색을 계속한다. 빈 서브트리에 도달하면 찾지 못한 상태로 검색이 종료된다. 다른 관점에서, 이진 검색 트리는 이진 의사 결정 트리로도 볼 수 있으며(예제 8.6 참고), 이때 각 내부 노드에서 묻는 질문은 해당 노드의 원소가 검색 중인 원소보다 작거나, 같거나, 큰지 여부다. 그림 8.19에는 검색 연산의 예가 몇 가지 나타나 있다.

이진 검색 트리 T에서 검색 수행 시간은 T의 높이에 비례한다는 점을 기억하기 바란다. 정리 8.8에서 n개의 노드를 가지는 이진 트리의 높이는 $\log(n + 1) - 1$만큼 작아지거나 $n - 1$만큼 커질 수 있음을 보였다. 즉, 이진 검색 트리는 높이가 작을 때 가장 효율적이다. 검색 트리는 11장에서 더 자세히 다룰 것이다.

8.4.4 파이썬에서 트리의 순회 구현

8.1.2절에서 트리 ADT를 처음 정의할 때 트리 T에는 다음 메서드에 대한 지원이 포함되어야 한다고 명시했다.

- **T.positions()**: 트리 T에 있는 모든 포지션의 이터레이션을 생성한다.
- **iter(T)**: 트리 T에 저장된 모든 원소의 이터레이션을 생성한다.

당시에는 이러한 이터레이션 내부의 순서에 대해 어떤 가정도 하지 않았다. 여기서는 앞서 소개한 트리 검색 알고리즘을 사용해 이러한 이터레이션을 생성해 보도록 하자. 만약, 모든 포지션에 대한 이터레이션을 가지고 있다고 가정하면 트리의 모든 원소에 대한 반복을 만드는 작업은 간단하다. 즉, 추상 기반 클래스 Tree에 특수 메서드 **__iter__**를 실제로 구현하면 **iter(T)** 구문을 공식적으로 지원할 수 있다. 파이썬의 제너레이터 구문을 사용해 이터레이션을 생성한다(1.8절 참고). Tree.__iter__의 구현은 코드 8.16과 같다.

```
def __iter__(self):
  """트리 원소의 이터레이션을 생성한다."""
  for p in self.positions():        # positions()과 같은 순서를 사용하지만
    yield p.element()               # 각 원소를 yield함
```

코드 8.16 트리 인스턴스의 모든 원소를 이터레이팅하는 코드. 트리 포지션의 이터레이션을 기반으로 동작하며, Tree 클래스에 포함시켜 사용한다.

positions 메서드를 구현할 때 트리 순회 알고리즘을 선택할 수 있다. 순회 방법별로 고유한 장점이 있으므로, 각 전략에 대해 코드를 독립적으로 구현하여, 사용자가 클래스를 사용할 때 각 메서드를 직접 호출할 수 있게 할 것이다. 그런 다음, 이들 전략 중 하나를 트리 ADT의 position 메서드에 대한 기본 순회 방식으로 쉽게 지정할 수 있다.

전위 순회

먼저 **전위 순회** 알고리즘을 고려해 보자. 트리 T에 대해 모든 포지션에 대한 전위 이터레이션을 생성하는 공개 메서드로 구현될 것이며, 이 메서드는 T.preorder()와 같은 방식으로 호출된다. 하지만 코드 8.12에서 설명했듯이 전위 순회를 생성하는 재귀 알고리즘은 순회할 서브트리의 루트 역할을 하는 포지션을 매개변수로 전달받아야 한다. 이러한 상황에 대처하는 표준적인 해결 방법은 비공개 메서드를 정의하여 필요한 재귀적 매개변수를 설정하고, 공개 메서

드 preorder가 트리의 루트에서 비공개 메서드를 호출하도록 하는 것이다. 이러한 설계는 코드 8.17과 같이 구현된다.

```
def preorder(self):
    """트리에서 포지션의 전위 이터레이션을 생성한다."""
    if not self.is_empty():
        for p in self._subtree_preorder(self.root()):      # 재귀 시작
            yield p

def _subtree_preorder(self, p):
    """p를 루트로 하는 서브트리에서 포지션의 전위 이터레이션을 생성한다."""
    yield p                                     # 서브트리 방문 전 p 방문
    for c in self.children(p):                  # 각 자식 c에 대해
        for other in self._subtree_preorder(c): # c의 서브트리에 대해 전위 이터레이션 생성
            yield other                         # 호출자에게 하나씩 yield함
```

코드 8.17 트리의 전위 순회를 지원하는 코드. Tree 클래스에 포함시켜 사용한다.

공식적으로, preorder와 유틸리티 메서드인 _subtree_preorder는 모두 제너레이터다. 이 코드 내에서 방문 작업을 수행하는 대신, 각 포지션을 호출자에게 yield하여 해당 위치에서 어떤 작업을 수행할지를 호출자가 결정하도록 한다.

_subtree_preorder 메서드는 재귀적인 메서드다. 하지만 기존 함수 대신 제너레이터에 사용하기 때문에 재귀의 형태가 약간 다르다. 자식 *c*의 서브트리에 존재하는 모든 위치를 얻기 위해, 재귀 호출 self._subtree_preorder(c)가 yield하는 위치를 반복하고, 각각의 위치를 호출자에게 다시 yield한다. *p*가 단말 노드인 경우 self.children(p)에 대한 for 루프는 더 이상 중요하지 않게 된다(이 경우가 (더 이상 재귀 함수를 호출하지 않는) 재귀의 가장 하한이 됨).

트리의 루트에서 시작하는 재귀 프로세스에 의해 생성된 모든 포지션을 다시 yield하는 공개 preorder 메서드에서도 비슷한 기법을 사용해, 트리가 비어 있으면 아무것도 yield하지 않는다. 즉, preorder 제너레이터를 온전히 지원하고 있으므로, 이 클래스는 다음과 같은 방식으로 사용될 수 있다.

```
for p in T.preorder():
    # 포지션 p를 방문함
```

트리의 공식 ADT에 따르면, 모든 트리는 positions 메서드를 지원해야 한다. 이터레이션의 기본 순서로 전위 순회를 사용하려면 코드 8.18이 Tree 클래스에 포함되어야 한다. 이 코드에서는 전위 호출에 의해 반환되는 결과를 반복하지 않고, 이터레이션 전체를 객체로 반환한다.

```
def positions(self):
    """트리 포지션의 이터레이션을 생성한다."""
    return self.preorder()         # 전위 순회 이터레이션 전체를 반환함
```

코드 8.18 Tree 클래스의 positions 메서드. 전위 순회를 사용해 결과를 생성한다.

후위 순회

전위 순회와 매우 유사한 방법으로 후위 순회를 구현할 수 있다. 유일한 차이점은 후위 순회에 대한 재귀적 유틸리티 메서드 안에 존재한다. 서브트리의 포지션들이 재귀적으로 모두 yield된 다음에, 위치 *p*를 yield하는 것이다. 후위 순회의 구현은 코드 8.19와 같다.

```
def postorder(self):
    """트리에서 포지션의 후위 이터레이션을 생성한다."""
    if not self.is_empty():
        for p in self._subtree_postorder(self.root()):  # 재귀 시작
            yield p

def _subtree_postorder(self, p):
    """p를 루트로 하는 서브트리에서 포지션의 후위 이터레이션을 생성한다."""
    for c in self.children(p):                        # 각 자식 c에 대해
        for other in self._subtree_postorder(c):      # c의 서브트리에 대해 후위 이터레이션 생성
            yield other                               # 호출자에게 하나씩 yield함
    yield p                                           # 서브트리 방문 후 p 방문
```

코드 8.19 트리의 후위 순회를 지원하는 코드. Tree 클래스에 포함시켜 사용한다.

너비 우선 순회

코드 8.20은 Tree 클래스에 대해 너비 우선 순회 알고리즘을 구현한 것이다. 너비 우선 순회 알고리즘은 재귀적이지 않으며, 위치 큐를 사용해 순회 프로세스를 관리한다는 점을 기억하기 바란다. 여기서는 7.1.2절의 LinkedQueue 클래스를 사용해 너비 우선 순회를 구현했지만, 큐 ADT를 만족하는 다른 형태의 큐 구현을 활용할 수도 있다.

이진 트리의 중위 순회

전위, 후위 및 너비 우선 순회 알고리즘은 모든 형태의 트리에 적용할 수 있으므로 Tree 추상 기반 클래스 내에 해당 구현을 포함시킨다. 이러한 메서드는 추상 BinaryTree 클래스, 실제로 구현되는 LinkedBinaryTree 클래스, 새롭게 만들어지는 임의의 트리 클래스에 의해 상속될 수 있다.

중위 순회 알고리즘은 노드의 왼쪽 및 오른쪽 자식의 개념으로부터 만들어지는 것으로, 이진 트리에만 적용된다. 따라서 중위 순회 알고리즘의 정의를 BinaryTree 클래스에 작성한다. 중위 순회 코드(코드 8.21 참고)는 전위 및 후위 순회와 비슷한 기법을 사용해 구현된다.

```
def breadthfirst(self):
    """트리 포지션의 너비 우선 이터레이션을 생성한다."""
    if not self.is_empty():
        fringe = LinkedQueue()              # 이 포지션은 아직 yield되지 않음
        fringe.enqueue(self.root())         # 루트에서 시작
        while not fringe.is_empty():
            p = fringe.dequeue()            # 큐 앞에서 삭제
            yield p                         # 이 포지션을 호출자에게 yield함
            for c in self.children(p):
                fringe.enqueue(c)           # 큐의 뒤쪽에 자식들 추가
```

코드 8.20 트리의 너비 우선 순회 코드. 트리 클래스에 포함시켜 사용한다.

```
def inorder(self):
    """트리 포지션의 중위 순회 이터레이션을 생성한다."""
    if not self.is_empty():
        for p in self._subtree_inorder(self.root()):
            yield p

def _subtree_inorder(self, p):
    """p를 루트로 하는 서브트리의 중위 순회 이터레이션을 생성한다."""
    if self.left(p) is not None:          # 왼쪽 자식이 존재한다면 왼쪽 자식의 서브트리를 순회함
        for other in self._subtree_inorder(self.left(p)):
            yield other
    yield p         # p 방문(p 방문은 두 서브트리의 방문 사이에 이루어짐)
    if self.right(p) is not None:         # 오른쪽 자식이 존재한다면 오른쪽 자식의 서브트리를 순회함
        for other in self._subtree_inorder(self.right(p)):
            yield other
```

코드 8.21 이진 트리의 중위 순회 코드. [코드 8.7]의 BinaryTree 클래스에 포함시켜 사용한다.

많은 경우에, 중위 순회는 이진 트리를 순회하는 자연스러운 방법이다. Tree 클래스에서 상속받은 positions 메서드를 재정의하여 BinaryTree 클래스의 기본값으로 만들 수 있다(코드 8.22 참고).

```
# 상속된 버전을 재정의하여 중위 순회를 기본값으로 설정함
def positions(self):
    """트리 포지션들의 이터레이션을 생성한다."""
    return self.inorder()          # 중위 순회를 기본값으로 설정
```

코드 8.22 BinaryTree.positions 메서드의 정의. 중위 순회를 사용해 포지션들을 보고한다.

8.4.5 트리 순회의 응용

여기서는 표준 순회 알고리즘을 일부 수정하는 방법과 트리 순회의 대표적인 응용 프로그램 몇 가지를 설명한다.

목차 테이블

트리를 사용해 문서의 계층 구조를 나타낼 때 트리의 전위 순회를 사용하면 문서의 목차를 자연스럽게 생성할 수 있다. 예를 들어 그림 8.15의 트리로 표현된 목차를 그림 8.20과 같이 표시할 수도 있다. 이 그림의 (a)에서는 한 줄에 원소 하나를 구성하는 간단한 방식으로 트리를 표현하였고, (b)에서는 트리 내에서 각 원소의 깊이에 따라 들여쓰기를 하여 더 매력적인 방식으로 표현하였다. 그림 8.3에서와 같이 트리 형태로 저장된 컴퓨터 파일 시스템의 내용을 표시할 때도 유사한 방법을 사용할 수 있다.

```
논문                논문
제목                  제목
요약                  요약
§1                  §1
§1.1                  §1.1
§1.2                  §1.2
§2                  §2
§2.1                  §2.1
...                   ...
 (a)                 (b)
```

그림 8.20 그림 8.15의 트리로 표시된 문서의 목차. (a) 들여쓰기가 없는 경우, (b) 트리 내 깊이에 따라 들여쓰기로 표시한 경우

트리 *T*가 주어졌을 때, 들여쓰기가 없는 목차는 다음 코드를 사용해 만들 수 있다.

```
for p in T.preorder():
  print(p.element())
```

그림 8.20(b)과 같이 표현하기 위해서는 트리에서 원소 깊이의 두 배에 해당하는 만큼 공백을 사용해 각 원소를 들여쓴다(따라서 루트 원소는 들여쓰기를 하지 않음). 이때 위 루프의 본문을 `print(2*T.depth(p)*' '+str(p.element()))` 문으로 대체할 수도 있지만, 이러한 접근 방식은 매우 비효율적이다. 전위 순회를 생성하는 작업은 $O(n)$ 시간에 실행되지만, 8.4.1절의

분석에 따르면 depth를 호출할 때 숨겨진 비용이 발생한다. 트리의 모든 위치에서 depth를 호출하면 8.1.3절에서 알고리즘 height1을 분석할 때 언급했듯이 최악의 경우 $O(n^2)$ 시간이 걸린다.

들여쓰기된 목차를 생성하기 위한 더 나은 접근 방식은 현재의 깊이를 추가 매개변수로 사용하는 하향식 재귀를 재설계하는 것이다(코드 8.23 참고). 이 방식으로 구현된 알고리즘은 최악의 경우에도 $O(n)$ 시간에 실행된다(문자열을 화면에 출력하는 데 걸리는 시간은 제외).

```
def preorder_indent(T, p, d):
  """깊이 d에서 p에 루트를 가지는 T의 서브트리의 전위 표현을 출력한다."""
  print(2*d*' ' + str(p.element()))          # 들여쓰기에 깊이 사용
  for c in T.children(p):
    preorder_indent(T, c, d+1)               # 자식 깊이는 d+1
```

코드 8.23 전위 순회하면서 들여쓰기와 함께 출력하기 위한 효율적인 재귀 알고리즘. 트리 T의 전체를 출력하기 위해서, 재귀는 indent(T, T.root(), 0) 형식으로 시작해야 한다.

그림 8.20의 예에서는 각 장의 번호가 트리의 원소 안에 포함되어 있어, 장/절의 번호를 쉽게 출력할 수 있었다. 트리에 장/절의 번호가 포함되지 않는 일반적인 상황에서 전위 순회를 사용해 트리의 구조를 표현할 때, 장/절의 번호를 함께 표시하고 싶을 수도 있다. 예를 들어 그림 8.2의 트리를 다음과 같이 표시할 수 있다.

```
R'Us 전기회사
1 연구개발
2 영업
  2.1 국내
  2.2 국제
    2.2.1 캐나다
    2.2.2 남미
```

라벨로 사용되는 숫자는 트리 구조에 따라 함축적으로 결정되기 때문에 이 문제를 해결하기는 쉽지 않다. 라벨은 루트에서 현재 포지션까지의 경로를 따라 존재하는 각 포지션의 인덱스, 형제 노드의 위치에 따라 달라진다. 따라서 재귀 함수를 수행할 때 해당 경로를 나타내는 매개변수를 추가해야 한다. 구체적으로는, 루트를 제외한 하향 경로의 각 포지션에 대응하는 숫자를 가지는 리스트를 사용한다. 이 숫자는 0으로 시작하는 인덱스이며 출력할 때는 1로 시작하는 인덱스가 되도록 변경해 준다.

알고리즘 구현 시 재귀의 한 단계에서 다음 단계로 매개변수를 전송할 때 이러한 리스트가 중복되는 것은 비효율적이므로 피하는 것이 좋다. 이를 위한 표준 솔루션은 재귀 전체에서 동일한 리스트 인스턴스를 공유하는 것이다. 재귀의 한 단계에서 추가적인 재귀 호출이 이루어지기 전에, 새 항목이 일시적으로 리스트 끝에 추가된다. 흔적을 남기지 않으려면 동일한 코드 블록이 작업을 완료하기 전에 리스트에서 불필요한 항목을 삭제해야 한다. 이와 같은 접근 방법을 코드 8.24에 구현하였다.

```
def preorder_label(T, p, d, path):
    """깊이 d에서 p를 루트로 하는 T의 서브트리의 라벨을 출력한다."""
    label = '.'.join(str(j+1) for j in path)    # 라벨을 표시할 때는 번호가 1에서 시작하도록 함
    print(2*d*' ' + label, p.element())
    path.append(0)                              # 경로를 저장하는 항목은 번호가 0에서 시작됨
    for c in T.children(p):
        preorder_label(T, c, d+1, path)  # 자식 노드의 깊이는 d+1
        path[-1] += 1
    path.pop()
```

코드 8.24 전위 순회를 수행하며 라벨을 번호 및 들여쓰기와 함께 출력하기 위해 효율적으로 구성된 재귀 함수

트리의 괄호 표현

그림 8.20(a)와 같이 전위 순회로 방문한 노드의 순서만 가지고 일반적인 트리를 재구성할 수는 없다. 즉, 트리의 구조를 잘 정의하기 위해서는 추가적인 방법이 필요하다. 들여쓰기나 번호가 매겨진 라벨을 사용하면 이러한 구조를 매우 인간 친화적인 표현으로 제공할 수 있지만 문자열을 사용해 트리를 컴퓨터 친화적으로 표현하는 방식도 있다.

이 절에서는 이러한 표현 중 하나를 살펴보자. 트리 T의 **괄호 문자열 표현** $P(T)$는 다음과 같이 재귀적으로 정의된다. T가 단일 포지션 p로 구성되면 다음과 같이 표현할 수 있다.

$$P(T) = \texttt{str}(p.\texttt{element()}).$$

그렇지 않으면 재귀적으로 다음과 같이 정의할 수 있다.

$$P(T) = \texttt{str}(p.\texttt{element()}) + \texttt{'('} + P(T_1) + \texttt{', '} + \cdots + \texttt{', '} + P(T_k) + \texttt{')'}$$

여기서 p는 T의 루트이고 T_1, T_2, …, T_k는 p의 자식을 루트로 하는 서브트리로, T가 순서가 있는 트리인 경우 순서대로 지정된다. 여기서는 +를 사용해 문자열 연결을 나타냈다. 예를 들어 그림 8.2의 트리를 괄호로 표현하면 다음과 같다(줄바꿈은 가독성을 위한 것임).

```
R'Us 전기회사(연구개발, 영업(국내, 국제(캐나다, 남미, 해외(아프리카, 유럽, 아시아, 호주))),
구매, 제조(TV, CD, 튜너))
```

괄호 표현은 본질적으로 전위 순회이지만, 코드 8.17의 전위 순회 코드를 사용해서 추가 구두점(괄호와 쉼표)을 생성하기는 쉽지 않다. 여는 괄호는 각 포지션의 자식에 대한 루프 바로 전에 생성되어야 하고 닫는 괄호는 해당 루프 바로 뒤에 생성되어야 한다. 항목을 구분하려면 쉼표도 생성해야 한다. 코드 8.25에 구현된 파이썬 함수 parenthesize는 트리 T를 이러한 괄호 문자열 표현으로 출력하는 사용자 정의 순회다.

```
def parenthesize(T, p):
   """p를 루트로 하는 T의 서브트리를 괄호로 묶어 표시한다."""
   print(p.element(), end='')                  # end를 사용해 줄바꿈 방지
   if not T.is_leaf(p):
      first_time = True
      for c in T.children(p):
         sep = ' (' if first_time else ', '    # 적절한 구분 기호 결정
         print(sep, end='')
         first_time = False                    # 이후의 작업은 첫 번째 작업이 아님
         parenthesize(T, c)                    # 자식에게서 재귀 함수를 호출함
      print(')', end='')                       # 닫는 괄호를 포함시킴
```

코드 8.25 트리의 괄호 문자열 표현을 출력하는 함수

컴퓨팅 디스크 공간

예제 8.1에서 트리를 사용해 파일 시스템 구조를 트리로 나타내는 방법을 살펴보았는데, 내부 포지션은 디렉터리를 나타내고 단말 노드는 파일을 나타내도록 하는 방식이었다. 4장에서도 재귀의 사용을 소개할 때, 구체적으로 파일 시스템이라는 주제를 살펴보기도 했다(4.1.4절 참고). 당시에는 트리를 명시적으로 모델링하지 않았지만 디스크 사용량을 계산하는 알고리즘을 구현한 바 있다(코드 4.5).

디스크 공간을 재귀적으로 계산하는 것은 후위 순회의 대표적인 예에 해당한다. 디렉터리가 사용하는 총 공간을 효과적으로 계산하려면 서브 디렉터리가 사용하는 공간을 먼저 알아야 하기 때문이다. 안타깝게도 후위 순회를 공식적으로 구현한 코드 8.19는 이러한 목적에 적합하지 않

다. 디렉터리의 포지션을 방문할 때 이전에 방문한 포지션 중 어느 포지션이 해당 디렉토리의 서브 디렉터리를 나타내는지, 얼마나 많은 재귀 디스크 공간이 할당되었는지 쉽게 파악할 수 있는 방법이 없기 때문이다.

순회 프로세스의 자식이 부모에게 정보를 반환하도록 메커니즘을 구성하자. 디스크 공간 문제를 해결하는 방법은 코드 8.26과 같다. 이 코드는 각 재귀 수준에서 부모 호출자에게 값을 반환한다.

```
def disk_space(T, p):
  """p를 루트로 하는 T의 서브트리에 대한 총 디스크 공간을 반환한다."""
  subtotal = p.element().space()        # 포지션 p에서 사용된 공간
  for c in T.children(p):
    subtotal += disk_space(T, c)        # subtotal에 자식이 사용하는 공간을 더함
  return subtotal
```

코드 8.26 트리의 디스크 공간을 재귀적으로 계산하는 재귀 함수. 각 트리 원소의 space() 메서드는 해당 포지션에서 사용된 로컬 공간의 크기를 알려준다고 가정한다.

8.4.6 오일러 경로 순회와 템플릿 메서드 디자인 패턴 ★

8.4.5절에서 설명한 다양한 응용 사례는 재귀적 트리 순회의 강력한 힘을 보여준다. 안타깝게도 Tree 클래스의 preorder와 postorder 메서드, BinaryTree 클래스의 inorder 메서드는 범용성이 떨어져 원하는 만큼 다양한 연산을 처리하기 어렵다. 이 문제를 해결하려면 경우에 따라 서브트리에서 재귀하기 전에 작업을 수행하거나, 재귀한 후에 추가 작업을 수행하거나, 이진 트리의 경우 두 재귀 사이에서 작업을 수행하는 등과 같이 접근 방식들을 혼합할 필요가 있다. 또한 상황에 따라 포지션의 깊이, 루트에서 해당 포지션까지의 전체 경로를 파악할 필요가 있을 수 있고, 재귀의 한 수준에서 다른 수준으로 정보를 반환하는 것도 중요하다. 앞서 살펴본 각 응용 사례에서는 사용자 정의 구현을 통해 재귀적 아이디어를 적절히 적용하였지만 2.1.1절에서 소개한 객체 지향 프로그래밍의 큰 원칙에는 **유연성**(adaptability)과 **재사용성**(reusability)이 포함된다.

여기서는 **오일러 경로 순회**(Euler tour traversal)라는 개념을 기반으로 트리 순회를 구현하기 위한 좀더 일반적인 프레임워크를 개발한다. 일반 트리 T의 오일러 경로 순회를 가볍게 설명하자면, T를 한 바퀴 도는 **워크**(walk, 산책)로 정의할 수 있다. 순회의 시작은 루트다. 루트의 가장 왼쪽 자식 쪽으로 이동하는 것을 시작으로, T의 간선을 벽이라고 생각하면서, 항상 이 벽을 왼편에 둔 상태로 T 주위를 워크(산책)하는 것이다. (그림 8.21 참고)

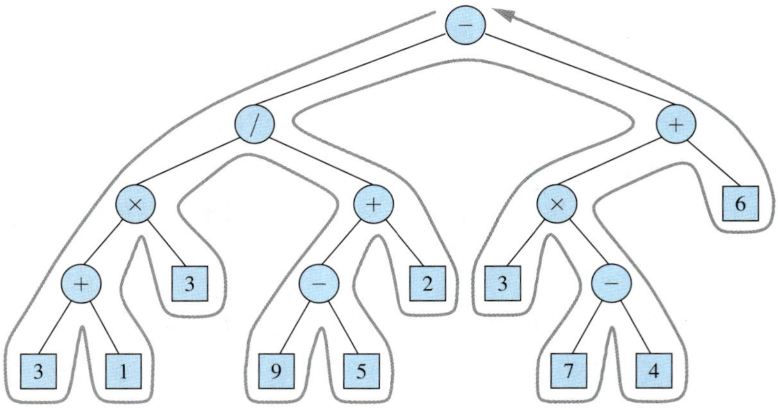

그림 8.21 트리의 오일러 경로 순회

워크의 복잡도는 $O(n)$이다. 워크는 트리의 모든 간선을 두 번씩(내려갔다가 다시 올라옴) 지나가며, 트리에는 $n - 1$개의 간선이 있기 때문이다. 전위 및 후위 순회의 개념을 통합하기 위해 각 포지션 p에 대해 두 가지 종류의 중요한 '방문'이 있다고 생각할 수 있다.

- '사전 방문'은 해당 포지션에 처음 도달할 때, 즉 그림 8.21과 같이 시각화된 상태에서 노드의 바로 왼쪽을 지나갈 때 발생한다.
- '사후 방문'은 나중에 해당 포지션에서 위로 올라갈 때, 즉 그림 8.21에서 노드의 오른쪽을 지나갈 때 발생한다.

오일러 경로 순회의 과정은 재귀적인 방식으로 쉽게 살펴볼 수 있다. 주어진 포지션의 사전 방문과 사후 방문 사이에는 각 서브트리의 재귀적 투어가 있다. 그림 8.21을 예로 들면, 전체 투어에서 떼어낸 일부분이 역시 오일러 경로인 경우가 있다. 즉, /를 루트 원소로 가지는 서브트리의 오일러 경로는 전체 트리에 대한 오일러 경로의 서브 집합이며, 두 트리는 서로 인접해 있다. 이 투어에는 두 개의 인접한 서브 투어가 포함되어 있는데, 하나는 해당 포지션의 왼쪽 서브트리를 순회하고 다른 하나는 오른쪽 서브트리를 순회한다. 포지션 p를 루트로 하는 서브트리에 대한 오일러 경로 순회 의사코드는 코드 8.27과 같다.

```
알고리즘 eulertour(T, p):
  포지션 p에 대한 "사전 방문" 작업을 수행한다.
  for each child c in T.children(p) do
    eulertour(T, c)                  {c를 루트로 하는 서브트리를 재귀적으로 순회함}
  포지션 p에 대해 "사후 방문" 작업을 수행한다.
```

코드 8.27 eulertour 알고리즘. 트리의 포지션 p를 루트로 하는 서브트리에 대해 오일러 경로 순회를 수행한다.

템플릿 메서드 디자인 패턴

유연하고 재사용 가능한 프레임워크를 제공하기 위해 유용한 객체 지향 소프트웨어 디자인 패턴인 **템플릿 메서드 디자인 패턴**(template method design pattern)을 사용한다. 템플릿 메서드 디자인 패턴은 일반적인 계산 메커니즘으로, 일부 단계를 재정의하여 지정된 응용 프로그램에 맞게 특화할 수 있다. 맞춤화를 위해 메인 알고리즘은 프로세스의 각 단계에서 **후크**(hook)라는 보조 함수를 호출한다.

오일러 경로 순회의 관점에서, 두 개의 후크(서브트리가 순회되기 전에 호출되는 사전 방문 후크, 서브트리 순회가 완료된 후에 호출되는 사후 방문 후크)를 정의하자. 후크는 프로세스를 관리하는 `EulerTour` 클래스의 일부로 구현되며, 이 클래스에서 프로세스를 관리하는 후크의 기본 구조가 간단하게 (아무 작업도 하지 않도록) 정의된다. 오일러 경로 순회를 사용자 정의하기 위해서는 `EulerTour`의 하위 클래스를 정의하여 후크(한 개 또는 두 개 모두)를 재정의하는 방식을 사용할 수 있다.

파이썬 구현

`EulerTour` 클래스의 구현은 코드 8.28과 같다. 주요 재귀 프로세스는 비공개 `_tour` 메서드에 정의되어 있다. 투어 인스턴스는 특정 트리에 대한 참조를 생성자에게 전달하여 생성된다. 그 후, 실제 투어의 경로는 계산된 (투어의) 최종 결과를 반환하는 공개 `excute` 메서드를 호출하여 얻을 수 있다.

```
class EulerTour:
    """트리의 오일러 경로 순회를 수행하기 위한 추상 기반 클래스

    _hook_previsit과 _hook_postvisit는 하위 클래스에 의해 재정의될 수 있다.
    """

    def __init__(self, tree):
        """주어진 트리에 대한 오일러 경로 템플릿을 준비한다."""
        self._tree = tree

    def tree(self):
        """순회 중인 트리에 대한 참조를 반환한다."""
        return self._tree

    def execute(self):
        """투어를 수행하고 루트 방문 후 결과를 반환한다."""
        if len(self._tree) > 0:
            return self._tour(self._tree.root(), 0, [])          # 재귀 시작

```

```
    def _tour(self, p, d, path):
        """p를 루트로 하는 서브트리의 투어를 수행한다.

        p         현재 방문 중인 노드의 포지션
        d         트리에서 p의 깊이
        path      루트에서 p까지의 경로에 있는 자식들의 인덱스 리스트
        """
        self._hook_previsit(p, d, path)                        # p의 사전 방문
        results = []
        path.append(0)      # 재귀를 시작하기 전, 경로의 마지막에 새 인덱스 추가
        for c in self._tree.children(p):
            results.append(self._tour(c, d+1, path))           # 자식 서브트리의 재귀
            path[-1] += 1          # 인덱스 증가
        path.pop()                 # 경로 끝에서 불필요한 인덱스 삭제
        answer = self._hook_postvisit(p, d, path, results) # p의 사후 방문
        return answer

    def _hook_previsit(self, p, d, path):                      # 재정의될 수 있음
        pass

    def _hook_postvisit(self, p, d, path, results):            # 재정의될 수 있음
        pass
```

코드 8.28 EulerTour 기반 클래스. 트리의 오일러 경로 순회를 위한 프레임워크를 제공한다.

8.4.5절에서 샘플 프로그램의 순회를 사용자화했던 경험을 바탕으로, 재귀적으로 깊이를 계산하여 관리하고 트리의 경로를 재귀적으로 표현하는 기능을 기본 EulerTour클래스에 추가해 보자. 여기서는 코드 8.24에서 사용한 접근 방식을 활용할 것이다. 또한 후처리(post-processing)를 위해, 한 재귀 레벨에서 다른 재귀 레벨에 값을 반환하는 메커니즘도 구현한다. 공식적으로 이 프레임워크는 다음 두 개의 특성화된 후크를 기반으로 한다.

- `_hook_previsit(p, d, path)`: 서브트리(있는 경우)가 순회되기 직전에 각 포지션에 대해 한 번씩 호출된다. 매개변수 p는 트리의 포지션, d는 해당 포지션의 깊이, path는 코드 8.24에서 설명된 규칙에 기반하는 인덱스 리스트다. 이 함수에서는 반환값을 기대하지 않는다.
- `_hook_postvisit(p, d, path, results)`: 서브트리(있는 경우)가 순회된 직후 각 포지션에 대해 한 번씩 호출된다. 처음 세 개의 매개변수는 `_hook_previsit`와 동일한 규칙을 사용한다. 마지막 매개변수는 p의 각 서브트리에 대한 사후 방문에서 반환값으로 사용하는 객체 리스트다. 이 호출에서 반환되는 모든 값은 p의 부모가 자신의 사후 방문 중에 사용할 수 있다.

더 복잡한 작업의 경우, EulerTour의 하위 클래스는 후크 안에서 접근하는 추가 인스턴스 변수를 사용할 수 있다. 이러한 변수는 내부의 상태를 초기화 및 유지 관리하는 데 활용된다.

오일러 경로 프레임워크 사용하기

8.4.5절의 샘플 프로그램을 다시 살펴보며 오일러 경로 프레임워크의 유연성을 확인해 보자. 간단한 예로, 코드 8.23에서 만든 '들여쓰기를 위한 전위 순회'는 하위 클래스를 사용해 간단히 생성할 수 있다(코드 8.29).

```
class PreorderPrintIndentedTour(EulerTour):
  def _hook_previsit(self, p, d, path):
   print(2*d*' ' + str(p.element()))
```

코드 8.29 EulerTour의 하위 클래스. 트리 원소를 전위 순회하며 들여쓰기된 리스트를 생성한다.

이 순회는 주어진 트리 T에 대한 하위 클래스의 인스턴스를 생성하고 excute 메서드를 호출하는 것으로 시작된다. 구체적으로는 다음과 같이 구현할 수 있다.

```
tour = PreorderPrintIndentedTour(T)
tour.execute()
```

코드 8.24에서 다룬 '들여쓰기를 위한 전위 순회'는 코드 8.30과 같이 EulerTour를 상속받는 하위 클래스의 메서드로 구현될 수 있다.

```
class PreorderPrintIndentedLabeledTour(EulerTour):
  def _hook_previsit(self, p, d, path):
    label = '.'.join(str(j+1) for j in path)      # 라벨은 1부터 인덱싱됨
    print(2*d*' ' + label, p.element())
```

코드 8.30 EulerTour의 하위 클래스. 트리 원소들은 전위 순회의 순서로, 라벨과 함께 들여쓰기된 상태로 출력된다.

이번에는 코드 8.25에서 구현한 '괄호 문자열 표현'을 살펴보자. 여기서는 사전 방문 및 사후 방문 후크를 모두 재정의하는 하위 클래스를 정의한다(코드 8.31).

이 코드에서는 후크가 실행될 때 현재 순회 중인 트리 인스턴스의 메서드를 호출하게 된다는 점에 유의해야 한다. EulerTour 클래스의 공개 메서드인 tree()는 해당 트리에 대한 접근자 역할을 한다.

```
class ParenthesizeTour(EulerTour):
  def _hook_previsit(self, p, d, path):
    if path and path[-1] > 0:              # p가 형제 노드 뒤에 나타나면
      print(', ', end='')                  # 콤마로 시작함
    print(p.element(), end='')             # 그리고 원소를 출력함
    if not self.tree().is_leaf(p):         # p가 자식 노드를 가지고 있으면
      print(' (', end='')                  # 닫는 괄호를 출력함

  def _hook_postvisit(self, p, d, path, results):
    if not self.tree().is_leaf(p):         # p가 자식 노드를 가지고 있으면
      print(')', end='')                   # 닫는 괄호를 출력함
```

코드 8.31 트리를 괄호를 사용해 표현하는 EulerTour의 하위 클래스

마지막으로, 코드 8.26에서 구현한 디스크 공간을 계산하는 작업은 EulerTour의 하위 클래스를 사용해 제법 쉽게 수행할 수 있다(코드 8.32). 루트에 대한 사후 방문 결과는 excute() 함수를 호출한 곳으로 반환된다.

```
class DiskSpaceTour(EulerTour):
  def _hook_postvisit(self, p, d, path, results):
    # 서브트리의 용량과 p와 관련된 용량을 더하기만 하면 됨
    return p.element().space() + sum(results)
```

코드 8.32 트리가 사용하는 디스크 공간을 계산하는 EulerTour의 하위 클래스

8.4.7 이진 트리의 오일러 경로

8.4.6절에서 템플릿 메서드 디자인 패턴을 활용하여 EulerTour 클래스를 설계하면서 일반 그래프에 대한 오일러 경로 순회 개념을 소개했다. 이 클래스에는 재정의 가능한 두 가지 메서드(_hook_previsit, _hook_postvisit)를 포함시켜 오일러 경로를 사용자화할 수 있도록 하였다. 코드 8.33에서 BinaryEulerTour는 이진 트리를 위해 특화된 클래스다. 왼쪽 서브트리를 순회한 후 오른쪽 서브트리를 순회하기 전에 각 포지션에 대해 _hook_invisit가 한 번씩 호출된다. BinaryEulerTour는 기존 _tour 유틸리티를 대체하여 노드에 최대 두 개의 자식이 있는 경우에 대해 특화된 것이다. 노드에 자식이 하나만 있는 경우, 해당 자식이 왼쪽인지 오른쪽인지 구분하여 '중간 방문' 후크가 왼쪽 자식 방문 후 또는 오른쪽 자식 방문 전에 실행되도록 한다. 단말 노드인 경우, 세 개의 후크가 연속적으로 호출된다.

```python
class BinaryEulerTour(EulerTour):
    """이진 트리의 오일러 경로 순회를 수행하기 위한 추상 기반 클래스"""

    이 버전에는 "중간 방문" 후크가 포함되어 있다. "중간 방문" 후크는 왼쪽 서브트리(존재한다면)가
    호출된 이후, 그리고 오른쪽 서브트리(존재한다면)가 호출되기 전에 호출된다.

    주의: 경로 번호 지정 시 왼쪽 자식이 없는 경우에도 오른쪽 자식의 인덱스 번호는 1로 지정된다.
    """
    def _tour(self, p, d, path):
        results = [None, None]                    # 재귀의 결과로 업데이트됨
        self._hook_previsit(p, d, path)           # p를 사전 방문함
        if self._tree.left(p) is not None:        # 왼쪽 자식을 고려함
            path.append(0)
            results[0] = self._tour(self._tree.left(p), d+1, path)
            path.pop()
        self._hook_invisit(p, d, path)            # p를 중간 방문함
        if self._tree.right(p) is not None:       # 오른쪽 자식을 고려함
            path.append(1)
            results[1] = self._tour(self._tree.right(p), d+1, path)
            path.pop()
        answer = self._hook_postvisit(p, d, path, results)  # p를 사후 방문함
        return answer

    def _hook_invisit(self, p, d, path): pass   # 재정의될 수 있음
```

코드 8.33 이진 트리에 특화된 투어를 제공하는 BinaryEulerTour 기반 클래스. 원래 EulerTour 기반 클래스는 코드 8.28에서 제공되었다.

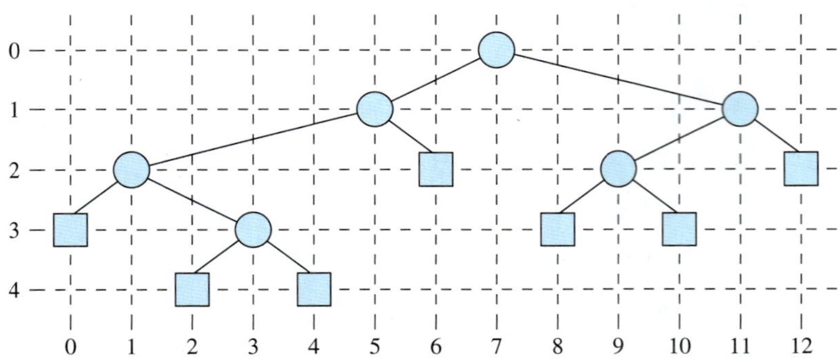

그림 8.22 이진 트리의 순서 없는 그림

BinaryEulerTour 프레임워크의 사용법을 설명하기 위해 이진 트리를 그래픽 레이아웃 위에 표현하려고 한다(그림 8.22 참고). 이를 위해 각 노드가 레이아웃 위에서 가지는 좌표를 계산하는 하위 클래스를 개발해 보자. 각 노드의 좌표는 이진 트리 T의 각 포지션 p에 x 좌표와 y 좌표를 할당하는 알고리즘을 사용하며, 이 알고리즘은 다음 두 가지 규칙에 따라 좌표를 결정한다.

- $x(p)$는 T의 순차 검색에서 p 이전에 방문한 포지션의 개수다.
- $y(p)$는 T에서 p의 깊이다.

이 프로그램에서는 컴퓨터 그래픽에서 흔히 사용하는 바와 같이, x 좌표는 왼쪽에서 오른쪽으로, y 좌표는 위에서 아래로 증가한다. 따라서 원점은 컴퓨터 화면의 왼쪽 상단 모서리에 있다.

코드 8.34는 BinaryLayout 하위 클래스를 구현한 것으로, 이진 트리의 각 포지션에 저장된 원소에 (x, y) 좌표를 할당하는 알고리즘을 적용하였다. BinaryEulerTour 프레임워크를 적용하였고, _count 인스턴스 변수를 도입하여 이전까지 수행한 '중간 방문'의 횟수를 나타내도록 하였다. 각 포지션의 x 좌표는 해당 변수의 값에 따라 설정된다.

```
class BinaryLayout(BinaryEulerTour):
  """이진 트리의 각 노드에 대한 (x, y) 좌표를 계산하는 클래스"""
  def __init__(self, tree):
    super().__init__(tree)                 # 부모의 생성자를 호출해야 함
    self._count = 0                        # 처리된 노드 수를 0으로 초기화

  def _hook_invisit(self, p, d, path):
    p.element().setX(self._count)          # count에 의해 순서가 정해지는 x 좌표
    p.element().setY(d)                    # y 좌표는 깊이
    self._count += 1                       # 처리된 노드의 개수를 증가시킴
```

코드 8.34 이진 트리의 포지션을 그릴 좌표를 계산하는 BinaryLayout 클래스. 원본 트리의 원소 타입이 setX 및 setY 메서드를 지원한다고 가정한다.

8.5 사례 연구: 표현식 트리

예제 8.7에서는 산술 표현식의 구조를 표현하기 위해 이진 트리를 사용하는 방법을 소개했다. 이 절에서는 새로운 `ExpressionTree` 클래스를 정의하고, 이 클래스에서 구성된 산술 표현식 트리를 표현하고 평가할 수 있도록 구현할 것이다. `ExpressionTree` 클래스는 `LinkedBinaryTree`의 하위 클래스로 정의되며, 이러한 트리를 구성하기 위해 비공개 뮤테이터(mutator)를 사용한다. 각 내부 노드는 이진 연산자(예 +)에 해당하는 문자열을 저장하며, 각 단말 노드는 숫자(또는 숫자를 나타내는 문자열)을 저장한다.

우리의 최종 목표는 $(((3 + 1) \times 4)/((9 - 5) + 2))$와 같은 임의의 복잡한 산술 표현식으로부터 표현식 트리를 구축하는 것이다. 산술 표현식의 복잡성에도 불구하고 `ExpressionTree` 클래스의 초기화 방식은 다음과 같은 기본적인 방법만 지원해도 충분하다.

- **`ExpressionTree(value)`**: 주어진 값을 루트에 저장하는 트리를 생성한다.
- **`ExpressionTree(op, E1, E2)`**: 루트에 문자열 op(예 +)를 저장하는 트리를 생성한다. 이때, `ExpressionTree` 인스턴스인 E_1과 E_2를 각각 루트의 왼쪽 및 오른쪽 서브트리로 지정한다.

`ExpressionTree` 클래스의 생성자는 코드 8.35와 같다. 이 클래스는 명시적으로 `LinkedBinaryTree`를 상속받으므로, 8.3.1절에 정의된 모든 비공개 업데이트 메서드에 접근할 수 있다. `_add_root`는 트리의 루트를 처음 만들기 위해 사용하는 것으로, 첫 번째 매개변수로 받는 토큰을 원소로 저장한다. 다음으로 매개변수의 수를 런타임에서 검사하여, 생성자가 호출될 때 매개변수가 몇 개인 형식으로 호출되었는지를 확인한다. 매개변수가 한 개라면 작업이 바로 완료되고, 그렇지 않다면 상속받은 `_attach` 메서드를 사용해 매개변수로 받은 트리들을 루트의 서브트리로 통합한다.

괄호 안의 문자열 표현 작성하기

`'(((3+1)x4)/((9-5)+2)'`와 같은 표현식 트리 인스턴스의 문자열 표현을 생각해 보자. 이와 같은 표현은 트리의 원소를 중위 순회함으로써 생성될 수 있으나, 여는 괄호와 닫는 괄호는 각각 전위 및 후위 순회 단계에서 출력되어야 한다.

`ExpressionTree` 클래스에 특수 메서드인 `__str__`을 추가하도록 한다. 이 메서드는 트리를 적절한 문자열로 반환하는 함수다(2.3.2절 참고). 개별 문자열 시퀀스를 먼저 작성한 후에 결합하는 것이 더 효율적이기 때문에(5.4.2절의 '문자열 생성' 참고), `__str__`은 일련의 문자열을 리

스트에 추가하는 비공개 재귀 메서드인 _parenthesize_recur를 주로 활용하여 구현된다. 이 메서드는 코드 8.35에 포함되어 있다.

```
class ExpressionTree(LinkedBinaryTree):
    """산술 표현식 트리"""

    def __init__(self, token, left=None, right=None):
        """표현식 트리를 생성한다.

        단일 매개변수 형식에서 토큰은 단말 노드에 들어갈 값(예: 42)이어야 하며,
        해당 노드는 표현식 트리의 유일한 노드가 된다.

        세 개의 매개변수가 있는 버전에서 토큰은 연산자이어야 하며,
        left와 right는 ExpressionTree 인스턴스여야 한다.
        left와 right는 주어진 연산자에 대한 피연산자가 된다.
        """
        super().__init__()                        # LinkedBinaryTree를 초기화
        if not isinstance(token, str):
            raise TypeError('Token must be a string')
        self._add_root(token)                     # 상속받은 비공개 메서드 사용
        if left is not None:                      # 세 개의 매개변수 형식인 경우로 추정됨
            if token not in '+-*x/':
                raise ValueError('token must be valid operator')
            self._attach(self.root(), left, right)    # 상속받은 비공개 메서드 사용

    def __str__(self):
        """표현식의 문자열 표현을 반환한다."""
        pieces = []                               # 서로 붙여야 하는 문자열 시퀀스
        self._parenthesize_recur(self.root(), pieces)
        return ''.join(pieces)

    def _parenthesize_recur(self, p, result):
        """p의 서브트리에 해당하는 문자열 표현을 결과 리스트에 추가한다."""
        if self.is_leaf(p):
            result.append(str(p.element()))       # 단말 노드의 값을 문자열로 변환
        else:
            result.append('(')                    # 여는 괄호
            self._parenthesize_recur(self.left(p), result)     # 왼쪽 서브트리
            result.append(p.element())                         # 연산자
            self._parenthesize_recur(self.right(p), result)    # 오른쪽 서브트리
            result.append(')')                                 # 닫는 괄호
```

코드 8.35 ExpressionTree 클래스의 시작 부분

표현식 트리의 계산

트리에 저장된 표현식을 후위 순회를 사용해 간단히 계산할 수 있다. 내부 포지션에 연결된 두 서브트리의 값을 알고 있다면 해당 포지션의 연산 결과 또한 계산할 수 있다. *p*를 루트로 하는 서브트리의 값을 재귀적으로 계산하는 의사코드는 코드 8.36과 같다.

```
알고리즘 evaluate_recur(p):
  if p가 단말 노드이면 then
    return p에 저장된 값
  else
    ○는 p에 저장된 연산이다.
    x = evaluate_recur(left(p))
    y = evaluate_recur(right(p))
    return x ○ y의 결과
```

코드 8.36 evaluate_recur 알고리즘. p를 루트로 하는 산술 표현식 트리의 서브트리로 표현된 수식을 계산한다.

이 알고리즘을 ExpressionTree 클래스 내부에 구현해 보자. 공개 메서드인 evaluate를 구현하여, 인스턴스 T에서 T.evaluate()로 호출되게 한다. 지정된 서브트리의 값을 계산하는 비공개 메서드인 _evaluate_recur 메서드를 사용하여 구현할 수 있다(코드 8.37 참고).

```
    def evaluate(self):
        """표현식을 계산한 수치를 반환한다."""
        return self._evaluate_recur(self.root())

    def _evaluate_recur(self, p):
        """p를 루트로 하는 수치 결과를 반환한다."""
        if self.is_leaf(p):
            return float(p.element())        # 원소가 숫자라고 가정함
        else:
            op = p.element()
            left_val = self._evaluate_recur(self.left(p))
            right_val = self._evaluate_recur(self.right(p))
            if op == '+': return left_val + right_val
            elif op == '-': return left_val - right_val
            elif op == '/': return left_val / right_val
            else: return left_val * right_val      # x 또는 *를 곱셈으로 처리
```

코드 8.37 ExpressionTree 인스턴스의 계산

표현식 트리의 구축

코드 8.35에서 만든 ExpressionTree 클래스의 생성자는 기존 트리를 결합하여 더 큰 표현식 트리를 구축하는 기본 기능을 제공한다. 그러나 '(((3+1)x4)/((9-5)+2)'와 같이 주어진 표현식 문자열로부터 트리를 구성하는 방법은 여전히 다루지 않았다.

상향식(bottom-up) 알고리즘을 사용해 이 프로세스를 자동화해 보자. 여기에서 문자열은 숫자 및 기호로 토큰화되어 개별적으로 처리될 수 있으며(연습 문제 R-8.30 참고), 표현식은 완전히 괄호로 묶여 있다(fully parenthesized)고 가정한다.

알고리즘은 스택 S를 사용해 입력되는 표현식 E의 토큰을 스캔한다. 이 스캔을 통해 수치, 연산자 및 오른쪽 괄호를 찾는다(왼쪽 괄호는 무시됨).

- 연산자 $\circ$가 보이면 해당 문자열을 스택에 삽입한다.
- 리터럴 값 v가 표시되면 단일 노드로 구성된 표현식 트리 T를 생성하여 값을 저장하게 하고, 스택에 T를 삽입한다.
- 오른쪽 괄호 ')'가 보이면 스택 S에서 하위 표현식($E_1 \circ E_2$)을 나타내는 상위 세 개 항목을 삭제한다. 그다음, E_1과 E_2를 루트의 서브트리로 가지는 트리 T를 구성하고 T를 스택에 삽입한다. 이때 루트는 $\circ$가 된다.

표현식 E가 완전히 처리될 때까지 이 과정이 반복되며,. 이때 스택의 최상위 원소가 E에 대한 표현식 트리가 된다. 총 수행 시간은 $O(n)$이다.

이 알고리즘은 코드 8.38에서 build_expression_tree라는 이름의 개별 함수로 구현되었다. 이 함수는 입력이 토큰화되어 있다고 가정하며, 표현식에 대응하는 ExpressionTree 인스턴스를 반환한다.

```
def build_expression_tree(tokens):
  """토큰화된 표현식을 기반으로 하는 ExpressionTree를 반환한다.
  S = []                                   # 파이썬 리스트를 스택으로 사용
  for t in tokens:
    if t in '+-x*/':                       # t는 연산자 기호
      S.append(t)                          # 연산자 기호 삽입
    elif t not in '()':                    # t를 리터럴로 간주
      S.append(ExpressionTree(t))          # 값을 저장하는 단순 트리 삽입
    elif t == ')':                         # 세 부분으로 이루어진 트리 구성
      right = S.pop()                      # LIFO로 오른쪽 서브트리 구성
      op = S.pop()                         # 연산자 기호
```

```
            left = S.pop()                         # 왼쪽 서브트리
            S.append(ExpressionTree(op, left, right))     # 트리를 다시 삽입
        # 왼쪽 괄호는 무시
    return S.pop()
```

코드 8.38 build_expression_tree의 구현. 산술 표현식을 나타내는 토큰의 시퀀스를 사용해 ExpressionTree를 만든다.

8.6 연습 문제

기본 문제

R-8.1 그림 8.3의 트리를 참조하여 다음 질문에 답하라.

a. 루트 노드는 무엇인가?

b. 내부 노드에는 어떤 것들이 있는가?

c. 노드 cs016/에는 몇 개의 자손이 있는가?

d. 노드 cs016/에는 몇 개의 조상이 있는가?

e. 노드 homeworks/의 형제 노드에는 어떤 것들이 있는가?

f. 노드 project/에서 루트가 있는 서브트리에 속하는 노드에는 어떤 것들이 있는가?

g. 노드 papers/의 깊이는?

h. 트리의 높이는?

R-8.2 알고리즘 depth가 최악의 수행 시간을 나타내는 트리를 그려라.

R-8.3 명제 8.4를 증명하라.

R-8.4 T._height2(p)가 트리 T의 루트가 아닌 포지션 p에서 호출될 때, 메서드의 수행 시간은 얼마인가? (코드 8.5 참고)

R-8.5 이진 트리에서 단말 노드 중 각 부모의 왼쪽 자식인 노드의 개수를 세는 알고리즘을 설명하라. 이 알고리즘은 BinaryTree 클래스의 연산만 사용해야 한다.

R-8.6 T는 n개의 노드를 가지는 이진 트리이며, 부적정 이진 트리일 수도 있다고 가정하자. $O(n)$개의 노드를 가지는 적정 이진 트리 T'를 사용해 T를 표현하는 방법을 설명하라.

R-8.7 노드가 n개인 부적정 이진 트리에서 내부 및 외부 노드의 최소 및 최대 수가 얼마인지 적어라.

R-8.8 명제 8.8을 증명하기 위해 다음 질문에 답하라.

a. 높이가 h인 적정 이진 트리의 최소 외부 노드 수는 얼마인가? 답을 증명하라.

b. 높이가 h인 적정 이진 트리의 최대 외부 노드 수는 얼마인가? 답을 증명하라.

c. T를 높이 h와 노드 n을 가진 적정 이진 트리라고 하자. 다음을 증명하라.

$$\log(n + 1) - 1 \le h \le (n - 1)/2$$

d. 위의 등식에서 h가 자신의 하한 및 상한과 각각 동일하게 되는 n과 h의 값은?

R-8.9 명제 8.9를 귀납법을 사용해 증명하라.

R-8.10 `BinaryTree` 클래스 내에서 `num_children` 메서드를 직접 구현하라.

R-8.11 그림 8.8에 있는 이진 트리의 각 서브트리에서 산술 표현식의 값을 구하라.

R-8.12 트리의 루트에서 계산되는 값이 21인 산술 표현식 트리를 그려라. 이 트리에는 숫자 1, 5, 6, 7을 저장하는 네 개의 외부 노드(각 숫자는 별개의 외부 노드에 저장되지만 반드시 이 순서일 필요는 없음)를 가지는 세 개의 내부 노드가 있으며, 각 내부 노드는 연산자 집합 $\{+, -, \times, /\}$에서 하나의 연산자를 가질 수 있다. 연산자는 분수를 계산하거나 반환할 수 있으며, 연산자를 두 번 이상 사용하는 것도 가능하다.

R-8.13 다음 산술 표현을 이진 트리로 표현하여 그려라.

"$(((5 + 2)*(2 - 1))/((2 + 9) + ((7 - 2) - 1))*8)$"

R-8.14 연결된 구조로 표현된 트리에서 각 메서드의 수행 시간을 요약한 표 8.2를 증명하라. 각 메서드의 구현 방법을 설명하고 수행 시간을 분석해야 한다.

R-8.15 `LinkedBinaryTree` 클래스는 8.3.1절의 '연결된 이진 트리의 업데이트 연산'에서 설명한 업데이트 메서드의 비공개 버전만 구현하였다. `MutableLinkedBinaryTree`라는 이름으로 간단한 하위 클래스를 만들고, 상속받은 각각의 비공개 업데이트 메서드들에 대해 공개 래퍼(wrapper) 함수를 구현하라.

R-8.16 8.3.2절과 같이, T를 n개의 노드가 있는 이진 트리라로 하고, $f()$를 T 위치의 레벨 번호 지정 함수라고 하자.

a. T의 모든 포지션 p에 대해 $f(p) \le 2^n - 2$임을 보여라.

b. 어떤 포지션 p에 대해 위의 $f(p)$의 상한에 도달하는 노드가 7개인 이진 트리의 예를 보여라.

R-8.17 오일러 경로 순회를 사용해 트리 T의 각 포지션에 대해 레벨 $f(p)$를 계산하는 방법을 설명하라(8.3.2절의 정의 참고).

R-8.18 T를 n개의 포지션을 가진 이진 트리라고 하자. 이 트리는 배열 A를 사용해 구현되어 있으며, $f()$는 T의 포지션 p에 대응하는 배열의 레벨 번호를 알려주는 함수다(8.3.2절 참고). `root`, `parent`, `left`, `right`, `is_leaf`, `is_root` 메서드 각각에 대한 의사코드를 설명하라.

R-8.19 8.3.2절의 레벨 번호 지정 함수 $f(p)$는 루트 노드를 0번으로 지정하여 시작하였다. 어떤 저자들은 루트에 레벨 번호 1을 지정하는, 레벨 번호 지정 함수 $g(p)$를 사용하는 것을 선호하는데, 이 방법을 따르면 인접한 포지션을 찾는 연산이 단순화되기 때문이다. 루트에 레벨 번호 1을 지정하는 레벨 넘버링 함수 $g(p)$를 사용한다고 가정하고 연습문제 **R-8.18**을 다시 풀어라.

R-8.20 다음을 동시에 만족하는 이진 트리 T를 그려라.

- T의 각 내부 노드는 하나의 문자를 저장한다.
- T를 전위 순회하면 `EXAMFUN`이 산출된다.
- T를 중위 순회하면 `MAFXUEN`이 산출된다.

R-8.21 그림 8.8의 트리를 전위 순회하면 어떤 순서로 포지션들을 방문하게 되는지 적어라.

R-8.22 그림 8.8의 트리를 후위 순회하면 어떤 순서로 포지션들을 방문하게 되는지 적어라.

R-8.23 T가 하나 이상의 노드를 가진 순서 트리라고 하자. T의 전위 순회와 후위 순회의 노드 방문 순서가 동일하게 될 수 있을까? 그렇다면 그 예를 제시하고, 그렇지 않다면 이런 경우가 발생할 수 없는 이유를 설명하라. 마찬가지로 T의 전위 순회 순서와 T의 후위 순회 순서가 서로 반대가 될 수 있을까? 그렇다면 예를 들고, 그렇지 않다면 이런 경우가 발생할 수 없는 이유를 설명하라.

R-8.24 T가 하나 이상의 노드를 가진 적정 이진 트리라고 가정하고 연습 문제 **R-8.23**에 다시 답하라.

R-8.25 그림 8.17에 주어진 너비 우선 순회의 예를 생각해 보자. 해당 그림에 표시된 숫자를 참고하여 코드 8.14의 각 `while` 루프가 반복을 시작할 때 큐에 담기는 값들을 제시하라. 참고로 첫 반복 전에 큐의 내부는 `{1}`이며, 두 번째 반복 전에는 `{2, 3, 4}`가 된다.

R-8.26 `collections.deque` 클래스는 큐의 뒷부분에 여러 원소를 추가하는 확장 메서드를 가지고 있다. 이 기능을 활용해 `Tree` 클래스의 `breadthfirst` 메서드를 새로 구현하라.

R-8.27 트리가 그림 8.8과 같을 때, 코드 8.25에 있는 `parenthesize(T, T.root())` 함수의 출력은 무엇인가?

R-8.28 n개의 노드로 이루어진 트리 T에 대해 `parenthesize(T, T.root())`의 수행 시간은 얼마인가? `parenthesize` 함수는 코드 8.25와 같다.

R-8.29 이진 트리의 각 노드에 대해 자손 수를 계산하는 알고리즘을 의사코드로 설명하라. 알고리즘은 오일러 경로 순회를 기반으로 해야 한다.

R-8.30 `ExpressionTree` 클래스의 `build_expression_tree` 메서드는 반복 가능한(iterable) 문자열 토큰을 입력으로 받는다. 본문에서는 `'(((3+1)x4)/((9-5)+2)'`라는 간편한 표현식을 예로 들었는데, 여기서 각 문자가 고유한 토큰이므로 문자열을 그 자체로 `build_expression_tree`에 입력으로 사용할 수 있다. 일반적인 경우를 생각해 보면, `'(35 + 14)'`와 같은 문자열은 리스트 `['(', '35', '+', '14', ')']`와 같이 명시적으로 토큰화해야 한다. 공백은 무시하고 여러 자리 숫자를 단일 토큰으로 인식하는 것이다. 문자열 `raw`에 대해 이러한 토큰 리스트를 반환하는 유틸리티 메서드 `tokenize(raw)`를 작성하라.

응용 문제

C-8.31 트리 T의 **내부 경로 길이** $I(T)$를 모든 내부 포지션의 깊이 합으로 정의한다. 마찬가지로, 트리 T의 **외부 경로 길이** $E(T)$는 T의 모든 외부(단말 노드) 위치의 깊이 합으로 정의한다. T가 n개의 위치를 가진 적정 이진 트리일 때, $E(T) = I(T) + n - 1$임을 보여라.

C-8.32 T를 노드가 n개인 이진 트리(적정 트리가 아닐 수도 있음)라고 하고, D는 T의 모든 외부 노드의 깊이 합이라고 하자. T의 외부 노드 수가 최소화되면 D는 $O(n)$이 되고, 최대화되면 D가 $O(n \log n)$이 됨을 증명하라.

C-8.33 T는 노드가 n개인 이진 트리(적정 트리가 아닐 수도 있음)라고 하고, D는 T의 모든 외부 노드의 깊이 합이라고 하자. D가 $\Omega(n^2)$이 되게 하는 T를 구성하라. 이 트리는 점근적 수행 시간 측면에서 `_height1`(코드 8.4)의 최악의 경우가 된다.

C-8.34 트리 T에서, n_I는 내부 노드의 수를, n_E는 외부 노드의 수를 나타낸다. T의 모든 내부 노드가 정확히 세 개의 자식을 가지고 있다면, $n_E = 2n_I + 1$임을 보여라.

C-8.35 두 개의 순서 트리 T'과 T''이 다음 둘 중 하나를 만족한다면 동형이라고 한다.

- T'과 T'' 모두 비어 있다.
- T'과 T''의 루트는 같은 수($k \geq 0$)의 서브트리를 가지며, T'의 i번째 서브트리는 $i = 1, \ldots, k$에 대해 T''의 i번째 서브트리와 동형이다.

주어진 두 개의 정렬된 트리가 동형인지 테스트하는 알고리즘을 설계하고, 알고리즘의 수행 시간은 얼마나 걸리는지 설명하라.

C-8.36 n개의 내부 노드를 가지며, 서로 동형이 아닌 부적정 이진 트리가 2^n개 이상 존재함을 증명하라(연습 문제 **C-8.35** 참고).

C-8.37 동형 트리를 제외하면(연습 문제 **C-8.35** 참고), 정확히 네 개의 단말 노드를 가진 적정 이진 트리가 정확히 몇 개나 존재하는지 설명하라.

C-8.38 `LinkedBinaryTree`에 `_delete_subtree(p)` 메서드를 추가하라. 이 메서드는 위치 p를 루트로 하는 서브트리 전체를 삭제한다. 서브트리가 삭제될 때, 트리의 크기를 계수하는 변수를 업데이트하도록 하라. 구현된 알고리즘의 수행 시간은 얼마인지 설명하라.

C-8.39 `LinkedBinaryTree`에 `_swap(p,q)` 메서드를 추가하라. 이 메서드는 `p`가 참조하는 노드와 `q`가 참조하는 노드의 위치를 바꾸는 기능을 한다. 두 노드가 인접한 경우에도 올바르게 동작하도록 해주어야 한다.

C-8.40 `_sentinal` 노드를 사용하면 `LinkedBinaryTree`의 구현을 단순화할 수 있다. 이 `_sentinal` 노드는 트리 인스턴스의 멤버이며 하나만 존재해야 한다. 이 노드는 자신의 왼쪽 자식으로 루트 노드를 가지며, 루트의 부모가 된다. 동시에, 센티넬 노드는 자식이 없는 노드들의 `_left`, `_right` 값으로 지정되었던 `None`의 자리를 대체한다. 업데이트 메서드 `_delete`와 `_attach`를 이러한 방식을 사용해 새롭게 구현하라.

C-8.41 `_attach` 메서드를 활용해, 적정 이진 트리인 `LinkedBinaryTree` 인스턴스를 복제하는 방법을 설명하라.

C-8.42 이진 트리(적정 이진 트리가 아닐 수도 있음)인 `LinkedBinaryTree` 인스턴스를 복제하는 방법을 설명하라. `_add_left`와 `_add_right` 메서드를 활용한다.

C-8.43 일반 순서 트리 T에 대한 이진 트리 표현 T'을 다음과 같이 정의할 수 있다(그림 8.23 참고).

- T의 각 포지션 p와 T'의 포지션 p'은 서로 연관되어 있다.
- p가 T의 단말 노드인 경우 T'의 p'에는 왼쪽 자식이 없다.
  단말 노드가 아닌 경우 p'의 왼쪽 자식은 q'이며, 여기서 q는 T에서 p의 첫 번째 자식이다.
- p의 형제 노드가 q이며 q가 순서상으로 p 이후에 위치하는 경우 q'은 T에서 p'의 오른쪽 자식이다. 그렇지 않으면 p'에는 오른쪽 자식이 없다.

일반 순서 트리 T의 이진 트리 표현 T'이 주어졌을 때, 다음 각 문제에 답하라.

a. T'의 전위 순회는 T의 전위 순회와 동일한가?

b. T'의 후위 순회는 T의 후위 순회와 동일한가?

c. T'의 중위 순회는 T의 표준 순회 중 하나와 동일한가? 만약 그렇다면 어떤 순회와 동일한지 설명하라.

C-8.44 모든 포지션 p에 대해 p의 원소와 p의 서브트리가 가지는 높이를 계산하고 출력하는 효율적인 알고리즘을 제시하라.

C-8.45 트리 T의 모든 포지션의 깊이를 계산하기 위한 $O(n)$ 시간 알고리즘을 제시하라(여기서 n은 T의 노드 수).

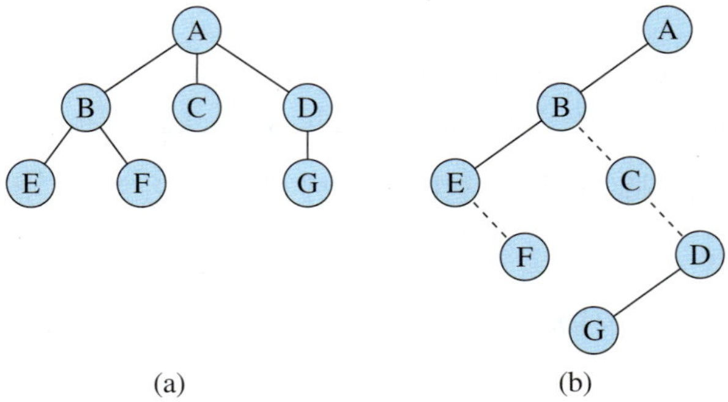

그림 8.23 이진 트리를 사용하는 트리의 표현: (a) 트리 T, (b) T에 대응하는 이진 트리 T'. 점선으로 된 간선은 연결된 노드들이 T에서는 형제 노드임을 의미한다.

C-8.46 트리 T의 경로 길이를 T에 있는 모든 포지션이 가지는 깊이의 합으로 정의하자. 선형 시간에 트리 T의 경로 길이를 계산하는 방법을 설명하라.

C-8.47 적정 이진 트리의 내부 포지션 p의 균형 계수(balance factor)는 p의 오른쪽과 왼쪽 서브트리간 높이의 차다. 8.4.6절의 오일러 경로 순회를 변형하여 적정 이진 트리에 있는 모든 내부 노드에 대해 균형 계수를 출력하는 방법을 보여라.

C-8.48 적정 이진 트리 T가 주어졌을 때, T의 리플렉션(reflection) 트리 T'을 정의하라. 노드 v가 T에 존재한다면 T'에도 존재해야 한다. 하지만 T에서 v의 왼쪽 자식은 T'에서는 오른쪽 자식이고, T에서 v의 오른쪽 자식은 T'에서는 왼쪽 자식이다. 적정 이진 트리 T의 전위 순회는 T'에서 후위 순회의 역순과 동일함을 보여라.

C-8.49 포지션 p에서 **랭크**(rank)를 방문한 순서에 따라 정의한다고 하자. 순회 도중 첫 번째 방문한 원소는 랭크 1, 두 번째로 방문한 원소의 랭크는 2다. 트리 T의 각 포지션 p에 대해 `pre`(p)를 전위 순회에서 p의 랭크라 하고, `post`(p)를 후위 순회에서 p의 랭크라고 하자. 또한 `depth`(p)는 p의 깊이, `desc`(p)는 p가 가지는 자손의 수(p 자신을 포함)다. T의 각 노드 p에 대해 `desc`(p), `depth`(p), `pre`(p)를 사용해 `post`(p)를 정의하는 공식을 유도하라.

C-8.50 이진 트리 T에 대해 다음 연산을 위한 알고리즘을 설계하라.

- `preorder_next(p)`: T의 전위 순회에서 p 바로 다음에 방문한 포지션을 반환한다(p가 마지막으로 방문한 노드라면 `None`을 반환함).

- `inorder_next(p)`: T의 중위 순회에서 p 바로 다음에 방문한 포지션을 반환한다(p가 마지막으로 방문한 노드라면 None을 반환함).
- `postorder_next(p)`: T의 후위 순회에서 p 바로 다음에 방문한 포지션을 반환한다(p가 마지막으로 방문한 노드라면 None을 반환함).

알고리즘의 최악의 경우 수행 시간은 얼마인가?

C-8.51 LinkedBinaryTree 클래스의 preorder 메서드를 구현하기 위해 파이썬의 제너레이터와 yield 구문을 활용했다. 중첩된 이터레이터 클래스 인스턴스를 명시적으로 반환하도록 preorder 메서드를 새로 구현하라(이터레이터에 대한 설명은 2.3.4절 참고).

C-8.52 preorder_draw는 이진 트리 T를 그리는 알고리즘으로, 각 포지션 p에 대해 x 좌표를 나타내는 $x(p)$는 전위 순회에서 p보다 앞에 있는 노드의 수, y 좌표를 나타내는 $y(p)$는 p의 깊이를 나타낸다.

a. preorder_draw로 생성된 T의 그림에 간선이 서로 교차하여 겹치는 경우가 없음을 보여라.

b. preorder_draw를 사용해 그림 8.22의 이진 트리를 다시 그려라.

C-8.53 postorder_draw 알고리즘을 기준으로 연습 문제 P-8.52를 다시 풀어보라. 이 알고리즘에서 $x(p)$는 후위 순회에서 p보다 앞에 있는 노드 수로 정의되며, 다른 부분은 preorder_draw와 같다.

C-8.54 이진 트리를 그리는 중위 순회 접근법과 같은 방법으로, 일반 트리를 그리는 알고리즘을 설계하라.

C-8.55 연습 문제 P-4.27에서는 os 모듈의 walk 함수에 대해 설명했다. 이 함수는 파일 시스템으로 표현되었으나 트리로 암시되는 구조를 순회한다. 이 함수에 대한 공식 문서를 읽어 보되, 특히 부울 타입의 매개변수인 topdown을 어떻게 사용하는지 살펴보라. 이 함수의 동작이 이번 장에서 설명한 트리의 순회 알고리즘과 어떻게 연관되는지 설명하라.

C-8.56 트리 T를 들여쓰기와 괄호를 사용해 표현하는 것(그림 8.24)은 들여쓰기와 줄바꿈을 사용하는 T의 괄호 표현(코드 8.25 참고)의 변형이다. 이와 같은 방식으로 트리를 표현(출력)하는 알고리즘을 제시하라.

C-8.57 T를 n개의 포지션을 가지는 이진 트리라고 하자. T의 포지션 p에 대해 p의 왼쪽과 오른쪽 서브트리에 있는 자손 수의 차이가 5를 넘어가지 않을 때, 이 포지션을 **로마 포지션**이라고 정의하자. p는 로마 포지션이 아니지만, p의 모든 자손은 로마 포지션인 p의 위치를 선형 시간에 모두 찾는 방법을 기술하라.

C-8.58 T를 n개의 포지션을 가지는 트리라고 하자. 두 포지션 p와 q 사이의 **최하위 공통 조상**(Lowest Common Ancestor, LCA)을, p와 q를 모두 자손으로 가지는 포지션 중 가장 낮은 위치의 포지션으로 정의하자(여기서 임의의 위치는 자기 자신의 자손이 될 수 있음). 두 포지션 p와 q가 주어졌을 때, p와 q의 LCA를 찾는 효율적인 알고리즘을 제시하고 설명하라. 알고리즘의 수행 시간은 얼마인가?

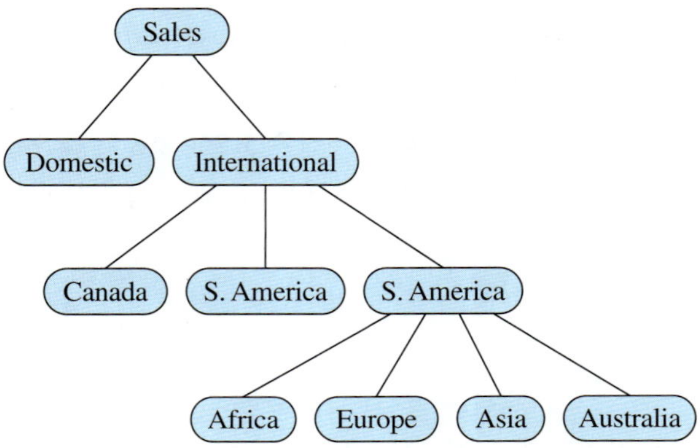

(a)

```
Sales (
  Domestic
  International (
    Canada
    S. America
    Overseas (
      Africa
      Europe
      Asia
      Australia
    )
  )
)
```

(b)

그림 8.24 (a) 트리 T, (b) 들여쓰기와 괄호로 표현된 T

C-8.59 T는 n개의 포지션을 가지는 이진 트리이며, 임의의 포지션 p에 대해 D_p는 p의 깊이를 나타낸다고 하자. A가 p와 q의 최하위 공통 조상(LCA)일 때, T에서 두 포지션 p와 q 사이의 거리는 $d_p + d_q - 2d_a$로 나타낼 수 있다. 또한 T의 지름(diameter)은 T에 있는 포지션 사이의 최대 거리다. T의 지름을 구하는 효율적인 알고리즘을 제시하고 설명하라. 알고리즘의 수행 시간은 얼마인가?

C-8.60 이진 트리 T의 각 포지션 p는 T에서의 레벨 번호 $f(p)$로 라벨이 지정되어 있다고 하자. $f(p)$와 $f(q)$가 주어졌을 때, $f(a)$를 빠르게 구하는 방법을 설계하라. A는 두 포지션 p와 q의 최하위 공통 조상(LCA)이며, a를 찾을 필요 없이 $f(a)$ 값만 구하면 된다.

C-8.61 `ExpressionTree` 클래스의 `build_expression_tree` 메서드를 재귀를 사용해 새롭게 구현하라. 재귀 함수는 만들어지는 트리에 대해 오일러 경로 순회를 암묵적으로 수행하게 된다.

C-8.62 `ExpressionTree` 클래스의 `build_expression_tree` 함수는 단말 노드의 토큰이 문자열이 될 수 있도록 작성되어 있다. 예를 들어 이 함수는 `(a*(b+c))`와 같은 표현식을 파싱(parsing)할 수도 있다. 하지만 `evaluate` 메서드에서 이러한 단말 노드의 토큰을 숫자

로 변환하려고 하면 문제가 발생한다. evaluate 메서드를 수정하여 파이썬 딕셔너리를 옵션으로 받을 수 있도록 하고, 딕셔너리 변수에 따라 문자열 변수를 숫자 값으로 매핑할 수 있도록 evaluate 메서드를 수정하라. 즉, T.evaluate({'a':3, 'b':1, 'c':5})와 같은 구문을 사용할 수 있어야 한다. 이러한 방식으로, 하나의 대수 표현식에 해당하는 다양한 값을 넣어 계산할 수 있다.

C-8.63 연습 문제 **C-6.22**에서 언급했듯이, **후위식**(postfix)은 괄호 없이 산술 표현식을 명확하게 표기하는 방법이다. 괄호를 사용하는 중위식이 (exp_1) **op** (exp_2)일 때, 이에 대한 후위식은 $pexp_1$ $pexp_2$ **op**이며, 여기서 $pexp_1$와 $pexp_2$는 exp_1와 $pexp_2$의 후위식 버전이다. 단일 숫자 또는 변수의 후위식 버전은 그 숫자 또는 변수 그 자체다. 예를 들어 중위식 $((5+2)*(8-3))/4$의 후위식 버전은 $5\ 2 + 8\ 3 - *4/$다. 8.5절의 ExpressionTree 클래스에 postix 메서드를 구현하라. 이 메서드는 주어진 표현식에 대한 후위식을 생성한다.

프로젝트 문제

P-8.64 8.3.2절에 설명된 배열 기반 표현을 사용해 이진 트리 ADT를 구현하라.

P-8.65 8.3.3절에 설명된 대로 연결된 구조를 사용해 트리 ADT를 구현하라. 트리 클래스를 위해 필요한 여러 업데이트 메서드를 작성하라.

P-8.66 LinkedBinaryTree 클래스의 메모리 사용량을 경량화할 수 있다. 각 노드에서 부모 참조 레퍼런스를 삭제하는 대신, position 인스턴스가 루트에서 해당 위치까지의 전체 경로를 나타내는 멤버 변수(_path)를 사용하면 된다(포지션 인스턴스의 수가 노드 인스턴스에 비해 상대적으로 적기 때문에 메모리를 절약할 수 있음). 이 전략을 사용해 LinkedBinaryTree 클래스를 다시 구현하라.

P-8.67 **바닥 슬라이싱 계획**(slicing floor plan)은 수직/수평 컷을 사용해 직사각형을 수직/수평으로 나누는 것이며(그림 8.25(a) 참고), **슬라이싱 트리**(slicing tree)라는 적정 이진 트리로 나타낼 수 있다. 이때 내부 노드는 바닥을 수직/수평으로 나누는 것을 의미하고, 외부 노드는 나누어진 기본 직사각형을 나타낸다(그림 8.25(b) 참고). 바닥 슬라이싱 계획과 관련하여 **압축 문제**(compaction problem)는 다음과 같이 정의된다. 각 사각형의 너비와 높이는 각각 w와 h보다 항상 크거나 같다고 하자. 압축 문제는 이 제약을 만족하면서 구성되는 바다 슬라이싱 계획에서 기본 직사각형이 가질 수 있는 가장 작은 높이와 너비를 찾는 것이다.

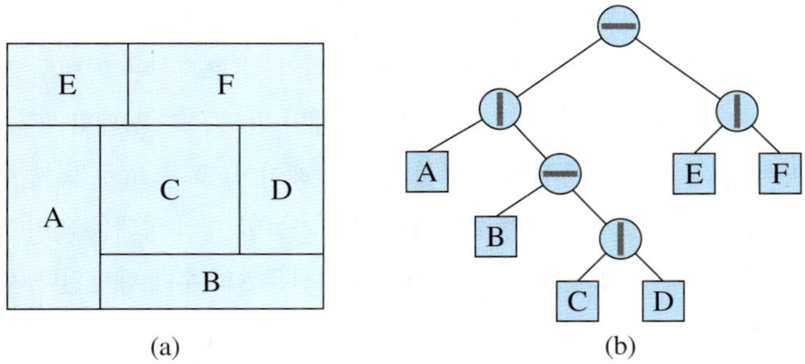

그림 8.25 (a) 바닥 슬라이싱 계획, (b) 슬라이싱 계획에 따라 구성된 슬라이싱 트리

이 문제를 풀기 위해 슬라이싱 트리의 각 포지션 p에서 $\mathtt{h}(p)$와 $\mathtt{w}(p)$를 다음과 같이 정의한다.

$$\mathtt{w}(p) = \begin{cases} w & p\text{가 단말 노드이고, 기본 직사각형의 최소 너비가 } w\text{인 경우다.} \\ \max((\mathtt{w}(\ell), \mathtt{w}(r)) & p\text{가 수평 컷과 관련된 내부 포지션인 경우다. } \ell\text{은 왼쪽 자식, } r\text{은 오른쪽 자식을 의미한다.} \\ \mathtt{w}(\ell) + \mathtt{w}(r) & p\text{가 수직 컷과 연관된 내부 위치인 경우다. } \ell\text{은 왼쪽 자식, } r\text{은 오른쪽 자식을 의미한다.} \end{cases}$$

$$\mathtt{h}(p) = \begin{cases} h & p\text{가 단말 노드이고, 기본 직사각형의 최소 높이가 } h\text{인 경우다.} \\ \mathtt{h}(\ell) + \mathtt{h}(r) & p\text{가 수평 컷과 관련된 내부 포지션인 경우다. } \ell\text{은 왼쪽 자식, } r\text{은 오른쪽 자식을 의미한다.} \\ \max((\mathtt{h}(\ell), \mathtt{h}(r)) & p\text{가 수직 컷과 연관된 내부 포지션인 경우다. } \ell\text{은 왼쪽 자식, } r\text{은 오른쪽 자식을 의미한다.} \end{cases}$$

바닥 슬라이싱 계획을 위한 자료구조를 설계하라. 이 자료구조에서는 다음과 같은 연산이 가능해야 한다.

- 하나의 기본 직사각형으로 구성된 평면도를 만든다.
- 평면도를 가로로 잘라 기본 직사각형을 분해한다.
- 수직으로 잘라 기본 직사각형을 분해한다.
- 임의의 기본 사각형에 최소 높이와 너비를 지정한다.
- 바닥 슬라이싱 계획에 따라 슬라이싱 트리를 그린다.
- 바닥 슬라이싱 계획을 압축하여 그린다.

P-8.68 틱택토를 효과적으로 플레이할 수 있는 프로그램을 작성하라(5.6절 참고). 이를 위해서는 **게임 트리** T를 만들어야 하는데, 여기서 트리의 각 포지션은 틱택토 게임 판의 특정 상태를 나타낸다(8.4.2절 참고). 즉, 루트는 게임 판의 초기 상태다. T의 각 내부 포지션 p에서, p의 자식은 플레이어 A(첫 번째 플레이어) 또는 B(두 번째 플레이어)가 한 번의 수를 놓음으로 p의 게임 상태에서 변화 가능한 게임 상태를 의미한다. 따라서 짝수 깊이의 포지션은 A의 수, 홀수 깊이의 포지션은 B의 수에 해당된다. 단말 노드는 게임의 최종 상태이거나 더 이상 탐색하지 않기로 정한 깊이에 도달한 상태다. 각각의 단말 노드에는 점수가 매겨지는데, 이 점수는 현재의 게임 상태가 플레이어 A에게 얼마나 유리한지를 나타낸다. 체스와 같은 복잡한 게임에서는 휴리스틱 점수 함수를 사용해야 하지만 틱택토와 같이 간단한 게임에서는 전체 게임 트리를 구성하고 플레이어 A가 해당 구성에서 승리(+1), 무승부(0), 패배(−1) 여부에 따라 점수를 매길 수 있다. **미니맥스**(minimax)는 점수에 따라 수를 선택할 수 있는 좋은 알고리즘이다. 이 알고리즘에서는 T의 각 내부 포지션 p에 점수를 할당할 때, p가 A의 차례를 나타내는 경우 p가 가지는 자식들의 점수 중 최댓값이 p 자신의 점수가 된다(p에서 A의 최적 플레이에 해당함). 내부 노드 p가 B의 차례를 나타내는 경우, p의 점수는 p가 가지는 자식들 점수의 최솟값으로 계산된다(p에서 B의 최적 플레이에 해당함).

P-8.69 연습 문제 **C-8.43**에서 설명한 이진 트리 표현을 사용해 트리 ADT를 구현하라. `LinkedBinaryTree`를 변형하여 구현해도 된다.

P-8.70 일반 트리 T와 T의 포지션 p를 입력으로 받아, 새로운 트리로 변환하는 프로그램을 작성하라. 단, 새로운 트리의 루트는 p가 되어야 하며, T에서 인접한 두 노드는 새로운 트리에서도 인접한 상태여야 한다.

참고 사항

고전적인 전위, 중위, 후위 트리 순회 기법에 대한 논의는 Knuth의 『책 기초 알고리즘(*Fundamental Algorithms*)』 [64]에서 발견된다. 오일러 경로 순회 기법은 병렬 알고리즘 커뮤니티에서 유래한 것으로, Tarjan과 Vishkin [93]이 소개했으며 JáJá [54]와 Karp와 Ramachandran [58]이 논의한 바 있다. 트리를 그리는 알고리즘은 일반적으로 그래프를 그리는 매우 전통적인 알고리즘으로 간주된다. 그래프 그리기에 관심이 있는 독자는 Di Battista, Eades, Tamassia, Tollis의 책 [34]과 Tamassia와 Liotta의 설문 조사 [92]를 참조하기 바란다. 연습 문제 R-8.12의 퍼즐은 Micha Sharir가 제공했다.

CHAPTER 09

우선순위 큐

9.1 우선순위 큐 추상 데이터 타입

9.1.1 우선순위

6장에서 큐 ADT를 소개할 때 큐는 먼저 들어온 객체가 먼저 나가는(FIFO) 정책에 따라 추가되고 삭제되는 자료구조임을 설명했다. 회사의 고객 상담 센터에서 "전화 상담은 접수한 순서대로 응답됩니다."라고 안내하는 경우가 이에 해당된다. 이 상황에서는 새로운 전화가 큐의 뒤쪽에 추가되고, 고객 상담원의 응대가 가능해지면 큐의 앞쪽에서 대기 중인 전화가 연결된다.

하지만 실제 상황에서는 큐와 유사한 구조를 사용하되 단순한 FIFO 정책만으로는 충분하지 않은 경우도 많다. 예를 들어 항공 교통 관제 센터에서는 착륙 허가를 기다리는 여러 비행기 중에서 어떤 비행기를 먼저 착륙시킬지를 결정해야 한다. 이 결정은 각 비행기와 활주로 간 거리, 대기 시간, 남은 연료량 등의 요인에 영향을 받을 수 있다. 이런 경우 착륙 순서는 단순히 먼저 도착한 순서에 따르는 선착순 정책만으로 정해지지 않을 가능성이 높다.

선착순 정책이 합리적으로 보일 수 있는 여러 상황이 있지만, 실제로는 다른 우선순위 요소가 개입되는 경우가 많다. 예컨대 어떤 항공편이 출발 한 시간 전에 예약이 꽉 찼다고 가정하자. 항공사는 취소 가능성을 고려해 좌석을 원하는 대기 승객의 목록(큐)를 운영한다. 이 대기 승객의 우선순위는 주로 체크인 시간에 따라 정해지지만, 지불한 항공 요금이나 항공사 멤버십 등급(마일리지 등) 같은 기준도 반영된다. 그래서 먼저 체크인한 승객보다 나중에 체크인한 승객이 더 높은 우선순위로 좌석을 배정받는 상황도 발생한다.

이 장에서는 이러한 상황을 처리할 수 있는 추상 데이터 타입(ADT)인 **우선순위 큐**(priority queue)를 소개한다. 우선순위 큐는 우선순위를 부여한 컬렉션으로, 임의의 원소 삽입을 허용하지만 우선순위가 가장 높은 원소가 먼저 제거되도록 설계된 자료구조다. 원소를 우선순위 큐에 추가할 때는 사용자가 우선순위를 나타내는 **키**(key) 값을 함께 지정한다. 최소 키를 가진 원소가 가장 높은 우선순위를 가지며 큐에서 가장 먼저 제거된다(예를 들어 키가 1인 원소는 키가 2인 원소보다 우선 처리됨).

일반적으로 우선순위는 숫자로 표현되지만, 파이썬에서는 `a < b`가 가능하기만 하면 어떤 파이썬 객체도 우선순위 키로 사용할 수 있다. 이런 유연성 덕분에 각 응용 프로그램은 자신만의 방식으로 원소의 우선순위를 정의할 수 있다. 예를 들어 금융 분석가마다 동일한 주식에 대해 서로 다른 평가(즉, 우선순위)를 매길 수 있다.

9.1.2 우선순위 큐 ADT

우선순위 큐는 각 항목을 우선순위를 나타내는 키와 함께 묶음 키-값 쌍으로 모델링한다. 우선순위 큐 P는 다음과 같은 메서드 집합을 가지는 추상 데이터 타입으로 정의된다.

- **P.add(k, v)**: 키 k와 값 v로 이루어진 항목을 우선순위 큐 P에 삽입한다.
- **P.min()**: 우선순위 큐 P에서 최소 키를 가진 항목의 키와 값을 튜플 (k, v) 형태로 반환한다(항목은 삭제되지 않음). 큐가 비어 있으면 오류가 발생한다.
- **P.remove_min()**: 우선순위 큐 P에서 최소 키를 가진 항목을 삭제하고, 삭제된 항목의 키와 값을 튜플 (k, v)로 반환한다. 큐가 비어 있으면 오류가 발생한다.
- **P.is_empty()**: 우선순위 큐 P가 비어 있으면 True를 반환한다.
- **len(P)**: 우선순위 큐 P에 포함된 항목의 수를 반환한다.

우선순위 큐에는 동일한 키를 가진 항목이 여러 개 존재할 수 있으며, 이 경우 min과 remove_min 메서드는 최소 키를 갖는 항목 중에서 임의로 하나를 선택해 반환할 수 있다. 값에는 어떤 유형의 객체도 사용할 수 있다.

우선순위 큐의 기본 모델에서는 한 번 추가된 원소의 키는 변경되지 않는다고 가정한다. 그러나 9.5절에서는 사용자가 큐 안에서 원소의 키를 동적으로 업데이트할 수 있는 확장 모델을 다룬다.

예제 9.1 다음 표는 처음에 비어 있는 우선순위 큐 P에 일련의 연산을 수행했을 때의 결과를 보여준다. 여기서 '우선순위 큐' 열의 표현 방식은 다소 오해의 소지가 있는데, 이는 각 항목을 (키, 값) 형태의 튜플로 표시하고, 키를 기준으로 정렬된 모습을 보여주기 때문이다. 우선순위 큐를 구현할 때 내부 표현을 꼭 이런 방식으로 할 필요는 없다.

연산	반환값	우선순위 큐
P.add(5, A)	-	{(5, A)}
P.add(9, C)	-	{(5, A), (9, C)}
P.add(3, B)	-	{(3, B), (5, A), (9, C)}
P.add(7, D)	-	{(3, B), (5, A), (7, D), (9, C)}
P.min()	(3, B)	{(3, B), (5, A), (7, D), (9, C)}
P.remove_min()	(3, B)	{(5, A), (7, D), (9, C)}
P.remove_min()	(5, A)	{(7, D), (9, C)}
len(P)	2	{(7, D), (9, C)}
P.remove_min()	(7, D)	{(9, C)}
P.remove_min()	(9, C)	{}
P.is_empty()	True	{}
P.remove_min()	"error"	{}

9.2 우선순위 큐 구현

이 절에서는 포지션 리스트 L에 항목을 저장하여 우선순위 큐를 구현하는 방법을 설명한다(7.4절 참고). L의 항목을 키 순서로 정렬할지에 따라 두 가지 구현 방식으로 구분할 수 있다.

9.2.1 컴포지션 디자인 패턴

우선순위 큐를 구현할 때의 주요 과제 중 하나는 항목이 자료구조 내에서 이동하더라도 해당 항목과 그에 대응하는 키를 함께 추적해야 한다는 점이다. 이 문제는 7.6절에서 다룬 사례 연구와 유사하다. 해당 사례에서는 각 원소와 함께 접근 횟수를 관리했으며, 이를 위해 **컴포지션 디자인 패턴**(composition design pattern)을 사용해 `_Item` 클래스를 정의하고, 각 원소가 그에 해당하는 횟수와 함께 저장되도록 했다.

우선순위 큐에서도 이와 비슷한 방식으로 각 원소를 내부적으로 (키 k, 값 v) 쌍으로 구성하여 저장할 것이다. 이를 모든 우선순위 큐 구현에 적용하기 위해 `PriorityQueueBase`라는 기반 클래스(코드 9.1 참고)를 작성한다. 이 클래스는 중첩 클래스 `_Item`을 정의하며, 이 클래스의 인스턴스끼리는 키를 기준으로 `a < b`와 같은 비교 연산이 작동하도록 설계되어 있다.

```
class PriorityQueueBase:
  """우선순위 큐를 위한 추상 기반 클래스"""

  class _Item:
    """우선순위 큐 항목을 저장하기 위한 경량 복합체다."""
    __slots__ = '_key', '_value'

    def __init__(self, k, v):
      self._key = k
      self._value = v

    def __lt__(self, other):
      return self._key < other._key      # 키 값을 기준으로 항목을 비교함

  def is_empty(self):                    # 추상 메서드 len에 기반한 구체적 구현
    """우선순위 큐가 비어 있으면 True를 반환한다."""
    return len(self) == 0
```

코드 9.1 중첩 클래스 `_Item`을 포함하고 있으며, 이 클래스는 키와 값을 하나의 객체로 구성한다. 또한 편의를 위해 `is_empty` 메서드를 구체적으로 구현해 두었으며, 이는 `__len__` 메서드가 구현되어 있다는 전제하에 작동한다.

9.2.2 정렬되지 않은 리스트를 사용한 구현

우선순위 큐의 첫 번째 구현 방식은 정렬되지 않은 리스트에 항목을 저장하는 것이다. UnsortedPriorityQueue 클래스는 코드 9.2와 같으며, 이는 코드 9.1에서 정의한 PriorityQueueBase 클래스를 상속한다. 내부적으로 키-값 쌍은 상속받은 _Item 클래스의 인스턴스를 사용해 복합 객체로 표현된다. 이러한 항목들은 PositionalList라는 클래스 멤버에 저장된다. 이 PositionalList는 7.4절에서 설명한 이중 연결 리스트로 구현되어 있다고 가정한다. 따라서 이 ADT의 모든 연산은 $O(1)$ 시간에 수행된다.

새로운 우선순위 큐가 생성될 때 내부 리스트는 비어 있으며, 이후에도 리스트의 크기는 큐에 저장된 키-값 쌍의 수와 항상 같다. 따라서 __len__ 메서드는 내부 리스트의 길이를 반환하기만 하면 된다. PriorityQueueBase 클래스의 설계에 따라 __len__을 호출하는 is_empty 메서드도 함께 상속된다.

add 메서드를 통해 키-값 쌍이 추가될 때마다 주어진 키와 값으로 새로운 _Item 객체를 생성해 리스트 끝에 추가한다. 이 구현은 $O(1)$ 시간에 수행된다.

문제는 min 또는 remove_min이 호출될 때 발생한다. 이 경우 최소 키를 가진 항목을 찾아야 하는데, 항목들이 정렬되어 있지 않기 때문에 전체 항목을 순회하면서 최소 키를 가진 항목을 찾아야 한다. 이를 위해 비공개 유틸리티 함수인 _find_min을 정의하여 최소 키를 가진 항목의 위치(position)를 반환하도록 한다.

이 위치 정보를 알면 remove_min 메서드는 PositionalList의 delete 메서드를 호출하여 해당 항목을 제거할 수 있다. min 메서드는 해당 위치의 항목을 참조하여 (키, 값) 튜플을 반환한다. 최소 키를 찾는 루프가 포함되어 있기 때문에, min과 remove_min의 수행 시간은 모두 $O(n)$이다. 여기서 n은 우선순위 큐에 저장된 항목의 수를 의미한다.

UnsortedPriorityQueue 클래스의 연산별 수행 시간은 표 9.1과 같다.

연산	수행 시간
len	$O(1)$
is_empty	$O(1)$
add	$O(1)$
min	$O(n)$
remove_min	$O(n)$

표 9.1 이중 연결 리스트(정렬되지 않음)로 구현된 크기 n의 우선순위 큐에서 각 메서드의 최악의 경우 수행 시간이다. 공간 복잡도는 $O(n)$이다.

```
class UnsortedPriorityQueue(PriorityQueueBase):  # 부모 클래스가 _Item을 정의함
    """정렬되지 않은 리스트로 구현된 최소 지향 우선순위 큐"""

    def _find_min(self):
        """최소 키를 갖는 항목의 위치를 반환한다."""
        if self.is_empty():                         # is_empty는 부모 클래스에서 상속됨
            raise Empty('Priority queue is empty.')
        small = self._data.first()
        walk = self._data.after(small)
        while walk is not None:
            if walk.element() < small.element():
                small = walk
            walk = self._data.after(walk)
        return small

    def __init__(self):
        """새로운 공백 우선순위 큐를 생성한다."""
        self._data = PositionalList()

    def __len__(self):
        """우선순위 큐에 있는 항목의 수를 반환한다."""
        return len(self._data)

    def add(self, key, value):
        """키-값 쌍을 추가한다."""
        self._data.add_last(self._Item(key, value))

    def min(self):
        """최소 키를 갖는 (k, v) 튜플을 반환한다."""
        p = self._find_min()
        item = p.element()
        return (item._key, item._value)

    def remove_min(self):
        """최소 키를 갖는 (k, v) 튜플을 삭제하고 반환한다."""
        p = self._find_min()
        item = self._data.delete(p)
        return (item._key, item._value)
```

코드 9.2 정렬되지 않은 리스트로 구현된 우선순위 큐. 부모 클래스인 PriorityQueueBase는 코드 9.1에서, PositionalList 클래스는 7.4절에서 다루었다.

9.2.3 정렬된 리스트를 사용한 구현

우선순위 큐의 또 다른 구현 방식은 정렬된 상태를 유지하는 위치 기반 리스트를 사용하는 것이다. 이 방식에서는 키 값이 오름차순이 되도록 항목들을 정렬하여 저장하며, 리스트의 첫 번째 항목이 항상 최소 키를 가진 항목이 되도록 보장한다.

`SortedPriorityQueue` 클래스는 코드 9.3과 같다. 이 구현에서 `min`과 `remove_min` 메서드는 비교적 간단하다. 왜냐하면 리스트의 첫 번째 원소가 항상 최소 키를 가지기 때문이다. 리스트의 `first` 메서드를 사용해 첫 번째 항목의 위치를 찾고, `delete` 메서드를 사용해 그 항목을 제거한다. 리스트가 이중 연결 리스트로 구현되어 있다고 가정하면 `min`과 `remove_min` 연산은 $O(1)$ 시간에 수행된다.

하지만 이러한 이점에는 대가가 따른다. `add` 메서드는 새 항목을 삽입할 적절한 위치를 찾기 위해 리스트를 순회해야 하기 때문이다. 이 구현에서는 리스트의 끝에서 시작하여 역방향으로 이동하면서, 새 키가 기존 항목의 키보다 작아질 때까지 비교한다. 최악의 경우 리스트 맨 앞까지 이동하게 된다. 따라서 `add` 메서드는 최악의 경우 $O(n)$ 시간이 걸린다. 여기서 n은 큐에 저장된 항목의 수를 의미한다.

요약하면, 정렬된 리스트로 우선순위 큐를 구현할 경우 삽입에는 선형 시간이 걸리고, 최소 항목의 검색 및 제거에는 상수 시간이 걸린다.

정렬된 리스트와 정렬되지 않은 리스트의 구현 비교

표 9.2는 우선순위 큐를 정렬된 리스트와 정렬되지 않은 리스트를 이용해 각각 구현했을 때의 메서드 수행 시간을 비교한 것이다. 리스트를 사용해 우선순위 큐 ADT를 구현할 때 시간 복잡도 간의 흥미로운 트레이드 오프가 발생함을 확인할 수 있다. 정렬되지 않은 리스트를 이용하면 삽입은 빠르지만, 검색과 삭제는 느리다. 반면, 정렬된 리스트를 이용하면 검색과 삭제는 빠르지만, 삽입은 느리다.

연산	정렬되지 않은 리스트	정렬된 리스트
`len`	$O(1)$	$O(1)$
`is_empty`	$O(1)$	$O(1)$
`add`	$O(1)$	$O(n)$
`min`	$O(n)$	$O(1)$
`remove_min`	$O(n)$	$O(1)$

표 9.2 정렬되지 않은 리스트 또는 정렬된 리스트로 구현된 크기 n의 우선순위 큐에서 각 메서드의 최악의 경우 수행 시간을 비교하였다. 리스트는 이중 연결 리스트로 구현된다고 가정하며, 두 방식 모두 $O(n)$의 공간을 사용한다.

```
class SortedPriorityQueue(PriorityQueueBase): # 부모 클래스에서 _Item을 정의함
  """정렬된 리스트로 구현된 최소 지향 우선순위 큐"""

  def __init__(self):
    """새로운 빈 우선순위 큐를 생성한다."""
    self._data = PositionalList()

  def __len__(self):
    """우선순위 큐에 있는 항목의 개수를 반환한다."""
    return len(self._data)

  def add(self, key, value):
    """키-값 쌍을 추가한다."""
    newest = self._Item(key, value)  # 새로운 항목 인스턴스를 만듦
    walk = self._data.last()         # 끝에서 앞으로 이동하면서 더 작은 키를 찾음
    while walk is not None and newest < walk.element():
      walk = self._data.before(walk)
    if walk is None:
      self._data.add_first(newest)          # 새로운 키가 가장 작음
    else:
      self._data.add_after(walk, newest)    # 새로운 키가 walk 다음에 위치함

  def min(self):
    """최소 키를 갖는 (k, v) 튜플을 반환한다."""
    if self.is_empty():
      raise Empty('Priority queue is empty.')
    p = self._data.first()
    item = p.element()
    return (item._key, item._value)

  def remove_min(self):
    """최소 키를 갖는 (k, v) 튜플을 삭제하고 반환한다."""
    if self.is_empty():
      raise Empty('Priority queue is empty.')
    item = self._data.delete(self._data.first())
    return (item._key, item._value)
```

코드 9.3 정렬된 리스트로 구현된 우선순위 큐. 부모 클래스인 PriorityQueueBase는 코드 9.1에서, PositionalList 클래스는 7.4절에서 다루었다.

9.3 힙

앞 절에서 소개한 우선순위 큐 ADT의 두 가지 구현 방식은 흥미로운 트레이드 오프를 보여준다. 정렬되지 않은 리스트를 사용하면 항목을 삽입하는 데 $O(1)$ 시간만 걸리지만 최소 키를 가진 항목을 찾거나 제거하려면 $O(n)$ 시간 동안 전체 컬렉션을 순회해야 한다. 반대로, 정렬된 리스트를 사용할 경우 최소 항목을 찾거나 제거하는 작업은 $O(1)$ 시간에 간단히 처리할 수 있지만, 새 항목을 삽입하려면 정렬을 유지하기 위해 $O(n)$ 시간이 소요될 수 있다.

이 절에서는 더 효율적인 우선순위 큐 구현 방식을 소개한다. 바로 **이진 힙**(binary heap)이라는 자료구조를 사용하는 방법이다. 이 자료구조를 사용하면 삽입과 삭제를 둘 다 로그 시간에 수행할 수 있어, 앞에서 살펴본 리스트 기반 구현보다 훨씬 성능이 향상된다. 이진 힙이 이러한 효율성을 달성하는 핵심 방식은 이진 트리 구조를 사용하여 항목들이 완전히 정렬되지도 않고, 완전히 무질서하지도 않은 중간 형태로 유지되도록 하는 데 있다.

9.3.1 힙 자료구조

힙(그림 9.1 참고)은 이진 트리 T의 한 형태이며, T의 각 위치에 항목을 저장하는 동시에 두 가지 속성을 만족해야 한다. 하나는 관계적 속성이고, 다른 하나는 구조적 속성이다. 먼저, 관계적 속성은 다음과 같이 정의된다.

- **힙 순서 속성**: 힙 T에서 루트를 제외한 모든 위치 p에 대해, p에 저장된 키는 p의 부모에 저장된 키보다 크거나 같아야 한다.

관계적 속성의 결과로 루트에서 단말 노드로 내려가는 경로에 있는 키들은 오름차순 또는 같음이 보장된다. 또한 최소 키는 항상 루트에 저장되기 때문에 `min` 또는 `remove_min` 연산 시 최소 항목을 찾기가 매우 쉽다. 이것이 "최소 항목은 힙의 맨 위에 있다."라고 표현되는 이유이며, 이 자료구조의 이름이 힙인 이유이기도 하다. 참고로, 여기서 설명하는 힙 자료구조는 파이썬 같은 언어에서 실행 환경의 일부로 사용되는 메모리 힙(15.1.1절 참고)과는 관련이 없다.

효율성을 높이기 위해 힙 T는 가능한 한 높이가 낮아야 한다. 이를 위해 힙 T는 추가로 구조적 속성을 만족해야 하며, 이를 **완전 이진 트리 속성**이라고 한다.

- **완전 이진 트리 속성**: 높이가 h인 힙 T는 다음 조건을 만족하면 완전 이진 트리다. 0, 1, 2, …, $h-1$레벨까지는 각 레벨이 가질 수 있는 최대 노드 수(2^i개) 를 가진다(즉, $0 \le i \le h-1$의 레벨 i에는 2^i개의 노드가 있어야 함). 마지막 레벨 h의 노드들은 왼쪽부터 순서대로 채워져야 한다.

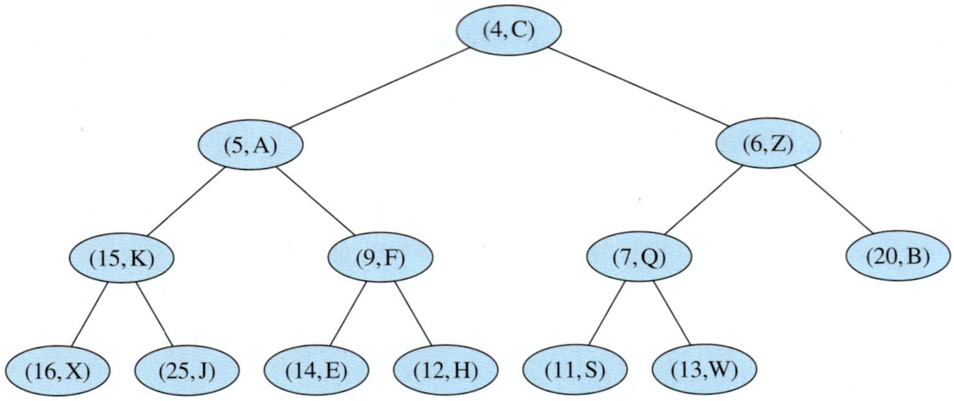

그림 9.1 정수 키를 사용해 13개의 항목을 저장하는 힙의 예. 가장 마지막 위치에는 항목 (13, *W*)가 저장되어 있다.

그림 9.1의 트리는 레벨 0, 1, 2가 모두 채워져 있고, 레벨 3에 있는 6개의 노드도 가장 왼쪽 6개 위치에 배치되어 있으므로 완전 이진 트리다. 여기서 가장 왼쪽 위치라는 것은 이진 트리의 배열 기반 표현과 관련이 있으며, 이는 8.3.2절에서 설명한 **레벨 번호 매김** 방식과 연결된다(실제로 9.3.3절에서는 힙을 배열로 표현하는 방법을 다룰 것임). n개의 항목을 갖는 완전 이진 트리는 레벨 번호가 0에서 $n-1$까지인 노드 위치를 갖는다. 예를 들어 그림 9.1의 트리를 배열로 표현하면 13개의 항목이 $A[0]$부터 $A[12]$까지 연속적으로 저장된다.

힙의 높이

힙 T의 높이를 h라 하자. T가 완전 이진 트리여야 한다는 조건은 명제 9.2에서 보게 될 중요한 결과로 이어진다.

명제 9.2 n개의 항목을 저장하는 힙 T의 높이는 $h = \lfloor \log n \rfloor$이다.

증명 T가 완전 이진 트리이므로 레벨 0부터 $h-1$까지의 노드 수는 정확히 $1 + 2 + 4 + \cdots + 2^{h-1} = 2h - 1$이다. 레벨 h에는 최소 한 개, 최대 2^h개의 노드가 존재할 수 있다. 따라서 다음이 성립한다.

$n \ge 2^{h+1} - 1 + 1 = 2h$ 　　그리고　　 $n \le 2^h - 1 + 2^h = 2^{h+1} - 1$

부등식 $2^h \le n$ 양변에 로그를 취하면 힙의 높이는 $h \le \log n$임을 알 수 있다. 또한 항을 정리하고 부등식 $n \le 2^{h+1} - 1$의 양변에 로그를 취하면 $\log(n + 1) - 1 \le h$가 된다. h는 정수이므로 이 두 부등식을 결합하면 $h = \lfloor \log n \rfloor$임을 알 수 있다. ■

9.3.2 힙을 사용한 우선순위 큐 구현

명제 9.2는 중요한 결과를 내포한다. 바로 힙에서 업데이트 연산을 힙의 높이에 비례하는 시간에 수행할 수 있다면 그 연산은 로그 시간에 실행된다는 점이다. 이제부터는 우선순위 큐의 다양한 연산을 힙을 이용해 어떻게 효율적으로 수행할 수 있는지 살펴본다.

9.2.1절에서 소개한 컴포지션 패턴을 다시 활용해 힙에 키-값 쌍을 항목 형태로 저장한다. `__len__`과 `is_empty` 메서드는 트리의 상태만 보면 구현할 수 있고, `min` 연산도 매우 간단하다. 힙 속성에 의해 루트 노드에 항상 최소 키를 가진 원소가 저장되어 있기 때문이다. 여기서 흥미로운 알고리즘은 바로 `add`와 `remove_min` 메서드의 구현이다.

힙에 항목 추가하기

힙 T로 구현된 우선순위 큐에서 `add(k, v)` 연산을 수행하는 과정을 살펴보자. 쌍 (k, v)는 트리의 새 노드에 항목으로 저장된다. **완전 이진 트리 속성**을 유지하기 위해 새 노드는 트리의 맨 아래 레벨에서 가장 오른쪽 노드 바로 다음 위치 p에 배치되며, 해당 레벨이 꽉 찬 경우(또는 힙이 비어 있는 경우)에는 새 레벨의 가장 왼쪽 위치에 배치된다.

삽입 후 업힙 버블링

삽입이 완료되면 트리 T는 구조적으로 완전 트리이지만 힙 순서 속성을 위반할 수 있다. 따라서 삽입 위치 p가 루트가 아닌 경우(즉, 삽입 전에 우선순위 큐가 비어 있지 않은 경우), p에 저장된 키를 부모 위치 q에 저장된 키와 비교해야 한다. 만약 $k_p \ge k_q$라면 힙-순서 속성이 만족되므로 알고리즘은 종료된다. 하지만 $k_p < k_q$라면 힙 순서 속성이 깨졌기 때문에 이 속성을 복구해야 한다. 이 경우에는 위치 p와 q에 저장된 항목을 서로 교환하면 힙-순서 속성을 국지적으로 복원할 수 있다(그림 9.2의 (c)와 (d) 참고). 이 교환으로 새로 삽입된 항목이 한 레벨 위로 올라간다. 하지만 여전히 힙-순서 속성이 위배되었을 수 있으므로, 이 과정을 반복하면서 위쪽으로 이동해 나간다(그림 9.2의 (e)와 (h) 참고).

이처럼 새 항목이 위로 올라가며 반복적으로 교환되는 과정을 일반적으로 **업힙 버블링**(up-heap bubbling)이라고 부른다. 각 교환은 힙-순서 속성의 위반을 해결하거나 한 단계 위로 전파한다. 최악의 경우, 새 항목이 힙의 루트까지 이동해야 할 수도 있다. 따라서 add 메서드 실행 중 수행되는 교환 횟수는 최대 힙의 높이만큼 발생할 수 있다. 명제 9.2에 따르면 최대 높이는 $\lfloor \log n \rfloor$이다.

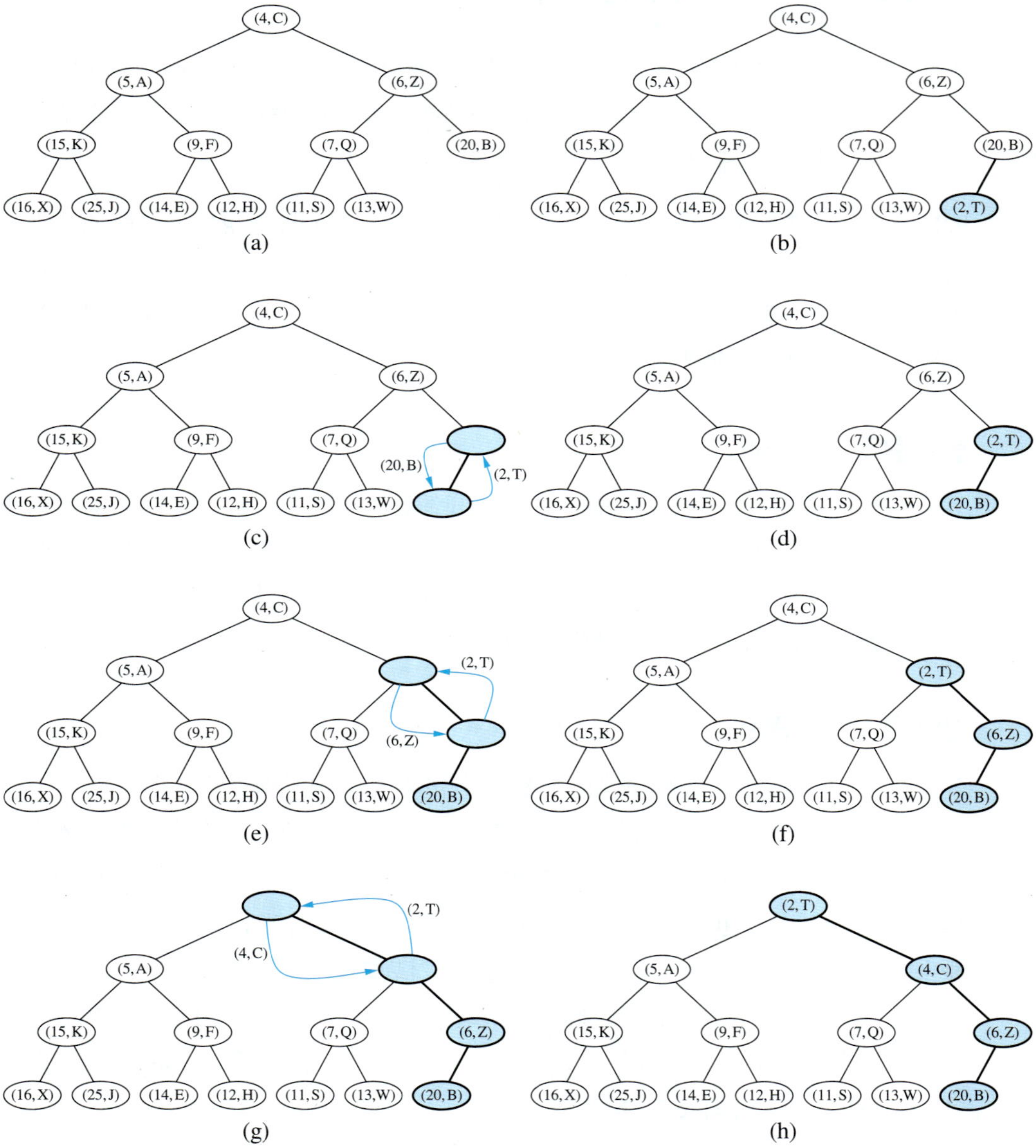

그림 9.2 키 2를 가진 새 항목을 그림 9.1의 힙에 삽입하는 과정. (a) 초기 힙 상태, (b) 새 항목을 삽입한 직후, (c)–(d) 힙 순서 속성을 지역적으로 복원하기 위한 첫 번째 교환, (e)–(f) 두 번째 교환, (g)–(h) 최종 교환

최소 키가 있는 항목 삭제하기

이제 우선순위 큐 ADT의 `remove_min` 메서드로 넘어가 보자. 최소 키를 가진 항목이 항상 트리 T의 루트 r에 저장되어 있다는 사실은 이미 알고 있다(최소 키를 가진 항목이 여러 개 있더라도 그중 하나는 루트에 있음). 일반적으로는 루트 노드 r을 단순히 삭제할 수 없다. 그렇게 하면 두 개의 연결되지 않은 서브트리가 남기 때문이다.

대신 힙의 완전 이진 트리 속성을 유지하기 위해서는 트리 T의 마지막 위치 p에 있는 단말 노드를 삭제한다. 여기서 마지막 위치란 맨 아래 레벨에서 가장 오른쪽에 있는 위치를 의미한다. 이때, 해당 노드에 저장된 항목을 보존하기 위해 그 항목을 루트 r로 복사하여(즉, 제거될 최소 키 항목을 대체하여) 루트에 채운다. 그림 9.3의 (a)–(b)는 이 과정을 보여준다. 예에서는 루트에 있던 최소 항목 (4, C)가 제거되고, 마지막 위치에 있던 (13, W)가 루트로 복사된다. 그리고 마지막 노드는 트리에서 제거된다.

삭제 후 다운힙 버블링

하지만 아직 작업이 끝난 것은 아니다. 트리 T는 현재 완전 이진 트리의 구조는 만족하지만 여전히 힙-순서 속성이 위배되었을 가능성이 있다. 트리 T에 루트 하나만 있는 경우라면 힙-순서 속성은 자동으로 만족되므로 알고리즘은 종료된다. 그 외의 경우, 이제 루트 노드 p에 대해 두 가지 상황을 구분하여 처리한다.

- p가 오른쪽 자식을 가지지 않은 경우 왼쪽 자식을 c라고 한다.
- p가 두 가식을 모두 가지는 경우 두 자식 중 더 작은 키를 c라고 한다.

이제 $k_p \le k_c$이면 힙-순서 속성이 만족되므로 알고리즘은 종료된다. 하지만 만약 $k_p > k_c$라면 힙-순서 속성이 위배되었으므로, 이 속성을 복원해야 한다. 이때는 p와 c의 항목을 서로 교환하면 국지적으로 힙-순서 속성이 복원된다(그림 9.3의 (c)와 (d) 참고). 특히, p가 두 자식을 가질 때는 의도적으로 더 작은 키를 가진 자식을 선택한다는 점에 주목해야 한다. 이 선택을 통해 c의 키가 p보다 작을 뿐 아니라, 형제보다도 작거나 같음이 보장되므로, 그 키가 p보다 위로 올라오게 되면 힙-순서 속성이 국지적으로 확실히 복원된다.

p에서 자식들 사이의 힙-순서 위반을 해결한 뒤에도, 새로 자리를 차지한 c 위치에서 다시 위배가 발생할 수 있으므로, 이 과정을 트리 아래로 계속 반복해야 할 수도 있다(그림 9.3의 (e)~(h) 참고) 이처럼 아래 방향으로 반복하여 교환되는 과정을 **다운힙 버블링**(down-heap bubbling)이라고 부른다. 각 교환은 힙-순서 속성을 해결하거나, 한 단계 아래로 전파한다. 최악의 경우에는 항목이 트리의 가장 아래까지 이동할 수도 있다. 따라서 `remove_min` 메서드에서 수행되는 교환의 횟수는 최악의 경우 힙 T의 높이와 같다. 명제 9.2에 따르면 이 높이는 $\lfloor \log n \rfloor$이다.

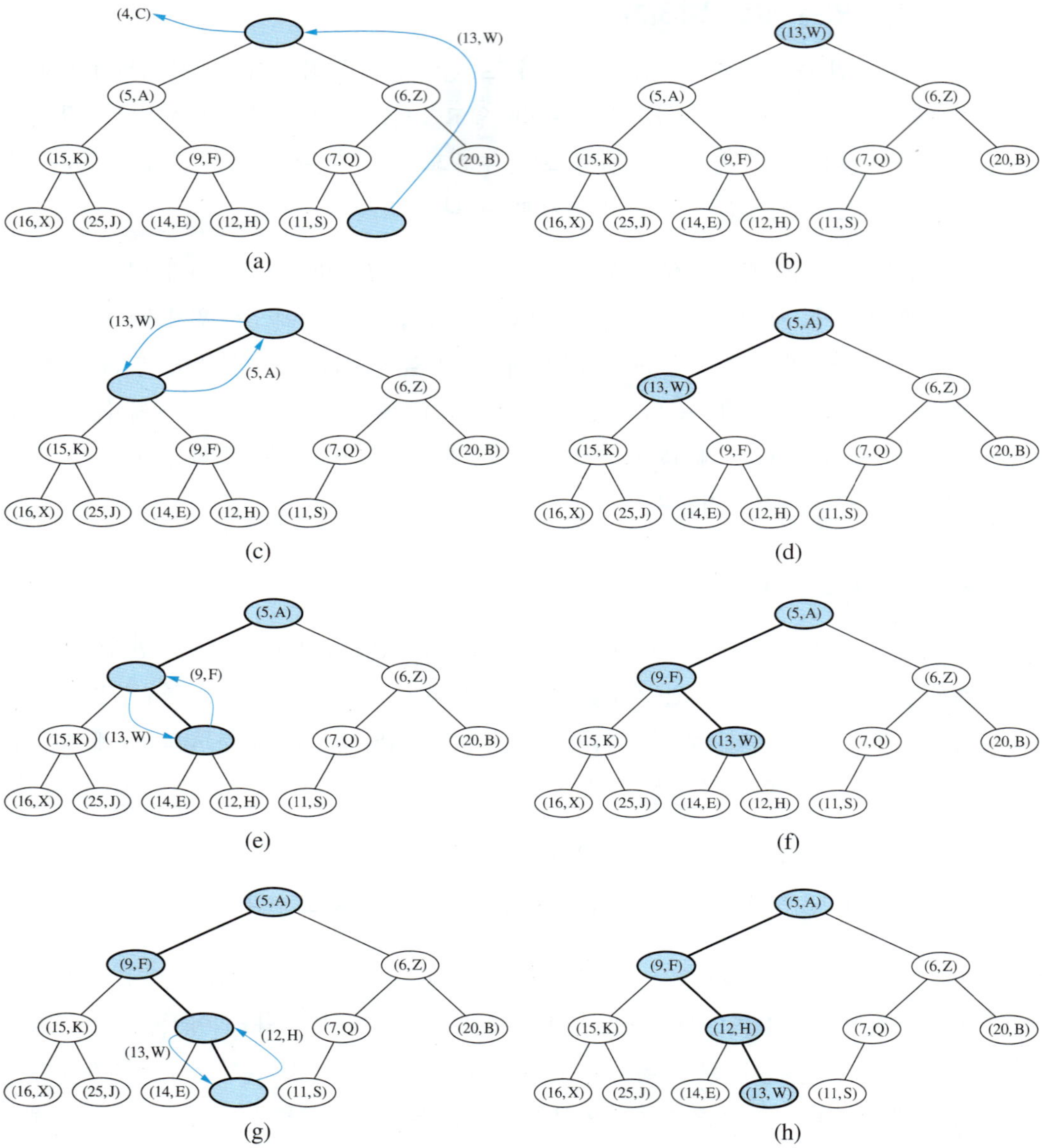

그림 9.3 힙에서 가장 작은 키를 가진 항목을 삭제하는 과정. (a)–(b) 마지막 노드를 삭제하고 루트에 저장함, (c)–(d) 힙 순서 속성을 지역적으로 복원하기 위한 첫 번째 교환, (e)–(f) 두 번째 교환, (g)–(h) 최종 교환

9.3.3 완전 이진 트리의 배열 기반 표현

이진 트리의 배열 기반 표현(8.3.2절 참고)은 완전 이진 트리 T에 특히 적합하다. 이 구현에서 트리 T의 각 원소를 배열 기반 리스트 A에 저장하며, 이때 T의 위치 p에 있는 원소를 다음과 같

이 정의된 p의 레벨 번호 $f(p)$를 인덱스하여 A에 저장한다.

- p가 T의 루트 노드이면 $f(p) = 0$이다.
- p가 위치 q의 왼쪽 자식이면 $f(p) = 2f(q) + 1$이다.
- p가 위치 q의 오른쪽 자식이면 $f(p) = 2f(q) + 2$이다.

이 구현에서는 트리 T의 모든 원소가 배열 인덱스 $[0, n-1]$ 범위에 연속적으로 저장되며, 트리의 마지막 위치는 항상 인덱스 $n-1$에 해당한다. 여기서 n은 트리에 포함된 위치의 개수다. 예를 들어 그림 9.4는 그림 9.1에 제시된 힙 구조의 배열 기반 표현을 보여준다.

(4,C)	(5,A)	(6,Z)	(15,K)	(9,F)	(7,Q)	(20,B)	(16,X)	(25,J)	(14,E)	(12,H)	(11,S)	(8,W)
0	1	2	3	4	5	6	7	8	9	10	11	12

그림 9.4 그림 9.1에 제시된 힙 구조의 배열 기반 표현

배열 기반 힙 표현을 사용하면 노드 기반 트리 구조에서 발생하는 복잡성을 피할 수 있다. 특히, 우선순위 큐의 `add`와 `remove_min` 연산은 항상 크기가 n인 힙의 마지막 인덱스를 찾아야 하는데, 배열 기반 표현에서는 이 위치가 항상 인덱스 $n-1$로 정해져 있어 처리하기 쉽다. 반면, 연결 구조로 구현된 완전 이진 트리의 마지막 위치를 찾으려면 더 많은 연습이 필요하다(연습문제 C-9.34 참고).

우선순위 큐의 크기를 미리 알 수 없는 경우, 배열 기반 표현을 사용할 때는 필요에 따라 배열의 크기를 동적으로 조정해야 한다. 이는 파이썬의 리스트가 내부적으로 처리하는 방식과 유사하다. n개의 노드를 가지는 완전 이진 트리를 배열로 표현할 경우 공간 사용량은 $O(n)$이며, 원소를 추가하거나 제거하는 연산의 시간 복잡도는 분할 지불 방식으로 계산된다(5.3.1절 참고).

9.3.4 파이썬 힙 구현

코드 9.4~9.5는 힙 기반 우선순위 큐의 파이썬 구현이다. 이 구현은 배열 기반 표현을 사용하며 항목 객체들을 파이썬 리스트에 저장하는 방식이다. 비록 이진 트리 ADT를 명시적으로 사용하지는 않지만 코드 9.4에는 다른 부모와 자식 노드의 인덱스를 계산하는 비공개 유틸리티 함수들이 포함되어 있다. 이를 통해 나머지 알고리즘은 부모, 왼쪽 자식, 오른쪽 자식과 같은 트리 용어를 자연스럽게 사용할 수 있다. 단, 여기서 사용하는 변수들은 '위치' 객체가 아닌 정수 인덱스다. `_upheap`과 `_downheap` 유틸리티는 재귀를 이용해 반복 처리를 구현한다.

```python
class HeapPriorityQueue(PriorityQueueBase):     # 부모 클래스에서 _Item을 정의함
    """이진 힙으로 구현된 최소 우선순위 큐"""
    #------------------------------ 비공개 메서드------------------------------
    def _parent(self, j):
        return (j-1) // 2

    def _left(self, j):
        return 2*j + 1

    def _right(self, j):
        return 2*j + 2

    def _has_left(self, j):
        return self._left(j) < len(self._data)      # 리스트의 끝을 넘는 인덱스인가?

    def _has_right(self, j):
        return self._right(j) < len(self._data)     # 리스트의 끝을 넘는 인덱스인가?

    def _swap(self, i, j):
        """배열의 인덱스 i와 j에 있는 원소를 교환한다."""
        self._data[i], self._data[j] = self._data[j], self._data[i]

    def _upheap(self, j):
        parent = self._parent(j)
        if j > 0 and self._data[j] < self._data[parent]:
            self._swap(j, parent)
            self._upheap(parent)                    # 부모의 위치에서 재귀 호출

    def _downheap(self, j):
        if self._has_left(j):
            left = self._left(j)
            small_child = left                      # 오른쪽이 더 작을 수 있음
            if self._has_right(j):
                right = self._right(j)
                if self._data[right] < self._data[left]:
                    small_child = right
            if self._data[small_child] < self._data[j]:
                self._swap(j, small_child)
                self._downheap(small_child)         # 작은 자식의 위치에서 재귀 호출
```

코드 9.4 배열 기반 힙을 사용한 우선순위 큐의 구현(코드 9.5로 이어짐). 코드 9.1의 PriorityQueueBase 클래스를 상속하여 구현한다.

```
#------------------------------ 공개 메서드 ------------------------------
    def __init__(self):
        """새로운 공백 우선순위 큐를 생성한다."""
        self._data = []

    def __len__(self):
        """우선순위 큐에 있는 항목의 개수를 반환한다."""
        return len(self._data)

    def add(self, key, value):
        """키-값 쌍을 우선순위 큐에 추가한다."""
        self._data.append(self._Item(key, value))
        self._upheap(len(self._data) - 1)           # 새로 추가된 위치에서 업힙

    def min(self):
        """최소 키를 갖는 (k, v) 튜플을 반환한다.

        비어 있을 경우 Empty 예외를 발생시킨다.
        """
        if self.is_empty():
            raise Empty('Priority queue is empty.')
        item = self._data[0]
        return (item._key, item._value)

    def remove_min(self):
        """최소 키를 갖는 (k, v) 튜플을 삭제하고 반환한다.

        비어 있을 경우 Empty 예외를 발생시킨다.
        """
        if self.is_empty():
            raise Empty('Priority queue is empty.')
        self._swap(0, len(self._data) - 1)          # 최소 항목을 끝으로 이동
        item = self._data.pop()                     # 리스트에서 삭제하고
        self._downheap(0)                           # 새로운 루트를 조정함
        return (item._key, item._value)
```

코드 9.5 배열 기반 힙을 사용한 우선순위 큐의 구현

9.3.5 힙 기반 우선순위 큐 분석

표 9.3은 힙을 이용한 우선순위 큐 구현에서 각 우선순위 큐 ADT 연산의 수행 시간을 보여준다. 이 표는 두 키의 비교 연산이 $O(1)$ 시간에 수행되며, 힙 T가 배열 기반 또는 연결 기반 트리 표현으로 구현되었다고 가정한다.

요약하면, 각 우선순위 큐 연산은 $O(1)$ 또는 $O(\log n)$ 시간에 수행되며, 여기서 n은 연산이 수행되는 시점에서 큐에 저장된 항목의 수를 의미한다. 각 연산의 시간 분석은 다음 조건을 기반으로 한다.

- 힙 T는 n개의 노드를 가지고 있으며, 각 노드는 키-값 쌍에 대한 참조를 저장한다.
- 힙 T는 완전 이진 트리이므로, 그 높이는 $O(\log n)$이다(명제 9.2 참고).
- 항상 루트에 최소 항목이 위치하므로 `min` 연산은 $O(1)$ 시간에 수행된다.
- `add`나 `remove_min` 메서드에서 필요한 힙의 마지막 위치를 탐색하는 작업은 배열 기반 표현에서 $O(1)$ 시간에, 연결 기반 표현에서 $O(\log n)$ 시간에 수행된다(연습 문제 C-9.34 참고).
- 최악의 경우 업힙 또는 다운힙 버블링 과정에서 힙의 높이만큼의 교환이 일어난다.

연산	수행 시간
`len(P)`, `P.is_empty()`	$O(1)$
`P.min()`	$O(1)$
`P.add()`	$O(\log n)$*
`P.remove_min()`	$O(\log n)$*

* 배열 기반 표현에서 분할 지불 방식의 수행 시간

표 9.3 힙을 이용해 구현한 우선순위 큐 P의 성능. 이 표에서는 연산이 수행되는 시점에서 우선순위 큐에 저장된 항목 수를 n이라 가정한다. 공간 요구량은 $O(n)$이다. `min`과 `remove_min` 연산의 수행 시간은 배열 기반 표현에서는 분할 지불 방식으로 분석되며, 이는 동적 배열의 크기 재조정이 가끔 발생하기 때문이다. 반면, 연결 트리 기반 표현에서는 해당 시간 복잡도가 최악의 경우로 주어진다.

결론적으로, 힙 자료구조는 우선순위 큐 ADT를 매우 효율적으로 구현하는 방법이다. 이는 힙이 연결 구조로 구현되었든, 배열로 구현되었든 관계없이 마찬가지다. 힙 기반 구현은 삽입과 삭제 연산에서 모두 빠른 수행 시간을 제공하며, 이는 정렬되지 않은 리스트나 정렬된 리스트를 사용하는 구현 방식과는 대조적이다.

9.3.6 상향식 힙 구성 ★

처음에 힙이 비어 있는 상태에서 add 연산을 n번 연속으로 호출하면, 최악의 경우 총 수행 시간은 $O(n \log n)$이 된다. 그러나 저장할 n개의 키-값 쌍이 처음부터 모두 주어진 상태라면(예 힙 정렬(heapsort) 알고리즘의 첫 번째 단계), 다른 방식의 힙 구성 방법, 즉 상향식 힙 구성을 사용할 수 있다. 이 방법은 $O(n)$ 시간에 수행된다. 단, 힙 정렬 전체는 여전히 $\Theta(n \log n)$ 시간이 걸린다. 왜냐하면 두 번째 단계에서 최소 키를 가진 항목을 반복적으로 제거하는 과정이 필요하기 때문이다.

이 절에서는 상향식 힙 구성 방법을 설명하고, 힙 기반 우선순위 큐의 생성자에서 사용할 수 있는 구현 방법도 함께 다룬다.

설명을 단순하게 하기 위해 여기서는 키의 개수 n이 정수 h에 대해 $n = 2^{h+1} - 1$라고 가정한다. 즉, 힙은 모든 레벨이 꽉 찬 완전 이진 트리이며, 그 높이는 $h = \log(n + 1) - 1$이다. 재귀를 생각하지 않는다면 상향식 힙 구성 과정은 $h + 1 = \log(n + 1)$ 단계로 구성된다.

1 첫 번째 단계(그림 9.5의 (b) 참고)에서는 각각 하나의 항목을 저장하는 $(n + 1)/2$개의 기본 힙을 생성한다.

2 두 번째 단계(그림 9.5의 (c)와 (d) 참고)에서는 기본 힙 쌍을 결합하고 새 항목을 추가하여 각각 세 개의 항목을 저장하는 $(n + 1)/4$개의 힙을 생성한다. 이때 새 항목은 루트에 배치되며 힙 순서 속성을 유지하기 위해 자식 항목과 교환이 필요할 수도 있다.

3 세 번째 단계(그림 9.5의 (e)와 (f) 참고)에서는 $(n + 1)/8$개의 힙을 생성하며, 각 힙은 이전 단계에서 생성된 세 개 항목 힙의 쌍을 결합하고 새 항목을 추가하여 총 7개의 항목을 저장한다. 새 항목은 처음에 루트에 배치되지만 힙 순서 속성을 유지하기 위해 다운힙 버블링을 수행하여 아래로 이동할 수 있다.

⋮

i 일반 i번째 단계인 $2 \leq i \leq h$에서는 이전 단계에서 생성된 $(2^{i-1} - 1)$ 항목을 저장하는 힙 쌍을 결합하고 새 항목을 루트에 추가하여 각각 $2^i - 1$ 항목을 저장하는 $(n + 1)/2^i$개의 힙을 생성한다. 새 항목은 처음에 루트에 배치되지만 힙 순서 속성을 유지하기 위해 다운힙 버블링을 수행하여 아래로 이동할 수 있다.

⋮

$h+1$ 마지막 단계(그림 9.5의 (g)와 (h) 참고)에서는 $(n - 1)/2$개 항목(이전 단계에서 생성됨)을 저장하는 두 힙을 결합하고 새 항목을 추가하여 n개 항목을 모두 저장하는 최종

힙을 생성한다. 새 항목은 처음에 루트에 배치되지만 힙 순서 속성을 유지하기 위해 다운힙 버블링을 수행하여 아래로 이동할 수 있다.

$h = 3$인 경우의 상향식 힙 구성 과정은 그림 9.5와 같다.

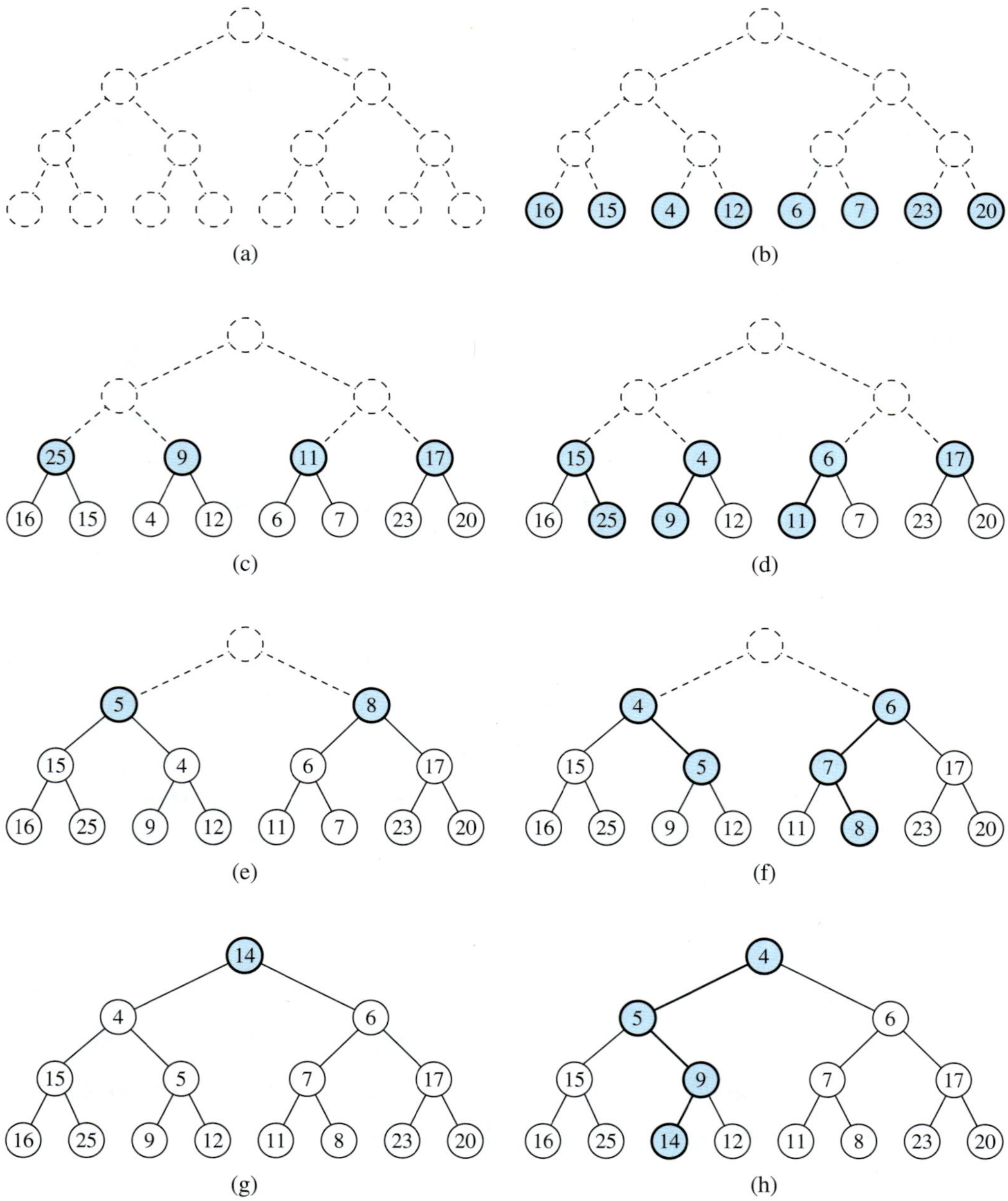

그림 9.5 15개의 항목으로 구성된 힙의 상향식 생성 과정. (a)–(b) 맨 아래 레벨에 한 개 항목씩 저장된 힙을 생성하는 것으로 시작. (c)–(d) 이 힙들을 세 개 항목 힙으로 결합. (e)–(f) 7개 항목 힙을 결합. (g)–(h) 마지막으로 모든 항목을 포함한 최종 힙을 만든다. 다운힙 버블링 경로는 (d), (f), (h)에 강조 표시되어 있다. 설명을 단순화하기 위해 각 노드에는 전체 항목 대신 키 값만 표시했다.

상향식 힙 구성의 파이썬 구현

_downheap 유틸리티 함수가 이미 존재한다면, 상향식 힙 구성은 매우 간단하게 구현할 수 있다. 이 절의 앞부분에서 설명한 것처럼 어떤 위치 p에 대해 두 개의 동일한 크기를 가진 서브트리(힙)를 병합하는 작업은 p의 항목에 대해 _downheap을 호출하는 것만으로 처리할 수 있다. 예를 들어 그림 9.5(f)에서 (g)로 넘어갈 때 키 14에 대해 이러한 작업이 발생했다.

배열 기반 힙 표현에서는 모든 n개의 항목을 처음에 배열 안에 임의의 순서로 저장해 놓고, 힙의 가장 아래 레벨부터 루트까지 _downheap을 수행하는 루프를 통해 상향식 힙 구성을 간단히 구현할 수 있다. 사실, 단말 노드에서는 _downheap을 수행해도 효과가 없기 때문에 루프는 가장 깊은 비단말 노드부터 시작하면 된다.

코드 9.6은 9.3.4절의 기본 HeapPriorityQueue 클래스를 확장하여 초기 항목 컬렉션에 대해 상향식 힙 생성을 지원하는 기능을 추가한 예다. 이 구현에서 다음과 같은 변경이 포함된다. heapify라는 비공개 유틸리티 메서드를 새로 도입하여 가장 깊은 비단말 노드부터 루트까지 각 위치에서 _downheap을 호출한다. 생성자에서 (k, v) 튜플 시퀀스를 선택적 매개변수로 받을 수 있도록 변경하였다. self._data는 공백 리스트로 초기화하는 대신 리스트 컴프리헨션(1.9.2절 참고)을 사용해 입력된 시퀀스를 기반으로 항목 객체의 리스트를 생성한다. 기본값으로 HeapPriorityQueue()가 빈 우선순위 큐를 생성하도록 공백 시퀀스를 기본 매개변수 값으로 지정하였다.

```
def __init__(self, contents=()):
  """새로운 우선순위 큐를 생성한다.

  기본적으로 큐는 비어 있다. contents가 주어지면,
  (k, v) 튜플로 이루어진 iterable 시퀀스로 초기 항목을 지정할 수 있다.
  """
  self._data = [self._Item(k, v) for k, v in contents]      # 기본적으로 비어 있음
  if len(self._data) > 1:
    self._heapify()

def _heapify(self):
  start = self._parent(len(self) - 1)       # 마지막 단말 노드의 PARENT에서 시작
  for j in range(start, -1, -1):            # 루트까지 위로 올라감
    self._downheap(j)
```

코드 9.6 초기 항목 시퀀스를 지정할 수 있도록 코드 9.4~9.5의 HeapPriorityQueue 클래스를 수정하였다. 초기화 시 선형 시간의 상향식 힙 생성을 지원한다.

상향식 힙 구성의 점근적 분석

상향식 힙 구성 방식은 처음에 빈 힙에 n개의 키를 하나씩 삽입하는 방식보다 점근적으로 더 빠르다. 직관적으로 보면 하향식 방식에서는 각 키마다 업힙을 수행하지만, 상향식 방식에서는 트리의 각 위치마다 다운힙을 한 번만 수행한다. 그리고 트리에서는 위쪽보다 아래쪽에 노드가 더 많이 분포해 있기 때문에, 전체적으로 다운힙이 수행되는 경로의 합이 선형 시간($O(n)$)이 된다. 이 점은 다음에 제시될 명제를 통해 명확하게 설명된다.

명제 9.3 n개의 항목으로 힙을 상향식으로 구성하는 데 걸리는 시간은 $O(n)$이다(단, 두 키 간의 비교가 $O(1)$ 시간에 이루어진다고 가정함).

증명 이 구성 과정의 주요 비용은 각 비단말 노드에서 수행되는 다운힙 연산 때문에 발생한다. 여기서 각 비단말 노드 v에 대해 π_v라는 경로를 정의한다. π_v는 트리 T에서 노드 v로부터 시작해 오른쪽 자식으로 이동한 뒤, 왼쪽 방향으로 계속 내려가서 도달하는 단말 노드까지의 경로다. (참고로 π_v는 실제 다운힙 수행 경로와 반드시 일치하는 것은 아니다.) 이 경로 π_v의 길이(즉, 그 경로의 간선 수)는 v를 루트로 하는 서브트리의 높이에 비례하며, 따라서 v에서 수행되는 다운힙 연산의 시간 복잡도에 대한 상한으로 사용될 수 있다. 따라서 전체 다운힙 수행 시간의 총합은 모든 비단말 노드 v에 대해 π_v 길이들의 합, 즉 $\Sigma_v \|\pi_v\|$에 의해 상한이 정해진다. 직관적으로는 그림 9.6이 이 주장을 시각적으로 잘 설명해 준다. 이 그림에서 각 간선에는 어떤 π_v 경로에 포함되는지를 나타내는 비단말 노드 v가 라벨링되어 있다.

모든 비단말 노드 v에 대한 경로 π_v는 서로 겹치지 않는 경로들이며, 따라서 총 경로 길이의 합은 트리 내 전체 간선 수를 초과하지 않는다. 즉, $O(n)$이다. 이 주장을 증명하기 위해 간선을 '오른쪽 경사'와 '왼쪽 경사'로 구분하자(즉, 부모에서 오른쪽 자식으로 가는 간선은 오른쪽 경사, 왼쪽 자식으로 가는 간선은 왼쪽 경사). 어떤 특정한 오른쪽 경사 간선 e는 오직 해당 부모 노드 v의 π_v 경로에만 포함될 수 있다. 왼쪽 경사 간선들은 끝까지 왼쪽으로 내려갔을 때 도달하는 단말 노드에 따라 그룹화할 수 있다. 각각의 비단말 노드는 자신의 중위 계승자로 향하는 왼쪽 경사 경로만 사용한다. 그런데 각 비단말 노드는 서로 다른 중위 계승자를 갖기 때문에 서로 다른 π_v 경로가 같은 왼쪽 경사 간선을 공유할 수 없다. 결론적으로 모든 π_v 경로는 서로 간선을 공유하지 않으므로 전체 비용은 트리의 간선 수에 비례하여 $O(n)$이 된다. 따라서 힙 T의 상향식 구성은 $O(n)$ 시간에 수행된다. ■

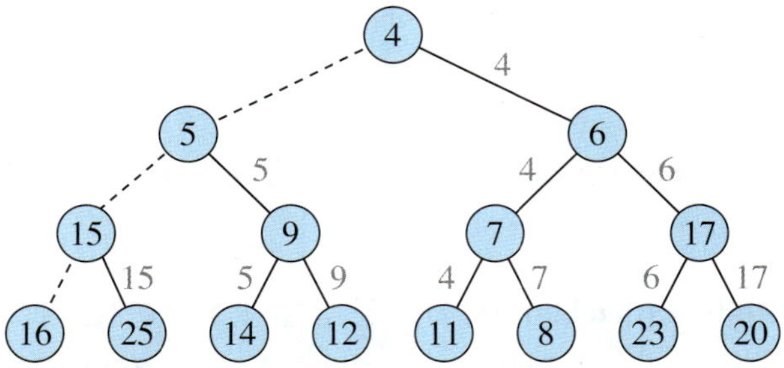

그림 9.6 상향식 힙 구성이 선형 수행 시간에 수행된다는 것을 설명하는 시각적 증명. 각 간선 e에는 π_v 경로에 포함하는 노드 v의 라벨이 표시되어 있다.

9.3.7 파이썬의 heapq 모듈

파이썬 표준 라이브러리에는 heapq 모듈이 포함되어 있으며, 이를 통해 힙 기반 우선순위 큐를 지원할 수 있다. 이 모듈은 우선순위 큐 클래스를 별도로 제공하지 않고, 대신 일반 파이썬 리스트를 힙처럼 관리할 수 있는 함수들을 제공한다. 이 모듈의 동작 방식은 지금까지 설명한 구현과 거의 동일하다. 즉, n개의 원소가 리스트의 인덱스 $L[0]$부터 $L[n-1]$까지 저장되며, 레벨 번호 매김 방식을 기반으로 구성된다. 이때 최솟값은 항상 루트인 $L[0]$에 위치한다. 단, heapq는 키와 값을 따로 관리하지 않는다. 즉, 각 원소가 그 자체로 키 역할을 한다.

heapq 모듈은 다음 함수를 제공하며, 이 함수들을 호출하기 전에 리스트 L이 힙 순서 속성을 만족한다고 가정한다.

- **heappush(L, e)**: 원소 e를 리스트 L에 추가한 뒤 힙 순서 속성을 복원한다. 수행 시간은 $O(\log n)$이다.
- **heappop(L)**: 리스트 L에서 가장 작은 원소를 제거하고 반환하며, 힙 순서 속성을 다시 설정한다. 수행 시간은 $O(\log n)$이다.
- **heappushpop(L, e)**: 원소 e를 리스트 L에 먼저 추가한 후 가장 작은 원소를 제거하여 반환한다. 수행 시간은 $O(\log n)$이며, 리스트의 크기가 변하지 않으므로 push와 pop을 별도로 호출하는 것보다 다소 효율적이다. 새로 추가된 원소가 가장 작으면 즉시 반환되고, 그렇지 않으면 루트를 대체한 뒤 다운힙이 수행된다.
- **heapreplace(L, e)**: heappushpop과 유사하지만 원소를 추가하기 전에 가장 작은 원소를 제거한다. 즉, 새로 추가된 원소가 바로 반환되는 일은 없다. 수행 시간은 $O(\log n)$이지만 두 연산을 따로 수행하는 것보다 더 효율적이다.

heapq 모듈은 힙 순서 속성을 만족하지 않는 시퀀스에 대해 작동하는 다음과 같은 추가 함수도 제공한다.

- **heapify(L)**: 정렬되지 않은 리스트를 힙 순서 속성을 만족하도록 변환한다. 상향식 구성 알고리즘을 사용하며 수행 시간은 $O(n)$이다.
- **nlargest(k, iterable)**: 주어진 이터러블(iterable)에서 가장 큰 값들 중 상위 k개를 리스트로 반환한다. 수행 시간은 $O(n + k \log n)$이며, 여기서 n은 이터러블의 길이다(연습 문제 C-9.42 참고).
- **nsmallest(k, iterable)**: 주어진 이터러블에서 가장 작은 값들 중 상위 k개를 리스트로 반환한다. 이 함수도 $O(n + k \log n)$ 시간에 구현될 수 있으며 nlargest와 유사한 기법을 사용한다.

9.4 우선순위 큐를 사용한 정렬

우선순위 큐 ADT를 정의할 때, 어떤 종류의 객체든 키로 사용할 수 있지만 모든 키 쌍은 서로 비교 가능해야 하며, 키 집합은 자연스러운 순서로 정렬될 수 있어야 한다고 설명한 바 있다. 파이썬에서는 이러한 순서를 정의하기 위해 $<$ 연산자를 사용하며, 이 경우 다음과 같은 조건이 충족되어야 한다.

- **비반사성**: 어떤 키 k에 대해서도 $k \not< k$이다.
- **전이성**: 만약 $k_1 < k_2$이고 $k_2 < k_3$이면, $k_1 < k_3$가 성립해야 한다.

공식적으로 이러한 관계를 **엄격한 약한 순서**(strict weak order)라 부른다. 이는 서로 동등하게 간주될 수 있는 키들을 허용하면서도 전이성 덕분에 **전체 집합**은 가장 작은 키부터 가장 큰 키까지 유일한 순서로 정렬될 수 있다.

이제 우선순위 큐의 첫 번째 응용 예로, 비교 가능한 원소의 컬렉션 C를 정렬하는 방법을 살펴보자. 즉, C의 원소를 오름차순으로(또는 중복이 있을 경우 적어도 비내림차순으로) 정렬할 수 있다. 알고리즘은 매우 간단하다. 먼저 빈 우선순위 큐에 모든 원소를 삽입하고, 그다음 remove_min을 반복적으로 호출하여 원소들을 오름차순으로 추출하면 된다.

코드 9.7은 이 알고리즘을 구현한 것으로, C를 포지션 리스트(7.4절 참고)라고 가정한다. `P.add(element, element)` 호출에서 각 원소는 키와 값 모두에 사용된다.

```
def pq_sort(C):
    """포지션 리스트에 저장된 원소들을 정렬한다."""
    n = len(C)
    P = PriorityQueue()
    for j in range(n):
        element = C.delete(C.first())
        P.add(element, element)            # 원소를 키와 값 모두에 사용
    for j in range(n):
        (k, v) = P.remove_min()
        C.add_last(v)                      # 남은 원소 중 가장 작은 것을 C에 저장
```

코드 9.7 PriorityQueue 클래스가 적절히 구현되어 있다고 가정할 때, 입력 리스트 C를 정렬하는 pq_sort 함수의 구현을 보여준다. 이때 리스트 C의 각 원소는 우선순위 큐 P에서 자체가 키로 사용된다.

이 코드를 조금 수정하면, 기본 정렬 순서가 아닌 사용자 정의 순서에 따라 정렬할 수 있는 일반적인 기능을 제공할 수 있다. 예를 들어 문자열을 다룰 때는 < 연산자가 사전식 순서를 기준으로 비교를 수행한다. 이는 알파벳 순서를 유니코드 문자로 확장한 형태다. 예를 들어 문자열 `'12' < '4'`는 참인데, 이는 각 문자열의 첫 번째 문자의 유니코드 순서 때문이며, `'apple' < 'banana'`와 동일한 원리다. 그런데 만약 처리해야 할 응용 프로그램에서 문자열 리스트에 포함된 모든 값이 정수 값을 나타내는 형식(예 `'12'`)이라면, 문자열 자체의 사전식 정렬이 아니라 정수 값에 따라 정렬하고 싶을 것이다.

파이썬에서는 정렬 알고리즘의 순서를 사용자 정의에 따라 정렬하고 싶을 때, 정렬 함수에 선택적 매개변수로 **키 함수**(key function)를 전달하는 방식이 일반적이다. 이 키 함수는 입력 원소 하나를 받아 그 원소에 대한 비교 기준 값을 계산해 주는 단일 매개변수 함수다(이 접근 방식은 내장 함수 `max`의 사용과 관련하여 설명한 1.5절과 1.10절 참고). 예를 들어 숫자 형식의 문자열로 이루어진 리스트가 있다고 하자. 이 경우 각 문자열 `s`에 대해 `int(s)`를 키로 사용하여 정렬하고 싶을 수 있다. 이때는 `int` 클래스의 생성자 자체를 키 함수로 사용할 수 있다. 이렇게 하면 `int('4') < int('12')`이므로 문자열 `'4'`는 `'12'`보다 앞에 온다. 이러한 방식의 선택적 키 매개변수를 `pq_sort` 함수에서 지원하도록 구현하는 작업은 연습문제 C-9.46에서 다룬다.

9.4.1 선택 정렬과 삽입 정렬

우선순위 큐 클래스가 올바르게 구현되어 있다면 `pq_sort` 함수는 정확하게 동작한다. 그러나 이 정렬 알고리즘의 수행 시간은 주어진 우선순위 큐 클래스에서 `add`와 `remove_min` 연산이 얼마나 효율적으로 구현되었는지에 따라 달라진다. 다음은 우선순위 큐의 구현 방식에 따라 `pq_sort`가 고전적인 정렬 알고리즘 중 하나로 귀결되는 방식을 설명한다.

선택 정렬

우선순위 큐 Q를 정렬되지 않은 리스트 P로 구현하는 경우 `pq_sort`의 1단계에서 각 원소를 $O(1)$ 시간에 추가할 수 있으므로 총 $O(n)$ 시간이 걸린다. 그러나 2단계에서 `remove_min` 연산마다 리스트 전체를 탐색해야 하므로 각 연산의 수행 시간은 P의 현재 크기에 비례한다. 이처럼 2단계에서 최솟값을 반복적으로 선택하는 과정이 곧 병목이 되며, 이러한 특성 때문에 이 알고리즘은 **선택 정렬**과 동일하게 동작한다(그림 9.7 참고).

위에서 언급했듯이 병목은 우선순위 큐 P에서 가장 작은 키를 가진 항목을 반복적으로 삭제하는 2단계에서 발생한다. 큐 P의 크기는 처음 n에서 시작하여 하나씩 줄어 0이 될 때까지 감소한다. 따라서 첫 번째 `remove_min` 연산은 $O(n)$, 두 번째는 $O(n-1)$이 걸린다. 따라서 2단계에 필요한 총 시간은 다음과 같다.

$$O(n + (n-1) + \cdots + 2 + 1) = O(\sum_{i=1}^{n} i)$$

명제 3.3에 따라 $\sum_{i=1}^{n} i = n(n+1)/2$이다. 따라서 2단계는 전체 선택 정렬 알고리즘과 마찬가지로 $O(n^2)$ 시간이 걸린다.

	컬렉션 C	우선순위 큐 P
입력	(7, 4, 8, 2, 5, 3)	()
1단계 (a)	(4, 8, 2, 5, 3)	(7)
(b)	(8, 2, 5, 3)	(7,4)
⋮	⋮	⋮
(f)	()	(7, 4, 8, 2, 5, 3)
2단계 (a)	(2)	(7, 4, 8, 5, 3)
(b)	(2, 3)	(7, 4, 8, 5)
(c)	(2, 3, 4)	(7, 8, 5)
(d)	(2, 3, 4, 5)	(7, 8)
(e)	(2, 3, 4, 5, 7)	(8)
(f)	(2, 3, 4, 5, 7, 8)	()

그림 9.7 컬렉션 $C = (7, 4, 8, 2, 5, 3)$에 대해 선택 정렬을 수행하는 과정

삽입 정렬

우선순위 큐 Q를 정렬된 리스트로 구현하는 경우 pq_sort의 2단계에서 각 remove_min 연산이 $O(1)$ 시간에 수행되므로 전체 수행 시간이 $O(n)$으로 개선된다. 하지만 1단계에서 병목이 발생한다. 최악의 경우 각 add 연산마다 P의 현재 크기만큼 비교가 필요하다. 결국 이 알고리즘은 **삽입 정렬**과 본질적으로 동일하며(그림 9.8 참고) 실제로 원소를 삽입하는 과정은 7.5절에서 다룬 삽입 정렬의 핵심 단계와 거의 일치한다.

삽입 정렬에서 1단계의 최악의 수행 시간은 다음과 같다.

$$O(1 + 2 + \cdots + (n - 1) + n) = O(\sum_{i=1}^{n} i)$$

다시 말하지만 명제 3.3에 따라 위 합은 1단계에서 최악의 경우 수행 시간이 $O(n^2)$임을 의미하며, 이는 전체 삽입 정렬 알고리즘의 시간 복잡도를 결정짓는다. 그러나 선택 정렬과 달리, 삽입 정렬은 $O(n)$의 최상의 수행 시간을 갖는다.

		컬렉션 C	우선순위 큐 P
입력		(7, 4, 8, 2, 5, 3)	()
1 단계	(a)	(4, 8, 2, 5, 3)	(7)
	(b)	(8, 2, 5, 3)	(4, 7)
	(c)	(2, 5, 3)	(4, 7, 8)
	(d)	(5, 3)	(2, 4, 7, 8)
	(e)	(3)	(2, 4, 5, 7, 8)
	(f)	()	(2, 3, 4, 5, 7, 8)
2 단계	(a)	(2)	(3, 4, 5, 7, 8)
	(b)	(2, 3)	(4, 5, 7, 8)
	⋮	⋮	⋮
	(f)	(2, 3, 4, 5, 7, 8)	()

그림 9.8 컬렉션 $C = (7, 4, 8, 2, 5, 3)$에 대해 삽입 정렬을 수행하는 과정

9.4.2 힙 정렬

앞서 살펴보았듯이, 힙을 기반으로 우선순위 큐를 구현하면 우선순위 큐 ADT의 연산이 로그 시간 또는 그 이하에서 수행되는 장점이 있다. 이러한 구현은 특히 우선순위 큐 연산의 성능이 중요한 응용에 적합하다. 이번에는 힙 기반 우선순위 큐를 사용했을 때 `pq_sort` 정렬 방식이 어떻게 동작하는지 다시 살펴보자.

1단계에서 i번째 `add` 연산이 수행될 때 힙에는 이미 i 항목이 있으므로 $O(\log i)$ 시간이 걸린다. 따라서 이 단계는 $O(n \log n)$ 시간이 소요된다(단, 이 단계는 9.3.6절에서 설명한 상향식 힙 구성을 사용할 경우 $O(n)$으로 개선할 수 있음).

`pq_sort`의 2단계에서 j번째 `remove_min` 연산은 이 작업이 수행될 때 힙에 $n - j + 1$ 항목이 남아 있으므로 $O(\log(n - j + 1))$ 시간이 소요된다. 이를 모든 j에 대해 합산하면 이 단계는 $O(n \log n)$ 시간이 소요되므로 힙을 사용해 우선순위 큐를 구현할 때 전체 우선순위 큐 정렬 알고리즘의 수행 시간은 $O(n \log n)$이 된다. 이 알고리즘을 **힙 정렬**이라고 하며 그 성능은 다음 명제에 요약되어 있다.

명제 9.4 C의 두 원소를 $O(1)$ 시간에 비교할 수 있다고 가정할 때 힙 정렬 알고리즘은 n개의 원소로 이루어진 컬렉션 C를 $O(n \log n)$ 시간에 정렬한다.

힙 정렬의 $O(n \log n)$ 수행 시간은 9.4.1절에서 살펴본 선택 정렬과 삽입 정렬의 $O(n^2)$ 수행 시간보다 훨씬 더 우수하다는 점에서 중요하다.

제자리 힙 정렬 구현

정렬할 컬렉션 C가 배열 기반 시퀀스(특히 파이썬 리스트)로 구현된 경우 힙 정렬 알고리즘을 다음과 같이 수정하면 성능을 높이고 공간 사용을 줄일 수 있다. 이 방식은 보조 자료구조 없이 리스트 자체를 힙 저장에 활용하는, **제자리**(in-place) **정렬** 방식이다.

❶ 힙 연산을 최대 힙으로 재정의한다. 최대 힙에서는 각 위치의 키가 최소한 자식보다 크다. 이 작업은 알고리즘을 다시 코딩하거나 키 개념을 음수 방향으로 조정하여 수행할 수 있다. 알고리즘 실행 중 언제나 인덱스 $i - 1$까지의 C 왼쪽 부분에 힙의 항목을 저장하고, 인덱스 i에서 $n - 1$까지의 오른쪽 부분에는 정렬이 끝난 시퀀스의 항목들을 저장한다. 따라서 C의 처음 i개 원소(인덱스 $0, \ldots, i - 1$)는 힙의 배열 표현을 사용한다.

❷ 알고리즘의 1단계에서는 공백 힙으로 시작해 힙과 시퀀스 사이의 경계를 왼쪽에서 오른쪽으로 한 단계씩 이동시킨다. i단계에서는 인덱스 $i-1$에 원소를 추가하여 힙을 확장한다.

❸ 알고리즘의 2단계에서는 공백 시퀀스로 시작해 힙과 시퀀스 사이의 경계를 오른쪽에서 왼쪽으로 이동시킨다. $i = 1, \ldots, n$일 때 i단계에서는 최대 원소를 삭제하고 인덱스 $n-i$에 저장한다.

일반적으로 정렬 알고리즘을 제자리라고 부르는 경우 이는 정렬 대상 시퀀스를 제외하면 소량의 추가 메모리만 사용하는 것을 의미한다. 앞서 설명한 힙 정렬의 변형이 제자리 정렬에 해당한다. 이는 원소들을 시퀀스에서 꺼내 다시 삽입하는 방식이 아니라 단순히 위치를 재배열하기 때문이다. 제자리 힙 정렬의 2단계는 그림 9.9에서 설명하고 있다.

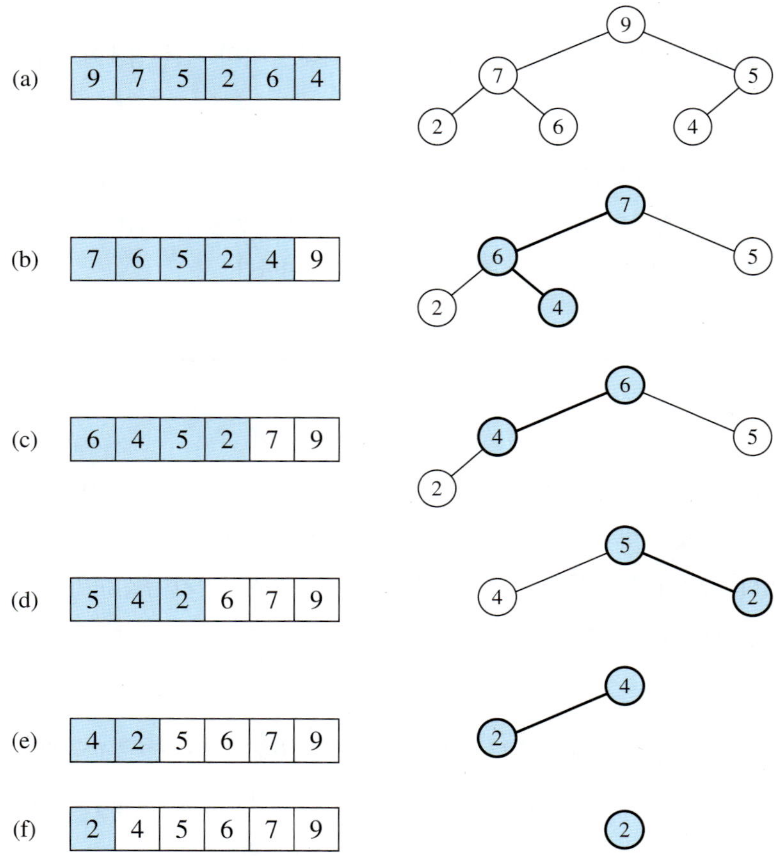

그림 9.9 제자리 힙 정렬의 2단계. 각 시퀀스 표현에서 힙에 해당하는 부분에 별색 표시가 되어 있다. 각 시퀀스가 (암묵적으로) 나타내는 이진 트리에는 가장 최근에 수행된 다운힙 버블링 경로가 굵은 선으로 표시되어 있다.

9.5 적응형 우선순위 큐

정렬과 같은 대부분의 기본 응용에는 9.1.2절에서 소개한 우선순위 큐 ADT의 메서드들만으로 충분하다. 그러나 항공사의 대기 승객 관리와 같은 응용 상황에는 다음과 같은 추가 연산이 필요할 수 있다.

- 비관적인 성향의 한 대기 승객이 기다림에 지쳐 탑승을 포기하고 대기자 명단에서 삭제해 달라고 요청할 수 있다. 이때 해당 항목은 큐 내에서 임의 위치에 있을 수 있으므로 단순한 `remove_min` 연산만으로는 삭제할 수 없다. 대신 특정 항목을 삭제하는 `remove` 연산이 필요하다.
- 또 다른 대기 승객은 골드 멤버 우대 카드를 제시하여 우선순위가 변경될 수 있다. 이 경우 기존 항목의 키를 새로운 값으로 수정해야 하며, 이를 위해 항목의 키를 업데이트하는 `update` 연산이 필요하다.

14.6.2절과 14.7.1절에서 특정 그래프 알고리즘의 구현 과정을 살펴볼 때 **적응형 우선순위 큐**(adaptable priority queue)를 활용할 예정이다. 이 절에서는 적응형 우선순위 큐 ADT를 정의하고, 이를 힙 기반 우선순위 큐의 확장 형태로 구현하는 방법을 설명한다.

9.5.1 로케이터

`update`와 `remove` 메서드를 효율적으로 구현하려면 전체 컬렉션을 선형 검색하지 않고도 우선순위 큐 내에서 특정 원소를 찾는 방법이 필요하다. 이를 위해 우선순위 큐에 새 원소를 추가할 때 호출자에게 **로케이터**(locator)라는 특수한 객체를 반환한다. 이후 사용자가 우선순위 큐 P에 대해 다음과 같이 `update` 또는 `remove` 메서드를 호출할 때는 이 로케이터를 매개변수로 전달해야 한다.

- **`P.update(loc, k, v)`**: 로케이터 `loc`로 식별되는 원소의 키와 값을 각각 `k`와 `v`로 바꾼다.
- **`P.remove(loc)`**: 로케이터 `loc`로 식별된 원소를 큐에서 삭제하고 해당 (키, 값) 쌍을 반환한다.

로케이터 추상화는 7.4절에서 소개한 포지션 리스트 ADT의 `Position` 추상화, 8장에서 다룬 트리 ADT의 노드 위치와 개념적으로 유사하다. 하지만 중요한 차이점이 있다. 로케이터는 우선순위 큐 개체의 원소 위치를 직접적으로 나타내지 않는다는 점이다. 우선순위 큐에서는 특정 연산 중에 원소가 외형적으로 무관해 보이는 위치로 재배치될 수 있기 때문이다. 그럼에도 불구하고 원소가 큐에 남아 있는 한 해당 원소의 로케이터는 유효하다.

9.5.2 적응형 우선순위 큐 구현

여기서는 9.3.4절의 `HeapPriorityQueue` 클래스를 확장하여 적응형 우선순위 큐의 파이썬 구현을 제공한다. `Locator` 클래스를 구현하기 위해 그림 9.10과 같이 기존 `_Item` 구성 원소를 확장해 힙의 배열 기반 표현 내에서 원소의 현재 인덱스를 저장하는 필드를 추가한다.

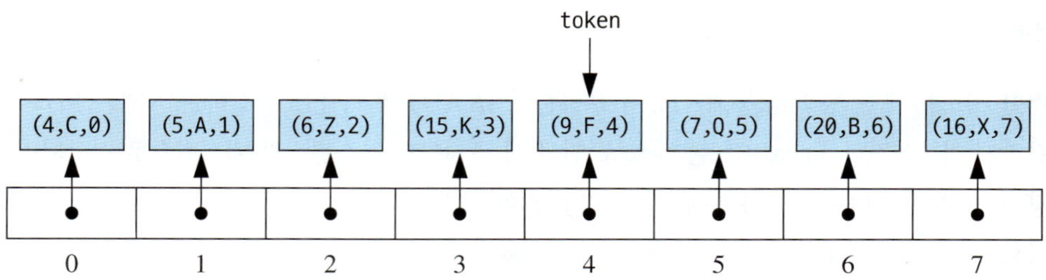

그림 9.10 로케이터의 시퀀스를 사용해 힙을 표현한 모습. 각 로케이터 인스턴스의 세 번째 원소는 배열 내 원소의 인덱스를 나타낸다. 식별자 token은 사용자 관점에서 로케이터를 참조하는 식별자로 사용된다.

이 리스트는 로케이터 인스턴스에 대한 참조들의 시퀀스로, 각 로케이터는 키, 값, 리스트 내 원소의 현재 인덱스를 저장한다. 사용자는 삽입된 각 원소에 대해 로케이터 인스턴스를 전달받으며, 이는 그림 9.10에 나타난 식별자 `token`으로 표현된다.

힙에서 우선순위 큐 연산을 수행하면서 항목이 구조 내에서 재배치되면 리스트 내 로케이터 인스턴스의 위치를 함께 변경하고 각 로케이터의 세 번째 필드를 새 인덱스로 업데이트한다. 예를 들어 그림 9.11은 `min()`을 삭제한 직후 힙의 상태를 보여준다. 이 연산에 따라 최소 항목 `(4, C)`가 삭제되고 `(16, X)` 항목이 임시로 마지막 위치에서 루트로 이동한 뒤 다운힙 버블링이 수행된다.

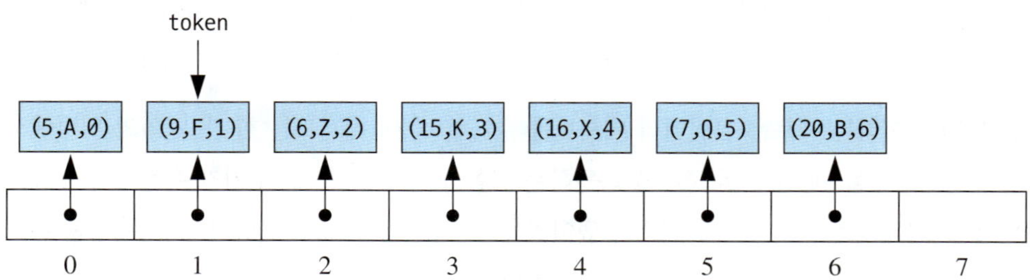

그림 9.11 그림 9.10에 나타난 힙에서 remove_min()을 호출한 결과. 식별자 token은 여전히 원래 구조와 동일한 로케이터 인스턴스를 참조하지만, 해당 로케이터의 리스트 내 위치가 변경되었고, 로케이터의 세 번째 필드(인덱스) 역시 새로운 위치를 반영하도록 수정되었다.

다운힙 과정에서 (16, X) 원소는 리스트의 인덱스 1에 있는 왼쪽 자식 (5, A)과 교환되었고, 이어서 인덱스 4에 있는 오른쪽 자식 (9, F)와 다시 교환되었다. 최종 구성에서는 영향을 받은 모든 원소의 로케이터 인스턴스가 새로운 위치를 반영하도록 수정되었다.

여기서 주목해야 할 점은 로케이터 인스턴스의 정체성(주소)은 변경되지 않았다는 것이다. 그림 9.10과 9.11에 나타난 사용자의 token 참조는 여전히 동일한 인스턴스를 가리키고 있으며, 단지 그 인스턴스의 세 번째 필드만 업데이트 되었을 뿐이다. 또한 리스트 시퀀스 내에서 해당 인스턴스를 참조하는 위치만 변경되었다.

이러한 새로운 표현 방식을 통해 적응형 우선순위 큐 ADT에 기능을 확장하는 작업은 비교적 간단하게 이루어진다. update 또는 remove 연산 시 로케이터 인스턴스가 매개변수로 전달되면, 해당 구조체의 세 번째 필드를 통해 원소가 힙 내 어디에 위치하는지를 즉시 찾을 수 있다. 이를 바탕으로 키를 업데이트할 경우 힙 순서 속성을 복원하기 위해 단순히 업힙 또는 다운힙 버블링만 수행하면 된다(완전 이진 트리 속성은 유지됨). 임의의 원소를 삭제할 때는 마지막 위치의 원소를 비워진 위치로 이동시킨 후 다시 적절한 방향으로 버블링을 수행해 힙 순서 속성을 만족시키면 된다.

파이썬 구현

코드 9.8과 9.9는 HeapPriorityQueue 클래스(9.3.4절)의 하위 클래스로 구현된 적응형 우선순위 큐의 파이썬 구현을 보여준다. 원래 클래스에 대한 수정은 비교적 간단하다. 기존 비공개 _Item 클래스를 상속하여 추가적인 인덱스 필드를 포함하는 공개 Locator 클래스를 정의한다. 이 클래스는 로케이터를 반환값이나 매개변수로 사용할 수 있도록 공개하지만 사용자에게 노출되는 인터페이스에는 다른 기능을 포함하지 않는다.

힙 연산 중 로케이터의 인덱스를 적절히 업데이트하기 위해 원래 클래스에서 모든 데이터 이동에 _swap이라는 비공개 메서드를 사용하도록 설계된 구조에 의존한다. 이 _swap 메서드를 재정의하여 두 로케이터 인스턴스가 교환될 때 각자의 인덱스를 함께 업데이트하도록 한다.

또한 _bubble이라는 새로운 유틸리티 메서드를 추가한다. 이 메서드는 힙 내 임의의 위치에서 키 값이 변경되었을 때 힙 순서 조건을 복원하는 역할을 한다. 예를 들어 키가 수정되거나 삭제된 원소의 자리에 트리의 마지막 원소를 덮어썼을 때 사용할 수 있다. _bubble은 주어진 위치의 부모 키를 비교하여 업힙할지, 다운힙할지를 판단한다. (만약 수정된 키가 현재 위치에 여전히 적합하다면 다운힙이 호출되긴 하지만 실제로는 아무런 교환도 일어나지 않는다.)

공개 메서드들은 코드 9.9에 제시되어 있다. 기존 add 메서드는 새 원소를 저장할 때 _Item 대신 Locator 인스턴스를 사용하도록 수정되었으며, 호출자에게 해당 로케이터를 반환하도록 재정의되었다. 그 외의 동작은 기존 구현과 유사하며 로케이터 인덱스는 새롭게 정의된 _swap 메서드를 통해 관리된다. remove_min 메서드는 재정의할 필요가 없다. 적응형 우선순위 큐에서 이 메서드의 동작 변화는 오로지 _swap 메서드에 의해 처리되기 때문이다.

update와 remove 메서드는 적응형 우선순위 큐의 핵심 기능을 제공한다. 이 메서드들은 호출자가 전달한 로케이터의 유효성을 철저히 검사한다(지면의 제약으로 코드 9.9에는 해당 매개변수가 실제로 Locator 인스턴스인지 타입 검사를 수행하는 코드가 생략되어 있음). 특정 로케이터가 현재 큐에 실제로 존재하는 항목과 연결되어 있는지를 확인하기 위해 로케이터 객체 내부에 저장된 인덱스를 가져오고 그 인덱스 위치의 항목이 동일한 로케이터인지 확인한다.

결론적으로, 적응형 우선순위 큐는 비적응형 버전과 동일한 점근적 효율성과 공간 사용을 제공하면서도, 로케이터 기반의 update 및 remove 연산에 대해 로그 시간 성능을 보장한다. 이들 연산의 성능은 표 9.4에 요약되어 있다.

```
class AdaptableHeapPriorityQueue(HeapPriorityQueue):
    """이진 힙으로 구현된 로케이터 기반 우선순위 큐"""

    #------------------------------ 중첩된 Locator 클래스------------------------------
    class Locator(HeapPriorityQueue._Item):
        """우선순위 큐의 항목을 찾기 위한 토큰"""
        __slots__ = '_index'                # 추가 필드로 인덱스 추가

        def __init__(self, k, v, j):
            super().__init__(k,v)
            self._index = j

    #------------------------------ 비공개 메서드------------------------------
    # swap을 재정의하여 새 인덱스 기록
    def _swap(self, i, j):
        super()._swap(i,j)                  # 교환 수행
        self._data[i]._index = i            # 로케이터 인덱스 재설정(교환 후)
        self._data[j]._index = j            # 로케이터 인덱스 재설정(교환 후)

    def _bubble(self, j):
        if j > 0 and self._data[j] < self._data[self._parent(j)]:
            self._upheap(j)
        else:
            self._downheap(j)
```

코드 9.8 적응형 우선순위 큐의 구현. 코드 9.4~9.5의 HeapPriorityQueue 클래스를 상속한다. (코드 9.9로 이어짐)

```python
    def add(self, key, value):
        """키-값 쌍을 추가한다."""
        token = self.Locator(key, value, len(self._data)) # 로케이터 인덱스 초기화
        self._data.append(token)
        self._upheap(len(self._data) - 1)
        return token

    def update(self, loc, newkey, newval):
        """Locator loc로 식별된 항목의 키와 값을 업데이트한다."""
        j = loc._index
        if not (0 <= j < len(self) and self._data[j] is loc):
            raise ValueError('Invalid locator')
        loc._key = newkey
        loc._value = newval
        self._bubble(j)

    def remove(self, loc):
        """Locator loc로 식별된 (k, v) 쌍을 삭제하고 반환한다."""
        j = loc._index
        if not (0 <= j < len(self) and self._data[j] is loc):
            raise ValueError('Invalid locator')
        if j == len(self) - 1:                # 마지막 위치의 항목
            self._data.pop()                  # 그냥 삭제함
        else:
            self._swap(j, len(self)-1)        # 항목을 마지막 위치로 교환함
            self._data.pop()                  # 리스트에서 삭제함
            self._bubble(j)                   # 교환으로 인해 이동된 항목을 수정함
        return (loc._key, loc._value)
```

코드 9.9 적응형 우선순위 큐의 구현

연산	수행 시간
len(P), P.is_empty(), P.min()	$O(1)$
P.add(k, v)	$O(\log n)^*$
P.update(loc, k, v)	$O(\log n)$
P.remove(loc)	$O(\log n)^*$
P.remove_min()	$O(\log n)^*$

* 동적 배열 기반 방법을 분할 지불 방식으로 분석

표 9.4 크기가 n인 적응형 우선순위 큐 P에서 배열 기반 힙을 사용해 구현된 메서드들의 수행 시간. 공간 복잡도는 $O(n)$이다.

9.6 연습 문제

기본 문제

R-9.1 `remove_min` 연산을 사용해 n개의 항목으로 구성된 힙에서 가장 작은 $\log n$개의 원소를 삭제하는 데 걸리는 시간은 얼마인가?

R-9.2 이진 트리의 각 위치 p에 전위 순회 순서에 따라 키를 지정한다고 하자. 어떤 조건에서 이 트리 T는 힙이 되는가?

R-9.3 다음 우선순위 큐 연산 시퀀스에서 각 `remove_min` 호출이 반환하는 값은 얼마인가?

```
add(5, A), add(4, B), add(7, F), add(1, D), remove_min(), add(3, J),
add(6, L), remove_min(), remove_min(), add(8, G), remove_min(), add(2, H),
remove_min(), remove_min()
```

R-9.4 공항의 착륙 및 이륙 이벤트를 처리하는 항공 교통 관제 시뮬레이션을 설계하려 한다. 각 이벤트에는 발생 시간을 나타내는 타임스탬프가 있으며 시뮬레이션은 다음 두 작업을 효율적으로 처리해야 한다.

- 주어진 타임스탬프를 가진 이벤트를 삽입한다(즉, 미래 이벤트 추가).
- 타임스탬프가 가장 작은 이벤트를 추출한다(즉, 처리할 다음 이벤트 결정).

이 목적에 가장 적합한 자료구조는 무엇이며, 그 이유는 무엇인가?

R-9.5 `UnsortedPriorityQueue` 클래스의 `min` 메서드는 표 9.2의 분석에 따르면 $O(n)$ 시간에 실행된다. 이 연산을 $O(1)$ 시간에 실행할 수 있도록 클래스를 수정하라. 또한 클래스의 다른 메서드에 필요한 변경 사항도 설명하라.

R-9.6 연습 문제 **R-9.5**에서 제안한 방식에 기반해 `UnsortedPriorityQueue` 클래스의 `remove_min` 메서드를 $O(1)$ 시간에 실행하도록 변경할 수 있는가? 그 이유를 설명하라.

R-9.7 입력 시퀀스 (22, 15, 36, 44, 10, 3, 9, 13, 29, 25)에 대해 선택 정렬 알고리즘의 실행 과정을 단계별로 그려라.

R-9.8 연습 문제 **R-9.7**의 입력 시퀀스에 대해 삽입 정렬 알고리즘의 실행 과정을 단계별로 그려라.

R-9.9 삽입 정렬에서 최악의 경우 입력 예를 제시하고, 해당 입력에 대해 삽입 정렬이 $\Omega(n^2)$ 시간에 실행됨을 보여라.

R-9.10 힙에서 세 번째로 작은 키는 어떤 위치에 저장되는가?

R-9.11 힙에서 가장 큰 키는 어떤 위치에 저장되는가?

R-9.12 사용자가 숫자 키를 가지고 있고 최대 우선순위 큐를 원한다고 하자. 이때 최소 우선순위 큐를 이용해 이러한 목적을 달성하려면 어떻게 해야 하는가?

R-9.13 입력 시퀀스 (2, 5, 16, 4, 10, 23, 39, 18, 26, 15)에서 제자리 힙 정렬 알고리즘의 실행 과정을 단계별로 보여라.

R-9.14 위치 p에 키가 $f(p)$인 원소를 저장한 완전 이진 트리 T가 있다고 하자. 여기서 $f(p)$는 p의 레벨 번호다(8.3.2절 참고). 이 트리 T는 힙이 되는가? 그 이유를 설명하라.

R-9.15 다운힙 버블링에 대한 설명에서 위치 p에 오른쪽 자식이 있지만 왼쪽 자식이 없는 경우를 따로 고려하지 않는 이유를 설명하라.

R-9.16 고유한 키가 있는 크기 7인 힙 H가 있을 때, H의 전위 · 중위 · 후위 순회가 키를 증가 또는 감소하는 순서로 나열할 수 있는가? 각 순회에 대해, 가능하다면 예를 들어 설명하고, 그렇지 않다면 이유를 설명하라.

R-9.17 힙 H가 완전 이진 트리의 배열 기반 표현을 사용해 15개의 항목을 저장한다고 하자. H의 전위 · 중위 · 후위 순회에서 방문되는 배열의 인덱스 시퀀스는 각각 무엇인가?

R-9.18 힙 정렬 분석에 나타나는 다음 수식이 $\Omega(n \log n)$임을 보여라.

$$\sum_{i=1}^{n} \log i$$

R-9.19 Bill은 힙의 전위 순회가 키를 내림차순으로 나열한다고 주장한다. Bill이 틀렸다는 것을 증명하는 힙의 예를 제시하라.

R-9.20 Hillary는 힙의 후위 순회가 키를 내림차순으로 나열한다고 주장한다. Hillary가 틀렸음을 증명하는 힙의 예를 제시하라.

R-9.21 그림 9.1에 제시된 힙에서 항목 (16, X)를 삭제하기 위한 알고리즘의 모든 단계를 보여라. 단,해당 항목은 로케이터로 식별된다고 가정한다.

R-9.22 그림 9.1에 제시된 힙에서 항목 (5, A)의 키를 18로 대체하는 알고리즘의 모든 단계를 보여라. 단, 해당 항목은 로케이터로 식별된다고 가정한다.

R-9.23 1부터 59까지의 홀수로 구성된 (중복 없는) 힙의 예시를 그려라. 이때 키가 32인 항목을 삽입하면 업힙 버블링이 루트의 자식까지 진행되고 해당 자식의 키가 32로 교체되는 구조여야 한다.

R-9.24 힙에서 n번의 삽입이 이루어지는 과정에서 $\Omega(n \log n)$ 시간이 걸리도록 하는 삽입 순서를 설명하라.

R-9.25 그림 9.9를 완성하라. 제자리(in-place) 힙 정렬 알고리즘의 모든 단계를 나타내고, 각 단계의 끝에서 배열과 관련된 힙을 모두 표시하라.

응용 문제

C-9.26 하나의 우선순위 큐와 하나의 추가 정수 변수만 사용해 스택 ADT를 구현하는 방법을 설명하라.

C-9.27 하나의 우선순위 큐와 하나의 추가 정수 변수만 사용해 선입선출 큐 ADT를 구현하는 방법을 설명하라.

C-9.28 Idle 교수는 연습 문제 C-9.27에 대한 해결책으로 큐에 항목을 삽입할 때마다 큐의 현재 크기와 동일한 키로 할당한다는 전략을 제안한다. 이러한 전략이 선입선출 동작을 보장하는가? 그렇다면 그 이유를 설명하고, 아니라면 반례를 제시하라.

C-9.29 파이썬 리스트를 사용해 `SortedPriorityQueue`를 다시 구현하되, `remove_min` 연산이 $O(1)$ 시간에 실행되도록 하라.

C-9.30 `HeapPriorityQueue` 클래스의 `upheap` 메서드를 비재귀적 방식으로 구현하라.

C-9.31 `HeapPriorityQueue` 클래스의 `downheap` 메서드를 비재귀적 방식으로 구현하라.

C-9.32 완전 이진 트리 T의 연결된 표현으로 구현되어 있고 마지막 노드에 대한 참조를 가지고 있다고 가정하자. `add` 또는 `remove_min` 연산이 실행된 후 마지막 노드에 대한 참조를 $O(\log n)$ 시간에 업데이트하는 방법을 설명하라. 여기서 n은 T의 현재 트리의 노드 수이며, 그림 9.12의 모든 가능한 경우를 고려하라.

C-9.33 힙을 연결된 트리 표현으로 구현할 때 삽입 연산 후에 힙 T의 마지막 노드를 찾는 다른 방법은 힙의 마지막 노드와 각 단말 노드에서 바로 오른쪽에 올 단말 노드에 대한 참조를 유지하는 방식이다(가장 오른쪽 단말 노드는 다음 하위 레벨의 첫 번째 노드를 가리킴). 힙 T가 연결된 구조로 구현되어 있다고 가정하고 우선순위 큐 ADT의 연산당 $O(1)$ 시간에 이러한 참조를 유지하는 방법을 설명하라.

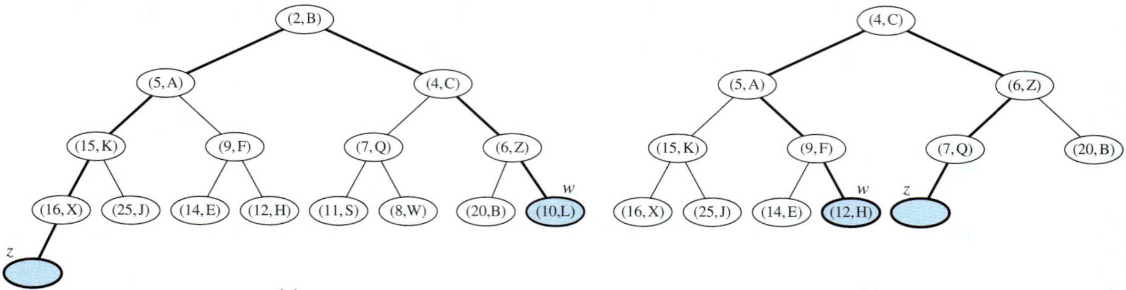

(a) (b)

그림 9.12 add 또는 remove 연산 후 완전 이진 트리에서 마지막 노드를 업데이트하는 과정이다. 노드 w는 add 연산 전 또는 remove 연산 후의 마지막 노드이고, 노드 z는 add 연산 후 또는 remove 연산 전의 마지막 노드다.

C-9.34 이진 트리에서 루트로부터 특정 노드까지의 경로를 이진 문자열로 표현할 수 있다. 여기서 0은 '왼쪽 자식으로 이동', 1은 '오른쪽 자식으로 이동'을 의미한다. 예를 들어 그림 9.12(a)의 힙에서 항목 $(8, W)$까지의 경로는 '101'로 표현된다. 이 표현을 기반으로, n개의 노드를 가진 완전 이진 트리에서 마지막 노드를 찾는 $O(\log n)$ 시간 알고리즘을 작성하라. 또한 이 알고리즘이 마지막 노드에 대한 참조를 따로 유지하지 않는 연결 구조로 완전 이진 트리에서 어떻게 사용될 수 있는지 설명하라.

C-9.35 힙 T와 키 k가 주어졌을 때, k보다 작거나 같은 키를 가진 T의 모든 항목을 계산하는 알고리즘을 작성하라. 예를 들어 그림 9.12(a)의 힙과 쿼리 $k = 7$이 주어지면 알고리즘은 키 2, 4, 5, 6, 7인 항목들을 모두 반환해야 한다(반환 순서는 상관없음). 알고리즘은 반환된 항목 수에 비례하는 시간에 실행되어야 하며 힙을 수정해서는 안 된다.

C-9.36 표 9.4에 제시된 시간 한도에 대한 근거를 설명하라.

C-9.37 양의 정수 h에 대해 다음 합이 $O(1)$임을 증명함으로써 상향식 힙 구성에 대한 다른 분석을 제공하라.

$$\sum_{i=1}^{h}(i/2^i)$$

C-9.38 두 개의 이진 트리 T_1과 T_2가 힙 순서 속성을 만족한다고 가정한다(단, 반드시 완전 이진 트리는 아님). T_1과 T_2를 결합하여 두 트리의 항목 전체를 포함하고 힙 속성도 만족하는 새로운 이진 트리 T를 구성하는 방법을 제시하라. 알고리즘은 $O(h_1 + h_2)$ 시간에 수행되어야 하며, 여기서 h_1과 h_2는 각각 T_1과 T_2의 높이다.

C-9.39 9.3.7절의 `heapq` 모듈에서 설명한 의미 체계를 기반으로 `HeapPriorityQueue` 클래스에 대한 `heappushpop` 메서드를 구현하라.

C-9.40 9.3.7절의 `heapq` 모듈에서 설명한 의미 체계를 기반으로 `HeapPriorityQueue` 클래스에 대한 `heapreplace` 메서드를 구현하라.

C-9.41 Tamarindo 항공사는 적립된 마일리지 수를 기준으로 상위 $\log n$명의 상용 고객에게 퍼스트 클래스 업그레이드 쿠폰을 제공하려고 한다. 여기서 n은 상용 고객의 총 수다. 기존에는 고객을 마일리지 기준으로 정렬한 후 상위 $\log n$명을 선택하는 방식으로 $O(n \log n)$ 시간에 수행되었다. 이보다 효율적으로 $O(n)$ 시간에 상위 $\log n$명의 고객을 식별하는 알고리즘을 작성하라.

C-9.42 크기 n의 정렬되지 않은 컬렉션에서 최대 지향 힙을 사용해 상위 k개의 원소를 시간 복잡도 $O(n + k \log n)$ 내에 찾는 방법을 설명하라.

C-9.43 크기 n의 정렬되지 않은 컬렉션에서 상위 k개의 원소를 찾기 위해 $O(k)$ 보조 공간만 사용하면서 시간 복잡도 $O(n \log k)$ 내에 수행할 수 있는 방법을 설명하라.

C-9.44 최소 우선순위 큐 ADT를 구현한 `PriorityQueue` 클래스가 주어졌을 때, 이를 기반으로 최대 우선순위 큐 추상화를 제공하는 `MaxPriorityQueue` 클래스를 구현하라. 이 클래스는 `add`, `max`, `remove_max` 메서드를 가져야 하며, 원래 `PriorityQueue` 클래스의 내부 작동 방식이나 키의 유형에 대해 어떤 가정도 하지 않아야 한다.

C-9.45 각 정수의 이진 표현에서 1의 개수에 따라 정렬 기준이 결정되도록 하는 양의 정수용 `key` 함수를 작성하라.

C-9.46 코드 9.7의 `pq_sort` 함수에 대한 대안 구현을 작성하라. 이 구현은 선택적 매개변수로 `key` 함수를 받아들여야 한다.

C-9.47 배열 외에 상수 개의 추가 변수만 사용하는 제자리 선택 정렬 알고리즘을 구현하라.

C-9.48 입력이 배열 A로 주어졌을 때, 배열 A와 최대 상수 개수의 추가 변수만 사용하여 삽입 정렬 알고리즘을 구현하는 방법을 설명하라.

C-9.49 최대 우선순위 큐 대신 최소 우선순위 큐를 사용하는 제자리 힙 정렬 알고리즘에 대해 설명하라.

C-9.50 온라인 주식 거래 시스템에서 '100주를 주당 x달러에 매수' 또는 '100주를 주당 y달러에 매도'와 같은 주문을 처리해야 한다. 매수 주문은 $y \leq x$인 매도 주문이 존재할 때만, 매도 주문은 $y \leq x$인 매수 주문이 존재할 때만 처리된다. 주문이 즉시 처리되지 못하는 경우에는 이후 처리가 가능해질 때까지 대기해야 한다. 주문이 즉시 처리되든 아니든 관계없이 매도나 매수 주문을 $O(\log n)$ 시간 안에 입력(등록)할 수 있도록 하는 방식을 설계하라.

C-9.51 사용자가 아직 처리되지 않은 매수 또는 매도 주문의 가격을 수정할 수 있도록 연습 문제 **C-9.50**의 해결 방안을 확장하라.

C-9.52 **언모노폴리**(Unmonopoly)라는 게임에서 매 턴마다 가장 많은 돈을 가진 어린이가 가장 적은 돈을 가진 어린이에게 자기 돈의 절반을 주어야 한다. 이 게임을 효율적으로 진행하려면 어떤 자료구조를 사용해야 하는가? 그리고 그 이유는 무엇인가?

프로젝트 문제

P-9.53 제자리(in-place) 힙 정렬 알고리즘을 구현하라. 제자리가 아닌 표준 힙 정렬의 실행 시간과 실험적으로 비교하라.

P-9.54 연습 문제 **C-9.42** 또는 연습 문제 **C-9.43**의 접근 방식을 사용하여 7.6.2절에 제시한 `FavoritesListMTF` 클래스의 `top` 메서드를 다시 구현하라. 결과가 가장 큰 값에서 가장 작은 값으로 생성되는지 확인하라.

P-9.55 연습 문제 **C-9.50**에서 설명한 방식대로 일련의 주식 매수 및 매도 주문을 처리할 수 있는 프로그램을 작성하라.

P-9.56 집합 S는 평면상의 서로 다른 정수 x, y 좌표를 갖는 n개의 점으로 이루어져 있다고 가정한다. T는 완전 이진 트리이며, 외부 노드에 S의 점들이 x 좌표 오름차순으로 저장되어 있다. T의 각 노드 v에 대해 $S(v)$는 v를 루트로 하는 서브트리에 저장된 점들의 집합이다. 루트 r에 대해 $top(r)$은 $S(r)$에서 y 좌표가 가장 큰 점이다. 그 외의 노드 v에 대해 $top(v)$는 $S(v)$에서 y 좌표가 가장 크지만, 부모 노드 u의 $S(u)$에서는 그렇지 않은 점이다(가능한 경우). 이러한 방식으로 각 노드에 top 값을 레이블링하면 T는 우선순위 검색 트리로 변환된다. T를 우선순위 검색 트리로 변환하는 선형 시간 알고리즘을 설명하고 이를 구현하라.

P-9.57 우선순위 큐는 운영체제의 CPU 작업 스케줄링에 널리 사용된다. 시뮬레이션된 CPU **작업 스케줄러**를 작성하라. 이 시뮬레이터는 루프 내에서 작동하며, 각 반복은 하나의 타임 슬라이스를 나타낸다. 각 작업은 우선순위를 가지며, −20(가장 높음)부터 19(가장 낮음) 사이의 정수로 표현된다. 각 타임 슬라이스마다 대기 중인 작업 중 가장 높은 우선순위를 가진 작업이 실행되어야 한다. 각 작업은 1에서 100 사이의 **길이**를 가지며, 이는 해당 작업이 몇 개의 타임 슬라이스를 소모하는지를 나타낸다. 작업은 중단될 수 없으며 일단 시작되면 연속적으로 수행되어야 한다. 시뮬레이터는 각 타임 슬라이스마다 실행 중인 작업의 이름을 출력하고, 입력으로 '길이가 n이고 우선순위가 p인 작업 *name* 추가' 또는 '이번 슬라이스에는 새로운 작업 없음' 형식의 명령을 처리해야 한다.

P-9.58 정렬되지 않은 리스트를 기반으로 하고, 위치 인식 항목(location-aware entry)을 지원하는 적응형 우선순위 큐를 파이썬으로 구현하라.

참고 사항

정렬 및 검색을 다룬 Knuth의 저서 [65]는 선택 정렬, 삽입 정렬, 힙 정렬 알고리즘의 동기와 역사적 배경을 설명한다. 힙 정렬 알고리즘은 Williams [103]가 제안했으며, 선형 시간에 힙을 구성하는 알고리즘은 Floyd [39]가 고안했다. 힙과 힙 정렬의 다양한 변형 및 그에 대한 알고리즘 분석은 Bentley [15], Carlsson [24], Gonnet과 Munro [45], McDiarmid와 Reed [74], Schaffer와 Sedgewick [88]의 논문에서도 찾아볼 수 있다.

CHAPTER 10

맵, 해시 테이블, 스킵 리스트

10.1 맵과 딕셔너리

파이썬의 dict 클래스는 아마도 이 언어에서 가장 중요한 자료구조라고 할 수 있다. dict 클래스는 고유한 **키**를 관련된 **값**에 매핑하는 **딕셔너리**(dictionary)라는 추상화를 제공한다. 딕셔너리는 키와 값의 관계를 표현하므로, 일반적으로 **연관 배열**(associative array) 또는 **맵**(map)이라고 불린다. 이 책에서는 파이썬의 dict 클래스를 구체적으로 다룰 때는 딕셔너리라는 용어를 사용하고, 일반적인 추상 데이터 타입 개념을 논의할 때는 맵이라는 용어를 사용한다.

간단한 예로, 그림 10.1은 국가 이름을 해당 통화 단위로 매핑하는 맵을 보여준다.

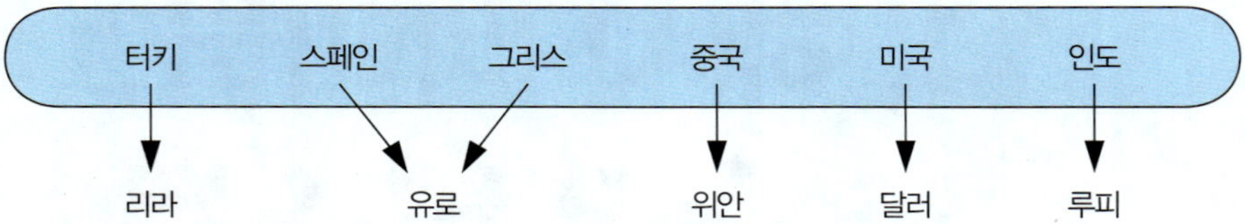

그림 10.1 국가(키)와 해당 국가의 통화 단위(값)를 나타내는 맵

키(국가 이름)는 고유한 것으로 간주되지만 값(통화 단위)은 반드시 고유할 필요가 없다. 예를 들어 스페인(Spain)과 그리스(Greece) 모두 유로(Euro)를 통화로 사용한다. 맵은 currency['Greece']와 같은 배열과 유사한 구문을 사용해 주어진 키와 연관된 값에 접근하거나 currency['Greece'] = 'Drachma'처럼 새 값으로 다시 매핑할 수 있다. 표준 배열과 달리 맵의 인덱스는 연속적일 필요도 없고 숫자일 필요도 없다. 맵의 대표적인 활용 사례는 다음과 같다.

- 대학 정보 시스템은 특정 형식의 학생 ID를 키로 사용하며, 이 ID는 해당 학생의 이름·주소·학점 등의 정보에 매핑된다.
- DNS(도메인 이름 시스템)는 www.wiley.com과 같은 호스트 이름을 208.215.179.146와 같은 IP 주소에 매핑한다.
- 소셜 미디어 사이트에서는 각 사용자의 정보를 효율적으로 찾기 위해 숫자가 아닌 사용자 이름을 키로 사용한다.
- 컴퓨터 그래픽 시스템은 'turquoise'와 같은 색상 이름을 (64, 224, 208)과 같은 RGB(빨강-녹색-파랑) 표현으로 매핑한다.
- 파이썬에서는 각 네임스페이스를 딕셔너리로 표현하며, 'pi'와 같은 식별자 문자열을 3.14159와 같은 객체에 연결한다.

이 장과 다음 장에서는 맵을 효율적으로 구현하여 키와 값을 빠르게 조회할 수 있음을 보여줄 예정이다. 이렇게 하면 다양한 응용에서 빠르게 검색할 수 있다.

10.1.1 맵 ADT

이 절에서는 **맵 ADT**를 소개하고 파이썬의 내장 `dict` 클래스와 동작이 일치하도록 그 기능을 정의한다. 우선 맵 M에서 가장 핵심적인 다섯 가지 동작은 다음과 같이 정리할 수 있다.

- `M[k]`: 맵 M에 키 k와 연관된 값 v가 존재하면 그 값을 반환하고, 그렇지 않으면 `KeyError`를 발생시킨다. 파이썬에서는 특수 메서드 `__getitem__`으로 구현된다.
- `M[k] = v`: 맵 M의 키 k와 값 v를 연결하며, 이미 키 k에 해당하는 항목이 존재할 경우 기존 값을 v로 업데이트한다. 파이썬에서는 특수 메서드 `__setitem__`으로 구현된다.
- `del M[k]`: 맵 M에서 키가 k인 항목을 제거한다. 해당 키가 없으면 `KeyError`를 발생시킨다. 파이썬에서는 특수 메서드 `__delitem__`으로 구현된다.
- `len(M)`: 맵 M의 항목 수를 반환한다. 파이썬의 특수 메서드 `__len__`으로 구현된다.
- `iter(M)`: 맵에 대한 기본 반복은 키들의 시퀀스를 생성한다. 이는 파이썬에서 특수 메서드 `__iter__`로 구현되며 `for k in M` 형식의 반복문을 가능하게 한다.

이 다섯 가지 기능은 맵의 핵심적인 동작, 즉 키-값 쌍에 대한 조회·추가 수정·삭제 및 전체 항목 열람 기능을 제공한다. 여기에 더해 편의성을 높이기 위한 다음 보조 기능도 제공한다.

- `k in M`: 맵에 키 k가 있는 항목이 포함되어 있으면 `True`를 반환한다. 파이썬에서는 특수 메서드 `__contains__` 메서드로 구현된다.
- `M.get(k, d=None)`: 맵에 키 k가 있으면 `M[k]`를 반환하고, 그렇지 않으면 기본값 d를 반환한다. 이는 `KeyError`의 위험 없이 `M[k]`를 쿼리할 수 있는 양식을 제공한다.
- `M.setdefault(k, d)`: 맵에 키 k가 있으면 `M[k]`를 반환한다. 키 k가 없으면 `M[k] = d`를 설정하고 해당 값을 반환한다.
- `M.pop(k, d=None)`: 맵에서 키 k와 관련된 항목을 제거하고 연결된 값 v를 반환한다. 키 k가 맵에 없으면, 기본값 d를 반환한다(또는 매개변수 d가 `None`이면 `KeyError`를 발생시킴).
- `M.popitem()`: 맵에서 임의의 키-값 쌍을 제거하고, 제거된 쌍을 나타내는 `(k, v)` 튜플을 반환한다. 맵이 비어 있으면 `KeyError`를 발생시킨다.

- M.clear(): 맵에서 모든 키-값 쌍을 제거한다.
- M.keys(): M의 모든 키 집합을 반환한다.
- M.values(): M의 모든 값의 집합을 반환한다.
- M.items(): M의 모든 항목에 대해 (k, v) 튜플 집합을 반환한다.
- M.update(M2): 맵 M2의 모든 (k, v) 쌍에 대해 M[k] = v를 할당한다.
- M == M2: 맵 M과 M2의 키-값이 동일한 경우 True를 반환한다.
- M != M2: 맵 M과 M2에 동일한 키-값이 없는 경우 True를 반환한다.

예제 10.1: 다음은 초기에 비어 있는 맵에 대해 일련의 작업을 수행했을 때 각각 어떻게 반영되는지를 보여준다. 이 맵은 단일 문자 키와 정수 값을 항목으로 저장하며 파이썬의 dict 클래스에서 사용하는 리터럴 구문으로 맵의 상태를 표현한다.

연산	반환값	맵
len(M)	0	{ }
M['K'] = 2	–	{'K': 2}
M['B'] = 4	–	{'K': 2, 'B': 4}
M['U'] = 2	–	{'K': 2, 'B': 4, 'U': 2}
M['V'] = 8	–	{'K': 2, 'B': 4, 'U': 2, 'V': 8}
M['K'] = 9	–	{'K': 9, 'B': 4, 'U' : 2, 'V': 8}
M['B']	4	{'K': 9, 'B': 4, 'U' : 2, 'V': 8}
M['X']	KeyError	{'K': 9, 'B': 4, 'U': 2, 'V': 8}
M.get('F')	None	{'K': 9, 'B': 4, 'U': 2, 'V': 8}
M.get('F', 5)	5	{'K': 9, 'B': 4, 'U': 2, 'V': 8}
M.get('K', 5)	9	{'K': 9, 'B': 4, 'U': 2, 'V': 8}
len(M)	4	{'K': 9, 'B': 4, 'U': 2, 'V': 8}
del M['V']	–	{'K': 9, 'B': 4, 'U': 2}
M.pop('K')	9	{'B': 4, 'U': 2}
M.keys( )	'B' , 'U'	{'B': 4, 'U': 2}
M.values( )	4, 2	{'B': 4, 'U': 2}
M.items( )	('B', 4), ('U', 2)	{'B': 4, 'U': 2}
M.setdefault('B', 1)	4	{'B': 4, 'U': 2}
M.setdefault('A', 1)	1	{'A': 1, 'B': 4, 'U': 2}
M.popitem( )	('B', 4)	{'A': 1, 'U': 2}

10.1.2 응용: 단어 빈도 계산

맵 활용 사례로, 문서 내 단어의 등장 횟수를 계산하는 문제를 살펴보자. 이는 이메일이나 뉴스 기사를 분류하는 등 문서에 대한 통계 분석을 수행할 때 사용되는 표준 작업이다. 맵은 단어를 키로, 단어의 등장 횟수를 값으로 사용하므로 이러한 작업에 이상적인 자료구조다. 코드 10.1에서 해당 응용 사례를 보여준다.

우선 원본 문서는 파일 및 문자열 메서드를 사용하여 분해되며, 결과적으로 문서는 공백을 기준으로 나뉜 소문자 단어들의 집합이 된다. 괄호, 아포스트로피, 기타 구두점 등 알파벳이 아닌 문자는 단어의 일부로 간주되지 않도록 모두 제거한다.

맵 연산 관점에서 **freq**라는 빈 파이썬 딕셔너리로 시작한다. 알고리즘의 첫 번째 단계에서 다음과 같은 명령을 각 단어에 대해 실행한다.

```
freq[word] = 1 + freq.get(word, 0)
```

이때 현재 단어가 맵에 존재하지 않을 수 있으므로 **get** 메서드를 사용하며 기본값으로는 0이 적절하다.

전체 문서를 처리한 후 알고리즘의 두 번째 단계에서는 **freq.items()**를 반복하면서 가장 많이 등장한 단어를 찾아낸다.

```
freq = {}
for piece in open(filename).read().lower().split():
   # 이 부분에서는 알파벳 문자만 고려함
   word = ''.join(c for c in piece if c.isalpha())
   if word:                                # 적어도 하나의 알파벳 문자가 필요함
      freq[word] = 1 + freq.get(word, 0)

max_word = ''
max_count = 0
for (w,c) in freq.items():                 # (키, 값) 튜플은 (단어, 개수)를 나타냄
   if c > max_count:
      max_word = w
      max_count = c
print('The most frequent word is', max_word)
print('Its number of occurrences is', max_count)
```

코드 10.1 문서에서 단어 등장 횟수를 계산하고 가장 자주 등장한 단어를 출력하는 프로그램이다. 여기서는 맵으로 파이썬의 dict 클래스를 사용하며, 입력은 모두 소문자로 변환하고 알파벳이 아닌 문자는 무시한다.

10.1.3 파이썬의 MutableMapping 추상 기반 클래스

2.4.3절에서 **추상 기반 클래스**의 개념과 이들이 파이썬 collections 모듈 내에서 수행하는 역할을 소개한 바 있다. 이들 기반 클래스에서 추상 메서드로 선언된 항목은 구체 하위 클래스에서 반드시 구현되어야 한다. 다만, 추상 기반 클래스 자체도 **템플릿 메서드 디자인 패턴**의 예처럼 일부 메서드에 대해 구체적인 기본 구현을 제공할 수 있다.

collections 모듈은 현재 논의 중인 맥락과 관련하여 두 개의 추상 기반 클래스인 Mapping과 MutableMapping을 제공한다. Mapping 클래스는 파이썬의 dict 클래스가 지원하는 모든 비변경 기능을 포함하고, MutableMapping 클래스는 이에 더해 변경 가능한 기능까지 확장해 포함한다. 10.1.1절에서 정의한 맵 ADT는 이 MutableMapping 추상 기반 클래스와 개념적으로 유사하다.

이러한 추상 기반 클래스는 사용자 정의 맵 클래스를 구현할 때 유용한 프레임워크를 제공한다. 특히 MutableMapping 클래스는 10.1.1절에서 설명한 다섯 가지 핵심 기능(__getitem__, __setitem__, __delitem__, __len__, __iter__)을 제외한 모든 다른 기능에 대해 구체적인 구현을 제공한다. 따라서 다양한 자료구조를 활용해 맵을 직접 구현할 때도 이 다섯 가지 핵심 기능만 정의하면, MutableMapping을 상속함으로써 나머지 기능은 자동으로 제공받을 수 있다.

MutableMapping 클래스의 동작 방식을 더 잘 이해하기 위해, 다섯 가지 핵심 기능을 기반으로 다른 기능이 어떻게 유도될 수 있는지를 보여주는 예시를 살펴보자. 예를 들어 __contains__ 메서드는 k in M 구문을 지원하기 위해 키의 존재 여부를 확인하는 기능을 수행하며, 다음과 같이 self[k]를 가져오려는 시도를 통해 구현할 수 있다.

```
def __contains__(self, k):
  try:
    self[k]                   # __getitem__을 통한 접근(결과 무시)
    return True
  except KeyError:
    return False              # 시도 실패
```

비슷한 접근 방식을 setdefault 메서드의 로직을 제공하는 데 사용할 수 있다.

```
def setdefault(self, k, d):
    try:
        return self[k]              # __getitem__이 성공하면 해당 값 반환
    except KeyError:                # 그렇지 않은 경우
        self[k] = d                 # __setitem__으로 기본값 설정
        return d                    # 새롭게 할당된 값을 반환
```

MutableMapping 클래스의 나머지 메서드에 대한 구체적인 구현은 연습 문제에서 다룬다.

10.1.4 이 책의 MapBase 클래스

이 장과 다음 장에서는 다양한 자료구조를 기반으로 맵 추상 데이터 타입(ADT)의 여러 구현을 살펴보고, 각 구현이 지닌 장단점을 비교해 볼 것이다. 그림 10.2는 이러한 클래스들의 구조를 미리 보여준다.

앞서 언급한 파이썬 collections 모듈의 MutableMapping 추상 기반 클래스는 맵을 구현할 때 매우 유용한 도구이지만, 재사용성을 더욱 높이기 위해 MutableMapping 클래스를 상속받아 하위 클래스인 MapBase를 정의한다. MapBase 클래스는 컴포지션 디자인 패턴(composition design pattern)을 지원하며, 이는 키-값 쌍을 하나의 인스턴스로 묶어 관리하는 방식이다. 이 기법은 우선순위 큐 구현(9.2.1절 참고)에서 도입한 바 있다.

좀더 구체적으로 설명하면, 이 책의 MapBase 클래스는 코드 10.2에서 정의되며, MutableMapping 추상 기반 클래스를 확장하여 해당 클래스가 제공하는 여러 유용한 메서드를 상속받는다. 이후 MapBase 내부에는 키와 값을 함께 저장하는 비공개 중첩 클래스 Item을 정의한다. 이 Item 클래스는 9.2.1절에서 PriorityQueueBase 클래스에 정의된 Item 클래스와 구조적으로 유사하지만, 맵에서는 항목 간 비교와 동등성 검사를 키를 기준으로 수행한다는 점에서 차이가 있다.

동등성은 주어진 키가 맵 내에 이미 존재하는 키와 동일한지를 판단하기 위한 기준으로, 모든 맵 구현에서 필수적인 개념이다. 또한 키 간의 비교(예 < 연산자)는 이후 **정렬된 맵 ADT**(10.3절 참고)에서 사용된다.

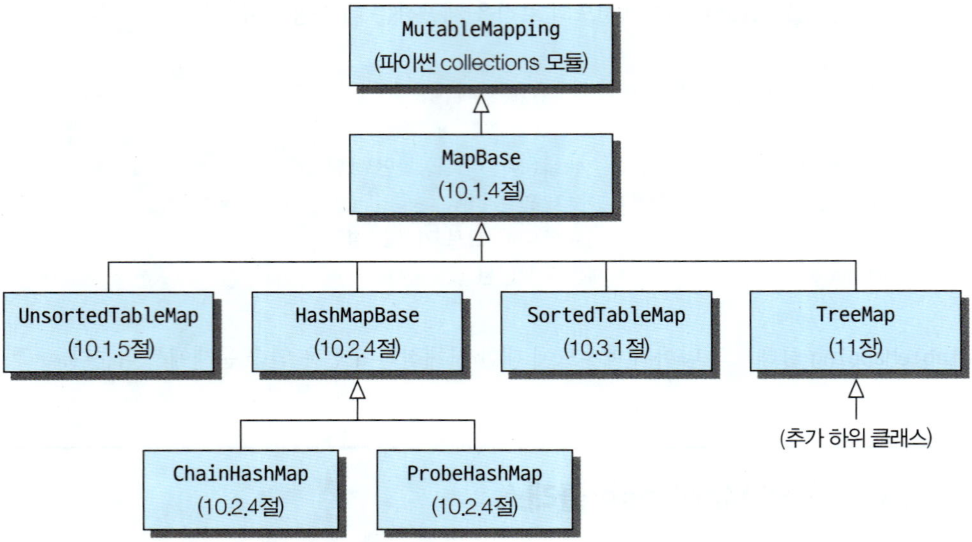

그림 10.2 맵 타입의 계층 구조(정의된 절 포함)

```
class MapBase(MutableMapping):
    """비공개 _Item 클래스를 포함한 이 책의 추상 기반 클래스"""

    #------------------------------ 중첩 _Item 클래스------------------------------
    class _Item:
        """키-값 쌍을 맵 항목으로 저장하는 경량 복합체다."""
        __slots__ = '_key', '_value'

        def __init__(self, k, v):
            self._key = k
            self._value = v

        def __eq__(self, other):
            return self._key == other._key              # 키에 기반하여 항목 비교

        def __ne__(self, other):
            return not (self == other)                  # __eq__의 반대

        def __lt__(self, other):
            return self._key < other._key               # 키에 기반하여 항목 비교
```

코드 10.2 MutableMapping 추상 기반 클래스를 확장하여 다양한 맵 구현에 사용할 비공개 _Item 클래스 제공

10.1.5 단순 비정렬 맵 구현

MapBase 클래스의 사용을 아주 간단한 맵 추상 데이터 타입(ADT) 구현을 통해 설명한다. 코드 10.3에서는 파이썬 리스트 안에 키-값 쌍을 임의의 순서로 저장하는 UnsortedTableMap 클래스를 제공한다.

맵의 생성자에서는 빈 테이블을 self.table로 초기화한다. 새로운 키가 맵에 추가되면 __setitem__ 메서드의 22행에서 MapBase 클래스로부터 상속받은 중첩 클래스인 Item의 새 인스턴스를 생성한다.

이 리스트 기반의 맵 구현은 단순하지만 효율적이지는 않다. 기본적인 메서드인 __getitem__, __setitem__, __delitem__은 일치하는 키를 찾기 위해 내부 리스트를 순차적으로 검색하는 for 루프에 의존한다. 최상의 경우에는 리스트 앞부분에서 일치 항목을 발견하여 루프가 조기에 종료되지만, 최악의 경우에는 전체 리스트를 모두 검사한다. 따라서 이들 메서드는 모두 항목 수가 n일 때 $O(n)$의 시간 복잡도를 가진다.

```
01 class UnsortedTableMap(MapBase):
02   """순서 없는 리스트를 사용해 맵을 구현한다."""
03
04   def __init__(self):
05     """빈 맵을 생성한다."""
06     self._table = []                         # _Item들의 리스트
07
08   def __getitem__(self, k):
09     """키 k와 연관된 값을 반환한다(찾지 못하면 KeyError 발생)."""
10     for item in self._table:
11       if k == item._key:
12         return item._value
13     raise KeyError('Key Error: ' + repr(k))
14
15   def __setitem__(self, k, v):
16     """키 k에 값 v를 할당한다. 이미 있는 값은 덮어쓴다."""
17     for item in self._table:
18       if k == item._key:                     # 일치하는 것을 찾았을 때
19         item._value = v                      # 값 재할당
20         return                               # 종료
21     # 키에 대한 일치 항목을 찾지 못함
22     self._table.append(self._Item(k, v))
```

```python

    def __delitem__(self, k):
        """키 k와 연관된 항목을 삭제한다(찾지 못하면 KeyError 발생)."""
        for j in range(len(self._table)):
            if k == self._table[j]._key:         # 일치하는 것을 찾았을 때
                self._table.pop(j)               # 항목 제거
                return      # 종료
        raise KeyError('Key Error: ' + repr(k))

    def __len__(self):
        """맵의 항목 수를 반환한다."""
        return len(self._table)

    def __iter__(self):
        """맵의 키들의 반복을 생성한다."""
        for item in self._table:
            yield item._key                      # 키 반환
```

코드 10.3 파이썬 리스트를 정렬되지 않은 테이블로 사용하는 맵의 구현. 부모 클래스인 MapBase는 코드 10.2에 있다.

10.2 해시 테이블

이 절에서는 맵을 구현할 때 가장 실용적인 자료구조 중 하나이며, 파이썬의 dict 클래스 구현에서도 사용되는 구조인 **해시 테이블**(hash table)을 소개한다.

직관적으로, 맵 M은 M[k]와 같은 구문을 통해 키를 인덱스처럼 사용할 수 있어야 한다. 이를 위한 준비로, n개의 항목이 있는 맵이 0부터 $N-1$까지의 정수 키만 사용하는 제한적인 상황을 생각해 보자. 이 경우, 그림 10.3에 나타낸 것처럼 길이가 N인 **조회 테이블**(lookup table)을 사용해 맵을 표현할 수 있다.

0	1	2	3	4	5	6	7	8	9	10
	D		Z			C	Q			

그림 10.3 (1, D), (3, Z), (6, C), (7, Q) 항목들을 포함하는 맵을 위한 길이 11의 조회 테이블

이 표현에서는 키 k와 연관된 값을 테이블의 인덱스 k에 저장한다(빈 슬롯을 표현할 별도의 방법이 있다고 가정함). 이러한 구조에서 기본적인 맵 연산인 `__getitem__`, `__setitem__`, `__delitem__`을 모두 최악의 경우에도 $O(1)$ 시간에 구현할 수 있다.

이 프레임워크를 더 일반적인 맵 구조로 확장하려 할 때 두 가지 문제에 부딪힌다. 첫째, N이 n보다 훨씬 큰 경우, 길이가 N인 배열을 사용하면 공간 낭비가 심해진다. 둘째, 맵의 키가 일반적으로 정수가 아닐 수 있다.

해시 테이블의 핵심 개념은 **해시 함수**(hash function)를 사용하여 임의의 키를 테이블의 해당 인덱스로 매핑하는 것이다. 이상적으로는 해시 함수가 키들을 0부터 $N-1$ 사이의 범위에 균일하게 분포시키지만, 실제로는 서로 다른 두 키가 동일한 인덱스로 매핑되는 충돌이 발생할 수 있다. 이런 문제 때문에 해시 테이블을 **버킷 배열**(bucket array)로 개념화하였고, 그림 10.4는 이러한 구조를 보여준다. 각 버킷은 해시 함수에 의해 해당 인덱스로 매핑된 항목들을 저장하고, 공간 절약을 위해 빈 버킷은 `None`으로 대체할 수 있다.

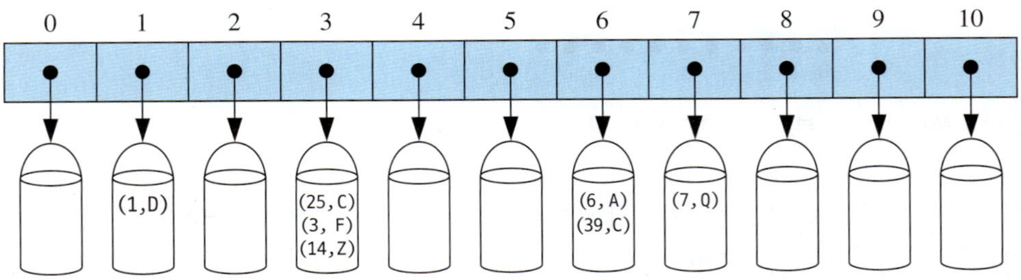

그림 10.4 단순 해시 함수를 사용해 항목 (1, D), (25, C), (3, F), (14, Z), (6, A), (39, C), (7, Q)를 저장한 용량 11의 버킷 배열

10.2.1 해시 함수

해시 함수 h의 목적은 각 키 k를 $[0, N-1]$ 범위의 정수로 매핑하는 것이다. 여기서 N은 해시 테이블에서 버킷 배열의 용량이다. 이러한 해시 함수 h를 사용하는 접근 방식의 핵심 아이디어는 인덱스로 직접 사용하기에는 적합하지 않을 수 있는 키 k 대신, 해시 함수 값 $h(k)$를 버킷 배열 A의 인덱스로 사용하는 데 있다. 즉, 항목 (k, v)는 버킷 $A[h(k)]$에 저장된다.

두 개 이상의 키가 동일한 해시 값으로 해싱되면, 서로 다른 두 항목이 A에서 동일한 버킷에 위치하게 된다. 이러한 경우를 **충돌**(collision)이라 하는데, 충돌을 처리하는 방법은 나중에 다룰 예정이다. 그러나 가장 좋은 전략은 애초에 충돌이 발생하지 않도록 해시 함수를 잘 설계하는 것이다. ‘좋은’ 해시 함수란 맵 내의 키들을 적절하게 분산시켜 충돌을 최소화하는 함수를 말한다. 또한 실용적인 관점에서는 해시 함수가 빠르고 계산이 간편해야 한다는 점도 중요하다.

일반적으로 해시 함수 $h(k)$는 두 부분으로 나뉜다. 첫 번째는 키 k를 정수로 변환하는 **해시 코드**(hash code)이고, 두 번째는 해당 해시 코드를 $[0, N-1]$ 범위의 정수로 변환하는 **압축 함수**(compression function)다(그림 10.5 참고).

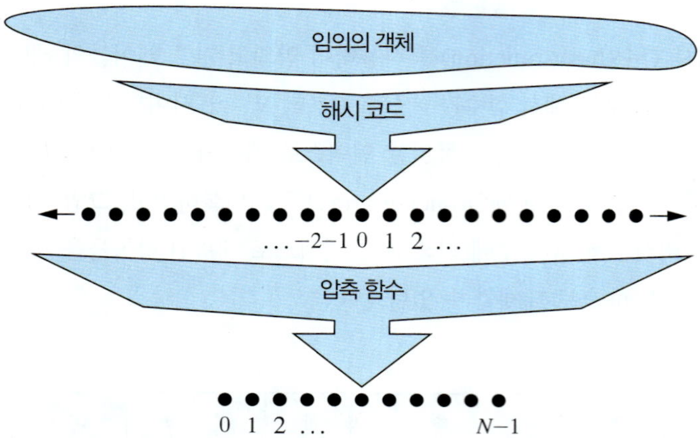

그림 10.5 해시 함수의 두 부분: 해시 코드와 압축 함수

해시 함수를 이처럼 두 부분으로 분리하면 해시 코드 부분을 해시 테이블 크기와 상관없이 독립적으로 설계할 수 있다는 이점이 있다. 이를 통해 각 객체에 대해 일반적인 해시 코드를 정의할 수 있으며, 이는 크기와 관계없이 다양한 해시 테이블에서 재사용할 수 있다. 테이블 크기에 따라 달라지는 것은 압축 함수뿐이다. 이러한 구조는 특히 유용한데, 그 이유는 해시 테이블의 버킷 배열이 현재 맵에 저장된 항목의 수에 따라 동적으로 크기가 조정될 수 있기 때문이다(10.2.3절 참고).

10.2.2 해시 코드

해시 함수가 수행하는 첫 번째 동작은 맵에 있는 임의의 키 k에 대해 해시 코드라고 불리는 정수를 계산하는 것이다. 이 정수는 반드시 $[0, N-1]$ 범위에 있을 필요가 없어, 음수가 될 수도 있다. 우리는 키에 할당되는 해시 코드들이 가능한 한 충돌을 피하도록 구성되기를 원한다. 만약 키들의 해시 코드가 충돌을 일으킨다면, 압축 함수만으로는 이런 충돌을 피할 수 없다. 여기서는 먼저 해시 코드의 이론적 개념을 설명한 뒤 파이썬에서 해시 코드를 실제로 구현하는 방법을 다룬다.

비트 표현을 정수로 해석하기

만약 어떤 데이터 타입 X가 비트로 표현될 수 있고, X의 비트 수가 해시 코드의 비트 수보다 적거나 같다면, X의 비트를 정수로 해석하여 해시 코드로 직접 사용할 수 있다. 예를 들어 키가 정수 314이면 그 자체를 해시 코드로 사용할 수 있다. 부동소수점 값인 3.14와 같은 경우에는 해당 수의 부동소수점 표현을 정수 비트로 변환한 값을 기반으로 해시 코드를 생성할 수 있다.

하지만 데이터 타입의 비트 수가 해시 코드보다 긴 경우에는 이러한 방식이 바로 적용되지 않는다. 예를 들어 파이썬은 32비트 해시 코드를 사용하지만 부동소수점 수는 64비트로 표현된다. 이 경우 전체 비트를 직접 사용할 수 없기 때문에 상위 32비트 또는 하위 32비트만 사용하는 방법을 시도해 볼 수 있다. 그러나 이 방식은 키에 포함된 정보의 절반을 무시하게 되므로 키들이 무시된 절반에서만 차이가 있을 경우 충돌이 자주 발생할 수 있다.

더 나은 방식은 64비트 키의 상위 부분과 하위 부분을 결합해 전체 비트 정보를 반영하는 32비트 해시 코드를 생성하는 것이다. 간단한 구현 예로는 두 부분을 정수로 해석한 후 더하거나(오버플로는 무시함), 두 값을 배타적 논리합(XOR) 연산하는 방식이 있다. 이러한 결합 방식은 32비트 정수의 n-튜플 $(x_0, x_1, \ldots, x_{n-1})$로 해석 가능한 객체 x에도 확장할 수 있다. 예를 들어 다음과 같이 x의 해시 코드를 $\sum_{i=0}^{n-1} x_i$ 또는 $x_0 \oplus x_1 \oplus \cdots \oplus x_{n-1}$로 생성할 수 있다. 여기서 $\oplus$는 비트 단위 배타적 논리합 연산이며, 파이썬에서 ^ 기호로 표현된다.

다항식 해시 코드

앞서 설명한 덧셈 방식과 배타적 논리합 방식의 해시 코드는 $(x_0, x_1, \ldots, x_{n-1})$ 형태로 표현할 수 있는 문자나 기타 가변 길이 객체처럼 원소의 순서가 중요한 경우에는 적합하지 않다. 예를 들어 문자열 s에 포함된 문자들의 유니코드 값을 단순히 더해서 16비트 해시 코드를 만드는 경우, 일반적인 문자열 집합에서 원치 않는 충돌이 자주 발생한다. 실제로 `"temp01"`과 `"temp10"`은 이 방식으로 충돌하며, `"stop"`, `"tops"`, `"pots"`, `"spot"`도 마찬가지로 같은 해시 값을 갖게 된다. 더 나은 해시 코드는 원소 x_i들의 위치 정보를 반영해야 한다. 이를 고려한 대안으로, 0이 아닌 어떤 상수 a를 선택하고($a \neq 1$) 이를 이용해 해시 코드를 계산하는 방식이 있다.

$$x_0a^{n-1} + x_1a^{n-2} + \cdots + x_{n-2}a + x_{n-1}$$

이 형태는 수학적으로 볼 때 객체 x의 구성 원소 $(x_0, x_1, \ldots, x_{n-1})$를 계수로 사용하고 a를 변수로 하여 다항식을 구성하는 방식이다. 따라서 이러한 해시 코드를 **다항식 해시 코드**(polynomial hash code)라고 한다. **호너의 법칙**(Horner's rule)(연습 문제 C-3.50 참고)을 적용하여 다음과 같은 형태로 바꾸어 효율적으로 계산할 수 있다.

$$x_{n-1} + a(x_{n-2} + a(x_{n-3} + \cdots + a(x_2 + a(x_1 + ax_0)) \cdots))$$

다항식 해시 코드는 구성 원소 각각의 영향을 전체 해시 코드 전반에 분산시키기 위해 서로 다른 거듭제곱 값을 곱한다. 물론 실제 컴퓨터에서는 해시 코드를 계산할 때 유한한 비트 표현을 사용하므로 계산 중 해시 코드가 표현 가능한 정수 범위를 초과하는 오버플로가 발생할 수 있다. 하지만 우리는 절대적인 수치보다 객체 간의 좋은 분포에 더 관심이 있기 때문에, 이러한 오버플로는 단순히 무시해도 된다. 그럼에도 불구하고 오버플로가 발생하고 있다는 점은 염두에 두어야 하며, 이러한 상황에서도 정보의 일부가 유지되도록 상수 a가 0이 아닌 하위 비트를 갖게끔 선택하는 것이 좋다.

영어 단어로 구성된 문자열을 대상으로 실험을 수행한 결과, 필자는 a값으로 33, 37, 39, 41을 사용하는 것이 특히 효과적이라는 사실을 확인했다. 실제로 두 가지 버전의 유닉스에서 제공하는 단어 목록을 합쳐 만든 5만 개 이상의 영어 단어 리스트에서 a를 33, 37, 39, 41로 설정했을 때 모든 경우에서 충돌이 7건 미만으로 나타났다.

순환 시프트 해시 코드

다항식 해시 코드의 변형 방식 중 하나는 상수 a로 곱하는 연산을, 부분 합에 대한 비트의 **순환 시프트**(cyclic shift)로 대체하는 것이다. 예를 들어 32비트 값 00111101100101101010100010101000에 대해 5비트 순환 시프트를 수행하면, 가장 왼쪽의 5비트를 잘라내어 오른쪽 끝으로 이동시켜 10110010110101010001010100000111이라는 결과를 얻는다. 이 연산은 산술적으로는 특별한 의미가 없지만, 해시 계산 과정에서 비트의 분포를 다양하게 만든다는 목적을 달성한다. 파이썬에서는 비트 연산자 <<와 >>를 적절히 사용하고 결과를 32비트 정수로 잘라 순환 시프트를 구현할 수 있다.

파이썬에서 문자열에 대한 순환 시프트 해시 코드 계산의 구현은 다음과 같다.

```
def hash_code(s):
  mask = (1 << 32) - 1                 # 32비트 정수로 제한
  h = 0
  for character in s:
    h = (h << 5 & mask) | (h >> 27)    # 5비트 순환 시프트로 합계를 계산함
    h += ord(character)                # 다음 문자의 값을 합함
  return h
```

전통적인 다항식 해시 코드와 마찬가지로, 순환 시프트 해시 코드를 사용할 때도 미세 조정이 필요하다. 각 새로운 문자에 대해 시프트할 비트 수를 현명하게 선택해야 한다. 위 코드에서 5비트 시프트를 선택한 것은 23만 개가 넘는 영어 단어 목록에서 다양한 시프트 양에 따른 충돌 횟수를 비교한 실험 결과에 기반한다(표 10.1 참고).

시프트	충돌	
	총합	최대
0	234735	623
1	165076	43
2	38471	13
3	7174	5
4	1379	3
5	190	3
6	502	2
7	560	2
8	5546	4
9	393	3
10	5194	5
11	11559	5
12	822	2
13	900	4
14	2001	4
15	19251	8
16	211781	37

표 10.1 230,000개의 영어 단어 리스트에 대해 순환 시프트 방식의 해시 코드를 적용했을 때의 충돌 현상을 비교한 결과. '총합' 열은 하나 이상의 다른 단어와 충돌한 단어의 총 개수를 나타내며, '최대' 열은 동일한 해시 코드에서 충돌한 단어들의 최대 개수다. 순환 시프트 값이 0일 경우 이 해시 코드는 단순히 모든 문자를 더하는 방식으로 되돌아간다는 점에 주의해야 한다.

파이썬의 해시 코드

파이썬에서 해시 코드를 계산하는 표준 방식은 hash(x)라는 내장 함수를 사용하는 것이다. 이 함수는 객체 x에 대한 해시 코드로 사용할 정수 값을 반환한다. 다만, 파이썬에서는 오직 **불변**(immutable) 데이터 타입만 해시 가능한 것으로 간주한다. 이렇게 제한을 둔 이유는 특정 객체의 해시 코드가 그 객체의 생애 동안 변하지 않도록 보장하기 위함이다. 이러한 특성은 해시 테이블의 키로 객체를 사용할 때 매우 중요하다. 만약 어떤 키가 해시 테이블에 삽입된 이후, 그 키의 해시 코드가 변경된다면, 이후 검색 시 처음과 다른 해시 코드가 사용되어 잘못된 버킷을 검색하게 되는 문제가 발생할 수 있다.

파이썬의 내장 데이터 타입 중에서 불변인 int, float, str, tuple, frozenset 클래스는 이 절에서 소개한 방식과 유사한 기법을 사용하여 hash 함수로부터 강력한 해시 코드를 생성한다. 예를 들어 문자열의 해시 코드는 다항식 해시 코드와 유사한 방식에 기반하여, 덧셈 대신 배타적 논리합 연산을 사용한다. 표 10.1의 실험을 파이썬의 내장 해시 코드로 반복해 보면, 23만 개가 넘는 문자열 중 단 8개만 충돌을 일으킨다는 사실을 확인할 수 있다. 튜플의 해시 코드는 구성 원소 각각의 해시 값을 조합해 계산되며 frozenset의 경우 구성 원소의 순서가 중요하지 않기 때문에 시프트 없이 배타적 논리합 연산으로 해시 코드가 생성된다. 반면 리스트 같은 가변적(mutable) 객체에 대해 hash(x)를 호출하면 TypeError가 발생한다.

기본적으로 사용자 정의 클래스의 인스턴스는 해시 불가능한 것으로 처리되어, hash 함수를 호출하면 TypeError가 발생한다. 그러나 클래스 내부에 특수 메서드 __hash__를 구현함으로써 해시 코드를 직접 정의할 수 있다. 이때 반환되는 해시 코드는 인스턴스의 불변 속성을 기반으로 해야 한다. 일반적으로는 구성 원소의 해시 값을 조합하여 반환한다. 예를 들어 red, green, blue 세 개의 숫자 속성을 가진 Color 클래스는 다음과 같이 __hash__ 메서드를 정의할 수 있다.

```
def __hash__(self):
    return hash((self._red, self._green, self._blue))      # 결합된 튜플의 해시 반환
```

클래스가 __eq__ 메서드를 통해 동등성을 정의할 경우 __hash__ 메서드의 구현은 반드시 일관성을 유지해야 한다. 즉, x == y가 참이라면 hash(x) == hash(y)도 성립해야 한다. 이 규칙은 매우 중요하다. 왜냐하면 두 객체가 동등하다고 간주될 때, 그중 하나를 해시 테이블의 키로 사용했다면 다른 하나로 검색할 때 동일한 키를 찾을 수 있어야 하기 때문이다. 이를 위해서는 두 객체의 해시 코드가 같아야 하고, 그래야만 검색 시 올바른 버킷을 검색할 수 있다. 이 규칙은 서로 다른 클래스 간의 비교에도 적용된다. 예를 들어 파이썬에서는 5 == 5.0이 참으로 평가되므로 hash(5)와 hash(5.0) 역시 같은 값을 반환하도록 보장한다.

10.2.3 압축 함수

키 k에 대한 해시 코드는 보통 바로 버킷 배열에 사용할 수 없다. 그 이유는 해시 코드가 음수일 수도 있고, 버킷 배열의 용량을 초과하는 값일 수도 있기 때문이다. 따라서 키 객체 k에 대해 정수 해시 코드를 계산한 다음 그 값을 $[0, N-1]$ 범위로 변환하는 과정이 필요하다. 이 계산 과정을 **압축 함수**(compression function)라고 하며, 전체 해시 함수의 두 번째 단계에 해당한다. 좋은 압축 함수란 주어진 해시 코드 집합에 대해 충돌을 최소화할 수 있는 함수다.

나눗셈 방법

간단한 압축 함수는 **나눗셈 방법**(division method)이다. 이 방법은 정수 i를 다음과 같이 매핑한다.

$$i \bmod N$$

여기서 N은 버킷 배열의 크기를 의미하며, 고정된 양의 정수다. 특히 N을 소수(prime number)로 설정하면 해시된 값들의 분포를 더 고르게 퍼뜨리는 데 도움이 된다. 반대로 N이 소수가 아니라면 해시 코드의 분포에 특정한 패턴이 있을 경우 그것이 해시 값 분포에도 반복되어 충돌이 발생할 가능성이 커진다. 예를 들어 해시 코드가 $\{200, 205, 210, 215, 220, \ldots, 600\}$인 키들을 크기가 100인 버킷 배열에 삽입하면 각 해시 값이 세 개의 다른 값과 충돌하게 된다. 그러나 배열 크기를 101로 설정하면 충돌이 발생하지 않는다. 해시 함수가 잘 설계되어 있다면, 서로 다른 두 키가 동일한 버킷으로 해시될 확률은 $1/N$이 되어야 한다. 다만 N을 소수로 선택하는 것만으로는 충분하지 않을 수 있다. 예를 들어 여러 키의 해시 코드가 $pN + q$ 형태로 반복된다면 여전히 충돌이 발생할 수 있다.

MAD 방법

더 정교한 압축 함수는 **MAD**(Multiply-Add-and-Divide) 방법이다. 이 방법은 정수 i를 다음과 같이 매핑한다.

$$[(ai + b) \bmod p] \bmod N$$

여기서 N은 버킷 배열의 크기이고, p는 N보다 큰 소수이며, a와 b는 $[0, p - 1]$ 구간에서 무작위로 선택된 정수이고 $a > 0$이다. 이 압축 함수는 해시 코드 집합에 반복적인 패턴이 나타나는 것을 방지하고, 더 '좋은' 해시 함수를 만들기 위해 선택된다. 여기서 '좋은' 해시 함수란 서로 다른 두 키가 충돌할 확률이 $1/N$이 되게 하는 함수다. 이런 성능은 마치 각 키가 균등하게 무작위로 버킷 배열 A에 던져지는 것과 같은 이상적인 상황과 유사하다.

10.2.4 충돌 처리 체계

해시 테이블의 주요 아이디어는 버킷 배열 A와 해시 함수 h를 사용하여 각 항목 (k, v)를 '버킷' $A[h(k)]$에 저장함으로써 맵을 구현하는 것이다. 그러나 이 간단한 아이디어는 $h(k_1) = h(k_2)$인 두 개의 서로 다른 키 k_1과 k_2가 존재할 때 문제가 발생한다. 이러한 **충돌**이 존재하면 새 항목 (k, v)를 단순히 버킷 $A[h(k)]$에 직접 삽입할 수 없게 되며, 삽입·검색·삭제 작업을 수행하는 절차도 복잡해진다.

분리 체이닝

충돌을 처리하는 간단하고 효율적인 방법은 각 버킷 $A[j]$가 $h(k) = j$인 항목 (k, v)를 저장하는 자체적인 보조 컨테이너를 가지도록 하는 것이다. 보조 컨테이너로는 10.1.5절에서 설명했듯이 리스트를 사용하는 것이 자연스럽다. 이러한 **충돌 해결** 규칙을 **분리 체이닝**(separate chaining)이라고 하며, 그림 10.6에서 이 방법을 설명하고 있다.

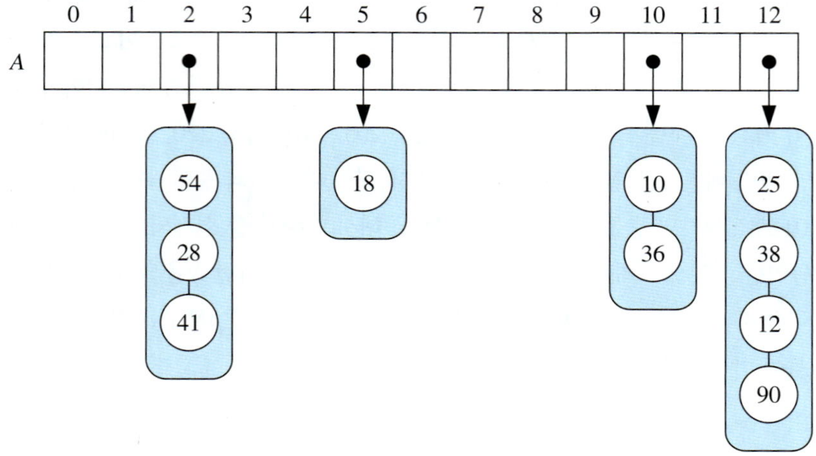

그림 10.6 크기가 13인 해시 테이블로, 정수 키를 가진 10개의 항목을 저장하고, 충돌은 분리 체이닝로 해결된다. 압축 함수는 $h(k) = k \bmod 13$이다. 간단히 하기 위해 키와 연관된 값은 표시하지 않았다.

최악의 경우 개별 버킷에 대한 연산은 버킷 크기에 비례하여 시간이 걸린다. 좋은 해시 함수를 사용해 크기 N의 버킷 배열에서 n 항목을 인덱싱한다고 가정하면 버킷의 예상 크기는 n/N이다. 따라서 좋은 해시 함수라면 핵심 맵 연산이 $O(\lceil n/N \rceil)$에서 실행된다. 해시 테이블의 **적재율**(load factor)이라고 하는 $\lambda = n/N$은 작은 상수(이상적으로는 1 미만)로 제한되어야 한다. λ가 $O(1)$이면 해시 테이블의 핵심 연산은 $O(1)$의 평균 수행 시간에 실행된다.

개방 주소 방식

분리 체이닝 방식은 맵 연산을 간단하게 구현할 수 있다는 점 등 여러 장점을 가지고 있다. 한 가지 단점은 충돌한 키들을 저장하기 위해 별도의 자료구조(예 리스트)를 사용해야 한다는 점이다. 만약 메모리 공간이 제한적인 환경(예 소형 휴대용 장치)을 고려해야 한다면 각 항목을 버킷 배열의 슬롯에 직접 저장하는 방식이 대안이 될 수 있다. 이 방식은 보조 자료구조를 사용하지 않기 때문에 공간을 절약할 수 있지만, 충돌 처리를 위해 더 복잡한 로직이 필요하다. 이러한 방식에는 여러 변형이 있으며, 통칭하여 **개방 주소 방식**(open addressing)이라고 부른다.

개방 주소 방식에서는 적재율(load factor)이 항상 1 이하여야 하며 항목들은 모두 버킷 배열의 셀에 직접 저장된다.

선형 조사와 변형들

개방 주소 방식에서 충돌을 처리하는 간단한 방법 중 하나는 **선형 조사**(linear probing)다. 이 방식에서는 (k, v) 항목을 $A[j]$에 삽입하려고 할 때, 만약 $j = h(k)$ 위치가 이미 사용 중이라면 다음으로 $A[(j + 1) \bmod N]$을 시도한다. 이 위치도 비어 있지 않으면 $A[(j + 2) \bmod N]$을 확인하고, 이 과정을 반복하여 빈 버킷을 찾을 때까지 계속 진행한다. 이 충돌 해결 방식은 기존 키를 검색할 때의 구현에도 영향을 준다. 즉, `__getitem__`, `__setitem__`, `__delitem__` 같은 연산을 수행할 때 먼저 $A[h(k)]$부터 시작해 연속된 슬롯을 차례로 검사해야 한다. 키가 일치하는 항목을 찾거나 비어 있는 버킷을 만나기 전까지 검색은 계속된다(그림 10.7 참고). 선형 조사라는 이름은 셀을 하나씩 확인하면서 조사(probe)하기 때문에 붙여진 이름이다.

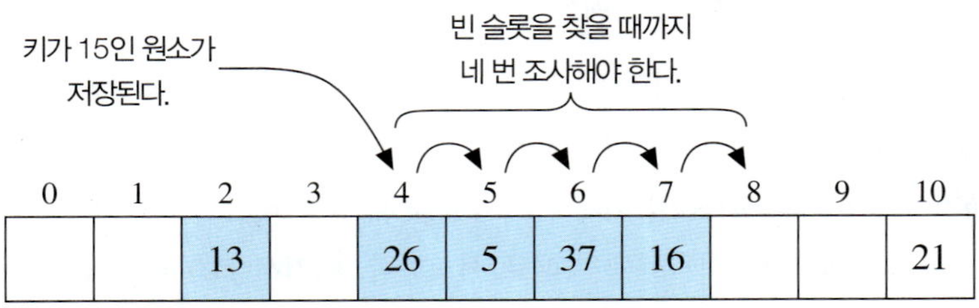

그림 10.7 선형 조사를 사용해 정수 키 15를 해시 테이블에 삽입하는 과정. 해시 함수는 $h(k) = k \bmod 11$이다. 키와 연관된 값은 표시하지 않았다.

삭제를 구현할 때는 단순히 배열에서 해당 항목을 제거하면 안 된다. 예를 들어 그림 10.7에서 키 15를 삽입한 후에 키 37을 단순히 삭제하면 이후 키 15를 검색할 때 실패하게 된다. 검색할 때 인덱스 4부터 시작해서 5, 6번 인덱스를 순서대로 확인하는데, 인덱스 6이 비어 있으므로 검색이 거기서 중단되기 때문이다. 이 문제를 해결하는 일반적인 방법은 삭제된 항목 자리에 특수한 **사용 가능**(available) **마커** 객체를 두는 것이다. 이 마커 객체가 해시 테이블 내에 존재할 수 있으므로 검색 알고리즘은 키 k를 검색할 때 이 마커가 있는 셀을 건너뛰고 계속 검색을 진행하도록 수정해야 한다. 목표 항목을 찾거나, 비어 있는 버킷을 만나거나, 처음 시작한 위치로 되돌아갈 때까지 검색을 계속한다. 또한 `__setitem__` 연산에서는 검색 중 만난 '사용 가능' 셀을 기억해 두어야 한다. 기존 항목이 없다면 그 위치에 새로운 항목 (k, v)를 삽입할 수 있기 때문이다.

개방 주소 방식을 사용하면 공간을 절약할 수 있지만, 이 방법에는 추가적인 단점이 있다. 맵의 항목들이 연속적인 구간으로 밀집되는 경향이 있으며, 이러한 구간들이 겹칠 수도 있다(특히 해시 테이블의 셀이 절반 이상 채워진 경우). 이러한 연속적으로 채워진 해시 셀이 검색 속도를 상당히 저하시킨다.

또 다른 개방 주소 전략 중 하나인 **이차 조사**(quadratic probing)는 $i = 0, 1, 2, \ldots$일 때 버킷 $A[(h(k) + f(i)) \bmod N]$을 반복적으로 시도한다. 여기서 $f(i) = i^2$이다. 이차 조사 전략 역시 선형 조사와 마찬가지로 삭제 작업을 복잡하게 만들지만 선형 조사에서 발생하는 클러스터링 패턴을 피할 수 있다. 하지만 이차 조사도 고유한 형태의 클러스터링, 즉 **이차 클러스터링**(secondary clustering)을 만들어낸다. 이는 원래 해시 코드들이 균등하게 분포되어 있다고 가정하더라도, 배열 내 채워진 셀들이 불균일한 패턴을 가지게 되는 현상이다. N이 소수이고 버킷 배열이 절반 미만으로 채워진 경우, 이차 조사 전략은 빈 슬롯을 찾을 것이 보장된다. 그러나 이 보증은 테이블이 적어도 절반 이상 채워지거나 N이 소수로 선택되지 않은 경우에는 유효하지 않는다. 이러한 유형의 클러스터링 원인에 대해서는 연습 문제 C-10.36에서 살펴본다.

선형 조사나 이차 조사에서 발생하는 클러스터링 현상을 피할 수 있는 개방 주소 방식의 전략 중 하나는 **이중 해싱**(double hashing)이다. 이 방식에서는 보조 해시 함수 h'를 따로 정의하며, 만약 주 해시 함수 h가 어떤 키 k를 $A[h(k)]$ 위치로 매핑했을 때 그 자리가 이미 사용 중이라면 이후에는 $A[(h(k) + f(i)) \bmod N]$ 위치들을 차례로 시도한다. 여기서 $f(i) = i \cdot h'(k)$이고 $i = 1, 2, 3, \ldots$이다. 이 방식에서는 보조 해시 함수 $h'(k)$가 0이 되면 안 되며, 일반적으로 $h'(k) = q - (k \bmod q)$ 형식을 많이 사용한다. 여기서 q는 N보다 작은 소수이고, N 역시 소수로 선택하는 것이 바람직하다.

개방 주소법에서 클러스터링을 피하기 위한 또 다른 방법은 $A[(h(k) + f(i)) \bmod N]$과 같이 반복적으로 버킷을 시도하는 것이다. 여기서 $f(i)$는 의사 난수 생성기(pseudo-random number generator)를 기반으로 하며, 이는 원래 해시 코드의 비트에 따라 달라지는, 재현 가능하지만 다소 임의적인 순서의 검색 시퀀스를 제공한다. 이 방식은 현재 파이썬의 딕셔너리 클래스에서 사용되는 방식이다.

10.2.5 적재율, 재해싱, 효율성

지금까지 살펴본 해시 테이블 방식에서는 적재율(부하 계수) $\lambda = n/N$을 1보다 낮게 유지하는 것이 중요하다. 분리 체이닝을 사용할 때, λ가 1에 매우 가까워지면 충돌 확률이 크게 증가하며, 충돌이 발생한 버킷에서는 선형 시간 리스트 기반 방법으로 되돌아가야 하기 때문에 연산의 오버헤드가 증가한다. 실험과 평균적인 경우에 대한 분석에 따르면 분리 체이닝을 사용하는 해시 테이블에서는 $\lambda < 0.9$를 유지하는 것이 바람직하다.

반면, 개방 주소 방식에서는 적재율 λ가 0.5를 넘고 1에 가까워질수록 버킷 배열 내의 항목들이 클러스터를 형성하기 시작한다. 이러한 클러스터는 검색 경로를 길게 만들고, 빈 슬롯을 찾기 위해 배열 전체를 비효율적으로 검색하게 되어 성능이 저하된다. 연습 문제 C-10.36에서는 $\lambda \geq 0.5$일 때 이차 조사의 성능 저하를 다루고 있다. 실험에 따르면 선형 조사를 사용하는 개방 주소 방식에서는 $\lambda < 0.5$를 유지하는 것이 좋고, 그 외 개방 주소 방식에서는 조금 더 높은 적재율도 허용될 수 있다(예를 들어 파이썬의 개방 주소 구현은 $\lambda < 2/3$를 유지함).

삽입 연산으로 인해 해시 테이블의 적재율이 지정된 임곗값을 초과하면, 보통 테이블의 크기를 조정하고 모든 항목을 새로운 테이블에 다시 삽입한다. 각 객체에 대해 새로운 해시 코드를 정의할 필요는 없지만, 새로운 테이블 크기를 반영한 압축 함수를 다시 적용해야 한다. 이 재해싱 과정은 항목들을 새로운 버킷 배열 전반에 고르게 흩어지게 한다. 테이블을 재해싱할 때는 새로운 배열의 크기를 이전 크기의 두 배 이상으로 설정하는 것이 바람직하다. 실제로, 매번 테이블 크기를 두 배로 늘리면, 재해싱에 드는 전체 비용을 초기 삽입 시간에 분산시켜 상쇄할 수 있다. 이는 동적 배열의 확장 방식과 같은 원리다(5.3절 참고).

해시 테이블의 효율성

해싱의 평균적인 경우에 대한 분석은 이 책의 범위를 벗어나지만, 그 확률적 기초는 직관적으로 이해할 수 있다. 해시 함수가 잘 설계되었다면 항목들이 버킷 배열의 N개의 셀에 균일하게 분포할 것으로 기대할 수 있다. 따라서 n개의 항목을 저장할 때 한 버킷에 예상되는 키의 수는 $\lceil n/N \rceil$이며, n이 $O(N)$일 경우 이는 $O(1)$이다.

주기적인 재해싱 비용은 삽입이나 삭제가 발생할 때마다 테이블을 재조정하는 데 드는 비용으로, 별도로 계산될 수 있으며, `__setitem__` 및 `__getitem__` 연산에 대해 분할 지불할 수 있는 $O(1)$의 추가 비용을 발생시킨다.

최악의 경우 해시 함수가 모든 항목을 동일한 버킷으로 매핑하는 일이 발생할 수 있다. 이렇게 되면 분리 체이닝을 사용해도, 보조 조사 과정이 해시 코드에만 의존하는 개방 주소 방식에서도 핵심 맵 연산들의 수행 시간이 선형 시간으로 늘어나게 된다. 이러한 연산 비용에 대한 요약은 표 10.2와 같다.

연산	리스트	해시 테이블	
		평균	최악의 경우
`__getitem__`	$O(n)$	$O(1)$	$O(n)$
`__setitem__`	$O(n)$	$O(1)$	$O(n)$
`__delitem__`	$O(n)$	$O(1)$	$O(n)$
`__len__`	$O(1)$	$O(1)$	$O(1)$
`__iter__`	$O(n)$	$O(n)$	$O(n)$

표 10.2 정렬되지 않은 리스트(10.1.5 절) 또는 해시 테이블을 이용한 맵 구현 방식의 수행 시간 비교. 여기서 n은 맵에 있는 항목의 수를 나타내며, 해시 테이블을 지원하는 버킷 배열은 이 n에 비례하는 용량을 유지한다고 가정한다.

실제로 해시 테이블은 맵을 구현하는 데 가장 효율적인 방법 중 하나이며, 핵심 연산들이 상수 시간에 수행된다는 점은 프로그래머들 사이에서 거의 당연하게 받아들여진다. 파이썬의 `dict` 클래스는 해싱을 기반으로 구현되어 있으며, 파이썬 인터프리터는 주어진 네임스페이스에서 식별자로 참조되는 객체를 찾기 위해 딕셔너리를 사용한다(1.10절과 2.5절 참고). 예를 들어 `c = a + b`라는 명령문은 로컬 네임스페이스의 딕셔너리에서 `a`와 `b`라는 이름에 해당하는 값을 가져오기 위해 두 번의 `__getitem__` 호출이 일어나고, 결과를 `c`라는 이름에 저장하기 위해 한 번의 `__setitem__` 호출이 일어난다. 우리가 작성하는 알고리즘 분석에서도 이런 딕셔너리 연산들은 네임스페이스에 들어 있는 항목 수와 무관하게 상수 시간에 동작한다고 간주한다. (물론 대부분의 경우 네임스페이스의 항목 수는 상수 수준으로 제한된다고 볼 수 있다.)

2003년에 발표된 한 학술 논문 [31]에서는 해시 테이블의 최악의 성능을 악용하여 인터넷 서버에 서비스 거부(DoS) 공격을 가할 가능성이 제기되었다. 논문에서는 여러 공개된 해시 코드 계산 알고리즘을 바탕으로 공격자가 동일한 32비트 해시 코드로 충돌되도록 구성된 중간 길이 문자열을 사전에 대량으로 계산할 수 있다는 점을 지적했다. (설명한 해싱 방식 중 이중 해싱을 제외한 대부분의 방식이 두 키가 동일한 해시 코드로 매핑될 경우 충돌 처리에 상당한 시간이 걸린다.)

2011년 말, 또 다른 연구 팀이 이러한 공격을 실제로 구현해 시연했다[61]. 웹 서버는 `?key1=val1&key2=val2&key3=val3`과 같은 구문을 통해 URL에 키-값 매개변수를 연속적으로 포함하는 것을 허용한다. 일반적으로 이러한 키-값 쌍은 서버에 의해 즉시 맵에 저장되며, 매개변수의 길이와 수에는 제한이 설정된다. 이는 항목 수에 비례해 맵에 저장하는 데 걸리는 시간이 선형적으로 증가할 것이라는 전제에 기반한다. 그러나 모든 키가 충돌하게 되면 저장 작업에 필요한 시간이 제곱 시간(quadratic time)이 되어, 서버가 과도한 연산을 수행하게 된다. 2012년 봄, 파이썬 개발자들은 문자열에 대한 해시 코드 계산 과정에 랜덤화를 도입하는 보안 패치를 배포해, 충돌을 유발하는 문자열 집합을 역공학하기 어렵게 만들었다.

10.2.6 파이썬 해시 테이블 구현

여기서는 해시 테이블을 두 가지 방식으로 구현하려고 하는데, 하나는 분리 체이닝을 사용하고 다른 하나는 선형 조사와 함께 개방 주소 방식을 사용한다. 충돌 해결에 대한 두 접근 방식은 서로 상당히 다르지만 해시 알고리즘의 구조에는 많은 공통점이 있다. 이러한 이유로 `MapBase` 클래스(코드 10.2)를 확장하여 새로운 `HashMapBase` 클래스(코드 10.4 참고)를 정의하고 두 해시 테이블 구현에서 공통으로 필요한 기능을 제공하도록 설계한다. `HashMapBase` 클래스의 주요 설계 요소는 다음과 같다.

- 버킷 배열은 `sel._table`이라는 파이썬 리스트로 나타내며, 테이블의 모든 항목은 `None`으로 초기화된다.
- `self._n`이라는 인스턴스 변수를 유지하며, 이는 해시 테이블에 현재 저장된 고유 항목의 수를 나타낸다.
- 테이블의 적재율이 0.5 이상으로 증가하면, 테이블 크기를 두 배로 확장하고 모든 항목을 새 테이블로 재해시한다.
- 파이썬의 내장 해시 함수를 사용하여 키에 대한 해시 코드를 생성하고, 랜덤화된 MAD (Multiply-Add-and-Divide) 공식을 압축 함수로 사용하는 해시 함수 유틸리티 메서드를 정의한다.

이 기반 클래스에서 '버킷'이 어떻게 표현되는지는 정의하지 않았다. 분리 체이닝 방식에서는 각 버킷이 독립적인 구조가 되지만, 개방 주소 방식에서는 각 항목이 버킷 배열의 여러 위치에 흩어지며 특정 키가 저장될 수 있는 위치는 검색 시퀀스에 따라 정해진다.

`HashMapBase` 클래스는 다음과 같은 추상 메서드를 가지고 있으며, 각각의 구체 하위 클래스에서 구현되어야 한다.

- `_bucket_getitem(j, k)`: 버킷 `j`에서 키 `k`를 가진 항목을 검색하여, 값이 존재하면 반환하고 존재하지 않으면 `KeyError`를 발생시킨다.
- `bucket_setitem(j, k, v)`: 버킷 `j`를 수정하여 키 `k`가 값 `v`와 연관되도록 한다. 키가 이미 존재하면 이 기존 값을 덮어쓰고 존재하지 않으면 새 항목을 삽입하며 `self._n`을 증가시킨다.
- `_bucket_delitem(j, k)`: 버킷 `j`에서 키 `k`에 해당하는 항목을 제거하며, 항목이 존재하지 않으면 `KeyError`를 발생시킨다. 이 메서드를 호출한 후에는 `self._n`이 감소된다.
- `__iter__`: 맵의 모든 키를 순회하는 표준 메서드다. 개방형 주소 방식에서 버킷들이 명확히 구분되지 않기 때문에 기반 클래스에서는 이 메서드를 버킷에 위임하지 않는다.

```python
class HashMapBase(MapBase):
  """해시 테이블을 사용하는 맵을 위한 추상 기반 클래스"""

  def __init__(self, cap=11, p=109345121):
    """빈 해시 테이블 맵을 생성한다."""
    self._table = cap * [ None ]
    self._n = 0                          # 맵에 있는 항목 수
    self._prime = p                      # MAD 압축을 위한 소수
    self._scale = 1 + randrange(p-1)     # MAD를 위한 1부터 p-1까지의 스케일
    self._shift = randrange(p)           # MAD를 위한 0부터 p-1까지의 시프트

  def _hash_function(self, k):
    return (hash(k)*self._scale + self._shift) % self._prime % len(self._table)

  def __len__(self):
    return self._n

  def __getitem__(self, k):
    j = self._hash_function(k)
    return self._bucket_getitem(j, k)          # KeyError가 발생할 수 있음

  def __setitem__(self, k, v):
    j = self._hash_function(k)
    self._bucket_setitem(j, k, v)              # 서브 루틴이 self._n 유지
    if self._n > len(self._table) // 2:        # 적재율 0.5 이하 유지
      self._resize(2 * len(self._table) - 1)   # 2의 거듭제곱에서 1을 뺀 수는 소수

  def __delitem__(self, k):
    j = self._hash_function(k)
    self._bucket_delitem(j, k)                 # KeyError가 발생할 수 있음
    self._n -= 1

  def _resize(self, c):             # 버킷 배열을 크기 c로 변경
    old = list(self.items())        # 기존 항목을 기록하기 위해 반복 사용
    self._table = c * [None]        # 그런 다음 테이블을 원하는 크기로 재설정
    self._n = 0                     # 초기 항목 수는 0
    for (k, v) in old:
      self[k] = v                   # 이전의 키-값 쌍을 다시 삽입
```

코드 10.4 해시 테이블 구현을 위한 기반 클래스. 코드 10.2의 MapBase 클래스를 상속한다.

분리 체이닝

코드 10.5는 분리 체이닝을 사용한 해시 테이블의 구체적인 구현을 제공한다. 이 구현은 ChainHashMap 클래스 형태로 이루어지며, 각 단일 버킷을 표현하기 위해 코드 10.3의 UnsortedTableMap 클래스 인스턴스를 사용한다. 클래스의 처음 세 가지 메서드는 인덱스 j를 사용해 버킷 배열에서 해당 버킷에 접근하며, 해당 위치가 None인 경우를 처리하는 특수한 검사를 포함한다. 새로운 버킷 구조가 필요한 유일한 상황은 빈 슬롯에 대해 _bucket_setitem이 호출될 때다. 나머지 기능은 각 UnsortedTableMap 인스턴스가 이미 제공하는 맵 동작에 의존한다. __setitem__을 체인에 적용할 때 맵의 크기를 증가시켜야 하는지(즉, 주어진 키가 새 키인지)를 판단하기 위해 약간의 사전 검사가 필요하다.

```
class ChainHashMap(HashMapBase):
  """충돌 해결을 위해 분리 체이닝을 사용해 구현된 해시 맵"""

  def _bucket_getitem(self, j, k):
    bucket = self._table[j]
    if bucket is None:
      raise KeyError('Key Error: ' + repr(k))      # 일치하는 항목을 찾을 수 없음
    return bucket[k]                               # KeyError가 발생할 수 있음

  def _bucket_setitem(self, j, k, v):
    if self._table[j] is None:
      self._table[j] = UnsortedTableMap()          # 버킷이 테이블에 새로 추가됨
    oldsize = len(self._table[j])
    self._table[j][k] = v
    if len(self._table[j]) > oldsize:              # 키가 테이블에 새로 추가됨
      self._n += 1                                 # 전체 맵 크기 증가

  def _bucket_delitem(self, j, k):
    bucket = self._table[j]
    if bucket is None:
      raise KeyError('Key Error: ' + repr(k))      # 일치하는 항목을 찾을 수 없음
    del bucket[k]                                  # KeyError가 발생할 수 있음

  def __iter__(self):
    for bucket in self._table:
      if bucket is not None:                       # 비어 있지 않은 슬롯
        for key in bucket:
          yield key
```

코드 10.5 분리 체이닝을 사용하는 해시 맵 클래스

선형 조사

선형 조사를 사용하는 ProbeHashMap 클래스의 구현은 코드 10.6 ~ 10.7과 같다. 삭제 연산을 지원하기 위해 10.2.4절에서 설명한 기법을 사용한다. 즉, 삭제된 항목이 있던 테이블 위치에는 특별한 마커를 두어, 해당 위치가 항상 비어 있는 것인지, 아니면 한때 데이터가 있던 자리인지를 구분할 수 있게 한다. 코드 10.6에서는 AVAIL이라는 클래스 수준 속성을 선언하여 이 역할을 수행하는 감시자(센티널)로 사용한다. (AVAIL에는 파이썬의 내장 클래스인 object의 인스턴스를 사용한다. 이는 해당 객체의 동작에는 관심이 없고, 다른 객체들과 명확히 구분할 수 있다는 점만 중요하기 때문이다.)

개방 주소 방식에서 가장 까다로운 부분은 삽입이나 검색 중 충돌이 발생했을 때, 탐사 경로를 정확하게 따라가는 것이다. 이를 위해 비공개 유틸리티 함수인 _find_slot을 정의하여 키 *k*에 대한 해시 함수가 반환한 인덱스 *j*를 시작으로, 해당 '버킷'에서 키 *k*가 저장된 슬롯을 검색한다.

```
class ProbeHashMap(HashMapBase):
    """충돌 해결을 위해 선형 조사를 사용해 구현된 해시 맵"""
    _AVAIL = object()                          # 이전 삭제 위치를 표시하는 특수 객체

    def _is_available(self, j):
        """인덱스 j를 테이블에서 사용 가능하면 True를 반환한다."""
        return self._table[j] is None or self._table[j] is ProbeHashMap._AVAIL

    def _find_slot(self, j, k):
        """인덱스 j에 있는 버킷에서 키 k를 검색한다.

        다음과 같이 설명되는 (성공 여부, 인덱스) 튜플을 반환한다.
        일치하는 경우, 성공은 True이고 인덱스는 해당 위치를 나타낸다.
        일치하는 항목을 찾지 못한 경우, 성공은 False이고 인덱스는 첫 번째 사용 가능한 슬롯을 나타낸다.
        """
        firstAvail = None
        while True:
            if self._is_available(j):
                if firstAvail is None:
                    firstAvail = j                 # 이것을 첫 번째 사용 가능한 위치로 표시
                if self._table[j] is None:
                    return (False, firstAvail)     # 검색 실패
            elif k == self._table[j]._key:
                return (True, j)                   # 일치하는 항목을 찾음
            j = (j + 1) % len(self._table)         # 계속 찾기(순환적으로)
```

코드 10.6 충돌 해결을 위해 선형 조사를 사용하는 ProbeHashMap 클래스(코드 10.7로 이어짐)

```
    def _bucket_getitem(self, j, k):
        found, s = self._find_slot(j, k)
        if not found:
            raise KeyError('Key Error: ' + repr(k))       # 일치하는 항목을 찾을 수 없음
        return self._table[s]._value

    def _bucket_setitem(self, j, k, v):
        found, s = self._find_slot(j, k)
        if not found:
            self._table[s] = self._Item(k, v)             # 새로운 항목 삽입
            self._n += 1                                  # 크기가 증가함
        else:
            self._table[s]._value = v                     # 기존 값 덮어쓰기

    def _bucket_delitem(self, j, k):
        found, s = self._find_slot(j, k)
        if not found:
            raise KeyError('Key Error: ' + repr(k))       # 일치하는 항목을 찾을 수 없음
        self._table[s] = ProbeHashMap._AVAIL              # 비어 있음으로 표시

    def __iter__(self):
        for j in range(len(self._table)):                 # 전체 테이블 검색
            if not self._is_available(j):
                yield self._table[j]._key
```

코드 10.7 충돌 해결을 위해 선형 조사를 사용하는 ProbeHashMap 클래스

세 가지 주요 맵 연산은 모두 _find_slot 유틸리티에 의존한다. 주어진 키에 연관된 값을 검색할 때는 해당 키를 찾을 때까지 또는 테이블 슬롯이 None 값을 가질 때까지 검색을 계속해야 한다. 이때 검색 도중 AVAIL 센티넬을 만나더라도 검색을 중단해서는 안 된다. AVAIL은 과거에 항목이 삽입된 위치일 수 있기 때문이다.

맵에 키-값 쌍을 할당할 때는 새로운 항목을 추가하기 전에 주어진 키를 가진 기존 항목이 있는지 먼저 찾아서 값을 덮어써야 한다. 따라서 삽입 연산에서도 AVAIL 셀을 넘어서 계속 검색해야 한다. 그러나 일치하는 항목이 발견되지 않으면, 테이블에 새 항목을 추가할 때 AVAIL로 표시된 첫 번째 슬롯을 재사용하는 것이 바람직하다. _find_slot 메서드는 이러한 논리를 구현하여, 실제로 빈 슬롯을 찾을 때까지 검색을 계속하되, 삽입용으로 사용 가능한 첫 번째 슬롯의 인덱스를 함께 반환한다.

버킷에서 기존 항목을 삭제할 때는 정의된 전략에 따라 해당 테이블 항목을 AVAIL 센티널로 설정한다.

10.3 정렬된 맵

전통적인 맵 ADT는 주어진 키에 연결된 값을 찾는 기능을 제공한다. 하지만 이 검색은 정확히 일치하는 키를 찾는 방식(**정확한 검색**, exact search)이다.

예를 들어 컴퓨터 시스템은 종종 발생한 이벤트(예 금융 거래)에 대한 정보를 유지하며, 이러한 이벤트들은 **타임 스탬프**(time stamp)라고 알려진 기준에 따라 정렬된다. 특정 시스템에서 타임 스탬프가 고유하다고 가정할 수 있다면, 타임 스탬프를 키로 하고 해당 시간에 발생한 이벤트의 기록을 값으로 가지는 맵을 구성할 수 있다. 이 경우 특정 시간에 발생한 이벤트를 해당 시간 키를 사용해 빠르게 검색할 수 있다. 그러나 일반적인 맵 ADT에서는 '이벤트들을 시간 순서대로 나열하기', '특정 시간에 가장 가까운 시점의 이벤트 검색하기'와 같은 기능은 제공하지 않는다. 오히려 해시 기반으로 구현된 맵은 성능을 빠르게 하기 위해 서로 가까운 키들을 일부러 흩어지게 저장한다. 이렇게 해야 해시 테이블 내에서 키들이 고르게 분포되어 빠른 접근이 가능해진다.

이 단점을 보완하기 위해 이 절에서는 **정렬된 맵** ADT(sorted map ADT)라는 확장된 개념을 소개한다. 이 정렬된 맵은 일반 맵의 기능을 모두 포함하면서 다음과 같은 추가 기능도 제공한다.

- `M.find_min()`: 최소 키를 가진 (키, 값) 쌍을 반환한다(맵이 비어 있으면 None 반환).
- `M.find_max()`: 최대 키를 가진 (키, 값) 쌍을 반환한다(맵이 비어 있으면 None 반환).
- `M.find_lt(k)`: k보다 명백하게 작은 키 중 가장 큰 키를 가진 (키, 값) 쌍을 반환한다(없으면 None 반환).
- `M.find_le(k)`: k보다 작거나 같은 키 중 가장 큰 키를 가진 (키, 값) 쌍을 반환한다(없으면 None 반환).
- `M.find_gt(k)`: k보다 명백하게 큰 키 중 가장 작은 키를 가진 (키, 값) 쌍을 반환한다(없으면 None 반환).
- `M.find_ge(k)`: k보다 크거나 같은 키 중 가장 작은 키를 가진 (키, 값) 쌍을 반환한다(없으면 None 반환).
- `M.find_range(start, stop)`: `start <= key < stop`인 모든 (키, 값) 쌍을 순차적으로 순회한다. `start`가 `None`이면 최소 키에서 시작하고 `stop`이 `None`이면 최대 키까지 반복한다.
- `iter(M)`: 맵의 모든 키를 오름차순으로 순회한다.
- `reversed(M)`: 맵의 모든 키를 내림차순으로 순회한다. 파이썬에서는 `__reversed__` 메서드로 구현한다.

10.3.1 정렬된 검색 테이블

정렬된 맵 ADT를 효율적으로 지원할 수 있는 여러 자료구조가 있으며, 10.4절과 11장에서 고급 기법들을 다룰 예정이다. 이 절에서는 먼저 정렬된 맵의 간단한 구현부터 살펴본다. 여기서는 맵의 항목들을 배열 기반 시퀀스 A에 저장하며, 키의 자연스러운 순서에 따라 오름차순으로 정렬되어 있다고 가정한다(그림 10.8 참고). 이러한 방식으로 구현한 맵을 **정렬된 검색 테이블**(sorted search table)이라고 부른다.

0	1	2	3	4	5	6	7	8	9	10	11	12	13	14	15
2	4	5	7	8	9	12	14	17	19	22	25	27	28	33	37

그림 10.8 정렬된 검색 테이블을 통한 맵 구현. 순서를 강조하기 위해 키만 표시한다.

10.1.5절의 정렬되지 않은 테이블 맵의 경우와 마찬가지로 정렬된 검색 테이블도 공간 복잡도는 $O(n)$이며, 맵의 항목 수에 비례하여 배열을 늘리고 축소한다고 가정한다. 이 구현 방식의 주요 장점은 배열 기반 구조를 사용함으로써 다양한 연산에 **이진 검색** 알고리즘을 활용할 수 있다는 점이다.

이진 검색과 근사 검색

이진 검색 알고리즘은 원래 4.1.3절에서 정렬된 시퀀스 안에 주어진 대상 값이 존재하는지를 확인하는 방법으로 소개되었다. 처음에 제시한 구현(199쪽의 코드 4.3)에서는 이진 검색 함수가 대상이 존재하는지를 `True` 또는 `False`로 반환하도록 하였다. 이러한 접근 방식은 맵 ADT의 `__contains__` 메서드를 구현하는 데 사용할 수 있지만, 정렬된 맵 ADT를 지원하기 위한 **근사 검색**(inexact search) 형태에서는 이진 검색 알고리즘을 더욱 유용하게 활용할 수 있다.

여기서 중요한 점은 이진 검색을 수행하는 과정에서 목푯값이 위치할 수 있는 인덱스나 그 근처의 인덱스를 결정할 수 있다는 것이다. 검색이 성공할 경우, 표준 구현은 목푯값이 정확히 저장된 인덱스를 반환한다. 반면 검색이 실패하더라도 알고리즘은 목푯값보다 바로 작은 원소와 바로 큰 원소의 인덱스 쌍을 효과적으로 찾아낼 수 있다.

예를 들어 199쪽에 있는 그림 4.5의 시뮬레이션에서는 22를 성공적으로 검색한 과정을 보여주고 있으며, 그와 동일한 데이터를 그림 10.8에서도 사용했다. 만약 22가 아닌 21을 검색했다면, 처음 네 단계는 동일하게 진행되지만, 마지막 단계에서 `high = 9`, `low = 10`이라는 뒤바뀐 매개변수로 추가 호출이 발생하게 된다. 이 호출을 통해 알고리즘은 대상 값이 19와 22 사이에 있다는 결론에 도달하게 된다.

구현

코드 10.8 ~ 10.10은 정렬된 맵 ADT를 지원하는 SortedTableMap 클래스의 전체 구현을 제공한다. 이 설계에서 가장 주목할 만한 특징은 이진 검색 알고리즘을 기반으로 한 유틸리티 메서드 _find_index의 존재다. 이 메서드는 키 *k*보다 크거나 같은 값이 처음 나타나는 위치를 기준으로, 해당 항목의 인덱스를 반환한다. 따라서 키가 맵에 존재하면 그 키에 해당하는 항목의 인덱스를 반환하고(맵 내의 키는 고유하다는 점을 기억하자), 키가 존재하지 않을 경우에는 그 키보다 큰 값이 들어가야 할 위치의 인덱스를 반환한다. 기술적으로는 검색이 실패했을 때 high + 1 값을 반환함으로써, *k*보다 큰 키를 가진 항목이 존재하지 않음을 나타낸다.

전통적인 맵 연산뿐 아니라, 정렬된 맵에서 지원하는 새로운 연산들을 구현할 때도 이 유틸리티 메서드에 의존한다. __getitem__, __setitem__, __delitem__ 메서드 각각은 먼저 _find_index를 호출하여 주어진 키에 해당하는 후보 인덱스를 결정하는 것으로 시작된다. __getitem__의 경우, 해당 인덱스가 유효한 범위 내에 있고, 그 위치의 항목이 주어진 키를 포함하는지를 검사하여 결과를 결정한다. __setitem__의 경우, 키 *k*에 해당하는 항목이 이미 존재하면 값을 덮어쓰고, 존재하지 않으면 새 항목을 적절한 위치에 삽입한다. _find_index가 반환하는 인덱스는 일치하는 항목이 존재할 경우에는 그 항목의 인덱스가 되고, 존재하지 않으면 삽입될 위치를 정확히 지정해 준다. __delitem__ 역시 _find_index를 이용해 삭제할 항목의 위치를 결정한다.

_find_index 유틸리티는 코드 10.10에 제공된 여러 부정확한 검색 메서드를 구현할 때도 매우 유용하다. find_lt, find_le, find_gt, find_ge 메서드 각각은 먼저 _find_index를 호출하여, 키가 *k* 이상인 첫 번째 항목의 인덱스를 찾는다. 이 동작은 find_ge 메서드에는 곧바로 적용할 수 있으며, 유효한 경우 이 인덱스는 find_lt에서 필요한 인덱스 바로 다음을 가리킨다. find_gt와 find_le의 경우에는 해당 인덱스에 위치한 키가 *k*와 동일한지를 확인하여 달라지는 조건 분기를 추가로 처리해야 한다. 예를 들어 지정된 인덱스에 위치한 항목의 키가 *k*와 같다면, find_gt는 인덱스를 한 칸 증가시킨 후 그다음 항목부터 검색을 이어간다(find_le의 구현은 지면상의 제약으로 인해 생략함). 모든 경우에 대해, 원하는 조건을 만족하는 키를 찾지 못하면 None을 반환하도록 경계 조건을 적절히 처리해야 한다.

find_range를 구현할 때는 먼저 _find_index를 사용해 키가 start 이상인 첫 번째 항목을 찾는다(start가 None이 아닌 경우). 그 위치부터 시작해 while 루프를 사용해 항목을 순차적으로 반복하면서, 키가 stop보다 크거나 같은 항목을 만나기 전까지(또는 테이블 끝에 도달할 때까지) 반복적으로 보고한다. 여기서 주목할 점은 while 루프가 항목을 전혀 순회하지 않을 수도 있다는 점이다. 이러한 상황은 start 이상인 첫 번째 키가 이미 stop 이상일 때 발생하며, 이 경우는 결과적으로 빈 범위를 나타낸다.

```
class SortedTableMap(MapBase):
    """정렬된 테이블을 사용하는 맵 구현"""

    #------------------------------ 비공개 메서드------------------------------
    def _find_index(self, k, low, high):
        """k보다 크거나 같은 가장 왼쪽 항목의 인덱스를 반환한다.

        해당 항목이 존재하지 않으면 high + 1을 반환한다.

        즉, 다음을 만족하는 j가 반환된다.
            table[low:j]의 모든 항목은 키가 k보다 작다.
            table[j:high+1]의 모든 항목은 키가 k보다 크거나 같다.
        """
        if high < low:
            return high + 1                                 # 해당 원소가 없음
        else:
            mid = (low + high) // 2
            if k == self._table[mid]._key:
                return mid                                  # 정확한 일치를 찾음
            elif k < self._table[mid]._key:
                return self._find_index(k, low, mid - 1)    # 참고: mid를 반환할 수 있음
            else:
                return self._find_index(k, mid + 1, high)   # 답은 mid 오른쪽에 있음

    #------------------------------ 공개 메서드 ------------------------------
    def __init__(self):
        """공백 맵을 생성한다."""
        self._table = []

    def __len__(self):
        """맵에 있는 항목의 수를 반환한다."""
        return len(self._table)

    def __getitem__(self, k):
        """키 k에 연관된 값을 반환한다(찾을 수 없으면 KeyError를 발생시킴)."""
        j = self._find_index(k, 0, len(self._table) - 1)
        if j == len(self._table) or self._table[j]._key != k:
            raise KeyError('Key Error: ' + repr(k))
        return self._table[j]._value
```

코드 10.8 SortedTableMap 클래스의 구현(코드 10.9로 이어짐)

```
def __setitem__(self, k, v):
    """키 k에 값 v를 할당하며, 이미 존재하는 값이 있는 경우 덮어쓰기를 한다."""
    j = self._find_index(k, 0, len(self._table) - 1)
    if j < len(self._table) and self._table[j]._key == k:
      self._table[j]._value = v                        # 값 재할당
    else:
      self._table.insert(j, self._Item(k, v))          # 새 항목 추가

  def __delitem__(self, k):
    """키 k와 관련된 항목을 삭제한다(찾지 못하면 KeyError를 발생시킴)."""
    j = self._find_index(k, 0, len(self._table) - 1)
    if j == len(self._table) or self._table[j]._key != k:
      raise KeyError('Key Error: ' + repr(k))
    self._table.pop(j)                                 # 항목 삭제

  def __iter__(self):
    """맵의 키를 최소부터 최대까지 정렬하여 생성한다."""
    for item in self._table:
      yield item._key

  def __reversed__(self):
    """맵의 키를 최대부터 최소까지 정렬하여 생성한다."""
    for item in reversed(self._table):
      yield item._key

  def find_min(self):
    """최소 키를 가진 (키, 값) 쌍을 반환한다(빈 경우 None 반환)."""
    if len(self._table) > 0:
      return (self._table[0]._key, self._table[0]._value)
    else:
      return None

  def find_max(self):
    """최대 키를 가진 (키, 값) 쌍을 반환한다(빈 경우 None 반환)."""
    if len(self._table) > 0:
      return (self._table[-1]._key, self._table[-1]._value)
    else:
      return None
```

코드 10.9 SortedTableMap 클래스의 구현(코드 10.10으로 이어짐)

```
  def find_ge(self, k):
    """k 이상인 가장 작은 키를 가진 (키, 값) 쌍을 반환하고, 없으면 None을 반환한다."""
    j = self._find_index(k, 0, len(self._table) - 1)         # j의 키 >= k
    if j < len(self._table):
      return (self._table[j]._key, self._table[j]._value)
    else:
      return None

  def find_lt(self, k):
    """k보다 명백하게 작은 키 중에서 가장 큰 키를 가진 (key, value) 쌍을 반환하고, 없으면 None을 반환한다."""
    j = self._find_index(k, 0, len(self._table) - 1)           # j의 키 >= k
    if j > 0:
      return (self._table[j-1]._key, self._table[j-1]._value) # j-1에 유의
    else:
      return None

  def find_gt(self, k):
    """k보다 명백하게 큰 키 중에서 가장 작은 키를 가진 (키, 값) 쌍을 반환하고, 없으면 None을 반환한다."""
    j = self._find_index(k, 0, len(self._table) - 1)         # j의 키 >= k
    if j < len(self._table) and self._table[j]._key == k:
      j += 1                                                # 일치하는 항목 넘김
    if j < len(self._table):
      return (self._table[j]._key, self._table[j]._value)
    else:
      return None

  def find_range(self, start, stop):
    """start 이상 stop 미만의 모든 (키, 값) 쌍을 순회한다.
    start가 None이면 맵의 최소 키부터 반복이 시작된다.
    stop이 None이면 맵의 최대 키까지 반복된다.
    """
    if start is None:
      j = 0
    else:
      j = self._find_index(start, 0, len(self._table)-1)    # 첫 번째 결과 찾기
    while j < len(self._table) and (stop is None or self._table[j]._key < stop):
      yield (self._table[j]._key, self._table[j]._value)
      j += 1
```

코드 10.10 SortedTableMap 클래스의 구현(공간 때문에 find_le 메서드는 생략)

분석

이제 SortedTableMap 구현의 성능을 분석하는 것으로 마무리해 보자. 정렬된 맵 ADT의 모든 메서드(전통적인 맵 연산 포함)에 대한 수행 시간은 표 10.3에 요약되어 있다. __len__, find_min, find_max 메서드는 $O(1)$ 시간에 실행되며, 테이블의 키를 양방향으로 순회하는 연산이 $O(n)$ 시간에 수행될 수 있다는 점은 명확하다.

다양한 형태의 검색 연산에 대한 분석은 모두 항목이 n개 있는 테이블에서 이진 검색이 $O(\log n)$ 시간에 수행된다는 사실에 기반한다. 이 주장은 원래 4.2절의 명제 4.2에서 제시한 바 있으며, find_index 메서드에도 동일하게 적용된다. 따라서 __getitem__, find_lt, find_gt, find_le, find_ge 메서드들은 모두 최악의 경우 $O(\log n)$ 시간에 실행된다고 볼 수 있다. 이들 메서드는 find_index를 한 번 호출한 후, 반환된 인덱스를 기준으로 일정한 수의 추가 연산만 수행하면 된다. find_range의 수행 시간 분석은 이보다 조금 더 흥미롭다. 이 메서드는 범위 내의 첫 번째 항목을 찾기 위해 이진 검색으로 시작하고(해당 항목이 있는 경우) 이후 범위의 끝에 도달할 때까지 후속 항목들을 순차적으로 출력한다. 항목 하나를 출력하는 데 $O(1)$ 시간이 걸리므로 범위 내에 포함된 항목이 s개라면, 전체 수행 시간은 $O(s + \log n)$이 된다.

효율적인 검색 연산과 달리 정렬된 테이블의 업데이트 연산은 시간이 많이 걸릴 수 있다. 이진 검색이 업데이트가 발생할 인덱스를 식별하는 데 도움은 되지만 삽입과 삭제 모두 테이블의 정렬된 순서를 유지하기 위해 최악의 경우 기존 항목들을 선형적으로 이동시켜야 할 수 있기 때문이다. 예를 들어 __setitem__에서 _table.insert를 호출하거나 __delitem__에서 _table.pop을 호출할 경우, 최악의 경우 $O(n)$ 시간이 소요된다(list 클래스에서의 연산은 5.4.1절 참고).

결론적으로, 정렬된 검색 테이블은 검색은 빈번하지만 업데이트는 드문 상황에 적합하다.

연산	수행 시간
len(M)	$O(1)$
k in M	$O(\log n)$
M[k] = v	최악의 경우 $O(n)$, k가 존재하는 경우 $O(\log n)$
del M[k]	최악의 경우 $O(n)$
M.find_min(), M.find_max()	$O(1)$
M.find_lt(k), M.find_gt(k) M.find_le(k), M.find_ge(k)	$O(\log n)$
M.find_range(start, stop)	s 항목이 보고 되는 경우 $O(s + \log n)$
iter(M), reversed(M)	$O(n)$

표 10.3 SortedTableMap으로 구현된 정렬된 맵의 성능. 여기서 n은 연산이 수행될 때 맵의 항목 수를 나타낸다. 공간 요구 사항은 $O(n)$이다.

10.3.2 정렬된 맵의 두 가지 응용 프로그램

여기서는 전통적인(정렬되지 않은) 맵보다 정렬된 맵을 사용하는 것이 특히 유리한 응용 사례들을 살펴본다. 정렬된 맵을 사용하려면 키가 완전히 순서화된(전 순서가 정의된) 도메인에서 나와야 한다. 또한 정렬된 맵이 제공하는 불완전 검색이나 범위 검색을 효과적으로 활용하려면, 검색 시 키의 인접성이 의미를 가지는 경우여야 한다.

항공편 데이터베이스

인터넷에는 사용자가 다양한 도시 간의 항공편을 찾을 수 있도록 쿼리를 지원하는 웹 사이트가 많이 있으며, 이들 사이트는 일반적으로 항공권 구매를 위한 검색 목적으로 사용된다. 사용자는 항공권 쿼리를 수행할 때 출발지와 도착지 도시, 출발 날짜와 시간 등을 지정해야 한다. 이러한 기능을 지원하기 위해 항공편 데이터베이스를 맵으로 모델링할 수 있다. 이때 맵의 키는 출발지(`origin`), 도착지(`destination`), 날짜(`date`), 시간(`time`)을 포함하는 필드를 가진 `Flight` 객체가 되며, 다음과 같은 튜플로 표현된다.

```
k = (origin, destination, date, time)
```

항공편 번호, 일등석(F)과 일반석(Y)에 남아 있는 좌석 수, 비행 시간, 운임과 같은 항공편에 대한 추가 정보는 값 객체에 저장할 수 있다.

요청된 항공편을 찾는 일은 단순히 요청된 쿼리와 정확히 일치하는 항공편을 찾는 것만으로 해결되지 않는다. 사용자는 일반적으로 출발지와 도착지 도시에 대해서는 정확히 일치하는 항공편을 원하지만, 출발 날짜에 대해서는 다소 유연성이 있으며, 출발 시간에 대해서는 더욱 유연할 가능성이 있다. 이러한 유연한 쿼리는 키를 사전순으로 정렬함으로써 처리할 수 있으며, 정렬된 맵에 기반한 효율적인 구현은 사용자의 쿼리를 만족시키는 강력한 도구가 될 수 있다. 예를 들어 사용자 쿼리에 해당하는 키 `k`가 주어졌을 때 `find_ge(k)`를 호출하면 요청된 도시 사이의 항공편 중 요청 시간과 같거나 요청 시간 이후에 출발하는 첫 번째 항공편을 반환할 수 있다. 더 나아가 키를 잘 구성하면 `find_range(k1, k2)`를 사용해 지정된 시간 범위 내의 모든 항공편을 검색할 수 있다. 예를 들어 `k1 = (ORD, PVD, 05May, 09:30)`과 `k2 = (ORD, PVD, 05May, 20:00)` 같은 키 쌍이 있다고 하자. 이 경우, `find_range(k1, k2)` 호출은 다음과 같이 해당 구간에 포함된 키-값 쌍 시퀀스를 반환할 수 있다.

```
(ORD, PVD, 05May, 09:53) :  (AA 1840, F5, Y15, 02:05,  $251),
(ORD, PVD, 05May, 13:29) :  (AA 600, F2, Y0, 02:16,  $713),
(ORD, PVD, 05May, 17:39) :  (AA 416, F3, Y9, 02:09,  $365),
(ORD, PVD, 05May, 19:50) :  (AA 1828, F9, Y25, 02:13,  $186)
```

최대 쌍

삶은 타협의 연속이다. 원하는 성능을 얻기 위해서는 종종 그에 상응하는 비용을 감수해야 한다. 예를 들어 자동차의 최고 속도와 가격을 기준으로 차량을 평가하는 데이터베이스를 유지한다고 가정해 보자. 우리는 사용자가 일정 금액의 예산으로 데이터베이스를 조회하여 그들이 감당할 수 있는 가장 빠른 자동차를 찾을 수 있도록 하고 싶다.

이러한 타협 상황은 두 개의 매개변수를 키-값 쌍으로 모델링하여 표현할 수 있다. 이 경우 각 자동차는 (비용, 속도) 쌍으로 표현된다. 이 기준에 따르면 어떤 자동차는 다른 자동차보다 명백히 우수할 수 있다. 예를 들어 (20000, 100)이라는 비용-속도 쌍을 가진 자동차는 (30000, 90) 쌍을 가진 자동차보다 확실히 더 낫다고 판단할 수 있다. 하지만 모든 자동차 간 우열을 명백하게 가리지는 못한다. 예를 들어 (20000, 100) 쌍을 (30000, 120) 쌍과 비교했을 때 더 낫거나 못하다고 단정할 수 없다. 그 판단은 사용자의 예산에 따라 달라진다(그림 10.9 참고).

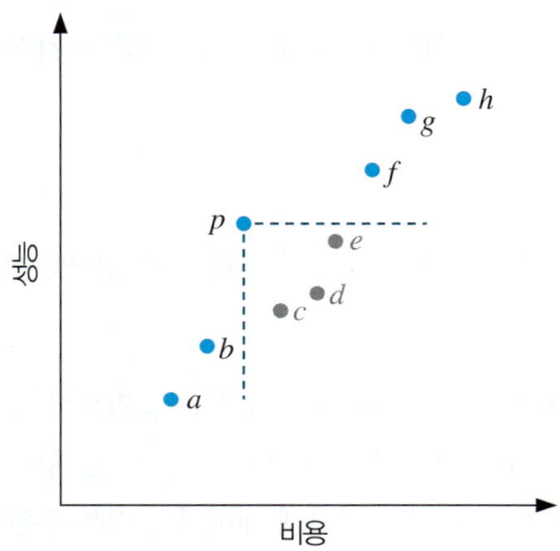

그림 10.9 평면상의 점으로 표현된 쌍을 사용해 비용-성능 간의 타협 관계를 설명한다. 점 p는 점 c, d, e보다 명백하게 더 우수하다는 것을 확인할 수 있지만, 사용자가 지불할 수 있는 금액에 따라 점 a, b, f, g, h보다 더 좋을 수도 있고 더 나쁠 수도 있다. 따라서 만약 p를 집합에 추가한다면 점 c, d, e를 제거할 수 있지만 다른 점들은 제거할 수 없다.

형식적으로는, 비용-성능 쌍 (a, b)가 (c, d)를 **지배한다**고 말하면 $a \leq c$이고 $b \geq d$인 경우를 의미한다. 즉, 첫 번째 쌍이 더 큰 비용 없이 성능이 동등하거나 더 좋은 경우다. 쌍 (a, b)가 다른 어떤 쌍에도 지배되지 않는다면 이를 **최대 쌍**(maximum pair)이라 부른다. 우리는 비용-성능 쌍의 모음에서 최대 쌍의 집합을 유지하는 데 관심이 있다. 예를 들어 새로운 자동차가 출시되면 해당 쌍을 이 집합에 추가할 수 있고, 또한 주어진 예산 d 안에서 가장 빠른(성능이 가장 좋은) 자동차를 찾는 질의를 수행할 수 있어야 한다.

정렬된 맵으로 최댓값 집합 유지하기

최대 쌍의 집합을 정렬된 맵 M에 저장할 수 있다. 이때 비용은 키 필드, 성능(속도)은 값 필드로 사용한다. 이렇게 구성하면 새로운 비용-성능 쌍 (c, p)를 추가하는 연산인 add(c, p)와 비용이 최대 c인 쌍 중에서 가장 우수한 쌍을 반환하는 연산인 best(c)를 효율적으로 구현할 수 있다. 이러한 연산의 구체적인 구현은 코드 10.11과 같다.

```
class CostPerformanceDatabase:
    """최대 (비용, 성능) 쌍의 데이터베이스를 유지한다."""

    def __init__(self):
        """빈 데이터베이스를 생성한다."""
        self._M = SortedTableMap()          # 또는 더 효율적인 정렬된 맵을 사용한다.

    def best(self, c):
        """비용 c를 초과하지 않는 가장 큰 비용의 (비용, 성능) 쌍을 반환한다.
        그러한 쌍이 없으면 None을 반환한다.
        """
        return self._M.find_le(c)

    def add(self, c, p):
        """비용 c와 성능 p의 새 항목을 추가한다."""
        # (c, p)가 기존 쌍에 지배되는지를 결정함
        other = self._M.find_le(c)                  # other는 최소 c만큼 저렴함
        if other is not None and other[1] >= p:     # 성능이 같으면,
            return                                  # (c, p)가 지배되므로 무시함
        self._M[c] = p              # 그렇지 않으면, (c, p)를 데이터베이스에 추가함
        # 이제 (c, p)에 지배되는 모든 쌍을 제거함
        other = self._M.find_gt(c)                  # c보다 더 비싼 다른 것
        while other is not None and other[1] <= p:
            del self._M[other[0]]
            other = self._M.find_gt(c)
```

코드 10.11 정렬된 맵을 사용해 최대 비용-성능 쌍 집합을 유지 관리하는 클래스

아쉽게도 SortedTableMap을 사용하여 M을 구현하면, add 연산의 최악 수행 시간이 $O(n)$이 된다. 반면, 다음 절에서 설명할 스킵 리스트(skip list)를 사용하여 M을 구현하면, best(c) 쿼리를 평균 수행 시간 $O(\log n)$에 수행할 수 있으며, add(c, p) 업데이트는 제거된 점의 수를 r이라고 할 때 평균 수행 시간 $O((1 + r)\log n)$에 수행할 수 있다.

10.4 스킵 리스트

정렬된 맵 ADT를 구현하기 위한 흥미로운 자료구조로 **스킵 리스트**(skip list)가 있다. 10.3.1절에서 살펴보았듯이 정렬된 배열은 이진 검색 알고리즘을 통해 $O(\log n)$ 시간에 검색을 지원할 수 있다. 그러나 정렬된 배열의 업데이트 작업은 원소를 이동시켜야 하기 때문에 최악의 경우 $O(n)$ 시간이 소요된다. 반면, 7장에서 다룬 연결 리스트는 리스트 내에서 위치가 식별되어 있다면 매우 효율적인 업데이트 작업을 지원할 수 있다. 그러나 표준 연결 리스트에서는 빠른 검색을 수행할 수 없다는 단점이 있다. 예를 들어 이진 검색 알고리즘은 시퀀스의 원소에 인덱스로 직접 접근할 수 있는 효율적인 수단이 필요하다.

스킵 리스트는 검색 및 업데이트 연산을 효율적으로 지원하기 위한 영리한 절충안이다. 맵 M에 대한 스킵 리스트 S는 $\{S_0, S_1, \ldots, S_h\}$와 같은 일련의 리스트로 구성된다. 각 리스트 S_i는 M의 항목들 중 일부를 키의 오름차순으로 정렬된 상태로 저장하며, 여기에 두 개의 센티넬 키 $-\infty$와 $+\infty$도 포함된다. 이때 $-\infty$는 M에 삽입될 수 있는 어떤 키보다도 작고 $+\infty$는 그 어떤 키보다도 크다고 간주한다. 또한 스킵 리스트 S의 리스트들은 다음 조건을 만족해야 한다.

- 리스트 S_0에는 맵 M의 모든 항목과 센티넬 $-\infty$, $+\infty$가 포함되어 있다.
- $i = 1, \ldots, h-1$인 경우, 리스트 S_i는 ($-\infty$ 및 $+\infty$에 더하여) 리스트 S_{i-1}에 있는 항목들 중 랜덤하게 선택된 부분집합을 포함한다.
- 리스트 S_h에는 $-\infty$와 $+\infty$만 포함한다.

스킵 리스트의 예는 그림 10.10과 같다. 일반적으로 스킵 리스트 S는 리스트 S_0를 가장 아래에 두고, 그 위에 $S_1, \ldots, S_h$의 리스트를 쌓아 올려 시각화한다. 이때 h는 **스킵 리스트 S의 높이**(height)라고 부른다.

직관적으로, 리스트 S_{i+1}이 리스트 S_i의 항목 중 대략 하나 걸러 하나씩 포함하도록 구성되어 있다. 삽입 방법의 세부 사항에서 다시 살펴보겠지만, S_{i+1}에 있는 항목들은 S_i의 항목들 중에서 랜덤하게 선택되며, S_i의 각 항목이 S_{i+1}에도 포함될 확률은 $1/2$이다. 즉, 본질적으로 보면 S_i의 각 항목에 대해 '동전 던지기'를 하여 상위 리스트에 포함시킬지를 결정하는 것이다.

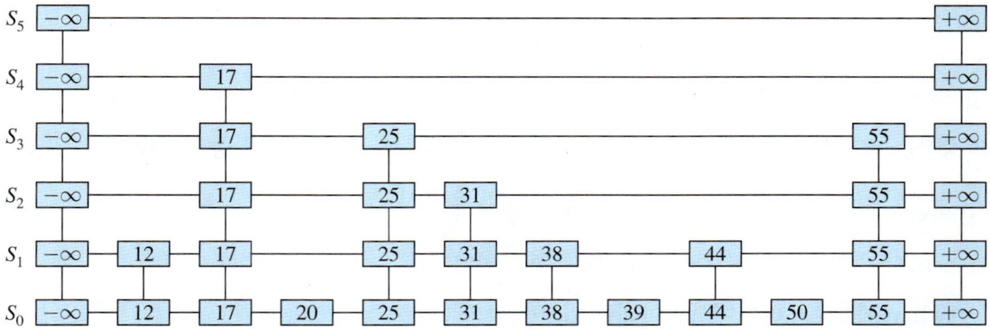

그림 10.10 10개의 항목을 저장하는 스킵 리스트의 예. 간단히 하기 위해 항목의 키만 표시하고 관련 값은 표시하지 않았다.

동전의 '앞면'이 나오면 해당 항목을 S_{i+1}에 놓는다. 따라서 S_1에는 약 $n/2$개의 항목이 있고, S_2에는 약 $n/4$개의 항목이 있으며, 일반적으로 S_i에는 약 $n/2^i$ 항목이 있을 것으로 예상할 수 있다. 즉, S의 높이 h가 $\log n$에 가까울 것으로 기대된다. 하지만 한 리스트에서 다음 리스트로 항목 수를 반으로 줄이는 것은 스킵 리스트의 명시적인 정책은 아니다. 이 정책은 랜덤화에 기반해 동적으로 결정된다.

대다수 현대 컴퓨터에서는 난수처럼 보이는 숫자를 생성하는 기능이 기본으로 내장되어 있다. 이 기능은 컴퓨터 게임, 암호화, 컴퓨터 시뮬레이션 등 다양한 분야에서 활용된다. 이때 **의사 난수 생성기**(pseudo-random number generators)를 사용해 초기 **시드**(seed)로부터 난수처럼 보이는 수열을 생성한다(1.11.1절의 `random` 모듈 관련 내용 참고). 다른 방식으로는 하드웨어 장치를 사용해 자연계로부터 '진정한' 난수를 추출하는 방법도 있다. 어떤 방식이든, 컴퓨터가 분석에 충분할 만큼 난수에 접근할 수 있다고 가정한다.

자료구조와 알고리즘 설계에서 **랜덤화**를 사용하는 주요 이점은 그 결과로 얻어지는 구조와 연산이 단순하면서도 효율적이라는 데 있다. 스킵 리스트는 이진 검색 알고리즘이 달성하는 것과 동일한 로그 시간의 검색 성능을 제공하며, 항목을 삽입하거나 삭제할 때도 이 성능을 유지한다. 다만, 이진 검색이 정렬된 배열에서 **최악의 경우**에도 $O(\log n)$을 보장하는 반면, 스킵 리스트의 이 성능은 **평균값**일 뿐이다.

스킵 리스트는 구조를 구성할 때 랜덤 선택을 활용하여 검색과 업데이트 시간이 **평균적으로** $O(\log n)$이 되도록 한다. 여기서 n은 맵에 있는 항목의 수를 나타낸다. 흥미로운 점은 여기서 말하는 평균 시간 복잡성이 입력 키의 분포에 의존하지 않는다는 것이다. 대신, 삽입 과정에서 사용된 난수에 기반하여 평균이 산출되며, 수행 시간은 이 난수의 모든 가능한 결과에 대해 평균화된다.

리스트나 트리에서 사용되는 위치 추상화(position abstraction) 개념을 확장하여, 스킵 리스트를 수평으로는 **레벨**(level), 수직으로는 **타워**(tower) 구조를 갖는 2차원 위치 컬렉션으로 이해할 수 있다. 각 레벨은 리스트 S_i에 해당하고, 각 타워는 연속된 리스트에 걸쳐 동일한 항목을 저장하는 위치들로 구성된다. 스킵 리스트 내 위치는 다음과 같은 연산을 통해 검색할 수 있다.

- `next(p)`: 같은 레벨에서 p 다음 위치를 반환한다.
- `prev(p)`: 같은 레벨에서 p 이전 위치를 반환한다.
- `below(p)`: 같은 타워에서 p 아래쪽 위치를 반환한다.
- `above(p)`: 같은 타워에서 p 위쪽 위치를 반환한다.

관례적으로, 위의 연산들은 요청된 위치가 존재하지 않을 경우 `None`을 반환한다고 가정한다. 세부 사항으로 들어가지 않더라도 스킵 리스트를 연결 구조(linked structure)로 쉽게 구현할 수 있음을 알 수 있다. 이때 각 검색 연산은 주어진 스킵 리스트 위치 p에 대해 $O(1)$ 시간 내에 실행된다. 이러한 연결 구조는 기본적으로 타워(tower)를 구성하는 h개의 정렬된 이중 연결 리스트(doubly linked lists)로 이루어져 있으며, 타워 자체도 이중 연결 리스트로 구성된다.

10.4.1 스킵 리스트의 검색 및 업데이트 작업

스킵 리스트 구조는 간단한 맵 검색 및 업데이트 알고리즘을 제공하며, 이들 모두는 공통적으로 `SkipSearch` 메서드에 기반한다. 이 메서드는 키 k를 받아 리스트 S_0에서 k 이하의 가장 큰 키를 가진 항목의 위치 p를 찾는다(이 위치는 $-\infty$일 수도 있음).

스킵 리스트에서 검색하기

검색할 키 k가 주어졌다고 하자. 먼저 위치 변수 p를 스킵 리스트 S의 맨 왼쪽 위치, 즉 **시작 위치**로 설정하여 `SkipSearch` 메서드를 시작한다. 이 시작 위치는 가장 위 레벨 S_h에 있는, 키가 $-\infty$인 센티넬 항목의 위치다. 그런 다음 다음 단계를 수행한다(그림 10.11 참고). 여기서 key(p)는 p 위치에 있는 항목의 키를 나타낸다.

❶ 만약 S.`below`(p)가 `None`이라면, 검색을 종료한다. 이는 스킵 리스트의 가장 아래에 도달한 것이며 키 k보다 작거나 같은 항목 중 가장 큰 키를 가진 항목을 찾은 것이다. 그렇지 않다면, 현재 타워에서 다음 레벨로 내려가면서 $p = S$.`below`(p)로 설정한다(**드롭다운**(drop down)).

❷ 현재 레벨의 위치 p부터 시작해 key(p) $\leq k$인 가장 오른쪽 위치까지 p를 오른쪽으로 이동시킨다. 이 과정을 **전진 스캔**(scan forward) 단계라고 한다. 모든 레벨에는 $+\infty$와 $-\infty$ 키가 포함되어 있으므로 이런 위치는 항상 존재한다. 이 단계에서 p가 이동하지 않고 시작한 위치에 그대로 남아 있을 수도 있다.

❸ 다시 ❶단계로 돌아간다.

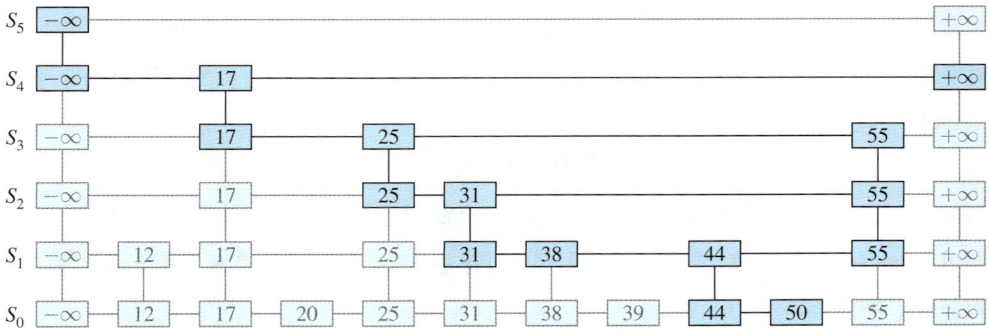

그림 10.11 스킵 리스트의 검색 예. 키 50을 검색할 때 검사된 위치를 강조하여 표시했다.

코드 10.12는 스킵 리스트 검색 알고리즘인 SkipSearch에 대한 의사코드다. 이 메서드는 매핑 연산 $M[k]$는 $p =$ SkipSearch(k)를 계산하고 key(p) $= k$인지를 테스트하여 수행된다. 이 두 키가 같으면 해당 위치에 연결된 값을 반환하고 그렇지 않으면 KeyError를 발생시킨다.

```
알고리즘 SkipSearch(k):
   입력: 검색 키 k
   출력: 가장 아래 리스트 S0에서의 위치 p, key(p)≤ k인 키 중에서 가장 큰 키
   p = start                                       {시작 위치에서 시작}
   while below(p) ≠ None do
      p = below(p)                                 {드롭다운}
      while k ≥ key(next(p)) do
         p = next(p)                               {전진 스캔}
   return p
```

코드 10.12 스킵 리스트 S에서 키 k를 검색하는 알고리즘

결과적으로, n개의 항목을 가진 스킵 리스트에서 SkipSearch 알고리즘의 평균 수행 시간은 $O(\log n)$이다. 다만 이 사실에 대한 증명은 스킵 리스트의 업데이트 메서드 구현을 논의한 이후에 다룰 것이다. 또한 SkipSearch(k)에 의해 식별된 위치를 출발점으로 활용하면 정렬된 맵 ADT에서 find_gt, find_range와 같은 추가적인 검색 연산은 손쉽게 구현할 수 있다.

스킵 리스트에 삽입하기

맵 연산 `M[k] = v`의 실행은 `SkipSearch`(k) 호출로 시작된다. 이는 k보다 작거나 같은 가장 큰 키를 가진 레벨 중에서 가장 아래 레벨의 위치 p를 제공한다(이때 p가 키 $-\infty$를 가진 특별한 항목일 수도 있음). 만약 `key`(p) $= k$라면 해당 값은 v로 덮어씌워진다. 그렇지 않으면 (k, v) 항목을 위한 새로운 타워를 생성해야 한다. 우선, 가장 아래 레벨 S_0에서 위치 p 바로 다음에 (k, v)를 삽입한 후, 이 새 항목의 타워 높이를 결정하기 위해 무작위를 사용한다. 즉, 동전을 던져서 뒷면이 나오면 그 자리에서 삽입을 종료한다. 그렇지 않고 앞면이 나오면, 다음으로 높은 레벨로 돌아가 해당 레벨의 적절한 위치에 (k, v)를 삽입한다. 다시 동전을 던지고 앞면이 나오면 다음 높은 레벨로 이동하여 반복한다. 이렇게 해서 최종적으로 뒷면이 나올 때까지 새 항목 (k, v)를 리스트에 계속 삽입한다. 이 과정에서 생성된 새 항목 (k, v)에 대한 모든 참조를 연결하여 타워를 만든다. 동전 던지기는 파이썬의 `random` 모듈에 내장된 의사 난수 생성기를 사용하여 `randrange(2)`를 호출함으로써 시뮬레이션할 수 있다. 이 함수는 0 또는 1을 각각 1/2의 확률로 반환한다.

스킵 리스트 S에 대한 삽입 알고리즘은 코드 10.13과 같고, 동작 과정은 그림 10.12와 같다. 이 알고리즘은 `insertAfterAbove`(p, q, (k, v))라는 메서드를 사용하는데, 이 메서드는 (k, v) 항목을 위치 p의 다음 위치(같은 레벨)로, 그리고 위치 q의 위쪽(상위 레벨)으로 삽입하며, 새로운 위치 r을 반환한다. 이때 p, q, r 간의 연결 구조를 적절히 설정하여 `next`, `prev`, `above`, `below` 메서드들이 정상적으로 동작하도록 한다. 삽입 알고리즘의 평균 수행 시간은 항목 수가 n일 때 $O(\log n)$이며, 이에 대한 증명은 10.4.2절에서 다룬다.

```
알고리즘 SkipInsert(k, v):
  입력: 키 k와 값 v
  출력: 스킵 리스트에 추가된 항목의 제일 높은 위치
  p = SkipSearch(k)
  q = None                          {q는 새로운 항목의 타워에 있는 가장 높은 노드}
  i = −1
  repeat
    i = i+1
    if i ≥ h then
      h = h+1                                  {스킵 리스트에 새로운 레벨을 추가}
      t = next(s)
      s = insertAfterAbove(None, s, (−∞, None))          {가장 왼쪽 타워를 증가}
      insertAfterAbove(s, t, (+∞, None))                 {가장 오른쪽 타워를 증가}
    while above(p) is None do
      p = prev(p)                                                   {후진 스캔}
    p = above(p)                                         {더 높은 레벨로 점프}
    q = insertAfterAbove(p, q, (k, v))                {새로운 항목 타워의 높이 증가}
  until coinFlip() == tails
  n = n+1
  return q
```

코드 10.13 스킵 리스트에 삽입하기. coinFlip() 메서드는 각각 1/2의 확률로 '앞면' 또는 '뒷면'을 반환한다. 인스턴스 변수 n, h, s는 각각 스킵 리스트의 항목 수, 높이, 시작 노드를 나타낸다.

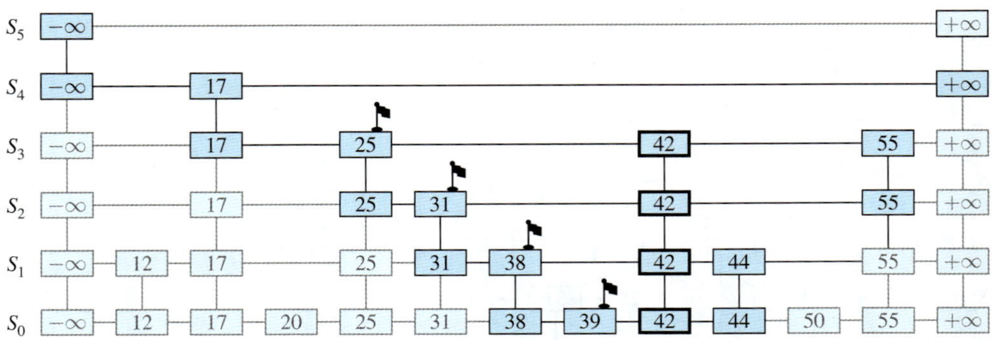

그림 10.12 그림 10.10의 스킵 리스트에 키가 42인 항목을 삽입하는 과정이다. 여기서는 새 항목에 대해 수행한 랜덤 '동전 던지기' 결과가 세 번 연속 앞면이 나온 뒤 뒷면이 나왔다고 가정한다. 검색 과정에서 방문한 위치들을 강조하여 표시했으며, 새 항목이 삽입된 위치는 굵은 선으로 표시했다. 또한 새 항목이 삽입되기 전 해당 항목 바로 앞에 위치한 항목들에는 플래그를 표시하였다.

스킵 리스트에서 삭제하기

검색 및 삽입 알고리즘과 마찬가지로 스킵 리스트의 삭제 알고리즘도 매우 간단하다. 사실, 삽입 알고리즘보다도 더 간단하다. 맵 연산 `del M[k]`를 수행하기 위해 먼저 `SkipSearch(k)` 메서드를 실행한다. 만약 위치 p가 키 k가 아닌 다른 키를 저장하고 있다면, `KeyError`를 발생시킨다. 그렇지 않으면 p와 p 위에 있는 모든 위치를 제거한다. 이들은 p 위치에서 시작하여 이 항목의 타워를 따라 올라가는 `above` 연산을 사용하여 쉽게 접근할 수 있다. 타워의 레벨을 제거하는 동안, 제거된 각 위치의 수평 이웃 간 링크를 재설정한다. 삭제 알고리즘의 동작 과정은 그림 10.13과 같으며, 이에 대한 자세한 설명은 연습 문제 R-10.24에서 다룬다. 10.4.2절에서 설명하겠지만, n개의 항목이 있는 스킵 리스트에서 삭제 연산의 평균 수행 시간은 $O(\log n)$이다.

분석에 앞서, 스킵 리스트 자료구조에 적용할 수 있는 몇 가지 소소한 개선 사항을 먼저 살펴보고자 한다. 첫째, 스킵 리스트의 하위 레벨이 아닌 상위 레벨에서는 값을 참조할 필요가 없다. 상위 레벨에서는 키에 대한 참조만으로 충분하다. 실제로 하나의 타워를 키-값 쌍을 저장하는 단일 객체로 표현하고, 타워가 S_j 레벨까지 도달한다면 j개의 이전 참조와 j개의 다음 참조만 유지하는 방식이 더 효율적이다. 둘째, 수평 방향에서는 리스트를 단일 연결 리스트(singly linked list)로 구성하여 다음 노드에 대한 참조만 유지할 수 있다. 삽입과 삭제는 철저하게 상위에서 하위로, 왼쪽에서 오른쪽으로 검색하면서 수행할 수 있다. 이러한 최적화의 세부 내용은 연습 문제 C-10.44에서 다룬다. 이러한 최적화들이 스킵 리스트의 점근적 성능을 상수 이상의 수준으로 개선하는 것은 아니지만, 실제 상황에서는 분명한 효과가 있을 수 있다. 실제 실험 결과에 따르면, 최적화된 스킵 리스트는 AVL 트리나 기타 균형 이진 검색 트리(11장에서 다룸)보다 실제 성능이 더 우수한 경우가 많다.

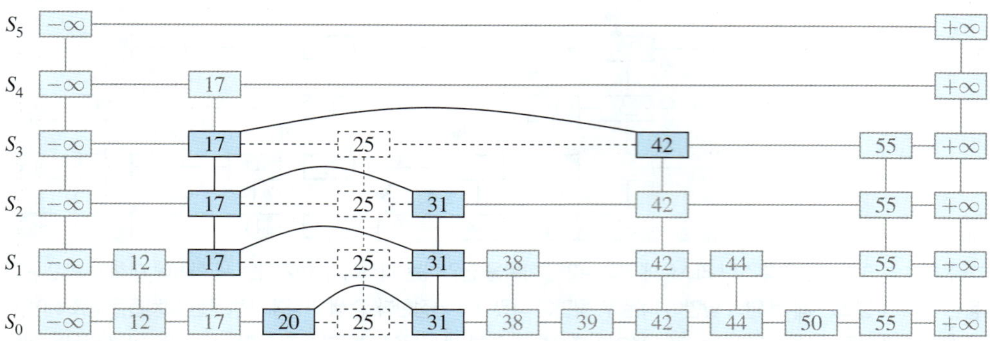

그림 10.13 그림 10.12의 스킵 리스트에서 키가 25인 항목을 삭제하는 과정. 먼저 키 25를 포함하는 S_0 레벨의 위치를 검색한 후 검색 경로에 해당하는 방문 위치를 강조 표시했다. 실제로 제거된 위치는 점선으로 표시했다.

최상위 레벨 유지하기

스킵 리스트 S는 시작 위치(가장 위쪽의 가장 왼쪽 위치)에 대한 참조를 인스턴스 변수로 유지해야 하며, 새 항목을 삽입할 때 현재 최상위 레벨을 넘어서 삽입하려는 경우에 대한 정책이 필요하다. 이와 관련한 두 가지 접근 방식이 있으며, 각 방식만의 장점이 있다.

첫 번째 방법은 최상위 레벨 h를 현재 맵에 있는 항목 수 n에 따라 결정되는 어떤 상수 값으로 제한하는 것이다. 분석 결과에 따르면, $h = \max\{10, 2\lceil \log n \rceil\}$은 합리적인 선택이며, $h = 3\lceil \log n \rceil$을 선택하는 것이 더욱 안전하다. 이 선택을 구현하기 위해서는 삽입 알고리즘을 수정하여, 최고 레벨에 도달하면 더 이상 새 위치를 삽입하지 않도록 해야 한다(단, $\lceil \text{logn} \rceil < \lceil \log(n+1) \rceil$인 경우, 리스트의 높이에 대한 제한값이 증가한 것이므로 한 단계 더 높은 레벨까지 삽입하는 것을 허용할 수 있음).

두 번째 방법은 난수 생성기에서 앞면이 계속 나오는 한, 삽입을 계속 진행하게 하는 것이다. 이는 코드 10.13의 `SkipInsert` 알고리즘에서 채택한 접근 방식이다. 스킵 리스트의 분석에 따르면 삽입이 $O(\log n)$ 이상의 레벨로 진행될 확률은 매우 낮으므로, 이 방식 또한 효율적이고 실용적인 선택이 될 수 있다.

어떤 방법을 정책으로 취하든 검색·삽입·삭제를 수행하는 데 필요한 평균 수행 시간은 여전히 $O(\log n)$이 될 것이다. 이에 대한 분석은 10.4.2절에서 설명한다.

10.4.2 스킵 리스트의 확률적 분석

앞서 설명했듯이, 스킵 리스트는 정렬된 맵을 단순하게 구현할 수 있는 방법을 제공한다. 그러나 최악의 경우 성능 측면에서 보면, 스킵 리스트는 반드시 우수한 자료구조라고는 할 수 없다. 실제로 삽입 연산이 현재의 최고 레벨을 크게 초과하는 것을 명시적으로 막지 않는다면, 삽입 알고리즘은 사실상 무한 루프에 가까운 상태에 빠질 수 있다. 물론 진짜 무한 루프는 아니며, 동전을 던져서 계속 앞면만 나올 확률이 0이기 때문에 이론상 종료되긴 한다. 하지만 실제로는 메모리 제한 때문에 무한히 많은 위치를 리스트에 추가할 수는 없다. 어쨌든 삽입을 최고 레벨 h에서 제한한다고 가정하면, 항목 수가 n이고 높이가 h인 스킵 리스트 S에서 `__getitem__`, `__setitem__`, `__delitem__`과 같은 맵 연산의 최악의 수행 시간은 $O(n + h)$이다. 이 최악의 상황은 모든 항목의 타워가 높이 $h - 1$에 도달했을 때 발생한다. 하지만 이처럼 극단적인 상황이 실제로 발생할 확률은 매우 낮다. 이런 최악의 경우만 보고 스킵 리스트가 이 장에서 다룬 다른 맵 구현들보다 성능이 열등하다고 판단하는 것은 올바른 분석이 아니다. 왜냐하면 이 최악의 경우가 실제 상황에 비해 지나치게 과장된 추정이기 때문이다.

스킵 리스트의 높이 한정

삽입 단계에 무작위성이 포함되기 때문에, 스킵 리스트를 더 정확하게 분석하려면 약간의 확률 이론이 필요하다. 처음에는 이 작업이 상당히 복잡하게 느껴질 수 있다. 실제로 스킵 리스트에 대한 완전하고 철저한 확률 분석은 고도의 수학을 요구하며, 자료구조 연구 문헌에도 이러한 깊이 있는 분석들이 존재한다. 다행히도 스킵 리스트의 평균적인 점근적 성능을 이해하는 데는 그러한 복잡한 분석이 꼭 필요한 것은 아니다. 다음에 제시하는 직관적이고 비공식적인 확률 분석은 기본적인 확률 개념만 사용해도 충분하다.

먼저, 삽입이 중간에 멈추지 않는다고 가정하고, 항목 수가 n개인 스킵 리스트 S의 평균 높이 h를 구해보자. 특정 항목이 높이 i 이상의 타워를 가질 확률은 동전을 던져 연속해서 앞면이 i번 나올 확률과 같다. 즉, 그 확률은 $1/2^i$이다. 따라서 레벨 i에 하나 이상의 위치가 존재할 확률 P_i는 다음과 같이 주어진다.

$$P_i \leq \frac{n}{2^i}$$

여기서 사용된 근거는 n개의 서로 다른 사건 중 하나라도 발생할 확률은 각 사건이 발생할 확률의 합보다 크지 않다는 사실이다.

스킵 리스트 S의 높이 h가 어떤 정수 i보다 클 확률은 곧 레벨 i에 하나 이상의 위치가 존재할 확률과 같다. 즉, 이 확률은 앞서 정의한 P_i보다 크지 않다. 따라서 h가 $3\log n$보다 클 확률은 최대 다음과 같다.

$$\begin{aligned} P_{3\log n} &\leq \frac{n}{2^{3\log n}} \\ &= \frac{n}{n^3} = \frac{1}{n^2} \end{aligned}$$

예를 들어 $n = 1000$일 때, 스킵 리스트의 높이가 $3\log n$을 초과할 확률은 백만 분의 일에 불과하다. 일반적으로 어떤 상수 $c > 1$에 대해 h가 $c\log n$보다 클 확률은 $1/n^{c-1}$ 이하다. 다시 말해, h가 $c\log n$보다 작을 확률은 최소한 $1 - 1/n^{c-1}$이다. 따라서 높은 확률로 스킵 리스트 S의 높이 h는 $O(\log n)$에 속한다고 볼 수 있다.

스킵 리스트에서 검색 시간 분석하기

다음으로, 스킵 리스트 S에서 검색의 수행 시간을 생각해 보자. 이러한 검색에는 두 개의 중첩된 `while` 루프가 포함된다는 점을 기억해야 한다. 내부 루프는 다음 키가 검색 키 k보다 크지 않은 한 S 레벨에서 전진 스캔을 수행하고, 외부 루프는 다음 레벨로 드롭다운하여 전진 스캔을 반복한다. S의 높이 h는 높은 확률로 $O(\log n)$이므로 드롭다운 단계의 수는 높은 확률로 $O(\log n)$이다.

전진 스캔 단계에서 조사되는 키의 수는 아직 정확히 분석하지 않았다. 레벨 i에서 전진 스캔 중 조사한 키의 수를 n_i라고 하자. 전진 스캔에서 시작 위치 이후에 만나는 각 키는 레벨 $i + 1$에 속하지 않는다는 점을 관찰할 수 있다. 만약 그 키가 상위 레벨에 포함되어 있었다면 이전 단계에서 이미 해당 키를 만났어야 하기 때문이다. 따라서 어떤 키가 n_i에 포함될 확률은 1/2이며, 이는 공정한 동전을 앞면이 나올 때까지 던졌을 때의 평균 횟수와 동일하다. 이 평균값은 2이므로, 레벨 i에서 전진 스캔은 평균적으로 $O(1)$ 시간에 수행된다. 스킵 리스트 S는 높은 확률로 $O(\log n)$개의 레벨을 가지므로 전체 검색의 평균 수행 시간은 $O(\log n)$이다. 같은 방식으로 분석하면, 삽입과 삭제 연산도 평균 수행 시간 $O(\log n)$에 수행된다는 것을 알 수 있다.

스킵 리스트의 공간 사용량

마지막으로 n개의 항목이 있는 스킵 리스트 S의 공간 요구 사항을 살펴보자. 앞서 관찰한 바와 같이 레벨 i에서 평균 위치 수는 $n/2^i$이며, 이를 모든 레벨에 대해 합산하면 S의 평균 총 위치 수는 다음과 같다.

$$\sum_{i=0}^{h} \frac{n}{2^i} = n \sum_{i=0}^{h} \frac{1}{2^i}$$

이는 기하급수의 합으로, 명제 3.5에 따라 다음과 같이 정리된다. 따라서 S의 평균 공간 요구량은 $O(n)$이다.

$$\sum_{i=0}^{h} \frac{1}{2^i} = \frac{\left(\frac{1}{2}\right)^{h+1} - 1}{\frac{1}{2} - 1} = 2 \cdot \left(1 - \frac{1}{2^{h+1}}\right) < 2 \quad \text{(모든 } h \geq 0\text{에 대해 성립함)}$$

표 10.4는 스킵 리스트로 실현된 정렬된 맵의 성능을 요약한 것이다.

연산	수행 시간
`len(M)`	$O(1)$
`k in M`	평균적으로 $O(\log n)$
`M[k] = v`	평균적으로 $O(\log n)$
`del M[k]`	평균적으로 $O(\log n)$
`M.find_min()`, `M.find_max()`	$O(1)$
`M.find_lt(k)`, `M.find_gt(k)` `M.find_le(k)`, `M.find_ge(k)`	평균적으로 $O(\log n)$
`M.find_range(start, stop)`	항목 수가 s개일 때 평균적으로 $O(s + \log n)$
`iter(M)`, `reversed(M)`	$O(n)$

표 10.4 스킵 리스트로 구현된 정렬된 맵의 성능. n은 연산이 수행될 때 맵의 항목 수를 나타낸다. 예상 공간 요구 사항은 $O(n)$이다.

10.5 집합, 다중 집합, 다중 맵

맵 ADT와 밀접하게 관련되어 있으면서 맵과 유사한 자료구조를 사용해 구현할 수 있는 몇 가지 추가적인 추상화를 살펴보며 이 장을 마무리하고자 한다.

- **집합**(set)은 중복이 없고 순서가 없는 원소들의 모음이며, 일반적으로 효율적인 포함 여부 검사(멤버십 테스트)를 지원한다. 본질적으로, 집합의 원소는 맵(map)의 키(key)와 같지만 값(value)은 따로 없다는 점이 다르다.
- **다중 집합**(multiset)은 중복을 허용하는 집합으로, 동일한 항목이 여러 번 등장할 수 있는 컨테이너다.
- **다중 맵**(multimap)은 맵과 마찬가지로 키와 값을 연결하지만, 하나의 키가 여러 개의 값에 매핑될 수 있다는 점이 다르다. 예를 들어 이 책의 색인은 특정 용어 하나를 책의 여러 위치에 매핑하는 다중 맵에 해당한다.

10.5.1 집합 ADT

1장에서 처음에 설명했듯이, 파이썬은 수학적인 집합 개념을 표현하기 위해 내장 클래스인 `frozenset`과 `set`을 제공하며, 이 중 `frozenset`은 불변(immutable) 형태다. 이 두 클래스는 모두 파이썬에서 해시 테이블을 사용해 구현된다.

파이썬의 `collections` 모듈은 이 내장 클래스와 유사한 추상 기반 클래스를 정의하고 있다. 이름이 직관적이지 않지만, 추상 기반 클래스 `collections.Set`은 구현된 `frozenset` 클래스에 대응하며, 추상 기반 클래스 `collections.MutableSet`은 구현된 `set` 클래스와 유사하다.

이 책에서는 'set ADT'를 추상적으로 따로 정의하지 않고, 파이썬 내장 `set` 클래스, 즉 `collections.MutableSet` 기반 클래스의 동작을 기준으로 삼는다. 따라서 집합 *S*에 대한 가장 기본적인 다섯 가지 연산은 다음과 같다.

- `S.add(e)`: 원소 e를 집합에 추가한다. 집합에 e가 이미 존재하면 아무런 효과가 없다.
- `S.discard(e)`: 원소 e를 집합에서 제거한다. 집합에 e가 존재하지 않으면 아무런 효과가 없다.
- `e in S`: 원소 e가 집합에 존재하면 `True`를 반환한다. 파이썬의 특수 메서드 `__contains__`로 구현된다.

- `len(S)`: 집합 S의 전체 원소 수를 반환한다. 파이썬의 특수 메서드 `__len__`으로 구현된다.
- `iter(S)`: 집합의 모든 원소를 반복할 수 있도록 한다. 파이썬의 특수 메서드 `__iter__`로 구현된다.

10.5.2절에서는 이 다섯 가지 연산만으로 집합의 다른 모든 동작을 구현할 수 있다는 사실을 확인하게 될 것이다. 나머지 동작들은 그룹화할 수 있는데, 먼저 집합에서 하나 이상의 원소를 제거하는 연산 그룹은 다음과 같다.

- `S.remove(e)`: 원소 e를 집합에서 제거한다. 집합에 e가 존재하지 않으면 `KeyError`를 발생시킨다.
- `S.pop()`: 집합에서 임의의 원소를 제거하고 반환한다. 집합이 비어 있으면 `KeyError`를 발생시킨다.
- `S.clear()`: 집합에서 모든 원소를 제거한다.

다음은 두 집합 간의 부울 비교를 수행하는 연산이다.

- `S == T`: 집합 S와 T의 내용이 같으면 `True`를 반환한다.
- `S != T`: 집합 S와 T가 동일하지 않으면 `True`를 반환한다.
- `S <= T`: 집합 S가 집합 T의 부분집합이면 `True`를 반환한다.
- `S < T`: 집합 S가 집합 T의 진부분집합이면 `True`를 반환한다.
- `S >= T`: 집합 S가 집합 T의 상위집합이면 `True`를 반환한다.
- `S > T`: 집합 S가 집합 T의 진상위집합이면 `True`를 반환한다.
- `S.isdisjoint(T)`: 집합 S와 T에 공통 원소가 없으면 `True`를 반환한다.

마지막으로, 기존 집합을 업데이트하거나 고전적인 집합 이론 연산에 따라 새로운 집합 인스턴스를 계산하는 다양한 연산이 있다.

- `S | T`: S와 T의 합집합을 나타내는 새 집합을 반환한다.
- `S |= T`: S를 S의 합집합으로 업데이트한다.
- `S & T`: S와 T의 교집합을 나타내는 새 집합을 반환한다.
- `S &= T`: S를 S의 교집합으로 업데이트한다.
- `S ^ T`: S와 T의 대칭 차집합, 즉 정확히 S 또는 T 중 하나에만 있는 원소 집합을 반환한다.
- `S ^= T`: S를 자신의 대칭 차집합으로 업데이트한다.
- `S - T`: S에는 있지만 T에는 없는 원소들의 집합을 반환한다.
- `S -= T`: S에서 T와의 공통 원소를 모두 제거한다.

10.5.2 파이썬의 MutableSet 추상 기반 클래스

사용자가 자신만의 집합 클래스를 정의하는 데 도움을 주기 위해, 파이썬의 collections 모듈은 (10.1.3절에서 다룬 MutableMapping 추상 기반 클래스와 마찬가지로) MutableSet 추상 기반 클래스를 제공한다. MutableSet 기반 클래스는 10.5.1절에서 설명한 모든 메서드에 대해 구체적인 구현을 제공하지만, 다섯 가지 핵심 연산(add, discard, __contains__, __len__, __iter__)은 구체적인 하위 클래스에서 직접 구현해야 한다. 이 설계는 **템플릿 메서드 디자인 패턴**(template method design pattern)으로 알려진 방식으로, MutableSet 클래스의 구체적인 메서드들이 하위 클래스가 제공할 추상 메서드에 의존하여 동작하는 구조다.

예를 들어 MutableSet 기반 클래스의 일부 파생 메서드를 구현하는 알고리즘을 살펴보자. 한 집합이 다른 집합의 진부분집합(proper subset)인지를 확인하려면 두 가지 조건을 만족해야 한다. 진부분집합은 비교 대상인 상위집합보다 크기가 반드시 작아야 하며, 그 집합의 모든 원소가 상위집합에 포함되어 있어야 한다. 이러한 논리에 기반한 __lt__ 메서드의 구현은 코드 10.14와 같다.

```
def __lt__(self, other):                # 문법 S < T를 지원함
    """이 집합이 다른 집합의 진부분집합이면 True를 반환한다."""
    if len(self) >= len(other):
        return False                    # 진부분집합은 명백하게 작은 크기여야 함
    for e in self:
        if e not in other:
            return False                # 다른 집합에 없는 원소가 있다면 부분집합이 아님
    return True                         # 성공; 모든 조건이 충족됨
```

코드 10.14 MutableSet으로 가능한 구현. __lt__ 메서드를 사용하여 한 집합이 다른 집합의 진부분집합인지를 테스트한다.

또 다른 예로, 두 집합의 합집합을 계산하는 연산을 생각해 보자. 집합 ADT는 합집합을 계산하는 두 가지 형태를 제공한다. S | T라는 문법은 집합 S와 T의 합집합을 담은 새로운 집합을 생성해야 하며, 이 연산은 파이썬에서 __or__이라는 특수 메서드를 통해 구현된다. 또 다른 문법인 S |= T는 기존 집합 S를 자신과 T의 합집합으로 업데이트하는 데 사용된다. 즉, T에 있는 원소 중 S에 없는 것들을 S에 추가해야 한다. 이 '제자리(in-place)' 연산은 S = S | T처럼 새 집합을 만들어서 S에 다시 할당하는 방식보다 더 효율적으로 구현될 수 있다. 편의를 위해, 파이썬의 내장 set 클래스는 이들 동작을 이름 있는 메서드 형태로도 지원한다. S.union(T)는 S | T와 동일하며, S.update(T)는 S |= T와 동일한 동작을 한다. 단, 이러한 이름 있는 메서드는 MutableSet 추상 기반 클래스에서는 공식적으로 제공되지 않는다.

```
def __or__(self, other):             # 문법 S | T를 지원함
    """두 기존 집합의 합집합인 새로운 집합을 반환한다."""
    result = type(self)()            # 구현 클래스의 새 인스턴스를 생성함
    for e in self:
        result.add(e)
    for e in other:
        result.add(e)
    return result
```

코드 10.15 기존 두 집합의 합집합을 계산하는 MutableSet의 __or__ 메서드 구현

두 집합의 합집합을 계산하여 새로운 집합을 생성하는 동작의 구현은 코드 10.15에서 __or__ 특수 메서드의 형태로 제공된다. 이 구현에서 중요한 세부 사항은 결과 집합의 인스턴스화다. MutableSet 클래스는 추상 기반 클래스로 설계되었기 때문에 인스턴스는 반드시 구체적인 하위 클래스에 속해야 한다. 따라서 구체적인 인스턴스 두 개의 합집합을 계산할 경우, 결과 역시 피연산자들과 동일한 클래스의 인스턴스여야 한다. 이때 type(self) 함수는 self로 식별된 인스턴스의 실제 클래스 참조를 반환하며, type(self)()와 같이 괄호를 붙이면 해당 클래스의 기본 생성자를 호출하는 효과가 생긴다.

효율성을 고려하여 S | T와 같은 집합 연산을 분석할 때 S의 크기를 n, T의 크기를 m이라고 하자. 실제 집합이 해시 기반으로 구현되어 있다면 코드 10.15와 같은 구현의 평균 수행 시간은 $O(m + n)$이다. 이 구현은 두 집합을 순회하면서 포함 여부 검사와 결과 집합에 대한 삽입이라는 상수 시간 연산을 수행하기 때문이다.

제자리 방식의 합집합 연산은 코드 10.16과 같으며, 이는 S |= T 문법을 지원하는 __ior__ 특수 메서드로 구현된다. 이 경우에는 새로운 집합 인스턴스를 만들지 않고, 기존 집합을 수정한 후 그대로 반환한다. 이 방식은 두 번째 집합의 원소들을 순회하며 필요한 항목만 추가하므로 평균 수행 시간은 m에 비례하는 $O(m)$이다.

```
def __ior__(self, other):      # 문법 S |= T를 지원함
    """이 집합을 다른 집합과의 합집합으로 변경한다."""
    for e in other:
        self.add(e)
    return self                # 제자리 연산자의 기술적 요구사항
```

코드 10.16 MutableSet.__ior__ 메서드의 구현. 한 집합과 다른 집합의 제자리 합집합을 수행한다.

10.5.3 집합, 다중 집합, 다중 맵 구현

집합

집합과 맵은 공용 인터페이스가 상당히 다르지만, 실제로는 매우 유사한 구조로 되어 있다. 집합은 단순히 값이 연결되지 않은 맵, 즉 키만 가지는 맵으로 볼 수 있다. 따라서 맵을 구현하는 데 사용되는 모든 자료구조를 약간 수정해 유사한 성능의 집합 ADT로 구현할 수 있다. 예를 들어 집합의 원소를 맵의 키로 저장하고 관련 값으로는 단순히 `None`을 사용하는 방식으로 대부분의 맵 클래스를 쉽게 수정하여 사용할 수 있다. 하지만 이렇게 구현하면 메모리가 불필요하게 낭비될 수 있다. 효율적으로 집합을 구현하려면 `MapBase` 클래스에서 사용하는 `_Item` 복합체를 생략하고, 대신 집합의 원소 자체만 자료구조에 직접 저장해야 한다.

다중 집합

동일한 원소가 여러 번 등장할 수 있는 자료구조를 **다중 집합**(multiset)이라고 한다. 우리가 살펴본 모든 자료구조는 중복된 원소가 각각 별개의 항목으로 나타날 수 있도록 다시 구현할 수 있다. 다중 집합을 구현하는 또 다른 방법은 맵을 활용하는 방식이다. 이때 맵의 키는 다중 집합의 고유한 원소가 되고, 연결된 값은 해당 원소가 다중 집합 내에서 등장한 횟수가 된다. 실제로 이 형식은 10.1.2절에서 문서 내 단어 출현 횟수를 계산할 때 사용한 방식과 동일하다.

표준 `__iter__` 메서드를 사용하면 각 원소는 한 번씩만 출력된다(이들은 딕셔너리의 키이기 때문임). 하지만 `elements()`라는 메서드를 사용하면 각 원소가 등장한 횟수만큼 반복해서 출력된다. 즉, 실제 다중 집합처럼 각 원소가 중복된 횟수만큼 나타나는 형태로 순회할 수 있다.

다중 맵

파이썬의 표준 라이브러리에는 **다중 맵**(multimap)이 포함되어 있지 않지만, 일반적인 구현 방법은 키에 연관된 여러 값을 컨테이너 형태로 저장하는 표준 맵을 사용하는 것이다. 코드 10.17은 이러한 `MultiMap` 클래스의 예다. 이 구현에서는 표준 `dict` 클래스를 맵으로 사용하고, 각 값을 리스트 형태로 저장하여 딕셔너리에서 복합 값(composite value)으로 활용한다. 또한 이 클래스는 3행에 있는 클래스 수준의 `MapType` 속성을 재정의할 수 있도록 설계되어 있어, 다른 맵 구현으로도 쉽게 교체할 수 있다.

```python
class MultiMap:
    """저장을 위해 기본 맵을 사용해 구축된 멀티맵 클래스"""
    _MapType = dict                          # 맵 타입; 하위 클래스에서 재정의할 수 있음

    def __init__(self):
        """새로운 빈 다중 맵 인스턴스를 생성한다."""
        self._map = self._MapType()      # 저장을 위한 맵 인스턴스 생성
        self._n = 0

    def __iter__(self):
        """다중 맵의 모든 (k, v) 쌍을 순회한다."""
        for k, secondary in self._map.items():
            for v in secondary:
                yield (k, v)

    def add(self, k, v):
        """다중 맵에 (k, v) 쌍을 추가한다."""
        container = self._map.setdefault(k, [])    # 필요한 경우 빈 리스트 생성
        container.append(v)
        self._n += 1

    def pop(self, k):
        """키 k를 가진 임의의 (k, v)를 제거하고 반환한다(또는 KeyError 발생)."""
        secondary = self._map[k]                   # KeyError를 발생시킬 수 있음
        v = secondary.pop()
        if len(secondary) == 0:
            del self._map[k]                       # 쌍이 남아 있지 않음
        self._n -= 1
        return (k, v)

    def find(self, k):
        """주어진 키와 일치하는 임의의 (k, v) 쌍을 반환한다(또는 KeyError 발생)."""
        secondary = self._map[k]                   # KeyError를 발생시킬 수 있음
        return (k, secondary[0])

    def find_all(self, k):
        """주어진 키와 일치하는 모든 (k, v) 쌍의 반복을 생성한다."""
        secondary = self._map.get(k, [])           # 기본적으로 빈 리스트
        for v in secondary:
            yield (k, v)
```

코드 10.17 dict를 사용해 저장소를 구현한 MultiMap의 구현. 이 예에서는 크기를 나타내는 __len__ 메서드(자기 자신의 크기인 self._n을 반환하는 메서드)는 생략되어 있다.

10.6 연습 문제

기본 문제

R-10.1 MutableMapping 클래스의 다섯 가지 기본 추상 메서드만 사용해 pop 메서드를 구체적으로 구현하라.

R-10.2 MutableMapping 클래스의 다섯 가지 기본 추상 메서드만 사용해 items() 메서드를 구체적으로 구현하라. 이 구현을 UnsortedTableMap 하위 클래스에 직접 적용할 경우 수행 시간은 어떻게 되는가?

R-10.3 UnsortedTableMap 클래스 내에서 items() 메서드를 직접 구현하여 전체 반복이 $O(n)$ 시간에 수행되도록 하라.

R-10.4 UnsortedTableMap 클래스로 구현된, 초기에 비어 있는 맵 M에 n개의 키-값 쌍을 삽입할 때 최악의 수행 시간은 얼마인가?

R-10.5 파이썬 리스트 대신 7.4절의 PositionalList 클래스를 사용해 10.1.5절의 UnsortedTableMap 클래스를 다시 구현하라.

R-10.6 해시 테이블 충돌 처리 방식 중에서 적재율이 1을 초과해도 견딜 수 있는 방식과 그렇지 않은 방식은 무엇인가?

R-10.7 리스트와 트리에서 사용되는 Position 클래스는 __eq__ 메서드를 지원하여, 구조상 동일한 하위 노드를 참조하는 서로 다른 Position 인스턴스가 동등한 것으로 간주된다. Position 객체가 해시 테이블의 키로 사용될 수 있으려면 이 동등성 기준과 일치하는 해시 메서드가 정의되어야 한다. 이에 맞는 해시 메서드를 구현하라.

R-10.8 '9'는 숫자를 나타내고 'X'는 문자를 나타내는 '9X9XX99X9XX999999' 형식의 차량 식별 번호(Vehicle Identification Number, VIN)에 대해 적절한 해시 코드를 설계하라.

R-10.9 충돌이 체이닝 방식으로 처리된다고 가정하고, 해시 함수 $h(i) = (3i + 5) \bmod 11$을 사용해 키 12, 44, 13, 88, 23, 94, 11, 39, 20, 16, 5를 해시하는 크기가 11인 해시 테이블을 구성하라.

R-10.10 충돌이 선형 조사로 처리된다고 가정할 때 연습 문제 **R-10.9**의 해시 테이블은 어떻게 구성되는가?

R-10.11 연습 문제 **R-10.9**의 결과를 바탕으로, 충돌이 이차 조사로 처리된다고 가정할 때 해시 테이블이 어떤 모습이 되는지를 충돌 해결이 실패하는 시점까지 그 과정을 보여라.

R-10.12 연습 문제 **R-10.9**에서 충돌이 이차 해싱으로 처리될 경우 결과는 어떻게 되는가? 여기서 두 번째 해시 함수는 $h(k) = 7 - (k \bmod 7)$이다.

R-10.13 충돌이 체이닝 방식으로 처리된다고 가정할 때, 초기에 비어 있는 해시 테이블에 n개의 항목을 삽입하는 최악의 시간 복잡도는 얼마인가? 최선의 경우는 얼마인가?

R-10.14 새로운 해시 함수 $h(k) = 3k \bmod 17$을 사용해 그림 10.6의 해시 테이블을 크기 19의 테이블로 재해싱한 결과를 보여라.

R-10.15 `HashMapBase` 클래스는 적재율 $\lambda \leq 0.5$를 유지하도록 설계되어 있다. 사용자가 최대 적재율을 지정할 수 있도록 이 클래스를 수정하고, 이에 따라 하위 클래스도 적절히 조정하라.

R-10.16 충돌이 이차 조사로 처리되는 해시 테이블에서 항목을 삽입하는 의사코드를 작성하라. 단, 삭제된 항목을 특별한 '비활성화된 항목' 객체로 대체하는 방식도 함께 고려하라.

R-10.17 `ProbeHashMap`을 이차 조사를 사용하도록 수정하라.

R-10.18 해시 테이블이 정렬된 맵을 구현하는 데 적합하지 않은 이유를 설명하라.

R-10.19 이중 연결 리스트로 구현된 정렬된 리스트를 사용해 정렬된 맵 ADT를 구현하는 방법을 설명하라.

R-10.20 초기에 $2n$개의 항목을 포함하는 `SortedTableMap` 인스턴스에서 n번의 삭제 연산을 수행할 때 최악의 점근적 수행 시간은 얼마인가?

R-10.21 `SortedTableMap` 클래스에서 코드 10.8에 있는 `_find_index` 메서드의 다음과 같은 변형을 고려하라.

```
def _find_index(self, k, low, high):
  if high < low:
    return high + 1
  else:
    mid = (low + high) // 2
    if self.table[mid].key < k:
      return self.find_index(k, mid + 1, high)
  else:
    return self.find_index(k, low, mid - 1)
```

이 변형이 원래 버전과 항상 동일한 결과를 생성하는지 판단하고, 그 이유를 설명하라.

R-10.22 n개의 쌍을 삽입할 때, 각 쌍이 이전 쌍보다 더 낮은 비용과 성능을 가진다면, 최대 쌍 집합을 유지하는 메서드들의 평균 수행 시간은 어떻게 되는가? 이 일련의 연산이 끝난 후 정렬된 맵에는 어떤 항목이 포함되어 있을까? 반대로 각 쌍이 더 낮은 비용과 더 높은 성능을 가졌다면 결과는 어떻게 달라지는가?

R-10.23 그림 10.13의 스킵 리스트에 대해 다음 연산을 수행한 뒤, 그 결과로 얻게 되는 스킵 리스트 S를 그려라. `del S[38]`, `S[48] = 'x'`, `S[24] = 'y'`, `del S[55]`. 각 삽입 연산에 대한 동전 던지기 결과도 함께 기록하라.

R-10.24 스킵 리스트에서 `__delitem__map` 연산을 수행할 때의 의사코드를 설명하라.

R-10.25 `MutableSet` 추상 기반 클래스에서 10.5.2절에서 설명한 다섯 가지 핵심 집합 연산만 사용하여 `pop` 메서드를 구체적으로 구현하라.

R-10.26 `MutableSet` 추상 기반 클래스에서 `isdisjoint` 메서드를 구체적으로 구현하되, 해당 클래스의 다섯 가지 기본 추상 메서드만 사용하라. 구현된 알고리즘은 두 집합의 크기 n과 m에 대해 $O(\min(n, m))$의 수행 시간을 가져야 한다.

R-10.27 "오늘 생일인 친구 모두 찾기"와 "다음으로 생일을 맞이할 친구 찾기"와 같은 쿼리를 지원해야 할 때 친구들의 생일 데이터베이스를 관리하는 데 어떤 추상화를 사용하는 것이 적절할까?

응용 문제

C-10.28 470쪽의 10.1.3절에서는 `MutableMapping` 추상 기반 클래스에 나타날 수 있는 `setdefault` 메서드의 구현을 소개하고 있다. 이 메서드는 일반적인 방식으로 원하는 동작을 수행하지만, 효율성 측면에서는 최적이라 할 수 없다. 특히 키가 새로 추가되는 경우, `__getitem__`의 실패로 인해 한 번의 전체 검색이 발생한 후, 이어지는 `__setitem__` 호출로 인해 또 한 번의 전체 검색이 수행된다. 예를 들어 `UnsortedTableMap`의 경우, 이 두 연산은 테이블을 두 번 순회하게 되어 불필요한 중복 작업이 발생한다. 이 문제를 해결하기 위해, `UnsortedTableMap` 클래스는 `setdefault` 메서드를 재정의하여 단일 검색만으로 문제를 해결할 수 있도록 구현해야 한다. 이러한 방식의 `UnsortedTableMap.setdefault` 메서드를 작성하라.

C-10.29 연습 문제 **C-10.28**과 동일한 작업을 `ProbeHashMap` 클래스에 대해 수행하라.

C-10.30 연습 문제 **C-10.28**과 동일한 작업을 `ChainHashMap` 클래스에 대해 수행하라.

C-10.31 이상적인 압축 함수를 만들기 위해서는 해시 테이블의 버킷 배열 용량이 소수(prime number)여야 한다. 이를 위해, $[M, 2M]$ 범위에서 소수를 찾는 문제를 고려하자. 이때 **에라토스테네스의 체 알고리즘**을 활용하는 메서드를 구현하라. 이 알고리즘에서는 크기 A를 할당하고, 모든 셀을 `True`로 초기화한 뒤, 2, 3, 5, 7의 배수에 해당하는 모든 셀을 `False`로 설정해 제거한다. 이 과정은 $\sqrt{2M}$보다 큰 수에 도달하면 중지할 수 있다. (힌트: $\sqrt{2M}$ 이하의 소수를 먼저 구한 후, 이를 사용해 더 큰 범위에서 추가적인 소수를 거르는 부트스트래핑 방식을 고려하라.)

C-10.32 `ChainHashMap`과 `ProbeHashMap` 클래스에 대한 실험을 수행하라. 랜덤 키 집합과 다양한 적재율을 사용해 효율성을 측정하라(연습 문제 **R-10.15** 참고).

C-10.33 `ChainHashMap`에서 분리 체이닝을 구현할 때, 빈 버킷을 2차 구조체의 빈 인스턴스 대신 None으로 표현하면 메모리를 절약할 수 있다. 대부분의 버킷이 항목을 한 개만 저장하는 현실을 고려하면, 더 나은 최적화는 해당 슬롯이 단일 항목일 경우 `_Item` 인스턴스를 직접 참조하게 하고, 두 개 이상의 항목이 필요한 경우에만 2차 컨테이너(예 리스트)를 사용하는 것이다. 이러한 공간 최적화를 반영하도록 기존 구현을 수정하라.

C-10.34 긴 키에 대해 해시 코드를 계산하는 비용은 매우 클 수 있다. 현재의 해시 테이블 구현은 항목을 처음 삽입할 때 해시 코드를 계산하고, 테이블 크기를 조정할 때마다 각 항목의 해시 코드를 다시 계산한다. 이에 비해 파이썬의 `dict` 클래스는 흥미로운 절충 방식을 사용한다. 해시 코드는 항목이 처음 삽입될 때 한 번만 계산되며, 그 값을 항목 객체 내부에 필드로 저장해 이후 다시 계산하지 않는다. 이와 같은 접근 방식을 사용해 `HashMapBase` 클래스를 재구현하라.

C-10.35 삭제된 원소를 나타내기 위해 특별한 표시를 사용하지 않는다고 가정하자. 충돌이 선형 조사를 사용해 처리되는 해시 테이블에서 원소를 삭제하려면 해당 원소가 처음부터 삽입되지 않았던 것처럼 보이도록 테이블의 내용을 재배치해야 한다. 이때 어떤 절차를 따라야 하는지 설명하라.

C-10.36 이차 조사 전략에는 빈 슬롯을 찾는 방식과 관련된 클러스터링 문제가 존재한다. 즉, 버킷 $h(k)$에서 충돌이 발생하면 $i = 1, 2, \ldots, N-1$에 대해 버킷 $A[(h(k) + i^2) \bmod N]$을 순차적으로 확인한다.

a. i가 1에서 $N-1$까지의 범위를 가질 때, N이 소수일 경우 $i^2 \bmod N$이 $(N+1)/2$개의 서로 다른 값을 가질 수 있음을 보여라. 이 증명의 일부로, $i^2 \bmod N = (N-i)^2 \bmod N$이 모든 i에 대해 성립함에 유의하라.

b. 더 나은 전략은 $N \bmod 4 = 3$인 소수 N을 선택한 후, i가 1에서 $(N-1)/2$까지의 범위를 가질 때 $A[(h(k) \pm i^2) \bmod N]$ 버킷을 확인하는 것이다. 이때, 플러스와 마이너스를 번갈아 가며 사용한다. 이 대체 전략이 A의 모든 버킷을 빠짐없이 검사하게 됨을 증명하라.

C-10.37 `ProbeHashMap` 설계를 리팩토링하여 충돌 해결을 위한 이차 조사 시퀀스를 더 유연하게 설정할 수 있도록 하라. 새로운 프레임워크를 바탕으로 선형 조사와 이차 조사를 위한 각각의 구체적인 하위 클래스를 구현해 이를 시연하라.

C-10.38 중복을 허용하는 정렬된 검색 테이블로 구현된 다중 맵에서 `find_all(k)` 연산을 수행하기 위한 이진 검색의 변형을 설계하라. 이 연산이 시간 $O(s + \log n)$에 실행됨을 보여라. 여기서 n은 맵에 있는 원소의 수이고, s는 주어진 키 k를 가진 항목의 수다.

C-10.39 맵의 키는 고유하지만, 이진 검색 알고리즘은 중복된 원소가 존재하는 비감소 정렬 배열에도 적용될 수 있다. 이때 주어진 k보다 크거나 같은 가장 왼쪽 원소의 인덱스를 찾는 것이 목표라고 하자. 이러한 맥락에서 코드 10.8의 `_find_index` 메서드는 해당 결과를 보장하는가? 또한 연습 문제 **R-10.21**의 재귀적 `_find_index` 메서드는 이 조건을 만족하는가? 그 이유를 각각 설명하라.

C-10.40 각각 n개의 항목을 가진 두 개의 정렬된 검색 테이블 S와 T가 주어졌다고 가정하자(각 테이블은 배열로 구현됨). S와 T의 키 합집합에서 k번째로 작은 키를 찾기 위한 $O(\log 2\, n)$ 시간 알고리즘을 설명하라. (단, 두 테이블 간 중복 키는 존재하지 않는다고 가정한다.)

C-10.41 연습 문제 **C-10.40**에서 제시한 문제에 대해 $O(\log n)$ 시간에 실행되는 알고리즘을 설계하라.

C-10.42 $n \times n$ 크기의 배열 A가 있고 각 행은 1과 0으로 구성되어 있으며, 각 행에서는 1이 0보다 항상 앞에 나타난다고 가정하자. A가 메모리에 주어졌을 때, 배열 전체에서 1의 개수를 $O(n\log n)$ 시간에 계산하는 방법을 설명하라(즉, $O(n^2)$보다 빠르게 수행함).

C-10.43 n개의 비용 성능 쌍 (c, p)로 이루어진 컬렉션 C가 주어졌을 때 $O(n\log n)$ 시간 내에 C의 최대 쌍 집합을 찾는 알고리즘을 설명하라.

C-10.44 스킵 리스트를 사용하여 맵을 구현할 때, `above`(p)와 `prev`(p) 메서드가 실제로 필요하지 않음을 보여라. 즉, 삽입과 삭제 연산 모두 `above`나 `prev` 없이, 단지 위에서 아래로 내려가며 앞으로 스캔하는 방식만으로 구현할 수 있음을 보여라. (힌트: 삽입 시에는 먼저 동전을 반복적으로 던져 새 항목을 삽입할 레벨을 결정하라.)

C-10.45 스킵 리스트 표현을 수정하여 인덱스 기반 작업(예 인덱스 j에 있는 항목 검색)을 $O(\log n)$의 평균 수행 시간 내에 수행할 수 있게 하는 방법을 설명하라.

C-10.46 두 집합 S와 T에 대해 `S ^ T`라는 구문은 대칭 차집합, 즉 S 또는 T 중 정확히 하나에만 포함된 원소들로 이루어진 새로운 집합을 반환한다. 이 구문은 특별한 `__xor__` 메서드에 의해 지원된다. `MutableSet` 추상 기반 클래스에서, 해당 클래스의 다섯 가지 주요 추상 메서드만 사용하여 이 메서드를 구현하라.

C-10.47 `MutableSet` 추상 기반 클래스에서, `S & T`는 두 기존 집합의 교집합을 반환하는 연산이다. `S & T` 구문을 지원하는 `__and__` 메서드를 구현하라.

C-10.48 **역파일**(inverted file)은 검색 엔진이나 책의 색인을 구현할 때 사용되는 핵심 자료구조다. 번호가 매겨진 단어들의 순서 없는 목록으로 문서 D를 표현할 수 있을 때, 역파일은 정렬된 단어 목록 L을 구성하며, 각 단어 $w \in L$이 문서 D에 등장하는 모든 위치의 인덱스를 저장한다. 문서 D로부터 역파일 L을 구성하는 효율적인 알고리즘을 설계하라.

C-10.49 파이썬의 `collections` 모듈은 우리가 다룬 정렬된 맵 추상화와는 다른 방식으로 `OrderedDict` 클래스를 제공한다. `OrderedDict`는 해시 기반 `dict` 클래스의 하위 클래스이며, 기본 맵 연산에 대해 $O(1)$의 성능을 유지하면서도, `__iter__` 메서드는 항목들을 선입선출(FIFO) 순서에 따라 반환한다(기존 키에 대한 값이 덮어씌워질 경우, 항목의 순서는 변하지 않음). 이러한 동작과 성능을 동시에 달성하기 위한 알고리즘적 구조를 설명하라.

프로젝트 문제

P-10.50 문자열에 대한 다양한 해시 코드, 특히 매개변수 a값이 서로 다른 다항식 해시 코드에 대해 충돌률을 비교 분석하라. 해시 테이블을 사용하여 충돌을 검출하되, 서로 다른 문자열이 동일한 해시 코드로 매핑되는 경우만 충돌로 간주한다(같은 버킷에 저장되는 경우는 제외). 분석에 사용할 문자열 집합은 인터넷에서 수집한 텍스트 파일을 기반으로 하라.

P-10.51 연습 문제 **P-10.50**와 동일한 방식으로 비교 분석을 수행하되 문자열 대신 10자리 전화번호를 사용하라.

P-10.52 연습 문제 **C-10.49**에 설명된 `OrderedDict` 클래스를 직접 구현하라. 기본 맵 연산이 $O(1)$ 평균 수행 시간에 실행되도록 설계하라.

P-10.53 스킵 리스트 자료구조를 구현하는 파이썬 클래스를 작성하라. 이 클래스를 사용해 정렬된 맵 ADT의 전체 기능을 갖춘 구현을 완성하라.

P-10.54 연습 문제 **P-10.53**의 스킵 리스트 구현을 확장하여 주요 연산에 대한 그래픽 애니메이션 시각화를 구현하라. 삽입 시 항목이 스킵 리스트 위로 올라가는 모습을 시각화하고, 삭제 시 항목이 스킵 리스트 외부로 제거되는 과정을 시각화한다. 또한 검색 시 전진 검색 및 드롭다운 연산을 시각화한다.

P-10.55 단어들의 집합 W를 파이썬의 집합 자료구조에 저장하는 철자 검사기 클래스를 작성하라. 이 클래스는 문자열 s에 대해 철자 검사를 수행하는 `check(s)` 메서드를 구현해야 한다. 만약 s가 W 안에 있다면, `check(s)`는 s만 포함된 리스트를 반환한다. 이 경우 s는 철자가 맞는 단어라고 가정한다. 만약 s가 W 안에 없다면, `check(s)`는 s의 올바른 철자일 수 있는 모든 단어를 W에서 찾아 리스트로 반환한다. 철자 검사 프로그램은 다음과 같은 일반적인 철자 오류 패턴을 처리할 수 있어야 한다. 인접한 문자 두 개를 서로 바꾼 경우, 인접한 문자 사이에 한 글자를 삽입한 경우, 단어에서 한 글자를 삭제한 경우, 한 글자를 다른 문자로 대체한 경우 등이다. 추가 도전 과제로, 발음이 비슷한 글자(예 $f \leftrightarrow ph$)의 음성적 치환(phonetic substitution)도 고려해 보자.

참고 사항

해싱은 잘 연구된 기법으로, 더 깊이 공부하고 싶은 독자는 Knuth [65], Vitter와 Chen [100]의 저서를 참고하길 권장한다. 스킵 리스트는 Pugh [86]에서 처음 소개했으며, 이 책에서 제시한 스킵 리스트 분석은 Motwani와 Raghavan [80]의 분석을 단순화한 것이다. 스킵 리스트를 더 깊게 분석하고 싶다면 자료구조 관련 문헌에 수록된 다양한 연구 논문들 [59, 81, 84]을 참조하라. 연습 문제 C-10.36은 James Lee가 기고했다.

CHAPTER 11

검색 트리

11.1 이진 검색 트리

8장에서 소개한 다양한 트리 응용 사례 중 **검색 트리**(search tree)는 중요한 활용 사례에 속한다(390쪽 참고). 이 장에서는 검색 트리를 활용해 **정렬된 맵**(sorted map)을 효율적으로 구현하는 방법을 살펴본다. 다음은 맵 *M*의 세 가지 기본 연산이다(10.1.1절 참고).

- **`M[k]`**: 키 k와 연관된 값을 맵 M에서 반환한다. 키가 존재하지 않으면 KeyError를 발생시킨다(`__getitem__` 메서드로 구현됨).
- **`M[k] = v`**: 맵 M에 키 k와 값 v을 연관시킨다. 맵 M에 이미 키가 존재하면 기존 값을 교체한다(`__setitem__` 메서드로 구현됨).
- **`del M[k]`**: 맵 M에서 키 k에 해당하는 항목을 삭제한다. 키가 존재하지 않으면 KeyError를 발생시킨다(`__delitem__` 메서드로 구현됨).

정렬된 맵 ADT는 기본 연산 외의 추가 기능을 제공한다(10.3절 참고). 예를 들어 키를 정렬된 순서로 검색할 수 있고, 특정 범위(`start`, `stop`)의 키만 검색할 수도 있다(`find_gt`, `find_range`).

이진 트리(binary tree)는 맵의 항목을 저장하는 데 매우 뛰어난 자료구조다. 단, 키에 대한 순서 관계가 정의되어 있어야 한다. 이러한 맥락에서 **이진 검색 트리**(binary search tree)란 위치 *p*에 키-값 쌍(*k*, *v*)을 저장하는 이진 트리 *T*로, 다음 조건을 만족한다.

- *p*의 왼쪽 서브트리에 저장된 키는 모두 *k*보다 작다.
- *p*의 오른쪽 서브트리에 저장된 키는 모두 *k*보다 크다.

그림 11.1은 이진 검색 트리의 예다. 이 장에서는 편의상 검색 트리 내에서 키에 연관된 값을 표시하지 않는다. 해당 값은 검색 트리 내에서 항목의 배치에 영향을 주지 않기 때문이다.

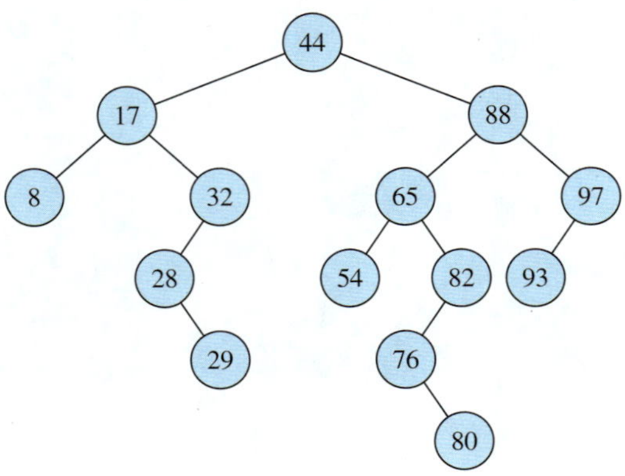

그림 11.1 정수 키를 가진 이진 검색 트리. 값이 항목 순서에 영향을 주지 않으므로 관련된 값을 생략한다.

11.1.1 이진 검색 트리 순회

먼저, 이진 검색 트리가 키들의 정렬된 순서를 계층적으로 표현한다는 점을 살펴보자. 특히, 이진 검색 트리에서 키가 배치되는 구조적 속성은 트리의 중위 순회(8.3.4절 참고)와 관련하여 다음과 같은 중요한 결과를 보장한다. 이는 이진 검색 트리의 가장 핵심적인 특징 중 하나로, 트리 구조를 통해 정렬된 데이터를 효율적으로 검색하고 추출할 수 있게 해준다.

명제 11.1 이진 검색 트리를 중위 순회하면 키를 오름차순으로 방문한다.

증명 이 성질은 서브트리의 크기에 대한 수학적 귀납법을 통해 증명할 수 있다. 서브트리에 항목이 0개 또는 한 개만 있는 경우, 해당 키들은 당연히 정렬된 순서로 방문된다. 더 일반적으로 말하면, 어떤 서브트리의 중위 순회는 다음과 같이 이루어진다. (비어 있을 수도 있는) 왼쪽 서브트리를 재귀적으로 순회 → 루트 노드를 방문 → (비어 있을 수도 있는) 오른쪽 서브트리를 재귀적으로 순회한다. 귀납 가정에 따라, 왼쪽 서브트리를 중위 순회하면 그 키들은 오름차순으로 방문된다. 또한 이진 검색 트리의 성질에 의해 왼쪽 서브트리의 모든 키는 루트의 키보다 작다. 따라서 루트를 이어서 방문하면 정렬 순서를 그대로 유지하게 된다. 마지막으로, 오른쪽 서브트리의 모든 키는 루트보다 크며, 귀납 가정에 의해 오른쪽 서브트리의 중위 순회 결과도 오름차순이다. 결론적으로, 왼쪽 서브트리 → 루트 → 오른쪽 서브트리의 중위 순회는 전체 키들을 오름차순으로 정확히 한 번씩 방문하게 된다. ■

중위 순회는 선형 시간에 수행될 수 있기 때문에, 이 명제의 결과는 이진 검색 트리를 통해 맵의 키들을 정렬된 순서로 순회할 수 있음을 의미한다.

중위 순회는 보통 상향식 재귀 방식으로 표현되지만 이진 검색 트리의 키 순서를 기준으로 위치 간 더 세밀한 검색이 가능한 비재귀적 연산 방식도 제공할 예정이다. 8장에서 소개한 일반 이진 트리 ADT는 `parent(p)`, `left(p)`, `right(p)`와 같은 메서드를 사용해 직접 위치 간 이동이 가능하게 설계되어 있다. 이진 검색 트리에서는 트리에 저장된 키의 자연스러운 순서를 기반으로 추가적인 검색 기능을 제공할 수 있다. 특히, 다음과 같은 메서드를 지원할 수 있다(`PositionalList`가 제공하는 메서드들과 유사함. 7.4.1절 참고).

- **`first()`**: 가장 작은 키를 가진 위치를 반환한다. 트리가 비어 있으면 `None`을 반환한다.
- **`last()`**: 가장 큰 키를 가진 위치를 반환한다. 트리가 비어 있으면 `None`을 반환한다.
- **`before(p)`**: 위치 `p`의 키보다 작은 값들 중 가장 큰 키를 가진 위치를 반환한다(즉, 중위 순회에서 `p` 바로 앞). `p`가 첫 번째 위치라면 `None`을 반환한다.

- **after(p)**: 위치 p의 키보다 큰 값들 중 가장 작은 키를 가진 위치를 반환한다(즉, 중위 순회에서 p 바로 뒤). p가 마지막 위치라면 None을 반환한다.

이진 검색 트리에서 '첫 번째' 위치를 찾으려면 루트에서 시작해 왼쪽 자식이 없을 때까지 왼쪽 자식으로 내려가기를 반복하면 된다. 마찬가지로 '마지막' 위치를 찾으려면 루트에서 시작해 오른쪽으로 반복해 내려간다.

특정 위치 p의 후행자, 즉 after(p)는 다음 알고리즘으로 결정할 수 있다.

```
알고리즘 after(p):
  if right(p)가 None이 아니면        {후행자는 p의 오른쪽 서브트리에서 가장 왼쪽 위치임}
    walk = right(p)
    while left(walk)가 None이 아닐 때까지
      walk = left(walk)
    return walk
  else                              {후행자는 왼쪽 서브트리에 p가 있는 가장 가까운 조상임}
    walk = p
    ancestor = parent(walk)
    while ancestor가 None이 아니고 walk == right(ancestor)일 때
      walk = ancestor
      ancestor = parent(walk)
    return ancestor
```

코드 11.1 이진 검색 트리에서 위치 p의 후행자를 계산하는 알고리즘

이 과정은 순수하게 중위 순회의 특성에 기반한다(명제 11.1의 결과 참고). p가 오른쪽 서브트리를 가지고 있다면, 그 오른쪽 서브트리는 p를 방문한 직후에 재귀적으로 순회되므로 p 다음에 방문되는 첫 번째 위치는 오른쪽 서브트리 내에서 가장 왼쪽 위치다. 만약 p가 오른쪽 서브트리를 가지고 있지 않다면, 중위 순회의 제어 흐름은 p의 부모로 돌아간다. 만약 p가 그 부모의 오른쪽 서브트리에 있다면, 그 부모의 서브트리 순회가 완료되고 제어 흐름은 그 부모의 부모로 진행된다. 재귀가 왼쪽 서브트리에서 반환되는 경우, 그 조상은 다음으로 방문되는 위치가 되어 p의 후행자가 된다. 이와 같은 조상을 찾을 수 없는 유일한 경우는 p가 전체 트리의 가장 오른쪽 (마지막) 위치인 경우로, 이 때는 후행자가 없다.

대칭적인 알고리즘을 사용해 어떤 위치의 바로 이전 원소(before(p))를 찾을 수도 있다. 이때 after(p)나 before(p)를 한 번 호출하는 데 걸리는 수행 시간은 전체 트리의 높이 h에 의해 제한되는데, 이는 이들 메서드가 각각 단일한 아래쪽 경로나 위쪽 경로를 따라 검색되기 때문

이다. 최악의 경우에는 수행 시간이 $O(h)$가 될 수 있지만, 실제로는 이 메서드들을 반복해서 사용할 때 분할 지불 방식으로는 $O(1)$ 시간만 걸린다. 예를 들어 맵의 첫 번째 원소에서 시작해 `after(p)`를 n번 호출한다면 전체 동작은 $O(n)$ 시간에 모두 완료된다. 이 사실에 대한 공식적인 증명은 연습 문제 C-11.34에서 다루지만, 직관적으로 보면 위아래로 이동하는 과정이 중위 순회 방식과 비슷하기 때문에 가능하다(비슷한 논리를 명제 9.3을 설명할 때도 사용했음).

11.1.2 검색

이진 검색 트리의 구조적 속성 중 가장 중요한 결과는 그 이름을 딴 검색 알고리즘이다. 우리는 이진 검색 트리를 **결정 트리**(decision tree, 어떤 문제를 해결하기 위해 질문을 계층적으로 나열한 트리 구조)로 간주하여 특정 키 `k`를 찾으려고 시도할 수 있다(그림 8.7 참고). 이 경우, 각 위치 `p`에서 묻는 질문은 원하는 키 `k`가 위치 `p`에 저장된 키(`p.key()`)보다 작은지, 같은지, 큰지다. 답이 '작은 경우'라면 검색은 왼쪽 서브트리에서 계속된다. 답이 '같은 경우'라면 검색이 성공적으로 종료된다. 답이 '큰 경우'라면 검색은 오른쪽 서브트리에서 계속된다. 마지막으로, 빈 서브트리에 도달하면 검색은 실패로 종료된다(그림 11.2 참고).

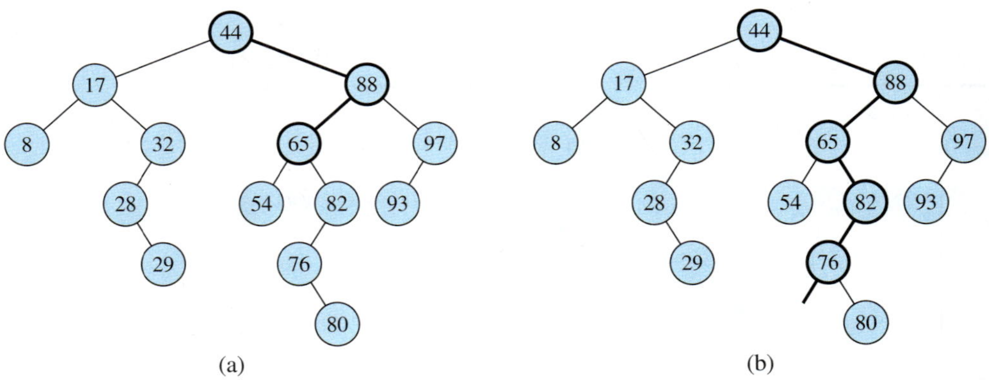

그림 11.2 (a) 이진 검색 트리에서 키 65에 대한 성공적인 검색, (b) 키 76의 왼쪽에 서브트리가 없기 때문에 종료되는 키 68에 대한 검색 실패

코드 11.2에서 이 접근 방식을 설명하고 있다. 키 `k`가 위치 `p`를 루트로 하는 서브트리에 나타나면 `TreeSearch(T, p, k)` 호출은 해당 키가 발견된 위치를 반환한다. 이 경우, `__getitem__` 맵 연산은 해당 위치에서 연관된 값을 반환할 것이다. 검색이 실패한 경우, `TreeSearch` 알고리즘은 검색 경로에서 검색된 최종 위치를 반환한다(이후 검색 트리에 새 항목을 삽입할 위치를 결정할 때 이 위치를 사용할 것임).

```
알고리즘 TreeSearch(T, p, k):
  if k == p.key() then
    return p                                          {검색 성공}
  else if k < p.key()와 T.left(p)가 None이 아니면
    return TreeSearch(T, T.left(p), k)                {왼쪽 서브트리에서 재귀 호출}
  else if k > p.key()와 T.right(p)가 None이 아니면
    return TreeSearch(T, T.right(p), k)               {오른쪽 서브트리에서 재귀 호출}
  return p                                            {검색 실패}
```

코드 11.2 이진 검색 트리의 재귀적 검색

이진 트리 검색에 대한 분석

이진 검색 트리 T에서 검색을 수행하였을 때, 최악의 경우 수행 시간 분석은 간단하다. `TreeSearch` 알고리즘은 재귀적이며 각 재귀 호출마다 일정한 수의 기본 연산만 실행한다. `TreeSearch`의 각 재귀 호출은 이전 위치의 자식에 대해 수행된다. 즉, `TreeSearch`는 T의 루트에서 시작하여 한 번에 한 레벨씩 내려가는 경로를 따라 호출된다. 따라서 이러한 위치의 수는 T의 높이 $h+1$개를 넘지 않는다. 결국, 검색 중에 만난 각 위치마다 $O(1)$ 시간만 소요되므로 전체 검색 시간은 이진 검색 트리 T의 높이 h에 비례하여 $O(h)$가 된다(그림 11.3 참고).

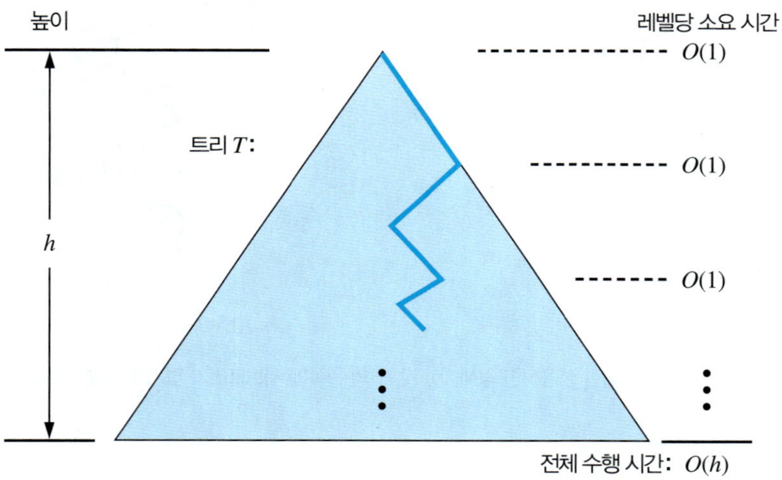

그림 11.3 이진 검색 트리에서 검색할 때 걸리는 시간. 이진 검색 트리를 큰 삼각형으로 단순화하고 루트에서 지그재그 선으로 경로를 표시했다.

정렬된 맵 ADT에서는 검색 기능이 `__getitem__`, `__setitem__`, `__delitem__` 메서드들의 하위 루틴으로 사용된다. 이는 각 메서드가 주어진 키를 가진 항목을 먼저 찾는 과정으로 시작되기 때문이다. 또한 `find_lt`나 `find_gt` 같은 정렬된 맵 연산을 구현할 때 검색 과정과 함께 `before` 또는 `after` 순회 메서드를 결합하여 사용한다. 이러한 모든 연산은 트리 높이가 h일 때 최악의 경우 $O(h)$ 시간에 실행된다. 이 기법을 변형하여 `find_range` 메서드도 구현할 수 있다. 이때 `find_range` 메서드는 최악의 경우 $O(s + h)$ 시간에 동작한다. 여기서 s는 검색 결과로 보고된 항목 개수다(연습 문제 C-11.34 참고).

트리 T의 높이 h는 항목 수 n만큼 커질 수 있다. 하지만 일반적으로 훨씬 작을 것으로 기대한다. 실제로 이 장의 후반부에서는 검색 트리 T의 높이를 $O(\log n)$ 이내로 유지하기 위한 다양한 전략들을 소개할 것이다.

11.1.3 삽입과 삭제

이진 검색 트리의 항목을 삽입하거나 삭제하는 알고리즘은 기본 개념이 간단하지만 아주 쉽지는 않다.

삽입

`__setitem__` 메서드가 지원하는 `M[k] = v` 명령은 (맵이 비어 있지 않다고 가정할 때) 먼저 키 `k`를 검색하는 것으로 시작한다. 만약 `k`가 이미 존재한다면, 해당 항목의 기존 값을 새 값으로 재할당한다. 그렇지 않은 경우, 검색이 실패하여 도달한 빈 서브트리 자리에 새로운 항목을 위한 노드를 삽입할 수 있다. 이러한 삽입 방식은 이진 검색 트리의 속성을 그대로 유지시킨다(검색했을 때 바로 그 자리에 키가 있을 것으로 예상되는 위치에 새 노드를 배치하는 것이기 때문임). 이 과정을 수행하는 `TreeInsert` 알고리즘의 의사코드는 코드 11.3과 같다.

```
알고리즘 TreeInsert(T, k, v):
  입력: 값 v와 연관된 검색 키 k
  p = TreeSearch(T, T.root(), k)
  if k == p.key() then
    p 값에 v를 설정한다.
  else if k < p.key() then
    p의 왼쪽 자식으로 항목 (k, v)를 가진 노드를 추가한다.
  else
    p의 오른쪽 자식으로 항목 (k, v)를 가진 노드를 추가한다.
```

코드 11.3 이진 검색 트리로 표현된 맵에 키-값 쌍을 삽입하는 알고리즘

그림 11.4는 이진 검색 트리에 대한 삽입 예다.

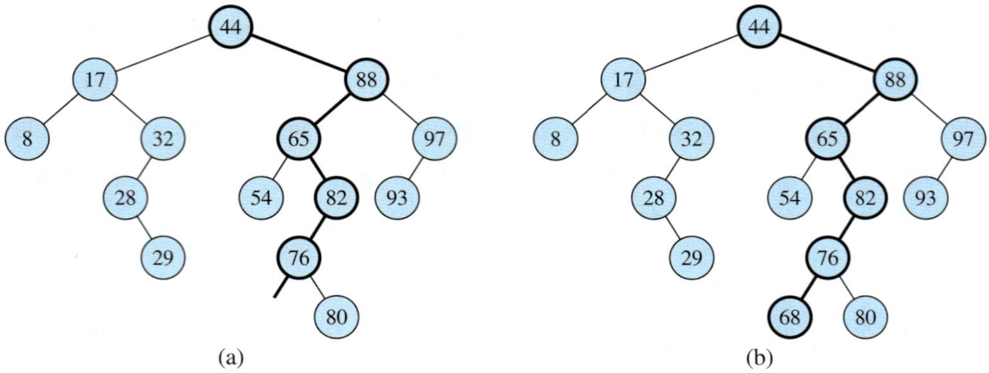

그림 11.4 그림 11.2의 검색 트리에 키 68을 가진 항목을 삽입하는 과정. (a) 삽입할 위치 찾기, (b) 결과 트리

삭제

이진 검색 트리 T에서 항목을 삭제하는 작업은 새 항목을 삽입하는 작업보다 조금 더 복잡하다. 삭제 위치가 트리의 어느 위치에나 있을 수 있기 때문이다. (반대로, 삽입은 항상 경로의 맨 아래에서 이루어진다.) 키 k가 있는 항목을 삭제하려면, 항목을 저장하는 T의 위치 p를 찾기 위해 `TreeSearch(T, T.root(), k)`를 호출하여 시작한다. 검색이 성공하면 다음과 같이 두 가지 경우를 구분한다(난이도가 높아지는 순서).

- 위치 p가 한 개의 자식을 가진 경우, 위치 p의 노드를 쉽게 삭제할 수 있다. 8.3.1절의 `LinkedBinaryTree` 클래스에 대한 업데이트 메서드를 소개할 때, 한 개의 자식을 가진 경우에 노드를 삭제하고 그 자식으로 대체하는 비공개 유틸리티 `_delete(p)`를 선언했다. 이것이 바로 우리가 원하는 동작이다. 즉, 맵에서 키 k를 가진 항목을 제거하고 나머지 모든 조상-자손 관계를 유지하면서 이진 검색 트리의 속성을 유지한다(그림 11.5 참고).
- 위치 p가 두 개의 자식을 가진 경우, T에서 노드를 간단히 삭제할 수 없다. 노드를 삭제하면 '구멍'이 생기고 두 개의 고아 자식이 만들어질 수 있기 때문이다. 대신, 다음과 같이 진행한다(그림 11.6 참고).
    - 위치 p보다 자명하게 작은 키를 가진 항목 중 가장 큰 키를 가진 항목이 있는 위치 r을 찾는다. 즉, 11.1.1절의 표기법에 따르면 `r = before(p)`다. 위치 p는 두 개의 자식을 가지고 있기 때문에 p의 **선행자**(predecessor)는 p의 왼쪽 서브트리에서 가장 오른쪽에 있는 위치다.

- 삭제하려는 위치 p에 위치 r의 항목을 가져다 놓는다. r은 맵에서 바로 직전 키를 가지므로, p의 오른쪽 서브트리에 있는 항목들은 모두 r보다 큰 키를 가지게 되고, p의 왼쪽 서브트리에 있는 다른 항목들은 모두 r보다 작은 키를 가지게 된다. 따라서 이 대체 작업 이후에도 이진 검색 트리의 속성은 만족된다.
- r을 p의 대체물로 사용한 후에는 r의 노드를 트리에서 삭제해야 한다. 다행히 r은 서브트리에서 가장 오른쪽에 위치하고 있었기 때문에 오른쪽 자식이 없다. 따라서 r의 노드를 삭제하는 작업은 첫 번째(더 단순한) 방법을 사용하여 쉽게 수행할 수 있다.

검색이나 삽입과 마찬가지로, 이 삭제 알고리즘은 루트에서 아래로 단일 경로를 이동하며 수행된다. 이 과정에서 경로 내 두 위치 간 항목을 이동하거나 그 경로에서 노드를 제거하고 그 자식을 승격시킬 수 있다. 따라서 트리의 높이 h에 비례하여 $O(h)$ 시간에 실행된다.

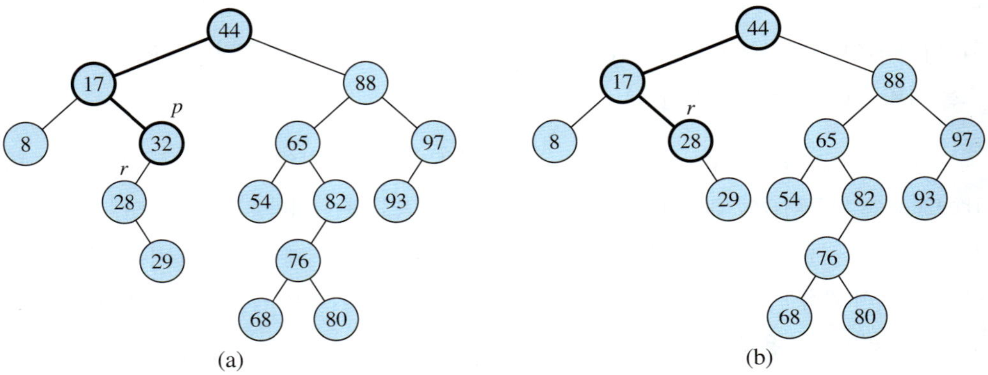

그림 11.5 그림 11.4(b)의 이진 검색 트리에서 삭제하기. (키가 32인) 삭제할 항목이 하나의 자식 r을 가진 위치 p에 저장된 경우: (a) 삭제 전, (b) 삭제 후

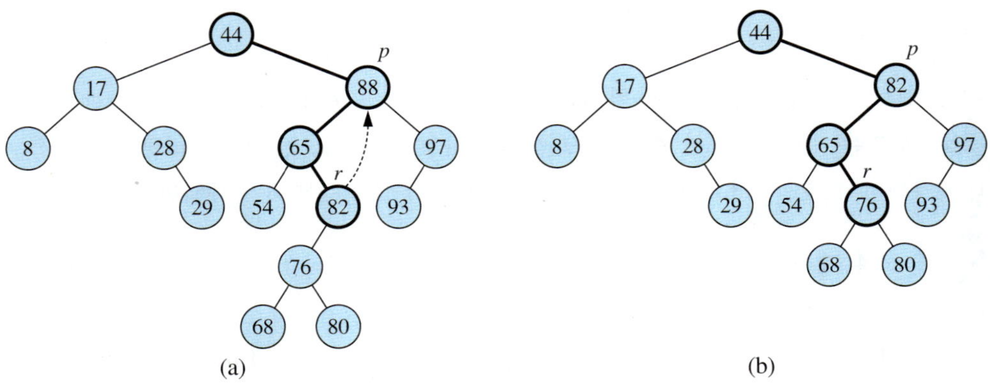

그림 11.6 그림 11.5(b)의 이진 검색 트리에서 삭제하기. (키가 88인) 삭제할 항목이 두 개의 자식을 가진 위치 p에 저장된 경우와 그 선행자 r로 대체된 경우: (a) 삭제 전, (b) 삭제 후

11.1.4 파이썬 구현

코드 11.4～11.8은 이진 검색 트리를 사용해 정렬된 맵 ADT를 구현하는 TreeMap 클래스를 정의한다. 사실, 이 구현은 더 일반적인 형태를 연다. 모든 표준 맵 연산(10.1.1절 참고)과 모든 정렬된 맵 연산(Section 10.3)을 비롯해 first(), last(), find_position(k), before(p), after(p), delete(p)와 같은 위치 연산도 지원한다.

TreeMap 클래스는 코드 재사용을 위해 **다중 상속**(multiple inheritance)을 활용한다. 즉, 위치 기반 이진 트리(positional binary tree)로 표현하기 위해 8.3.1절의 LinkedBinaryTree 클래스로부터 상속받고, 키-값 쌍을 구성하는 항목과 collections.MutableMapping 추상 기반 클래스에서 요구하는 구체적인 동작들을 제공하기 위해 10.1.4절의 코드 10.2에 있는 MapBase 클래스로부터도 상속받는다. 또한 트리 ADT로부터 상속된 p.element() 구문 대신, 맵에 더 특화된 p.key()와 p.value() 접근자(accessor)를 지원하기 위해 내부에 정의된 Position 클래스를 하위 클래스화하여 사용한다.

또 _subtree_search(p, k)와 같은 비공개 유틸리티를 정의한다. 이는 코드 11.2의 TreeSearch 알고리즘에 해당한다. 이 메서드는 키 k를 포함하는 위치를 반환하거나, 그렇지 않으면 검색 경로에서 방문한 마지막 위치를 반환한다. 검색에서 실패하면 최종 위치가 k보다 작은 키 중에서 가장 가까운 키이거나 k보다 큰 키 중에서 가장 가까운 키 중 하나를 반환한다. 이 검색 유틸리티는 공용 find_position(k) 메서드와 함께 사용된다. 또한 맵에서 항목을 검색·삽입·삭제할 때 내부적으로 사용되며, 정렬된 맵 ADT에 대한 강력한 검색에도 사용될 것이다.

트리를 구조적으로 수정할 때는 LinkedBinaryTree 클래스에서 상속된 _add_right와 같은 비공개 업데이트 메서드를 활용한다(8.3.1절 참고). 이 상속된 메서드를 잘못 사용하면 검색 트리 속성을 위배할 수 있으므로 이 메서드는 비공개로 유지되어야 한다.

마지막으로, 코드에는 나중에 사용될 _rebalance_insert_, _rebalance_delete_, _rebalance_access_라는 메서드에 대한 호출이 포함되어 있다. 이들 메서드는 검색 트리의 균형을 잡는 데 사용하며, 11.2절에서 구체적으로 살펴볼 것이다. 각 코드를 간단히 안내하면 다음과 같다.

- 코드 11.4: 재정의된 Position 클래스와 비공개 검색 유틸리티를 포함한 TreeMap 클래스의 시작 부분
- 코드 11.5: 위치 메서드 first(), last(), before(p), after(p), find_position(p)의 접근자
- 코드 11.6: 정렬된 맵 ADT의 선택 메서드 find_min(), find_ge(k), find_ range(start, stop) (관련 메서드는 간결한 표현을 위해 생략함)
- 코드 11.7: __getitem__(k), __setitem__(k, v), __iter__()

• 코드 11.8: delete(p)와 같은 위치에 따른 삭제 또는 __delitem__(k)와 같은 키에 따른 삭제

```
class TreeMap(LinkedBinaryTree, MapBase):
    """이진 검색 트리를 사용한 정렬된 맵 구현"""

    #---------------------------- Position 클래스 재정의----------------------------
    class Position(LinkedBinaryTree.Position):
        def key(self):
            """맵에서 키-값 쌍의 키를 반환한다."""
            return self.element()._key

        def value(self):
            """맵에서 키-값 쌍의 값을 반환한다."""
            return self.element()._value

    #------------------------------- 비공개 유틸리티 -------------------------------
    def _subtree_search(self, p, k):
        """p의 서브트리에서 키 k를 갖는 Position을 반환하거나 마지막으로 검색된 노드를 반
        환한다."""
        if k == p.key():                            # 일치하는 항목을 찾은 경우
            return p
        elif k < p.key():                           # 왼쪽 서브트리 검색
            if self.left(p) is not None:
                return self._subtree_search(self.left(p), k)
        else:                                       # 오른쪽 서브트리 검색
            if self.right(p) is not None:
                return self._subtree_search(self.right(p), k)
        return p                                    # 검색에 실패한 경우

    def _subtree_first_position(self, p):
        """p를 루트로 하는 서브트리에서 첫 번째 항목의 Position을 반환한다."""
        walk = p
        while self.left(walk) is not None:          # 왼쪽으로 계속 이동
            walk = self.left(walk)
        return walk

    def _subtree_last_position(self, p):
        """p를 루트로 하는 서브트리에서 마지막 항목의 Position을 반환한다."""
        walk = p
        while self.right(walk) is not None:         # 오른쪽으로 계속 이동
            walk = self.right(walk)
        return walk
```

코드 11.4 이진 검색 트리를 기반으로 한 TreeMap 클래스의 시작 부분(코드 11.5로 이어짐)

```
  def first(self):
    """트리에서 첫 번째 위치를 반환한다(비어 있는 경우 None 반환)."""
    return self._subtree_first_position(self.root()) if len(self)>0 else None

  def last(self):
    """트리에서 마지막 위치를 반환한다(비어 있는 경우 None 반환)."""
    return self._subtree_last_position(self.root()) if len(self)>0 else None

  def before(self, p):
    """p의 바로 이전 위치를 반환한다.

    p가 첫 번째 위치인 경우 None을 반환한다.
    """
    self._validate(p)                    # LinkedBinaryTree에서 상속됨
    if self.left(p):
      return self._subtree_last_position(self.left(p))
    else:
      # 위로 이동
      walk = p
      above = self.parent(walk)
      while above is not None and walk == self.left(above):
        walk = above
        above = self.parent(walk)
      return above

  def after(self, p):
    """p의 바로 다음 위치를 반환한다.

    p가 마지막 위치인 경우 None을 반환한다.
    """
    # before(p)와 유사하게 진행됨

  def find_position(self, k):
    """키 k를 갖는 위치를 반환하거나, 이웃 위치를 반환한다(비어 있는 경우 None 반환)."""
    if self.is_empty():
      return None
    else:
      p = self._subtree_search(self.root(), k)
      self._rebalance_access(p)          # 균형 잡힌 트리 하위 클래스를 위한 후크
      return p
```

코드 11.5 TreeMap 클래스의 순회 메서드(코드 11.6으로 이어짐)

```
    def find_min(self):
        """가장 작은 키를 갖는 (키, 값) 쌍을 반환한다(비어 있는 경우 None 반환)."""
        if self.is_empty():
            return None
        else:
            p = self.first()
            return (p.key(), p.value())

    def find_ge(self, k):
        """키 k보다 크거나 같은 가장 작은 키를 갖는 (키, 값) 쌍을 반환한다.

        해당 키가 없는 경우 None을 반환한다.
        """
        if self.is_empty():
            return None
        else:
            p = self.find_position(k)           # 정확한 일치를 찾지 못할 수도 있음
            if p.key() < k:                     # p의 키가 너무 작은 경우
                p = self.after(p)
            return (p.key(), p.value()) if p is not None else None

    def find_range(self, start, stop):
        """start <= key < stop인 모든 (키, 값) 쌍을 반복한다.

        start가 None인 경우에는 맵의 최소 키부터 반복된다.
        stop이 None인 경우에는 맵의 최대 키까지 반복된다.
        """
        if not self.is_empty():
            if start is None:
                p = self.first()
            else:
                # find_ge와 비슷한 논리로 p를 초기화함
                p = self.find_position(start)
                if p.key() < start:
                    p = self.after(p)
            while p is not None and (stop is None or p.key() < stop):
                yield (p.key(), p.value())
                p = self.after(p)
```

코드 11.6 TreeMap 클래스의 정렬된 맵 연산들(코드 11.7로 이어짐)

```
  def __getitem__(self, k):
    """지정된 키 k와 연관된 값을 반환한다(찾을 수 없으면 KeyError를 발생시킨다)."""
    if self.is_empty():
      raise KeyError('Key Error: ' + repr(k))
    else:
      p = self._subtree_search(self.root(), k)
      self._rebalance_access(p)            # 균형 잡힌 트리 하위 클래스를 위한 후크
      if k != p.key():
        raise KeyError('Key Error: ' + repr(k))
      return p.value()

  def __setitem__(self, k, v):
    """기존 값이 있으면 값 v를 키 k에 할당한다."""
    if self.is_empty():
      leaf = self._add_root(self._Item(k,v))      # LinkedBinaryTree에서 상속됨
    else:
      p = self._subtree_search(self.root(), k)
      if p.key() == k:
        p.element()._value = v             # 기존 항목의 값을 바꿈
        self._rebalance_access(p)          # 균형 잡힌 트리 하위 클래스를 위한 후크
        return
      else:
        item = self._Item(k,v)
        if p.key() < k:
          leaf = self._add_right(p, item)  # LinkedBinaryTree에서 상속됨
        else:
          leaf = self._add_left(p, item)   # LinkedBinaryTree에서 상속됨
    self._rebalance_insert(leaf)           # 균형 잡힌 트리 하위 클래스를 위한 후크

  def __iter__(self):
    """맵의 모든 키를 순서대로 생성한다."""
    p = self.first()
    while p is not None:
      yield p.key()
      p = self.after(p)
```

코드 11.7 TreeMap 클래스에서 항목에 접근하고 삽입하는 맵 연산인 __getitem__, __setitem__ 등의 메서드. 역방향 반복은 __reversed__ 메서드를 사용하여 구현할 수 있으며, 이때 __iter__에 대한 대칭적인 접근 방식을 사용한다. (코드 11.8로 이어짐)

```
  def delete(self, p):
    """지정된 위치에 있는 항목을 제거한다."""
    self._validate(p)                            # LinkedBinaryTree에서 상속됨
    if self.left(p) and self.right(p):           # p에 두 개의 자식이 있음
      replacement = self._subtree_last_position(self.left(p))
      self._replace(p, replacement.element())    # LinkedBinaryTree에서 상속됨
      p = replacement
    # 이제 p에는 최대 하나의 자식만 있음
    parent = self.parent(p)
    self._delete(p)                              # LinkedBinaryTree에서 상속됨
    self._rebalance_delete(parent)               # 루트가 삭제된 경우, 부모는 None

  def __delitem__(self, k):
    """키 k와 연관된 항목을 제거한다(찾을 수 없으면 KeyError를 발생시킨다)."""
    if not self.is_empty():
      p = self._subtree_search(self.root(), k)
      if k == p.key():
        self.delete(p)                           # 위치 버전에 의존적
        return                                   # 성공적인 삭제 완료
      self._rebalance_access(p)                  # 균형 잡힌 트리 하위 클래스를 위한 후크
    raise KeyError('Key Error: ' + repr(k))
```

코드 11.8 TreeMap에서 항목을 삭제하기 위한 코드의 일부. 위치에 따라 또는 키에 의해 위치를 찾는다. (코드 11.10으로 이어짐)

11.1.5 이진 검색 트리의 성능

TreeMap 클래스의 연산 분석은 표 11.1과 같다. 거의 모든 연산의 최악 수행 시간은 현재 트리의 높이 h에 따라 달라진다. 이는 대부분의 연산이 트리 내의 특정 경로를 따라 이동하면서 각 노드마다 일정한 작업량만 수행하기 때문이다. 그리고 트리 내 경로의 최대 길이는 트리의 높이에 비례한다.

특히, `__getitem__`, `__setitem__`, `__delitem__`과 같은 맵 연산은 각각 `_subtree_search` 유틸리티 함수 호출로 시작되며, 이 함수가 루트 노드에서부터 트리 아래로 경로를 따라가며 각 노드에서 다음 검색 방향을 결정하는 데 $O(1)$ 시간이 든다. 삭제 시에는 대체 노드를 찾기 위해 유사한 경로 검색이 이루어지고, 중위 순회의 선행자나 후행자를 찾을 때도 마찬가지다.

한편, `after` 메서드의 단일 호출은 최악의 경우 $O(h)$ 시간이 걸릴 수 있지만, `__iter__` 호출 중 일어나는 n번의 연속 호출은 전체적으로 $O(n)$ 시간이 걸린다. 왜냐하면 각각의 간선(edge)은 최대 두 번만 검색되기 때문이다. 즉, 이런 호출들의 분할 지불 수행 시간은 $O(1)$이다. 마찬가지 논리로, s개의 결과를 반환하는 `find_rang` 호출은 최악의 경우 $O(s + h)$의 시간 복잡도를 갖는다는 것을 증명할 수 있다(연습 문제 C-11.34 참고).

연산	수행 시간
`k in T`	$O(h)$
`T[k], T[k] = v`	$O(h)$
`T.delete(p), del T[k]`	$O(h)$
`T.find_position(k)`	$O(h)$
`T.first(), T.last( ),` `T.find_min(), T.find_max()`	$O(h)$
`T.before(p), T.after(p)`	$O(h)$
`T.find_lt(k), T.find_le(k),` `T.find_gt(k), T.find_ge(k)`	$O(h)$
`T.find_range(start, stop)`	$O(s + h)$
`iter(T), reversed(T)`	$O(n)$

표 11.1 TreeMap T의 연산에 대한 최악의 경우 수행 시간. 현재 트리의 높이를 h로 표시하고, `find_range`에 의해 보고된 항목 수를 s로 표시한다. 공간 사용량은 맵에 저장된 항목 수인 n에 대해 $O(n)$이다.

따라서 이진 검색 트리 T는 높이가 작을 때만 n개의 항목을 가진 맵을 효율적으로 구현할 수 있다. 최선의 경우 T의 높이는 $h = \lceil \log(n+1) \rceil - 1$이 되며, 이 경우 모든 맵 연산이 로그 시간에 수행될 수 있다. 하지만 최악의 경우 T의 높이는 n이 되는데, 이 경우 맵이 단순히 정렬된 리스트로 구현된 것처럼 보이고 성능도 리스트처럼 느려진다. 이러한 최악의 형태는 예를 들어 키 값들을 오름차순 또는 내림차순으로 삽입할 때 발생할 수 있다(자세한 예는 그림 11.7 참고).

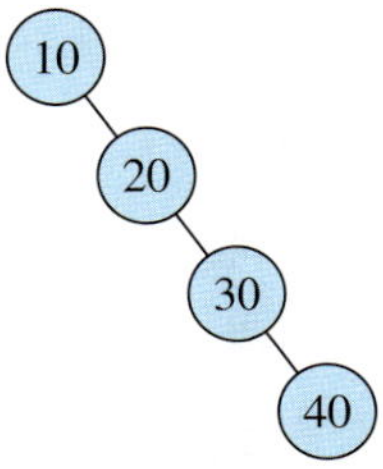

그림 11.7 키가 증가하는 순서로 삽입하여 얻은 선형 높이를 가진 이진 검색 트리의 예

그럼에도 불구하고 평균적으로는 키가 n개인 이진 검색 트리가 무작위적인 삽입과 삭제 과정을 통해 생성될 경우, 평균 높이가 $O(\log n)$이 된다는 점에서 위안을 삼을 수 있다. 이 주장의 엄밀한 증명은 이 책의 범위를 넘어서는 것으로, "무작위적인 삽입과 삭제"가 무엇을 의미하는지 정확히 정의하기 위한 정교한 수학적 언어와 고급 확률 이론이 필요하다.

하지만 삽입과 삭제가 무작위적이지 않음을 보장할 수 없는 응용 분야에서는 이 장의 후반부에서 소개할 변형된 검색 트리들을 사용하는 것이 더 적합하다. 이러한 트리들은 최악의 경우에도 트리의 높이를 $O(\log n)$으로 유지하도록 보장하므로 검색·삽입·삭제 연산 모두 최악의 경우에도 $O(\log n)$ 시간에 수행될 수 있다.

11.2 균형 검색 트리

앞 절의 마지막 부분에서, 삽입과 삭제가 무작위로 이루어진다고 가정할 수 있다면 일반적인 이진 검색 트리에서도 기본적인 맵 연산에 대해 평균적으로 $O(\log n)$의 수행 시간을 얻을 수 있다고 언급했다. 그러나 실제로는 일부 연산 순서에 따라 트리가 심하게 불균형해질 수 있기 때문에 최악의 경우 시간 복잡도는 $O(n)$이다(이 경우 트리의 높이가 n에 비례하게 됨).

지금부터는 더욱 강력한 성능 보장을 제공하는 네 가지 검색 트리 알고리즘을 살펴볼 것이다. 이 네 가지 자료구조 중 세 가지(AVL 트리, 스플레이 트리, 레드-블랙 트리)는 기존 이진 검색 트리에 간헐적인 트리 재구성 작업을 추가하여 트리의 높이를 줄이는 방식을 사용한다.

이진 검색 트리를 균형 있게 만드는 연산을 **회전**(rotation)이라고 부른다. 회전은 자식 노드를 부모 노드 위로 '회전시켜' 구조를 재구성하는 작업을 말하며, 그 과정은 그림 11.8과 같다.

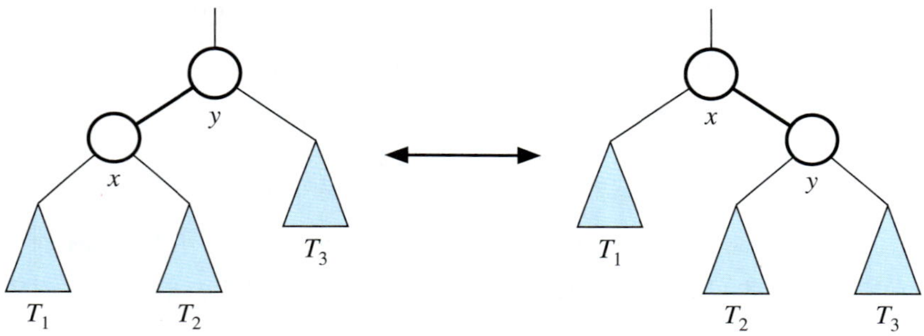

그림 11.8 이진 검색 트리에서의 회전 연산. 회전은 왼쪽 그림의 구조를 오른쪽 구조로 변환하거나, 오른쪽 구조를 왼쪽 구조로 변환하는 작업이다. 여기서 주목할 점은 서브트리 T_1에 있는 모든 키는 x의 키보다 작고, 서브트리 T_2에 있는 모든 키는 x와 y 사이에 있으며, 서브트리 T_3에 있는 모든 키는 y의 키보다 크다는 것이다.

회전을 수행할 때도 이진 검색 트리의 속성을 유지하려면 다음을 주의해야 한다. 회전 이전에 위치 x가 위치 y의 왼쪽 자식이었다면(따라서 x의 키가 y의 키보다 작았다면), 회전 후에는 y가 x의 오른쪽 자식이 되어야 한다. (그리고 반대의 경우도 마찬가지다.) 또한 회전되는 두 위치의 키 사이에 해당하는 항목들이 포함된 서브트리를 제대로 다시 연결해야 한다. 예를 들어 그림 11.8에서 T_2로 표시된 서브트리는, 키 값이 x보다는 크고 y보다는 작은 항목들을 포함하는 서브트리다. 그림의 첫 번째 구조에서는 T_2가 위치 x의 오른쪽 서브트리였고, 두 번째 구조에서는 T_2가 위치 y의 왼쪽 서브트리가 된다.

회전 연산은 일정 수의 부모-자식 관계만 수정하므로, 연결된 이진 트리 표현을 사용할 경우 $O(1)$ 시간에 구현할 수 있다.

트리 균형 조정 알고리즘에서 회전은 검색 트리 속성을 유지하면서 트리의 모양을 수정하는 작업이다. 회전을 올바르게 사용한다면 트리 구성이 극도로 불균형해지는 것을 막을 수 있다. 예를 들어 그림 11.8의 첫 번째 구조에서 두 번째 구조로 바꾸기 위한 오른쪽 회전은 서브트리 T_1의 각 노드 깊이를 하나 줄이고, 서브트리 T_3의 각 노드 깊이를 하나 늘린다. (서브트리 T_2의 노드 깊이는 회전에 영향을 받지 않는다.)

여러 개의 회전을 조합하면 트리 내에서 더 넓은 범위의 균형 조정을 수행할 수 있다. 그런 복합 연산 중 하나로 **3-노드 재구성**(trinode restructuring)을 소개한다. 이 연산에서는 위치 x, 그 부모 y, 조부모 z를 고려한다. 목표는 z를 루트로 하는 서브트리를 재구성하여 x와 그 서브트리들까지 가는 전체 경로 길이를 줄이는 것이다. `restructure(x)` 메서드의 의사코드는 코드 11.9와 같고 그 과정은 그림 11.9와 같다. 3-노드 재구성을 설명할 때 일시적으로 위치 x, y, z를 각각 a, b, c로 이름을 바꾼다. 이때 중위 순회를 기준으로 a가 b보다 먼저 나오고, b가 c보다 먼저 나오도록 설정한다. 그림 11.9와 같이 x, y, z의 상대적 배치는 네 가지 경우가 가능하지만, 이러한 이름 재정의 덕분에 이 네 경우를 하나의 형태로 통합할 수 있다. 3-노드 재구성에서는 z를 제거하고, b를 새로운 루트 노드로 올린다. b의 두 자식은 각각 a와 c가 된다. a와 c의 자식들은 원래 x, y, z가 가지고 있던 자식들 중 (x, y 자신을 제외한) 네 개의 서브트리들을 적절히 연결한다. 이 과정에서도 트리 T의 모든 노드에 대한 중위 순회 순서는 유지된다.

알고리즘 restructure(x):

입력: 부모 y와 조부모 z를 모두 갖는 이진 검색 트리 T의 위치 x

출력: 위치 x, y, z를 포함하는 3-노드 재구성(단일 또는 이중 회전에 해당) 후의 트리 T

1: (a, b, c)를 x, y, z 위치들의 중위 순서라고 하고, (T_1, T_2, T_3, T_4)을 x, y, z를 루트로 하는 서브트리 네 개의 중위 순서 나열이라고 하자.
2: z를 루트로 하는 서브트리를 b를 루트로 하는 새로운 서브트리로 교체한다.
3: a를 b의 왼쪽 자식으로 두고 T_1과 T_2를 각각 a의 왼쪽 및 오른쪽 서브트리로 둔다.
4: c를 b의 오른쪽 자식으로 두고 T_3과 T_4를 각각 c의 왼쪽 및 오른쪽 서브트리로 둔다.

코드 11.9 이진 검색 트리의 3-노드 구조 조정 작업 실제로 트리 T를 3-노드 재구성 연산으로 수정하는 작업은 하나의 회전으로 처리하는 경우(그림 11.9(a)와 11.9(b))와 두 번의 회전으로 처리하는 경우(그림 11.9(c)와 11.9(d))로 나눌 수 있다. 두 번의 회전이 필요한 경우는 x가 세 개의 관련 키 중 가운데 값을 가질 때 발생한다. 이 때는 x를 먼저 부모 위로 회전시키고, 그다음 원래 조부모 위로 또 한 번 회전시킨다. 어느 경우든 3-노드 재구성 연산은 $O(1)$ 시간에 완료된다.

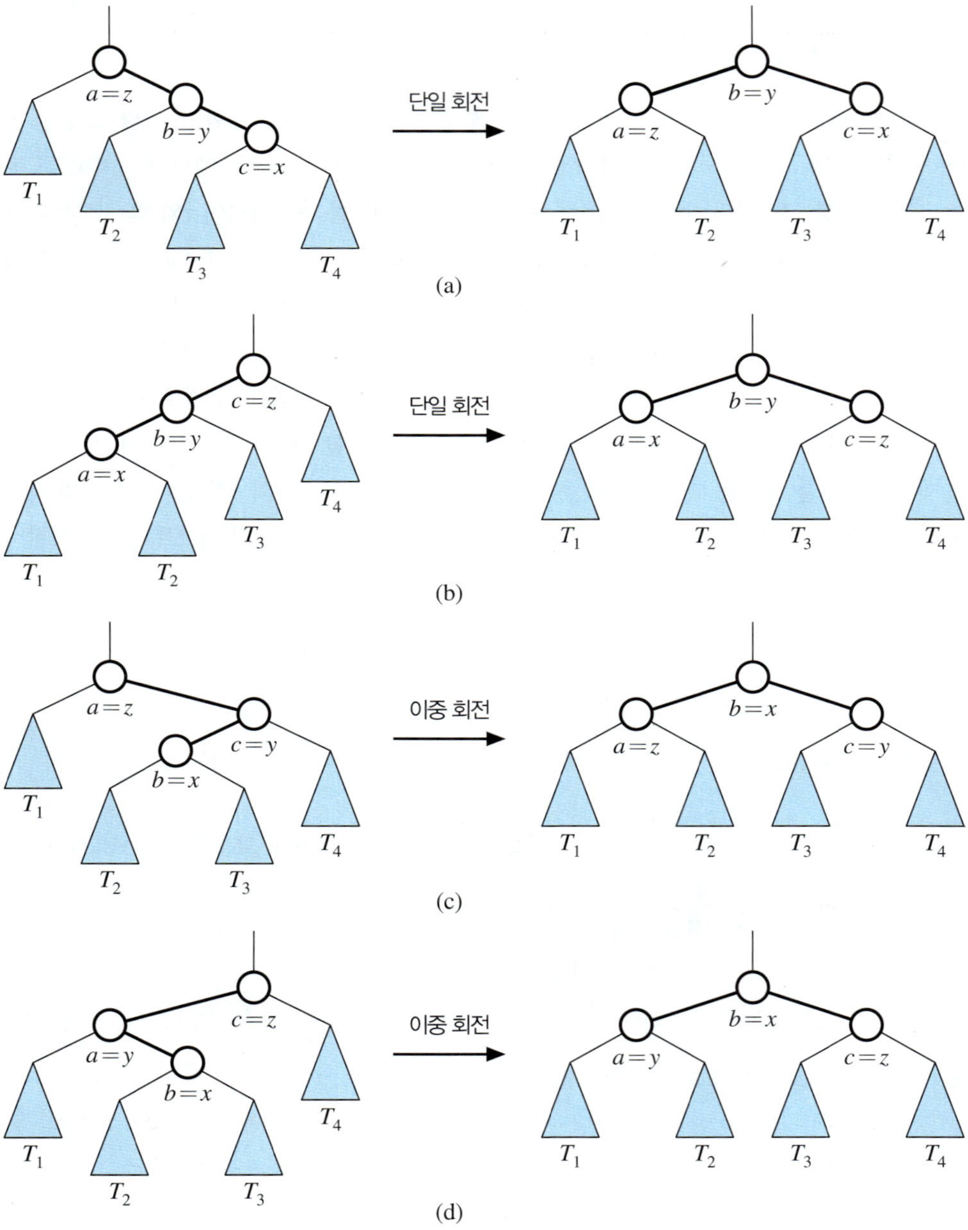

그림 11.9 3-노드 재구성 작업의 개략도. (a)와 (b)는 단일 회전 필요, (c)와 (d)는 이중 회전 필요

11.2.1 균형 검색 트리를 위한 파이썬 프레임워크

11.1.4절에서 소개한 TreeMap 클래스는 명시적인 균형 조정 작업을 수행하지 않는 맵 구현이다. 그러나 우리는 해당 클래스가 고급 트리 균형 알고리즘을 구현하는 다른 하위 클래스의 기반 클래스 역할도 하도록 설계했다. 상속 계층 구조를 요약하면 그림 11.10과 같다.

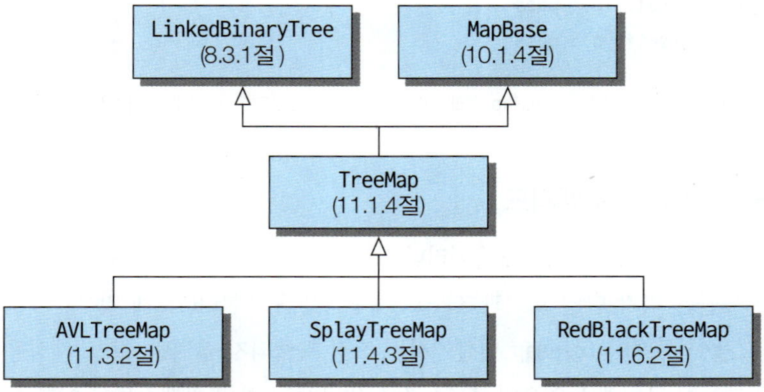

그림 11.10 균형 검색 트리의 계층 구조(정의된 절 포함). TreeMap은 Linked Binary Tree와 MapBase에서 multiply를 상속한다는 점을 기억하라.

재조정 작업을 위한 후크

11.1.4절의 기본 맵 작업 구현에는 재조정 알고리즘을 위한 후크 역할을 하는 세 가지 비공개 메서드가 전략적으로 호출된다.

- _rebalance_insert(p) 호출은 __setitem__ 메서드 내에서 이루어진다. 새 노드가 트리의 p 위치에 추가된 직후다.
- 트리에서 노드가 삭제될 때마다 _rebalance_delete(p)가 호출된다. 여기서 위치 p는 방금 제거된 노드의 부모다. 이 후크는 공개 delete(p) 메서드 내에서 호출되며, 이는 공개 __delitem__(k) 메서드에 의해 간접적으로 호출된다.
- 또한 __getitem__과 같은 공개 메서드를 통해 트리의 위치 p에 있는 항목에 접근할 때 호출되는 _rebalance_access(p) 후크를 제공한다. 이 후크는 더 자주 접근되는 항목이 루트에 더 가까워지도록 트리를 재구성하기 위해 **스플레이 트리**(splay tree) 구조(11.4절 참고)에서 사용된다.

코드 11.10에서 이 세 가지 메서드에 대한 간단한 선언을 제공한다(pass 문 사용). TreeMap의 하위 클래스는 트리 균형을 재조정하는 중요한 작업을 구현하기 위해 이러한 메서드 중 하나를 재정의할 수 있다. 이는 8.4.6절에서 볼 수 있듯이 **템플릿 메서드 디자인 패턴**(template method design pattern)의 또 다른 예에 해당한다.

```
def _rebalance_insert(self, p): pass
def _rebalance_delete(self, p): pass
def _rebalance_access(self, p): pass
```

코드 11.10 재조정 후크에 대한 스텁을 제공하는 TreeMap 클래스에 대한 추가 코드(코드 11.11로 이어짐)

회전 및 구조 조정을 위한 비공개 메서드

균형 검색 트리를 지원하는 두 번째 형태는 비공개 유틸리티 메서드인 _rotate와 _restructure를 포함하는 것이다. 이 메서드들은 각각 단일 회전과 3-노드 재구성을 구현한다(1.2절 앞부분에서 설명함). 비록 이 메서드들이 공개된 TreeMap 연산에서는 직접 호출되지 않지만, 코드 재사용을 촉진하기 위해 이 클래스에 구현해 두었으며, 모든 균형 잡힌 트리 하위 클래스들이 이를 상속받아 사용할 수 있도록 했다.

구현 과정은 코드 11.11과 같다. 코드를 단순화하기 위해 부모 노드와 자식 노드를 서로 적절히 연결하는 추가 유틸리티 메서드인 _relink도 정의했다(_relink는 자식이 None인 경우처럼 특수한 상황도 처리할 수 있음). _rotate 메서드의 주요 초점은 부모와 자식 간의 관계를 재정의하고, 회전된 노드를 원래 조부모 노드에 직접 연결하며, 두 회전 노드 사이에 있는 '중간' 서브트리(그림 11.8에서 T_2로 표시)를 적절히 이동시키는 작업에 맞춰진다. 한편, 3-노드 재구성 시 그림 11.9에서 설명한 것처럼 단일 회전을 할 것인지 이중 회전을 할 것인지를 결정한다.

```
    def _relink(self, parent, child, make_left_child):
        """부모 노드를 자식 노드와 다시 연결한다(자식이 None일 수 있음)."""
        if make_left_child:                          # 왼쪽 자식으로 만듦
            parent._left = child
        else:                                        # 오른쪽 자식으로 만듦
            parent._right = child
        if child is not None:                        # 자식이 부모를 가리키도록 함
            child._parent = parent

    def _rotate(self, p):
        """위치 p를 부모 위로 회전시킨다."""
        x = p._node
        y = x._parent                                # 이것이 존재한다고 가정
        z = y._parent                                # 조부모 노드(None일 수 있음)
        if z is None:
            self._root = x                           # x가 루트가 됨
            x._parent = None
        else:
            self._relink(z, x, y == z._left)         # x가 z의 직계 자식이 됨
        # 이제 x와 y를 회전하면서 중간 서브트리를 이동한다.
        if x == y._left:
            self._relink(y, x._right, True)          # x.right가 y의 왼쪽 자식이 됨
            self._relink(x, y, False)                # y가 x의 오른쪽 자식이 됨
        else:
            self._relink(y, x._left, False)          # x.left가 y의 오른쪽 자식이 됨
            self._relink(x, y, True)                 # y가 x의 왼쪽 자식이 됨

    def _restructure(self, x):
        """Position x와 부모/조부모를 사용해 3-노드 재구성을 수행한다."""
        y = self.parent(x)
        z = self.parent(y)
        if (x == self.right(y)) == (y == self.right(z)):    # 정렬 방향이 같으면
            self._rotate(y)                          # y를 한 번 회전
            return y                                 # y는 새로운 서브트리 루트
        else:                                        # 정렬 방향이 다르면
            self._rotate(x)                          # x를 두 번 회전
            self._rotate(x)
            return x                                 # x는 새로운 서브트리 루트
```

코드 11.11 TreeMap 클래스의 추가 코드. 균형 잡힌 검색 트리 하위 클래스를 위한 비공개 유틸리티를 제공한다.

트리 노드 생성을 위한 팩토리

TreeMap 클래스와 원래의 LinkedBinaryTree 하위 클래스의 설계에 나타나는 중요하지만 미묘한 점에 주목할 필요가 있다.

LinkedBinaryTree 내부에는 중첩된 Node 클래스가 있으며, 이 클래스가 노드의 저수준 구조를 정의한다. 하지만 트리의 균형을 맞추기 위한 여러 전략 중 일부는 균형 과정을 안내하기 위해 각 노드에 보조적인 정보를 추가로 저장해야 한다. 이 경우, 해당 하위 클래스에서는 중첩된 Node 클래스를 재정의하여 추가 필드를 저장할 수 있도록 만든다.

예를 들어 트리에 새 노드를 추가할 때 LinkedBinaryTree의 _add_right 메서드(코드 8.10에서 제공함)에서는 의도적으로 LinkedBinaryTree._Node가 아니라 self._Node라는 문법을 사용하여 노드를 생성한다. 이 방식은 프레임워크에서 매우 중요한 역할을 한다. 왜냐하면 self._Node라는 표현이 트리(혹은 서브트리) 클래스의 인스턴스에 적용될 때, 파이썬의 이름 해석은 상속 구조를 따르기 때문이다(2.5.2절 참고). 즉, 어떤 하위 클래스가 _Node클래스를 재정의했다면 self._Node를 통해 노드를 생성할 경우 새로 정의된 _Node 클래스가 사용된다.

이 방식은 **팩토리 메서드 디자인 패턴**(factory method design pattern)의 한 예로, 하위 클래스가 기반 클래스의 메서드 내에서 어떤 종류의 노드를 생성할지 제어할 수 있는 수단을 제공한다.

11.3 AVL 트리

표준 이진 검색 트리를 자료구조로 사용하는 `TreeMap` 클래스는 효율적인 맵 자료구조처럼 보이지만, 일련의 연산으로 인해 트리의 높이가 선형이 될 수 있기 때문에 다양한 연산에 대한 최악의 경우 성능은 선형 시간이다. 이 절에서는 모든 기본적인 맵 연산에 대해 최악의 경우에도 로그 시간을 보장할 수 있는 간단한 균형 유지 전략을 설명한다.

AVL 트리의 정의

간단한 해결책은 트리의 높이를 $\log n$으로 유지하도록 이진 검색 트리 정의에 규칙 하나를 추가하는 것이다. 원래는 어떤 위치 p를 루트로 하는 서브트리의 높이를 'p에서 단말 노드까지 가장 긴 경로에 있는 간선의 수'로 정의했지만(자세한 내용은 8.1.3절 참고), 이 절에서는 설명의 편의를 위해 가장 긴 경로에 포함된 노드의 수로 높이를 정의하겠다. 이 정의에 따라, 단말 노드의 높이를 1로, 'null' 자식(즉, 존재하지 않는 자식)의 높이를 0으로 간주한다.

이 절에서는 높이-균형 속성에 대해 다룰 것이며, 이 속성은 이진 검색 트리 T의 구조를 각 노드의 높이 관점에서 설명하는 기준이 된다.

높이-균형 속성(height-balance property): 이진 검색 트리 T의 모든 위치 p에 대해 p의 자식 노드들의 높이 차이는 최대 1 이하여야 한다.

이러한 높이-균형 속성을 만족하는 이진 검색 트리 T를 **AVL 트리**라고 한다. AVL 트리라는 이름은 이 구조를 고안한 두 사람인 Adel'son-Vel'skii와 Landis의 이니셜에서 따온 것이다. AVL 트리의 예는 그림 11.11과 같다.

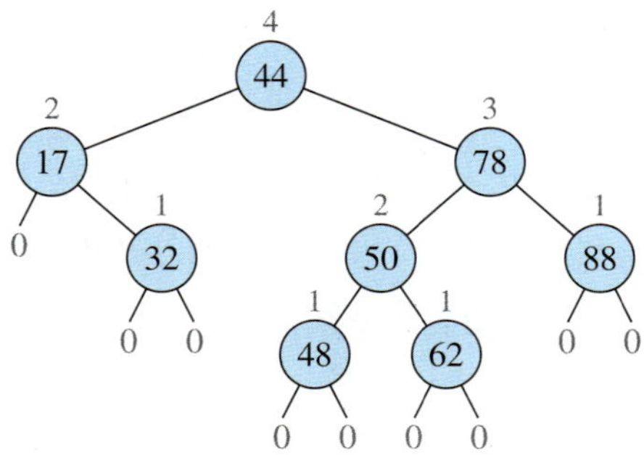

그림 11.11 AVL 트리의 예. 항목의 키는 노드 내부에 표시되고 노드의 높이는 노드 위에 표시된다(높이가 0인 빈 서브트리 포함).

높이-균형 속성의 즉각적인 결과 중 하나는 AVL 트리의 서브트리 역시 AVL 트리라는 점이다. 또한 이 속성은 트리의 높이를 작게 유지한다는 중요한 결과를 가져오는데 이는 다음 명제로 나타난다.

명제 11.2 n개의 항목을 저장하는 AVL 트리의 높이는 $O(\log n)$이다.

증명 AVL 트리의 높이에 대한 상한을 직접 구하기보다는 높이 h인 AVL 트리가 가질 수 있는 최소 노드 수 $n(h)$에 대한 하한을 구하는 편이 더 쉽다. $n(h)$가 최소한 지수적으로 증가함을 보일 것이며, 이를 통해 항목 n개를 저장하는 AVL 트리의 높이가 $O(\log n)$임을 쉽게 유도할 수 있다.

높이가 1인 AVL 트리에는 정확히 하나의 노드가 있어야 하고 높이가 2인 AVL 트리에는 최소한 하나 또는 두 개의 노드가 있어야 하기 때문에 $n(1) = 1$ 및 $n(2) = 2$임을 관찰할 수 있다. 이제 $h \geq 3$일 때, 높이 h를 가지면서 노드 수가 최소인 AVL 트리의 두 서브트리 역시 각각 최소 노드 수를 가지는 AVL 트리여야 한다. 즉, 한쪽 서브트리는 높이 $h - 1$, 다른 쪽은 $h - 2$를 가져야 하며, 이는 AVL 트리의 높이 균형 조건을 만족한다. 루트 노드를 포함하면 $n(h)$는 $n(h - 1)$, $n(h - 2)$와 다음과 같은 관계를 가진다.

$$n(h) = 1 + n(h-1) + n(h-2) \tag{11.1}$$

이 시점에서 피보나치 수열의 속성(1.8절 및 연습 C-3.49 참고)에 익숙한 독자라면 $n(h)$가 h의 지수 함수라는 것을 이미 눈치챘을 것이다. 이러한 관찰을 공식적으로 정리하기 위해 다음과 같이 진행한다.

공식 11.1은 $n(h)$가 h에 대해 엄격하게 증가하는 함수임을 의미한다. 따라서 $n(h - 1) > n(h - 2)$임을 알 수 있다. 공식 11.1에서 $n(h - 1)$을 더 작은 값인 $n(h - 2)$로 바꾸고 더하기 1은 생략하면 $h \geq 3$인 경우에 대해 다음이 성립한다.

$$n(h) > 2 \cdot n(h-2) \tag{11.2}$$

공식 11.2는 h가 2만큼 증가할 때마다 $n(h)$가 적어도 두 배로 증가함을 나타낸다. 직관적으로 볼 때, 이는 $n(h)$가 기하급수적으로 증가한다는 것을 의미한다. 이 사실을 공식적인 방법으로 보여주기 위해 공식 11.2를 반복적으로 적용하여 다음과 같은 일련의 부등식을 생성한다.

$$\begin{aligned} n(h) &> 2 \cdot n(h-2) \\ &> 4 \cdot n(h-4) \\ &> 8 \cdot n(h-6) \\ &\ \ \vdots \\ &> 2^i \cdot n(h-2i) \end{aligned} \tag{11.3}$$

즉, $h - 2i \geq 1$인 임의의 정수 i에 대해 $n(h) > 2^i \cdot n(h - 2i)$이다. 우리는 이미 $n(1)$과 $n(2)$의 값을 알고 있으므로 $h - 2i$가 1 또는 2가 되도록 i를 선택한다.

즉, 다음 값을 선택하고,

$$i = \left\lceil \frac{h}{2} \right\rceil - 1$$

이 값을 공식 11.3에 대입하면 $h \geq 3$에 대해 다음을 얻는다.

$$\begin{aligned} n(h) &> 2^{\lceil \frac{h}{2} \rceil - 1} \cdot n\left(h - 2\left\lceil \frac{h}{2} \right\rceil + 2\right) \\ &\geq 2^{\lceil \frac{h}{2} \rceil - 1} n(1) \\ &\geq 2^{\frac{h}{2} - 1} \end{aligned} \tag{11.4}$$

공식 11.4의 양변에 로그를 취하여 다음을 얻는다.

$$\log(n(h)) > \frac{h}{2} - 1$$

이 식으로부터 다음을 얻을 수 있다.

$$h < 2\log(n(h)) + 2 \tag{11.5}$$

이는 n 항목을 저장하는 AVL 트리의 높이가 최대 $2\log n + 2$임을 의미한다. ■

명제 11.2와 11.1절에서 제시한 이진 검색 트리 분석에 따르면 AVL 트리로 구현된 맵의 `__getitem__` 연산은 $O(\log n)$ 시간에 실행된다. 여기서 n은 맵에 저장된 항목의 개수다. 물론, 이러한 성능을 보장하기 위해서는 삽입 또는 삭제 후에도 높이-균형 속성을 어떻게 유지할 수 있는지를 보여주어야 한다.

11.3.1 업데이트 연산

이진 검색 트리 T에 대해, 어떤 위치에 있는 두 자식 노드 간 높이 차이의 절댓값이 1 이하이면 그 위치는 **균형 상태라**고 하고, 그렇지 않으면 불균형이라고 한다. 따라서 AVL 트리를 특징짓는 **높이-균형 속성**은 트리의 모든 위치가 균형 상태여야 한다는 것과 동치다.

AVL 트리의 삽입 및 삭제 연산은 기본 이진 검색 트리와 유사하게 시작되지만, 변경으로 인해 균형이 깨진 부분이 있다면 이를 복구하기 위한 후처리 단계가 추가된다.

삽입

새 항목을 삽입하기 전 트리 T가 높이-균형 속성을 만족한다고 가정하면, 이는 T가 AVL 트리임을 의미한다. 11.1.3절에서 설명했듯이, 이진 검색 트리에 새 항목을 삽입하면, 새로운 노드가 단말 노드 위치 p에 추가된다. 이 동작은 높이-균형 속성을 위반할 수 있다(예 그림 11.12(a) 참고). 그러나 불균형이 발생할 수 있는 위치는 p의 조상 노드들 뿐이다. 왜냐하면 그 위치들의 서브트리 높이만 변경되었기 때문이다. 따라서 이제 트리 T에서 발생할 수 있는 불균형을 어떻게 재구성(restructure)하여 고치는지를 설명하고자 한다.

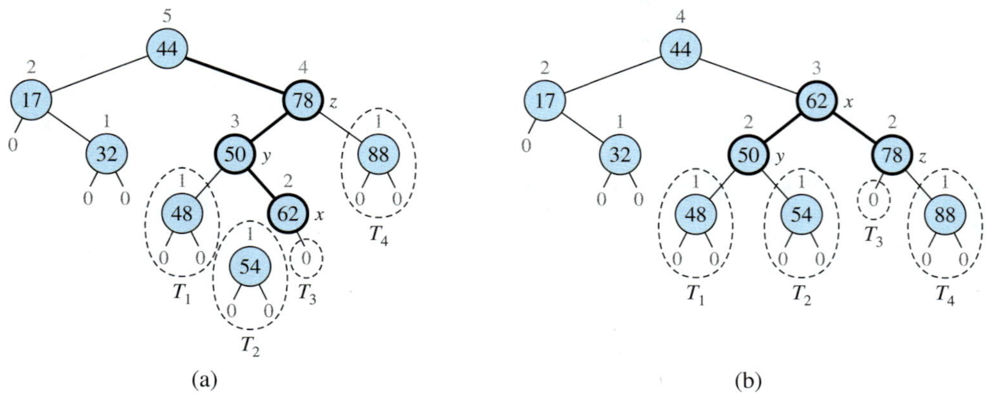

그림 11.12 그림 11.11의 AVL 트리에 키 54인 항목을 삽입하는 예. (a) 키 54인 새 노드를 추가한 후 키 78과 44를 저장하는 노드는 불균형이 됨, (b) 3-노드 구조 조정은 높이-균형 속성을 복원함(각 노드 위에는 해당 노드의 높이를 표시하였고, 재구성에 참여하는 노드 x, y, z 및 서브트리 T_1, T_2, T_3, T_4를 명확히 구분하여 표시함)

이진 검색 트리 T에서 노드의 균형을 복구하기 위해 간단한 '검색 후 수리' 전략을 사용한다. 특히, p에서 루트를 향해 위로 올라가면서 처음으로 불균형 상태인 위치 z를 찾는다(그림 11.12(a) 참고). 또한 y를 z의 자식 중 높이가 더 높은 쪽이라고 하자(이때 y는 반드시 p의 조상이어야 함). 마지막으로 x는 y의 자식 중 높이가 더 높은 쪽이며, 마찬가지로 x 역시 p의 조상이어야 한다(때로는 p 자신일 수도 있음). 이제 z를 루트로 하는 서브트리에 3-노드 재구성 메서드인 `restructure(x)` 메서드(11.2절 참고)를 호출하여 균형 상태로 되돌린다. AVL 삽입 과정에서 이와 같은 재구성의 예는 그림 11.12와 같다.

삽입 후 AVL 트리의 높이-균형 속성을 다시 확립하는 과정을 설명하기 위해 p가 삽입된 후 불균형 상태가 된 가장 가까운 조상 노드 z를 고려한다. z가 불균형 상태가 되었다는 것은 삽입으로 인해 자식 노드 y의 높이가 1 증가해 y의 높이가 그 형제 노드보다 2 더 높아진 것이다. 그런데 y는 여전히 균형을 유지하고 있으므로, 삽입 전에는 y의 두 서브트리의 높이가 같았다는 것을 의미하며, 이번 삽입으로 인해 x를 포함하는 서브트리의 높이만 1 증가한 것이다.

이 서브트리의 높이가 증가한 이유는 두 가지 중 하나다. 첫 번째는 $x = p$인 경우, 즉 x가 삽입된 노드 그 자체인 경우로 높이가 0에서 1로 증가한다. 두 번째는 x가 이미 같은 높이의 서브트리 두 개를 갖고 있는데, 이 중 p가 포함된 서브트리만 1 증가한 경우다. x의 가장 높은 자식의 높이를 h라고 할 때, 이러한 상황은 그림 11.13과 같이 나타낼 수 있다.

3-노드 재구성 이후에는 x, y, z 각각이 균형을 이루게 된다. 또한 재구성 후 서브트리의 루트가 된 노드는 높이 $h + 2$를 가지며, 이는 새 항목이 삽입되기 전 z가 갖고 있던 높이와 정확히 일치한다. 따라서 삽입 과정에서 일시적으로 불균형해졌던 z의 조상 노드들도 다시 균형을 이루게 되며, 이 한 번의 재구성만으로 전체 트리에 걸쳐 높이 균형 속성이 회복된다.

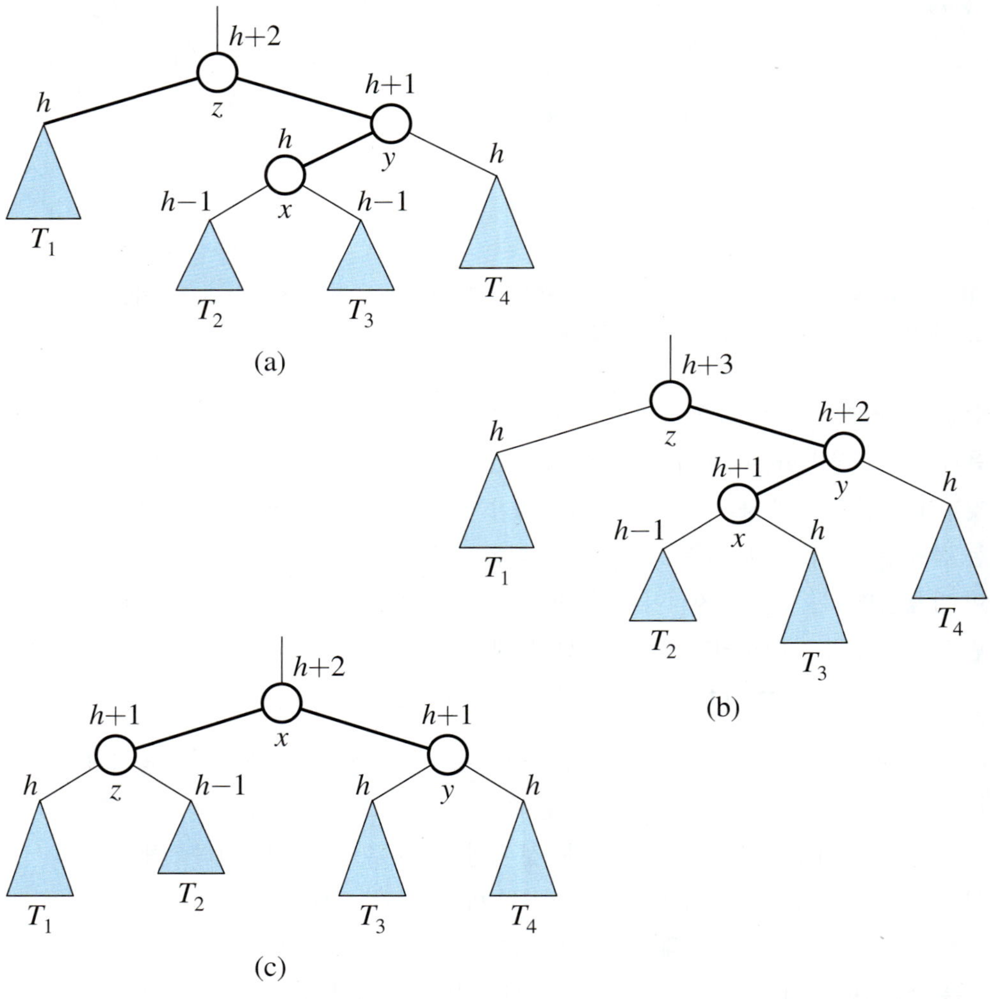

그림 11.13 AVL 트리에 삽입 과정 중 서브트리의 재조정. (a) 삽입 전, (b) 서브트리 T_3에 삽입한 후 z에서 불균형이 발생함, (c) 3-노드 구조 조정으로 균형을 회복한 후(삽입 후 서브트리의 전체 높이는 삽입 전과 동일함)

삭제

돌이켜보자면, 일반적인 이진 검색 트리의 삭제 연산은 자식이 0개 또는 한 개인 노드를 구조적으로 제거함으로써 이루어진다. 이러한 변화는 AVL 트리의 높이-균형 속성을 위반할 수 있다. 특히, 트리 T에서 삭제된 노드의 부모 노드를 나타내는 위치 p를 기준으로, p에서 루트까지의 경로상에 불균형 상태의 노드가 존재할 수 있다(그림 11.14(a) 참고). 사실, 이 경로 상에 불균형이 되는 노드는 최대 하나뿐이다(증명은 연습 문제 C-11.49에서 다룸).

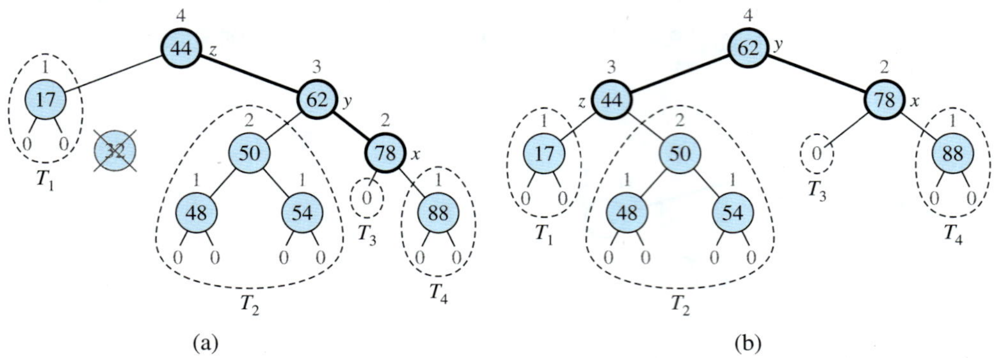

그림 11.14 그림 11.12(b)의 AVL 트리에서 키 32가 있는 항목 삭제. (a) 키 32를 저장하는 노드를 제거한 후 루트 노드는 불균형이 됨, (b) (단일) 회전은 높이 균형 속성을 복원함

삽입과 마찬가지로 트리 T의 균형을 복원하기 위해 3-노드 재구성을 사용한다. 구체적으로 다음과 같은 과정을 따른다. p에서 루트를 향해 올라가는 경로에서 처음 만나는 불균형 위치 z를 찾는다. 또한 y는 z의 자식 중 더 높은 쪽을 의미한다. 이때 y는 p의 조상이 아닌 쪽의 자식이라는 점에 주의하자. 그리고 x는 y의 자식으로 다음 기준에 따라 정의된다. 만약 y의 자식 중 한쪽이 더 높다면 x는 더 높은 자식이 된다. 반대로 두 자식의 높이가 같을 때 y가 z의 왼쪽 자식이면 x도 y의 왼쪽 자식이 되고, y가 z의 오른쪽 자식이면 x도 y의 오른쪽 자식이 된다. 어느 경우든, x를 기준으로 `restructure`(x) 연산을 수행한다(그림 11.14(b) 참고).

재구성된 서브트리는 3-노드 재구성에서 중간 위치에 해당하는 노드 b를 루트로 가지며, b를 루트로 하는 서브트리 내에서는 높이-균형 속성이 지역적으로 복구됨이 보장된다(연습 문제 R-11.11과 R-11.12 참고). 하지만 이 재구성 과정은 b가 루트인 서브트리의 전체 높이를 1 줄일 수 있다. 이로 인해 b의 조상 노드 중 일부가 다시 불균형 상태가 될 수 있다. 따라서 z를 재균형시킨 이후에도 트리 T를 계속 위로 검색하면서 추가적인 불균형 노드를 찾는다. 불균형 노드를 발견하면 다시 재구성을 수행하고, 그 이후에도 루트까지 계속 위로 진행한다. 그럼에도 불구하고 명제 11.2에 따라 트리 T의 높이는 $O(\log n)$이 된다. 즉, 항목 수 n에 대해 로그 수준이므로, $O(\log n)$번의 3-노드 재구성만으로도 전체 트리의 높이 균형을 복원할 수 있다.

AVL 트리의 성능

명제 11.2에 따르면, 항목이 n개인 AVL 트리의 높이는 $O(\log n)$으로 보장된다. 표준 이진 검색 트리의 연산은 트리의 높이에 따라 수행 시간이 제한되며(표 11.1 참고), AVL 트리의 균형 인수 관리와 재구성 작업 또한 트리 내 경로 길이에 의해 제한될 수 있기 때문에 AVL 트리를 사용할 경우 기본적인 맵 연산들은 최악의 경우에도 로그 시간에 실행된다. 이러한 결과는 표 11.2과 같고, 해당 성능을 그림 11.15에 시각적으로 나타냈다.

연산	수행 시간
`k in T`	$O(\log n)$
`T[k] = v`	$O(\log n)$
`T.delete(p)`, `del T[k]`	$O(\log n)$
`T.find_position(k)`	$O(\log n)$
`T.first()`, `T.last( )`, `T.find_min()`, `T.find_max()`	$O(\log n)$
`T.before(p)`, `T.after(p)`	$O(\log n)$
`T.find_lt(k)`, `T.find_le(k)`, `T.find_gt(k)`, `T.find_ge(k)`	$O(\log n)$
`T.find_range(start, stop)`	$O(s + \log n)$
`iter(T)`, `reversed(T)`	$O(n)$

표 11.2 AVL 트리 T로 구현된 n 항목 정렬 맵에 대한 최악의 경우 연산 수행 시간(s는 `find_range`에 의해 보고된 항목 수를 나타냄)

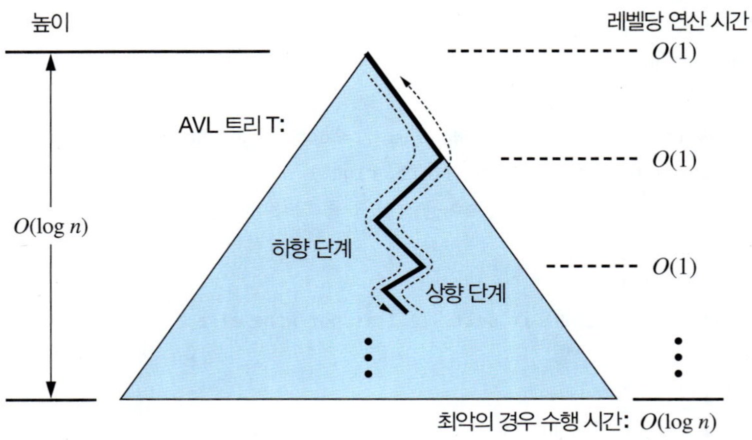

그림 11.15 AVL 트리의 검색 및 업데이트 연산의 수행 시간을 시각적으로 설명한 그림. 수행 시간은 레벨당 $O(1)$이며, 이는 두 단계로 나눌 수 있다. 하향 단계는 주로 검색을 수행하는 단계이고, 상향 단계는 주로 높이 값 업데이트와 지역적인 3-노드 재구성(회전)을 수행하는 단계다.

11.3.2 파이썬 구현

AVLTreeMap 클래스에 대한 완전한 구현은 코드 11.12 ~ 11.13과 같다. 이는 표준 TreeMap 클래스를 상속하고 11.2.1절에서 설명한 균형 프레임워크에 의존한다. 이 구현에서는 두 가지 중요한 측면을 강조할 수 있다. 첫째, 코드 11.12와 같이 AVLTreeMap은 각 노드에 저장된 서브트리의 높이를 저장하기 위해 중첩된 _Node 클래스를 재정의한다. 둘째, 노드의 높이 및 해당 위치와 관련된 여러 유틸리티를 제공한다.

AVL 트리의 균형 전략 핵심 로직을 구현하기 위해 _rebalance라는 유틸리티 함수를 정의한다. 이 함수는 삽입이나 삭제 이후 높이-균형 속성을 복원하기 위한 후크 역할을 한다. 삽입과 삭제의 기본 동작 방식은 서로 다르지만 AVL 트리에서 필요한 후처리 작업은 하나로 통합할 수 있다. 두 경우 모두 변경이 발생한 위치 p로부터 위쪽 경로를 따라가면서, 각 위치의 높이를 자식 노드들의 (업데이트된) 높이에 따라 다시 계산한다. 만약 균형이 깨진 위치(불균형 노드)를 만나면 세 개의 노드를 재구성하는 3-노드 재구성화 작업을 수행한다. 그리고 다음과 같은 경우에는 이 과정을 중단한다. 조상의 높이가 전체 맵 연산으로 인해 변하지 않았을 때, 또는 3-노드 재구성 이후 해당 부분 트리의 높이가 연산 전과 동일할 때다. 이러한 중단 조건을 감지하기 위해 각 노드의 '이전' 높이를 기록해 두고 새로 계산된 높이와 비교한다.

```
class AVLTreeMap(TreeMap):
  """AVL 트리를 이용한 정렬 맵 구현"""

  #-------------------------- 중첩된 _Node 클래스--------------------------
  class _Node(TreeMap._Node):
    """AVL을 위한 노드 클래스는 균형을 유지하기 위한 높이 값을 유지한다."""
    __slots__ = '_height'            # 높이를 저장하는 추가 데이터 멤버

    def __init__(self, element, parent=None, left=None, right=None):
      super().__init__(element, parent, left, right)
      self._height = 0               # 균형 조정 중 다시 계산될 것임

    def left_height(self):
      return self._left._height if self._left is not None else 0

    def right_height(self):
      return self._right._height if self._right is not None else 0
```

코드 11.12 AVLTreeMap 클래스(코드 11.13으로 이어짐)

```python
  #------------------------- 위치 기반 유틸리티 메서드-------------------------
    def _recompute_height(self, p):
        p._node._height = 1 + max(p._node.left_height(), p._node.right_height())

    def _isbalanced(self, p):
        return abs(p._node.left_height() - p._node.right_height()) <= 1

    def _tall_child(self, p, favorleft=False):    # 매개변수를 통해 동점자를 조정함
        if p._node.left_height() + (1 if favorleft else 0) > p._node.right_height():
            return self.left(p)
        else:
            return self.right(p)

    def _tall_grandchild(self, p):
        child = self._tall_child(p)
        # 자식이 왼쪽에 있으면 왼쪽 손자 노드를 우선하고, 그렇지 않으면 오른쪽 손자 노드를 우선함
        alignment = (child == self.left(p))
        return self._tall_child(child, alignment)

    def _rebalance(self, p):
        while p is not None:
            old_height = p._node._height              # 새로운 노드라면 단순히 0
            if not self._isbalanced(p):               # 균형이 깨졌는지 확인
                # 3-노드 재구성을 수행하고, p를 결과 루트로 설정한 후,
                # 재구성 후의 새로운 지역 높이를 다시 계산함
                p = self._restructure(self._tall_grandchild(p))
                self._recompute_height(self.left(p))
                self._recompute_height(self.right(p))
            self._recompute_height(p)                 # 최근 변경 사항 반영
            if p._node._height == old_height:         # 높이가 변경되었는지 확인
                p = None                              # 더 이상 변경 사항 없음
            else:
                p = self.parent(p)                    # 부모로 반복

    #--------------------------- 균형 후크 재정의---------------------------
    def _rebalance_insert(self, p):
        self._rebalance(p)

    def _rebalance_delete(self, p):
        self._rebalance(p)
```

코드 11.13 AVLTreeMap 클래스

11.4 스플레이 트리

다음으로 살펴볼 검색 트리 구조는 **스플레이 트리**(splay tree)다. 이 구조는 이번 장에서 다루는 다른 균형 검색 트리들과 개념적으로 상당히 다르다. 스플레이 트리는 트리의 높이에 대해 엄격하게 로그 상한값을 강제하지 않는다. 실제로, 이 트리의 노드에는 높이, 균형, 기타 보조 데이터가 전혀 저장되지 않는다.

스플레이 트리의 효율성은 **스플레이 연산**이라고 불리는 일종의 **루트 이동**(move-to-root) 연산 덕분이다. 이 연산은 삽입 · 삭제 · 검색 시 도달한 가장 아래쪽 위치 p에서 매번 수행된다(이는 7.6.2절에서 리스트에 대해 살펴본 전진 이동(move-to-front) 휴리스틱의 트리 버전이라고 할 수 있음). 직관적으로 보면, 스플레이 연산은 자주 접근되는 원소들이 루트 근처에 머물도록 하여 일반적인 검색 시간을 줄인다. 놀라운 점은 이 스플레이 연산 덕분에 삽입 · 삭제 · 검색 연산 모두 로그 시간의 분할 지불 수행 시간을 보장할 수 있다는 것이다.

11.4.1 스플레잉

이진 검색 트리 T에서 노드 x가 주어졌을 때, 일련의 재구성 과정을 통해 x를 트리의 루트로 끌어올리는 동작을 **스플레이**라고 한다. 이때 특정 재구성 방식을 수행하는 것이 중요하다. 즉, 단순히 아무 재구성이나 이용해서 x를 루트로 이동시키는 것으로는 충분하지 않다는 것이다. 어떤 방식의 재구성을 수행할지는 x, 그 부모 y, (존재할 경우) 조부모 z의 상대적 위치에 따라 달라진다. 여기서 세 가지 경우를 고려해야 한다.

- **지그-지그**(zig-zig): 노드 x와 그 부모 y는 둘 다 왼쪽 자식이거나 둘 다 오른쪽 자식이다(그림 11.16 참고). 이 경우, T에 있는 노드의 순서 관계를 유지하면서 x를 승격하여 y를 x의 자식으로 만들고 z를 y의 자식으로 만든다.

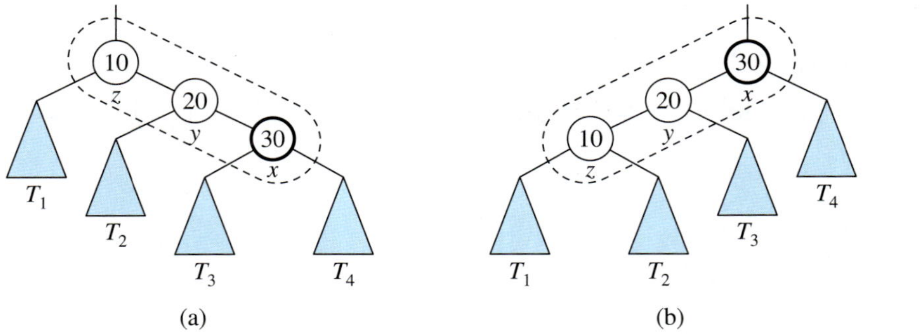

그림 11.16 지그-지그. (a) 이전, (b) 이후. x와 y가 왼쪽 자식인 또 다른 대칭적인 구성이 있지만 여기서는 생략한다.

- **지그-재그**(zig-zag): x와 y 중 하나는 왼쪽 자식이고 다른 하나는 오른쪽 자식이다(그림 11.17 참고). 이 경우, x를 승격시켜 x가 y와 z를 자식으로 가지도록 하면서 T의 노드들 사이의 중위 순서 관계를 유지한다.

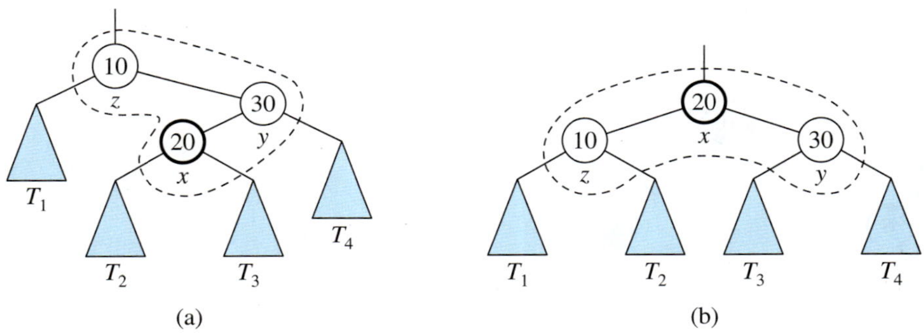

그림 11.17 지그-재그. (a) 이전, (b) 이후. x가 오른쪽 자식이고 y가 왼쪽 자식인 또 다른 대칭 구성이 있지만 여기서는 생략한다.

- **지그**(zig): x에는 조부모가 없다(그림 11.18 참고) 이 경우, x를 승격시키기 위해 단일 회전을 수행하고, y를 x의 자식으로 만들면서 T의 노드들 간의 상대적인 중위 순서 관계를 유지한다.

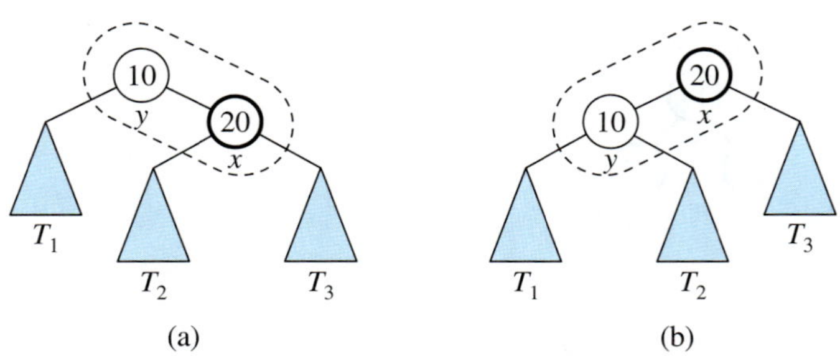

그림 11.18 지그. (a) 이전, (b) 이후, x가 y의 왼쪽 자식인 또 다른 대칭 구성이 있지만 여기서는 생략한다.

x에 조부모가 있는 경우 지그-지그(zig-zig) 또는 지그-재그(zig-zag)를 수행하고, x에 부모는 있지만 조부모가 없는 경우 지그(zig)를 수행한다. **스플레이** 단계는 x가 T의 루트가 될 때까지 x에서 이러한 재구성을 반복하는 것으로 구성된다. 전체 스플레이 과정은 그림 11.19~11.20과 같다.

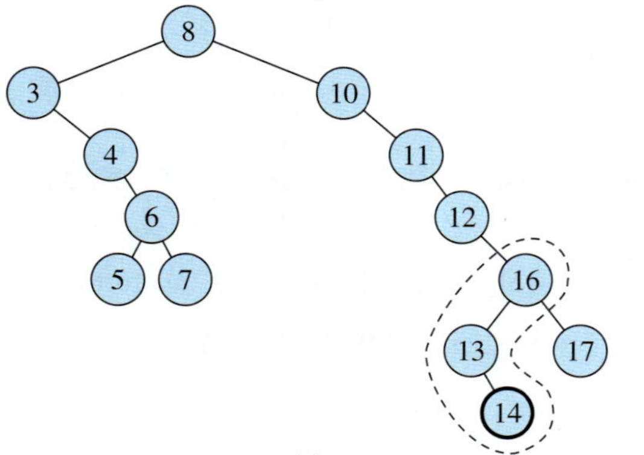

(a)

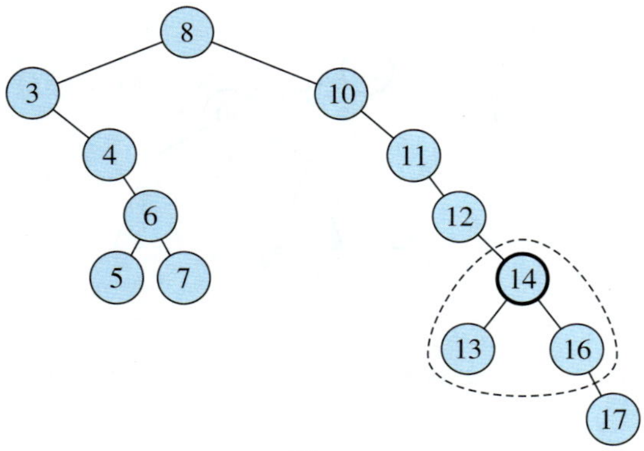

(b)

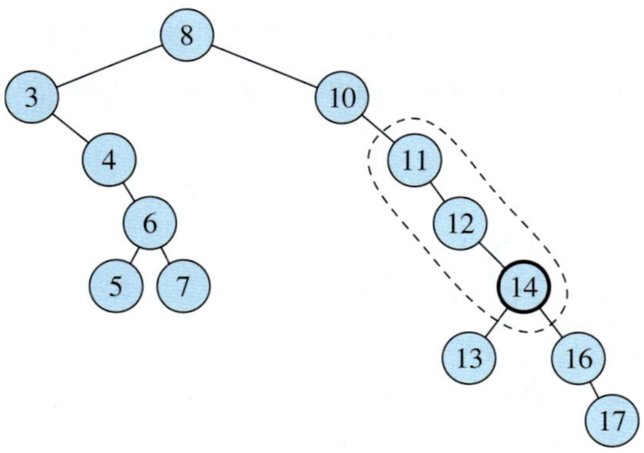

(c)

그림 11.19 전체 스플레이 과정의 예. (a) 14를 저장한 노드를 스플레이하는 과정은 지그-재그로 시작, (b) 지그-재그 후, (c) 다음 단계는 지그-지그(그림 11.20으로 이어짐)

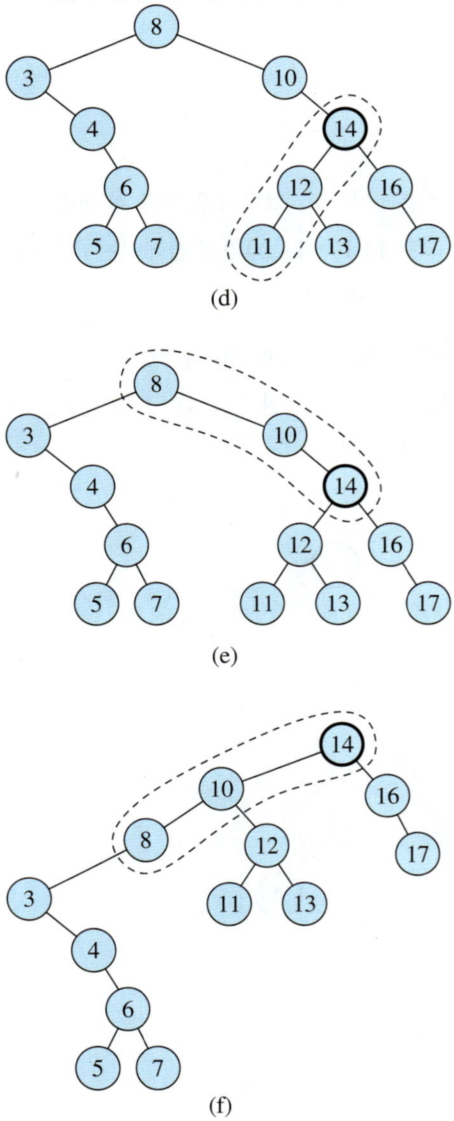

그림 11.20 전체 스플레이 과정의 예. (d) 지그-지그 후, (e) 다시 지그-지그, (f) 지그-지그 후

11.4.2 언제 스플레이해야 하는가

스플레이가 수행되는 규칙은 다음과 같다.

- 키 k를 검색할 때, k가 위치 p에서 발견되면 p를 스플레이하고, 그렇지 않으면 검색이 실패로 끝나는 단말 위치를 스플레이한다. 예를 들어 그림 11.19~11.20의 스플레이는 키 14를 성공적으로 검색한 후 또는 키 15 검색을 실패한 후에 수행된다.
- 키 k를 삽입할 때, 삽입된 위치에 새로 생성된 내부 노드를 스플레이한다. 예를 들어 그림 11.19~11.20의 스플레이는 14가 새로 삽입된 키인 경우에 수행된다. 그림 11.21에서는 스플레이 트리에서 삽입이 이루어지는 일련의 과정을 보여준다.

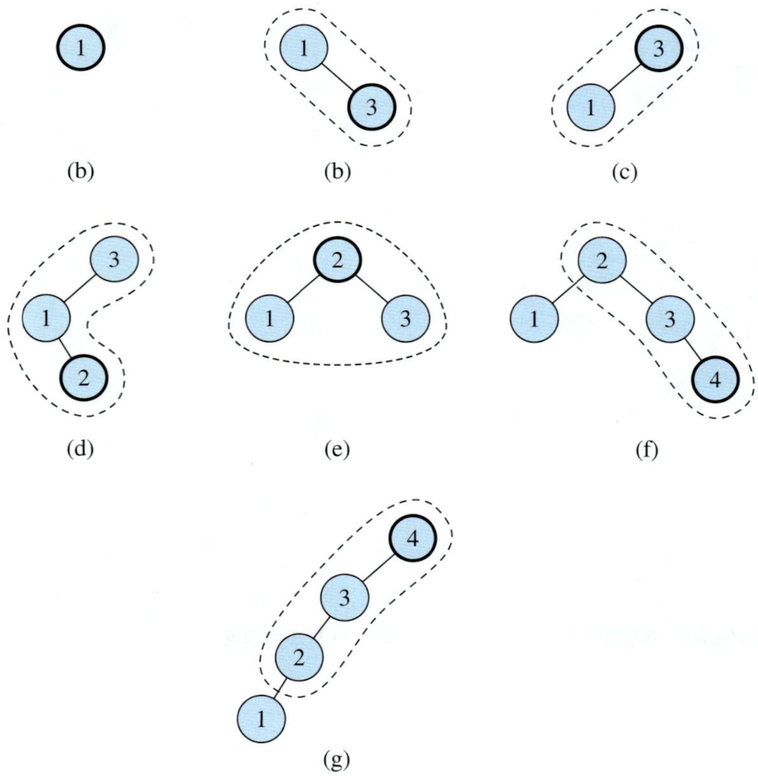

그림 11.21 스플레이 트리에서 삽입되는 순서. (a) 초기 트리, (b) 3을 삽입한 후 지그 단계 전, (c) 스플레이 후, (d) 2를 삽입한 후 지그-재그 단계 전, (e) 스플레이 후, (f) 4를 삽입한 후 지그-지그 단계 전, (g) 스플레이 후

• 키 k를 삭제할 때, 삭제된 노드의 부모 위치 p를 스플레이한다. 이때 기억해야 할 점은 이진 검색 트리의 삭제 알고리즘에 따르면, 삭제되는 노드는 처음에 키 k를 가지고 있던 노드일 수도 있고, 대신할 키를 가진 하위 노드일 수도 있다는 것이다. 삭제 후 스플레이의 예는 그림 11.22와 같다.

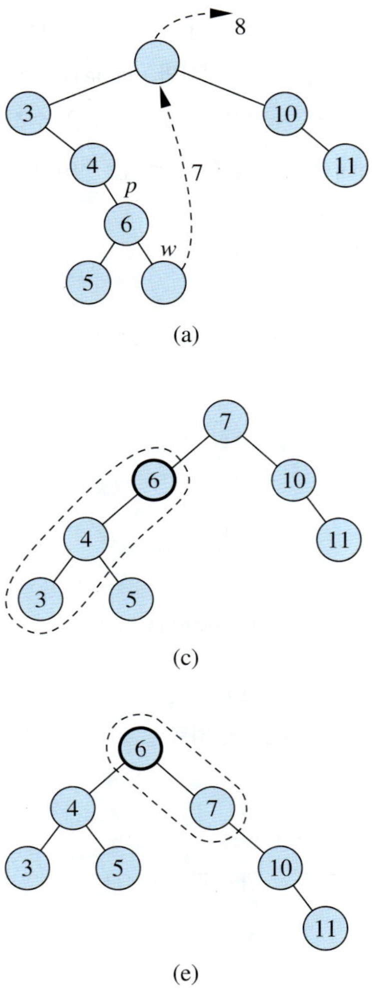

그림 11.22 스플레이 트리에서 삭제. (a) 루트 노드에서 8 삭제하기는 중위 선행자 w의 키를 루트로 이동하고, w를 삭제하고, w의 상위 p를 스플레이함으로써 수행됨, (b) p를 스플레이하는 것은 지그-지그로 시작함, (c) 지그-지그 후, (d) 다음 단계는 지그, (e) 지그 후

11.4.3 파이썬 구현

스플레이 트리의 성능에 대한 수학적 분석은 복잡하지만(11.4.4절 참고), 스플레이 트리의 구현은 표준 이진 검색 트리을 간단히 변형하면 된다. 코드 11.14는 기본 TreeMap 클래스와 11.2.1절에서 설명한 균형 조정 프레임워크를 사용하여 SplayTreeMap 클래스의 완전한 구현을 제공한다. 주목할 점은 원래의 TreeMap 클래스가 __getitem__ 메서드 내부에서만 _rebalance_access 메서드를 호출하는 것이 아니라 __setitem__ 메서드에서 기존 키에 연결된 값을 수정할 때도, 맵 작업 후 검색이 실패했을 때도 _rebalance_access 메서드를 호출한다는 것이다.

```
class SplayTreeMap(TreeMap):
   """스플레이 트리를 사용한 정렬된 맵 구현"""
   #-------------------------------- 스플레이 연산--------------------------------
   def _splay(self, p):
      while p != self.root():
         parent = self.parent(p)
         grand = self.parent(parent)
         if grand is None:
            # 지그 경우
            self._rotate(p)
         elif (parent == self.left(grand)) == (p == self.left(parent)):
            # 지그-지그 경우
            self._rotate(parent)                    # PARENT를 위로 이동
            self._rotate(p)                         # 그런 다음 p를 위로 이동
         else:
            # 지그-재그 경우
            self._rotate(p)                         # p를 위로 이동
            self._rotate(p)                         # p를 다시 위로 이동

   #--------------------------- 균형 재조정 후크 재정의---------------------------
   def _rebalance_insert(self, p):
      self._splay(p)

   def _rebalance_delete(self, p):
      if p is not None:
         self._splay(p)

   def _rebalance_access(self, p):
      self._splay(p)
```

코드 11.4 SplayTreeMap 클래스의 완전한 구현

11.4.4 분할 지불 기법을 이용한 스플레이잉의 성능 분석 ★

지그-지그 또는 지그-재그 연산이 수행되면 위치 p의 깊이는 2만큼 감소하고, 지그 연산이 수행되면 깊이가 1만큼 감소한다. 따라서 p의 깊이가 d일 경우 p를 스플레이하는 과정은 $\lfloor d/2 \rfloor$ 번의 지그-지그 또는 지그-재그 연산과 (만약 d가 홀수라면) 마지막에 한 번의 지그 연산으로 구성된다. 각 지그-지그, 지그-재그, 지그 연산은 일정한 개수의 노드에만 영향을 주기 때문에, 각 연산은 $O(1)$ 시간에 수행된다. 따라서 이진 검색 트리 T에서 위치 p를 스플레이하는 데에는 $O(d)$ 시간이 소요된다. 여기서 d는 T에서 p의 깊이다. 즉, p를 스플레이하는 데 걸리는 시간은 루트에서 p까지 검색하는 데 걸리는 시간과 점근적으로 동일하다.

최악의 경우 성능

최악의 경우, 스플레이 트리에서 검색·삽입·삭제 연산의 전체 수행 시간은 트리의 높이 h에 대해 $O(h)$다. 이는 스플레이할 위치가 트리에서 가장 깊은 위치일 수 있기 때문이다. 게다가 h는 최대 n까지도 될 수 있다(그림 11.21 참고). 따라서 최악의 경우 관점에서 보면 스플레이 트리는 매력적인 자료구조가 아니다.

그러나 최악의 성능에도 불구하고, 스플레이 트리는 분할 지불 방식에서 매우 좋은 성능을 나타낸다. 즉, 검색·삽입·삭제가 섞인 일련의 연산에서, 각 연산은 평균적으로 로그 시간만큼 걸린다. 스플레이 트리의 이 분할 지불 복잡도 분석은 분할 지불 방법을 사용하여 수행된다.

스플레이 트리의 평균 성능

분석에서 검색·삽입·삭제 연산의 수행 시간은 관련된 스플레이 연산 시간에 비례한다는 점에 주목하자. 따라서 여기서는 스플레이 연산 시간만 고려하자.

스플레이 트리 T에 n개의 키가 있고 w를 T의 한 노드라고 하면, **크기** $n(w)$를 w를 루트로 하는 서브트리에 포함된 노드의 수로 정의한다. 이 정의에 따르면, 비단말 노드의 크기는 그 자식 노드들의 크기의 합에 1을 더한 값이 된다. 또한 w의 **랭크** $r(w)$를 $r(w) = \log_2(n(w))$와 같이 정의한다. 즉, 랭크는 해당 서브트리의 크기에 대한 이진 로그 값이다. 따라서 루트 노드는 크기가 n이고 랭크는 $\log_2(n)$으로 최댓값을 가지며, 각 단말 노드는 크기가 1이고 랭크는 0이다.

사이버 달러(cyber-dollars)라는 가상의 비용 단위를 이용해 T에서 위치 p를 스플레이하는 데 드는 작업 비용을 지불한다고 가정하자. 지그 연산은 1 사이버 달러이고 지그-지그 또는 지그-재그 연산은 2 사이버 달러다. 즉, 깊이가 d인 위치를 스플레이하는 데는 d 사이버 달러가 필요하다. T의 각 노드에 가상의 사이버 달러 계좌를 두어 이 비용을 관리한다. 이 계좌는 오직 분할 지불 분석 목적으로만 존재하며 실제 스플레이 트리 구현에는 포함될 필요가 없다.

스플레잉의 회계 분석

스플레잉을 수행할 때 일정 금액의 사이버 달러를 지불한다(정확한 지불 가치는 분석이 끝날 때 결정됨). 이때 다음 세 가지 경우를 구분하여 분석한다.

- 지급액이 스플레잉 작업량과 동일할 경우 해당 금액을 모두 스플레잉 비용으로 지불한다.
- 지급액이 스플레잉 작업량보다 클 경우 초과분을 여러 노드의 계정에 입금한다.
- 지급액이 스플레잉 작업량보다 적은 경우, 부족분을 충당하기 위해 여러 노드의 계정에서 인출한다.

아래에서 연산당 $O(\log n)$ 사이버 달러를 지불하는 것으로 시스템이 원활하게 작동할 수 있음을 보일 것이다. 즉, 각 노드가 항상 음이 아닌(0 이상인) 계좌 잔고를 유지하도록 보장할 수 있다는 뜻이다.

스플레잉을 위한 회계 불변성

필요할 때 스플레잉 작업에 사용할 수 있도록, 각 노드의 계좌 사이에서 사이버 달러를 이전(transfer)하는 방식을 사용한다. 이를 통해 시스템이 항상 충분한 자금을 보유하도록 한다.

스플레잉 연산에 대한 회계 방식을 사용하여 분석을 수행하기 위해, 다음과 같은 불변 조건을 유지한다.

- 스플레잉 연산 전후에, 트리 T의 각 노드 w는 자신의 계좌에 $r(w)$ 사이버 달러를 가지고 있어야 한다.

이 불변 조건은 재정적으로 건전하다. 즉, 키가 하나도 없는 초기 트리에는 별도의 예치금이 필요 없다.

T의 모든 노드의 랭크 합을 $r(T)$라고 하자. 스플레잉 작업 후에 불변 조건을 유지하려면 스플레잉 작업의 비용과 $r(T)$의 총 변화량에 해당하는 금액을 지불해야 한다. 스플레잉 작업에서 단일 지그, 지그-지그, 지그-재그 연산을 '스플레잉 **하위 단계**'라고 부르자. 또한 스플레잉 하위 단계 전후에 T의 노드 w의 랭크를 각각 $r(w)$와 $r'(w)$로 나타낸다. 다음 명제는 단일 스플레잉 하위 단계로 인해 발생하는 $r(T)$의 변화에 대한 상한을 제공한다. 노드를 루트로 스플레이하는 전체 과정의 분석에서 이 명제를 반복적으로 사용할 것이다.

명제 11.3 δ를 T의 노드 x에 대한 단일 스플레잉 하위 단계(지그, 지그-지그 또는 지그재그)로 인해 발생한 $r(T)$의 변화분이라고 가정하면 다음과 같은 결론을 내릴 수 있다.

- 하위 단계가 지그-지그 또는 지그-재그인 경우 $\delta \le 3(r'(x) - r(x)) - 2$이다.
- 하위 단계가 지그인 경우 $\delta \le 3(r'(x) - r(x))$이다.

증명 $a > 0$, $b > 0$, $c > a + b$일 때 다음 사실(명제 B.1, 부록 A 참고)을 사용한다.

$$\log a + \log b < 2\log c - 2 \tag{11.6}$$

각 유형의 스플레잉 하위 단계로 인해 발생하는 $r(T)$의 변화를 고려해 보자.

- **지그-지그:** (그림 11.16을 떠올려보라.) 각 노드의 크기는 두 자식 노드의 크기보다 하나 더 크다는 특성상 지그-지그 연산에서는 x, y, z의 랭크만 변경된다는 점에 유의하자. 여기서 y는 x의 부모이고 z는 y의 부모다. 또한 $r'(x) = r(z)$, $r'(y) \le r'(x)$, $r(x) \le r(y)$가 성립한다. 따라서 다음과 같이 정리할 수 있다.

$$\begin{aligned}\delta &= r'(x) + r'(y) + r'(z) - r(x) - r(y) - r(z)\\ &= r'(y) + r'(z) - r(x) - r(y)\\ &\le r'(x) + r'(z) - 2r(x)\end{aligned} \tag{11.7}$$

또한 $n(x) + n'(z) < n'(x)$에 유의하자. 공식 11.6에 따르면 $r(x) + r'(z) < 2r'(x) - 2$이므로 다음 부등식이 성립한다.

$$r'(z) < 2r'(x) - r(x) - 2$$

이 부등식과 공식 (11.7)을 결합하면 다음과 같이 정리할 수 있다.

$$\begin{aligned}\delta &\le r'(x) + (2r'(x) - r(x) - 2) - 2r(x)\\ &\le 3(r'(x) - r(x)) - 2\end{aligned}$$

- **지그-재그:** (그림 11.17을 떠올려보라.) 크기와 랭크의 정의에 따라 x, y, z의 랭크만 변경된다. 여기서 y는 x의 부모를 나타내고 z는 y의 부모를 나타낸다. 또한 $r(x) < r(y) < r(z) = r'(x)$이다. 따라서 다음과 같이 정리할 수 있다.

$$\begin{aligned}\delta &= r'(x) + r'(y) + r'(z) - r(x) - r(y) - r(z)\\ &= r'(y) + r'(z) - r(x) - r(y)\\ &\le r'(y) + r'(z) - 2r(x)\end{aligned} \tag{11.8}$$

한편 $n'(y) + n'(z) < n'(x)$이고, 공식 11.6에 따라 $r'(y) + r'(z) < 2r'(x) - 2$이므로 다음과 같이 정리할 수 있다.

$$
\begin{aligned}
\delta &\le 2r'(x) - 2 - 2r(x) \\
&= 2(r'(x) - r(x)) - 2 \le 3(r'(x) - r(x)) - 2
\end{aligned}
$$

- 지그: (그림 11.18을 떠올려보라.) 이 경우 x와 y의 랭크만 변경된다. 여기서 y는 x의 부모를 나타낸다. 또한 $r'(y) \le r(y)$ 및 $r'(x) \ge r(x)$이므로 다음과 같이 정리할 수 있다.

$$
\begin{aligned}
\delta &= r'(y) + r'(x) - r(y) - r(x) \\
&\le r'(x) - r(x) \\
&\le 3(r'(x) - r(x))
\end{aligned}
$$

■

명제 11.4 T를 루트가 t인 스플레이 트리라 하고, Δ를 깊이 d에서 노드 x를 스플레이함으로써 발생하는 $r(T)$의 전체 변화량이라고 하자. 다음과 같은 식이 성립한다.

$$\Delta \le 3(r(t) - r(x)) - d + 2$$

증명 노드 x를 스플레이하는 것은 $c = \lceil d/2 \rceil$개의 스플레잉 하위 단계로 구성되며, 각 하위 단계는 지그-지그 또는 지그재그다. 단, d가 홀수인 경우, 마지막 단계는 지그다. $r_0(x) = r(x)$를 x의 초기 랭크로 두고, $i = 1, \ldots, c$에 대하여, $r_i(x)$를 i번째 하위 단계 이후 x의 랭크라고 하고 δ_i를 i번째 하위 단계로 인해 발생한 $r(T)$의 변화량이라고 하자. 명제 11.3에 따르면, x의 스플레잉으로 인한 $r(T)$의 총 변화 Δ는 다음과 같다.

$$
\begin{aligned}
\Delta &= \sum_{i=1}^{c} \delta_i \\
&\le 2 + \sum_{i=1}^{c} 3(r_i(x) - r_{i-1}(x)) - 2 \\
&= 3(r_c(x) - r_0(x)) - 2c + 2 \\
&\le 3(r(t) - r(x)) - d + 2
\end{aligned}
$$

■

명제 11.4에 따르면, 노드 x의 스플레잉 작업에 $3(r(t) - r(x)) + 2$ 사이버 달러를 지불하면, T의 각 노드 w에 $r(w)$ 사이버 달러를 유지하고 스플레잉 작업에 필요한 전체 비용을 지불할 수 있다. 여기서 t의 루트 크기는 n이므로 그 랭크 $r(t) = \log n$이다. 또한 $r(x) \geq 0$인 경우, 스플레잉 비용은 $O(\log n)$ 사이버 달러다. 분석을 완료하기 위해 노드가 삽입되거나 삭제될 때 불변성을 유지하는 데 필요한 비용을 계산해야 한다.

n개의 키가 있는 스플레이 트리에 새 노드 w를 삽입하면 w의 모든 조상의 랭크가 증가한다. 즉, w_0, w_i, ..., w_d는 w의 조상이다. 여기서 $w_0 = w$이고, w_i는 $w_i - 1$의 부모이고, w_d는 루트다. $i = 1, ..., d$에 대하여 $n(w_i)$과 $n(w_i)$를 각각 삽입 전과 후의 w_i 크기라고 하고, $r(w_i)$와 $r(w_i)$를 삽입 전과 후의 w_i 랭크라고 하면 다음과 같은 식이 성립한다.

$$n'(w_i) = n(w_i) + 1$$

또한 $n(w_i) + 1 \leq n(w_i + 1)$이므로 $i = 0, 1, ..., d - 1$에 대해 다음과 같은 식이 성립한다.

$$r'(w_i) = \log(n'(w_i)) = \log(n(w_i) + 1) \leq \log(n(w_{i+1})) = r(w_{i+1})$$

삽입으로 인해 발생하는 $r(T)$의 전체 변화는 다음과 같다.

$$\begin{aligned}\sum_{i=1}^{d}\left(r'(w_i) - r(w_i)\right) &\leq r'(w_d) + \sum_{i=1}^{d-1}\left(r(w_{i+1}) - r(w_i)\right) \\ &= r'(w_d) - r(w_0) \\ &\leq \log n\end{aligned}$$

따라서 $O(\log n)$ 사이버 달러를 지불하면 새 노드가 삽입될 때 불변성을 유지하기에 충분한다.

n개의 키가 있는 스플레이 트리에서 노드 w를 삭제하면 w의 모든 조상의 랭크가 감소한다. 따라서 삭제로 인한 $r(T)$의 전체 변화는 음수가 되며 노드 삭제 시 불변성을 유지하기 위해 비용을 지불할 필요가 없다. 이로써 분할 지불 성능을 다음 명제로 요약할 수 있는데, 이 명제를 스플레이 트리에 대한 '균형 명제'라고 부르기도 한다.

명제 11.5 공백 스플레이 트리에서 시작하여 검색·삽입·삭제 작업으로 이루어진 m개의 연산을 고려해 보자. 또한 연산 i 후에 트리 내에 있는 키의 수를 n_i라고 하고, 전체 삽입 횟수를 n이라고 하자. 이 연산 시퀀스를 수행하는 데 걸리는 총 수행 시간은 다음과 같이 $O(m \log n)$이다.

$$O\left(m + \sum_{i=1}^{m} \log n_i\right)$$

다시 말해, 스플레이 트리에서 검색·삽입·삭제를 수행하는 데 필요한 분할 지불 수행 시간은 $O(\log n)$이며, 여기서 n은 스플레이 트리의 크기다. 따라서 스플레이 트리는 정렬 맵 ADT를 구현하기 위한 로그 시간 분할 지불 성능을 달성할 수 있다. 이 분할 지불 성능은 AVL 트리, (2, 4) 트리, 레드-블랙 트리의 최악의 경우 성능과 일치하지만, 각 노드에 추가 균형 정보를 저장할 필요가 없는 간단한 이진 트리를 사용해 그렇게 한다는 점에서 주목할 만하다. 또한 스플레이 트리에는 다른 균형 검색 트리와 구별되는 여러 흥미로운 속성이 있다. 다음 명제에서 그 중 하나인 추가 속성을 탐구하는데, 이 명제를 '정적 최적성 명제'라고 부르기도 한다.

명제 11.6 스플레이 트리에서 시작하는 m개의 연산을 고려하라. 각 연산은 검색·삽입·삭제이며, 공백 스플레이 트리 T에서 시작된다. 또한 i 항목이 스플레이 트리에서 접근된 횟수, 즉 해당 빈도를 나타내는 $f(i)$를 고려하고, 전체 항목 수를 n이라고 가정한다. 각 항목이 적어도 한 번 접근되는 것으로 가정하면, 이 작업 시퀀스를 수행하는 데 필요한 총 수행 시간은 다음과 같다.

$$O\left(m + \sum_{i=1}^{n} f(i) \log(m/f(i))\right)$$

이 명제에 대한 증명은 생략하지만, 상상하는 것만큼 증명하는 것이 어렵지는 않는다. 주목할 만한 점은 이 명제가 항목 i에 접근하는 데 필요한 분할 지불 수행 시간이 $O(\log(m/f(i)))$임을 명시하고 있다는 것이다.

11.5 (2, 4) 트리

이번 절에서는 **(2, 4) 트리**라고 알려진 자료구조를 다룬다. (2, 4) 트리는 내부 노드가 두 개 이상의 자식을 가질 수 있는 구조인 **다방향 검색 트리**의 특수한 예다. 다방향 검색 트리의 다른 형태들은 15.3절에서 다룬다.

11.5.1 다방향 검색 트리

일반 트리는 내부 노드가 여러 자식을 가질 수 있도록 정의된 구조임을 기억하자. 여기서는 일반 트리를 다방향 검색 트리로 어떻게 활용할 수 있는지에 대해 설명한다. 검색 트리에 저장되는 맵 항목은 (k, v) 형태의 쌍으로 구성되며, 이때 k는 **키**, v는 그 키와 연관된 **값**을 의미한다.

다방향 검색 트리의 정의

트리에서 w가 어떤 노드일 때 w가 d개의 자식 노드를 가진다면, w를 ***d*-노드**라고 부른다. 다방향 검색 트리는 다음과 같은 속성이 있는 순서 트리 T로 정의된다. 그림 11.23(a)에서 이 내용을 시각적으로 보여준다.

- T의 모든 내부 노드는 적어도 두 개의 자식을 가져야 한다. 즉, 각 내부 노드는 $d \geq 2$인 d-노드다.
- T의 내부 d-노드 w는 자식이 $c_1, c_2, \ldots, c_d$일 때, 정렬된 $d-1$개의 (키, 값) 쌍 $(k_1, v_1), \ldots, (k_{d-1}, v_{d-1})$을 저장한다. 이때 $k_1 \leq k_2 \leq \cdots \leq k_{d-1}$ 순으로 정렬되어 있다.
- 관례적으로, $k_0 = -\infty$, $k_d = +\infty$로 정의한다. 이때 w의 i번째 자식 c_i의 서브트리에 저장된 모든 (k, v) 항목은 $k_{i-1} \leq k \leq k_i$를 만족해야 한다.

즉, w 노드에 저장된 키 집합에 가상의 키 $k_0 = -\infty$와 $k_d = +\infty$를 포함한다고 생각하면 자식 노드 c_i의 서브트리에 있는 키 k는 반드시 w에 저장된 두 키 사이에 위치해야 한다. 이 단순한 관점은 d-노드가 $d-1$개의 일반 키를 저장한다는 규칙을 만들어내며 다방향 검색 트리에서 검색 알고리즘의 기본을 형성한다.

위의 정의에 따르면, 다방향 검색 트리의 외부 노드는 데이터를 저장하지 않고 단순히 '자리 표시자' 역할을 한다. 이러한 외부 노드들을 `None` 참조로 효율적으로 표현할 수 있으며(11.1절 참고), 이는 이진 검색 트리에서 관례적으로 사용해 온 방식과 같다. 하지만 설명을 명확히 하기 위해 여기에서는 이러한 외부 노드들을 실제로 존재하는 노드로 간주하되, 아무것도 저장하지 않는 노드로 다룬다. 이 정의를 기반으로 할 때 다중 분기 검색 트리에서 (키, 값) 쌍의 개수와 외부 노드의 개수 사이에는 흥미로운 관계가 존재한다.

명제 11.7 n개 항목을 갖는 다방향 검색 트리는 $n + 1$개의 외부 노드를 갖는다. 이 명제의 근거는 연습 문제 C-11.52에서 다룬다.

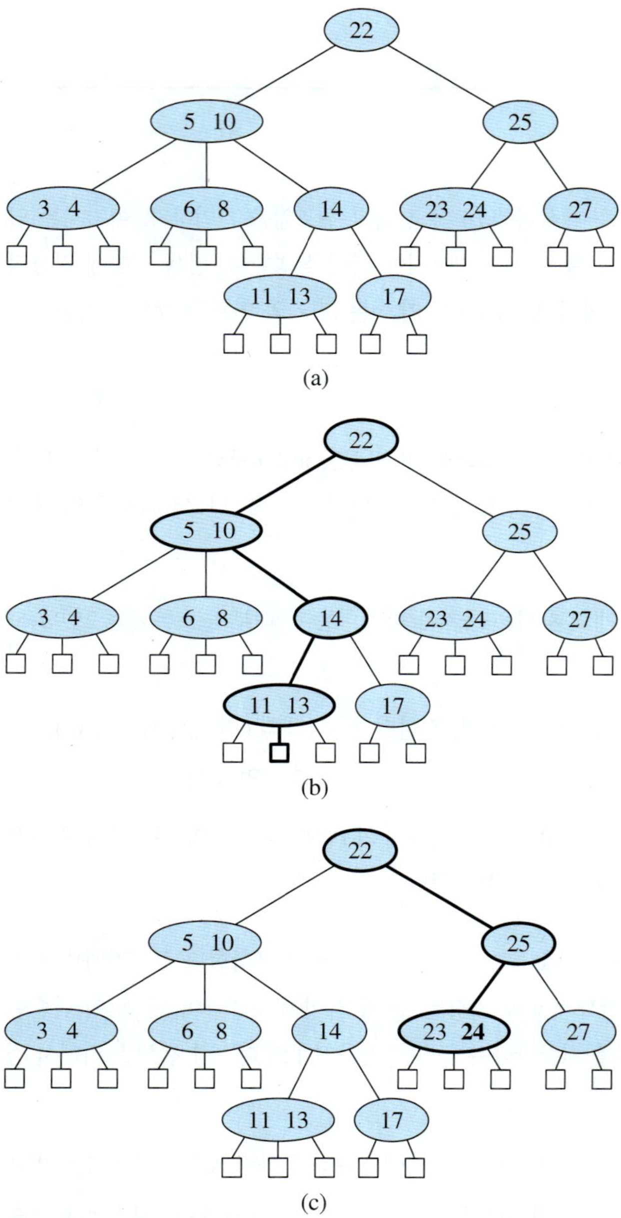

그림 11.23 (a) 다방향 검색 트리 T, (b) 키 12에 대한 T의 검색 경로(검색 실패), (c) 키 24에 대한 T의 검색 경로(검색 성공)

다방향 검색 트리에서 검색하기

다방향 검색 트리 T에서 키 k를 가진 항목을 찾는 것은 간단하다. 검색은 루트에서 시작하여 트리 T에서 경로를 따라가며 진행된다(그림 11.23의 (b)와 (c) 참고). 검색 도중 d-노드 w에 도달했을 때, 노드 w에 저장된 키들 $k_1, \ldots, k_{d-1}$과 k를 비교한다. 만약 $k = k_i$인 어떤 i가 존재한다면, 검색은 성공적으로 종료된다. 그렇지 않으면 $k_{i-1} < k < k_i$를 만족하는 자식 c_i로 내려가서 검색을 계속한다(여기서 관례적으로 $k_0 = -\infty$, $k_d = +\infty$로 정의되어 있음에 유의하라). 만약 외부 노드에 도달하게 되면, 트리 T에 키 k를 가진 항목은 존재하지 않는다는 뜻이며, 검색은 실패로 종료된다.

다방향 검색 트리를 표현하기 위한 자료구조

8.3.3절에서 일반 트리를 나타내는 연결 자료구조에 대해 설명한 바 있다. 이 표현은 다방향 검색 트리에도 사용할 수 있다. 일반 트리를 사용해 다방향 검색 트리를 구현할 때, 각 노드에 해당 노드와 관련된 하나 이상의 키-값 쌍을 저장해야 한다. 즉, 각 노드 w에는 해당 노드의 항목들을 저장하는 일종의 컬렉션에 대한 참조(reference)가 포함되어야 한다.

다중 분기 검색 트리에서 키 k를 검색할 때, 각 노드에서 가장 중요한 연산은 노드 내에서 k 이상인 값 중 가장 작은 키를 찾는 것이다. 이 연산을 하려면 노드 자체의 정보를 정렬된 맵으로 모델링하는 것이 자연스럽다. 그렇게 하면 `find_ge(k)` 같은 메서드를 활용할 수 있기 때문이다. 이처럼 각 노드에 들어가는 정렬된 맵은 전체 트리(기본 구조)를 지원하는 보조 구조의 역할을 한다. 물론, 이러한 설명은 기본 자료구조(정렬된 맵)를 표현하기 위해 또 다른 정렬된 맵을 사용한다는 점에서 약간 순환적인 설명처럼 보일 수도 있다. 하지만 **부트스트래핑**(bootstrapping) **기법**을 사용해 이 순환 의존을 피할 수 있다. 즉, 간단한 문제 해결법을 바탕으로 더 정교한 해결법을 구축하는 것이다.

다방향 검색 트리에서, 각 노드에 사용할 보조 구조로 10.3.1절의 `SortedTableMap`을 선택하는 것은 자연스럽다. 키 k가 일치할 경우에는 그에 연관된 값을 찾고, 그렇지 않은 경우에는 $k_{i-1} < k < k_i$를 만족하는 자식 c_i를 찾아야 하므로, 각 키 k_i가 보조 구조에서 (v_i, c_i) 쌍에 매핑되도록 구현하길 권장한다. 이와 같은 방식으로 다중 분기 검색 트리 T를 구성하면 T에서 키 k를 검색하는 동안 d-노드 w를 처리하는 작업은 이진 검색 연산을 사용해 $O(\log d)$ 시간에 수행할 수 있다. $d_{\max}$를 트리 T의 노드 중 최대 자식 수, h를 트리의 높이라고 하면, 다방향 검색 트리에서의 검색 시간은 $O(h \log d_{\max})$이다. 만약 $d_{\max}$가 상수라면, 검색 연산의 수행 시간은 $O(h)$가 된다.

다방향 검색 트리의 주된 효율성 목표는 트리의 높이를 가능하면 작게 유지하는 것이다. 이제 $d_{\max}$(최대 자식 수)을 4로 제한하면서도, 맵에 저장된 전체 항목 수 n에 대해 로그 수준의 높이 h를 보장하는 전략에 대해 살펴볼 것이다.

11.5.2 (2, 4) 트리 연산

각 노드에 저장된 보조 자료구조를 작게 유지하고 주요 다항 트리를 균형 있게 유지하는 다방향 검색 트리는 **(2, 4) 트리**다. 2-4 트리 또는 **2-3-4 트리**라고 부르기도 한다. 이 자료구조는 두 가지 간단한 속성을 유지함으로써 다음과 같은 목표를 달성한다(그림 11.24 참고).

- **크기 속성**: 모든 내부 노드에는 최대 네 개의 자식 노드가 있다.
- **깊이 속성**: 모든 외부 노드는 동일한 깊이를 가진다.

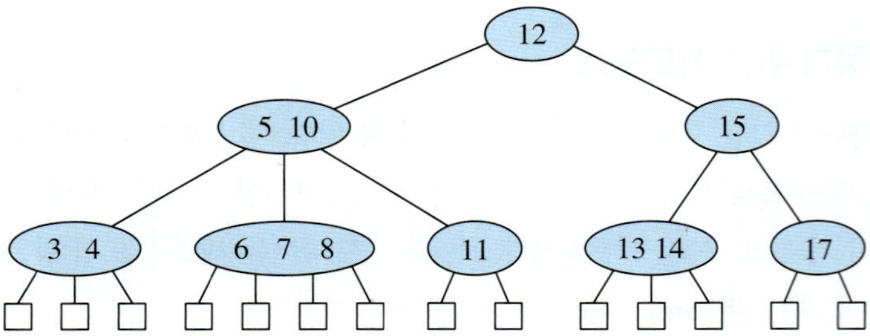

그림 11.24 (2, 4) 트리

다시 말하지만, 외부 노드가 비어 있다고 가정하며 설명을 명확하게 하기 위해 외부 노드를 실제 노드로 간주하지만 이러한 전제가 반드시 필요한 것은 아니다.

(2, 4) 트리에 대해 크기 속성을 강제하면, 다방향 검색 트리의 노드 구조를 단순하게 유지할 수 있다. 또한 이로 인해 '2-3-4 트리'라는 다른 이름이 생겨나는데, 이는 트리의 모든 내부 노드가 2, 3, 4개의 자식을 가진다는 의미를 내포한다. 이 규칙에 담긴 또 다른 의미는, 각 내부 노드에 저장되는 보조 맵을 정렬되지 않은 리스트나 정렬된 배열로도 표현할 수 있다는 것이다. 이 경우에도 $d_{max} = 4$이므로, 모든 연산을 $O(1)$ 시간에 처리할 수 있다. 반면, 깊이 속성은 (2, 4) 트리의 높이에 대한 중요한 상한을 보장해 준다.

명제 11.8 n개의 항목을 저장하는 (2, 4) 트리의 높이는 $O(\log n)$이다.

증명 h를 n개의 항목을 저장하는 (2, 4) 트리 T의 높이라고 하자. 다음과 같은 주장을 증명함으로써 명제를 입증하고자 한다.

$$\frac{1}{2}\log(n+1) \le h \le \log(n+1) \tag{11.9}$$

이 주장을 증명하기 위해 먼저 크기 속성에 따라 깊이 1에서 최대 네 개의 노드, 깊이 2에서 최대 4^2개의 노드 등을 가질 수 있다는 점에 주목하자. 따라서 T의 외부 노드 수는 최대 4^h다. 반면, 깊이 속성과 (2, 4) 트리의 정의에 따라 깊이 1에서 최소 두 개의 노드, 깊이 2에서 최소 2^2개의 노드 등을 가져야 한다. 따라서 T의 외부 노드 수는 적어도 2^h다. 또한 명제 11.7에 따르면 T의 외부 노드 수는 $n + 1$이다. 이를 종합하면 다음과 같은 부등식을 얻는다.

$$2^h \le n+1 \le 4^h$$

이 부등식의 양변에 로그를 취하면 다음과 같은 결과가 나온다.

$$h \le \log(n+1) \le 2h$$

따라서 주장(공식 11.9)이 증명된다. ■

명제 11.8은 크기와 깊이 속성이 다방향 트리의 균형을 유지하기에 충분하다고 명시한다. 또한 이 명제는 (2, 4) 트리의 검색이 $O(\log n)$ 시간에 이루어지며, 노드에서 보조 자료 구조를 구체적으로 구현하는 것이 중요한 설계 요소가 아니라는 점을 의미한다. 이는 최대 자식 수 $d_{\max}$가 상수이기 때문이다.

그러나 (2, 4) 트리에서 삽입과 삭제 연산을 수행한 후에는 크기와 깊이 속성을 유지하기 위해 약간의 추가 작업이 들어가야 한다. 삽입과 삭제 연산에 대해 자세히 살펴보자.

삽입

새 항목 (k, v)를 (2, 4) 트리 T에 삽입하려면, 트리 T에서 먼저 k를 검색해야 한다. 키 k를 가진 항목이 T에 없다고 가정하면 이 검색은 외부 노드 z에서 실패로 끝난다. 여기서 w는 z의 부모다. 새 항목을 노드 w에 삽입하고 z의 왼쪽에 새로운 자식 y(외부 노드)를 w에 추가한다.

삽입 연산은 깊이 속성을 보존하는데, 기존 외부 노드와 동일한 수준에 새 외부 노드를 추가하기 때문이다. 그러나 크기 속성을 위반할 수 있다. 실제로 노드 w가 이전에 4-노드였다면 삽입 후 5-노드가 되어 트리 T는 더 이상 (2, 4) 트리가 아니게 된다. 이러한 종류의 크기 속성 위반을 노드 w에서의 **오버플로**(overflow)라고 하며, (2, 4) 트리의 속성을 복원하기 위해 이 문제를 해결해야 한다. 여기서 $c_1, \ldots, c_5$는 w의 자식이고, $k_1, \ldots, k_4$는 w에 저장된 키다. 노드 w에서 오버플로를 해결하기 위해 다음과 같이 w에 **분할**(split) **연산**을 수행한다(그림 11.25 참고).

- w를 두 개의 노드 w'와 w''로 대체한다.
  - w'는 키 k_1과 k_2를 저장하는 c_1, c_2, c_3을 자식으로 가지는 3-노드다.
  - w''는 키 k_4를 저장하고, c_4, c_5를 자식으로 가지는 2-노드다.
- w가 T의 루트이면 새로운 루트 노드 u를 생성하고 루트가 아니면 u를 w의 부모로 설정한다.

- 키 k_3을 u에 삽입하고, w'와 w''를 u의 자식으로 만든다. 따라서 w가 u의 i번째 자식이었다면 w'와 w''는 각각 u의 i번째와 $i+1$번째 자식이 된다.

노드 w에서 분할 연산을 수행하는 결과로 부모 노드 u에서 새로운 오버플로가 발생할 수 있다. 오버플로가 발생하면 u에서 또 다른 분할이 시작된다. 분할 연산은 오버플로를 제거하거나 현재 노드의 부모로 전파한다(그림 11.26 참고). (2, 4) 트리에 대한 삽입 연산은 그림 11.27과 같다.

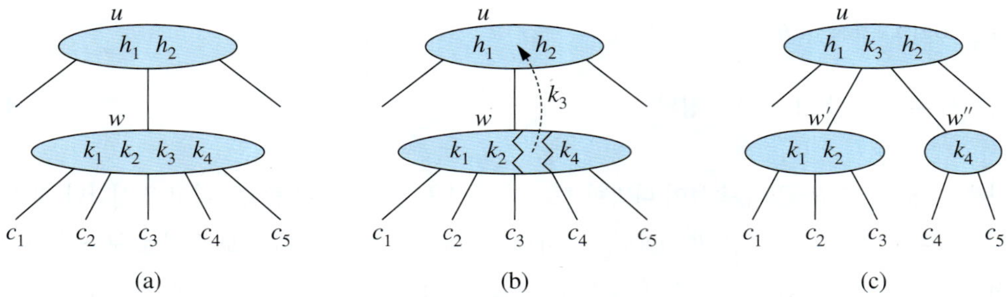

그림 11.25 노드 분할. (a) 5-노드 w에서 오버플로 발생, (b) w의 세 번째 키가 w의 부모 u에 삽입, (c) 노드 w는 3-노드 w'와 2-노드 w''로 대체

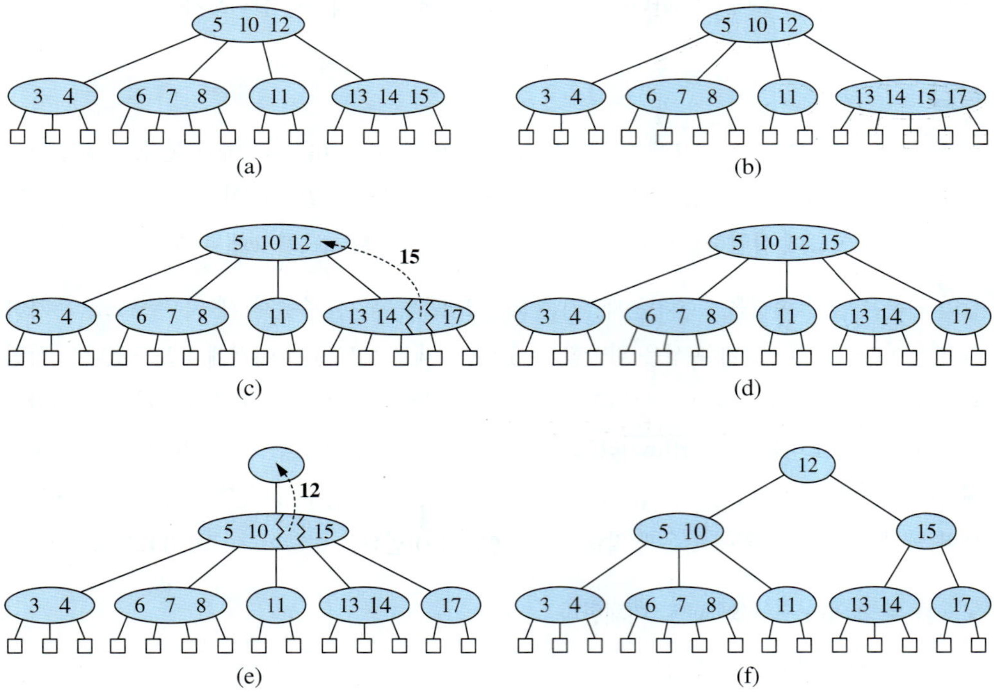

그림 11.26 계단식 분할을 유발하는 (2, 4) 트리의 삽입. (a) 삽입 전, (b) 17을 삽입하면 오버플로 발생, (c) 분할, (d) 분할 후 새로운 오버플로 발생, (e) 또 다른 분할, 새로운 루트 노드 생성, (f) 최종 트리

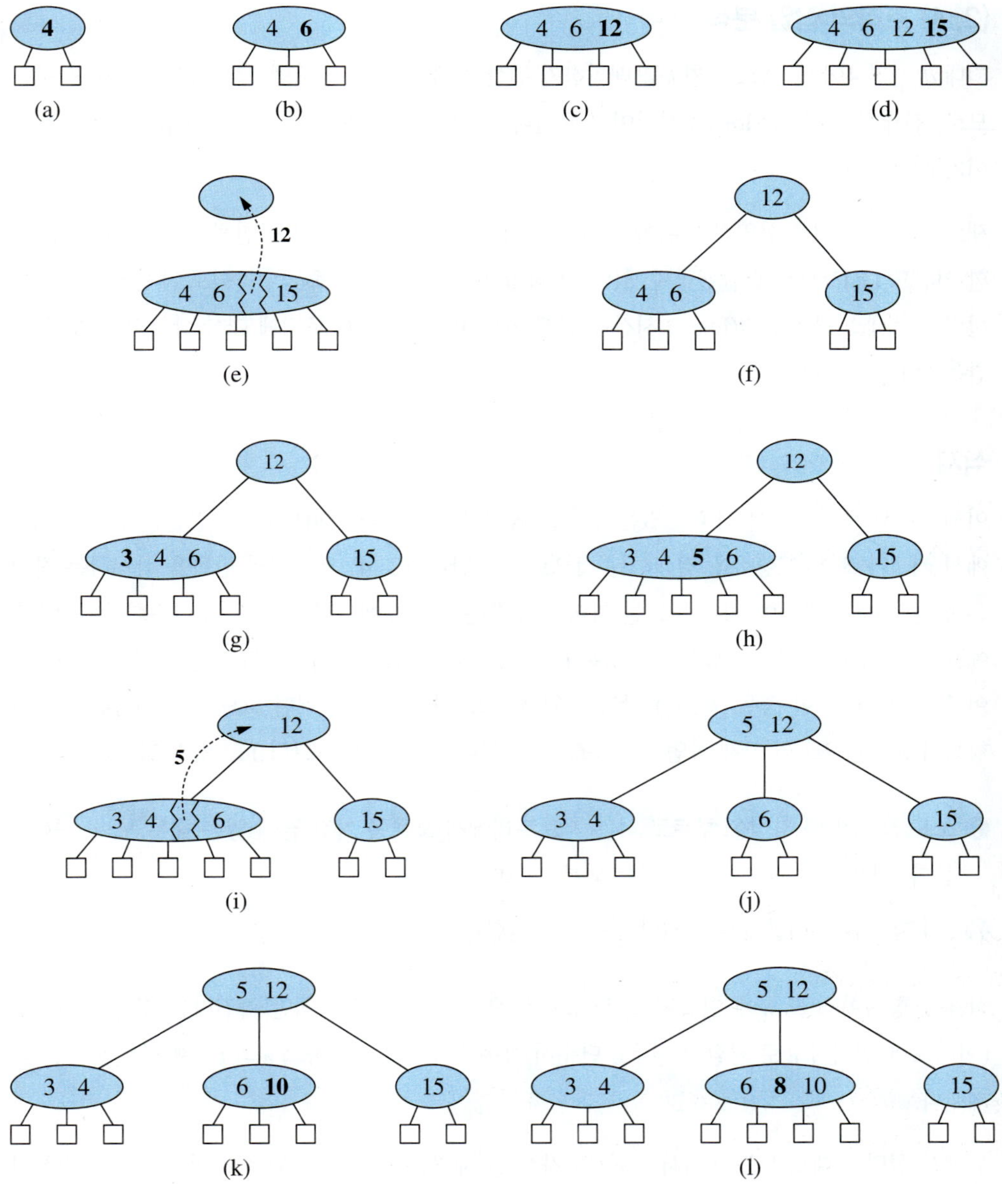

그림 11.27 (2, 4) 트리에 삽입하는 순서. (a) 항목이 하나인 초기 트리, (b) 6 삽입, (c) 12 삽입, (d) 15를 삽입하면 오버플로 발생, (e) 분할로 새로운 루트 노드 생성, (f) 분할 후, (g) 3 삽입, (h) 5를 삽입하면 오버플로 발생, (i) 분할, (j) 분할 후, (k) 10 삽입, (l) 8 삽입

(2, 4) 트리의 삽입 분석

최대 d_{max}가 4이고, 새로운 키 k를 배치하기 위한 원래 검색은 각 레벨에서 $O(1)$ 시간을 사용하므로, 전체적으로는 $O(\log n)$ 시간이 소요된다. 이는 명제 11.8에 따라 트리의 높이가 $O(\log n)$이기 때문이다.

새로운 키와 자식을 삽입하기 위한 단일 노드의 수정은 $O(1)$ 시간에 구현될 수 있으며, 단일 분할 연산도 $O(1)$ 시간에 실행될 수 있다. 연쇄 분할 연산의 수는 트리의 높이로 제한되므로 해당 삽입 프로세스 단계도 $O(\log n)$ 시간에 실행된다. 따라서 (2, 4) 트리에 대한 삽입 연산의 총 시간은 $O(\log n)$이다.

삭제

이제 (2, 4) 트리 T에서 키 k가 있는 항목을 삭제하는 경우를 살펴보자. 이 연산은 먼저 트리 T에서 키 k가 포함된 항목을 검색하는 것으로 시작한다. (2, 4) 트리에서 항목을 삭제하는 작업은 항상 삭제할 항목이 외부 노드를 자식으로 갖는 노드 w에 저장된 경우로 단순화할 수 있다. 예를 들어 삭제하려는 키 k가 있는 항목 (k_i, v_i)가 내부 노드만 자식으로 갖는 노드 z에 저장되어 있다고 하자. 이 경우 (k_i, v_i) 항목을 외부 노드 자식을 가진 어떤 노드 w에 저장된 적절한 항목과 교환함으로써 삭제 작업을 단순화할 수 있다(자세한 예는 그림 11.28(d) 참고).

1. 노드 z의 i번째 자식을 루트로 하는 서브트리에서 오른쪽 가장 끝에 있는 내부 노드 w를 찾는다. 이때 노드 w의 자식은 모두 외부 노드다.
2. z의 항목 (k_i, v_i)를 w의 마지막 항목과 교환한다.

삭제할 항목이 노드 w에 저장되고, 노드 w가 오직 외부 노드 자식만 가진다는 것을 확인하면 (이미 w에 있거나 w로 교환된 경우), 단순히 항목을 w에서 제거하고 w의 i번째 외부 노드를 삭제한다.

위에서 설명한 대로 노드 w에서 항목(및 자식)을 제거할 경우 항상 외부 자식 노드를 제거하기 때문에 깊이 속성이 보존된다. 그러나 이러한 외부 노드를 제거하느라 w에서 크기 속성을 위반할 수 있다. 실제로, w가 이전에 2-노드였다면, 제거한 후에는 항목이 없는 1-노드가 된다(그림 11.28의 (a)와 (d) 참고), 이는 (2, 4) 트리에서 허용되지 않는다. 이러한 크기 속성 위반을 **언더플로**(underflow)라고 한다. 언더플로를 해결하기 위해 w의 형제 노드가 3-노드 또는 4-노드인지 확인한다. 이와 같은 형제 노드 s를 찾으면 **전송** 작업을 수행한다. 이때 s의 자식을 w로, s의 키를 w와 s의 부모 노드 u로, u의 키를 w로 이동시킨다(그림 11.28의 (b)와 (c) 참고). w에 형제가 하나뿐이거나 w의 형제가 모두 2-노드인 경우, w와 형제를 **병합**하여 새로운 노드 w'를 만들고, 부모 노드 u의 키를 w''로 이동시킨다(그림 11.28의 (e)와 (f) 참고).

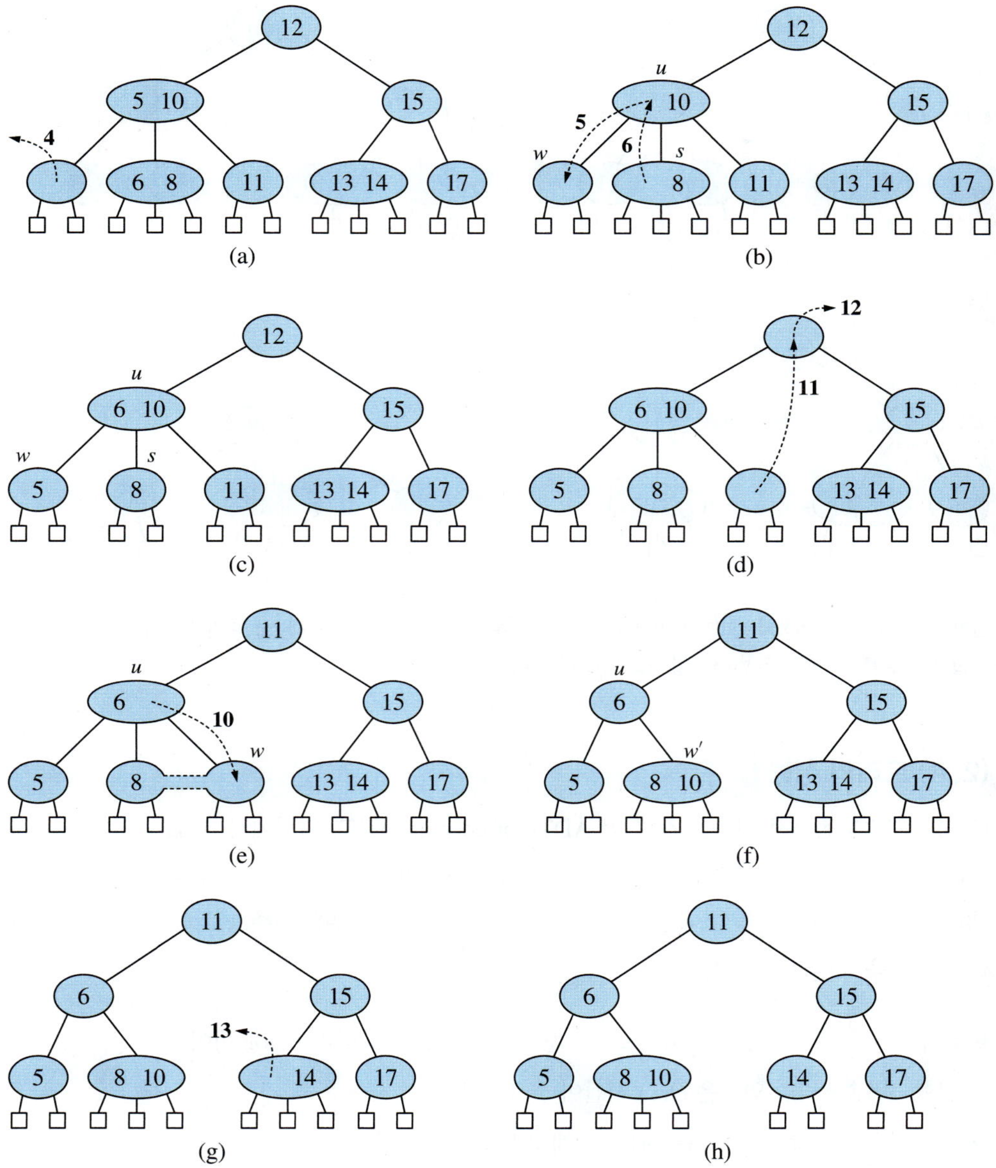

그림 11.28 (2, 4) 트리에서 수행되는 일련의 제거. (a) 4를 제거하여 언더플로 유발, (b) 전송 연산, (c) 전송 연산 이후, (d) 12를 제거하여 언더플로 유발, (e) 병합 연산, (f) 병합 연산 후, (g) 13 제거, (h) 13 제거 후

노드 w에서 **병합 연산**(fusion operation)을 수행하면, w의 부모 노드 u에서 새로운 언더플로가 발생할 수 있다. 이 경우, u에서도 전이 또는 병합이 연쇄적으로 일어난다(자세한 예는 그림 11.29 참고). 따라서 병합 연산의 횟수는 트리의 높이만큼 제한되며, 이는 명제 11.8에 따라 $O(\log n)$이다. 만약 언더플로가 루트까지 전파된다면, 루트 노드를 단순히 삭제하면 된다(그림 11.29의 (c)와 (d) 참고).

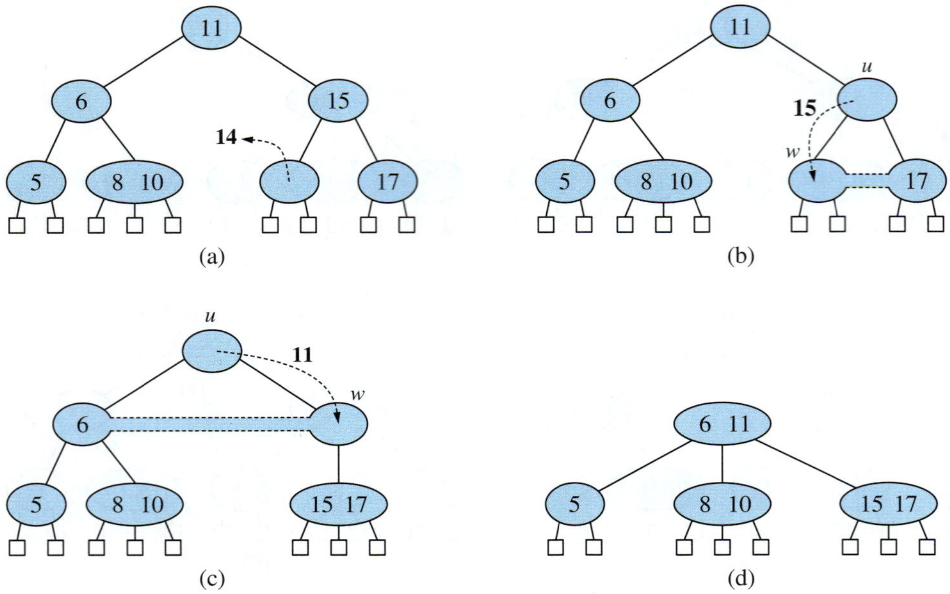

그림 11.29 (2, 4) 트리에서 전파되는 병합 시퀀스. (a) 14를 제거하면 언더플로 발생, (b) 또 다른 언더플로를 유발하는 병합, (c) 루트를 제거하는 두 번째 병합 작업, (d) 최종 트리

(2, 4) 트리의 성능

(2, 4) 트리의 점근적 성능은 정렬 맵 ADT(sorted map ADT) 관점에서 AVL 트리와 동일하다(표 11.2 참고). 즉, 대부분의 연산에 대해 로그 시간의 성능 보장을 제공한다. (2, 4) 트리에 대해 시간 복잡도를 분석할 때, n개의 (키, 값) 쌍이 저장된 경우를 기준으로 하며 그 분석은 다음 요소들을 기반으로 한다.

- n개의 항목을 저장하는 (2, 4) 트리의 높이는 명제 11.8에 따라 $O(\log n)$이다.
- 분할 · 전송 · 병합 연산은 $O(1)$ 시간이 소요된다.
- 항목의 검색 · 삽입 · 삭제는 $O(\log n)$개의 노드를 방문한다.

따라서 (2, 4) 트리는 빠른 맵 검색 및 업데이트 연산을 제공한다. (2, 4) 트리는 이어서 다룰 자료구조와도 흥미로운 관계를 맺고 있다.

11.6 레드-블랙 트리

AVL 트리와 (2, 4) 트리에는 여러 가지 좋은 특성이 있지만 몇 가지 단점도 있다. 예를 들어 AVL 트리에는 삭제 후 수행되는 재구성 작업(회전)이 많이 필요할 수 있고, (2, 4) 트리에는 삽입 또는 삭제 후 수행되는 분할 또는 병합 작업이 많이 필요할 수 있다. 이 절에서 살펴보는 자료구조인 레드-블랙 트리에는 이러한 단점이 없다. 삽입이나 삭제 후에 균형을 유지하기 위해서는 $O(1)$번의 구조 변경만 필요하다.

레드-블랙 트리(red-black tree)는 노드가 레드와 블랙으로 색칠된 이진 검색 트리다(11.1절 참고). 이 트리는 다음과 같이 세 가지 속성을 반드시 만족하여야 한다.

- **루트 속성**: 루트는 블랙 노드다.
- **레드 속성**: 레드 노드의 자식 노드는 블랙 노드다.
- **깊이 속성**: 자식이 0개 또는 한 개인 모든 노드는 동일한 **블랙 깊이**(black depth)를 가지며, 이는 블랙 조상들의 수로 정의된다. (노드 자체도 자신의 조상임을 기억하자.)

그림 11.30은 레드-블랙 트리의 예다.

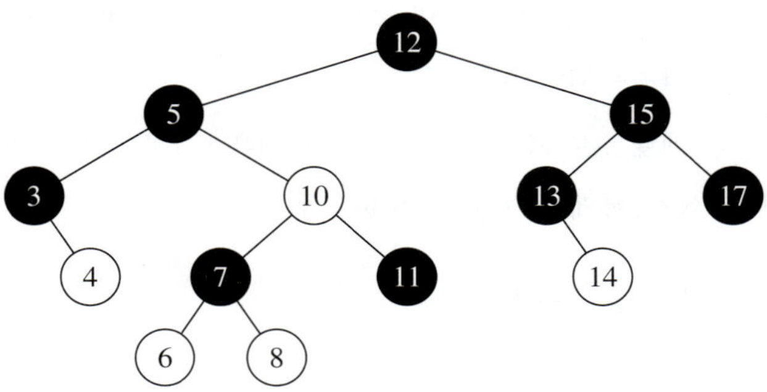

그림 11.30 '블랙' 노드가 검은색, '레드' 노드가 흰색으로 색칠된 레드-블랙 트리의 예. 이 트리의 일반적인 블랙 깊이는 3이다.

레드-블랙 트리의 정의는 (2, 4) 트리와의 흥미로운 대응 관계를 통해 좀 더 직관적으로 이해할 수 있다. 여기서 말하는 (2, 4) 트리는 사소한 외부 노드들을 제외한 구조를 의미한다. 즉, 레드-블랙 트리가 주어졌을 때, 다음과 같은 방식으로 해당하는 (2, 4) 트리를 구성할 수 있다. 모든 레드 노드 w를 그 부모와 병합한다. 이때, w에 저장된 항목을 부모 노드에 저장하고, w의 자식 노드들은 부모의 자식으로 편입시킨다. 예를 들어 그림 11.30의 레드-블랙 트리는 그림 11.24의 (2, 4) 트리에 대응되며, 그림 11.31에서 그 대응 관계를 보여준다. 이 과정에서 레드-블랙 트리의 깊이 속성은 (2, 4) 트리의 깊이 속성에 그대로 대응된다. 그 이유는 레드-블랙 트리의 각 블랙 노드 하나가 (2, 4) 트리의 노드 하나에 해당하기 때문이다.

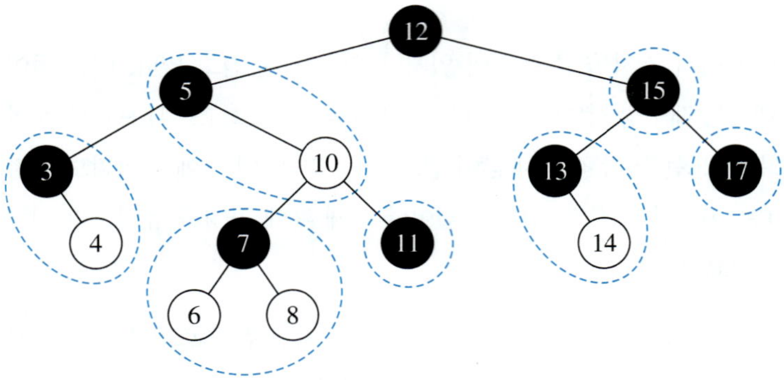

그림 11.31 그림 11.30의 레드-블랙 트리가 그림 11.24의 (2, 4) 트리에 해당함을 나타내는 그림. 레드 노드가 자신의 블랙 부모와 함께 그룹으로 묶여 있다.

반대로, (2, 4) 트리를 레드-블랙 트리로 변환할 수도 있다. 이때는 먼저 (2, 4) 트리의 모든 노드를 블랙으로 색칠하고, 이후 특정한 변환 절차(그림 11.32 참고)를 수행함으로써 레드-블랙 트리 구조를 구성할 수 있다.

- 만약 w가 2-노드라면, w는 블랙 노드가 되고 자식(블랙)들은 그대로 유지한다.
- 만약 w가 3-노드라면, 새로운 레드 노드 y를 만든다. w의 마지막 두 (블랙) 자식을 y에게 주고, w의 첫 번째 자식과 y를 w의 두 자식으로 만든다.
- 만약 w가 4-노드라면, 두 개의 새로운 레드 노드 y와 z를 만든다. w의 처음 두 (블랙) 자식을 y에게 주고, w의 마지막 두 (블랙) 자식을 z에게 주며, y와 z가 w의 두 자식이 된다.

이 구성에서 레드 노드는 항상 블랙 부모 노드를 갖는다.

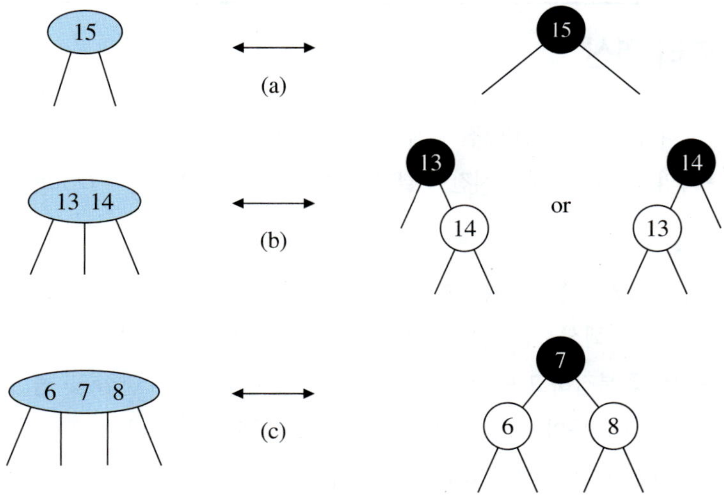

그림 11.32 (2, 4) 트리 노드와 레드-블랙 트리 노드 사이의 대응. (a) 2-노드, (b) 3-노드, (c) 4-노드

명제 11.9 n개의 항목을 저장하는 레드-블랙 트리의 높이는 $O(\log n)$이다.

증명 T를 n개의 항목을 저장하는 레드-블랙 트리라고 하고, h를 T의 높이라고 하자. 다음 부등식을 증명하고자 한다.

$$\log(n+1) - 1 \leq h \leq 2\log(n+1) - 2$$

먼저, d를 자식이 0개 또는 한 개 있는 모든 노드의 공통 블랙 깊이라고 하자. T'를 T와 연관된 (2, 4) 트리로 대응시키고, h'를 T'의 높이(사소한 단말 노드 제외)로 둔다. 레드-블랙 트리와 (2, 4) 트리 사이의 대응 관계로 의해 $h' = d$임을 알 수 있다. 따라서 명제 11.8에 따라 $d = h' \leq \log(n + 1) - 1$이다. 레드 속성에 따르면 $h \leq 2d$이다. 따라서 $h \leq 2\log(n + 1) - 2$를 얻는다. 또한 좌측의 부등식 $\log(n + 1) - 1 \leq h$는 명제 8.8과 T에 n개의 노드가 있다는 사실로부터 유도할 수 있다. ■

11.6.1 레드-블랙 트리 연산

레드-블랙 트리 T의 검색 알고리즘은 일반적인 이진 검색 트리(11.1절 참고)와 동일하다. 따라서 레드-블랙 트리의 검색은 트리의 높이에 비례한 시간이 걸리며, 이는 명제 11.9에 따라 $O(\log n)$이다.

(2, 4) 트리와 레드-블랙 트리 사이의 대응 관계는 중요한 직관을 제공하며, 이는 이후 레드-블랙 트리의 업데이트 연산을 다룰 때 핵심적인 역할을 한다. 사실, 이러한 직관 없이는 레드-블랙 트리의 업데이트 알고리즘은 꽤 복잡하고 난해해 보일 수 있다. (2, 4) 트리의 분할 및 병합 연산은 레드-블랙 트리에서 인접 노드들의 색상 재지정을 통해 효과적으로 모방된다. 또한 레드-블랙 트리 내의 회전 연산은 (2, 4) 트리에서 3-노드의 두 가지 형태 간의 방향 전환을 수행하는 데 사용된다(그림 11.32(b) 참고).

삽입

이제 레드-블랙 트리 T에 키-값 쌍(k, v)을 삽입하는 작업을 고려하자. 알고리즘은 초기에 표준 이진 검색 트리(11.1.3절 참고)에서와 같이 진행된다. 즉, 널(null) 서브트리에 도달할 때까지 T에서 k를 검색하고 해당 위치에 새 단말 노드 x를 생성하여 항목을 저장한다. x가 T의 유일한 노드이고, 따라서 루트인 경우에는 이를 블랙으로 색칠한다. 다른 모든 경우에는 x를 레드로 색칠한다. 이 연산은 (2, 4) 트리 T'의 노드에 (k, v)를 삽입하는 것에 대응된다. 이 삽입은 T의 루트 및 깊이 속성을 보존하지만, 레드 속성을 위배할 수 있다. 실제로, x가 T의 루트가 아니고 x의 부모 y가 레드인 경우, 부모와 자식(즉, y와 x)이 모두 레드인 경우가 발생한다. 루트 속성에 의해 y가 T의 루트가 될 수 없으며, 이전까지 레드 속성이 만족되었다는 점에서 y의 부모 z는 반드시 블랙이어야 한다. 이처럼 x와 그 부모가 모두 레드이고 조부모 z는 블랙인 경우, 이러한 레드 속성 위반을 **이중 레드**(double red)라고 부른다. 이중 레드를 해결하려면 두 가지 경우를 고려한다.

사례 1: y의 형제 노드 s가 블랙(또는 없음)인 경우(그림 11.33 참고) 이중 레드는 (2, 4) 트리 T'에서 새로운 노드를 3-노드에 추가하여 잘못된 4-노드를 만든 상태를 나타낸다. 이 잘못된 4-노드에서는 한 레드 노드 y가 또 다른 레드 노드 x의 부모가 되는 형태를 띠고 있다. 하지만 우리가 원하는 구조는 두 개의 레드 노드가 서로 형제가 되는 것이다. 즉, 현재 구조는 위반된 균형 조건을 나타낸다. 이 문제를 해결하기 위해 T의 **3-노드 재구성**을 수행한다. 이 연산은 `restructure(x)`라는 함수로 표현되며, 다음 단계를 포함한다(자세한 단계는 그림 11.33과 11.2절 참고).

- 노드 x, 그 부모 y, 조부모 z를 가져와서, 이 세 노드를 중위 순회 시에 왼쪽에서 오른쪽으로 방문되는 순서대로 각각 a, b, c라고 임시로 이름을 붙인다. (즉, $a < b < c$가 성립함)
- 그런 다음, 조부모 노드였던 z의 자리를 b로 대체하고, 노드 a와 c를 b의 왼쪽과 오른쪽 자식으로 설정하여, 전체 중위 순회 순서가 변경되지 않도록 한다.

`restructure(x)` 연산을 수행한 후에는 노드 b를 블랙으로 칠하고, 노드 a와 c를 레드로 칠한다. 이러한 색상 조정은 이중 레드 문제를 해결한다. 또한 주목할 점은 트리의 재구성된 부분을 통과하는 어떤 경로든 재구성 전후에 모두 정확히 하나의 블랙 노드를 지나게 된다는 것이다. 따라서 트리의 블랙 깊이는 변경되지 않으며, 균형 유지 조건이 보존된다.

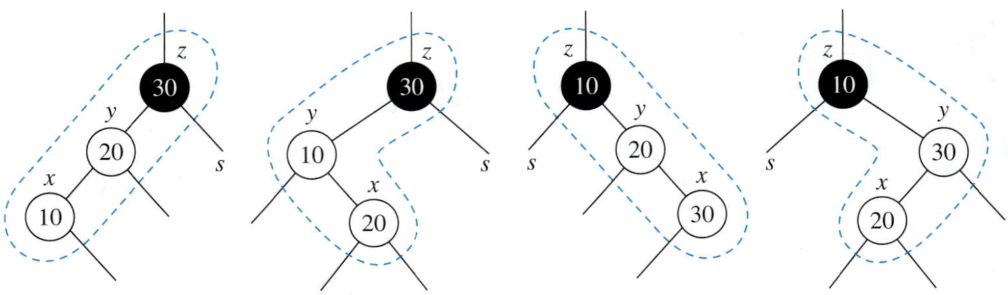

(a)

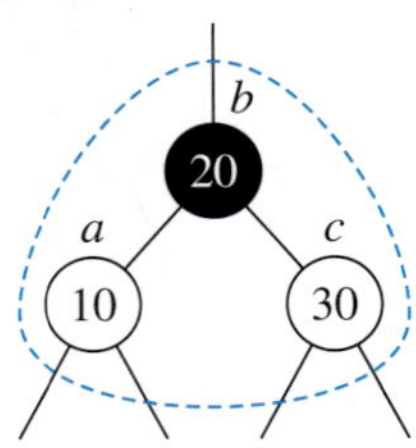

(b)

그림 11.33 이중 레드를 해결하기 위한 레드-블랙 트리 재구성. (a) 재구성 전 x, y, z에 대한 네 가지 경우, (b) 재구성 후

사례 2: y의 형제가 레드인 경우(그림 11.34 참고) 이 경우는 이에 대응하는 (2, 4) 트리 T'의 오버플로를 나타낸다. 이 문제를 해결하기 위해 분할에 해당하는 연산을 수행한다. 즉, 다음과 같은 **재색칠**(recoloring)을 실행한다.

y와 s는 블랙으로 칠하고, 그들의 부모 노드 z는 레드로 칠한다(단, z가 루트 노드인 경우에는 블랙을 유지함). 이때 주의할 점은, z가 루트가 아닌 한, 영향을 받은 트리의 경로상에는 재색칠 전후에 모두 정확히 하나의 블랙 노드가 존재하므로 블랙 깊이(black depth)는 변화하지 않는다는 점이다. 단, z가 루트인 경우에는 블랙 깊이가 1 증가한다.

하지만 이러한 재색칠 이후에도, 더 위쪽에서 다시 이중 레드 문제가 발생할 가능성이 있다. 예를 들어 z의 부모가 레드인 경우, z에서도 이중 레드 문제가 나타날 수 있다. 이 경우 다시 z에 대해 앞의 두 가지 경우(사례 1 또는 사례 2)를 적용한다. 즉, 재색칠은 x에서 이중 레드 문제를 해결하거나, 그것을 x의 조부모 z로 전파한다. 이러한 과정을 반복하여, 트리 T를 위로 따라 올라가며 재색칠 또는 3-노드 재구성을 통해 문제를 해결한다. 따라서 삽입에 의해 발생하는 재색칠의 횟수는 트리 높이의 절반 이하이며, 이는 명제 11.9에 따라 $O(\log n)$이다.

(a)

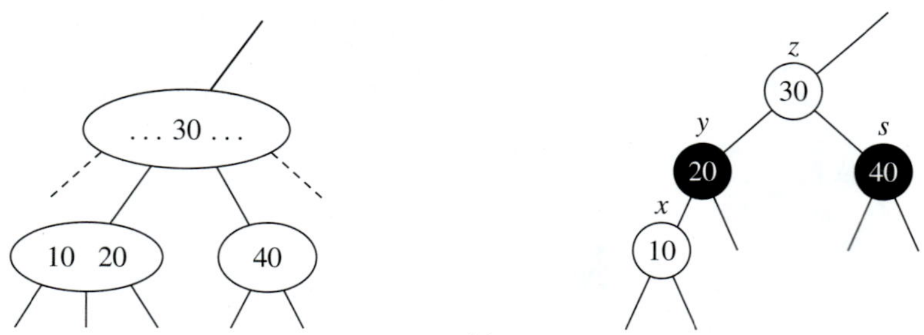

(b)

그림 11.34 이중 레드 문제를 해결하기 위한 재색칠. (a) 분할 전 관련 (2, 4) 트리의 해당 5-노드와 재색칠 전 상태, (b) 분할 후 관련 (2, 4) 트리의 해당 노드와 재색칠 후 상태

추가적인 예로서, 그림 11.35와 11.36은 레드-블랙 트리의 삽입 연산 순서를 보여준다.

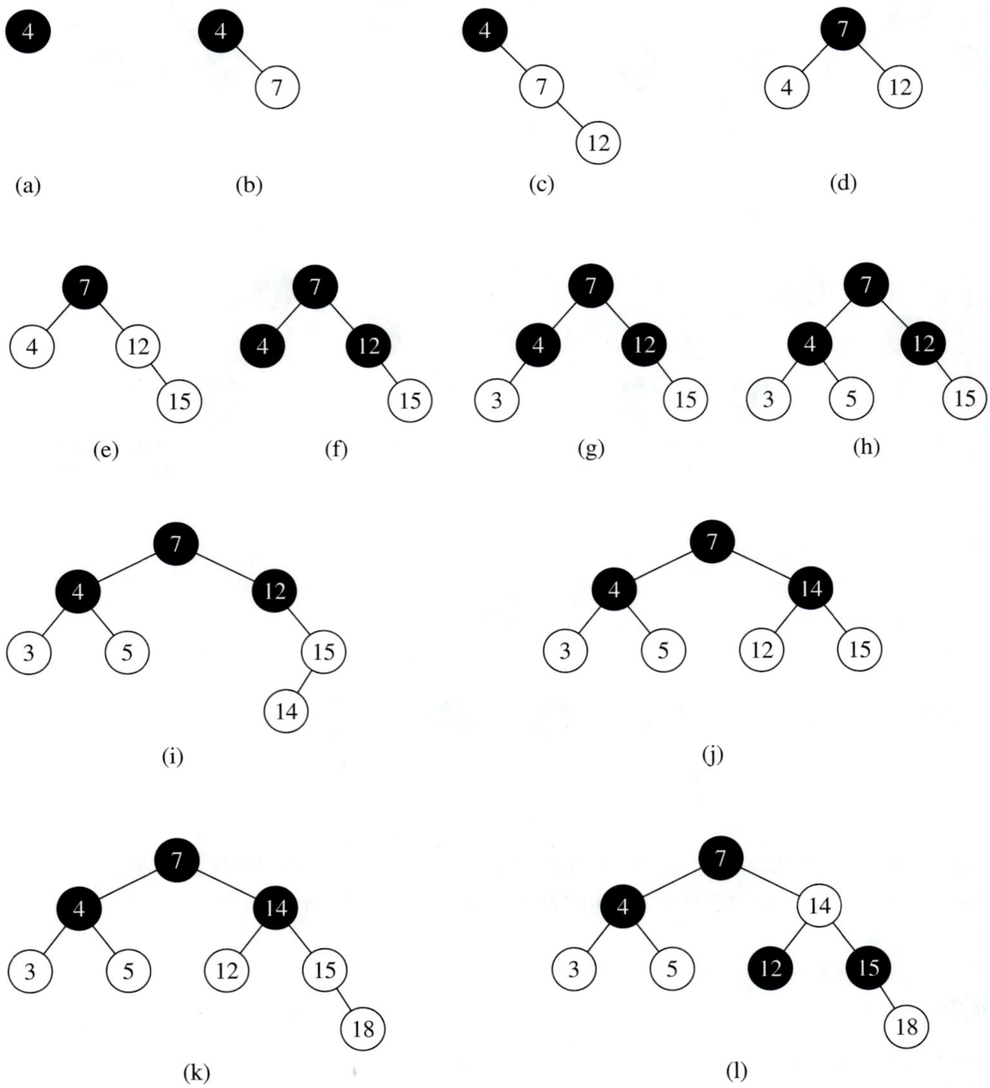

그림 11.35 레드-블랙 트리의 삽입 시퀀스. (a) 초기 트리, (b) 7 삽입, (c) 12를 삽입하면 이중 레드 발생, (d) 재구성 후, (e) 15를 삽입하면 이중 레드 발생, (f) 재색칠 후(루트는 블랙으로 유지됨), (g) 3 삽입, (h) 5 삽입, (i) 14를 삽입하면 이중 레드 발생, (j) 재구성 후, (k) 18을 삽입하면 이중 레드 발생, (l) 재색칠 후(그림 11.36으로 이어짐)

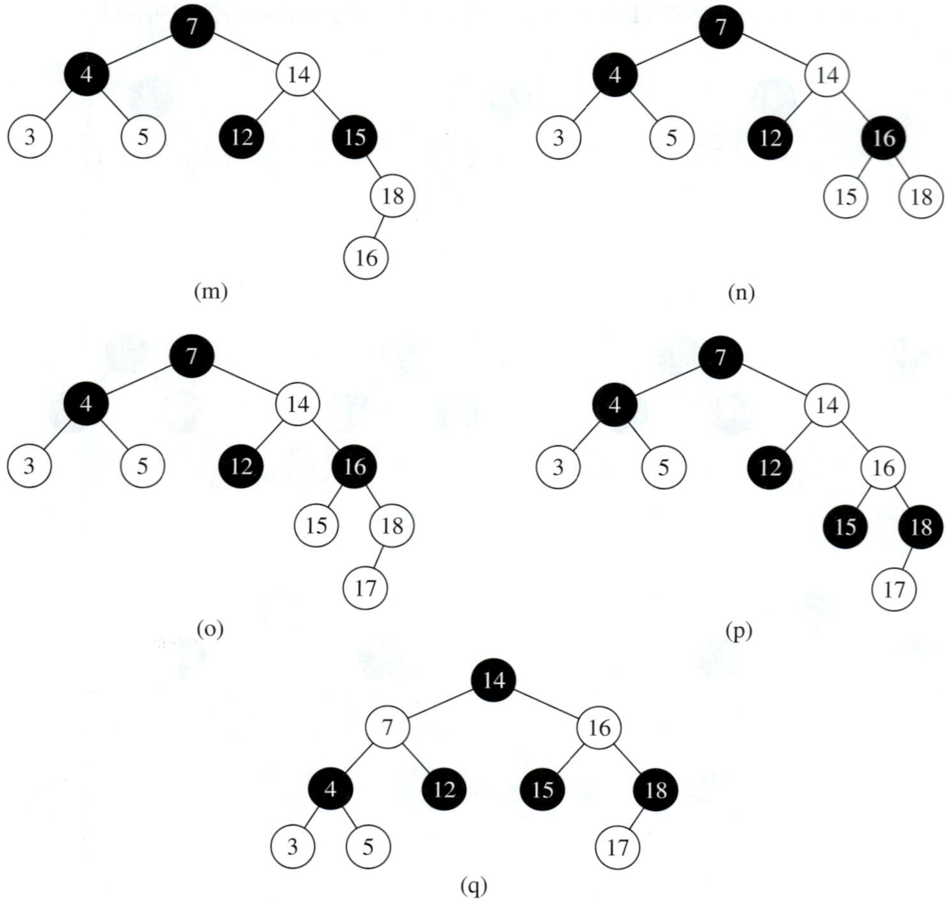

그림 11.36 레드-블랙 트리의 삽입 시퀀스. (m) 16을 삽입하면 이중 레드 발생, (n) 재구성 후, (o) 17을 삽입하면 이중 레드 발생, (p) 재색칠 후 다시 이중 레드가 나타나면 재구성을 통해 처리, (q) 재구성 후

삭제

레드-블랙 트리 T에서 키 k를 가지는 항목을 삭제하는 과정은 처음에는 일반 이진 검색 트리에서 삭제 연산과 동일하게 진행된다(11.1.3절 참고). 구조적으로 보면, 이 과정은 최대 한 개의 자식을 가진 노드(삭제 대상이거나 혹은 그 중위 선행자)를 제거하고, 남아 있는 자식 노드(있다면)를 위로 올리는 결과를 가져온다.

삭제된 노드가 레드인 경우, 이 구조적 변화는 트리의 어떤 경로에서도 블랙 깊이에 영향을 주지 않으며, 연속된 레드도 발생하지 않는다. 따라서 삭제 후의 트리는 여전히 유효한 레드-블랙 트리로 남는다. 이에 대응하는 (2, 4) 트리 T'에서 보면 이는 3-노드나 4-노드가 축소된 상태에 해당한다. 반면 삭제된 노드가 블랙 노드였다면 그 노드는 자식이 없거나 레드 단말 노드를 하나 가진 경우여야 한다(삭제된 노드의 null 자식은 블랙 깊이 0을 가지므로). 이 두 번째 상황에서는 삭제되는 블랙 노드가 (2, 4) 트리의 3-노드에서 블랙 역할을 수행하던 것이며, 남은 자식(레드 단말 노드)을 블랙으로 재색칠함으로써 레드-블랙 속성을 회복할 수 있다.

더 복잡한 상황은 블랙 단말 노드(루트가 아닌)를 삭제할 때 발생한다. 이 상황은 대응되는 (2, 4) 트리의 2-노드에서 항목을 제거하는 경우에 해당한다. 이와 같은 삭제가 발생하면 삭제된 항목까지 이르는 경로의 블랙 깊이가 1 감소하는 불균형이 생긴다. 삭제된 노드가 블랙 노드였기 때문에 트리의 블랙 균형 조건을 위반하게 되는 것이다. 이 경우, 삭제된 노드의 형제 노드가 반드시 존재해야 하며, 그 형제의 서브트리는 반드시 블랙 깊이 1을 가져야 한다. 이는 삭제 이전에 트리가 유효한 레드-블랙 트리였기 때문에 당연히 성립하는 조건이다.

이 문제를 해결하기 위해 다음과 같이 더 일반적인 상황을 고려한다. 어떤 노드 z는 두 개의 서브트리를 갖고 있다. T_{light}의 루트는 블랙 노드이고 T_{heavy}의 블랙 깊이가 T_{light}보다 정확히 1 크다. 그림 11.37에서 이 구조를 보여준다. 삭제된 블랙 단말의 경우는 이 일반적인 상황의 특수한 경우로, z는 삭제된 단말 노드의 부모 노드이며 T_{light}는 삭제 후 남은 빈 서브트리(None)다. 이 일반적인 블랙 깊이 부족 상황을 설명하는 이유는 이후 수행될 재균형 알고리즘이 블랙 깊이 부족을 트리 위쪽으로 전파할 수 있기 때문이다. 이는 (2, 4) 트리에서 삭제 처리가 상위 노드로 연쇄적으로 전파되는 것과 유사하다. 이때 y는 T_{heavy}의 루트를 의미하며, T_{heavy}는 블랙 깊이가 1 이상이므로 이 노드 y는 반드시 존재한다.

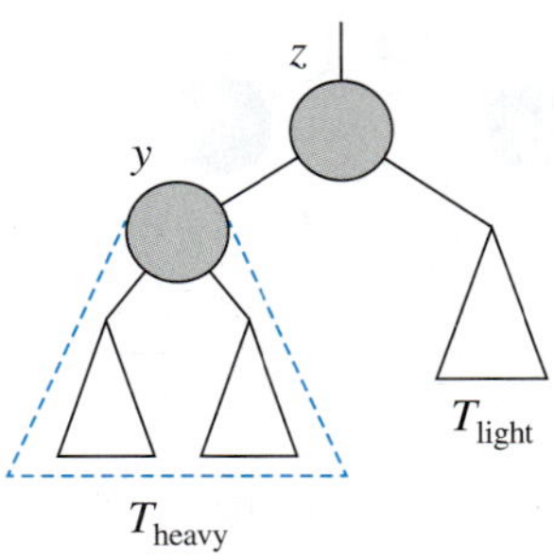

그림 11.37 노드 z의 서브트리 간 블랙 깊이 차이를 보여준다. y와 z는 회색으로 표시되어 있으며, 이는 이들 노드가 블랙 또는 레드일 수 있음을 의미한다.

부족을 해결하기 위해 다음 세 가지 가능한 경우를 고려한다.

사례 1: 노드 y가 블랙이고 자식 x가 레드인 경우(그림 11.38 참고)

앞서 11.2절에서 설명한 방식대로 3-노드 재구성을 수행한다. `restructure(`x`)` 연산은 노드 x, 해당 부모 y, 조부모 z를 가져와 중위 순회 순서에 따라 a, b, c로 정렬한다. 그런 다음, z를 b로 대체하여 b가 a와 c의 부모가 되도록 재구성한다. a와 c는 블랙으로 칠하고, b는 이전의 z와 동일한 색으로 설정한다.

이렇게 재구성한 결과, T_{light} 경로에는 블랙 노드가 한 개 추가되어 부족 문제가 해결된다. 반면, 그림 11.38에 나타난 나머지 세 서브트리에 이르는 경로의 블랙 노드 수는 변함이 없다.

이 상황은 (2, 4) 트리 T'의 전송 연산에 해당한다. 즉, 노드 z의 두 자식 사이에서 항목을 이동하는 형태다. 또한 노드 y가 레드 자식을 가지고 있다는 사실은 y가 (2, 4) 트리에서 3-노드 또는 4-노드임을 보장한다. 결과적으로, 기존에 z에 저장되어 있던 항목은 아래로 내려가서 새로운 2-노드를 구성하고, y 또는 그 자식에 있던 항목 중 하나가 위로 올라가 z의 자리를 대체함으로써 전체 트리의 균형이 회복된다.

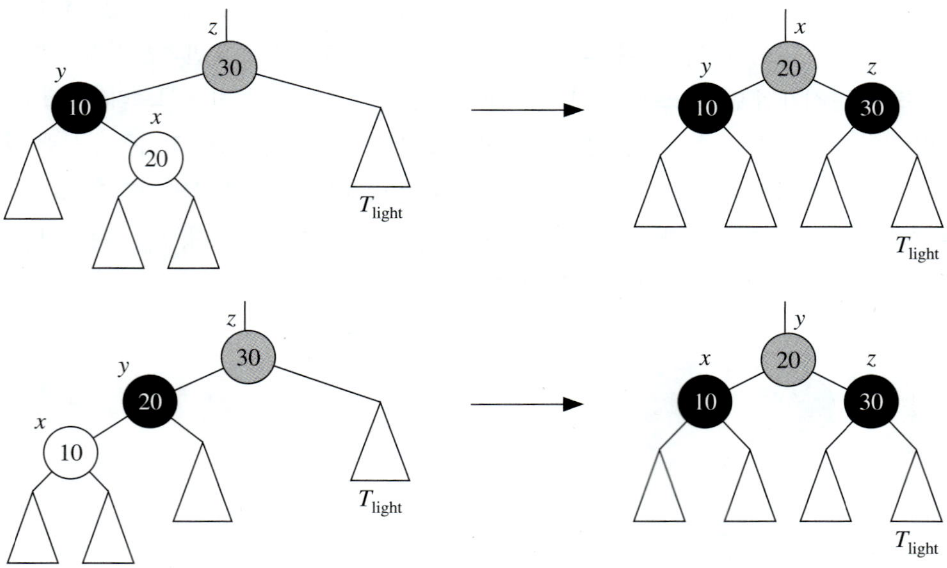

그림 11.38 `restructure(`x`)`로 3-노드 재구성을 수행하여 T_{light}의 블랙 부족을 해결한다. 두 가지 가능한 구성이 제시된다(다른 두 가지 구성은 대칭임). 왼쪽 그림에서 z의 회색은 이 노드가 레드 또는 블랙으로 표시될 수 있다는 사실을 나타낸다. 재구성된 부분의 루트에는 동일한 색상이 지정되고 해당 노드의 서브 노드는 최종적으로 모두 블랙으로 표시된다.

사례 2: 노드 y가 블랙이고 y의 두 자식은 모두 블랙이거나 없는 경우

이 경우는 (2, 4) 트리 T'의 병합 연산에 해당하며, 이는 y가 2-노드를 나타내고 있기 때문이다. 재색칠을 통해 문제를 해결한다. y를 레드로 칠하고, z가 레드였다면 이를 블랙으로 바꾼다(그림 11.39 참고). 이렇게 색상 변경을 하면 y가 레드 자식을 가지지 않으므로 연속된 레드 노드가 생기지 않는다.

z가 원래 레드인 경우, 이는 해당 (2, 4) 트리의 부모가 3-노드 또는 4-노드임을 의미한다. 이 경우에는 재색칠만으로도 블랙 깊이 부족이 해결된다(그림 11.39(a) 참고). T_{light}로 이어지는 경로에는 블랙 노드가 하나 추가되어 균형이 복원되며 T_{heavy}의 서브트리에는 영향이 없다.

반면 z가 원래 블랙인 경우, 이는 (2, 4) 트리에서 z가 2-노드임을 의미한다. 이 경우에는 재색칠한 후에도 T_{light} 경로의 블랙 노드 수가 증가하지 않았고, 오히려 T_{heavy} 경로의 블랙 노드 수가 감소해 결과적으로 z를 루트로 하는 서브트리에서 블랙 깊이 부족이 새롭게 발생한다(그림 11.39(b) 참고). 이로 인해 불균형이 트리 위쪽으로 전파되며, z의 부모 노드에 대해 다시 세 가지 경우(사례 1, 2, 3)를 반복적으로 적용해야 한다.

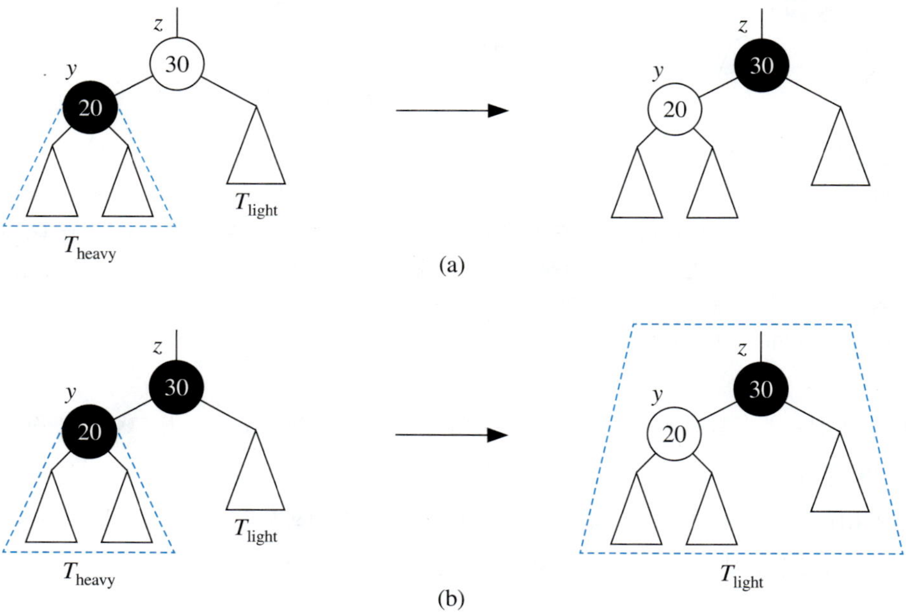

그림 11.39 재색칠을 통한 T_{light}의 블랙 부족 해결. (a) z가 원래 레드일 때 y와 z의 색상을 반전시키면 T_{light}의 블랙 부족이 해결되어 프로세스가 종료된다. (b) z가 원래 블랙인 경우 y를 재색칠하면 z의 전체 서브트리에 블랙 부족이 발생하므로 계단식 해결 방법이 필요하다.

사례 3: 노드 y가 레드인 경우(그림 11.40 참고)

노드 y가 레드이고 T_{heavy}의 블랙 깊이가 1 이상이므로 z는 반드시 블랙이어야 하며, y의 두 서브트리는 각각 T_{heavy}와 동일한 블랙 루트 및 블랙 깊이를 가져야 한다. 이 경우 y와 z에 대한 회전을 수행한 다음 y를 블랙으로, z를 레드로 다시 칠한다. 이는 해당 (2, 4) 트리 T에서 3-노드의 방향 변경을 나타낸다.

하지만 이 방향 전환이 블랙 부족을 즉시 해결하지는 않는다. 왜냐하면, 회전 후에 z의 새로운 서브트리는 기존 y의 서브트리 중 하나이고, 이 서브트리는 루트가 블랙이며, 그 블랙 깊이는 원래의 T_{heavy}와 동일하기 때문이다. 따라서 결손이 존재하는 z에 대해 알고리즘을 다시 적용해야 한다. 이때 중요한 점은 이제 z의 새로운 자식인 y'(즉, T_{heavy}의 루트)는 블랙이므로, 사례 1 또는 사례 2 중 하나를 적용할 수 있게 되었다는 점이다. 더 나아가 다음 단계의 알고리즘 적용이 마지막 단계가 될 것임을 보장할 수 있다. 왜냐하면 사례 1은 항상 한 번에 종료되고, 사례 2는 z가 레드이므로 종료 조건을 만족하기 때문이다.

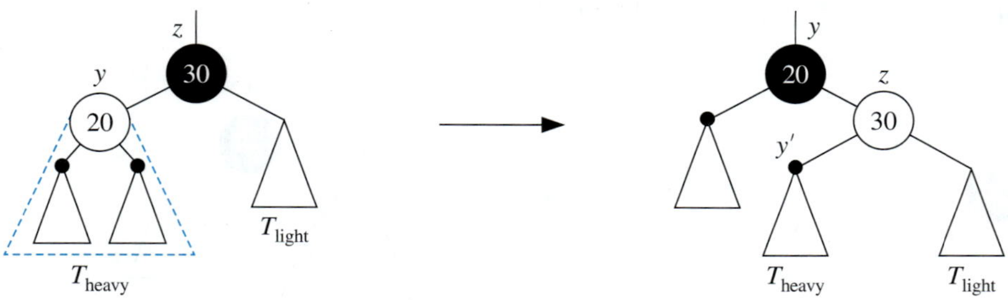

그림 11.40 z에서 블랙 부족을 가정하고, 레드 노드 y와 블랙 노드 z에 대해 회전 및 재색칠하는 과정. 이는 해당 (2, 4) 트리의 3-노드에서 방향을 변경하는 것과 같다. 이 작업은 트리의 해당 부분을 통과하는 모든 경로의 블랙 깊이에 영향을 주지 않는다. 게다가 y는 원래 레드였으므로 z의 새 서브트리는 블랙 루트 y를 가져야 하며, 원래 T_{heavy}와 동일한 블랙 깊이를 가져야 한다. 따라서 변환한 후에도 노드 z에는 블랙 부족이 남아 있다.

그림 11.41에서는 레드-블랙 트리에서 일어나는 일련의 삭제 과정을 보여준다. 그림에서 점선으로 표시된 간선(예 (c)에서 7의 오른쪽)은 아직 해결되지 않은 블랙 부족이 있는 간선을 나타낸다. (c)와 (d)에서는 사례 1 재구성을, (f)와 (g)에서는 사례 2 재색칠을 보여준다. 마지막으로, (i)와 (j)에서는 사례 3 회전 예시를, (k)에서는 사례 2 재색칠을 보여준다.

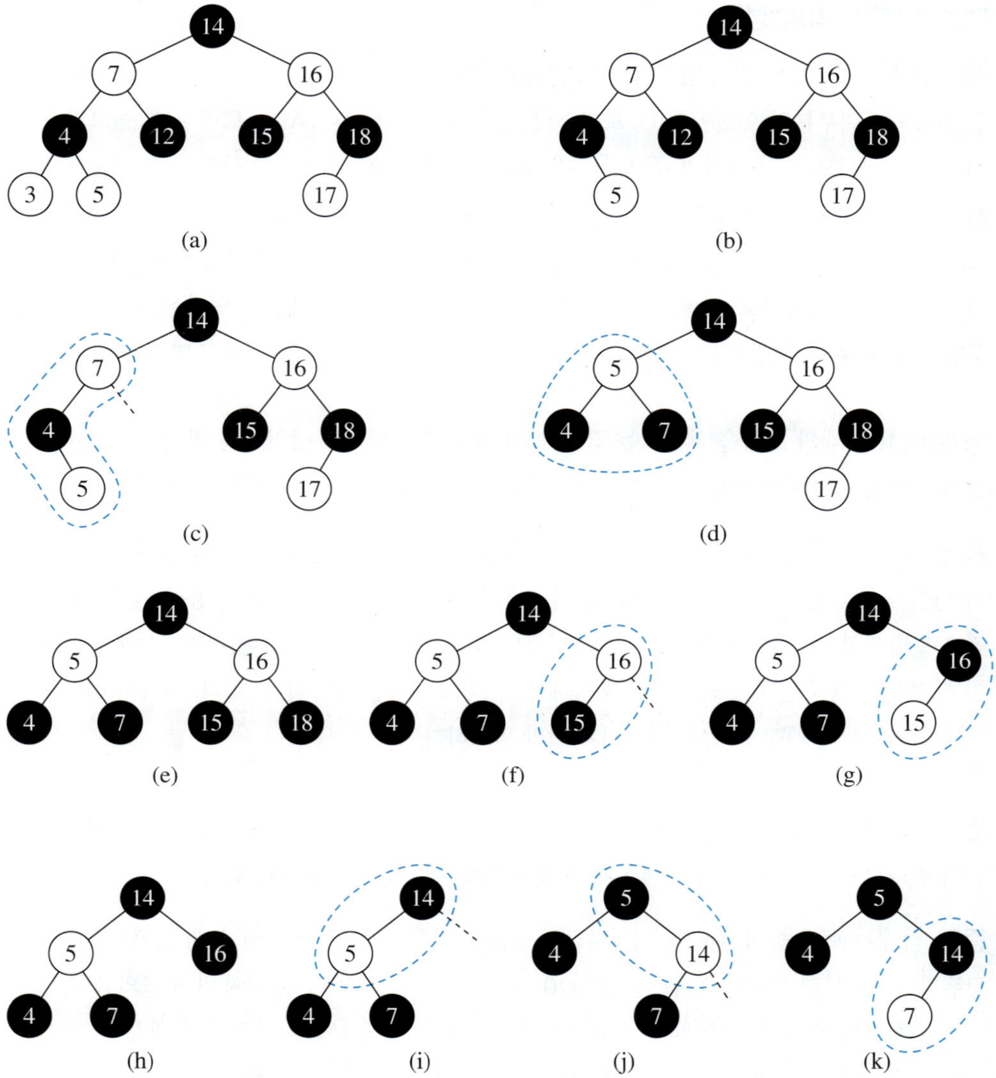

그림 11.41 레드-블랙 트리에서 일어나는 일련의 삭제. (a) 초기 트리, (b) 3 제거, (c) 12를 제거하여 7의 오른쪽에 블랙 부족이 발생(재구성을 통해 처리), (d) 재구성 후, (e) 17 제거, (f) 18을 제거하여 16의 오른쪽에 블랙 부족이 발생(재색칠로 처리), (g) 재색칠 후, (h) 15 제거, (i) 16을 제거하여 14의 오른쪽에 블랙 부족이 발생(처음에는 회전으로 처리됨), (j) 회전 후 블랙 부족은 재색칠로 처리해야 함, (k) 재색칠 후

레드-블랙 트리의 성능

레드-블랙 트리의 점근적 성능은 정렬 맵 ADT의 관점에서 보면 AVL 트리나 (2, 4) 트리와 동일하다. 즉, 대부분의 연산에 대해 로그 시간의 성능을 보장한다(AVL 트리의 성능 요약은 표 11.2 참고). 레드-블랙 트리의 주요 장점은 삽입이나 삭제 시 재구성 연산이 상수 개수만 필요하다는 것이다. (이는 AVL 트리나 (2, 4) 트리에서 최악의 경우 로그 개수의 구조적 변경이 필요한 것과 대조적이다.) 즉, 삽입 또는 삭제 연산은 검색 과정에서 로그 시간이 필요하고, 그 후 재색칠이 트리 위쪽으로 연쇄적으로 일어날 수 있지만 회전이나 **재구성 연산은 한 번의 맵 연산당 상수 개수**만 수행된다. 이러한 사실은 이어지는 명제에서 공식적으로 증명된다.

명제 11.10 n개의 항목을 저장하는 레드-블랙 트리에서 항목을 삽입하는 연산은 $O(\log n)$ 시간에 수행될 수 있으며, $O(\log n)$번의 재색칠과 최대 한 번의 3-노드 재구성을 필요로 한다.

증명 삽입 과정은 아래 방향으로의 검색, 새로운 단말 노드의 생성, 이중 레드 위반을 수정하기 위한 잠재적인 상향 작업으로 시작된다는 점을 기억하자. '사례 2'의 적용이 상향으로 연쇄적으로 발생할 수 있기 때문에 로그 시간만큼의 재색칠 작업이 있을 수 있지만 '사례 1'의 작업이 한 번만 적용되면 3-노드 재구성을 통해 이중 레드 문제를 해결할 수 있다. 따라서 레드-블랙 트리 삽입에서는 최대 한 번의 재구성 작업만 필요하다. ■

명제 11.11 n 항목이 있는 레드-블랙 트리에서 하나의 항목을 삭제하는 알고리즘은 $O(\log n)$시간이 걸리고 $O(\log n)$만큼의 재색칠과 최대 두 번의 재구성 연산을 수행한다.

증명 삭제는 트리 높이에 비례하는 시간이 필요한 표준 이진 검색 트리 삭제 알고리즘으로 시작된다. 레드-블랙 트리의 경우 높이는 $O(\log n)$이다. 후속 재조정은 삭제된 노드의 상위 노드에서 위쪽 경로를 따라 발생한다. 결과적으로 발생하는 블랙 부족을 해결하기 위해 세 가지 사례를 고려했다. 첫 번째 사례는 3-노드 재구성 작업이 필요하지만 이것으로 프로세스가 완료되므로 이 경우는 최대 한 번만 적용된다. 두 번째 사례는 여러 번 적용될 수 있지만, 한 번 적용 시 최대 두 개의 노드만 다시 칠하면 된다. 세 번째 사례는 회전이 필요하지만 한 번만 수행하면 된다. 회전으로 문제가 해결되지 않으면, 바로 다음 작업은 첫 번째 사례나 두 번째 사례가 되기 때문이다. 최악의 경우, 두 번째 사례에서 $O(\log n)$ 재색칠, 세 번째 사례에서 단일 회전, 첫 번째 사례에서 3-노드 재구성이 발생한다. ■

11.6.2 파이썬 구현

RedBlackTreeMap 클래스의 전체 구현은 코드 11.15~11.17과 같다. 이 클래스는 표준 TreeMap 클래스를 상속하고 11.2.1절에서 설명한 균형 조정 프레임워크를 기반으로 한다.

코드 11.15에서는 중첩된 _Node 클래스의 정의를 재정의하여 노드의 현재 색상을 나타내는 부울 필드를 추가한다. 생성자는 삽입 방식의 일관성을 유지하기 위해 새로운 노드의 색상을 레드로 설정한다. 코드 11.16의 상단에는 노드 색상 설정과 다양한 조건 검사를 위한 유틸리티 함수들이 정의되어 있다.

새로운 원소가 트리에 단말 노드로 삽입되면 균형 재조정 후크가 호출되어 트리를 수정할 기회를 제공한다. 새 노드는 기본적으로 레드이므로, 특별히 주의가 필요한 경우는 새 노드가 루트인 경우(블랙으로 색상 변경 필요)와 새 노드의 부모도 레드인 경우(이중 레드 위반으로 수정 필요)다. 이러한 위반 사항은 11.6.1절에서 설명한 사례 분석을 정확히 따르며 처리된다.

삭제 후 재조정 역시 11.6.1절에서 설명한 사례 분석에 기반한다. 이때 추가적인 어려움이 있는데, _rebalance_delete가 호출될 시점에는 이미 삭제 노드가 트리에서 제거된 상태라는 점이다. 해당 후크는 삭제된 노드의 부모에서 호출된다. 일부 사례 분석은 제거된 노드의 특성을 알아야 정확하게 작동한다. 다행히도 레드-블랙 트리의 구조적 속성을 활용하면 삭제된 노드에 대한 정보를 역으로 추론할 수 있다. 특히, 삭제된 노드의 부모를 p라고 할 때 다음 조건이 성립해야 한다.

- p에 자식이 없으면 삭제된 노드는 레드 단말 노드였음을 의미한다(연습 문제 R-11.26 참고).
- p에 자식이 하나 있는 경우 삭제된 노드는 블랙 단말 노드였으며 블랙 부족이 발생한다. 단, 남아 있는 자식이 레드 단말 노드인 경우는 예외다(연습 문제 R-11.27 참고).
- p에 두 개의 자식이 있는 경우, 삭제된 노드는 원래 블랙 노드였고, 그 자리는 승격된 레드 자식이 대체한 상태다(연습 문제 R-11.28 참고).

```
class RedBlackTreeMap(TreeMap):
   """레드-블랙 트리를 사용한 정렬된 맵 구현"""
   class _Node(TreeMap._Node):
      """레드-블랙 트리를 위한 노드 클래스는 색상을 나타내는 비트를 유지한다."""
      __slots__ = '_red'                  # 노드 클래스에 추가 데이터 멤버 추가

      def __init__(self, element, parent=None, left=None, right=None):
         super().__init__(element, parent, left, right)
         self._red = True                 # 새 노드는 기본적으로 레드
```

코드 11.15 RedBlackTreeMap 클래스의 시작(코드 11.16으로 이어짐)

```python
  #------------------------- 위치 기반 유틸리티 메서드 --------------------------
  # 존재하지 않는 자식은 당연히 블랙으로 간주함
  def _set_red(self, p): p._node._red = True
  def _set_black(self, p): p._node._red = False
  def _set_color(self, p, make_red): p._node._red = make_red
  def _is_red(self, p): return p is not None and p._node._red
  def _is_red_leaf(self, p): return self._is_red(p) and self.is_leaf(p)

  def _get_red_child(self, p):
    """p의 레드 자식을 반환한다(해당하는 자식이 없는 경우 None)."""
    for child in (self.left(p), self.right(p)):
      if self._is_red(child):
        return child
    return None

  #------------------------- 삽입 연산 지원-------------------------
  def _rebalance_insert(self, p):
    self._resolve_red(p)                        # 새 노드는 항상 레드

  def _resolve_red(self, p):
    if self.is_root(p):
      self._set_black(p)                        # 루트를 블랙으로 만듦
    else:
      parent = self.parent(p)
      if self._is_red(parent):                  # 이중 레드 부족
        uncle = self.sibling(parent)
        if not self._is_red(uncle):             # 사례 1: 잘못된 4-노드
          middle = self._restructure(p)         # 3-노드 재구성을 수행
          self._set_black(middle)               # 색상 수정
          self._set_red(self.left(middle))
          self._set_red(self.right(middle))
        else:                                   # 사례 2: 과다한 5-노드
          grand = self.parent(parent)
          self._set_red(grand)                  # 조부모가 레드가 됨
          self._set_black(self.left(grand))     # 그의 자식들은 블랙이 됨
          self._set_black(self.right(grand))
          self._resolve_red(grand)         # 레드 조부모에서 재귀적으로 진행
```

코드 11.16 RedBlackTreeMap 클래스의 진행(코드 11.17로 이어짐)

```python
    #------------------------- 삭제 연산 지원 -------------------------
    def _rebalance_delete(self, p):
        if len(self) == 1:
            self._set_black(self.root()) # 특수한 경우: 루트가 블랙임을 보장
        elif p is not None:
            n = self.num_children(p)
            if n == 1:                     # 자식이 레드 단말 노드가 아니면 결함이 발생
                c = next(self.children(p))
                if not self._is_red_leaf(c):
                    self._fix_deficit(p, c)
            elif n == 2:                   # 삭제된 블랙 노드에 레드 자식이 있는 경우
                if self._is_red_leaf(self.left(p)):
                    self._set_black(self.left(p))
                else:
                    self._set_black(self.right(p))

    def _fix_deficit(self, z, y):
        """z에서 블랙 부족을 해결한다. y는 z의 더 큰 서브트리의 루트다."""
        if not self._is_red(y): # y가 블랙인 경우, 사례 1 또는 사례 2 적용
            x = self._get_red_child(y)
            if x is not None: # 사례 1: y가 블랙이고 레드 자식 x가 있는 경우, "전송" 수행
                old_color = self._is_red(z)
                middle = self._restructure(x)
                self._set_color(middle, old_color)  # middle은 z의 이전 색상을 받음
                self._set_black(self.left(middle))  # 자식들은 블랙이 됨
                self._set_black(self.right(middle))
            else: # 사례 2: y가 블랙이지만 레드 자식이 없는 경우, "병합"으로 재색칠
                self._set_red(y)
                if self._is_red(z):
                    self._set_black(z)              # 이로써 문제 해결
                elif not self.is_root(z):
                    self._fix_deficit(self.parent(z), self.sibling(z)) # 상위로 재귀적 진행
        else:       # 사례 3: y가 레드인 경우, 정렬되지 않은 3-노드를 회전시키고 반복함
            self._rotate(y)
            self._set_black(y)
            self._set_red(z)
            if z == self.right(y):
                self._fix_deficit(z, self.left(z))
            else:
                self._fix_deficit(z, self.right(z))
```

코드 11.17 RedBlackTreeMap 클래스의 결론

11.7 연습 문제

기본 문제

R-11.1 항목 (1, *A*), (2, *B*), (3, *C*), (4, *D*), (5, *E*)를 이 순서대로 비어 있는 이진 검색 트리에 삽입하면, 트리는 어떤 모양이 되는가?

R-11.2 비어 있는 이진 검색 트리에 키 30, 40, 24, 58, 48, 26, 11, 13을 순서대로 삽입하라. 각 삽입이 이루어질 때마다 트리를 그려라.

R-11.3 키 {1, 2, 3}을 저장할 수 있는 서로 다른 이진 검색 트리는 몇 개인가?

R-11.4 Amongus 박사는 고정된 항목 집합을 어떤 순서로 이진 검색 트리에 삽입하든 결과는 항상 같다고 주장한다. 이 주장이 틀렸음을 증명하는 작은 예를 들어라.

R-11.5 Amongus 박사는 고정된 항목 집합을 어떤 순서로 AVL 트리에 삽입하든 항상 동일한 AVL 트리가 만들어진다고 주장한다. 이 주장이 틀렸음을 증명하는 작은 예를 들어라.

R-11.6 코드 11.4의 `TreeMap` 클래스에서 `_subtree_search` 유틸리티를 재귀에 사용한다. 큰 비균형 트리의 경우, 파이썬의 기본 재귀 깊이 제한이 문제가 될 수 있다. 재귀를 사용하지 않는 대체 구현을 제시하라.

R-11.7 그림 11.12와 11.14에 등장하는 3-노드 재구성은 단일 회전을 수행하는가? 아니면 이중 회전을 수행하는가?

R-11.8 그림 11.14(b)의 AVL 트리에 키 52인 항목을 삽입한 뒤 AVL 트리를 그려라.

R-11.9 그림 11.14(b)의 AVL 트리에 키 62인 항목을 제거한 뒤 AVL 트리를 그려라.

R-11.10 8.3.2절의 배열 기반 표현을 사용할 때 n-노드 이진 트리에서 회전을 수행하는 데 $\Omega(n)$ 시간이 걸리는 이유를 설명하라.

R-11.11 그림 11.13의 양식을 참고하여 AVL 트리에서 삭제 연산이 3-노드 재구성을 유발하는 경우에 대해 그림을 그려라. 이때 해당 노드의 두 자식 서브트리의 높이가 같다고 가정하라. 삭제 연산으로 인해 균형 조정된 서브트리의 높이는 어떻게 변하는가?

R-11.12 연습 문제 **R-11.11**을 반복하되, 이번에는 해당 노드의 두 자식 서브트리의 높이가 서로 다를 때를 가정하라.

R-11.13 AVL 트리에서 삭제 연산을 수행할 때, 노드 y의 두 서브트리 높이가 같다면 자식 노드 x는 y와 정렬되어야 한다(즉, 둘 다 왼쪽 또는 둘 다 오른쪽 자식이어야 함). 이 규칙이 필요한 이유를 더 잘 이해하기 위해 연습 문제 **R-11.11**에서 선택한 자식 x가 정렬되지 않은 경우로 다시 수행해 보자. 이 선택이 AVL 속성 복원에 어떤 문제를 일으킬 수 있는지 설명하라.

R-11.14 비어 있는 스플레이 트리에 대해 다음 연산들을 차례대로 수행하라. 각 연산 집합이 끝난 후 트리 구조를 그려라.

a. 키 0, 2, 4, 6, 8, 10, 12, 14, 16, 18을 이 순서대로 삽입하라.

b. 키 1, 3, 5, 7, 9, 11, 13, 15, 17, 19를 이 순서대로 검색하라.

c. 키 0, 2, 4, 6, 8, 10, 12, 14, 16, 18을 이 순서대로 삭제하라.

R-11.15 스플레이 트리에서 항목들을 키의 오름차순으로 접근하면 트리는 어떤 모양이 되는가?

R-11.16 그림 11.23(a)의 검색 트리는 (2,4) 트리에 해당하는가? 그 이유를 설명하라.

R-11.17 (2, 4) 트리의 노드 w에서 분할할 때 w'는 2-노드이고 w''는 3-노드가 되도록 나눌 수 있다. 이때 k_1, k_2, k_3, k_4 중 어떤 키를 w의 부모에 저장하는가? 그 이유를 설명하라.

R-11.18 Amongus 박사는 항목들을 어떤 순서로 삽입하든 (2,4) 트리는 항상 같은 구조가 된다고 주장한다. 이 주장이 틀렸음을 보여 주는 간단한 예를 제시하라.

R-11.19 동일한 (2,4) 트리에 대응되는 서로 다른 레드-블랙 트리 네 가지를 그려라.

R-11.20 키 집합 $K = \{1, 2, 3, 4, 5, 6, 7, 8, 9, 10, 11, 12, 13, 14, 15\}$에 대해 다음을 수행하라.

a. K를 가장 적은 수의 노드로 저장하는 (2, 4) 트리를 그려라.

b. K를 가장 많은 수의 노드로 저장하는 (2, 4) 트리를 그려라.

R-11.21 키 (5, 16, 22, 45, 2, 10, 18, 30, 50, 12, 1)을 이 순서대로 삽입할 때 다음 트리에 대해 결과 구조를 그려라.

a. 비어 있는 (2, 4) 트리

b. 비어 있는 레드-블랙 트리

R-11.22 다음 레드-블랙 트리에 대한 명제 각각에 대해, 참이면 근거를 설명하고 거짓이면 반례를 제시하라.

a. 레드-블랙 트리의 서브트리는 역시 레드-블랙 트리다.

b. 형제가 없는 노드는 레드다.

c. 주어진 레드-블랙 트리에 대응되는 (2, 4) 트리는 유일하다.

d. 주어진 (2,4) 트리에 대응되는 레드-블랙 트리는 유일하다.

R-11.23 이진 검색 트리 T의 중위 순회 결과는 T가 AVL 트리, 스플레이 트리, 레드-블랙 트리로 유지되든 동일한 결과를 생성한다. 그 이유를 설명하라.

R-11.24 100,000개의 항목을 저장하는 트리 T에 대해 다음 각 경우에서 T의 최악의 경우 높이는 얼마인가?

a. T가 이진 검색 트리일 때

b. T가 AVL 트리일 때

c. T가 스플레이 트리일 때

d. T가 (2, 4) 트리일 때

e. T가 레드-블랙 트리일 때

R-11.25 AVL 트리가 아닌 레드-블랙 트리의 예를 그려라.

R-11.26 T가 레드-블랙 트리이고, p가 표준 검색 트리 삭제 알고리즘에 따라 삭제된 원래 노드의 부모 위치라고 하자. 만약 p에게 자식이 없다면 삭제된 노드는 레드 단말 노드였음을 증명하라.

R-11.27 T가 레드-블랙 트리이고, p가 표준 검색 트리 삭제 알고리즘에 따라 삭제된 원래 노드의 부모 위치라고 하자. 만약 p에게 자식이 하나만 남아 있다면 이 삭제는 p에 블랙 부족을 유발했음을 증명하라. 단, 남은 자식이 레드 단말 노드인 경우는 예외로 한다.

R-11.28 T가 레드-블랙 트리이고, p가 표준 검색 트리 삭제 알고리즘에 따라 삭제된 원래 노드의 부모 위치라고 하자. 만약 p에게 두 개의 자식이 있었다면 삭제된 노드는 블랙 노드였고 하나의 레드 자식을 가지고 있었음을 증명하라.

응용 문제

C-11.29 최악의 경우에도 $O(n \log n)$ 시간에 n개의 비교 가능한 항목을 정렬하려면 AVL 트리 또는 레드-블랙 트리를 어떻게 사용해야 하는가?

C-11.30 스플레이 트리를 사용해 n개의 비교 가능한 항목을 $O(n \log n)$ 시간에 정렬할 수 있는가? **최악의 경우** 기준에서 가능한지, 그 이유와 함께 설명하라.

C-11.31 `TreeMap` 클래스에 대해 연습 문제 **C-10.28**을 다시 수행하라.

C-11.32 임의의 n-노드 이진 트리는 $O(n)$개의 회전을 통해 다른 임의의 n-노드 이진 트리로 변환할 수 있음을 보여라.

C-11.33 이진 검색 트리 T에서 키 k가 존재하지 않을 때, k보다 작은 최대 키와 k보다 큰 최소 키가 모두 k를 검색하는 경로에 포함됨을 증명하라.

C-11.34 11.1.2절에서는 이진 검색 트리에서 `find_range` 메서드가 $O(s+h)$ 시간에 실행된다고 주장했다. 여기서 s는 범위 내에서 찾은 항목 수이고, h는 트리의 높이다. 코드 11.6의 구현은 시작 키를 먼저 검색한 다음, `after` 메서드를 반복 호출하여 범위의 끝까지 이동한다. 각 `after` 호출은 $O(h)$ 시간에 실행되므로 전체 수행 시간은 $O(sh)$라는 약한 경계로 보일 수 있다. 하지만 이 구현이 실제로는 $O(s+h)$ 경계를 만족함을 증명하라.

C-11.35 이진 검색 트리 T로 구현된 정렬 맵에서, 키가 범위 `(start, stop)`에 속하는 항목을 모두 제거하는 `remove_range(start, stop)` 연산을 수행하는 방법을 설명하고 이 연산이 $O(s+h)$ 시간에 실행됨을 보여라. 여기서 s는 제거된 항목 수이고, h는 트리 T의 높이다.

C-11.36 연습 문제 **C-11.35**를 AVL 트리를 사용해 반복하고 수행 시간은 $O(s \log n)$으로 한정하라. AVL 트리에서 단순히 이전 방식대로 수행하면 $O(s+\log n)$ 알고리즘이 되지 않는 이유는 무엇인가?

C-11.37 새로운 메서드 `count_range(start, stop)`을 추가한다고 하자. 이 메서드는 정렬된 맵에서 지정된 범위에 속하는 키의 개수를 반환한다. 이 메서드는 `find_range` 방식에 기반하여 $O(s+h)$ 시간에 구현할 수 있다. `count_range`가 최악의 경우 $O(h)$ 시간에 수행되도록 트리 구조를 수정하는 방법을 설명하라.

C-11.38 연습 문제 **C-11.37**에서 설명한 접근 방식이 `TreeMap` 클래스의 일부로 구현된 경우, 새로운 메서드를 계속 지원하려면 `AVLTreeMap` 같은 하위 클래스에 어떤 추가 수정(있는 경우)이 필요한가?

C-11.39 AVL 트리에서 한 번의 `remove` 연산이 단말 노드에서 루트까지 높이-균형 속성을 복원하기 위해 $\Omega(\log n)$개의 3-노드 재구성(또는 회전)을 필요로 하는 상황을 그려라.

C-11.40 AVL 구현에서는 각 노드가 자신의 서브트리의 높이를 저장하며, 이 값은 상당히 큰 정수일 수 있다. AVL 트리의 이 공간은 줄일 수 있는데, 대신 노드의 균형 요소를 저장한다. 균형 요소는 노드의 왼쪽 서브트리의 높이에서 오른쪽 서브트리의 높이를 뺀 값으로 정의된다. 따라서 노드의 균형 요소는 항상 -1, 0 또는 1과 같으며, 삽입 또는 삭제 중에만 임시로 -2 또는 $+2$가 될 수 있다. 균형 요소를 저장하는 `AVLTreeMap` 클래스를 다시 구현하라.

C-11.41 만약 이진 검색 트리의 가장 왼쪽 노드의 위치에 대한 참조를 유지한다면, `find_min` 연산을 $O(1)$ 시간에 수행할 수 있다. 다른 맵 메서드의 구현을 수정해 가장 왼쪽 위치에 대한 참조를 유지하는 방법을 설명하라.

C-11.42 연습 문제 **C-11.41**에서 설명한 접근 방식이 `TreeMap` 클래스의 일부로 구현된다면, `AVLTreeMap`과 같은 하위 클래스에 정확한 왼쪽 위치에 대한 참조를 유지하기 위해 어떤 추가 수정(있는 경우)이 필요한가?

C-11.43 이진 검색 트리의 `after(p)`와 `before(p)` 메서드가 최악의 경우에도 $O(1)$ 시간에 실행되도록 구현을 수정하라. 이때 다른 메서드들의 점근적 성능에는 영향을 주지 않아야 한다.

C-11.44 연습 문제 **C-11.43**에서 설명한 접근 방식이 `TreeMap` 클래스의 일부로 구현된 경우 효율성을 유지하기 위해 `AVLTreeMap`과 같은 하위 클래스에 어떤 추가 수정(있는 경우)이 필요한가?

C-11.45 표준 이진 검색 트리의 경우 표 11.1에서는 `delete(p)` 메서드에 대한 $O(h)$ 시간 성능을 주장한다. 연습 문제 **C-11.43**에서 설명한 방법이 구현된다면, `delete(p)`가 $O(1)$ 시간에 실행되는 이유를 설명하라.

C-11.46 이진 검색 트리 자료구조를 수정하여 정렬된 맵에 대해 다음 두 개의 인덱스 기반 연산을 지원하는 방법을 설명하라. 이 연산들은 트리의 높이인 h에 대해 $O(h)$ 시간에 수행된다.

`at_index(i)`: 정렬된 맵의 인덱스 i에 있는 항목의 위치 p를 반환한다.

`Index_of(p)`: 정렬된 맵의 위치 p에 있는 항목의 인덱스 i를 반환한다.

C-11.47 동일한 항목 10개를 추가하는 스플레이 트리 T_1과 레드-블랙 트리 T_2를 그려라. 이 두 트리의 전위 순회(preorder traversal)가 동일해야 한다.

C-11.48 AVL 트리에서 삽입 중에 일시적으로 균형이 깨지는 노드들이 새로 삽입된 노드에서 루트까지의 경로에서 연속되지 않을 수 있음을 보여라.

C-11.49 `__delitem_map` 연산의 결과로 노드가 삭제된 후 AVL 트리에서 최대 한 개의 노드만 일시적으로 균형이 깨질 수 있음을 보여라.

C-11.50 T와 U가 각각 n과 m개의 항목을 저장하는 (2, 4) 트리라고 가정한다. 이때 T의 모든 항목의 키가 U의 모든 항목의 키보다 작다. T와 U를 **합쳐** T와 U의 모든 항목을 저장하는 단일 트리로 결합하는 $O(\log n + \log m)$ 시간의 메서드를 설명하라.

C-11.51 레드-블랙 트리 T와 U에 대해 연습 문제 **C-11.50**을 반복하라.

C-11.52 명제 11.7을 증명하라.

C-11.53 키들이 모두 고유한 경우에는 레드-블랙 트리의 노드를 '레드' 또는 '블랙'으로 표시하는 부울 지시자가 반드시 필요한 것은 아니다. 표준 이진 검색 트리 노드에 공간을 추가하지 않고 레드-블랙 트리를 구현하는 방법을 설명하라.

C-11.54 T가 n개의 항목을 저장하는 레드-블랙 트리이고, k가 T의 항목 중 하나의 키라고 가정한다. T로부터 T'와 T'' 두 개의 레드-블랙 트리를 $O(\log n)$ 시간에 생성하는 방법을 보여라. 이 연산은 T를 파괴한다.

C-11.55 AVL 트리 T의 노드를 '레드'와 '블랙'으로 색칠하여, T가 레드-블랙 트리가 될 수 있음을 보여라.

C-11.56 표준 스플레이 단계에는 두 번의 순회가 필요하다. 첫 번째는 스플레이할 노드 x를 찾기 위한 하향 순회이고, 두 번째는 노드 x를 스플레이하기 위한 상향 순회다. 하향 순회를 하는 동안 노드 x를 검색하면서 동시에 스플레이를 수행하는 방법을 설명하라. 이제 각 하위 단계에서는 x까지 내려가는 경로에서 다음 두 개의 노드를 고려해야 하며, 마지막에는 필요하다면 지그 하위 단계를 수행한다. 지그-지그, 지그-재그, 지그 단계를 어떻게 수행하는지 설명하라.

C-11.57 **하프 스플레이 트리**(half-splay tree)라고 불리는 변형 트리를 고려하라. 깊이 d에서 노드를 스플레이하는 것은 노드가 깊이 $\lfloor d/2 \rfloor$에 도달하자마자 중지된다. 하프 스플레이 트리에 대한 분할 지불 분석을 수행하라.

C-11.58 노드의 수가 홀수인 n-노드 스플레이 트리 T에 대해 T가 단일 체인으로 구성되도록 하는 접근 순서를 설명하라. 이 체인에서 T를 따라 내려가는 경로는 왼쪽 자식과 오른쪽 자식이 번갈아 가며 이루어져야 한다.

C-11.59 본문에서 구현한 `TreeMap`에는 미묘한 결함이 있다. 키-값 쌍 (k, v)와 연관된 위치 인스턴스 p는 해당 항목이 맵에 남아 있는 한 유효해야 한다. 특히, 해당 위치는 컬렉션에서 다른 항목을 삽입하거나 삭제하는 호출에 의해 영향을 받지 않아야 한다. 이진 검색 트리에서 항목을 삭제하는 본문의 알고리즘은 이러한 보장을 제공하지 못할 수 있다. 특히 두 개의 자식을 가진 노드에서 키를 삭제할 때 키의 중위 선행자를 사용하는 규칙 때문이다. 이러한 결함을 보여주는 명시적인 파이썬 코드를 보여라.

C-11.60 연습 문제 **C-11.59**에서 설명한 결함을 피하기 위해 `TreeMap` 구현을 수정하는 방법을 설명하라.

프로젝트 문제

P-11.61 다양한 연산 시퀀스에 대해 AVL 트리, 스플레이 트리, 레드-블랙 트리 구현의 속도를 비교하기 위해 실험적 연구를 수행하라.

P-11.62 스킵 리스트 구현을 포함하여 연습 문제 **P-11.61**을 다시 수행하라(연습 문제 **P-10.53** 참고).

P-11.63 (2, 4) 트리를 사용해 Map ADT를 구현하라(10.1.1절 참고).

P-11.64 SortedMap ADT의 모든 메서드를 포함하여 연습 문제 **P-11.61**을 다시 수행하라(10.3절 참고).

P-11.65 이진 검색 트리에서 했던 것처럼 위치 지원을 제공하여 연습 문제 **P-11.63**을 다시 수행하라. `first()`, `last()`, `before(p)`, `after(p)`, `find_position(k)`와 같은 메서드를 포함한다. 여러 항목이 트리의 단일 노드에 저장될 수 있더라도, 각 항목은 이 구현에서 고유한 위치를 가져야 한다.

P-11.66 레드-블랙 트리를 해당하는 (2, 4) 트리로 변환하고 어떤 (2, 4) 트리이든 해당하는 레드-블랙 트리로 변환할 수 있는 파이썬 클래스를 작성하라.

P-11.67 10.5.3절에서 다중 집합 및 다중 맵에 대해 설명할 때, 맵에 모든 중복 항목을 보조 컨테이너로 저장하는 일반적인 접근 방식을 설명한 바 있다. 각 맵 항목이 트리의 고유한 노드에 저장되는 이진 검색 트리를 사용해 다중 맵의 대체 구현을 제공하라. 중복이 존재하는 경우, 검색 트리 속성을 재정의하여 위치 p의 모든 항목이 키 k보다 작거나 같은 키를 가진 p의 왼쪽 서브트리에 있고, p의 오른쪽 서브트리에 있는 항목은 k보다 크거나 같은 키를 가지도록 한다. 코드 10.17의 공개 인터페이스를 사용하라.

P-11.68 연습 문제 **C-11.56**에서 설명한 대로 하향식 스플레잉을 사용하는 스플레이 트리 구현을 준비한다. 이 장에서 구현된 표준 상향식 스플레잉과 성능을 비교하기 위해 광범위한 실험 연구를 수행한다.

P-11.69 **병합 가능 힙** ADT는 우선순위 큐 ADT의 확장으로, `add(k, v)`, `min()`, `remove_min()`, `merge(h)`와 같은 연산으로 구성된다. `merge(h)` 연산은 힙 `h`의 모든 항목을 현재 힙에 합쳐 넣는 동시에, `h`를 비우는 합집합 연산을 수행한다. 모든 연산에 대해 $O(\log n)$ 성능을 달성하는 병합 가능 힙 ADT의 구체적인 구현을 제시하라. 여기서 n은 병합 작업을 수행한 결과 힙의 크기를 나타낸다.

P-11.70 '점프하는 요정들(Jumping Leprechauns)'이라는 간단한 n-body 시뮬레이션 프로그램을 작성하라. 이 시뮬레이션에는 1부터 n까지 번호가 매겨진 n명의 요정이 등장한다. 각 요정 i는 금 g_i를 보유하며, 시뮬레이션 초기에는 모두 백만 달러어치의 금을 가진다. 즉, $g_i = 1000000$이다($i = 1, 2, \ldots, n$). 각 요정 i는 지평선상의 위치 x_i를 가지고 있으며, 이는 부동소수점 숫자로 표현된다. 시뮬레이션의 각 반복 단계에서 요정들을 순서대로 처리한다. 반복 중 요정 i를 처리할 때는 먼저 다음과 같이 수평선상의 새로운 위치를 $x_i = x_i + rg_i$로 계산한다. 여기서 r은 -1과 1 사이의 난수다. 요정 i는 자신의 양쪽에서 가장 가까이에 있는 요정 두 명에게서 각각 금의 절반을 훔쳐서 자신의 금에 더한다. 주어진 n명의 요정에 대해 이 시뮬레이션을 여러 번 반복 실행하는 프로그램을 작성하라. 이때 수평선상의 위치는 이 장에서 설명한 정렬된 맵 자료구조를 사용해 관리해야 한다.

참고 사항

이 장에서 다룬 자료구조 중 일부는 Knuth의 『Sorting and Searching』 [65]과 Mehlhorn의 저서 [76]에 폭넓게 설명되어 있다. AVL 트리는 1962년 Adel'son-Vel'skii와 Landis [2]가 고안한 균형 이진 검색 트리의 한 종류다. 이진 검색 트리, AVL 트리, 해싱은 모두 Knuth의 『Sorting and Searching』 [65]에서 다루어진다. 이진 검색 트리의 평균 높이에 대한 분석은 Aho, Hopcroft, Ullman[6]과 Cormen, Leiserson, Rivest, Stein [29]의 저서에서 확인할 수 있다. Gonnet와 Baeza-Yates의 핸드북 [44]에는 다양한 맵 구현에 대한 이론적·실험적 비교가 포함되어 있다. Aho, Hopcroft, Ullman [5]은 (2, 3) 트리에 대해 설명하며, 이는 (2, 4) 트리와 유사하다. 레드-블랙 트리는 Bayer [10]에서 정의하였다. Guibas와 Sedgewick [48]은 레드-블랙 트리의 다양한 변형과 흥미로운 속성을 논의하였다. 균형 트리 자료구조에 대해 더 알고 싶은 독자는 Mehlhorn [75], Tarjan[95]의 저서와 Mehlhorn과 Tsakalidis가 공저한 책 [75]을 참고하라. Knuth [65]는 균형 트리에 대한 초기 접근 방식 내용이 담긴 탁월한 참고문헌이다. 스플레이 트리는 Sleator와 Tarjan [89]에 의해 고안되었으며, 관련 내용은 Tarjan [95]에서도 확인할 수 있다.

CHAPTER 12

정렬과 선택

12.1 정렬 알고리즘 학습의 필요성

이 장의 주요 내용은 객체 모음을 정렬하는 알고리즘이다. 주어진 데이터 모음을 가장 작은 값에서 가장 큰 값의 순서로 재배열하거나, 그러한 순서로 된 새 복사본을 생성하는 것이 목표다. 우선순위 큐를 학습할 때와 마찬가지로(9.4절 참고) 이 절에서는 일관된 순서가 존재한다고 가정한다. 파이썬에서는 보통 $<$ 연산자를 사용해 객체 간의 자연 순서를 정의하며, 이 연산자는 다음과 같은 성질을 갖는다.[1]

- **비반사성**(irreflexive property): 어떤 값 k에 대해 $k \not< k$다.
- **전이성**(transitive property): if $k_1 < k_2$이고 $k_2 < k_3$이면 $k_1 < k_3$다.

이 중 전이성은 특히 중요하다. 어떤 비교 결과를 직접 수행하지 않고도 추론할 수 있어 알고리즘을 더 효율적으로 만들 수 있기 때문이다.

정렬 문제는 컴퓨터 과학에서 가장 중요하고 연구가 많이 이루어진 문제 중 하나다. 예를 들어 이진 검색 알고리즘(4.1.3절 참고)을 사용한 효율적인 검색을 위해 데이터셋을 정렬된 형태로 저장하는 경우가 많다. 다양한 문제를 해결하기 위한 고급 알고리즘들도 종종 정렬을 서브 루틴으로 활용한다.

파이썬은 데이터를 정렬하는 내장 지원 기능을 제공한다. 리스트 클래스의 `sort` 메서드는 리스트의 내용을 재배열하며, 내장 함수 `sorted`는 임의의 컬렉션 원소들을 정렬된 순서로 포함하는 새로운 리스트를 생성한다. 이러한 내장 정렬 함수들은 고급 알고리즘을 사용하며(이 장에서 그 일부를 설명할 예정임), 성능도 최적화되어 있다. 특별한 상황이 아닌 한, 직접 정렬 알고리즘을 구현하기보다는 내장 정렬 기능을 사용하는 것이 일반적이다.

그럼에도 불구하고 정렬을 깊이 이해하는 것은 여전히 중요하다. 가장 먼저, 내장 함수를 호출할 때 효율성 측면에서 무엇을 기대할 수 있는지, 초기 원서의 순서나 정렬되는 객체의 유형에 따라 성능이 어떻게 달라질 수 있는지를 아는 것이 좋다. 더 일반적으로는 정렬 알고리즘의 발전을 이끈 아이디어와 접근 방식이 컴퓨팅 전반의 알고리즘 개발로 이어진다는 점을 이해해야 한다.

---

1 12.6.1절에서는 $<$ 연산자로 정의된 자연 순서가 아닌, 순서에 따라 데이터를 정렬하기 위해 파이썬에서 사용되는 또 다른 기술을 살펴본다.

이 책에서는 이미 여러 정렬 알고리즘을 소개하였다.

- 삽입 정렬(5.5.2절, 7.5절, 9.4.1절)
- 선택 정렬(9.4.1절)
- 버블 정렬(연습 문제 C-7.38)
- 힙 정렬(9.4.2절)

이 장에서는 **병합 정렬**, **퀵 정렬**, **버킷 정렬**, **기수 정렬** 등 네 가지 추가 정렬 알고리즘을 다루고, 12.5절에서 이들 알고리즘의 장단점을 비교할 것이다.

12.2 병합 정렬

12.2.1 분할 정복

이 장에서 처음 소개하는 두 알고리즘인 병합 정렬과 퀵 정렬은 **분할 정복**(divide-and-conquer)이라는 알고리즘 설계 패턴에서 재귀를 활용한다. 4장에서 살펴봤듯, 재귀는 알고리즘을 우아하게 표현하는 데 매우 효과적이다. 분할 정복 패턴은 다음 세 단계를 따른다.

1. **분할**: 입력 크기가 임곗값보다 작을 경우(예 원소가 한두 개일 경우) 단순한 방식으로 문제를 바로 해결하고 그 결과를 반환한다. 그렇지 않으면 입력 데이터를 둘 이상의 서로소 부분집합으로 나눈다.
2. **정복**: 나눈 각 부분집합 문제를 재귀적으로 해결한다.
3. **결합**: 부분 문제들의 해를 결합하여 원래 문제의 해를 구성한다.

분할 정복을 활용한 정렬

우선 병합 정렬 알고리즘을 고수준에서 설명하되, 데이터가 배열 기반(파이썬 리스트)인지 연결 리스트인지에 대해서는 지금 단계에서 구체화하지 않는다. 이후에 구체적인 구현을 제시할 예정이다. n개의 원소를 가진 시퀀스 S를 정렬하기 위해 병합 정렬은 다음과 같은 방식으로 세 단계의 분할 정복을 수행한다.

❶ **분할**: S가 0개 또는 한 개의 원소만 가지고 있다면 이미 정렬된 상태이므로 S를 즉시 반환한다. 그렇지 않다면(S에 최소 두 개 이상의 원소가 있다면), S의 모든 원소를 제거하고 두 개의 시퀀스 S_1과 S_2에 나누어 저장한다. S_1은 S의 앞쪽 원소 중 절반인 $\lfloor n/2 \rfloor$을, S_2는 나머지 $\lceil n/2 \rceil$을 포함한다.

❷ **정복**: S_1과 S_2를 재귀적으로 정렬한다.

❸ **결합**: 정렬된 S_1과 S_2를 병합하여 정렬된 시퀀스로 만들고 이를 S에 다시 저장한다.

여기서 $\lfloor x \rfloor$는 $k \leq x$인 가장 큰 정수 k(x의 **하한**, 내림)를 의미하고, $\lceil x \rceil$는 $x \leq m$인 가장 작은 정수 m(x의 **상한**, 올림)을 의미한다.

병합 정렬 알고리즘의 실행 과정을 **병합 정렬 트리**(merge-sort tree)라고 하는 이진 트리 T로 시각화할 수 있다. 트리 T의 각 노드는 병합 정렬 알고리즘의 재귀 호출(또는 호출)을 나타내며, 노드 v에는 해당 호출이 처리하는 시퀀스 S가 대응된다. 노드 v의 자식 노드들은 각각 부분 시퀀스 S_1과 S_2를 처리하는 재귀 호출에 대응된다. T의 외부 노드는 원소 하나만 포함하는 인스턴스와 연결되며, 이는 재귀 호출 없이 종료되는 경우에 해당한다.

그림 12.1은 병합 정렬 트리 T의 각 노드에서 처리된 입력 및 출력 시퀀스를 통해 병합 정렬 알고리즘의 실행을 요약한 것이다. 구체적인 실행 과정은 그림 12.2~12.4에서 단계별로 보여준다.

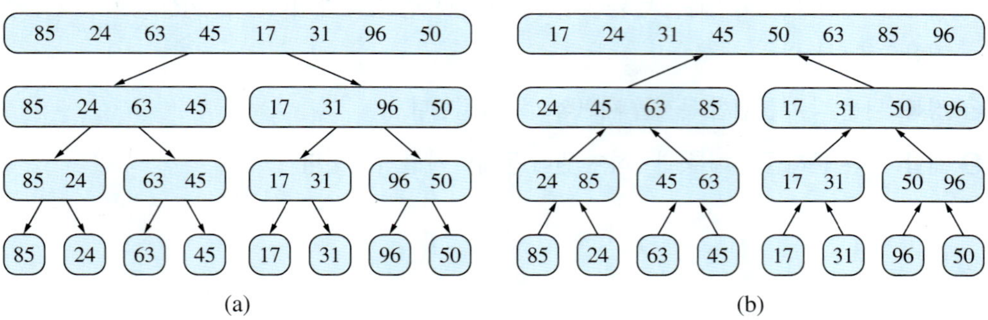

그림 12.1 8개의 원소로 구성된 시퀀스에 대해 병합 정렬 알고리즘을 실행한 병합 정렬 트리 T. (a) 트리의 각 노드에서 처리되는 입력 시퀀스, (b) 각 노드에서 생성된 출력 시퀀스 (그림 12.2로 이어짐)

병합 정렬 트리를 활용하면 병합 정렬 알고리즘의 수행 시간을 분석하는 데 도움이 된다. 특히, 병합 정렬의 각 재귀 호출에서 입력 시퀀스의 크기는 대략 절반으로 줄어들므로 병합 정렬 트리의 높이는 약 $\log n$이다(로그의 밑이 2인 경우 밑을 생략함).

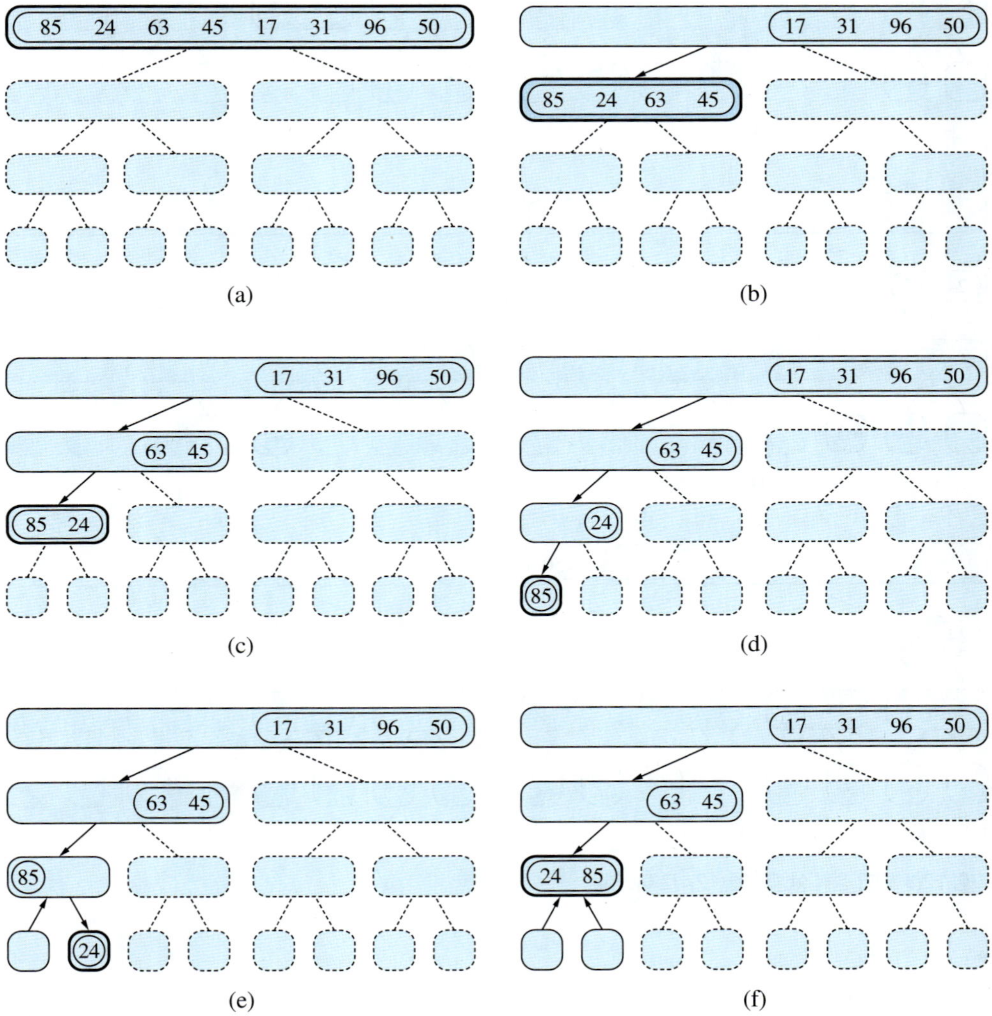

그림 12.2 병합 정렬 실행의 시각화. 트리의 각 노드는 병합 정렬의 재귀 호출을 나타낸다. 점선으로 표시된 노드는 아직 호출되지 않은 상태를, 굵은 선으로 표시된 노드는 현재 실행 중인 호출을 나타낸다. 빈 노드(얇은 선으로 표시됨)는 종료된 호출을, 비어 있지 않은 노드(얇은 선으로 표시됨)는 자식 호출의 반환을 기다리는 호출을 나타낸다. (그림 12.3으로 이어짐)

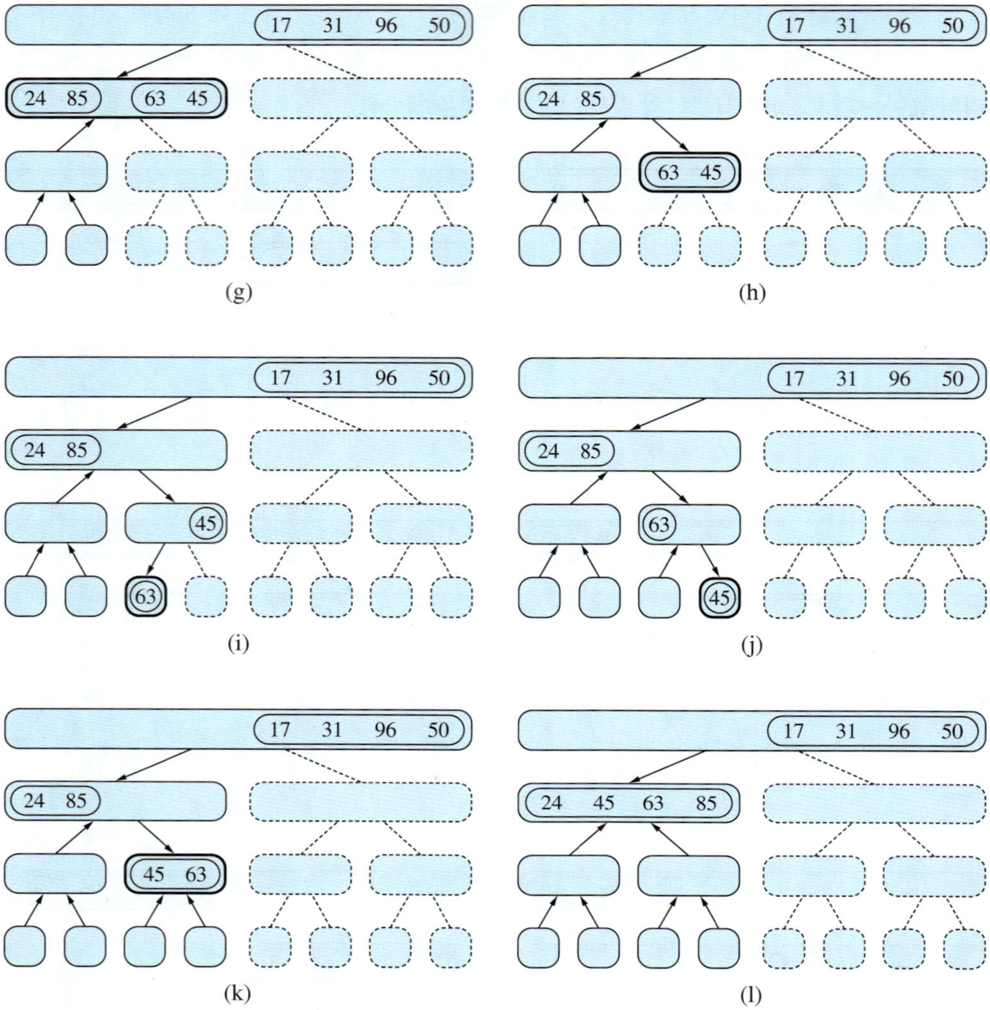

그림 12.3 병합 정렬 실행의 예 (12.4로 이어짐)

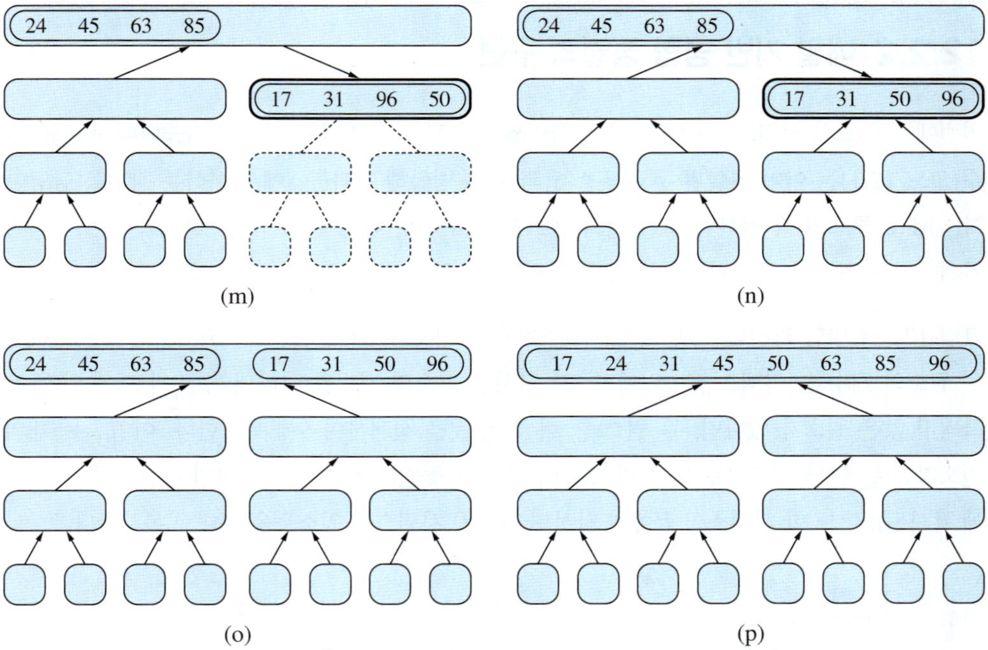

그림 12.4 병합 정렬 실행의 예. (m)과 (n) 사이에는 여러 호출이 생략됨. (p) 단계에서 두 절반이 병합됨

명제 12.1 크기가 n인 시퀀스를 병합 정렬로 처리하는 실행에서 생성되는 병합 정렬 트리의 높이는 $\lceil \log n \rceil$이다.

명제 12.1의 증명은 연습 문제 R-12.1에서 다룬다. 이 명제를 병합 정렬 알고리즘의 수행 시간을 분석하는 데 활용할 것이다.

병합 정렬의 개요와 단계별 작동 방식을 시각적으로 살펴보았으니 이제 분할 정복 알고리즘의 각 단계를 좀더 구체적으로 살펴보자. 크기 n의 시퀀스를 분할하는 과정은 인덱스 $\lceil n/2 \rceil$에서 시퀀스를 나누는 것이며, 이때 생성된 더 작은 시퀀스를 인자로 전달하여 재귀 호출을 시작할 수 있다. 병합 정렬에서 까다로운 단계는 두 개의 정렬된 시퀀스를 하나의 정렬된 시퀀스로 병합하는 작업이다. 따라서 병합 정렬의 수행 시간 분석을 제시하기 전에 이 병합 과정에 대해 먼저 살펴볼 필요가 있다.

12.2.2 배열 기반 병합 정렬의 구현

이번에는 원소의 시퀀스가 (배열 기반) 파이썬 리스트로 표현되는 경우에 집중한다. `merge` 함수(코드 12.1)는 이미 정렬된 두 시퀀스 S_1과 S_2를 병합해 결과를 S에 복사하는 작업을 담당한다. `while` 루프의 각 반복에서 한 개의 원소를 복사하며, 다음 원소를 S_1 또는 S_2 중 어디에서 가져올지를 조건에 따라 판단한다. 병합 정렬의 전체 알고리즘은 코드 12.2와 같다.

그림 12.5는 병합 과정의 한 단계를 시각적으로 보여준다. 여기서 인덱스 i는 S_1에서 S로 복사된 원소의 개수를, 인덱스 j는 S_2에서 S로 복사된 원소의 개수를 나타낸다. S_1과 S_2에 아직 복사되지 않은 원소가 있다면, 두 원소 중 더 작은 것을 선택하여 S에 복사한다. 이미 $i+j$개의 원소가 S로 복사되었으므로 다음 원소는 $S[i+j]$에 놓인다(예 $i+j$가 0이면 다음 원소는 $S[0]$에 복사됨). 어느 한 시퀀스의 끝에 도달하면 나머지 시퀀스의 원소들을 그대로 복사한다.

```
def merge(S1, S2, S):
  """정렬된 두 개의 파이썬 리스트 S1과 S2를 병합하여 크기가 맞는 리스트 S에 저장한다."""
  i = j = 0
  while i+j < len(S):
    if j == len(S2) or (i < len(S1) and S1[i] < S2[j]):
      S[i+j] = S1[i]                  # S1의 i번째 원소를 S의 다음 위치에 복사
      i += 1
    else:
      S[i+j] = S2[j]                  # S2의 j번째 원소를 S의 다음 위치에 복사
      j += 1
```

코드 12.1 파이썬의 배열 기반 `list` 클래스를 위한 병합 연산의 구현

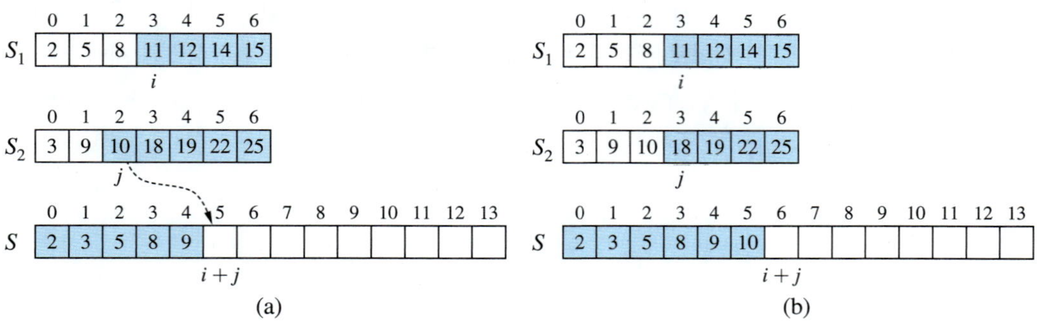

그림 12.5 두 개의 정렬된 배열을 병합하는 과정 중 $S_2[j] < S_1[i]$인 경우. (a) 복사 단계 전 상태, (b) 복사 후 상태

```
def merge_sort(S):
    """병합 정렬 알고리즘을 사용해 파이썬 리스트 S의 원소를 정렬한다."""
    n = len(S)
    if n < 2:
        return                  # 이미 정렬된 상태
    # 분할
    mid = n // 2
    S1 = S[0:mid]               # 앞 절반 복사
    S2 = S[mid:n]               # 뒤 절반 복사
    # 정복(재귀 호출)
    merge_sort(S1)              # 앞 절반 정렬
    merge_sort(S2)              # 뒤 절반 정렬
    # 병합
    merge(S1, S2, S)            # 정렬된 두 절반을 S에 병합
```

코드 12.2 파이썬의 배열 기반 `list` 클래스에 대한 재귀적 병합 정렬 알고리즘 구현. 병합 연산은 코드 12.1의 `merge` 함수를 사용한다.

12.2.3 병합 정렬의 수행 시간

우선 병합 알고리즘의 수행 시간을 분석해 보자. S_1과 S_2의 원소 수를 각각 n_1과 n_2라고 하자. `while` 루프 내부에서 수행되는 연산들은 모두 $O(1)$ 시간이 소요된다. 이때 가장 중요한 점은 루프의 각 반복에서 S_1또는 S_2로부터 정확히 한 개의 원소가 S로 복사되며, 그 해당 원소는 이후 다시 고려되지 않는다는 점이다. 따라서 루프의 반복 횟수는 $n_1 + n_2$이고, 병합 알고리즘의 수행 시간은 $O(n_1 + n_2)$다.

이제 부분 문제를 병합하는 데 사용되는 `merge` 알고리즘의 수행 시간 분석을 바탕으로, 전체 병합 정렬 알고리즘의 수행 시간을 분석해 보자. 입력 시퀀스의 크기를 n이라 하고, 단순화하기 위해 n이 2의 거듭제곱이라고 가정하자. (일반적인 경우에도 동일한 결과가 성립함을 연습 문제R-12.3에서 증명한다.)

병합 정렬의 재귀 구조를 분석할 때는 4.2절에서 소개한 분석 기법을 활용한다. 즉, 각 재귀 호출 내에서 소요되는 시간을 계산하되, 이후에 발생하는 재귀 호출이 종료되기를 기다리는 시간은 제외한다. 병합 정렬 함수의 경우, 두 부분 시퀀스로 분할하는 데 걸리는 시간과 정렬된 두 시퀀스를 병합하는 데 걸리는 시간만 고려하고, 그 사이에 발생하는 재귀 호출 두 번은 포함하지 않는다.

병합 정렬 트리 T는 그림 12.2~12.4와 같이 전체 수행 과정을 분석하는 데 도움이 된다. 병합 정렬 트리 T의 어떤 노드 v에 대응되는 재귀 호출은 해당 노드가 처리하는 시퀀스에 대해 분할 작업을 수행한다. 이 분할 작업은 시퀀스를 절반으로 나누는 슬라이싱 연산을 통해 이루어지며, 그 시퀀스의 크기에 비례하는 시간에 완료된다. 병합 단계 역시 병합되는 시퀀스의 크기에 비례하는 시간에 수행된다. 노드 v가 레벨 i에 위치한다고 하면 그 노드에서 처리하는 시퀀스의 크기는 $n/2^i$이고 해당 노드에서의 수행 시간은 $O(n/2^i)$이다.

트리 T 전체를 좀더 전체적으로 살펴보면, 그림 12.6에서 볼 수 있듯이 '노드에서 소요되는 시간'의 정의에 따라 병합 정렬의 수행 시간은 트리 T의 모든 노드에서 소요되는 시간의 합과 같다. 레벨 i에서 노드의 수는 정확히 2^i개임을 관찰할 수 있는데, 이는 중요한 결과를 낳는다. 레벨 i에 있는 모든 노드에서 소요되는 총 수행 시간은 $O(2^i \cdot n/2^i)$, 즉 $O(n)$이 되기 때문이다. 명제 12.1에 따라 트리의 높이는 $\lceil \log n \rceil$이고 따라서 병합 정렬 알고리즘은 $\lceil \log n \rceil + 1$개의 레벨을 가진다. 각 레벨마다 $O(n)$의 시간이 소요되므로 다음과 같은 결론을 내릴 수 있다.

명제 12.2 시퀀스 S의 원소 수가 n이고 각 원소 간 비교가 $O(1)$ 시간에 이루어질 수 있다고 할 때, 병합 정렬 알고리즘은 $O(n \log n)$ 수행 시간에 시퀀스 S를 정렬한다.

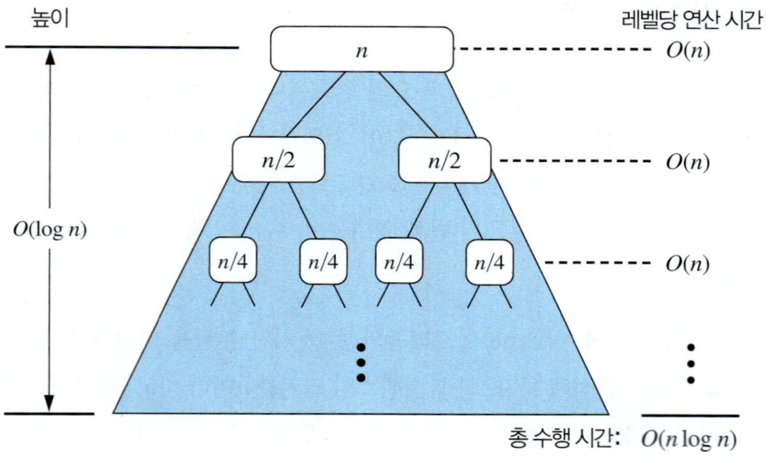

그림 12.6 병합 정렬의 수행 시간에 대한 시각적 분석. 각 노드는 특정 재귀 호출에 소요된 시간을 나타내며, 해당 호출이 다루는 부분 문제의 크기로 라벨이 지정되어 있다. 레벨별 수행 시간은 $O(n)$이며, 총 수행 시간은 $O(n \log n)$이다.

12.2.4 병합 정렬의 점화식 ★

병합 정렬 알고리즘의 수행 시간이 $O(n \log n)$임을 증명하는 또 다른 방법은 병합 정렬 알고리즘의 재귀적 구조를 좀더 직접적으로 다루는 것이다. 여기서는 병합 정렬의 수행 시간 분석을 통해 수학적 개념인 점화식을 소개한다.

점화식을 정의하기 위해 크기가 n인 입력 시퀀스를 병합 정렬했을 때의 최악의 경우 수행 시간을 $t(n)$이라 하자. 병합 정렬은 재귀적으로 정의되므로, 함수 $t(n)$을 자기 자신에 대한 식으로 표현할 수 있다. 단순화하기 위해 n이 2의 거듭제곱인 경우로 한정하자. (이 경우가 아닌 일반적인 상황에서도 동일한 점근적 결과가 성립함은 연습 문제에서 증명한다.)

이 경우, $t(n)$을 다음과 같이 정의할 수 있다.

$$t(n) = \begin{cases} b & \text{if } n \leq 1 \\ 2t(n/2) + cn & \text{otherwise} \end{cases}$$

위와 같이 함수가 등호의 좌변과 우변 양쪽에 모두 나타나는 식을 **점화식**(또는 **재귀식**)이라 한다. 이 식은 타당하지만 우리가 실제로 원하는 것은 함수 $t(n)$ 자체를 포함하지 않는 O-표기 방식의 특성화다. 즉, $t(n)$ 자체가 반복적으로 등장하지 않는 **닫힌 형태**(closed-form)로 단순화된 표현이 필요하다.

닫힌 형태를 얻기 위해 점화식의 정의를 여러 번 적용해 보자. 예를 들어 한 번 더 적용하면 다음과 같이 쓸 수 있다.

$$\begin{aligned} t(n) &= 2(2t(n/2^2) + (cn/2)) + cn \\ &= 2^2 t(n/2^2) + 2(cn/2) + cn = 2^2 t(n/2^2) + 2cn \end{aligned}$$

이를 다시 한 번 적용하면 $t(n) = 2^3 t(n/2^3) + 3cn$이 된다. 이제 패턴이 보일 것이다. 이 식을 i번 적용하면 다음과 같다.

$$t(n) = 2^i t(n/2^i) + icn$$

이제 반복을 어디서 멈출지 결정해야 한다. 종료 조건은 $n \leq 1$이므로 $2^i = n$일 때(즉, $i = \log n$일 때) 발생한다. 이때 점화식을 중단하고 $t(n) = b$로 대체할 수 있다. 이를 대입하면 다음과 같다.

$$\begin{aligned} t(n) &= 2^{\log n} t(n/2^{\log n}) + (\log n)cn \\ &= nt(1) + cn\log n \\ &= nb + cn\log n \end{aligned}$$

따라서 $t(n)$이 $O(n \log n)$이라는 사실을 대안적으로 증명할 수 있다.

12.2.5 병합 정렬의 대안 구현

연결 리스트 정렬하기

병합 정렬 알고리즘은 다양한 형태의 기본 큐를 컨테이너로 사용할 수 있도록 쉽게 수정할 수 있다. 코드 12.3은 7.1.2절의 `LinkedQueue` 클래스를 이용한 구현이다. 명제 12.2에서 제시한 $O(n \log n)$ 수행 시간은 이 구현에도 적용되며, 이는 각 기본 연산이 연결 리스트로 구현될 경우 $O(1)$ 시간에 수행되기 때문이다. 그림 12.7은 이 구현에 기반한 병합 알고리즘의 실행 예다.

```
def merge(S1, S2, S):
  """정렬된 큐 인스턴스 S1과 S2를 병합하여 빈 큐 S로 저장한다."""
  while not S1.isempty() and not S2.isempty():
    if S1.first() < S2.first():
      S.enqueue(S1.dequeue())
    else:
      S.enqueue(S2.dequeue())
  while not S1.isempty():                    # S1의 남은 원소를 S로 이동
    S.enqueue(S1.dequeue())
  while not S2.isempty():                    # S2의 남은 원소를 S로 이동
    S.enqueue(S2.dequeue())

def merge_sort(S):
  """병합 정렬 알고리즘을 사용해 큐 S의 원소를 정렬한다."""
  n = len(S)
  if n < 2:
    return                                   # 이미 정렬된 상태
  # 분할
  S1 = LinkedQueue()                         # 다른 큐 구현도 가능
  S2 = LinkedQueue()
  while len(S1) < n // 2:                    # 앞 절반 S1로 이동
    S1.enqueue(S.dequeue())
  while not S.isempty():                     # 뒤 절반 S2로 이동
    S2.enqueue(S.dequeue())
  # 정복(재귀 호출)
  merge_sort(S1)                             # 앞 절반 정렬
  merge_sort(S2)                             # 뒤 절반 정렬
  # 병합
  merge(S1, S2, S)                           # 정렬된 두 절반을 S에 병합
```

코드 12.3 기본 큐를 사용한 병합 정렬의 구현

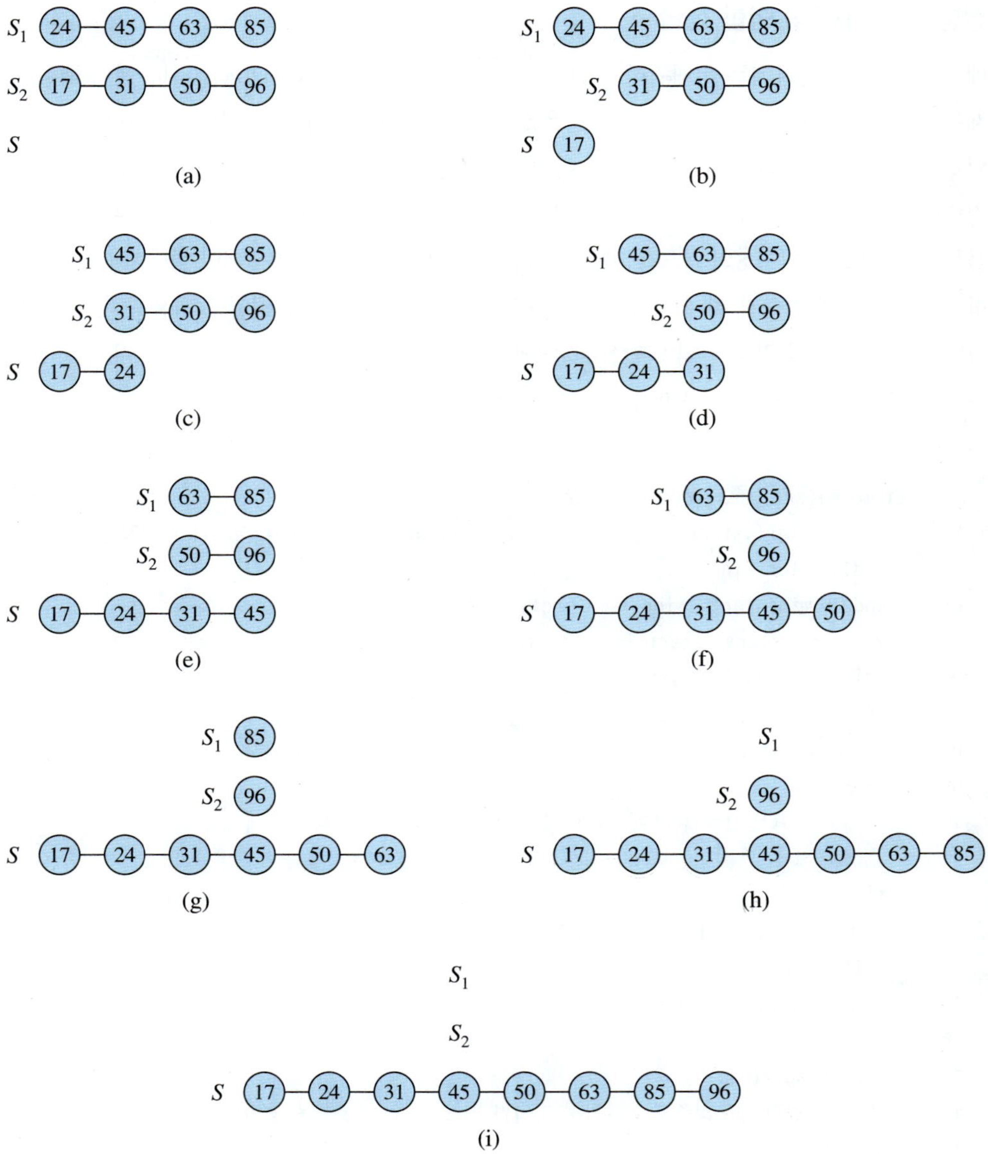

그림 12.7 코드 12.3의 큐를 기반으로 구현한 병합 알고리즘의 실행 예

상향식(비재귀적) 병합 정렬

배열 기반 병합 정렬에는 비재귀적 구현도 있으며, 이 구현 역시 $O(n \log n)$ 시간에 수행된다. 재귀 호출과 각 단계에서 임시 메모리 사용을 피하기 때문에 실제 수행 시간은 재귀적 병합 정렬보다 더 빠른 편이다. 이 방식의 핵심 아이디어는 병합 정렬 트리에서 상향식(아래에서 위로) 정렬을 수행하는 것이다. 즉, 처음에는 길이 2의 정렬된 블록들을 만들고, 다음으로 길이 4의 블록, 그다음으로 길이 8의 블록을 만들어 병합을 반복하여 전체 배열을 정렬한다. 메모리 사용량을 적절하게 유지하기 위해 병합된 결과를 임시로 저장할 두 번째 배열을 사용하며, 각 반복마다 입력 배열과 출력 배열의 역할을 교차한다. 파이썬 구현은 코드 12.4와 같다. 유사한 방식을 연결 리스트 정렬에도 사용할 수 있다(연습 문제 C-12.29 참고).

```
def merge(src, result, start, inc):
  """src[start:start+inc]와 src[start+inc:start+2*inc]를 병합해 result에 저장한다."""
  end1 = start+inc                           # 첫 번째 블록의 끝
  end2 = min(start+2*inc, len(src))          # 두 번째 블록의 끝
  x, y, z = start, start+inc, start          # 블록 1, 블록 2, 결과 배열의 인덱스
  while x < end1 and y < end2:
    if src[x] < src[y]:
      result[z] = src[x]; x += 1             # 블록 1에서 복사하고 x 증가
    else:
      result[z] = src[y]; y += 1             # 블록 2에서 복사하고 y 증가
    z += 1                                   # 결과 위치 z 증가
  if x < end1:
    result[z:end2] = src[x:end1]             # 블록 1의 나머지를 복사
  elif y < end2:
    result[z:end2] = src[y:end2]             # 블록 2의 나머지를 복사

def merge_sort(S):
  """병합 정렬 알고리즘을 사용하여 파이썬 리스트 S의 원소들을 정렬한다."""
  n = len(S)
  logn = math.ceil(math.log(n, 2))
  src, dest = S, [None] * n                  # dest를 위한 임시 저장소 생성
  for i in (2 ** k for k in range(logn)):    # i번째 패스는 길이가 2i인 모든 런 생성
    for j in range(0, n, 2 * i):             # 각 반복에서 길이 i 블록들을 병합
      merge(src, dest, j, i)
    src, dest = dest, src                    # 입력/출력 배열 교체
  if S is not src:
    S[0:n] = src[0:n]                        # 최종 결과를 S에 복사
```

코드 12.4 상향식(비재귀적) 병합 정렬 알고리즘의 구현

12.3 퀵 정렬

이번에 다룰 정렬 알고리즘은 **퀵 정렬**(quick-sort)이다. 병합 정렬과 마찬가지로 이 알고리즘도 **분할 정복** 패러다임을 기반으로 하지만, 재귀 호출 전에 대부분의 작업을 수행한다는 점에서 병합 정렬과는 방식이 다르다.

퀵 정렬에 대한 고수준 설명

퀵 정렬 알고리즘은 시퀀스 S를 단순한 재귀적 방식으로 정렬한다. 이 방식의 핵심 아이디어는 분할 정복 전략을 적용하여 시퀀스를 부분 시퀀스로 나눈 다음, 각각을 정렬한 후 이들을 단순한 연결 방식으로 병합하는 것이다. 특히 퀵 정렬 알고리즘은 다음과 같이 세 단계로 구성된다(그림 12.8 참고).

❶ **분할**: S에 두 개 이상의 원소가 있는 경우(원소 수가 0 또는 1이라면 어떤 작업도 필요 없음), S에서 특정 원소 x를 피벗(pivot)으로 선택한다. 일반적으로는 S의 마지막 원소를 피벗으로 선택한다. 그런 다음 S에서 모든 원소를 제거하여 다음 세 개의 시퀀스로 분류한다.

- L: x보다 작은 원소들
- E: x와 같은 원소들
- G: x보다 큰 원소들

원소들이 서로 다른 경우 E는 피벗 하나만 포함하게 된다.

❷ **정복**: 시퀀스 L과 G를 재귀적으로 정렬한다.

❸ **결합**: L, E, G를 차례로 연결하여 S에 다시 삽입한다.

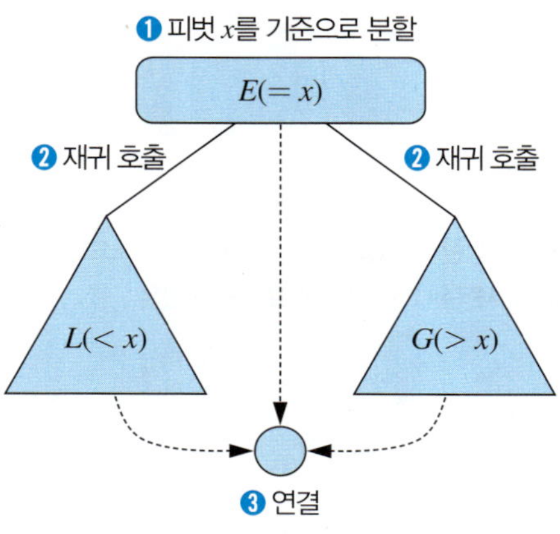

그림 12.8 퀵 정렬 알고리즘의 시각적 표현

병합 정렬과 마찬가지로 퀵 정렬의 실행은 **퀵 정렬 트리**(quick-sort tree)라 불리는 이진 재귀 트리로 시각화할 수 있다. 그림 12.9는 퀵 정렬 알고리즘 실행을 요약하여, 퀵 정렬 트리의 각 노드에서 처리된 입력 시퀀스와 출력 시퀀스를 보여준다. 퀵 정렬 트리의 단계별 진화 과정은 그림 12.10~12.12와 같다.

그러나 병합 정렬과 달리 퀵 정렬 트리의 높이는 최악의 경우 선형이 될 수 있다. 예를 들어 n개의 서로 다른 원소로 이루어진 시퀀스가 이미 정렬된 상태라면 일반적으로 사용하는 마지막 원소를 피벗으로 사용하는 방식에서는 부분 시퀀스 L의 크기가 $n-1$, 부분 시퀀스 E의 크기가 1, 부분 시퀀스 G의 크기가 0이 된다. 이 경우 각 재귀 호출에서 처리하는 시퀀스의 크기가 1씩 줄어들기 때문에 퀵 정렬 트리의 높이는 $n-1$이 된다.

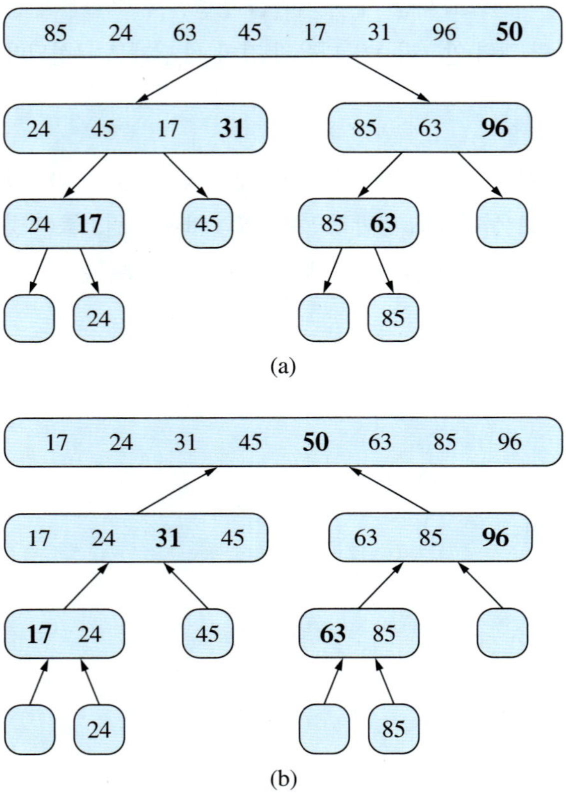

그림 12.9 8개의 원소로 이루어진 시퀀스에 대해 퀵 정렬 알고리즘을 실행한 퀵 정렬 트리 T. (a) T의 각 노드에서 처리된 입력 시퀀스, (b) T의 각 노드에서 생성된 출력 시퀀스. 각 레벨에서 사용된 피벗은 굵게 표시되어 있음

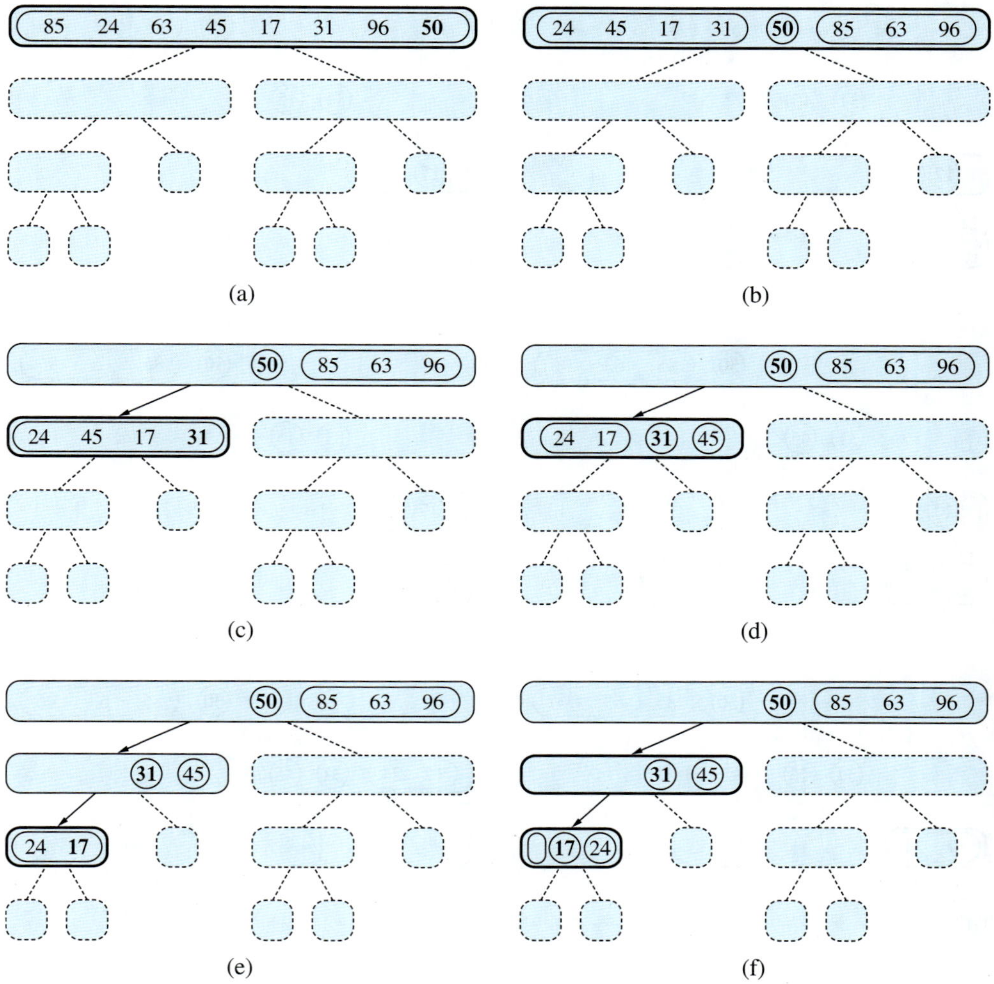

그림 12.10 퀵 정렬의 시각화. 트리의 각 노드는 재귀 호출 하나를 나타낸다. 점선으로 그려진 노드는 아직 호출되지 않은 상태, 굵은 실선으로 그려진 노드는 실행 중인 호출을 의미한다. 얇은 실선으로 그려진 노드 중 빈 노드는 종료된 호출이며 나머지 노드는 대기 중인 호출(즉, 자식 호출이 반환되기를 기다리는 활성 호출)을 의미한다. (b), (d), (f)에서는 분할이 수행됨(그림 12.11로 이어짐)

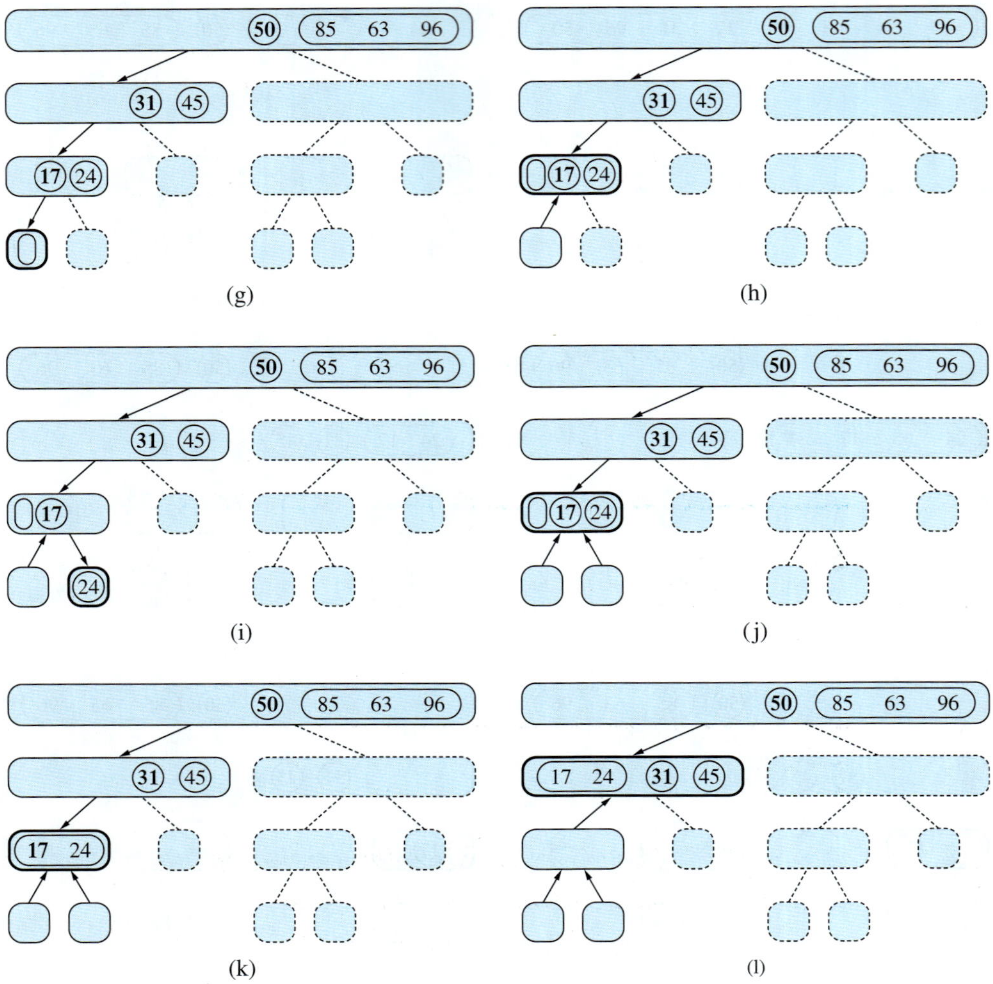

그림 12.11 퀵 정렬의 시각화. (k)에서는 연결 단계가 수행됨(그림 12.12로 이어짐)

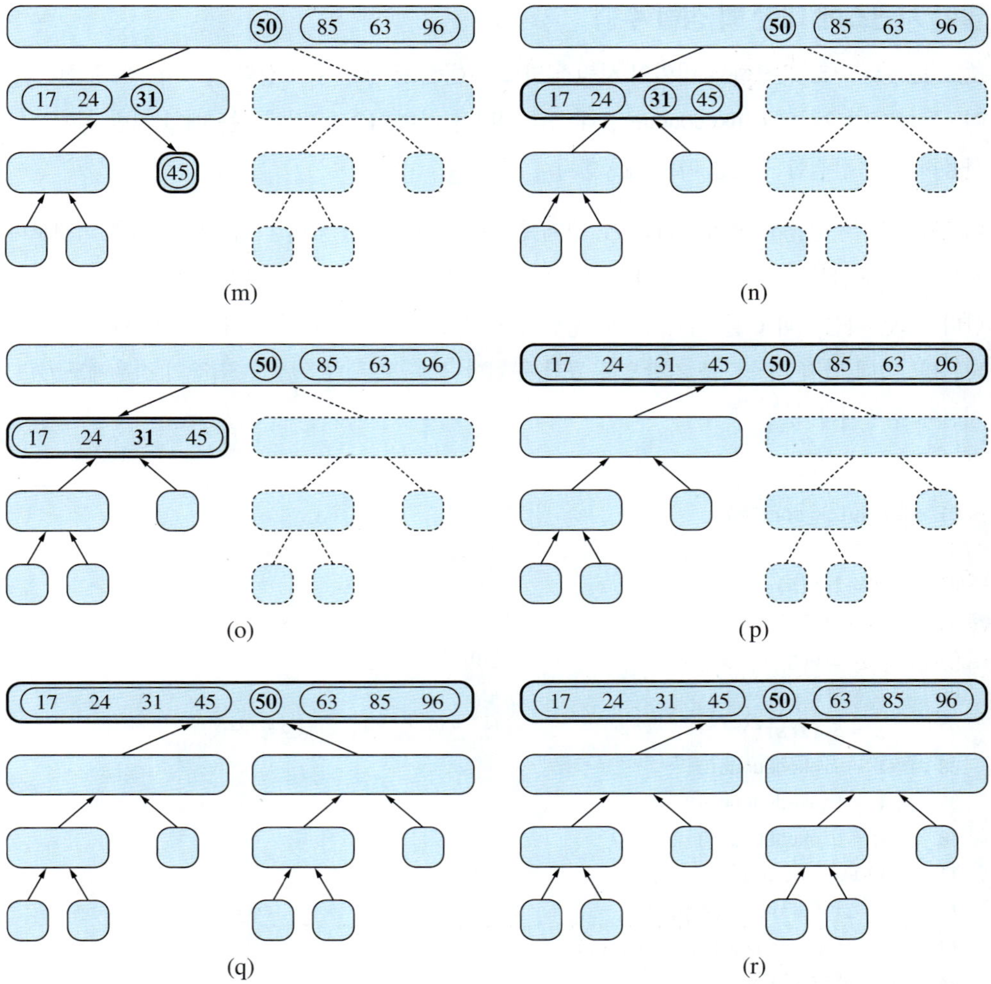

그림 12.12 퀵 정렬의 시각화. (p)와 (q) 사이에는 여러 호출이 생략되어 있음. (o)와 (r)에서는 연결 단계가 수행됨

일반 시퀀스에 대한 퀵 정렬 수행

코드 12.5는 큐로 동작하는 임의의 시퀀스 타입에 대해 동작하는 퀵 정렬 알고리즘의 구현이다. 이 구현은 7.1.2절의 `LinkedQueue` 클래스를 기반을 하며, 12.3.2절에서는 배열 기반 시퀀스를 사용하는 더 간결한 구현을 따로 제공한다.

이 구현에서는 접근하기 쉬운 큐의 첫 번째 원소를 피벗으로 선택한 다음 시퀀스 S를 피벗보다 작은 원소를 담는 큐 L, 피벗과 같은 원소를 담는 큐 E, 피벗보다 큰 원소를 담는 큐 G로 분할한다. 그런 다음 L과 G를 재귀적으로 정렬하고, 정렬된 L, E, G 원소들을 다시 S에 순서대로 넣는다. 이때 연결 리스트를 기반으로 큐를 구현할 경우 모든 큐 연산은 최악의 경우에도 $O(1)$ 시간에 수행된다.

```
def quick_sort(S):
    """퀵 정렬 알고리즘을 사용하여 큐 S의 원소를 정렬한다."""
    n = len(S)
    if n < 2:
        return                      # 이미 정렬된 상태
    # 분할
    p = S.first()                   # 첫 번째 원소를 피벗으로 선택
    L = LinkedQueue()
    E = LinkedQueue()
    G = LinkedQueue()
    while not S.isempty():          # S를 L, E, G로 분할
        if S.first() < p:
            L.enqueue(S.dequeue())
        elif p < S.first():
            G.enqueue(S.dequeue())
        else:                       # S.first() == p
            E.enqueue(S.dequeue())
    # 정복(재귀 호출)
    quick_sort(L)                   # p보다 작은 원소 정렬
    quick_sort(G)                   # p보다 큰 원소 정렬
    # 병합
    while not L.isempty():
        S.enqueue(L.dequeue())
    while not E.isempty():
        S.enqueue(E.dequeue())
    while not G.isempty():
        S.enqueue(G.dequeue())
```

코드 12.5 큐로 구현된 시퀀스 S에 대해 퀵 정렬을 수행하는 알고리즘

퀵 정렬의 수행 시간

12.2.3절에서 병합 정렬을 분석한 기법을 사용하여, 퀵 정렬의 수행 시간도 분석할 수 있다. 즉, 퀵 정렬 트리 T의 각 노드에서 소요되는 시간만 따로 계산하고, 트리 전체 노드의 수행 시간을 합산하는 방식이다.

코드 12.5를 살펴보면 퀵 정렬의 분할 단계와 병합 단계는 선형 시간에 실행될 수 있다. 따라서 퀵 정렬 트리의 노드 v에서 소요되는 시간은 그 노드에서 처리하는 입력 시퀀스의 크기 $s(v)$에 비례한다. 여기서 $s(v)$는 노드 v에서 다루는 시퀀스의 원소 수다. 피벗 원소는 반드시 T에 포함되므로 자식들이 다루는 전체 원소 수는 최대 $s(v) - 1$이다.

s_i를 임의의 퀵 정렬 트리 T의 레벨 i에서 처리하는 노드 입력 크기에 대한 합이라고 하자. 루트 노드 r에서는 전체 시퀀스를 처리하므로 $s_0 = n$이고, 그다음 레벨에서는 피벗 하나가 제거되므로 $s_1 \leq n - 1$이다. 일반적으로, 레벨 i의 원소는 모두 레벨 $i - 1$에 있던 서로 다른 시퀀스에서 파생되며 레벨 $i - 1$의 각 노드에서는 최소 원소(피벗)가 제외되므로 $s_i < s_{i-1}$이다.

따라서 퀵 정렬 전체의 수행 시간을 $O(n \cdot h)$이며, 여기서 h는 해당 실행에서 생성된 퀵 정렬 트리 T의 높이다. 불행히도 퀵 정렬 트리의 최악의 경우 높이는 $\Theta(n)$이 될 수 있다. 따라서 퀵 정렬의 최악의 경우 수행 시간은 $O(n^2)$이 된다. 이러한 상황은 예를 들어 이미 정렬된 시퀀스를 정렬할 때 발생하는데, 이 경우 피벗을 마지막 원소로 선택하면 매 단계에서 하나를 제외한 나머지 원소들이 L로만 들어가므로 불균형 트리가 형성된다.

이름에서 유추할 수 있듯이 퀵 정렬은 실제로 매우 빠르게 동작하는 경우가 많다. 서로 다른 원소들로 구성된 시퀀스에 대해 최선의 경우는 부분 시퀀스 L과 G가 거의 같은 크기로 분할되는 경우다. 이 경우 병합 정렬과 마찬가지로 트리의 높이는 $O(\log n)$이 되며, 전체 수행 시간은 $O(n \log n)$이 된다. (이에 대한 증명은 연습 문제 R-12.10에서 다룬다). 더 나아가 L과 G의 크기가 완벽하게 균형 잡히지 않더라도 $O(n \log n)$의 수행 시간은 달성 가능하다. 예를 들어 매 분할 단계에서 부분 시퀀스 하나가 전체의 1/4 정도이고 다른 부분 시퀀스 하나가 3/4 정도인 경우에도 트리의 높이는 $O(\log n)$이며 전체 수행 시간도 $O(n \log n)$이다.

12.3.1절에서는 피벗 선택에 무작위성을 도입하여 평균적으로 항상 이러한 좋은 분할이 이루어지게 하고 기대 시간이 $O(n \log n)$이 되는 방법을 살펴본다.

12.3.1 랜덤화된 퀵 정렬

퀵 정렬을 분석하는 일반적인 방법 중 하나는 피벗이 항상 적절하게 균형 잡힌 방식으로 시퀀스를 분할한다고 가정하는 것이다. 그러나 이러한 가정은 실제 입력 분포에 대한 사전 지식이 있어야만 성립하며, 현실에서는 대개 그런 정보를 알 수 없다. 예를 들어 거의 정렬된 시퀀스를 정렬해야 하는 경우는 실제 응용에서 흔히 발생하지만, 위와 같은 가정은 이런 상황을 제대로 반영하지 못한다. 다행히도 이런 가정 없이도 퀵 정렬의 직관적인 성능을 이론적으로 설명할 수 있다.

일반적으로는 최선의 경우에 가까운 수행 시간에 퀵 정렬을 실행하고 싶을 것이다. 이를 위해서는 피벗이 입력 시퀀스 S를 적절히 균형 있게 나누는 것이 중요하다. 만약 이러한 분할이 이루어진다면, 퀵 정렬의 수행 시간은 최선의 경우와 동일한 점근적 성능인 $O(n \log n)$을 달성하게 된다. 즉, 피벗이 원소 집합의 중간쯤 위치할 경우에 가장 좋은 수행 시간을 나타낸다.

피벗을 무작위로 선택하기

퀵 정렬에서 피벗을 선택하는 목적은 시퀀스 S를 균형 있게 분할하기 위함이므로 알고리즘에 무작위성을 도입하여 시퀀스 S에서 피벗을 **무작위**로 선택하도록 하자. 즉, 피벗을 항상 첫 번째나 마지막 원소로 고정하지 않고 시퀀스에서 임의의 원소 하나를 선택하는 것이다. 이렇게 변경된 알고리즘을 **랜덤화된 퀵 정렬**(randomized quick-sort)이라고 한다. 다음 명제는 n개의 원소를 가진 시퀀스에서 랜덤화된 퀵 정렬의 기대 수행 시간이 $O(n \log n)$임을 보여준다. 이 평균 수행 시간은 알고리즘이 내부적으로 수행하는 무작위 선택에 대한 평균을 뜻하며, 입력 시퀀스가 어떤 분포를 따른다는 가정은 전혀 필요하지 않다.

명제 12.3 크기가 n인 시퀀스 S에 대해 랜덤화된 퀵 정렬의 기대 수행 시간은 $O(n \log n)$이다.

증명 S의 두 원소를 비교하는 데 $O(1)$ 시간이 걸린다고 가정한다. 랜덤화된 퀵 정렬의 재귀 호출 하나를 생각해 보자. 이 호출의 입력 크기를 n이라 하자. 이 호출이 '좋은 호출(good call)'이 되려면 피벗 선택 결과로 생긴 부분 시퀀스 L과 G의 크기가 각각 최소 $n/4$ 이상, 최대 $3n/4$ 이하이어야 한다. 이 조건을 만족하지 않으면 '나쁜 호출(bad call)'이라고 한다.

이제 피벗을 무작위로 선택한다고 할 때 크기 n의 호출에서 좋은 호출이 발생할 확률은 $n/2$이다. 왜냐하면 부분 시퀀스 L과 G의 크기가 각각 $n/4$~$3n/4$에 들어가는 피벗은 전체 n개 중 절반이기 때문이다. 좋은 호출에서는 리스트가 $n/4$과 $3n/4$ 길이의 두 부분으로 나뉘며, 나쁜 호출에서는 최악의 경우 $n-1$과 0으로 나뉜다. 이제 퀵 정렬의 재귀 호출 전체를 이진 트리 T로 표현할 수 있다. 트리의 각 노드는 전체 입력 리스트의 일부를 정렬하는 호출 하나를 나타낸다.

T의 노드 v가 **크기 그룹** i에 있는 경우 v의 부분 문제의 크기는 $(3/4)^{i+1}n$보다 크고 최대 $(3/4)^i n$이다. 각 크기 그룹 i에 대해 해당 그룹에서 수행되는 모든 부분 문제에 대한 기대 수행 시간을 분석하자. 기댓값의 선형성(명제 B.19 참고)에 따라 해당 그룹의 총 기대 시간은 각 노드의 기대 시간을 합한 것과 같다. 각 노드는 좋은 호출 또는 나쁜 호출에 해당한다. 좋은 호출이 발생할 확률이 1/2이므로 어떤 노드에서 좋은 호출이 나오기까지 기대 호출 횟수는 2다. 좋은 호출이 발생하면 자식 호출의 크기 그룹은 더 커지므로(입력 크기는 더 작아짐), 어떤 원소 x가 크기 그룹 i에 포함된 부분 문제에 등장하는 횟수의 기댓값은 2 이하다. 따라서 크기 그룹 i에 있는 모든 부분 문제 크기의 합의 기댓값은 $2n$ 이하다. 각 부분 문제는 그 크기에 비례하는 시간만 소요하므로, 이 그룹의 총 기대 수행 시간은 $O(n)$이다.

크기 그룹의 수는 $\log_{4/3} n$이다. 3/4을 반복적으로 곱하는 것은 4/3로 반복적으로 분할하는 것과 같기 때문이다. 즉, 크기 그룹의 수는 $O(\log n)$이다. 따라서 랜덤화된 퀵 정렬의 총 기대 시간은 $O(n \log n)$이다(그림 12.13 참고). ■

또한 랜덤화된 퀵 정렬의 수행 시간은 높은 확률로 $O(n \log n)$임을 보여줄 수 있다(연습 문제 C-12.54 참고).

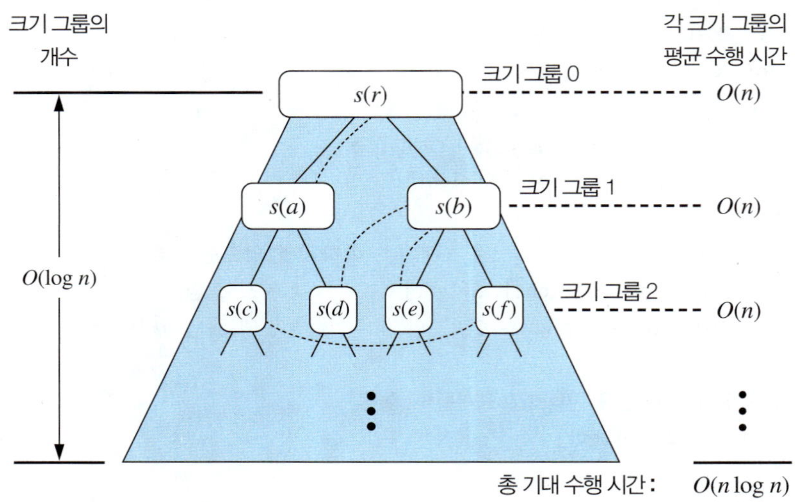

그림 12.13 퀵 정렬 트리 T의 수행 시간에 대한 시각적 분석. 각 노드에는 부분 문제의 크기가 표시되어 있다.

12.3.2 퀵 정렬을 위한 기타 최적화

알고리즘이 원래 입력에 필요한 메모리 외에 추가 메모리를 거의 사용하지 않으면 **제자리**(in-place) 구현이 가능하다. 9.4.2절의 힙 정렬 구현은 제자리 정렬 알고리즘의 예다. 코드 12.5의 퀵 정렬 구현은 각 재귀 호출마다 시퀀스 S를 세 개의 추가 컨테이너 L, E, G로 나누기 때문에 제자리 구현은 아니다. 배열 기반 시퀀스의 퀵 정렬은 제자리로 구현할 수 있으며 실제 대부분의 구현은 이러한 최적화를 적용한다.

배열 기반 시퀀스에서 제자리로 퀵 정렬을 수행하려면, 입력 시퀀스 자체를 재귀 호출에 필요한 부분 시퀀스를 담는 용도로 사용해야 하므로 약간의 기교가 필요하다. 코드 12.6의 `inplace_quick_sort` 알고리즘은 제자리 퀵 정렬을 수행하며, 입력 시퀀스를 파이썬 리스트로 가정하고, 정렬 대상 범위를 왼쪽 인덱스 a와 오른쪽 인덱스 b로 지정한다.

```
def inplace_quick_sort(S, a, b):
"""퀵 정렬 알고리즘을 사용해 S[a]에서 S[b]까지의 원소를 정렬한다."""
if a >= b: return                      # 구간 크기가 1 이하이면 정렬할 필요 없음
pivot = S[b]                           # 피벗은 범위의 마지막 원소
left = a                               # 왼쪽 인덱스: 오른쪽으로 스캔
right = b - 1                          # 오른쪽 인덱스: 왼쪽으로 스캔
while left <= right:
   # 피벗보다 작거나 같은 값을 만날 때까지 left 증가
   while left <= right and S[left] < pivot:
      left += 1
   # 피벗보다 크거나 같은 값을 만날 때까지 right 감소
   while left <= right and pivot < S[right]:
      right -= 1
   if left <= right:                   # 스캔이 교차하지 않았으면 교환 수행
      S[left], S[right] = S[right], S[left]          # 원소 교환
      left, right = left+1, right - 1                # 인덱스 업데이트

# 피벗을 최종 위치(현재 왼쪽 인덱스로 표시됨)에 놓음
S[left], S[b] = S[b], S[left]
# 재귀 호출
inplace_quick_sort(S, a, left - 1)
inplace_quick_sort(S, left+1, b)
```

코드 12.6 파이썬 리스트 S에 대한 제자리 퀵 정렬

분할 단계는 `left`와 `right`라는 두 지역 변수를 사용하여 배열을 동시에 양 방향으로 스캔하면서 수행된다. `left`는 왼쪽에서 오른쪽으로, `right`는 오른쪽에서 왼쪽으로 이동하면서, 피벗을 기준으로 잘못된 순서에 있는 원소 쌍을 찾아 서로 교환한다. 이 두 인덱스가 교차하면 분할이 완료되며, 알고리즘은 두 부분 리스트에 대해 다시 재귀 호출을 수행한다. 이 제자리 방식에서는 별도의 병합 단계는 필요하지 않으며, 원래 리스트 내부에서 정렬이 완성된다.

주목할 점은 중복된 값을 가진 시퀀스의 경우에도 원래 퀵 정렬 설명에서처럼 세 개의 부분 리스트 L, E, G를 명시적으로 생성하지 않는다는 점이다. 대신 피벗과 같은 값을 가지는 원소들은 피벗 이외에는 두 부분 리스트 중 아무 곳에나 포함될 수 있다. 중복 키가 있는 경우 이 구현의 동작 방식에 대한 미묘한 차이는 연습 문제 R-12.11에서 다룬다. 또한 연습 문제 C-12.33에서는 세 개의 부분 리스트 L, E, G로 정확히 분할하는 제자리 알고리즘을 설명한다.

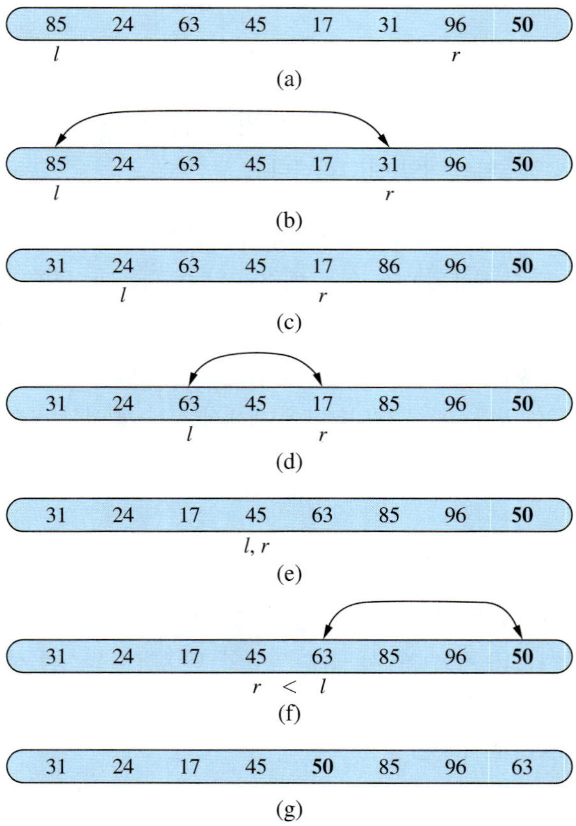

그림 12.14 제자리 퀵 정렬의 분할 단계. 인덱스 l는 `left`, r은 `right`를 나타낸다. 인덱스 l은 시퀀스를 왼쪽에서 오른쪽으로 스캔하고, 인덱스 r은 오른쪽에서 왼쪽으로 스캔한다. l이 피벗보다 크거나 같은 원소를 가리키고 r이 피벗보다 작거나 같은 원소를 가리킬 경우 두 원소는 서로 교환한다. (f) 단계에서는 피벗과의 마지막 교환이 수행되며 이로써 분할이 완료된다.

여기서 설명하는, 시퀀스를 두 부분으로 나누는 구현은 제자리에 있지만 완전한 퀵 정렬 알고리즘은 여전히 재귀 호출을 수행하므로 이 호출들을 담기 위한 스택 공간이 필요하다. 최악의 경우 이 스택 레벨은 $n-1$까지 커질 수 있다. 물론 평균 스택 레벨은 $O(\log n)$으로 n에 비해 작지만, 스택 레벨을 반드시 $O(\log n)$ 이하로 보장하고 싶을 수도 있다. 이럴 경우, 제자리 퀵 정렬을 비재귀 버전으로 재설계할 수 있으며, 이때는 각 부분 문제를 나타내는 인덱스 쌍을 명시적으로 스택에 저장하면서 반복적으로 처리한다. 각 반복에서는 스택에서 상위 문제를 꺼내어, 그것이 충분히 크다면 두 개의 부분 문제로 나눈다. 이때 두 부분 문제 중 더 큰 쪽을 먼저 스택에 넣고, 작은 쪽을 나중에 넣는다. 이렇게 하면 스택에 가장 나중에 들어가는 것은 항상 더 작은 부분 문제이므로 아래로 내려갈수록 문제 크기는 적어도 두 배씩 증가하게 되어 스택 레벨은 $O(\log n)$으로 제한된다. 이 구현의 세부 사항은 연습 문제 P-12.56에서 다룬다.

피벗 선택

여기서 제시한 구현은 퀵 정렬 재귀의 각 레벨에서 고정적으로 마지막 원소를 피벗으로 선택한다. 이 방식은 최악의 경우 $\Theta(n^2)$ 수행 시간을 초래할 수 있는데, 특히 원래 시퀀스가 이미 정렬되었거나 역순으로 정렬된 경우 혹은 거의 정렬된 상태일 때 그러하다.

12.3.1절에서 설명했듯이 이 문제를 개선하는 한 가지 방법은 피벗을 무작위로 선택하는 것이다. 실무에서는 또 다른 일반적인 기법도 자주 사용되는데, 이는 배열의 앞쪽, 가운데, 뒤쪽의 세 원소를 선택한 다음, 그 세 값의 중앙값을 피벗으로 사용하는 방식이다. 이 **세 값의 중앙값** (median-of-three) 휴리스틱은 일반적으로 좋은 피벗을 선택할 가능성을 높여 주며, 난수 생성기를 사용하는 방식보다 오버헤드도 적을 수 있다. 더 큰 데이터셋에 대해서는 세 개 이상 원소 중에서 중앙값을 선택하는 방식도 사용된다.

하이브리드 방식

퀵 정렬은 큰 데이터셋에서는 매우 뛰어난 성능을 보이지만, 비교적 작은 데이터셋에서는 오히려 오버헤드가 클 수 있다. 예를 들어 그림 12.10~12.12에서 볼 수 있듯이, 단 8개의 원소를 정렬하는 데도 상당한 양의 재귀 호출과 자료구조 관리가 필요하다. 이 때문에, 최적화된 정렬 구현에서는 하이브리드 접근 방식을 채택하는 경우가 많다.

구체적으로 설명하자면, 분할 정복 정렬 알고리즘을 사용하되, 부분 시퀀스의 크기가 어떤 임곗값(예 50개) 이하로 작아지면, 해당 부분에 대해서는 간단한 삽입 정렬(7.5절 참고)을 직접 수행하는 것이다. 이러한 실용적인 고려 사항은 다양한 정렬 알고리즘을 비교하는 12.5절에서 더 자세히 다룬다.

12.4 알고리즘 관점에서 살펴본 정렬

지금까지 우리는 정렬 알고리즘 관점에서 입력 시퀀스의 크기가 n일 때 최악의 경우나 평균적인 경우 수행 시간이 $O(n \log n)$인 여러 방법을 다루었다. 여기에 해당하는 알고리즘으로는 이 장에서 다룬 병합 정렬과 퀵 정렬, 9.4.2절에서 다룬 힙 정렬이 있다. 이 절에서는 정렬이라는 문제를 알고리즘 문제 일반의 관점에서 바라보며, 정렬 알고리즘에 대한 몇 가지 근본적인 이슈를 다룬다.

12.4.1 정렬의 하한

가장 먼저 떠오를 수 있는 자연스러운 질문은 '정렬을 $O(n \log n)$보다 더 빠르게 수행할 수 없을까?'다. 흥미롭게도 정렬 알고리즘에서 사용하는 기본 연산이 원소 간 비교뿐이라면 $O(n \log n)$은 최선의 경우에 해당한다. 즉, 비교 기반 정렬에서 최악의 경우 수행 시간 하한은 $\Omega(n \log n)$이다(3.3.1절의 Ω 표기 참고). 이 하한을 증명하기 위해 우리는 비교 기반 정렬의 주요 비용인 비교 연산만 계산 대상으로 삼는다.

시퀀스 $S = (x_0, x_1, \ldots, x_{n-1})$이 주어졌고 각 원소는 서로 값을 가진다고 가정하자(이는 정렬의 하한 분석에 전혀 영향을 미치지 않음). S가 배열로 구현되었는지 연결 리스트로 구현되었는지에는 관심이 없다. 하한 분석에는 비교 횟수만 중요하기 때문이다. 정렬 알고리즘은 두 원소 x_i와 x_j를 비교하여 '$x_i < x_j$인가?'라는 질문을 한다. 이 질문에 대답은 '예'나 '아니요'다. 이와 같은 비교 과정을 통해 알고리즘은 내부 계산을 수행하며 이후 다시 다른 두 원소를 비교하게 된다. 이러한 비교 과정을 우리는 결정 트리(decision tree) T로 표현할 수 있다(예제 8.6 참고). 이 결정 트리에서 각 내부 노드 v는 하나의 비교를 나타내며, 자식 노드는 해당 비교 결과(참 또는 거짓)에 따라 분기된 후속 비교를 나타낸다. 중요한 점은 실제 정렬 알고리즘이 이 트리를 명시적으로 구성하지는 않지만 우리가 생각할 수 있는 모든 가능한 비교 실행 흐름은 결정 트리 T로 표현된다는 점이다. 따라서 어떤 정렬 알고리즘이 비교를 기반으로 동작할 경우, 이 트리는 자신이 할 수 있는 모든 결정 경로를 나타내게 된다.

S에서 가능한 각 초기 순서들, 즉 모든 **순열**(permutation)은 정렬 알고리즘이 결정 트리 T에서 따라가게 되는 경로 하나에 대응된다. 따라서 트리 T의 각 외부 노드 v는 특정 순열 하나에 대응되어야 한다. 이때 중요한 점은 '결정 트리 T의 각 외부 노드 v는 S에 있는 단 하나의 순열만 표현할 수 있다'는 것이다. 그 이유는 다음과 같다. 만약 S의 서로 다른 두 순열 P_1과 P_2가 동일

한 외부 노드에 도달한다고 가정하면 적어도 두 원소 x_i와 x_j에 대해 P_1에서는 x_i가, P_2에서는 x_j가 앞에 위치하게 된다. 동시에 노드 v에 대응되는 출력은 S의 특정 재정렬이어야 하며 이 정렬 결과에서 x_i와 x_j 중 하나가 다른 것보다 앞에 나와야 한다. 하지만 순열 P_1과 P_2가 모두 정렬 알고리즘을 통해 S의 원소를 이 순서로 출력하게 하는 경우, 이는 알고리즘을 속여 x_i와 x_j를 잘못된 순서로 출력하는 방법이 있다는 것을 의미한다. 올바른 정렬 알고리즘에서는 이런 상황을 허용할 수 없으므로 결정 트리 T의 각 외부 노드는 S에 있는 하나의 순열에만 정확히 대응되어야 한다. 정렬 알고리즘과 연관된 결정 트리의 이 속성을 사용해 다음 결과를 증명할 수 있다.

명제 12.4 원소 수가 n인 시퀀스를 정렬하는 어떤 비교 기반 알고리즘이라도, 최악의 경우 수행 시간은 $\Omega(n \log n)$이다.

증명 비교 기반 정렬 알고리즘의 수행 시간은 해당 알고리즘에 대응되는 결정 트리 T의 높이보다 크거나 같아야 한다(그림 12.15 참고). 앞서 살펴본 바와 같이 결정 트리 T의 각 외부 노드는 S의 가능한 순열 중 하나에 대응되어야 하며, 반대로 각 순열도 T의 서로 다른 외부 노드에 대응되어야 한다. 원소 n개의 가능한 순열 수는 $n! = n(n-1)(n-2)\cdots 2\cdot 1$이다. 따라서 결정 트리 T는 최소한 $n!$개의 외부 노드를 가져야 한다. 명제 8.8에 따라 T의 높이는 최소 $\log(n!)$ 이상이다. 이 명제를 다음과 같이 바로 증명할 수 있다. 왜냐하면 $n!$ 계산에는 $n/2$보다 크거나 같은 항이 최소 $n/2$개 있기 때문에 다음과 같고,

$$\log(n!) \geq \log\left(\left(\frac{n}{2}\right)^{\frac{n}{2}}\right) = \frac{n}{2}\log\frac{n}{2}$$

이는 $\Omega(n \log n)$이 된다. ■

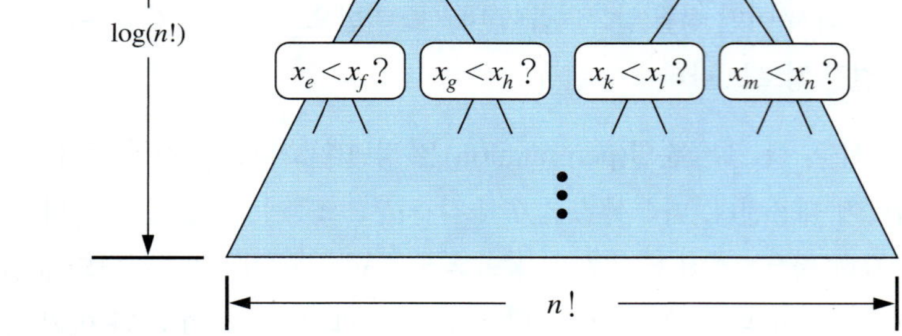

그림 12.15 비교 기반 정렬의 하한에 대한 시각화

12.4.2 선형 시간 정렬: 버킷 정렬과 기수 정렬

12.4.1절에서는 비교 기반 정렬 알고리즘이 n개의 원소 시퀀스를 정렬하는 데 최악의 경우 $\Omega(n \log n)$ 시간보다 더 빠를 수 없음을 보였다. 그렇다면 이런 하한을 피해서 이보다 빠르게 정렬할 수는 없을까? 흥미롭게도 특정한 입력 형식에 대해서는 $O(n \log n)$보다 빠른 정렬 알고리즘이 존재한다. 하지만 이러한 알고리즘은 입력 시퀀스에 대해 특별한 가정이 필요하다. 그럼에도 불구하고, 이런 가정은 실제 응용에서 자주 등장한다. 예를 들어 정수 범위가 정해진 값을 정렬하거나, 문자열을 정렬하는 경우가 이에 해당한다. 따라서 이들 알고리즘을 살펴보는 것은 충분히 가치 있는 일이다. 여기서는 다음과 같은 상황을 고려한다. 각 원소가 키-값 쌍(key-value pair)이며 키가 제한된 형식을 갖는 경우다.

버킷 정렬

키가 정수이며 범위가 $[0, N - 1]$인 n개의 원소로 이루어진 시퀀스 S가 있다고 하자. 이때 각 키는 $N \geq 2$인 정수다. S를 각 원소의 키 값에 따라 정렬하고자 한다면 $O(n + N)$ 시간에 정렬할 수 있다. 놀라운 일처럼 보일 수 있지만 N이 $O(n)$인 경우에는 S를 $O(n)$ 시간에 정렬할 수 있음을 의미한다. 물론 이와 같은 성능은 원소의 형식에 대해 일정한 제한을 가정하기 때문에 가능한 것이다. 이 제한 덕분에 원소 간 비교 없이도 정렬이 가능해진다.

핵심 아이디어는 **버킷 정렬**(Bucket-Sort)이라는 알고리즘을 사용하는 것이다. 이 알고리즘은 원소 간 비교에 기반하지 않으며, 대신 각 키를 인덱스로 사용하는 버킷 배열 B를 활용한다. 배열 B는 인덱스가 0에서 $N - 1$까지이며 각 원소는 키가 동일한 원소들을 저장하는 시퀀스(버킷)다. 키가 k인 원소는 버킷 $B[k]$에 삽입된다. 입력 시퀀스 S의 모든 원소를 해당 버킷에 삽입한 후, 버킷 $B[0], B[1], \ldots, B[N - 1]$의 내용을 순서대로 열거하면 정렬된 순서로 원소들을 S에 넣을 수 있다. 버킷 정렬 알고리즘은 코드 12.7과 같다.

```
알고리즘 bucketSort(S):
  입력: [0, N - 1] 범위의 정수 키를 가진 원소들로 이루어진 시퀀스 S
  출력: 키 값의 비감소순으로 정렬된 시퀀스 S
  크기 N의 비어 있는 시퀀스 배열 B를 생성한다.
  for 시퀀스 S의 각 원소 e에 대해 do
    k ← e의 키
    e를 시퀀스 S에서 제거하고 B[k]의 끝에 삽입한다.
  for i = 0 to N 1 do
    for 시퀀스 B[i]의 각 원소 e에 대해 do
      e를 B[i]에서 제거하고 시퀀스 S의 끝에 삽입한다.
```

코드 12.7 버킷 정렬 알고리즘

버킷 정렬은 $O(n + N)$ 시간에 실행되고 $O(n + N)$ 공간을 사용한다는 것을 쉽게 알 수 있다. 따라서 버킷 정렬은 키의 값들이 가질 수 있는 범위 N이 시퀀스 크기 n에 비해 작을 때 효율적이다(예 $N = O(n)$ 또는 $N = O(n \log n)$). 반면, N이 n에 비해 커질수록 성능이 저하된다.

버킷 정렬 알고리즘의 중요한 특성 중 하나는 동일한 키를 가진 서로 다른 원소가 많은 경우에도 정확히 동작한다는 점이다. 실제로 우리는 이러한 상황이 발생할 수 있음을 고려하여 알고리즘을 설계하였다.

안정 정렬

키-값 쌍을 정렬할 때 중요한 문제 중 하나는 동일한 키를 어떻게 처리하느냐다. 시퀀스 $S = ((k_0, v_0), \ldots, (k_{n-1}, v_{n-1}))$이 이러한 원소들로 이루어져 있다고 하자. 정렬 알고리즘이 **안정적**(stable)인 상태가 되려면 S의 두 원소 (k_i, v_i)와 (k_j, v_j)에 대해 $k_i = k_j$이고 (k_i, v_i)가 (k_j, v_j)보다 먼저 등장한 경우(즉, $i < j$) 정렬 후에도 (k_i, v_i)가 (k_j, v_j)보다 앞에 있어야 한다. 정렬 알고리즘에서 안정성은 중요한 속성이다. 응용에 따라, 동일한 키를 가진 원소들의 원래 순서를 유지해야 할 수 있기 때문이다.

코드 12.7에서 설명한 버킷 정렬 알고리즘은 각 시퀀스가 큐처럼 동작하도록 구현한 경우 안정성을 보장한다. 즉, 원소를 앞에서 꺼내고 뒤에 삽입하는 방식으로 처리해야 한다. 좀더 구체적으로 말하면, 처음에 S의 원소를 버킷에 넣을 때 S를 앞에서부터 뒤로 순차적으로 처리하고 각 원소를 해당 버킷의 끝에 삽입해야 한다. 이후 버킷에서 S로 원소를 다시 옮길 때는 각 버킷 $B[i]$를 앞에서부터 뒤로 처리해야 하며 해당 원소들은 S의 끝에 추가해야 한다.

기수 정렬

안정 정렬이 중요한 이유 중 하나는 버킷 정렬 방식을 정수 정렬보다 더 일반적인 상황에 적용할 수 있기 때문이다. 예를 들어 키가 (k, l) 쌍으로 주어지는 원소를 정렬하고자 한다고 하자. 여기서 k와 l은 $[0, N - 1]$ 범위의 정수라고 하자(단, $N \geq 2$). 이런 상황에서 **사전식** 순서를 기준으로 정렬 순서를 정의한다. 즉, $(k_1, l_1) < (k_2, l_2)$는 $k_1 < k_2$인 경우 또는 $k_1 = k_2$이면서 $l_1 < l_2$인 경우다(46쪽 참고). 이는 사전식 비교 함수의 쌍 비교 버전으로, 길이가 같은 문자열이나 길이 d인 튜플에 적용할 수 있다.

기수 정렬(Radix-Sort) 알고리즘은 키가 쌍인 원소들로 구성된 시퀀스 S를 정렬하기 위해 안정적인 버킷 정렬을 두 번 적용한다. 먼저 쌍의 한 구성 요소를 기준으로 정렬한 다음 나머지 구성 요소를 기준으로 다시 정렬하는 방식이다. 그렇다면 어떤 순서로 정렬해야 할까? 먼저 k(첫 번째 구성 요소)를 정렬한 다음 l(두 번째 구성 요소)을 정렬해야 할까? 아니면 그 반대 순서여야 할까?

이 질문에 답하기에 앞서 직관을 얻기 위해 다음 예제를 살펴보자.

예제 12.5 다음 시퀀스 S를 살펴보자(키만 표시함).

$$S = ((3, 3), (1, 5), (2, 5), (1, 2), (2, 3), (1, 7), (3, 2), (2, 2))$$

시퀀스 S를 첫 번째 구성 요소를 기준으로 안정 정렬하면 다음 시퀀스를 얻는다.

$$S_1 = ((1, 5), (1, 2), (1, 7), (2, 5), (2, 3), (2, 2), (3, 3), (3, 2))$$

여기서 S_1을 다시 두 번째 구성 요소를 기준으로 안정 정렬하면 다음 시퀀스를 얻는다.

$$S_{1,2} = ((1, 2), (2, 2), (3, 2), (2, 3), (3, 3), (1, 5), (2, 5), (1, 7))$$

그러나 불행히도 이 시퀀스는 정렬된 시퀀스가 아니다. 반면, 시퀀스 S를 두 번째 구성 요소를 기준으로 안정 정렬하면 다음 시퀀스를 얻는다.

$$S_2 = ((1, 2), (3, 2), (2, 2), (3, 3), (2, 3), (1, 5), (2, 5), (1, 7))$$

그 후 S_2를 첫 번째 구성 요소를 기준으로 안정 정렬하면 다음 시퀀스를 얻는다.

$$S_{2,1} = ((1, 2), (1, 5), (1, 7), (2, 2), (2, 3), (2, 5), (3, 2), (3, 3))$$

이는 실제로 시퀀스 S를 사전식으로 정렬한 결과다.

이 예제에서 알 수 있듯이, 먼저 두 번째 구성 요소를 기준으로 정렬한 다음 첫 번째 구성 요소로 정렬해야 한다는 결론에 도달하게 된다. 이 직관은 정확하다. 먼저 두 번째 구성 요소를 기준으로 안정 정렬한 후, 다시 첫 번째 구성 요소를 기준으로 안정 정렬하면 두 원소가 두 번째 구성 요소에서 같을 경우 그들의 상대적인 순서(두 번째 구성 요소를 기준으로 정렬된 상태에서의 순서)가 유지된다. 결과적으로 시퀀스는 사전식으로 정렬된다. 이 방식은 더 긴 튜플에도 일반화될 수 있다. 이 아이디어는 연습 문제 R-12.18에서 다루며, d-튜플 전체에 대해 어떻게 확장할 수 있는지도 설명한다.

명제 12.6 S를 n개의 키-값 쌍의 시퀀스라고 하자. 각 원소의 키는 $(k_1, k_2, \ldots, k_d)$ 형태이며, 각 k_i는 정수 범위 $[0, N-1]$에 속한다고 하자(단, $N \geq 2$). 이때 S는 기수 정렬을 사용하여 사전식으로 $O(d(n+N))$ 시간에 정렬할 수 있다.

기수 정렬은 키가 더 작은 조각들의 조합으로 표현될 수 있고, 이 조각들을 사전식 순서로 정렬해야 하는 경우라면 어떤 키에도 적용 가능하다. 예를 들어 중간 길이의 문자열들을 정렬할 때에도 사용할 수 있다. 각 문자를 정수 값으로 표현할 수 있기 때문이다(단, 길이가 다른 문자열을 올바르게 처리하기 위해서는 약간의 주의가 필요함).

12.5 정렬 알고리즘 비교하기

이 시점에서, 지금까지 살펴본 정렬 알고리즘을 잠시 되짚어 보고 크기 n인 시퀀스를 정렬할 때 이들 알고리즘이 어떻게 비교되는지 살펴보는 것이 유용할 수 있다.

수행 시간 및 기타 요소 고려하기

삽입 정렬, 선택 정렬과 같이 평균 및 최악의 경우 수행 시간이 $O(n^2)$인 여러 방법을 이미 살펴보았다. 또한 힙 정렬, 병합 정렬, 퀵 정렬처럼 수행 시간이 $O(n \log n)$인 알고리즘도 다루었다. 마지막으로, 특정 키 유형에 대해서는 버킷 정렬과 기수 정렬이 선형 시간에 수행될 수 있다. 물론 선택 정렬 알고리즘은 어떤 경우에도 적절하지 않다. 최상의 경우에도 $O(n^2)$ 시간에 실행되기 때문이다. 그렇다면 남은 정렬 알고리즘 중에서 가장 좋은 것은 무엇일까?

삶에서 벌어지는 많은 일이 그렇듯이, 여기에도 절대적인 최고의 정렬 알고리즘은 없다. 성능, 메모리 사용량, 안정성 사이에는 언제나 절충이 존재한다. 특정 응용에 가장 적합한 정렬 알고리즘은 해당 응용의 특성에 따라 달라진다. 실제로 컴퓨팅 언어나 시스템이 사용하는 기본 정렬 알고리즘은 수년 간 계속해서 발전해 왔다. 따라서 우리는 좋은 정렬 알고리즘들의 특성을 바탕으로 일정한 방향성과 조언을 제시할 수 있다.

삽입 정렬

삽입 정렬이 잘 구현되었을 경우, 그 수행 시간은 $O(n + m)$이며, 여기서 m은 **역전 수**(inversions), 즉 순서가 잘못된 원소 쌍의 수다. 이 때문에 삽입 정렬은 원소 수가 적은 시퀀스(예 50개 이하)를 정렬할 때 매우 훌륭한 선택이 된다. 구현이 간단할 뿐 아니라, 작은 시퀀스는 일반적으로 역전 수가 적기 때문이다. 또한 삽입 정렬은 이미 거의 정렬된(almost sorted) 시퀀스를 정렬할 때도 효과적이다. 여기서 '거의'라는 표현은 역전 수가 적다는 의미다. 하지만 일반적인 상황이라면 수행 시간 때문에 삽입 정렬은 적절한 선택이 아니다.

힙 정렬

힙 정렬은 최악의 경우에도 $O(n \log n)$ 시간으로 실행되며, 이는 비교 기반 정렬 알고리즘 중 이론적으로 최적이다. 힙 정렬은 제자리로 실행될 수 있으며, 입력 데이터를 주기억 장치에 적재할 수 있는 경우, 작은 시퀀스나 중간 크기의 시퀀스를 다룰 때 자연스러운 선택지다. 하지만 힙 정렬은 큰 시퀀스에서는 퀵 정렬이나 병합 정렬보다 성능이 떨어지는 경향이 있다. 표준 힙 정렬은 원소들의 교환을 반복하므로 안정 정렬을 제공하지 않는다.

퀵 정렬

퀵 정렬은 최악의 경우 $O(n^2)$이라는 특성 때문에 정렬 완료 시간을 보장해야 하는 실시간 시스템에서는 사용에 주의가 필요하다. 그럼에도 불구하고 일반적인 경우 성능이 $O(n \log n)$일 것으로 예상되며, 다양한 실험 결과에서 많은 경우에 퀵 정렬이 힙 정렬이나 병합 정렬보다 더 좋은 성능을 나타낸다는 것을 보여준다. 하지만 퀵 정렬은 분할 단계에서 원소들을 교환하는 방식 때문에 자연스럽게 안정 정렬을 제공하지 않는다.

수십 년 동안 퀵 정렬은 범용 메모리 내 정렬 알고리즘의 표준이었다. C 언어 라이브러리에서는 `qsort`라는 이름으로 제공되었으며 유닉스 운영체제의 다양한 정렬 도구에서도 기반이 되었다. 또한 자바(Java)의 배열 정렬에서도 버전 6까지 표준 알고리즘으로 사용되었다(자바 7에 대해서는 아래에서 따로 다룸).

병합 정렬

병합 정렬은 최악의 경우에도 $O(n \log n)$ 시간에 동작한다. 하지만 배열에 대해서는 제자리 정렬로 구현하기 어렵기 때문에 별도의 임시 배열을 할당하고 그 사이를 복사해야 하는 오버헤드가 발생한다. 이 때문에 입력 데이터를 전부 메인 메모리에 적재할 수 있는 상황에서는 퀵 정렬이나 힙 정렬보다 병합 정렬의 매력이 떨어질 수 있다. 그럼에도 불구하고 병합 정렬은 입력이 컴퓨터의 여러 메모리 계층(예 캐시, 주기억 장치, 외부 기억 장치)에 계층화된 상황에서 매우 탁월한 알고리즘이다. 병합 정렬은 긴 정렬 블록(run)을 병합하는 과정에서 한 번에 블록 단위로 데이터를 읽어와 메모리 사용을 극대화하며, 이를 통해 전체 메모리 접근 횟수를 줄일 수 있다.

GNU 정렬 유틸리티(및 대부분의 최신 리눅스 시스템)는 **다중 병합 정렬**(multiway merge-sort) 변형을 사용한다. 파이썬의 리스트 클래스에서는 2003년 이후 기본 정렬 알고리즘으로 Tim-sort를 사용하고 있으며, 이 정렬은 팀 피터스(Tim Peters)가 설계한 하이브리드 방식이다. Tim-sort는 기본적으로 상향식 병합 정렬(bottom-up merge-sort)에 기반하며, 데이터 내의 초기 정렬된 블록을 적극 활용하고, 블록을 확장하는 데는 삽입 정렬을 사용한다. 자바 7부터는 배열 정렬의 기본 알고리즘으로 Tim-sort를 채택하였다.

버킷 정렬과 기수 정렬

마지막으로, 응용 상황에서 작은 정수 키, 문자열 또는 이산 범위의 키를 가지는 d-튜플 원소들을 정렬해야 한다면 **버킷 정렬**이나 **기수 정렬**이 훌륭한 선택이 된다. 이들 알고리즘은 $O(d(n+N))$ 시간에 동작하는데 여기서 $[0, N-1]$은 키의 값 범위이며, 버킷 정렬의 경우 $d=1$이다. 따라서 $d(n+N)$이 $n \log n$보다 훨씬 작다면 이러한 정렬 방식은 퀵 정렬, 힙 정렬, 병합 정렬보다 훨씬 빠르게 동작할 수 있다.

12.6 파이썬의 내장 정렬 함수

파이썬은 데이터를 정렬하는 두 가지 내장 방식을 제공한다. 첫 번째는 list 클래스의 sort 메서드다. 예를 들어 다음과 같은 리스트를 정의한다고 하자.

```
colors = ['red', 'green', 'blue', 'cyan', 'magenta', 'yellow']
```

이 메서드를 호출하면 리스트 내 원소들이 < 연산자로 정의된 자연 순서에 따라 정렬된다. 위의 예에서 문자열 사이의 자연 순서는 알파벳순이므로 colors.sort()를 호출한 후 리스트의 순서는 다음과 같이 변경된다.

```
['blue', 'cyan', 'green', 'magenta', 'red', 'yellow']
```

파이썬은 또한 sorted라는 내장 함수도 제공한다. 이 함수는 기존 반복 가능한 컨테이너 원소들을 정렬된 순서로 갖는 새로운 리스트를 반환한다. 앞선 예로 돌아가 sorted(colors)를 호출하면 알파벳순으로 정렬된 새 리스트가 반환되며 원래의 리스트는 변경되지 않는다. 이 sorted 함수는 임의의 반복 가능한 객체에도 적용할 수 있으므로 더 일반적인 방식이다. 예를 들어 sorted(green)만 호출하면 다음과 같은 결과가 반환된다.

```
['e', 'e', 'g', 'n', 'r']
```

12.6.1 키 함수에 따른 정렬

원소들을 정렬할 때 < 연산자가 정의하는 자연 순서가 아닌 다른 기준으로 정렬하고 싶을 때가 많다. 예를 들어 문자열 리스트를 알파벳이 아니라 길이순으로 정렬하고 싶을 수 있다. 파이썬의 두 정렬 함수 모두 정렬 기준을 조절할 수 있는 key 매개변수를 지원한다. 이 매개변수는 각 원소에 대해 키 값을 계산하는 보조 함수를 참조하며, 실제 정렬은 key 값의 자연 순서에 따라 수행된다(내장 함수 min, max에서 사용한 방법과 동일하므로 1.5.1절의 60~61쪽 참고).

키 함수는 매개변수를 하나 받아 키를 반환하는 함수여야 한다. 예를 들어 문자열의 길이에 따라 정렬하고 싶다면 내장 함수 len를 키 함수로 사용할 수 있다. 문자열 s에 대해 len(s)로 호출하면 길이를 반환한다. 길이에 따라 색상 리스트를 정렬하려면 colors.sort(key = len)을 사용해 리스트를 변형하거나 sorted(colors, key = len)을 사용해 원본은 그대로 두고 새로운 정렬된 리스트를 생성해도 된다. length 함수를 키로 정렬한 결과는 다음과 같다.

```
['red', 'blue', 'cyan', 'green', 'yellow', 'magenta']
```

이 정렬 함수들은 reverse라는 매개변수도 지원한다. reverse를 True로 설정하면 정렬 순서를 내림차순으로 바꿀 수 있다.

데코레이션-정렬-언데코레이션 디자인 패턴

파이썬에서 키 함수를 이용한 정렬 기능은 **데코레이션-정렬-언데코레이션**(Decorate-Sort-Undecorate, DSU) **디자인 패턴**이라는 방식으로 구현된다. 이 패턴은 다음 3단계로 구성된다.

1. 리스트의 각 원소를 해당 원소에 키 함수를 적용한 결괏값을 포함하는 데코레이트된(decorated) 형식으로 일시적으로 대체한다.
2. 키의 자연 순서에 따라 리스트를 정렬한다(그림 12.16 참고).
3. 데코레이트된 원소들을 원래 원소로 되돌린다.

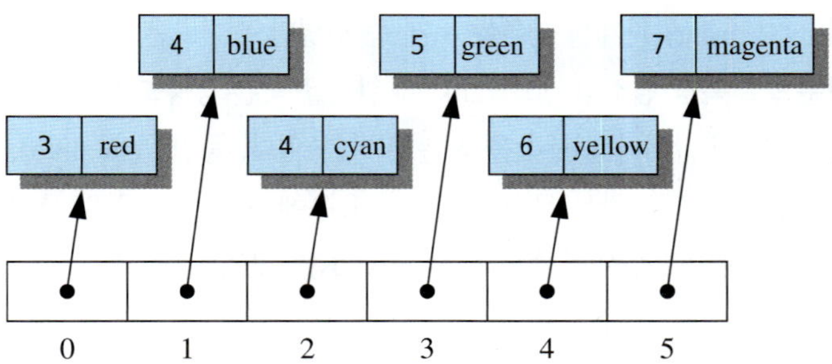

그림 12.16 각 문자열에 길이를 데코레이션으로 붙인 데코레이트된 문자열 리스트. 이 리스트는 키(길이)에 따라 정렬되었다.

파이썬에는 이미 이 전략에 대한 내장 지원이 있지만, 우리가 직접 구현한다고 가정할 경우, 데코레이트된 원소를 표현하는 자연스러운 방법은 키-값 쌍을 나타내는 클래스를 사용하는 것이다. 이 구성 전략은 우선순위 큐에서 키-값 원소를 표현할 때 사용했던 것과 동일하다. 9.2.1절의 코드 9.1은 이런 Item 클래스를 포함하고 있으며, 이 클래스는 원소 비교에 키 값을 활용하는 < 연산자를 정의한다. 이와 같은 구성 기반 구조를 사용하면, 정렬 알고리즘을 간단히 수정하여 이 패턴을 적용할 수 있다. 그 예가 코드 12.8의 병합 정렬 버전이다.

```
def decorated_merge_sort(data, key=None):
    """데코레이션-정렬-언데코레이션 패턴의 데모를 구현한다."""
    if key is not None:
        for j in range(len(data)):
            data[j] = Item(key(data[j]), data[j])    # 각 원소 데코레이트
    merge_sort(data)                                 # 기존 알고리즘으로 정렬
    if key is not None:
        for j in range(len(data)):
            data[j] = data[j].value                  # 각 원소를 원래 값으로 복원
```

코드 12.8 코드 12.1의 배열 기반 병합 정렬을 기반으로 데코레이션-정렬-언데코레이션 패턴을 구현한 예. 여기서 사용된 `Item` 클래스는 `PriorityQueueBase` 클래스에서 사용된 것과 동일하다(코드 9.1 참고).

12.7 선택

정렬이 중요하긴 하지만 전순서(total order) 관계를 다루는 문제 중 정렬만 흥미로운 것은 아니다. 전체 집합의 정렬 순서를 기준으로 특정 원소의 랭크(rank)에 관심을 갖는 응용도 다양하게 존재한다. 예를 들어 전체 집합에서 최솟값이나 최댓값을 찾는 문제가 있다. 중간값(median), 즉 전체 원소의 절반은 작고 절반은 큰 원소를 찾는 문제도 이러한 응용에 속한다. 이처럼 특정 랭크를 가진 원소를 찾는 질의를 일반적으로 **순서 통계**(order statistics)라고 부른다.

선택 문제 정의하기

이 절에서는 정렬되지 않은 n개의 비교 가능한 원소 중에서 k번째 작은 원소를 선택하는 일반적인 순서 통계 문제, 즉 **선택 문제**(selection problem)를 다룬다. 가장 단순한 해결책은 전체를 정렬한 뒤 정렬된 시퀀스의 인덱스 $k-1$ 위치에 있는 원소를 반환하는 것이다. 하지만 이 방법은 $O(n \log n)$ 시간이 걸리며, $k=1$ 또는 $k=n$(혹은 $k=2$, $k=3$, $k=n-1$, $k=n-5$ 등)인 경우에는 과한(overkill) 접근이 된다. 왜냐하면 이러한 k 값에 대한 선택 문제는 $O(n)$ 시간에 쉽게 해결할 수 있기 때문이다. 따라서 자연스럽게 제기되는 질문은 모든 k 값에 대해 $O(n)$ 시간에 선택 문제를 해결할 수 있는지다(여기에는 중앙값을 찾는 경우, 즉 $k=\lfloor n/2 \rfloor$인 경우도 포함함).

12.7.1 가지치기 탐색

선택 문제는 사실 어떤 k에 대해서도 $O(n)$ 시간에 해결할 수 있다. 그리고 이를 가능하게 하는 기법은 흥미로운 알고리즘적 디자인 패턴을 기반으로 한다. 이 디자인 패턴은 **가지치기 탐색**(prune-and-search) 또는 **감소 및 정복**(decrease-and-conquer)이다. 이 디자인 패턴을 적용할 때는 크기 n의 객체 집합에 대해 문제를 정의하고 그중 일정 비율을 가지치기한 뒤 나머지에 대해 재귀적으로 문제를 해결한다. 이 과정을 반복해 문제 크기를 상수 수준으로 줄이면, 브루트 포스(brute-force) 기법으로 해결할 수 있다. 모든 재귀 호출에서 반환되며 전체 해가 완성된다. 일부 경우에는 재귀 호출 없이도 이 과정을 반복 루프만으로 구현할 수 있으며, 이렇게 하면 브루트 포스 기법으로 직접 해결할 수 있는 수준으로 줄어들 때까지 반복하게 된다. 이 디자인 패턴의 대표적인 예가 4.1.3절에서 소개한 이진 검색 알고리즘이다.

12.7.2 랜덤화된 퀵 선택

가지치기 탐색 패턴을 사용해 n개의 원소 중 k번째 작은 원소를 찾는 방법으로 여기서는 **랜덤화된 퀵 선택**(randomized quick-select)이라는 간단하고 실용적인 알고리즘을 소개한다. 이 알고리즘은 평균값 $O(n)$ 시간에 동작하며, 여기서의 기댓값은 알고리즘이 수행하는 모든 무작위 선택에 대해 평균을 낸 값이다. 이 평균 수행 시간은 입력 분포나 무작위성에 대한 가정 없이도 성립한다. 단, 최악의 경우에는 $O(n^2)$ 시간이 걸릴 수 있으며, 이에 대한 증명은 연습 문제 R-12.24에서 다룬다. 연습 문제 C-12.55에서는 이 알고리즘을 수정해 최악의 경우에도 $O(n)$ 시간에 동작하는 **결정론적 선택 알고리즘**(deterministic selection algorithm)을 유도하는 방법을 제시한다. 하지만 이 결정론적 알고리즘은 주로 이론적인 관점에서 의미가 있으며, 실제로는 상수 계수가 커서 실용성이 떨어진다.

n개의 비교 가능한 원소로 이루어진 정렬되지 않은 시퀀스 S와 정수 $k \in [1, n]$이 주어졌다고 하자. 퀵 선택 알고리즘은 S에서 k번째로 작은 원소를 찾는 문제를 다음과 같은 방식으로 해결한다. 먼저, 시퀀스 S에서 무작위로 피벗 원소 하나를 선택한다. 그런 다음 S를 피벗보다 작은 원소들의 집합 L, 피벗과 같은 원소들의 집합 E, 피벗보다 큰 원소들의 집합 G의 세 부분으로 나눈다. 그 후, k 값과 각 집합의 크기에 따라 k번째 원소가 어느 집합에 포함되는지를 판단하고, 해당 부분집합에 대해 재귀 호출을 수행한다. 이때 전체 시퀀스에서의 랭크와 부분집합 내에서의 랭크는 다를 수 있으므로, 이에 맞게 인덱스를 조정해야 한다. 코드 12.9는 랜덤화된 퀵 선택 알고리즘의 구현 예다.

```python
def quick_select(S, k):
    """리스트 S에서 k번째로 작은 원소를 반환한다(k는 1부터 len(S)까지)."""
    if len(S) == 1:
        return S[0]
    pivot = random.choice(S)                   # S에서 무작위 피벗 선택
    L = [x for x in S if x < pivot]            # 피벗보다 작은 원소
    E = [x for x in S if x == pivot]           # 피벗과 같은 원소
    G = [x for x in S if pivot < x]            # 피벗보다 큰 원소
    if k <= len(L):
        return quick_select(L, k)              # k번째로 작은 것은 L에 있음
    elif k <= len(L)+len(E):
        return pivot                           # 피벗과 같은 k번째로 작은 것
    else:
        j = k - len(L) - len(E)                # 새로운 선택 매개변수
        return quick_select(G, j)              # k번째로 작은 것은 G에서 j번째
```

코드 12.9 랜덤화된 퀵 선택 알고리즘

12.7.3 랜덤화된 퀵 선택 분석

랜덤화된 퀵 선택이 $O(n)$ 시간에 동작함을 보이기 위해 간단한 확률 논리를 사용한다. 이 논리는 **기댓값의 선형성**(linearity of expectation)에 기반하며, X와 Y가 확률 변수이고 c가 숫자일 때 다음과 같다.

$E(X + Y) = E(X) + E(Y)$이고 $E(cX) = cE(X)$

여기서 $E(Z)$는 표현식 Z의 기댓값을 나타낸다.

크기가 n인 시퀀스에 랜덤화된 퀵 선택을 수행하는 시간을 $t(n)$이라 하자. 이 알고리즘은 랜덤 선택에 의존하므로 $t(n)$은 확률 변수다. 우리는 $t(n)$의 기댓값인 $E(t(n))$을 제한하려고 한다. 알고리즘의 좋은 재귀 호출은 S를 분할할 때 부분집합 L과 G의 크기가 각각 최대 $3n/4$이 되는 경우로, 발생할 확률은 적어도 $1/2$ 이상이다. $g(n)$을 좋은 호출이 발생하기 전까지 발생한 전체 재귀 호출 수(현재 호출 포함)라 하자. 그러면 $t(n)$은 $t(n) \leq bn \cdot g(n) + t(3n/4)$과 같은 점화식으로 표현할 수 있다(단, $b \geq 1$은 상수). 여기에 기댓값의 선형성을 적용하면 다음과 같다.

$E(t(n)) \leq E(bn \cdot g(n) + t(3n/4)) = bn \cdot E(g(n)) + E(t(3n/4))$

좋은 호출은 최소 $1/2$ 확률로 일어나며, 좋은 재귀 호출이 발생하는지는 부모 호출이 좋은지와 무관하므로 $g(n)$의 기댓값은 공정하게 동전을 던져서 앞면이 나올 때까지 예상되는 시행 횟수 이하다. 따라서 $E(g(n)) \leq 2$이다. $T(n)$을 $E(t(n))$의 약어로 사용하면 $n > 1$의 경우

$T(n) \le T(3n/4) + 2bn$이다. 이 부등식을 닫힌 형태로 바꾸기 위해 반복 적용해 보자. 예를 들어 두 번 적용하면 다음과 같다.

$$T(n) \le T((3/4)^2 n) + 2b(3/4)n + 2bn$$

여기서 다음과 같은 일반 형태를 추론할 수 있다.

$$T(n) \le 2bn \cdot \sum_{i=0}^{\lceil \log_{4/3} n \rceil} (3/4)^i$$

즉, 기대 수행 시간은 $2bn$에 공비가 1보다 작은 양의 수인 기하급수적 합을 곱한 것보다 작거나 같으며, 이 합은 상수로 제한된다. 따라서 명제 3.5에 따라 $T(n)$은 $O(n)$이다.

명제 12.7 크기가 n인 시퀀스 S에 대해 두 원소 간 비교가 $O(1)$ 시간에 수행될 수 있다고 가정하면 랜덤화된 선택 알고리즘의 기대 수행 시간은 $O(n)$이다.

12.8 연습 문제

기본 문제

R-12.1 명제 12.1을 증명하라.

R-12.2 그림 12.2~12.4의 병합 정렬 트리에서 어떤 간선은 아래 방향 화살표로 표시되어 있다. 아래 방향 화살표는 무엇을 의미하는가? 위 방향 화살표는 무엇을 의미하는가?

R-12.3 n개의 원소로 구성된 시퀀스에 대해 병합 정렬 알고리즘의 수행 시간이 $O(n \log n)$임을 보여라. 단, n이 2의 거듭제곱이 아닌 경우도 포함한다.

R-12.4 12.2.2절의 병합 정렬은 배열을 기반으로 구현되어 있다. 이 구현이 안정 정렬인지 판단하고 그 이유를 설명하라.

R-12.5 코드 12.3의 병합 정렬은 연결 리스트를 기반으로 구현되어 있다. 이 구현이 안정 정렬인지 판단하고 그 이유를 설명하라.

R-12.6 키-값 쌍으로 구성된 원소를 키로 정렬하는 알고리즘이, 두 원소 e_i와 e_j의 키가 같고 입력에서 e_i가 e_j보다 앞에 위치하지만 알고리즘을 실행한 후의 출력에서 e_i를 e_j 뒤에 배치하는 것을 **스트래글링**(straggling)이라 한다. 12.2절에서 병합 정렬 알고리즘을 스트래글링 방식으로 동작하도록 구현을 변경하라.

R-12.7 서로 다른 원소를 가지는 정렬된 두 시퀀스 A와 B가 주어졌다고 하자. 일부 원소는 두 시퀀스 모두에 존재할 수 있다. 합집합 $A \cup B$를 중복 없이 정렬된 시퀀스로 생성하는 $O(n)$ 시간 알고리즘을 제시하라.

R-12.8 n개의 원소로 구성된 시퀀스에서 마지막 원소를 피벗으로 선택하는 대신 인덱스 $\lfloor n/2 \rfloor$에 있는 원소를 피벗으로 선택하도록 퀵 정렬의 결정론적 버전을 변경하였다. 이미 정렬된 시퀀스에 수정된 퀵 정렬 버전을 수행할 경우 수행 시간은 얼마인가?

R-12.9 퀵 정렬의 결정론적 버전에서 항상 인덱스 $\lfloor n/2 \rfloor$에 있는 원소를 피벗으로 선택한다고 하자. 어떤 유형의 입력 시퀀스가 이 알고리즘의 수행 시간을 $\Omega(n^2)$으로 만드는가?

R-12.10 n개의 서로 다른 원소로 이루어진 시퀀스에 대해 퀵 정렬의 최선의 수행 시간이 $\Omega(n \log n)$임을 증명하라.

R-12.11 `inplace_quick_sort` 함수를 중복 원소를 포함한 시퀀스에 실행할 때 시퀀스를 정확히 정렬함을 증명하라. 피벗과 값이 같은 원소가 존재할 때 분할 단계에서는 어떻게 처리되는가? 입력 시퀀스의 원소가 모두 동일할 때 수행 시간은 얼마인가?

R-12.12 `inplace_quick_sort` 구현(코드 12.6)에서 가장 바깥 `while` 루프(7행)의 조건을 `left < right` 대신 `left <= right`로 변경하면 문제가 발생한다. 이 문제를 설명하고, 이 문제를 유발하는 구체적인 입력 시퀀스를 제시하라.

R-12.13 `inplace_quick_sort` 구현(코드 12.6)의 14행 조건 `left < right`를 `left <= right`로 변경하면 문제가 발생한다. 이 문제를 설명하고, 이 문제를 유발하는 입력 시퀀스를 구체적으로 제시하라.

R-12.14 12.3.1절의 랜덤화된 퀵 정렬 분석을 참고하여 주어진 입력 원소 x가 크기 그룹 $2\log n$개 이상의 부분 문제에 포함될 확률이 최대 $1/n^2$ 이하임을 보여라.

R-12.15 주어진 비교 기반 정렬 알고리즘에 대해 가능한 $n!$개의 입력이 있다고 가정할 때, 단 n번의 비교로 올바르게 정렬할 수 있는 입력의 최대 수는 얼마인가?

R-12.16 Jonathan은 크기가 n인 시퀀스에 대해 처음 k개의 원소만 $O(n)$ 시간에 정렬하는 비교 기반 정렬 알고리즘을 설계했다고 주장한다. 이때 k가 될 수 있는 최댓값의 크기를 빅-오 표기법으로 나타내라.

R-12.17 버킷 정렬은 제자리 알고리즘인가? 그 이유를 설명하라.

R-12.18 각 원소가 $[0, N-1]$ 범위(단, $N \geq 2$)의 정수인 삼중 쌍 (k, l, m)으로 구성된 시퀀스 S를 사전식 순서로 정렬하는 기수 정렬 방법을 설명하라. 이 방법을 d-튜플 $(k_1, k_2, \ldots, k_d)$로 확장하기 위한 방법을 설명하라.

R-12.19 S가 0 또는 1로만 이루어진 크기가 n인 시퀀스일 때, 병합 정렬로 S를 정렬하는 데 걸리는 수행 시간은 얼마인가? 퀵 정렬은 얼마인가?

R-12.20 S가 0 또는 1로만 이루어진 크기가 n인 시퀀스일 때, 버킷 정렬로 S를 안정 정렬하는 데 걸리는 수행 시간은 얼마인가?

R-12.21 S가 0 또는 1로만 이루어진 크기가 n인 시퀀스일 때, S를 제자리 정렬하는 방법을 설명하라.

R-12.22 병합 정렬과 힙 정렬은 $O(n \log n)$ 시간이 걸리지만 삽입 정렬은 $O(n)$ 시간에 정렬할 수 있는 입력 리스트의 예를 들어라. 이 리스트를 역으로 뒤집으면 어떻게 되는가?

R-12.23 일반 비교가 가능한 객체, 긴 문자열, 32비트 정수, 배정밀도 부동소수점 수, 바이트 각각에 대해 가장 적합한 정렬 알고리즘을 제시하고 그 이유를 밝혀라.

R-12.24 크기가 n인 시퀀스에 대해 퀵 선택의 최악의 경우 수행 시간이 $\Omega(n^2)$임을 증명하라.

응용 문제

C-12.25 Linda는 입력 시퀀스 S를 받아 이를 정렬한 결과인 배열 T를 출력하는 알고리즘을 설계했다고 주장한다.

a. 어떤 시퀀스 T가 정렬되어 있는지를 $O(n)$ 시간에 검사하는 알고리즘 `is_sorted`를 제시하라.

b. `is_sorted` 알고리즘을 통과했다고 해서 T가 S의 정렬 결과라는 것을 보장하지 못하는 이유를 설명하라.

c. Linda의 알고리즘이 주어진 S와 T에 대해 $O(n)$ 시간에 정렬의 정확성을 검증할 수 있도록, 추가로 출력해야 할 정보를 설명하라.

C-12.26 크기가 n인 컬렉션 A에서 중복 원소를 제거하는 효율적인 방법을 설명하고 분석하라.

C-12.27 7.4절의 `PositionalList` 클래스를 확장하여 `merge`라는 메서드를 추가하라. A와 B가 `PositionalList` 인스턴스일 때 `A.merge(B)`는 B의 모든 원소를 A로 옮겨 B를 비우고 A는 정렬 상태를 유지해야 한다. 병합은 기존 노드를 재연결하는 방식으로 수행해야 하며, 새로운 노드를 생성해서는 안 된다.

C-12.28 7.4절의 `PositionalList` 클래스를 확장하여 정렬된 `PositionalList` 인스턴스를 반환하는 `sort` 메서드를 추가하라. 정렬은 기존 노드를 재연결하는 방식으로 수행해야 하며, 새로운 노드를 생성해서는 안 된다. 어떤 정렬 알고리즘을 사용해도 된다.

C-12.29 각 원소를 개별 큐에 삽입한 뒤, 두 큐씩 반복적으로 병합해 정렬하는 상향식 병합 정렬을 구현하라. 모든 원소가 하나의 큐로 합쳐질 때까지 반복하라.

C-12.30 코드 12.6의 제자리 퀵 정렬의 구현을 12.3.1절에서 설명한 랜덤화된 버전으로 변형하라.

C-12.31 크기가 n인 시퀀스에서 마지막 d개의 원소 중 중앙값을 피벗으로 선택하는 퀵 정렬의 결정론적 버전을 고려하자(단, $d \geq 3$이며 홀수인 상수). 이 알고리즘의 최악의 경우 수행 시간은 얼마인가?

C-12.32 랜덤화된 퀵 정렬을 분석하는 또 다른 방법은 점화식을 사용하는 것이다. 이 경우 $T(n)$을 기대 수행 시간이라 하자. 최악의 경우를 고려하여 좋은 분할과 나쁜 분할이 각각 절반의 확률로 발생한다고 가정하면 다음 식이 성립한다.

$$T(n) \leq \frac{1}{2}(T(3n/4) + T(n/4)) + \frac{1}{2}(T(n-1)) + bn$$

여기서 bn은 피벗을 기준으로 분할하고, 재귀 호출이 끝난 후 부분 리스트를 연결하는 데 드는 시간이다. 귀납법을 사용하여 $T(n)$이 $O(n \log n)$임을 보여라.

C-12.33 퀵 정렬에 대한 고수준 설명은 원소들을 피벗보다 작은 집합 L, 피벗과 같은 집합 E, 피벗보다 큰 집합 G로 분할하는 방식이다. 그러나 코드 12.6의 제자리 퀵 정렬 구현은 모든 원소를 E로 모으지는 않는다. 이 세 부분 분할을 제자리에서 구현하는 또 다른 전략은 인덱스 i, j, k를 유지하면서 시퀀스를 왼쪽에서 오른쪽으로 순회하는 것이다. 이때 불변 조건은 다음과 같다.

- 왼쪽에서 오른쪽으로 원소를 순회하면서 인덱스 `i`, `j`, `k`를 유지한다.
- `S[0:i]`는 피벗보다 작은 원소들
- `S[i:j]`는 피벗과 같은 원소들
- `S[j:k]`는 피벗보다 큰 원소들
- `S[k:n]`은 아직 분류되지 않은 원소들

루프의 각 반복에서 원소 하나를 분류하고 필요한 원소 교환은 상수 번 수행된다. 이 전략을 기반으로 제자리 퀵 정렬을 구현하라.

C-12.34 S가 크기가 n인 시퀀스일 때, 각 원소는 특정 후보자에게 투표한 것으로 간주된다. 각 원소는 임의의 정수를 가질 수 있으며(즉, 후보자의 수가 작더라도 후보자의 ID는 클 수 있음) 동일한 후보는 같은 정수로 나타낸다. 최다 득표자를 찾아내는 $O(n \log n)$ 시간 알고리즘을 작성하라.

C-12.35 연습 문제 **C-12.34**와 같은 투표 상황에서, 후보자 수가 $k < n$개이고, 후보자의 ID는 임의의 큰 수일 수 있다. 이때 최다 득표자를 찾아내는 $O(n \log k)$ 시간 알고리즘을 작성하라.

C-12.36 연습 문제 **C-12.34**와 같은 투표 상황에서, 후보자 수가 $k < n$개이고, 후보자의 ID가 1부터 k까지의 정수라고 하자. 이때 최다 득표자를 찾아내는 $O(n)$ 시간 알고리즘을 작성하라.

C-12.37 어떤 비교 기반 정렬 알고리즘도 안정 정렬로 변환할 수 있다는 것을 보이되, 점근적 수행 시간에는 영향을 주지 않도록 하라.

C-12.38 두 시퀀스 A와 B가 각각 n개의 원소를 가지고 있고 중복이 있을 수 있으며 전순서(total order) 관계가 정의되어 있다고 하자. 이때 두 시퀀스가 동일한 원소 집합을 갖는지 판단하는 효율적인 알고리즘을 작성하라. 이 알고리즘의 수행 시간은 얼마인가?

C-12.39 정수 범위가 $[0, n^2 - 1]$인 크기 n의 시퀀스 A가 주어졌을 때 이를 $O(n)$ 시간에 정렬하는 간단한 알고리즘을 작성하라.

C-12.40 서로 다른 시퀀스 $S_1, S_2, \ldots, S_k$가 주어지고, 각 시퀀스는 $[0, N - 1]$ 범위의 정수 키를 가진다고 하자($N \geq 2$). 모든 시퀀스의 전체 원소 수를 n이라 할 때, 각각의 시퀀스를 효율적으로 $O(n + N)$ 시간에 정렬하는 알고리즘을 작성하라.

C-12.41 크기가 n인 시퀀스 S에 전순서 관계가 정의되어 있다고 가정할 때, 동일한 원소가 존재하는지를 판단하는 효율적인 알고리즘을 작성하라. 이 알고리즘의 수행 시간은 얼마인가?

C-12.42 크기가 n인 시퀀스 S에 전순서 관계가 정의되어 있다고 가정할 때, S에서의 역전은 x가 y보다 앞에 나타나지만 $x > y$인 원소 쌍 (x, y)를 의미한다. S에서 역전 개수를 $O(n \log n)$ 시간에 계산하는 알고리즘을 작성하라.

C-12.43 크기가 n인 시퀀스 S에 존재하는 모든 역전 쌍을 $O(n + k)$ 시간에 출력하는 알고리즘을 작성하라. 단, k는 역전 쌍의 개수다.

C-12.44 S가 크기가 n인 임의 순열일 때, 삽입 정렬의 기대 수행 시간이 $\Theta(n^2)$임을 증명하라. (힌트: 정렬된 시퀀스의 상위 절반에 해당하는 원소의 절반 정도는 원래 입력의 하위 절반에 있을 가능성이 있음)

C-12.45 정수 n개로 이루어진 두 시퀀스 A와 B가 주어졌다고 하자. 정수 m이 주어졌을 때, $a \in A$, $b \in B$이면서 $a + b = m$을 만족하는 원소가 존재하는지를 $O(n \log n)$ 시간에 판별하는 알고리즘을 작성하라.

C-12.46 n개의 정수로 이루어진 집합이 주어졌을 때, 중앙값에 가장 가까운 $\lceil \log n \rceil$개의 정수를 찾는 빠른 방법을 설계하고 분석하라.

C-12.47 Bob은 A 집합에 있는 n개의 너트와 B 집합에 있는 n개의 볼트를 가지고 있다. 각 너트는 정확히 하나의 볼트와 짝이 맞는다. A 안의 모든 너트는 서로 구별할 수 없고, B 안의 볼트도 동일하다. Bob이 할 수 있는 비교는 (a, b) 쌍의 너트-볼트를 골라서 크거나 작거나 같은지를 확인하는 것뿐이다. Bob이 모든 너트와 볼트를 짝지을 수 있도록 효율적인 알고리즘을 작성하라.

C-12.48 퀵 선택 알고리즘에서 집합 L, E, G를 전부 만들지 않고 각 집합의 개수만 계산하고, 재귀에 필요한 부분만 새로 생성하여 공간을 더 효율적으로 사용할 수 있다. 이 방식을 구현하라.

C-12.49 원소들의 순서를 변경할 수 있다고 가정할 때 퀵 정렬 알고리즘의 제자리 버전을 의사코드로 작성하라.

C-12.50 크기가 n인 시퀀스를 $O(n \log n)$ 최악의 수행 시간에 정렬하는 결정론적 알고리즘을 $O(n)$ 시간에 사용하는 방법을 설명하라.

C-12.51 n개의 비교 가능한 원소로 구성된 시퀀스 S와 정수 k가 주어졌을 때, $\lceil n/k \rceil$, $2\lceil n/k \rceil$, $3\lceil n/k \rceil$, ...에 해당하는 총 $O(k)$개의 원소를 찾는 데 기대 시간이 $O(n \log k)$인 알고리즘을 작성하라.

C-12.52 외계인이 `alien_split`이라는 함수를 제공했는데, 이는 시퀀스 S를 받아 $O(n)$ 시간에최대 크기 $\lceil n/k \rceil$인 부분 시퀀스 S_1, S_2, ..., S_k로 분할하고, 각 S_i의 모든 원소는 S_{i+1}의 모든 원소보다 작거나 같게 만든다$(i = 1, \ldots, k-1)$. 이때 `alien_split`을 사용하여 S를 $O(n \log n / \log k)$ 시간에 정렬하는 방법을 설명하라.

C-12.53 파이썬의 정렬 함수에서 `reverse` 키워드 매개변수에 대한 문서를 읽고, 이 기능을 데코레이션-정렬-언데코레이션(Decorate-Sort-Undecorate, DSU) 패턴을 활용해 구현하는 방법을 설명하되, 키의 타입에 대해 어떠한 가정도 하지 말고 서술하라.

C-12.54 랜덤화된 퀵 정렬이 $1 - 1/n$ 이상의 확률로 $O(n \log n)$ 시간에 실행됨을 보여라. 즉, 높은 확률로 수행 시간을 보장함을 다음 질문에 답함으로써 증명하라.

a. 각 입력 원소 x에 대해, $C_{i,j}(x)$를 0/1 확률 변수로 정의하자.
$C_{i,j}(x)$는 원소 x가 그룹 i가 아닌 그룹 $j+1$에 속할 경우에만 1이 된다.
$j > n$인 경우는 고려할 필요가 없음을 설명하라.

b. $X_{i,j}$를 확률 변수로 두자. 이 변수는 $1/2_j$의 확률로 1이 되고, 다른 어떤 사건들과도 독립이다.

$L = \lceil \log_{4/3} n \rceil$이라고 할 때, $\sum_{i=0}^{L-1} \sum_{j=0}^{n} C_{i,j}(x) \leq \sum_{i=0}^{L-1} \sum_{j=0}^{n} X_{i,j}$임을 설명하라.

c. $\sum_{i=0}^{L-1} \sum_{j=0}^{n} X_{i,j}$의 기댓값이 $(2 - 1/2^n)L$임을 증명하라.

d. **체르노프 경계**(Chernoff bound)를 사용하여 $\sum_{i=0}^{L} \sum_{j=0}^{n} X_{i,j}$가 $4L$ 이상이 될 확률이 $1/n^2$ 이하임을 증명하라.

(힌트: 만약 X가 기댓값 $\mu > 0$을 갖는 독립적인 0/1 확률 변수들의 합이라면, $\Pr(X > 2\mu) < (4/e)^{-\mu}$이고, 여기서 $e = 2.71828$이다.)

e. 위 결과를 활용해 랜덤화된 퀵 정렬이 최소 $1 - 1/n$ 확률로 $O(n \log n)$ 시간에 종료됨을 증명하라.

C-12.55 퀵 선택 알고리즘을 결정론적으로 만들 수 있다. 이를 위해 피벗을 선택하는 방법은 다음과 같다. S를 5개씩 그룹으로 나누고(마지막 그룹은 5개 미만일 수 있음), 각 그룹을 정렬한 뒤, 각 그룹의 중앙값을 선택한다. 이렇게 선택한 소그룹 중앙값들로부터 다시 중앙값을 재귀적으로 찾아낸다. 이렇게 얻은 소그룹 중앙값의 중앙값을 S 전체의 피벗으로 사용하여 퀵 선택을 수행한다. 이 결정론적 퀵 선택 알고리즘이 $O(n)$ 시간에 동작함을 다음 질문에 답함으로써 증명하라. (수학적 간결성을 위해 소수점이나 상한/하한 함수는 무시하라. 점근적 분석에는 영향을 주지 않는다.)

a. 선택된 피벗보다 작거나 같은 소그룹 중앙값은 몇 개이며, 피벗보다 큰 소그룹 중앙값은 몇 개인가?

b. 피벗 이하인 각 소그룹 중앙값들에 대해, 다른 원소들 중 피벗 이하인 것과 초과하는 것은 각각 몇 개인가? 피벗 초과인 소그룹 중앙값들의 경우도 같은 방식으로 분석하라.

c. 피벗을 찾고 S를 분할하는 데 걸리는 시간이 $O(n)$임을 설명하라.

d. 위 추정치를 바탕으로, 이 선택 알고리즘의 최악의 수행 시간을 $t(n)$이라 할 때, 이를 제한하는 점화식을 작성하라. (힌트: 최악의 경우 두 개의 재귀 호출이 필요하다. 하나는 소그룹 중앙값의 중앙값을 찾는 호출이고, 다른 하나는 큰 쪽 그룹에 대한 재귀 호출이다.)

e. 이 점화식을 사용해 $t(n)$이 $O(n)$임을 수학적 귀납법으로 증명하라.

프로젝트 문제

P-12.56 12.3.2절 끝에서 설명한 내용을 바탕으로 퀵 정렬 알고리즘의 비재귀적 제자리 버전을 구현하라.

P-12.57 제자리 퀵 정렬과 비제자리 퀵 정렬 알고리즘을 실험적으로 비교하여 성능 차이를 분석하라.

P-12.58 병합 정렬과 퀵 정렬을 대상으로 일련의 벤치마크 테스트를 수행하여 어느 쪽이 더 빠른지 확인하라. 테스트에는 무작위 시퀀스뿐 아니라 거의 정렬된 시퀀스도 포함해야 한다.

P-12.59 퀵 정렬 알고리즘의 결정론적 버전과 랜덤화된 버전을 각각 구현하고, 일련의 벤치마크 테스트를 수행하여 어느 쪽이 더 빠른지 확인하라. 테스트에는 매우 무작위적인 시퀀스와 거의 정렬된 시퀀스를 모두 포함해야 한다.

P-12.60 삽입 정렬과 퀵 정렬의 제자리 정렬 버전을 구현하라. n개의 원소에 대해 어떤 범위의 값일 때 퀵 정렬이 평균적으로 삽입 정렬보다 더 나은 성능을 보이는지 확인하기 위한 벤치마크 테스트를 수행하라.

P-12.61 $[0, N-1]$ 범위(단, $N \geq 2$)의 정수 키를 가지는 크기 n의 원소를 정렬하는 버킷 정렬 알고리즘을 구현하라. 알고리즘은 $O(n+N)$ 시간에 실행되어야 한다.

P-12.62 이 장에서 설명한 정렬 알고리즘 중 하나를 선택하여 작동 과정을 보여주는 애니메이션을 설계하고 구현하라. 애니메이션은 해당 알고리즘의 핵심 개념을 직관적으로 보여주어야 한다.

참고 사항

Knuth의 고전『Sorting and Searching』[65]은 정렬 문제와 이를 해결하는 알고리즘에 대한 방대한 역사를 다룬다. Huang과 Langston [53]은 두 개의 정렬된 리스트를 제자리(in-place)에서 선형 시간에 병합하는 방법을 제시하였다. 표준 퀵 정렬 알고리즘은 Hoare [51]에 의해 고안되었으며, 다양한 최적화 기법은 Bentley와 McIlroy [16]가 설명하였다. 랜덤화(randomization)에 관한 추가 정보, 특히 Chernoff 경계에 대한 내용은 부록과 Motwani, Raghavan의 저서 [80]에서 다루고 있다. 이 장의 퀵 정렬 분석은 이 책의 자바 판과 Kleinberg, Tardos [60]의 분석을 결합한 것이다. 연습 문제 C-12.32는 Littman이 제안하였다. Gonnet과 Baeza-Yates [44]는 여러 정렬 알고리즘의 성능을 실험적으로 비교하였다. '가지치기 탐색(prune-and-search)'이라는 용어는 Clarkson [26]과 Megiddo [75]의 계산 기하학(computational geometry) 연구에서 유래하였으며, 'Decrease-and-conquer'라는 용어는 Levitin의 저서 [70]에서 소개되었다.

CHAPTER 13

텍스트 처리

13.1 풍부한 디지털화된 텍스트

오늘날 멀티미디어 정보가 풍부해졌음에도 불구하고, 텍스트 처리는 여전히 컴퓨터의 핵심 기능 중 하나로 남아 있다. 컴퓨터는 문서를 편집 · 저장 · 표시하는 데 사용되며, 인터넷을 통해 문서를 전송하는 데도 활용된다. 또한 디지털 시스템은 다양한 텍스트 정보를 저장하는 데 널리 쓰이고 있으며, 새로운 데이터가 점점 더 빠른 속도로 생성되고 있다. 이처럼 방대한 말뭉치는 페타바이트(1,000테라바이트 또는 100만 기가바이트)를 넘는 규모에 이르기도 한다. 다음은 텍스트 정보를 포함하는 대표적인 디지털 데이터 모음의 예다.

- 주로 텍스트 형식이며 멀티미디어 콘텐츠에 대한 태그가 추가된 인터넷 문서 형식인 월드 와이드 웹의 스냅샷 HTML 및 XML
- 사용자의 컴퓨터에 저장된 모든 문서
- 이메일 보관함
- 고객 리뷰
- 페이스북 같은 SNS의 상태 업데이트 모음
- 트위터, 텀블러 같은 마이크로블로그 사이트의 피드(feeds)

이러한 데이터에는 수백 개의 국제 언어로 작성된 텍스트가 담겨 있다. 또한 DNA 같은 대규모 데이터셋도 문자열로 간주할 수 있는데, 비록 언어는 아니지만 계산 관점에서 DNA 역시 텍스트와 유사한 방식으로 처리할 수 있기 때문이다.

이번 장에서는 방대한 텍스트 데이터셋을 효율적으로 분석하고 처리하는 데 사용되는 핵심 알고리즘들을 살펴본다. 이 알고리즘들은 다양하고 흥미로운 응용 사례를 제공할 뿐 아니라, 중요한 알고리즘 설계 패턴을 이해하는 데에도 도움이 된다.

먼저, 긴 텍스트 안에서 특정 패턴이 부분 문자열로 존재하는지를 찾는 문제를 다룬다. 예를 들어 문서 내에서 특정 단어를 검색하는 경우가 이에 해당한다. 이 패턴 매칭 문제는 단순한 브루트 포스 방식으로도 해결할 수 있지만, 비효율적인 경우가 많다.

다음으로 소개할 알고리즘 설계 기법은 **동적 프로그래밍**이다. 이 기법은 처음에 지수 시간이 걸릴 것처럼 보이는 문제도 다항 시간 내에 해결할 수 있게 해준다. 이를 통해 완전히 일치하지는 않지만 유사한 문자열 간의 공통 부분을 찾는 문제가 해결 가능해진다. 예를 들어 철자가 틀린 단어에 대해 추천을 제공하거나, 유사한 유전 샘플을 매칭하는 데 활용할 수 있다.

방대한 텍스트 데이터를 다룰 때는 압축도 중요한 이슈다. 압축은 네트워크를 통해 전송해야 하는 비트 수를 줄이는 데도 중요하고, 장기 보관용 저장 공간을 줄이는 데도 유리하다. 텍스트 압축에는 **그리디 기법**(greedy method)을 사용할 수 있으며, 이 방식은 어려운 문제에 대해 근사 해를 구하는 데 유용하다. 일부 문제에서는 근사치가 아니라 최적 해를 제공하기도 한다.

마지막으로, 텍스트 데이터를 효율적으로 정리하고 빠르게 질의(query)할 수 있도록 도와주는 특수 목적의 자료구조들도 살펴본다.

13.1.1 문자열 및 파이썬 str 클래스의 표기법

텍스트 처리 알고리즘에 대해 논의할 때는 문자열을 텍스트의 기본 단위로 사용한다. 문자열은 과학, 언어, 인터넷 응용 등 다양한 분야에서 폭넓게 등장한다. 다음은 이러한 문자열의 대표적 인예다.

$S =$ `"CGTAAACTGCTTTAATCAAACGC"`

$T =$ `"http://www.wiley.com"`

첫 번째 문자열 S는 DNA 응용에서 가져온 것이고, 두 번째 문자열 T는 와일리 출판사의 URL이다. 파이썬의 `str` 클래스가 제공하는 연산에 대한 개요는 부록 A를 참고하자.

알고리즘 설명에서 문자열을 일반적으로 표현하기 위해, 각 문자열의 문자들이 Σ로 표시되는 알려진 알파벳에서 선택된다고 가정한다. 예를 들어 DNA의 경우 표준 알파벳은 $\Sigma = \{A, C, G, T\}$다. 이 알파벳 Σ는 ASCII 또는 유니코드 문자 집합의 부분집합일 수 있지만, 더 일반적인 것일 수도 있다. 알파벳은 $|\Sigma|$로 표시되는 고정된 유한 크기를 갖는다고 가정하지만 이 문제는 단순하지 않다. 예를 들어 파이썬에서 유니코드 알파벳을 다룰 경우 100만 개가 넘는 문자열을 포함할 수 있으므로 텍스트 처리 알고리즘의 점근적 분석에서는 $|\Sigma|$의 영향을 고려해야 한다.

문자열 처리 연산에는 큰 문자열을 더 작은 문자열로 분할하는 작업도 포함된다. 이러한 분할된 조각을 설명할 때는 파이썬의 **인덱싱** 및 **슬라이싱** 표기법을 따른다. 문자열 `S`의 길이를 n이라 하면, $0 \leq$ `j` $\leq n - 1$인 `S[j]`는 인덱스 `j`에 있는 문자를 참조한다. 그리고 $0 \leq$ `j` $\leq$ `k` $\leq n$인 `S[j:k]`는 `S[j]`부터 `S[k − 1]`까지의 **부분 문자열**을 나타내는데, 이때 `S[k]`는 포함되지 않는다. 이 정의에 따르면 부분 문자열 `S[j:j + m]`의 길이는 `m`이고 부분 문자열 `S[j:j]`는 길이가 0인 **공백(널) 문자열**이다. 파이썬 관례에 따라 부분 문자열 `S[j:k]`는 `k` $< j$일 때도 공백 문자열이 된다.

특수한 유형의 부분 문자열을 구분하기 위해 먼저 접두사(prefix)와 접미사(suffix) 개념을 소개한다. $0 \le k \le n$인 S[0:k] 형태의 부분 문자열은 S의 **접두사**(prefix)이며 이는 파이썬에서 S[:k]로 표현할 수 있다. 마찬가지로 $0 \le j \le n$인 S[j:n] 형태의 부분 문자열은 S의 **접미사**이며 파이썬에서 S[j:]로 표현할 수 있다. 예를 들어 앞서 언급한 DNA 문자열 S에서 "CGTAA"는 S의 접두사이고, "CGC"는 S의 접미사이며, "C"는 S의 접두사이자 접미사다. 그리고 공백 문자열은 모든 문자열의 접두사이자 접미사다.

13.2 패턴 매칭 알고리즘

고전적인 **패턴 매칭**(pattern matching) 문제는 다음과 같이 정의된다. 길이가 n인 텍스트 T와 길이가 m인 패턴 P가 주어졌을 때, P가 T의 부분 문자열인지 확인하고, P가 존재하면 T에서 P가 시작되는 최소 인덱스 j를 찾는 것이다. 이때 T[j:j+m]이 P와 정확히 일치해야 하며 경우에 따라 P가 시작되는 모든 인덱스를 구해야 할 수도 있다.

패턴 매칭 문제는 파이썬의 str 클래스가 제공하는 여러 기능, 예를 들어 P in T, T.find(P), T.index(P), T.count(P) 등을 통해 처리된다. T.partition(P), T.split(P), T.replace(P, Q)와 같이 더 복잡한 문자열 연산도 결국 이 패턴 매칭 문제를 기반으로 한다.

이 절에서는 난이도에 따라 점차 발전하는 세 가지 패턴 매칭 알고리즘을 소개한다. 설명을 단순하게 하기 위해 find 메서드와 같은 인터페이스를 기준으로 설명하는데, 이때 각 알고리즘은 텍스트 T에서 패턴 P가 처음으로 나타나는 인덱스를 반환하거나, 패턴이 존재하지 않을 경우 −1을 반환한다.

13.2.1 브루트 포스

브루트 포스(brute-force) 알고리즘 디자인 패턴은 어떤 대상을 찾거나 어떤 함수를 최적화하려 할 때 유용하게 쓰이는 강력한 기법이다. 이 기법을 일반적인 상황에 적용할 때는 관련된 입력의 모든 가능한 구성을 열거하고 그중 가장 나은 구성을 선택하는 방식으로 진행하는 것이 일반적이다.

이러한 전략을 패턴 매칭 문제에 적용하면 우리가 가장 먼저 떠올릴 수 있는 단순한 알고리즘이 도출된다. 즉, 패턴 P를 텍스트 T의 가능한 모든 위치에 놓아보며 하나씩 비교해 보는 방식이다. 이 알고리즘은 브루트 포스 방식의 전형적인 구현으로 코드 13.1과 같다.

```
def find_brute(T, P):
  """텍스트 T에서 부분 문자열 P가 처음 시작되는 인덱스를 반환한다(없으면 -1)."""
  n, m = len(T), len(P)                 # 편의를 위한 길이 변수 정의
  for i in range(n - m + 1):            # T 내의 가능한 모든 시작 위치에 대해 반복
    k = 0                               # 패턴 P의 현재 비교 인덱스
    while k < m and T[i + k] == P[k]:   # P의 k번째 문자가 일치하는지 확인
      k += 1
    if k == m:                          # 패턴 P 전체가 일치하면
      return i                          # 시작 인덱스 i 반환
  return -1                             # 일치 없이 끝에 도달
```

코드 13.1 브루트 포스 패턴 매칭 알고리즘의 구현

성능

브루트 포스 패턴 매칭 알고리즘 분석은 비교적 단순하다. 이 알고리즘은 중첩 루프 두 개로 구성되며, 외부 루프는 텍스트 T에서 패턴 P가 시작될 수 있는 모두 위치를 차례로 검사하고, 내부 루프는 각 위치에서 패턴 P의 문자를 T의 대응 문자와 하나씩 비교한다. 이처럼 가능한 모든 경우를 빠짐없이 검사하는 포괄적인 접근 방식 덕분에 알고리즘의 정확성이 쉽게 보장된다.

그러나 최악의 경우 성능은 그리 좋지 않다. 텍스트 T의 각 인덱스마다 최대 m번의 문자 비교가 발생할 수 있기 때문이다. 코드 13.1을 기준으로 보면 외부 `for` 루프는 최대 $n - m + 1$번 수행되고, 내부 `while` 루프는 최대 m번까지 수행될 수 있다. 따라서 브루트 포스 방식은 최악의 경우 수행 시간이 $O(nm)$이다.

예제 13.1 텍스트 T = "abacaabaccabacabaabb"와 패턴 P = "abacab"이 주어졌다고 가정한다.

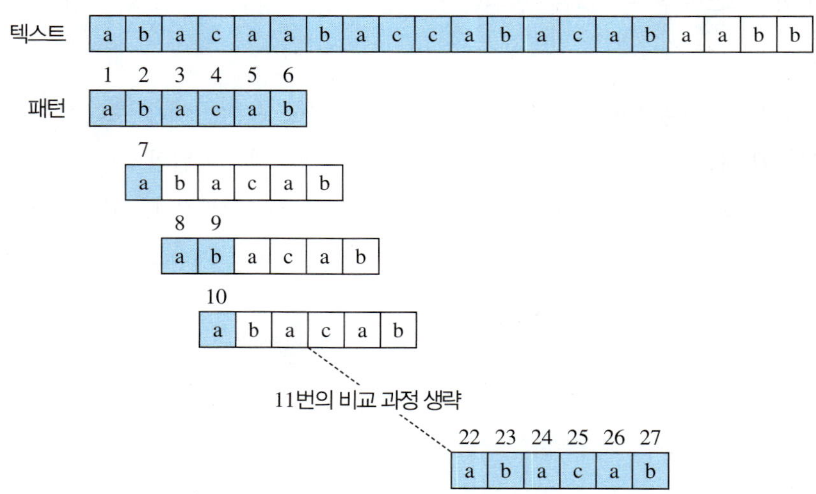

그림 13.1 T와 P에 대한 브루트 포스 패턴 매칭 알고리즘의 실행 예

13.2.2 보이어-무어 알고리즘

처음에는 패턴 P가 텍스트 T의 부분 문자열인지 확인하기 위해 T의 모든 문자를 조사해야 한다고 생각할 수 있다. 하지만 항상 그런 것은 아니다. 여기서 소개할 **보이어-무어**(Boyer-Moore) 패턴 매칭 알고리즘은 경우에 따라 T의 많은 문자를 비교하지 않고도 검색을 수행할 수 있다. 여기서는 보이어(Boyer)와 무어(Moore)가 제안한 원래 알고리즘의 단순화된 버전을 다룬다.

보이어-무어 알고리즘의 핵심 아이디어는 브루트 포스 알고리즘의 수행 시간을 개선할 수 있는 다음 두 가지 휴리스틱을 활용하는 것이다.

- **거울 휴리스틱(Looking-Glass heuristic)**: P와 T의 가능한 배치를 테스트할 때 P의 끝에서 비교를 시작하여 P의 앞쪽으로 반대 방향으로 이동한다.
- **문자 점프 휴리스틱Character-Jump heuristic)**: T 내에서 P의 가능한 배치를 테스트하는 동안 텍스트 문자 `T[i]=c`와 해당 패턴 문자 `P[k]`의 불일치는 다음과 같이 처리된다. `c`가 P의 어디에도 포함되어 있지 않으면 P를 `T[i]` 뒤로 완전히 이동한다(P의 어떤 문자와도 일치할 수 없기 때문임). 그렇지 않으면 P에서 문자 `c`가 `T[i]`와 정렬될 때까지 P를 이동한다.

이러한 휴리스틱들을 잠시 후 공식적으로 정의하겠지만, 직관적인 수준에서 이들은 하나의 통합된 팀처럼 작동한다. 거울 휴리스틱은 문자 점프 휴리스틱이 작동할 수 있도록 준비한다. 이를 통해 P와 T의 전체 문자 그룹 간 비교를 생략할 수 있다. 적어도 이 경우에는 반대 방향으로 이동하여 목적지에 더 빨리 도달할 수 있다. T의 특정 위치에서 P의 일부와 비교하다가 불일치가 발생하면, 문자 점프 휴리스틱을 사용해 T에서 P를 상당히 많이 이동하여 비교하므로 불필요한 비교를 크게 줄일 수 있다. P를 T에 대입해 테스트할 때 문자 점프 휴리스틱을 초기에 적용할 수 있다면 이 휴리스틱은 큰 효과를 발휘한다. 그림 13.2는 이러한 휴리스틱을 간단히 적용한 예다.

그림 13.2는 패턴의 마지막 문자에서만 불일치가 발생하므로 다소 단순한 예다. 보다 일반적으로는, 마지막 문자에 대한 일치할 경우 알고리즘은 현재 정렬 상태에서 패턴의 끝에서 두 번째 문자까지 확장하여 비교를 계속한다. 이러한 과정은 패턴 전체가 일치하거나, 아니면 내부의 어느 문자에서 불일치가 발생할 때까지 이어진다.

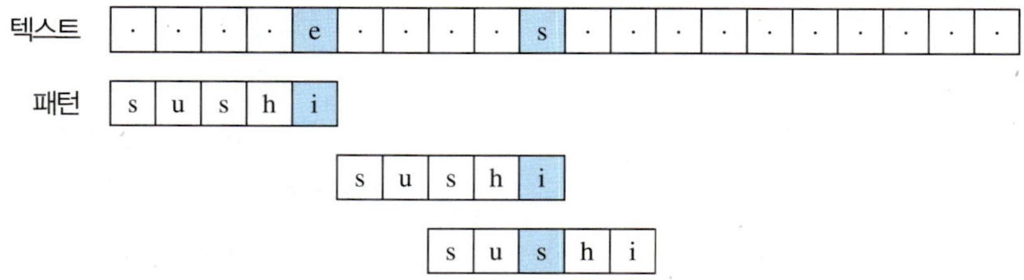

그림 13.2 보이어-무어 패턴 매칭 알고리즘의 직관적인 예. 첫 번째 비교에서 텍스트의 문자 e와 불일치가 발생한다. 문자 e는 패턴에 존재하지 않기 때문에 패턴 전체가 그 위치를 넘어서도록 이동한다. 두 번째 비교에서도 불일치가 발생하지만, 이번에는 불일치 문자 s가 패턴 내의 다른 위치에 존재한다. 따라서 패턴은 그 s의 마지막 등장 위치가 텍스트의 해당 s와 정렬되도록 이동한다. 이후의 비교 과정은 생략한다.

텍스트의 문자와 패턴이 불일치하고, 그 문자가 패턴 내에 존재하지 않는다면 패턴은 그림 13.2에서처럼 해당 위치를 넘겨 전체를 오른쪽으로 이동시킨다. 반면 불일치한 문자가 패턴 내에 존재할 경우 불일치한 문자와 정렬된 패턴의 문자가 패턴 내 등장 위치보다 앞에 있는지 뒤에 있는지에 따라 두 가지 하위 경우로 나뉘어 처리된다. 그림 13.3에서 두 가지 경우를 설명하고 있다.

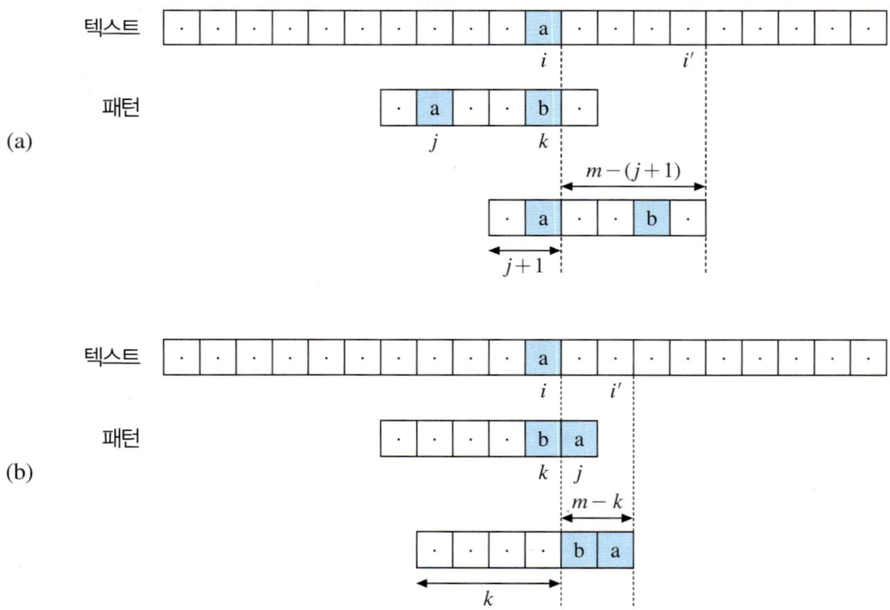

그림 13.3 보이어-무어 알고리즘에서 문자 점프 휴리스틱을 적용하기 위한 추가 규칙. i는 텍스트에서 불일치 문자의 인덱스, k는 패턴에서 현재 비교 중인 인덱스, j는 텍스트 $T[i]$와 동일한 문자가 패턴의 마지막으로 등장하는 인덱스다. 두 가지 경우로 나뉜다. (a) $j < k$: 패턴을 $k - j$칸만큼 오른쪽으로 이동하고, 이 경우 텍스트 인덱스 i는 $m - (j + 1)$ 단위만큼 이동한다. (b) $j > k$: 패턴을 한 칸만 이동한다. 이 경우 텍스트 인덱스 i는 $m - k$ 단위만큼 이동한다.

그림 13.3(b)의 경우 패턴을 오른쪽으로 한 칸만 이동시킨다. 실제로는 패턴에서 불일치 문자 $T[i]$가 패턴 내의 다른 위치에 등장할 때까지 오른쪽으로 더 많이 이동하는 편이 더 생산적일 수 있지만, 불일치 문자의 다른 등장 위치를 찾는 데 시간을 들이고 싶지 않기 때문에 한 칸만 이동한다. 보이어-무어 알고리즘의 효율성은 불일치 문자가 나타나는 패턴의 다른 위치를 빠르게 알아내는 룩업 테이블(lookup table)을 구성하는 데 있다. 이를 위해 `last(c)` 함수를 다음과 같이 정의한다.

- 만약 `c`가 패턴 `P`에 포함된다면 `last(c)`는 `c`가 `P`에서 마지막(가장 오른쪽)으로 등장하는 인덱스다. 그렇지 않은 경우 일반적으로 `last(c)` $= -1$로 정의한다.

알파벳이 고정된 유한 크기를 가지며, 문자를 배열의 인덱스로 변환할 수 있다고 가정하면(예 문자 코드를 사용하는 방식) `last` 함수는 최악의 경우 $O(1)$ 시간 동안 `last(c)` 값에 접근할 수 있는 조회 테이블로 쉽게 구현할 수 있다. 그러나 이 테이블의 길이는 전체 텍스트가 아닌 알파벳 크기에 따라 결정되며, 테이블 전체를 초기화하는 데 시간이 필요하다.

이 문제를 피하기 위해 패턴에 실제로 등장하는 문자만 키로 하는 해시 테이블(hash table)을 사용하여 `last` 함수를 구현하는 방식을 많이 쓴다. 이 접근법은 고유한 문자 수에 비례하는 공간만 사용하므로 공간 복잡도는 $O(m)$이다. 또한 기대 조회 시간은 문제 크기와 무관하게 일정하다(최악의 경우는 여전히 $O(m)$임). 우리가 다룰 보이어-무어 알고리즘의 전체 구현은 코드 13.2와 같다.

보이어-무어 패턴 매칭 알고리즘에 대한 증명은 알고리즘이 패턴을 이동시킬 때마다 모든 가능한 매치를 건너뛰지 않는다는 사실에서 시작된다. `last(c)`는 문자 `c`가 패턴 `P`에서 **마지막**으로 등장하는 위치를 의미한다. 그림 13.4는 예제 13.1과 유사한 입력 문자열에 대해 보이어-무어 패턴 매칭 알고리즘이 수행되는 과정을 보여준다.

```python
def find_boyer_moore(T, P):
    """텍스트 T에서 부분 문자열 P가 처음 시작되는 인덱스를 반환한다(없으면 -1)."""
    n, m = len(T), len(P)                      # 길이 변수 정의
    if m == 0: return 0                        # 공백 문자열 처리
    last = {}                                  # last 테이블을 해시로 생성
    for k in range(m):
        last[P[k]] = k                         # 나중에 등장하는 문자가 기존 값을 덮어씀
    # 텍스트의 인덱스 m-1에 패턴의 끝을 정렬
    i = m - 1                                  # 텍스트 인덱스 시작 위치
    k = m - 1                                  # 패턴 인덱스 시작 위치
    while i < n:
        if T[i] == P[k]:                       # 문자가 일치하면
            if k == 0:
                return i                       # 패턴이 완전히 일치한 경우임
            else:
                i -= 1                         # T와 P 모두
                k -= 1                         # 문자 이전으로 이동
        else:
            j = last.get(T[i], -1)     # 일치 실패 문자 T[i]의 마지막 등장 위치(없으면 -1)
            i += m - min(k, j + 1)             # 점프 단계에 대한 사례 분석
            k = m - 1                          # 패턴 끝에서 재시작
    return -1
```

코드 13.2 보이어-무어 알고리즘의 구현

c	a	b	c	d
last(c)	4	5	3	−1

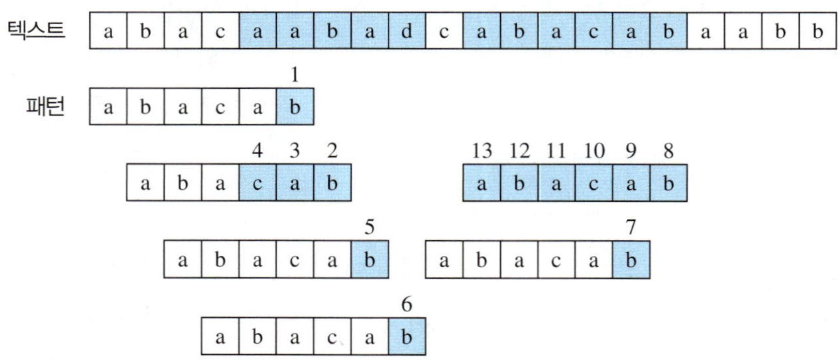

그림 13.4 last(c) 함수 요약을 포함한 보이어-무어 알고리즘의 예. 총 13회의 비교 과정을 숫자로 표시한다.

성능

전통적인 룩업 테이블을 사용하는 경우, 보이어-무어 알고리즘의 최악의 수행 시간은 $O(nm + |\Sigma|)$다. 즉, `last` 함수 계산에 $O(m + |\Sigma|)$ 시간이 소요되고, 패턴에 대한 실제 검색에 최악의 경우 $O(nm)$ 시간이 소요되며 이는 브루트 포스 알고리즘과 동일하다(해시 테이블의 경우 $|\Sigma|$에 대한 종속성이 제거됨). 다음은 최악의 경우를 유도하는 텍스트-패턴 쌍의 예다.

$$
\begin{aligned}
T &= \overbrace{aaaaaa \cdots a}^{n} \\
P &= b\overbrace{aa \cdots a}^{m-1}
\end{aligned}
$$

그러나 이런 최악의 경우는 실제 영어 텍스트에서는 거의 발생하지 않는다. 보이어-무어 알고리즘이 텍스트의 상당 부분을 건너뛰는 데 성공하는 경우가 많기 때문이다. 영어 텍스트에 대한 실험 결과에 따르면 5글자짜리 패턴에 대해 문자당 평균 비교 횟수는 약 0.24회에 불과하다.

지금까지 보이어-무어 알고리즘의 단순화된 버전을 제시하였다. 원래 알고리즘은 부분적으로 일치하는 텍스트 문자열에 문자 점프 휴리스틱보다 패턴을 더 많이 이동할 때 사용되는 대체 이동 휴리스틱을 적용하면 수행 시간이 $O(n + m + |\Sigma|)$다. 대체 이동 휴리스틱은 이어서 설명할 커누스-모리스-프랫(Knuth-Morris-Pratt) 패턴 매칭 알고리즘의 핵심 아이디어를 적용하는 데 기반을 두고 있다.

13.2.3 커누스-모리스-프랫 알고리즘

브루트 포스와 보이어-무어 알고리즘이 특정 입력에서 보이는 최악의 성능을 살펴보면, 예제 13.1과 같은 경우에서 한 가지 심각한 비효율이 눈에 띈다. 패턴을 특정 위치에 정렬했을 때 여러 문자가 일치하다가 마지막에 불일치가 발생하면, 지금까지 얻은 일치 정보는 모두 무시되고 다시 처음부터 다음 위치로 패턴을 옮겨 비교를 시작한다.

이 절에서 다루는 커누스-모리스-프랫(KMP) 알고리즘은 이러한 정보 낭비를 방지한다. 이를 통해 최악의 경우에도 $O(n + m)$의 수행 시간을 달성하며 이는 점근적으로 최적이다. 즉, 모든 패턴 매칭 알고리즘은 최악의 경우에 텍스트와 패턴의 모든 문자를 최소 한 번은 확인해야 하므로 이 이상의 성능 향상은 불가능하다. KMP 알고리즘의 핵심 아이디어는 패턴 내부의 자체 중첩을 미리 계산하여 한 위치에서 불일치가 발생하면 검색을 계속하기 전에 패턴을 얼마나 이동해야 할지 즉시 알 수 있도록 하는 것이다. 그림 13.5는 이러한 동작을 설명하는 예다.

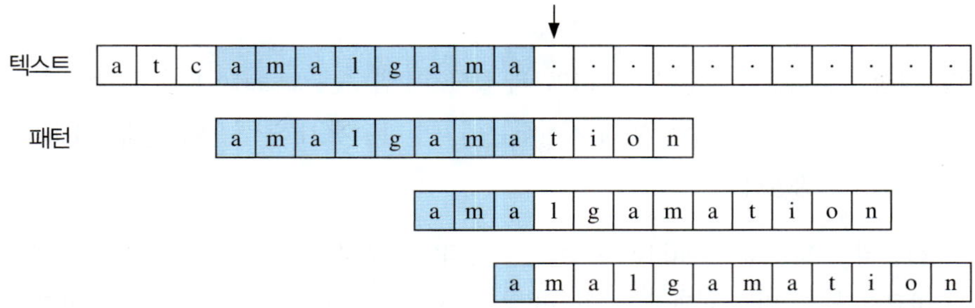

그림 13.5 커누스-모리스-프랫 알고리즘의 동기를 보여주는 예. 불일치가 발생한 위치에서 패턴은 두 번째 줄의 정렬 위치로 즉시 이동할 수 있다. 이때 접두사 "ama"에 대해 다시 비교할 필요 없이 부분 일치를 활용할 수 있다. 불일치한 문자가 'a'가 아니라면 패턴의 다음 가능한 정렬에서도 'a'라는 공통 요소를 활용할 수 있다.

실패 함수

KMP 알고리즘을 구현하기 위해 비교 실패 시 P를 얼마나 이동시켜야 하는지를 나타내는 **실패 함수** f를 미리 계산해 보자. 실패 함수 $f(k)$는 `P[1:k+1]`의 접미사이자 P의 접두사인 최장 문자열의 길이로 정의된다(최소 한 칸 이상 이동해야 하므로 `P[0]`은 포함하지 않음). 직관적으로 말하면, 문자 `P[k+1]`에서 불일치가 발생한 경우 $f(k)$는 그 앞의 문자들 중 몇 개를 재사용해야 패턴을 다시 시작할 수 있는지 알려준다. 예제 13.2는 그림 13.5의 예제 패턴에 대한 실패 함수 값을 설명하고 있다.

예제 13.2 그림 13.5의 패턴 P = "amalgamation"에 대해 커누스-모리스-프랫(KMP) 실패 함수 $f(k)$의 값은 다음 표와 같다.

k	0	1	2	3	4	5	6	7	8	9	10	11
$P[k]$	a	m	a	l	g	a	m	a	t	i	o	n
$f(k)$	0	0	1	0	0	1	2	3	0	0	0	0

구현

KMP 패턴 매칭 알고리즘의 구현은 코드 13.3과 같다. 이 함수는 `compute_kmp_fail`이라는 유틸리티 함수를 사용해 실패 함수를 미리 계산하는데, 이 함수에 대해서는 이어지는 'KMP 실패 함수 생성'에서 설명한다.

KMP 알고리즘의 주요 부분은 `while` 루프로, 각 반복에서 T의 인덱스 j와 P의 인덱스 k에 있는 문자를 비교한다. 이 비교 결과가 일치하면 알고리즘은 T와 P의 다음 문자로 이동한다. (또는 패턴의 끝에 도달하면 일치 여부를 보고한다.) 비교가 실패하면 알고리즘은 P의 새 후보 문자에 대한 실패 함수를 참조한다. 패턴의 첫 번째 문자에서 실패한다면 T의 다음 인덱스에서 다시 시작한다(아무것도 재사용할 수 없기 때문임).

```
def find_kmp(T, P):
    """텍스트 T에서 부분 문자열 P가 처음 시작되는 인덱스를 반환한다(없으면 -1)."""
    n, m = len(T), len(P)                    # 길이 변수 정의
    if m == 0: return 0                      # 공백 문자열 처리
    fail = compute_kmp_fail(P)               # 실패 함수 계산
    j = 0                                    # 텍스트 인덱스
    k = 0                                    # 패턴 인덱스
    while j < n:
        if T[j] == P[k]:                     # 문자가 일치하면
            if k == m - 1:                   # 전체 패턴이 일치하면
                return j - m + 1             # 시작 위치 반환
            j += 1                           # 일치 확장
            k += 1
        elif k > 0:
            k = fail[k - 1]                  # P[0:k]의 접미사 재사용
        else:
            j += 1
    return -1                                # 일치 없이 끝에 도달
```

코드 13.3 KMP 패턴 매칭 알고리즘의 구현. `compute_kmp_fail` 유틸리티 함수는 코드 13.4에 나와 있다.

KMP 실패 함수 생성

실패 함수는 코드 13.4에서 제시한 방식으로 구성한다. 이 함수는 KMP 알고리즘에서 사용되는 '부트스트래핑' 과정으로, 패턴을 자기 자신과 비교하여 실패 함수 f를 계산한다. 두 문자가 일치할 때마다 $f(j) = k + 1$로 설정한다. 이때 $j > k$가 항상 성립하므로 $f(k - 1)$ 값도 항상 정의되어 있으며 안정적으로 사용될 수 있다.

```
def compute_kmp_fail(P):
   """KMP 실패 함수 fail 리스트를 계산하여 반환하는 유틸리티 함수"""
   m = len(P)
   fail = [0] * m                   # 기본적으로 모든 곳에서 중복은 0으로 가정
   j = 1
   k = 0
   while j < m:
      if P[j] == P[k]:              # 이번 반복에서 f(j) 계산(0이 아닌 경우)
         fail[j] = k + 1            # 지금까지 k + 1 문자가 일치함
         j += 1
         k += 1
      elif k > 0:                   # k가 일치하는 접두사를 따름
         k = fail[k - 1]
      else:                         # j에서 시작하는 일치 없음
         j += 1
   return fail
```

코드 13.4 KMP 패턴 매칭 알고리즘을 위한 `compute_kmp_fail` 유틸리티의 구현. 알고리즘이 실패 함수의 이전 값을 활용해 새로운 값을 효율적으로 계산하는 방식에 주목하라.

성능

실패 함수의 계산을 제외하면 KMP 알고리즘의 수행 시간은 `while` 루프의 반복 횟수에 비례한다. 분석을 위해 $s = j - k$로 정의하자. 직관적으로 보면, s는 패턴 P가 텍스트 T에 대해 이동한 총량이다. 알고리즘을 실행하는 동안 $s \le n$이 된다. 루프의 각 반복에서 다음 세 가지 경우 중 하나가 발생한다.

- $T[j] = P[k]$이면, j와 k가 각각 1씩 증가하므로 s는 변하지 않는다.
- $T[j] \neq P[k]$이고 $k > 0$이면, j는 변하지 않고 s는 최소 1이상 증가한다. 이 경우 s는 $j - k$에서 $j - f(k - 1)$로 바뀌며, 이는 $k - f(k - 1)$이고 $f(k - 1) < k$이므로 양수다.
- $T[j] \neq P[k]$이고 $k = 0$이면, k가 변경되지 않으므로 j는 1씩 증가하고 s는 1씩 증가한다.

따라서 루프의 각 반복에서 j 또는 s가 최소한 1씩 증가한다(어쩌면 둘 다). 따라서 KMP 패턴 매칭 알고리즘에서 `while` 루프의 총 반복 횟수는 최대 $2n$이다. 단, 이는 패턴 P에 대한 실패 함수가 이미 계산되어 있다는 가정하에 성립한다.

실패 함수를 계산하는 알고리즘은 $O(m)$ 시간에 동작한다. 이 분석은 KMP 알고리즘과 유사하지만 길이가 m인 패턴을 자기 자신과 비교한다는 점이 다르다. 따라서 다음 명제가 성립한다.

명제 13.3 커누스-모리스-프랫 알고리즘은 길이가 n인 텍스트 문자열과 길이가 m인 패턴 문자열에 대해 $O(n + m)$ 시간 내에 패턴 매칭을 수행한다.

이 알고리즘의 정확성은 실패 함수의 정의에 따른다. 건너뛴 모든 비교는 실제로 불필요하다. 실패 함수는 수행되지 않은 모든 비교가 중복됨(즉, 동일한 일치 문자를 다시 비교함)을 보장하기 때문이다.

그림 13.6에서는 예제 13.1과 동일한 입력 문자열에서 KMP 패턴 매칭 알고리즘을 실행하는 것을 보여준다. 패턴의 문자와 텍스트의 문자 간 비교를 반복하지 않기 위해 실패 함수를 사용한다는 점에 유의해야 한다. 또한 이 알고리즘은 동일한 문자열에서 실행되는 브루트 포스 알고리즘보다 전체 비교 횟수가 적다(그림 13.1 참고).

실패 함수

k	0	1	2	3	4	5
$P(k)$	a	b	a	c	a	b
$f(k)$	0	0	1	0	1	2

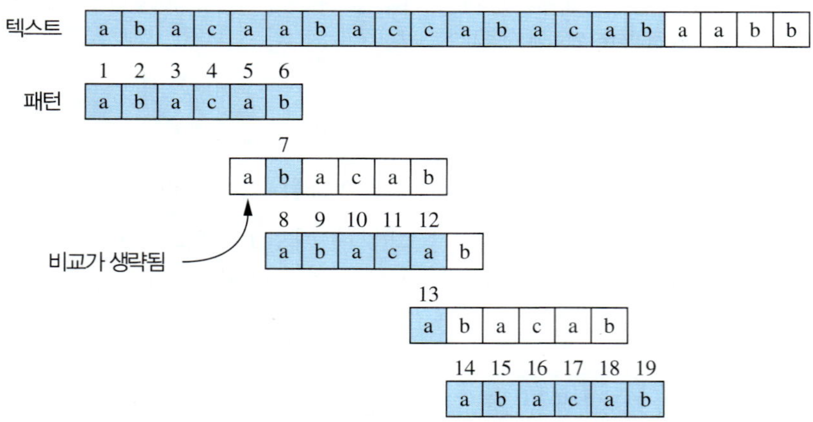

그림 13.6 KMP 패턴 매칭 알고리즘의 예. 기본 알고리즘은 총 19회의 문자 비교를 수행한다. 비교 위치는 숫자로 표시하였다(실패 함수를 계산하는 과정에서도 추가 비교가 수행됨).

13.3 동적 프로그래밍

이 절에서는 **동적 프로그래밍**(dynamic programming) 알고리즘 설계 기법에 대해 설명한다. 이 기법은 분할 정복 기법(12.2.1절)과 유사하지만 더 다양한 문제에 적용할 수 있다. 동적 프로그래밍은 보통 지수 시간이 걸릴 것처럼 보이는 문제들을 다항 시간 알고리즘으로 해결할 수 있도록 해준다. 또한 이 기법을 이용해 만들어진 알고리즘은 일반적으로 구조가 단순하며, 대개 몇 줄의 코드와 중첩 루프만으로도 구현이 가능하다.

13.3.1 행렬 연쇄 곱

동적 프로그래밍 기법의 일반 구성 요소를 설명하기에 앞서, 고전적이고 구체적인 예제를 하나 살펴보자. 2차원 행렬 n개가 주어졌다고 하자. 우리는 다음과 같은 행렬의 곱을 계산하고자 한다.

$$A = A_0 \cdot A_1 \cdot A_2 \cdots A_{n-1}$$

여기서 A_i는 $d_i \times d_{i+1}$ 행렬이고 $i = 0, 1, 2, \ldots, n-1$이다. 우리가 사용할 표준 행렬 곱셈 알고리즘에서 $d \times e$-행렬 B와 $e \times f$ 행렬 C를 곱할 때 곱 A의 원소는 다음과 같이 계산한다.

$$A[i][j] = \sum_{k=0}^{e-1} B[i][k] \cdot C[k][j]$$

이 정의는 행렬 곱셈이 결합법칙을 만족한다는 것을 의미한다. 즉, $B \cdot (C \cdot D) = (B \cdot C) \cdot D$가 항상 성립한다. 따라서 원하는 방식으로 괄호를 묶을 수 있지만, 그 방식에 따라 스칼라 곱셈 횟수는 달라질 수 있다.

예제 13.4 B가 2×10 행렬, C가 10×50 행렬, D가 50×20 행렬이라고 하자. $B \cdot (C \cdot D)$를 계산하려면 $2 \cdot 10 \cdot 20 + 10 \cdot 50 \cdot 20 = 10400$번의 곱셈이 필요한 반면, $(B \cdot C) \cdot D$를 계산하려면 $2 \cdot 10 \cdot 50 + 2 \cdot 50 \cdot 20 = 3000$번의 곱셈이 필요하다.

행렬 연쇄 곱(Matrix Chain-Product) 문제는 수행되는 스칼라 곱셈의 총 횟수를 최소화하는 곱 A를 정의하는 표현식의 괄호를 결정하는 것이다. 위의 예처럼 괄호 배치에 따라 계산 비용이 달라질 수 있으므로 좋은 해법을 찾는 것은 실질적인 속도 향상으로 이어질 수 있다.

부분 문제 정의하기

행렬 연쇄 곱 문제를 해결하는 한 가지 방법은 A에 대한 표현식을 괄호로 묶는 모든 가능한 방법을 간단히 열거하고 각 방법으로 수행되는 곱셈의 횟수를 계산하는 것이다. 하지만 불행히도 A에 대한 가능한 괄호 배치 수는 n개의 단말 노드를 가진 이진 트리의 수와 같다. 이 수는 n에 대해 지수적으로 증가하므로 이처럼 단순한(브루트 포스) 알고리즘을 수행하려면 지수 시간이 걸린다. 연관 산술 표현식을 괄호로 묶는 방법이 지수적으로 많기 때문이다.

그러나 행렬 연쇄 곱 문제의 속성 몇 가지를 파악함으로써 브루트 포스 알고리즘보다 훨씬 더 나은 성능을 달성할 수 있다. 첫 번째는 문제를 **부분 문제**(subproblems)로 나눌 수 있다는 점이다. 이 경우 다양한 부분 문제를 정의할 수 있으며, 각각은 일부 하위 표현식 $A_i \cdot A_{i+1} \cdots A_j$에 대한 최적의 괄호 배치를 찾는 문제다. 간결한 표기법으로, 이 부분 표현식을 계산하는 데 필요한 최소 곱셈 횟수를 나타내기 위해 $N_{i,j}$를 사용한다. 그렇다면 원래의 행렬 연쇄 곱 문제는 $N_{0,n-1}$ 값을 계산하는 문제로 재정의할 수 있다. 이 속성을 파악하는 것은 중요하지만 동적 프로그래밍 기법을 적용하려면 한 가지 통찰이 더 필요하다.

최적해 특성화하기

행렬 연쇄 곱 문제에서 또 다른 중요한 속성은, 어떤 부분 문제에 대한 최적해는 그 부분 문제를 이루는 더 작은 하위 문제들의 최적해로 구성될 수 있다는 점이다. 이 속성을 **부분 문제 최적 조건**(subproblem optimality condition)이라고 한다.

행렬 연쇄 곱 문제의 경우, 하위 표현식을 어떻게 괄호로 묶든 최종 행렬 곱셈을 수행해야 한다는 것을 알 수 있다. 즉, 하위 표현식 $A_i \cdot A_{i+1} \cdots A_j$의 전체 괄호는 $(A_i \cdot A_k) \cdot (A_{k+1} \cdots A_j)$의 형식이어야 하며, for some $k \in \{i, i+1, \ldots, j-1\}$이다. 게다가 어느 k가 올바른지에 관계없이 곱 $(A_i \cdots A_k)$과 $(A_{k+1} \cdots A_j)$도 최적으로 풀어야 한다. 그렇지 않다면, 이러한 부분 문제 중 일부를 비최적으로 푸는 경우를 포함하게 되므로 모순이 생긴다. 현재 부분 문제 해를 부분 문제에 대한 최적해로 대체하여 곱셈의 총 횟수를 줄일 수 있기 때문이다. 이러한 속성은 다른 최적 부분 문제 해의 관점에서 $N_{i,j}$에 대한 최적화 문제를 명확히 정의하는 방법을 의미한다. 즉, 최종 곱셈을 넣을 수 있는 각 위치 k를 고려하고 이러한 모든 선택에 대한 최솟값을 취해 $N_{i,j}$를 계산할 수 있다.

동적 프로그래밍 알고리즘 설계하기

이제 부분 문제 최적해를 다음과 같이 정의할 수 있다.

$$N_{i,j} = \min_{i \le k < j} \{N_{i,k} + N_{k+1,j} + d_i d_{k+1} d_{j+1}\},$$

여기서 $N_{i,j} = 0$인데, 단일 행렬에는 연산이 필요하지 않기 때문이다. 즉, $N_{i,j}$는 각 하위 표현식을 계산하는 데 필요한 곱셈 횟수와 최종 행렬 곱셈 1회의 비용을 합친 최종 곱셈 비용을 모두 비교해 그중 최솟값을 선택한다는 의미다.

부분 문제가 중복 사용됨(sharing of subproblems)에 주목해 보자. 이로 인해 이 문제는 (분할 정복 기법에서처럼) 완전히 독립적인 부분 문제로 나눌 수 없다. 그럼에도 불구하고 $N_{i,j}$ 식을 이용하여 효율적인 알고리즘을 유도할 수 있다. 먼저 $N_{i,i} = 0$으로 초기화한다($i = 0, 1, \ldots, n-1$). 그다음 일반식을 사용해 $N_{i,j}$ 값을 계산하는데, 이 값은 이미 구한 $N_{i,i}$과 $N_{i+1,i+1}$ 값에만 의존하므로 계산할 수 있다. $N_{i,i+1}$ 값을 계산하면 $N_{i,i+2}$ 값을 계산할 수 있고, 이전에 계산된 값에서 $N_{i,j}$ 값을 더해 최종적으로 원하는 $N_{0,n-1}$ 값을 계산할 수 있다. 파이썬으로 구현한 **동적 프로그래밍** 알고리즘은 13.5과 같으며, 이때 5.6절에서 소개한 다차원 테이블 기술을 활용한다.

```
def matrix_chain(d):
    """d는 k번째 행렬의 크기가 d[k]xd[k+1]인 n+1길이의 리스트다.

    Ai부터 Aj까지의 곱을 계산하는 데 필요한 최소 곱셈 횟수를
    m N[i][j]가 나타내도록 nxn 테이블을 반환한다.
    """
    n = len(d) - 1                              # 행렬의 개수
    N = [[0] * n for _ in range(n)]             # nxn 결과 테이블을 0으로 초기화
    for b in range(1, n):                       # 부분 연쇄의 곱 개수
        for i in range(n - b):                  # 분분 연쇄의 시작
            j = i + b                           # 분분 연쇄의 끝
            N[i][j]=min(N[i][k]+N[k+1][j]+d[i]*d[k+1]*d[j+1] for k in range(i, j))
    return N
```

코드 13.5 행렬 연쇄 곱 문제에 대한 동적 프로그래밍 알고리즘

따라서 주로 세 개의 중첩 루프(세 번째 루프는 최솟값을 계산함)로 구성된 알고리즘을 사용하여 $N_{0,n-1}$을 계산할 수 있다. 이 루프는 각각 최대 n번씩 반복되며 내부 작업은 모두 상수 시간으로 처리된다. 따라서 이 알고리즘의 총 수행 시간은 $O(n^3)$이다.

13.3.2 DNA와 텍스트 시퀀스 정렬

유전학이나 소프트웨어 공학에서 공통으로 나타나는 중요한 텍스트 처리 문제는 두 텍스트 문자열 간의 유사도(similarity)를 비교하는 것이다. 유전학에서는 두 DNA 서열 간의 유사도를 측정하고, 소프트웨어 공학에서는 동일한 프로그램의 서로 다른 두 버전의 소스 코드를 비교하여 수정된 부분을 식별하는 데 사용된다. 실제로 두 문자열의 유사도를 판단하는 문제는 매우 일반적이기 때문에 유닉스와 리눅스 운영체제에는 `diff`라는 텍스트 비교 프로그램이 내장되어 있다.

문자열 $X = x_0x_1x_2 \cdots x_{n-1}$이 주어졌을 때 X의 **부분 시퀀스**(subsequence)는 $x_{i1}x_{i2} \cdots x_{i_k}$이고 $i_j < i_{j+1}$을 만족하는 문자열을 말한다. 부분 시퀀스가 반드시 연속적일 필요는 없지만 X의 원래 순서를 유지해야 한다. 예를 들어 $AAAG$는 $CG\underline{A}T\underline{AA}TT\underline{G}AGA$의 부분 시퀀스다.

여기서 다루는 DNA 및 텍스트 유사도 문제는 **최장 공통 부분 시퀀스**(Longest Common Subsequence, LCS)다. 이 문제에서는 두 문자열 $X = x_0x_1x_2 \cdots x_{n-1}$과 $Y = y_0y_1y_2 \cdots y_{m-1}$이 주어진다. 이 문자열들은 일반적으로 유전학에서 자주 쓰이는 알파벳 집합 $\{A, C, G, T\}$로 정의된다고 가정한다. 목표는 두 문자열 X와 Y의 공통 부분 시퀀스 중 최장 문자열 S를 찾는 것이다. 최장 공통 부분 시퀀스 문제를 해결하는 한 가지 방법은 X의 가능한 모든 부분 시퀀스를 열거하고 그중 Y의 부분 시퀀스이기도 하면서 가장 큰 부분 시퀀스를 선택하는 것이다. X의 각 문자는 부분 시퀀스에 포함되거나 제외될 수 있으므로 총 2^n개의 부분 시퀀스가 존재한다. 각 부분 시퀀스에 대해 Y의 부분 시퀀스인지를 확인하는 데는 $O(m)$ 시간이 걸리므로 전체 알고리즘은 $O(2^nm)$ 시간에 실행되며 이는 매우 비효율적이다. 다행히도 LCS 문제는 **동적 프로그래밍**(dynamic programming)을 사용하면 효율적으로 해결할 수 있다.

동적 프로그래밍 해의 구성 요소

앞서 언급했듯이 동적 프로그래밍은 주로 **최적화**(optimization) 문제에 사용된다. 즉, 어떤 일을 수행하는 최적의 방법을 찾을 때 유용하다. 이 기법은 다음과 같은 조건을 만족하는 문제에 적용할 수 있다.

- **단순 부분 문제**: 전체 최적화 문제를 반복적으로 부분 문제로 분할할 수 있어야 한다. 또한 부분 문제를 i, j, k 등과 같은 인덱스를 통해 매개변수화할 수 있어야 한다.
- **부분 문제 최적화**: 전체 문제에 대한 최적해는 부분 문제들의 최적해로 구성되어야 한다.
- **부분 문제 중복**: 여러 상위 문제에서 같은 부분 문제가 반복된다면 그 부분 문제를 공통으로 재사용할 수 있어야 한다.

LCS 문제에 동적 프로그래밍 적용하기

LCS 문제에서 길이가 n인 문자열 X와 길이가 m인 문자열 Y가 주어졌다고 가정하자. 목표는 두 문자열 X와 Y의 공통 부분 시퀀스 중 최장 문자열 S를 찾는 것이다. X와 Y가 문자열이므로 부분 문제를 정의하기 위한 자연스러운 인덱스 집합, 즉 X와 Y 문자열 내의 인덱스를 갖게 된다. 따라서 $L_{j,k}$ 값을 계산하는 부분 문제를 정의하자. 이 값은 접두사 $X[0:j]$와 $Y[0:k]$의 부분 시퀀스 중 최장 공통 부분 수열의 길이를 나타내는 데 사용된다. 이 정의를 통해 $L_{j,k}$를 부분 문제들의 최적해 관점에서 다시 표현할 수 있는데, 그 정의는 그림 13.7과 같이 주어진 두 경우 중 어떤 경우에 해당하는지에 따라 달라진다.

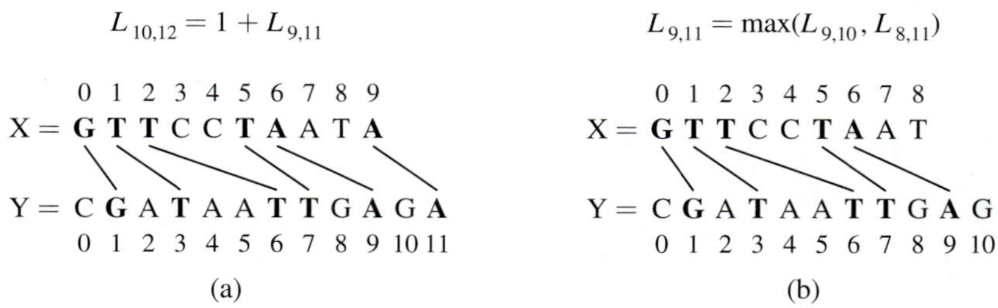

그림 13.7 최장 공통 부분 시퀀스 알고리즘에서 $L_{j,k}$를 계산할 때의 두 경우. (a) $x_{j-1} = y_{k-1}$, (b) $x_{j-1} \neq y_{k-1}$

- $x_{j-1} = y_{k-1}$: $X[0:j]$의 마지막 문자와 $Y[0:k]$의 마지막 문자 사이에 일치하는 문자가 있다. 이 문자가 $X[0:j]$와 $Y[0:k]$의 최장 공통 부분 시퀀스에 속한다고 할 수 있다. 이를 증명하기 위해 이 주장이 사실이 아니라고 가정해 보자. 최장 공통 부분 시퀀스 $x_{a1}x_{a2} \cdots x_{a_c} = y_{b_1}y_{b_2} \cdots y_{b_c}$가 있어야 한다. $x_{a_c} = x_{j-1}$ 또는 $y_{b_c} = y_{k-1}$이라면 $a_c = j-1$, $b_c = k-1$로 두어 동일한 시퀀스를 얻는다. 반대로 $x_{a_c} \neq x_{j-1}$이고 $y_{b_c} \neq y_{k-1}$이라면 맨 끝에 $x_{j-1} = y_{k-1}$을 추가함으로써 더 긴 공통 부분 시퀀스를 얻을 수 있다. 따라서 $X[0:j]$와 $Y[0:k]$의 최장 공통 부분 시퀀스는 x_{j-1}로 끝난다. 그러므로 다음과 같이 정의할 수 있다.

  $$L_{j,k} = 1 + L_{j-1,k-1} \quad \text{if } x_{j-1} = y_{k-1}$$

- $x_{j-1} \neq y_{k-1}$: x_{j-1}과 y_{k-1}을 모두 포함하는 공통 부분 시퀀스는 존재하지 않는다. 즉, x_{j-1}로 끝나거나 y_{k-1}로 끝나는 공통 부분 시퀀스(또는 둘 다 아닐 수도 있음)를 가질 수는 있지만 둘 다 동시에 포함할 수는 없다. 따라서 다음과 같이 정의할 수 있다.

  $$L_{j,k} = \max\{L_{j-1,k}, L_{j,k-1}\} \quad \text{if } x_{j-1} \neq y_{k-1}$$

슬라이스 $Y[0:0]$은 공백 문자열이므로 $L_{j,0} = 0 (j = 0, 1, \ldots, n)$이다. 마찬가지로 슬라이스 $X[0:0]$도 공백 문자열이므로 $L_{0,k} = 0 (k = 0, 1, \ldots, m)$이다.

LCS 알고리즘

$L_{j,k}$의 정의는 부분 문제 최적화를 만족한다. 부분 문제들 각각의 최장 공통 부분 시퀀스 없이는 전체의 최장 공통 부분 시퀀스를 가질 수 없기 때문이다. 또한 부분 문제 해 $L_{j,k}$가 여러 다른 문제(즉, 문제 $L_{j+1,k}$, $L_{j,k+1}$, 및 $L_{j+1,k+1}$)에서 반복적으로 사용되기 때문에 부분 문제 중복도 이용한다. $L_{j,k}$의 정의를 알고리즘으로 바꾸는 작업은 비교적 간단하다. $0 \le j \le n$ 및 $0 \le k \le m$에 $(n+1) \times (m+1)$ 크기의 배열 L을 생성한다. 배열의 모든 원소는 0으로 초기화되며 특히 $L_{j,0}$과 $L_{0,k}$의 원소는 0이 되도록 설정한다. 그런 다음 X와 Y의 최장 공통 부분 시퀀스의 길이인 $L_{n,m}$이 될 때까지 L 값을 반복적으로 계산한다. 코드 13.6은 이 알고리즘의 파이썬 구현이다.

```
def LCS(X, Y):
   """ X[0:j]와 Y[0:k]에 대한 LCS의 길이가 L[j][k]인 테이블을 반환한다."""
   n, m = len(X), len(Y)                              # 편리한 표기 정의
   L = [[0] * (m + 1) for k in range(n + 1)]          # (n+1) x (m+1) 테이블
   for j in range(n):
      for k in range(m):
         if X[j] == Y[k]:                             # 이 문자에 맞춰 정렬
            L[j + 1][k + 1] = L[j][k] + 1
         else:                                        # 한 문자를 무시하도록 선택
            L[j + 1][k + 1] = max(L[j][k + 1], L[j + 1][k])
   return L
```

코드 13.6 LCS 문제에 대한 동적 프로그래밍 알고리즘

LCS 알고리즘의 수행 시간 분석은 비교적 쉽다. 두 중첩 `for` 루프가 성능을 결정하기 때문이다. 바깥 루프는 n번 반복하고 안쪽 루프는 m번 반복한다. `if` 문과 대입문 모두 상수 시간인 $O(1)$ 연산이므로 전체 알고리즘은 $O(nm)$ 시간에 동작한다. 따라서 동적 프로그래밍은 최장 공통 부분 시퀀스 문제에 적용되며 LCS 문제에 대한 지수 시간의 브루트 포스 방식보다 훨씬 더 좋은 성능을 제공할 수 있다.

코드 13.6의 LCS 함수는 최장 공통 부분 시퀀스 $L_{n,m}$은 계산하지만 부분 시퀀스 자체는 계산하지 않는다. 다행히도 LCS 함수로 계산된 $L_{j,k}$ 값들이 저장된 전체 테이블이 주어지면 실제 최장 공통 부분 시퀀스도 쉽게 추출할 수 있다. 그 해법은 $L_{n,m}$을 계산하는 과정을 역으로 추정함으로써 뒤에서부터 앞으로 복원할 수 있다. $x_j = y_k$인 경우 그 길이는 길이 $L_{j-1,\,k-1}$과 연관된 공통 부분 시퀀스에 기반을 두고 공통 문자 x_j를 덧붙인 것이다. x_j를 공통 시퀀스의 일부로 기록한 다음, 분석을 $L_{j-1,\,k-1}$로부터 계속할 수 있다. 그렇지 않고 $x_j \ne y_k$인 경우에는 $L_{j,\,k-1}$과 $L_{j-1,\,k}$ 중 더 큰 값으로 이동할 수 있다. 이 과정을 $L_{j,\,k} = 0$에 도달할 때까지 반복한다(예 j 또

는 k가 경계 조건으로 0이 되는 경우). 이 전략의 파이썬 구현은 코드 13.7과 같다. 이 함수는 `while` 루프의 각 경로가 j 또는 k(또는 둘 다)를 감소시키기 때문에 $O(n + m)$의 추가 시간으로 최장 공통 부분 시퀀스를 구성한다. 그림 13.8은 최장 공통 부분 시퀀스를 계산하는 알고리즘의 동작 과정을 보여준다.

```
def LCS_solution(X, Y, L):
    """테이블 L이 주어졌을 때 X와 Y의 최장 공통 부분 문자열을 반환한다."""
    solution = []
    j, k = len(X), len(Y)
    while L[j][k] > 0:                          # 공통 문자가 남아 있는 동안
        if X[j - 1] == Y[k - 1]:
            solution.append(X[j - 1])
            j -= 1
            k -= 1
        elif L[j - 1][k] >= L[j][k - 1]:
            j -= 1
        else:
            k -= 1
    return ''.join(reversed(solution))          # 왼쪽에서 오른쪽 순서로 반환
```

코드 13.7 최장 공통 부분 시퀀스의 재구성

	0	1	2	3	4	5	6	7	8	9	10	11	12
0	0	0	1	0	0	1	2	3	0	0	0	0	0
1	0	0	1	1	1	1	1	1	1	1	1	1	1
2	0	0	1	1	2	2	2	2	2	2	2	2	2
3	0	0	1	1	2	2	2	3	3	3	3	3	3
4	0	1	1	1	2	2	2	3	3	3	3	3	3
5	0	1	1	1	2	2	2	3	3	3	3	3	3
6	0	1	1	1	2	2	2	3	4	4	4	4	4
7	0	1	1	2	2	3	3	3	4	4	5	5	5
8	0	1	1	2	2	3	4	4	4	4	5	5	6
9	0	1	1	2	3	3	4	5	5	5	5	5	6
10	0	1	1	2	3	4	4	5	5	5	6	6	6

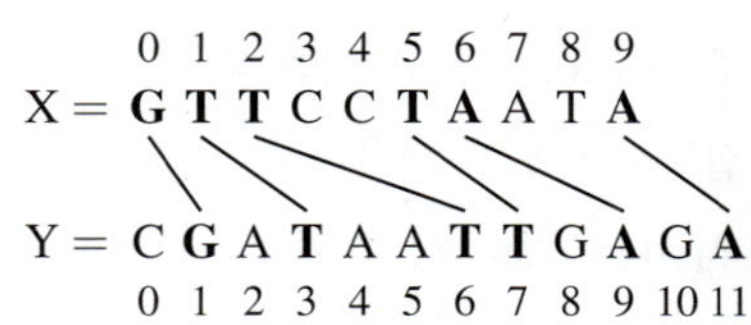

그림 13.8 배열 L로부터 최장 공통 부분 시퀀스를 구성하는 알고리즘의 시각적 예. 색칠된 경로에서 대각선 방향으로 이동하는 단계는 공통 문자의 사용을 의미하며, 해당 문자의 인덱스는 맨 왼쪽과 맨 위쪽에 표시된 시퀀스의 위치와 일치한다.

13.4 텍스트 압축과 그리디 기법

이 절에서는 중요한 텍스트 처리 작업인 **텍스트 압축**(text compression)을 다룬다. 이 문제에서는 ASCII 또는 유니코드 문자 집합 등 어떤 알파벳으로 정의되어 있다고 가정한다. 문자열 X를 받고, X를 0과 1만 사용하는 짧은 이진 문자열 Y로 효율적으로 인코딩하려고 한다. 텍스트 압축은 디지털 통신의 대역폭을 줄여 텍스트를 전송하는 데 필요한 시간을 최소화해야 하는 상황에서 유용하다. 또한 텍스트 압축은 대용량 문서를 더욱 효율적으로 저장하는 데 유용하여 고정된 저장 장치에 가능한 한 많은 문서를 저장할 수 있게 해준다.

여기서 다룰 텍스트 압축 방법은 **허프만 코드**(Huffman code)다. ASCII와 같은 표준 인코딩 방식은 고정 길이의 이진 문자열을 사용해 문자를 인코딩한다(예 전통적 또는 확장된 ASCII 시스템에서는 각 문자를 7비트 또는 8비트로 표현함). 유니코드 시스템은 원래 16비트 고정 길이 표현을 제안하였지만 많이 쓰이는 문자 집합(예 ASCII 시스템의 문자 집합)에서 일반적인 인코딩은 공간 사용량을 줄이기 위해 문자 그룹에 더 적은 비트를 할당한다. 허프만 코드에서 자주 나타나는 문자는 짧은 코드워드 문자열(short code-word string)을, 드물게 나타나는 문자는 긴 코드워드 문자열((long code-word strings)을 사용해 인코딩함으로써 고정 길이 인코딩보다 공간을 절약할 수 있다. 또한 허프만 코드는 모든 알파벳에 대해 주어진 문자열 X에 특별히 최적화된 가변 길이 인코딩을 사용한다. 최적화는 문자들의 **빈도**(frequencies)에 기반한다. 즉, 각 문자 c에 대해 문자열 X에 c가 등장하는 횟수를 나타내는 함수 $f(c)$ 값을 사용한다.

문자열 X를 인코딩하기 위해 X의 각 문자를 가변 길이 코드워드로 변환한 뒤 이를 모두 연결해 X에 대한 인코딩 Y를 생성한다. 그리고 모호하지 않도록, 한 코드워드가 다른 코드워드의 접두사가 되면 안 된다는 조건을 부여한다. 이를 **접두사 코드**(prefix code)라고 하며, 이를 통해 Y로부터 X를 디코딩하는 과정이 단순해진다(그림 13.9 참고). 이런 제약에도 불구하고 가변 길이 접두사 코드를 사용해 저장 공간을 상당히 절약할 수 있다. 특히 문자 빈도가 크게 차이 나는 경우(이는 거의 모든 자연어 텍스트에서 일반적으로 나타나는 특성임) 이러한 이점은 더욱 커진다.

허프만 알고리즘은 X에 대한 최적의 가변 길이 접두사 코드를 생성하기 위해 코드를 나타내는 이진 트리 T의 구성을 기반으로 한다. 트리 T의 각 간선은 코드워드의 한 비트를, 왼쪽 자식으로 향하는 간선은 0을, 오른쪽 자식으로 향하는 간선은 1을 의미한다. 각 단말 노드 v는 특정 문자와 연결되어 있으며, 해당 문자의 코드워드는 트리의 루트에서 v로 도달하는 경로상의 간선에 대응하는 비트 시퀀스로 정의된다(그림 13.9 참고). 각 단말 노드 v는 빈도 $f(v)$를 가지며, 이는 X 내에서 v에 해당하는 문자가 등장하는 횟수다. 또한 트리 T의 각 내부 노드 v에 대해서도 빈도 $f(v)$를 부여하는데, 이는 v를 루트로 하는 서브트리의 모든 단말 노드들의 빈도 합이다.

(a)

문자		a	b	d	e	f	h	i	k	n	o	r	s	t	u	v
빈도	9	5	1	3	7	3	1	1	1	4	1	5	1	2	1	1

(b)

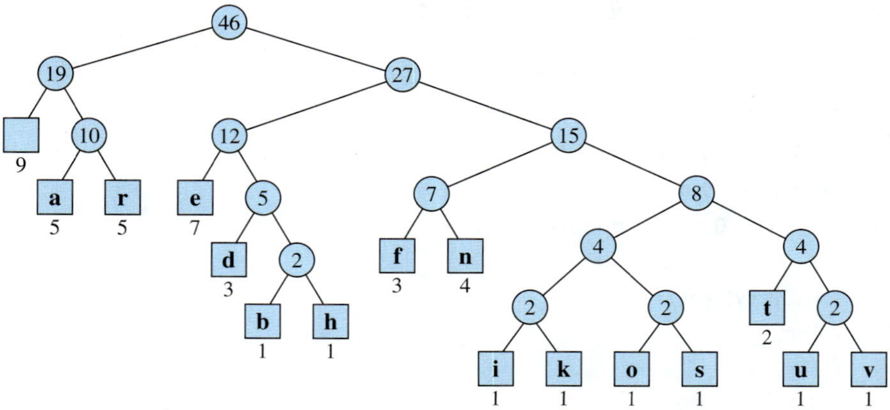

그림 13.9 입력 문자열 X="a fast runner need never be afraid of the dark"에 대한 허프만 코드의 예. (a) 문자열 X에서 각 문자의 빈도, (b) 문자열 X에 대한 허프만 트리 T. 문자 c에 대한 코드는 T의 루트에서 c가 저장된 단말 노드까지의 경로를 따라 생성된다. 이때 왼쪽 자식을 따라가면 0, 오른쪽 자식을 따라가면 1을 부여한다. 예를 들어 r에 대한 코드는 011이고, h에 대한 코드는 10111이다.

13.4.1 허프만 코딩 알고리즘

허프만 코딩 알고리즘은 문자열 X에 등장하는 d개의 문자 각각을 **단일 노드 이진 트리**(single-node binary tree)의 루트로 두고 시작한다. 이 알고리즘은 여러 번의 라운드에 걸쳐 실행된다. 각 라운드에서는 가장 빈도가 낮은 두 개의 이진 트리를 선택해 하나의 트리로 병합한다. 이 과정을 트리가 하나만 남을 때까지 반복한다(코드 13.8 참고).

허프만 알고리즘의 `while` 루프는 힙으로 구현된 우선순위 큐를 사용해 $O(\log d)$ 시간에 구현할 수 있다. 각 반복에서는 Q에서 노드 두 개를 꺼내고 새 노드를 추가하는데, 이 과정은 Q에 정확히 하나의 노드만 남을 때까지 총 $d-1$번 반복된다. 따라서 이 알고리즘의 전체 수행 시간은 $O(n + d\log d)$이다. 이 알고리즘의 정확성을 완전하게 증명하는 것은 이 책의 범위를 넘어가지만 직관적 설명은 간단한 아이디어에 기반한다. 어떤 최적 코드도 빈도가 가장 낮은 두 문자 a와 b에 대해 이들의 코드워드가 마지막 비트 하나만 다르도록 변환할 수 있다. 이 논리를 반복하면 문자열에서 a와 b를 새로운 문자 c로 바꾼 경우에도 최적 코드가 유지됨을 보일 수 있다.

명제 13.5 허프만 알고리즘은 길이 n의 문자열 X에 대해, d개의 서로 다른 문자가 있을 때 $O(n + d\log d)$ 시간에 최적 접두사 코드를 생성한다.

```
알고리즘 def Huffman(X):
  입력: 길이가 n인 문자열 X(서로 다른 문자를 d개 포함)
  출력: X에 대한 코딩 트리
  각 문자 c에 대해 X에서의 출현 빈도 f(c)를 계산한다.
  우선순위 큐 Q를 초기화한다.
  for X에 등장하는 각 문자 c에 대해 do
    문자 c를 저장하는 단일 노드 이진 트리 T를 생성한다.
    T를 키 값 f(c)로 Q에 삽입한다.
  while len(Q) > 1 do
    (f1, T1) = Q.remove_min()
    (f2, T2) = Q.remove_min()
    T = BinaryTree()
    T.left = T1
    T.right = T2
  T1을 왼쪽 서브트리로, T2를 오른쪽 서브트리로 갖는 새 이진 트리 T를 생성한다.
  T를 키 값 f1 + f2로 Q에 삽입한다.
(f, T)=Q.remove  min()
return tree T
```

코드 13.8 허프만 코딩 알고리즘

13.4.2 그리디 기법

허프만 알고리즘은 최적의 인코딩을 구성하는 알고리즘 설계 기법 중 하나인 **그리디 기법**(greedy method)의 대표적인 응용 사례다. 이 설계 기법은 최적화 문제, 즉 어떤 구조를 구성하되 그 구조의 특정 성질을 최소화하거나 최대화하려는 문제에 적용된다.

그리디 기법 패턴의 일반적인 틀은 브루트 포스 방법과 거의 비슷할 정도로 단순하다. 그리디 기법을 사용해 주어진 최적화 문제를 해결하기 위해서는 일련의 선택을 순차적으로 진행한다. 이 선택은 잘 정의된 출발 조건에서 해당 조건의 비용을 계산하는 것으로 출발한다. 그 후에는 반복적으로 선택을 수행하며 현재 가능한 모든 선택 중 가장 큰 비용 개선을 가져오는 선택을 고르는 방식으로 진행된다. 단, 이 방식은 항상 최적해에 도달하는 것은 아니다.

하지만 이 방법이 작동하는 몇몇 문제가 있는데, 이러한 문제들은 **그리디 선택 속성**(greedy-choice property)을 가진다고 한다. 이 속성은 잘 정의된 시작 조건에서 시작하여 일련의 국지적 최적 선택의 연속을 통해 전역 최적해에 도달할 수 있다는 속성이다. 허프만 알고리즘의 예처럼, 최적의 가변 길이 접두사 코드를 계산하는 문제는 그리디 선택 속성을 만족하는 문제의 대표적인 예에 해당한다.

13.5 트라이

13.2절에서 소개한 패턴 매칭 알고리즘은 패턴을 전처리하여(예 커누스-모리스-프랫 알고리즘의 실패 함수 계산, 보이어-무어 알고리즘의 `last` 함수) 텍스트에서 검색 속도를 높인다. 이 절에서는 보완적인 접근법을 사용한다. 즉, 텍스트를 전처리하는 방식의 문자열 검색 알고리즘을 다룬다. 이 접근은 고정된 텍스트에 대해 질의가 여러 번 수행되는 상황에서 유용하다. 초기에는 전처리 비용이 들지만 그로 인해 이후의 각 질의마다 빠른 응답 속도를 얻을 수 있기 때문이다(예 셰익스피어의 『햄릿(Hamlet)』을 주제로 패턴 매칭 기능을 제공하는 웹 사이트나 햄릿 관련 웹 문서를 검색하는 검색 엔진).

트라이(trie)는 빠른 패턴 매칭을 지원하기 위해 문자열을 저장하기 위한 트리 기반 자료구조다. 트라이의 주요 응용 분야는 정보 검색이다. 사실 'trie'라는 이름도 'retrieval(검색)'이라는 단어에서 유래했다. 유전자 데이터베이스에서 특정 DNA 시퀀스를 검색하는 것과 같은 정보 검색 응용에서는 같은 알파벳을 사용하는 문자열 모음 S가 주어진다. 트라이는 이러한 문자열 모음을 저장하고, **패턴 매칭**(pattern matching)과 **접두사 매칭**(prefix matching)과 같은 주요 질의 연산을 빠르게 수행할 수 있도록 한다. 접두사 매칭은 문자열 X가 주어졌을 때 X를 접두사로 포함하는 S의 모든 문자열을 찾는 작업이다.

13.5.1 표준 트라이

집합 S를 알파벳 Σ로 구성된 s개의 문자열 집합이라고 하자. 단, S에 속한 어떤 문자열도 다른 문자열의 접두사가 아니라고 가정한다. S의 **표준 트라이**(standard trie)는 다음과 같은 속성을 가지는 순서 있는 트리 T다(그림 13.10 참고).

- T의 루트를 제외한 각 노드는 Σ에 속하는 문자로 라벨이 지정된다.
- T의 내부 노드는 서로 다른 라벨이 붙은 자식 노드들을 가진다.
- T는 단말 노드를 s개 가지며, 각 단말 노드는 S에 있는 하나의 문자열에 대응된다. 루트에서 해당 단말 노드 v까지의 경로상에 있는 노드들의 라벨을 연결한 문자열이 그 단말 노드에 대응되는 문자열이 된다.

따라서 트라이 T는 문자열 집합 S를 루트에서 단말 노드까지의 경로로 표현한 구조다. 이 구조에서 집합 S의 어떤 문자열도 다른 문자열의 접두사가 되어선 안 된다. 그래야 각 문자열이 T의 단말 노드에 일대일 대응되도록 보장되기 때문이다(이는 13.4절에서 설명한 허프만 코딩의 접두사 코드에 대한 조건과 유사함). 이 조건은 Σ에 없는 특수 문자를 각 문자열 끝에 추가함으로써 항상 만족시킬 수 있다.

표준 트라이 T에서 어떤 내부 노드는 1과 $|\Sigma|$개의 자식을 가질 수 있다. 루트 r에서 자식 노드로 향하는 간선은 문자열 집합 S 중 어떤 문자열이 처음 포함하는 문자의 종류에 따라 생성된다. 또한 루트 T에서 깊이 k의 내부 노드 v까지의 경로는 문자열 집합 S에 속한 문자열 X의 접두사 $X[0:k]$에 해당한다. 더 나아가 문자열 집합 S에서 접두사 $X[0:k]$ 뒤에 올 수 있는 모든 문자 c에 대해 트라이 노드 v는 문자 c로 라벨된 자식 노드를 가진다. 이처럼 트라이는 문자열 집합에 존재하는 **공통 접두사**(common prefix)를 간결하게 저장한다.

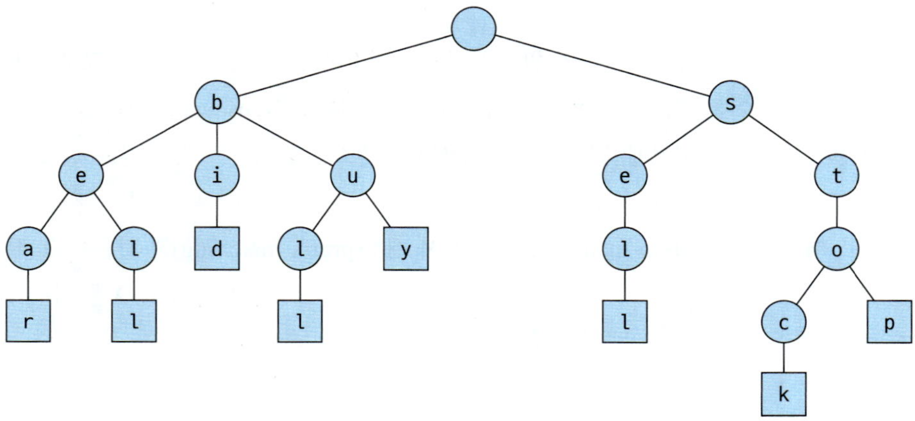

그림 13.10 문자열 {bear, bell, bid, bull, buy, sell, stock, stop}에 대한 표준 트라이

특별한 경우로, 알파벳에서 두 개의 문자만 포함되어 있다면 트라이는 사실상 이진 트리가 된다. 이 경우 일부 내부 노드는 자식이 하나뿐일 수도 있다(즉, 불완전한 이진 트리일 수 있음). 일반적으로 내부 노드는 $|\Sigma|$개의 자식을 가질 수 있지만, 실제로는 이러한 노드들의 평균 차수(자식 수)는 훨씬 작을 가능성이 크다. 예를 들어 그림 13.10의 트라이에서도 자식이 하나뿐인 내부 노드가 여럿 존재한다. 더 큰 데이터 집합에서는 트리의 깊이가 깊어질수록 노드의 평균 차수는 작아지는 경향이 있다. 깊은 수준에서는 공통 접두사를 공유하는 문자열이 줄어들고, 그에 따라 공통 경로 이후에 계속되는 분기도 적기 때문이다. 또한 많은 자연어에서는 자연스럽게 생성되기 어려운 문자 조합이 존재하여 일부 경로는 전혀 등장하지 않을 수도 있다.

다음 명제는 표준 트라이의 중요한 구조적 속성을 설명한다.

명제 13.6 알파벳 Σ로 구성된 총 길이가 n인 s개로 이루어진 문자열 집합 S를 저장하는 표준 트라이는 다음과 같은 속성을 갖는다.

- 트라이 T의 높이는 S에서 최장 문자열의 길이와 같다.
- 트라이 T의 모든 내부 노드는 최대 $|\Sigma|$개의 자식을 가진다.
- 트라이 T는 단말 노드를 s개 가진다.
- 트라이 T의 전체 노드 수는 최대 $n + 1$개다.

트라이에서 가장 많은 노드 수가 발생하는 최악의 경우는 어떤 두 문자열도 공통의 비어 있지 않은 접두사를 공유하지 않을 때다. 이 경우, 루트를 제외한 모든 내부 노드는 자식이 하나뿐인 구조를 갖게 된다.

문자열 집합 S에 대한 트라이 T는 키가 S의 문자열인 집합 또는 맵을 구현하는 데 사용할 수 있다. 즉, 문자열 X가 S에 존재하는지를 확인하기 위해 트라이 T의 루트에서부터 X의 문자 순서를 따라 내려가며 추적한다. 이 경로를 따라 단말 노드에 도달하면 문자열 X는 맵에 존재하는 것이다. 예를 들어 그림 13.10의 트라이에서 "bull"을 추적하면 단말 노드에 도달하므로 맵에 존재한다. "bet"은 경로를 추적할 수 없고 "be"는 내부 노드에서 멈추므로 이 둘은 맵에 존재하지 않는다.

길이가 m인 문자열을 검색하는 수행 시간은 $O(m \cdot |\Sigma|)$임을 쉽게 알 수 있다. T의 최대 $m + 1$개 노드를 방문하고 각 노드에서 다음 문자가 라벨된 자식을 찾는 데 $O(|\Sigma|)$ 시간이 걸린다. 노드의 자식이 순서가 없더라도 자식 수는 최대 $|\Sigma|$개이므로 주어진 라벨을 가진 자식을 찾는 데 걸리는 시간의 상한은 $O(|\Sigma|)$로 볼 수 있다. 각 노드에서 보조 검색 테이블이나 해시 테이블을 사용해 문자를 자식에 매핑하거나, (DNA 문자열의 경우처럼) $|\Sigma|$가 충분히 작은 경우 각 노드에서 크기 $|\Sigma|$의 직접 조회 테이블을 사용해 노드에서 걸리는 시간을 $O(\log |\Sigma|)$ 또는 기댓값 $O(1)$로 줄일 수 있다. 이 때문에 일반적으로 길이가 m인 문자열의 검색 시간을 $O(m)$으로 기대한다.

앞서 설명한 내용을 바탕으로 트라이를 사용해 **단어 매칭**(word matching)이라는 특수한 형태의 패턴 매칭을 수행할 수 있다. 이 문제는 특정 패턴이 텍스트의 어느 단어와 일치하는지를 확인하는 것이다. 단어 매칭은 패턴이 텍스트 내 임의의 부분 문자열과 일치할 수 없고, 단어 중 하나와만 일치할 수 있기 때문에 일반적인 패턴 매칭과 다르다. 이를 위해 원본 문서의 각 단어를 트라이에 삽입해야 한다(그림 13.11 참고). 이 기본 방식을 약간 확장하면 접두사 매칭도 가능하다. 하지만 텍스트에서 패턴의 임의 발생(예 패턴이 단어의 적절한 접미사이거나 두 단어에 걸쳐 있음)은 효율적으로 처리되기 어렵다.

문자열 집합 S에 대해 표준 트라이를 구성하려면 문자열을 한 번에 하나씩 삽입하는 점진적 알고리즘을 사용할 수 있다. S의 문자열 중 어떤 문자열도 다른 문자열의 접두사가 아니라고 가정하면, 문자열 X를 현재 트라이 T에 삽입할 때는 T에서 X의 경로를 따라가다 막혔을 때 X의 남

은 문자를 새 노드를 만들어 저장한다. 이때 길이가 m인 X를 삽입하는 데 걸리는 시간은 최악의 경우 $O(m \cdot |\Sigma|)$이거나 각 노드에서 보조 해시 테이블을 사용하는 경우 기댓값이 $O(m)$인 검색과 유사하다. 따라서 S의 문자열을 모두 삽입해 트라이를 구성하는 데는 전체 길이 n에 대해 $O(n)$의 시간이 든다.

그런데 표준 트라이는 비효율적인 공간 낭비가 발생할 수 있다. 예를 들어 한 노드가 자식이 하나뿐일 때, 이러한 노드가 계속 이어지면 낭비되는 공간이 많아진다. 이 문제를 해결하기 위해 **압축 트라이**(compressed trie)를 개발하였다. 역사적인 이유로 **패트리샤 트라이**(Patricia trie)라고도 불린다.

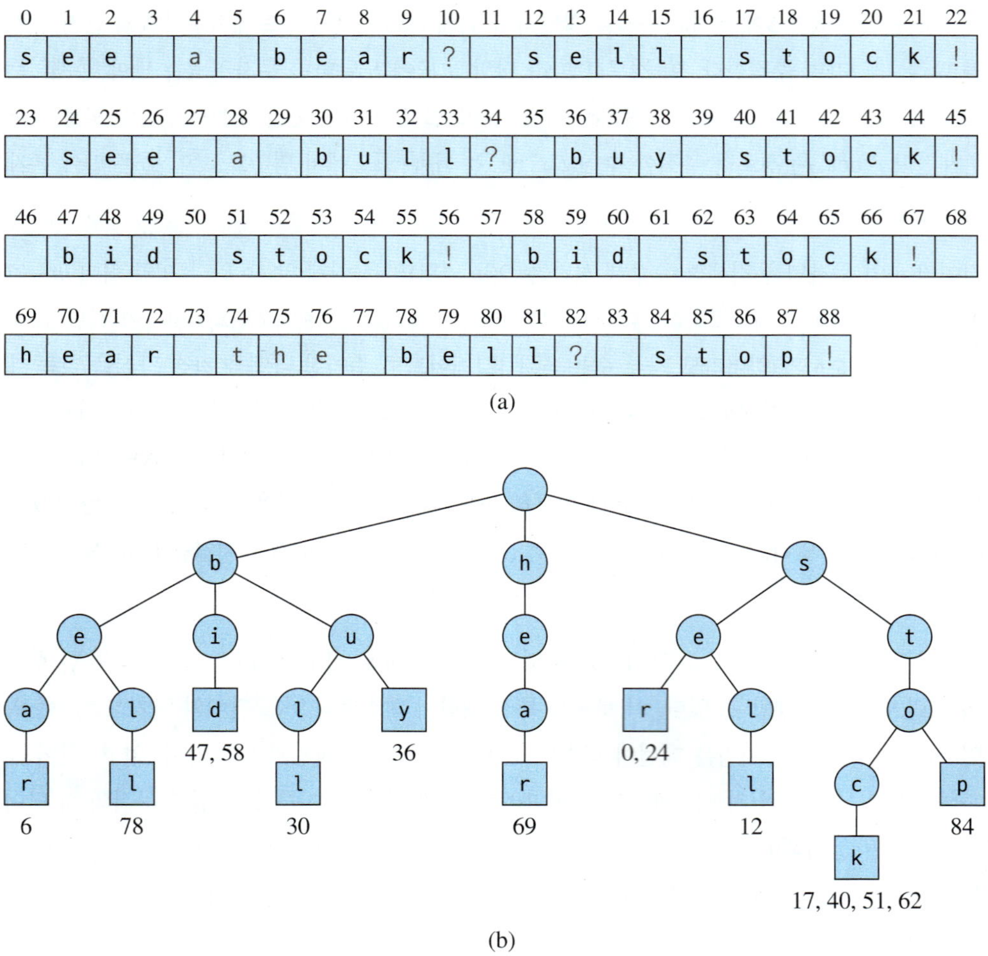

그림 13.11 표준 트라이를 이용한 단어 매칭. (a) 검색 대상 텍스트(관사나 전치사 같은 불용어는 제외함), (b) 텍스트 내 단어들로 구성되 표준 트라이. 각 단말 노드 아래에는 해당 단어가 텍스트에서 시작되는 위치 인덱스를 표시하였다. 예를 들어 단어 stock에 대한 단말 노드는 이 단어가 텍스트에서 17, 40, 51, 62번 인덱스에서 시작됨을 나타낸다.

13.5.2 압축 트라이

압축 트라이는 표준 트라이와 유사하지만 트라이 내의 모든 내부 노드가 최소한 두 개 이상의 자식을 가지도록 강제한다는 차이가 있다. 이는 단일 자식 노드의 체인을 단일 간선으로 압축하여 달성한다(그림 13.12 참고). 표준 트라이 T를 생각해 보자. 내부 노드 v가 자식이 하나 뿐이고 루트가 아니라면 v를 **중복**(redundant) **노드**라고 한다. 예를 들어 그림 13.10의 트라이는 8개의 중복 노드를 포함하고 있다. 이때 $k \geq 2$개인 간선으로 구성된 체인 $(v_0, v_1)(v_1, v_2) \cdots (v_{k-1}, v_k)$이 다음 조건을 만족하면 중복 체인이라고 한다.

- v_i는 $i = 1, \ldots, k-1$에 대해 중복 노드다.
- v_0과 v_k는 중복 노드가 아니다.

이러한 중복 체인 $(v_0, v_1) \cdots (v_{k-1}, v_k)$를 단일 간선$(v_0, v_1)$로 바꾸고 노드 $v_1, \ldots, v_k$의 라벨을 연결하여 v_k의 라벨로 다시 지정함으로써 T를 압축 트라이로 변환할 수 있다.

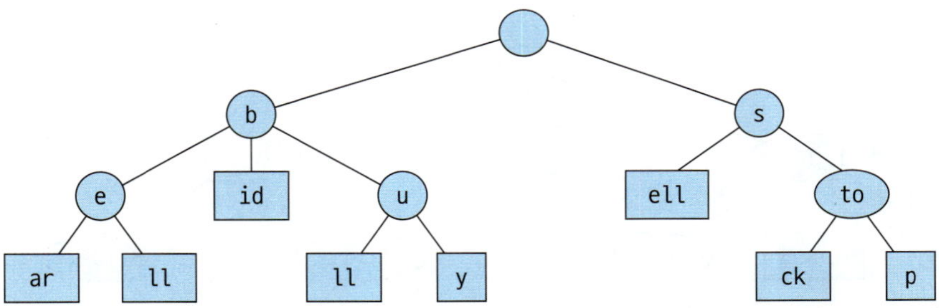

그림 13.12 문자열 {bear, bell, bid, bull, buy, sell, stock, stop}에 대한 압축 트라이(그림 13.10의 표준 트라이와 비교해 보라). 단말 노드 압축 외에도 stock과 stop이라는 단어가 공유하는 접두사 to가 내부 노드의 라벨로 저장되어 있음을 주목하자.

따라서 압축 트라이의 노드에는 개별 문자 대신 문자열 집합의 부분 문자열이 라벨로 지정된다. 다음 명제에서 알 수 있듯이, 표준 트라이에 비해 압축 트라이의 장점은 노드 수가 문자열의 총 길이가 아니라 문자열의 수에 비례한다는 점이다(명제 13.6과 비교).

명제 13.7 크기가 d인 알파벳에서 나온 s개의 문자열 집합 S를 저장하는 압축 트라이는 다음과 같은 속성을 갖는다.

- 트라이 T의 모든 내부 노드는 최소 두 개, 최대 d개의 자식을 가진다.
- 트라이 T에는 s개의 단말 노드가 있다.
- 트라이 T의 노드 수는 $O(s)$다.

주의 깊은 독자는 경로 압축이 노드 라벨에 상응하는 확장으로 상쇄되기 때문에 어떤 이점을 제공하는지 의문을 품을 수 있다. 실제로 압축 트라이는 주(primary) 구조에 이미 저장된 문자열 집합에 **보조**(auxiliary) **인덱스** 구조로 사용되고, 그 문자열 집합의 모든 문자를 실제로 저장할 필요가 없을 때만 유리하다.

예를 들어 문자열 집합 S가 문자열 $S[0]$, $S[1]$, ..., $S[s-1]$의 배열이라고 가정하자. 노드의 라벨 X를 명시적으로 저장하는 대신 $X = S[i][j:k]$인 세 정수 $(i,\ j:k)$의 조합으로 암묵적으로 표현한다. 즉, X는 j번째부터 k번째까지의 문자로 구성된 $S[i]$의 슬라이스다(그림 13.13 참고, 그림 13.11의 표준 트라이와 비교)

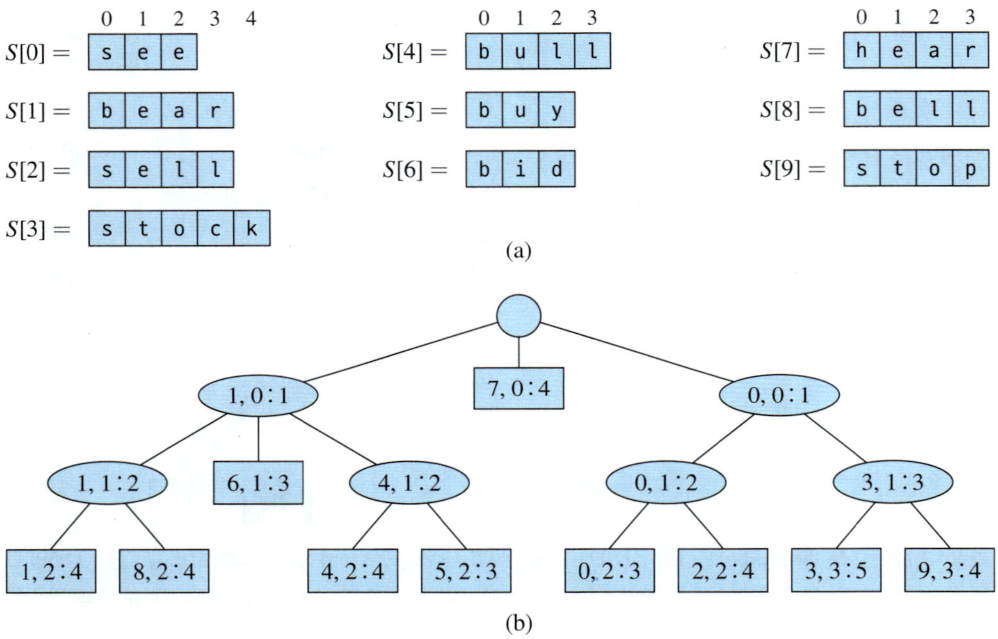

그림 13.13 (a) 배열에 저장된 문자열 집합 S, (b) S에 대한 압축된 트라이의 단순 표현

이런 추가 압축 기법을 통해 표준 트라이에서 $O(n)$이던 전체 공간을 압축 트라이에서는 $O(s)$로 줄일 수 있다. 여기서 n은 S에 포함된 문자열들의 총 길이이고, s는 S에 포함된 문자열의 개수다. 물론 여전히 S의 개별 문자열을 저장해야 하지만 트라이 자체에 필요한 공간은 줄어든다.

압축 트라이에서 수행하는 검색이 반드시 표준 트라이보다 빠른 것은 아니다. 그 이유는 경로를 따라 이동하면서 여러 문자를 포함하는 라벨과 원하는 패턴의 모든 문자를 여전히 비교해야 하기 때문이다.

13.5.3 접미사 트라이

트라이의 주요 활용 사례 중 하나는 집합 S의 문자열이 모두 문자열 X의 접미사인 경우다. 이러한 트라이를 문자열 X의 **접미사 트라이**(**접미사 트리** 또는 **위치 트리**라고도 함)라고 한다. 예를 들어 그림 13.14(a)는 문자열 "minimize"의 8개 접미사에 대한 접미사 트라이를 보여준다. 접미사 트라이의 경우 앞에서 제시한 압축 표현을 더 단순화할 수 있다. 즉, 각 정점의 라벨은 문자열 $X[j:k]$를 나타내는 쌍 (j, k)로 표현할 수 있다(그림 13.14(b) 참고). X의 접미사가 다른 접미사의 접두사가 되면 안 된다는 규칙을 만족시키기 위해 원래 알파벳 Σ에 없는 특수 문자 \$를 X의 끝(따라서 모든 접미사)에 추가할 수 있다. 즉, 문자열 X의 길이가 n이면, $j = 0, \ldots, n-1$인 n개의 문자열 $X[j:n]$ 집합에 대한 트라이를 만든다.

공간 절약

접미사 트라이를 사용하면 압축 트라이에 사용된 기술을 포함하여 몇 가지 공간 압축 기술을 사용함으로써 표준 트라이보다 공간을 절약할 수 있다.

트라이의 압축 표현의 장점은 접미사 트라이의 경우 특히 두드러진다. 길이가 n인 문자열 X에서 접미사의 총 길이는 다음과 같다.

$$1 + 2 + \cdots + n = \frac{n(n+1)}{2}$$

따라서 X의 모든 접미사를 명시적으로 저장하려면 $O(n^2)$ 공간이 필요하다. 그럼에도 불구하고 접미사 트라이는 다음 명제에서 언급하는 것처럼 이들 문자열을 $O(n)$ 공간에서 암시적으로 표현할 수 있다.

명제 13.8 길이가 n인 문자열 X에 대한 접미사 트라이 T의 압축 표현은 $O(n)$ 공간을 사용한다.

구성

13.5.1절에서 제시한 것과 같은 점진적 알고리즘을 사용해 길이가 n인 문자열에 대한 접미사 트라이를 구성할 수 있다. 이 구성 방식은 $O(|\Sigma|n^2)$ 시간이 소요되는데, 이는 접미사의 총 길이가 n에 대해 이차적이기 때문이다. 그러나 길이가 n인 문자열에 대한 (압축) 접미사 트라이는 특수 알고리즘을 사용하면 $O(n)$ 시간에 구성할 수 있다. 이 선형 시간 구성 알고리즘은 상당히 복잡하기 때문에 여기서는 소개하지 않는다. 그럼에도 불구하고 접미사 트라이를 다른 문제 해결에 활용하고자 할 때 이 빠른 구성 알고리즘이 존재한다는 사실을 유용하게 활용할 수 있다.

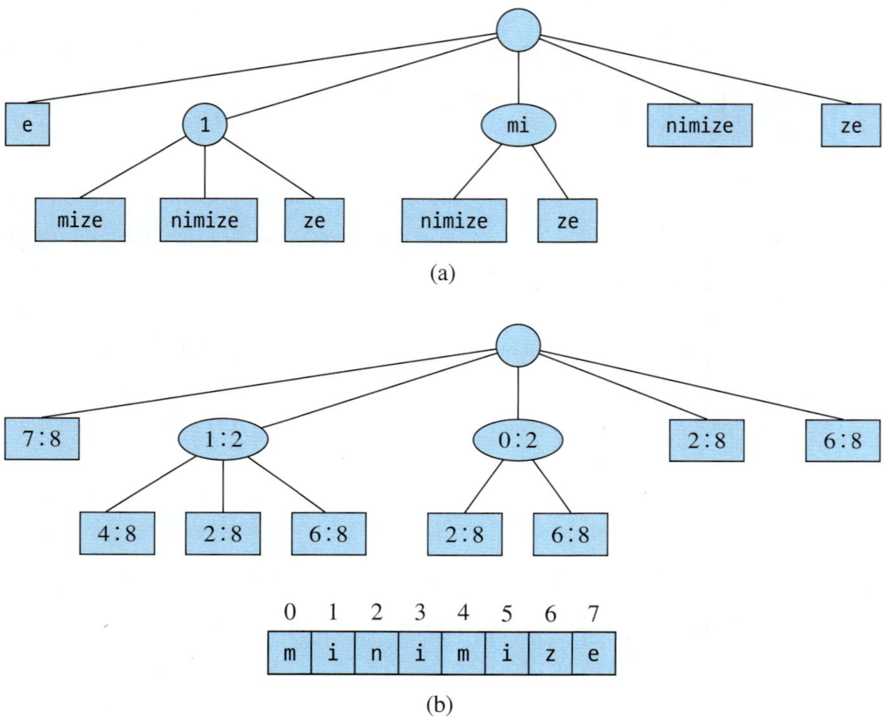

그림 13.14 (a) 문자열 X = "minimize"에 대한 접미사 트라이 T. (b) T의 압축 표현. 여기서 쌍 $(j:k)$는 기준 문자열에서 $X[j:k]$ 부분 문자열을 나타낸다.

접미사 트라이 사용하기

문자열 X에 대한 접미사 트라이 T는 텍스트 X에서 패턴 매칭 질의를 효율적으로 수행하는 데 사용할 수 있다. 즉, 패턴 P가 T에서 P와 연관된 경로를 추적하여 X의 부분 문자열인지 확인할 수 있다. P가 X의 부분 문자열이려면 해당 경로를 추적할 수 있어야만 한다. 트라이 T를 따라 검색을 수행할 때는 T의 노드가 접미사 트라이의 간결한 표현과 관련하여 다음과 같은 추가 정보를 저장한다고 가정한다.

> 노드 v에 라벨(j, k)이 있고 Y가 루트에서 v까지의 경로와 연관된 길이 y의 문자열(포함)인 경우 $X[k - y : k] = Y$다.

이 속성은 텍스트에서 패턴이 매칭되는 시작 인덱스를 쉽게 계산할 수 있도록 해준다.

13.5.4 검색 엔진 인덱싱

월드 와이드 웹에는 방대한 양의 텍스트 문서(웹 페이지)가 존재한다. 이러한 페이지에 대한 정보를 **웹 크롤러**(Web crawler)라는 프로그램에서 수집하며, 웹 크롤러는 해당 정보를 특수한 사전형 데이터베이스에 저장한다. **웹 검색 엔진**(Web search engine)은 사용자가 이 데이터베이스로부터 관련 정보를 검색할 수 있도록 해주며, 이를 통해 주어진 키워드를 포함한 관련 웹 페이지를 식별할 수 있다. 여기서는 검색 엔진의 단순화된 모델을 소개한다.

역파일

검색 엔진이 저장하는 핵심 정보는 **역색인**(inverted index) 또는 **역파일**(inverted file)이라고 하는 딕셔너리로, 키-값 쌍 (w, L)을 저장한다. 여기서 w는 단어이고 L은 단어 w가 포함된 페이지 모음이다. 이 딕셔너리의 키(단어)를 **색인어**(index terms)라고 하며 색인어는 가능한 한 큰 어휘 항목과 고유 명사의 집합이어야 한다. 이 딕셔너리의 원소를 **출현 목록**(occurrence list)이라고 하며 출현 목록은 가능한 한 많은 웹 페이지를 포함해야 한다.

다음과 같은 자료구조를 이용해 역색인을 효율적으로 구현할 수 있다.

1. 각 색인어의 출현 목록을 저장하는 배열(순서는 상관없음)
2. 색인어 집합에 대한 압축 트라이. 각 단말 노드는 해당 색인어의 출현 목록이 저장된 배열의 인덱스를 저장함

출현 목록을 트라이 외부에 저장하는 이유는 트라이 자료구조의 크기를 내부 메모리에 들어갈 만큼 충분히 작게 유지하기 위함이다. 출현 목록은 크기가 크기 때문에 디스크에 저장해야 한다.

이 자료구조를 사용하면 단일 키워드에 대한 질의는 단어 매칭 질의(13.5.1절)와 유사하게 처리된다. 즉, 트라이에서 해당 키워드를 찾고, 연결된 출현 목록을 반환한다.

여러 개의 키워드가 주어지고 그 모든 키워드를 포함하는 페이지를 찾고자 할 때는, 각 키워드에 대한 출현 목록을 트라이를 통해 검색한 뒤, 이들 목록의 교집합을 반환한다. 교집합 연산을 쉽게 수행하기 위해, 각 출현 목록은 주소 기준으로 정렬된 시퀀스 또는 효율적인 집합 연산이 가능한 맵 형태로 구현하는 것이 좋다.

지정된 키워드를 포함한 페이지 목록을 반환하는 기본 기능 외에도, 검색 엔진은 결과 페이지들을 관련성에 따라 순위를 매겨서 중요한 부가 서비스를 제공한다. 검색 엔진에서 빠르고 정확한 랭킹 알고리즘을 설계하는 일은 컴퓨터 과학자와 전자 상거래 기업의 중요한 도전 과제다.

13.6 연습 문제

기본 문제

R-13.1 문자열 P = "aaabbaaa"의 접두사 중에서 접미사이기도 한 것들을 모두 나열하라.

R-13.2 문자열 ""cgtacgttcgtacg"의 접두사 중에서 접미사이기도 한 가장 긴 진접두사는 무엇인가?

R-13.3 "aaabaadaabaaa"를 텍스트로 하고 "aabaaa"를 패턴으로 하여, 브루트 포스 패턴 매칭이 수행하는 비교 과정을 그림으로 나타내라.

R-13.4 연습 문제 **R-13.3**을 보이어-무어 알고리즘으로 다시 수행하되, last(c) 함수 계산을 위한 비교는 포함하지 말고 비교 과정을 나타내라.

R-13.5 연습 문제 **R-13.3**을 크누스-모리스-프랫 알고리즘으로 다시 수행하되, 실패 함수 계산을 위한 비교는 포함하지 말고 비교 과정을 나타내라.

R-13.6 패턴 문자열 "the quick brown fox jumped over a lazy cat"에 대해 보이어-무어 알고리즘에서 사용하는 마지막 등장 함수를 계산하라.

R-13.7 패턴 문자열 "cgtacgttcgtac"에 대해 크누스-모리스-프랫 실패 함수(failure function) 테이블을 계산하라.

R-13.8 차원이 10×5, 5×2, 2×20, 20×12, 12×4, 4×60인 행렬 연쇄 곱을 곱할 때 가장 효율적인 방법은 무엇인가? 계산 과정을 보여라.

R-13.9 그림 13.8에서는 주어진 문자열 X와 Y에 대해 GTTTAA가 최장 공통 부분 시퀀스임을 나타낸다. 그러나 이 답은 유일하지 않다. X와 Y의 길이가 6인 다른 최장 공통 부분 시퀀스를 하나 제시하라.

R-13.10 다음 두 문자열에 대해 최장 공통 부분 수열 배열 L을 작성하라. 또한 이 두 문자열의 최장 공통 부분 시퀀스는 무엇인가?

X = "skullandbones"

Y = "lullabybabies"

R-13.11 문자열 "dogs do not spot hot pots or cats"에 대해 빈도 배열과 허프만 트리를 작성하라.

R-13.12 다음 문자열 집합에 대한 표준 트라이(trie)를 작성하라.

{ abab, baba, ccccc, bbaaaa, caa, bbaacc, cbcc, cbca }

R-13.13 연습 문제 **R-13.2**의 문자열 집합에 대해 압축 트라이를 작성하라.

R-13.14 문자열 "minimize minime"에 대한 접미사 트라이의 압축 표현을 작성하라.

응용 문제

C-13.15 길이 n의 텍스트 T와 길이 m의 패턴 P를 제시하라. 브루트 포스 패턴 매칭 알고리즘의 수행 시간이 $\Omega(nm)$ 되도록 하라.

C-13.16 브루트 포스 패턴 매칭 알고리즘을 변형하여 텍스트 T에서 패턴 P가 마지막으로 등장하는 위치를 반환하는 rfind_brute(T, P) 함수를 구현하라.

C-13.17 연습 문제 **R-13.16**을 보이어-무어 패턴 매칭 알고리즘에 적용하여 rfind_boyer_moore(T, P) 함수를 구현하라.

C-13.18 연습 문제 **C-13.16**을 크누스-모리스-프랫 패턴 매칭 알고리즘에 적용하여 rfind_kmp(T, P) 함수를 구현하라.

C-13.19 파이썬의 문자열 메서드 count는 문자열 내에서 겹치지 않는 패턴 등장 횟수를 반환한다. 예를 들어 'abababa'.count('aba')는 3이 아니라 2를 반환한다. 이와 비슷한 결과를 얻도록 브루트 포스 패턴 매칭 알고리즘을 변형하여 count_brute(T, P) 함수를 구현하라.

C-13.20 연습 문제 **C-13.19**를 보이어-무어 패턴 매칭 알고리즘에 적용해 count_boyer_moore(T, P) 함수를 구현하라.

C-13.21 연습 문제 **C-13.19**를 크누스-모리스-프랫 패턴 매칭 알고리즘에 적용해 count_kmp(T, P) 함수를 구현하라.

C-13.22 compute_kmp_fail 함수(코드 13.4)가 길이 m의 패턴에 대해 $O(m)$ 시간에 수행되는 이유를 설명하라.

C-13.23 길이 n의 텍스트 T와 길이 m의 패턴 P가 주어졌을 때, T의 접두사 중 P에서 가장 긴 접두사를 찾는 $O(n + m)$ 시간 알고리즘을 작성하라.

C-13.24 길이 m의 패턴 P가 길이 n의 텍스트 T의 **순환 부분 문자열**인지 판단하는 방법을 설명하라. P가 T의 일반적인 부분 문자열이거나, T의 접미사와 접두사를 이어 붙인 결과이면 된다. 즉, $0 \le k < m$인 어떤 인덱스 k가 존재하여 $P = T[n - m + k : n] + T[0 : k]$가 되면, P는 T의 순환 부분 문자열이다. 이를 $O(n + m)$ 시간에 판별하는 방법을 제시하라.

C-13.25 크누스-모리스-프랫 패턴 매칭 알고리즘은 패턴 P의 실패 함수를 다음과 같이 재정의함으로써 이진 문자열에서 더 빠르게 동작하도록 개선할 수 있다.

$f(k)$ = 가장 큰 $j < k$ such that $P[0 : j]$이 $P[1 : k + 1]$의 접두사다.

여기서 $\widehat{P}_j$는 P의 j번째 비트의 보수다. 이 새로운 실패 함수를 활용하여 KMP 알고리즘을 어떻게 수정할 수 있는지 설명하라. 또한 이 실패 함수를 계산하는 방법을 제시하라. 마지막으로, 이 방법이 텍스트와 패턴 간 비교 횟수를 최대 m번으로 줄일 수 있음을 설명하라(기존 KMP 알고리즘에서는 최대 $2n$번 비교할 수 있음. 13.2.3절 참고).

C-13.26 이 장에서 소개한 단순화된 보이어-무어 알고리즘을 수정하여 KMP 알고리즘의 아이디어를 적용해 $O(n + m)$ 시간에 수행되도록 하라.

C-13.27 행렬 곱셈 문제에서 연산 수를 최소화하는 괄호 치기 방법을 출력하는 효율적인 알고리즘을 작성하라.

C-13.28 오스트레일리아 원주민인 Anataji가 물병 하나만 들고 사막을 건너려 한다. 그는 물웅덩이들의 위치가 표시된 지도를 가지고 있다. 한 번 물을 채우면 k마일을 걸을 수 있다고 할 때, Anataji가 가능한 한 적게 멈춰서 물을 채우는 효율적인 알고리즘을 작성하고, 이 알고리즘이 올바르다는 것을 증명하라.

C-13.29 25센트, 10센트, 5센트, 1센트의 4종류 동전이 주어졌을 때, 주어진 값을 최소 개수의 동전으로 지불하는 효율적인 그리디 알고리즘을 작성하고, 이 알고리즘이 올바르다는 것을 증명하라.

C-13.30 최소 개수로 지불하는 동전 교환 알고리즘이 실패하도록 만드는 동전 액면값 예를 제시하라.

C-13.31 **미술관 감시**(art gallery guarding) 문제를 생각해 보자. 긴 복도를 나타내는 선분 L과, 복도 내 그림들의 위치를 나타내는 실수 집합 $X = \{x_0, x_1, \ldots, x_{n-1}\}$가 주어졌다고 하자. 각 그림은 양쪽으로 1 이내 거리 안에서 감시할 수 있다. 최소한의 경비원을 배치하여 모든 그림을 감시할 수 있도록 하는 알고리즘을 작성하라.

C-13.32 P가 볼록 다각형(convex polygon)이고, P를 **삼각형** 분할하는 것은 P의 꼭짓점을 연결하는 대각선들을 추가하여 각 내측의 면이 삼각형이 되도록 하는 것이다. 삼각형 분할의 **가중치**(weight)는 대각선 길이의 합이다. 길이를 상수 시간 안에 계산하고 이들을 더한 후 비교할 수 있다고 가정할 때, P의 최소 가중치 삼각형 분할을 계산하는 효율적인 알고리즘을 제시하라.

C-13.33 길이 n의 텍스트 T가 주어졌을 때, T를 뒤집은 문자열의 부분 문자열인 T의 가장 긴 접두사를 $O(n)$ 시간에 찾는 알고리즘을 작성하라.

C-13.34 문자열 T가 주어졌을 때, T의 접미사 중 가장 긴 **회문**(palindrome)을 찾는 효율적인 알고리즘을 작성하고 수행 시간을 분석하라.

C-13.35 수열 $S = (x_0, x_1, \ldots, x_{n-1})$가 주어졌을 때, $T = (x_{i_0}, x_{i_1}, \ldots, x_{i_{k-1}})$로 표현되는 가장 긴 감소하는 부분 시퀀스를 $O(n^2)$ 시간에 찾는 알고리즘을 작성하라. 여기서 인덱스들은 $i_j < i_{j+1}$이고, 값들은 $x_{i_j} > x_{i_{j+1}}$을 만족해야 한다.

C-13.36 텍스트 T가 주어졌을 때, 패턴 P가 T의 부분 문자열이 아닌 부분 수열인지를 판별하는 효율적인 알고리즘을 작성하고 수행 시간을 분석하라.

C-13.37 길이 n과 m인 문자열 X와 Y에 대해, X를 Y로 바꾸는 데 필요한 최소 편집 횟수를 편집 거리(edit distance)라고 정의한다. 편집 연산은 문자 삽입 · 삭제 · 대치다. 예를 들어 `"algorithm"`과 `"rhythm"`의 편집 거리는 6이다. X와 Y 사이의 편집 거리를 $O(nm)$ 시간에 계산하는 알고리즘을 작성하라.

C-13.38 길이 n과 m인 문자열 X와 Y가 주어졌다고 하자. 접미사 $X[n - j : n]$과 접미사 $Y[m - k : m]$의 최장 공통 부분 문자열의 길이를 $B(j, k)$라고 정의하자. $j = 1, \ldots, n$ 및 $k = 1, \ldots, m$에 대해 모든 $B(j, k)$ 값을 계산하는 $O(nm)$ 시간 알고리즘을 작성하라.

C-13.39 Anna는 사탕 가게에서 사탕을 n개 가져갈 수 있는 이벤트에 당첨되었다. 항아리에는 사탕이 총 m개 있으며, 항아리 j에는 n_j개의 사탕이 들어 있고, 사탕 하나의 가격은 c_j라고 하자. Anna는 어떤 사탕은 비싸고 어떤 사탕은 싸다는 것을 알고 있다. Anna가 가져가는 사탕의 가치를 최대화하는 $O(n + m)$ 시간 알고리즘을 작성하라. 또한 이 알고리즘이 최적의 선택을 보장함을 증명하라.

C-13.40 크기가 n인 정수 배열 A, B, C가 주어지고, 임의의 정수 k가 주어졌다고 하자. A, B, C에서 각각 하나씩 a, b, c를 골라 $a + b + c = k$가 되는지를 판단하는 $O(n^2 \log n)$ 시간 알고리즘을 작성하라.

C-13.41 연습 문제 **C-13.40**을 $O(n^2)$ 시간에 해결하는 알고리즘을 작성하라.

C-13.42 길이 n의 문자열 X와 길이 m의 문자열 Y가 주어졌을 때, X의 접미사 중 Y의 접미사이기도 한 최장 접미사를 찾는 $O(n + m)$ 시간 알고리즘을 작성하라.

C-13.43 표준 문자열과 압축된 문자열이 주어졌을 때, 압축 문자열을 표준 문자열로 되돌리는 알고리즘을 작성하고 수행 시간을 분석하라.

C-13.44 압축된 문자열을 복원하지 않고도 두 압축 문자열이 같은지를 판별하는 효율적인 알고리즘을 작성하라.

C-13.45 주어진 압축 표현에서 압축률을 계산하는 알고리즘을 작성하라.

프로젝트 문제

P-13.46 LCS 알고리즘을 사용해 일부 DNA 문자열 간의 최적 서열 정렬을 계산하라. DNA 문자열은 GenBank에서 온라인으로 구할 수 있다.

P-13.47 두 개의 문자열(예 DNA 서열 표현)을 입력받아 이들의 편집 거리를 계산하고, 해당되는 부분 문자열을 보여주는 프로그램을 작성하라(연습 문제 **C-13.37** 참고).

P-13.48 브루트 포스 알고리즘과 KMP 패턴 매칭 알고리즘에 대해, 다양한 길이의 패턴을 대상으로 문자 비교 횟수를 기준으로 하여 효율성을 실험적으로 분석하라.

P-13.49 브루트 포스 알고리즘과 보이어-무어 패턴 매칭 알고리즘에 대해, 다양한 길이의 패턴을 대상으로 문자 비교 횟수를 기준으로 하여 효율성을 실험적으로 분석하라.

P-13.50 브루트 포스, KMP, 보이어-무어 패턴 매칭 알고리즘의 상대적인 수행 속도를 실험적으로 비교하라. 다양한 길이의 패턴으로 긴 텍스트 문서를 검색할 때의 실행 시간을 기록하라.

P-13.51 파이썬의 `str` 클래스에서 `find` 메서드의 효율성을 실험하고, 이 메서드가 사용하는 패턴 매칭 알고리즘에 대한 가설을 세워라. 최선과 최악의 경우 실행 시간을 유발할 수 있는 입력을 사용하여 실험하고, 실험 결과와 결론을 기술하라.

P-13.52 허프만 코딩을 기반으로 압축 및 압축 해제 방식을 구현하라.

P-13.53 ASCII 문자열 집합을 위한 표준 트라이를 구현하는 클래스를 작성하라. 클래스는 문자열 리스트를 인자로 받는 생성자와 특정 문자열이 트라이에 저장되어 있는지를 테스트하는 메서드를 가져야 한다.

P-13.54 ASCII 문자열 집합을 위한 압축 트라이를 구현하는 클래스를 작성하라. 클래스는 문자열 리스트를 인자로 받는 생성자와 특정 문자열이 트라이에 저장되어 있는지를 테스트하는 메서드를 가져야 한다.

P-13.55 ASCII 문자열을 위한 접두사 트라이를 구현하는 클래스를 작성하라. 클래스는 문자열을 인자로 받는 생성자와 문자열에서 패턴 매칭을 수행하는 메서드를 가져야 한다.

P-13.56 13.5.4절에서 설명한 단순화된 검색 엔진을 구현하여 작은 웹 사이트의 페이지를 처리하라. 사이트의 모든 단어를 인덱스 용어로 사용하되, 관사 · 전치사 · 대명사 같은 불용어는 제외하라.

P-13.57 13.5.4절에서 설명한 단순화된 검색 엔진에 페이지 랭킹 기능을 추가하여 작은 웹 사이트의 페이지를 처리하라. 페이지 랭킹 기능은 가장 관련성 높은 페이지를 먼저 반환해야 한다. 사이트의 모든 단어를 인덱스 용어로 사용하되, 관사 · 전치사 · 대명사 같은 불용어는 제외하라.

참고 사항

KMP 알고리즘은 Knuth, Morris, Pratt가 저널 논문 [66]에서 설명하였다. Boyer와 Moore도 같은 해에 논문 [18]에서 자신들의 알고리즘을 발표하였다. Knuth 등 [66]은 Boyer-Moore 알고리즘이 선형 시간에 실행됨을 증명하기도 하였다. 이후 Cole [27]은 Boyer-Moore 알고리즘이 최악의 경우에도 최대 $3n$번의 문자 비교만 수행하며, 이 경계가 엄밀함을 보였다. 이 장에서 다룬 모든 알고리즘은 Aho의 저서 [4]에서도 다루고 있으며, 정규 표현식 패턴 매칭 방법 등을 포함하여 더욱 이론적인 틀에서 설명하고 있다. 문자열 패턴 매칭 알고리즘을 더 깊이 공부하고자 하는 독자는 Stephen의 저서 [90]와 Aho [4], Crochemore, Lecroq의 저서 [30]를 참고하라.

동적 프로그래밍은 운용 연구 분야에서 개발되었으며, Bellman [13]에 의해 체계화되었다.

트라이는 Morrison [79]이 발명했으며, Knuth의 고전 『*Sorting and Searching*』 [65]에서 자세히 다뤄진다. 'Patricia'라는 이름은 'Practical Algorithm to Retrieve Information Coded in Alphanumeric'의 약어다[79]. McCreight [73]는 접미사 트라이를 선형 시간에 구성하는 방법을 제시했다. 웹 검색 엔진에 대한 논의를 비롯한 정보 검색 분야에 대한 기본 내용은 Baeza-Yates와 Ribeiro-Neto의 저서 [8]에서 확인할 수 있다.

CHAPTER 14

그래프

14.1 그래프

그래프(graph)는 객체 쌍 간의 관계를 표현하는 방법이다. 즉, 그래프는 **정점**(vertex)이라는 객체들의 집합과 정점 간 쌍을 연결하는 **간선**(edge)의 집합으로 이루어져 있다. 그래프는 매핑, 교통, 컴퓨터 네트워크, 전기공학 등 다양한 분야에서 활용된다. 다만, 여기서 말하는 '그래프'라는 개념은 막대그래프나 함수 플롯과는 다른 개념이며 이런 종류의 그래프는 이 장의 주제와 관련이 없다.

추상적으로 보면, 그래프 G는 정점 집합 V와 V에 속한 정점 쌍으로 이루어진 **간선**들의 집합 E로 이루어져 있다. 즉, 그래프는 어떤 집합 V의 객체 쌍 사이의 연결이나 관계를 표현하는 방식이다. 일부 책에서는 정점을 **노드**, 간선을 **호**라고 부르기도 하지만, 여기서는 '정점'과 '간선'이라는 용어를 사용하기로 한다.

그래프의 간선은 **방향**(directed) **간선** 또는 **무방향**(undirected) **간선**로 나뉜다. 간선 (u, v)가 순서쌍일 경우, 즉 u에서 v로 향하는 방향이 명확할 경우 이를 방향 간선이라 한다. 반면 (u, v)가 순서쌍이 아닐 경우, 즉 u와 v 사이에 방향이 없을 경우 이를 무방향 간선이라 한다. 무방향 간선은 집합 표기 $\{u, v\}$로 나타낼 수 있지만, 간단히 (u, v)로 표기하며 이 경우 (u, v)와 (v, u)는 동일한 간선을 의미한다. 그래프는 보통 정점을 타원이나 사각형으로 나타내고, 간선은 이들을 잇는 선분이나 곡선으로 시각화한다. 다음은 방향 그래프와 무방향 그래프의 예제다.

예제 14.1 특정 분야의 연구자들 간 협업 관계를 시각화할 수 있다. 각 정점을 연구자 자신으로 두고, 논문이나 책을 공동 저술한 경우 그 쌍을 연결하는 간선을 추가하여 그래프를 구성한다(그림 14.1 참고). 이러한 간선은 무방향 간선인데, 공동 저술은 **대칭적**(symmetric) 관계이기 때문이다. 즉, A가 B와 공동 저술을 했다면, B도 반드시 A와 공동 저술을 한 것이다.

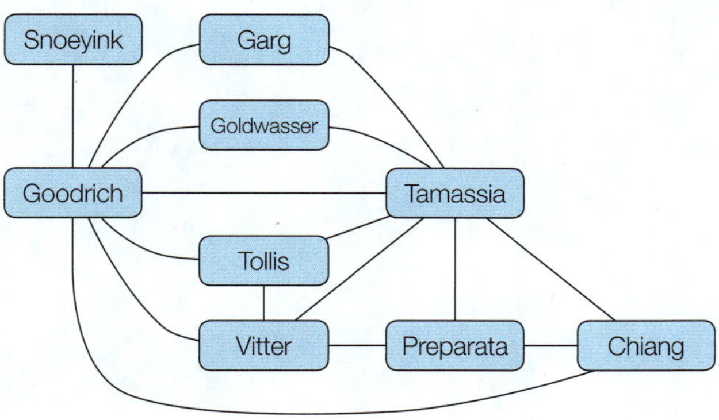

그림 14.1 일부 저자들 사이의 공동 저술 관계를 나타낸 그래프

예제 14.2 객체 지향 프로그램에서는 정의된 클래스들을 정점으로 하고 클래스 간의 상속 관계를 간선으로 표현한 그래프를 만들 수 있다. 정점 v에서 u로 향하는 간선이 있으면 클래스 v가 클래스 u로부터 상속받았다는 뜻이다. 이러한 간선은 방향성을 가지는데, 상속 관계가 한 방향으로만 진행되기 때문이다. 즉, 이 관계는 **비대칭적**(asymmetric)이다.

그래프의 모든 간선이 무방향이면 **무방향 그래프**라고 한다. 반대로 모든 간선이 방향을 가지면 **방향 그래프** 또는 **디그래프**(digraph)라고 한다. 방향 간선과 무방향 간선을 모두 포함하는 그래프는 **혼합 그래프**라고 한다. 무방향 그래프나 혼합 그래프에서 무방향 간선 (u, v)를 방향 간선 (u, v)와 (v, u)로 바꾸어 이들 그래프를 방향 그래프로 변환할 수 있다. 그러나 무방향 그래프나 혼합 그래프를 그대로 사용하는 편이 더 유용한 경우도 많다. 실제로 다음 예제와 같이 다양한 분야에서 그대로 쓰인다.

예제 14.3 도시 지도는 교차로나 막다른 길을 정점으로 하고, 이들 사이의 도로 구간을 간선으로 하여 그래프로 표현할 수 있다. 이 그래프에는 양방향 도로에 해당하는 무방향 간선과 일방통행 도로에 해당하는 방향 간선이 함께 존재한다. 이런 방식으로 도시 지도를 모델링한 그래프는 혼합 그래프가 된다.

예제 14.4 전기 배선이나 건물의 배관처럼 실제 네트워크도 그래프로 표현할 수 있다. 각 연결부나 기기, 출구를 정점으로 보고, 끊기지 않은 배선이나 배관 구간을 간선으로 본다. 이런 그래프는 사실 지역 전력망이나 수도망 같은 더 큰 시스템의 일부다. 이 그래프에서 어떤 측면에 관심을 두느냐에 따라 간선을 무방향 또는 방향으로 간주할 수 있다. 예를 들어 물은 파이프를 따라 흐르고, 전류는 전선을 따라 양방향으로 흐를 수 있기 때문이다.

정점 u와 v가 하나의 간선으로 연결되어 있으면 서로 **인접**(adjacent)한다고 하며, 간선은 해당 정점에 **부착**(incident)되어 있다고 한다. 어떤 정점에서 시작하는 방향 간선은 **출발 간선**(outgoing edge)이고, 해당 정점으로 향하는 방향 간선은 **도착 간선**(incoming edge)이다. 정점 v의 **차수**(degree)는 그 정점에 연결된 간선의 수이며 $\deg(v)$로 나타낸다. 방향 그래프에서는 정점 v로 진입하는 간선 수를 **진입 차수**(in-degree), 정점 v에서 진출하는 간선 수를 **진출 차수**(out-degree)라고 하며 각각 $\text{indeg}(v)$, $\text{outdeg}(v)$로 표기한다.

예제 14.5 항공 교통을 그래프 G로 모델링할 수 있다. 이를 **항공편 네트워크**(flight network)라고 하며, 정점은 공항에 해당하고 간선은 항공편에 해당한다(그림 14.2 참고). 그래프 G의 간선에는 방향성이 있는데, 항공편은 특정 방향으로 이동하기 때문이다. 간선 e의 두 끝점은 각각 해당 항공편의 출발지와 도착지 공항에 해당한다. 두 공항 사이에 항공편이 존재하면 그래프 G에서 이 두 정점은 인접한 것이다. 간선 e가 정점 v에 인접되었다는 것은 해당 항공편 e가 공항 v를 출발하거나 도착한다는 뜻이다. 정점 v에서 나가는 간선들은 공항 v에서 출발하는 항공편에 해당하고, 들어오는 간선들은 공항 v에 도착하는 항공편에 해당한다. 따라서 정점 v의 진입 차수는 공항 v로 도착하는 항공편 수를 나타내고, 진출 차수는 공항 v에서 출발하는 항공편 수를 나타낸다.

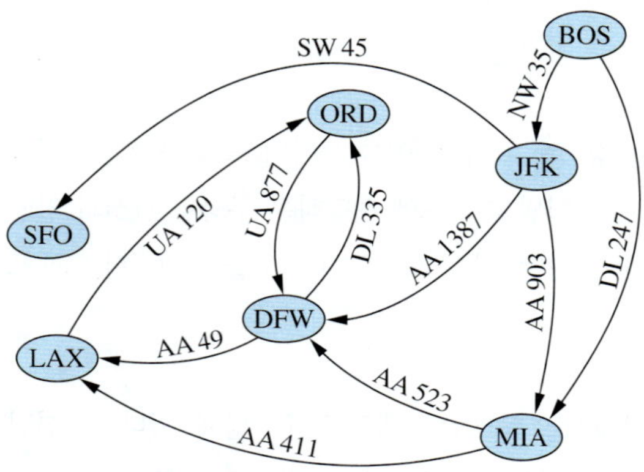

그림 14.2 항공편 네트워크를 나타낸 방향 그래프의 예. 간선 UA 120의 양 끝점은 LAX와 ORD이며, 따라서 두 공항은 인접해 있다. DFW의 진입 차수는 3이고, 진출 차수는 2다.

그래프에서 간선의 정의는 모음(collection)이지 집합(set)이 아니다. 따라서 같은 두 정점을 연결하는 무방향 간선이 여러 개 존재할 수 있고, 동일한 방향으로 같은 출발점과 도착점을 갖는 방향 간선이 여러 개 존재할 수 있다. 이런 간선을 **중복 간선**(parallel edge) 또는 **다중 간선**(multiple edge)이라 한다. 항공편 네트워크는 다중 간선을 가질 수 있는데, 같은 노선에 대해 서로 다른 시간대의 항공편이 운영되는 경우가 그렇다. 또 다른 특별한 형태의 간선은 정점이 자기 자신을 연결하는 경우다. 간선의 양 끝점이 동일하면 이를 **자기 루프**(self-loop)라고 한다. 예를 들어 도시 지도의 경우(예제 14.3), 자기 루프는 출발점으로 되돌아오는 곡선 도로를 나타낼 수 있다.

대부분의 경우, 그래프는 중복 간선이나 자기 루프를 포함하지 않으며 이런 그래프를 **단순 그래프**(simple graph)라고 한다. 따라서 일반적으로 단순 그래프의 간선은 정점 쌍들의 집합으로 간주할 수 있다. 별도 언급이 없으면 이 장 전체에서 그래프는 단순 그래프라고 가정한다.

경로(path)는 정점과 간선을 번갈아 나열한 순서로, 하나의 정점에서 시작해 다음 정점과 그에 인접한 간선을 따라가며 연결되고, 마지막 정점에서 끝난다. 각 간선은 그 앞뒤 정점에 인접해 있어야 한다. **순환**(cycle)은 시작과 끝이 같은 정점으로 돌아오는 경로이며, 적어도 하나 이상의 간선을 포함해야 한다. 경로에서 모든 정점이 서로 다르면 **단순 경로**(simple path), 순환에서 출발점과 끝점만 같고 나머지 정점이 모두 다르면 **단순 순환**(simple cycle)이라고 한다. 방향 그래프에서는 모든 간선이 방향을 가지며 그 방향을 따라 이동하는 경로를 **방향 경로**(directed path), 같은 방식으로 정의되는 순환을 **방향 순환**(directed cycle)이라 한다. 예를 들어 그림 14.2에서 (BOS, NW 35, JFK, AA 1387, DFW)는 방향 경로이고, (LAX, UA 120, ORD, UA 877, DFW, AA 49, LAX)는 방향 순환이다. 방향 그래프에는 같은 정점 쌍 사이에 서로 반대 방향을 가지는 두 간선으로 이루어진 순환이 존재할 수 있다. 예를 들어 (ORD, UA 877, DFW, DL 335, ORD)가 그러한 예다. 방향 순환이 전혀 존재하지 않으면 그 그래프는 **비순환**(directed acyclic) 그래프다. 예를 들어 그래프에서 UA 877 간선을 제거하면 순환이 사라지므로 남은 그래프는 비순환 그래프가 된다. 그래프가 단순한 경우, 경로 P나 순환 C를 설명할 때 간선 리스트 대신 인접 정점들의 리스트로만 표현해도 된다. 이때 P는 인접 정점들의 리스트, C는 인접 정점들의 순환 리스트다.

예제 14.6 도시 지도를 나타내는 그래프 G가 주어졌다고 하자(예제 14.3 참고). 누군가가 추천받은 식당으로 저녁을 먹으러 가는 여정을 그래프를 따라 이동하는 경로로 모델링할 수 있다. 길을 알고 있고 같은 교차로를 두 번 지나지 않는다면 이 여정은 그래프 G의 단순 경로가 된다. 같은 방식으로, 집에서 식당까지 가고 다시 집으로 돌아오는 여정을 하나의 순환으로 모델링할 수 있다. 만약 식당에서 집으로 돌아올 때 출발할 때와 전혀 다른 길을 택하고 교차로도 반복해서 지나지 않았다면 전체 여정은 단순 순환이 된다. 마지막으로, 만약 일방통행 도로만 따라 이동했다면 이 여정은 방향 순환으로 모델링할 수 있다.

(방향) 그래프 G의 정점 u와 v가 주어졌을 때, G에 u에서 v로 가는 방향 경로가 존재하면 v는 u로부터 **도달 가능**(reachable)하다고 한다. 무방향 그래프에서는 도달 가능성이 대칭적이며, u가 v에 도달할 수 있으면 v도 u에 도달할 수 있다. 그러나 방향 그래프에서는 u에서 v로 갈 수 있다고 해서 v에서 u로 갈 수 있는 것은 아니다. 간선의 방향을 따라가야 하므로 역방향이 없을 수 있기 때문이다. 임의의 두 정점 사이에 항상 경로가 존재하면 그래프는 **연결되어 있다**(connected)고 한다. 방향 그래프에서 모든 정점 쌍이 서로 도달 가능하면 방향 그래프 $\vec{G}$는 **강 연결되어 있다**(strongly connected)고 한다.

그래프 G의 **부분 그래프**(subgraph)는 G의 정점과 간선의 부분집합으로 이루어진 그래프 H다. G의 **스패닝 부분 그래프**(spanning subgraph)는 G의 모든 정점을 포함하는 부분 그래프다. 그래프 G가 연결되어 있지 않으면 그 최대 연결 부분 그래프를 **연결 요소**(connected component)라 한다. 순환이 없는 그래프는 **포리스트**(forest)라 한다. 트리(tree)는 연결된 포리스트, 즉 순환이 없는 연결 그래프다. 그래프의 **스패닝 트리**(spanning tree)는 G의 모든 정점을 포함하는 트리 부분 그래프다. 이 정의는 8장에 나오는 트리의 정의와 다소 다르다. 여기서는 반드시 루트가 정해져 있는 것은 아니기 때문이다.

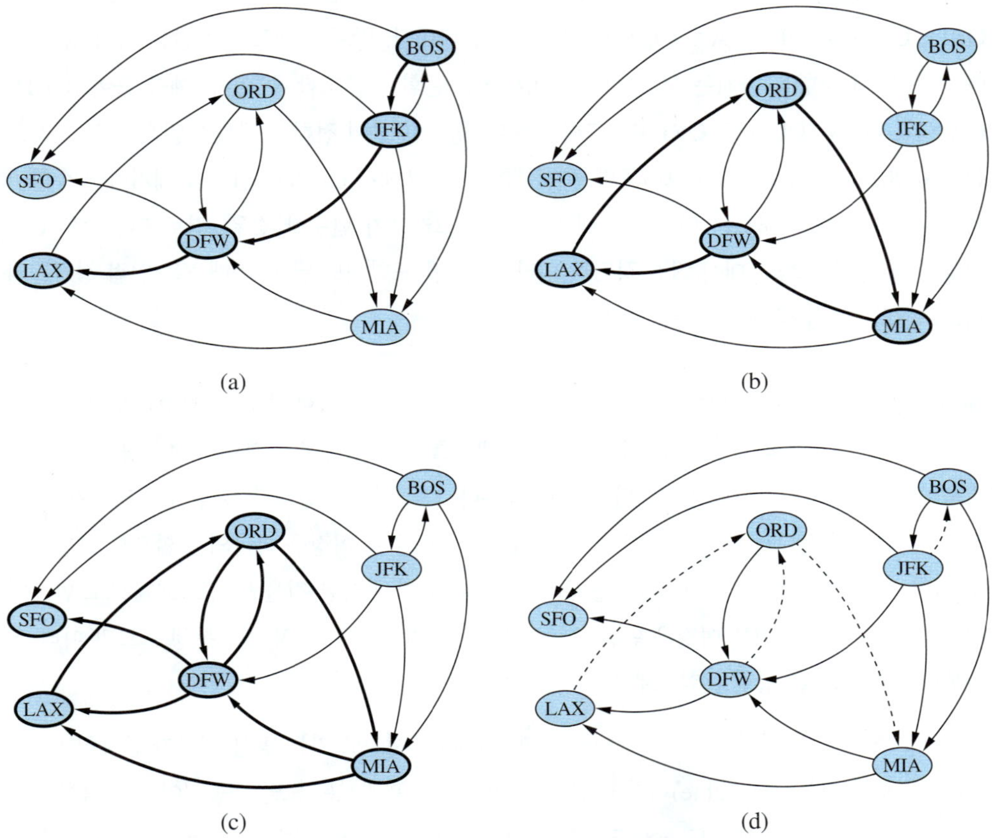

그림 14.3 방향 그래프에서 도달 가능성을 보여주는 예. (a) BOS에서 LAX로 가는 방향 경로가 굵게 표시되어 있다. (b) ORD, MIA, DFW, LAX, ORD로 이루어진 방향 순환이 굵게 표시되어 있으며, 해당 정점들은 강하게 연결된 부분 그래프를 이룬다. (c) ORD로부터 도달 가능한 정점과 간선으로 이루어진 부분 그래프가 굵게 표시되어 있다. (d) 점선으로 표시된 간선을 제거하면 방향 비순환 그래프가 된다.

예제 14.7 오늘날 가장 많이 언급되는 그래프는 아마 인터넷일 것이다. 인터넷은 정점이 컴퓨터이고 간선이 컴퓨터 쌍 사이의 통신 연결인 그래프로 볼 수 있다. 이 간선들은 무방향 간선이다. 하나의 도메인(예 wiley.com) 내에 있는 컴퓨터들과 그 연결은 인터넷의 부분 그래프를 이룬다. 이 부분 그래프가 연결되어 있다면, 해당 도메인 내에 있는 두 사용자는 정보 패킷이 도메인 밖으로 나가지 않고도 서로 이메일을 주고받을 수 있다. 이 부분 그래프의 간선들이 스패닝 트리를 이룬다고 가정해 보자. 그렇다면 단 하나의 연결만 끊겨도, 예를 들어 누군가 도메인 내 컴퓨터 뒷면의 통신 케이블을 뽑았다면, 이 부분 그래프는 더 이상 연결되어 있지 않게 된다.

다음에 제시하는 명제는 그래프의 몇 가지 중요한 성질을 설명한다.

명제 14.8 G가 m개의 간선과 정점 집합 V를 갖는 그래프일 때 다음이 성립한다.

$$\sum_{v \text{ in } V} deg(v) = 2m$$

증명 간선 (u, v)는 합산에서 두 번 계산된다. 한 번은 정점 u에서, 또 한 번은 정점 v에서 계산된다. 따라서 각 정점의 차수를 모두 더한 값은 전체 간선 수의 두 배가 된다. ■

명제 14.9 G가 m개의 간선과 정점 집합 V를 갖는 방향 그래프일 때 다음이 성립한다.

$$\sum_{v \text{ in } V} indeg(v) = \sum_{v \text{ in } V} outdeg(v) = m$$

증명 방향 그래프에서 간선 (u, v)는 출발점 u의 진출 차수에 1을 더하고 도착점 v의 진입 차수에 1을 더한다. 따라서 모든 정점의 진출 차수를 합한 값은 전체 간선 수와 같으며 진입 차수의 총합도 마찬가지다. ■

이제 정점 수가 n인 단순 그래프는 $O(n^2)$개의 간선을 가질 수 있음을 증명하자.

명제 14.10 G가 정점 수 n과 간선 수 m을 갖는 단순 그래프일 때, 무방향 그래프이면 $m \le n(n-1)/2$이고, 방향 그래프이면 $m \le n(n-1)$이다.

증명 먼저 G가 무방향 그래프라고 하자. 두 간선이 같은 두 정점을 연결할 수 없고 자기 루프도 없으므로 한 정점의 최대 차수는 $n-1$이다. 따라서 명제 14.8에 따라 $2m \le n(n-1)$이므로 $m \le n(n-1)/2$이 된다. 이제 G가 방향 그래프라고 하자. 두 간선이 같은 방향으로 같은 두 정점을 연결할 수 없고 자기 루프도 없으므로 한 정점의 최대 진입 차수는 $n-1$이다. 따라서 명제 14.9에 따라 $m \le n(n-1)$이다. ■

다음은 트리와 관련된 몇 가지 간단한 성질이다.

명제 14.11 G가 정점 수 n과 간선 수 m을 갖는 무방향 트리일 때

- G가 연결되어 있으면 $m \geq n - 1$이다.
- G가 트리이면 $m = n - 1$이다.
- G가 포리스트이면 $m \leq n - 1$이다.

14.1.1 그래프 ADT

그래프는 정점과 간선의 모음이다. 이 추상화를 `Vertex`, `Edge`, `Graph`라는 세 개의 데이터 타입의 조합으로 모델링해 보자. `Vertex`는 사용자가 제공한 임의의 항목(예 공항 코드)을 저장하는 가벼운 객체이며, 해당 항목을 반환하는 `element()` 메서드를 지원한다고 가정한다. `Edge`도 항공편 번호나 거리, 비용과 같은 관련 정보를 저장하는 객체로 보고, `element()` 메서드로 그 값을 반환할 수 있다고 가정한다. 또한 간선은 다음과 같은 메서드를 제공한다고 가정한다.

- **`endpoints()`**: 간선의 출발점 u와 도착점 v로 구성된 튜플 (u, v)를 반환한다. 무방향 그래프의 경우 방향은 임의로 정해진다.
- **`opposite(v)`**: 정점 v가 간선의 한 끝점일 때, 반대쪽 끝점을 반환한다. v가 출발점이든 도착점이든 상관없다.

그래프 추상화는 `Graph` ADT다. 무방향 또는 방향 그래프로 정의되며, 이는 생성 시 명시된다. 혼합 그래프는 방향 그래프로 표현할 수 있다. 예를 들어 무방향 간선 $\{u, v\}$는 방향 간선 (u, v)와 (v, u)로 구성된 쌍으로 나타낼 수 있다. `Graph` ADT는 다음과 같은 메서드를 포함한다.

- **`vertex_count()`**: 그래프 내 정점의 개수를 반환한다.
- **`vertices()`**: 모든 정점에 대한 이터레이션을 반환한다.
- **`edge_count()`**: 그래프 내 간선의 개수를 반환한다.
- **`edges()`**: 모든 간선에 대한 이터레이션을 반환한다.
- **`get_edge(u, v)`**: 정점 u에서 정점 v로 향하는 간선을 반환한다. 존재하지 않으면 `None`을 반환한다. 무방향 그래프에서 `get_edge(u, v)`와 `get_edge(v, u)`는 동일하다.

- `degree(v, out=True)`: 무방향 그래프에서는 정점 v에 인접한 간선 수를 반환한다. 방향 그래프에서는 선택적 매개변수가 `True`이면 정점 v에서 진출 간선 수(진출 차수), `False`이면 진입 간선 수(진입 차수)를 반환한다.
- `incident_edges(v, out=True)`: 선택적 매개변수가 `False`이면 들어오는 간선을 보고한다.
- `insert_vertex(x=None)`: 원소 x를 저장하는 새로운 `Vertex`를 생성해 반환한다.
- `insert_edge(u, v, x=None)`: 정점 u에서 정점 v로 향하는 새로운 `Edge`를 생성해 반환하며, x를 저장한다. x는 기본적으로 `None`이다.
- `remove_vertex(v)`: 정점 v와 이 정점에 인접한 모든 간선을 그래프에서 제거한다.
- `remove_edge(e)`: 간선 e를 그래프에서 제거한다.

14.2 그래프를 위한 자료구조

이 절에서는 그래프를 표현하기 위한 자료구조 네 가지를 소개한다. 각각 그래프의 정점들을 저장하기 위한 컬렉션을 유지하지만, 간선을 구성하는 방식에서 다음과 같이 큰 차이를 보인다.

- **간선 리스트**(edge list): 모든 간선의 정렬되지 않은 리스트를 유지한다. 이 방식은 최소한의 정보를 담고 있지만, 특정 간선 (u, v)나 정점 v에 인접한 모든 간선 집합을 빠르게 찾는 방법은 제공하지 않는다.
- **인접 리스트**(adjacency list): 각 정점마다 인접 간선을 따로 저장한 리스트를 유지한다. 전체 간선 집합은 이 작은 집합들의 합집합으로 구성되며, 특정 정점에 인접한 간선을 효율적으로 찾을 수 있다.
- **인접 맵**(adjacency map): 인접 리스트와 매우 비슷하지만 보조 컨테이너가 맵 형태로 구성된다는 점이 다르다. 즉, 인접한 정점을 키로 하여 간선들을 저장해 특정 간선 (u, v)에 대해 $O(1)$ 시간에 접근할 수 있다.
- **인접 행렬**(adjacency matrix): 최악의 경우에도 특정 간선 (u, v)를 $O(1)$ 시간에 접근할 수 있도록 해준다. 이때 정점이 n개인 그래프에 대해 $n \times n$ 크기의 행렬을 유지한다. 각 항목은 정점 u와 v 쌍에 대해 간선 (u, v)를 참조하는 값을 저장하며, 간선이 없으면 `None`이 된다.

이들 자료구조의 성능 요약은 표 14.1과 같다. 바로 이어서 각 구조에 대해 더 자세히 설명한다.

메서드	간선 리스트	인접 리스트	인접 맵	인접 행렬
vertex_count()	$O(1)$	$O(1)$	$O(1)$	$O(1)$
edge_count()	$O(1)$	$O(1)$	$O(1)$	$O(1)$
vertices()	$O(n)$	$O(n)$	$O(n)$	$O(n)$
edges()	$O(m)$	$O(m)$	$O(m)$	$O(m)$
get_edge(u,v)	$O(m)$	$O(\min(d_u, d_v))$	$O(1)$ exp.	$O(1)$
degree(v)	$O(m)$	$O(1)$	$O(1)$	$O(n)$
incident_edges(v)	$O(m)$	$O(d_v)$	$O(\mathrm{dv})$	$O(n)$
insert_vertex(x)	$O(1)$	$O(1)$	$O(1)$	$O(n^2)$
remove_vertex(v)	$O(m)$	$O(d_v)$	$O(d_v)$	$O(n^2)$
insert_edge(u,v,x)	$O(1)$	$O(1)$	$O(1)$ exp.	$O(1)$
remove_edge(e)	$O(1)$	$O(1)$	$O(1)$ exp.	$O(1)$

표 14.1 이 절에서 다룬 그래프 표현 방식을 사용했을 때 그래프 메서드의 수행 시간. n은 정점 수, m은 간선 수, d_v는 정점 v의 차수를 나타낸다. 인접 행렬은 공간 복잡도가 $O(n^2)$이고 나머지는 $O(n + m)$이다.

14.2.1 간선 리스트 구조

간선 리스트(edge list) 구조는 그래프 G를 표현하는 방식 중 가장 단순하지만, 가장 효율적인 방식은 아니다. 모든 정점 객체는 정렬되지 않은 리스트 V에 저장되며, 모든 간선 객체는 정렬되지 않은 리스트 E에 저장된다. 그림 14.4는 그래프 G에 대한 간선 리스트 구조의 예다.

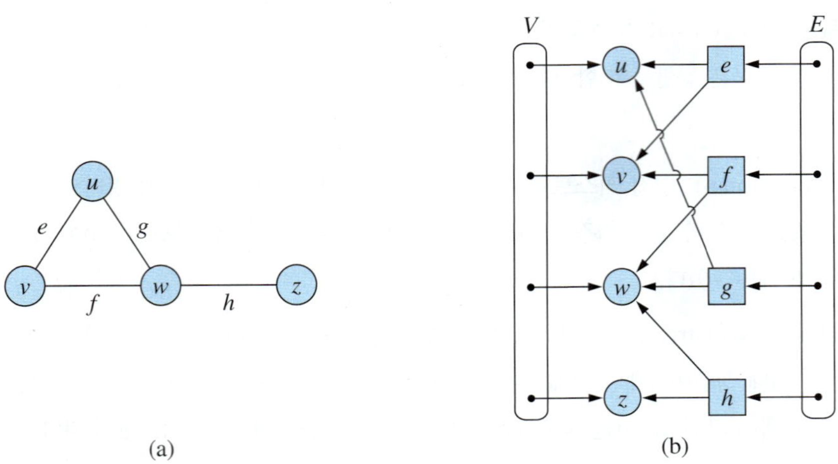

그림 14.4 (a) 그래프 G, (b) G의 간선 리스트 구조에 대한 개략적 표현. 각 간선 객체는 해당 간선의 양 끝점에 해당하는 두 정점 객체를 참조하지만, 정점 객체는 자신에게 인접한 간선들을 참조하지 않는다.

Graph ADT(14.1절)의 다양한 메서드를 지원하기 위해, 간선 리스트 표현에는 다음과 같은 추가 기능이 필요하다. 정점 모음 V와 간선 모음 E는 7장에서 정의한 PositionalList 클래스를 사용하여 이중 연결 리스트로 구성한다.

Vertex 객체

원소 x를 저장하는 정점 v의 객체는 다음과 같은 인스턴스 변수를 가진다.

- element() 메서드를 지원하기 위한 원소 x에 대한 참조
- V는 리스트 V에서 정점 v의 위치에 대한 참조로, 이를 통해 v를 V에서 효율적으로 제거할 수 있음

Edge 객체

원소 x를 저장하는 간선 e의 객체는 다음과 같은 인스턴스 변수를 가진다.

- element()메서드를 지원하기 위한 원소 x에 대한 참조
- 간선 e의 양 끝점인 정점 객체에 대한 참조로, 이를 통해 endpoints()와 opposite(v) 메서드를 상수 시간 내에 지원할 수 있음
- 리스트 E에서 간선 e의 위치에 대한 참조로, 이를 통해 e를 E에서 효율적으로 제거할 수 있음

간선 리스트 구조의 성능

그래프 ADT를 충족하는 간선 리스트 구조의 성능은 표 14.2에 요약되어 있다. 먼저 n개의 정점과 m개의 간선이 있는 그래프를 표현하는 공간 사용량인 $O(n + m)$에 대해 살펴보자. 각 정점 객체나 간선 객체는 $O(1)$ 공간을 사용하며, 리스트 V와 E는 그 항목 수에 비례하는 공간을 사용한다.

수행 시간 측면에서 간선 리스트 구조는 정점 수나 간선 수를 보고하거나 정점과 간선을 순회할 때는 충분히 효율적이다. 리스트 V나 E를 직접 조회함으로써 vertex_count와 edge_count 메서드는 $O(1)$ 시간에 실행되며, 적절한 반복을 통해 정점이나 간선을 순회할 때는 각각 $O(n)$과 $O(m)$ 시간이 걸린다.

하지만 간선 리스트 구조의 가장 큰 제한점은 get_edge(u, v), degree(v), incident_edges(v)와 같은 메서드들의 수행 시간이 $O(m)$이라는 점이다. 이는 그래프의 모든 간선이 정

렬되지 않은 리스트 E에 저장되어 있어, 해당 간선이 존재하는지를 확인하려면 모든 간선을 검사해야 하기 때문이다. 이 절에서 소개하는 다른 구조들은 이러한 연산을 더 효율적으로 수행할 수 있다.

다음으로 그래프를 업데이트하는 메서드를 살펴보자. 새 정점이나 새 간선을 추가하는 연산은 $O(1)$ 시간에 수행할 수 있다. 예를 들어 간선 객체를 새로 만들어 원소 데이터를 저장한 뒤, 그것을 리스트 E에 추가하고 해당 위치 정보를 간선 객체에 저장해 두면 된다. 이후 `remove_edge(e)`에서 그 위치 정보를 활용해 E에서 e를 $O(1)$ 시간에 제거할 수 있다.

한편, `remove_vertex(v)` 메서드는 $O(m)$ 시간이 걸리는데, 이는 정점 v를 삭제할 때 v에 인접한 모든 간선도 함께 제거해야 하기 때문이다. 해당 간선들을 찾으려면 리스트 E의 모든 간선을 검사해야 한다.

메서드	수행 시간
`vertex_count(), edge_count( )`	$O(1)$
`vertices( )`	$O(n)$
`edges( )`	$O(m)$
`get_edge(u,v), degree(v), incident_edges(v)`	$O(m)$
`insert_vertex(x), insert_edge(u, v, x), remove_edge(e)`	$O(1)$
`remove_vertex(v)`	$O(m)$

표 14.2 간선 리스트로 구현된 그래프에서 메서드들의 수행 시간. 정점 수 n, 간선 수 m일 때 공간 복잡도는 $O(n+m)$이다.

14.2.2 인접 리스트 구조

그래프를 간선 리스트로 표현하는 방식과 달리, 인접 리스트 구조는 그래프의 간선을 더 작은 보조 컨테이너로 분산하여 각 정점과 연결된 간선만 저장한다. 구체적으로, 각 정점 v에 대해 $I(v)$라는 컬렉션을 유지하는데, 이를 정점 v의 **인접 간선 컬렉션**(incidence collection)이라 한다. 이 컬렉션은 v에 인접한 간선들을 담는다. 방향 그래프의 경우, 나가는 간선과 들어오는 간선을 각각 $I_{out}(v)$와 $I_{in}(v)$라는 두 컬렉션에 따로 저장할 수 있다. 일반적으로 $I(v)$는 리스트 형태이기 때문에, 이 방식을 인접 리스트 구조라 부른다.

인접 리스트의 기본 구조는 주어진 정점 v에 대한 보조 구조 $I(v)$를 $O(1)$ 시간에 찾을 수 있도록 정점 집합 V를 유지 관리해야 한다. 이는 V를 나타내는 위치 리스트를 사용해 수행할 수 있으며, 각 `Vertex` 객체에서 자신의 인접 간선 컬렉션에 대한 직접 참조를 유지할 수 있다. 그림 14.5는 그래프의 이러한 인접 리스트 구조를 설명한다. 정점에 0에서 $n-1$까지 고유하게 번호가 매겨져 있다면, 배열 기반 구조를 사용하여 보조 리스트에 접근할 수도 있다.

인접 리스트의 가장 큰 장점은 `incident_edges(v)` 메서드를 실행할 때 필요한 간선들만 정확히 포함하고 있다는 점이다. 따라서 $I(v)$에 저장된 간선들을 반복하여 이 메서드를 구현하면 $O(\deg(v))$ 시간에 처리할 수 있다. 여기서 $\deg(v)$는 정점 v의 차수다. 보고해야 할 간선이 $\deg(v)$개 있기 때문에 이 수행 시간은 모든 그래프 표현에 가장 적합한 결과다.

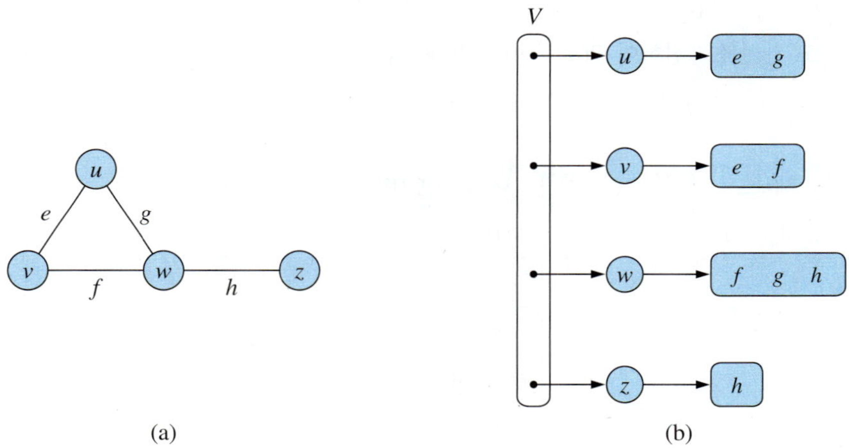

그림 14.5 (a) 무방향 그래프 G, (b) G의 인접 리스트 표현. V는 정점들의 리스트이며, 각 정점은 자신에게 인접한 간선들로 구성된 리스트를 갖는다. Edge 객체는 따로 그려져 있지 않지만, 해당 정점의 인접 간선 리스트에는 간선을 표현했다.

인접 리스트 구조의 성능

표 14.3은 그래프를 인접 리스트 구조로 구현했을 때의 성능을 요약한 것이다. 여기서는 정점 집합 V와 모든 보조 집합 $I(v)$를 이중 연결 리스트로 구현한다고 가정한다.

점근적으로 인접 리스트의 공간 복잡도는 간선 리스트 구조와 동일하며, n개의 정점과 m개의 간선이 있는 그래프의 경우 공간 복잡도는 $O(n+m)$이다. 정점 리스트 V는 $O(n)$ 공간을 사용하고, 명제 14.8과 명제 14.9에 의해 모든 보조 리스트의 길이 합은 $O(m)$이다. 예를 들어 무방향 간선 (u, v)는 $I(u)$와 $I(v)$ 양쪽에 나타나지만 그래프 내 존재는 일정한 추가 공간만 차지한다.

앞서 언급했듯이 `incident_edges(v)` 메서드는 $I(v)$를 이용하여 $O(\deg(v))$ 시간에 처리할 수 있다. `degree(v)` 메서드 역시 $I(v)$의 크기를 빠르게 확인할 수 있다면 $O(1)$ 시간에 처리할 수 있다. `get_edge(u, v)` 메서드를 구현하기 위해서는 $I(u)$와 $I(v)$를 모두 검색할 수 있으며, 더 작은 쪽을 선택하면 $O(\min(\deg(u), \deg(v)))$ 시간에 접근할 수 있다.

표 14.3의 나머지 성능은 추가적인 방법을 통해 달성할 수 있다. 간선 삭제를 효율적으로 지원하려면 간선 (u, v)가 $I(u)$와 $I(v)$ 내의 위치에 대한 참조를 유지해야 하므로 $O(1)$ 시간에 해당 컬렉션에서 간선을 삭제할 수 있다. 정점 v를 제거하려면 인접한 간선도 제거해야 하지만 적어도 $O(\deg(v))$ 시간에 해당 간선을 찾을 수 있다.

$O(m)$에서 `edges()` 메서드를 지원하고 $O(1)$에서 `count_edges()`를 계산하는 가장 쉬운 방법은 간선 리스트 표현에서처럼 간선의 보조 리스트 E를 유지하는 것이다. 그렇지 않으면 각 보조 리스트에 접근하고 간선을 계산하여 $O(n + m)$ 시간에 `edges` 메서드를 구현할 수 있으며, 이때 무방향 간선 (u, v)를 두 번 계산하지 않도록 주의해야 한다.

메서드	수행 시간
`vertex_count(), edge_count( )`	$O(1)$
`vertices( )`	$O(n)$
`edges( )`	$O(m)$
`get_edge(u,v)`	$O(\min(\deg(u), \deg(v)))$
`degree(v)`	$O(1)$
`incident_edges(v)`	$O(\deg(v))$
`insert_vertex(x), insert_edge(u,v,x)`	$O(1)$
`remove_edge(e)`	$O(1)$
`remove_vertex(v)`	$O(\deg(v))$

표 14.3 인접 리스트 구조로 구현된 그래프의 메서드 수행 시간. 정점 수 n, 간선 수 m일 때 공간 복잡도는 $O(n + m)$이다.

14.2.3 인접 맵 구조

인접 리스트 구조에서는 각 정점의 인접 간선 모음을 정렬되지 않은 리스트로 구현한다고 가정한다. 이러한 $I(v)$는 $O(\deg(v))$ 공간을 사용하며, 간선을 $O(1)$ 시간에 추가하거나 삭제할 수 있고 $O(\deg(v))$ 시간에 반복 처리할 수 있다. 그러나 `get_edge(u, v)`를 가장 효율적으로 구현하더라도 $I(u)$나 $I(v)$를 모두 순회해야 하므로 $O(\min(\deg(u), \deg(v)))$ 시간이 걸린다.

이 성능을 개선하기 위해, 정점 v의 $I(v)$를 맵으로 구현할 수 있다. 구체적으로 각 인접 간선에 대해 그 반대쪽 정점을 키로 사용하고, 간선 구조를 값으로 저장한다. 이렇게 그래프를 표현하는 방식을 **인접 맵**(adjacency map)이라 한다(그림 14.6 참고). 이때도 $I(v)$는 $O(\deg(v))$ 공간을 사용하므로 전체 공간은 여전히 $O(n + m)$이다.

인접 맵의 가장 큰 장점은 `get_edge(u, v)` 메서드를 평균적으로 $O(1)$ 시간에 수행할 수 있다는 점이다. 키로 u를 $I(v)$에서 찾거나 v를 $I(u)$에서 찾는 방식으로 동작하기 때문이다. 이는 인접 리스트보다 개선된 방식이며, 최악의 경우에는 $O(\min(\deg(u), \deg(v)))$ 시간으로 인접 리스트와 동일한 성능을 유지한다.

표 14.1에 나온 다른 표현 방식과 비교해 보면, 인접 맵은 거의 모든 연산에서 최적에 가까운 실행 시간을 제공하므로 범용 그래프 표현 방식으로 매우 적합하다.

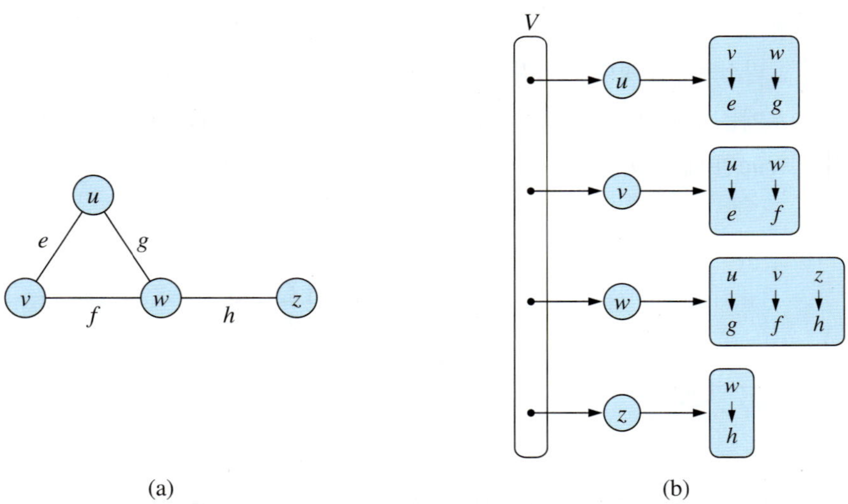

그림 14.6 (a) 무방향 그래프 G, (b) G의 인접 맵 구조에 대한 개략적 표현. 각 정점은 이웃 정점들을 키로 하는 보조 맵을 유지하며, 각 키에 연결된 간선을 값으로 저장한다. Edge 객체는 따로 그려져 있지 않지만, 해당 정점의 인접 간선 리스트에는 간선을 표현했다.

14.2.4 인접 행렬 구조

그래프 G의 **인접 행렬**(adjacency matrix) 구조는 간선 리스트에 행렬 A를 추가한 형태다. 여기서 A는 $n \times n$ 크기의 2차원 배열이며, 정점 쌍 사이의 간선 존재 여부를 최악의 경우 $O(1)$ 시간에 확인할 수 있게 해준다. 인접 행렬 표현에서는 정점들을 집합 $\{0, 1, \ldots, n-1\}$의 정수로 생각하고, 간선을 정수 쌍으로 본다. 행렬 A의 각 셀 $A[i, j]$는 간선 (u, v)에 대한 참조를 저장하며, 여기서 u는 인덱스 i에 해당하는 정점이고 v는 인덱스 j에 해당하는 정점이다. 간선이 없으면 $A[i, j] =$ `None`이다. 무방향 그래프인 경우 A는 대칭 행렬이며, $A[i, j] = A[j, i]$이다(그림 14.7 참고).

인접 행렬의 가장 큰 장점은 어떤 간선 (u, v)가 존재하는지를 최악의 경우에도 $O(1)$ 시간에 확인할 수 있다는 점이다. 인접 맵은 이 연산을 평균적으로 $O(1)$ 시간에 처리하지만, 인접 행렬은 항상 상수 시간에 처리할 수 있다. 그러나 일부 연산은 인접 행렬에서 덜 효율적이다. 예를 들어 정점 v에 인접한 간선들을 찾으려면 $A[v, *]$ 행 전체를 검사해야 하므로 $O(n)$ 시간이 걸린다. 반면 인접 리스트나 맵은 이러한 작업을 $O(\deg(v))$ 시간에 처리할 수 있다. 또한 정점을 추가하거나 제거하는 것은 행렬 크기 변경이 필요하기 때문에 처리하기가 까다롭다.

공간 면에서도 인접 행렬은 $O(n^2)$ 공간을 사용하며, 이는 다른 구조들이 사용하는 $O(n + m)$보다 일반적으로 비효율적이다. 물론 최악의 경우 밀집 그래프의 간선 수가 n^2에 비례할 수 있지만, 대부분의 실제 그래프는 희소하므로 인접 행렬 사용은 비효율적이다. 반면 그래프가 밀집한 경우에는 인접 리스트나 맵보다 오히려 공간 효율이 나을 수 있다. 간선에 추가적인 정보가 필요 없는 경우에는 불리언 배열을 사용하여 각 슬롯에 `True` 또는 `False`만 저장할 수 있으며, $A[i, j] =$ `True`일 때만 (u, v)가 간선이라는 의미로 사용할 수 있다.

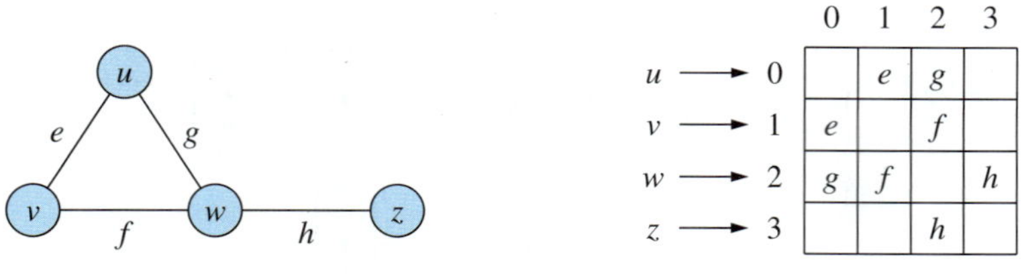

(a) (b)

그림 14.7 (a) 무방향 그래프 G, (b) G에 대한 보조 인접 행렬 구조의 개략적인 표현. 여기서 n개의 정점은 인덱스 $0 \sim n-1$에 매핑된다. 그림에는 표현되지 않았지만 각 간선은 유일한 간선 객체로 관리되며 해당 간선은 양 끝점을 참조한다고 가정한다. 또한 `edges()` 메서드를 $O(m)$ 시간에 구현하기 위해 별도의 간선 리스트도 유지된다고 가정한다.

14.2.5 파이썬 구현

여기서는 그래프 ADT의 파이썬 구현을 소개한다. 구현은 방향 그래프와 무방향 그래프 모두를 지원하지만, 설명의 편의를 위해 무방향 그래프를 기준으로 설명한다.

파이썬 구현 시 **인접 맵** 표현을 변형하여 사용한다. 각 정점 v에 대해 파이썬 딕셔너리를 사용해 인접 간선 맵 $I(v)$를 표현한다. 그러나 원래 간선 리스트 표현에서 설명한 대로 리스트 V와 E를 명시적으로 유지하지 않는다. 리스트 V는 각 정점 v를 $I(v)$에 매핑하는 최상위 딕셔너리 D로 대체된다. 딕셔너리 D의 키 집합을 생성하여 모든 정점을 반복할 수 있다. 이와 같이 정점들을 D에 매핑하는 방식은 간단하면서도 효과적이며, 위치 정보를 별도로 저장하지 않아도 된다. 각 정점은 자신이 D 안에서 어떤 위치에 있는지를 기억하지 않아도 되며, 키 검색을 통해 $O(1)$ 시간에 그 정보를 확인할 수 있다. 이 구현 방식은 전체 구현을 크게 단순화하지만, 그에 따라 일부 그래프 ADT 연산은 기대 시간 기준으로 표 14.1에 주어진 최악의 경우 수행 시간보다 느려질 수 있다. 간선 리스트 E를 유지하지 않기 때문에 간선 리스트는 여러 $I(v)$ 맵에 저장된 간선들의 합집합을 통해 얻는다. 이는 $O(n+m)$ 시간에 처리되며, 이론적으로는 $O(m)$보다 느릴 수 있으나, 실질적으로는 큰 차이가 없다.

그래프 ADT의 구현은 코드 14.1~14.3과 같다. 코드 14.1은 정점과 간선을 위한 `Vertex`와 `Edge` 클래스로, 두 클래스는 더 상위인 `Graph` 클래스에 중첩하여 정의할 수 있다. `Vertex`와 `Edge` 클래스 모두에 `__hash__` 메서드를 정의해 파이썬의 집합이나 딕셔너리의 키로 사용할 수 있다. `Graph` 클래스의 나머지 부분은 코드 14.2~14.3과 같다. 기본은 무방향 그래프이지만 매개변수를 이용해 방향 그래프로 선언하여 생성할 수 있다.

내부적으로는 방향 그래프 처리를 위해 `_outgoing`과 `_incoming`이라는 두 개의 딕셔너리를 사용한다. `_outgoing[v]`는 정점 v에서 나가는 간선들을 나타내는 $I_{out}(v)$를 의미하고, `_incoming[v]`는 들어오는 간선들을 나타내는 $I_{in}(v)$를 의미한다. 무방향 그래프에서는 두 딕셔너리가 동일한 객체를 참조하도록 딕셔너리 하나를 두 방향에서 모두 사용하게 할 수 있다. 편의를 위해 `is_directed`라는 부울 값으로 방향을 구분했다.

`degree`와 `incident_edges` 메서드는 방향 정보를 구분하기 위한 매개변수를 받아 이를 기반으로 적절한 맵을 선택한 뒤 연산을 수행한다. `insert_vertex` 메서드는 항상 새로운 정점 v에 대해 `_outgoing[v]`를 빈 딕셔너리로 초기화한다. 방향 그래프에서는 `_incoming[v]`도 초기화한다. 무방향 그래프에서는 `_outgoing`과 `_incoming`이 동일한 객체를 참조하므로 이 과정은 필요 없다. `remove_vertex`와 `remove_edge` 메서드의 구현은 연습 문제 C-14.37과 C-14.38에서 다룬다.

```python
# ------------------------- 중첩된 Vertex 클래스 -------------------------
class Vertex:
    """ 그래프를 위한 가벼운 정점 구조"""
    __slots__ = '_element'

    def __init__(self, x):
        """생성자를 직접 호출하지 않고 Graph의 insert_vertex(x)를 사용한다."""
        self._element = x

    def element(self):
        """이 정점과 연관된 원소를 반환한다."""
        return self._element

    def __hash__(self):   # 정점이 맵/집합 키가 될 수 있도록 허용
        return hash(id(self))

# ------------------------- 중첩된 간선 클래스 -------------------------
class Edge:
    """그래프를 위한 가벼운 간선 구조"""
    __slots__ = '_origin', '_destination', '_element'

    def __init__(self, u, v, x):
        """생성자를 직접 호출하지 않고 Graph의 insert_edge(u, v, x)를 사용한다."""
        self._origin = u
        self._destination = v
        self._element = x

    def endpoints(self):
        """정점 u와 v에 대한 (u, v) 튜플을 반환한다."""
        return (self._origin, self._destination)

    def opposite(self, v):
        """ 이 간선에서 v의 반대편에 있는 정점을 반환한다."""
        return self._destination if v is self._origin else self._origin

    def element(self):
        """이 간선과 연관된 원소를 반환한다."""
        return self._element

    def __hash__(self):              # 간선이 맵/집합의 키가 될 수 있도록 허용
        return hash((self._origin, self._destination))
```

코드 14.1 Vertex 및 Edge 클래스(Graph 클래스 내에 중첩해 사용)

```python
class Graph:
    """인접 맵을 사용하여 간단한 그래프를 표현한다."""

    def __init__(self, directed=False):
        """빈 그래프를 만든다(기본적으로 무방향).

        선택 매개변수가 True로 설정된 경우 그래프는 방향 그래프다.
        """
        self.outgoing = {}
        # 방향 그래프인 경우, 두 번째 맵만 만듦(무방향이면 별칭 사용)
        self.incoming = {} if directed else self.outgoing

    def is_directed(self):
        """방향 그래프이면 True를 반환한다(무방향이면 False 반환).

        속성은 그래프의 내용이 아닌 원래 선언을 기반으로 한다.
        """
        return self.incoming is not self.outgoing  # 맵이 서로 다르면 방향 그래프임

    def vertex_count(self):
        """그래프의 정점 수를 반환한다."""
        return len(self.outgoing)

    def vertices(self):
        """그래프의 모든 정점에 대한 반복을 반환한다."""
        return self.outgoing.keys()

    def edge_count(self):
        """그래프의 간선 수를 반환한다."""
        total = sum(len(self.outgoing[v]) for v in self.outgoing)
        # 무방향 그래프인 경우, 간선을 두 번 세지 않도록 주의함
        return total if self.is_directed() else total // 2

    def edges(self):
        """그래프의 모든 간선 집합을 반환한다."""
        result = set()                  # 무방향 그래프의 간선 이중 보고 방지
        for secondary_map in self.outgoing.values():
            result.update(secondary_map.values())  # 결과 집합에 간선 추가
        return result
```

코드 14.2 Graph 클래스 정의(코드 14.3으로 이어짐)

```python
def get_edge(self, u, v):
    """u에서 v로 가는 간선을 반환하거나 인접하지 않으면 None을 반환한다."""
    return self.outgoing[u].get(v)           # v가 인접하지 않으면 None 반환

def degree(self, v, outgoing=True):
    """그래프에서 정점 v에 인접한 (나가는) 간선의 개수를 반환한다.

    그래프에 방향이 있는 경우, 들어오는 간선을 세는 데 선택적 매개변수를 사용한다.
    """
    adj = self.outgoing if outgoing else self.incoming
    return len(adj[v])

def incident_edges(self, v, outgoing=True):
    """그래프에서 정점 v에 인접한 (나가는) 간선을 모두 반환한다.

    그래프에 방향이 있는 경우, 들어오는 간선을 요청하는 데 선택적 매개변수를 사용한다.
    """
    adj = self.outgoing if outgoing else self.incoming
    for edge in adj[v].values():
        yield edge

def insert_vertex(self, x=None):
    """원소 x가 있는 새 정점을 삽입하고 반환한다."""
    v = self.Vertex(x)
    self.outgoing[v] = {}
    if self.is_directed():
        self.incoming[v] = {}                # 들어오는 간선에 대한 고유한 맵이 필요
    return v

def insert_edge(self, u, v, x=None):
    """보조 원소 x가 있는 u에서 v로 가는 새 간선을 삽입하고 반환한다."""
    e = self.Edge(u, v, x)
    self.outgoing[u][v] = e
    self.incoming[v][u] = e
```

코드 14.3 Graph 클래스 정의. 간결한 표현을 위해 매개변수 오류 검사를 생략한다.

14.3 그래프 순회

그리스 신화 중 미궁(labyrinth)을 빠져나가는 이야기가 있는데, 이 이야기에서 **그래프 순회**를 발견할 수 있다. 이 미궁은 상반신은 황소이고 하반신은 인간인 괴물 미노타우로스를 가두기 위해 만든 복잡한 구조였다. 아무도 이 미궁을 빠져나오지 못했지만, 테세우스(Theseus)는 크레타 왕의 딸 아리아드네(Ariadne)의 도움으로 미궁에 들어가 미노타우로스를 물리치고, 아리아드네가 준 실타래를 따라 무사히 미궁을 빠져나올 수 있었다. 이 이야기에서 테세우스가 미궁을 탐색한 방식은 일종의 그래프 순회 알고리즘에 해당한다.

형식적으로, 순회(traversal)란 그래프의 모든 정점과 간선을 체계적으로 살펴보는 절차다. 순회는 정점과 간선의 개수에 비례하는 시간 안에 모든 정점과 간선을 방문하면 효율적인 것으로 간주한다. 즉, 선형 시간에 실행되는 것을 이상적으로 본다.

그래프 순회 알고리즘은 **도달 가능성**(reachability)의 개념과 관련된 많은 기본 문제를 해결하는 데 핵심이 된다. 도달 가능성이란 어떤 정점에서 다른 정점으로 간선을 따라 이동할 수 있는지를 판단하는 문제다. 무방향 그래프 G에서 도달 가능성과 관련된 주요 문제는 다음과 같다.

- 정점 u에서 정점 v로 가는 경로를 찾거나 그러한 경로가 없음을 보고한다.
- G의 출발점 s가 주어지면 G의 모든 정점 v에 대해 s와 v 사이의 간선 수가 가장 적은 경로를 찾거나 경로가 없음을 보고한다.
- G가 연결되어 있는지 검사한다.
- G가 연결되어 있으면 G의 스패닝 트리(spanning tree)를 구한다.
- G의 연결 요소(connected components)을 구한다.
- G에 순환이 있는지 또는 순환이 없는지를 판단한다.

방향 그래프 $\vec{G}$의 도달 가능성과 관련된 문제는 다음과 같다.

- 정점 u에서 정점 v로 가는 방향 경로를 찾거나 그러한 경로가 없음을 보고한다..
- 주어진 정점 s에서 도달 가능한 모든 정점을 구한다.
- $\vec{G}$가 비순환인지(acyclic) 확인한다.
- $\vec{G}$가 강연결되어 있는지(strongly connected) 확인한다.

이 절의 다음 부분에서는 두 가지 대표적인 그래프 순회 알고리즘인 **깊이 우선 탐색**(Depth-First Search)과 **너비 우선 탐색**(Breadth-First Search)을 설명한다.

14.3.1 깊이 우선 탐색

이 절에서 처음 소개하는 그래프 순회 알고리즘은 **깊이 우선 탐색**(Depth-First Search, DFS)이다. DFS는 어떤 정점에서 시작해 다른 정점으로 가는 경로가 존재하는지 또는 그래프 전체가 연결되어 있는지를 판단하는 데 유용하다.

그래프 *G*에서 깊이 우선 탐색을 하는 것은 실뭉치와 페인트 통을 들고 미궁을 탐험하는 것에 비유할 수 있다. 출발점 *s*에서 탐색을 시작할 때 실의 한쪽 끝을 고정하고 *s*를 '방문됨'으로 표시한다. 이 정점이 현재 정점이 된다. 우리는 현재 정점에서 나가는 임의의 간선 (*u*, *v*)를 따라 이동하며, 도착점 *v*를 현재 정점으로 바꾼다. 만약 *v*가 이미 방문된 정점이라면 그 간선은 무시하고, 방문되지 않았다면 실을 늘려 이동한 뒤 *v*를 방문 표시하고 탐색을 이어간다. 이 과정을 반복하다 보면 결국 막다른 정점 *v*에 도달할 수 있는데, 이는 곧 현재 정점 *v*에서 이어지는 모든 간선이 이미 방문된 정점들로 연결되었다는 의미다. 이 경우 실을 감으며 이전 정점 *u*로 되돌아가고, *u*에서 아직 확인하지 않은 간선이 있으면 그쪽으로 다시 진행한다. 만약 *u*에서도 더 이상 탐색할 간선이 없다면, 더 앞 단계로 되돌아가며 방문하지 않은 정점이 나올 때까지 백트래킹을 계속한다. 방문하지 않은 정점이 나오면 다시 그 정점으로 이동해 탐색을 이어간다. 탐색은 더 이상 방문할 정점이 없고, 되돌아간 끝이 출발점 *s*에 도달했을 때 종료된다.

다음 DFS 알고리즘은 실과 페인트 비유를 따르는 의사코드다. 출발점 *s*가 주어지고, *s*에서부터 탐색을 시작한다. 여기서는 정점이나 간선이 이미 방문되었는지를 판단하는 메커니즘(페인트 칠)을 가정한다.

```
알고리즘 DFS(G, u):                          { u는 이미 방문한 것으로 표시되었다고 가정 }
  입력: 그래프 G와 정점 u
  출력: 정점 u에서 도달 가능한 정점들의 모음과 해당 트리 간선들
  for u의 모든 나가는 간선 e = (u, v)에 대해 do
    if 정점 v가 아직 방문되지 않았다면 then
      간선 e를 통해 정점 v를 방문 표시
      DFS(G, v)를 재귀적으로 호출
```

코드 14.4 DFS 알고리즘

DFS를 이용한 간선 분류

깊이 우선 탐색을 실행하면 탐색 중 간선이 탐색되는 방식에 따라 그래프의 구조를 분석할 수 있다. DFS는 출발점 s를 기준으로 **깊이 우선 탐색 트리**를 형성한다. DFS 알고리즘(코드 14.4 참고)을 수행하는 동안, 간선 $e = (u, v)$를 따라 정점 v를 처음 발견하면 이 간선은 **트리 간선**(discovery edge 또는 tree edge)이라 한다. 간선은 u에서 v로 향한다. 트리 간선이 아닌 간선을 **비트리 간선**(nontree edge)이라 하며, 이는 이미 방문한 정점으로 향하는 간선이다. 무방향 그래프의 경우 비트리 간선은 항상 현재 정점에서 DFS 트리상의 조상 정점으로 향하고, 이를 **역방향 간선**(back edge)이라 한다.

방향 그래프에서 비트리 간선은 다음 세 가지로 나뉜다.

- **역방향 간선**(back edge): 정점에서 DFS 트리의 조상으로 향하는 간선
- **순방향 간선**(forward edge): 정점에서 DFS 트리의 자손으로 향하는 간선
- **교차 간선**(cross edge): 조상도 자손도 아닌 정점으로 향하는 간선

그림 14.8은 방향 그래프에서 DFS를 수행한 예로, 비트리 간선의 세 가지 유형이 모두 나타난다. 그림 14.9는 무방향 그래프에서 DFS를 수행한 예다.

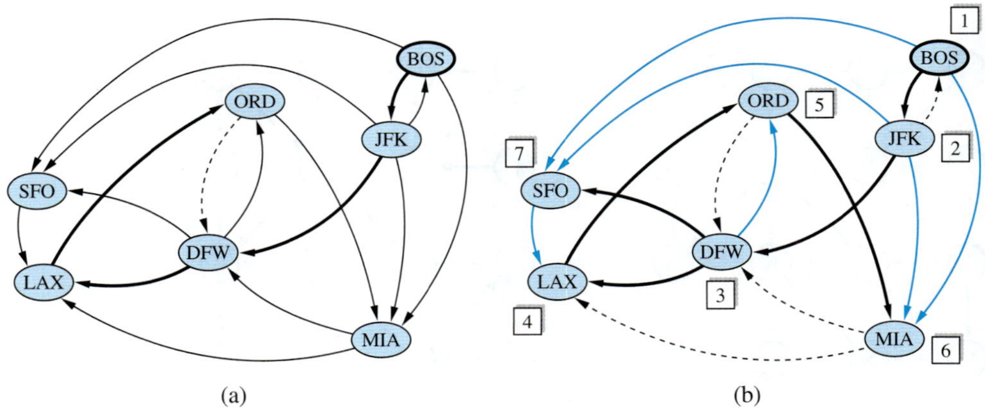

그림 14.8 방향 그래프에서 DFS를 수행한 예. 출발점은 BOS. (a) DFS 도중 간선이 이미 방문된 정점(DFW)을 가리키는 첫 번째 시점. (b) DFS가 완료된 전체 구조. 트리 간선은 굵은 실선, 역방향 간선은 점선, 순방향 간선은 별색 실선으로 구분된다. 정점 옆의 숫자는 DFS 방문 순서를 나타낸다. (ORD, DFW)는 역방향 간선, (DFW, ORD)는 순방향 간선, (BOS, SFO)와 (SFO, LAX)는 교차 간선이다.

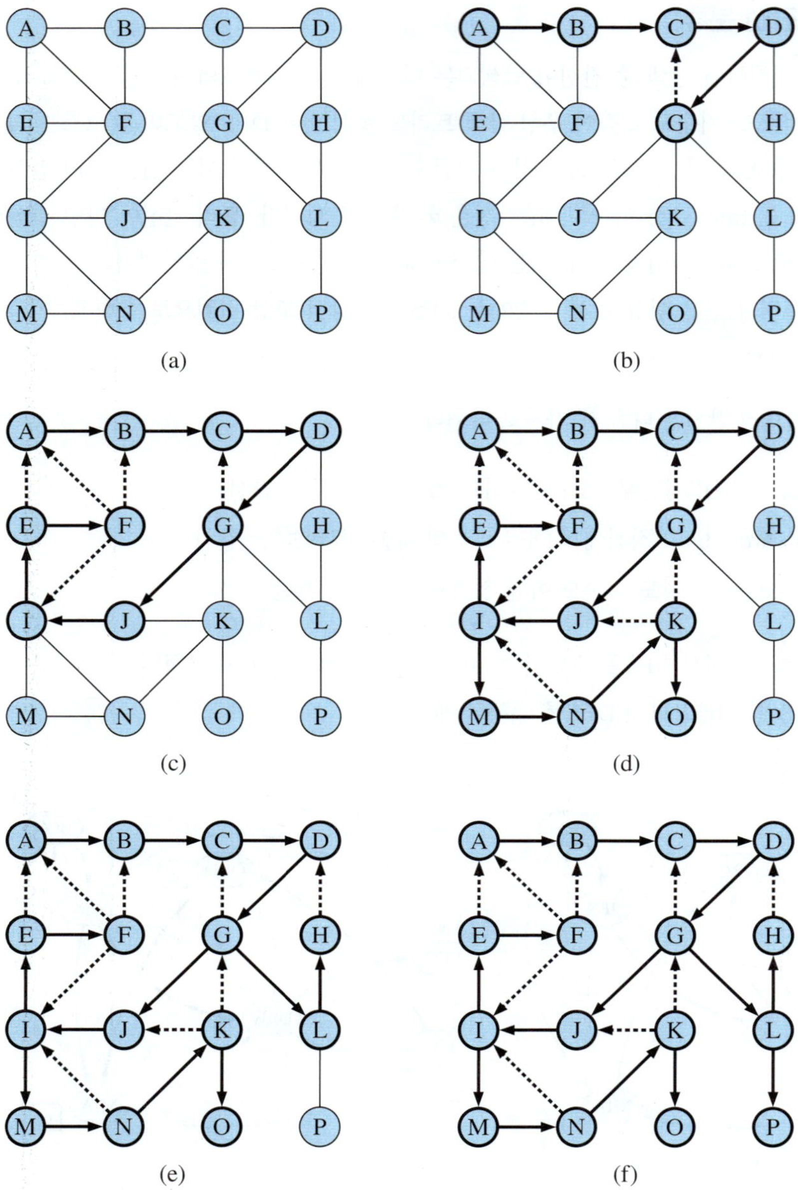

그림 14.9 정점 A에서 시작하는 무방향 그래프에 대한 깊이 우선 탐색 예. 각 정점의 인접 정점은 알파벳순으로 고려된다고 가정한다. 방문한 정점과 탐색한 간선은 강조되어 있으며, 트리 간선은 실선, 비트리 간선(역방향 간선)은 점선으로 표시되어 있다. (a) 입력 그래프, (b) A에서 G까지의 경로를 따라 트리 간선을 탐색하다가 역방향 간선 (G, C)를 만나 조사, (c) 막다른 정점인 F에 도달한 상황, (d) I로 백트래킹한 뒤 간선 (I, M)으로 탐색을 재개하고, 다시 막다른 정점인 O에 도달한 상황, (e) G로 백트래킹하고 간선 (G, L)을 따라 진행한 뒤 또 다른 막다른 정점 H에 도달한 상황, (f) 최종 결과

깊이 우선 탐색의 속성

깊이 우선 탐색을 통해 그래프의 구조에 대한 여러 가지 중요한 사실을 알 수 있다. 여기서는 DFS 알고리즘이 간선을 어떻게 구분하고, 탐색 결과로 어떤 구조를 형성하는지를 중심으로 핵심 속성을 살펴본다.

명제 14.12 무방향 그래프 G에서 DFS를 정점 s에서 시작해 수행하면, 탐색은 s가 속한 연결 성분의 모든 정점을 방문하며, 트리 간선들은 이 연결 성분의 스패닝 트리를 이룬다.

정의 s의 연결 성분에 방문하지 않은 정점이 있다고 가정하자. s에서 w로 가는 경로 중 아직 방문하지 않은 첫 번째 정점을 v라 하자. v의 이전 정점은 이미 방문되었으므로 우리는 간선 (u, v)를 반드시 고려했어야 한다. 그런데도 v가 방문되지 않았다면 이는 모순이다. 따라서 s의 연결 성분에는 방문하지 않은 정점이 존재하지 않는다.

또한 DFS는 방문하지 않은 정점으로 향하는 간선만 따라가므로 탐색 중 순환이 생기지 않는다. 따라서 트리 간선들은 순환이 없는 연결 부분 그래프를 이루며, 이는 스패닝 트리다. ■

명제 14.13 방향 그래프 $\vec{G}$에서 정점 s로 DFS를 수행하면 DFS는 s에서 도달 가능한 모든 정점을 방문하며, 트리 간선들은 s에서 각 정점까지의 방향 경로를 포함한다.

증명 V_s가 정점 s에서 시작하여 DFS가 방문한 $\vec{G}$의 정점의 부분집합이라고 하자. V_s가 s를 포함하고 s에서 도달할 수 있는 모든 정점이 V_s에 속한다는 것을 보여주고자 한다. 모순을 가정하여, s에서 도달할 수 있지만 V_s에 없는 정점 w가 있다고 하자. s에서 w로 가는 방향 경로를 고려하고, V_s에서 빠져나가는 경로의 첫 번째 간선이 (u, v)라고 하자. 즉, u는 V_s에 있지만 v는 V_s에 없다. DFS가 u에 도달하면 u의 모든 나가는 간선을 탐색하므로 간선 (u, v)를 통해 정점 v에도 도달해야 한다. 따라서 v는 V_s에 있어야 하며, 이는 모순이다. 따라서 V_s는 s에서 도달할 수 있는 모든 정점을 포함해야 한다.

두 번째 사실은 알고리즘의 수행 과정을 기반으로 귀납적으로 증명할 수 있다. 우리가 주장하는 것은 DFS 과정에서 발견 간선 (u, v)가 식별될 때마다, DFS 트리 내에서 s에서 v로 가는 방향 경로가 존재한다는 것이다. u는 이미 이전에 방문된 정점이므로 s에서 u로 가는 경로가 존재한다는 것이다. 여기에 간선 (u, v)를 이어 붙이면 s에서 u로 가는 방향 경로가 형성된다. ■

DFS는 이미 방문한 정점으로 향하는 간선을 다시 만나기도 한다. 따라서 G에 존재하는 모든 역방향 간선은 DFS 트리를 이루는 트리 간선들과 함께 순환을 형성할 수 있다.

깊이 우선 탐색의 수행 시간

수행 시간 측면에서 깊이 우선 탐색은 효율적인 그래프 탐색법이다. DFS는 각 정점을 한 번만 방문하며, 무방향 그래프의 경우 각 간선도 양 끝점 기준으로 한 번씩만, 방향 그래프의 경우 각 간선은 출발점을 기준으로 한 번만 탐색된다. 정점 수를 $n_s \le n$, 간선 수를 $m_s \le m$이라 할 때, 출발점 s에서 DFS를 수행하는 시간은 다음 조건을 만족할 시 $O(n_s + m_s)$이다.

- 그래프는 $O(\deg(v))$ 시간이 소요되는 `incident_edges(v)`와 $O(1)$ 시간이 소요되는 `e.opposite(v)`를 통해 생성하고 반복하는 자료구조로 표현된다. 인접 리스트 구조는 이러한 구조 중 하나이지만, 인접 행렬 구조는 그렇지 않다.
- 각 정점과 간선에 대해 방문 여부를 표시하고 검사할 수 있는 방식이 구현되어 있어야 하며, 이 작업이 $O(1)$ 시간에 가능해야 한다. 다음 절에서는 DFS가 이 조건을 만족하도록 구현하는 방법을 설명한다.

이러한 조건을 전제로 하면 DFS를 통해 여러 흥미로운 문제들을 해결할 수 있다.

명제 14.14 정점 수가 n, 간선 수가 m인 무방향 그래프 G에서 DFS는 $O(n + m)$ 시간에 수행할 수 있으며, 다음 문제들을 같은 시간 내에 해결할 수 있다.

- G의 두 정점 사이에 경로가 존재하는지 확인하거나 그 경로 찾기
- G가 연결되어 있는지 판단하기
- G가 연결되어 있을 경우 스패닝 트리 계산하기
- G의 연결 원소 계산하기
- G에 순환이 존재하는지를 판단하거나 순환이 없음을 보고하기

명제 14.15 정점 수가 n, 간선 수가 m인 방향 그래프 $\vec{G}$에서 DFS 순회는 $O(n + m)$ 시간에 수행할 수 있으며, 다음 문제들을 같은 시간 내에 해결할 수 있다.

- $\vec{G}$의 두 정점 사이에 방향 경로가 존재하는지 확인하거나 그 경로 찾기
- 주어진 정점 s에서 도달할 수 있는 $\vec{G}$의 정점 집합 구하기
- $\vec{G}$가 강연결되어 있는지 판단하기
- $\vec{G}$에서 방향 순환을 계산하거나 $\vec{G}$가 비순환적이라고 보고하기
- $\vec{G}$의 **전이적 폐쇄** 계산하기(14.4절 참고).

명제 14.14와 14.15의 증명은 DFS 알고리즘의 약간 수정된 버전을 서브 루틴으로 사용하는 알고리즘을 기반으로 한다. 이 절의 나머지 부분에서 이러한 확장 중 일부를 살펴보겠다.

14.3.2 DFS 구현과 확장

먼저 깊이 우선 탐색 알고리즘의 기본 형태를 파이썬으로 구현한다. 이 알고리즘은 앞서 코드 14.4에서 의사코드로 제시하고, 이를 기반으로 한 DFS 함수는 코드 14.5와 같다.

```
def DFS(g, u, discovered):
  """정점 u에서 시작하여 그래프 g의 발견되지 않은 부분에 대한 DFS를 수행한다.

  discovered는 각 정점을 DFS 중에 발견하는 데 사용된 간선에 매핑하는 딕셔너리다.
  (u는 호출 전에 "발견"되어야 한다.)
  결과적으로 새로 발견된 정점이 딕셔너리에 추가된다.
  """
  for e in g.incident_edges(u):              # u에서 나가는 모든 간선에 대해
    v = e.opposite(u)
    if v not in discovered:                  # v는 방문하지 않은 정점
      discovered[v] = e                      # e는 v를 발견한 트리 간선
      DFS(g, v, discovered)                  # v에서 재귀적으로 탐색
```

코드 14.5 정점 u에서 시작하는 깊이 우선 탐색의 재귀적 구현

방문한 정점을 추적한 결과 DFS 트리를 표현하기 위해 discovered라는 세 번째 매개변수를 도입한다. 이 매개변수는 그래프의 정점을 해당 정점을 발견하는 데 사용된 트리 간선에 매핑하는 파이썬 딕셔너리여야 한다. 기술적으로, 출발점 u가 딕셔너리의 키로 발생하고 값이 None이라고 가정한다. 따라서 호출자는 다음과 같이 순회를 시작할 수 있다.

```
result = {u:None}      # u가 사소하게 발견된 새 딕셔너리
DFS(g, u, result)
```

이 딕셔너리는 두 가지 역할을 한다. 내부적으로는 방문된 정점을 딕셔너리의 키로 확인함으로써 방문 여부를 판단하는 메커니즘을 제공한다. 외부적으로는 탐색 과정에서 DFS 함수가 discovered를 계속 확장해 나가며, 탐색이 끝난 시점에는 이 딕셔너리에 DFS 트리 간선이 저장되어 있게 된다.

딕셔너리는 해시 기반이므로, `if v not in discovered`라는 조건은 평균적으로 $O(1)$ 시간에 수행된다. 이는 이론적 최악의 경우 시간보다는 느슨한 조건이지만, 실용적인 타협으로 받아들일 수 있는 수준이다. 다만 이는 알고리즘의 이론적 분석 조건에는 어긋난다(726쪽 참고). 정점들이 0부터 $n-1$까지의 번호를 갖는다면, 배열 기반의 조회 테이블을 사용할 수 있어 더 효율적일 수 있다. 또 다른 대안으로는 각 정점 객체 안에 DFS 탐색 여부와 트리 간선을 직접 저장하는 방식도 있다.

정점 u에서 정점 v까지의 경로 복원

기본 DFS 함수는 정점 u에서 정점 v로 향하는 (방향성 있는) 경로가 존재하는지를 확인하는 데 사용할 수 있으며, 이 경로는 DFS 과정에서 기록된 `discovered` 딕셔너리를 기반으로 쉽게 복원할 수 있다. 코드 14.6은 정점 u에서 시작해 v까지 도달한 경로에 포함된 정점들을 순서대로 반환하는 함수의 구현 예를 보여준다.

경로를 복원하려면 정점 v에서 시작해 `discovered` 딕셔너리에서 v를 발견한 간선을 찾아내고, 그 간선의 반대쪽 끝점으로 이동한다. 그 정점도 경로에 추가한 뒤, 이 과정을 반복하며 u에 도달할 때까지 계속한다. 경로를 모두 추적한 뒤에는 정점 순서를 u에서 v로 향하게 하기 위해 리스트를 뒤집는다. 이 전체 과정은 경로의 길이에 비례하는 $O(n)$ 시간에 수행되며, DFS 자체의 수행 시간에는 영향을 주지 않는다.

```
def construct_path(u, v, discovered):
  path = []                               # 기본적으로 비어 있는 경로
  if v in discovered:
    # v에서 u로 리스트를 작성한 다음 마지막에 역순으로 작성함
    path.append(v)
    walk = v
    while walk is not u:
      e = discovered[walk]                # walk로 이어지는 간선 찾기
      parent = e.opposite(walk)
      path.append(parent)
      walk = parent
    path.reverse()                        # u에서 v로 경로를 재조정
  return path
```

코드 14.6 DFS에서 추적된 `discovered` 정보를 바탕으로 정점 u에서 v까지의 방향 경로를 복원하는 함수. 이 함수는 경로에 포함된 정점들의 리스트를 순서대로 반환한다.

연결성 검사

기본 DFS 함수는 그래프가 연결되어 있는지를 검사하는 데도 사용할 수 있다. 무방향 그래프의 경우, 임의의 정점에서 DFS를 수행하고, 종료 시 `discovered` 딕셔너리에 들어 있는 정점 수가 전체 정점 수와 같다면 그래프는 연결되어 있다. 명제 14.12에 따라 연결된 그래프에서는 모든 정점이 방문되기 때문이다. 반대로 `discovered`에 포함되지 않은 정점이 있다면, 출발점에서 도달할 수 없는 정점이 있다는 뜻이므로 그래프는 연결되어 있지 않다.

방향 그래프 $\vec{G}$에 대해 **강연결**인지를 판단하려면 모든 정점 u와 v 쌍에 대해 u에서 v로 가는 경로와 v에서 u로 가는 경로가 모두 존재하는지를 확인해야 한다. 각 정점에서 DFS를 시작해 다른 모든 정점으로 도달 가능한지를 검사한다면 $\vec{G}$가 강연결인지를 판단할 수 있다. 그러나 이 경우 DFS를 정점 수만큼 수행해야 하므로 총 $O(n(n+m))$ 시간이 걸릴 수 있다.

좀더 효율적인 방법은 DFS를 단 두 번만 수행하는 것이다. 먼저 방향 그래프 $\vec{G}$에서 임의의 정점 s로부터 DFS를 수행한다. 이때 도달하지 못한 정점이 있다면 $\vec{G}$는 강하게 연결되어 있지 않다는 뜻이다. 반대로 s에서 시작해 모든 정점을 방문했다면, $\vec{G}$의 모든 정점이 s에서 도달 가능하다는 뜻이다. 이제 s로 도달할 수 없는 정점이 있는지를 확인하기 위해 역방향 그래프 $\vec{G}$의 사본을 만든다. $\vec{G}$의 사본은 $\vec{G}$의 간선 방향을 모두 뒤집은 그래프다. 이 그래프에서 정점 s를 출발점으로 하여 DFS를 수행했을 때 s에 도달 가능한 정점은 원래 그래프 $\vec{G}$에서 s로 도달 가능한 정점과 같다. 따라서 $\vec{G}$에서도 s에서 모든 정점에 도달 가능하다면, $\vec{G}$는 강연결되어 있는 것이다. 이 과정을 실제로 구현할 때는 $\vec{G}$ 전체를 만들기보다는 DFS를 수정해 현재 정점으로 들어오는 간선을 따라 탐색하게 하면 된다. 이 방식은 DFS를 두 번만 수행하므로 전체 시간 복잡도는 $O(n+m)$이다.

모든 연결 요소 구하기

그래프가 연결되어 있지 않다면, 다음으로 수행해야 할 일은 무방향 그래프의 모든 **연결 요소** 또는 방향 그래프의 **강연결 요소**를 식별하는 것이다. 무방향 그래프부터 살펴보자.

DFS를 수행했는데도 그래프의 모든 정점이 방문되지 않은 경우, 아직 방문되지 않은 정점 중 하나를 골라 다시 DFS를 수행할 수 있다. 이 과정을 반복하는 `DFS_all` 메서드의 구현은 코드 14.7과 같다.

```python
def DFS_complete(g):
  """전체 그래프에 대해 DFS를 수행하고 forest를 딕셔너리로 반환한다.

  결과는 각 정점 v를 발견하는 데 사용된 간선으로 매핑된다.
  (DFS 트리의 루트인 정점은 None에 매핑된다.)
  """
  forest = {}
  for u in g.vertices():
    if u not in forest:
      forest[u] = None                    # u는 트리의 루트
      DFS(g, u, forest)
  return forest
```

코드 14.7 그래프 전체에 대해 DFS forest를 반환하는 최상위 함수

DFS_complete 함수는 DFS를 여러 번 호출하지만, 전체 수행 시간은 $O(n + m)$이다. 무방향 그래프의 경우, 정점 s에서 시작하는 단일 DFS는 도달 가능한 정점 수를 n_s, 그 정점들에 부착된 간선 수를 m_s라 할 때, $O(n_s + m_s)$ 시간에 수행된다. 각 DFS는 서로 다른 연결 요소를 탐색하므로, 총 수행 시간은 $n_s + m_s$, $n + m$을 모두 더한 $O(n + m)$이다. 이 결과는 방향 그래프에도 적용되며, 비록 도달 가능한 정점 집합들이 겹칠 수는 있어도, 동일한 discovered 딕셔너리를 모든 DFS 호출에 넘기므로 각 정점은 한 번만 탐색되고, 각 간선도 한 번만 따라가게 된다.

DFS_complete 함수는 무방향 그래프의 연결 요소를 분석하는 데 사용할 수 있다. 이 함수가 반환하는 discovered 딕셔너리는 전체 그래프에 대한 DFS **포리스트**를 나타낸다. 이 구조를 트리가 아닌 포리스트라고 부르는 이유는 그래프가 반드시 연결되어 있지 않을 수 있기 때문이다. 연결 원소의 수는 discovered 딕셔너리에서 트리 간선이 없는 정점(DFS 트리의 루트 정점)의 개수를 세어 파악할 수 있다. DFS를 약간 수정하면, 정점이 발견될 때마다 해당 정점에 연결 요소 번호를 부여할 수도 있다(연습 문제 C-14.44 참고). 방향 그래프의 강하게 연결된 구성 요소를 찾는 상황은 더 복잡한다. 깊이 우선 탐색을 두 번 사용해 $O(n + m)$ 시간에 해당 구성 요소를 계산하는 방법이 있지만 세부 내용은 이 책의 범위를 벗어나므로 생략한다.

DFS를 이용해 순환 탐지하기

무방향 그래프와 방향 그래프 모두에서 순환은 해당 그래프의 DFS 탐색에 대해 **역방향 간선**이 있는 경우에만 존재한다. 역방향 간선이 존재하는 경우 후손에서 조상으로 역방향 간선을 가져온 다음 트리 간선을 따라 후손으로 돌아가면 순환이 존재한다는 것을 쉽게 알 수 있다. 반대로 그래프에 순환이 존재하는 경우 DFS에 대한 역방향 간선이 있어야 한다(이 사실을 여기서 증명하지 않음).

무방향 그래프에서는 간선이 모두 트리 간선이거나 역방향 간선이므로, 역방향 간선을 판별하는 것은 간단하다. 그러나 방향 그래프에서는 비트리 간선을 역방향 간선과 구분하기 위해 DFS 구현을 수정해야 한다. 어떤 간선을 따라 방문한 정점이 이미 방문된 상태라면, 그 정점이 현재 정점의 조상인지를 판단해야 한다. 이 판단을 내리기 위해서는 정점을 방문할 때마다 그 깊이를 저장하거나, DFS 호출 중 조상 여부를 확인하는 등의 추가 기록이 필요하다. 이에 대한 구현은 연습 문제 C-14.43에서 다룬다.

14.3.3 너비 우선 탐색

앞에서 설명한 깊이 우선 탐색이 한 탐색자가 혼자서 그래프를 깊이 따라가고 되돌아오는 방식이었다면, 여기서는 여러 방향으로 동시에 탐색자를 보내 그래프를 단계적으로 탐색하는 알고리즘인 **너비 우선 탐색**(Breadth-First Search, BFS)을 다룬다. BFS는 그래프의 연결된 부분을 효율적으로 탐색하기 위한 알고리즘으로, 여러 탐색자가 함께 일사불란하게 탐색을 수행하는 방식에 가깝다.

BFS는 라운드를 기준으로 진행되며, 정점들을 **레벨** 단위로 나눈다. BFS는 출발점 s에서 시작하며 이 정점은 레벨 0에 속한다. 첫 번째 라운드에서는 s에 인접한 모든 정점을 '방문됨'으로 표시하고, 이 정점들을 레벨 1로 배정한다. 두 번째 라운드에서는 출발점으로부터 간선 두 개만큼 떨어진 정점들, 즉 레벨 1에 인접한 정점 중 아직 레벨이 지정되지 않은 정점들을 '방문됨'으로 표시하고 레벨 2에 배정한다. 이 과정은 더 이상 새로운 정점이 방문되지 않을 때까지 계속 반복된다.

BFS의 파이썬 구현은 코드 14.8과 같다. DFS와 마찬가지로 `discovered` 딕셔너리를 사용해 정점의 방문 여부를 기록하고, BFS 트리의 트리 간선도 함께 저장한다. 그림 14.10은 BFS의 동작 예다.

```python
def BFS(g, s, discovered):
  """정점 s에서 시작하여 그래프 g의 발견되지 않은 부분에 대한 BFS를 수행한다.

  discovered는 각 정점을 BFS 중에 발견하는 데 사용된 간선에 매핑하는 딕셔너리다.
  (s는 호출 전에 None으로 매핑되어야 함).
  새로 발견된 정점은 결과적으로 딕셔너리에 추가된다.
  """
  level = [s]                             # 첫 번째 레벨은 s만 포함
  while len(level) > 0:
    next_level = []                       # 새로 찾은 정점을 수집할 준비
    for u in level:
      for e in g.incident_edges(u):       # u에서 나가는 모든 간선에 대해
        v = e.opposite(u)
        if v not in discovered:           # v는 방문하지 않은 정점
          discovered[v] = e               # e는 v를 발견한 트리 간선
          next_level.append(v)            # v는 다음 패스에서 추가로 고려
    level = next_level                    # 'next_level'을 level로 다시 라벨 지정
```

코드 14.8 정점 *s*에서 시작해 너비 우선 탐색을 수행하는 구현

DFS를 설명하면서 비트리 간선은 세 가지 유형으로 분류된다고 했다. **역방향 간선**은 정점에서 그 조상으로 향하는 간선이며, **순방향 간선**은 정점에서 그 자손으로 향하는 간선, **교차 간선**은 조상도 자손도 아닌 다른 정점으로 향하는 간선이다. BFS에서는 무방향 그래프의 경우 모든 비트리 간선이 교차 간선이며(연습 문제 C-14.47 참고), 방향 그래프에서는 모든 비트리 간선이 역방향 간선이거나 교차 간선이다(연습 문제 C-14.48 참고).

BFS 순회 알고리즘은 여러 흥미로운 속성을 가지고 있다. 그중 일부는 명제 14.16과 14.17에서 살펴본다. 가장 두드러진 속성은 BFS 트리에서 정점 *s*에서 *v*까지의 경로가 간선 수 기준으로 항상 최단 경로라는 점이다.

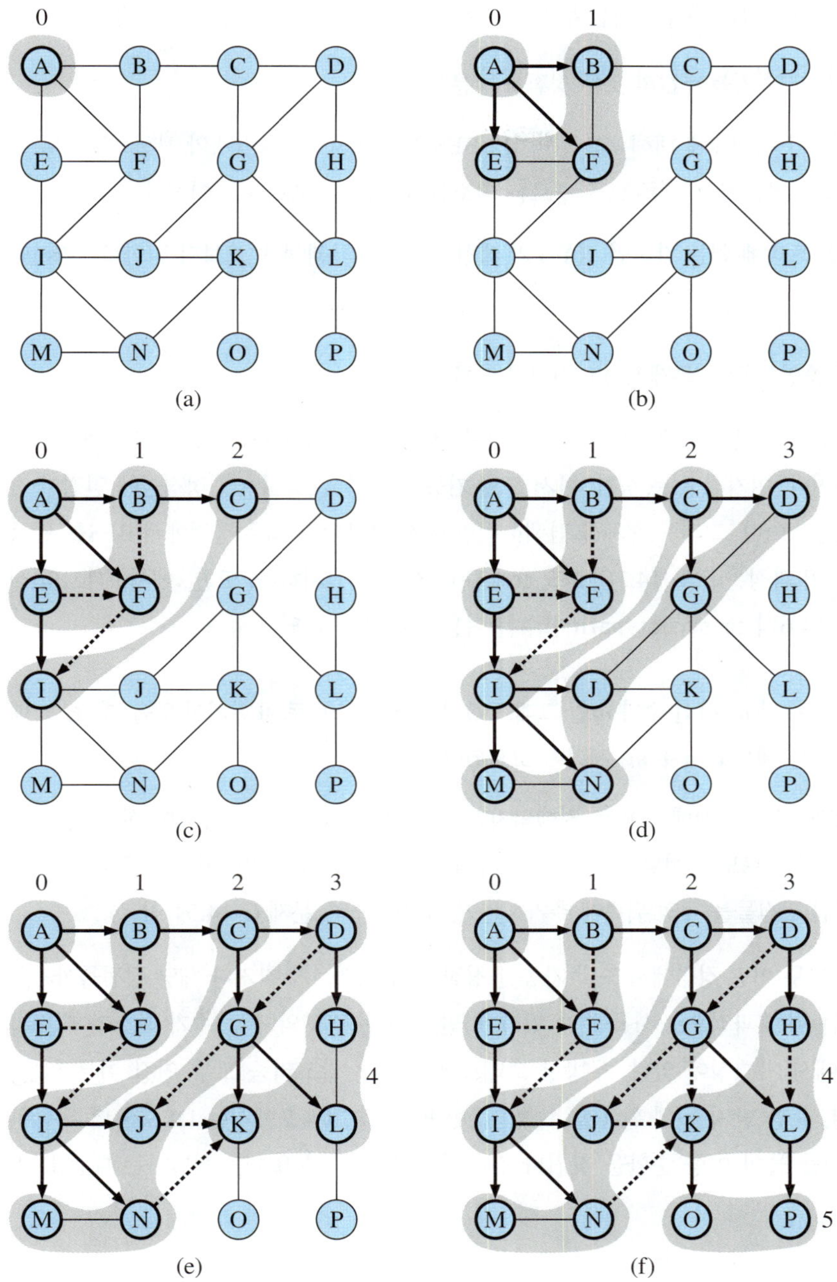

그림 14.10 너비 우선 탐색의 예. 각 정점에 인접한 간선들은 인접 정점의 알파벳 순서대로 고려된다. 트리 간선은 실선으로, 비트리 간선(교차 간선)은 점선으로 표시되어 있다. (a) 정점 A에서 탐색 시작, (b) 레벨 1 정점 발견, (c) 레벨 2 정점 발견, (d) 레벨 3 정점 발견, (e) 레벨 4 정점 발견, (f) 레벨 5 정점 발견

명제 14.16 BFS를 정점 s에서 수행한 무방향 또는 방향 그래프 G에 대해 다음이 성립한다.

- 탐색 시 s에서 도달 가능한 G의 모든 정점을 방문한다.
- 레벨 i에 있는 각 정점 v에 대해 s와 v 사이의 BFS 트리 T의 경로는 i개의 간선으로 이루어지며, s에서 v로 가는 G의 다른 모든 경로는 최소한 i개의 간선으로 이루어진다.
- (u, v)가 BFS 트리에 없는 간선인 경우 v의 레벨 번호는 u의 레벨 번호보다 많아도 1까지만 클 수 있다.

이 명제에 대한 증명은 연습 문제 C-14.50에서 다룬다.

BFS의 수행 시간 분석은 DFS와 유사하다. 전체 수행 시간은 $O(n + m)$이며, 좀더 구체적으로는 $O(n_s + m_s)$이다. 여기서 n_s는 정점 s에서 도달 가능한 정점 수, m_s는 그 정점들에 인접한 간선 수이며, $m_s \leq m$이다. 그래프 전체를 탐색하려면 아직 방문되지 않은 정점에서 BFS를 반복 수행해야 하며, 이 과정은 코드 14.7의 `DFS_complete` 함수와 유사하다. 또한 s에서 v까지의 실제 경로는 코드 14.6의 `construct_path` 함수를 이용해 복원할 수 있다.

명제 14.17 정점 수가 n, 간선 수가 m인 그래프 G가 인접 리스트로 표현되어 있을 때, G에 대해 BFS를 수행하는 데는 $O(n + m)$ 시간이 소요된다.

코드 14.8의 BFS 구현은 레벨 단위로 진행되지만, 하나의 FIFO 큐를 사용하여 현재 탐색 경계를 관리하는 방식으로도 구현할 수 있다. 출발점을 큐에 넣고, 큐의 앞에서 정점을 꺼내어 방문하지 않은 인접 정점들을 큐의 뒤쪽에 추가하는 방식이다(연습 문제 C-14.51 참고).

DFS와 BFS는 모두 어떤 정점에서 도달 가능한 정점 집합을 빠르게 찾거나 해당 정점들까지의 경로를 계산하는 데 효과적으로 사용될 수 있다. 다만 BFS는 경로의 간선 수가 최소가 되도록 보장한다는 점에서 차별성이 있다. 무방향 그래프에서는 두 알고리즘 모두 연결 여부 확인, 연결 요소 판별, 순환 탐지 등에 활용할 수 있다. 반면, 방향 그래프에서는 DFS가 더 적합한 작업이 있다. 예를 들어 방향 순환을 찾거나 강하게 연결된 구성 요소를 식별하는 데는 DFS가 유리하다.

14.4 전이적 폐쇄

앞서, 그래프 순회를 사용하여 방향 그래프에서 도달 가능성에 대한 질문에 답할 수 있음을 살펴보았다. 특히 어떤 정점 u에서 정점 v로 가는 경로가 그래프 내에 존재하는지 알고 싶다면 u에서 시작하여 DFS나 BFS 순회를 수행하고 v가 발견되는지를 확인하면 된다. 그래프가 인접 리스트나 인접 맵으로 표현되어 있다면 u와 v에 대한 도달 가능성 여부는 $O(n + m)$ 시간에 확인할 수 있다(명제 14.15와 14.17 참고).

특정 응용에서는 많은 도달 가능성 질의를 더 효율적으로 처리하기 위해 그래프 표현을 미리 전처리하는 것이 유용할 수 있다. 예를 들어 출발지에서 목적지까지 운전 경로를 계산하는 서비스의 첫 번째 단계는 목적지에 도달 가능한지를 판단하는 것일 수 있다. 이와 유사하게, 전기망에서는 전류가 특정 정점에서 다른 정점으로 흐를 수 있는지를 신속히 파악하고자 할 수 있다. 이러한 응용에서 영감을 받아 다음 정의를 소개한다. 방향 그래프 $\vec{G}$의 **전이적 폐쇄**(transitive closure)는 $\vec{G}$와 동일한 정점 집합을 가지는 또 다른 방향 그래프 $\vec{G}^*$로서, $\vec{G}^*$에 간선 (u, v)가 존재한다면 오직 그럴 때만 $\vec{G}$에 u에서 v로 가는 경로가 존재한다(이때 간선 (u, v)는 원래 그래프 $\vec{G}$의 간선일 수도 있음).

그래프가 인접 리스트나 인접 맵으로 표현되어 있다면, 정점마다 그래프 순회를 수행하여 총 $O(n(n + m))$ 시간 안에 전이적 폐쇄를 계산할 수 있다. 예를 들어 각 정점 u에서 DFS를 수행해 u로부터 도달 가능한 모든 정점을 찾고, 이 정점들과 u 사이에 간선을 추가하면 된다. 이렇게 수집한 간선 모음이 곧 전이적 폐쇄가 된다.

이 절의 나머지에서는 특히 $O(1)$ 시간 안에 간선을 조회할 수 있는 자료구조(예 인접 행렬)를 사용할 경우 적합한 전이적 폐쇄를 계산하는 대체 기법을 살펴본다. 정점 수가 n, 간선 수가 m인 방향 그래프 $\vec{G}$가 있다고 하자. 이제 $\vec{G}$의 전이적 폐쇄를 여러 라운드에 걸쳐 계산해야 한다. 먼저 $\vec{G}_0 = \vec{G}$로 초기화한다. 그런 다음 $\vec{G}$의 정점을 $v_1, v_2, \ldots, v_n$으로 임의로 번호 매긴다. 각 라운드는 1부터 시작된다. 일반적인 k번째 라운드에서는 $\vec{G}_k = \vec{G}_{k-1}$로 시작하여 방향 그래프 $\vec{G}_k$를 구성하고, 방향 그래프 $\vec{G}_{k-1}$에 간선 (v_i, v_k)와 (v_k, v_j)가 모두 포함되어 있으면 $\vec{G}_k$에 방향 간선 (v_i, v_j)를 추가한다. 이렇게 하면 다음 명제에 제시된 규칙이 적용된다.

명제 14.18 $i = 1, \ldots, n$에 대해, 방향 그래프 $\vec{G}_k$가 간선 (v_i, v_j)를 갖는다면 이는 방향 그래프 $\vec{G}$가 v_i에서 v_j로 가는 방향 경로를 갖고, 그 중간 정점(있는 경우)은 모두 $\{v_1, \ldots, v_k\}$ 집합에 속한 경우다. 특히, $\vec{G}_n$은 $\vec{G}$의 전이적 폐쇄 $\vec{G}^*$와 동일하다.

명제 14.18은 각 $\vec{G}_k$를 구하는 일련의 라운드에 기반한 $\vec{G}$의 전이적 폐쇄를 계산하기 위한 간단한 알고리즘을 제안한다. 이는 **플로이드-워샬**(Floyd-Warshall) **알고리즘**으로, 의사코드는 코드 14.9와 같다. 그림 14.11은 플로이드-워샬 알고리즘의 실행 예다.

```
알고리즘 FloydWarshall(G⃗):
    입력: n개의 정점으로 구성된 방향성 그래프 G⃗
    출력: G⃗의 전이적 폐쇄 G⃗*
    v_1, v_2, ..., v_n을 G⃗ 그래프의 임의의 정점 번호로 지정한다.
    G⃗_0 = G⃗
    for k=1 to n do
       G⃗_k = G⃗_{k-1}
       for all 모든 i, j in {1, ..., n} 중 i ≠ j 이고 i, j ≠ k인 경우 do
          if (v_i, v_k)와 (v_k, v_j) 간선이 G⃗_{k-1}에 모두 존재한다면 then
             (이미 포함되어 있지 않은 경우에 한해) 간선 (v_i, v_j)을 G⃗_k에 추가한다.
    return G⃗_n
```

코드 14.9 플로이드-워샬 알고리즘의 의사코드. 이 알고리즘은 방향 그래프 $\vec{G}_0, \vec{G}_1, \ldots, \vec{G}_n (k = 1, \ldots, n)$을 점진적으로 계산하여 G의 전이적 폐쇄 $\vec{G}^*$를 계산한다.

위 의사코드에서 G를 나타내는 자료구조가 $O(1)$ 시간에 `get_edge`와 `insert_edge` 메서드를 지원한다고 가정하면, 플로이드-워샬 알고리즘의 수행 시간을 쉽게 분석할 수 있다. 메인 루프는 n번 실행되고 내부 루프는 $O(n^2)$ 쌍의 각 정점에 대해 상수 시간에 실행 가능하므로 플로이드-워샬 알고리즘의 총 수행 시간은 $O(n^3)$이다. 이 분석을 바탕으로 다음 명제를 바로 도출할 수 있다.

명제 14.19 $\vec{G}$가 n개의 정점이 있는 방향 그래프이고 $\vec{G}$가 $O(1)$ 시간에 인접 정보의 조회 및 업데이트를 지원하는 자료구조로 표현되어 있다면, 플로이드-워샬 알고리즘은 $O(n^3)$ 시간에 $\vec{G}$의 전이 폐쇄 $\vec{G}^*$를 계산할 수 있다.

플로이드-워샬 알고리즘의 성능

점근적으로, 플로이드-워샬 알고리즘의 $O(n^3)$ 수행 시간은 도달 가능성을 계산하기 위해 각 정점에서 한 번씩 DFS를 반복적으로 실행하여 달성한 시간과 다를 바 없다. 그러나 플로이드-워샬 알고리즘은 그래프가 밀집되어 있거나 그래프가 희소하지만 인접 행렬로 표현된 경우에는 반복 수행된 DFS의 점근적 경계와 일치한다(연습 문제 R-14.12 참고).

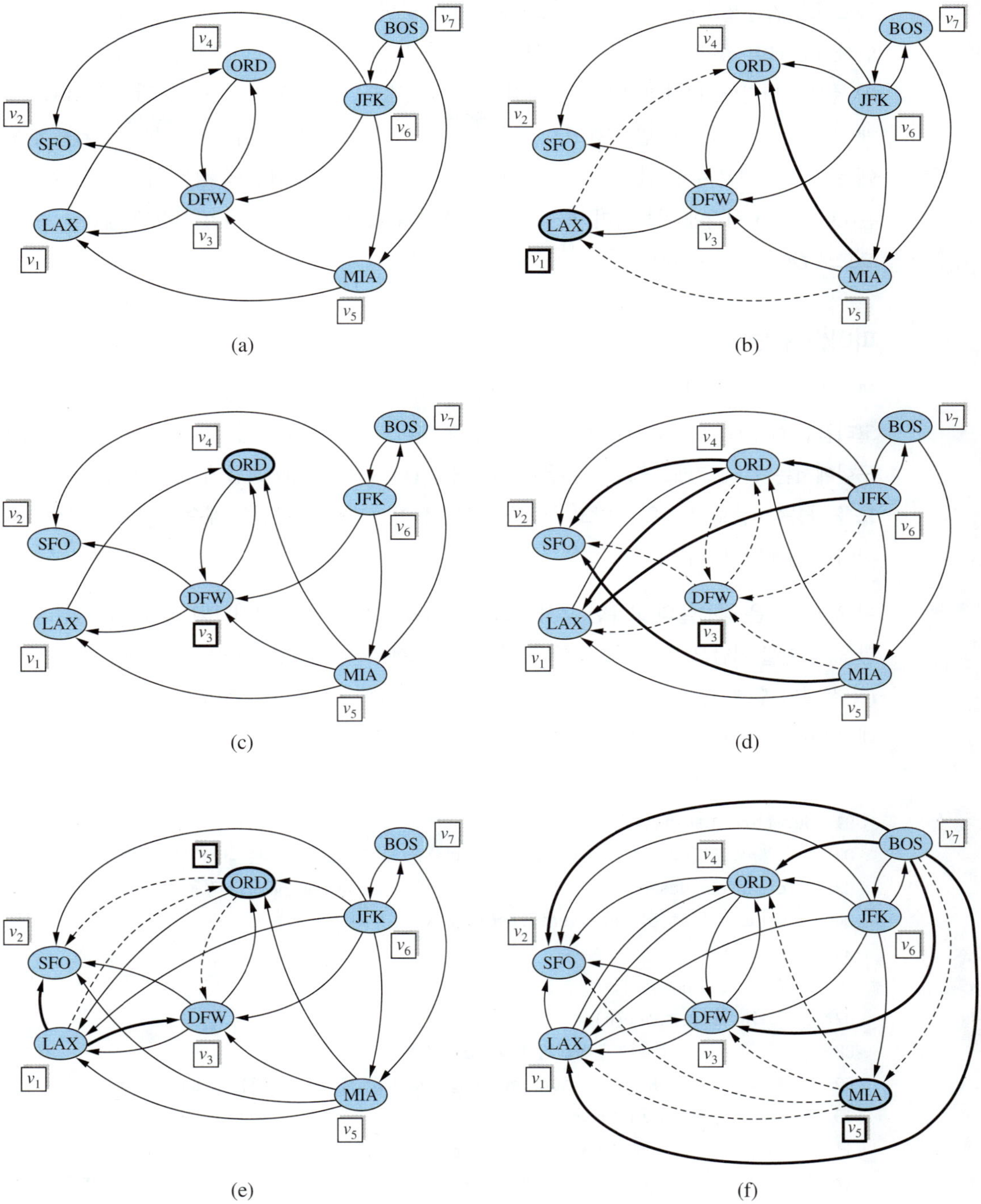

그림 14.11 플로이드-워샬 알고리즘으로 계산한 방향 그래프의 시퀀스. (a) 초기 방향 그래프 $\vec{G} = \vec{G}_0$과 정점들의 번호 매기기, (b) 방향 그래프 $\vec{G}_1$, (c) $\vec{G}_2$, (d) $\vec{G}_3$, (e) $\vec{G}_4$, (f) $\vec{G}_5$. $\vec{G}_5 = \vec{G}_6 = \vec{G}_7$. 방향 그래프에 간선 (v_i, v_k)와 (v_k, v_j)가 있지만 간선 (v_i, v_j)가 없는 경우, 방향 그래프 $\vec{G}_{k-1}$의 그림에서 간선 (v_i, v_k)와 (v_k, v_j)를 점선으로 표시하고, 간선 (v_i, v_j)를 굵은 선으로 표시했다. 예를 들어 (b)에서 기존 간선 (MIA, LAX)와 (LAX, ORD)는 새로운 간선 (MIA, ORD)를 생성한다.

플로이드-워샬 알고리즘의 장점은 DFS보다 훨씬 구현하기 쉽고, 점근 표기법에 숨겨진 저수준 연산이 비교적 적어 실제로는 훨씬 빠르다는 것이다. 이 알고리즘은 인접 행렬을 사용하는 경우에 특히 적합한데, 하나의 비트로 전이적 폐쇄 내에서 도달 가능성을 나타내는 간선 (u, v)를 쉽게 표현할 수 있다. 하지만 그래프가 희소하고 인접 리스트나 인접 맵을 사용해 표현되는 경우에는 DFS를 반복 수행하는 방식이 점근적 성능 면에서 더 유리하다. 이 경우 하나의 DFS 수행은 $O(n + m)$ 시간에 가능하며, 따라서 전체 전이적 폐쇄는 $O(n^2 + nm)$ 시간에 계산할 수 있으므로 $O(n^3)$보다 더 낫다.

파이썬 구현

코드 14.10에 제시된 플로이드-워샬 알고리즘의 파이썬 구현으로 이 절을 마무리한다. 원래 알고리즘은 $\vec{G}_0$, $\vec{G}_1$, ..., $\vec{G}_n$과 같은 일련의 방향 그래프를 생성하는 방식으로 설명되어 있지만, 구현에서는 원래 그래프의 복사본을 하나 만들고(파이썬의 `copy` 모듈에 있는 `deepcopy` 메서드를 사용함) 플로이드-워샬 알고리즘의 각 라운드마다 새로운 간선을 계속 추가하는 방식으로 전이적 폐쇄를 계산한다.

이 알고리즘은 정점들의 고유한 순서를 요구하므로, 전이적 폐쇄 그래프의 정점 리스트를 먼저 만들고, 이를 기반으로 순서를 정한다. 바깥쪽 루프에서는 모든 쌍 i와 j를 고려해야 한다. 또한 i가 선택된 후에 (v_i, v_k)가 현재의 전이적 폐쇄 그래프에 존재한다는 것이 확인된 경우에만 j에 대한 반복을 수행하도록 최적화를 적용한다.

```
def floyd_warshall(g):
    """g의 전이적 폐쇄(transitive closure)인 새 그래프를 반환한다."""
    closure = deepcopy(g)                     # copy 모듈에서 가져옴
    verts = list(closure.vertices())          # 인덱싱 가능한 리스트 만들기
    n = len(verts)
    for k in range(n):
        for i in range(n):
            # 부분 폐쇄에 간선 (i, k)가 있는지 확인
            if i != k and closure.get_edge(verts[i], verts[k]) is not None:
                for j in range(n):
                    # (i,j)가 아직 포함되지 않은 경우 폐쇄에 추가
                    if i != j != k and closure.get_edge(verts[k], verts[j]) is not None:
                        # (i,j)가 아직 포함되지 않은 경우 폐쇄에 추가
                        if closure.get_edge(verts[i], verts[j]) is None:
                            closure.insert_edge(verts[i], verts[j])
    return closure
```

코드 14.10 플로이드-워샬 알고리즘의 구현

14.5 방향 비순환 그래프

순환이 없는 방향 그래프는 다양한 응용에서 자주 등장한다. 이러한 방향 그래프를 종종 **방향 비순환 그래프**(DAG)라고 부른다. DAG는 다음과 같은 상황에서 유용하게 활용된다.

- 학위 프로그램의 과목 간 선수 조건 표현
- 객체 지향 프로그램의 클래스 간 상속 관계 표현
- 프로젝트 작업 간의 수행 순서 제약 표현

다음 예제를 통해 마지막 항목을 좀더 자세히 살펴보겠다.

예제 14.20 대규모 프로젝트를 관리하려면 이를 더 작은 작업 단위로 나누는 것이 편리하다. 그러나 이 작업들은 보통 서로 독립적이지 않으며, 작업 간에 일정 제약(scheduling constraint)이 존재하기 마련이다(예를 들어 주택 건설 프로젝트에서 못을 박는 작업은 반드시 지붕 널판지를 정리한 이후에 수행되어야 함). 이러한 일정 제약에서는 순환 구조가 있어서는 안 된다. 순환이 존재하면 프로젝트를 수행하는 것이 불가능해지기 때문이다(예를 들어 직장을 얻으려면 경력이 필요하고, 경력을 쌓으려면 직장이 필요하다면 이는 모순임). 일정 제약은 작업이 실행되어야 하는 순서에 제약을 가한다. 즉, 어떤 제약이 작업 u가 작업 v보다 먼저 완료되어야 한다고 지정한다면, u는 반드시 v보다 앞선 순서로 실행되어야 한다. 따라서 작업 집합을 방향 그래프의 정점으로 모델링하고, u가 v보다 먼저 수행되어야 할 때 u에서 v로 방향 간선을 추가하면 이 그래프는 방향 비순환 그래프가 된다.

14.5.1 위상 정렬

예제 14.20을 통해 다음 정의를 유도할 수 있다. $\vec{G}$가 n개의 정점을 가진 방향 그래프라고 하자. **위상 정렬**(topological ordering)은 $\vec{G}$의 정점 $v_1, \ldots, v_n$의 순서이며, $\vec{G}$의 모든 간선(v_i, v_j)에 대해 $i < j$를 만족한다. 즉, 위상 정렬은 $\vec{G}$의 모든 간선을 따라 정점을 오름차순으로 방문하는 순서다. 하나의 방향 그래프에는 위상 정렬이 여러 개 있을 수 있다(그림 14.12 참고).

명제 14.21 $\vec{G}$가 비순환적이려면 위상 정렬을 가져야 한다.

증명 $\vec{G}$가 위상 정렬되었다고 가정하자. 이제 모순을 유도하기 위해 $\vec{G}$에 (v_{i_0}, v_{i_1}), (v_{i_1}, v_{i_2}), $\ldots$, $(v_{i_{k-1}}, v_{i_0})$의 간선으로 구성된 순환이 존재한다고 가정해 보자. 위상 정렬에서는 인덱스가

증가하는 순서로 간선을 따라야 하므로 $i_0 < i_1 < \cdots < i_{k-1} < i_0$이 되어야 하고, 이는 명백한 모순이다. 따라서 $\vec{G}$에는 순환이 존재할 수 없다.

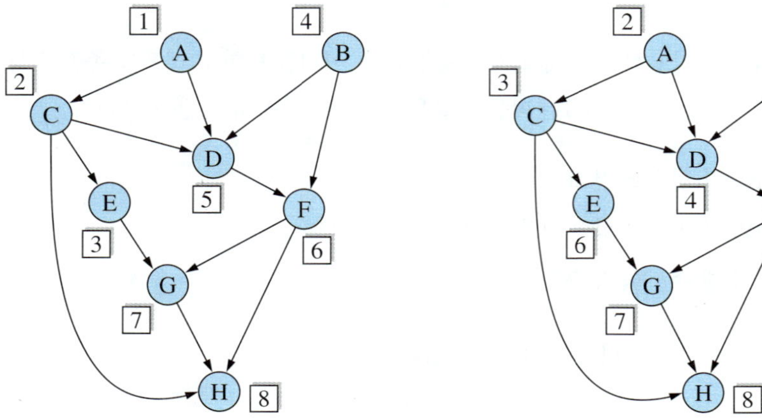

그림 14.12 동일한 비순환적 방향 그래프의 두 위상 정렬

이제 명제 14.21의 조건이 충분함을 증명한다. 방향 그래프 $\vec{G}$가 비순환적이라고 가정하자. $\vec{G}$에 대해 위상 정렬 만드는 방법을 알고리즘적으로 설명할 것이다. $\vec{G}$가 비순환적이므로 $\vec{G}$는 들어오는 간선이 없는(즉, 진입 차수가 0인) 정점을 가져야 한다. v_1을 그러한 정점이라고 하자. 만약 그러한 정점이 존재하지 않는다면 임의의 출발점에서 간선을 따라가다 보면 언제가는 이미 방문한 정점을 다시 만나게 되어 $\vec{G}$가 비순환이라는 가정에 모순된다. $\vec{G}$에서 v_1을 그 정점에서 나가는 간선과 함께 제거하면 결과 방향 그래프는 여전히 비순환이다. 따라서 결과 방향 그래프에는 들어오는 간선이 없는 정점이 존재한다. 이 정점을 v_2라고 하자. 방향 그래프가 빌 때까지 이 과정을 반복하면 $\vec{G}$의 정점들에 대해 $v_1, \ldots, v_n$ 순서를 얻는다. 이 구성 방식 때문에 (v_i, v_j)가 $\vec{G}$의 간선이면 v_j를 삭제해야 v_i를 삭제할 수 있으므로 $i < j$다. 따라서 $v_1, \ldots, v_n$은 위상 정렬이다. ■

명제 14.21의 증명은 방향 그래프의 위상 정렬을 계산하는 알고리즘에 대한 단서를 제공하며, 이러한 알고리즘을 **위상 정렬**이라고 한다. 코드 14.11에 파이썬 구현을 제시하고, 그림 14.13에서는 알고리즘의 실행 예를 보여준다. 이 구현에서는 `incount` 딕셔너리를 사용하여 각 정점에 대해 현재의 진입 간선 수를 추적하고, 이미 위상 정렬에 포함된 정점에서 오는 간선은 제외한다. 파이썬의 딕셔너리는 각 항목에 대해 평균적으로 $O(1)$ 시간에 접근할 수 있으므로, 최악의 경우보다 효율적이다. 물론 정점이 0에서 $n-1$까지 정수로 구성되어 있거나, 정점이 정렬 가능한 원소일 경우에는 배열을 사용할 수도 있다.

덧붙여 코드 14.11의 위상 정렬 알고리즘은 위상 정렬 알고리즘은 주어진 방향 그래프의 비순

환 여부도 함께 판별해 준다. 만약 알고리즘이 모든 정점을 정렬하기 전에 멈춘다면, 정렬되지 않은 정점으로 이루어진 부분 그래프 내에는 순환이 존재한다는 뜻이다.

```
def topological_sort(g):
    """방향 비순환 그래프 g의 정점 리스트를 위상 정렬 순서로 반환한다.

    그래프 g에 순환이 있는 경우 결과는 불완전할 수 있다.
    """
    topo = []          # 최상위 논리적 순서로 배치된 정점 리스트
    ready = []         # 남은 제약 조건이 없는 정점 리스트
    incount = {}       # 각 정점의 입력 차수를 추적
    for u in g.vertices():
        incount[u] = g.degree(u, False)     # 매개변수 False는 입력 차수를 요청
        if incount[u] == 0:                 # u에 입력 간선이 없으면
            ready.append(u)                 # 제약 조건이 없음
    while len(ready) > 0:
        u = ready.pop()                     # u에 제약 조건이 없음
        topo.append(u)                      # 위상 정렬 순서에 u 추가
        for e in g.incident_edges(u):       # u의 모든 출력 이웃을 고려
            v = e.opposite(u)
            incount[v] -= 1                 # u가 없어지면 v의 제약 조건이 하나 줄어듦
            if incount[v] == 0:
                ready.append(v)
    return topo
```

코드 14.11 위상 정렬 알고리즘의 구현(그림 14.13에서 실행 예 제시)

위상 정렬의 성능

명제 14.22 $\vec{G}$가 인접 리스트 표현을 사용하고 n개의 정점과 m개의 간선을 가지는 방향 그래프라고 하자. 위상 정렬 알고리즘은 $O(n)$ 보조 공간을 사용하고 $O(n+m)$ 시간에 수행된다. 이 알고리즘은 $\vec{G}$의 위상 정렬를 계산하거나 일부 정점을 정렬하지 못할 경우 $\vec{G}$에 순환이 있음을 판별한다.

증명 각 정점의 진입 차수(in-degree)를 기록하는 데 $O(n)$ 시간이 들며, 이는 차수 기반(degree method)에 따른 것이다. 위상 정렬 알고리즘에서 어떤 정점 u가 '방문됨'은 u가 준비 큐(ready list)에서 제거된다는 의미다. 정점 u는 오직 incount(u)가 0일 때만 방문될 수 있으며, 이는 u로 들어오는 간선을 가진 모든 정점(즉, u의 선행자)이 이미 방문되었음을 의미한다. 따라서 순환에 있는 정점은 절대로 방문되지 않으며, 나머지 정점은 정확히 한 번씩만 방문된다. 이 알고리즘은 방문된 각 정점에 대해 그 정점에서 나가는 모든 간선을 한 번씩만 따라가므

로, 수행 시간은 방문된 정점들의 진출 차수(out-degree)의 총합에 비례한다. 명제 14.9에 따라 전체 수행 시간은 $O(n + m)$이다. 공간 사용에 대해서는 `topo`(정렬 결과 저장용), `ready`(준비 큐), `incount`(진입 차수 테이블)가 모두 정점당 최대 한 항목을 가지므로 전체 공간 복잡도는 $O(n)$이다. ■

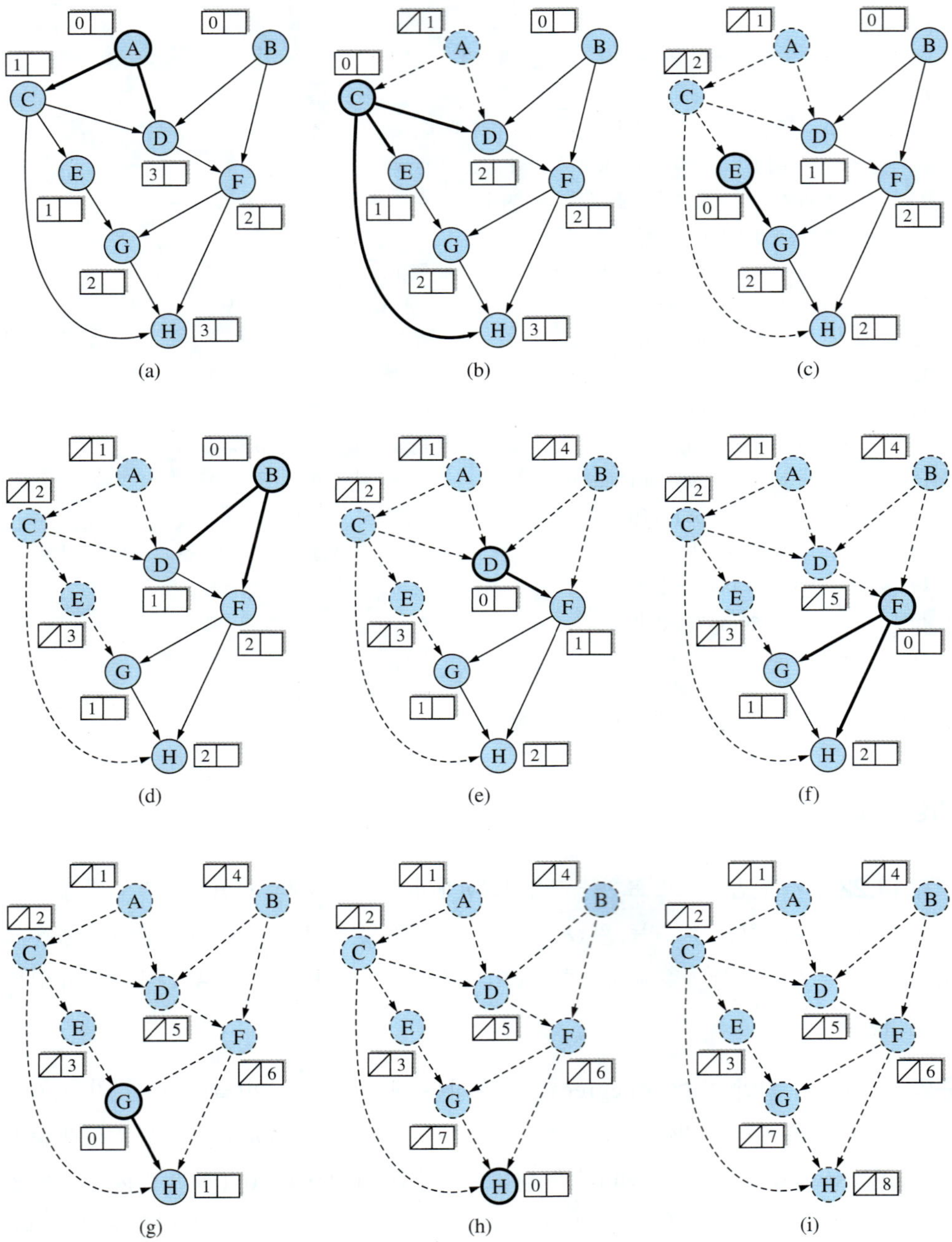

그림 14.13 알고리즘 `topological_sort`(코드 14.11) 실행의 예. 정점 근처의 라벨은 현재 `incount` 값과 결과 위상 정렬에서 최종 순위를 보여준다. 강조 표시된 정점은 `incount`가 0인 정점으로 위상 정렬에서 다음 정점이 된다. 점선은 이미 확인되어 더 이상 `incount` 값에 반영되지 않는 간선을 나타낸다.

14.6 최단 경로

14.3.3절에서 살펴본 것처럼, 너비 우선 탐색(BFS) 전략은 연결된 그래프에서 하나의 시작 정점으로부터 다른 모든 정점까지의 최단 경로를 찾는 데 사용할 수 있다. 이 방식은 모든 간선이 서로 동일하게 간주될 수 있는 경우에는 적절하지만, 그렇지 않은 상황도 종종 존재한다.

예를 들어 도시 간 도로를 그래프로 표현하고, 두 도시 사이를 가장 빠르게 이동하는 방법을 찾고 싶을 수 있다. 이 경우, 모든 간선의 거리가 동일하다고 가정하는 것은 부적절할 수 있다. 도시 간 거리 차이는 상당히 클 수 있기 때문이다. 또는 인터넷과 같은 컴퓨터 네트워크를 그래프로 표현하는 상황을 생각해 보자. 두 컴퓨터 사이에서 데이터 패킷을 가장 빠르게 전달하는 경로를 찾고자 할 때, 마찬가지로 모든 간선의 전송 속도가 동일하다고 가정하는 것은 부적절할 수 있다. 컴퓨터 네트워크에서 일부 링크는 매우 느리고, 일부 링크는 고속일 수 있기 때문이다. 예컨대 어떤 간선은 저대역폭 연결을, 어떤 간선은 고속 광케이블 연결을 나타낼 수 있다. 따라서 간선의 가중치가 모두 동일하지 않다는 전제를 두고 그래프를 다루는 것이 자연스럽다.

14.6.1 가중치 그래프

가중치 그래프(weighted graph)는 각 간선 e와 연관된 숫자(예 정수) 라벨 $w(e)$를 갖는 그래프로, 간선 e의 **가중치**라고 한다. 만약 $e = (u, v)$라면 가중치는 $w(u, v) = w(e)$다. 그림 14.14는 가중치 그래프의 예다.

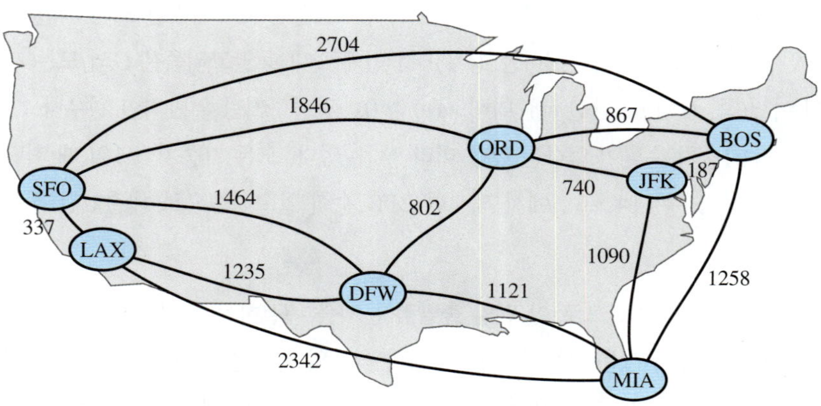

그림 14.14 정점이 주요 미국 공항을 나타내고 간선 가중치가 마일 단위 거리를 나타내는 가중치 그래프. 이 그래프에서 JFK에서 LAX까지의 경로는 총 가중치가 2,777(ORD와 DFW 경유)이다. 이 경로는 JFK에서 LAX까지의 그래프에서 최소 가중치 경로다.

가중치 그래프에서 최단 경로 정의하기

G를 가중치 그래프라고 하자. 경로의 **길이**(또는 가중치)는 P의 간선 가중치의 합이다. 즉, $P = ((v_0, v_1), (v_1, v_2), \ldots, (v_{k-1}, v_k))$이면 P의 길이는 $(w(P))$로 정의된다.

$$w(P) = \sum_{i=0}^{k-1} w(v_i, v_{i+1})$$

G에 있는 정점 u에서 정점 v까지의 **거리**를 $d(u, v)$라고 하며, 이는 u에서 v까지의 최소 길이 경로(**최단 경로**라고도 함)의 길이다(그런 경로가 존재한다면).

G에 u에서 v까지의 경로가 전혀 없다면 $d(u, v) = \infty$라는 규칙을 사용하곤 한다. 그러나 G에 u에서 v까지의 경로가 있더라도 G에 총 가중치가 음수인 순환이 있는 경우 u에서 v까지의 거리가 정의되지 않을 수 있다. 예를 들어 G의 정점이 도시를 나타내고 간선의 가중치가 한 도시에서 다른 도시로 가는 데 드는 비용을 나타낸다고 가정해 보자. 누군가가 실제로 JFK에서 ORD까지 가는 데 돈을 지불할 의향이 있다면 간선(JFK, ORD)의 비용은 음수가 될 것이다. 다른 누군가가 ORD에서 JFK까지 가는 데 돈을 지불할 의향이 있다면 G에 음수 가중치 순환이 생기고 거리가 더 이상 정의되지 않을 것이다. 즉, 이제 누구나 G 안에서 도시 A에서 도시 B까지 가는 경로(순환 포함)를 만들 수 있는데, 이 경로는 먼저 JFK로 가서 JFK에서 ORD까지 원하는 횟수만큼 순환을 돌고, B로 가는 것이다. 이러한 경로가 있으면 임의로 낮은 음수 비용 경로를 만들 수 있다. (이 과정에서 큰 돈을 벌 수도 있다.) 하지만 거리는 임의로 낮은 음수가 될 수 없다. 따라서 거리를 나타내기 위해 간선 가중치를 사용할 때마다 음수 가중치 순환이 생기지 않도록 주의해야 한다.

가중치 그래프 G가 주어졌을 때, 간선의 가중치를 거리로 보고 일부 정점 s에서 G의 각 정점까지의 최단 경로를 찾으라는 요청을 받았다고 가정해 보자. 이 절에서는 이러한 모든 최단 경로를 찾는 효율적인 방법을 살펴본다(존재하는 경우). 첫 번째로 다룰 알고리즘은 G의 모든 간선 가중치가 음이 아닌(즉, G의 각 간선 e에 대해 $w(e) \geq 0$), 간단하지만 일반적인 경우다. 이 조건 덕분에 G에 음의 가중치 순환이 없다는 것을 미리 알 수 있다. 모든 가중치가 1일 때 최단 경로를 계산하는 특수한 경우는 14.3.3절에서 제시한 BFS 순회 알고리즘으로 해결했던 점을 떠올려보자.

한편, **그리디 기법**(13.4.2절)을 기반으로 이 **단일 출발점** 문제를 해결하는 흥미로운 접근 방식이 있다. 이 방법은 각 반복에서 사용 가능한 선택 중에서 최상의 선택을 반복적으로 선택하여 문제를 해결한다. 또한 객체 모음에 대한 비용 함수를 최적화하려는 상황에서 사용할 수 있다. 즉, 아직 선택되지 않은 객체 중에서 함수를 최적화하는 다음 객체를 하나씩 선택하여 추가함으로써 문제를 해결할 수 있다.

14.6.2 다익스트라 알고리즘

그리디 기법을 단일 출발점 최단 경로 문제에 적용하는 핵심 아이디어는 출발점 s에서 시작하여 '가중치' 너비 우선 탐색을 수행하는 것이다. 특히 그리디 기법을 사용해 s에서 정점의 '클라우드'를 반복적으로 키우는 알고리즘을 개발할 수 있으며, 정점은 s와의 거리 순서대로 클라우드에 들어간다. 따라서 각 반복에서 선택된 다음 정점은 s에 가장 가까운 클라우드 외부의 정점이다. 알고리즘은 클라우드 외부에 더 이상 정점이 없을 때(또는 클라우드 외부의 정점이 클라우드 내부의 정점과 연결되지 않을 때) 종료되며, 이때 s에서 도달할 수 있는 G의 모든 정점으로 가는 최단 경로를 얻는다. 이 접근 방식은 간단하면서도 강력한 그리디 기법 설계 패턴의 예가 된다. 그리디 기법을 단일 출발점 최단 경로 문제에 적용하면 **다익스트라**(Dijkstra) **알고리즘**으로 알려진 알고리즘이 생성된다.

간선 완화

V의 각 정점 v에 대해 라벨 $D[v]$를 정의해 보겠다. 이를 사용해 G에서 s로부터 v까지의 거리를 근사한다. 이러한 라벨의 의미는 $D[v]$가 항상 s에서 v까지 지금까지 찾은 최상의 경로의 길이를 저장한다는 것이다. 처음에는 각 $v \neq s$에 대해 $D[s] = 0$이고 $D[v] = \infty$이며 정점의 '**클라우드**'인 집합 C를 공집합으로 정의한다. 알고리즘의 각 반복에서 가장 작은 $D[u]$ 라벨을 가진 C에 없는 정점 u를 선택하고, u를 C로 끌어온다(일반적으로 우선순위 큐를 사용해 클라우드 외부의 정점 중에서 선택함) 첫 번째 반복에서 물론 s를 C로 끌어온다. 새로운 정점 u가 C로 끌려오면, u에 인접하고 C 외부에 있는 각 정점 v의 라벨 $D[v]$를 업데이트하여 u를 통해 v에 도달하는 새롭고 더 나은 방법이 있을 수 있다는 사실을 반영한다. 이 업데이트 작업은 완화 절차로 알려져 있는데, 이는 이전 추정치를 가져와 실제 값에 더 가까워지도록 개선할 수 있는지 확인하기 때문이다. 구체적인 간선 완화 작업은 다음과 같다.

간선 완화: $D[u] + w(u, v) < D[v]$**이면**

$$D[v] = D[u] + w(u, v)$$

알고리즘 설명과 예제

코드 14.12는 다익스트라 알고리즘의 의사코드이고, 그림 14.15~14.17은 다익스트라 알고리즘의 몇 차례에 걸친 반복을 보여준다.

```
알고리즘 ShortestPath(G, s):
  입력: 음이 아닌 가중치를 가진 그래프 G와 출발점 s
  출력: 출발점 s에서 G의 각 정점 v까지의 최단 경로 길이 D[v]
  D[s] = 0 그리고 D[v] = ∞ (모든 정점 v ≠ s에 대해)
  우선순위 큐 Q에 G의 모든 정점을 D 값을 키로 하여 넣는다.
  while Q가 비어 있지 않으면 다음을 수행 do
    {간선 (u, v)에 대해 완화 수행}
    if D[u] + w(u, v) < D[v] then
      D[v] = D[u] + w(u, v)
      Q에서 정점 v의 키를 D[v]로 업데이트
return 각 정점 v에 대해 D[v]를 반환
```

코드 14.12 다익스트라 알고리즘. 단일 출발점 최단 경로 문제를 해결한다.

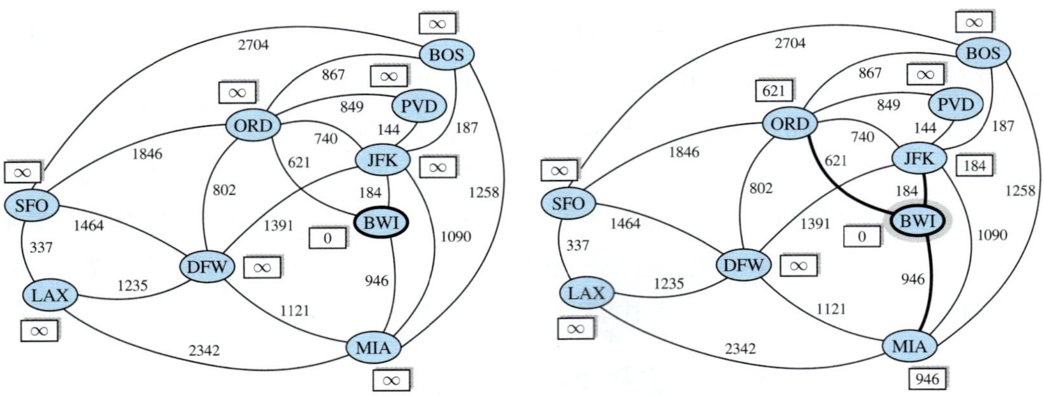

(a) (b)

그림 14.15 가중치 그래프에서 다익스트라 알고리즘을 실행하는 모습. 출발점은 BWI이다. 각 정점 v 옆에는 라벨 $D[v]$가 저장된다. 최단 경로 트리의 간선을 굵은 화살표로 표현하고, '클라우드' 밖에 있는 각 정점 u에 대해 굵은 선으로 u를 끌어들이는 현재 최상의 간선을 보여준다(그림 14.16으로 이어짐).

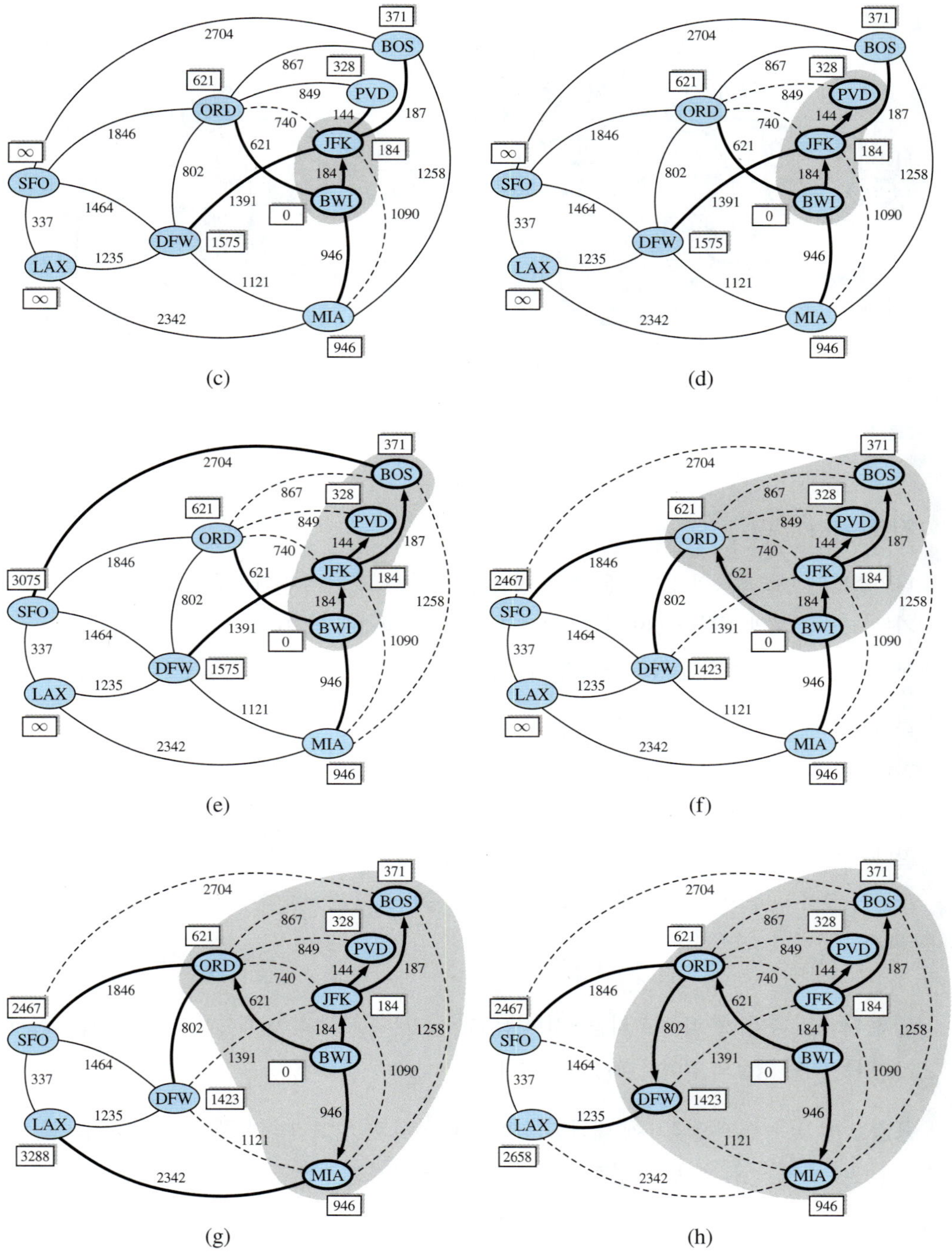

그림 14.16 다익스트라 알고리즘의 실행 예(그림 14.17로 이어짐)

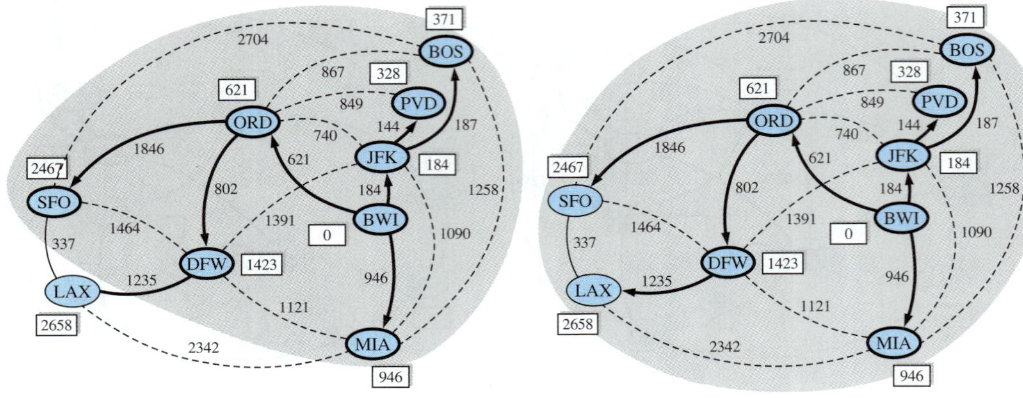

그림 14.17 다익스트라 알고리즘의 실행 예

작동 원리

다익스트라 알고리즘의 흥미로운 점은 정점 u가 C로 포함되는 순간, 라벨 $D[u]$가 v에서 u로 가는 최단 경로의 정확한 길이를 저장한다는 것이다. 따라서 알고리즘이 종료될 때 s에서 G의 모든 정점에 이르는 최단 경로 거리가 계산된다. 즉, 단일 출발점 최단 경로 문제가 해결된다.

다익스트라 알고리즘이 출발점 s로부터 그래프 내의 다른 모든 정점 u까지의 최단 경로를 정확히 찾는다는 것이 처음에는 명확하게 이해되지 않을 수 있다. 출발점 s에서 정점 u까지의 거리가, 정점 u가 우선순위 큐 Q에서 제거되어 클라우드 C에 추가되는 순간의 라벨 $D[u]$ 값과 같다고 확신하는 이유는 무엇일까? 이 질문에 대한 답은 그래프에 음수 가중치 간선이 없다는 조건에 달려 있다. 이 조건 덕분에 그리디 기법이 올바르게 작동하며, 이는 다음 명제에서 증명된다.

명제 14.23 다익스트라 알고리즘에서 정점 v가 클라우드로 포함될 때마다 라벨 $D[v]$는 s에서 v로 가는 최단 경로의 길이인 $d(\mathrm{s}, v)$와 같다.

증명 V에 있는 어떤 정점 v에 대해 $D[v] > d(s, v)$이고, 알고리즘이 클라우드 C로 끌어들인(즉, Q에서 제거된) 첫 번째 정점이 $D[z] > d(s, z)$라고 가정한다. s에서 z로 가는 최단 경로 P가 있다(그렇지 않으면 $d(s, z) = \infty = D[z]$). 따라서 z가 C로 포함되는 순간을 고려해 보자(s에서 z로 갈 때). 그리고 이 순간 y는 C에 없는 P의 첫 번째 정점이 된다. 이때 x는 경로 P에서 y의 선행자가 된다($x = s$일 수 있음에 유의함)(그림 14.18 참고). 우리는 y를 선택함으로써 x가 이 지점에서 이미 C에 있음을 알게 된다.

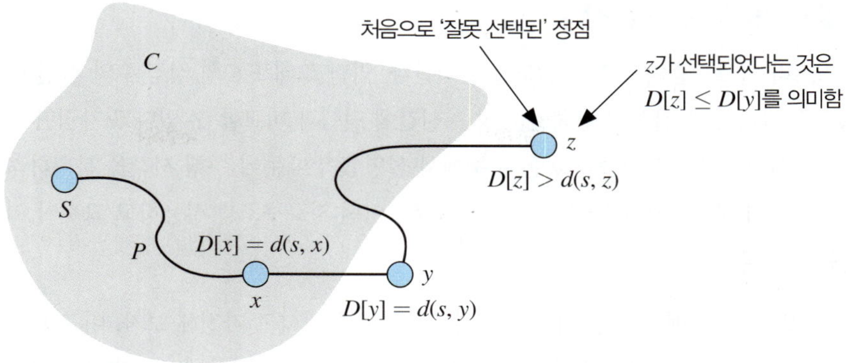

그림 14.18 명제 14.23의 증명을 뒷받침하는 개략적인 그림

$D[x] = d(s, x)$인데 z는 처음으로 잘못 선택된 정점이라고 하자. 정점 x가 C에 포함될 때 $D[y]$ 값을 검사했으므로(그리고 필요하면 업데이트함) 그 시점에서 다음이 성립한다.

$$D[y] \le D[x] + w(x,y) = d(s,x) + w(x,y)$$

하지만 y는 출발점 s에서 정점 z에 이르는 최단 경로의 다음 정점이므로 다음을 의미한다.

$$D[y] = d(s,y)$$

하지만 y가 아니라 z를 선택하여 C에 추가하려는 순간이므로 다음이 성립해야 한다.

$$D[z] \le D[y]$$

최단 경로의 부분 경로 역시 최단 경로라는 점은 명확하다. 따라서 y가 s에서 z로 가는 최단 경로에 있다면 다음이 성립해야 한다.

$$d(s,y) + d(y,z) = d(s,z)$$

또한 음수 가중치 간선이 없기 때문에 $d(y, z) \ge 0$이다. 따라서 다음이 성립해야 한다.

$$D[z] \le D[y] = d(s,y) \le d(s,y) + d(y,z) = d(s,z)$$

그러나 이는 z가 처음으로 잘못된 정점이라는 정의에 모순된다. 따라서 그런 정점 z는 존재할 수 없다. ■

다익스트라 알고리즘의 수행 시간

여기서는 다익스트라 알고리즘의 시간 복잡도를 분석한다. 입력 그래프 G의 정점 수와 간선 수를 각각 n과 m으로 나타낸다. 간선의 가중치는 상수 시간에 덧셈과 비교할 수 있다고 가정한다. 코드 14.12에서 다익스트라 알고리즘을 높은 수준에서 설명했기 때문에 수행 시간을 분석하려면 구현 세부 사항을 더 구체적으로 다루어야 한다. 특히, 어떤 자료구조를 사용하고 그것이 어떻게 구현되었는지를 명시해야 한다.

먼저 인접 리스트 또는 인접 맵 구조를 사용해 그래프 G를 표현한다고 가정해 보자. 이 자료구조를 사용하면 완화 단계 동안 u에 인접한 정점을 정점 수에 비례하는 시간에 단계별로 이동할 수 있다. 따라서 중첩된 `for` 루프의 관리에 소요되는 시간과 해당 루프의 반복 횟수는 다음과 같다.

$$\sum_{u \text{ in } V_G} \text{outdeg}(u)$$

이는 명제 14.9에 따라 $O(m)$이다. 외부 `while` 루프는 각 반복 중에 클라우드에 새 정점이 추가되므로 $O(n)$번 실행된다. 그러나 알고리즘 분석에 대한 모든 세부 사항은 아직 정해지지 않았다. 알고리즘의 다른 주요 자료구조인 우선순위 큐 Q를 구현하는 방법에 대해 더 자세히 설명해야 하기 때문이다.

우선순위 큐 연산을 검색하는 코드 14.12로 돌아가 보면, 원래 우선순위 큐에 n개의 정점이 삽입되었음을 알 수 있다. 이것이 유일한 삽입이므로 큐의 최대 크기는 n이다. `while` 루프의 n번 반복에서 `remove_min`을 호출하여 Q에서 가장 작은 D 라벨을 가진 정점 u를 추출한다. 그런 다음 u의 각 이웃 v에 대해 간선 완화를 수행하고 잠재적으로 큐에서 v의 키를 업데이트할 수 있다. 따라서 실제로 **적응형 우선순위 큐**(9.5절)를 구현해야 하는데, 이 경우 정점 v의 키는 `update(`l, k`)` 메서드를 사용해 변경된다. 여기서 l은 정점 v와 연관된 우선순위 큐 항목의 로케이터이다. 최악의 경우 그래프의 각 간선에 대해 이러한 업데이트가 하나씩 있을 수 있다. 전반적으로 다익스트라 알고리즘의 수행 시간은 다음의 합계로 제한된다.

- Q에 대한 n개의 삽입
- Q에 대한 `remove_min` 메서드에 대한 n개의 호출
- Q에 대한 `update` 메서드에 대한 m개의 호출

Q가 힙으로 구현된 적응형 우선순위 큐인 경우 앞의 각 작업은 $O(\log n)$ 시간에 실행되므로 다익스트라 알고리즘의 전체 수행 시간은 $O((n + m) \log n)$이다. 수행 시간을 n의 함수로만 표현한다면 최악의 경우 $O(n^2 \log n)$ 시간이다.

이제 정렬되지 않은 시퀀스를 사용해 적응형 우선순위 큐 Q에 대한 대체 구현을 고려해 보자(연습 문제 P-9.58 참고). 물론 이를 위해서는 최소 원소를 추출하는 데 $O(n)$ 시간을 소비해야 하지만 Q가 위치 인식 항목을 지원하는 경우 매우 빠른 키 업데이트가 가능한다(9.5.1절 참고). 구체적으로, 각 키 업데이트를 이완 단계에서 $O(1)$ 시간에 구현할 수 있다. 업데이트할 항목을 Q에서 찾아 키 값을 변경하기만 하면 된다. 따라서 이 구현의 수행 시간은 $O(n^2 + m)$인데, G가 단순하므로 $O(n^2)$으로 단순화할 수 있다.

두 구현 방식 비교하기

다익스트라 알고리즘에서 **위치 인식**(location-aware) 항목이 있는 적응형 우선순위 큐를 구현하기 위한 두 가지 선택 사항이 있다. 수행 시간이 $O((n + m) \log n)$인 힙 구현과 수행 시간이 $O(n^2)$인 정렬되지 않은 시퀀스 구현이다. 두 구현 모두 매우 간단하므로 프로그래밍 난이도 측면에서는 거의 비슷하다. 이 두 구현은 최악의 경우 수행 시간의 상수 원소 측면에서도 거의 동일한다. 이러한 최악의 경우 시간만 고려하면 그래프의 간선 수가 적을 때(즉, $m < n^2/\log n$일 때)는 힙 구현을 선호하고, 간선 수가 많을 때(즉, $m > n^2/\log n$일 때)는 시퀀스 구현을 선호한다.

명제 14.24 주어진 가중치가 있는 그래프 G에서 정점은 n개, 간선은 m개다. 각 간선의 가중치가 음수가 아닌 경우 G의 정점 s가 주어지면, 다익스트라 알고리즘은 s에서 G의 다른 모든 정점까지의 거리를 $O(n^2)$ 또는 $O((n + m)\log n)$ 시간 중 더 나은 시간에 계산할 수 있다.

피보나치 힙이라고 알려진 고급 우선순위 큐 구현을 사용해 $O(m + n \log n)$ 시간에 다익스트라 알고리즘을 구현할 수 있다.

파이썬에서 다익스트라 알고리즘 프로그래밍하기

앞서 다익스트라 알고리즘에 대한 의사코드를 제시하였다. 이제 다익스트라 알고리즘을 수행하는 파이썬 코드를 제시하려고 한다. 이때 간선 가중치가 음수가 아닌 정수로 이루어진 그래프가 주어졌다고 가정한다. 알고리즘 구현은 그래프와 지정된 출발점을 매개변수로 사용하는 `shortest_path_lengths` 함수의 형태다(코드 14.13 참고). 출발점에서 도달 가능한 각 정점 v를 최단 경로 거리 $d(s, v)$로 매핑하는 `cloud`라는 이름의 딕셔너리를 반환한다. 9.5.2절에서 개발한 `AdaptableHeapPriorityQueue`를 적응형 우선순위 큐로 사용한다.

이 장에서 다룬 다른 알고리즘들과 마찬가지로, 딕셔너리를 사용해 정점을 연관된 데이터에 매핑(이 경우 v를 거리 경계 $D[v]$와 적응형 우선순위 큐 로케이터로 매핑)한다. 이러한 딕셔너리 원소에 대한 기대 접근 시간 $O(1)$은 최악의 경우 경계로 바뀔 수 있으며, 이는 정점에 0에서 $n - 1$까지 번호를 매겨 리스트의 인덱스로 사용하거나 각 정점의 원소에 정보를 저장함으로써 가능해진다.

다익스트라 알고리즘의 의사코드는 출발점을 제외한 각 정점 v에 대해 $d[v] = \infty$를 초기화한다. 파이썬에서는 양의 무한대를 나타내기 위해 특수 값 `float('inf')`를 사용한다. 단, 이러한 무한대 값을 갖는 정점은 결과로 반환되는 집합에 포함되지 않도록 처리한다. 이 수치 값 자체를 사용하지 않으려면 해당 정점이 완화(relax)된 이후에 우선순위 큐에 추가하는 방식으로 구현할 수도 있다(연습 문제 C-14.64 참고).

```
def shortest_path_lengths(g, src):
    """src에서 g의 도달 가능한 정점까지의 최단 경로 거리를 계산한다.

    그래프 g는 무방향 또는 유방향일 수 있지만,
    각 간선 e에 대해 e.element()는 숫자 가중치를 반환해야 한다.

    각 도달 가능한 정점을 src로부터의 거리에 매핑하는 딕셔너리를 반환한다.
    """
    d = {}                                  # d[v]는 src에서 v까지의 최단 거리 상한
    cloud = {}                              # 도달 가능한 v를 d[v] 값으로 매핑
    pq = AdaptableHeapPriorityQueue()       # 정점 v는 키 d[v]를 가짐
    pqlocator = {}                          # 정점을 pq 로케이터로 매핑

    # 그래프의 각 정점 v에 대해 우선순위 큐에 항목 추가
    # 출발점의 거리는 0이고 다른 모든 정점의 거리는 무한대
    for v in g.vertices():
        if v is src:
            d[v] = 0
        else:
            d[v] = float('inf')             # 양의 무한대 설정
        pqlocator[v] = pq.add(d[v], v)      # 향후 업데이트를 위해 로케이터 저장

    while not pq.is_empty():
        key, u = pq.remove_min()
        cloud[u] = key                      # 정확한 d[u] 값
        del pqlocator[u]                    # u는 더 이상 pq에 없음
        for e in g.incident_edges(u):       # 진출 간선 (u, v)
            v = e.opposite(u)
            if v not in cloud:
                # 간선 (u, v)에서 이완(relaxation) 수행
                wgt = e.element()
                if d[u] + wgt < d[v]:                # v로 가는 더 나은 경로 발견
                    d[v] = d[u] + wgt                # 거리 업데이트
                    pq.update(pqlocator[v], d[v], v) # pq 항목 업데이트

    return cloud                                     # 도달 가능한 정점만 포함
```

코드 14.13 단일 출발점 최단 경로 거리를 계산하기 위한 다익스트라 알고리즘의 구현. 간선 e에 대한 `e.element( )`가 해당 간선의 가중치를 나타낸다고 가정한다.

최단 경로 트리 재구성하기

코드 14.12의 다익스트라 알고리즘에 대한 의사코드 설명과 코드 14.13의 구현은 각 정점 v에 대해 $d[v]$ 값을 계산한다. 즉, 출발점 s에서 v까지의 최단 경로 길이다. 그러나 이러한 알고리즘 형태는 해당 거리를 달성하는 실제 경로를 명시적으로 계산하지 않는다. 출발점 s에서 나오는 모든 최단 경로의 컬렉션은 **최단 경로 트리**로 간결하게 표현할 수 있다. 이 경로는 루트 트리를 형성한다. s에서 v까지의 최단 경로가 중간 정점 u를 통과하는 경우 s에서 u까지의 최단 경로로 시작해야 하기 때문이다.

여기서는 s를 출발점으로 사용해 다익스트라 알고리즘에서 생성한 $d[v]$ 값 집합이 주어졌을 때 출발점 s를 루트로 하는 최단 경로 트리가 $O(n + m)$ 시간에 재구성될 수 있음을 보여준다. DFS 및 BFS 트리를 표현할 때와 마찬가지로 각 정점 s가 아닌 v를 부모 정점 u에 매핑하여(가능하면 $u = s$) u가 s에서 v로 가는 최단 경로에서 v 바로 앞의 정점이 되도록 한다. u가 s에서 v로 가는 최단 경로에서 v 바로 앞의 정점이 된다면 반드시 다음이 성립해야 한다.

$$d[u] + w(u, v) = d[v]$$

반대로, 위 식을 만족한 경우 s에서 u로 가는 최단 경로 다음에 간선 (u, v)를 붙이면 v로 가는 최단 경로가 된다.

코드 14.14의 구현은 이 논리에 따라 트리를 재구성하여 각 정점 v로 들어오는 모든 간선을 테스트하고 키 방정식을 만족하는 (u, v)를 찾는다. 각 정점과 해당 정점으로 들어오는 모든 간선을 고려하므로 수행 시간은 $O(n + m)$이다(명제 14.9 참고).

```
def shortest_path_tree(g, s, d):
   """거리 맵 d가 주어지면 정점 s를 루트로 하는 최단 경로 트리를 재구성한다.

   도달 가능한 각 정점 v(s 제외)에서 트리의 부모 u로부터 v에 도달하는 데 사용된
   간선 e = (u, v)를 매핑하여 트리를 반환한다.
   """
   tree = {}
   for v in d:
      if v is not s:
         for e in g.incident_edges(v, False):    # 진입 간선 고려
            u = e.opposite(v)
            wgt = e.element()
            if d[v] == d[u] + wgt:
               tree[v] = e                       # 간선 e는 v에 도달하는 데 사용
   return tree
```

코드 14.14 단일 출발점 거리에 대한 지식을 기반으로 최단 경로를 재구성하는 파이썬 함수

14.7 최소 스패닝 트리

새로운 사무실 건물에 있는 모든 컴퓨터를 최소한의 케이블로 연결한다고 가정해 보자. 이 문제는 컴퓨터를 나타내는 정점과 모든 연결 가능한 컴퓨터 쌍(u, v)을 나타내는 간선으로 구성된 무방향 가중치 그래프 G를 사용해 모델링할 수 있다. 여기서 간선 (u, v)의 가중치 $w(u, v)$는 컴퓨터 u를 컴퓨터 v에 연결하는 데 필요한 케이블 양과 같다. 특정 정점 v에서 최단 경로 트리를 계산하는 대신, G의 모든 정점을 포함하고 이러한 모든 트리에서 최소 총 가중치를 갖는 트리 T를 찾는 데 관심이 있다. 이러한 트리를 찾는 알고리즘이 이 절의 핵심이다.

문제 정의

무방향인 가중치 그래프 G가 주어졌을 때, G의 모든 정점을 포함하고 합을 최소화하는 트리 T를 찾으려고 한다.

$$w(T) = \sum_{(u,v) \text{ in } T} w(u,v)$$

연결된 그래프 G의 모든 정점을 포함하는 이와 같은 트리를 **스패닝 트리**라고 하며, 가장 작은 총 가중치를 갖는 스패닝 트리 T를 계산하는 문제를 **최소 스패닝 트리**(또는 MST) 문제라고 한다.

최소 스패닝 트리 문제를 해결하기 위한 효율적인 알고리즘의 개발은 컴퓨터 과학 자체의 현대적 개념보다 앞서 있다. 이 절에서는 MST 문제를 해결하기 위한 두 가지 고전적 알고리즘에 대해 설명한다. 이러한 알고리즘은 모두 **그리디 기법**의 응용 프로그램으로, 이전 절에서 간략하게 설명했듯이, 증가하는 컬렉션에 가입할 객체를 선택할 때 일부 비용 함수를 최소화하는 객체를 반복적으로 선택하는 방식을 따른다. 여기서 다룰 첫 번째 알고리즘은 **프림-야르니크 알고리즘**으로, 다익스트라의 최단 경로 알고리즘과 매우 유사한 방식으로 단일 루트 정점에서 시작해 MST를 성장시킨다. 두 번째 알고리즘은 크루스칼 알고리즘으로, 가중치가 감소하지 않는 순서로 간선을 고려하여 클러스터에서 MST를 '성장'시킨다.

알고리즘에 대한 설명을 단순화하기 위해, 입력 그래프 G가 무방향(즉, 모든 간선이 무방향)이고 단순(즉, 자기 루프가 없고 평행 간선이 없음)하다고 가정한다. 따라서 G의 간선을 순서 없는 정점 쌍(u, v)으로 표시한다.

그러나 이러한 알고리즘의 세부 사항을 설명하기 전에 알고리즘의 기반을 형성하는 최소 신장 트리에 대한 중요한 사실 하나를 짚으려고 한다.

최소 신장 트리에 대한 중요한 사실

우리가 다루는 두 가지 MST 알고리즘은 그리디 기법을 기반으로 하며, 이 경우 다음 사실에 크게 의존한다(그림 14.19 참고).

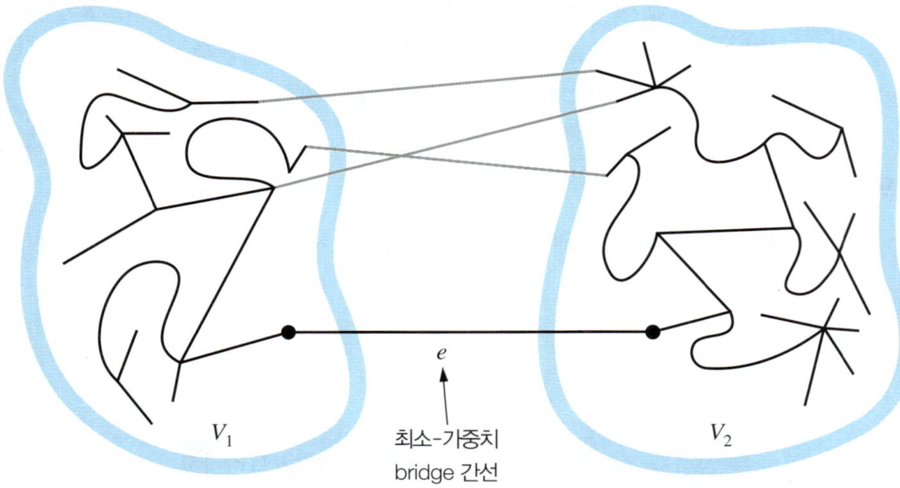

그림 14.19 명제 14.23의 증명을 뒷받침하는 개략적인 그림

명제 14.25 G를 가중 연결 그래프라고 하자. 그리고 V_1과 V_2를, G의 정점을 두 개의 분리된 비공집합으로 분할한 것이라고 하자. 나아가 e를 V_1에 한 끝점이 있고 V_2에 다른 끝점이 있는 G의 간선 중에서 최소 가중치를 갖는 간선이라고 하자. 그러면 간선 중 하나가 e인 최소 신장 트리 T가 있다.

증명 T를 G의 최소 신장 트리라고 하자. T에 간선 e가 없다면, T에 e를 더할 때 순환이 생성되어야 한다. 따라서 e가 아닌 이 순환의 간선 f가 있는데, 이 간선은 V_1에 한 끝점이 있고 V_2에 다른 끝점이 있다. 더욱이 e를 선택하면 $w(e) \leq w(f)$가 된다. $T \cup \{e\}$에서 f를 제거하면 총 가중치가 이전보다 크지 않은 신장 트리를 얻는다. T가 최소 신장 트리였으므로, 이 새로운 트리도 최소 신장 트리여야 한다. ■

사실 G의 가중치가 서로 다르다면 최소 신장 트리는 고유해야 한다. 이에 대한 증명은 연습 문제 C-14.65에서 다룬다. 또한 그래프 G에 음의 가중치 간선이나 음의 가중치 순환이 포함되어 있어도 명제 14.25는 최단 경로에 대해 제시한 알고리즘과 달리 유효하다.

14.7.1 프림-야르니크 알고리즘

프림-야르니크(Prim-Jarník) 알고리즘에서는 하나의 '루트' 정점 s에서 시작해 클러스터를 확장하는 방식으로 최소 신장 트리를 만들어간다. 이 방식은 다익스트라 알고리즘과 유사하다. 먼저 정점 s를 선택하여 정점 집합 C, 즉 '클라우드'를 정의한다. 그런 다음 각 단계에서 C 안의 정점 u와 C 밖의 정점 v를 연결하는 최소 가중치 간선 $e = (u, v)$를 선택한다. 정점 v를 C에 포함시키는 이 과정을 신장 트리가 완성될 때까지 반복한다. 최소 신장 트리의 핵심 속성에 따라 C 내부 정점을 C 외부 정점에 연결하는 최소 가중치 간선을 선택함으로써 MST에 항상 유효한 간선을 추가할 수 있다.

이 방식을 효율적으로 구현하기 위해 다익스트라 알고리즘에서 힌트를 얻을 수 있다. 정점 v가 C 외부에 있는 동안, 그 정점에 대해 $D[v]$를 유지한다. 이 $D[v]$는 정점 v를 C에 연결하는 간선 중 현재까지 식별한 최소 가중치 간선 값을 저장한다(다익스트라 알고리즘에서는 $D[v]$가 s에서 v까지의 전체 경로 거리였다면 여기서는 (u, v) 한 간선의 가중치임). 이 $D[v]$ 값은 우선순위 큐의 키로 사용되어 어떤 정점을 다음에 C에 포함시킬지를 결정한다. 의사코드는 코드 14.15와 같다.

```
알고리즘 PrimJarnik(G):
  입력: n개의 정점과 m개의 간선을 가진 무방향 가중 연결 그래프 G
  출력: G의 최소 신장 트리 T
  G에서 임의의 정점 s를 선택
  D[s] = 0
  for 모든 정점 v ≠ s에 대해 do
    D[v] = ∞
    T = 0으로 초기화
    모든 정점 v에 대해 (D[v], (v, None)) 쌍을 우선순위 큐 Q에 삽입한다.
    여기서 D[v]는 우선순위 키이고, (v, None)은 연관 값이다.
    while Q가 비어 있지 않으면 다음을 수행 then
      (u, e) ← Q.remove_min()이 반환한 값
      정점 u를 간선 e를 통해 T에 연결한다.
      for u에 인접한 간선 edge e′ = (u, v)에 대해, v가 Q에 남아 있다면 then
        {edge(u, v)가 v를 T에 더 잘 연결하는지 확인}
        if w(u, v) < D[v] then
          D[v] = w(u, v)
          Q에서 정점 v의 키를 D[v]로 변경
          Q에서 정점 v의 값을 (v, e′)로 변경
return 트리 T
```

코드 14.15 MST 문제에 대한 프림-야르니크 알고리즘

프림-야르니크 알고리즘 분석

프림-야르니크 알고리즘의 구현 문제는 적응형 우선순위 큐 Q(9.5.1절)에 의존하는 다익스트라 알고리즘의 문제와 유사하다. 처음에는 Q에 n개의 삽입을 수행하고 나중에 n개의 최솟값 추출 작업을 수행하며 알고리즘의 일부로 총 m개의 우선순위를 업데이트할 수 있다. 이러한 단계는 전체 수행 시간에 영향을 미치는 주요 작업이다. 힙 기반 우선순위 큐를 사용하면 각 작업이 $O(\log n)$ 시간에 실행되고 알고리즘의 전체 시간은 $O((n + m) \log n)$이며, 연결된 그래프에서는 $O(m \log n)$ 시간이 걸린다. 또는 정렬되지 않은 리스트를 우선순위 큐로 사용해 $O(n^2)$ 수행 시간을 달성할 수 있다.

프림-야르니크 알고리즘에 대한 설명

그림 14.20~14.21에서 프림-야르니크 알고리즘을 설명한다.

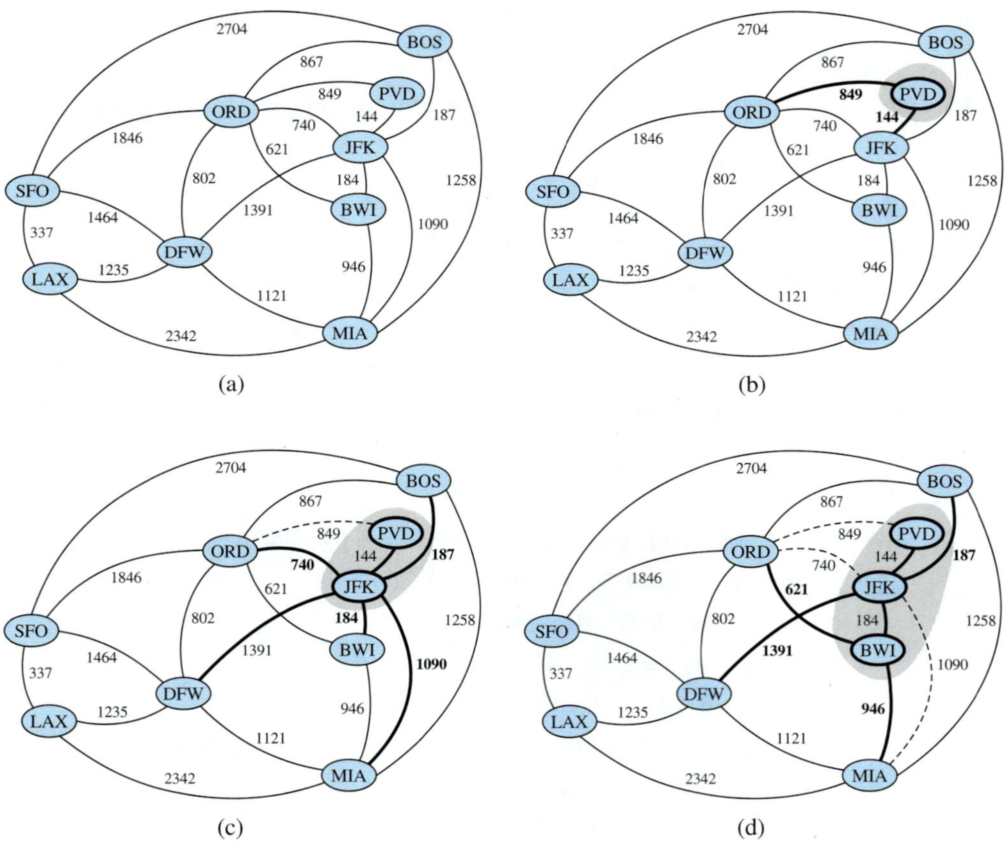

그림 14.20 정점 PVD로 시작하는 프림-야르니크 MST 알고리즘(그림 14.21로 이어짐)

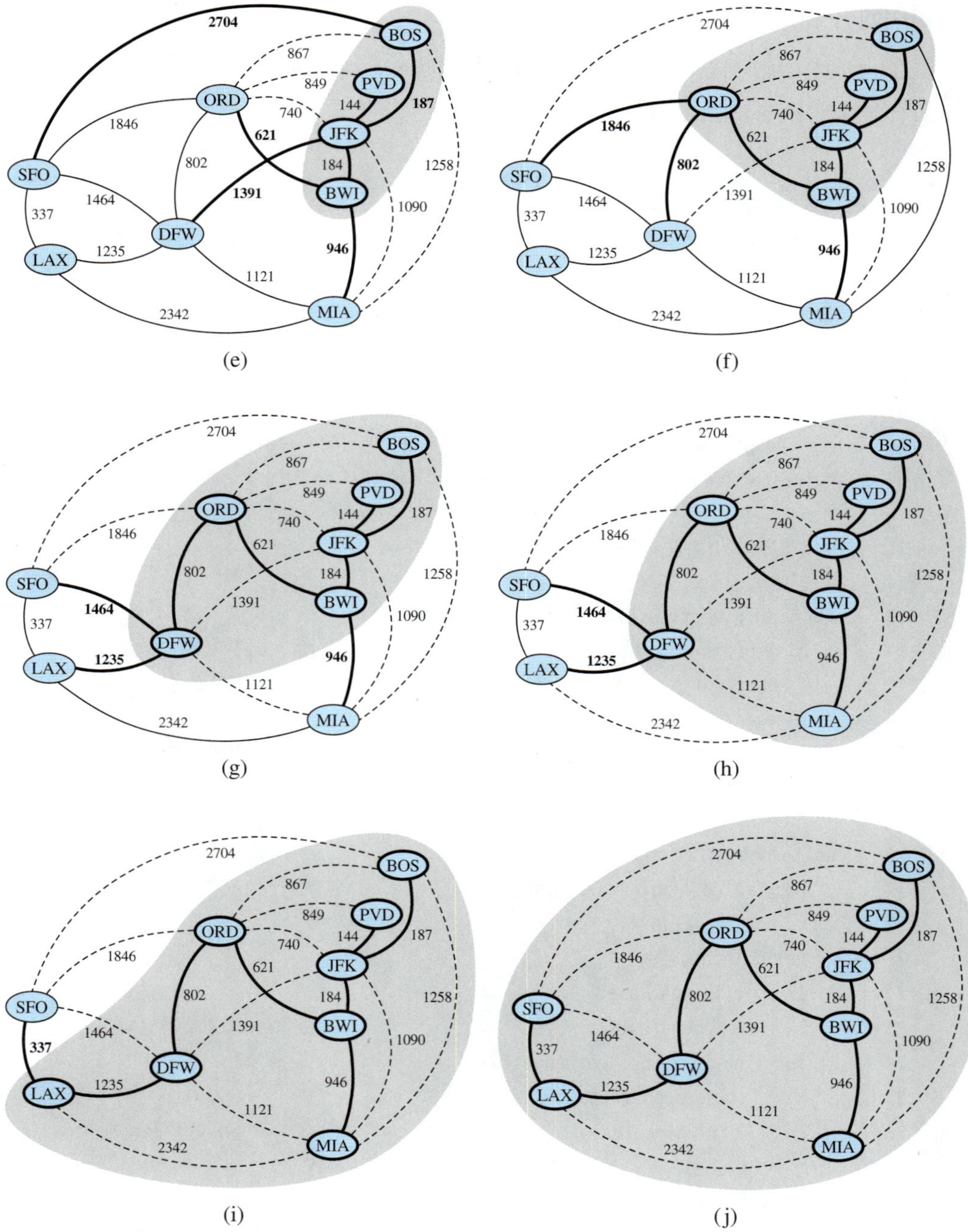

그림 14.21 프림-야르니크 MST 알고리즘

파이썬 구현

코드 14.16은 프림-야르니크 알고리즘의 파이썬 구현을 보여준다. 최소 신장 트리는 순서 없는 간선 목록들을 저장하고 반환한다.

```
def MST_PrimJarnik(g):
  """가중 그래프 g의 최소 신장 트리(MST)를 계산한다.

  MST를 구성하는 간선 리스트를 반환한다(임의의 순서).
  """
  d = {}                                  # d[v]는 트리까지의 거리
  tree = []                               # 최소 신장 트리를 구성하는 간선 리스트
  pq = AdaptableHeapPriorityQueue()       # d[v]는 (v, e=(u, v))에 매핑됨
  pqlocator = {}                          # 정점에서 pq 로케이터로 매핑

  # 그래프의 각 정점 v에 대해 우선순위 큐에 항목 추가
  # 첫 번째 정점의 거리는 0, 나머지는 무한대
  for v in g.vertices():
    if len(d) == 0:                                   # 첫 번째 정점
      d[v] = 0                                        # 루트로 설정
    else:
      d[v] = float('inf')                             # 양의 무한대
    pqlocator[v] = pq.add(d[v], (v, None))

  while not pq.is_empty():
    key, value = pq.remove_min()
    u, edge = value                                   # pq에서 튜플 압축 해제
    del pqlocator[u]
    if edge is not None:
      tree.append(edge)                               # 트리에 간선 추가
    for link in g.incident_edges(u):
      v = link.opposite(u)
      if v in pqlocator:                              # v가 아직 트리에 없음
        # 간선 (u, v)가 v를 MST에 더 잘 연결하는지 확인
        wgt = link.element()
        if wgt < d[v]:                                # v에 대한 더 나은 간선 발견
          d[v] = wgt                                  # 거리 업데이트
          pq.update(pqlocator[v], d[v], (v, link))    # pq 항목 업데이트
  return tree
```

코드 14.16 프림-야르니크 알고리즘의 구현. MST는 순서 없는 간선 리스트로 반환된다.

14.7.2 크루스칼 알고리즘

여기서는 최소 신장 트리를 구성하기 위한 **크루스칼 알고리즘**을 소개한다. 프림-야르니크 알고리즘은 그래프를 스패닝할 때까지 단일 트리를 성장시켜 MST를 구축하는 반면, 크루스칼 알고리즘은 클러스터의 **포리스트**를 유지하여 단일 클러스터가 그래프를 스패닝할 때까지 클러스터 쌍을 반복적으로 병합한다.

처음에는 각 정점이 싱글톤(singleton) 클러스터에 단독으로 존재한다. 그다음에 알고리즘은 가중치를 증가시키는 순서로 각 간선을 차례로 고려한다. 간선 e가 두 개의 다른 클러스터를 연결하는 경우 e가 최소 신장 트리의 간선 집합에 추가되고 e로 연결된 두 클러스터가 단일 클러스터로 병합된다. 반면에 e가 이미 같은 클러스터에 있는 두 정점을 연결하는 경우 e가 삭제된다. 알고리즘이 스패닝 트리를 형성할 만큼 충분한 간선을 추가하면 종료되고 이 트리를 최소 신장 트리로 출력한다.

코드 14.17은 크루스칼의 MST 알고리즘에 대한 의사코드이고, 그림 14.22~그림 14.24는 이 알고리즘의 예다.

```
알고리즘 Kruskal(G):
   입력: 정점 n개와 간선 m개로 이루어진 단순 연결 가중 그래프 G
   출력: G의 최소 신장 트리 T
   for G의 각 정점 v에 대해 do
      초기 클러스터 C(v) = {v}로 정의
   우선순위 큐 Q를 초기화하여 G의 모든 간선을 가중치를 키로 하여 저장한다.
   T = 0으로 초기화
   while T의 간선 수가 n − 1보다 적을 동안 do
      (u, v) = Q.remove_min()이 반환한 간선
      C(u)의 u를 포함하는 클러스터, C(v)의 v를 포함하는 클러스터라 하자.
        if C(u) ≠ C(v) then
           간선 (u, v)를 T에 추가
           C(u)와 C(v)를 하나의 클러스터로 병합
return T
```

코드 14.17 MST 문제에 대한 크루스칼 알고리즘

프림-야르니크 알고리즘의 경우와 마찬가지로, 크루스칼 알고리즘의 정확성은 명제 14.25의 최소 신장 트리에 대한 중요한 사실에 기초한다. (명제에서와 같이) 크루스칼 알고리즘이 최소 신장 트리 T에 간선 (u, v)를 추가할 때마다 V_1을 v를 포함하는 클러스터로 하고 V_2를 V의 나

머지 간선으로 하여 정점 집합 V의 분할을 정의할 수 있다. 이는 V의 정점에 대한 서로소 분할을 명확히 정의한다. 여기서 더 중요한 것은 Q에서 가중치 순서대로 간선을 추출하기 때문에 e는 한 정점이 V_1에 있고 다른 정점이 V_2에 있는 최소 가중치 간선이 된다는 점이다. 따라서 크루스칼 알고리즘은 항상 유효한 최소 신장 트리 간선을 추가한다.

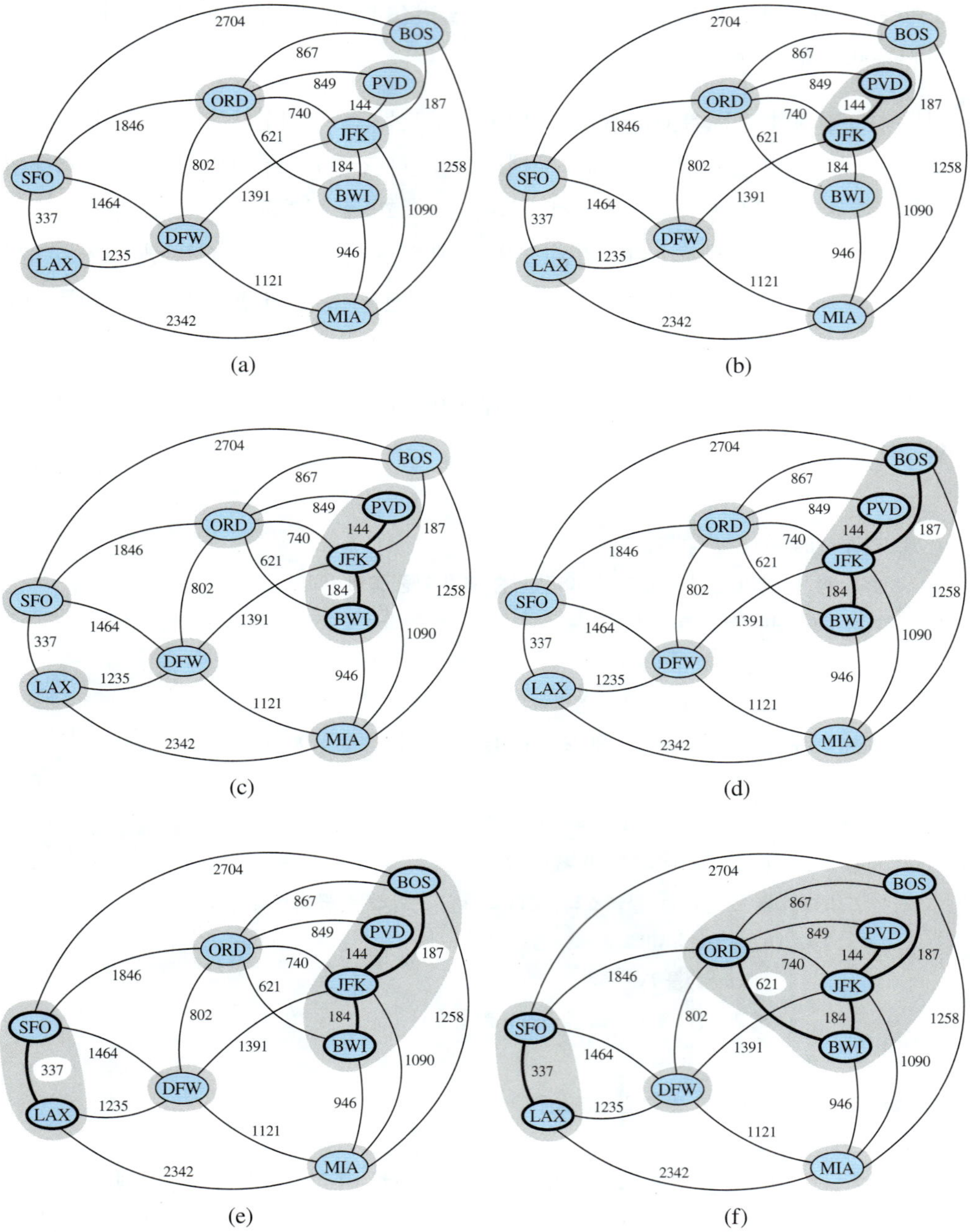

그림 14.22 정수 가중치가 있는 그래프에서 크루스칼의 MST 알고리즘 실행 예. 클러스터를 음영으로 표시하고 각 반복에서 고려하는 간선을 굵게 표시했다(그림 14.23으로 이어짐).

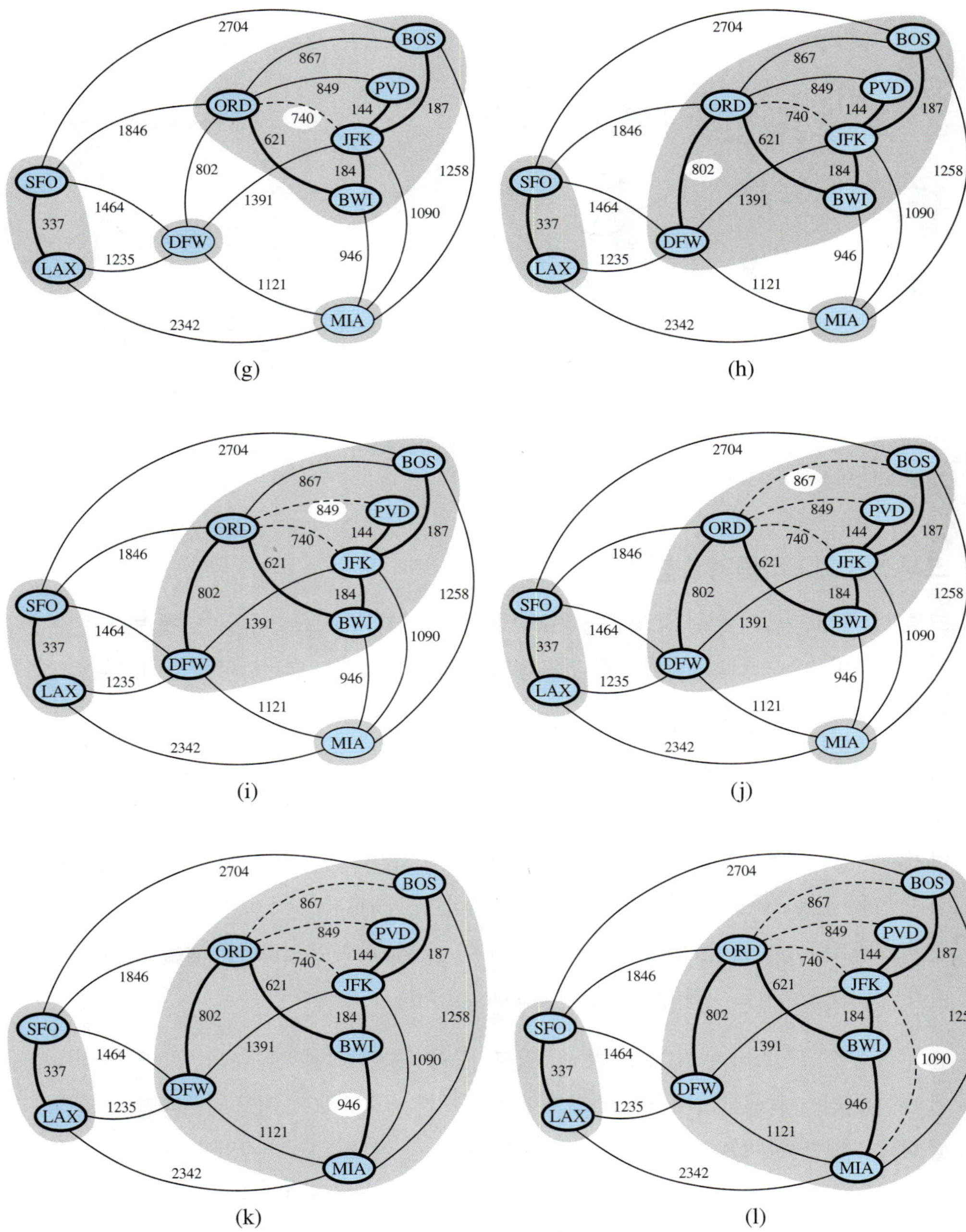

그림 14.23 크루스칼의 MST 알고리즘 실행 예. 거부된 간선을 점선으로 표시했다(그림 14.24로 이어짐).

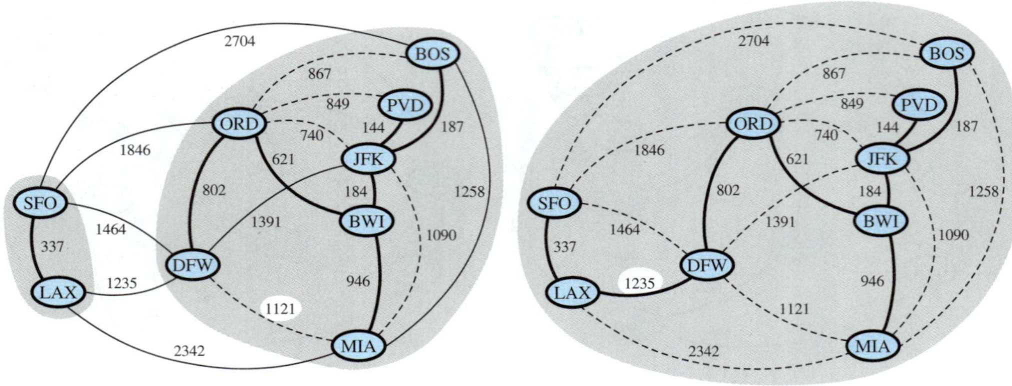

(m) (n)

그림 14.24 크루스칼의 MST 알고리즘 실행 예. (n)에서 고려된 간선은 마지막 두 클러스터를 병합한다. 이로써 크루스칼 알고리즘의 실행이 종료된다.

크루스칼 알고리즘의 수행 시간

크루스칼 알고리즘의 수행 시간에 영향을 미치는 두 가지 주요 요소가 있다. 첫 번째는 간선의 가중치를 비감소순으로 고려해야 한다는 필요성이고, 두 번째는 클러스터 분할의 관리다. 수행 시간을 분석하려면 구현에 대한 자세한 내용을 제공해야 한다.

가중치에 따른 간선 순서는 정렬 알고리즘이나 우선순위 큐 Q를 사용해 $O(m \log m)$에 구현할 수 있다. 해당 큐가 힙으로 구현된 경우 반복적인 삽입을 통해 $O(m \log m)$ 시간에 Q를 초기화하거나 하향식 힙 구성(9.3.6절 참고)을 사용해 $O(m)$ 시간에 Q를 초기화할 수 있으며, 이후 각 실행에서 `remove_min` 호출은 큐의 크기가 $O(m)$이므로 $O(\log m)$ 시간에 초기화할 수 있다. 간단한 그래프의 경우 m이 $O(n^2)$이므로 $O(\log m)$은 $O(\log n)$과 동일하다는 점에 유의해야 한다. 따라서 간선의 순서로 인한 수행 시간은 $O(m \log n)$이다.

남은 작업은 클러스터 관리다. 크루스칼 알고리즘을 구현하려면 간선 e의 끝점인 정점 u와 v에 대한 클러스터를 찾고, 두 클러스터가 서로 다른지 테스트하고, 서로 다르다면 두 클러스터를 하나로 병합해야 한다. 지금까지 연구한 자료구조 중 어느 것도 이 작업에 적합하지 않다. 그래서 이 장의 마지막 부분에서는 **분리된 분할**을 관리하는 문제를 공식화하고 효율적인 Union-Find 자료구조를 소개한다. 크루스칼 알고리즘의 맥락에서 최대 $2m$개의 `find` 연산과 $n - 1$개의 유니언 연산을 수행한다. 간단한 유니언-파인드 구조는 $O(m + n \log n)$ 시간에 해당 연산 조합을 수행할 수 있고(명제 14.26 참고), 더욱 발전된 구조를 사용하면 훨씬 더 빠른 시간 안에 수행할 수 있음을 알게 될 것이다.

연결 그래프의 경우 $m \geq n - 1$이므로 간선 정렬에 걸리는 $O(m \log n)$ 시간의 한계가 클러스터 관리에 걸리는 시간을 결정한다. 결론적으로, 크루스칼 알고리즘의 수행 시간은 $O(m \log n)$으로 평가된다.

파이썬 구현

코드 14.18은 크루스칼 알고리즘의 파이썬 구현을 보여준다. 프림-야르니크 알고리즘 구현과 마찬가지로 최소 신장 트리는 간선 리스트 형태로 반환된다. 크루스칼 알고리즘의 결과로 이러한 간선은 가중치의 비감소 순서로 보고된다.

구현은 클러스터 분할을 관리하기 위해 `Partition` 클래스를 사용한다고 가정한다. `Partition` 클래스의 구현은 14.7.3절에 나와 있다.

```
def MST_Kruskal(g):
   """크루스칼 알고리즘을 사용해 그래프의 최소 신장 트리(MST)를 계산한다.

   MST를 구성하는 간선의 리스트를 반환한다.

   그래프의 edges 원소는 가중치로 가정한다.
   """
   tree = []                       # 최소 신장 트리를 구성하는 간선 리스트
   pq = HeapPriorityQueue()        # 항목은 G의 간선이며, 키는 가중치
   forest = Partition()            # 포리스트 클러스터를 추적
   position = {}                   # 각 노드를 해당 Partition 항목에 매핑

   for v in g.vertices():
      position[v] = forest.make_group(v)

   for e in g.edges():
      pq.add(e.element(), e)       # 간선의 원소는 가중치로 가정

   size = g.vertex_count()
   while len(tree) != size - 1 and not pq.is_empty():
      # 트리가 스패닝되지 않았으며, 처리되지 않은 간선이 남아 있음
      weight, edge = pq.remove_min()
      u, v = edge.endpoints()
      a = forest.find(position[u])
      b = forest.find(position[v])
      if a != b:
         tree.append(edge)
         forest.union(a, b)

   return tree
```

코드 14.18 최소 신장 트리 문제에 대한 크루스칼 알고리즘의 구현

14.7.3 서로소 분할과 유니언-파인드

여기서는 원소들을 서로소 집합들로 나누어 관리하는 자료구조를 다룬다. 이 자료구조는 크루스칼의 최소 신장 트리 알고리즘을 지원하기 위해 고안되었다. 이 알고리즘에서는 서로소 트리들로 이루어진 포리스트를 유지하며, 이웃한 트리들이 간헐적으로 병합된다. 좀더 일반적으로 말하면 **서로소 분할**(disjoint partition) 문제는 다양한 이산적 성장 모델에 적용될 수 있다.

이제 다음과 같은 모델을 통해 이 문제를 형식화한다. 분할 자료구조는 전체 원소 집합을 서로소 집합들로 구성해 관리한다. 즉, 각 원소는 오직 하나의 집합에만 속한다. **집합** ADT나 파이썬의 `set` 클래스와는 달리, 집합의 내용을 반복하거나 특정 원소의 포함 여부를 효율적으로 검사할 수 있으리라고 기대하지 않는다. 이러한 집합 개념과 혼동하지 않도록, 분할된 각 집합을 그룹이라 부른다. 각 그룹은 명시적인 구조를 갖지 않고 암묵적으로 구성되며, 그룹 간의 구분을 위해 각 그룹에는 항상 특정한 대표 원소가 존재한다고 가정한다. 이 대표 원소를 그룹의 리더라고 부른다.

공식적으로, 각 원소 x를 저장하는 위치 객체를 사용해 **분할 ADT**의 메서드를 정의한다. 분할 ADT는 다음 메서드를 지원한다.

- **`make_group(x)`**: 새 원소 x를 포함하는 단일 그룹을 만들고 `x`를 저장하는 위치를 반환한다.
- **`union(p, q)`**: 위치 `p`와 `q`를 포함하는 그룹을 병합한다.
- **`find(p)`**: 위치 `p`를 포함하는 그룹의 리더 위치를 반환한다.

시퀀스 구현

총 n개의 원소가 있는 분할을 간단히 구현할 때는 각 그룹에 대해 시퀀스 컬렉션을 하나씩 사용하며, 그룹 A의 시퀀스는 원소 위치를 저장한다. 각 위치 객체는 연관된 원소 x를 참조하는 변수 `element`를 저장하고 $O(1)$ 시간에 `element()` 메서드를 실행할 수 있도록 한다. 또한 각 위치는 p를 저장하는 시퀀스를 참조하는 변수 `group`을 저장한다. 이 시퀀스는 p의 원소가 포함된 그룹을 나타내기 때문이다(그림 14.25 참고).

이 표현을 사용하면 `make_group`(x) 및 `find`(p) 연산을 $O(1)$ 시간에 쉽게 수행할 수 있으므로 시퀀스의 첫 번째 위치가 '리더' 역할을 할 수 있다. union(p, q) 연산은 두 시퀀스를 하나로 합친 다음 두 시퀀스 중 하나의 위치에 대한 그룹 참조를 업데이트해야 한다. 이 연산을 구현하기 위해 더 작은 크기의 시퀀스에서 모든 위치를 제거해서 더 큰 크기의 시퀀스에 그 위치들을 삽입한다.

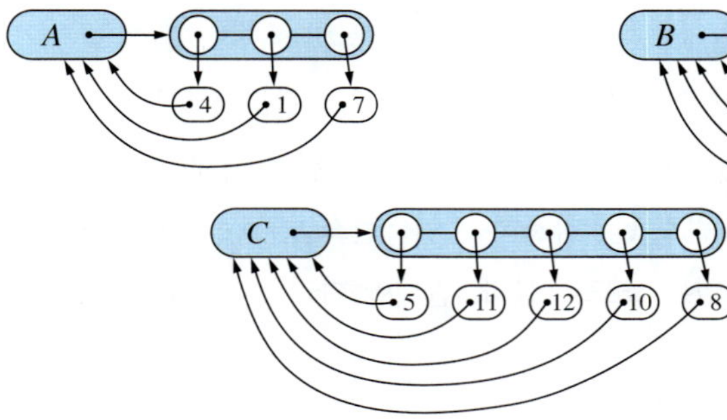

그림 14.25 세 개의 그룹으로 구성된 분할의 시퀀스 기반 구현. $A = \{1, 4, 7\}$, $B = \{2, 3, 6, 9\}$, $C = \{5, 8, 10, 11, 12\}$

더 작은 그룹 a에서 위치를 가져와 더 큰 그룹 b에 삽입할 때마다 해당 위치에 대한 그룹 참조가 이제 b를 가리키도록 업데이트한다. 따라서 `union(`p, q`)` 연산은 $O(\min(n_p, n_q))$ 시간이 걸리며, 여기서 n_p(resp. n_q)는 위치 p(resp. q)를 포함하는 그룹의 기수다. 분명히 이 시간은 분할 전체에 n개의 원소가 있는 경우 $O(n)$이다. 이제 이 구현이 이 최악의 경우 분석에서 나타나는 것보다 훨씬 더 나은 성능을 보여주는 평균화 분석을 제시한다.

명제 14.26 앞의 시퀀스 기반 분할 구현을 사용할 때, 최대 n개의 원소를 포함하는 초기에 비어 있는 분할에서 k개의 `make_group`, `union`, `find` 연산을 수행하는 데는 $O(k + n \log n)$ 시간이 걸린다.

증명 회계 방법을 사용하여, 한 개의 사이버 달러가 `find` 연산, `make_group` 연산 또는 `union` 연산에서 한 시퀀스에서 다른 시퀀스로 위치 객체를 이동하는 데 소요되는 시간에 대한 비용을 지불할 수 있다고 가정한다. `find` 또는 `make_group` 연산의 경우 연산 자체에 한 개의 사이버 달러를 청구한다. `union` 연산의 경우 한 개의 사이버 달러가 두 시퀀스의 크기를 비교하는 상수 시간 작업에 대한 비용을 지불하고, 더 작은 그룹에서 더 큰 그룹으로 이동하는 각 위치에 1개의 사이버 달러를 청구한다고 가정한다. 결국, 각 `find` 및 `make_group` 연산에 대해 청구된 1 사이버 달러와 각 `union` 연산에 대해 부과된 첫 번째 사이버 달러를 모두 합치면 총 k 사이버 달러가 된다.

그런 다음 `union` 연산을 대신하여 위치에 청구된 횟수를 고려해야 한다. 중요한 관찰 사항은 위치를 한 그룹에서 다른 그룹으로 옮길 때마다 해당 직위 그룹의 크기가 최소한 두 배가 된다는 것이다. 따라서 각 위치는 최대 $\log n$번 한 그룹에서 다른 그룹으로 이동한다. 따라서 각 위치에 청구될 수 있는 최대 횟수는 $O(\log n)$이다. 분할이 처음에는 비어 있다고 가정하므로 주어진 작업 시리즈에서 참조되는 $O(n)$개의 서로 다른 원소가 있으며, 이는 `union` 연산 중에 원소를 이동하는 데 걸리는 총 시간이 $O(n \log n)$임을 의미한다. ■

트리 기반 분할 구현 ★

분할을 표현하기 위한 대체 자료구조는 트리 컬렉션을 사용해 n개의 원소를 저장하는데, 각 트리는 다른 그룹과 연관된다(그림 14.26 참고). 특히, 노드 자체가 그룹 위치 객체인 연결된 자료구조로 각 트리를 구현한다. 각 위치 p를 원소 x를 참조하는 인스턴스 변수 `element`와 부모 노드를 참조하는 인스턴스 변수 `parent`가 있는 노드로 본다. 관례에 따라 p가 트리의 루트인 경우 p의 부모 참조를 자체로 설정한다.

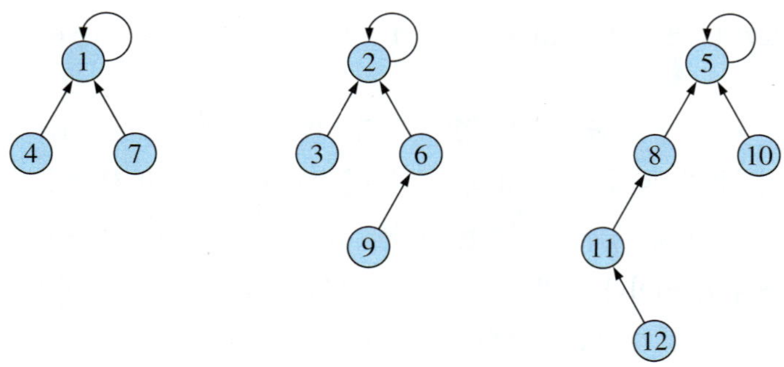

그림 14.26 세 그룹으로 구성된 분할의 트리 기반 구현. $A = \{1, 4, 7\}$, $B = \{2, 3, 6, 9\}$, $C = \{5, 8, 10, 11, 12\}$

이 분할 자료구조를 사용하면 연산 `find`(p)는 위치 p에서 트리의 루트까지 올라가면서 수행되며, 최악의 경우 $O(n)$ 시간이 걸린다. 연산 `union`(p, q)는 트리 중 하나를 다른 트리의 서브트리로 만들어서 구현할 수 있다. 이는 먼저 두 루트를 찾은 다음, 추가 시간 $O(1)$에 한 루트의 부모 참조를 다른 루트를 가리키도록 설정하여 수행할 수 있다. 두 연산의 예는 그림 14.27을 참조하라.

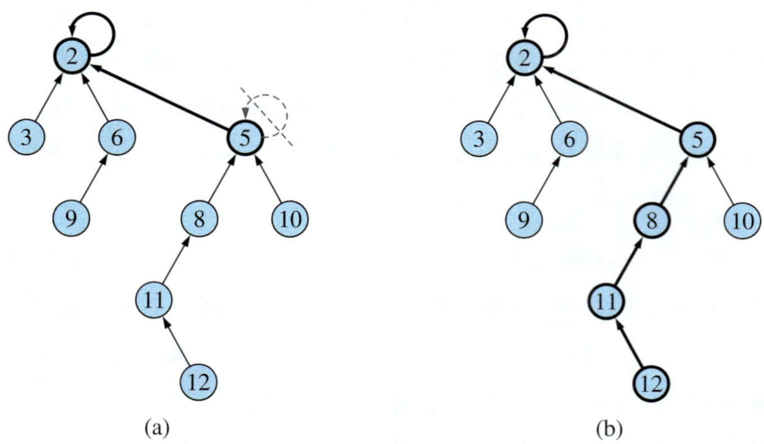

그림 14.27 분할의 트리 기반 구현. (a) 연산 `union`(p, q), (b) 연산 `find`(p), 여기서 p는 원소 12에 대한 위치 객체를 나타낸다.

처음에는 이 구현이 시퀀스 기반 자료구조보다 나을 것 없어 보일 수 있지만, 더 빠르게 실행하기 위해 다음의 두 가지 간단한 휴리스틱을 추가한다.

- **union-by-size**(크기별 합집합): 각 위치 p마다 p를 루트로 하는 서브트리의 개수를 저장한다. `union` 연산에서는 작은 그룹의 루트를 다른 루트의 자식으로 만들고, 큰 루트의 크기 필드를 업데이트한다.
- **path compression**(경로 압축): `find` 연산에서 `find`가 방문하는 각 위치 q에 대해 q의 부모를 루트로 재설정한다(그림 14.28 참고).

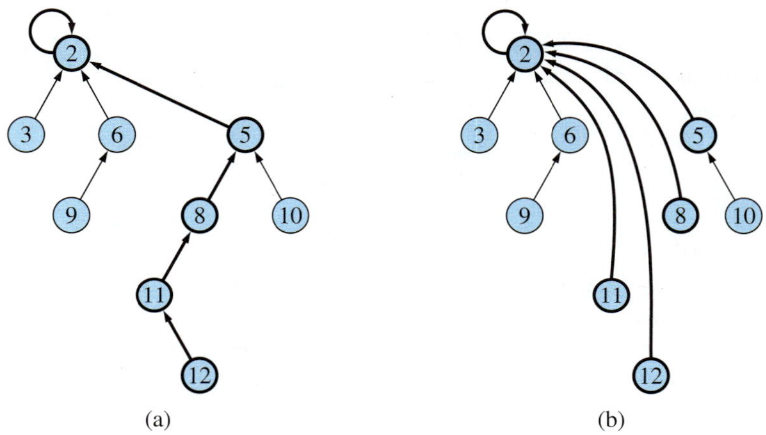

그림 14.28 path compression 휴리스틱. (a) `find` 연산이 원소 12에서 탐색한 경로, (b) 재구성된 트리

이 자료구조는 union-by-size와 path-compression이라는 두 가지 휴리스틱 기법을 사용하면, n개의 원소에 대해 k번의 연산을 수행하는 데 $O(k \log^* n)$ 시간만 걸린다는 놀라운 특징이 있다. 여기서 $\log^* n$은 로그 스타 함수로, 반복해서 밑이 2인 로그를 적용했을 때 값이 2보다 작아지기까지의 횟수를 나타낸다. 표 14.4는 몇 가지 예를 보여준다.

n	2	$2^2 = 4$	$2^{2^2} = 16$	$2^{2^{2^2}} = 65{,}536$	$2^{2^{2^{2^2}}} = 2^{65{,}536}$
$\log^* n$	1	2	3	4	5

표 14.4 $\log^* n$의 일부 값과 역수에 대한 임곗값

명제 14.27 크기별 합집합과 경로 압축 휴리스틱을 모두 사용해 트리 기반 분할 표현을 사용할 때 최대 n개의 원소를 포함하는 초기에 비어 있는 분할에서 k개의 `make_group`, `union`, `find` 연산 시리즈를 수행하는 데 $O(k \log^* n)$ 시간이 걸린다.

이 자료구조는 분석이 다소 복잡하지만 구현은 매우 간단하다. 코드 14.19는 이에 대한 완전한 파이썬 코드다.

```
class Partition:
    """분리된 집합을 유지하기 위한 유니언-파인드 구조"""

    # ------------------------- 중첩된 Position 클래스 -------------------
    class Position:
        __slots__ = '_container', '_element', '_size', '_parent'

        def __init__(self, container, e):
            """자체 그룹의 리더인 새 위치를 만든다."""
            self._container = container     # Partition 인스턴스에 대한 참조
            self._element = e
            self._size = 1
            self._parent = self             # 그룹 리더에 대한 규칙

        def element(self):
            """이 위치에 저장된 원소를 반환한다."""
            return self._element

    # ------------------------- 공개 Partition 메서드 -----------------
    def make_group(self, e):
        """e 원소를 포함하는 새 그룹을 만들고 해당 위치를 반환한다."""
        return self.Position(self, e)

    def find(self, p):
        """p를 포함하는 그룹을 찾고 리더의 위치를 반환한다."""
        if p._parent != p:
            p._parent = self.find(p._parent)     # 경로 압축(Path Compression)
        return p._parent

    def union(self, p, q):
        """원소 p와 q를 포함하는 그룹을 병합한다(서로 다른 경우)"""
        a = self.find(p)
        b = self.find(q)
        if a is not b:                           # 그룹이 다른 경우에만 병합
            if a._size > b._size:
                b._parent = a
                a._size += b._size
            else:
                a._parent = b
                b._size += a._size
```

코드 14.19 크기별 합집합과 경로 압축을 사용한 Partition 클래스의 구현

14.8 연습 문제

기본 문제

R-14.1 정점 12개, 간선 18개, 연결 요소 세 개를 가진 단순 무방향 그래프 G를 하나 그려라.

R-14.2 정점 12개와 연결 요소 세 개를 가진 단순 무방향 그래프 G가 있을 때, 가질 수 있는 최대 간선 수는 얼마인가?

R-14.3 그림 14.1에 주어진 무방향 그래프에 대한 인접 행렬 표현을 그려라.

R-14.4 그림 14.1에 주어진 무방향 그래프에 대한 인접 리스트 표현을 그려라.

R-14.5 정점 8개, 간선 16개를 가진 단순 연결 방향 그래프를 하나 그려라. 모든 정점의 진입 차수와 진출 차수가 각각 2가 되도록 하고, 그래프의 모든 간선을 포함하는 하나의 비단순 순환이 존재함을 보여라. 즉, 펜을 떼지 않고 방향을 따라 모든 간선을 한 번씩 지나며 그릴 수 있어야 한다. 이러한 순환을 **오일러 투어**(Euler tour)라고 한다.

R-14.6 간선 리스트 구조를 사용해 정점 n개, 간선 m개를 가진 그래프 G를 표현한다고 하자. 이 경우 `insert_vertex` 연산은 $O(1)$ 시간에 수행되지만, `remove_vertex` 연산은 $O(m)$ 시간이 걸리는 이유를 설명하라.

R-14.7 인접 행렬 표현을 사용할 때 `insert_edge(u, v, x)` 연산을 $O(1)$ 시간에 수행하는 의사코드를 작성하라.

R-14.8 이번 장에서 설명한 방법에 따라, 인접 리스트 표현을 사용할 때 `insert_edge(u, v, x)` 연산을 $O(1)$ 시간에 수행하는 의사코드를 작성하라.

R-14.9 표 14.1의 시간 범위를 유지하면서 인접 행렬 표현에서 간선 리스트 E를 생략할 수 있는가? 그 이유를 설명하라.

R-14.10 표 14.3의 시간 범위를 유지하면서 인접 리스트 표현에서 간선 리스트 E를 생략할 수 있는가? 그 이유를 설명하라.

R-14.11 다음 각각의 경우에 대해 인접 행렬 구조와 인접 리스트 구조 중 어떤 것을 사용하는 것이 좋은지 선택하고, 그 이유를 설명하라.

a. 정점이 10,000개, 간선이 20,000개인 그래프로, 가능한 한 적은 공간을 사용하는 것이 중요한 경우

b. 정점이 10,000개, 간선이 2억 개인 그래프로, 가능한 한 적은 공간을 사용하는 것이 중요한 경우

c. 공간 사용량에 상관없이 `get_edge(u, v)` 질의를 최대한 빠르게 처리해야 하는 경우

R-14.12 인접 행렬 구조로 표현된 n-정점 단순 그래프에서 깊이 우선 탐색 순회가 $O(n^2)$ 시간에 실행되는 이유를 설명하라.

R-14.13 비트리 간선이 모두 역방향 간선임을 확인할 수 있도록 그림 14.8(b)를 다시 그려라. 이때 DFS 트리 간선을 트리 모양으로 아래쪽을 향하는 실선으로 그리고, 비트리 간선을 점선으로 표시하라.

R-14.14 서로 다른 모든 정점 쌍 사이에 간선이 존재하는 경우, 단순 무방향 그래프를 **완전 그래프**라고 한다. 완전 그래프에서 깊이 우선 탐색 트리는 어떤 모습인가?

R-14.15 연습 문제 **R-14.14**에서 정의한 완전 그래프를 참고했을 때, 완전 그래프의 너비 우선 탐색 트리는 어떤 모습인가?

R-14.16 다음 표와 같이 주어진 인접 정점 정보를 바탕으로 한 무방향 그래프 G가 있다고 하자. 인접 정점은 주어진 순서대로 탐색한다고 가정한다.

정점	인접 정점
1	(2, 3, 4)
2	(1, 3, 4)
3	(1, 2, 4)
4	(1, 2, 3, 6)
5	(6, 7, 8)
6	(4, 5, 7)
7	(5, 6, 8)
8	(5, 7)

G를 그리고, 정점 1에서 시작하여 각각 다음을 수행하라.

a. 깊이 우선 탐색 순서로 방문하는 정점들의 순서를 나열하라.

b. 너비 우선 탐색 순서로 방문하는 정점들의 순서를 나열하라.

R-14.17 그림 14.2에 주어진 방향 그래프의 전이적 폐쇄를 그려라.

R-14.18 그림 14.11의 정점들을 (v_1 = JFK, v_2 = LAX, v_3 = MIA, v_4 = BOS, v_5 = ORD, v_6 = SFO, v_7 = DFW)로 이름 붙였다고 하자. 플로이드-워샬 알고리즘을 적용하여 전이적 폐쇄를 만들 때, 간선을 추가하는 순서는 어떻게 되는가?

R-14.19 n개의 정점으로 이루어진 단순 방향 경로 그래프의 전이적 폐쇄에는 몇 개의 간선이 있는가?

R-14.20 정점 n개로 이루어진 완전 이진 트리 T가 있고, 루트는 어떤 특정 위치에 있다. 이 트리 T의 각 노드를 정점으로 하는 방향 그래프 $\vec{G}$를 만들되, 부모-자식 쌍마다 부모에서 자식으로 향하는 방향 간선을 추가한다고 하자. 이때 $\vec{G}$의 전이적 폐쇄에는 $O(n \log n)$ 개의 간선이 존재함을 증명하라.

R-14.21 그림 14.3(d)에 주어진 실선 간선만 포함한 방향 그래프에 대해 위상 정렬을 계산하라.

R-14.22 Bob은 외국어를 좋아하며, 앞으로 몇 년 동안 수강할 과목 계획을 세우고자 한다. 그가 듣고 싶은 9개 과목과 과목별 선수 과목은 다음과 같다(수강 과목: 선수 과목).

- LA15: (없음)
- LA16: LA15
- LA22: (없음)
- LA31: LA15
- LA32: LA16, LA31
- LA126: LA22, LA32
- LA127: LA16
- LA141: LA22, LA16
- LA169: LA32

Bob이 선수 과목을 충족하면서 이 과목들을 수강할 수 있는 순서는 어떻게 되는가?

R-14.23 정점 8개, 간선 16개를 가진 단순 연결 가중치 그래프를 하나 그려라. 모든 간선은 서로 다른 가중치를 가진다. 하나의 정점을 출발점으로 지정하고, 이 그래프에서 다익스트라 알고리즘을 실행하는 과정을 나타내라.

R-14.24 그래프가 방향 그래프일 때 출발점에서 모든 다른 정점까지의 최단 경로를 계산하도록 다익스트라 알고리즘의 의사코드를 어떻게 수정해야 하는지 설명하라.

R-14.25 정점 8개, 간선 16개를 가진 단순 연결 무방향 가중치 그래프를 하나 그려라. 모든 간선은 서로 다른 가중치를 가진다. 프림-야르니크 알고리즘을 이용해 최소 신장 트리를 계산하는 과정을 설명하라.

R-14.26 연습 문제 **R-14.25**에서 크루스칼 알고리즘을 사용해 최소 신장 트리를 계산하는 과정을 설명하라.

R-14.27 호수에 8개의 작은 섬이 있고, 이 섬들을 연결하기 위해 7개의 다리를 세우려고 한다. 모든 섬이 하나 이상의 다리를 통해 서로 연결될 수 있어야 한다. 다리를 건설하는 비용은 거리에 비례하며, 섬 사이의 거리는 다음 표와 같다. 건설 비용의 총합이 최소가 되게 하려면 어떤 다리를 건설해야 하는가?

	1	2	3	4	5	6	7	8
1	-	240	210	340	280	200	345	120
2	-	-	265	175	215	180	185	155
3	-	-	-	260	115	350	435	195
4	-	-	-	-	160	330	295	230
5	-	-	-	-	-	360	400	170
6	-	-	-	-	-	-	175	205
7	-	-	-	-	-	-	-	305
8	-	-	-	-	-	-	-	-

R-14.28 그림 14.9에 나타난 깊이 우선 탐색 순회를 설명하는 그래픽 표현 규칙들의 의미를 설명하라. 선의 두께, 화살표, 점선은 각각 무엇을 의미하는가?

R-14.29 방향 DFS 순회를 나타내는 그림 14.8에 대해 연습 문제 **R-14.28** 문제를 반복 수행하라.

R-14.30 너비 우선 탐색 순회를 나타내는 그림 14.10에 대해 연습 문제 **R-14.28**을 반복 수행하라.

R-14.31 플로이드-워샬 알고리즘을 나타내는 그림 14.11에 대해 연습 문제 **R-14.28**을 반복 수행하라.

R-14.32 위상 정렬 알고리즘을 나타내는 그림 14.13에 대해 연습 문제 **R-14.28**을 반복 수행하라.

R-14.33 다익스트라 알고리즘을 나타내는 그림 14.15와 그림 14.16에 대해 연습 문제 **R-14.28**을 반복 수행하라.

R-14.34 프림-야르니크 알고리즘을 나타내는 그림 14.20과 그림 14.21에 대해 연습 문제 **R-14.28**을 반복 수행하라.

R-14.35 크루스칼 알고리즘을 나타내는 그림 14.22~14.24에 대해 연습 문제 **R-14.28**을 반복 수행하라.

R-14.36 George는 분할 구조에서 경로 압축을 빠르게 수행하는 방법을 알고 있다고 주장한다. 시작 위치 p에서 출발하여 p를 리스트 L에 추가하고 부모 포인터를 따라가면서 새로운 위치 q를 만날 때마다 q를 L에 추가한다. 그리고 L에 있는 모든 노드의 부모 포인터를 q의 부모로 업데이트한다. George의 알고리즘이 길이 h인 경로에서 $\Omega(h^2)$ 시간에 실행됨을 증명하라.

응용 문제

C-14.37 14.2.5절의 인접 맵 구현을 기반으로 정점 v를 제거하는 `remove_vertex(v)` 메서드를 파이썬으로 구현하라. 이 메서드는 방향 그래프와 무방향 그래프 모두에서 동작해야 하며 수행 시간은 $O(\deg(v))$이어야 한다.

C-14.38 14.2.5절의 인접 맵 구현을 기반으로 간선 e를 제거하는 `remove_edge(e)` 메서드를 파이썬으로 구현하라. 이 메서드는 방향 그래프와 무방향 그래프 모두에서 동작해야 하며 수행 시간은 $O(1)$이어야 한다.

C-14.39 정점이 n개인 그래프 G를 간선 리스트 방식으로 표현한다고 하자. 정점은 0부터 $n-1$까지의 정수로 식별된다. `get_edge(u,v)` 메서드를 $O(\log n)$ 시간에 실행하려면 간선 집합 E를 어떻게 구현해야 하는가? 이 경우 해당 메서드는 어떤 방식으로 동작하는지도 설명하라.

C-14.40 무방향 연결 그래프 G에 대해 깊이 우선 탐색으로 얻은 출발점 루트를 가지는 스패닝 트리를 T라고 하자. 그래프 G에는 포함되지만 트리 T에는 속하지 않은 모든 간선이 정점에서 그 조상 정점으로 향하는 **역방향 간선**(back edge)이 되는 이유를 설명하라.

C-14.41 코드 14.6에 제시된 u에서 v까지의 경로를 보고하는 방식은 DFS 과정에서 v가 발견되는 즉시 종료되도록 구현하면 실제로 더 효율적일 수 있다. 이 최적화를 적용하기 위해 기존 코드를 어떻게 수정해야 할지 설명하라.

C-14.42 정점 수가 n이고 간선 수가 m인 무방향 그래프 G가 주어졌을 때 G의 모든 간선을 정확히 한 번씩 양방향으로 순회하는 $O(n+m)$ 시간 알고리즘을 설명하라.

C-14.43 방향 그래프 $\vec{G}$가 주어졌을 때, 순환이 존재하는 경우 이를 반환하는 알고리즘을 구현하라.

C-14.44 무방향 그래프 `g`에 대해 각 정점을 정수로 매핑하는 딕셔너리를 반환하는 함수 `components(g)`를 작성하라. 두 정점이 같은 연결 요소에 속할 때만 같은 정수로 매핑되어야 한다.

C-14.45 출발점에서 도착점까지 단 하나의 경로가 존재하고 어떤 부분도 우회하는 루프가 없는 미로가 정상적으로 구성되었다고 하자. $n \times n$ 크기의 격자로 표현된 미로가 주어졌을 때 이 미로가 정상적으로 구성되었는지 어떻게 판단할 수 있는가? 이 알고리즘의 수행 시간은 얼마인가?

C-14.46 컴퓨터 네트워크에서는 하나의 정점을 제거했을 때 전체가 분리되지 않도록 설계해야 한다. 정점 하나를 제거해도 둘 이상의 연결 요소로 나뉘지 않는 무방향 연결 그래프 G를 이중 연결되었다고 정의한다. 정점 수가 $n \geq 3$이고 간선 수가 $m \geq n - 1$인 연결 그래프 G에 대해, G를 이중 연결로 만들기 위해 최대 n개의 간선을 추가하는 알고리즘을 설계하라. 알고리즘은 $O(n + m)$ 시간에 동작해야 한다.

C-14.47 무방향 그래프에서 BFS 트리에 대해 모든 비트리 간선이 교차 간선이 되는 이유를 설명하라.

C-14.48 방향 그래프에서 BFS 트리에 대해 앞으로 가는 비트리 간선이 존재하지 않는 이유를 설명하라.

C-14.49 연결 그래프 G에 대해 G가 BFS 트리라면 각 정점 v가 레벨 i에 있을 때 s에서 v까지의 BFS 트리 경로는 정확히 i개의 간선으로 이루어져 있고, s에서 v로 가는 다른 어떤 경로도 최소 i개의 간선을 포함함을 증명하라.

C-14.50 명제 14.16을 증명하라.

C-14.51 레벨 단위 탐색이 아닌 FIFO 큐를 사용하여 BFS를 구현하라. 발견된 정점은 유지하고 해당 정점의 이웃을 고려할 시점이 올 때까지 대기열에서 처리되도록 하라.

C-14.52 그래프 G가 이분 그래프라고 하면 이는 정점들을 두 집합 X와 Y로 나눌 수 있고 모든 간선이 X의 정점 하나와 Y의 정점 하나를 잇는 경우다. X와 Y를 미리 알지 못한다고 가정할 때 무방향 그래프 G가 이분 그래프인지를 판별하는 효율적인 알고리즘을 설계하고 분석하라.

C-14.53 정점이 n개이고 간선이 m개인 방향 그래프 $\vec{G}$에 대해 모든 간선을 정확히 한 번씩 순회하는 순환을 **오일러 투어**라고 한다. 그래프 $\vec{G}$에서 오일러 투어를 찾는 $O(n + m)$ 시간 알고리즘을 구현하라.

C-14.54 통신 회사 RT&T는 n개의 스위칭 스테이션이 고속 통신 링크로 연결된 네트워크를 운영하고 있다. 각 고객의 전화는 자신의 지역에 있는 하나의 스테이션에 직접 연결된다. 엔지니어들은 두 고객이 전화 통화 중 서로를 볼 수 있도록 비디오폰 시스템을 설계했다. 이때 품질 유지를 하려면 양쪽을 연결하는 링크 수가 네 개를 넘지 않아야 한다는 제약이 있다. RT&T의 네트워크를 그래프로 모델링할 때 각 스테이션이 링크 네 개 이하로 도달할 수 있는 스테이션 집합을 계산하는 효율적인 알고리즘을 구현하라.

C-14.55 장거리 통화의 지연 시간은 통화 경로에 포함된 통신 링크 수에 비례하여 계산된다. RT&T가 운영하는 전화 네트워크가 트리 T로 주어졌을 때 트리의 **지름**(diameter)은 두 정점 사이를 잇는 최장 경로의 길이를 뜻한다. 트리 T의 지름을 구하는 효율적인 알고리즘을 구현하라.

C-14.56 여러 학교가 공동 프로젝트를 수행하기 위해 트리 구조로 통신망을 연결했다고 하자. 파일 서버를 설치할 학교는 데이터 전송에 필요한 링크 수를 최소화할 수 있도록 선정해야 한다. 트리 T와 노드 v가 주어졌을 때 v에서 다른 모든 노드까지 최장 경로의 길이를 v의 **이심성**(eccentricity)이라고 하고 이심성이 가장 작은 노드를 트리의 **중심**(center)이라고 한다.

a. 크기가 n인 트리 T가 주어졌을 때 중심을 계산하는 효율적인 알고리즘을 구현하라.

b. 중심은 항상 하나만 존재하는가? 그렇지 않다면 중심이 몇 개 있을 수 있는지 설명하라.

C-14.57 정점이 n개인 방향 비순환 그래프 $\vec{G}$가 주어졌다고 하자. 정점에 0부터 $n-1$까지 번호를 붙일 수 있으며 간선 (i, j)가 존재할 때는 항상 $i < j$를 만족한다고 하자. 이런 그래프를 **콤팩트**(compact)하다고 한다. 그래프 $\vec{G}$가 콤팩트한지 판별하는 $O(n^2)$ 시간 알고리즘을 구현하라.

C-14.58 가중치가 있는 정점 n개의 방향 그래프 $\vec{G}$가 주어졌다고 하자. 플로이드-워샬 알고리즘의 변형을 사용하여, 각 정점에서 다른 모든 정점까지의 최단 경로 길이를 $O(n^3)$ 시간에 계산하는 알고리즘을 구현하라.

C-14.59 가중치가 있는 방향 비순환 그래프 $\vec{G}$가 주어졌을 때, 정점 s에서 정점 t까지의 최장 경로를 찾는 효율적인 알고리즘을 구현하라. 사용한 그래프 표현 방법과 보조 자료구조를 명시하고, 알고리즘의 수행 시간을 분석하라.

C-14.60 무방향 그래프 $G = (V, E)$의 독립 집합은 집합에 속한 어떤 두 정점도 서로 인접하지 않는 정점 집합 I이다. **극대 독립 집합** M은 더 이상 정점을 추가할 수 없는 독립 집합이다. 모든 그래프는 극대 독립 집합을 갖는다. 그래프 G에 대해 극대 독립 집합을 구하는 효율적인 알고리즘을 구현하고 수행 시간을 분석하라.

C-14.61 정점이 n개인 단순 그래프 $\vec{G}$가 힙을 사용해 다익스트라 알고리즘을 구현했을 때 수행 시간이 $\Omega(n^2 \log n)$인 예를 제시하라.

C-14.62 가중치가 있는 방향 그래프 $\vec{G}$에 대해, 음수 가중치 간선은 존재하지만 음수 가중치 순환은 없는 경우를 생각하자. 다익스트라 알고리즘이 특정 출발점에서 일부 최단 거리를 올바르게 계산하는 예를 제시하라.

C-14.63 다음과 같은 그리디 전략을 고려하자. 주어진 연결 그래프의 출발점 *start*에서 도착점 *goal*까지 최단 경로를 찾고자 한다.

1. *path*를 *start*로 초기화한다.
2. *visited*를 {*start*}로 초기화한다.
3. *start*가 *goal*이면 *path*를 반환하고 종료한다. 아니라면 계속한다.
4. *start*와 인접하고 아직 *visited*에 없는 정점 중, 가중치가 최소인 간선 (*start*, *v*)를 선택한다.
5. *v*를 *path*에 추가한다.
6. *v*를 *visited*에 추가한다.
7. *start*를 *v*로 설정하고 3단계로 돌아간다.

이 전략이 항상 최단 경로를 찾는지 직관적으로 설명하거나, 반례를 들어라.

C-14.64 코드 14.13의 `shortest-path-lengths` 구현은 무한대 값을 이용해 아직 도달할 수 없는 정점의 거리를 표현한다. 이 무한대 대신 센티넬 값을 사용하여 출발점 외의 정점은 이 함수에 추가되지 않도록 다시 구현하라. 단, 정점이 실제로 도달 가능할 때만 우선순위 큐에 추가되어야 한다.

C-14.65 연결된 가중치 그래프 G에서 모든 간선 가중치가 서로 다르면 최소 신장 트리가 정확히 하나 존재함을 증명하라.

C-14.66 가중치가 서로 다른 간선을 가진 정점 n개의 그래프 G에 대해 **Barívka 알고리즘**을 적용하자. T를 정점만 포함한 부분 그래프로 초기화한다. T의 간선 수가 $n-1$보다 적을 동안, 각 연결 요소 C_i에 대해 C_i에 속한 정점 u와 속하지 않은 정점 v를 잇는 최소 가중치 간선 (u, v)를 찾아 T에 추가한다. 알고리즘이 올바르다는 것을 증명하고 수행 시간이 $O(m \log n)$임을 보여라.

C-14.67 간선 가중치가 1 이상 n 이하인 정수이고 정점 수가 n, 간선 수가 m인 그래프 G에 대해 $O(m \log^* n)$ 시간에 최소 신장 트리를 찾는 알고리즘을 구현하라.

C-14.68 교환국 간 통신선을 나타내는 그래프 G에서 간선의 가중치는 대역폭을 의미한다. 두 정점 a, b가 주어졌을 때 a에서 b로 가는 경로 중 최소 대역폭이 최대가 되는 경로를 찾는 알고리즘을 구현하라.

C-14.69 NASA는 기지국 n개를 통신 채널로 연결하고자 한다. 각 채널의 대역폭이 주어졌고 총 $n-1$개의 채널을 선택해야 한다. 그래프 $G = (V, E)$에서 간선 e의 가중치 $w(e)$는 해당 채널의 대역폭이다. 연결된 상태를 유지하며 대역폭 합이 최대가 되도록 선택하는 효율적인 알고리즘을 구현하고 수행 시간을 분석하라.

C-14.70 Asymptopia 성에는 미로가 있고, 미로의 각 복도마다 금화가 담긴 가방이 놓여 있다. 가방에 든 금화의 수는 다 다르다. 기사 Sir Paul은 "ENTER" 문으로 들어가 "EXIT" 문으로 나와야 하며 되돌아갈 수 없다. 각 복도에는 방향이 지정되어 있어 해당 방향으로만 이동할 수 있다. 루프는 존재하지 않는다. 기사 Sir Paul이 최대한 많은 금화를 모을 수 있도록 알고리즘을 구현하라.

C-14.71 공항 집합 $\mathcal{A}$와 항공편 집합 $\mathcal{F}$가 있다. 각 공항 $a \in \mathcal{A}$마다 최소 연결 시간 $c(a)$가 주어지며, 각 항공편 $f \in \mathcal{F}$는 다음 정보를 가진다.

- 출발 공항 $a_1(f) \in \mathcal{A}$
- 도착 공항 $a_2(f) \in \mathcal{A}$
- 출발 시각 $t_1(f)$
- 도착 시각 $t_2(f)$

공항 a에서 시간 t 이후 출발하여 공항 b에 가능한 한 빨리 도착하는 항공편들의 시퀀스를 구하는 효율적인 알고리즘을 작성하라. 경유 시 각 공항의 최소 연결 시간을 반드시 지켜야 한다. 알고리즘의 수행 시간을 n과 m의 함수로 표현하라.

C-14.72 정점이 n개인 방향 그래프 $\vec{G}$와 이에 대응하는 인접 행렬 M이 주어졌다고 하자.

a. M과 자기 자신을 곱한 M^2를 다음과 같이 정의한다.

$$M^2(i,j) = M(i,1) \odot M(1,j) \oplus \cdots \oplus M(i,n) \odot M(n,j)$$

여기서 $\oplus$는 불 대수의 AND, $\odot$는 OR 연산이다. 이 정의에 따라 $M^2(i, j) = 1$이라면 이는 어떤 의미인가? $M^2(i, j) = 0$이라면 이는 어떤 의미인가?

b. M^4는 $M^2 \times M^2$로 정의된다. 이때 M^4의 항목들은 무엇을 의미하는가? $M^5 = M^4 \times M$일 때, 전반적으로 M^p의 항목은 어떤 정보를 담고 있는가?

c. 이제 $\vec{G}$가 가중치 그래프라고 가정하고 다음과 같이 설정한다.

1: $1 \le i \le n$일 때 $M(i, i) = 0$

2: $1 \le i,\ j \le n$일 때 $M(i, j) = weight(i, j)$이고 (i, j)가 E에 있는 경우다.

3: $1 \le i,\ j \le n$일 때 $M(i, j) = \infty$이고 (i, j)가 E에 없는 경우다.

또한 $1 \le i,\ j \le n$일 때 $M^2(i, j)$를 다음과 같이 정의한다.

$$M^2(i,j) = \min\{M(i,1) + M(1,j),\ \ldots,\ M(i,n) + M(n,j)\}$$

$M^2(i, j) = k$일 때, 정점 i와 j 사이의 관계에서 무엇을 알 수 있는가?

C-14.73 Karen은 트리 기반 유니언-파인드 자료구조에서 경로 압축을 수행하는 새로운 방법을 제안했다. 그녀는 어떤 위치 p에서 시작해 루트까지의 경로에 있는 모든 노드를 집합 S에 저장한다. 그런 다음 S를 순회하며 각 위치의 부모 포인터를 해당 위치에 있는 부모의 부모로 업데이트한다(루트의 부모 포인터는 자기 자신을 가리킴). 만약 이 과정에서 어느 위치의 부모 포인터가 변경되었다면, Karen은 이 과정을 반복한다. 즉, 부모 포인터 값이 더 이상 변하지 않을 때까지 S를 계속해서 순회하며 같은 작업을 수행한다. Karen의 알고리즘이 올바르게 작동함을 증명하고, 길이가 h인 경로에 대해 이 알고리즘의 수행 시간을 분석하라.

프로젝트 문제

P-14.74 인접 행렬을 사용하여 `update` 연산이 없는 단순화된 그래프 ADT를 지원하는 클래스를 구현하라. 클래스에는 정점 원소들의 집합 V와 정점 쌍들의 집합 E를 인자로 받아 이 둘이 표현하는 그래프 G를 생성하는 생성자가 포함되어야 한다.

P-14.75 연습 문제 **P-14.74**에서 설명한 단순화된 그래프 ADT를 간선 리스트를 사용해 구현하라.

P-14.76 연습 문제 **P-14.74**에서 설명한 단순화된 그래프 ADT를 인접 리스트를 사용해 구현하라.

P-14.77 연습 문제 **P-14.76**의 클래스를 확장하여 그래프 ADT의 업데이트 연산을 지원하도록 하라.

P-14.78 반복적인 DFS 순회와 플로이드-워샬 알고리즘을 비교하여 방향 그래프의 전이적 폐쇄를 계산하는 방법의 효율성을 실험적으로 비교하라.

P-14.79 이 장에서 다룬 최소 신장 트리 알고리즘(크루스칼과 프림-야르니크) 중 두 가지를 대상으로 실험적 비교를 수행하라. 무작위로 생성된 그래프를 사용하여 두 알고리즘의 실행 시간을 테스트하는 다양한 실험을 설계하라.

P-14.80 미로를 구성하는 한 가지 방법은 $n \times n$ 격자를 출발점으로 삼아 각 셀이 네 개의 단위 길이 벽으로 둘러싸이게 만드는 것이다. 시작과 끝을 나타내기 위해 경계에 있는 단위 길이 벽 두 개를 제거한다. 나머지 경계에 없는 벽 각각에 무작위 값을 할당하고, 각 셀을 정점으로 하는 이중 그래프 G를 만든다. 두 셀이 공통 벽을 공유하면 정점 사이에 간선을 추가하고, 간선의 가중치는 해당 벽의 무게로 한다. 미로는 G의 최소 신장 트리 T를 구하고, T에 포함된 간선에 해당하는 벽들을 제거하여 구성한다. 이 알고리즘을 사용해 미로를 생성하고 해결하는 프로그램을 작성하라. 최소한 프로그램으로 미로를 그릴 수 있어야 하며, 가능하면 해결 과정도 시각화해야 한다.

P-14.81 컴퓨터 네트워크에서 각 노드에 대한 라우팅 테이블을 작성하는 프로그램을 작성하라. 경로 거리는 홉 수(경로상의 간선 수)로 측정하며, 최단 경로 라우팅을 기준으로 한다. 입력은 네트워크의 모든 노드에 대한 연결 정보로 주어진다. 예를 들어 다음은 241.12.31.14에 인접한 세 노드를 나타낸다.

241.12.31.14: 241.12.31.15 241.12.31.18 241.12.31.19

주소 A에 대한 라우팅 테이블은 (B, C) 쌍들의 집합인데, 이는 A에서 B로 메시지를 보내려면 다음으로 전송해야 할 노드가 C임을 나타낸다. 프로그램은 노드 연결 목록(위 예시처럼 한 줄에 하나씩 주어지는 입력)을 받아, 네트워크의 각 노드에 대해 해당 라우팅 테이블을 출력해야 한다.

참고 사항

깊이 우선 탐색은 컴퓨터 과학에서 '민속(folklore)' 알고리즘 중 하나로 여겨지지만, Hopcroft와 Tarjan [52, 94]은 이 방법이 다양한 그래프 문제 해결에 얼마나 유용한지를 체계적으로 증명했다. Knuth [64]는 위상 정렬 문제를 다루었고, Kosaraju는 방향 그래프가 강하게 연결되어 있는지 선형 시간에 판별하는 알고리즘을 제안하였다. 플로이드-워샬 알고리즘은 Floyd [38]와 Warshall [102]의 연구에 기반한다.

최초의 최소 신장 트리 알고리즘은 Barívka [9]가 1926년에 발표하였다. 프림-야르니크 알고리즘은 Jarník [55]가 1930년에 체코어로 발표하고, Prim [85]이 1957년에 영어로 발표하였다. Kruskal [67]가 1956년에 자신의 최소 신장 트리 알고리즘을 발표하였다. 최소 신장 트리 알고리즘의 역사에 대해 더 알고자 하는 독자는 Graham과 Hell의 논문 [47]을 참고하라.

현재 최적의 최소 신장 트리 알고리즘은 Karger, Klein, Tarjan [57]이 제안한 랜덤화 방법으로, 평균 수행 시간은 $O(m)$이다. Dijkstra [35]는 1959년에 단일 출발점 최단 경로 알고리즘을 발표하였다. 프림-야르니크 알고리즘과 다익스트라 알고리즘 모두 고급 자료구조인 피보나치 힙(Fibonacci Heap) [40] 또는 이완 힙(Relaxed Heap) [37]을 사용해 수행 시간을 $O(n \log n + m)$으로 개선할 수 있다.

그래프 그리기 알고리즘에 대해 더 배우고자 하는 독자는 Di Battista, Eades, Tamassia, Tollis의 저서 [34]와 Tamassia, Liotta의 저서 [92]를 참고하라. 그래프 알고리즘을 심화 학습하려는 독자는 Ahuja, Magnanti, Orlin [7], Cormen, Leiserson, Rivest, Stein [29], Mehlhorn [77], Tarjan [95], van Leeuwen [98]의 저서를 참고할 수 있다.

CHAPTER 15

메모리 관리와 B-트리

지금까지 연산 효율성에 초점을 맞춰 자료구조를 학습하였으며 이러한 효율성은 CPU에서 수행되는 기본 연산의 수를 기준으로 측정되었다. 하지만 실제 컴퓨터 시스템의 성능은 메모리 시스템을 어떻게 관리하느냐에 따라 크게 달라진다. 앞선 장들에서는 자료구조 분석을 할 때 메모리 사용량의 점근적 경계를 제시해 왔지만 이번 장에서는 메모리 시스템의 활용과 관련하여 좀 더 미묘한 문제들을 살펴본다.

먼저 프로그램이 실행되는 동안 메모리가 어떻게 할당되고 해제되는지 그리고 이것이 프로그램 성능에 어떤 영향을 주는지를 설명한다. 이어서 현대 컴퓨터 시스템에서 사용하는 다단계 메모리 계층 구조의 복잡성을 다룬다. 컴퓨터 메모리는 종종 모든 위치가 서로 교환 가능한 하나의 공간으로 추상화되지만 실제로는 실행 중인 프로그램의 데이터가 CPU 레지스터, 캐시, 내부 메모리, 외부 메모리 같은 다양한 형태의 물리적 메모리 간에 저장되고 이동된다. 메모리 관리를 위한 알고리즘에서 고전적인 자료구조가 어떻게 사용되는지, 메모리 계층 구조가 탐색이나 정렬 같은 문제에서 자료구조와 알고리즘의 선택에 어떤 영향을 주는지를 살펴본다.

15.1 메모리 관리

컴퓨터에서 자료구조를 구현하려면 반드시 메모리를 사용해야 한다. 메모리는 **워드**(word) 단위로 구성된 연속된 구조이며 각 워드는 보통 4바이트, 8바이트, 또는 16바이트로 구성된다. 이 메모리 워드에는 0부터 $N-1$까지 번호가 붙어 있고, 여기서 N은 사용할 수 있는 전체 메모리 워드 수를 의미한다. 각 워드에 부여된 번호를 **메모리 주소**(memory address)라 하며 컴퓨터의 메모리는 결국 하나의 큰 메모리 워드 배열로 볼 수 있다. 예를 들어 5.2절의 그림 5.1에서는 다음과 같이 메모리의 일부분을 나타낸다.

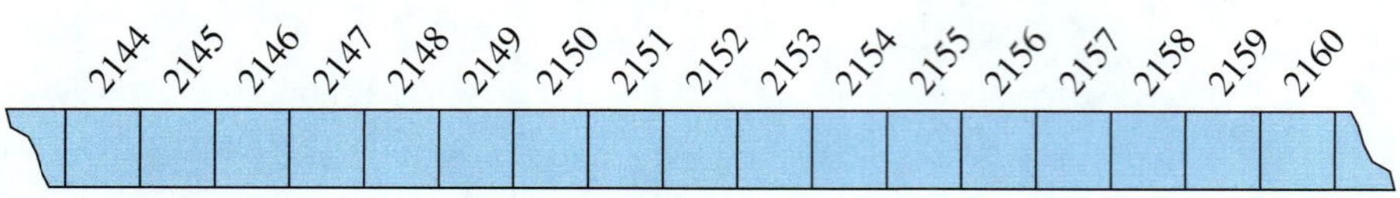

프로그램을 실행하고 정보를 저장하려면 컴퓨터 메모리는 어떤 데이터가 어떤 메모리 셀에 저장될지를 결정할 수 있도록 적절히 관리되어야 한다. 이 절에서는 **메모리 관리**(memory management)의 기본 개념을 설명한다. 새로운 객체를 저장하기 위해 메모리가 어떻게 할당되는지, 더 이상 필요하지 않은 메모리를 어떻게 해제하고 재사용하는지, 파이썬 인터프리터가 작업을 수행하는 과정에서 메모리를 어떻게 활용하는지를 살펴본다.

15.1.1 메모리 할당

파이썬에서는 모든 객체가 메모리 풀에 저장된다. 메모리 풀은 **메모리 힙**(memory heap) 또는 **파이썬 힙**(Python heap)이라 불리며, 9장에서 다룬 힙 자료구조와는 다르다. 다음과 같은 명령어를 실행한다고 하자.

```
w = Widget()
```

이때 `Widget`이 클래스 이름이라면 새로운 인스턴스가 생성되어 메모리 힙 어딘가에 저장된다. 파이썬 인터프리터는 운영체제와 협력해 이 공간의 사용을 조정하고, 파이썬 프로그램을 실행하는 동안 메모리 힙을 관리하는 역할을 맡는다.

메모리 힙은 **블록**(block)이라 불리는 단위로 나뉘며, 각 블록은 고정 길이 또는 가변 길이의 연속된 메모리 조각이다. 시스템은 새로운 객체에 빠르게 메모리를 할당할 수 있도록 이 공간을 효율적으로 관리해야 한다. 흔히 쓰이는 방법 중 하나는 사용 가능한 메모리 공간의 연속된 구멍들을 연결 리스트 형태로 보관하는 방식이다. 이 연결 리스트를 프리 리스트라고 하며, 구멍들을 잇는 링크는 그 구멍 내부에 저장된다. 메모리가 할당되거나 해제될 때마다 프리 리스트는 변화하며, 사용 중인 블록들 사이에 존재하는 빈 메모리 조각들이 분리된 형태로 남게 된다. 이러한 현상을 **단편화**(fragmentation)라고 한다. 단편화가 일어나면 메모리가 실제로 남아 있더라도, 필요한 만큼의 연속된 공간을 찾는 일이 어려워질 수 있다. 따라서 가능하면 단편화를 줄이는 것이 바람직하다.

단편화는 내부 단편화와 외부 단편화의 두 가지 형태로 나뉜다. **내부 단편화**(internal fragmentation)는 할당된 메모리 블록 일부가 실제로는 사용되지 않을 때 발생한다. 예를 들어 어떤 프로그램이 크기 1000인 메모리 블록을 요청하고 실제로는 처음 100만 사용하는 경우가 이에 해당한다. 이러한 내부 단편화는 런타임 환경에서 줄이기 어렵다. **외부 단편화**(external fragmentation)는 서로 다른 블록 사이에 흩어진 작은 빈 공간들이 생길 때 발생하며, 새로운 메모리 요청을 처리할 때 적절한 위치를 찾기 어렵게 만든다. 런타임 시스템은 외부 단편화를 줄이기 위해 다양한 전략을 사용한다.

외부 단편화를 줄이기 위해 힙에서 메모리를 할당하는 여러 휴리스틱 기법이 제안되어 왔다. **최적 적합 알고리즘**(best-fit algorithm)은 프리 리스트 전체를 탐색하여 요청된 메모리 양에 가장 가까운 크기의 구멍을 찾는다. **최초 적합 알고리즘**(first-fit algorithm)은 프리 리스트의 처음부터 탐색을 시작해 크기가 충분한 첫 번째 구멍을 선택한다. **다음 적합 알고리즘**(next-fit algorithm)도 크기가 충분한 첫 번째 구멍을 찾지만, 탐색을 이전에 멈췄던 지점부터 다시 시작하며 프리 리스트를 원형 연결 리스트로 간주한다(7.2절 참고). **최악 적합 알고리즘**(worst-fit algorithm)은 사용 가능한 메모리 중 가장 큰 구멍을 찾아 사용하며, 이 리스트가 우선순위 큐로 유지되는 경우(9장 참고) 전체 프리 리스트를 탐색하는 것보다 더 빠를 수 있다. 각 알고리즘에서는 요청된 메모리 양을 선택된 메모리 구멍에서 제외하고, 남은 부분은 다시 프리 리스트에 반환한다.

최적 적합 알고리즘은 겉보기에는 좋아 보일 수 있지만 실제로는 가장 심한 외부 단편화를 유발하는 경향이 있다. 선택된 구멍의 남은 부분이 작게 남는 경우가 많기 때문이다. 최초 적합 알고리즘은 속도가 빠르지만 프리 리스트의 앞부분에 단편화를 많이 일으켜 이후 탐색 속도가 느려진다. 다음 적합 알고리즘은 단편화를 메모리 힙 전체에 고르게 분산시키므로 탐색 시간을 일정하게 유지할 수 있다. 다만 이러한 분산은 큰 블록을 할당하기 어렵게 만든다. 최악 적합 알고리즘은 가능하면 연속된 큰 메모리 공간을 유지하여 이 문제를 피하려고 한다.

15.1.2 가비지 컬렉션

C나 C++ 같은 언어에서는 객체가 차지한 메모리를 프로그래머가 명시적으로 해제해야 한다. 그러나 이는 초보자들이 종종 잊기 쉬운 작업이며, 숙련된 프로그래머의 작업에서도 오류의 원인이 되곤 한다. 파이썬 설계자들은 메모리 관리의 책임을 전적으로 인터프리터에 맡겼다. 사용되지 않는 객체를 감지해 이를 해제하고, 확보된 공간을 프리 리스트에 반환하는 과정을 가비지 컬렉션이라고 한다.

가비지 컬렉션을 자동으로 수행하려면 더 이상 필요하지 않은 객체를 감지하는 방법이 필요하다. 파이썬 인터프리터는 임의의 프로그램이 어떤 의미를 갖는지를 정확히 분석할 수 없기 때문에, 보수적인 규칙에 따라 객체를 회수한다. 프로그램이 어떤 객체에 접근하려면 그 객체에 대해 직접 또는 간접 참조가 있어야 한다. 이런 객체를 활성 객체라고 정의한다. 직접 참조란 현재 활성화된 네임스페이스(예 전역 네임스페이스나 지역 함수 내부의 네임스페이스)에 어떤 식별자가 객체를 가리키고 있는 경우다. 예를 들어 `w=Widget()` 명령어가 실행된 직후 변수 `w`는 새로 생성된 위젯 객체를 참조하게 되며, 이는 직접 참조가 된다. 이러한 직접 참조를 가진 객체를 루트 객체라고 한다. 간접 참조는 다른 활성 객체 내부에서 발생하는 참조를 말한다. 예를 들어 위젯 객체가 리스트를 속성으로 갖고 있고, 그 리스트가 다시 다른 객체를 포함하고 있다면, 그 객체도 간접적으로 참조된 것으로 간주되어 활성 객체로 분류된다. 이처럼 활성 객체는 재귀적으로 정의되며, 참조를 통해 도달 가능한 모든 객체도 활성 객체로 간주된다.

파이썬 인터프리터는 현재 실행 중인 프로그램에서 참조된 객체를 활성 객체라고 가정한다. 이러한 객체는 해제되면 안 된다. 이외의 객체는 가비지로 간주될 수 있으며, 파이썬은 어떤 객체가 활성인지를 판단하기 위해 다음 두 가지 전략을 사용한다.

참조 횟수

모든 파이썬 객체는 내부적으로 정수형 값을 하나 갖고 있으며, 이를 **참조 횟수**(reference count)라고 한다. 이 값은 시스템 내에서 해당 객체가 얼마나 많이 참조되고 있는지를 나타낸다. 어떤 객체에 참조가 새로 할당되면 참조 횟수가 증가하고, 그 참조가 다른 것으로 재할당되면 기존 객체의 참조 횟수는 감소한다. 각 객체의 참조 횟수를 유지하는 데는 객체당 $O(1)$ 공간이 추가로 필요하며, 참조 횟수를 늘리거나 줄이는 작업에는 $O(1)$ 시간만큼의 연산이 추가된다.

파이썬 인터프리터는 실행 중인 프로그램이 객체의 참조 횟수를 확인할 수 있도록 한다. `sys` 모듈에는 `getrefcount`라는 함수가 있으며, 이 함수는 인자로 받은 객체의 참조 횟수를 정수 값으로 반환한다. 다만 호출자가 인자를 넘길 때 그 객체가 함수의 매개변수에 할당되기 때문에 참조 횟수는 일시적으로 하나 더 늘어난 상태에서 반환된다는 점에 유의해야 한다.

객체마다 참조 횟수를 관리하는 방법의 가장 큰 장점은 어떤 객체의 참조 횟수가 0이 되면 그 객체는 더 이상 활성 객체일 수 없다는 점이다. 따라서 시스템은 해당 객체를 즉시 해제하거나 해제를 대기 중인 객체 목록에 넣을 수 있다.

순환 참조 탐지

참조 횟수가 0인 객체는 더 이상 활성 객체일 수 없다는 점은 분명하다. 하지만 참조 횟수가 0이 아닌 객체라고 해서 반드시 활성 객체라고 볼 수는 없다. 서로를 참조하고 있으면서도 루트 객체에서 도달할 수 없는 객체 집합이 존재할 수 있기 때문이다.

예를 들어 실행 중인 파이썬 프로그램에서 어떤 식별자 `data`가 이중 연결 리스트와 같은 시퀀스를 참조한다고 하자. 이 경우 `data`가 루트 객체이면, 리스트의 헤더와 꼬리 노드뿐 아니라 그 노드들의 속성으로 저장된 모든 객체도 간접적으로 참조되는 것이므로 활성 객체가 된다. 리스트 안의 중간 노드와 그 안에 저장된 원소들 역시 마찬가지다. 하지만 식별자 `data`가 유효 범위를 벗어나거나 다른 객체로 대체되면, 리스트 인스턴스의 참조 횟수는 0이 되어 가비지 컬렉션 대상이 되지만, 그 안의 각 노드는 여전히 서로를 참조하고 있어 참조 횟수가 0이 아니다. 이로 인해 위에서 설명한 단순한 방식만으로는 이들을 수거할 수 없다.

특히 힙 메모리의 여유 공간이 줄어들기 시작할 때, 파이썬 인터프리터는 이러한 순환 참조까지 감지할 수 있는 더 발전된 형태의 가비지 컬렉션을 수행한다. 이는 참조 횟수와 관계없이 도달 불가능한 객체를 회수하기 위함이다. 순환 참조 탐지를 위한 여러 알고리즘이 존재하며, 파이썬의 gc 모듈에서 그 구현 방식은 인터프리터에 따라 다를 수 있다. 대표적인 알고리즘으로 **마크-스위프**(mark-sweep) 방식이 있다.

마크-스위프 알고리즘

마크-스위프 가비지 컬렉션 알고리즘에서는 각 객체에 마크(mark) 비트를 하나 할당하여 그 객체가 살아 있는지, 즉 활성인지를 나타낸다. 가비지 컬렉션을 수행할 시점이 되면, 모든 다른 활동을 일시 중단하고 힙에 있는 모든 객체의 마크 비트를 초기화한다. 그다음 네임스페이스를 따라가며 루트 객체들을 '활성(live)'으로 표시한 뒤, 해당 루트 객체로부터 도달 가능한 모든 활성 객체를 찾아야 한다. 이 작업을 효율적으로 수행하기 위해 루트 객체를 출발점으로 깊이 우선 탐색(14.3.1절 참고)을 실행할 수 있다. 이때 메모리 힙 안의 객체들은 방향 그래프의 정점으로 간주되며, 객체 간 참조는 간선으로 본다. 각 루트 객체에서 깊이 우선 탐색을 수행함으로써 활성 객체들을 정확히 식별하고 해당 객체에 마크를 표시할 수 있다. 이 과정을 '마크' 단계라고 한다. 마크 단계가 끝나면, 힙을 순회하면서 마크되지 않은 객체가 점유한 공간을 회수한다. 이 시점에서는 할당된 공간을 하나의 연속된 블록으로 병합할 수 있으므로, 일정 기간 외부 단편화를 제거할 수 있다. 이 스캔과 회수 과정을 '스위프' 단계라고 한다. 이후, 중단되었던 프로그램을 다시 실행한다. 이처럼 마크-스위프 방식의 가비지 컬렉션은 활성 객체의 수, 그들이 참조하는 객체 수, 메모리 힙의 크기에 비례하는 시간 동안 사용되지 않는 공간을 회수할 수 있다.

메모리 내에서 수행하는 깊이 우선 탐색(DFS)

마크-스위프 알고리즘은 메모리 힙에서 사용되지 않는 공간을 제대로 회수하지만, 마크 단계에서 중요한 문제가 발생할 수 있다. 가비지 컬렉션이 실행되는 시점은 사용 가능한 메모리가 부족할 때이므로, 이 과정 자체에서 추가 메모리를 더 쓰지 않도록 주의해야 한다. 문제는 깊이 우선 탐색(DFS) 알고리즘이 재귀적으로 구현될 경우 그래프의 정점 수에 비례하는 공간을 사용할 수 있다는 점이다. 가비지 컬렉션의 경우 그래프의 정점은 힙에 있는 객체들을 의미하므로, 그만 한 추가 메모리를 확보하기가 쉽지 않다. 따라서 유일한 대안은 DFS를 재귀적으로 수행하지 않고 메모리 내에서 직접 수행하는 방법을 찾는 것이다. 즉, 일정한 상수 크기의 추가 저장 공간만 사용해 DFS를 수행해야 한다.

DFS를 제자리 방식으로 수행하는 핵심 아이디어는 그래프의 간선을 이용해 재귀 호출 스택을 시뮬레이션하는 것이다(가비지 컬렉션의 경우 이 간선은 객체 참조에 해당함). 방문한 정점 v에서 새로운 정점 w로 향하는 간선을 따라 탐색할 때, v의 인접 리스트에 저장된 간선 (v, w)가 v의 DFS 트리에 있는 부모를 가리키도록 변경한다. 이후 v로 되돌아올 때(즉, w에서의 재귀 호출이 끝나고 돌아올 때), 수정했던 간선이 다시 w를 가리키도록 되돌릴 수 있다. 단, 어떤 간선을 되돌려야 하는지 식별할 수 있는 방법이 있다고 가정한다.

15.1.3 파이썬 인터프리터가 사용하는 추가 메모리

15.1.1절에서 살펴보았듯이, 파이썬 인터프리터는 객체에 대해 메모리 힙 내에서 메모리를 할당한다. 그러나 파이썬 프로그램을 실행할 때 사용되는 메모리는 이것뿐만이 아니다. 여기서는 메모리 사용과 관련된 다른 중요한 측면들을 다룬다.

실행 시간 호출 스택

스택은 파이썬 프로그램의 실행 환경에서 가장 중요한 역할 중 하나를 수행한다. 실행 중인 파이썬 프로그램은 **호출 스택**(call stack) 또는 **파이썬 인터프리터 스택**(Python interpreter stack)이라고 하는 고유의 스택을 가지고 있으며, 이 스택은 현재 활성 상태(즉, 종료되지 않은) 함수 호출들의 중첩된 순서를 추적하는 데 사용된다. 스택의 각 항목은 **활성화 레코드**(activation record) 또는 **프레임**(frame)이라 불리는 구조로, 함수 호출에 대한 중요한 정보를 저장한다.

호출 스택의 맨 위에는 **실행 중인 호출**(running call)의 활성화 레코드가 위치하며, 이는 현재 실행 제어를 갖고 있는 함수의 활성화다. 스택의 나머지 항목들은 **대기 중인 호출**(suspended call)들의 활성화 레코드로, 이는 다른 함수를 호출한 후 그 함수가 종료되어 제어권을 반환할 때까지 대기 중인 함수들이다. 스택에 있는 항목들의 순서는 현재 활성화된 함수들이 어떤 순서로 호출되었는지를 나타낸다. 새로운 함수가 호출되면 해당 함수에 대한 활성화 레코드가 스택에 추가되고, 해당 함수가 종료되면 그 활성화 레코드가 스택에서 제거되며, 인터프리터는 이전에 대기 중이던 함수의 실행을 재개한다.

각 활성화 레코드는 그 함수 호출의 지역 네임스페이스를 나타내는 딕셔너리를 포함한다. 네임스페이스(1.10절과 2.5절 참고)는 매개변수, 지역 변수 등과 같은 식별자를 객체 값에 연결하며, 이 객체들은 여전히 메모리 힙에 존재한다. 또한 활성화 레코드는 함수 정의 자체에 대한 참조와 프로그램 카운터라는 특수 변수를 포함하는데, 이는 현재 실행 중인 함수 내에서 실행된 명령문의 위치를 추적한다. 실행 제어가 해당 함수로 다시 돌아오면, 저장된 **프로그램 카운터**(program counter)를 통해 인터프리터는 정확한 지점부터 실행을 재개할 수 있다.

재귀 구현

함수 호출의 중첩을 구현하기 위해 스택을 사용하는 이점 중 하나는 프로그램에서 재귀를 사용할 수 있다는 점이다. 즉, 함수가 자기 자신을 호출할 수 있게 해준다는 뜻이며, 이 내용은 4장에서 설명하였다. **재귀 추적**(recursion trace)을 설명하는 과정에서 호출 스택과 활성화 레코드의 개념도 암묵적으로 다뤄졌다. 코볼(Cobol)이나 포트란(Fortran) 같은 초기 프로그래밍 언어는 함수 호출을 구현할 때 호출 스택을 사용하지 않았다. 그러나 호출 스택을 사용하는 방식은 간결하고 효율적이어서 최신 버전의 코볼과 포트란을 포함해 거의 모든 현대 프로그래밍 언어가 이를 채택하고 있다.

재귀 호출마다 호출 스택에 하나의 활성화 레코드가 추가된다. 호출 스택의 어느 시점에서든 그 내용은 초기 함수 호출부터 현재 호출에 이르기까지의 호출 체인을 나타낸다. 재귀 함수가 호출 스택을 어떻게 사용하는지를 설명하기 위해 다음과 같은 고전적인 팩토리얼 함수의 재귀 정의를 기반으로 한 파이썬 구현을 살펴보자.

$$n! = n(n-1)(n-2)\cdots 1$$

위 함수의 코드는 코드 4.1에, 재귀 추적은 그림 4.1에 제시되어 있다. 처음 팩토리얼 함수를 호출하면 그 활성화 레코드는 매개변수 n을 저장하는 네임스페이스를 포함한다. 함수는 $(n-1)!$을 계산하기 위해 자기 자신을 다시 호출하며, 이때 새로운 네임스페이스와 매개변수를 갖는 활성화 레코드가 스택에 추가된다. 이어서 다시 $(n-2)!$를 계산하려고 자기 자신을 호출하고, 이러한 재귀 호출이 반복된다. 호출 스택의 깊이는 $n+1$까지 증가하며, 가장 깊은 호출은 `factorial(0)`을 계산하며 더 이상 재귀 없이 1을 반환한다. 실행 시간 호출 스택은 팩토리얼 함수의 여러 호출이 동시에 존재할 수 있도록 해준다. 각 활성화 레코드는 호출의 매개변수 값을 저장하고, 최종적으로 반환할 값을 유지한다. 최초 호출이 종료되면 반환값 1이 n과 곱해져 팩토리얼 함수의 원래 호출에 대한 $n!$이 계산된다.

피연산자 스택

흥미롭게도 파이썬 인터프리터가 스택을 사용하는 또 다른 장소가 있다. 산술 표현식, 예를 들어 $(a+b)*(c+d))/e$ 같은 식은 인터프리터가 피연산자 스택을 사용해 평가한다. 8.5절에서는 명시적인 수식 트리에 대해 후위 순회 방식으로 산술 표현식을 평가하는 방법을 설명하였다. 해당 알고리즘은 재귀적으로 설명되었지만, 명시적인 피연산자 스택을 유지하는 비재귀적 방식으로도 시뮬레이션할 수 있다. 간단한 이항 연산, 예를 들어 $a+b$는 a를 스택에 삽입하고 b를 스택에 푸시한 다음, 두 항목을 팝한 뒤 이진 연산을 수행하고 결과를 다시 스택에 푸시함으로써 계산된다. 마찬가지로 메모리에서 항목을 읽거나 쓰는 명령도 피연산자 스택에 대한 `push`와 `pop` 메서드의 사용을 포함한다.

15.2 메모리 계층 구조와 캐싱

컴퓨팅 사용이 사회 전반에 확산될수록 소프트웨어 응용 프로그램도 매우 큰 데이터셋을 관리해야 한다. 이러한 응용에는 온라인 금융 거래 처리, 데이터베이스의 구성과 유지 관리, 고객의 구매 이력과 선호도 분석 등이 포함된다. 데이터의 양이 매우 커서 알고리즘과 자료구조의 전체 성능이 때로는 CPU 속도보다 데이터를 접근하는 데 걸리는 시간에 더 크게 좌우되기도 한다.

15.2.1 메모리 시스템

대규모 데이터셋을 수용하기 위해 컴퓨터는 다양한 종류의 메모리를 **계층 구조**로 구성한다. 이들 메모리는 크기와 CPU로부터의 거리 측면에서 차이가 있다. CPU에 가장 가까운 위치에는 CPU 자체가 사용하는 내부 레지스터가 있다. 이 위치는 접근 속도가 매우 빠르지만 수량이 매우 제한적이다. 그다음 계층에는 하나 이상의 **캐시**(cache) 메모리가 위치한다. 이 메모리는 레지스터보다 크지만 접근 속도는 느리다. 그다음 계층은 **내부 메모리**(internal memory)로, **메인 메모리**(main memory) 또는 **코어 메모리**(core memory)라고도 불린다. 내부 메모리는 캐시보다 훨씬 크지만 접근 시간도 더 오래 걸린다. 그보다 상위 계층은 **외부 메모리**(external memory)로, 일반적으로 디스크, CD 드라이브, DVD 드라이브, 테이프 장치 등을 포함한다. 이 메모리는 매우 크지만 속도는 느리다(그림 15.1 참고). 외부 네트워크를 통한 데이터 저장도 또 다른 계층으로 볼 수 있으며, 저장 용량은 더 크지만 접근 속도는 더 느리다. 이처럼 컴퓨터의 메모리 계층 구조는 일반적으로 5개 이상의 계층으로 구성되며, 각 계층은 이전 계층보다 더 크고 더 느리다(그림 15.1 참고). 프로그램 실행 중에는 데이터를 한 계층에서 인접한 계층으로 반복적으로 복사하게 되며, 이러한 전송이 연산 병목이 될 수 있다.

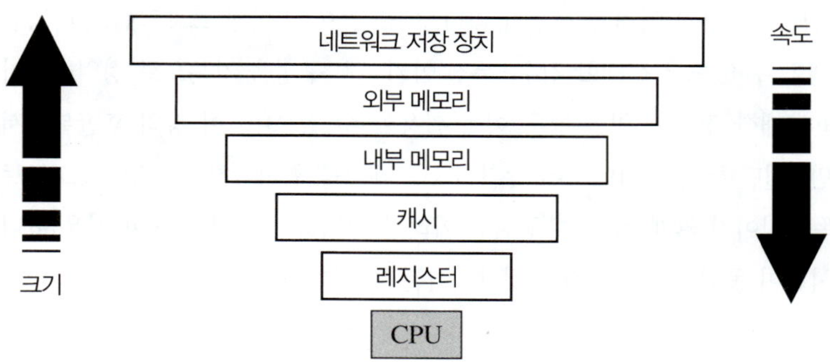

그림 15.1 메모리 계층

15.2.2 캐싱 전략

메모리 계층 구조가 프로그램 성능에 미치는 영향은 해결하려는 문제의 크기와 컴퓨터 시스템의 물리적 특성에 따라 달라진다. 병목은 종종 메모리 계층 구조 내의 두 인접 수준, 즉 전체 데이터를 저장할 수 있는 한 수준과 그 바로 아래 수준 사이에서 발생한다. 문제 전체가 메인 메모리에 적재될 수 있다면, 가장 중요한 계층은 캐시 메모리와 내부 메모리다. 내부 메모리에 대한 접근 시간은 캐시 메모리에 비해 10배에서 최대 100배까지 길어질 수 있다. 따라서 대부분의 메모리 접근은 캐시에서 이루어지는 것이 바람직하다. 반면 문제 전체가 메인 메모리에 적재되지 않는 경우, 내부 메모리와 외부 메모리가 가장 중요한 계층이 된다. 이 경우 차이는 더욱 극심해지며, 일반적인 외부 메모리 장치인 디스크의 접근 시간은 내부 메모리에 비해 보통 10만 배에서 1,000만 배까지 길어질 수 있다.

이 수치를 실감하기 위해, 볼티모어에 있는 학생이 시카고에 있는 부모에게 요청 메시지를 보내려 한다고 가정해 보자. 이메일을 보내면 약 5초 만에 도착한다. 이 방식은 CPU가 내부 메모리에 접근하는 것에 비유할 수 있다. 반면 외부 메모리에 접근하는 것에 해당하는 방식은, 학생이 시카고까지 걸어가 직접 메시지를 전달하는 것으로, 하루 20마일씩 이동할 수 있다고 해도 한 달쯤 걸릴 것이다. 따라서 외부 메모리에 대한 접근은 가능하면 줄여야 한다.

대부분의 알고리즘은 메모리 계층 구조를 고려하지 않고 설계된다. 메모리 계층의 서로 다른 수준 간에 접근 시간이 큰 차이를 보이는데도 그렇다. 사실 이 책에서 지금까지 다룬 모든 알고리즘 분석은 메모리 접근 시간이 모두 동일하다고 가정해 왔다. 처음에는 이 가정이 중대한 간과처럼 보일 수 있고 실제로 이 마지막 장에서야 비로소 다루고 있지만, 이러한 가정이 실제로는 타당하다고 보는 여러 이유가 있다.

이 가정이 타당한 이유 중 하나는 실제로도 모든 메모리 접근 시간이 동일하다고 가정해야만 할 때가 많기 때문이다. 장치에 따라 달라지는 메모리 크기 정보를 얻기 어렵기 때문이다. 메모리 크기 자체에 대한 정보도 구하기 어려운 경우가 많다. 예를 들어 파이썬 프로그램을 다양한 컴퓨터 플랫폼에서 실행할 수 있도록 설계할 경우, 특정 아키텍처 구성을 기준으로 정의하기가 어렵다. 특정 아키텍처에 대한 정보가 있을 경우 이를 활용할 수 있으며, 이 장의 후반부에서 그 활용법도 설명하지만, 일단 특정 아키텍처에 맞춰 소프트웨어를 최적화하고 나면 그 소프트웨어는 더 이상 장치 독립적이지 않게 된다. 다행히도 이러한 최적화가 항상 필요한 것은 아니다. 이는 메모리 접근 시간이 동일하다는 가정을 뒷받침하는 두 번째 이유 때문이다.

캐싱과 블로킹

메모리 접근 시간이 모두 동일하다고 가정하는 또 다른 이유는 운영체제 설계자들이 대부분의 메모리 접근을 빠르게 만들 수 있는 일반적인 메커니즘을 개발해 왔기 때문이다. 이러한 메커니즘은 대다수 소프트웨어가 지니고 있는 속성인 두 가지 중요한 **참조 지역성**(locality-of-reference)에 기반한다.

- **시간 지역성**(temporal locality): 어떤 프로그램이 특정 메모리 위치에 접근했다면 가까운 미래에 같은 위치에 다시 접근할 가능성이 높다. 예를 들어 카운터 변수의 값을 여러 표현식에서 사용하는 경우가 흔한데, 그중 하나는 카운터 값을 증가시키는 식이다. 실제로 프로그램이 전체 실행 시간의 90%를 코드의 10% 내에서 소비한다는 경험적 격언도 있다.
- **공간 지역성**(spatial locality): 어떤 프로그램이 특정 메모리 위치에 접근했다면, 그 주변에 있는 다른 위치에도 곧 접근할 가능성이 높다. 예를 들어 배열을 사용하는 프로그램은 그 배열의 항목들에 순차적 또는 거의 순차적인 방식으로 접근할 가능성이 있다.

컴퓨터 과학자와 엔지니어들은 대다수 소프트웨어가 이러한 참조 지역성을 지닌다는 주장을 입증하기 위해 다양한 실행 프로파일링 실험을 수행해 왔다. 예를 들어 중첩 반복문을 사용하여 배열을 반복해서 순회하는 경우, 두 가지 지역성이 모두 나타나는 경향이 있다.

시간 지역성과 공간 지역성은 다중 레벨 컴퓨터 메모리 시스템에 대한 두 가지 기본적인 설계 선택 사항을 낳았다(캐시 메모리와 내부 메모리 간 인터페이스와 내부 메모리와 외부 메모리 간 인터페이스에 존재함).

첫 번째 설계 선택은 **가상 메모리**(virtual memory)다. 이 개념은 보조 메모리 수준의 용량만큼 큰 주소 공간을 제공하고, 해당 데이터가 접근될 때 이를 메인 메모리로 전송하는 방식이다. 가상 메모리는 내부 메모리 용량에 대한 제약을 프로그래머에게 강요하지 않는다. 데이터를 메인 메모리로 불러오는 개념을 **캐싱**(caching)이라고 하며, 이는 시간 지역성에 기반한다. 데이터를 메인 메모리로 가져오면 가까운 미래에 다시 접근할 가능성이 높기 때문에 빠르게 응답할 수 있기를 기대하는 것이다.

두 번째 설계 선택은 공간 지역성에 기반한다. 보조 메모리의 위치 l에 저장된 데이터에 접근하면, 그 위치 l을 포함하는 인접한 메모리 구간 전체를 메인 메모리로 가져온다. 이 개념을 **블로킹**(blocking)이라 하며, l 근처의 다른 위치들도 곧 접근될 것이라는 기대에 기반한다. 캐시 메모리와 내부 메모리 사이에서는 이러한 블록을 **캐시 라인**(cache line)이라 부르고, 내부 메모리와 외부 메모리 사이에서는 **페이지**(page)라 부르는 경우가 많다.

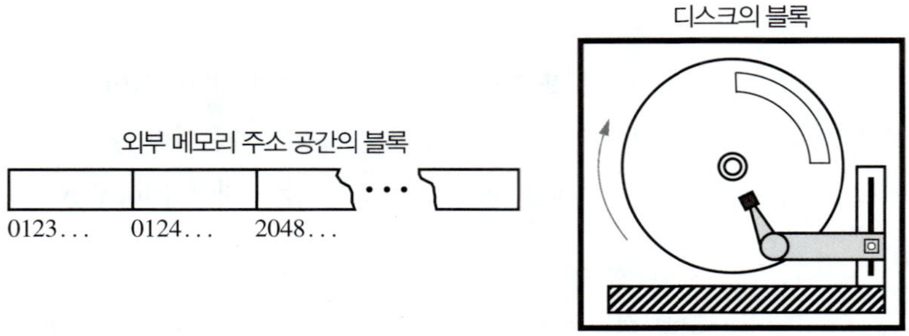

그림 15.2 외부 메모리의 블록

캐싱과 블로킹을 활용해 가상 메모리를 구현하면, 보조 메모리가 실제보다 더 빠른 것처럼 인식되기도 한다. 그러나 여전히 문제가 있다. 메인 메모리는 보조 메모리에 비해 훨씬 작다. 또한 메모리 시스템이 블로킹을 사용하기 때문에, 실제로 의미 있는 프로그램이라면 곧 보조 메모리에서 데이터를 요청하게 되며, 이때 메인 메모리는 이미 블록으로 가득 차 있을 가능성이 높다. 이러한 요청을 처리하고 캐싱과 블로킹 전략을 유지하려면, 보조 메모리에서 가져올 새로운 블록을 위한 공간을 확보하기 위해 메인 메모리에서 기존 블록 중 일부를 제거해야 한다. 어떤 블록을 제거할지 결정하는 문제는 다양한 자료구조와 알고리즘 설계 측면에서 흥미로운 주제를 만들어낸다.

웹 브라우저에서 캐싱하기

동기를 설명하기 위해, 웹 페이지를 다시 방문할 때 발생하는 관련 문제를 살펴보자. 참조의 시간 지역성을 활용하기 위해 웹 페이지를 캐시 메모리에 저장해 두는 것이 유리한 경우가 많다. 이렇게 하면 해당 페이지를 다시 요청할 때 빠르게 불러올 수 있다. 이 방식은 사실상 캐시를 작은 내부 메모리, 네트워크를 외부 메모리로 간주하는 2단계 메모리 계층 구조를 만든다. 예를 들어 m개의 슬롯을 가진 캐시 메모리가 있다고 하자. 이 슬롯에는 웹 페이지가 저장될 수 있으며, 웹 페이지는 캐시의 어느 슬롯에나 저장될 수 있다고 가정한다. 이를 **완전 연관 캐시**(fully associative cache)라 한다.

브라우저가 실행되면서 여러 웹 페이지를 요청하게 된다. 매번 웹 페이지 p를 요청할 때, 브라우저는 빠른 테스트를 통해 p가 변하지 않았고 캐시에 현재 존재하는지를 확인한다. p가 캐시에 있으면, 캐시에 저장된 복사본으로 요청을 처리한다. p가 캐시에 없으면, p는 인터넷을 통해 요청되어 캐시로 전송된다. 캐시에 비어 있는 슬롯이 있으면, 브라우저는 그 빈 슬롯 중 하나에 p를 저장한다. 그러나 m개의 슬롯이 모두 차 있는 경우, 컴퓨터는 어떤 기존 웹 페이지를 제거할지 결정해야 하며, 그 자리에 p를 가져온다. 어떤 페이지를 제거할지 결정하는 데는 여러 가지 정책이 존재한다.

페이지 교체 알고리즘

잘 알려진 페이지 교체 정책 중 일부는 다음과 같다(그림 15.3 참고).

- **선입선출**(First In First Out, FIFO): 캐시에 가장 오래 있었던 페이지, 즉 가장 과거에 캐시로 옮겨진 페이지를 제거한다.
- **최근 최소 사용**(Least Recently Used, LRU): 가장 오랫동안 요청되지 않은 페이지를 제거한다.

추가로 단순하고 완전히 무작위적인 전략도 고려할 수 있다.

- **무작위**: 캐시에서 임의의 페이지 하나를 선택해 제거한다.

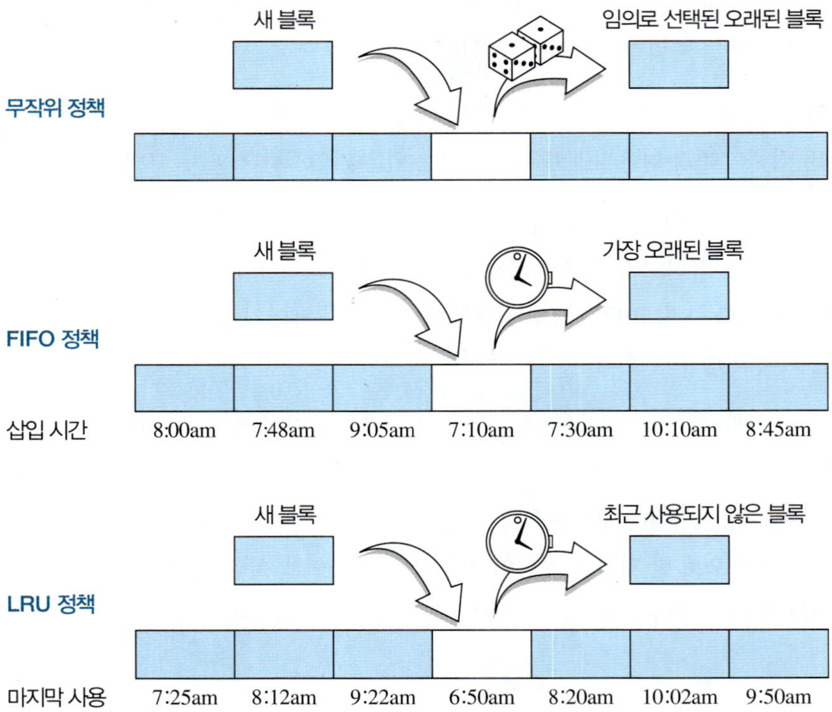

그림 15.3 무작위, FIFO, LRU 페이지 교체 정책

무작위 정책은 구현이 가장 간단한 정책 중 하나이며, 난수 또는 유사 난수 생성기만 필요하다. 이 정책을 구현하는 데는 페이지 교체당 $O(1)$의 추가 오버헤드만 요구된다. 또한 각 페이지 요청 시, 해당 페이지가 캐시에 있는지 확인하는 것 외에 추가 오버헤드가 없다. 그러나 이 정책은 사용자의 브라우징에서 나타날 수 있는 시간 지역성을 전혀 활용하지 못한다.

FIFO 정책은 구현이 매우 단순하다. 참조된 페이지를 저장하기 위해 큐 Q 하나만 있으면 된다. 페이지가 브라우저에 의해 참조되면 Q에 삽입되고 캐시로 이동한다. 제거할 페이지를 결정할 때는 Q에서 간단한 제거 연산만 수행하면 되므로, 페이지 교체당 $O(1)$의 추가 작업만 필요하다. 또한 요청당 별도 오버헤드가 발생하지 않으며, 시간 지역성을 어느 정도 활용한다.

LRU 정책은 이보다 더 나아가 시간 지역성을 최대한 활용한다. 가장 오래전에 사용된 페이지를 제거하는 방식이다. 정책적인 관점에서는 효율적인 전략이며 시간·공간적 지역성을 모두 고려하는 방식이다. 그러나 구현 관점에서는 비용이 발생한다. LRU는 기존 페이지의 우선순위를 업데이트할 수 있는 우선순위 큐 Q가 필요하다. Q를 정렬된 연결 리스트로 구현할 경우, 각 요청과 페이지 교체는 $O(1)$ 시간에 처리할 수 있다. Q에 항목을 삽입하거나 우선순위를 업데이트할 때는 가장 높은 우선순위를 부여하고 리스트 끝에 배치하면 되며, 이 역시 $O(1)$ 시간에 가능하다. 이처럼 LRU는 실행 시간 오버헤드가 일정하지만, 우선순위 큐를 위한 공간과 그에 따른 상수 오버헤드 때문에 덜 매력적으로 보일 수 있다.

이처럼 각 페이지 교체 정책은 구현 난이도와 지역성 활용 수준 면에서 서로 다른 절충점을 갖는다. 따라서 어떤 정책이 가장 나은지를 비교 분석하는 일은 자연스럽다.

최악의 경우 관점에서 보면, FIFO와 LRU는 그리 매력적인 성능을 보이지 않는다. 예를 들어 캐시가 m개의 페이지를 보유하고 있다고 가정하고, 프로그램이 $m + 1$개의 페이지를 순환하면서 반복적으로 요청한다고 하면, FIFO와 LRU 모두 매 요청마다 페이지 교체가 발생하게 된다. 이는 가능성 있는 최악의 성능 중 하나다.

물론 이 분석은 다소 비관적인 해석이다. 각 알고리즘이 특정한 순서의 요청에 얼마나 취약한지를 보여주기 위한 것으로, 모든 요청 순서를 대상으로 한 분석은 아니다. 모든 가능한 요청 패턴을 비교 분석하는 것이 바람직하지만 현실적으로는 어렵다. 대신 실제 프로그램에서 수집한 페이지 요청 패턴을 기반으로 한 다양한 실험이 이루어졌으며, 이들 실험 결과에 따르면 LRU가 일반적으로 FIFO보다 우수하고, FIFO는 보통 무작위 전략보다 우수하다.

15.3 외부 검색과 B-트리

대규모 항목 모음을 메인 메모리에 모두 담을 수 없을 때, 예를 들면 일반적인 데이터베이스와 같은 경우를 생각해 보자. 이와 같은 맥락에서 보조 메모리의 블록을 **디스크 블록**(disk block)이라 부른다. 또한 보조 메모리와 메인 메모리 사이에서 블록이 이동하는 것을 **디스크 전송**(disk transfer)이라 한다. 메인 메모리 접근과 디스크 접근 사이에 존재하는 큰 시간 차이를 고려할 때, 외부 메모리에 이런 데이터 모음을 유지하는 주요 목표는 질의나 업데이트를 수행하기 위해 필요한 디스크 전송 횟수를 최소화하는 것이다. 이 횟수를 해당 알고리즘의 **I/O 복잡도**(I/O complexity)라 부른다.

기타 비효율적인 외부 메모리 표현 방식

지도에서 키에 해당하는 값을 검색하는 연산을 생각해 보자. n개의 항목을 이중 연결 리스트에 저장할 경우, 특정 키를 검색하려면 최악의 경우 n번의 전이가 필요하다. 리스트의 각 이동이 다른 디스크 블록에 접근할 수 있기 때문이다.

배열 기반 시퀀스를 사용하면 디스크 전송 횟수를 줄일 수 있다. 배열의 순차 검색은 $O(n/B)$ 블록 전송으로 수행될 수 있으며, 여기서 B는 하나의 블록에 들어가는 항목 수다. 이는 공간 지역성 덕분이다. 배열의 첫 항목에 접근하면 첫 B개의 항목이 함께 로드되고, 다음 접근에서도 같은 방식으로 진행되기 때문이다. 다만 $O(n/B)$ 성능은 **압축 배열 표현**(compact array representation)을 사용할 때만 가능하다(5.2.2절 참고). 파이썬의 기본 리스트는 참조 기반 구현이기 때문에 참조가 배열에 있어도 실제 데이터는 메모리에 연속적으로 저장되지 않아 최악의 경우 여전히 n번의 전송이 발생한다.

정렬된 배열을 사용해 저장하면 이진 검색으로 $O(\log_2 n)$번의 전송으로 검색할 수 있어 더 나은 성능을 보인다. 하지만 이진 검색 중의 각 전이가 시퀀스 내의 서로 다른 블록에 접근할 가능성이 크므로, 블록 전송 측면에서는 이점이 크지 않다. 또한 업데이트 연산은 정렬 배열에서 비용이 크다.

이처럼 단순한 구현은 I/O 관점에서 비효율적이므로, 균형 이진 검색 트리(예 AVL, 레드-블랙 트리) 또는 평균/최악 시간에서 로그급 검색 및 업데이트를 보장하는 외부 검색 구조(예 스킵 리스트, B-트리)를 고려해야 한다. 일반적으로 이러한 구조에서는 각 질의나 업데이트마다 다른 블록에 접근하게 되므로, 최악의 경우 $O(\log_2 n)$번의 디스크 전송이 발생한다. 하지만 이보다 더 나은 방법이 있다. 질의와 업데이트를 $O(\log_B n) = O(\log n / \log B)$번의 블록 전송으로 수행할 수 있다.

15.3.1 (a, b) 트리

외부 메모리 접근 횟수를 줄이기 위해, 맵을 다방향 검색 트리로 표현할 수 있다(11.5.1절 참고). 이 접근법은 (2, 4) 트리를 일반화한 (a, b) 트리 구조로 이어진다.

(a, b) 트리는 각 노드가 a개 이상 b개 이하의 자식을 가지며, $a-1$개 이상 $b-1$개 이하의 항목을 저장하는 다방향 검색 트리다. (a, b) 트리에서 항목을 검색·삽입·삭제하는 알고리즘은 (2, 4) 트리의 알고리즘을 단순히 일반화한 형태다. (2, 4) 트리를 (a, b) 트리로 일반화하면 노드의 크기와 연산 시간 등을 조정할 수 있는 유연한 검색 구조를 얻게 된다. 이 크기와 성능은 매개변수 a와 b에 따라 달라진다. a와 b를 디스크 블록의 크기에 맞게 설정하면, 외부 메모리 성능이 우수한 자료구조를 설계할 수 있다.

(a, b) 트리의 정의

(a, b) 트리는 a와 b가 정수이고 2 이상이며 $2 \le a \le (b+1)/2$를 만족하는 다방향 검색 트리 T로, 다음 조건을 가진다.

- **크기 속성**: 내부 노드는 루트가 아닌 한 최소 a개의 자식을 가지며, 최대 b개의 자식만 가진다.
- **깊이 속성**: 모든 외부 노드는 동일한 깊이를 가진다.

명제 15.1 n개의 항목을 저장하는 (a, b) 트리의 높이는 $\Omega(\log n/\log b)$이고 $O(\log n/\log a)$이다.

증명 T가 n개의 항목을 저장하는 (a, b) 트리이고, h가 T의 높이라고 하자. 다음 부등식을 통해 h의 경계를 설정한다.

$$\frac{1}{\log b}\log(n+1) \le h \le \frac{1}{\log a}\log\frac{n+1}{2}+1$$

크기와 깊이 조건에 따라 T의 외부 노드 수 n''은 최소 $2a^{h-1}$이고 최대 b^h이다. 명제 11.7에 따라 $n = n + 1$이다. 따라서 다음 식이 성립한다.

$$2a^{h-1} \le n+1 \le b^h$$

각 항에 대해 밑이 2인 로그를 취하면 다음과 같다.

$$(h-1)\log a + 1 \le \log(n+1) \le h\log b$$

이러한 부등식을 대수적 정리하면 명제에 대한 증명이 완성된다. ■

검색과 업데이트 연산

다방향 검색 트리 T에서는 각 노드 v가 $M(v)$라는 보조 구조를 가지며, 이 구조는 하나의 맵이다(11.5.1절 참고). T가 (a, b) 트리라면 $M(v)$는 최대 b개의 항목을 저장한다. 맵 $M(v)$에서 검색에 걸리는 시간을 $f(b)$라 하자. (a, b) 트리의 검색 알고리즘은 11.5.1절의 다방향 검색 트리와 동일하므로 n개의 항목을 가진 (a, b) 트리의 검색 시간은 $O(\frac{f(b)}{\log a}\log n)$이다. b가 상수라고 가정하면 a도 상수이므로 검색 시간은 $O(\log n)$이 된다.

(a, b) 트리는 주로 외부 메모리에 저장된 맵을 위한 구조로 활용된다. 디스크 접근을 줄이기 위해 각 트리 노드가 하나의 디스크 블록을 차지하도록 a와 b를 선택한다. 이때 블록 전송 횟수를 단순히 셀 목적이라면 $f(b) = 1$로 둘 수 있다. 이와 같이 적절한 a와 b 값을 제공하면 이후에 설명할 B-트리와 같은 구조로 이어진다. B-트리를 다루기 전에 (a, b) 트리의 삽입과 삭제 연산이 어떻게 처리되는지 살펴보자.

(a, b) 트리의 삽입 알고리즘은 (2, 4) 트리의 경우와 유사하다. 삽입 시 항목이 $(b + 1)$개의 항목을 가지는 노드에 들어가면 오버플로가 발생하여 불법 노드가 된다(다방향 트리에서 d개의 자식을 가진 노드를 d 노드라 함). 오버플로를 해결하기 위해 해당 노드 w의 중앙 항목을 부모 노드로 올리고, w를 $(b + 1)/2$개의 항목을 가진 w'와 나머지를 가진 w''로 분할한다. $a \le (b + 1)/2$ 조건이 필요한 이유가 바로 여기에 있다. 분할로 인해 보조 구조 $M(w')$와 $M(w'')$도 새로 구성해야 한다.

삭제 알고리즘도 (2, 4) 트리와 유사하다. 루트가 아닌 a 노드에서 항목을 삭제할 경우 언더플로가 발생하며, 이로 인해 해당 노드는 불법 $(a - 1)$ 노드가 된다. 언더플로를 해결하기 위해, 형제 노드 중 하나가 a 노드가 아니라면 전이를 수행하고, 두 a 노드를 병합하여 새로운 노드 w'를 만들 수 있다. 이 w'는 $(2a - 1)$ 노드가 되며, 이 역시 $a \le (b + 1)/2$ 조건이 필요한 또 다른 이유가 된다.

연산	수행 시간
`M[k]`	$O\left(\frac{f(b)}{\log a}\log n\right)$
`M[k] = v`	$O\left(\frac{g(b)}{\log a}\log n\right)$
`del M[k]`	$O\left(\frac{g(b)}{\log a}\log n\right)$

표 15.1 n개의 항목으로 구성된 (a, b) 트리 T를 기반으로 한 맵의 시간 복잡도. T의 각 노드가 $f(b)$ 시간에 검색을, $g(b)$ 시간에 분할 또는 병합을 수행할 수 있다고 가정한다. 단순히 디스크 전송만 셀 경우 이 함수들을 $O(1)$로 만들 수 있다.

15.3.2 B-트리

(a, b) 트리 구조의 변형 중에서 외부 메모리에 맵을 저장하는 가장 잘 알려진 방법은 B-트리다. **차수**가 d인 B-트리는 $a = \lceil d/2 \rceil$이고 $b = d$인 (a, b) 트리다. 앞에서 (a, b) 트리의 일반적인 검색과 업데이트 연산을 설명했으므로, 여기서는 I/O 복잡도에만 초점을 맞춘다.

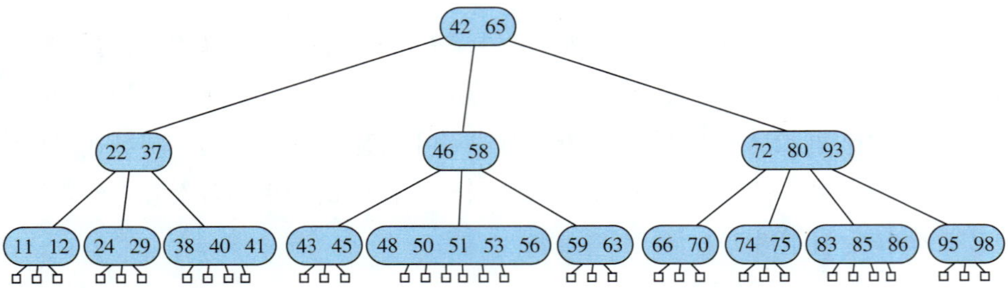

그림 15.4 차수가 6인 B-트리

B-트리의 중요한 성질 중 하나는 d개의 자식 참조와 $d-1$개의 키가 하나의 노드에 저장될 때, 이들이 하나의 디스크 블록 안에 정확히 들어가도록 d를 선택할 수 있다는 점이다. 이는 d가 B에 비례함을 뜻하며, 결과적으로 a와 b도 B에 비례한다고 가정할 수 있다. 이 조건 덕분에 (a, b) 트리의 검색 및 업데이트 연산 분석에서 $f(b)$와 $g(b)$를 모두 $O(1)$로 둘 수 있다. 따라서 검색이나 업데이트를 위해 노드에 접근할 때마다 디스크 전송은 한 번만 수행하면 된다.

앞서 설명했듯이 검색이나 업데이트 연산은 각 레벨에서 $O(1)$ 연산이 필요하며, 그 레벨 수는 $O(\log_{\lceil d/2 \rceil} n)$이다. 따라서 B-트리의 검색 또는 업데이트는 $O(\log_{\lceil d/2 \rceil} n)$, 즉 $O(\log n / \log B)$번의 디스크 전송만 요구한다. 예를 들어 삽입 연산은 삽입할 노드를 찾기 위해 B-트리를 따라 내려간다. 삽입으로 인해 해당 노드에 항목이 하나 더 추가되어 $d+1$개의 자식을 가지게 되면 오버플로가 발생한다. 이때 노드는 $\lfloor (d+1)/2 \rfloor$개와 $\lceil (d+1)/2 \rceil$개 자식을 가지는 두 노드로 분할된다. 이 과정은 상위 레벨로 반복되며, $O(\log_B n)$ 레벨까지 이어질 수 있다.

삭제 연산에서도 어떤 노드가 $\lceil d/2 \rceil - 1$개의 자식만 가지게 되어 언더플로가 발생하면 형제 노드로부터 참조를 옮기거나 두 노드를 병합한 다음 부모에 이 과정을 반복하는 방식으로 처리되고 삽입 연산처럼 $O(\log_B n)$ 레벨까지 이어진다. 각 내부 노드가 자식을 최소한 $\lceil d/2 \rceil$개 가져야 한다는 조건은 B-트리를 구성하는 각 블록이 최소 절반 이상 채워진다는 의미이므로 다음과 같은 결론을 얻는다.

명제 15.2 n개 항목을 저장한는 B-트리는 탐색 또는 업데이트 연산에서 I/O 복잡도가 $O(\log_B n)$이며, 사용하는 블록 수는 $O(n/B)$이다. 여기서 B는 블록의 크기를 의미한다.

15.4 외부 메모리 정렬

외부 메모리에서 구현되어야 하는 맵과 같은 자료구조뿐 아니라, 내부 메모리에 전부 담기에는 너무 큰 입력 집합을 처리해야 하는 알고리즘도 많다. 이 경우 알고리즘 문제를 가능하면 적은 블록 전송으로 해결하는 것이 목표가 된다. 이러한 외부 메모리 알고리즘이 가장 널리 적용되는 고전적인 분야는 정렬 문제다.

다방향 병합 정렬

외부 메모리에서 n개의 항목으로 이루어진 집합 S를 정렬하는 효율적인 방법은 기존 병합 정렬 알고리즘을 외부 메모리 환경에 맞게 단순하게 변형하는 것이다. 이 방식의 핵심은 한 번에 여러 정렬된 리스트를 병합함으로써 재귀 수준의 수를 줄이는 것이다. **다방향 병합 정렬**의 상위 수준 설명은 다음과 같다. 집합 S를 거의 같은 크기의 d개의 부분집합 $S_1, S_2, \ldots, S_d$로 나누고, 각각을 재귀적으로 정렬한 뒤, 이 정렬된 리스트들을 병합해 S의 정렬된 표현을 만든다. 병합을 $O(n/B)$번의 디스크 전송만으로 수행할 수 있다고 가정하면, n이 충분히 클 때 이 알고리즘의 전체 전송 횟수 $t(n)$은 다음 점화식을 만족한다.

$$t(n) = d \cdot t(n/d) + cn/B$$

단, $c \geq 1$인 상수다. $n \leq B$일 때는 한 번의 블록 전송으로 모든 항목을 내부 메모리로 가져올 수 있으며, 이 경우에는 내부 메모리 알고리즘으로 정렬하면 되므로 재귀를 멈춘다. 따라서 중단 조건은 다음과 같다.

$$t(n) = 1 \quad \text{if } n/B \leq 1$$

이 점화식의 해는 $O((n/B)\log_d(n/B))$이고, 이는 다음과 같다.

$$O((n/B)\log(n/B)/\log d)$$

따라서 d를 $\Theta(M/B)$로 두면(M은 내부 메모리의 크기, B는 블록 크기), 이 다방향 병합 정렬에서 발생하는 최악의 경우 블록 전송 횟수는 매우 낮아진다. 15.4.1절에서 설명하는 이유를 근거로 $d = (M/B) - 1$로 선택한다.

이 알고리즘에서 남은 유일한 과제는 d개의 리스트를 병합하는 과정에서 $O(n/B)$ 블록 전송만으로 이를 구현하는 방법이다.

15.4.1 다방향 병합

기본 병합 정렬(12.2절 참고)에서 병합 과정은 두 정렬된 시퀀스를 하나로 합치되, 각 리스트의 맨 앞 항목 중 더 작은 값을 하나씩 선택하는 방식으로 진행된다. d-방향 병합에서는 d개의 시퀀스 맨 앞 항목들 중 가장 작은 값을 선택하여 병합된 시퀀스에 추가하며, 이 과정을 모든 항목이 포함될 때까지 반복한다.

외부 메모리 정렬 알고리즘에서는 메인 메모리의 크기가 M이고 블록 크기가 B일 때 한 번에 M/B개의 블록을 메인 메모리에 저장할 수 있다. 이때 $d = (M/B) - 1$로 설정하면, d개의 입력 시퀀스 각각에서 블록 하나씩을 메인 메모리에 유지하고, 병합 결과를 위한 버퍼 블록 하나를 추가로 확보할 수 있다.

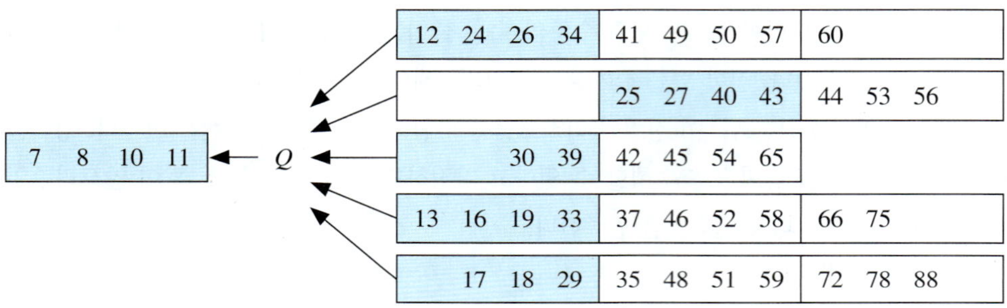

그림 15.5 $d = 5, B = 4$일 때 d-방향 병합. 별색 블록은 현재 메인 메모리에 있는 블록을 나타낸다.

각 입력 시퀀스에서 아직 처리되지 않은 가장 작은 항목을 메인 메모리에 유지하며, 해당 블록이 소진되면 다음 블록을 요청한다. 병합된 시퀀스를 임시로 저장하기 위해 내부 메모리 블록 하나를 사용하고, 이 블록이 가득 차면 외부 메모리로 내보낸다. 이러한 방식으로 d-방향 병합을 하는 동안 발생하는 전체 디스크 전송 수는 $O(n/B)$이다. 각 입력 리스트 S_i의 블록은 한 번씩만 읽고, 병합된 리스트 S'의 블록도 한 번만 쓴다. 계산 시간 측면에서 d개 중 가장 작은 값을 선택하는 데는 $O(d)$ 연산이 필요하다. 내부 메모리를 $O(d)$만큼 사용할 수 있다면, 각 시퀀스의 최소 항목을 식별하는 우선순위 큐를 유지하여 $O(\log d)$ 시간에 병합의 각 단계를 수행할 수 있다. 최소 항목을 제거하고, 같은 시퀀스에서 다음 항목을 삽입하는 방식이다. 따라서 d-방향 병합의 내부 시간은 $O(n \log d)$다.

명제 15.3 외부 메모리에 압축 저장된, n개의 항목으로 구성된 배열 기반 시퀀스 S가 주어졌을 때, S를 $O((n/B)\log(n/B)/\log(M/B))$ 블록 전송과 $O(n \log n)$ 내부 연산으로 정렬할 수 있다. 여기서 M은 내부 메모리 크기이고, B는 블록 크기다.

15.5 연습 문제

기본 문제

R-15.1 Julia는 64비트 정수를 사용해 메모리 셀을 주소 지정하는 새 컴퓨터를 구입했다. 서로 다른 비트를 표현하기 위해 서로 다른 원자가 필요하다고 가정할 때, Julia가 컴퓨터의 메인 메모리를 가능한 최대 크기로 업그레이드하는 일이 평생 일어나지 않는 이유를 설명하라.

R-15.2 (a, b) 트리에서 항목을 삽입하거나 삭제하는 알고리즘을 자세히 설명하라.

R-15.3 T가 하나의 내부 노드에 적어도 5개, 많아야 8개의 자식을 가지는 다방향 트리일 때, 어떤 a와 b 값을 선택해야 T가 유효한 (a, b) 트리가 되는가?

R-15.4 연습 문제 R-15.3에서 정의한 트리 T가 차수가 d인 B-트리라고 할 때 d는 어떤 값을 가져야 하는가?

R-15.5 초기에 비어 있는 4페이지 크기의 메모리 캐시가 있다. 요청 시퀀스 (2, 3, 4, 1, 2, 5, 1, 3, 5, 4, 1, 2, 3)에 대해 LRU 알고리즘이 발생시키는 페이지 부재(page miss) 횟수를 구하라.

R-15.6 초기에 비어 있는 4페이지 크기의 메모리 캐시가 있다. 요청 시퀀스 (2, 3, 4, 1, 2, 5, 1, 3, 5, 4, 1, 2, 3)에 대해 FIFO 알고리즘이 발생시키는 페이지 부재 횟수를 구하라.

R-15.7 초기에 비어 있는 4페이지 크기의 메모리 캐시가 있다. 요청 시퀀스 (2, 3, 4, 1, 2, 5, 1, 3, 5, 4, 1, 2, 3)에 대해 무작위 교체 알고리즘이 발생시킬 수 있는 최대 페이지 부재 횟수를 구하라. 이때 알고리즘이 수행한 무작위 선택 과정을 모두 보여라.

R-15.8 키 (4, 40, 23, 50, 11, 34, 62, 78, 66, 22, 29, 60, 59, 25, 72, 64, 77, 39, 12)를 주어진 순서대로 삽입할 때 초기 상태가 비어 있는 차수가 7인 B-트리를 그려라.

응용 문제

C-15.9 크기가 n인 배열 리스트에서 중복된 항목을 모두 제거하는 효율적인 외부 메모리 알고리즘을 설계하라.

C-15.10 스택 ADT를 외부 메모리에서 구현하는 자료구조를 설계하라. 총 k회의 `push`와 `pop` 연산을 처리하는 데 필요한 디스크 전송 횟수가 $O(k/B)$가 되도록 하라.

C-15.11 큐 ADT를 외부 메모리에서 구현하는 자료구조를 설계하라. 총 k회의 `enqueue`와 `dequeue` 연산을 처리하는 데 필요한 디스크 전송 횟수가 $O(k/B)$가 되도록 하라.

C-15.12 `PositionalList` ADT(7.4절 참고)를 외부 메모리에서 구현하는 버전을 설계하라. 블록 크기가 B일 때, 길이가 n인 리스트를 순회하는 연산은 최악의 경우 $O(n/B)$번의 디스크 전송으로 완료되고, 나머지 연산은 모두 $O(1)$번의 전송만 수행되도록 하라.

C-15.13 각 레드-블랙 트리 T가 대응하는 (4, 8) 트리를 가지도록, 그리고 그 반대도 성립하도록 레드-블랙 트리의 정의 규칙을 수정하라.

C-15.14 노드 w의 분할로 인해 오버플로가 발생할 때마다 w의 모든 형제 노드에 키를 재분배하여 각 노드가 거의 동일한 수의 키를 갖도록 하는 B-트리 삽입 알고리즘의 변형 버전을 설계하라. 이 과정은 상위 노드까지 연쇄적으로 전파될 수 있다. 각 블록이 항상 이 방식으로 채워질 수 있도록 하기 위한 키의 최소 분배 비율은 얼마인가?

C-15.15 외부 메모리 맵의 또 다른 방식으로 스킵 리스트를 사용할 수 있다. 이때 각 리스트 레벨에서 $O(B)$개의 리스트 노드를 하나의 블록에 저장한다고 하자. 특히 각 블록이 최소 $\lfloor \frac{d}{2} \rfloor$개, 최대 d개의 리스트 노드를 포함하는 d차 ***B*-스킵 리스트**를 정의한다. d는 하나의 블록에 들어갈 수 있는 리스트 노드 수의 최댓값으로 가정한다. B-스킵 리스트의 삽입 및 삭제 알고리즘을 어떻게 수정해야, 전체 구조의 평균 높이가 $O(\log n/\log B)$가 될 수 있는지 설명하라.

C-15.16 B-트리를 이용해 유니언-파인드(Union-Find) ADT를 구현하고 `Union`과 `Find` 연산이 각각 $O(\log n/\log B)$번의 디스크 전송으로 수행되게 하는 방법을 설명하라(14.7.3절 참고).

C-15.17 정수 키를 가진 n개 항목으로 구성된 시퀀스 S가 주어지고 이 중 일부는 파란색, 나머지는 빨간색으로 색칠되어 있다고 하자. 두 항목이 같은 키 값을 가질 경우 빨간색 항목 f와 파란색 항목 e가 **쌍**(pair)을 이룬다고 정의한다. 모든 빨간색-파란색 쌍을 찾는 외부 메모리 알고리즘을 설계하라. 이 알고리즘은 몇 번의 디스크 전송을 수행하는가?

C-15.18 메모리 캐시가 m개의 페이지를 저장할 수 있는 페이지 교체 문제에서, 가능한 $m + 1$개의 페이지 집합 중 요청 시퀀스 P가 주어졌다고 하자. 이때 오프라인 알고리즘을 설명하고 전체 페이지 부재 횟수가 $m + n/m$을 초과하지 않음을 증명하라. 시작 시 캐시는 비어 있다고 가정한다.

C-15.19 n개의 정수로 이루어진 배열에서 $n/2$번을 초과하여 등장하는 값이 존재하는지를 판별하는 효율적인 외부 메모리 알고리즘을 설계하라.

C-15.20 페이지 교체 정책 중 **최근 최소 사용**(Least Frequently Used, LFU)을 고려하자. 이 정책에서는 최근 가장 적게 접근한 페이지를 제거하며, 접근 횟수가 같은 경우에는 가장 오래된 항목을 제거한다. LFU가 n개의 요청으로 이루어진 시퀀스 P에 대해, 페이지 수가 m개인 캐시에서 $\Omega(n)$번의 페이지 부재를 발생시키지만 최적 알고리즘은 $O(m)$번만 부재를 발생시키는 사례가 존재함을 보여라.

C-15.21 차수가 d인 B-트리 T에서 노드 탐색 함수가 $f(d) = 1$이 아니라 $f(d) = \log d$라고 가정하자. 이 경우 T에서 검색 연산의 점근적 수행 시간은 어떻게 되는가?

프로젝트 문제

P-15.22 메모리 관리에서 최적 적합(best-fit), 최악 적합(worst-fit), 최초 적합(first-fit), 다음 적합(next-fit) 알고리즘을 시뮬레이션하는 파이썬 클래스를 작성하라. 다양한 메모리 요청 시퀀스에 대해 어떤 방식이 가장 효과적인지 실험하여 비교하라.

P-15.23 정수 상수 a와 b를 생성자의 매개변수로 받아 (a, b) 트리를 기반으로 정렬 맵 ADT의 모든 연산을 구현하는 파이썬 클래스를 작성하라.

P-15.24 블록 크기가 1024이고 정수 키를 사용하는 B-트리 자료구조를 구현하라. 맵 연산 시퀀스를 처리하는 데 필요한 디스크 전송 횟수를 측정하라.

참고 사항

계층적 메모리 시스템의 구조에 관심 있는 독자는 Burger 외의 책 챕터 [21]나 Hennessy와 Patterson의 저서 [50]를 참고하라. 이 책에서 설명한 마크-스위프(mark-sweep) 가비지 컬렉션은 여러 가비지 컬렉션 알고리즘 중 하나다. 가비지 컬렉션에 대해 더 깊이 공부하고자 하는 독자는 Jones와 Lins의 저서 [56]를 참고하라. Knuth [62]는 외부 메모리 정렬과 검색에 대해 매우 훌륭하게 설명하고 있으며, Ullman [97]은 데이터베이스 시스템을 위한 외부 메모리 구조를 다룬다. Gonnet과 Baeza-Yates [44]는 다양한 정렬 알고리즘의 성능을 비교하는데, 그중 다수가 외부 메모리 알고리즘이다. B-트리는 Bayer와 McCreight [11]가 고안하였고, Comer [28]는 이 자료구조에 대한 매우 훌륭한 개요를 제공한다. Mehlhorn [76]과 Samet [87]도 B-트리 및 그 변형에 대해 잘 설명하고 있다. Aggarwal과 Vitter [3]는 정렬과 관련된 문제에 대한 I/O 복잡도 및 상한과 하한을 다룬다. Goodrich 외 [46]는 여러 계산 기하(computational geometry) 문제에 대한 I/O 복잡도를 연구한다. I/O 효율 알고리즘을 더 깊이 공부하고자 하는 독자는 Vitter의 서베이 논문 [99]을 참고하라.

APPENDIX

A

파이썬의 문자열

문자열은 텍스트 데이터를 표현하기 위해 사용되는 문자들의 순차적인 모음이다. 파이썬의 내장 클래스인 str은 대부분의 문자 언어를 표현할 수 있는 유니코드(Unicode) 문자 집합을 기반으로 한다. 유니코드는 기본 라틴 알파벳, 숫자, 일반적인 기호 등을 포함하는 7비트 ASCII 문자 집합을 확장한 국제 표준으로, 전 세계의 다양한 문자를 통합적으로 표현할 수 있도록 설계되었다. 문자열은 프로그래밍에서 특히 중요한 역할을 한다. 이는 응용 프로그램의 입력과 출력이 대부분 텍스트 형태로 이루어지기 때문이다.

str 클래스에 대한 기본적인 소개는 1.2.3절에서 다루었으므로, 여기서는 'hello'와 같은 문자열 리터럴의 사용법이나 일반 객체를 문자열로 표현하기 위한 str(obj) 구문 등을 설명한다. 문자열에서 사용 가능한 일반적인 연산자(예 연결을 위한 +)는 1.3절에서 자세히 설명했다. 부록 A에서는 문자열이 텍스트 처리를 위해 제공하는 다양한 기능을 더 깊이 있게 다룬다. 이러한 기능들은 str 클래스의 동작을 체계적으로 정리하기 위해 다음과 같은 주요 범주로 나누어 소개한다.

부분 문자열 검색

in 연산자를 사용하면 주어진 패턴이 문자열 s에 부분 문자열로 포함되어 있는지 확인할 수 있다. 표 A.1은 이러한 검색과 관련된 메서드를 정리한 것으로, 특정 패턴의 등장 횟수나 문자열 내 왼쪽 또는 오른쪽에 나타나는 위치(인덱스) 등을 알아낼 수 있는 메서드들을 소개한다. 이들 메서드는 공통으로 start와 end라는 선택적 매개변수를 제공하여, 검색 범위를 특정 부분으로 제한할 수 있도록 한다. 예를 들어 s.find(pattern, 5)를 호출하면 검색은 s[5:] 범위로 한정된다.

호출문	설명
s.count(pattern)	패턴이 겹치지 않게 등장한 횟수를 반환한다.
s.find(pattern)	패턴이 처음 등장하는 위치의 인덱스를 반환하며, 찾지 못하면 −1을 반환한다.
s.index(pattern)	find와 같지만, 패턴이 없으면 ValueError 예외를 발생시킨다.
s.rfind(pattern)	패턴이 마지막으로 등장하는 위치의 인덱스를 반환하며, 찾지 못하면 −1을 반환한다.
s.rindex(pattern)	rfind와 같지만, 패턴이 없으면 ValueError 예외를 발생시킨다.

표 A.1 부분 문자열 검색 메서드

관련 문자열 구성

파이썬의 문자열은 변경 불가능(immutable)이기 때문에, 메서드는 기존 문자열 인스턴스를 직접 수정하지 않고, 기존 문자열과 관련된 새로운 문자열을 생성하여 반환한다. 표 A.2에 주어진 패턴을 다른 패턴으로 바꾸는 메서드, 알파벳 문자의 대소문자를 변환하는 메서드, 지정된 정렬 방식에 따라 고정 너비 문자열을 생성하는 메서드, 문자열 양쪽 끝에서 불필요한 문자를 제거한 사본을 만드는 메서드들을 요약하였다.

호출문	설명
`s.replace(old, new)`	`old`의 모든 발생을 `new`로 변환한 문자열 s의 사본을 반환한다.
`s.capitalize()`	첫 번째 문자를 대문자로 변환한 문자열 s의 사본을 반환한다.
`s.upper()`	모든 알파벳 문자를 대문자로 변환한 문자열 s의 사본을 반환한다.
`s.lower()`	모든 알파벳 문자를 소문자로 변환한 문자열 s의 사본을 반환한다.
`s.center(width)`	주어진 너비로 가운데 정렬되도록 공백문자를 추가한 문자열 s의 사본을 반환한다.
`s.ljust(width)`	주어진 너비로 왼쪽 정렬되도록 후행 공백문자를 추가한 문자열 s의 사본을 반환한다.
`s.rjust(width)`	주어진 너비로 오른쪽 정렬되도록 선행 공백문자를 추가한 문자열 s의 사본을 반환한다.
`s.zfill(width)`	주어진 너비로 선행 0을 채운 문자열 s의 사본을 반환한다.
`s.strip()`	앞뒤 공백을 제거한 문자열 s의 사본을 반환한다.
`s.lstrip()`	선행 공백을 제거한 문자열 s의 사본을 반환한다.
`s.rstrip()`	후행 공백을 제거한 문자열 s의 사본을 반환한다.

표 A.2 관련 문자열을 생성하는 문자열 메서드

이들 메서드 중 일부는 표에 명시되지 않은 선택적 매개변수를 허용한다. 예를 들어 `replace` 메서드는 기본적으로 주어진 패턴의 모든 겹치지 않는 발생을 대체하지만 선택적 매개변수를 통해 대체 횟수를 제한할 수 있다. 텍스트를 가운데 또는 좌우로 정렬하는 메서드는 기본적으로 공백 문자를 채우기 문자로 사용하지만, 원하는 다른 문자를 지정할 수도 있다. 또한 `strip` 및 그 변형 메서드들은 기본적으로 문자열 양쪽 끝의 공백문자를 제거하지만 선택적 문자열 매개변수를 사용해 제거할 문자 집합을 지정할 수 있다.

부울 조건 검사

표 A.3에는 문자열이 특정 패턴으로 시작하거나 끝나는지, 문자가 알파벳·숫자·공백 등으로 분류되는지를 검사하는 부울(Boolean) 속성 메서드들을 정리하였다. 표준 ASCII 문자 집합에서 알파벳은 대문자 A부터 Z, 소문자 a부터 z까지의 문자이며, 숫자는 0부터 9까지의 숫자를 의미한다. 공백에는 스페이스(), 탭(\t), 줄 바꿈(\n), 캐리지 리턴(\r)이 포함된다. 이러한 분류 기준은 더 일반적인 유니코드 문자 집합에 맞게 확장되어 적용된다.

호출문	설명
`s.startswith(pattern)`	문자열 s가 주어진 패턴으로 시작하면 True를 반환한다.
`s.endswith(pattern)`	문자열 s가 주어진 패턴으로 끝나면 True를 반환한다.
`s.isspace()`	문자열이 비어 있지 않고, 모든 문자가 공백문자이면 True를 반환한다.
`s.isalpha()`	문자열이 비어 있지 않고, 모든 문자가 알파벳 문자이면 True를 반환한다.
`s.islower()`	문자열에 알파벳 문자가 하나 이상 있으며, 모두 소문자이면 True를 반환한다.
`s.isupper()`	문자열에 알파벳 문자가 하나 이상 있으며, 모두 대문자이면 True를 반환한다.
`s.isdigit()`	문자열이 비어 있지 않고, 모든 문자가 0~9의 숫자이면 True를 반환한다.
`s.isdecimal()`	문자열이 비어 있지 않고, 모든 문자가 0~9를 나타내는 유니코드 10진수 문자이면 True를 반환한다.
`s.isnumeric()`	문자열이 비어 있지 않고, 모든 문자가 숫자 형태의 유니코드 문자(예 0~9, 등가, 분수 문자)이면 True를 반환한다.
`s.isalnum()`	문자열이 비어 있지 않고, 모든 문자가 알파벳 또는 숫자이면 True를 반환한다.

표 A.3 문자열의 부울 속성 검사 메서드

문자열의 분할과 결합

표 A.4는 파이썬 문자열 클래스에서 자주 사용되는 중요한 메서드들을 설명한다. 이들 메서드는 구분 기호를 기준으로 문자열을 분할하거나, 여러 문자열을 주어진 구분 기호로 결합하는 데 사용된다. 또한 특정 분리 패턴의 존재 여부에 따라 문자열을 부분 문자열로 나누는 기능도 제공한다.

호출문	설명
`sep.join(strings)`	주어진 문자열 시퀀스의 원소를 결합한 문자열을 반환한다. 이때 sep을 문자열 간 구분 기호로 삽입한다.
`s.splitlines()`	줄바꿈 문자를 기준으로 문자열 s를 분할한 하위 문자열들의 리스트를 반환한다.
`s.split(sep, count)`	문자열 s를 sep의 첫 번째부터 최대 count회까지의 발생을 기준으로 분할한 하위 문자열 리스트를 반환한다. count를 생략하면 모든 발생 위치에서 분할한다. sep이 생략되면 공백문자를 구분 기호로 사용한다.
`s.rsplit(sep, count)`	split과 유사하나, sep의 마지막 발생부터 역방향으로 분할한다.
`s.partition(sep)`	문자열 s를 sep의 첫 번째 발생 위치를 기준으로 (head, sep, tail) 형식의 튜플로 분할해 반환한다. sep이 존재하지 않으면 (s, '', '')를 반환한다.
`s.rpartition(sep)`	문자열 s를 sep의 마지막 발생 위치 기준으로 (head, sep, tail) 형식의 튜플로 분할해 반환한다. sep이 존재하지 않으면 ('', '', s)를 반환한다.

표 A.4 문자열 분할 및 결합 메서드

`join` 메서드는 여러 문자열 조각을 결합해 하나의 문자열을 생성하는 데 사용된다. 예를 들어, `' and '.join(['red', 'green', 'blue'])`는 `'red and green and blue'`라는 문자열을 반환한다. 이때 구분자 문자열에 공백이 포함되어 있다는 점에 주의해야 한다. 반면, `'and'.join(['red', 'green', 'blue'])`는 공백 없이 `'redandgreenandblue'`를 생성한다.

표 A.4에 소개된 다른 메서드들은 `join`과 반대로, 하나의 문자열을 여러 부분 문자열로 분할하는 기능을 제공한다. 이들 메서드는 주어진 구분자를 기준으로 원래 문자열을 나누어 부분 문자열들의 시퀀스를 반환한다. 예를 들어 `'red and green and blue'.split(' and ')`는 `['red', 'green', 'blue']`를 반환한다. 구분자가 생략되거나 `None`으로 지정되면 공백문자가 기본 구분자로 사용되며, 이 경우 `'red and green and blue'.split()`은 `['red', 'and', 'green', 'and', 'blue']`를 반환한다.

문자열 서식 지정

`str` 클래스의 `format` 메서드는 하나 이상의 서식이 지정된 인수를 포함하는 문자열을 생성한다. 이 메서드는 `s.format(arg0, arg1, ...)` 형태로 호출되며, 여기서 `s`는 **자리 표시자**(placeholder)를 포함하는 서식 문자열이고, 각 인수는 해당 자리 표시자에 대체되어 최종 문자열이 만들어진다. 예를 들어 `'{} had a little {}'.format('Mary', 'lamb')`은 `'Mary had a little lamb'`이라는 문자열을 생성한다. 중괄호({})는 대체될 필드의 자리 표시자를 나타내며, 기본적으로 인수들은 순서대로 대입된다. 따라서 `'Mary'`는 첫 번째 자리, `'lamb'`은 두 번째 자리에 들어간다. 자리 표시자에 명시적으로 인덱스를 지정하면 순서를 바꾸거나, 하나의 인수를 여러 위치에 반복해서 사용할 수 있다. 예를 들어 `'{0}, {0}, {0} your {1}'.format('row', 'boat')`는 `'row, row, row your boat'`라는 결과를 생성한다.

모든 자리 표시자에는 채우기 문자, 정렬 방식, 필드 너비를 지정하여 출력 형식을 조정할 수 있다. 예를 들어 `'{:-^20}'.format('hello')`는 하이픈(-)을 채우기 문자로 사용하고, 캐럿(^)은 가운데 정렬을 의미하며, 전체 너비를 20으로 설정한다. 이 표현의 결과는 `'-------hello--------'`이다. 기본적으로 공백문자가 채우기 문자로 사용되며, 왼쪽 정렬은 생략 가능한 <, 오른쪽 정렬은 명시적인 > 기호로 지정할 수 있다.

숫자형 값에 대해서는 추가적인 서식 옵션이 제공된다. 너비 지정자가 0으로 시작되면 숫자는 공백 대신 0으로 채워진다. 예를 들어 날짜를 `"YYYY/MM/DD"` 형식으로 출력하려면 `'{}/{:02}/{:02}'.format(year, month, day)`와 같이 작성할 수 있다. 정수는 서식 문자열에 문자 `b`, `o`, `x`를 접미사로 지정하여 각각 2진수, 8진수, 16진수로 변환할 수 있다. 부동소수점 값은 `:.n` 형식을 사용해 소수점 이하 n자리까지의 정밀도를 지정할 수 있다. 예를 들어 `'{:.3f}'.format(2/3)`은 `'0.667'`을 생성한다. `f`는 고정 소수점을 나타내고, `e`는 지수 표기법(예 `'6.667e-01'`)을 나타낸다.

APPENDIX B

유용한 수학 개념

부록 B에서는 알고리즘 분석에 자주 사용되는 유용한 수학적 개념 몇 가지를 소개한다. 먼저 조합론적 정의와 기본적인 로그 및 지수 항등식부터 살펴본다.

대수와 지수

지수 함수는 다음과 같이 정의된다.

$$\log_b a = c \qquad \text{if} \qquad a = b^c$$

다음은 로그와 지수에 대해 성립하는 대표적인 항등식이다.

❶ $\log_b ac = \log_b a + \log_b c$

❷ $\log_b a/c = \log_b a - \log_b c$

❸ $\log_b a^c = c \log_b a$

❹ $\log_b a = (\log_c a)/\log_c b$

❺ $b^{\log_c a} = a^{\log_c b}$

❻ $(b^a)^c = b^{ac}$

❼ $b^a b^c = b^{a+c}$

❽ $b^a/b^c = b^{a-c}$

다음 명제도 참고할 만하다.

명제 B.1 $a > 0$, $b > 0$, $c > a + b$일 때,

$$\log a + \log b < 2\log c - 2$$

증명 $ab < c^2/4$임을 증명하면 된다. 이를 다음과 같이 정리할 수 있다.

$$\begin{aligned} ab &= \frac{a^2 + 2ab + b^2 - a^2 + 2ab - b^2}{4} \\ &= \frac{(a+b)^2 - (a-b)^2}{4} \le \frac{(a+b)^2}{4} < \frac{c^2}{4} \end{aligned}$$ ■

자연 로그 함수 $\ln x = \log_e x$는 밑이 e인 로그 함수이며, 이때 $e = 2.71828 \ldots$이다. e는 다음과 같은 급수로 정의된다.

$$e = 1 + \frac{1}{1!} + \frac{1}{2!} + \frac{1}{3!} + \cdots$$

$$e^x = 1 + \frac{x}{1!} + \frac{x^2}{2!} + \frac{x^3}{3!} + \cdots$$

$$\ln(1+x) = x - \frac{x^2}{2!} + \frac{x^3}{3!} - \frac{x^4}{4!} + \cdots$$

이들 함수의 정의로부터 유도되는 여러 유용한 부등식이 있다.

명제 B.2 $x > -1$일 때,

$$\frac{x}{1+x} \le \ln(1+x) \le x$$

명제 B.3 $0 \le x < 1$일 때,

$$1 + x \le e^x \le \frac{1}{1-x}$$

명제 B.4 모든 양의 실수 x와 n에 대해,

$$\left(1 + \frac{x}{n}\right)^n \le e^x \le \left(1 + \frac{x}{n}\right)^{n+x/2}$$

정수 함수와 관계

'하한' 및 '상한' 함수는 각각 다음과 같이 정의된다.

❶ $\lfloor x \rfloor = x$보다 작거나 같은 가장 큰 정수

❷ $\lceil x \rceil = x$보다 크거나 같은 가장 작은 정수

모듈러 연산은 정수 $a \ge 0$ 및 $b > 0$에 대해 $a \bmod b = a - \left\lfloor \frac{a}{b} \right\rfloor b$로 정의된다.

팩토리얼 함수는 $n! = 1 \cdot 2 \cdot 3 \cdots (n-1)n$으로 정의된다.

이항 계수는 다음과 같다.

$$\binom{n}{k} = \frac{n!}{k!(n-k)!}$$

이는 n개의 항목 중에서 서로 다른 k개를 선택하는 경우의 수를 나타낸다(순서는 고려하지 않음). '이항 계수'라는 이름은 **이항 정리**(binomial theorem)에서 유래했다.

$$(a+b)^n = \sum_{k=0}^{n} \binom{n}{k} a^k b^{n-k}$$

다음과 같은 부등식도 유용하다.

명제 B.5 $0 \le k \le n$일 때 다음과 같다.

$$\left(\frac{n}{k}\right)^k \le \binom{n}{k} \le \frac{n^k}{k!}$$

명제 B.6(스털링 근사)

$$n! = \sqrt{2\pi n}\left(\frac{n}{e}\right)^n \left(1 + \frac{1}{12n} + \varepsilon(n)\right)$$

여기서 $\varepsilon(n)$은 $O(1/n^2)$이다.

피보나치 수열은 $F_0 = 0$, $F_1 = 1$, $F_n = F_{n-1} + F_{n-2}$ $(n \ge 2)$로 정의되는 수열이다.

명제 B.7 피보나치 수열로 정의된 F_n은 $\Theta(g^n)$이며, 여기서 $g = (1 + \sqrt{5})/2$는 이른바 **황금비**다.

합계

합계에 대해 알고리즘 분석에 자주 활용되는 다양한 사실이 존재한다.

명제 B.8(합계 인수분해) (단, a는 i에 의존하지 않는 상수)

$$\sum_{i=1}^{n} af(i) = a\sum_{i=1}^{n} f(i)$$

명제 B.9(순서 반전) 이 항등식은 반복 순서를 바꿔도 전체 합은 같다는 것을 의미한다.

$$\sum_{i=1}^{n}\sum_{j=1}^{m} f(i,j) = \sum_{j=1}^{m}\sum_{i=1}^{n} f(i,j)$$

순서 반전의 특수한 형태가 **텔레스코핑 합**(telescoping sum)이다. 이는 자료구조나 알고리즘의 **분할 지불 분석**(**상각 분석**, Amortized Analysis)에서 자주 등장한다.

$$\sum_{i=1}^{n}(f(i)-f(i-1))=f(n)-f(0)$$

다음은 자료구조와 알고리즘 분석에서 자주 발생하는 합에 대한 몇 가지 다른 사실이다.

명제 B.10 $\sum_{i=1}^{n} i = n(n+1)/2$

명제 B.11 $\sum_{i=1}^{n} i^2 = n(n+1)(2n+1)/6$

명제 B.12 $k \geq 1$인 정수 상수에 대해,

$$\sum_{i=1}^{n} i^k \text{ is } \Theta(n^{k+1})$$ 이다.

또한 모든 고정된 실수 n에 대해 또 다른 일반적인 합은 **기하급수 합**인 $\sum_{i=0}^{n} a^i$이다.

명제 B.13 $0 < a \neq 1$일 때, 모든 실수 a에 대해 다음이 성립한다.

$$\sum_{i=0}^{n} a^i = \frac{a^{n+1}-1}{a-1}$$

명제 B.14 $0 < a < 1$일 때, 모든 실수에 대해 다음이 성립한다.

$$\sum_{i=0}^{\infty} a^i = \frac{1}{1-a}$$

또한 **선형 지수** 합이라 불리는 두 가지 일반적인 형태의 조합은 다음과 같은 확장을 갖는다.

명제 B.15 $0 < a \neq 1$이고, $n \geq 2$일 때,

$$\sum_{i=1}^{n} ia^i = \frac{a-(n+1)a^{(n+1)}+na^{(n+2)}}{(1-a)^2}$$

n번째 **고조파 수** H_n은 다음과 같이 정의된다.

$$H_n = \sum_{i=1}^{n} \frac{1}{i}$$

명제 B.16 H_n이 n번째 고조파 수이면 H_n은 $\ln n + \Theta(1)$이다.

기본 확률

확률 이론의 기초는 **표본 공간** S의 개념에서 출발한다. 표본 공간은 특정 실험에서 가능한 모든 결과의 집합으로 정의된다. 여기서 '실험'과 '결과'는 별도의 형식적 정의 없이 사용된다.

예제 B.17 동전을 다섯 번 던지는 것으로 이루어진 실험을 생각해 보자. 이 실험의 표본 공간에는 가능한 던지기 순서마다 하나씩 총 2^5개의 서로 다른 결과가 존재한다. 표본 공간은 다음 예에서 보듯이 무한할 수도 있다.

예제 B.18 앞면이 나올 때까지 동전을 던지는 실험을 생각해 보자. 이 표본 공간은 무한하며, 각 결과는 i개의 연속된 뒷면이 나오고 그 뒤에 앞면이 나오는 경우로 이루어진다($i = 1, 2, 3, \ldots$).

확률 공간(probability space)은 표본 공간 S와 S의 부분집합을 [0, 1] 구간의 실수로 대응시키는 확률 함수 Pr로 구성된다. 이 구조는 어떤 '사건'이 발생할 확률이라는 개념을 수학적으로 표현한다. 공식적으로 S의 각 부분집합을 **사건**(event)이라고 하며, 확률 함수 Pr은 다음과 같은 기본 속성을 만족한다고 가정한다.

1. $\Pr(\emptyset) = 0$
2. $\Pr(S) = 1$
3. $A \subseteq S$에 대해 $0 \leq \Pr(A) \leq 1$이다.
4. $A, B \subseteq S$이고 $A \cap B = \emptyset$이면 $\Pr(A \cup B) = \Pr(A) + \Pr(B)$이다.

두 사건 A와 B는 다음을 만족할 때 **독립**(independent)이다.

$$\Pr(A \cap B) = \Pr(A) \cdot \Pr(B)$$

사건 집합 $\{A_1, A_1, \ldots, A_n\}$이 다음을 만족하면 **상호 독립**(mutually independent)이다(단, 이는 모든 부분집합 $\{A_{i1}, A_{i2}, \ldots, A_{ik}\}$에 대해 성립해야 함).

$$\Pr(A_{i_1} \cap A_{i_2} \cap \cdots \cap A_{i_k}) = \Pr(A_{i_1})\Pr(A_{i_2})\cdots\Pr(A_{i_k})$$

사건 B가 주어졌을 때 사건 A가 발생할 **조건부 확률**(conditional probability)은 $\Pr(A \mid B)$로 나타내며, 이는 다음의 비율로 정의된다(단, $\Pr(B) > 0$)

$$\frac{\Pr(A \cap B)}{\Pr(B)}$$

사건을 다루는 효과적인 방법 중 하나는 **확률 변수**(random variable)의 관점에서 살펴보는 것이다. 직관적으로 볼 때 확률 변수는 어떤 실험의 결과에 따라 값이 달라지는 변수이며, 공식적으로는 표본 공간 S의 결과를 실수로 매핑하는 함수 X로 정의된다. 특히 결과를 $\{0, 1\}$로 대응시키는 확률 변수를 **지시 확률 변수**(indicator random variable)라고 한다. 확률 변수는 자료구조와 알고리즘 분석에서 랜덤 알고리즘의 수행 시간을 모델링하는 데 자주 사용된다. 이때 표본 공간 S는 알고리즘에 사용된 난수의 모든 가능한 결과를 나타낸다. 이러한 확률 변수 중에서 우리가 가장 관심 있게 보는 것은 일반값, 평균값, **기댓값**(expected value)이다. 확률 변수 X의 기댓값은 다음과 같이 정의된다.

$$\mathbf{E}(X) = \sum_x x \Pr(X = x)$$

여기서 합은 X의 정의역이 이산적(discrete)이라고 가정한 경우의 값들을 기준으로 한다.

명제 B.19(기댓값의 선형성) 확률 변수 X와 Y, 상수 c에 대해 다음이 성립한다.

$$E(X+Y) = E(X) + E(Y) \qquad \text{그리고} \qquad E(cX) = cE(X)$$

예제 B.20 확률 변수 X를 두 개의 공정한 주사위를 던졌을 때 나온 눈의 합으로 정의하자. 이때 $\mathbf{E}(X) = 7$이다.

증명 증명하기 위해 각 주사위의 눈을 나타내는 확률 변수를 X_1과 X_2라고 하자. 이들은 같은 함수의 두 인스턴스이므로 $X_1 = X_2$로 둘 수 있으며, $E(X) = E(X_1 + X_2) = E(X_1) + E(X_2)$가 성립한다. 공정한 주사위를 던졌을 때 각 면이 나올 확률은 1/6이므로, $i = 1, 2$에 대해 다음이 성립한다.

$$\mathbf{E}(X_i) = \frac{1}{6} + \frac{2}{6} + \frac{3}{6} + \frac{4}{6} + \frac{5}{6} + \frac{6}{6} = \frac{7}{2}$$

따라서 $\mathbf{E}(X) = 7$이다. ■

모든 실수 x와 y에 대해, 두 확률 변수 X와 Y는 다음 조건을 만족할 때 **독립적**이라고 한다.

$$\Pr(X = x|Y = y) = \Pr(X = x)$$

명제 B.21 두 확률 변수 X와 Y가 독립적이면 다음이 성립한다.

$$\boldsymbol{E}(XY) = \boldsymbol{E}(X)\boldsymbol{E}(Y)$$

예제 B.22 확률 변수 X를 두 개의 공정한 주사위를 던졌을 때 나온 눈의 곱으로 정의하자. 그러면 $\boldsymbol{E}(X) = 49/4$이다.

증명 각 주사위의 눈을 나타내는 확률 변수를 X_1과 X_2라고 하자. 두 변수는 서로 독립적이므로 다음이 성립한다.

$$\boldsymbol{E}(X) = \boldsymbol{E}(X_1X_2) = \boldsymbol{E}(X_1)\boldsymbol{E}(X_2) = (7/2)^2 = 49/4$$

다음 경계와 그로부터 유도되는 추론은 **Chernoff 경계**로 알려져 있다.

명제 B.23 X를 유한한 개수의 독립적인 0/1 확률 변수의 합이라고 하자. 그리고 $\mu > 0$을 X의 기댓값이라고 하자. 그러면 모든 $\delta > 0$에 대해 다음 부등식이 성립한다.

$$\Pr(X > (1+\delta)\mu) < \left[\frac{e^{\delta}}{(1+\delta)^{(1+\delta)}}\right]^{\mu}$$

유용한 수학적 기법

함수들의 성장률을 비교할 때, 다음과 같은 규칙들이 유용하게 쓰인다.

명제 B.24(로피탈의 법칙(L'Hôpital's Rule)) $\lim_{n\to\infty} f(n) = +\infty$이고 $\lim_{n\to\infty} g(n) = +\infty$이면 $\lim_{n\to\infty} f(n)/g(n) = \lim_{n\to\infty} f(n)/g(n)$이다. 여기서 $f'(n)$과 $g'(n)$은 각각 $f(n)$과 $g(n)$의 도함수다.

합의 상한 또는 하한을 유도할 때는 다음과 같이 합을 분할하는 방법이 유용할 수 있다.

$$\sum_{i=1}^{n} f(i) = \sum_{i=1}^{j} f(i) + \sum_{i=j+1}^{n} f(i)$$

또 다른 유용한 기법은 **적분으로 근사하거나 제한**하는 것이다. f가 비감소 함수이고 적분이 정의되어 있다고 가정하면 다음 부등식이 성립한다.

$$\int_{a-1}^{b} f(x)\,dx \le \sum_{i=a}^{b} f(i) \le \int_{a}^{b+1} f(x)\,dx$$

분할 정복 알고리즘의 분석에서 자주 등장하는 일반적인 점화식은 다음과 같이 표현된다. 여기서 $a \ge 1$, $b > 1$은 상수다.

$$T(n) = aT(n/b) + f(n)$$

명제 B.25 $T(n)$이 앞서 정의한 점화식을 따른다고 하자. 그러면 다음이 성립한다.

❶ $f(n)$이 $O(n^{\log_b a - \varepsilon})$인 상수 $\varepsilon > 0$이 존재하면 $T(n)$은 $\Theta(n^{\log_b a})$이다.

❷ $f(n)$이 $\Theta(n^{\log_b a} \log^k n)$인 상수 $k \ge 0$이 존재하면 $T(n)$은 $\Theta(n^{\log_b a} \log^{k+1} n)$이다.

❸ $f(n)$이 $\Omega(n^{\log_b a + \varepsilon})$인 상수 $\varepsilon > 0$이 존재하고, $af(n/b) \le cf(n)$이라면 $T(n)$은 $\Theta(f(n))$이다.

이 명제는 분할 정복 점화식을 해석하기 위한 대표적인 도구로, **마스터 방법**(Master Method)으로 알려져 있다.

참고문헌

[1] H. Abelson, G. J. Sussman, and J. Sussman, *Structure and Interpretation of Computer Programs*. Cambridge, MA: MIT Press, 2nd ed., 1996.

[2] G. M. Adel'son-Vel'skii and Y. M. Landis, "An algorithm for the organization of information," *Doklady Akademii Nauk SSSR*, vol. 146, pp. 263–266, 1962. English translation in *Soviet Math. Dokl.*, **3**, 1259–1262.

[3] A. Aggarwal and J. S. Vitter, "The input/output complexity of sorting and related problems," *Commun. ACM*, vol. 31, pp. 1116–1127, 1988.

[4] A. V. Aho, "Algorithms for finding patterns in strings," in *Handbook of Theoretical Computer Science* (J. van Leeuwen, ed.), vol. A. Algorithms and Complexity, pp. 255–300, Amsterdam: Elsevier, 1990.

[5] A. V. Aho, J. E. Hopcroft, and J. D. Ullman, *The Design and Analysis of Computer Algorithms*. Reading, MA: Addison-Wesley, 1974.

[6] A. V. Aho, J. E. Hopcroft, and J. D. Ullman, *Data Structures and Algorithms*. Reading, MA: Addison-Wesley, 1983.

[7] R. K. Ahuja, T. L. Magnanti, and J. B. Orlin, *Network Flows: Theory, Algorithms, and Applications*. Englewood Cliffs, NJ: Prentice Hall, 1993.

[8] R. Baeza-Yates and B. Ribeiro-Neto, *Modern Information Retrieval*. Reading, MA: Addison-Wesley, 1999.

[9] O. Barivka, "O jistem problemu minimalnim," *Praca Moravske Prirodovedecke Spolecnosti*, vol. 3, pp. 37–58, 1926. (in Czech).

[10] R. Bayer, "Symmetric binary B-trees: Data structure and maintenance," *Acta Informatica*, vol. 1, no. 4, pp. 290–306, 1972.

[11] R. Bayer and McCreight, "Organization of large ordered indexes," *Acta Inform.*, vol. 1, pp. 173–189, 1972.

[12] D. M. Beazley, *Python Essential Reference*. Addison-Wesley Professional, 4th ed., 2009.

[13] R. E. Bellman, *Dynamic Programming*. Princeton, NJ: Princeton University Press, 1957.

[14] J. L. Bentley, "Programming pearls: Writing correct programs," *Communications of the ACM*, vol. 26, pp. 1040–1045, 1983.

[15] J. L. Bentley, "Programming pearls: Thanks, heaps," *Communications of the ACM*, vol. 28, pp. 245–250, 1985.

[16] J. L. Bentley and M. D. McIlroy, "Engineering a sort function," *Software—Practice and Experience*, vol. 23, no. 11, pp. 1249–1265, 1993.

[17] G. Booch, *Object-Oriented Analysis and Design with Applications*. Redwood City, CA: Benjamin/Cummings, 1994.

[18] R. S. Boyer and J. S. Moore, "A fast string searching algorithm," *Communications of the ACM*, vol. 20, no. 10, pp. 762–772, 1977.

[19] G. Brassard, "Crusade for a better notation," *SIGACT News*, vol. 17, no. 1, pp. 60– 64, 1985.

[20] T. Budd, *An Introduction to Object-Oriented Programming*. Reading, MA: AddisonWesley, 1991.

[21] D. Burger, J. R. Goodman, and G. S. Sohi, "Memory systems," in *The Computer Science and Engineering Handbook* (A. B. Tucker, Jr., ed.), ch. 18, pp. 447–461, CRC Press, 1997.

[22] J. Campbell, P. Gries, J. Montojo, and G. Wilson, *Practical Programming: An Introduction to Computer Science*. Pragmatic Bookshelf, 2009.

[23] L. Cardelli and P. Wegner, "On understanding types, data abstraction and polymorphism," *ACM Computing Surveys*, vol. 17, no. 4, pp. 471–522, 1985.

[24] S. Carlsson, "Average case results on heapsort," *BIT*, vol. 27, pp. 2–17, 1987.

[25] V. Cedar, *The Quick Python Book*. Manning Publications, 2nd ed., 2010.

[26] K. L. Clarkson, "Linear programming in $O(n3^{d^2})$ time," *Inform. Process. Lett.*, vol. 22, pp. 21–24, 1986.

[27] R. Cole, "Tight bounds on the complexity of the Boyer-Moore pattern matching algorithm," *SIAM J. Comput.*, vol. 23, no. 5, pp. 1075–1091, 1994.

[28] D. Comer, "The ubiquitous B-tree," *ACM Comput. Surv.*, vol. 11, pp. 121–137, 1979.

[29] T. H. Cormen, C. E. Leiserson, R. L. Rivest, and C. Stein, *Introduction to Algorithms*. Cambridge, MA: MIT Press, 3rd ed., 2009.

[30] M. Crochemore and T. Lecroq, "Pattern matching and text compression algorithms," in *The Computer Science and Engineering Handbook* (A. B. Tucker, Jr., ed.), ch. 8, pp. 162–202, CRC Press, 1997.

[31] S. Crosby and D. Wallach, "Denial of service via algorithmic complexity attacks," in Proc. 12th Usenix Security Symp., pp. 29–44, 2003.

[32] M. Dawson, *Python Programming for the Absolute Beginner*. Course Technology PTR, 3rd ed., 2010.

[33] S. A. Demurjian, Sr., "*Software* design," in *The Computer Science and Engineering Handbook* (A. B. Tucker, Jr., ed.), ch. 108, pp. 2323–2351, CRC Press, 1997.

[34] G. Di Battista, P. Eades, R. Tamassia, and I. G. Tollis, *Graph Drawing*. Upper Saddle River, NJ: Prentice Hall, 1999.

[35] E. W. Dijkstra, "A note on two problems in connexion with graphs," *Numerische Mathematik*, vol. 1, pp. 269–271, 1959.

[36] E. W. Dijkstra, "Recursive programming," *Numerische Mathematik*, vol. 2, no. 1, pp. 312–318, 1960.

[37] J. R. Driscoll, H. N. Gabow, R. Shrairaman, and R. E. Tarjan, "Relaxed heaps: An alternative to Fibonacci heaps with applications to parallel computation," *Commun. ACM*, vol. 31, pp. 1343–1354, 1988.

[38] R. W. Floyd, "Algorithm 97: Shortest path," *Communications of the ACM*, vol. 5, no. 6, p. 345, 1962.

[39] R. W. Floyd, "Algorithm 245: Treesort 3," *Communications of the ACM*, vol. 7, no. 12, p. 701, 1964.

[40] M. L. Fredman and R. E. Tarjan, "Fibonacci heaps and their uses in improved network optimization algorithms," *J. ACM*, vol. 34, pp. 596–615, 1987.

[41] E. Gamma, R. Helm, R. Johnson, and J. Vlissides, *Design Patterns: Elements of Reusable Object-Oriented Software*. Reading, MA: Addison-Wesley, 1995.

[42] A. Goldberg and D. Robson, *Smalltalk-80: The Language*. Reading, MA: AddisonWesley, 1989.

[43] M. H. Goldwasser and D. Letscher, *Object-Oriented Programming in Python*. Upper Saddle River, NJ: Prentice Hall, 2008.

[44] G. H. Gonnet and R. Baeza-Yates, *Handbook of Algorithms and Data Structures in Pascal and C*. Reading, MA: Addison-Wesley, 1991.

[45] G. H. Gonnet and J. I. Munro, "Heaps on heaps," *SIAM J. Comput.*, vol. 15, no. 4, pp. 964–971, 1986.

[46] M. T. Goodrich, J.-J. Tsay, D. E. Vengroff, and J. S. Vitter, "External-memory computational geometry," in *Proc. 34th Annu. IEEE Sympos. Found. Comput. Sci.*, pp. 714–723, 1993.

[47] R. L. Graham and P. Hell, "On the history of the minimum spanning tree problem," *Annals of the History of Computing*, vol. 7, no. 1, pp. 43–57, 1985.

[48] L. J. Guibas and R. Sedgewick, "A dichromatic framework for balanced trees," in *Proc. 19th Annu. IEEE Sympos. Found. Comput. Sci.*, Lecture Notes Comput. Sci., pp. 8–21, Springer-Verlag, 1978.

[49] Y. Gurevich, "What does $O(n)$ mean?," *SIGACT News*, vol. 17, no. 4, pp. 61–63, 1986.

[50] J. Hennessy and D. Patterson, *Computer Architecture: A Quantitative Approach*. San Francisco: Morgan Kaufmann, 2nd ed., 1996.

[51] C. A. R. Hoare, "Quicksort," *The Computer Journal*, vol. 5, pp. 10–15, 1962.

[52] J. E. Hopcroft and R. E. Tarjan, "Efficient algorithms for graph manipulation," *Communications of the ACM*, vol. 16, no. 6, pp. 372–378, 1973.

[53] B.-C. Huang and M. Langston, "Practical in-place merging," *Communications of the ACM*, vol. 31, no. 3, pp. 348–352, 1988.

[54] J. JáJá, *An Introduction to Parallel Algorithms*. Reading, MA: Addison-Wesley, 1992.

[55] V. Jarník, "O jistem problemu minimalnim," *Praca Moravske Prirodovedecke Spolecnosti*, vol. 6, pp. 57–63, 1930. (in Czech).

[56] R. Jones and R. Lins, *Garbage Collection: Algorithms for Automatic Dynamic Memory Management*. John Wiley and Sons, 1996.

[57] D. R. Karger, P. Klein, and R. E. Tarjan, "A randomized linear-time algorithm to find minimum spanning trees," *Journal of the ACM*, vol. 42, pp. 321–328, 1995.

[58] R. M. Karp and V. Ramachandran, "Parallel algorithms for shared memory machines," in *Handbook of Theoretical Computer Science* (J. van Leeuwen, ed.), pp. 869–941, Amsterdam: Elsevier/The MIT Press, 1990.

[59] P. Kirschenhofer and H. Prodinger, "The path length of random skip lists," *Acta Informatica*, vol. 31, pp. 775–792, 1994.

[60] J. Kleinberg and É. Tardos, *Algorithm Design*. Reading, MA: Addison-Wesley, 2006.

[61] A. Klink and J. Wälde, "Efficient denial of service attacks on web application platforms." 2011.

[62] D. E. Knuth, *Sorting and Searching*, vol. 3 of *The Art of Computer Programming*. Reading, MA: Addison-Wesley, 1973.

[63] D. E. Knuth, "Big omicron and big omega and big theta," in *SIGACT News*, vol. 8, pp. 18–24, 1976.

[64] D. E. Knuth, *Fundamental Algorithms*, vol. 1 of *The Art of Computer Programming*. Reading, MA: Addison-Wesley, 3rd ed., 1997.

[65] D. E. Knuth, *Sorting and Searching*, vol. 3 of *The Art of Computer Programming*. Reading, MA: Addison-Wesley, 2nd ed., 1998.

[66] D. E. Knuth, J. H. Morris, Jr., and V. R. Pratt, "Fast pattern matching in strings," *SIAM J. Comput.*, vol. 6, no. 1, pp. 323–350, 1977.

[67] J. B. Kruskal, Jr., "On the shortest spanning subtree of a graph and the traveling salesman problem," *Proc. Amer. Math. Soc.*, vol. 7, pp. 48–50, 1956.

[68] R. Lesuisse, "Some lessons drawn from the history of the binary search algorithm," *The Computer Journal*, vol. 26, pp. 154–163, 1983.

[69] N. G. Leveson and C. S. Turner, "An investigation of the Therac-25 accidents," *IEEE Computer*, vol. 26, no. 7, pp. 18–41, 1993.

[70] A. Levitin, "Do we teach the right algorithm design techniques?," in *30th ACM SIGCSE Symp. on Computer Science Education*, pp. 179–183, 1999.

[71] B. Liskov and J. Guttag, *Abstraction and Specification in Program Development*. Cambridge, MA/New York: The MIT Press/McGraw-Hill, 1986.

[72] M. Lutz, *Programming Python*. O'Reilly Media, 4th ed., 2011.

[73] E. M. McCreight, "A space-economical suffix tree construction algorithm," *Journal of Algorithms*, vol. 23, no. 2, pp. 262–272, 1976.

[74] C. J. H. McDiarmid and B. A. Reed, "Building heaps fast," *Journal of Algorithms*, vol. 10, no. 3, pp. 352–365, 1989.

[75] N. Megiddo, "Linear programming in linear time when the dimension is fixed," *J. ACM*, vol. 31, pp. 114–127, 1984.

[76] K. Mehlhorn, *Data Structures and Algorithms* 1: *Sorting and Searching*, vol. 1 of *EATCS Monographs on Theoretical Computer Science*. Heidelberg, Germany: Springer-Verlag, 1984.

[77] K. Mehlhorn, *Data Structures and Algorithms 2: Graph Algorithms and NPCompleteness*, vol. 2 of *EATCS Monographs on Theoretical Computer Science*. Heidelberg, Germany: Springer-Verlag, 1984.

[78] K. Mehlhorn and A. Tsakalidis, "Data structures," in *Handbook of Theoretical Computer Science* (J. van Leeuwen, ed.), vol. A. Algorithms and Complexity, pp. 301–341, Amsterdam: Elsevier, 1990.

[79] D. R. Morrison, "PATRICIA—practical algorithm to retrieve information coded in alphanumeric," *Journal of the ACM*, vol. 15, no. 4, pp. 514–534, 1968.

[80] R. Motwani and P. Raghavan, *Randomized Algorithms*. New York, NY: Cambridge University Press, 1995.

[81] T. Papadakis, J. I. Munro, and P. V. Poblete, "Average search and update costs in skip lists," *BIT*, vol. 32, pp. 316–332, 1992.

[82] L. Perkovic, *Introduction to Computing Using Python: An Application Development Focus*. Wiley, 2011.

[83] D. Phillips, *Python 3: Object Oriented Programming*. Packt Publishing, 2010.

[84] P. V. Poblete, J. I. Munro, and T. Papadakis, "The binomial transform and its application to the analysis of skip lists," in *Proceedings of the European Symposium on Algorithms* (ESA), pp. 554–569, 1995.

[85] R. C. Prim, "Shortest connection networks and some generalizations," *Bell Syst. Tech.* J., vol. 36, pp. 1389–1401, 1957.

[86] W. Pugh, "Skip lists: a probabilistic alternative to balanced trees," *Commun. ACM*, vol. 33, no. 6, pp. 668–676, 1990.

[87] H. Samet, *The Design and Analysis of Spatial Data Structures*. Reading, MA: Addison-Wesley, 1990.

[88] R. Schaffer and R. Sedgewick, "The analysis of heapsort," *Journal of Algorithms*, vol. 15, no. 1, pp. 76–100, 1993.

[89] D. D. Sleator and R. E. Tarjan, "Self-adjusting binary search trees," *J. ACM*, vol. 32, no. 3, pp. 652–686, 1985.

[90] G. A. Stephen, *String Searching Algorithms*. World Scientific Press, 1994.

[91] M. Summerfield, *Programming in Python 3: A Complete Introduction to the Python Language*. Addison-Wesley Professional, 2nd ed., 2009.

[92] R. Tamassia and G. Liotta, "*Graph drawing*," in *Handbook of Discrete and Computational Geometry* (J. E. Goodman and J. O'Rourke, eds.), ch. 52, pp. 1163–1186, CRC Press LLC, 2nd ed., 2004.

[93] R. Tarjan and U. Vishkin, "An efficient parallel biconnectivity algorithm," *SIAM J. Comput.*, vol. 14, pp. 862–874, 1985.

[94] R. E. Tarjan, "Depth first search and linear graph algorithms," *SIAM J. Comput.*, vol. 1, no. 2, pp. 146–160, 1972.

[95] R. E. Tarjan, *Data Structures and Network Algorithms*, vol. 44 of *CBMS-NSF Regional Conference Series in Applied Mathematics*. Philadelphia, PA: Society for Industrial and Applied Mathematics, 1983.

[96] A. B. Tucker, Jr., *The Computer Science and Engineering Handbook*. CRC Press, 1997.

[97] J. D. Ullman, *Principles of Database Systems*. Potomac, MD: Computer Science Press, 1983.

[98] J. van Leeuwen, "Graph algorithms," in *Handbook of Theoretical Computer Science* (J. van Leeuwen, ed.), vol. A. Algorithms and Complexity, pp. 525–632, Amsterdam: Elsevier, 1990.

[99] J. S. Vitter, "Efficient memory access in large-scale computation," in *Proc. 8th Sympos. Theoret. Aspects Comput. Sci.*, Lecture Notes Comput. Sci., Springer-Verlag, 1991.

[100] J. S. Vitter and W. C. Chen, *Design and Analysis of Coalesced Hashing*. New York: Oxford University Press, 1987.

[101] J. S. Vitter and P. Flajolet, "Average-case analysis of algorithms and data structures," in *Algorithms and Complexity* (J. van Leeuwen, ed.), vol. A of *Handbook of Theoretical Computer Science*, pp. 431–524, Amsterdam: Elsevier, 1990.

[102] S. Warshall, "A theorem on boolean matrices," *Journal of the ACM*, vol. 9, no. 1, pp. 11–12, 1962.

[103] J. W. J. Williams, "Algorithm 232: Heapsort," *Communications of the ACM*, vol. 7, no. 6, pp. 347–348, 1964.

[104] D. Wood, *Data Structures, Algorithms, and Performance*. Reading, MA: AddisonWesley, 1993.

[105] J. Zelle, *Python Programming: An Introduciton to Computer Science*. Franklin, Beedle & Associates Inc., 2nd ed., 2010.

찾아보기

기호

ㄱ

ㄴ

ㄷ

ㄹ

ㅅ

ㅇ

ㅈ

ㅋ

ㅌ

ㅍ